三省堂 新用字辞典

山本真吾・三省堂編修所…［編］

三省堂

まえがき

二〇一〇年一一月三〇日に新しい「常用漢字表」が告示され、一九四五字だった常用漢字は二一三六字に増えることになりました。これは文字を専ら手書きしていた時代から、パソコンや携帯電話などの普及により簡単に漢字変換ができ、使われる漢字が大幅にふえたという社会状況の変化を踏まえたものであるといえます。

確かにパソコンが普及し、その漢字変換機能を使って大体の言葉は簡単に呼び出せるようになりましたが、言葉の使い方が今ひとつはっきりしない場合や、意味のよく似た同音語があるような場合などは、辞書で確かめる必要がどうしても出てきます。また、手書きで手紙を書く時に、漢字の点画を調べたいということもあるでしょう。

本書は、この新しい「常用漢字表」を踏まえながら、文章を書く際に必要な情報をコンパクトにまとめた、まったく新しい辞典です。漢字をどう書くか、送り仮名はどうするか、仮名書きの方がよいのかどうか、言葉の言い回しはこれで正しいか、などさまざまな疑問におこたえできるよう、丁寧に作りました。

この辞典が読者の皆様の座右に置かれ、日々活用されることを願ってやみません。

編者

本書の使い方

【見出し】

[一] 本書は日本語を書き表すための表記を語ごとに示した日本語表記のための辞典である。

[二] 本書には日常生活でよく使われる語を精選して約三万四千項目と、「常用漢字表」に掲げてある二一三六字の漢字項目を収めている。

[三] 和語・漢語は平仮名・現代仮名遣いで、外来語は片仮名・「外来語の表記」による仮名遣いで掲げ、両者を通じて五十音順に配列した。

[四] 語形が近接している語（たとえば動詞とその転成名詞など）は、近接している片方の語が掲げられていれば他の表記は類推できるので、一方を掲げなかった場合がある。

【表記欄】

[一] 見出し語に当てられる漢字を中心とする標準的な書き表し方を【 】の中に示した。二つ以上の表記がある場合は、より一般的なものから順番に「・」で併記した。

(1) 【 】の中の漢字が「常用漢字表」にないものには「▼」、その漢字が「常用漢字表」にはあるが、見出しに相当する音訓が「常用漢字表」に示されていないものには「▽」を漢字の右肩に付した。また、「常用漢字表」の「付表」の語は《 》で囲んで示した。

うごう【▼烏合】　**おたけび**【雄▽叫び】

かわせ【《為替》】　**つゆ**【《梅雨》】

(2) いわゆる熟字訓の類は〈 〉で囲んで示した。

あじさい【〈紫陽花〉】　**きつつき**【〈啄木鳥〉】

(3) 外来語については欧文表記は掲げず、漢字で書かれる場合の表記を示した。

インチ【▼吋】　**キログラム**【▼瓩】

アルコール【〈酒精〉】　オリーブ【▾阿利▾襪】

(4) 地名などの固有名詞は外国地名も含め、「▾」「▿」や《 》、〈 〉などの記号はつけなかった。また、中国語・朝鮮語などの外来語についても「▾」「▿」や《 》、〈 〉などの記号はつけなかった。

さがみ【相模】　ちくご【筑後】
イギリス【英吉利】　ドイツ【独逸】
ギョーザ【餃子】　タンメン【湯麺】

【二】 漢字表記を一応は掲げてあるが、仮名書きがある程度定着しているものは︵ ︶で囲んで示した。

(1) 仮名書きされることの多い漢字を︵ ︶で囲んだ。二字以上連続する場合はそれらを連続して囲んだ。

きがかり【気︵掛︶かり】　ぐず【︵愚図︶】

(2) 「常用漢字表」にない漢字や音訓の場合は、仮名書きが一応の標準と考えて多く︵ ︶は省略したが、一部の語については︵ ︶を付けた。

かかる【︵▾斯︶かる】　ずつ【︵▿宛︶】

(3) 外来語は、仮名書きが普通であっても、︵ ︶で囲むことは省略した。

アコーディオン【〈手風琴〉】　コーヒー【▾珈▾琲】

【三】 送り仮名は「送り仮名の付け方」によって示した。

(1) 原則として「送り仮名の付け方」の本則によって送り仮名を示した。許容によって省くことができる送り仮名は、( )の中に示した。

あわせる【合(わ)せる】　きりかぶ【切(り)株】

(2) 二通り以上の省き方が可能な場合は次のようにした。

うりあげ【売(り)上げ・売上】
もうしこみ【申(し)込み・申込】

(3) 許容によって活用語尾の前の音節から送ることのできる語については送った場合の表記を( )の中に示した。

あらわす【表す(表わす)】
おこなう【行う(行なう)】

ことわる【断る（断わる）】
たまわる【賜る（賜わる）】

【語釈・用例】

［一］ 語の解説について簡単な語釈（＝語の説明）を掲げ、表記・用法理解の助けとした。

(1) 意味が簡明な語は、語釈を省略した。
くとう【苦闘】「悪戦―の末の勝利」
けっぴょう【結氷】「湖が―する」

(2) 適宜、対義語を以下のように示した。
かんりゅう【寒流】 低温の海流。⇔暖流。
げんし【減資】 資本金を減らす。⇔増資。

(3) 読みにくい語には読み仮名をつけた。
じょうしゅう【上州】 上野〈こうずけ〉国の別名。

(4) 適宜、注記欄を設けた。
あいそ【愛想】 …〔「おー」で飲食店の勘定の意〕

［二］ 用例を掲げ、語義・用法理解の助けとした。

(1) 見出し語に当たる部分は「―」で示した。活用する語で、見出し語と異なる語形になる場合は、活用語尾を「―・」以下に示した。
かつ【且つ】「大いに飲み、―歌った」
かたる【語る】「今夜は大いに―・ろう」

(2) 用例ごとに表記欄の漢字の書き分けが必要な場合や、仮名書きが普通となる場合は、「―」で省略せずに用例ごとに実際にその形を示した。
うむ【生む・産む】「誤解を生む」「安心して産める医療制度」
ていけい【定形・定型】「定形郵便物」「定型詩」
ごらん【御覧】「本を―になる」「ほらごらん」
うま【馬】「―の耳に念仏」「彼とはうまが合う」

(3) 用例の中で他の語と置き換えができる語を複数掲げる場合、以下のように（ ）の中に置き換え可能の語を示した。
おおめだま【大目玉】「―を食う（食らう）」
ごくひ【極秘】「―の情報（文書）」

【同音語などの書き分け】

［一］ 意味の上でまぎらわしい同音語、意味によっ

て漢字を書き分ける語は一箇所にまとめ、見出しの上にバー（横棒）を付け、その書き分けに注意を促した。

―
かがみ【鏡】形・姿を映して見る道具。「―に映った自分の顔」
かがみ【▽鑑】模範。手本。「教師の―」

―
かしょう【過小】小さすぎる。⇔過大。「―評価」
かしょう【過少】少なすぎる。⇔過多。「―申告」

[三] バーは段の末尾にかかって、いったん切れる場合があるので注意されたい。

【漢字項目】

[一] 「常用漢字表」にある常用漢字二一三六字を漢字項目として掲げ、【 】の中に二行取りの大きな活字で示した。

(1) 常用漢字の音（音のないものは訓）で見出しを立てた。音が二つ以上あるものは適宜空見出しを立て、代表的な音の箇所に送った。

じゅう【柔】ジュウ・ニュウ やわ-らか・やわ-らかい
にゅう【柔】⇩じゅう（柔）。

(2) 「常用漢字表」に掲げられた音訓を、音を片仮名で、訓を平仮名で、二行割りの小さな活字で示した。

(3) （ ）の中の音訓は、使い方が限られている読み方である。

えい【詠】エイ よ-む
もく【目】モク・（ボク） め・（ま）

(4) 漢字の音訓の下に見出しの音訓を含む熟語例を掲げた。

あ【亜（亞）】ア ― 「亜鉛・亜聖・亜炭・亜熱帯・亜麻・亜流」
き【喜】キ よろこ-ぶ 「喜劇・喜捨・喜色・歓喜・驚喜・悲喜」

〔三〕 漢字の字体については、以下のようにした。

(1) 「常用漢字表」に掲げられた康熙字典体は、見出し漢字の下に丸括弧（ ）に入れて示した。

えん【円（圓）】エン まる-い

こう【効（效）】コウ き-く

(2) 「常用漢字表」に掲げられた印刷文字の許容字体は、見出し漢字の下に角括弧［ ］に入れて示した。

じ【餌［餌］】ジ えさ・え

そん【遜［遜］】ソン

あ

あ【亜(亞)】ア 「亜鉛・亜聖・亜炭・亜熱帯・亜麻・亜流」
ああ【〈嗚呼〉・▼噫】「—、我が青春」
アーモンド【〈扁桃〉】種子をナッツとして食用。
あい【哀】アイ あわ-れ・あわ-れむ 「哀感・哀願・哀愁・哀切・悲哀」
あい【挨】アイ 「挨拶」
あい【愛】アイ 「愛育・愛玩・愛嬌・愛情・恋愛・愛媛〈えひめ〉県」
あい【曖】アイ 「曖昧・曖昧模糊〈もこ〉」
あい【藍】「—染め」「青は—より出でて—より青し」
あい【愛】「母の—」
あいあい【▼藹▼藹】「和気—」
あいあいがさ【相合(い)傘】「—で帰る」
あいいく【愛育】「ペットを—する」
あいいれない【相▽容れない】「両説は互いに—」
あいいん【合(い)印】照合したしるしに押す印。
あいいん【愛飲】「ワインを—する」

あいうち【相打ち・相撃ち・相討ち】①双方が同時に打ち合う。「相打ちで共に倒れる」「銃撃戦で相撃ちになる」②協力して敵を打つ。「相討ちに加わる」

あいえんきえん【合(い)縁奇縁】「結婚は—」

あいか【哀歌】エレジー。「レモン—」

あいかぎ【合(い)鍵】「—を持つ」

あいかた【相方】「漫才の—」〔相手になる遊女を言う場合には「敵娼」とも書いた〕

あいかた【合方】邦楽の伴奏者。

あいがも【合▼鴨・▽間▼鴨】「—農法」

あいかわらず【相変(わ)らず】「あいつは—頑固だ」

あいかん【哀感】物悲しい感じ。「—が漂う」

あいかん【哀歓】悲しみと喜び。「人生の—」

あいがん【哀願】「助命を—する」

あいがん【愛玩・愛▼翫】「—動物」

あいき【愛機】愛用の機具。カメラなど。

あいぎ【合(い)着・▽間着】合い服。

あいきどう【合気道】「—の達人」

あいきょう【愛郷】「—の念」

あいきょう【愛▼嬌・愛▽敬】「—がある」〔古文では「愛敬〈あいぎょう〉」が用いられる〕

あいくち【合(い)口】「—がいい」

あいくち【〈匕首〉】つばのない短刀。

あいこ【《相子》】「勝負は—だ」〔「お—」で双方に損得・優劣のなくなった状態の意〕

あいこ【愛顧】「ご—に感謝いたします」
あいご【愛護】「動物—」
あいこう【愛好】「民謡—会」
あいこく【愛国】「—心」
あいことなる【相異なる】「—考え」
あいことば【合(い)言葉】「—は山と川」
あいさい【愛妻】「—家」「—弁当」
あいさつ【挨拶】「—を交わす」
あいし【哀史】「女工—」
あいじ【愛児】「—の成長を願う」
あいしゅう【哀愁】「—に満ちた曲」
あいしょう【相性・合(い)性】「—が悪い」
あいしょう【哀傷】死をいたむ。「—歌」
あいしょう【愛称】ニックネーム。
あいしょう【愛唱】好きでよく歌う。「—する名歌」
あいしょう【愛▼誦】詩文などを口ずさむ。「—詩集」
あいじょう【愛情】「—のこもった料理」
あいじん【愛人】不倫中の恋人。
あいず【合図】「—を送る」
あいする【愛する】「—人のために戦う」
あいせき【相席・合(い)席】「—を(で)願う」
あいせき【哀惜】人の死などを悲しみ惜しむ。
あいせき【愛惜】非常に惜しみ大切にする。

あいせつ【哀切】「―な調べ」
あいそ【哀訴】「泣いて―する」
あいそ【愛想】「―がいい」「―が尽きる」「〔お―〕で飲食店の勘定の意」
あいぞう【愛蔵】「―の品」
あいぞう【愛憎】「―劇」
あいだ【間】「この―」
あいたい【相対】「―で話す」「―ずくでやる」
あいだがら【間柄】「親しい―」
あいちゃく【愛着】「―がわく」
あいちょう【哀調】「―を帯びた曲」
あいつ【《▽彼▽奴》】「―はだれだ」
あいつぐ【相次ぐ】「事故が―」
あいづち【相《▼槌》】「―を打つ」
あいて【相手・▽対手】「―の気持ちを考える」
あいとう【哀悼】「―の意を表す」
あいどく【愛読】「―書」
あいなめ【▼鮎▽魚女】中形の近海魚。アブラメ。
あいにく【《▽生憎》】「―の雨」
あいのて【合いの手・▽間の手】「―を入れる」
あいのり【相乗り】「タクシーに―する」
あいびき【合い《▼挽》き】「―のミンチ」
あいびき【▼逢い引き】男女の密会。
あいぶ【愛▼撫】「やさしく―する」

あいふく【合(い)服・▽間服】春・秋用の洋服。あいぎ。
あいべつりく【愛別離苦】愛する者と別れる苦しみ。
あいべや【相《部屋》】「―になる」
あいぼ【愛慕】「自然を―する」
あいぼう【相棒】一緒に仕事をする相手。
あいま【合間】「仕事の―」
あいまい【曖昧】「―な言い方」
あいまいもこ【曖昧模▼糊】「―とした表現」
あいまって【相《▼俟》って】「天分と努力とが―成功した」「〔相待って〕と書くのは誤り」
あいやど【相宿・合(い)宿】「―の客」
あいよう【愛用】「―の品」
あいよく【愛欲】「―に溺れる」
アイルランド【愛蘭】「―民謡」
あいろ【▼隘路】狭い道。障害。
あいわ【哀話】「戦国の―」
あう【合う】「つじつまが―」「馬が―」「計算が―」
あう【会う】「喫茶店で―約束がある」
あう【▼逢う】「恋人に―」
あう【遭う】「被害に―」
あうん【▼阿▼吽】「―の呼吸」
あえぐ【▼喘ぐ】「不況に―」
あえて【▽敢えて】「―否定はしない」

あえない【▽敢え無い】「―最期」
あえる【▽和える・▼韲える】「胡麻で―」
あえん【亜鉛】金属元素。ジンク。
あお【青】「信号が―になる」「葉が―々と茂る」
あおあらし【青嵐】青葉の頃のやや強い風。
あおい【▼葵】アオイ科の植物の総称。「―のご紋」
あおい【青い・▼蒼い・▼碧い】「―空」「―顔」「まだ考えが―」
あおいきといき【青息吐息】「不作で―だ」
あおうなばら【青《海原》】「―へ船出する」
あおき【青木】常緑低木。庭木用。
あおぎり【青▼桐】落葉高木。梧桐〈ごとう〉。
あおぐ【仰ぐ】「天を―」「判断を―」
あおぐ【▽扇ぐ】「うちわで―」
あおさ【〈石蓴〉】海藻の名。食用。
あおざかな【青魚】背中の青い魚。
あおじ【〈蒿雀〉・青▼鵐】スズメ目の鳥。
あおじゃしん【青写真】「―を描く」
あおしんごう【青信号】進行・安全を示す信号。
あおすじ【青筋】「―を立てて怒鳴る」
あおぞら【青空】「―市場」
あおた【青田】「―買い」
あおだいしょう【青大将】ヘビの一種。
あおてんじょう【青天井】青空。また、相場の続騰。

あ

「―の下」『株価が―となる』
あおな【青菜】「―に塩」
あおにさい【青二才】「―のくせに」
あおのく【《▽仰》のく】上を向く。あおむく。
あおば【青葉】「目に―」
あおびょうたん【青《▼瓢▼簞》】やせて顔の青白い人。
あおみどろ【〈水綿〉・青味泥】緑色の藻。
あおむく【《▽仰向》く】⇕俯〈うつむ〉く。
あおもの【青物】「―を摂〈と〉る」
あおやぎ【青▽柳】青々とした柳。また、バカガイのむき身。
あおり【〈障泥〉・〈泥障〉】泥よけの馬具。
あおり【▼煽り】「―を食らう」
あおる【▼呷る】「酒（毒）を―」
あおる【▼煽る】「民衆を―」
あか【赤】「―と黒」「―の他人」
あか【《▽垢》】「―すり」「―を落とす」
あか【▼淦】船底にたまった水。
あか【▼閼▼伽】仏に供える水。「―棚」
あかあか【赤赤】「―とした夕焼け」
あかあか【明明】「―と燃える」
あかい【赤い・▽紅い】「―花」「―顔」「二人は―糸で結ばれる」

あかがい【赤貝】海産の貝。
あかがね【▼銅】銅〈どう〉。あか。
あかがみ【赤紙】召集令状。また、差し押さえの封印。
あかぎれ【▼皹・▼皸】皮膚にできるひび割れ。
あがく【《▽足▼掻》く】「―いても遅い」
あかご【赤子】「―の手をひねるよう」
あかざ【▼藜】アカザ科の一年草。
あかし【▽灯・明かし】ともしび。
あかし【▽証し】「愛の―」
あかじ【赤字】支出超過。「―覚悟で安売りする」
アカシア【〈金合歓〉】ハリエンジュの俗称。
あかしお【赤潮】微生物による海水の赤変。
あかしんごう【赤信号】「―がともる」
あかす【明かす】「不安な夜を―」
あかす【▽証す】「身の潔白を―」
あかす【飽かす】「暇に―」
あかちょうちん【赤▽提▽灯】「―で一杯飲む」
あかつき【暁】夜明け方。努力が実ったその時。「完成した―には」
あかつち【赤土】赤い色の土。
あがなう【▽購う】買い求める。「身銭を切って―」
あがなう【▼贖う】罪の償いをする。「罪を―」
あかぬける【《▽垢》抜ける】「着こなしが―」
あかね【▼茜】①草の名。②暗赤色（茜色）。

あかのまんま【赤の《▽飯》】イヌタデ。あかまんま。
あかはじ【赤恥】「―をかく」
あかはだか【赤裸】まるはだか。
あかはら【赤腹】①スズメ目ツグミ科の鳥。②イモリ。③ウグイ。
あかまつ【赤松】幹が赤褐色のマツ。
あかみ【赤身】「―の肉」
あがめる【▽崇める】「一生の師と―」
あからがお【赤ら顔・▼赭ら顔】「―の男」
あからむ【赤らむ】「恥ずかしくて顔が―」
あからむ【明らむ】「東の空が―」
あかり【明(か)り・▽灯り】「―をともす」
あがる【上がる】⇕下がる・下りる。「屋上に―」「成績が―」「商品を届けに―」
あがる【挙がる】「証拠が―」
あがる【揚がる】「天ぷらが―」「港にサンマが―」
あがる【▽騰がる】「株価が―」
あかるい【明るい】「―部屋」「―未来」
あかるみ【明るみ】「事件が―に出た」
あかんぼう【赤ん坊】「―をあやす」
あき【空き・明き】「席の―がある」
あき【明き・開き】「背の―が大きい服」
あき【秋】「食欲の―」「―深き隣は何をする人ぞ／芭蕉」

あき【飽き・▼厭き】「―がくる」
あき【安芸】旧国名。広島県西部。芸州。
あきかぜ【秋風】「―が吹く（＝男女の仲が冷める意）」
あきぐち【秋口】秋のはじめ。
あきざくら【秋桜】コスモス。
あきさむ【秋寒】「枯れ葉舞う―のころ」
あきさめ【秋雨】「―前線」
あきす【空(き)巣】「―に入られる」
あきたりない【飽(き)足りない】「現状に―」
あきち【空(き)地】あいている土地。
あきつしま【秋津島・秋津洲・蜻蛉洲】日本国の異称。
あぎと【▼腭・▽顎▽門・▽顎・▼鰓】あご。えら。
あきない【商い】「―が少ない」
あきなう【商う】「小間物を―」
あきなす【秋〈茄子〉】「―は嫁に食わすな」
あきばれ【秋晴(れ)】「さわやかな―」
あきびより【秋≪日和≫】「すがすがしい―」
あきま【空(き)間・明(き)間】「―有ります」
あきや【空(き)家・空(き)屋】「無人の―」
あきらか【明らか】「火を見るよりも―だ」
あきらめる【諦める】「進学を―」
あきる【飽きる・▼厭きる】「寿司を―ほど食べたい」
アキレスけん【アキレス▼腱】「―を痛める」「ここが彼の―（＝弱点）だ」
あきれる【▼呆れる・▼惘れる】「―・れてものも言えない」
あきんど【▽商▽人】「―の空値〈そらね〉」
あく【悪（惡）】アク・オ わる-い ［悪意・悪運・悪事・悪質・悪評・悪夢・悪用・悪例・害悪・醜悪］
あく【握】アク にぎ-る ［握手・握力・一握・掌握・把握］
あく【悪】⇔善。「―を憎む」
あく【〈灰汁〉】「―を抜く」
あく【空く】「席が―」「手が―」
あく【明く】「年が―」「埒〈らち〉が―・かない」
あく【開く】「店が―」「ドアが―」
あく【飽く・▼厭く】「―ことがない」「―なき野望」
あくい【悪意】⇔善意。「―を抱〈いだ〉く」
あくうん【悪運】「―が強い」
あくえん【悪縁】「―を絶つ」
あくぎゃくむどう【悪逆無道】人の道に背いた、ひどい悪事。「―の輩〈やから〉」
あくぎょう【悪行】「―の限りを尽くす」
あくさい【悪才】「―に長〈た〉ける」
あくさい【悪妻】⇔良妻。「―は百年の不作」
あくじ【悪事】「―を働く」
あくじき【悪食】「悪衣―を恥ずる者は未だ与〈とも〉に議するに足らず／論語」
あくじせんり【悪事千里】「―を走る」
あくしつ【悪疾】「―に悩む」
あくしつ【悪質】⇔良質。「―ないたずら」
あくしゅ【握手】「―を交わす」
あくしゅう【悪臭】「―を放つ」
あくしゅう【悪習】「―に染まる」
あくしゅみ【悪趣味】「―な服装」
あくじゅんかん【悪循環】「―を繰り返す」
あくじょ【悪女】性質のよくない女。
あくしん【悪心】「―を抱〈いだ〉く」
あくせい【悪声】「聞くに堪〈た〉えない―」
あくせい【悪性】⇔良性。「―の腫瘍〈しゅよう〉」
あくせい【悪政】⇔善政。「―の限りをつくす」
あくせく【▼齷▼齪・▼偓▽促】「―と働く」
あくせん【悪銭】「―身につかず」
あくせんくとう【悪戦苦闘】「―の末、勝利する」「強敵相手に―する」
あくそう【悪相】「―の顔」
あくた【▼芥】「塵〈ちり〉―」「大海は―を択〈えら〉ばず」
あくたい【悪態】「―をつく」

あくだま【悪玉】⇔善玉。
あくてん【悪天】⇔好天。「—に見舞われる」
あくとう【悪党】「—の一味」
あくどう【悪童】わんぱく。
あくとく【悪徳】「—商法」
あくにん【悪人】⇔善人。「—を成敗する」
あぐねる【▼倦ねる】「さがし—」「思い—」
あくば【悪罵】「—を浴びせる」
あくび【〈欠伸〉】「—が出る」
あくひつ【悪筆】「—悪文」
あくひょう【悪評】「—を買う」
あくびょうどう【悪平等】形だけの誤った平等。
あくふう【悪風】「—に染まる」
あくぶん【悪文】「悪筆—」
あくへい【悪弊】「—を断つ」
あくへき【悪癖】「—を直す」
あくほう【悪法】悪い法律。
あくま【悪魔】「—のささやき」
あくまで【飽く《▼迄》】「—反対する」「—も憶測に過ぎない」
あくむ【悪夢】「—のような事件」
あぐむ【▼倦む】「攻め—」「考え—」
あくめい【悪名】「—をはせる」
あくやく【悪役】「—になる」「—を演じる」

あくゆう【悪友】⇔良友。「—と付き合う」
あくよう【悪用】「職権を—する」
あぐら【〈胡坐〉】「—を組む」
あくらつ【悪辣】「—な手口」
あくりょう【悪霊】たたりをなす死人の魂。
あくりょく【握力】「—計」
あくる【明くる】「—日」「—朝」
あくれい【悪例】「—を残す」
あくろ【悪路】「—を走行する」
あけ【明け】「—の明星」「休暇—」
あけ【▽朱】「血で—に染まる」
あげあし【揚(げ)足】「—を取る」
あけがた【明け方】「—の月」
あけがらす【明け▼烏】夜明けに鳴くカラス。
あげく【挙(げ)句・揚(げ)句】「—の果て」
あけくれ【明け暮れ】「苦しい労働に—する」
あげしお【上(げ)潮】「—に乗る」
あけすけ【《明》け《透》け】「—にものを言う」
あげぜん【上げ膳】「—据え膳」
あげぞこ【上(げ)底】「—靴」
あけたて【開け▽閉て】「戸を—する」
あけっぱなし【開けっ放し】「窓を—にして寝る」「—な性格」
あげつらう【▽論う】「欠点を—」

あげて【挙げて】「村を—歓迎する」「—数〈かぞ〉うべからず(＝一々数えられないの意)」

あげはちょう【揚羽▼蝶・▼鳳▼蝶】大形のチョウ。

あけび【〈木通〉・〈通草〉】つる性低木。

あけぼの【▼曙】「春は—」「歴史の—」

あげまき【〈総角〉・揚巻】昔の子供の髪型。

あげまく【揚(げ)幕】「歌舞伎の—」

あげもの【揚(げ)物】油で揚げた食品。

あける【空ける】「部屋を—」

あける【明ける】「夜が—」

あける【開ける】⇔閉める。「店を—」

あげる【上げる】⇔下げる。「荷物を棚に—」「えさをあげる」「ノートを貸してあげる」

あげる【挙げる】「好きな曲名を—」

あげる【揚げる】「天ぷらを—」「旗を—」

あけわたす【明(け)渡す】「城を—」

あご【顎・▼腭・▼頤・▼頷】「—で使う」

あこうだい【▽赤▼魚▼鯛】鮮紅色の海魚。

アコーディオン【〈手風琴〉】「—を奏〈かな〉でる」「—カーテン」

あこがれる【憧れる・▽憬れる】「映画俳優に—」

あこぎ【《▽阿▼漕》】「—な商売」

あこやがい【▼阿古屋貝】真珠養殖用の貝。

あさ【麻】「—の中の蓬〈よもぎ〉(＝善人に交われば善人

になることのたとえ」／荀子」

あさ【朝】「さわやかな―」「―な夕な」

あざ【字】町・村内の一区画。

あざ【▼痣・▼黶】「青―」

あさい【浅い】「―池」「考えが―」

あさいち【朝市】「―が立つ」

あさおき【朝起き】早起き。

あさがえり【朝帰り】「―する」

あさがお【朝顔】「―の花一時〈ひととき〉（＝はかないことのたとえ）」

あさがた【朝方】「―から雪が降る」

あさぎ【浅▼葱】薄いあい色。

あさげ【朝▼餉】あさめし。朝食。

あざける【嘲る】「他人を―」

あさざ【〈莕菜〉・〈荇菜〉】多年生の水草。

あさじ【浅▼茅】「―が原」

あさせ【浅瀬】「―で泳ぐ」

あさだち【朝立ち】朝早く出発する。

あさぢえ【浅知恵】「猿の―」

あさつき【浅▼葱・〈胡葱〉】ネギに似た野菜。

あさづけ【浅漬(け)】「茄子〈なす〉の―」

あさって【〈明後日〉】あすの次の日。

あさつゆ【朝露】「―にぬれる」

あさで【浅手】⇔ふかで（深手）。

あざな【▽字】本名のほかにつけた名。

あざなう【▽糾う】「禍福は―・える縄のごとし」

あさなぎ【朝▼凪】⇔夕凪。

あさなゆうな【朝な夕な】「―にお参りする」

あさね【朝寝】「休日なので―する」

あさねぼう【朝寝坊】「宵っ張りの―」

あさはか【浅はか】「―な考え」

あさばん【朝晩】「―冷え込む」

あさひ【朝日・▼旭】朝の太陽の光。⇔夕日。「―が昇る」

あさぼらけ【朝ぼらけ】あけぼの。夜明け。

あざみ【▼薊】多年草。

あさみどり【浅緑】薄いみどり色。

あざむく【欺く】「敵の目を―」

あさめし【朝飯】「―を食う」「―前」

あざやか【鮮やか】「―な画像」

あさやけ【朝焼け】「―は雨」

あさゆ【朝湯】「朝寝朝酒―が大好きで」

あさゆう【朝夕】「―めっきり涼しくなる」

あざらし【〈海豹〉】海にすむ獣。

あさり【浅▼蜊】「―の酒蒸し」

あさる【▽漁る】「買い―」

あざわらう【▽嘲笑う】「失敗を―」

あし【足・脚】「―が速い」「―を洗う」「―が出る（＝予算を超える）」（「然」「想」などの漢字の構成部分をいう「あし」は「脚」と書く。また、足首から爪先までを「足」、足首から腰までを「脚」と書くこともある）

あし【▼葦・▼蘆・▼葭】「人間は考える―である（＝パスカルの言葉）」

あじ【味】「―のある文章」

あじ【▼鯵】海魚の一。食用。

アジア【亜細亜】六大州の一。

あしあと【足跡】「犯人のものと思われる―」

あしおと【足音・▼跫音】「―をくらます」「春の―」

あしか【〈海驢〉・▼葦鹿】大形の海獣。

あしかけ【足掛(け)】「―三年」

あしかせ【足▼枷】「受けた恩が―になる」

あしからず【▽悪しからず】「―ご了承下さい」

あしがる【足軽】下級の武士。

あしきり【足切り】「―の点数」

あしくせ【足癖】「―が悪い」

あしくび【足首】「―の捻挫」

あしげ【足蹴】「―にする」

あしげ【▼葦毛】白に黒や茶がまじった馬の毛色。

あじけない【味気ない】「―生活」

あしごしらえ【足▼拵え】「登山には相当の―が必要だ」

あじさい【〈紫陽花〉】七変化。四葩〈よひら〉。

あ

あしざま【▽悪し様】「―に言う」
あした【▽朝】あさ。⇔夕べ。「―に道を聞かば夕べに死すとも可なり／論語」
あした【〈明日〉】「―の予定」
あしだ【足駄】高下駄〈たかげた〉。
あしだい【足代】交通費。
あしたば【〈明日〉葉・〈鹹草〉】セリ科の多年草。
あじつけ【味付け】「―が濃い」
あしでまとい【足手▼纏い】「―になる」
あしどめ【足留(め)】「―をくう」
あしどり【足取り】「犯人の―を追う」
あしなみ【足並(み)】「―をそろえる」
あしならし【足慣らし・足▼馴らし】「―に散歩をする」
あしば【足場】「―を組む」
あしばや【足早】「―に立ち去る」
あしび【〈馬酔木〉】あせび。
あしぶみ【足踏み】「―状態」
あしまめ【足《〈忠実〉》】「―に通い続ける」
あじみ【味見】「―をする」
あしもと【足元】「―を見る」
あじゃり【▼阿▼闍▽梨】密教の高僧。
あしゅら【▼阿修羅】仏法の守護神。
あしらう【▽配う】配合する。「テーブルに花を―」
あしらう【▽遇う】扱う。「軽く(冷たく)―」「鼻で―」
あじろ【▽網代】「―を編む」
あじわい【味わい】「深い―」
あじわう【味わう】「秋の旬を―」
あす【《明日》】「―に備える」
あずかる【▽与る】「おほめに―」
あずかる【預かる】「金を―」
あずき【《小豆》】赤飯などに使う豆。
あずける【預ける】「銀行に金を―」
あずさ【▼梓】弓や版木の材料。
あすなろ【〈翌檜〉】常緑高木。
あずま【▽東・▼吾妻】関東。
あずまおとこ【▽東男】「―に京女」
あずまや【▽東屋・〈四阿〉】庭園にある小さな建物。
あせ【汗】「―をかく」「手に―握る」
あぜ【▼畦・▽畔】「田の―」
あせい【▼阿世】「曲学―」
あぜくらづくり【▽校倉造り】倉などの建築様式。
あせび【〈馬酔木〉】常緑低木。あしび。
あせみず【汗水】「―流す」
あせみずく【汗みずく】「―になる」〈現代仮名遣いでは「あせみづく」とも書く〉
あぜみち【▼畦道】田と田の間の細道。
あせも【汗▼疹・汗▼疣】「―ができる」
あせる【焦る・〈焦躁〉る】「気が―」
あせる【▼褪せる】「色が―」
あぜん【▼啞然】「―として言葉も出ない」
あそこ【《▽彼▽処》・《▽彼▽所》】「―まで紛糾するとは予想外だ」
あそび【遊び】「悪い―にふける」
あそぶ【遊ぶ】「よく学びよく―」「―んで暮らす」
あだ【▼仇・▼寇】「―を討つ」
あだ【▽徒】「せっかくの好意を―にする」
あだ【▼婀▼娜】「―な姿」
あたい【価】ねだん。代金。「―をつける」
あたい【値】ねうち。数値。「―千金」
あたいする【値する】「一読に―」「注目に―」
あたう【▽能う】「―限りの努力」
あだうち【▼仇討ち】かたきうち。
あたえる【与える】「感銘を―」
あたかも【▼恰も】「―勝者のごとく振る舞う」「時―午前零時」
あたたか【温か】「―な家庭」
あたたか【暖か】「―な部屋」
あたたかい【温かい】「―手をさしのべる」
あたたかい【暖かい】「―日ざし」
あたたまる【温まる】「心―話」

▌あたたまる【暖まる】「部屋が―」
▌あたためる【温める】「スープを―」『旧交を―』
▌あたためる【暖める】「室内を―」
あだっぽい【▼婀▼娜っぽい】「―姿」
▌あだな【▽徒名・▼仇名】「―が立つ」
▌あだな【▼渾名・▼綽名】「―で呼ぶ」
あだばな【▽徒花】「せっかくの好投も―になる」
あたま【頭】「―がいい」『―を悩ます』「―が上がらない」
あたまうち【頭打ち】「売り上げが―の状況だ」
あたまかず【頭数】「―をそろえる」
あたまきん【頭金】手付金。
あたまごし【頭越し】「―の交渉」
あたまごなし【頭ごなし】「―にどなりつける」
あたまわり【頭割(り)】「勘定を―にする」
あたら【〈可惜〉】「―有能な人材を失ってしまった」
あたらしい【新しい】「―企画」
あたり【辺り】「―を見まわす」『この―で妥協しよう』
あたり【当(た)り】「―の柔らかい人」『三、四番に―が出る』「一人―三枚ずつ配る」
あたりさわり【当(た)り障り】「―の無い話題」
あたりまえ【当(た)り前】当然。普通。なみ。
あたりやく【当(た)り役】評判を得た役。
▌あたる【▽中る】「鯖〈さば〉に―」

▌あたる【当(た)る】「ボールが―」『宝くじが―』
あちこち【《▽彼▽方▼此▽方》】「―歩き回る」
あちら【〈彼方〉】「南は―です」
あつ【圧(壓)】アツ ―「圧縮・圧迫・圧力・気圧・鎮圧」
▌あつい【厚い】「―本」『―・く御礼申し上げる』
▌あつい【▽篤い】「病が―」『信仰が―』
▌あつい【熱い】温度が高い。「―お茶」『―思い』
▌あつい【暑い】気温が高い。⇔寒い。「―盛り」
あつえん【圧延】「―加工」
あっか【悪化】「症状が―する」
あっか【悪貨】⇔良貨。「―は良貨を駆逐する」
あつかい【扱い】「丁寧な―」『取り―』
あつかう【扱】あつか-う ―「欠席として―」「取り―」
あつかう【扱う】「人を邪険に―」
あつかましい【厚かましい】「―やつ」
あつがみ【厚紙】厚手の紙。
あっかん【圧巻】「ラストシーンが―だ」
あっかん【悪漢】「―を退治する」
あつかん【熱▼燗】「―とっくり」
あっき【悪鬼】「―を祓〈はら〉う」
あつぎ【厚着】⇔薄着。
あっけ【▼呆気】「―にとられる」

あつげしょう【厚化粧】⇔薄化粧。
あっけない【▼呆気ない】「―幕切れ」
あっこう【悪口】「―を浴びせる」
あっこうぞうごん【悪口雑言】「―を吐く」
あっさく【圧搾】「空気を―する」
あっさつ【圧殺】「反対意見を―する」
あっし【圧死】押しつぶされて死ぬ。
あつじ【厚地】⇔薄地。
あっしゅく【圧縮】「ファイルを―する」
あっしょう【圧勝】「大差で―する」
あっせい【圧制】「―に抵抗する」
あっせい【圧政】「独裁者の―」
あっせん【▼斡旋】「就職を―する」
あつで【厚手】⇔薄手。
あっとう【圧倒】「人数で―する」
あっぱく【圧迫】「手首を―する」『精神的―』
あっぱれ【▽天晴(れ)・▼遖】おみごと。
あっぷく【圧伏・圧服】「他国を―する」
あつまる【集まる】「十時に―」
あつみ【厚み】「本の―」『教養に―が感じられる』
あつもの【▼羹】熱い汁。「―に懲りて膾〈なます〉を吹く／楚辞」
あつもりそう【▼敦盛草】ラン科の多年草。
あつらえ【▼誂え】「特別―」

あつらえむき【▼誂え向き】「子供に―の本」「お―だ」
あつらえる【▼誂える】「洋服を―」
あつりょく【圧力】「―を掛ける」
あつれき【▼軋▼轢】「―を生じる」
あて【当て】「―のない旅」「―にならない」
あて【宛】「会社―」
あてうま【当て馬】「―候補」
あてがう【宛てがう・充てがう】「骨折部に副木を―」「新入社員に仕事を―」
あてこする【当て《▽擦》る】「―ような調子」
あてさき【宛先】「―不明の手紙」
あてじ【当て字・宛字】「めでたいを―で目出度いと書く」
あてずいりょう【当て推量】「―でものを言うな」
あですがた【▽艶姿】「女性の―」
あてずっぽう【当てずっぽう】「―の答えを書く」「―で言う」
あてど【当て《▽所》】「―(も)なくさまよう」
あてな【宛名】「―を書く」
あてはずれ【当て外れ】「期待が―になった」
あてはまる【当て《▼嵌》まる】「空欄に―語句を入れよ」
あてはめる【当て《▼嵌》める】「自分に―・めて考える」
あてみ【当て身】「―技」
あでやか【▽艶やか】「―な振袖姿」
あてる【宛】あ-てる ―「宛先・宛文・宛名」
あてる【当てる】「ボールを―」「宝くじで一等を―」
あてる【充てる】「ボーナスを返済に―」
あてる【宛てる】「先生に―・てた手紙」
あと【後】⇔先。「―を頼む」「―が絶える」
あと【痕】「手術の―」
あと【跡・▼址】「父の―を継ぐ」「車輪の―」「城の―」
あとあじ【後味】「―が悪い」
あとおし【後押し】「財界が―する候補」
あとがき【後書き】「本の―」
あとかた【跡形】「―もなく消える」
あとかたづけ【後片付け・跡片付け】「きれいに―しておく」
あとがま【後釜】「―にすえる」
あとくされ【後腐れ】「―なく別れる」
あとくち【後口】「―が悪い」
あとさき【後先】「―を考えない」
あとしまつ【後始末】「大会後の―」
あとずさり【後《▽退》り】前を向いたまま後ろへ下がる。
あとつぎ【跡継(ぎ)・後継(ぎ)】相続人。後継者。
あととり【跡取り】「―むすこ」
あとのまつり【後の祭(り)】「後悔してももう―だ」
あとばらい【後払い】「―決済」
あとまわし【後回し】「面倒な作業は―にする」
あとめ【跡目】「―を継ぐ」
あともどり【後戻り】「もう―できない」
あとやく【後厄】厄年の翌年。⇔前厄。
あとり【〈獦子鳥〉】小鳥の名。
あな【穴・▽孔】「―を掘る」「針の孔」「借金の―」
あなうめ【穴埋め】「損失を―する」
あながち【《▽強》ち】「―うそとは言えない」
あなぐま【穴熊】タヌキに似た獣。
あなぐら【穴蔵・穴倉・▼窖】地下室。
あなご【穴子】ウナギに似た海魚。
あなた【▽彼▽方】「山の―の空遠く」
あなた【〈貴方〉】「―任せ」
あなどる【侮る】「敵を―なかれ」
あなば【穴場】「紅葉名所の―」
あに【兄】「―と弟」「―夫婦」
あに【《▼豈》】「―図らんや」
あにき【兄貴】「―分〈ぶん〉」
あによめ【兄嫁・▼嫂】兄の妻。
あね【姉】「―と妹」「―さん女房」

表記欄の▼は常用漢字表にない漢字、▽は常用漢字表にない音訓

あねご【姉御・▼姐御】「―肌」
あのよ【《▽彼》の世】「―に逝〈ゆ〉く」
あばく【暴く】「昔の悪事を―」
あばずれ【▼阿婆擦れ】「―女」
あばた【〈痘痕〉】「―も靨〈えくぼ〉」
あばらぼね【▼肋骨】ろっこつ(肋骨)。
あばらや【▽荒ら屋】「古い―」
あばれる【暴れる】「酔って―」
あびきょうかん【▼阿鼻叫喚】「―の巷〈ちまた〉」
あびせる【浴びせる】「集中砲火を―」
あひる【〈家鴨〉・▼鶩】「―の火事見舞い」
あびる【浴びる】「シャワーを―」「脚光を―」
あぶ【▼虻・▼蝱】「―蜂取らず」
あぶく【▽泡】水のあわ。
あぶくぜに【▽泡銭】「―は身に付かない」
あぶない【危ない】「―橋を渡る」
あぶなえ【危な絵】扇情的な浮世絵。
あぶみ【▼鐙】乗り手の足をささえる馬具。
あぶら【油】「水と―」
あぶら【脂・▼膏】「―が乗る」
あぶらあげ【油揚(げ)】「鳶〈とんび〉に―をさらわれる」
あぶらあせ【脂汗・▼膏汗】「―が出る」
あぶらえ【油絵】油絵の具で描いた絵。
あぶらかす【油▼粕・油▼糟】大豆から油を取ったかす。
あぶらぎる【脂ぎる】「―った顔」
あぶらけ【脂気】「―のない肌」
あぶらぜみ【油▼蟬】「―がジージーと鳴く」
あぶらでり【油照り】「じりじりと―になる」
あぶらな【油菜】菜種油をとる草。
あぶらみ【脂身】肉の脂肪の多い部分。
あぶらむし【油虫】①ゴキブリ。②(「蚜虫」とも書く)草につく害虫。アリマキ。
アフリカ【阿弗利加】六大州の一。
あぶる【▼炙る・▼焙る】「干物を―」
あふれる【▼溢れる】「―涙」「魅力―人物」
あぶれる【▼溢れる】「仕事に―」
あへん【▼阿片・▼鴉片】「―中毒」
あほう【▼阿▼呆・▼阿▽房】ばか。
あほうどり【〈信天翁〉・▼阿▽房鳥】海鳥の一。
あま【尼】「修道院の―」
あま【亜麻】「―糸」「―色の髪」
あま【《海女》・《海士》】男の場合は「海士」と書く。
あまあい【雨▽間】「―を縫って移動する」
あまあし【雨脚・雨足】「―が速い」
あまい【甘い】「―お菓子」「―考え」
あまえび【甘〈海老〉】小さな赤いエビ。
あまえる【甘える】「母に―」「お言葉に―」
あまおち【雨落ち】「―の溝」
あまがえる【雨▼蛙】小形のカエル。
あまがける【天▼翔る】「―竜」
あまがさ【雨傘】「―を差す」「―番組」
あまかわ【甘皮】「―をはぐ」
あまぐ【雨具】「―を持参する」
あまくだり【天下り】「中央官庁から―する」
あまくち【甘口】⇔辛口。「―の酒」
あまぐも【雨雲】「―が発達する」
あまごい【雨乞い・雨請い】「―の儀式」
あまざけ【甘酒】「此処までおいで―進じょ」
あまざらし【雨▼曝し・雨▼晒し】「―のバイク」
あまじお【甘塩】「―の鮭〈さけ〉」
あます【余す】「―ところなく」
あまずっぱい【甘酸っぱい】「―香り」
あまぞら【雨空】「今にも降り出しそうな―」
あまた【〈数多〉】たくさん。多数。「引く手―」
あまだい【甘▼鯛】中形の海魚。
あまだれ【雨垂れ】「―石をうがつ」
あまちゃ【甘茶】灌仏会に釈迦像にかける甘い茶。
あまつさえ【《▽剰》え】そればかりか。そのうえに。
あまでら【尼寺】尼の住む寺。
あまど【雨戸】「―を閉める」

あ

あまどい【雨▼樋】軒先に設けた樋。

あまとう【甘党】甘い物を好む人。⇔辛党。

あまなっとう【甘納豆】豆を甘く煮つめた菓子。

あまねく【▽遍く・▽普く】「—行き渡る」

あまのがわ【天の川・天の河・〈天漢〉・〈銀漢〉】「天を横切る—」

あまのじゃく【天の邪▽鬼】人にわざと逆らう者。

あまもよい【雨▼催い】雨模様。あめもよい。

あまもよう【雨模様】「—の天気」

あまもり【雨漏り】「—がする」

あまやどり【雨宿り】「にわか雨で—する」

あまり【余り・▽剰り】「山分けした—」「感激の—」「あまりうれしくない」

あまりに【《余》りに】「これでは—ひどすぎる」

あまる【余る・▽剰る】「会費が—」「かわいさ—って憎さ百倍」「身に—光栄」

あまんじる【甘んじる】「清貧に—」「準優勝に—ことなく」〔サ変「甘んずる」も同じ〕

あみ【網】「—にかかる」「法の—をくぐる」

あみ【〈醤蝦〉】「—の佃〈つくだ〉煮」

あみがさ【編み▼笠】スゲなどで編んだ笠。

あみだ【▼阿▽弥▼陀】「麦わら帽を—にかぶる」

あみだくじ【▼阿▽弥▼陀▼籤】「—を引く」

あみだす【編(み)出す】「独自の製法を—」

あみだな【網棚】「荷物を—に忘れる」
あみど【網戸】「—の穴から虫が入る」
あみもの【編(み)物】「毛糸で—をする」
あむ【編む】「マフラーを—」
あめ【天】「—地〈つち〉」「—が下」
あめ【雨】「にわか—」「恵みの—」「曇のち—」「—降って地固まる」
あめ【▼飴】「—をなめる」
あめあられ【雨▼霰】「感謝感激—」
あめいせんそう【▼蛙鳴▼蟬▼噪】やかましいこと。
あめつち【天▽地】天と地。てんち。
あめつゆ【雨露】「—をしのぐ」
あめもよう【雨模様】「—の空」
アメリカ【亜米利加・亜墨利加】米国。米州。
あめんぼ【〈水黽〉・〈水馬〉・▼飴▽坊】水上を滑走する昆虫。
あや【▽文】「言葉の—」
あや【▼綾】「—を織る」
あやうい【危うい】「—・く追突するところだった」
あやおり【▼綾織(り)】織り目が斜めに表れる織り方。
あやかる【《▽肖》る】好ましい人に似る。「福の神に—」
あやしい【怪しい】「—男」

あやしい【妖しい】「—魅力」
あやしむ【怪しむ】「—に足りない」
あやつる【操る】「人形を—」
あやとり【▼綾取り】ひもの遊び。
あやなす【▼綾なす】「繊細な光と影の—映像」
あやぶむ【危ぶむ】「成功を—」
あやまち【過ち】「—を犯す」
あやまつ【過つ】「—・たず命中した」
あやまる【誤る】「手順を—」
あやまる【謝る】「不手際を—」
あやめ【〈菖蒲〉】アヤメ科の多年草。
あやめ【▽文目】「—も分かず」
あやめる【▽殺める・▽危める】「人を—」
あゆ【▼鮎・〈年魚〉】清流にすむ淡水魚。
あゆついしょう【▼阿▼諛追従】「上司に—する」
あゆみ【歩み】「牛の—」
あゆむ【歩む】あるく。進む。
あら【《粗》】「鯛の—」「他人の—を探す」
あら【▼鯇】スズキ目の海魚。
あらい【荒い】「息が—」
あらい【粗い】「きめが—」
あらいがみ【洗い髪】女性の洗いたての髪。
あらいざらい【洗い《▼浚》い】「—白状する」
あらいざらし【洗い《▼晒》し】「—のシャツ」

あらいそ【荒▼磯】波が荒く岩の多い海岸。
あらう【洗う】「野菜を―」「当夜の行動を―」
あらうみ【荒海】波の荒い海。
あらがう【▽抗う・▽争う・▼諍う】「権力に―」
あらかじめ【▽予め】「―ことわっておく」
あらかせぎ【荒稼ぎ】「相場で―した」
あらかた【《粗方》】「仕事が―終わった」
あらかべ【粗壁】「土蔵の―」
あらかん【▼阿羅漢】悟りを得た修行者。
あらき【粗木・荒木】切り出したままの木。
あらぎも【荒肝】「―をひしぐ」
あらぎょう【荒行】「―に耐える」
あらくれ【荒くれ】「―男」
あらけずり【粗削り・荒削り】「―な文章」
あらごと【荒事】歌舞伎で、荒々しい所作。⇔和事。
あらさがし【《粗》探し】「他人の欠点の―をする」
あらし【嵐】―あらし「青嵐・砂嵐・花嵐・夕嵐・雪嵐」
あらし【荒らし】「倉庫―」「事務所―」
あらし【嵐】「非難の―」
あらじお【粗塩】精製していない塩。
あらじょたい【新所帯】新婚の所帯。
あらす【荒らす】「のら猫が庭を―」
あらすじ【粗筋】あらましの筋。梗概。

あらせいとう【〈紫羅欄花〉】花の名。ストック。
あらそい【争い】「―が絶えない」「相続―」
あらそう【争う】「優勝を―」「年は―えない」
あらた【新た】「―な感動をよぶ」「認識を―にする」
あらたか【《▼灼》か】「霊験―な神社」
あらだてる【荒立てる】「事を―」
あらたまる【改まる】「条文が―」
あらたまる【▽革まる】「病状がにわかに―」
あらためて【改めて】「―言うまでもない」
あらためる【改める】「法を―」
あらて【新手】「―の軍勢」「―の商法」
あらと【粗▼砥】目の粗い砥石。
あらなみ【荒波】「世間の―にもまれる」
あらなわ【荒縄・粗縄】太い藁の縄。
あらに【粗煮】魚の粗を煮つけた料理。
あらの【荒野・▼曠野】荒れた野原。あれの。
あらぼとけ【新仏】新盆に祭られる仏。
あらまき【荒巻(き)】「―鮭」
あらもの【荒物】家庭用雑貨の総称。
あらゆ【新湯】「沸かしたての―」
あらゆる【《▽凡》ゆる・〈《所有》〉】「―手段を講じる」
あららげる【荒らげる】「声を―」
あらりえき【粗利益】売上額から原価を引いた額。

あらりょうじ【荒療治】手荒な治療。改革。
あられ【▼霰】雪と雹〈ひょう〉との中間の氷粒。
あらわ【▽露・▽顕】「肌を―にする」「感情を―にする」
あらわざ【荒技】「豪快な―で勝つ」
あらわす【表す(表わす)】「怒りを顔に―」「名は体を―」
あらわす【現す(現わす)】「姿を―」「全貌を―」
あらわす【▽顕す】「功績を世に―」
あらわす【著す(著わす)】「多くの小説を―」
あらわれる【表れる(表われる)】「喜びが顔に―」
あらわれる【現れる(現われる)・▽顕れる】「雲間から太陽が―」「怪獣が―」
あり【▼蟻】アリ科の昆虫の総称。「―の穴から堤も崩れる／韓非子」
ありあけ【有明】「―の月」
ありあわせ【有り合(わ)せ】「―の材料」
ありうる【《有》り《得》る】「失格も―」
ありか【在り▽処】「宝物の―」
ありかた【在り方】「政治の―」
ありがたい【《有》り《難》い】「―く頂戴する」
ありがち【《有》り《勝》ち】「とかく―なことだ」
ありがとう【《有》り《難》う】「―ございます」
ありがね【有り金】「―をはたく」

表記欄の《》は常用漢字表付表の語、〈〉は表外熟字訓、《》は仮名書きが多い

あ

ありきたり【《在》り《来》り】「―のやり方」
ありくい【▼蟻食・〈食蟻獣〉】長い舌でアリを食う。
ありさま【有り様】「目も当てられない―」
ありじごく【▼蟻地獄】ウスバカゲロウの幼虫。「―に落ちる」
ありしひ【在りし日】「―の面影」
ありづか【▼蟻塚・▼垤】アリが巣の土を掘り上げた塚。
ありったけ【《有》りっ《丈》】「―の金を使う」
ありてい【《有》り《体》】「―に言えば」
ありのまま【《有》りの《▼儘》】「―の姿」「事実を―に記す」
ありふれた【《有》り《触》れた】「世間にはごく―話」
ありゅう【亜流】「―に過ぎない」
ありよう【有り様】「政治の―」
ある【《在》る】「近くに神社が―」「病床に―」
ある【《有》る】「―こと無いこと」「妻子―身」「心ここに―・らず」「窓が開けてある」
ある【《▼或》る】「―日」「―女の一生」
あるいは【《▼或》いは】「本人―配偶者」「―そうかもしれない」
あるく【歩く】「人生の裏街道を―」「犬も―・けば棒に当たる」
アルコール【〈酒精〉】「―飲料」「―中毒」
あるじ【▽主】「一国一城の―」
あれ【荒れ】「手の―を防ぐ」
あれこれ【《▽彼▽是》】「―(と)気を配る」
あれち【荒れ地】「山間の―」
あれの【荒れ野】「―の果て」
あれもよう【荒れ模様】「海は―だ」「会議は最初から―の展開を見せた」
あれる【荒れる】「肌が―」「生活が―」
あわ【泡・▼沫】「水の―」「口角―を飛ばす」
あわ【▼粟】「濡れ手で―」「肌に―を生ずる」
あわ【安房】旧国名。千葉県南部。房州。
あわ【阿波】旧国名。徳島県。
あわい【▽間】物と物のあいだ。
あわい【淡い】「―色」
あわじ【淡路】旧国名。兵庫県淡路島。淡州。
あわす【▼醂す】渋柿の渋を抜く。さわす。
あわせ【▼袷】裏地をつけた和服。⇔ひとえ。
あわせる【合(わ)せる】「手を―」「力を―」
あわせる【会わせる】「二人を―」「―顔がない」
あわせる【併せる】「二人の所持金を―と三十万円になる」
あわただしい【慌ただしい・▼遽しい】「政局の動きが―」
あわだつ【泡立つ】「石けんが―」
あわだつ【▼粟立つ】「寒さで皮膚が―」
あわてる【慌てる・〈周章〉てる】「―・てて片付ける」
あわび【▼鮑・▼鰒】「磯の―の片思い」
あわもり【泡盛】沖縄特産の強い焼酎。
あわゆき【泡雪・▼沫雪】泡のようにとけやすい雪。
あわゆき【淡雪】うっすらとつもった春の雪。
あわれ【哀れ】「―を催す」「―な姿」
あわれむ【哀れむ・▼憐れむ】「遺児を―・んで引き取る」「同病相憐れむ」
あん【安】アン やす-い 「安価・安産・安住・安静・安全・安置・安定・安楽・慰安・不安」
あん【行】⇩こう(行)。「行火〈あんか〉・行脚・行灯〈あんどん〉」
あん【案】アン ― 「案内・案出・懸案・原案・考案・思案・提案」
あん【暗】アン くら-い 「暗記・暗号・暗殺・暗算・暗示・暗転・明暗・幽暗」
あん【案】「―を練る」「―に違〈たが〉わず」
あん【▼庵・▼菴】「―を結ぶ」
あん【▼餡】「漉〈こ〉し―」

あ

あんあんり【暗暗裏・暗暗▼裡】内々。「―に認める」
あんい【安易】「―な発想」「―に流れる」
あんいつ【安逸】「―をむさぼる」
あんうつ【暗▼鬱】「―な表情」
あんうん【暗雲】「双方の関係に―がたちこめる」
あんうんていめい【暗雲低迷】不穏な情勢。
あんえい【暗影・暗▼翳】「前途に―を投げかける」
あんか【安価】⇔高価。「―な政府」
あんか【《行火》】「冷えた足を―で温める」
あんがい【案外】「―簡単だった」
あんかん【安閑】「―と過ごす」
あんき【安気】「―に過ごす」
あんき【安危】「国家の―を決する問題」
あんき【暗記・▼諳記】「公式を―する」
あんぎゃ【行脚】「全国―の旅」
あんきょ【暗▼渠】「―排水」
あんぐ【暗愚】「―な君主」
あんぐう【行宮】仮の御所。「天皇行幸時の―」
あんくん【暗君】「統治能力に欠ける―」
あんけん【案件】「重要―を審議する」
あんけんさつ【暗剣殺】九星の一。最も不吉な方位。
あんこう【▼鮟▼鱇】「―鍋」「―の骨まで凍ててぶち切らる」

あんごう【暗号】「―を解読する」
あんごう【暗合】偶然の一致。「不思議な―」
あんこく【暗黒】「警察力の及ばない―地帯」
あんざ【安座・安▼坐】ひざをくずし座る。⇔正座。
あんざいしょ【行在所】行宮〈あんぐう〉。「天皇行幸時の―」
あんさつ【暗殺】「―計画」
あんざん【安産】⇔難産。「―祈願」
あんざん【暗算】「―で計算する」
あんじ【暗示】「―にかかる」
あんしつ【暗室】「―で現像する」
あんしゃほりん【安車▼蒲輪】老人をいたわる。「―の心」
あんじゅう【安住】「―の地」「現在の地位に―することなく」
あんしゅつ【案出】「新しい方法を―する」
あんしょう【暗唱・暗▼誦】「詩を―する」
あんしょう【暗証】「―番号」
あんしょう【暗礁】「―に乗り上げる」
あんしょく【暗色】暗い色調の色。⇔明色。
あんじる【案じる】「行く末を―」〔サ変「案ずる」も同じ〕
あんしん【安心】「彼女に任せておけば―だ」「母を―させる」

あんしんりつめい【安心立命】安心して動じない。〔「あんじんりゅうみょう」とも〕
あんず【▼杏子・▼杏】バラ科の落葉小高木。実は食用。
あんせい【安静】「絶対―」
あんぜん【安全】「生命の―を保障する」「―地帯」
あんぜん【暗然・▼黯然・▽闇然】「―たる思いに沈む」
あんぜんほしょう【安全保障】「国連の―理事会」
あんそく【安息】「―日」
あんだ【安打】「シーズン最多―」
あんたい【安泰】「御家〈おいえ〉は―」
あんたん【暗▼澹】「―たる思い（空模様）」
あんち【安置】「仏像を―する」
あんちゃく【安着】「無事―の連絡があった」
あんちゅうひやく【暗中飛躍】「裏社会で―する」
あんちゅうもさく【暗中模索】手がかりもないまま、さぐり求める。「新しい分野で―する」
あんちょく【安直】「―な娯楽」「―に引き受ける」
あんてい【安定】「―した生活」
あんてん【暗転】「事態が―する」
あんど【安▼堵】「無事を知って―した」
あんとう【暗闘】「派閥内部の―」

あんどん【行▽灯】「昼―」
あんない【案内】「先に立って―する」「受付で―を請う」
あんに【暗に】「―指摘する」
あんねい【安寧】「社会の―を願う」
あんねいちつじょ【安寧秩序】平穏で秩序がある。「―を守る」
あんのじょう【案の定】「―失敗した」
あんのん【安穏】「―に暮らす」
あんば【▼鞍馬】馬上の鞍の形の体操用具。
あんばい【▽塩梅】物事の具合。「吸い物の―をみる」「いい―に席が空いていた」「体の―」
あんばい【▼按排】ほどよく物事を処理する。「適当に―しておけ」
あんぴ【安否】「―を尋ねる」
あんぶ【暗部】「事件の―に迫る」
あんぶ【▼鞍部】山の尾根の、くぼんでいる所。
あんぷ【暗譜】「―で演奏する」
あんぶん【案分・▼按分】「出資額に応じ利益を―する」
あんぶん【案文】「―を作成する」
あんぽ【安保】安全保障条約の略。
あんぽう【▼罨法】患部を温めたり冷やしたりする療法。「冷―」

あんま【▼按摩】「―を取る」
あんまく【暗幕】「映写室の―」
あんみつ【▼餡蜜】餡を入れた蜜豆。
あんみん【安眠】「―妨害」
あんもく【暗黙】「―の了解」
あんや【暗夜・▽闇夜】やみ夜。「―の礫〈つぶて〉」「―行路」
あんやく【暗躍】「政界の裏側で―する」
あんらく【安楽】「―に暮らす」「―死」
あんりゅう【暗流】「現代社会の―をたどる」
あんるい【暗涙】「―にむせぶ」

い

い【以】イ ―「以遠・以下・以外・以後・以上・以前・以内」
い【衣】イ ころも「衣裳・衣食・衣服・衣料・衣類・白衣」
い【位】イ くらい「位階・位置・各位・三位一体〈さんみいったい〉・従三位〈じゅさんみ〉・順位・上位・地位・方位」
い【囲(圍)】イ かこ-む・かこ-う「囲碁・周囲・範囲・包囲」

い【医(醫)】イ ―「医院・医学・医師・医者・医術・医薬・校医・獣医・内科医・名医」
い【依】イ・(エ) ―「依願・依拠・依然・依存・依託・依頼」
い【委】イ ゆだ-ねる「委員・委細・委譲・委嘱・委託・委任」
い【易】⇨えき(易)。「安易・簡易・難易・平易・容易」
い【威】イ ―「威圧・威厳・威光・威力・脅威・権威・示威・猛威」
い【為(爲)】イ ―「為政・営為・行為・作為・人為・当為・無為」
い【畏】イ おそ-れる「畏敬・畏縮・畏怖・畏服・畏友・敬畏」
い【胃】イ ―「胃液・胃炎・胃酸・胃弱・胃腸・胃病・胃壁」
い【唯】⇨ゆい(唯)。「唯唯・唯唯諾諾」
い【尉】イ ―「尉官・一尉・准尉・大尉・中尉」
い【異】イ こと「異議・異郷・異才・異彩・異常・異性・異説・異同・異変・異論・奇異・驚異・差異・特異・変異」

い【移】イ　うつ-る・うつ-す　「移住・移植・移籍・移転・推移・変移」
い【萎】イ　な-える　「萎縮」
い【偉】イ　えら-い　「偉業・偉才・偉人・偉大・偉容・雄偉」
い【椅】イ　「椅子」
い【彙】イ　「彙報・彙類・語彙・字彙・品彙」
い【意】イ　「意外・意気・意義・意見・意志・意識・意味・意訳・決意・故意・善意・大意・注意・用意・留意」
い【違】イ　ちが-う・ちが-える　「違憲・違反・違法・違和感・相違」
い【維】イ　「維管束・維持・維新・繊維」
い【慰】イ　なぐさ-める・なぐさ-む　「慰安・慰問・慰霊・慰労・弔慰」
い【遺】イ（ユイ）　「遺憾・遺棄・遺産・遺品・補遺」
い【緯】イ　「緯線・緯度・経緯・南緯・北緯」
い【井】「―の中の蛙〈かわず〉」

い【▼亥】十二支の十二番目。いのしし。

い【▼藺】畳表とする多年草。いぐさ。

い【胃】食道に続く消化器官。

い【意】「―に反する」「―を決する」

いあい【居合】「―抜き」

いあい【遺愛】生前愛用していたこと。「夏目漱石―の品」

いあいぬき【居合抜き】「―の名人」

いあく【▼帷▼幄】大将の陣営。

いあつ【威圧】「―感がある」

いあん【慰安】「―旅行」

いい【⦅▽良⦆い・⦅▽好⦆い・⦅▽善⦆い】「―天気」「―人」「こっちこそ―迷惑だ」

いい【易易】困難がなくたやすいさま。

いいかえる【言(い)換える・言(い)替える】「やさしく―」

いいがかり【言い掛(かり)】「―をつける」

いいかげん【⦅好⦆い⦅加減⦆】「―なことばかり言う」「―にしろ」

いいかねる【言い⦅兼⦆ねる】「ちょっと―」「私の口からは―」

いいぐさ【言い⦅▽種⦆】「なんて―だ」

いいそびれる【言い⦅▽逸⦆れる】「つい―」

いいだくだく【唯唯諾諾】言いなり。「―と従う」


いいだこ【▽飯▼蛸】小形のタコ。食用。

いいつかる【言い⦅付⦆かる】「用事を―」

いいつける【言い⦅付⦆ける】「先生に―」

いいつたえ【言(い)伝え】「この神社にまつわる―」

いいつのる【言い募る】「意地になって―」

いいなずけ【〈許嫁〉・〈許婚〉】婚約者。フィアンセ。

いいなり【言い⦅成⦆り】「子どもの―」

いいね【言(い)値】「―で買う」

いいぶん【言(い)分】「私にも―がある」

いいまわし【言(い)回し】「持って回った―」

いいよう【言い⦅様⦆】「何とも―がない」「ものは―だ」

いいわけ【言(い)訳】「―は聞きたくない」

いいわたす【言(い)渡す】「判決を―」

いいん【医院】個人経営の小規模な診療施設。

いいん【委員】「学級―」

いう【言う・▼云う】「親の―ことをきく」「はっきりと―」

いえ【家】「―を建てる」「―を継ぐ」

いえい【遺詠】辞世の詩歌。

いえい【遺影】故人の写真や肖像。

いえがら【家柄】「―より芋がら」

いえじ【家路】「―につく」

いえすじ【家筋】家系。血筋。
いえつき【家付き】「—の土地」
いえで【家出】「—して街をうろつく」
いえども【《▼雖》も】「一滴と—水をむだにできない」
いえなみ【家並(み)】「昔ながらの—が続く」
いえもと【家元】「茶道の—」
いえる【癒える】病気などがなおる。「心の傷が—」
いえん【以遠】そこより先。「名古屋—」
いえん【胃炎】「慢性—」
いおう【《硫黄》】元素の一。「—華〈か〉」
いおう【以往】「明治—」
いおり【▼庵】「—を結ぶ」
いか【〈烏賊〉】海産の軟体動物。
いか【以下・▼已下】それより下。「五万円—の罰金」「社長—総出で出迎える」
いが【▼毬】「栗の—」
いが【伊賀】旧国名。三重県北西部。伊州。
いかい【位階】「—勲等」
いかい【遺戒・遺▼誡】子孫に残したいましめ。
いがい【以外】「そうする—に手がない」
いがい【意外】「被害は—に大きい」「—と知らないマナー」
いがい【▼貽貝】海産の二枚貝。食用。
いがい【遺骸】「—を埋葬する」
いかいよう【胃潰瘍】胃壁に潰瘍のできる疾患。
いかが【〈如何〉】「—いたしましょう」「もう一杯—ですか」
いかがわしい【〈如何〉わしい】「—読み物」
いかく【威嚇】「—射撃」
いがく【医学】「最新の—」
いかくちょう【胃拡張】胃が広がったままの状態。
いがぐり【▼毬▼栗】いがに包まれた栗の実。「—頭〈あたま〉」
いかけ【鋳掛(け)】金物をはんだで修繕する。
いかさま【〈如何〉様】いんちき。「—師」
いかす【生かす】「—も殺すも意のままだ」
いかす【▽活かす】活用する。「経験を—」
いかすい【胃下垂】胃が異常に下がった状態。
いかずち【▽雷】かみなり。
いかぞく【遺家族】「—への援護」
いかだ【▼筏・▼桴】「—に(を)組む」
いがた【鋳型】「—にはめる」
いかつ【威喝】「相手を—する」
いかつい【▽厳つい】ごつい。こわそうだ。
いかなご【〈玉筋魚〉・▼鮊子】小形の海魚。コウナゴ。
いかに【〈如何〉に】「運命や—」
いかにも【〈如何〉にも】「—あいつらしい」
いがみあう【《▼啀》み合う】「顔を合わせれば—」
いかめしい【▽厳めしい】「—容貌」
いかもの【〈如何〉物】変なもの。「—食い」
いからせる【《怒》らせる】「肩を—」
いがらっぽい【《▼蘞辛》っぽい】「のどが—」
いかり【怒り】「—に触れる」
いかり【▼錨・▼碇】「—を下ろす」
いかる【〈斑鳩〉・▼鵤】スズメ目の小鳥。
いかる【怒る】「烈火のごとく—」「—った肩」
いかん【〈如何〉】「理由の—を問わず」
いかん【尉官】大尉・中尉・少尉の総称。
いかん【異観】「—を呈する」
いかん【偉観】「—を誇る」
いかん【移管】「民間に—する」
いかん【遺憾】「—の意を表する」「—なく発揮する」
いがん【依願】「—退職」
いがん【胃▼癌】胃にできる悪性腫瘍。
いき【域】イキ　「域内・域外・区域・聖域・地域・流域・領域」
いき【生き・▽活き】「—のいい魚」
いき【行き・▽往き】ゆき。「—と帰り」
いき【息】「—が切れる」「—が詰まる」
いき【粋】「—な計らい」

いき【域】「達人の―」
いき【意気】「人生―に感ず」「―天を衝〈つ〉く」
いき【遺棄】「死体―」
いき【壱岐】旧国名。長崎県北部の島。
いぎ【威儀】「―を正す」「―を繕う」
いぎ【異義】「同音―語」
いぎ【異議】「―をとなえる」
いぎ【意義】「改革の―」
いきあたり【行き当(た)り】「―を右折する」「―ばったり」
いきいき【生き生き・▽活き▽活き】「―(と)した表情」
いきうつし【生(き)写し】「死んだ祖父に―だ」
いきおい【勢い】「―がつく」
いきがい【生き▽甲▼斐】「―を見つける」
いきがけ【行き《掛》け】行く途中。「―の駄賃〈だちん〉」
いきぎれ【息切れ】「途中で―する」
いきけんこう【意気軒▼昂】「老いても―だ」
いきごみ【意気込み】「―を語る」
いきごむ【意気込む】「―・んで取りかかる」
いきさつ【《〈経緯〉》】「これまでの―」
いきざま【生き様】「私流の―」
いきじ【意気地】いくじ。

いきじごく【生き地獄】「この世の―」
いきしに【生き死に】「―に関わる問題」
いきじびき【生き字引】何でも知っている人。「彼はこの方面の―だ」
いきしょうちん【意気消沈】気力がなくなる。「失敗して―する」
いきしょうてん【意気衝天】「―の勢い」
いきせききる【息《▽急》き切る】「―・って駆けつける」
いきそそう【意気阻喪・意気▼沮喪】「試合開始早々の失点で―した」
いきだおれ【行(き)倒れ】道に倒れて死ぬこと(人)。
いぎたない【▽寝▼穢い】「―・く眠りこける」
いきち【生き血】「鯉〈こい〉の―」
いきづかい【息遣い】「―が荒い」
いきづく【息《▽衝》く】「今も―古代の魂」
いきづまる【行き詰(ま)る】「会社の経営に―」
いきづまる【息詰(ま)る】「―熱戦」
いきとうごう【意気投合】「会ったばかりなのにすぐに―した」
いきどおり【憤り】「―を発する」
いきどおる【憤る】「悪政を―」
いきながらえる【生き長らえる】「―・えて老醜をさらす」

いきなり【《行》き《成》り】「―殴られる」
いきぬき【息抜き】「たまには―も必要だ」
いきのね【息の根】「―を止める」
いきば【行(き)場】「―がない」
いきはじ【生き恥】「―をさらす」
いきまく【息巻く】「決して負けないと―」
いきみ【生き身】なまみ。「―の人間」
いきむ【息む】「排便時に―」
いきもの【生き物】生きているもの。生物。動物。
いきょ【依拠】「民衆の力に―する」
いきょう【異郷】故郷を遠く離れたよその土地。
いきょう【異境】故国を離れた外国。
いぎょう【異形】「おどろおどろしい―の者たち」
いぎょう【偉業】偉大な仕事。「―を成し遂げる」
いぎょう【遺業】故人が残した事業。「父の―を継ぐ」
いきょうと【異教徒】異なる宗教を信仰する人。
いきようよう【意気揚揚】「―と出発する」
いきょく【医局】「大学病院の―制度」
いきょく【委曲】「―を尽くして説明する」
イギリス【英吉利】ヨーロッパの島国。
いきりたつ【《▽熱》り立つ】「不正行為に―」
いきりょう【生(き)霊】生きている人の恨みを持つ魂。⇕死霊。
いきる【生きる】「百まで―」「―・きた心地もしない」

いきわかれ【生(き)別れ】「―になる」

いく【育】イク　そだ-つ・そだ-てる・はぐく-む　「育児・育成・教育・成育・発育」

いく【行く・▽往く】ゆく。「学校に―」「ともに生きていく」「読んでいくうちに」

いく【逝く】死ぬ。「あの世へ―」

いぐい【居食い】働かずに財産で暮らすこと。

いくえ【幾重】「山が―にも重なっている」

いくえい【育英】「―事業」

いくさ【戦】「腹が減っては―ができぬ」

いぐさ【▼藺草】畳表とする多年草。い(藺)。

いくじ【育児】「―休業」

いくじ【《意気地》】「―が無い」

いくしゅ【育種】品種改良。

いくせい【育成】「人材を―する」

いくた【幾多】「―の苦難を乗り越えて」

いくたび【幾度】「―となく挑戦する」

いくどうおん【異口同音】「―に答える」

いくとせ【幾▽年】「―を経ても」

いくばく【幾▽許】「余命―もない」

いくび【▼猪首】短くて太い首。

いくひさしく【幾久しく】「―よろしく」

いくびょう【育苗】「水稲の―管理」

いくぶん【幾分】「収益の―かを寄付する」「―かよくなる」

いくら【幾ら・幾▽等】「値段は―ですか」「―あっても足りない」

いくん【偉勲】立派な手柄。「―を立てる」

いくん【遺訓】「先代の―に従う」

いけ【池】「溜め―」「―の鯉」

いけい【畏敬】「―の念」

いけいれん【胃▼痙▼攣】上腹部の発作性の痛み。

いけうお【生け魚・▽活け魚】「―料理」

いけがき【生(け)垣・生け▼籬】樹木で作った垣根。

いけす【生け▼簀】魚などを囲って生かしておく所。

いげた【井桁】「井」の字形に組んだ井戸の枠。

いけづくり【生け作り】「鯛の―」

いけどり【生け捕り】「敵将を―にする」

いけどる【生け捕る】「猛獣を―」

いけにえ【生け▼贄】「―に捧げる」

いけばな【生け花・▽活花】「―を習う」

いける【生ける・▽活ける】「花を―」

いける【《行》ける】「この企画なら何とか―・けそうだ」「この煮物はなかなか―」「相当―くちだ」

いける【▽埋ける】「排水用の土管を―」

いけん【異見】別の意見。異論。

いけん【意見】個人の考え。説教。

いけん【違憲】憲法に違反する。⇔合憲。

いけん【遺賢】「野(や)に―なし」

いげん【威厳】「―のある態度」

いげんびょう【医原病】医療が原因で起こる病気。

いご【以後】「―気をつけなさい」「四月九日―」〔その時点を含む〕

いご【囲碁】「―を一局」

いこい【憩い】休息。休憩。

いこう【以降】「平成二十年―」〔その時点を含む。制度上継続する場合に用いる〕

いこう【衣▽桁】着物を掛けておく家具。

いこう【威光】「親の―をかさにきる」

いこう【移行】「新制度に―する」「―措置」

いこう【意向】「―に従う」

いこう【遺構】「神殿の―を発掘する」

いこう【遺稿】故人の未発表の原稿。

いこう【憩う】「公園のベンチで―」

いこく【異国】「―情緒」

いごこち【居《心地》】「―がよい部屋」

いこじ【《意固地》・《依▼怙地》】「―になる」

いこつ【遺骨】「父の―を受け取る」

いこむ【鋳込む】「活字を―」

いこん【遺恨】「―を晴らす」

いごん【遺言】「―の証書」〔「ゆいごん」の法律上の読

み方」
いさい【委細】「―をつくす」「―面談」
いさい【偉才・異才】「天下の―」
いさい【異彩】「―を放つ」
いざい【偉材】「在野の―」
いさお【▽勲・▽功】功績。手柄。「戦で―を立てる」
いさかい【▼諍い】「―が絶えない」
いざかや【居酒屋】「場末の―で一杯やる」
いさき【▼伊佐木】暖海にすむ魚。
いさぎよい【潔い】「―・しとしない（＝自分のプライドや良心が許さない）」
いさく【遺作】「―展」
いさご【▽砂】すな。
いさざ【▼魦】ハゼの一種。琵琶湖の特産。
いささか【⦅▼些⦆か・⦅▼聊⦆か】「腕には―自信がある」「確信は―も揺るがない」
いさな【勇▽魚】クジラの古名。「―取り海辺をさして／万葉集」
いざなう【▽誘う】「童話の国へと―」
いさましい【勇ましい】「―・く突入する」
いさみあし【勇み足】度が過ぎて失敗する。「やや―な発言」
いさみはだ【勇み肌】「―の兄貴」
いさむ【勇む】「喜び―・んで」

いさめる【▼諫める】忠告する。「主君を―」
いざよい【〈十六夜〉】陰暦一六日の夜（の月）。
いさりび【▽漁り火】「沖の―」
いざる【⦅▼躄⦆る】「―・り寄る」
いさん【胃酸】「―過多」
いさん【遺産】「世界―」「父の―を相続する」
いし【石】「―頭」「―を投げる」
いし【医師】「―の診断書」
いし【意志】こうしようという積極的な考え。「強い―でやり遂げる」「―薄弱」
いし【意思】こうしようという思い。「―表示」「自由―」「撤回する―はない」
いし【遺▼址】遺跡。
いし【遺志】「故人の―を継ぐ」
いし【▼頤使】人をあごで使う。
いし【▼縊死】首をくくって死ぬ。
いじ【意地】「―を通す（張る）」「―が悪い（きたない）」「―でも通すものか」
いじ【維持】「現状―」
いじ【遺児】「交通―」
いしあたま【石頭】融通がきかないこと（人）。
いしがき【石垣】「いちごの―栽培」
いしがめ【石亀】「―の（も）地団駄〈じだんだ〉（＝できることには限界があるたとえ）」

いしき【意識】「人の目を―する」「―不明の重体」
いしく【石工】「墓石を―に刻ませる」
いじくる【▽弄くる】「指で―」「数字を―」
いしくれ【石▽塊】石ころ。
いしころ【石▽塊】小石。
いしずえ【礎】「城の―」「発展の―を築く」
いしだい【石▼鯛】中形の海魚。
いしだたみ【石畳】平たい石を敷いたところ。
いしだん【石段】「―を上がる」
いしつ【異質】「―の文化」
いしつ【遺失】「―物」
いしづき【石突㋖】槍・傘などの先端を包む金具。
いじっぱり【意地っ張り】「頑固で―な人」
いしばい【石灰】せっかい。「―をまく」
いしぶみ【▽碑】「銘を刻んだ―」
いしべきんきち【石▽部金吉】極端な堅物〈かたぶつ〉を言う語。
いしぼとけ【石仏】石の仏像。感情を表さない人。
いじめる【▽苛める】「下級生を―」
いしもち【石持】ニベ科の海魚。グチ。
いしゃ【医者】「―の不養生（＝頭では理解していても実行できないたとえ）」
いじゃく【胃弱】胃が弱いこと。「生来の―」
いしゃりょう【慰謝料・慰▼藉料】「―を払う」

いしゅ【異種】異なる種類。⇔同種。「―格闘技」
いしゅ【意趣】恨み。遺恨。「―返し」「―を含む」
いしゅう【異臭】不快なにおい。「―を放つ」
いしゅう【▼蝟集】「見物人が―する」
いじゅう【移住】「アメリカに―する」
いしゅく【畏縮】恐れちぢこまる。「社長を前に―する」
いしゅく【萎縮】活気がなくなりちぢまる。「臓器が―する」「闘争心が―する」
いしゅつ【移出】国内の他の土地へ品物を送る。⇔移入。「米を他県に―する」
いじゅつ【医術】「―の心得」
いしょ【遺書】「―を残す」
いしょう【衣装・衣▼裳】「―合わせ」
いしょう【異称】異名。
いしょう【意匠】工夫。デザイン。「―を凝らす」
いじょう【以上】「八歳―」「予想―の好成績」〔その数値を含む〕
いじょう【委譲】「権限を―する」
いじょう【異状】普段とは異なるよくない状態。「体に―が現れる」
いじょう【異常】いつもと異なる正常でない様子。⇔正常。「―気象」「―な行動」
いじょうふ【偉丈夫】「堂々たる―」

いしょく【衣食】「―足りて礼節を知る」
いしょく【委嘱】「行政事務を―する」
いしょく【異色】「―の作品」
いしょく【移植】「心臓の―」
いしょくじゅう【衣食住】生活。
いしょくどうげん【医食同源】病気の治療と普段の食事は密接に結びついている。
いじる【▽弄る】「機械を―」
いしわた【石綿】アスベスト。
いじわる【意地悪】「―をする」「―な人」
いしん【威信】「国家の―をかける」
いしん【維新】「明治―」
いしん【遺臣】亡国の旧臣。
いじん【異人】「―館」「同名―」
いじん【偉人】「―の伝記」
いしんでんしん【以心伝心】「話さなくても―で伝わる」
いす【椅子】「社長の―を争う」
いず【伊豆】旧国名。伊豆半島と伊豆七島。豆州。
いすう【異数】異例。「―の昇進」
いすか【▼鶍・〈交喙〉】スズメ目の小鳥。「―の嘴〈はし〉の食い違い〔=思うようにならないたとえ〕」
いすくまる【居(▼竦)まる】「恐怖のあまり、その場に―」

いずくんぞ【▽安んぞ・▼焉んぞ・▼烏んぞ・▽悪んぞ・▼奚んぞ・▽寧んぞ】どうして。「―知らん」

いずこ【(▽何▽処)】どこ。「―へともなく去る」

いすのき【▼柞・〈蚊母樹〉】マンサク科の高木。

いずまい【居(住)まい】「―を正す」

いずみ【泉】「知識の―」

いずみ【和泉】旧国名。大阪府南部。泉州。

いずも【出雲】旧国名。島根県東部。雲州。

いずれ【(▽何)れ】「―劣らぬ強者〈つわもの〉ぞろい」「―菖蒲〈あやめ〉か杜若〈かきつばた〉〔=選択に迷うたとえ〕」

いすわる【居座る】「玄関先に―」「会長の座に―」

いせ【伊勢】旧国名。三重県北部。勢州。

いせい【威勢】「―がよい」

いせい【異性】⇔同性。「―を意識する」

いせい【遺制】「封建時代の―」

いせいしゃ【為政者】政治を行う人。

いせえび【▼伊▽勢〈海老〉】海産の大形エビ。

いせき【移籍】「別の球団に―する」

いせき【遺跡】「―を発掘する」

いせつ【異説】「―を唱える」

いせん【緯線】緯度を示す線。⇔経線。

いぜん【以前】「ずっと―」「六月十日―」〔その時点を含む〕

いぜん【依然】「—として謎のままだ」「旧態—」
いそ【▼磯】「—の鮑〈あわび〉の片思い」
いそう【位相】社会集団の違いによる言葉の違い。「—が異なる」「—語」
いそう【異相】「—の男」
いそう【移送】「患者を大学病院へ—する」
いぞう【遺贈】遺言により遺産を他人に与える。
いそうがい【意想外】「—の出費」「—な結果」
いそうろう【居候】「姉夫婦のところに—している」
いそがしい【忙しい】「仕事が—」
いそぎんちゃく【▼磯巾着】浅海にすむ腔腸動物。
いそぐ【急ぐ】「結論を—」「—・がば回れ(=安全で着実な方法をとれ)」
いぞく【遺族】「—に弔意を伝える」「—年金」
いそじ【▽五▽十路】五〇歳。「—の坂を越す」
いそしむ【▽勤しむ】「勉学に—」
いそちどり【▼磯千鳥】磯にいる千鳥。
いそべ【▼磯辺】「—揚げ」
いそん【依存】「原料を外国に—する」「—心が強い」
いぞん【異存】「—はない」
いた【板】「鉄の—」「—に付く」
いたい【遺体】「—を安置する」
いたい【痛い】「虫歯が—」「—所を突かれる」「—・くもない腹を探られる」

いだい【偉大】「—な業績」
いたいけ【▽幼気】「—な少女」
いたく【委託】第三者に預けて頼む。「—業者」「業務を—する」
いたく【依託】まかせてやってもらう。もたせかける。「—学生」「—射撃」
いたく【▽甚く】「—感動する」
いだく【抱く・▽懐く】「不安を—」
いたけだか【居丈高】「—にものを言う」
いたご【板子】舟底に敷く揚げ板。「—一枚下は地獄」
いたしかゆし【痛し⦅▼痒⦆し】「—で判断に迷う」
いたす【⦅致⦆す】「不徳の—ところ」「—・し方ない」「拝見—・します」
いたずら【〈悪戯〉】ふざけて悪さをすること。「—をする」「運命の—」
いたずら【▽徒ら】無駄・無益なさま。「—に時間が過ぎる」
いただき【頂】「山の—」
いただく【頂く・▽戴く】頭にのせる。「もらう」「食べる」「飲む」の謙譲語。「雪を頂いた山」「一万円頂きます」「勲章を戴く」「お待ちいただく」
いたち【▼鼬】小獣。「—ごっこ」「—の最後っ屁〈ぺ〉」
いたって【至って】「—健康だ」
いたで【痛手】「—を受ける」

いだてん【▼韋駄天】仏法を守る神。足が速い。「—走り」
いたどり【〈虎杖〉】タデ科の多年草。
いたば【板場】「—の修業」
いたばさみ【板挟み】「義理と人情の—」
いたまえ【板前】「腕のいい—」
いたむ【悼む】人の死を惜しみ悲しむ。「友の死を—」
いたむ【痛む】痛いと感じる。「傷が—」「心が—」
いたむ【傷む】「—・んだバナナ」
いため【板目】木目が平行でないもの。⇔まさめ(柾目)。「—彫り」
いためる【▼炒める】少量の油で加熱調理する。「野菜を—」
いためる【痛める】痛みや負担を感じる。「風邪でのどを—」
いためる【傷める】傷をつける。「引っ越しで家具を—」
いためる【▼撓める】牛皮を打ちかためる。「革を—」
いたり【至り】「若気の—」
いたる【至る】「—所に」「万感こもごも—」
いたれりつくせり【至れり尽(く)せり】「—のもてなし」「設備は—だ」
いたわしい【▽労しい】ふびんだ。「—姿」「お—限りです」

い

いたわる【▽労る】「体を—」「老人を—」

いたん【異端】「—児」「—邪説」

いち【一】イチ・イツ　ひと・ひと-つ　「—員・—丸・—座・—度・—覧・—回・—個・—本・第—・日本—・万—」

いち【壱（壹）】イチ　—　「金壱万円」〈数字「一」の大字。金銭証書などに改竄〈かいざん〉を防ぐために用いることがある〉

いち【市】「門前—をなす」

いち【壱】証書などで「一」の代わりに使う字。「金—万円也」

いち【位置】「本棚の—を動かす」「北東に—する」「会社の重要な—を占める」

いちい【一位】イチイ科の常緑高木。アララギ。〔イチイガシはブナ科で別種〕

いちいせんしん【一意専心】「—仕事に励む」

いちいたいすい【一衣帯水】隣り合うこと。「—の間」

いちいん【一因】「敗戦の—」

いちいん【一員】「オーケストラの—」

いちえん【一円】「九州—」

いちおう【一応・一往】「一応調べておきます」「一往も二往も」〔旧式の表記では「一往」〕

いちがいに【一概に】「—誤りとは言えない」

いちがん【一丸】「全員—となって」

いちぎ【一義】「法令の表現は—的でなければならない」「人生における第—」

いちぎ【一議】「—に及ばず」

いちぐう【一隅】「都会の—」

いちく【移築】「校舎を—する」

いちげい【一芸】「—に秀〈ひい〉でる」

いちげき【一撃】「—でしとめる」

いちげん【一▽見】初めての客。「—さんお断り」

いちげんこじ【一言《居士》】何事にも意見を言わなければ気のすまない人。

いちご【▼苺】バラ科の多年草。食用に栽培。

いちご【一期】一生涯。「—の思い出」

いちごいちえ【一期一会】茶の湯での出会いは一生に一度と心得て互いに誠意を尽くせ。

いちごんはんく【一言半句】「—もおろそかにしない」

いちざ【一座】「—の余興」「旅回りの—」

いちじ【一時】「—はどうなるかと思った」

いちじく【〈無花果〉】クワ科の木。〔「いちぢく」とは表記しない〕

いちじせんきん【一字千金】立派な文字や文章。

いちしちにち【一七日】人の死後七日目。初七日。

いちじつせんしゅう【一日千秋】「—の思いで待ちこがれる」

いちじつのちょう【一日の長】「手ぎわの良さでは彼に—がある」〔「いちにち」と読むのは誤り〕

いちじゅういっさい【一汁一菜】粗末な食事。

いちじゅん【一巡】「町内を—する」

いちじょ【一助】「家計の—ともなれば」

いちじょう【一条】ひと筋。「—の光」

いちじょう【一場】「—のなぐさみ」

いちじるしい【著しい】「—変化」〔「いちぢるしい」とは表記しない〕

いちじん【一陣】「—の風」

いちず【一▽途】「—な思い」

いちせいめん【一生面】新しく開拓された方面。「—を開く」

いちぞく【一族】「—郎党」

いちぞん【一存】「私の—では決められない」

いちだい【一大】「—発見」「—転機」

いちだい【一代】「—限り」「—の傑作」

いちだいじ【一大事】「—が起こる」

いちだくせんきん【一諾千金】約束は必ず守る。

いちだん【一段】「今日は—ときれいだ」

いちどう【一同】「有志—」

いちどう【一堂】同じ場所。「—に会〈かい〉する」

いちどう【一道】「―をきわめる」
いちどきに【一時に】「―片付ける」
いちどく【一読】「―の価値がある」
いちどに【一度に】「―押し寄せる」
いちなん【一難】「―去ってまた―」
いちに【一二】「―反対もあった」
いちにょ【一如】根本は同じであること。「物心―」
いちにん【一任】「仕事を―される」
いちにんまえ【一人前】「―のコックになる」
いちねん【一念】「合格したい―で頑張る」
いちねんほっき【一念発起】「―して研究に打ち込む」
いちば【市場】「卸売〈おろしうり〉―」
いちはつ【一▽八・〈鳶尾〉】アヤメ科の多年草。
いちばつひゃっかい【一罰百戒】一人を罰して、それを多くの人の戒めとする。
いちはやく【《▽逸》速く】「―駆けつける」
いちばん【一番】「春―」「―速い車」
いちばんのり【一番乗り】「会場に―した」
いちび【〈茼麻〉】アオイ科の一年草。ロープ・麻袋用。
いちびょうそくさい【一病息災】持病の一つぐらいある方が養生に努めるから健康だ。
いちぶ【一分】「―のすきもない」「―の利はある」
いちぶ【一部】「ごく―の問題」「―ずつ配る」

いちぶしじゅう【一部始終】「―を語る」
いちぶん【一分】「男の―が立たない」
いちぶんふつう【一文不通】無学で読み書きができない。「―の者」
いちべつ【一▼瞥】「―を投げる」「―もくれず」
いちべついらい【一別以来】「―ご無沙汰しています」
いちぼう【一望】「―のもとに見渡す」「―千里」
いちまい【一枚】「―上手〈うわて〉だ」
いちまいいわ【一枚岩】「―の団結」
いちまいかんばん【一枚看板】「我が社の―」
いちまつ【一抹】「―の不安」
いちまつもよう【市松模様】白黒の碁盤目模様。
いちみ【一味】「盗賊の―」
いちみゃく【一脈】「―相通じる」
いちめい【一命】「―をとりとめる」
いちめんかん【一面観】偏った見方。
いちめんしき【一面識】「―もない」
いちめんてき【一面的】「―な見方」
いちもうだじん【一網打尽】一度に全員逮捕。「窃盗団を―にする」
いちもくさん【一目散】「―に逃げ出す」
いちもくりょうぜん【一目瞭然】「結果は―」
いちもつ【一物】企み。また、男根。「胸に―ある」

いちもつ【▽逸物】ずばぬけて優れたもの。「天下の―」
いちもん【一文】「―無し」
いちもん【一門】「平家―」「―の名折れ」
いちもんじ【一文字】「口をきりりと―に結ぶ」「真―」
いちやく【一躍】「―有名になる」
いちやづけ【一夜漬(け)】「―の白菜」「―の勉強で試験を受ける」
いちゅう【意中】「―の人」
いちょ【遺著】死後に出版された書物。
いちょう【〈銀杏〉・〈公孫樹〉】イチョウ科の木。
いちょう【胃腸】「―が弱い」
いちょう【移▼牒】官公庁が他の官公庁に文書で通知する。
いちよう【一葉】葉や紙一枚。「写真―」「―万里(＝小舟一艘で大海を渡ること)」
いちよう【一様】「皆―に同じ答えが返ってきた」
いちようらいふく【一陽来復】冬が去り春がくる。
いちよく【一翼】一つの役割、任務。「―を担う」「「一役を担う」は誤り」
いちらん【一覧】「―表」「資料を―する」
いちり【一理】「―ある」

いちりいちがい【一利一害】「—あって決めがたい」

いちりつ【一律】「—に二割値下げする」

いちりづか【一里塚】江戸時代の街道の里程標。「冥土〈めいど〉の旅の—」

いちりゅう【一流】「—の演奏家」「彼—の皮肉」

いちりゅうまんばい【一粒万倍】多大の収穫。

いちりんざし【一輪挿(し)】「床の間の—」

いちる【一▼縷】わずか。「—の望み」

いちれい【一礼】「—して席に着く」

いちれん【一連】「—の事件」

いちれんたくしょう【一▼蓮▼托生】運命を共にする。

いちろ【一路】「真実—」「—帰途につく」

いちろくぎんこう【一六銀行】質屋。

いちろへいあん【一路平安】旅の平安無事。「—を願う」

いつ【一】⇩いち(一)。「一瞬・一致・一般・画一・均一・専一・単一・統一・同一」

いつ【逸(逸)】イツ「逸材・逸走・逸脱・逸話・秀逸」

いつ【《〈何時〉》】「—になったらできるのか」

いつう【胃痛】「—を訴える」

いっか【一下】「命令—」
いっか【一家】「—総出で迎える」「—を成す」
いっか【一過】「台風—」
いつか【五日】「三月—」
いっかい【一介】とるにたらない一人。「—の文士」
いっかい【一塊】「—の土」
いっかく【一角】「氷山の—」
いっかくせんきん【一▼攫千金】「—の大もうけを夢みる」
いっかげん【一家言】「財政には—をもっている」
いっかけんぞく【一家▼眷族】家族と親類縁者。
いっかせい【一過性】「—の症状」
いっかだんらん【一家団▼欒】「—のぬくもり」
いっかつ【一括】「—して扱う」
いっかつ【一喝】「大声で—する」
いっかん【一貫】「—した態度」「—性に欠ける」「裸—からたたきあげる」
いっかん【一環】「都市計画の—として公園をつくる」
いっき【一気】「—に書く」
いっき【一▼揆】農民などが起こした武装蜂起。「土—」
いっき【逸機】「二死満塁で惜しくも—」
いっきいちゅう【一喜一憂】「開票速報に—する」

いっきうち【一騎討ち】「大将どうしの—」

いっきかせい【一気▼呵成】「原稿を—に書き上げる」

いっきく【一▼掬】ひとすくい。わずか。「—の涙」

いっきとうせん【一騎当千】「—のつわもの」

いっきに【一気に】「—まとめる」

いっきょ【一挙】「—にやり遂げる」

いっきょいちどう【一挙一動】「—に注目する」

いっきょう【一興】「それも—だなあ」

いっきょう【一驚】ひどくびっくりする。

いっきょしゅいっとうそく【一挙手一投足】「皆が彼の—に注目している」

いっきょりょうとく【一挙両得】一石二鳥。「—をもくろむ」

いつく【居着く】「野良猫が—・いてしまった」

いつくしむ【慈しむ】「我が子のように—」

いっけい【一系】ひとつながりの血統。「万世〈ばんせい〉—」

いっけい【一計】「—を案ずる」

いっけつ【一決】「論議が—する」

いっけつ【▼溢血】身体内部で出血すること。「脳—」

いっけん【一件】「—落着」

いっけん【一見】「百聞は—に如〈し〉かず」「—サラ

リーマン風の男」〔「いちげん」と読めば別の意味〕

いっけんや【一軒家・一軒屋】「野中の―」

いっこ【一個・一▽箇】「みかん―」

いっこ【一顧】「―だに値しない」

いっこう【一向】「―こたえない」

いっこう【一考】「―の余地がある」

いっこう【一行】「使節団の―」

いっこく【一刻】ごく短い時間。また、頑固なさま。「―の猶予も許されない」「―な男」

いっこくせんきん【一刻千金】貴重なひととき。

いっこじん【一個人】「―の立場として発言する」

いっこん【一献】一杯の酒。また、酒をふるまうこと。「―さしあげたい」

いっさい【一切】「―関係がありません」

いっさい【一再】「―ならず」

いつざい【逸材】「角界の―」

いっさいがっさい【一切合切・一切合▽財】「火事で家財を―失う」

いっさく【一策】「―を案ずる」

いっさくじつ【一昨日】おととい。

いっさつ【一札】一枚の証文。「―入れる」

いっさんに【一散に】「―家に帰った」

いっし【一矢】「―を報いる」

いっし【一糸】「―もまとわず」

いっし【一指】「―だに触れない」

いっし【逸史】正史にもれた史実。

いつじ【逸事】世に知られていない事柄。

いつしか【〈何時〉しか】「秋も過ぎ―冬になった」

いっしき【一式】「文房具―」

いっしそうでん【一子相伝】武道や技芸の奥義を自分の子一人にだけ代々伝える。

いっしどうじん【一視同仁】平等に愛する。

いっしゃせんり【一▼瀉千里】「―にことが運ぶ」

いっしゅう【一蹴】「要求を―する」

いっしゅうかん【一週間】「―の予定を立てる」

いっしゅうき【一周忌】死亡した年の翌年の忌日。一周忌法要。

いっしゅくいっぱん【一宿一飯】ささやかな情け。「―の恩義」

いっしゅん【一瞬】「―の出来事」

いっしょ【一緒】「―に包む」「―にする」

いっしょ【逸書】書名だけで実物は伝わっていない本。

いっしょう【一生】「―かかって完成させる」「九死に―を得る」

いっしょう【一笑】「破顔―」「―に付した」

いっしょうけんめい【一生懸命】「―に勉強する」〔元来は「一所懸命」〕

いっしょうさんたん【一唱三嘆】詩文を称賛する。

いっしょくそくはつ【一触即発】非常に危険な状態。「―の状態」

いっしょけんめい【一所懸命】⇩いっしょうけんめい（一生懸命）。

いっしん【一心】「子どもを助けたい―で海に飛び込んだ」

いっしん【一身】「同情を―に集める」「―上〈じょう〉の都合」

いっしん【一新】「人心の―をはかる」「面目を―する」

いっしん【一審】「―の有罪判決を不服として」

いっしんいったい【一進一退】「病状は―の状態」

いっしんとう【一親等】父母と子、配偶者の父母。

いっしんどうたい【一心同体】「夫婦は―」

いっしんふらん【一心不乱】「―に研究を続ける」

いっすい【一睡】「―もしないで朝を迎える」

いっすい【▼溢水】水があふれる。

いっすいのゆめ【一炊の夢】栄枯盛衰のはかないことのたとえ。邯鄲〈かんたん〉の夢。

いっする【逸する】「この機会を―・してはならない」

「常軌を―」
いっすん【一寸】「―先は闇」
いっせ【一世】仏教で、三世の一つ。一生。「―の縁(＝親子の縁)」
いっせい【一世】その時代。初代。「―を風靡〈ふうび〉した大スター」
いっせい【一斉】「―射撃」「―にスタートする」
いっせいちだい【一世一代】「―の大ばくち」
いっせき【一夕】「一朝―」「―歓談する」
いっせき【一席】「―設ける」
いっせきがん【一隻眼】物を見抜く独特の眼識。
いっせきにちょう【一石二鳥】一挙両得。
いっせつ【一説】「―に拠れば」
いっせつたしょう【一殺多生】仏教で、一人を殺すことによって多くの人を救うという考え方。
いっせつな【一刹那】「―の出来事」
いっせん【一▼閃】「白刃―」
いっせん【一線】「―を超える」
いっそ【一▽層】「―ひと思いに死のうかと」
いっそう【一双】「―の屏風〈びょうぶ〉」
いっそう【一掃】「在庫―」
いっそう【一層】「なお―の努力が必要だ」
いったい【一体】「表裏―」「―何をしているのか」
いったい【一帯】「この辺り―」

いつだつ【逸脱】「本来の目的から―する」
いったん【一旦】「―家に帰ってまた出直す」
いったん【一端】「思いの―を述べる」
いっち【一致】「―団結」「言行―」
いっちはんかい【一知半解】「―の知識」
いっちゅう【一▼籌】「―を輸する(＝後れを取る)」
いっちゅうや【一昼夜】まる一日。二四時間。
いっちょう【一朝】「―にして(＝わずかな間に)」
いっちょういっし【一張一▼弛】厳格と寛大と。
いっちょういっせき【一朝一夕】わずかな時日。
いっちょういったん【一長一短】長所も短所もある。
いっちょうまえ【一丁前】「―の口をきく」
いっちょうら【一張羅】一枚しかない晴れ着。
いづつ【井筒】「―の模様」
いっつい【一対】「屏風〈びょうぶ〉―」
いってい【一定】「―の期間」
いってき【一▼擲】「乾坤―の大事業」
いってつ【一徹】「―者」「老いの―」
いってん【一天】「―にわかにかきくもる」
いってん【一転】「心機―」「情勢が―する」
いってんばり【一点張り】「知らず存ぜぬの―だ」
いっと【一途】「衰退の―をたどる」
いっとう【一統】「天下―」「御―様」

いっとうち【一頭地】頭一つ。「―を抜く」
いっとうりょうだん【一刀両断】「―に切り捨てる」
いっとくいっしつ【一得一失】利もあるが一方で害もある。
いつのまにか【《何時》の間にか】「―雨は上がっていた」
いっぱ【一派】「―を成す」
いっぱい【一杯】「―の酒」「―機嫌」「人がいっぱいいる」「精いっぱいやり遂げる」
いっぱい【一敗】「―地に塗〈まみ〉れる」
いっぱし【一端】「―のことを言う」
いっぱん【一半】「責任の―は当方にもある」
いっぱん【一般】⇔特殊。「世間―」
いっぱん【一斑】「所見の―を述べる」
いっぱんのおん【一飯の恩】わずかな恩。
いっぴ【一▼臂】「―の力を貸す」
いっぴきおおかみ【一匹▼狼】「政界の―」
いっぴん【一品】「天下―」「―料理」
いっぴん【逸品】「とっておきの―」
いっぴんいっしょう【一▼顰一笑】少しの表情の変化。
いっぷう【一風】「―変わった人」
いっぷく【一服】「ここらで―しよう」

いっぷく【一幅】書画などの掛け物一つ。「—の絵になる」
いつぶん【逸聞】「—を紹介する」
いっぺん【一片】「—の花びら」
いっぺん【一変】「病状が—する」
いっぺん【一《遍》】「通り—」『—に変わる』
いっぺんとう【一辺倒】「焼酎—」
いっぽう【一報】「ご—ください」『—が入る』
いっぽんぎ【一本気】「—の青年」
いっぽんだち【一本立ち】「—して店を構える」
いっぽんぢょうし【一本調子】「—で面白くない」
いっぽんやり【一本《▼槍》】「まじめ—」
いつみん【逸民】「泰平の—」
いつも【《何時》も】「—話し中だ」『—の場所で待つ』
いつらく【逸楽】「—にふける」
いつわ【逸話】「—を紹介する」
いつわる【偽る】「学歴を—」
いてき【▼夷▼狄】野蛮人。
いでたち【▽出で立ち】「派手な—」
いてつく【▽凍て付く】「—ような寒さ」
いでゆ【▽出で湯】温泉。
いてる【▽凍てる】「—天空」

いてん【移転】「大学—の問題」
いでん【遺伝】「子に—する」
いと【糸】「絹—」『—こんにゃく』『陰で—を引く』
いと【意図】「—した半分もできない」
いと【《▽最》】極めて。「—たやすいことだ」
いど【井戸】「—を掘る」
いど【緯度】地球上の南北の位置を示す座標。⇔経度。
いとう【▼伊▽富魚】サケ目の大形の淡水魚。
いとう【▼厭う】「煩〈はん〉を—・わず」
いどう【異同】「字句の—」『両者に—はない』
いどう【異動】地位・職務などが変わる。「人事—」
いどう【移動】動いて位置を変える。「車両を—する」
いとおしい【▽愛おしい】「—子供」
いときりば【糸切(り)歯】犬歯。
いとく【遺徳】「故人の—をしのぶ」
いとぐち【糸口・▽緒】「話の—」
いとけない【▽幼い】おさない。あどけない。「—しぐさ」
いとこ【〈従兄弟〉】両親のきょうだいの男の子。
いとこ【〈従姉妹〉】両親のきょうだいの女の子。
いどころ【居《所》】「犯人の—をつきとめる」『虫の—が悪い』
いとしい【▽愛しい】「—恋人」
いとぞこ【糸底】陶磁器の底の部分。

いとたけ【糸竹】和楽器の総称。「—の道」
いとなむ【営む】「事業を—」『法要を—』
いとのこ【糸▼鋸】のこぎりの一種。
いどばた【井戸端】「—会議」
いとはん【▽嬢はん】(関西で)お嬢さん。
いとま【▽暇】「お—する」『枚挙に—がない』
いどむ【挑む】「最後の難関に—」
いとめ【糸目】「金に—をつけない」
いとも【《▽最》も】非常に。「—簡単にやってのける」
いとわしい【▼厭わしい】「話すことさえ—」
いな【否】「—も応もない」『事実か—かを調べる』
いな【▼鯔】ボラの若魚。
いな【異な】「縁は—もの味なもの」
いない【以内】それを含んで、その範囲内。「十日—に返事をください」
いなおる【居直る】「—・った態度」
いなか【《田舎》】「—者」
いながら【居《▼乍》ら】「—にして世界の情勢を知る」
いながれる【居流れる】居並ぶ。「左右に—家臣たち」
いなご【稲子・▼蝗】バッタの一種。
いなす【《▽往》なす】軽くかわす。「質問を適当に—」
いなずま【《稲妻》】稲光。〔現代仮名遣いでは「いな

づま」とも書く）
いなせ【▼鯔背】「—な若い衆」
いななく【▼嘶く】馬が声高く鳴く。「胡馬〈こば〉北風に—（＝故郷を恋い慕うたとえ）／文選」
いなば【因幡】旧国名。鳥取県東部。因州。
いなびかり【稲光】雷の光。いなずま。
いなほ【稲穂】「—が垂れる」
いなむ【否む】「事実であることは—みがたい」
いなや【《否》や】「外に出るや—雨が降り始めた」
いならぶ【居並ぶ】「—強敵を抑える」
いなり【稲▽荷】「—鮨〈ずし〉」
いにしえ【▽古】「—をしのぶ」
いにゅう【移入】⇔移出。「感情—」
いにょう【囲▼繞】「—地」「山々に—された土地」
いにん【委任】「—状」「権限を—する」
いぬ【犬・▼狗】「—を飼う」
いぬ【▼戌】十二支の第十一番目。
いぬい【▽乾・▼戌▼亥】北西の方角。
いぬき【居抜き】「店を—で買う」
いぬくぎ【犬▼釘】レールを枕木に打ち付ける釘。
いぬくぐ【〈磚子苗〉】カヤツリグサ科の多年草。
いぬじに【犬死に】無駄死に。
いぬのふぐり【犬の〈陰嚢〉】植物。路傍に自生。
いね【稲】「—を刈る」

いねこき【稲▽扱き】稲穂から籾〈もみ〉をこきとる。
いねむり【居眠り】「—運転」
いのう【異能】独特の能力。「—の作家」
いのこ【▼豕】イノシシの子。また、ブタ。
いのこずち【〈牛膝〉】ヒユ科の多年草。
いのしし【▼猪】ブタの原種。
いのち【命】「—の恩人」「—を捧げる」
いのちがけ【命懸け】「—の救出作業」
いのちしらず【命知らず】「—の若者」
いのちびろい【命拾い】「間一髪で—した」
いのちみょうが【命冥加】「—な男」
いのふ【胃の▼腑】「—にしみる」
いのり【祈り・▼禱り】「—をささげる」
いのる【祈る・▼禱る】「神に—」「健闘を—」
いはい【位▼牌】「—を汚〈けが〉す（＝祖先の名誉を傷つける）」
いはい【違背】「規約に—する」
いばしんえん【▽意馬心猿】抑えがたい心の乱れ。
いはつ【衣鉢】師が弟子に伝える教え。「—を継ぐ」
いはつ【遺髪】故人の形見の頭髪。
いばら【茨】（いばら）—「茨の道・花茨・茨城〈いばらき〉県」
いばら【茨・▼荊】「—の道（＝苦難の人生）」
いばり【▽尿】小便。

いばる【《威張》る】「いつも—っている」
いはん【違反】法規・協定などに従わない。「校則に—する」
いはん【違犯】法にそむいて罪を犯す。「法令—により処分する」
いびき【《▼鼾》】「—をかく」
いびつ【《▼歪》】「—な関係」
いびちんたい【萎▼靡沈滞】活気のないさま。
いひょう【意表】「—をつく」
いひん【遺品】「亡き父の—」
いふ【畏怖】「—の念を抱く」
いふ【異父】「—弟」
いぶ【威武】「—を示す」
いぶ【慰▼撫】「人々の心を—する」
いふう【威風】「—辺りを払う」「—堂々の行進」
いふう【遺風】「先代の—を守る」
いぶかしい【▼訝しい】「彼の行動には—点がある」
いぶかる【▼訝る】「彼女の行動を—って問いただす」
いぶき【《息吹》】「春の—」
いふく【衣服】「—を身にまとう」
いふく【異腹】腹ちがい。異母。⇔同腹。「—の兄」
いぶくろ【胃袋】「—を満たす」
いぶしぎん【▼燻し銀】光沢のない銀。また、渋い味わい。「—の魅力」
いぶつ【異物】「—が混入する」
いぶつ【遺物】遺品。「前世紀の—」
いぶる【▼燻る】「なま木が—」
いぶん【異聞】「近世—」
いへん【異変】「—に気づく」
いへんさんぜつ【▼韋編三絶】繰り返し本を読む。
いぼ【《▼疣》】「—がある」
いぼ【異母】「—兄弟」
いほう【異邦】外国。「—人」
いほう【違法】⇔適法。「—行為」
いぼく【遺墨】故人が書き残した書画。
いま【今】「—少し」「—一度」
いま【居間】「—でくつろぐ」
いまさら【今《更》】「—あとへは退〈ひ〉けない」
いましがた【今し方】「—出て行ったところだ」
いまじぶん【今時分】今ごろ。「—来てもしかたがない」
いましめる【戒める・▼誡める】「浪費を—」
いましめる【▽警める】「世を—」「心のゆるみを—」
いましめる【▽縛める】「制約に—められる」
いましも【今しも】「—太陽が昇ろうとする時」
いまだ【▽未だ】「所在は—不明」
いまどき【今《時》】「—の若者ときたら」

いまわ【今▽際】もう少しで死ぬ時。「—の際〈きわ〉」
いまわしい【忌まわしい】「—事件」
いみ【意味】「単語の—」「—もなく怒る」
いみことば【忌み▽詞】「お悔やみの際に—を用いてしまった」
いみしんちょう【意味深長】「—な言い回し」
いみな【▼諱】「—を贈る」
いみょう【異名】「切られ与三の—をとる」
いみん【移民】「ブラジルに—する」〔現在では、多く「移住」と言い表す〕
いむ【忌む】「—べき日」
いめい【違命】命令に背く。
いも【芋】—いも「芋版・親芋・里芋・種芋」
いも【芋・▼薯・▼藷】「—を洗うよう(=大勢の人で混雑するさま)」
いもうと【妹】「姉と—」「三歳年下の—」
いもがら【芋▽幹】「—のみそ汁」
いもちびょう【《稲熱》病】イネの病害の一。
いもづるしき【芋▼蔓式】「—に共犯者が逮捕された」
いもの【鋳物】溶かした金属を型に入れて作った物。
いもむし【芋虫】「—ごろごろ」
いもめいげつ【芋名月】中秋の名月の別名。

いもり【井守・〈蠑螈〉】「—の黒焼き」
いもん【慰問】「被災者を—する」
いもんのぼう【▼倚門の望】門によりかかり遠くを見る。我が子の帰りを待つ母の情の形容。
いや【《▽弥》】「—増す」「—が上にも」
いや【《▽否》】「—、違うよ」「—が応でも」
いや【《嫌》・▼厭】「—な予感がする」「—という程」
いやいや【《嫌嫌》】「—引き受ける」
いやおう【▽否応】「—無く」
いやがる【《嫌》がる・▼厭がる】「勉強するのを—」
いやく【医薬】「—品」
いやく【意訳】「わかりやすく—する」
いやく【違約】「—金」
いやけ【《嫌気》】「—がさす」
いやさか【▽弥栄】ますます繁栄すること。「ご尊家の—をお祈りいたします」
いやし【癒やし】「—系」「心の—を求める」
いやしい【卑しい・▼賤しい】「人品が—」「金に—」
いやしくも【《▽苟》も】「—教育者たる者のすべきことではない」
いやす【癒やす】「恋の痛手を—」
いやに【《▽厭》に】「今日は—暑い」
いやます【▽弥増す】「子を思う心が—」

い

いやみ【嫌み・▼厭味】「—たっぷり」
いやらしい【嫌らしい】「—男」
いゆう【畏友】尊敬している友人。「—木村氏」
いよ【伊予】旧国名。愛媛県。予州。
いよいよ【《▼愈》】「—という時になって」
いよう【異様】「—な身なり」
いよう【威容】いかめしい姿。「—を整える」
いよう【偉容】すぐれた姿。「—を誇る」
いよく【意欲】「—が湧〈わ〉く」
いらい【以来】「卒業して—会っていない」
いらい【依頼】「調査を—する」
いらいら【《▽苛▽苛》】「—のしどおし」
いらか【▼甍】「—の波」「—を並べる」
いらくさ【▽刺草・〈蕁麻〉】茎葉にとげがある多年草。「—織り」
いらだつ【《▽苛》立つ】「神経が—」
いりあい【入会】山林・漁場などを共同使用する。「—漁業」「—権」
いりあい【入相】日の沈むころ。「—の鐘」
いりえ【入(り)江】「—に面した宿」
いりぐち【入(り)口】⇔出口。「劇場の—」
いりくむ【入(り)組む】「—んだ海岸線」
いりこ【〈海参〉】ナマコをゆでて干したもの。
いりこ【煎り粉】米を煎って粉にしたもの。「—餅〈もち〉」
いりこ【▼熬り子】煮干し。
いりひ【入(り)日】「燃えるような—」
いりびたる【入(り)浸る】「酒場に—」
いりむこ【入(り)婿】女の家に婿としてはいる。
いりもや【入▽母屋】「—造り」
いりゅう【慰留】「辞職願を出した部下を—する」
いりゅう【遺留】「—品」
いりょう【衣料】「—品店」
いりょう【医療】「—過誤」「—保険」
いりよう【入(り)用】「いくら—ですか」
いりょく【威力】「—を発揮する」
いる【入る】「気に—」「悦に—」「病〈やまい〉膏肓〈こうこう〉に—」
いる【《居》る】「—ても立ってもいられない」
いる【煎る・▼炒る】「豆を—」
いる【要る】「もっと時間が—」
いる【射る】「矢を—」「的を—た質問」
いる【鋳る】「仏像を—」
いるい【衣類】「—をしまう」
いるい【異類】「—異形〈いぎょう〉」
いるか【〈海豚〉】小形のクジラ。
いるす【居留守】「—を使う」
いれあげる【入れ揚げる】「競馬に—」
いれい【威令】「天下に—が行われる」
いれい【異例】「—の措置」
いれい【慰霊】「—碑」
いれかえる【入(れ)替える・入(れ)換える】「心を—えてまじめに働く」
いれこ【入れ子】大きさの順に組み入れる器物。
いれずみ【入れ墨】「背中の—」
いれぢえ【入れ知恵】「子どもに—する」
いれば【入れ歯】「総—」
いれもの【入れ物・▽容れ物】うつわ。容器。
いれる【入れる・▽容れる】「やかんに水を入れる」「現場の提案を容れて計画を作る」〔湯を注いで飲み物をつくるのは「お茶(コーヒー)を淹れる」と書く〕
いろ【色】「赤い—」「—に迷う」
いろあい【色合(い)】「政治的—が濃い」
いろあげ【色揚げ】もう一度染め直す。
いろいろ【《色色》】「—(と)ご面倒をおかけしました」
いろう【慰労】「—会」
いろう【遺漏】「—なきを期する」
いろおとこ【色男】「—金と力は無かりけり」
いろか【色香】「女性の—に迷う」
いろけ【色気】「—のある女」「—づく」
いろけし【色消し】「—な話」

いろこい【色恋】「―沙汰」

いろごと【色事】「―に耽〈ふけ〉る」

いろじかけ【色仕掛(け)】「―でだます」

いろつや【色艶】「話に―がない」

いろどり【彩り】「―を添える」

いろどる【彩る】「赤く―」「会場を―」

いろなおし【色直し】結婚式で、新婦が衣服を改める。「新婦のお―」

いろは【▼伊呂波】いろは歌。また、初歩。「歌舞伎鑑賞の―」

いろまち【色町】遊郭。色里。

いろめ【色目】「―を使う」

いろめがね【色《眼鏡》】先入観。「人を―で見る」

いろよい【色《▽好》い】期待にそっている。「―返答」

いろり【囲炉裏】「―を囲む」

いろん【異論】「―を差しはさむ」「―を唱える」

いわ【岩・磐・▼巌】「大きな―」「―肌」

いわい【祝(い)】「誕生日のお―」「―物」

いわう【祝う】「受賞を―」

いわお【▼巌】巨岩。「さざれ石の―となりて」

いわかん【違和感】「―を覚える」

いわき【磐城】旧国名。福島県東部と宮城県南部。

いわく【▼曰く】込み入った事情。いうことには。「―ありげな様子」「先生―」(「日」とは別字)

いわくつき【▼曰く付き】よくない事情がある。「―の男」

いわくら【▼磐▽座】神の御座所。

いわし【▼鰯】「―の頭も信心から」

いわしろ【岩代】旧国名。福島県中西部。

いわたおび【岩田帯】妊婦が腹にしめる帯。

いわな【岩▽魚】清流にすむ魚。

いわば【岩場】「―の歩き方」

いわば【(言)わば・(▼謂)わば】「彼女は―皆のマドンナだった」

いわみ【石見】旧国名。島根県西部。石州。

いわや【岩屋】岩間のほら穴。

いわゆる【《▽所▼謂》】よくいう。いうところの。「―地元の英雄」

いわれ【《▽謂》れ】「深い―がある」

いわんや【《▽況》んや】まして。「―悪人においてをや」

いん【引】イン ひ-く・ひ-ける「引率・引退・引力・強引・索引」
いん【印】イン しるし「印鑑・印刷・印象・印税・刻印・実印・調印・封印」
いん【因】イン よ-る「因果・因習・因数・原因・敗因」
いん【咽】イン ―「咽喉・咽頭」
いん【姻】イン ―「姻家・姻戚・姻族・婚姻」
いん【音】⇩おん(音)。「音信・子音・知音・福音・母音」
いん【員】イン ―「議員・社員・人員・定員・満員・役員」
いん【院】イン ―「院生・院政・院長・修道院・寺院・病院」
いん【淫】イン みだ-ら「淫雨・淫行・淫欲・淫乱・姦淫〈かんいん〉・多淫」
いん【陰】イン かげ・かげ-る「陰鬱・陰影・陰画・陰気・陰極・陰性・陰陽・陰暦・光陰」
いん【飲】イン の-む「飲酒・飲食・飲料・鯨飲・試飲・痛飲・暴飲」
いん【隠(隱)】イン かく-す・かく-れる「隠居・隠棲・隠匿」
いん【韻】イン ―「韻文・韻律・押韻・音韻・頭韻・余韻」
いん【陰】⇔陽。「―に陽に」「―に籠る」
いん【韻】「―を踏む」
いんいつ【淫逸・淫▼佚】「―な関係」

いんいつ【隠逸】「―を好む」
いんいん【▼殷▼殷】「―たる砲声」
いんいん【陰陰】「―滅滅とした雰囲気」
いんう【淫雨】長雨。「―降り止まず」
いんうつ【陰鬱】「―な思い」
いんえい【印影】紙などにおした印章の形。
いんえい【陰影】「―に富んだ描写」
いんか【引火】「ガソリンに―する」
いんか【陰火】人魂〈ひとだま〉。鬼火。
いんが【因果】「―関係」「親の―が子に報い」
いんが【陰画】ネガ。
いんがい【員外】定員外。
いんがおうほう【因果応報】過去の行いの善悪に応じて、必ず現在の報いがある。
いんがし【印画紙】写真を焼きつける感光紙。
いんかん【印鑑】「―登録」
いんかん【▼殷鑑】「―遠からず(=戒めは身近にあるというたとえ)/詩経」
いんき【陰気】⇕陽気。「―な性格」
いんきょ【隠居】「楽―」「ご―は息災だ」
いんぎょう【印形】はんこ。印影。
いんきょく【陰極】マイナスの電極。⇕陽極。
いんぎん【▼慇▼懃】「―にお礼を述べる」
いんぎんぶれい【▼慇▼懃無礼】「―な態度」

いんけい【陰茎】動物の雄の交接器。
いんけん【引見】「使者を―する」
いんけん【陰険】「―なやり口」
いんけん【隠見】「小鳥の姿が枝葉の間から―する」
いんげんまめ【隠元豆】マメ科の作物。
いんこ【▼鸚▼哥】「背黄青〈せきせい〉―」
いんご【隠語】「窃盗団の―」
いんこう【咽喉】のど。また、通らねばならぬ要所。「―の地」
いんこう【淫行】「―に耽〈ふけ〉る」
いんごう【因業】頑固で人情味のないこと。「―な仕打ち」
いんこく【印刻】「―師」
いんざい【印材】「―になる木」
いんさつ【印刷】「―物」
いんさん【陰惨】「―な殺人事件」
いんし【因子】「―分析」「危険―」
いんし【印紙】「収入―」
いんじ【印字】「プリンタで―する」
いんじ【印璽】国家の印と天皇の印。
いんじ【韻事】詩文を作ること。「風流―」
いんしつ【陰湿】「―ないじめ」
いんじゃ【隠者】「―文学」
いんしゅ【飲酒】「―運転」

いんしゅう【因習】「―にとらわれる」
いんじゅん【因循】「―な封建時代」
いんじゅんこそく【因循▼姑息】因習を改めないで、一時の間に合わせをする。
いんしょう【引証】「文書から―する」
いんしょう【印章】「―偽造罪」
いんしょう【印象】「―に残る」「―が薄い」「天才を―付けた名演技」
いんしょく【飲食】「無銭―」
いんしん【音信】「―が絶える」
いんしん【▼殷▼賑】「―を極める」「―な町並み」
いんずう【員数】「―を揃える」「―外」
いんする【淫する】「酒に―」「書に―」
いんせい【院政】上皇や法皇が行なった政治。
いんせい【陰性】「検査結果は―だった」
いんせい【隠▼棲】「山里に―する」
いんぜい【印税】「著作に対する―」
いんせき【引責】「―辞任」
いんせき【姻戚】「―関係」
いんせき【▼隕石】「―が落下する」
いんぜん【隠然】「―たる勢力」
いんぞく【姻族】「―関係」
いんそつ【引率】「―の教師」
いんたい【引退】その地位や役職から退く。「ベテラン投手が―を宣言する」

いんたい【隠退】社会的な活動から身を引く。「郷里に―する」

いんち【引致】「被疑者を―する」

インチ【▼吋】「十六―型」

インド【印度】アジア南部の国。

いんとう【咽頭】「―炎」

いんとう【淫▼蕩】「―な生活」

いんどう【引導】「―を渡す(＝最終宣告をしてあきらめさせる)」

いんとく【陰徳】人知れず施す善行。「―を施す」

いんとく【隠匿】「犯人―」

いんとん【隠▼遁】「山中に―する」

いんにん【隠忍】「―に―を重ねる」「―自重」

いんねん【因縁】「浅からぬ―」「―をつける」

いんのう【陰▼嚢】睾丸〈こうがん〉を包む袋。ふぐり。

いんばい【淫売】売春。また、売春婦。

いんばん【印判】「―をつく」

いんび【淫▼靡】節度がなくくずれたさま。「―な風潮」

いんび【隠微】かすかでわかりにくいさま。「―な雰囲気」

いんぶ【陰部】局部。恥部。

いんぶん【韻文】韻律を整えた文。⇔散文。

いんぺい【隠蔽】「事実を―する」

いんぼう【陰謀】「―をめぐらす」

いんぽん【淫奔】「多情で―な性質」

いんめつ【▼湮滅】「証拠を―する」

いんゆ【因由】「―を求める」

いんゆ【引喩】故事・古歌などを引用した修辞法。

いんゆ【隠喩】たとえの形式をとらない比喩。⇔直喩。

いんよう【引用】「他人の著作物を―する」

いんよう【陰陽】「―五行説」

いんよう【飲用】「―に適する」

いんよく【淫欲】「―におぼれる」

いんらん【淫乱】「―な性質」

いんりつ【韻律】「―を整える」

いんりょう【飲料】「アルコール―」

いんりょく【引力】「万有―の法則」

いんれい【引例】「中国古典から多くを―する」

いんれき【陰暦】太陰暦。

いんろう【印籠】昔、薬や印を入れて腰に下げた容器状の装身具。

いんわい【淫▼猥】卑猥。「―な表現」

う

う【右】ウ・ユウ みぎ 「右岸・右折・右脳・右派・右翼」

う【宇】ウ 「宇宙・一宇・気宇・御宇・堂宇・眉宇」

う【羽】ウ は・はね 「羽越・羽化・羽状・羽毛・羽翼・奥羽」〔「羽〈は〉」は、前に来る音によって「わ」、「ば」、「ぱ」になる〕

う【有】⇩ゆう(有)。「有象無象・有無・希有〈けう〉・未曽有」

う【雨】ウ あめ・(あま) 「雨天・雨量・降雨・慈雨・梅雨」〔「春雨」、「小雨」、「霧雨」などは、「はるさめ」、「こさめ」、「きりさめ」〕

う【▼卯】十二支の四番目。うさぎ。

う【▼鵜】「―の目鷹の目(＝鋭いまなざしでものをさがすさま)」

うい【初】「―産」「―陣」

うい【憂い】「旅は―もの辛いもの」

ウィーン【維納】オーストリアの首都。

ういういしい【初初しい】「―新入社員」

ういきょう【▼茴香】セリ科の多年草。

う

ういざん【初産】初めて子どもをうむ。
ういじん【初陣】「―を飾る」
ういてんぺん【有為転変】「―の世」
ういまご【初孫】はつまご。
ういろう【▽外郎】米の粉から作った蒸し菓子。
ウーロンちゃ【烏竜茶】〈ウーロンは中国語〉中国茶の一。
うえ【上】「机の―」「人の―に立つ」「―には―がある」「―を下への大騒ぎ」「よく理解した―で判を押す」
うえ【飢え・▽餓え・▼饑え】「―をしのぐ」
うえき【植木】「―鉢」
うえこみ【植(え)込み】「庭の―」
うえじに【飢え死に】「―する」
うえる【飢える・▽餓える・▼饑える】「食べ物が無く―」「親の愛情に―」
うえる【植える】「庭に梅の木を―」
うえん【有縁】「―の衆生〈しゅじょう〉」
うえん【▼迂遠】「―な説明」
うお【魚】「―釣り」「―心あれば水心」
うおうさおう【右往左往】「突発事故に―する」
うおがし【魚《河岸》】魚市場。
うおのめ【魚の目】「足の裏に―ができる」
うか【羽化】「蝶が―する」
うかい【▼鵜飼い】「―船〈ぶね〉」

うかい【▼迂回】「―路」

うがい【《▼嗽》】水や薬で口をすすぐ。

うかがう【伺う】「聞く・尋ねる・訪問する」の謙譲語。「お話を―」「お宅を―」

うかがう【▼窺う】のぞいてみる。機会をねらう。「家の中を―」「好機を―」

うかつ【▼迂▼闊】「―にものも言えない」

うがつ【▼穿つ】「岩をも―」「―った見方」

うかとうせん【羽化登仙】天にも昇る気分。

うかぶ【浮(か)ぶ】「白雲が―」「妻の喜ぶ顔が目に―」「―瀬がない」

うから【〈親族〉】しんぞく。血族。

うかる【受かる】「試験に―」

うかれる【浮(か)れる】「恋人と会う約束をして―」

うき【〈浮子〉】釣り糸につけて水面に浮かべるもの。

うき【雨季・雨期】⇔かんき(乾季・乾期)。「―に入る」

うきあし【浮(き)足】逃げ腰。「―立つ」

うきくさ【浮(き)草・▼萍】「―稼業」

うきごし【浮(き)腰】へっぴり腰。

うきしずみ【浮き沈み】「人生の―」

うきな【浮(き)名】「あたら―を流す」

うきぼり【浮(き)彫り】「争点が―になった」

うきみ【憂き身】「―をやつす」


うきめ【憂き目】「―を見る」「―に遭う」

うきよ【浮(き)世】「―のしがらみ」

うきよえ【浮世絵】江戸時代の風俗画。

うきょく【▼迂曲】曲がりくねる。「―した山道」

うく【浮く】「水に―」「宙に―」

うぐい【▼鯎・〈石斑魚〉】淡水魚。ハヤ。

うぐいす【▼鶯】鳴き声の美しい小鳥。春告げ鳥。「梅に―」

うけ【受け】「生徒に―がいい」

うけ【有▼卦】「―に入〈い〉る」

うけあい【請(け)合い・受(け)合い】「成功すること―だ」

うけあう【請(け)合う・受(け)合う】「品質を―」

うけい【右傾】⇔左傾。「―した政治活動」

うけうり【受(け)売り】「それは他人の説の―だ」

うけおい【請負】完成を条件に報酬を受け取る契約。「―契約」

うけおう【請(け)負う】「仕事を―」

うけこたえ【受け答え】「適当に―しておく」

うけざら【受(け)皿】「政権の―づくり」

うけたまわる【▼承る】「聞く・引き受ける」などの謙譲語。「―ところによりますと」「ご用命を―」

うけつぐ【受(け)継ぐ】「父親から―いだ気質」「伝統を―」

うけつけ【受付】「会社の―」

うけとり【受(け)取り・受取】「―を拒否する」「―を渡す」

うけとる【受(け)取る】「代金を―」

うけにん【請人】引き受ける人。保証人。「―を立てる」

うけみ【受(け)身】「鋭い質問に―になる」

うけもち【受(け)持ち・受持】「―の先生」

うけもつ【受(け)持つ】「このクラスを―」

うける【受ける】受けとめる。こうむる。もらう。「ボールを―」「西日をまともに―」「感銘を―」

うける【請ける】仕事などを引き受ける。「注文を―」

うける【▽享ける】身に授かる。「この世に生を―」

うけわたし【受(け)渡し】「荷物の―に立ち会う」

うげん【右舷】船首に向かって右側のふなばた。⇔左舷。

うご【雨後】「―のたけのこ」

うご【羽後】旧国名。大体、今の秋田県。

うごう【▼烏合】規律なく集まる。「―の衆」

うごかす【動かす】「機械を―」

うこぎ【〈五加〉】落葉低木。

うごき【動き】「―が取れない」

うごく【動く】「車が―」「心が―」「食指が―」「梃子〈てこ〉でも―・かない」

うこさべん【右顧左▼眄】迷いためらう。「いつも―してばかりいる」
うこっけい【▼烏骨鶏】ニワトリの一品種。
うごめく【▼蠢く】「毛虫が―」
うこん【▽鬱金】ショウガ科の草。根は黄色。「―色」
うさ【憂さ】「―を晴らす」
うさぎ【▼兎】「―が跳ねる」
うさんくさい【《▼胡散臭》い】「―話」
うし【牛】「―の歩み」
うし【▼丑】十二支の二番目。「土用の―の日」
うし【▼齲歯】虫歯。〔正しくは「くし」〕
うじ【氏】「―より育ち」
うじ【▼蛆】「―が湧く」
うしお【▽潮】「―のごとく敵が押し寄せる」
うじがみ【氏神】氏族の神。土地の守り神。
うじこ【氏子】共通の氏神をまつる人々。「―入〈い〉り」「―中〈じゅう〉」
うしとら【▼丑▼寅・▼艮】北東の方角。俗に、鬼門とされる。
うしなう【失う・▽喪う】「機会を―」「事故で夫を―」「色を―」
うしみつ【▼丑三つ】午前二時ごろ。「草木も眠る―どき」
うじむし【▼蛆虫】「―のような奴ら」

うじょう【有情】「天地―」
うしろ【後ろ】⇔前。「―足」「―姿」
うしろがみ【後ろ髪】「―を引かれる」
うしろだて【後ろ《▼楯》】「―が無い」
うしろまえ【後ろ前】「セーターを―に着る」
うしろむき【後ろ向き】「―な姿勢」
うしろゆび【後ろ指】「人に―を指される」
うす【臼・▼碓】「―から杵〈きね〉(＝女から男に言い寄るの意)」
うず【渦】「興奮の―」
うすあかり【薄明(かり)】「―がもれる」
うすあじ【薄味】あっさりした味つけ。
うすい【薄い】「―板」「印象が―」
うすうす【《薄薄》】「―感づいているようだ」
うすがみ【薄紙】「―をはぐように元気になっていく(＝悪い状態が少しずつよくなるさま)」
うすぎ【薄着】⇔厚着。「―して風邪を引く」
うすぎたない【薄汚い】「―恰好〈かっこう〉の男」「―やり方」
うすきみわるい【薄気味悪い】「―男」
うずく【▼疼く】「古傷が―」「心が―」
うすくち【薄口】⇔濃い口。「―醤油」
うずくまる【▼蹲る】「道端に―」
うすぐらい【薄暗い】「―部屋」

うすげしょう【薄化粧】⇔厚化粧。「新雪で―した山々」

うすじ【薄地】⇔あつじ(厚地)。

うずしお【渦潮】「鳴門の―」

うずたかい【▽堆い】「本が―く積んである」

うすちゃ【薄茶】お薄。⇔濃茶〈こいちゃ〉。「―点前」

うすで【薄手】⇔あつで(厚手)。「―の茶碗」

うすび【薄日】「―がさす」

うすべり【薄▽縁】布の縁をつけたござやむしろ。「―を敷く」

うずまき【渦巻(き)】「―管〈かん〉」「頭の―」

うすまる【薄まる】「色が―」「嫌疑が―」

うずまる【▽埋まる】「雪に―」

うずみび【▽埋み火】灰の中に埋めてある炭火。

うすめる【薄める】「味を―」「色を―」

うずめる【▽埋める】「骨を―」

うすもの【薄物・▽羅】「―を着る」

うずもれる【▽埋もれる】「雪に―」

うずら【▼鶉】キジ科の鳥。

うすらぐ【薄らぐ】「世間の関心が―」

うすらさむい【薄ら寒い】「―朝」

うすれる【薄れる】「記憶が―」

うせつ【右折】⇔左折。「交差点を―する」

うせもの【▽失せ物】「―探し」

うせる【▽失せる】「やる気が―」「とっとと―・せろ」

うぜん【羽前】旧国名。ほぼ、今の山形県。

うそ【(▼嘘)】「―をつく」「―から出たまこと」「―で固めた人生」

うそ【▼鷽】スズメ目の小鳥。

うそ【▼獺】カワウソ。

うぞうむぞう【有象無象】「―の言うことに耳を貸すな」

うそさむい【うそ寒い】「―朝」

うそつき【(▼嘘▽吐)き】「―は泥棒の始まり」

うそはっぴゃく【(▼嘘)八百】「―を並べ立てる」

うそぶく【▼嘯く】そらとぼける。ほらを吹く。「運が悪かったと―犯人」

うた【唄】―(うた)―「小唄・島唄・長唄・端唄」

うた【歌・唄】「歌を歌う」「長唄を習う」〔「唄」は邦楽の「小唄」「長唄」などの表記に用いる〕

うたい【謡】能の詞章。謡曲。

うだい【宇内】世界。天下。「形を―に寓すること復〈ま〉た幾時ぞ／陶淵明・帰去来辞」

うたいもんく【▼謳い文句】「―にだまされる」

うたう【歌う・謡う・唄う】節を付けて声を出す。詩歌を作る。「流行歌を歌う(唄う)」「高砂を謡う」〔「謡う」は謡曲をうたう時などに用いる〕

うたう【▼謳う】ほめたたえる。はっきり表明する。「わが世の春を―」「憲法には戦争放棄を―ってある」

うたがい【疑い】「―をかけられる」

うたがう【疑う】「耳を―」

うたがき【歌垣】古代の予祝・求愛の行事。かがい。

うたかた【〈泡沫〉】「―の恋」

うたがわしい【疑わしい】「彼の話は―」

うたぐる【▽疑る】疑う。

うたげ【▽宴】酒宴。宴会。

うたごころ【歌心】和歌をよもうとする心。歌の意味。

うたた【▼転】ますます。いっそう。「―今昔の感にたえない」

うたたね【▽転寝】「机にうつぶして―する」

うだつ【(▼梲)】梁の上に立てて棟木を支える短い柱。「―が上がらない(＝出世したり、金持ちになったりできない)」

うたひめ【歌姫】「昭和演歌界の―」

うたまくら【歌枕】「五十鈴川は伊勢国の―」

うたよみ【歌詠み】歌人。「歌よみに与ふる書(＝正岡子規の著作名)」

うだる【▼茹だる】「卵が―」「―ような暑さ」

うち【内・▽中】⇔外。「部屋の―にこもる」「そんなことは親切の―に入らない」「五人の―三人」「―に秘めた情熱」「祝宴は盛会のうちに終わった」「うちの社長」「うちがわるかったわ」

うち【▽家】「—を建てる」「この—の決まり」「—を空ける」

うちあげはなび【打(ち)上げ花火】「夜空を彩る—」

うちあける【打(ち)明ける】「内情を—」

うちあわせる【打(ち)合(わ)せる・打合せる】「方針を—」「綿密に—」

うちいり【討(ち)入り】「赤穂浪士の—」

うちいわい【内祝(い)】身内の祝い事の記念品を交際のある人々に贈る。

うちうち【内内】「—ですます」

うちうみ【内海】陸地に挟まれた海。湖。

うちかけ【〈裲襠〉・打(ち)掛け】昔の婦人の礼服。今は婚礼衣装。

うちかぶと【内▼兜】かぶとの内側。「—を見透かす(=相手の弱点を見抜く)」

うちき【内気】「—な性格」

うちぎ【▼袿】平安宮廷女房の日常着。うちき。

うちぎ【内着・打ち着】普段着。下着。

うちぎ【打ち▽衣・▼擣▽衣】砧〈きぬた〉で打って光沢を出した衣。

うちきず【打(ち)傷】打撲傷。

うちきる【打(ち)切る】「審議を—」

うちきん【内金】「一割の—を入れる」

うちくび【打(ち)首】「—の刑に処する」

うちけし【打(ち)消し】「—の助動詞」

うちけす【打(ち)消す】「不安を—ように笑う」

うちこ【打(ち)粉】麺などをのばす時振りかける粉。

うちこわし【打(ち)壊し】江戸時代、大衆の暴動。

うちじに【討(ち)死に】敵と戦って死ぬ。

うちぜい【内税】価格に消費税が含まれている。⇕外税。

うちだす【打(ち)出す】「新しい方針を—」

うちづら【内面】うちわの人に対する態度。⇕外面。「—が悪い」

うちでし【内弟子】「—をとる」

うちどめ【打(ち)止め】「この一番で本日は—だ」

うちとる【打(ち)取る・討(ち)取る・撃(ち)取る】「敵将を—」

うちのり【内▽法】器物の内側の寸法。

うちばらい【内払い】「工事費の一割を—する」

うちはらう【打(ち)払う・撃(ち)払う】「敵を—」

うちぶところ【内懐】着物のふところの肌に近い方。また、内情。

うちべんけい【内弁慶】家でだけ威張っている人。「彼は—だ」

うちぼり【内堀・内▼濠・内▼壕】二重の堀の、内側の堀。⇕外堀。

うちまく【内幕】「政治の—」

うちまご【内孫】⇕外孫。「—より外孫がかわいい」

うちまた【内股】「—に歩く」

うちまたごうやく【内股▼膏薬】節操のない人。「—で信用しかねる」

うちみ【打(ち)身】打撲傷。

うちみず【打(ち)水】庭や門前に水をまく。

うちゆ【内湯】旅館などで、建物の中にある浴場。

うちゅう【宇宙】「—遊泳」

うちょうてん【有頂天】「ほめられて—になる」

うちわ【〈団扇〉】「—であおぐ」

うちわ【内輪】「—だけの集まり」

うちわけ【内訳】「支出の—」

うちわたし【内渡し】金品の一部を前もって渡す。「—金」

うちわもめ【内輪▼揉め】「—を起こす」

うつ【鬱】ウツ 鬱—「鬱鬱・鬱屈・鬱蒼・陰鬱・気鬱・憂鬱」

うつ【鬱】「—になる」「—を散じる」

うつ【打つ】たたく。衝撃を与える。「頭を—」「心を—話」「脈を—」「祝電を—」「そばを—」「—手がない」

うつ【討つ・▽伐つ】攻め滅ぼす。「敵を—」

うつ【撃つ・▽射つ】矢や弾丸を発射する。攻撃する。

う

「鉄砲で鳥を―」
うつ【▼擣つ】紙や衣を砧〈きぬた〉などでたたく。「衣を―」
うつうつ【鬱鬱】「―として楽しまない」
うつぎ【▽空木】落葉低木。うのはな。
うづき【▼卯月】陰暦四月の異名。卯の花月。
うつくしい【美しい】「―絵」「―音色を奏でる」「容姿が―」
うっくつ【鬱屈】「―した日々を過ごす」
うっけつ【鬱血】「傷口が―する」
うつす【写す】もとのままに書きうつす。写真にとる。「ノートを―」「カメラで―」
うつす【映す】姿・形を物の上に現す。映写する。「水面に影を―」「スライドを―」
うつす【移す・▽遷す】物を他のところへ動かす。「机を別の教室に―」「籍を―」「風邪を―・される」「営業係に遷す」「都を遷す」
うっすら【▽薄ら】「屋根に雪が―と積もる」
うっせき【鬱積】「不満が―する」
うつせみ【▽空▼蝉】蝉のぬけ殻。「晩夏の―」
うつぜん【鬱然】「―とした雑木林」「―たる大著」
うっそう【鬱▼蒼】「―と生い茂る森」
うったえる【訴える】「加害者を―」「戦争放棄を―」
うっちゃる【打っ《▽棄》る・打っ《▽遣》る】「土俵際で―」
うつつ【▽現】「―を抜かす」
うって【討っ手】「―が迫る」
うってつけ【《打》って《付》け】「―の仕事」
うっとうしい【《鬱陶》しい】「―雨」
うっとり【〈恍惚〉】「―と聴き入る」
うつばり【▼梁】⇩はり(梁)。「―の塵を動かす(＝音楽にすぐれていることのたとえ)美声」
うつびょう【鬱病】憂鬱感や不安感を特徴とする病気。
うつぶせ【▼俯せ】顔や腹を下に向ける。「―になる」
うっぷん【鬱憤】「―を晴らす」
うつぼ【▼靫】矢を入れる筒形の道具。「靭」と書くのは誤用
うつぼ【▼鱓】ウナギ目ウツボ科の海魚。
うつぼつ【鬱勃】(意気が)盛んなこと。「―たる闘志」「入道雲が―とわく」
うつむく【▼俯く】⇕仰向く。「真っ赤になって―」
うつりが【移り香】「衣服への―」
うつりぎ【移り気】「―な性格」
うつる【写る】写真にとられる。透けて見える。「写真できれいに―」
うつる【映る】物の上に姿が現れる。映像が現れる。「夕日が窓に―」「テレビがよく―・らない」
うつる【移る・▽遷る】「禁煙席に―」「情が―」「人事課に遷る」「都が遷る」
うつろ【▽空ろ・▽虚ろ】「茎の中が―になっている」「虚ろなひとみ」
うつわ【器】「―に盛る」「人の上に立つ―」
うで【腕】「―を組む」「―を磨く」「―が鳴る」
うでぎ【腕木】横に突き出して支える横木。「―式信号機」
うできき【腕利き】「―の職人」
うでぐみ【腕組(み)】「―して考える」
うでくらべ【腕比べ】「釣りの―をする」
うでずく【腕《▽尽》く】「―で奪い取る」(現代仮名遣いでは「うでづく」とも書く)
うでずもう【腕《相撲》】「―をする」
うでっぷし【腕っ節】「―が強い男」
うてな【▽台】物を載せる台。
うてな【▼萼】植物の、がく。
うでまえ【腕前】「料理の―」
うでまくり【腕▼捲り】「―してがんばる」
うでる【▼茹でる】「玉子を―」
うでわ【腕輪】「流行の―」
うてん【雨天】「―決行」
うど【〈独活〉】「―の大木(＝体ばかり大きくて役に立たない人のたとえ)」

うとい【疎い】「世事に―」
うとう【〈善知鳥〉】チドリ目の海鳥。
うとく【有徳】徳がある。また、富んでいる。
うとそうそう【▼烏▼兎▼匆▼匆】月日の経過が早い。
うとむ【疎む】「しつこいと―・まれる」
うどん【▼饂▼飩】「讃岐〈さぬき〉―」
うどんげ【▽優曇華】クサカゲロウの卵。
うながす【促す】仕向ける。「注意を―」「発芽を―」
うなぎ【▼鰻】「―の寝床」
うなぎのぼり【▼鰻登り】「―に物価が上昇する」
うなされる【▼魘される】「悪夢に―」
うなじ【▽項】「―を垂れる」
うなずく【▼頷く・〈首肯〉く】「相手の説明にいちいち―」〔現代仮名遣いでは「うなづく」と書いても可〕
うなだれる【▽項垂れる】「―・れて沈黙する」
うなばら【《海原》】「―はるかに見渡す」
うなる【▼唸る】「大向こうを―・らせる名演技」
うに【〈海胆〉・〈海栗〉】クリのいがに似た棘皮〈きょくひ〉動物。〔食品としての場合は「雲丹」と書く〕
うぬぼれる【▽自▼惚れる】「天才だと―」
うね【畝】―《うね》「畝編・畝織・畝刺・畝間」
うね【畝】「―を作る」

うのけ【▼兎の毛】「―で突いたほどの傷」「―ほどのすきもない」
うのはな【▼卯の花】ウツギの花。また、おから。
うのみ【▼鵜▼呑み】「テレビの情報を―にする」
うば【▼姥】年をとった女性。
うば【《乳母》】母親に代わり乳を与える女性。
うばう【奪う】「金品を―・って逃走中」
うばぐるま【《乳母》車】「―を押す」
うばざくら【▼姥桜】彼岸桜の俗称。また、色っぽい年配の女性。
うぶ【▽初】「まだ―な娘」
うぶぎ【産着】「赤子に―を着せる」
うぶげ【産毛】「―を剃る」
うぶごえ【産声】「元気な―をあげる」
うぶすながみ【産▽土神】生まれた土地の守り神。
うぶゆ【産湯】「―を使わせる」
うべなう【▽諾う】承知する。「とても―・えない」
うま【▽午】十二支の七番目。
うま【馬】「―の耳に念仏」「彼とはうまが合う」
うまい【▽旨い・〈美味〉い】味がよい。おいしい。「―料理」
うまい【〈上手〉い】たくみだ。じょうずだ。「テニスが―」
うまおいむし【馬追虫】昆虫の一。スイッチョ。

うまごやし【馬肥やし・〈苜蓿〉】牧草。

うまずたゆまず【⦅▼倦⦆まず⦅▼弛⦆まず】「―勉学に励む」

うまずめ【〈石女〉】子どもを産めない女性。

うまづら【馬面】長い顔。

うまに【▽旨煮・▽甘煮】甘辛い味で煮つけた料理。

うまのあし【馬の脚】下級の役者。

うまのほね【馬の骨】素性のわからない者。「どこの―ともわからない男」

うまのり【馬乗り】「―になる」

うまみ【▽旨み】「肉の―が出る」

うまや【▽駅】昔の街道筋の宿場。

うまや【馬屋・▼厩】馬小屋。

うまる【埋まる】「砂に―」

うまれ【生(まれ)】「昭和の―」

うまれる【生(まれ)る・産(まれ)る】「赤ちゃんが―・れた」

うみ【海】「―と山」「―の物とも山の物ともつかぬ」

うみ【▼膿】「―を出す」

うみがめ【海亀】「―の産卵」

うみせんやません【海千山千】経験を積み、社会の裏表に通じた人。「―の女将〈おかみ〉」

うみなり【海鳴り】波が海岸で砕ける時の低い響き。「―が聞こえる」

うみねこ【海猫】鳴き声がネコに似る海鳥。
うみのさち【海の幸】「―に舌鼓を打つ」
うみべ【海辺】「―の漁師町」
うみへび【海蛇】海産のヘビ。
うみぼうず【海坊主】海にいる坊主頭の化け物。
うむ【有無】「―を言わせない」
うむ【生む・産む】「誤解を生む」「安心して産める医療制度」
うむ【▼倦む】長く続いていやになる。飽きる。「―ことなく励む」
うむ【▽熟む】果実などが熟す。うれる。「渋柿が―・んで甘くなる」
うむ【▽績む】繊維をより合わせる。「糸を―」
うむ【▼膿む】化膿する。「―・んで腫れる」
うめ【梅】バラ科の木。実は食用。「―に鶯〈うぐいす〉」
うめく【▼呻く】「痛みが激しくて―」
うめしゅ【梅酒】梅の実と砂糖を焼酎に漬けた酒。
うめたて【埋(め)立て】「―地」「―工事」
うめぼし【梅干(し)】「―の漬け方」
うめる【埋める】「地中に―」「穴を―」「赤字を―」「お風呂をうめる」
うもう【羽毛】「―布団」
うもれぎ【埋もれ木】「―のような裏街道の人生」
うもれる【埋もれる】「雪に―」

うやうやしい【恭しい】「―・く頭を下げる」
うやまう【敬う】「先祖を―」
うやむや【《有▼耶無▼耶》】「事件を―にする」
うゆう【▼烏有】何もないこと。「―に帰す」
うよきょくせつ【▼紆余曲折】「―を経てやっと実現した」
うよく【右翼】⇔左翼。「―団体」
うら【浦】うら ― 「浦風・浦波・津津浦浦」
うら【浦】海や湖の入り江。「―づたい島づたい」
うら【裏】外に現れない側。内情。⇔おもて(表)。「―の家」「彼の言葉には―がある」「―で糸を引く」
うらうち【裏打ち】「表紙を―する」「学説を別の資料で―する」
うらおもて【裏表】「上着を―に着る」「―のない人」「政界の―に通じる」
うらがき【裏書(き)】「この証券には―がある」
うらかた【裏方】「祝賀会の―を務める」
うらがなしい【(▽心)悲しい】「―音楽」
うらがれ【▽末枯れ】秋の末に枝葉の先が枯れる。
うらぎり【裏切り】「―行為」
うらぐち【裏口】「―へ回る」「―入学」
うらげい【裏芸】「宴会用の―」
うらごえ【裏声】特殊な発声法で出す高い声。「―で歌う」

うらごし【裏《▼漉》し】「ゆでた芋を―する」
うらさく【裏作】主要作物の収穫後に作る作物。⇔表作。
うらじ【裏地】衣服の裏に用いる布。
うらじろ【裏白】シダ植物。「正月飾りの―」
うらだな【裏▽店】「―住まい」
うらづけ【裏付け】「実験による―のない空論」「―をとる」
うらて【裏手】「―に回る」
うらどおり【裏通り】「―に面した居酒屋」
うらどし【裏年】果実が不作な年。
うらない【占い】「星―」
うらなう【占う】「運勢を―」
うらなり【▽末▽生り】蔓の先になった実。「―瓢簞」
うらばなし【裏話】「政界の―」
うらはら【裏腹】「予想とは―の結果だ」
うらぼん【▼盂▼蘭盆】祖先を供養する仏事。
うらみ【恨み・▽怨み】「―を晴らす」
うらみ【▽憾み】残念に思う点。欠点。「準備が足りなかった―がある」
うらむ【恨む・▽怨む】人に対して不満や怒りをもつ。「犯人を―」「人に―・まれるようなことはするな」
うらむ【▽憾む】残念に思う。「実力を十分に出し切れ

う

なかったことを—」
うらめ【裏目】「—に出る」
うらやましい【羨ましい】「—限りだ」
うらやむ【羨む】「人も—ような夫婦仲」
うららか【▽麗らか】「—な春の陽気」
うり【▼瓜】「—の蔓〈つる〉に茄子〈なすび〉はならぬ(=平凡な親から非凡な子は生まれないことのたとえ)」
うり【売り】「—に出す」「—買い」
うりあげ【売(り)上げ・売上】「—が伸びる」「—の一部を寄附する」
うりかけ【売(り)掛け・売掛】代金後払いの約束で売る。「—金」
うりぐい【売(り)食い】家財を売りながら生活する。「—の毎日」
うりざねがお【▼瓜▽実顔】「—の女性」
うりさばく【売り《▼捌》く】「品物を全部—」
うりだし【売(り)出し】「歳末大—」
うりて【売(り)手】「—市場〈しじょう〉」
うりね【売(り)値】「—を付ける」
うりば【売(り)場】「切符—」
うりふたつ【▼瓜二つ】「あそこの双子は—だ」
うりもの【売(り)物】「安さを—にする量販店」
うりもみ【▼瓜▼揉み】きゅうり揉み。
うりょう【雨量】「—が多い」

うる【売る】「土地を—」「恩を—」「媚〈こび〉を—」「けんかを—」「油を—」
うる【得る】「利益を—」「解答し—」
うるう【▼閏】「—年〈どし〉」
うるおう【潤う】「のどが—」「ふところが—」
うるおす【潤す】「のどを—」「地を—」
うるか【〈鱁鮧〉】鮎の腸や卵を塩漬けにした食品。
うるさい【▽煩い・〈五月蝿〉い】「列車の騒音が—」「—・くつきまとう」「味に—客」
うるし【漆】「—塗り」
うるち【▼粳】粘り気の少ない普通の米。⇔糯〈もち〉。
うるむ【潤む】「目が—・んでいる」
うるめ【潤目】イワシの一種。干物用。
うるわしい【麗しい】「—友情」「ご機嫌—・くて何よりに存じます」
うれい【憂い】心配。不安。「将来に—をいだく」
うれい【愁い】もの悲しい思い。「—を含んだ表情」
うれえる【憂える】「国を—」
うれえる【愁える】「友の死を—」
うれくち【売れ口】「—が見つかる」
うれしい【▼嬉しい】「—知らせ」「合格して—」
うれっこ【売れっ子】「—の歌手」
うれゆき【売(れ)行き・売行】「—は良好」
うれる【売れる】「よく—商品」「—・れている歌手」

うれる【熟れる】「まっかに—・れたトマト」
うろ【▽空・▽虚・▽洞】空洞。「—のある大木」
うろ【▼迂路】回り道。「—をとる」
うろ【雨露】「—をしのぐ」
うろ【▼烏▼鷺】カラスとサギ。また、囲碁。「—の争い」
うろおぼえ【《▽空》覚え】「—の知識」
うろこ【▼鱗】「—雲」「目から—が落ちる」
うろたえる【〈狼狽〉える】「秘密を暴露されて—」
うろつく【〈彷徨〉く】「怪しげな男が近くを—・いている」
うろぬく【《▽疎》抜く】間引く。「コマツナを—」
うろん【▼胡▽乱】うさんくさいさま。「—な男」
うわがき【上書き】「小包に—する」「電子テキストの文書を—保存する」
うわき【《浮気》】「—性〈しょう〉」
うわぎ【上着】「—を着る」
うわぐすり【上薬・▼釉】「—をかける」
うわごと【〈譫言〉・〈囈語〉】「夢にうなされて—を言う」
うわさ【▼噂】「—をすれば影」「人の—も七十五日」
うわすべり【上滑り】「知識だけが—する」
うわずみ【上澄み】「—をすくう」
うわずる【上《擦》る】「声が—」
うわぜい【上背】背丈。「—がある」

うわつく【《浮つく》】「―いた気持ち」

うわっちょうし【上っ調子】「―な態度」

うわっつら【上っ面】「―をなぞる」「―だけで判断する」

うわっぱり【上っ張り】衣服の汚れを防ぐ服。「―を羽織る」

うわて【上手】「一枚―だ」

うわぬり【上塗(り)】「恥の―」

うわのそら【上の空】「―で話を聞く」

うわのり【上乗り】「トラックの―」

うわばき【上履(き)】⇕下履き。「昇降口で―に履き替える」

うわばみ【〈蟒蛇〉】大蛇。また、大酒飲み。

うわべ【《上辺》】「―だけを繕う」

うわまえ【上前】「―をはねる」

うわまわる【上回る】⇕下回る。「予想を―収穫」

うわむき【上向(き)】上を向いている。また、上昇傾向にある。「箱を―に置く」「景気は―だ」

うわむく【上向く】「景気が―」

うわめづかい【上目遣い・上目使い】「―に見る」

うわや【上屋】柱と屋根だけの建物。「プラットホームの―」

うわやく【上役】上司。⇕下役。「―に伺いを立てる」

うん【運】ウン はこ-ぶ 「運河・運気・運行・運勢・運動・運命・運用・悪運・海運・開運・幸運・天運」
うん【雲】ウン くも 「雲煙・雲気・暗雲・瑞雲・青雲・風雲・雷雲」
うん【運】「―がいい（悪い）」「―がない」「―を天に任せる」
うん【▼暈】日や月の周囲にできる光の輪。
うんえい【運営】「会の―に当たる」「―委員」
うんえん【雲煙】「―飛動（＝自然の風物。また、筆勢がのびのびとしているさま）」
うんえんかがん【雲煙過眼】深く執着しない。
うんおう【▼蘊奥】「学問の―を究める」
うんか【〈浮塵子〉】小形の昆虫。
うんか【雲▼霞】雲と霞。人が多く集まるたとえ。「―の如く人が押し寄せる」
うんが【運河】「スエズ―」
うんかい【雲海】「山頂から―を見下ろす」
うんき【▽温気】「不快な―に蒸される」
うんき【運気】「―を上げる（下げる）」
うんきゅう【運休】「事故のため列車が―する」
うんこう【運行】「ダイヤどおりに―する」「星の―」
うんこう【運航】「ハワイへは週三便―している」
うんざ【運座】優れた句を互いに選び合う会。「―の句会を行う」

うんざん【運算】演算。
うんさんむしょう【雲散霧消】「いつの間にか不安が―する」
うんしゅう【雲集】「ファンが―する」
うんじょうりょうへん【雲蒸▽竜変】英雄・豪傑が機会を得て世に出、活躍する。
うんしん【運針】裁縫の針の使い方。
うんすい【雲水】「座禅修行に励む―」
うんせい【運勢】「明日の―を占う」
うんそう【運送】「―会社」「貨物を―する」
うんだい【雲台】三脚に固定する器具。
うんちく【▼蘊蓄】学問上の深い知識。「―を傾ける」
うんちん【運賃】「―が値上がりする」
うんでい【雲泥】「能力に―の差がある」
うんでいばんり【雲泥万里】隔たりが大きい。
うんてん【運転】「―中はよそ見をしない」
うんどう【運動】「何か―を始める」「学生（選挙）―」
うんぬん【▼云▼云】「結果を―するのはよそう」
うんのう【▼蘊奥】奥義。極意。「―を究める」
うんぱん【運搬】「食糧を―する」
うんぴつ【運筆】「勢いのある―」
うんぴょう【雲表】雲の上。「―に出る」
うんぷてんぷ【運▽否天賦】「勝負は―だ」

うんめい【運命】「—に支配されている」「—の出会い」

うんも【雲▽母】板状の結晶で、薄くはがれる鉱物。

うんゆ【運輸】「—局」

うんよう【運用】「資産—」「ネットワークシステムを—する」

うんりょう【雲量】雲が空をおおう割合。「—ゼロの快晴」

え

え【会(會)】⇩かい(会)。「会釈・会得・一期一会・精霊会」

え【回】⇩かい(回)。「回向・回心」

え【依】⇩い(依)。「依怙〈えこ〉・帰依」

え【恵(惠)】⇩けい(恵)。「恵比寿・恵方・知恵」

え【絵(繪)】⇩かい(絵)。「絵図・絵筆・絵本・口絵・墨絵」

え【柄】「傘の—」

え【餌】えさ。「まき—で魚を寄せる」

え【絵】「—にかいた餅」

えい【永】エイ ながーい 「永遠・永久・永劫・永住・永続・永年・永眠」

えい【泳】エイ およーぐ 「泳法・遠泳・競泳・水泳・背泳・遊泳・力泳」

えい【英】エイ — 「英傑・英才・英字・英断・英知・俊英」

えい【映】エイ うつーる・うつーす・はーえる 「映写・映像・競映・上映・投映・反映・併映・放映」

えい【栄(榮)】エイ さかーえる・はーえ・はーえる 「栄華・栄枯・栄光・栄達・栄転・栄養・虚栄・繁栄」

えい【営(營)】エイ いとなーむ 「営業・営繕・営利・運営・経営・公営・陣営・設営・造営」

えい【詠】エイ よーむ 「詠歌・詠唱・詠嘆・遺詠・吟詠・雑詠・朗詠」

えい【影】エイ かげ 「影響・影像・近影・幻影・撮影・灯影・投影」

えい【鋭】エイ するどーい 「鋭角・鋭敏・鋭利・気鋭・精鋭・先鋭」

えい【衛(衞)】エイ — 「衛生・衛星・後衛・護衛・自衛・守衛」

えい【▼嬰】音楽で、半音高くする。「—へ長調」

えい【▼纓】冠の、後ろに垂れる部分。

えい【▼鱝・▼鱏・〈海鷂魚〉】海産の軟骨魚。

えいい【営為】「個人的(社会的、知的)—」

えいい【鋭意】「—努力する」

えいいん【影印】古書などを写真により複製する。「—本」

えいえい【営営】「—と家業に励む」「—たる日々の研鑽〈けんさん〉が実を結ぶ」

えいえん【永遠】「平和が—に続くことを願う」「—の真理」

えいが【映画】「—を見る」

えいが【栄華】「—を極める」

えいかく【鋭角】「—に曲がった道路」

えいかん【栄冠】「勝利の—に輝くのは誰でしょうか」

えいき【英気】「—を養う」

えいき【鋭気】「相手の—をくじく」

えいきゅう【永久】「—歯〈し〉」「—凍土」「—に不滅」

えいきょ【▼盈虚】月の満ち欠け。また、栄枯盛衰。

えいきょう【影響】「悪—」「—力」「—を及ぼす(与える)」

えいぎょう【営業】「―時間」「正月も休まず―する」
えいけつ【永▼訣】永遠の別れ。死別。「―の朝」
えいけつ【英傑】「維新の―」
えいご【英語】「―ができる」
えいこう【▼曳航】「グライダーを―する」
えいこう【栄光】「勝利の―に輝く」「―を称〈たた〉える」
えいごう【永▼劫】「未来―」
えいこく【英国】「―紳士」
えいこせいすい【栄枯盛衰】「―は世の習い」
えいさい【英才】「―教育」
えいし【英姿】「颯爽とした―」
えいし【英資】すぐれた天性。
えいじ【▼嬰児】生まれたばかりの子。
えいじつ【永日】昼の長い春の日。
えいじはっぽう【永字八法】書の基本的運筆法。
えいしゃ【泳者】「第一―」
えいしゃ【映写】「―機」「スクリーンに―する」
えいじゅう【永住】「―の地を求める」
えいしょう【詠唱】「賛美歌を―する」
えいじょく【栄辱】「衣食足りて則ち―を知る」
えいじる【映じる】「新緑が湖面に―」〔サ変「映ずる」も同じ〕
えいじる【詠じる】「感ずるままに和歌に―」〔サ変「詠ずる」も同じ〕
えいしん【栄進】「―を望む」
えいしん【詠進】「歌会始めに―する」
えいせい【永世】「―名人」「―中立国」
えいせい【永逝】人が死ぬこと。長逝。「師匠が―された」
えいせい【衛生】「―上良くない」「―面で問題がある」
えいせい【衛星】「人工―」「―中継」「―都市」
えいぜん【営繕】「校舎を―する」「―費」
えいそう【営巣】「樹上に―する」
えいそう【詠草】和歌の下書き。「―をしたためる」
えいぞう【映像】「鮮明な―」「―で伝える」
えいぞう【影像】肖像。「弘法大師の―」
えいぞう【営造】「大宮殿を―する」
えいぞく【永続】「―性」
えいたい【永代】「―供養」「日本―蔵〈ぐら〉」
えいたつ【栄達】「―を求める」
えいだつ【▼穎脱】才能が群を抜いて優れていること。「―した才能」
えいたん【詠嘆】「あまりの美しさに―の声を上げる」「―の助動詞けり」
えいだん【英断】「―を下す」
えいち【英知・▼叡▼智】「自然の―」「―にあふれる」
えいてん【栄典】「―制度」
えいてん【栄転】「支店長に―する」
えいねん【永年】「―勤続表彰」
えいのう【営農】「―家」
えいびん【鋭敏】「―な感性」
えいへい【衛兵】「―の交替」
えいべつ【永別】「異国の地でそのまま―となる」
えいほう【泳法】「潜水―」
えいほう【鋭▼鋒】鋭い矛先。また、言論による鋭い攻撃。「敵の―をかわす」
えいまい【英▼邁】「―な皇帝」
えいみん【永眠】「薬石効なく―されました」
えいめい【英名】「―赫々〈かっかく〉」「―をとどろかす」
えいめい【英明】「―な主君」
えいやく【英訳】「和文―」
えいゆう【英雄】「国民的―」「―色を好む」
えいよ【栄誉】「―に輝く」
えいよう【栄養】「―失調」「―をとる」
えいようえいが【栄▼耀栄華】「―を尽くす」
えいり【営利】「―目的」「非―事業」
えいり【鋭利】「―な刃物」
えいりん【営林】「―署〈現在は森林管理署〉」

えいれい【英霊】死者の霊。特に、戦死者の霊。「―を祀る」
えいわ【英和】「―辞典」
えいん【会陰】陰部と肛門との間。
えがお【《笑顔》】「―で挨拶する」「常に―を絶やさず」
えかき【絵描き】「―志望」
えがく【描く】「青春を―いた小説」「理想(夢)を思い―」「トンビが弧を―いて飛ぶ」
えがたい【得《難》い】「―人材」
えがら【絵柄】「―のきれいな器を選ぶ」
えき【役】⇩やく(役)。「役牛・役畜・現役・苦役・雑役・使役・戦役・懲役・服役・兵役・労役」
えき【易】エキ・イ やさしい ―「易者・易断・改易・交易・貿易」
えき【疫】エキ・(ヤク) ―「疫病・疫痢・検疫・防疫・免疫」
えき【益】エキ・(ヤク) ―「益金・益虫・国益・収益・純益・増益・損益・便益・有益・利益」
えき【液】エキ ―「液化・液剤・液晶・液状・液体・胃液・血液・原液・樹液・体液・粘液・溶液」

えき【駅(驛)】エキ ―「駅員・駅舎・駅長・駅伝・駅頭・駅馬車・駅弁・貨物駅・終着駅・発駅」
えき【役】大きなたたかい。「後三年の―」
えき【易】中国古来の吉凶を占う方法。「―を立てる」
えき【益】「何の―もない書物」「―のない仕事」
えき【液】「―をしぼりとる」「―に浸す」
えき【駅】「―で列車を待つ」
えきか【液化】「―天然ガス」
えきか【▽腋▽窩】わきの下のへこんだところ。
えきが【▽腋芽】葉腋にでる芽。側芽。
えきがく【疫学】感染症などを研究する学問。「―的見地」
えきぎゅう【役牛】「運搬用の―」
えききん【益金】「―で投資する」
えきざい【液剤】「―を混ぜる」
えきしゃ【易者】易の占いをする人。
えきしゃ【駅舎】駅の建物。
えきじゅう【液汁】「―をためる」
えきじょう【液状】「―化現象」
えきする【益する】「世を―事業」
えきせいかくめい【易姓革命】王朝がかわる。
えきたい【液体】⇔気体・固体。「―窒素〈ちっそ〉」
えきちく【役畜】「―を飼育する」

えきちゅう【益虫】⇔害虫。「受粉の助けをするミツバチなどの―」
えきちょう【益鳥】⇔害鳥。
えきちょう【駅長】「―室」
えきでん【駅伝】「箱根―」
えきとう【駅頭】駅のあたり。駅前。「―で演説する」
えきひ【液肥】「―を散布する」
えきびょう【疫病】「―が流行る」
えきべん【駅弁】「―を買う」
えきむ【役務】「―を担う」
えきり【疫痢】小児のかかる感染症。
えぐい【▽蘞い】「―味」「―表現」
えくぼ【▽靨】「笑うと―ができる」「あばたも―」
えぐる【▽抉る】「鋭い刃物で―」「肺腑〈はいふ〉を―話」「現代の世相を―」
えこう【回向】「親族一同で―する」
えごころ【絵心】「―がある」
えこじ【《依▽怙地》】⇩いこじ(依怙地・意固地)。「―になる」
えことば【絵▽詞】絵巻物の詞書。「―を解釈する」
えこひいき【《依▽怙▽贔▽屓》】「露骨な―」
えさ【餌】「―をやる(与える)」
えし【絵師】「江戸幕府の―」
えし【▽壊死】「臓器が―する」

えじき【餌食】「虎の―になる」
エジプト【埃及】アフリカ北東部にある国。「―のピラミッド」
えしゃく【会釈】「―を交わす」「遠慮―なく」
えしゃじょうり【会者定離】仏教で、会うものすべて別れる運命にあること。
えず【絵図】「江戸の―」
えすがた【絵姿】絵に描いた人の姿。
えせ【〈似非〉】「―医者（学者）」
えそ【▽壊▼疽】壊死した部分が腐敗した状態。
えぞ【蝦夷】北海道の古称。「―松〈まつ〉」
えそらごと【絵空事】「―を並べ立てる」
えだ【枝】「木の―」「―伝い」
えたい【得体】「―の知れない怪物」
えだげ【枝毛】「―が気になる」
えだは【枝葉】「―にこだわる」
えだぶり【枝〈振〉り】「―がよい松」
えだまめ【枝豆】「―の塩茹で」
えだみち【枝道】「話が―にそれる」
えたりかしこし【得たり賢し】「―と攻勢に転じる」
えだる【柄▼樽】「進物に―の酒を贈る」
えちご【越後】旧国名。佐渡島を除く新潟県全域。
えちぜん【越前】旧国名。福井県中・北部。

えつ【悦】エツ ―「悦楽・喜悦・恐悦・法悦・満悦・愉悦」
えつ【越】エツ こ-す・こ-える「越境・越権・越冬・卓越・優越」
えつ【謁（謁）】エツ ―「謁見・参謁・内謁・拝謁」
えつ【閲】エツ ―「閲読・閲兵・閲覧・閲歴・検閲・校閲・内閲」
えつ【悦】「―に入〈い〉る」
えっきょう【越境】「―入学」
えづけ【餌付け】「野生のサルに―をする」
えっけん【越権】「―行為」
えっけん【謁見】「女帝に―する」
えっする【謁する】「国王陛下に―」
えっちゅう【越中】旧国名。富山県全域。
えっとう【越冬】「―隊」「―つばめ」
えつどく【閲読】「文献を―する」
えつねん【越年】「南極で―する」
えっぺい【閲兵】「―式」
えつぼ【笑▼壺】「―に入〈い〉る」
えつらく【悦楽】「―に浸る」
えつらん【閲覧】「図書館の―室」「本を―する」
えつれき【閲歴】「複雑な―をたどった人」
えて【得手】得意なこと。⇕不得手。「人にはみな―不得手がある」

えてかって【得手勝手】「―な要求」
えてして【得てして】「―そうなることが多い」
えと【▽干▽支】「生まれ年の―は丑〈うし〉だ」
えど【▼穢土】「厭離〈えんり〉―」
えど【江戸】「―時代」「―幕府」「―の敵〈かたき〉を長崎で討つ」
えとく【会得】「剣法の極意を―する」
えどっこ【江戸っ子】「ちゃきちゃきの―」
えどづま【江戸▼褄】褄から裾に模様のある和服。
えどまえ【江戸前】東京湾でとれた魚。「―ずし」
えな【〈胞衣〉】胎児を包んだ膜や胎盤。
えにし【▽縁】えん。関係。「不思議な―」
エニシダ【〈金雀枝〉】マメ科の低木。
えのき【▼榎】ニレ科の高木。「一里塚の―」
えのきたけ【▼榎▼茸】食用きのこの一種。
えのぐ【絵の具】絵を彩色するための材料。
えのころぐさ【〈狗尾〉草】ネコジャラシ。
えはがき【絵葉書】「旅先で―を買う」
えはつ【▽衣鉢】⇩いはつ（衣鉢）。「―閣」
えび【〈海老〉・▼蝦・▼蛯】「―反〈ぞ〉り」「―で鯛を釣る」
えび【〈葡萄〉】赤紫色。葡萄色。「―染め」
えびがに【〈海老〉▼蟹】ザリガニ類の俗称。

え

えびす【▼夷】未開の民。また、荒々しい武士。「東〈あずま〉ー」
えびす【恵比須】「ー顔〈がお〉」「ー講」
えびちゃ【《葡萄》茶】「ー式部」
えびら【▼箙】矢を入れる武具。
えふで【絵筆】「ーをとる」「ーを揮〈ふる〉う」
えほう【恵方】縁起のよい方角。「節分にー巻〈まき〉を食べる」
えぼし【▼烏▽帽子】「ー姿の貴公子」
えほん【絵本】「ーを読む」
えま【絵馬】「ーを奉納する」
えまきもの【絵巻物】「源氏物語のー」
えみ【笑み】「満面にーを浮かべる」
えむ【笑む】「ほくそー」「ほほー」「花（栗のいが）がー」
えもじ【絵文字】「メールのー」
えもの【得物】自分の得意な武器。
えもの【獲物】「ーを狙う」「逃がしたーは大きい」
えもん【▽衣紋】和服の胸の上で合わさる部分。「ーを繕う」
えもんかけ【▽衣紋掛け】和服などをつるす用具。
えら【▼鰓】「ー呼吸」「ーの張った顔」「ーが過ぎる（＝言葉が過ぎる）」
えらい【偉い】「ー先生」「えらいことになった」「今朝はえらく冷え込む」

えらぶ【選ぶ】よりぬく。選択する。「最善の方法をー」「生徒会長をー」

えらぶ【▼撰ぶ】著作を集めて書物を作る。「和歌集をー」

えらぶつ【偉物】「なかなかのー」「たいしたーになったものだ（皮肉を込めて言う）」

えり【襟・▼衿】「コートのーを立てる」「ーを正す」

えりあし【襟足】首の後ろ側の髪の生え際。

えりがみ【襟髪】襟足の部分の髪。

えりくび【襟首】首の後ろの部分。首筋。

えりごのみ【▽選り好み】「ーが激しい」「ーせずに何でも食べる」

えりしょう【襟章】「学校のー」

えりぬき【▽選り抜き】⇩よりぬき（選り抜き）。「ーの大工をそろえる」

えりまき【襟巻き】「ーをする」「ートカゲ」

えりもと【襟元】「ーを飾る」「ーをかき合わせる」

えりわける【▽選り分ける】「品物をー」

える【▽選る】選ぶ。よる。「よいのをー」

える【得る】手に入れる。自分のものにする。「名声をー」「ー物は何もない」「病をー」「要領をー・ない」

える【獲る】狩りや漁をして獲物を捕える。「多くの戦利品をー」「猟で鴨をー」〔ただし「獲〈と〉る」と読むのが一般的〕

えん【円（圓）】エン まる-い 「円滑・円形・円座・円周率・円熟・円柱・円盤・円満・一円・新円」
えん【延】エン の-びる・の-べる・の-ばす 「延期・延焼・延滞・延長・延納・延命・圧延・順延・遅延」
えん【沿】エン そ-う 「沿海・沿革・沿岸・沿線・沿道・沿路」
えん【炎】エン ほのお 「炎暑・炎症・炎天・炎熱・火炎・情炎・肺炎」〔「焰」の書き換え字としても用いられる〕
えん【怨】エン・オン ― 「怨言・怨恨・旧怨・私怨・宿怨」
えん【宴】エン ― 「宴会・宴席・酒宴・祝宴・小宴・披露宴」
えん【媛】エン ― 「才媛・名媛・愛媛〈えひめ〉県」
えん【援】エン ― 「援助・援用・応援・救援・後援・支援・声援」
えん【園】エン その 「園芸・園長・学園・公園・田園・楽園・霊園」
えん【煙】エン けむ-る・けむり・けむ-い 「煙雨・煙突・煙幕・煙霧・愛煙・喫煙・禁煙・硝煙・排煙・煤煙」

え

えん【猿】エン さる 「猿害・猿人・意馬心猿・犬猿・孤猿・野猿」
えん【遠】エン・(オン) とお-い 「遠近・遠視・遠征・遠足・遠洋・遠雷・遠慮・永遠・敬遠・深遠・幽遠」
えん【鉛】エン なまり 「鉛版・鉛筆・鉛分・鉛粉・亜鉛・黒鉛・無鉛」
えん【塩(鹽)】エン しお 「塩化・塩湖・塩酸・塩蔵・塩田・岩塩・食塩・製塩・硫酸塩・無塩」
えん【演】エン 「演技・演芸・演劇・演算・演出・演奏・講演」
えん【縁(緣)】エン ふち 「縁起・縁者・縁石・縁談・縁日・因縁〈いんねん〉・奇縁・血縁・宿縁・無縁・良縁」
えん【艶(豔)】エン つや 「艶書・艶福・艶聞・艶麗・妖艶」
えん【円】「―を描く」「―に両替する」
えん【宴】「―を設ける」「―もたけなわ」
えん【縁】「これも何かの―」「親子の―」「他生の―」「―もゆかりも無い」「―の下の力持ち」
えんいん【延引】「会議が―する」
えんいん【遠因】⇕近因。「紛争の―」
えんう【煙雨】「―にけぶる山木立」
えんえい【遠泳】「沖まで―する」
えんえき【演▼繹】一般原理から特殊な事実を導く。⇕帰納。「―推理」
えんえん【▼奄▼奄】息が絶えそうなさま。「気息―」
えんえん【延延】「―と続く作業」「―二時間に及ぶ討論」
えんえん【炎炎】「―と燃え上がる」
えんえんちょうだ【▼蜿▼蜒長蛇】「―の列」
えんおう【▼鴛▼鴦】オシドリ。仲のよい夫婦のたとえ。「―の契り浅からず」
えんか【煙▼霞】「―にかすむ山々」
えんか【演歌】「こぶしをきかせた―」
えんか【▼嚥下】のみくだす。えんげ。「薬を―する」
えんかい【沿海】「―漁業」
えんかい【宴会】「―芸」「―を開く」
えんかい【遠海】陸地から遠く離れた海。⇕近海。「―魚」
えんがい【円蓋】ドーム。
えんがい【煙害】「―で苦しむ」
えんがい【塩害】「―で送電線がさび付く」
えんかく【沿革】「学校の―」
えんかく【遠隔】「―地」「―操作」
えんかつ【円滑】「―に事を運ぶ」「―な進行」
えんがわ【縁側】「―でお茶を飲む」「ひらめの―」
えんかん【鉛管】「ガス(水道)の―」
えんがん【沿岸】「瀬戸内海―」
えんき【延期】「出発を―する」「無期―」
えんき【遠忌】⇩おんき(遠忌)。
えんき【塩基】酸と反応して塩と水を作る物質。「―性」
えんぎ【演技】「模範―」「迫真の名―」
えんぎ【演義】中国、元・明代の通俗的な歴史小説。「三国志―」
えんぎ【縁起】「―が悪い(いい)」「―を担ぐ」「社寺の―」
えんきょく【▼婉曲】「―に断る」「―な言い回し」
えんきょり【遠距離】「―通勤」「―恋愛」
えんきり【縁切り】「―寺〈でら〉」
えんきん【遠近】「―法」「―両用のめがね」
えんぐみ【縁組(み)】「養子―を結ぶ」
えんぐん【援軍】「―を頼む」
えんげ【▼嚥下】⇩えんか(嚥下)。
えんけい【円形】「―劇場」
えんけい【遠景】⇕近景。「―描写」
えんげい【園芸】「―作物」
えんげい【演芸】「―会」
えんげき【演劇】「―鑑賞」
えんげん【▼淵源】「武士道の―」「―をたずねる」

えんこ【円弧】円周の一部分。弧。

えんこ【縁故】「―採用」

えんご【▼掩護】敵の攻撃から味方を守る。「―射撃」〔「援護」とも書く〕

えんご【援護】困っている人を助ける。「被災者を―する」

えんご【縁語】縁のある語を使う和歌の表現技法。

えんこう【猿▼猴】猿。特に手長猿。「―月を取る（＝身の程知らずの行いのたとえ）」

えんこうきんこう【遠交近攻】遠国と交際して、近くの国々を攻め取る。

えんこん【怨恨】「―を抱〈いだ〉く」「―による殺人」

えんさ【怨▼嗟】「―の的」

えんざ【円座】「―して語り合う」

えんざい【▼冤罪】無実の罪。「―をこうむる」「―を晴らす」

えんさん【塩酸】塩化水素の水溶液。

えんざん【演算】「―記号」

えんし【遠視】近くの物がはっきり見えない状態。⇔近視。

えんじ【▼衍字】誤って入った不要な文字。「―を削る」

えんじ【園児】「幼稚園の―」

えんじ【▼臙脂】「―色のコート」

えんじゃ【縁者】「親類―」
えんじゃく【▼燕▼雀】ツバメとスズメ。小人物。「―安〈いずく〉んぞ鴻鵠〈こうこく〉の志を知らんや（＝小人物には大人物の大きな志はわからない）／史記」
えんじゅ【▼槐】マメ科の高木。
えんしゅう【円周】「―率」
えんしゅう【演習】「運動会の予行―」「日本語学の―」
えんしゅう【遠州】遠江〈とおとうみ〉国の別名。
えんじゅく【円熟】「―した演技」「―味を増す」
えんしゅつ【演出】「―家」「派手な―で会を盛り上げる」
えんしょ【炎暑】「―の候」
えんしょ【艶書】恋文。
えんじょ【援助】「―を乞う」「資金―」
えんしょう【延焼】「隣家への―を食い止める」
えんしょう【炎症】「やけどで―を起こす」
えんしょう【煙硝】発火時、煙を出す火薬。「―のにおい」
えんじょう【炎上】「金閣寺が―する」
えんじる【演じる】「主役を―」〔サ変「演ずる」も同じ〕
えんしん【延伸】「新幹線を青森まで―する」
えんじん【円陣】「―を組む」

えんじん【猿人】最古の化石人類。
えんしんりょく【遠心力】「―が働く」
えんすい【円▼錐】「―形」
えんずい【延髄】脳髄の最下部で脊髄に続く部分。
えんせい【延性】「金の―」
えんせい【遠征】「―試合」「十字軍の―」
えんせい【▼厭世】「―自殺」「―観」
えんせき【宴席】「―に連なる」
えんせき【遠戚】血縁の薄い親類。
えんせき【縁戚】親類。親戚。「―関係にある」
えんぜつ【演説】「―口調で話す」「街頭―をする」
えんせん【沿線】「私鉄―」「―の住宅地」
えんせん【▼厭戦】「―思想」
えんぜん【▽宛然】さながら。あたかも。「―虎の威を借る狐の如〈ごと〉し」
えんぜん【▼婉然】しとやかで美しいさま。「―とした姿」
えんぜん【▼嫣然】あでやかににっこりと笑うさま。「―とほほえむ」
えんそ【塩素】元素の一。「―水〈すい〉」「―酸ナトリウム」
えんそう【演奏】「ピアノの―会」
えんぞう【塩蔵】食品を塩に漬けて保存する。「―した鮭〈さけ〉」

えんそく【遠足】「―に行く」
えんたい【延滞】「―金を請求される」
えんだい【遠大】「―な計画」
えんだい【演題】「講演会の―」
えんだい【縁台】「―将棋〈しょうぎ〉」「―に腰かけて涼む」
えんだか【円高】⇔円安。「―差益」
えんたく【円卓】丸テーブル。「―会議」
えんだて【円建て】円で価格表示された値段。「―相場」
えんだん【演壇】「―に上がる」
えんだん【縁談】「―がまとまる」
えんちゃく【延着】⇔早着。「台風の影響で列車―の恐れ」
えんちゅう【円柱】底面が円の柱体。円筒。「―形」
えんちょう【延長】「国会の会期を―する」「―戦」
えんちょうこくい【円頂黒衣】僧の姿。
えんちょく【鉛直】重力の方向で、水平面に直角。「―線」
えんづく【縁付く】「娘が―」
えんつづき【縁続き】「遠い―の者」
えんてい【炎帝】夏をつかさどる神。
えんてい【▼堰堤】ダム。「―建設の予定」
えんてい【園丁】庭園や公園の手入れをする人。

えんてん【炎天】「―下の野球試合」
えんでん【塩田】海水から塩をとるための砂田。「―法」
えんてんかつだつ【円転滑脱】すらすら事を運ぶ。「―な人物」「―に事を進める」
えんとう【円筒・円▼壔】丸い筒。円柱。「―埴輪〈はにわ〉」
えんとう【遠投】「―競技」「外野からホームベースへ―する」
えんとう【遠島】「―の刑」
えんどう【沿道】「マラソン走者を―から応援する」
えんどう【煙道】煙や排ガスを煙突に導く通路。
えんどう【▼豌豆】マメの一種。さやや種子は食用。
えんどおい【縁遠い】「気だてがよいのに―」「学問とは―生活」
えんどく【煙毒】排煙に含まれている有毒成分。
えんどく【鉛毒】鉛のもつ毒性。鉛中毒。
えんとつ【煙突】「―掃除」
えんにち【縁日】「―ですくった金魚」
えんねつ【炎熱】「―地獄」
えんのう【延納】「授業料を―する」
えんのした【縁の下】「―の力持ち」
えんばく【▼燕麦】麦の一種。
えんばん【円板】「―クラッチ」

えんばん【円盤】「―投げ」「空飛ぶ―」
えんび【艶美】「―な姿」
えんぴ【猿▼臂】猿のように長いひじ。「―を伸ばす」
えんぴつ【鉛筆】「―削り」
えんびふく【▼燕尾服】男性の夜会用の正式礼服。
えんぶきょく【円舞曲】ワルツ。「華麗なる大―」
えんぷく【艶福】多くの女性にもてる幸せ。「―のある男」「―家」
えんぶん【▼衍文】文章中に混入した不要な文。「推敲〈すいこう〉して―を削る」
えんぶん【塩分】「―控えめ」
えんぶん【艶文】恋文。「―をしたためる」
えんぶん【艶聞】「―が絶えない」
えんぺい【▼掩蔽】「犯行を―する」
えんぺい【援兵】「―を送る」
えんぺん【縁辺】「―諸国」「―を頼る」
えんぼう【遠望】「―がきく小高い丘」
えんぼう【遠謀】将来までを考えた計画。「深慮―」
えんぽう【遠方】「友―より来たる」
えんま【▼閻魔】「―大王」「―帳」
えんまく【煙幕】「―を張る」
えんまん【円満】「夫婦―」「―具足した顔」
えんむ【煙霧】「―が立ちこめる街」
えんむすび【縁結び】男女の縁を結ぶこと。「―の神」

えんめい【延命】「—治療」「政権の—を図る」

えんもく【演目】上演される演劇などの題名。

えんや【艶冶】女性がなまめかしく美しいさま。「洗い髪の—な姿態」

えんやす【円安】⇔円高。「ドル高—」

えんゆう【縁由】由来。原因。きっかけ。えんゆ。「—を質〈ただ〉す」

えんゆうかい【園遊会】庭園で客をもてなす会。

えんよう【援用】自説の裏付けに他から引用する。「先行研究を—する」(法律用語では自己の利益のためにある事実を提示し主張すること。「時効の—」、「証拠の—」)

えんよう【遠洋】「—漁業」

えんよう【艶容】あでやかで美しい姿。

えんらい【遠来】「—の友人」

えんらい【遠雷】「—が聞こえる」

えんりえど【▼厭離▼穢土】現世を嫌い離れる。おんりえど。

えんりょ【遠慮】「—勝ちに用件を切り出す」「—なく召し上がれ」「—会釈なく」「携帯電話の使用はご—ください」「深謀—」

えんれい【艶麗】なまめかしく美しいさま。「—な姿」「—な文章」

えんろ【遠路】「—はるばる訪れる」

お

お【汚】オ　けが-す・けが-れる・けが-らわしい・よご-す・よご-れる・きたな-い　「汚職・汚辱・汚水・汚染・汚点・汚名」

お【悪(惡)】⇩あく(悪)。「悪寒・悪血・嫌悪・好悪・憎悪」

お【尾】「犬が—を振る」「この間のいさかいがまだ—を引いている」

お【雄・▼牡】「—牛」「—しべ」

お【緒】「鼻—」「玉の—」

お【▽御】「—茶」「—呼びする」

おあい【汚▼穢】⇩おわい(汚穢)。

おあいそ【《▽御愛想》】「—を言う」「—お願いします」

おあし【《▽御足》】「—が足りない」

おあずけ【▽御預け】「飲酒は当分—だ」

おい【老い】「—の一徹」「—の繰り言」

おい【▼笈】修験者が背負う足のある箱。「—の小文(=松尾芭蕉著の俳諧紀行の名)」

おい【▼甥】兄弟姉妹のむすこ。⇔めい(姪)。

おいうち【追(い)討ち・追(い)撃ち・追(い)打ち】「—をかける」

おいえげい【▽御家芸】「柔道は日本の—とされていた」

おいえそうどう【▽御家騒動】家庭・組織の内紛。

おいおい【追い追い】「仕事のやり方も—慣れてくるだろう」

おいかける【追い《掛》ける】「どろぼう猫を—」「流行を—」

おいかぜ【追(い)風】順風。⇔向かい風。「—に乗る」「好景気が売上増の—となる」

おいかわ【追河】淡水魚。

おいごえ【追(い)肥】生育中に与える肥料。⇔もとごえ(本肥)。

おいこし【追(い)越し】「—禁止」「—をかける」

おいこす【追(い)越す】「前の車を—」

おいこみ【追(い)込み】「受験勉強の—に入る」

おいさき【生い先】成長していく先。将来。「—楽しみな子ども」

おいさき【老い先】老人に残されたこれからの人生。「—短い老母」

おいしい【《〈美味〉》しい】「—和菓子」「—話には裏がある」

おいしげる【生(い)茂る】「夏草が―」
おいすがる【追い▼縋る】「子供が母親に―」
おいずり【▼笈▼摺】巡礼などが羽織る袖のない衣。「遍路に―を着る」
おいせん【追(い)銭】「盗人に―」
おいたち【生(い)立ち】「自らの―を綴る」「子どもの―を見守る」
おいつく【追い《付》く・追い《着》く】「足が速いからすぐに―だろう」「先進国に―」
おいつめる【追(い)詰める】「犯人を―」
おいて【追▽風】「―が吹く」
おいて【《▼於》て】「東京に―開催」「その点に―は完全だ」
おいて【《▽措》いて】以外に。「彼を―他にいない」
おいはぎ【追い剝ぎ】「旅先で―に遭う」
おいばね【追(い)羽根】「―で遊ぶ」
おいばら【追(い)腹】「―を切る」
おいぼれ【老い《▼耄》れ】「この―の最後の願いを聞いておくれ」
おいまくる【追い《▼捲》る】「仕事に―・られる」
おいめ【負(い)目】「働いていないことに―を感じる」
おいらく【老いらく】「―の恋」〔「老楽」は当て字〕
おいらん【〈花魁〉】上位の遊女。「―道中」
おいる【老いる】「―・いては子に従え」「―・いてますます盛んなり」
おいわけ【追分・追(い)分け】街道のわかれる所。

おう【王】オウ　―　「王冠・王宮・王家・王権・王朝・国王・大王・帝王」〔「親王」、「勤王」などは、「シンノウ」、「キンノウ」〕
おう【凹】オウ　―　「凹角・凹形・凹凸・凹版・凹面鏡・凸凹」
おう【央】オウ　―　「月央・震央・中央」
おう【応（應）】オウ　こた-える　「応援・応急・応戦・応答・一応・適応」〔「反応」、「順応」などは、「ハンノウ」、「ジュンノウ」〕
おう【往】オウ　―　「往往・往診・往年・往復・往路・以往・既往」
おう【押】オウ　お-す・お-さえる　「押印・押韻・押収・押捺・花押」
おう【旺】オウ　―　「旺盛・旺然」
おう【欧（歐）】オウ　―　「欧州・欧風・欧文・渡欧・北欧」
おう【殴（毆）】オウ　なぐ-る　「殴殺・殴打」

おう【皇】⇩こう(皇)。「皇子・皇女・勤皇・天皇〈てんのう〉・法皇」
おう【桜（櫻）】オウ　さくら　「桜花・桜樹・桜桃・観桜・残桜」
おう【翁】オウ　―　「塞翁が馬・沙翁・白頭翁・老翁」
おう【黄（黃）】⇩こう(黄)。「黄金・黄熟・黄土・黄銅・卵黄」
おう【奥（奧）】オウ　おく　「奥義〈おうぎ〉〈おくぎ〉・奥州・心奥・深奥・内奥・秘奥」
おう【横（橫）】オウ　よこ　「横行・横断・横着・横転・横柄・横暴・横領・縦横・専横」
おう【王】「ホームラン―」「ライオンは百獣の―」
おう【翁】男の老人の敬称。「―の業績」
おう【追う・▽逐う】「後を―」「二兎を―者は一兎をも得ず」
おう【負う】「責任を―」「重傷を―」「彼の成功は上司の引き立てに―ところが大きい」「始末(手)に―・えない」
おういつ【横▼溢】「気力―」「―する民衆の活力」
おういん【押印】「契約書に―する」
おういん【押韻】「漢詩の句末で―する」

おうう【奥羽】東北地方。陸奥〈むつ〉国と出羽国。「—山脈」
おうえん【応援】「—団」「地元候補を—する」
おうおう【▼怏▼怏】不平不満のあるさま。「—として楽しまず」
おうおう【往往】「この類のミスは—にして起こるものだ」
おうか【欧化】ヨーロッパ風になること。「—政策」
おうか【桜花】「—爛漫」
おうか【▼謳歌】「青春を—する」
おうが【▼枉▼駕】来訪の意の尊敬語。「—来臨」
おうが【横▼臥】「—して触診を受ける」
おうかくまく【横隔膜】胸腔と腹腔の境の筋肉の膜。
おうかん【王冠】「—を戴〈いただ〉く」
おうかん【往還】「名古屋と東京の間を—する」
おうぎ【扇】「—の的」
おうぎ【奥義】「仏法の—をきわめる」
おうきゅう【応急】「—措置」
おうこ【往古】大昔。「—からのしきたり」
おうこう【王侯】「—貴族」
おうこう【横行】「夜盗が—する」
おうこうかっぽ【横行▼闊歩】「不正〈贋物〉が—する」

おうごん【黄金】「—の山」
おうごんじだい【黄金時代】最盛期。「栄花の—」
おうざ【王座】「—決定戦」
おうさつ【応札】入札に参加する。「—者」
おうさつ【殴殺】なぐりころす。「金属バットで—する」
おうさつ【▼鏖殺】みなごろしにする。「一家—」
おうし【横死】「—を遂げる」「雪山で—する」
おうじ【王子】王の息子。⇔王女。「星の—様」
おうじ【皇子】天皇の息子。みこ。⇔皇女。
おうじ【往事】「—茫々」
おうじ【往時】「—の面影」「城跡に—をしのぶ」
おうしつ【王室】「イギリス—」
おうじつ【往日】「—の歌人」
おうしゃ【応射】「敵の攻撃に—する」
おうじゃ【王者】「ボクシングの—」
おうじゅ【応需】要求に応じること。「入院—」
おうしゅう【応酬】「与野党の激しい—が続く」
おうしゅう【押収】「証拠物件を—する」
おうしゅう【欧州】ヨーロッパ。「—大陸」
おうしゅう【奥州】陸奥〈むつ〉国。「—街道」
おうじゅく【黄熟】「—期」「麦が—する」
おうじょ【王女】王の娘。⇔王子。
おうじょ【皇女】天皇の娘。⇔皇子。「—の降嫁」

おうしょう【王将】将棋で、一番大切な駒。王。「—戦」

おうしょう【応召】「—して入隊する」「医師の—義務」

おうじょう【往生】死ぬ。極楽に行く。困り切る。「大—を遂げる」「列車が止まって—する」

おうじょうぎわ【往生際】「—が悪い」

おうしょっき【黄▼蜀▼葵】トロロアオイの漢名。

おうじる【応じる】「注文に—」「予算に—・じた料理」〔サ変「応ずる」も同じ〕

おうしん【往信】こちらから出す手紙。⇔返信。

おうしん【往診】患者の家へ行って診察する。「—を頼む」

おうす【▽御▼薄】薄茶。「—を頂く」

おうすい【王水】濃塩酸三と濃硝酸一の混合液。「金を—で溶かす」

おうせ【▼逢瀬】「—を重ねる」

おうせい【王制】王が統治する政治制度。「民衆による—の廃止」

おうせい【王政】王が行う政治。「—復古の大号令」

おうせい【旺盛】「好奇心—な年頃」「—な食欲」

おうせき【往昔】いにしえ。往時。「—西行が訪れて歌を詠んだ場所」

おうせつ【応接】「—室」「—間〈ま〉」

おうせん【応戦】「敵の襲撃に—する」

おうそ【応訴】訴訟で被告となって争う。「―の構えを見せている」

おうだ【殴打】なぐること。「頭部を鈍器で―する」

おうたい【応対】「電話の―が上手だ」「客の―を任せる」〔「応待」と書くのは誤り〕

おうたい【横隊】「二列―」

おうだく【応諾】「快く―する」「先方から―を得る」

おうだん【黄▼疸】胆汁色素により体が黄色になる病気。「―が出る」

おうだん【横断】「―面」「大陸―鉄道」「道路を―する」

おうちゃく【横着】「―者」「―して夕飯を出前ですます」「―な態度をとる」

おうちょう【王朝】「ヴィクトリア―」「―文学」

おうて【王手】「優勝へ―をかける」

おうてん【横転】「車が―して道路をふさぐ」

おうと【▼嘔吐】「―を催す」

おうど【黄土】「―色」

おうとう【王統】「―を継ぐ」

おうとう【応答】「質疑―」「速やかに―せよ」

おうとう【桜桃】さくらんぼ。「―忌(＝太宰治の忌日。六月十九日)」

おうどう【王道】王の仁徳で国を治める政道。楽な道。⇔覇道。「―楽土」「―(＝正統なやり方)を行く」「学問に―(＝近道)なし」

おうどう【黄銅】銅と亜鉛との合金。真鍮〈しんちゅう〉。

おうどう【横道】よこしま。非道。「―な者」

おうとつ【凹凸】「表面に―がある」

おうな【▼媼】老女。⇔おきな(翁)。

おうなつ【押▼捺】「署名の上―すること」

おうねん【往年】「―の名選手」

おうのう【▼懊悩】「人生の岐路に立って―する」

おうはん【凹版】⇔凸版。「―印刷」

おうばんぶるまい【▼椀飯振(る)舞い】盛大にもてなす。

おうひ【王妃】「ルイ十三世の―」

おうふう【欧風】「―建築」

おうふく【往復】「―葉書」

おうぶん【応分】「―の負担」

おうぶん【欧文】「―和訳」

おうへい【横柄】「―な口のきき方」「―な態度」

おうべい【欧米】「―諸国」

おうへん【応変】「臨機―」

おうへん【黄変】「―米」

おうぼ【応募】「懸賞に―する」

おうほう【応報】「因果―」

おうほう【往訪】人をたずねて行く。⇔来訪。

おうぼう【横暴】「―なふるまい」

おうみ【近江】旧国名。滋賀県。江州。

おうむ【▼鸚▼鵡】「―返しに言う」

おうよう【応用】「原理を―する」「―がきく」

おうよう【▼鷹揚】おっとりとしているさま。「―にかまえる」

おうらい【往来】「車の激しく―する道路」

おうりょう【横領】「―罪」「公金―」

おうりょく【応力】外力に対して物体内部に生ずる力。「―腐食割れ」

おうりん【黄▼燐】「―マッチ」

おうレンズ【凹レンズ】⇔凸レンズ。

おうろ【往路】⇔復路。「箱根駅伝の―」

おえしき【▽御会式】日蓮の忌日に営む法会。

おえつ【▼嗚▽咽】「―する声がもれる」

おえらがた【▽御偉方】「官僚の―」〔ちゃかした言い方〕

おえる【終える】「仕事を―」「安らかに生涯を―」〔卒業の場合は「卒える」とも書く〕

おおあざ【大字】「○○村―△△」

おおあじ【大味】微妙な風味が欠けている。おおまか。「あの店の料理はやや―だ」「―なプレー」

おおあな【大穴】「―を狙〈ねら〉う」

おおあめ【大雨】「―洪水注意報」

おおい【多い】⇔少ない。「数が―」「苦労が―」
おおいそぎ【大急ぎ】「―で出かける」
おおいに【大いに】「―笑う」
おおいり【大入り】「―袋」「―満員」
おおう【覆う・▽被う・▽蔽う・▽蓋う・▼掩う】「マスクで口元を―」「雪に―・われた野山」「蔽いがたい真相」「耳を―・いたくなるような酷評」
おおうちやま【大内山】皇居。禁中。
おおうつし【大写し】クローズアップ。
おおおかさばき【大岡裁き】人情味のある処理。
おおおく【大奥】江戸城の、将軍の夫人・側室の居所。
おおがかり【大掛(か)り】「―な工事」
おおかた【《大方》】「―の賛同を得る」
おおがた【大形】⇔小形。「―の犬」
おおがた【大型】⇔小型。「―のテレビ」「―の台風」
おおかみ【▼狼】「―少年(＝うそつき)」「送り―(＝親切そうに家まで送ると見せかけて女性に乱暴しようと企む男)」
おおがら【大柄】⇔小柄。「―な男」
おおきい【大きい・▽巨きい】「―数」「―会社」「声が―」「態度が―」
おおきな【大きな】「―夢」「―お世話」
おおぎょう【《大仰》】おおげさ。「―な物言い」
おおぎり【大切】芝居や寄席で、最後の演目。〔祝意を込めて「大喜利」とも書く〕
おおぐち【大口】「―をたたく」「―の融資」
おおげさ【大《▼袈▼裟》】「―に言う」「―な飾り」
おおごしょ【大御所】隠居した将軍。また、その道の大家。「歌謡界の―」
おおごと【大《事》】「―にならずにすんだ」
おおざけ【大酒】「―飲み」
おおざっぱ【大《雑把》】「―な性格」「―に見積もる」
おおさわぎ【大騒ぎ】「上を下への―」
おおじ【大路】大通り。⇔こうじ(小路)。「都―」
おおしい【雄雄しい】男らしい。⇔女女しい。「―・しく立ち上がる」
おおしお【大潮】潮差が最も大きいこと。⇔小潮。
おおじかけ【大仕掛(け)】「―な舞台装置」
おおじだい【大時代】古風で時代遅れなこと。「―な演説」
おおすじ【大筋】「容疑者は―で犯行を認める」「―で合意に達する」
オーストラリア【濠太剌利】豪州。
オーストリア【墺太利】ヨーロッパの一国。
おおすみ【大隅】旧国名。鹿児島県東部と洋上の島々。
おおずもう【大《相撲》】日本相撲協会の相撲の興行。
おおせ【仰せ】「―に従う」
おおぜい【大勢】「―で押しかける」
おおぜき【大関】相撲で、横綱に次ぐ位。
おおせつける【仰せ付ける】「なんなりと―・け下さい」
おおせる【▽果せる】成し遂げる。「隠し―」「逃げ―」
おおそうじ【大掃除】「―で要らない家具を捨てる」
おおだい【大台】「売り上げが億の―に乗る」
おおだてもの【大立て者】その社会の実力者。「財界の―」
おおだな【大▽店】規模の大きい商店。
おおづかみ【大《▼摑》み】「要点を―にまとめる」
おおつごもり【大▼晦】おおみそか。
おおづめ【大詰(め)】「国会の審議もいよいよ―を迎えた」
おおて【大手】「―に入社する」
おおで【大手】「―を振って歩く」
おおどうぐ【大道具】仕掛けが大きい舞台装置。
おおどころ【大所】資産家。勢力のある人。
おおとり【大鳥・▼鳳】大きな鳥。
おおなた【大▼鉈】「予算案に―を振るう(＝大胆に削減する)」
おおばこ【〈車前草〉】道ばたに生える草。

おおはば【大幅】「―の障子紙」「―に値上げする」

おおばん【大判】「―小判がざくざく」

おおびけ【大引け】取引所で、最終回の売買。

おおぶね【大船】「―に乗ったつもりで私に任せなさい」

おおぶり【大《振》り】「―なスイング」「―な器に盛る」

おおぶろしき【大風呂敷】大ぼら。大言壮語。「―を広げる」

おおべや【大《部屋》】広い部屋。また、無名役者の楽屋。「―時代」

おおまか【大まか】「―な計算」

おおまた【大股】「―で歩く」

おおみえ【大見得】おおげさな態度や演技。「―を切る」

おおみず【大水】洪水。「―が出る」

おおみそか【大▼晦日】「―の除夜の鐘」

おおむぎ【大麦】イネ科の穀物。

おおむこう【大向こう】劇場で、立ち見席。「―から声がかかる」

おおむね【▽概ね】「経過は―順調だ」

おおめ【大目】寛大。「今回は―に見る」

おおめだま【大目玉】ひどく叱られること。「―を食う(食らう)」

おおもと【大本】「―を正す」
おおもの【大物】「―ねらい」「デビュー当時から―ぶりを発揮する」
おおもり【大盛(り)】「カレーの―」
おおや【大家】「貸し家の―」
おおやけ【公】「事実を―にする」「―の機関」
おおやしま【大八▼洲】日本の美称。
おおよう【大様】⇩おうよう(鷹揚)。
おおよそ【大《▽凡》】「犯人は―見当がついている」「―これぐらいの分量でよいだろう」
おおらか【大らか】「―な性格」
おおるり【大瑠璃】ヒタキ科の鳥。
おおわざ【大技】柔道などの豪快な技。「得意の―で決める」
おおわらわ【大《▽童》】「大売り出しの準備に―だ」
おか【岡】(おか)「岡っ引・岡場所・岡惚れ・岡目・岡持・岡山県・静岡県・福岡県」

おか【丘・岡】「小高い―」
おか【▽陸】「―蒸気」「―にあがった河童〈かっぱ〉」
おかあさん【お《母さん》】「―の作ったお弁当」
おかいこぐるみ【▽御蚕《▽包》み】ぜいたくな暮らし。「―で育てられる」
おかえし【▽御返し】返礼として贈る物。しかえし。釣銭。「見舞いの―」「この―は必ずするからね」「百三十円の―です」
おかかえ【▽御抱え】「―の運転手」
おがくず【《▽大▼鋸》屑】「―が出る」
おかげ【《▽御陰》・《▽御▼蔭》】「―様」「神仏の―をこうむる」「遅れた―でひどくしかられた」
おかざり【▽御飾り】「―の部長職」
おかしい【〈可笑〉しい】「―話で笑った」
おかしい【《奇怪》しい】「どうも話が―」
おかしらつき【尾頭付き】「―の鯛」

おかす【犯す】法律などを破る。女性をけがす。「犯罪を―」「過ちを―」「暴漢に―される」

おかす【侵す】侵略する。侵害する。「領海を―」「表現の自由を―」

おかす【冒す】あえて行う。そこなう。「危険を―」「結核に―される」「アルミは酸に―される」


おかず【《▽御数》】「―の卵焼き」

おかっぴき【岡っ引(き)】近世、与力や同心の手下。

おかづり【▽陸釣(り)】海岸などから釣ること。

おかどちがい【▽御門違い】「彼に責任を負わせるのは―だ」

おかばしょ【岡場所】江戸で、私娼街。「―に出入りする」

おかぶ【▽御株】得意とする技や芸。「―を奪う」

おかぼ【〈陸稲〉】畑でとれる稲。りくとう。
おかぼれ【▽傍▾惚れ】「他人の恋人に—する」
おかまい【お構い】「どうぞ—なく」
おかみ【▽御上】天皇。政府。主君。「—の仰せ」
おかみ【〈女将〉】料理屋などの女主人。「旅館の—」
おがむ【拝む】「手を合わせて—」
おかめ【お亀】おたふく。
おかめはちもく【▽傍目八目・岡目八目】「—で人のスイングはよく見える」
おかもち【岡持ち】浅いおけ。「—を提げて蕎麦の出前をする」
おかやき【▽傍焼き】仲のよい男女をねたむ。
おかゆ【▽陸湯】湯船の湯のほかにあるきれいな湯。
おから【《雪花菜》】豆腐のかす。うのはな。
おがら【▽麻▽幹】「—箸〈ばし〉」
おかわり【お代わり】「御飯の—」
おかん【悪寒】「—がする」
おかんむり【《▽御冠》】「約束が違うと先方は—だ」
おき【沖】「—に出る」
おき【▾熾・▾燠】赤くおこっている炭火。
おき【隠岐】旧国名。島根県の隠岐諸島。
おぎ【▾荻】湿地に生える草。
おきあい【沖合】「—漁業」
おきあみ【沖〈醤蝦〉】エビに似た海産の節足動物。

おきざり【置き去り】「子供を—にする」
おきて【▾掟】「仲間の—」「—を破る」
おきどころ【置き所】「身の—がない」
おきな【▽翁】年とった男。⇔おうな(媼)。「—の面」
おぎなう【補う】「栄養不足を—」
おきなかし【沖仲仕】船荷の積み下ろしする人。
おきぬけ【起き抜け】「—に水を飲む」
おきびき【置き引き】「—に遭う」
おきふし【起き伏し】「—もままならない」「—故郷を思う」
おきもの【置物】「玄関の—」
おきや【置屋】芸者をかかえておく家。
おきゃん【《▽御▾侠》】おてんば。「—な下町の娘」
おきる【起きる】「朝早く—」
おく【屋】オク や「屋外・屋舎・屋上・屋内・家屋・社屋・廃屋」
おく【億】オク —「億兆・億万長者・一億円・巨億・十万億土」
おく【憶】オク —「憶説・憶測・憶念・記憶・追憶」
おく【臆】オク —「臆説・臆測・臆断・臆病・臆面」〔「臆説」、「臆測」は、「憶説」、「憶測」とも書く〕
おく【奥】「山の—」「—勤め」

おく【置く】ものをある場所に設置する。「鉛筆を机に—」「信用の—ける人物」「一定の距離を—」
おく【▽措く】除外する。ほうっておく。「費用のことはひとまず—」「彼を—いて適任者はいない」「冗談はさて—いて」
おく【▾擱く】終わりにする。「筆を—」
おくがい【屋外】⇔屋内。「—広告物」
おくがた【奥方】「—様」
おくぎ【奥義】⇩おうぎ(奥義)。
おぐし【御▽髪】「つやのある—」
おくじょう【屋上】「—庭園」「—屋〈おく〉を架す(=無駄なことをするたとえ)」
おくする【臆する】「知らないことは—せず聞いてみる」
おくせつ【憶説・臆説】「単なる—に過ぎない」
おくそく【憶測・臆測】「—で物を言ってはいけない」
おくそこ【奥底】「胸の—に秘めた想い」
おくだん【臆断】「—で軽々に結論を出してはいけない」
おくち【奥地】「—のジャングル」
おくつき【奥津▽城】墓所。
おくづけ【奥付】本の終わりにある、著者や発行日などを記した部分。

おくて【〈晩生〉・奥手】⇔早生〈わせ〉。「―の桃」
おくて【〈晩稲〉】成熟の遅い稲の品種。⇔早稲〈わせ〉。
おくて【奥手・〈晩生〉】心身の成熟が遅い。「―の青年」
おくない【屋内】⇔屋外。「―駐車場」
おくのて【奥の手】「―を使う」
おくば【奥歯】「―に物がはさまったような言い方」
おくび【▼噯】げっぷ。「頼まれて来たなどとは―にも出さなかった」
おくびょう【臆病】「―者」「―な犬」
おくまる【奥まる】「道路から―・ったところにある店」
おくみ【▼衽】和服の前身頃につける半幅の部分。
おくむき【奥向き】「屋敷の―」
おくめん【臆面】「―もなく」
おくやみ【▽御悔(や)み】「―電報」「―に行く」
おくゆかしい【奥《床》しい】「実に―態度」
おくゆき【奥行】「―を感じさせるように撮影する」
おくら【▽御蔵】「―入り」「―になる」
おぐらい【小暗い】「―林の中」
おくりがな【送(り)《仮名》】「―を付ける」
おくりじょう【送り状】「―を添える」
おくりな【贈り名・▼諡】死者に贈る称号。諡号〈しごう〉。
おくりび【送り火】祖先の霊を送る火。
おくりもの【贈り物】「誕生日の―」
おくる【送る】先方へ届くようにする。時を過ごす。「書類を速達で―」「声援を―」「空港で夫を―・った」「青春時代を広島で―・った」
おくる【贈る】贈り物をする。称号などを与える。「花束を―」「感謝の言葉を―」「勲章を―」
おくれ【遅れ】「一時間の―」
おくれ【後れ】「人に―を取る」
おくれげ【後れ毛】「―をかきあげる」
おくればせ【後れ《▼馳》せ】「―ながらお祝い申し上げます」
おくれる【遅れる】時間に間に合わない。「学校に―」「この時計は少し―・れている」
おくれる【後れる】後になる。劣る。「流行に―」「仕事の処理能力で彼に―」
おけ【▼桶・▽麻▼笥】「風呂―」
おけつ【悪血】「―を取り除く」
おけら【▼朮・〈白朮〉】キク科の多年草。うけら。「京都八坂神社の白朮祭」
おけら【〈螻蛄〉】昆虫のケラ。また、一文無し。「パチンコで負けて―になる」
おこ【▼烏▼滸・尾▽籠】⇩びろう(尾籠)。
おこがましい【▼烏▼滸がましい】生意気である。「自分のことは棚に上げて他人に説教するとは―」
おこし【〈粔籹〉・興】もち米などを水飴で固めた菓子。「岩―」
おこす【起こす】立たせる。生じさせる。「倒木を―」「寝ている子を―」「田畑を―」「炎症を―」「火事を―」「勉強の意欲を―・させる」
おこす【▼熾す】炭などの火をよく燃えるようにする。「うちわで火を―」
おこす【興す】盛んにする。新たに物事を始める。「事業(会社)を―」「過疎の村を―」
おこぜ【▼鰧・〈虎魚〉】カサゴ目の海魚。
おごそか【厳か】「葬儀が―に執り行われた」
おこそずきん【▽御▽高祖頭巾】昔の女性のかぶりもの。
おこたる【怠る】「報告を―」「注意を―」「準備を―」
おこない【行い(行ない)】「日頃の―が悪い」
おこなう【行う(行なう)】「儀式を―」「熱心な討議が―・われる」「言うは易〈やす〉く―は難〈かた〉し」
おこり【▼瘧】マラリア性の熱病の古い言い方。「―が落ちる(＝夢中になっていることからさめる)」
おこる【怒る】「先生に―・られる」「無礼な態度に―」
おこる【起(こ)る】物事が新しく生じる。おきる。「事件が―」「爆発が―」「発作が―」
おこる【▼熾る】火が盛んに燃える。おきる。「火鉢の火が真っ赤に—」

おこる【興る】 新しく始まって勢いが盛んになる。「国(産業)が—」

おごる【▼奢る】 ぜいたくをする。人にごちそうする。「お礼に一杯—」『ご馳走続きで口が—」

おごる【▼驕る】 思い上がってわがままなことをする。「—・った態度をとる」『—・れる者は久しからず」

おこわ【▽御▽強】 赤飯。こわめし。「栗—」『—にかける(＝だます)」

おさ【▽長】「村の—」『人の—たる資格はない」

おさ【▼筬】 織機で、織り目の密度を決める道具。

おさえ【抑え】「—が利く」

おさえる【押(さ)える】「ドアを手で—」『傷口をガーゼで—」『犯行の現場を—」

おさえる【抑える】 勢いをとめる。力で押し止める。「強敵を—・えて勝利をおさめる」『病気の進行を—薬」「うれしさを—・え切れないようす」

おさがり【▽御下がり】「兄の—を着る」

おさと【▽御里】 嫁や婿の実家。生まれや育ち。「—が知れる」

おさない【幼い】「—子」『考え方があまりに—」

おさなご【幼子】「—の手を引いて出かける」

おさなごころ【幼心】「—にも気の毒に思った」

おさななじみ【幼〈▼馴染〉み】「—と再会する」

おざなり【〈▽御座成〉り】「—な返事(言い訳)」

おさまる【収まる】 入る。片付く。「一枚に—」『争いが—」

おさまる【治まる】 静まる。「国内が—」『痛みが—」

おさまる【修まる】 行いがよくなる。「身持ちが—」「素行が—」

おさまる【納まる】 入る。落ち着く。「税金が国庫に—」『元のさやに—」

おさむい【▽御寒い】「—先行き」『なんとも—話で情けない」

おさむし【▼筬虫・〈歩行〉虫】 オサムシ科の甲虫。

おさめる【収める】 しかるべき所に収納する。「金庫に—」『成果(成功)を—」

おさめる【治める】 統治する。混乱を静める。「国を—」『もめごとを丸く—」

おさめる【修める】 修得する。行いを正しくする。「学問を—」

おさめる【納める】 金品を渡す。しまう。「税金を—」「胸に—・めている感情」

おさらい【〈▽御▼浚〉い】「レッスンの—をする」

おさん【▽御産】「妻の—」『—は軽かった」

おし【押し】「—の一手」『—が強い」

おし【▽圧し】「漬物の—が効く」

おし【▽御師】「参拝人の世話をする—」

おじ【《伯父》】 父母の兄。⇕おば(伯母)。

おじ【《叔父》】 父母の弟。⇕おば(叔母)。

おしい【惜しい】「—人を亡くした」『僅差で—・くも敗れた」

おじいさん【お〈祖父〉さん】「—とお祖母〈ばあ〉さん」

おじいさん【お▼爺さん】「隣の—」『—とお婆〈ばあ〉さん」

おしいれ【押(し)入れ】「—に閉じ込める」

おしうり【押(し)売り】「—おことわり」『親切の—」

おしえる【教える】「数学を—」『ラケットの振り方を—」

おしおき【▽御仕置き】「—部屋」

おしかける【押し《掛》ける】「皆で—」

おしき【▽折敷】 薄い板を折った角盆。

おじぎ【▽御辞儀】「先生に—する」『稲穂が—する」

おしきせ【▽御仕着せ】 上から一方的に与えられる。「—の制服(親切)」

おじぎそう【〈含羞〉草】 マメ科の草。眠り草。

おしげ【惜し《気》】「—もなく捨てる」

おじけ【▽怖気】「—付〈づ〉く」『—が付く」『—が走る」

おしこみ【押(し)込み】「—強盗」

おじさん【小▽父さん】「隣の—」

おじさん【《伯父》さん・《叔父》さん】「母方の

お

—」

おしずし【押し▼鮨】箱に飯と具を詰めたすし。「さばの—」

おしたじ【▽御下地】醤油。

おしちや【▽御七夜】子供が生まれて七日目の夜。

おして【押して】「病を—出席する」

おしてしるべし【推して知るべし】推察できる。言うまでもない。「—だ」

おしどり【〈鴛鴦〉】カモ目の水鳥。仲のいい夫婦。「—夫婦」

おしなべて【《押》し《▽並》べて】概して。「—よい」

おしのび【▽御忍び】「—で出かける」

おしはかる【推(し)量る・推(し)測る】「人の気持ちを—」

おしばな【押(し)花】「—のしおり」

おしべ【雄▼蕊】花粉を与える器官。⇔めしべ(雌蕊)。

おしまい【《▽御仕舞》い】終わり。「それを言っては—だ」「そろそろ仕事も—にしよう」

おしむ【▼吝む・惜しむ】「出費を—」「労力(手間)を—」

おしむ【惜しむ】「寸暇を—んで勉強する」「ゆく春を—」「生徒に—まれて学校を去る」

おしむぎ【押(し)麦】押しつぶして干した大麦や燕麦。

おしめ【〈襁褓〉】おむつ。「—を換える」

おしめり【▽御湿り】適度な降雨。「久々の—だ」

おしゃか【▽御▽釈▼迦】できそこないの品。「—にする」

おしゃべり【▽御▼喋り】「道端で—する」「—な人」

おしゃれ【《▽御▼洒▽落》】「—な靴」「—したい年頃」

おしょう【和尚】「寺の—」

おじょうさん【お嬢さん】「隣の—」

おじょうず【▽御《上手》】お世辞。「—を言う」

おしょく【汚職】「—事件」

おじょく【汚辱】「—を受ける」

おじる【▽怖じる】「物音に—」

おしろい【〈白粉〉】化粧のため顔などにぬる白い粉。「—をぬる」

おしん【悪心】むかついて吐き気がする。「—が起こる」

おしんこ【▽御新▽香】つけもの。香の物。

おす【雄・▼牡】⇔めす(雌・牝)。

おす【▼捺す】印影をあらわす。「印鑑を—」

おす【押す】上から力を加える。「金箔を—」「念を—」「病気を—して出勤する」

おす【▽圧す】圧倒する。「その場の雰囲気に—される」

おす【推す】推薦する。推測する。「受賞候補に—」「報道から—して事実らしい」

おすい【汚水】「—処理」

おずおず【《▽怖》ず《▽怖》ず】「—(と)面接室に入る」

おすそわけ【▽御裾分け】「郷里から送られてきた果物を—する」

おすみつき【▽御墨付き】「—を頂く」

おせじ【▽御世辞】「—笑い」「—を言う」「—にもよい出来とは言えない」

おせち【▽御節】正月用の料理。「—料理」

おせっかい【▽御《節介》】「—な人」「—を焼く」

おせん【汚染】「大気—」「毒に—された魚」

おぜんだて【▽御膳立て】準備。「会談の—をする」

おそ【悪阻】つわり。「妊娠—」

おそい【遅い・▽晩い】⇔はやい(早・速)。「例年より桜の開花が—」「仕事が—」「時刻・時期の場合は「晩い」とも書く」

おそう【襲う】「強盗に—われる」「台風が九州を—」「強迫観念に—われる」

おぞけ【▽怖気】⇩おじけ(怖気)。「—を震〈ふる〉う」

おそざき【遅咲き】「—の桜」「—の演歌歌手」

おそじも【遅霜】「—が降〈お〉りる」

おそで【遅出】「今日は—で午後からの出勤だ」

おそなえ【▽御供え】「神棚に―をする」
おそばん【遅番】「―で夕方から翌朝まで働く」
おそまき【遅▼蒔き】「―の品種」「―ながら、政府も事態の収拾に乗り出した」
おぞましい【▼悍ましい】「―殺人事件」
おそまつ【▽御粗末】「―様でした(=「ごちそうさま」に対する返答)」「―な対応」
おそらく【恐らく】「―明日は雪が積もるだろう」「―彼の仕業〈しわざ〉だろう」
おそるおそる【恐る恐る】「―前に進み出る」
おそれ【虞《おそれ》】―　「間違う―がある」
おそれ【恐れ】恐怖心。「―をいだく」
おそれ【畏れ】神仏へのつつしみ。「神への―を知らない行為」
おそれ【虞】心配。危惧。「二次災害の―がある」
おそれいる【恐れ入る】「彼の豪胆さには―・った」「―・りますが」
おそれおおい【恐れ多い・畏れ多い】「口にするのも―」
おそれながら【恐れ(▼乍)ら】「―申し上げます」
おそれる【恐れる・▽怖れる・▼懼れる】恐ろしいと思う。心配する。「死を―」「報復を―」
おそれる【畏れる】敬う。つつしむ。「神をも―・れぬ振る舞い」「後生畏るべし」

おそろしい【恐ろしい】「―事件」
おそわる【教わる】「先生に―」「英語を―」
おそわれる【▼魘われる】「悪夢に―」
おそん【汚損】「―書類を交換する」
おたかい【▽御高い】高慢である。「―・くとまる」
おだく【汚濁】「水質―」
おたけび【雄▽叫び】「―をあげる」
おたっし【▽御達し】指示・命令。「文部科学省の―で新たな制度を導入する」
おだてる【▼煽てる】「―・てて仕事を押し付ける」
おたふく【▼阿多福】「―風邪〈かぜ〉」
おだぶつ【▽御▼陀仏】「ここから落ちたら―だ」「すべてが―になる」
おだまき【▼苧▽環】①紡いだ麻糸を巻いた玉。②キンポウゲ科の多年草。
おたまじゃくし【▽御玉▼杓子】「―はかえるの子」「―のとおりにピアノを弾く」
おたまや【▽御霊屋】貴人の霊をまつる所。
おためごかし【▽御▽為(▽倒)し】「―を言う」
おだやか【穏やか】「―な陽気」
おち【落ち】「名簿に―があるといけないから確認する」「恥をかくのが―だ」「話に―がない」
おちあゆ【落ち▼鮎】産卵のため川を下る鮎。

おちいる【陥る・落(ち)入る】「迷路に―」「ジレンマに―」

おちおち【《落》ち《落》ち】「―眠ることもできない」

おちこち【▽遠▽近】あちこち。「―の寺の鐘」

おちこぼれ【落ち(▽零)れ】「―を出さない教育」

おちつく【落(ち)着く】「心が―」「郷里に―」

おちど【落(ち)度】失敗。過失。「運転手に―はない」

おちば【落(ち)葉】「―焚き」

おちぶれる【〈零落〉れる】「すっかり―・れて見る影もない」

おちぼ【落(ち)穂】「―拾い」

おちむしゃ【落(ち)武者】敗れて逃げて行く武者。

おちめ【落(ち)目】「―になる」

おちゅうど【落▽人】「平家の―」

おちる【落ちる・▽墜ちる・▽堕ちる】⇕あがる・のぼる。「頭上から石が落ちてきた」「成績が落ちる」「汚れが落ちる」「飛行機が墜ちる」「権威が地に堕ちる」

おつ【乙《オツ》】―　「乙種・甲乙」

おつ【乙】①十干の第二。きのと。②気がきいていて趣がある。「―な味」「―に澄ます」

おっくう【億▼劫】「一々相談するのも―だ」

おつくり【▽御作り・▽御造り】刺身。「まぐろの―」

お

—」

おつけ【▽御《▽汁》】味噌汁の丁寧語。「—の実」

おつげ【▽御告げ】「神の—」

おっしゃる【▽仰る・〈仰有〉る】「先生が—・いました」

おっつけ【追っ付け】「—仕事(=とりあえず間に合わせるためにした手抜き仕事)」「彼も—(=まもなく)帰ってくるだろう」

おって【《追》って・追▼而】「その他のことは—連絡する」

おって【追っ手】「—がやってくる」

おってがき【追▼而書き】追伸。二伸。「—を添える」

おっと【夫】⇕つま(妻)。「—の職業」

オットセイ【〈膃肭臍〉】(アイヌ語から)大形の海獣。

おつゆ【▽御《▽汁》】「—の実」

おてあげ【▽御手上げ】「資金繰りがうまくゆかず—になる」「今回ばかりはすっかり—だ」

おでい【汚泥】「—にまみれる」

おでき【《▽御出来》】腫れ物。「—ができる」

おてだま【▽御手玉】「—で遊ぶ」

おてまえ【▽御手前・▽御▽点前】「結構な—」

おでまし【▽御出《▽座》】「式場に—になる」「(茶化して)奴(やっこ)さんが—になった」

おてもり【▽御手盛り】「—議案」

おてやわらか【お手柔らか】「—に願います」

おてん【汚点】「この事件は歴史に—を残す結果となった」

おでん【《▽御田》】蒟蒻・豆腐などの煮込み料理。

おてんば【《▽御転婆》】「—な女の子」

おと【音】「ラジオの—がうるさい」「—に聞こえた知恵者」

おとうさん【お《父さん》】「—の誕生日」

おとうと【弟】「—と妹」

おとおし【▽御通し】注文の品の前に出す簡単な料理。

おとがい【▼頤】したあご。「—が落ちる(=非常に美味である)」「—を鳴らす(=よくしゃべる)」

おどかす【脅かす・▽嚇かす】「隠れていて—」「殺してやると—・された」

おとぎばなし【《▽御▼伽》話・《▽御▼伽》▼噺】「—の世界」「—を読んで聞かせる」

おどける【▽戯ける】「—・けて見せる」

おとこ【男】⇕女。「—の中の—」「—は度胸、女は愛嬌」

おとこぎ【男気】「—のある人」「—を上げる」

おとこざかり【男盛り】「—の四十六歳」

おとこずき【男好き】「品があって—のする顔」

おとこだて【男〈伊達〉】「—を貫く」

おとこで【男手】「—一つで育てた娘」

おとこぶり【男《振》り】「—がよい」

おとこまえ【男《前》】「—が上がる」

おとこまさり【男勝り】「—な気性の女」

おとこやもめ【男▼鰥】「—に蛆(うじ)がわき、女やもめに花が咲く」

おとさた【音沙汰】「何の—もない」

おとしあな【落(と)し穴】「—にはまる」

おとしいれる【陥れる】「同僚を—」「不安に—」

おとしだま【▽御年玉】「—でゲームを買う」

おとしぶみ【落(と)し文】①落書(らくしょ)。「屋敷の壁に書かれた—」②葉を巻いて巣を作る昆虫。

おとしまえ【落(と)し前】争いごとなどの後始末。「—を付ける」

おとしめる【▼貶める】「人を—」

おとしもの【落(と)し物】「—を交番に届ける」

おとす【落(と)す】「財布を—」「命を—」「肩を—・してとぼとぼと歩く」

おどす【脅す】おそれさせる。脅迫する。「刃物で—・して金品を奪う」

おどす【▼縅す】鎧の札(さね)を革・糸でつづり合わせる。「鎧(よろい)を—」

おとずれる【訪れる】「チャンスが—」「春が—」「(現代

仮名遣いでは「おとづれる」とも書く」

おととい【〈一昨日〉】「―出した手紙」

おととし【〈一昨年〉】「―の干支〈えと〉」

おとな【《大人》】「―になる」「お前ももう―だ」

おとなう【▽訪う】「庵を―」

おとなげない【⁀《大人》気無‿い】「―言動」

おとなしい【《大人》しい・〈温和〉しい】「―性格」「―デザイン」

おとひめ【▽乙姫】「竜宮城に住む―」

おとめ【《乙女》】「―心」「亜麻色の髪の―」

おとも【▽御供】「社長の―をする」

おとり【▼囮】「―になる」「―捜査」

おどりぐい【踊り食い】「シロウオの―」

おどりこ【踊り子】「伊豆の―(=川端康成作の短編小説名)」

おとりさま【▽御▼酉様】酉の市。

おどりじ【踊り字】同じ字の繰り返しを示す符号。

おどりば【踊り場】「階段の―」

おとる【劣る】「能力が―・っている」「勝るとも―・らない」

おどる【踊る】「リズムに合わせて―」

おどる【躍る】「心(胸)が―」「誇大広告に―・らされる」

おどろ【▼棘】「―の髪」「―の道(=公卿の異名)」

おとろえる【衰える】「体力が―」

おどろく【驚く】「爆音に―」「事の重大さに―」「―ほど速い乗り物」

おないどし【同い年】「彼女とは―だ」

おなか【▽御▽腹】「はら」の丁寧語。「―が鳴る」「―がすく」「冷えて―を壊す」

おながれ【▽御流れ】「宴会はいったん―になった」「上司の―を頂く」

おなじ【同じ】「―ように扱う」「右に―」

おなじみ【⁀▽御▼馴染‿み】「毎度―のちり紙交換」

おなもみ【〈葈耳〉】キク科の一年草。動物体に付く。

おに【鬼】「―は外、福は内」「練習の―」「―のような心」

おにがわら【鬼瓦】棟の両端に用いる飾りの大瓦。

おにぎり【⁀▽御握‿り】「弁当の―」

おにばば【鬼▽婆】「残忍な―と化す」

おにび【鬼火】夜、墓地や沼地で燃える青白い火。

おにもつ【▽御荷物】「子どもの―にはなりたくない」

おにゆり【鬼〈百合〉】ユリの一種。

おね【尾根】「―伝〈づた〉いに歩く」

おの【▼斧】「―で木を切り倒す」

おのおの【各・各々】「―方〈がた〉」「―の判断に任せる」

おのずから【▽自ずから・▽自ら】ひとりでに。

おのずと【▽自ずと】「修業を積めば―腕も上がる」

おののく【▽戦く】「恐れ―」

おのれ【己】「―に克〈か〉つ」「―を虚〈むな〉しゅうする」

おは【尾羽】「―打ち枯らす」

おば【《伯母》】父母の姉。⇕おじ(伯父)。

おば【《叔母》】父母の妹。⇕おじ(叔父)。

おばあさん【お〈祖母〉さん】「―とお祖父〈じい〉さん」

おばあさん【お▽婆さん】「隣の―」「―とお爺〈じい〉さん」

おはぎ【▽御▼萩】ぼたもち。萩の餅。

おはぐろ【▽御歯黒・〈鉄漿〉】黒く染めた歯。

おばけ【▽御化け】「―屋敷」「―スイカ」「―が出そうな薄暗い部屋」

おはこ【〈十八番〉】得意芸。「―の手品」

おばさん【小▽母さん】「隣の―」

おばさん【《伯母》さん・《叔母》さん】「母方の―」

おはじき【▽御▽弾き】「―の玉」「―で遊ぶ」

おばすてやま【▼姨捨山】「―伝説」

おはち【⁀▽御鉢‿】「―が回ってくる」

おばな【尾花】「すすき―」

おばな【雄花】雄しべしかない花。⇕雌花〈めばな〉。

おはなばたけ【▽御花畑】「―で遊ぶ」
おはよう【お(早)う】「―ございます」
おはらい【▽御▼祓】「社頭で―を受ける」
おはらいばこ【▽御払い箱】「古い時計は―だ」
おはりこ【▽御針子】針仕事をする女性。
おび【帯】「―を締める(解く)」「―に短し襷〈たすき〉に長し」
おびあげ【帯揚(げ)】女帯が下がらないように結ぶ布。
おびいわい【帯祝(い)】岩田帯をつける祝い。
おびえる【▼怯える】「恐怖に―」「―えたような目つき」
おびきだす【▽誘き出す】「敵を―」
おひざもと【▽御膝下】「江戸は徳川将軍の―」
おびじめ【帯締(め)】帯がゆるまないように締める紐。
おひたし【⦅▽御浸⦆し】「ほうれん草の―」
おびただしい【▼夥しい】「―出血」「無責任なこと―」
おひつ【▽御▼櫃】「―が空になる」
おびどめ【帯留(め)】装飾金具のついている帯締め。
おひとよし【▽御人▽好し】「彼は根っからの―だ」
おひねり【▽御▽捻り】「―を投げる」
おひや【▽御冷や】「―を一杯ください」
おびやかす【脅かす】「地位を―」「安全が―される」
おひゃくど【▽御百度】「―参り」「許可をもらうために役所に―を踏む(=頼みごとで何度も訪ねる)」
おひょう【▽大▼鮃】大形の海魚。
おひらき【▽御開き】「披露宴が―になる」「この辺で―にしたいと存じます」
おびる【帯びる・▼佩びる】「赤みを―びた顔」「酒気を―」「使命を―」「刀を佩びる」
おひれ【尾▼鰭】「話に―が付く」
おひろめ【⦅▽御披露目⦆】「芸名を―する」
おふくろ【⦅▽御袋⦆】「―の味」
おふくわけ【▽御福分け】⇩おすそわけ(御裾分け)。
おふだ【▽御札】「天満宮の―」
おぶつ【汚物】「―入れ」
おふる【▽御古】他人が使い古したもの。「姉の―を着る」
おふれ【▽御触れ】通達。「―が出る」
おぼえがき【覚書】「―を交わす」
おぼえる【覚える】「英単語を―」「するどい痛みを―」
おぼしい【▽思しい】「犯人と―男」
おぼしめし【▽思し召し】「―にあずかる」
おぼつかない【覚▽束無い】「―足取り」「明日の天気はどうも―」
おぼれる【溺れる】「海で―」「愛欲に―」「―れる者は藁〈わら〉をもつかむ」
おぼろ【▼朧】「―にかすむ春の宵」
おぼろげ【▼朧げ】「―な記憶」
おぼろづきよ【▼朧月夜】「春の―」
おぼん【▽御盆】⇩うらぼん(盂蘭盆)。「―で帰省する」
おまえ【⦅▽御前⦆】「―と俺」
おまけ【⦅▽御負⦆け】「―の景品」「三十円―します」「値段は高いし、―に傷がある」
おまつ【雄松】クロマツの別名。
おまもり【▽御守り】「受験の―」
おまる【⦅▽御〈虎子〉⦆】持ち運び式便器。
おまわりさん【≪お巡りさん≫】「犬の―(=童謡の名)」「―に道をたずねる」
おみき【≪お神酒≫】「―を供える」
おみくじ【⦅▽御御▼籤⦆】「―を引く」
おみそれ【▽御見▽逸れ】「自治会長とは知らず―しまして失礼しました」「見事なお手並み、―しました」
おみなえし【〈女郎花〉】秋の七草の一。
おむすび【⦅▽御結⦆び】にぎりめし。
おむつ【⦅▽御〈襁褓〉⦆】「―を換える」「―が取れる」
おめい【汚名】「―返上」「―をすすぐ」
おめく【▽喚く】「大声で―」
おめし【▽御召(し)】①細かいしぼを出した絹織物。

「素敵な—」②呼ぶこと、乗ること、着ることの尊敬語。「王様の—があった」

おめしもの【▽御召(し)物】「立派な—」

おめだま【▽御目玉】「遅刻して—を食らう」

おめでとう【《▽御目出▽度》う・《▽御芽出▽度》う】「御結婚—ございます」

おめにかかる【《▽御》目に《掛》かる】「社長に—」

おめみえ【▽御目見得】「—奉公〈ほうこう〉」「—がかなう」「新商品が—する」

おめもじ【▽御目文字】お目にかかること。「一度—致したく」〈女性語〉

おも【主】「—な人物」「ワインは—にフランスから輸入している」

おもい【思い】「—を寄せる」「—がかなう」

おもい【重い】「荷物が—」「足が—」「—任務」「—病気」

おもいあがる【思い上(が)る】「—・った態度」

おもいおもい【思い思い】「子どもたちの絵はそれぞれ—に描けばよい」

おもいきり【思い切り】「—がよい（悪い）」「—ジャンプする」

おもいこむ【思い込む】「本当だと—」

おもいだす【思い出す】「昔を—」

おもいたつ【思い立つ】「—・ったが吉日」

おもいちがい【思い違い】「それはとんでもない—だ」

おもいつき【思い《付》き】「—で物を言ってはいけない」

おもいで【思い出】「—話〈ばなし〉に花が咲く」「—の数々」「一生の—となる」

おもいなしか【思い▼做しか】「—やせて見える」

おもいのこす【思い残す】「この世に—ことは何もない」

おもいのたけ【思いの丈】「—を述べる」

おもいのほか【思いの外】「—安い」

おもいやり【思い《▽遣》り】「相手への—がある（無い）」

おもう【思う・▽想う・▽懐う・▽憶う・▽念う】「—・ったままに記す」「春を—・わせる陽気」「亡き母を—」「—に任せない」

おもうさま【思う《様》】「—駆け回る」

おもうぞんぶん【思う存分】「—（に）体を動かす」

おもうつぼ【思う《▼壺》】「まんまと—にはまる」「敵の—だ」

おもおもしい【重重しい】「—足取りで帰途に着く」「—態度（口調）」

おもかげ【面影・▼俤】「往時の—を偲〈しの〉ぶ」

おもかじ【面▼舵】船首を右へ向ける舵のとり方。⇕取り舵。「—いっぱい」

おもがわり【面変(わ)り】「幼い頃に比べてすっかり—した」

おもき【重き】「—をなす」

おもくるしい【重苦しい】「—空気が漂う」

おもざし【面《差》し】顔の感じ。「—が母に似ている」

おもし【《重》し・重▽石】「風で書類が飛ばないように—をする（載せる）」

おもしろい【《面白》い】「—話」「勉強が—・くなる方法」「会社で—・くないことがあった」

おもたい【重たい】「—荷物」

おもだか【〈沢瀉〉】池沼に自生する多年草。

おもだち【面《立》ち】「整った—」

おもだつ【主立つ】「—・ったメンバーが揃〈そろ〉う」

おもちゃ【《〈玩具〉》】「—箱〈ばこ〉を引っ繰り返したよう」

おもて【表】⇕うら（裏）。「—沙汰〈ざた〉にするつもりはない」「—で遊ぶ」「不祥事が—に出る」

おもて【面】「湖の—」「—を上げる」「—を起こす（伏す）」

おもてがまえ【表構え】「立派な—」

おもてさく【表作】⇕うらさく（裏作）。「大豆を—にする」

お

おもてざた【表沙汰】「この問題が―になったら大変だ」
おもてだつ【表立つ】「―・った動きは見られない」
おもてむき【表向き】「―は病欠ということにした」
おもと【〈万年青〉】常緑多年草。
おもな【主な】「―出来事」
おもなが【面長】「―な顔」
おもに【重荷】「―を背負う(下ろす)」
おもねる【▼阿る】気に入られようとする。「上司に―」「大衆に―」
おもはゆい【面▽映い】照れくさい。「―気持ちで賞を受けた」
おもむき【趣】「話の―」「―がある」
おもむく【赴く】「これから先方に―」
おもむろに【▽徐に】「―に煙草に火をつけた」
おももち【面持(ち)】「不安な―」
おもや【《母屋》・《母家》】離れなどに対して、主な建物。「家族が―に集まる」
おもやつれ【面▼窶れ】「過労で―する」
おもゆ【重湯】粥の上澄みの汁。「手術後は―しか食べられない」
おもり【▼錘】「釣り糸に―を付ける」
おもり【▽御守り】「赤ん坊の―をする」
おもわく【思《惑》】「―どおりに事が進む」「―が絡〈から〉む」
おもわしい【思わしい】「病状が―・くない」
おもわず【思わず】「―口をついて出た言葉」「―吹き出した」
おもんじる【重んじる】「伝統と格式を―」〔サ変「重んずる」も同じ〕
おもんぱかる【▽慮る】配慮する。「彼の立場を―」
おもんみる【▼惟る】よく考える。「つらつら―に」
おや【親・▽祖】「―の因果が子に報う」「―の顔が見たい」「―の心子知らず」「―の臑〈すね〉を囓〈かじ〉る」「―の光は七光り」「―の欲目」「―は無くとも子は育つ」
おやいも【親芋】まわりに子芋をつける里芋。
おやがかり【親《掛》かり】「仕事に就けずにいまだに―だ」
おやかた【親方】「大工(相撲部屋)の―」「―日の丸(=官僚の真剣味に欠けた意識を皮肉って言う)」
おやごころ【親心】「―のありがたさが身にしみる」「―からの忠告」
おやじ【親▽父・親▽仁・親▼爺】「―の形見」「―ギャグ」
おやしお【親潮】日本の東岸を南へ下る寒流。千島海流。
おやしらず【親知らず】「―を抜く」
おやすい【お安い】「―御用だ」「お二人さん、―・くないね(=男女が特別に仲がよいことをひやかして言う)」
おやだま【親玉】「泥棒の―」
おやつ【《▽御八》つ】「三時の―」
おやばか【親馬鹿】「―にも程がある」
おやばなれ【親離れ】「成人してもまだ―できずにいる」
おやふこう【親不孝】「―者〈もの〉」
おやぶね【親船】子船を従えた大きな船。母船。
おやぶん【親分】徒党のかしら。⇔子分。「やくざの―」
おやま【〈女形〉】「―を演ずる役者」
おやもと【親元・親▽許】「―を離れて一人で暮らす」
およぐ【泳ぐ】「海で―」「世の中を―」
およそ【▽凡そ】「―一万人の人出」「―想像が付く」
および【《及》び】「給料、手当―旅費の額」
およびごし【及び腰】「対応策もなく政府も―だ」
およぶ【及ぶ】「被害(迷惑)が―」「深夜に―」「足元にも―・ばない」
およぼす【及ぼす】「影響を―」
オランダ【和蘭陀】ヨーロッパの一国。「―の風車」
おり【折】「―を見て私から話そう」「―に触れて」
おり【▼澱】液体の底に沈んでたまったかす。「ワインの―」

おり【▼檻】「ライオンを—に入れる」

おりあい【折(り)合い】「彼との—が悪くなる」

おりあしく【折▽悪しく】「—雨が降ってきた」

おりいって【折り入って】「—お願いがある」

オリーブ【▼阿利▼襪】オリーブ油をとる。

おりおり【折折】「四季—の景色」「—の歌」

おりかえし【折(り)返し】「—地点」「—御返送ください」

おりがみ【折(り)紙】「—で鶴を折る」

おりから【折から】「—の嵐で列車が止まる」

おりから【折▽柄】(手紙などで)…の時であるから。「酷暑の—ご自愛下さいませ」

おりこむ【折(り)込む】「内側へ—」

おりこむ【織(り)込む】「金糸を—」「その費用は予算に—んである」

おりたたみしき【折(り)畳み式】「—のいす」

おりたつ【下(り)立つ・降(り)立つ】「庭に下り立つ」「空港に—」

おりづめ【折(り)詰め】「—弁当」

おりづる【折(り)鶴】「—を折って遊ぶ」

おりふし【折節】「—の眺め」

おりめ【折(り)目】「—正しい」「ズボンに—をつける」「生活に—をつける」

おりもの【織物】「—業」

おりる【下りる】上から下へ移る。許可される。⇕のぼる・あがる。「二階から—」「舞台の幕が—」「年金が—」「許可が—」
おりる【降りる】乗り物から出る。露や霜が、置く。「バスを—」「霜が—」
おる【▽居る】いる。「誰か—らんか」
おる【折る】「腕の骨を—」「指を—って数える」「仲裁に骨を—(=苦労する)」
おる【織る】「機〈はた〉を—」
オルガン【〈風琴〉】鍵盤楽器の一。
オルゴール【〈自鳴琴〉】「—のねじを巻く」
おれ【俺】— おれ 「俺様・俺達・俺等」
おれ【俺】「—とお前の仲じゃないか」
おれい【▽御礼】「—をする」「—を述べる」
おれる【折れる】「枝が—」
おろか【《▽疎》か】「友人は—口をきく人もいない」
おろか【愚か】「—者」「—な考え」
おろし【下ろし】「大根—」「—金〈がね〉」
おろし【卸(し)】「—売り」「—値」
おろし【▼颪】「山—」「六甲—」
おろす【卸】— おろ-す・おろし 「卸売・卸商・卸値・棚卸・荷卸」
おろす【下ろす】上から下へ移す。「荷物を—」「ベンチに腰を—」「預金を—」「鯛を三枚に—」

おろす【降ろす】乗り物から出す。「乗客を—」

おろす【卸す】卸し売りをする。「店に品物を—」

おろす【▽堕ろす】中絶する。

おろそか【▽疎か】「学業を—にする」「こんなことはあだや—ではできない」

おろち【〈大蛇〉】「八岐〈やまた〉の—」

おろぬく【▽疎抜く】間引く。「かいわれを—」

おわい【汚▼穢】大小便。

おわり【尾張】旧国名。愛知県西部。尾州。

おわる【終(わ)る】「会議が—」「夏休みが—」

おん【怨】⇩えん(怨)。 「怨敵・怨念・怨霊」

おん【音】オン・イン おと・ね 「音韻・音楽・音色・音声・音読・漢音・観音〈かんのん〉・騒音・濁音・発音・和音」

おん【恩】オン — 「恩愛・恩恵・恩顧・恩情・恩人・謝恩・報恩」

おん【温(溫)】オン あたた-か・あたた-かい・あたた-まる・あたた-める 「温故・温厚・温室・温情・温泉・温存・温暖・温和・気温・体温・微温」

おん【遠】⇩えん(遠)。 「遠忌・遠国・遠離・遠流・久遠」

おん【穏（穩）】オン おだ-やか 「穏健・穏便・穏和・安穏〈あんのん〉・不穏・平穏」
おん【御】「当選―礼」「―身」
おん【音】⇕くん（訓）。「漢字の―読み」
おん【恩】「―に着る」「―を仇〈あだ〉で返す」
おんあい【恩愛】肉親や夫婦の間の情愛。「―の情にほだされる」
おんいき【音域】「―の広いオペラ歌手」
おんいん【音韻】「―論」「―交替」
おんが【温雅】「―な立ち居振る舞い」
おんかい【音階】「長（短）―」
おんがえし【恩返し】「鶴の―」「―をする」
おんがく【音楽】「―会」「―鑑賞」「―を聴く」
おんかん【音感】「絶対―」
おんがん【温顔】「先生の御―に接する」
おんき【遠忌】五十年忌などの遠い年忌。「弘法大師の御―」
おんぎ【恩義・恩▼誼】「―を感じる」「―に報いる」
おんきゅう【恩給】「軍人―」「―を受ける」
おんきゅう【温▼灸】「―療法」
おんきょう【音響】「―効果を高める」
おんぎょく【音曲】「歌舞―」
おんくん【音訓】「漢字の―」
おんけい【恩恵】「自然の―」「―に浴する」
おんけん【穏健】⇕過激。「―派」「―な思想」
おんこ【恩顧】情けをかけ援助する。ひきたて。「御―をこうむる」「徳川将軍家―の大名」
おんこう【温厚】「―篤実」「―な人柄」
おんごく【遠国】「―に下る」
おんこちしん【温故知新】昔のことを研究して、そこから新しい真理を見いだす。
おんさ【音▼叉】音響測定に用いる器具。
おんし【恩師】「―を同窓会に招く」
おんし【恩賜】「―賞」「―の煙草」
おんしつ【音質】「このスピーカーは―が良い（悪い）」
おんしつ【温室】「―栽培のみかん」「―効果」「―育ち」
おんしゃ【恩赦】「―に浴する」
おんしゅう【恩▼讐】なさけとうらみ。「―の彼方〈かなた〉に（＝菊池寛作の短編小説名）」
おんしゅうかい【温習会】稽古事の発表会。「琴の―」
おんじゅん【温順】「―な性格」
おんしょう【恩賞】「―を受ける」
おんしょう【温床】⇕冷床。「悪の―」
おんじょう【恩情】情け深いいつくしみの心。「―をかける」
おんじょう【温情】あたたかくやさしい心。「―あふれる言葉」
おんしょく【音色】⇩ねいろ（音色）。「―の良い笛」
おんしょく【温色】暖色。⇕かんしょく（寒色）。
おんしん【音信】「―不通」「―が途絶える」
おんじん【恩人】「命の―」
おんせい【音声】「―器官」「―が乱れる」
おんせつ【音節】音声を区切ったときの最小単位。「開―構造」
おんせん【温泉】「―宿」「―につかる」
おんぞうえく【怨憎会苦】仏教の八苦の一。
おんぞうし【御曹司】「財閥の―」
おんそく【音速】「超―ジェット機」
おんぞん【温存】「切り札を―する」「旧体制を―する」
おんたい【御大】「いよいよ―のお出ましだ」
おんたい【温帯】「―低気圧」
おんたく【恩沢】「―に浴する」「―を施す」
おんだん【温暖】⇕寒冷。「―な気候」「―前線」
おんち【音痴】「方向―」
おんち【御地】（手紙などで）相手のいる土地を敬っていう語。「―はいかがでございますか」
おんちゅう【御中】（手紙などで）団体などのあて名

に添える語。「◯△株式会社人事部―」

おんちょう【音調】「耳に心地よい―」

おんちょう【恩▼寵】「天子の―を受ける」

おんてい【音程】「―が狂う」

おんてき【怨敵】「―退散」

おんてん【恩典】情けのある扱い。「―に浴する」

おんと【音吐】「―朗々」

おんど【音頭】「―を取る」

おんど【温度】「―計」

おんとう【穏当】「―な処置」『―を欠いた判断』

おんどく【音読】声に出して読む。⇕黙読。「教科書を―する」

おんどり【▽雄鳥】⇕めんどり(雌鳥)。「早朝―が鳴く」

おんな【女】⇕男。「美しい―」『―の一念岩をも通す』

おんなたらし【女▼誑し】「あいつは―で、だらしがない」

おんなで【女手】女の働き。女の筆跡。「―一つで子どもを育てる」『―の手紙』

おんなぶり【女《振》り】「―が良い」

おんねん【怨念】うらみ。「―を晴らす」

おんのじ【御の字】十分にありがたいこと。「これだけ残れば―だ」

おんぱ【音波】「超―」『―時計』

おんばひがさ【〈乳母〉日傘】過保護に育てる。「―で育てられる」

おんびん【音便】「イ―」『ウ―』

おんびん【穏便】「―な処置」『なるべく事を―に済ませる」

おんぶ【負んぶ】背負うこと。人に頼ること。「赤ん坊を―する」『―に抱っこで甘えてばかりだ」

おんぷ【音符】「四分〈しぶん〉―」

おんぷ【音譜】「―が読める」『―どおりにピアノを弾く」

おんぷう【温風】「―が出る暖房器具」

おんみ【御身】(手紙などで)相手のからだを敬っていう言い方。「―くれぐれもご留意くださいませ」

おんみつ【▽隠密】江戸時代の探偵。ひそかにするさま。「―行動」『―に事を運ぶ」

おんよう【温容】「恩師の―に接する」

おんようどう【▽陰陽道】陰陽五行説による方術。おんみょうどう。

おんよく【温浴】「―療法」

おんよみ【音読み】漢字を字音で読む。⇕訓読み。「名前を―する」

おんりょう【怨霊】「―の祟〈たた〉り」『―が憑〈つ〉く」

おんりょう【音量】音の分量。ボリューム。「テレビの―を上げる(絞る)」

おんりょう【温良】性格がおだやかで素直なさま。「―な性格」

おんる【遠流】「罪を犯して佐渡へ―となる」

おんわ【温和】気候がおだやかなさま。穏和。「気候の―な土地で育つ果物」

おんわ【穏和】おだやかでおとなしいさま。「―な性格で協調性がある」

か

か【下】カ・ゲ　した・しも・もと・さ-げる・さ-がる・くだ-る・くだ-す・くだ-さる・お-ろす・お-りる　「下位・下記・下級・下降・下層・下方・下命・下流・眼下・天下・灯下・配下・門下・落下」

か【化】カ・ケ　ば-ける・ば-かす　「化学・化合・開化・感化・強化・進化・酸化・退化・文化・変化」

か【火】カ　ひ・(ほ)　「火炎・火急・火口・火星・火薬・火力・失火・消火・情火・灯火・発火・防火」

か【加】カ　くわ-える・くわ-わる　「加減・加工・加勢・加入・加熱・加盟・参加・増加・

追加・添加・倍加」

か【可】カ　―　「可視・可動・可燃・可能・可憐・許可・認可・不可」

か【仮（假）】カ・(ケ)　かり　「仮死・仮称・仮設・仮説・仮装・仮葬・仮想・仮託・仮定・仮眠・仮面」

か【何】カ　なに・(なん)　「幾何・誰何〈すいか〉」

か【花】カ　はな　「花陰・花園・花冠・花器・花車・花壇・花粉・花弁・開花・生花・名花・綿花・落花」

か【佳】カ　―　「佳境・佳景・佳肴・佳作・佳日・佳人・佳節・佳良・佳麗」

か【価（價）】カ　あたい　「価格・価値・市価・時価・声価・代価・単価・定価・評価・物価・廉価」

か【果】カ　は-たす・は-てる・は-て　「果実・果樹・果報・結果・効果」

か【河】カ　かわ　「河口・河床・河川・運河・銀河・大河・氷河」

か【苛】カ　―　「苛酷・苛性・苛政・苛税・苛法・苛烈」

か【科】カ　―　「科学・科目・学科・教科・罪科・内科・百科」

か【架】カ　か-ける・か-かる　「架設・架線・高架・十字架・書架・担架」

か【夏】カ・(ゲ)　なつ　「夏季・夏期・夏日・昨夏・初夏・盛夏・立夏」

か【家】カ・ケ　いえ・や　「家運・家業・家具・家訓・家計・家相・家庭・家風・家宝・家名・家紋・一家・画家・国家・人家・大家・農家・民家」

か【荷】カ　に　「荷重・荷担・荷電・集荷・出荷・着荷・入荷・負荷」

か【華】カ・(ケ)　はな　「華燭・華道・華美・華麗・栄華・豪華・精華」

か【菓】カ　―　「菓子・製菓・粗菓・氷菓・米菓・名菓・銘菓・冷菓」

か【貨】カ　―　「貨幣・貨物・外貨・金貨・硬貨・財貨・雑貨・正貨・通貨・百貨・良貨」

か【渦】カ　うず　「渦状・渦中・渦動・渦紋・渦流・極渦・戦渦」

か【過】カ　す-ぎる・す-ごす・あやま-つ・あやま-ち　「過去・過失・過日・過程・過熱・過労・経過・大過」

か【嫁】カ　よめ・とつ-ぐ　「許嫁・降嫁・婚嫁・再嫁・転嫁」

か【暇】カ　ひま　「暇日・閑暇・休暇・公暇・小暇・寸暇・請暇・余暇」

か【禍（禍）】カ　―　「禍害・禍根・禍難・禍福・奇禍・災禍・惨禍・水禍・舌禍・戦禍・大禍・筆禍・薬禍」

か【靴】カ　くつ　「靴傷・隔靴掻痒〈かっかそうよう〉・軍靴・製靴・長靴」

か【寡】カ　―　「寡作・寡少・寡占・寡夫・寡婦・寡黙・衆寡・多寡」

か【歌】カ　うた・うた-う　「歌詞・歌手・歌人・歌謡・短歌・牧歌」

か【箇】カ　―　「箇月・箇所・箇条・三箇所」

か【稼】カ　かせ-ぐ　「稼業・稼働」

か【課】カ　―　「課員・課外・課業・課題・課程・考課・人事課・日課」

か【蚊】か　「蚊柱・藪蚊〈やぶか〉」

か【香】「梅の―」

か【蚊】「やぶ―」「―の鳴くような声」

か【可】「携帯電話の使用―」「―もなく不可もなし（＝欠点もないが、長所もない）」

か【課】「総務―」「来週から次の―に入る」

が【牙】ガ・(ゲ) きば 「牙城・歯牙・象牙〈ぞうげ〉・毒牙」

が【瓦】ガ かわら 「瓦解・瓦全・瓦石・瓦礫〈がれき〉・煉瓦」

が【我】ガ われ・わ 「我意・我慢・我流・自我・忘我・無我」

が【画(畫)】ガ・カク ー 「画家・画商・画像・画面・画廊・印画・映画・絵画・壁画・邦画・録画」

が【芽】ガ め 「腋芽・花芽・出芽・肉芽・胚芽・麦芽・発芽・萌芽」

が【賀】ガ ー 「賀意・賀詞・賀正・賀状・謹賀・慶賀・祝賀・年賀」

が【雅】ガ ー 「雅意・雅楽・雅語・雅号・雅趣・雅俗・雅量・温雅・高雅・典雅・風雅・優雅」

が【餓】ガ ー 「餓鬼道・餓虎・餓死・餓狼・飢餓」

が【我】「ーを張る」

が【賀】「還暦のー」

が【▼蛾】「ーの繭〈まゆ〉」

かあさん【《母さん》】⇔父さん。

かあつ【加圧】⇔減圧。「ータンク」「飛行機の客室はーされている」

かい【介】カイ ー 「介護・介在・介入・介抱・一介・魚介・紹介」

かい【回】カイ・(エ) まわ-る・まわ-す 「回帰・回顧・回収・回診・回数・回送・回想・回転・回答・回報・回遊・回覧・次回・撤回・転回・挽回」(「廻」の書き換え字としても用いられる)

かい【灰】カイ はい 「灰白色・灰分・降灰・死灰・石灰」

かい【会(會)】カイ・エ あ-う 「会合・会場・会心・会葬・会話・宴会・開会・機会・議会・協会・再会・散会・司会・社会・都会・密会」

かい【快】カイ こころよ-い 「快活・快感・快気・快挙・快心・快晴・快走・快速・快諾・快調・快適・快刀・快方・快楽・全快・不快・明快」

かい【戒】カイ いまし-める 「戒心・戒名・戒律・厳戒・十戒・懲戒」(「誡」の書き換え字としても用いられる)

かい【改】カイ あらた-める・あらた-まる 「改悪・改革・改元・改札・改宗・改修・改称・改心・改正・改選・改善・改造・改築・改訂・改良・更改」

かい【怪】カイ あや-しい・あや-しむ 「怪傑・怪死・怪事・怪獣・怪談・怪盗・怪物・怪力・奇怪・妖怪」

かい【拐】カイ ー 「拐帯・誘拐」

かい【悔(悔)】カイ く-いる・く-やむ・くや-しい 「悔悟・悔恨・悔悛・後悔」

かい【海(海)】カイ うみ 「海運・海外・海岸・海洋・海流・航海・大海・領海」

かい【界】カイ ー 「外界・学界・眼界・境界・限界・世界」

かい【皆】カイ みな 「皆既食・皆勤・皆済・皆伝・皆無・皆目」

かい【械】カイ ー 「器械・機械」

かい【絵(繪)】カイ・エ ー 「絵画・絵事」

かい【開】カイ ひら-く・ひら-ける・あ-く・あ-ける 「開運・開演・開花・開会・開業・開校・開催・開場・開通・開廷・開店・開発・開封・開腹・開閉・開幕・公開・打開・展開・満開」

かい【階】カイ　―　「階級・階層・階段・位階・音階・段階・地階」
かい【塊】カイ　かたまり　「塊茎・一塊・気塊・金塊・血塊・鋼塊」
かい【楷】カイ　―　「楷書・楷体・正楷」
かい【解】カイ・ゲ　と-く・と-かす・と-ける　「解散・解除・解説・解明・見解・分解・弁解・理解」
かい【潰】カイ　つぶ-す・つぶ-れる　「潰滅・潰瘍・決潰・倒潰・破潰」
かい【壊（壞）】カイ　こわ-す・こわ-れる　「壊滅・壊乱・決壊・自壊・全壊・損壊・破壊・崩壊」
かい【懐（懷）】カイ　ふところ・なつ-かしい・なつ-かしむ・なつ-く・なつ-ける　「懐疑・懐剣・懐古・懐紙・懐柔・懐妊・感懐・述懐・本懐」
かい【諧】カイ　―　「諧謔〈かいぎゃく〉・諧声・諧調・俳諧」
かい【貝】かい　―　「貝殻・貝塚・貝爪・貝灰・貝柱・法螺貝〈ほらがい〉」
かい【貝】貝殻をもった軟体動物の総称。「―細工」「口を―のようにつぐんだ」

かい【▽峡】山と山との間。
かい【▼櫂】「ボートの―を操る」「―のしずくも花と散る（＝唱歌「花」の一節）」
かい【戒】「十―」「―を破る」
かい【怪】「―文書」「幽霊ビルの―」
かい【階】「最上―」「下の―に降りる」
かい【下位】「最―」「―に甘んじる」
かい【下意】民意。「―上達」
かい【▽甲▼斐】「年―〈がい〉もなく」「苦労の―がある（ない）」
かい【甲斐】旧国名。山梨県全域。甲州。
がい【外】ガイ・ゲ　そと・ほか・はず-す・はず-れる　「外観・外気・外形・外見・外交・外国・外出・外戚・外伝・外泊・外部・外壁・除外・疎外・度外・例外」
がい【劾】ガイ　―　「弾劾」
がい【害】ガイ　―　「害悪・害虫・干害・危害・公害・災害・障害・水害・損害・被害・妨害・利害・冷害」
がい【崖】ガイ　がけ　「崖下・懸崖・絶崖・断崖」
がい【涯】ガイ　―　「涯際・境涯・際涯・生涯・水涯・天涯・無涯」

がい【街】ガイ・（カイ）　まち　「街区・街商・街宣・街道〈かいどう〉・街灯・街頭・街路・暗黒街・市街・商店街」
がい【慨（慨）】ガイ　―　「慨世・慨然・慨嘆・感慨・憤慨」
がい【蓋】ガイ　ふた　「蓋世・蓋然・口蓋・天蓋・頭蓋骨・無蓋・有蓋」
がい【該】ガイ　―　「該当・該博・当該」
がい【概（槪）】ガイ　―　「概観・概算・概説・概念・概評・概要・概略・一概・気概・大概」
がい【骸】ガイ　―　「骸骨・遺骸・形骸化・残骸・死骸」
がい【害】「体に―がある（ない）」
がい【我意】自分勝手な考え。「―を通す」
かいあく【改悪】「制度の―」
がいあく【害悪】「―となる行い」「―の根を断つ」
かいあさる【買い▽漁る】「高級ブランドを―」
がいあつ【外圧】外国からの強制力。「―を受ける」「―を借りて国内の抵抗を抑える」
かいい【介意】心にとどめること。「一向―しない」
かいい【怪異】「―現象」
かいい【▼魁偉】顔かたちがいかついさま。「容貌―」

表記欄の▼は常用漢字表にない漢字、▽は常用漢字表にない音訓

がいい【害意】「―を抱く」
かいいき【海域】「日本の―」
かいいん【会員】「―制」「ゴルフの―権」
かいいん【改印】別の印鑑に変える。「―届」
かいいん【海員】「航海中の―」
がいいん【外因】外部にある原因。⇕内因。「病気の―」
かいう【海▽芋】園芸用の花、カラーの別名。
かいうん【海運】「―業」
かいうん【開運】「―おみくじ」
かいえき【改易】近世、武士を士籍から除いた罰。
かいえん【開演】⇕終演。「コンサートの―時刻」
がいえん【外▼苑】「皇居(神社)の―」
がいえん【外縁】「アジア―の諸国」「太陽系の―天体」
かいおうせい【海王星】太陽系の第八の惑星。
かいおん【快音】「バットから―が響く」
かいか【開化】知識が開け文化が進歩する。「文明―」
かいか【開花】「桜の―予想」「才能が―する」
かいか【階下】「―からの出火(騒音)」
かいが【絵画】「―鑑賞」「―展」
がいか【外貨】「―を獲得する」
がいか【▼凱歌】「勝利の―をあげる」
かいかい【開会】会議や集会を始める。⇕閉会。「―式」「―の挨拶」
かいかい【▼恢▼恢】大きくて広いさま。「天網〈てんもう〉―疎にして漏らさず(＝天道は厳正で悪事には報いがある)/老子」
かいがい【海外】「―旅行」「―に進出する」
がいかい【外海】「湾内から―に出る」
がいかい【外界】「―を知る」
かいがいしい【▽甲▼斐▽甲▼斐しい】「―・く働く」
かいかえる【買(い)替える】「新車に―」
かいかく【改革】「年金―」
がいかく【外郭】「厚生労働省の―団体」
かいかつ【快活】「明朗―な性格」
かいかつ【開▼豁】開けていて眺めがよい。心が広い。「―な高原」「―な気質」
がいかつ【概括】「―的」「報告内容を―する」
かいかぶる【買い▽被る】「実力以上に―」
かいがら【貝殻】「―細工」
かいかん【会館】「市民―」
かいかん【快感】「―を味わう」
かいかん【開巻】書物の初めの部分。「―劈頭〈へきとう〉(＝物語の始まり)」
かいがん【海岸】「―通り」「砂浜―」
かいがん【開眼】視力が戻る。物事の真髄をつかむ。「俳優として―する」
がいかん【外患】外国から受ける攻撃。「内憂―」
がいかん【外観】外側から見た様子。「建物の―」
がいかん【概観】「全体の傾向を―する」
かいき【回忌】「三―」
かいき【回帰】「―線」「自然への―」
かいき【会規】「当会の―」
かいき【会期】「国会の―延長」
かいき【快気】病気がよくなること。「―祝い」
かいき【怪奇】「―現象」
かいき【開基】寺院を創立する。また、その僧。「行基の―した寺」
かいぎ【会議】「―中」「編集―」
かいぎ【懐疑】「―的」「―論」
がいき【外気】「―に触れる」
かいきえん【怪気炎】「―をあげる」
かいきしょく【皆既食・皆既▼蝕】完全に隠れる日食と月食。
かいきせん【回帰線】南北二三度二七分の緯線。
かいぎゃく【諧▼謔】気のきいた冗談。「―を弄〈ろう〉する」
かいきゅう【階級】「無産―」「上流―」「―が上がる」
かいきゅう【懐旧】過去を懐かしむこと。「―の情」
かいきょ【快挙】「―を成し遂げる」「世紀の―」

かいきょう【回教】イスラム教。「—徒」
かいきょう【海峡】「津軽—」
かいきょう【懐郷】「—の念抑えがたく」
かいぎょう【改行】「段落ごとに—する」
かいぎょう【開業】「—医」「鉄道が—する」
がいきょう【概況】「天気—」
かいきょく【開局】「—三十周年記念」
がいきょく【外局】中央官庁直属の独立性の高い機関。
かいきん【皆勤】「—賞」
かいきん【開襟】開いた形のえり。「—シャツ」
かいきん【解禁】「鮎つりの—日」
がいきん【外勤】職場の外に出て行う仕事。「—社員」
かいく【化育】万物を発生・成長させる。「生成—」
がいく【街区】市街地の区画。ブロック。「—表示板」
かいくん【回訓】本国政府からの回答の訓令。⇕請訓。
かいぐん【海軍】「—予備学生」
かいけい【会計】「一般—」「公認—士」
かいけい【塊茎】塊状に肥大した地下茎。
がいけい【外形】「—標準（＝法人事業税の課税の際の客観的標準。売上高や従業員数など）」
かいけいのはじ【会稽の恥】戦いにまけた恥。「—をそそぐ」
かいけつ【解決】「円満に—する」
かいけつびょう【壊血病】出血・貧血を起こす病気。
かいけん【会見】「記者—」
かいけん【改憲】「—論者」
かいけん【懐剣】「—を抜く」
かいげん【戒厳】軍がその地域を統治する。「—令」
かいげん【改元】元号を改めること。「—して平成となる」
かいげん【開眼】新しい仏像に霊を迎える儀式。「大仏—」
がいけん【外見】うわべ。外観。「—にまどわされる」
かいこ【蚕】蛾の一種。絹糸をとる。
かいこ【回顧】「これまでの歩みを—する」
かいこ【解雇】「従業員を—する」
かいこ【懐古】「—談」
かいご【介護】「—保険」「老人を—する」
かいご【改悟】過ちを悟り改める。「これまでの悪行を—する」
かいご【悔悟】過ちを悟り後悔する。「取り返しの付かない過ちを—する」
かいこう【回航】「横浜に—する」
かいこう【改稿】「全面的に—する」
かいこう【海港】「貿易のための—」
かいこう【海溝】「マリアナ—」
かいこう【開港】「横浜—百五十周年」
かいこう【▼邂▼逅】思いがけなく出会う。「三年ぶりで—した」
かいごう【会合】「明日—がある」
がいこう【外交】外国との交渉。外部との交渉。「—官」「—政策」「—販売」
がいこう【外光】「—を取り込んだ造りの部屋」
がいこう【外向】社交的・積極的な性格。⇕内向。「—的」
がいこう【外港】近くの都市に物資を供給する港。
かいこういちばん【開口一番】「—、自分には非のないことをまくし立てた」
がいこうじれい【外交辞令】「—に過ぎない」
かいこく【回国】「—巡礼」
かいこく【戒告】「—処分」
かいこく【海国】「—日本」
かいこく【開国】⇕鎖国。「黒船に—を促される」
がいこく【外国】「—語」「—人」「—為替」
がいこつ【骸骨】「すっかり痩せてまるで—のようだ」
かいごろし【飼(い)殺し】「—にする」
かいこん【悔恨】「—の情にかられる」
かいこん【開墾】「—地」「荒れ地を—する」
かいこん【塊根】塊状に肥大した根。

か

かいさい【快▼哉】痛快。「―を叫ぶ」
かいさい【開催】「シンポジウムを―する」
かいざい【介在】「別の要因が―している可能性がある」
がいさい【外債】外国で募集する債券。
かいさく【改作】作品を作り直す。
かいさく【開削】「道路(運河)を―する」
かいさつ【改札】「―口」
かいさん【海産】「―物」
かいさん【開山】寺の創始者。宗派の祖。「―堂」
かいさん【解散】「音楽グループが―する」「衆議院が―する」
かいざん【改▼竄】「監査前に帳簿を―する」
がいさん【概算】「建設費を―する」「―要求」
かいし【怪死】「密室で―した女性」
かいし【開始】⇔終了。「試験を―する」
かいし【懐紙】「―に連歌を記す」「茶菓子を―に取り分ける」
かいじ【快事】「近来の―」
かいじ【海事】「―仲裁」「―商法」
かいじ【開示】「―請求権」「情報を―する」
がいし【外史】民間で書いた歴史。「日本―(=頼山陽著)」
がいし【外資】「―系企業」「―を導入する」

がいし【▼碍子】電線を絶縁するための器具。
がいじ【外字】①外国の文字。「―新聞」②常用漢字やＪＩＳ漢字に無い、使用頻度の低い漢字。「―を入力する」
がいじ【外耳】耳の、鼓膜より外がわの部分。「―炎」
がいじ【外事】「―警察」
がいして【概して】「―成績は良好だ」
かいしめる【買(い)占める】「株を―」
かいしゃ【会社】「―員」「株式―〈がいしゃ〉」
かいしゃ【▼膾▼炙】広く知れ渡る。「人口に―する」
がいしゃ【外車】「―を乗り回す」
かいしゃく【介▽錯】切腹をする人の首を斬る。「―人」
かいしゃく【解釈】「詩を―する」「善意に―する」
がいじゅ【外需】外国からの需要。⇔内需。
かいしゅう【回収】「廃品―」「答案を―する」
かいしゅう【改宗】「仏教に―する」
かいしゅう【改修】「―作業」「水道を―する」
かいじゅう【怪獣】「―映画」
かいじゅう【海獣】「アザラシなどの―」
かいじゅう【▼晦渋】表現がむずかしく、難解なさま。「徒〈いたず〉らに―な文章を書く」
かいじゅう【懐柔】「―策を講ずる」「うまく説き伏せて―する」

がいしゅう【外周】「公園の―」

がいしゅういっしょく【▼鎧袖一触】敵を問題にしない。「―、前へと突き進む」

がいじゅうないごう【外柔内剛】うわべはものやわらかだが、意志は強固である。⇔内柔外剛。

がいしゅつ【外出】「―先から電話を入れる」

かいしゅん【回春】精力が若がえる。「―の妙薬」

かいしゅん【改▼悛】「―して仏道に入る」「―の情が認められる」

かいしゅん【買春】ばいしゅん(買春)。〔同音の「売春」から区別するための語〕

かいしょ【会所】「碁―」

かいしょ【楷書】⇔行書・草書。「氏名を―で書く」

かいじょ【介助】「―犬」

かいじょ【海▼恕】(手紙で)広い心で、相手を許すこと。「なにとぞ御―下さいませ」

かいじょ【解除】「武装―」「禁止令を―する」

かいしょう【▽甲▼斐性】「―無しの亭主」

かいしょう【回章】回覧状。

かいしょう【会商】外交上の交渉。「日英―」

かいしょう【快勝】「決勝戦で―を収める」

かいしょう【改称】「社名を―する」

かいしょう【海象】海洋でおきる自然現象の総称。

かいしょう【海▼嘯】満潮時に河口部に起こる高波。

かいしょう【解消】「婚約を―する」
かいじょう【回状】回覧の手紙。
かいじょう【会場】「演奏会の―」「―を手配する」
かいじょう【海上】「―輸送」
かいじょう【開城】「降伏して―する」
かいじょう【開場】⇔閉場。「午後六時より―する」
かいじょう【階上】「―で物音がする」
がいしょう【外商】店の外での商行為。「―部」
がいしょう【外傷】「―の手当てをする」
がいしょう【街▼娼】「―に声をかけられる」
かいじょうたつ【下意上達】下位の者の考えが、上役によく達すること。⇔上意下達。
かいしょく【会食】「会議の後に―する」
かいしょく【快食】「―快眠」
かいしょく【海食】「―崖〈がい〉」
かいしょく【解職】「汚職関係者を―する」
がいしょく【外食】「―産業」「夕飯を―で済ませる」
かいしん【回心】「十五歳の時に―してキリスト教徒になった」〔「えしん」と読めば仏道に帰依する意に限定される〕
かいしん【回診】「午前中に教授の―がある」
かいしん【会心】「―の出来」
かいしん【改心】「非行少年を―させる」
かいしん【改新】「大化の―」「制度を―する」

かいじん【灰▼燼】灰と燃え残り。「―に帰す」
かいじん【怪人】「―二十面相」
かいじん【海神】海の神。竜王。
がいしん【外信】外国からの通信。「―部」
がいしん【害心】「―をいだく」
がいじん【外人】「―墓地」
かいず【海図】「―をひろげる」
かいすい【海水】「―浴」
かいすう【回数】「―券」
がいすう【概数】「―を把握する」
かいする【介する】「意に―必要はない」「人を―・して接触する」
かいする【会する】「一堂に―」
かいする【解する】「人語を―」「風流を―人」
がいする【害する】「気分〈健康〉を―」
かいせい【回生】よみがえり。「起死―」
かいせい【快晴】「―で富士山がよく見える」
かいせい【改正】「今回の―点」「規則を―する」
かいせい【改姓】「結婚して夫の姓に―する」
がいせい【外征】「―軍」
がいせい【慨世】世を嘆きうれえること。「―の士」
がいせい【蓋世】世をおおう盛んな気力。「抜山―」
かいせき【会席】寄り合いの席。「―料理（＝宴席での上等な日本料理）」「葬儀後の―で酒を頂く」

かいせき【懐石】茶席で、茶の前に出す簡単な食事。「―料理」

かいせき【解析】「―幾何学」「データを―した結果を示す」

がいせき【外戚】母方の親戚。「―関係」「平清盛は安徳天皇の―にあたる」

かいせつ【開設】「支店をロンドンに―する」「口座を―する」「公式サイトを―する」

かいせつ【解説】「野球―」「わかりやすく―する」

がいせつ【概説】あらましを説明すること。「日本経済の動向を―する」「日本語学―」

かいせん【回旋】めぐらしまわすこと。「―橋」

かいせん【回船・▼廻船】昔、物資輸送に従事した荷船。「―問屋」

かいせん【回線】「電話―」

かいせん【会戦】大部隊どうしの陸上戦闘。「奉天―」

かいせん【改選】「委員を―する」

かいせん【海戦】「日本海―」

かいせん【▼疥▼癬】疥癬虫による皮膚病。

かいせん【開戦】⇔終戦。「突如―する」

かいぜん【改善】「―点を挙げる」「―すべき問題」

がいせん【外線】⇔内線。「―から電話が入る」

がいせん【▼凱旋】「パリの―門」「祖国に―する」

がいぜん【慨然】憤り嘆くさま。憂い嘆くさま。「―として嘆息する」
がいぜんせい【蓋然性】「―を探る」
かいそ【改組】組織を改めること。「学部―」
かいそ【開祖】初めて宗派のもとを開いた人。「浄土宗の―、法然上人」
かいそう【回送】「―列車」
かいそう【回想】「―シーン」「往時を―する」
かいそう【回▼漕】船舶による運送。「―業」
かいそう【会葬】葬儀に参列すること。「―者」「遠路ご―下さいまして深謝致します」
かいそう【快走】「元日マラソンで―する」
かいそう【改葬】遺骨を他の墓地に葬り直す。「―許可申請」
かいそう【改装】「店舗を―する」
かいそう【海草】アマモなど海中に生える被子植物。また、海藻のこと。
かいそう【海藻】海中に生育する藻類の総称。「昆布やワカメなどの―を食材に用いる」
かいそう【階層】「社会―」「―構造」
かいそう【潰走・壊走】「算を乱して―する」
かいぞう【改造】「内閣を―する」
かいぞう【解像】「―度の高いスキャナー」
がいそう【外装】「―のリフォーム」
かいぞえ【介添え】「花嫁の―人〈にん〉」

かいそく【会則】「この―に定めるもの」
かいそく【快足】「十秒台の―でゴールを駆け抜ける」
かいそく【快速】「―列車」
かいぞく【海賊】「―船」「―に襲われる」
かいぞくばん【海賊版】無断で複製した出版物など。
がいそふ【外祖父】母方の祖父。
がいそぼ【外祖母】母方の祖母。
がいそん【外孫】そとまご。
かいだ【快打】「―を連発する」
がいだ【▼咳唾】せきばらいの声。「―珠〈たま〉を成す（＝詩文の才の豊かなこと）／後漢書」
かいたい【拐帯】持ち逃げ。「公金―」
かいたい【解体】「建物の―作業」「マグロを―する」
かいたい【懐胎】みごもること。「処女―」
かいだい【改題】「旧著を増補―して出版する」
かいだい【海内】日本国内。天下。「―無双」
かいだい【解題】書物の成立・内容・体裁などの解説。
かいたく【開拓】「―地」「原野を―する」「新市場を―する」
かいだく【快諾】「委員長就任を―する」
がいため【外▽為】外国為替〈かわせ〉。「―法」
かいだん【会談】「日米首脳―」「ヤルタ―」

かいだん【戒壇】僧に戒を授けるために設けた式場。
かいだん【怪談】「四谷―」
かいだん【階段】「―を上る」
がいたん【慨嘆】「―にたえない」
がいたん【骸炭】コークス。
がいだんこうせつ【街談▼巷説】世間のうわさ。
かいだんじ【快男児】気性のさっぱりした男。
がいち【外地】国外の地。もと、内地以外の領土。
かいちく【改築】「増―」「家屋を―する」
かいちゅう【回虫・▼蛔虫】人体に寄生する寄生虫。
かいちゅう【改鋳】「貨幣の―」
かいちゅう【懐中】「―電灯」「―時計」
がいちゅう【外注】「―に出す」「製作を―する」
がいちゅう【害虫】⇔益虫。「―を駆除する」
かいちょう【会長】「―に就任する」
かいちょう【快調】「―なスタート」
かいちょう【怪鳥】「伝説上の―」
かいちょう【開帳】厨子〈ずし〉を開いて秘仏を見せる。「出〈で〉―」「五年に一度本尊を―する」
がいちょう【害鳥】⇔益鳥。「―を追い払う」
かいちょく【戒▼飭】人をつつしませる。「―処分」
かいちん【開陳】「見解を―する」
かいつう【開通】「トンネルが―する」
かいづか【貝塚】「―が見つかる」

かいつぶり【〈鸊鷉〉】小形の水鳥。

かいつまむ【▼掻い▽摘まむ】「―・んで話す」

かいてい【改定】従来の規定を改める。「運賃を―する」

かいてい【改訂】本の内容を改めて出版する。「旧版を―する」

かいてい【海底】「―に眠る宝物」

かいてい【開廷】⇔閉廷。「―を宣する」

かいてい【階▼梯】階段。学問・芸能の手引き。

かいてき【快適】「―な暮らし」「休日を―に過ごす」

がいてき【外敵】「―から身を守る」

がいてき【外的】「気候・風土などの―条件」

かいてん【回天】天下の形勢を一変させる。「―の事業」

かいてん【回転】「―寿司〈ずし〉」「プロペラが―する」「資金の―を速くする」

かいてん【開店】「大型店が新たに―する」

かいでん【皆伝】師から奥義をすべて伝えられる。「免許―」

がいでん【外伝】本伝にもれた伝記や逸話。「英雄（義士）―」

がいでん【外電】「―によると」

かいとう【回答】質問・要求に正式に答える。「アンケートに―する」

かいとう【解答】問題を解く。また、その答え。「―欄」

かいとう【会頭】「商工会議所の―」

かいとう【快刀】「―乱麻〈らんま〉を断つ（＝もつれていた物事をあざやかに解決する意）／北斉書」

かいとう【怪盗】「―ルパン」

かいとう【解党】政党を解散する。⇔結党。

かいとう【解凍】「冷凍食品を電子レンジで―する」

かいどう【会同】会合。「検事長（裁判官）―」

かいどう【会堂】集会のための建物。教会堂。

かいどう【海▼棠】落葉低木。ハナカイドウ。

かいどう【海道】海に沿った街道。東海道。

かいどう【街道】重要な公共の道路。「出世―」「―沿い」

がいとう【外灯】家の外に取り付けた電灯。

がいとう【街灯】道路に付けた電灯。

がいとう【外▼套】オーバーコート。

がいとう【街頭】人の往来の多い場所。「―演説」

がいとう【該当】「―者」「規定に―する」

かいどく【回読】「人気の小説を―する」

かいどく【買い得・買い徳】「お―の品」

かいどく【解読】「暗号―」

がいどく【害毒】「社会に―を流す」

かいどり【▼掻取】婦人の礼服の一。打ち掛け。

かいな【▽腕・▼肱】うで。「―を返す（＝相撲の用語）」

かいなん【海難】「―救助」

かいにゅう【介入】「紛争に―する」

かいにん【解任】「理事を―する」

かいにん【懐妊】「妃殿下御―」

かいぬし【飼(い)主】「ペットの―」

かいね【買値】「売値と―」

がいねん【概念】その事物の大まかな意味内容。「―図」「―的」

かいは【会派】政党や団体内の派閥や団体。

かいはい【改廃】「機構や職掌を―する」

がいばい【外売】外商。

がいはく【外泊】「無断で―する」

がいはく【該博】「―な知識」

かいはくしょく【灰白色】明るい灰色。「―の瓦〈かわら〉」

かいはつ【開発】「―途上国」「新製品を―する」

かいばつ【海抜】「―二千メートルの山」

かいばつ【皆伐】森林などの樹木を全部切る。

かいはん【改版】内容を改め、新しい版で出版する。

かいはん【開板・開版】（木版本の）出版。

かいひ【回避】「責任を―する」

かいひ【会費】「―を徴収する」

かいひ【開披】封書などを開く。「封書を―する」

かいびゃく【開▼闢】ひらけはじめ。「天地―」

かいひょう【開票】「即日―」「―結果」
かいひょう【解氷】「―剤」「オホーツク海が―する」
がいひょう【概評】全体を大づかみにとらえた批評。「展覧会の―」
かいひん【海浜】「―植物」
かいふ【回付・▼廻附】「書類の―」
がいぶ【外侮】外国から受ける侮り。「―を受ける」
がいぶ【外部】「―から侵入する」
かいふう【開封】「手紙を―する」
がいふう【▼凱風】初夏の快い南風。「―快晴」
かいふく【回復・▼恢復】元の状態に戻る。取り戻す。「天候が―する」「景気が―する」「名誉を―する」
かいふく【快復】病気がなおる。「病気が―する」
かいふく【開腹】「―手術」
かいぶつ【怪物】「球界の―」「―退治」
かいぶつせいむ【開物成務】人知を開発し、事業を成し遂げる。
かいぶん【回文】逆から読んでも同じになる文句。
かいぶん【灰分】食物中の無機物。ミネラル。
がいぶん【外聞】「―が悪い」
かいぶんしょ【怪文書】「―が出回る」
かいへい【開平】平方根を求める。
かいへい【開閉】「戸の―」
がいへき【外壁】「―を塗装する」

かいへん【改変】「記載内容を―する」
かいへん【改編】「組織を―する」
かいほう【介抱】「病人を―する」
かいほう【回報】回覧状。文書による返事。
かいほう【会報】「―に近況を載せる」
かいほう【快方】「術後は―に向かう」
かいほう【開放】「―感」「―的」「公民館を避難所として―する」
かいほう【解放】「子育てから―される」「人質を―する」
かいぼう【海防】「―艦」
かいぼう【解剖】「―学」「カエルの―」
がいほう【外報】外国からの通信。
がいぼう【外貌】見た目。「爽やかな―」
がいまい【外米】「米不足で―に頼る」
かいまき【▼掻巻】綿の入った、広袖付きの夜着。
かいまく【開幕】「―戦」「プロ野球が―した」
かいまみる【▽垣間見る】ちらっとのぞき見る。「戸のすき間から彼女の姿を―」「この一瞬のしぐさに茶人としての誇りを―思いがした」
かいみょう【戒名】僧侶が死者につける名前。⇔俗名。
かいみん【快眠】「―グッズ」「夢も見ずに朝まで―する」

かいむ【会務】「―報告」「―を一任される」

かいむ【皆無】「再発の可能性は―だ」

がいむ【外務】外国関係の行政事務。また、外勤。「―省」「この春から―に異動になる」

かいめい【改名】「知人が占いで―した」

かいめい【▼晦冥】暗闇。まっくらやみ。「深黒―の世界」

かいめい【開明】聡明なさま。「―な君主」

かいめい【解明】「脳の仕組みを―する」「事件―に全力を尽くす」

かいめつ【壊滅】「―的な打撃」

かいめん【海綿】スポンジ。「―状組織」「―体」

かいめん【界面】二つの物質の境界面。「―張力」

がいめん【外面】外側の面。⇔内面。〔「がいめん」は主に物体について言い、「そとづら」は人の態度について言う〕

かいもく【皆目】「―わからない」「―見当が付かない」

かいもの【買(い)物】「―かご」「―をする」

かいもん【開門】門をあける。⇔閉門。

かいもんきょくろ【▼槐門▼棘路】大官と公卿の中国風の言い方。

がいや【外野】野球で、内野の後方。また、第三者。⇔内野。「―手」「―がうるさい」

かいやく【改訳】「聖書を―する」
かいやく【解約】「―返戻金」
かいゆ【快癒】「ご―を願う」
かいゆう【回遊・回▼游】各地を旅行してまわる。また、魚群の季節的な移動。「回遊式庭園」「―魚」
がいゆう【外遊】「欧米に―した経験がある」
かいよう【海洋】「―エネルギー」「―汚染」「―深層水」
かいよう【海容】寛大な心で過ちを許す。「なにとぞ御―下さい」
かいよう【潰瘍】「胃―」「十二指腸に―ができる」
がいよう【外用】薬を皮膚や粘膜に付ける。⇔内服・内用。「―薬」
がいよう【外洋】「遠く―に乗り出す」
がいよう【概要】大体の内容。「会社―」「計画の―を紹介する」
かいよせ【貝寄】貝を浜辺に吹き寄せる風。陰暦二月二〇日(大阪四天王寺の聖霊会)前後に吹く風。
かいらい【▼傀▼儡】操り人形。「―政権」
がいらい【外来】「―患者」「―語」「―種」
かいらく【快楽】「―を得る」
かいらん【回覧】「―板」「議事録を―する」
かいらん【解▼纜】纜(ともづな)を解いて船出する。
かいらん【壊乱・潰乱】「風俗を―する」

かいり【▼乖離】「現実から―した議論」
かいり【海里・▼浬】海上での距離の単位。一八五二メートル。
かいり【海▼狸】ビーバー。
かいりき【怪力】「―の持ち主」
かいりつ【戒律】「―を破る」
がいりゃく【概略】「―を述べる」「―以下のとおり」
かいりゅう【海流】「日本―」
かいりょう【改良】「品種―」「―を加える」
かいりょくらんしん【怪力乱神】不思議な存在や現象。「子、―を語らず／論語」
かいれい【回礼】お礼や年賀にまわる。
かいろ【回路】「思考―」「―をつなげる」
かいろ【海路】「―を行く」
かいろ【懐炉】「―を懐に入れる」
がいろ【街路】「―樹」
かいろう【回廊】「寺院の―」
かいろうどうけつ【▼偕老同穴】夫婦仲が大変良い。「―の契りを結ぶ」
がいろん【概論】「言語学―」
かいわ【会話】「英―」「―を交わす」
かいわい【界▼隈】「新宿駅―」
かいわれ【貝割れ・▼穎割れ】「―大根」
かいわん【怪腕】人なみ優れた腕前。「―を振るう」

かいん【下院】⇔上院。

かう【▽支う】ものをあてがってささえる。「つっかい棒を―」

かう【交う】「すずめが飛び―」

かう【買う】「本を―」「努力(才能)を―」「恨み(失笑)を―」

かう【飼う】「猫を―」

かうん【家運】「―が傾く」

かえうた【替(え)歌】「―を作る」

かえす【▽反す】表裏をひっくりかえす。「畑の土を―」「手のひらを―」

かえす【返す】もとに戻す。相手の言動に反応する。「借金を―」「読み―」「―言葉も無い」

かえす【帰す】戻らせる。帰らせる。「親元に―」

かえす【▼孵す】卵を温めてひなにする。「親鳥が卵を―」

かえすがえす【《返》す《返》す】「―残念です」

かえだま【替(え)玉】「―受験」「博多ラーメンの―」

かえって【▽却って】「―失礼になる」

かえで【▼楓】落葉樹。モミジ。

かえば【替(え)刃】「かみそりの―」

かえり【返り】「―入幕」「―点」

かえり【帰り・▽還り】「―道」「―が遅い」

かえりうち【返り討ち】「―にしてくれる」「―に会

う」

かえりざき【返り咲き】 カムバック。「政界への―を狙う」

かえりみる【顧みる】 振り返る。気遣う。「歴史を―」「家庭を―・みない」

かえりみる【省みる】 反省する。「―・みて恥じるところがない」

かえる【▼蛙】 両生類の一種。かわず。「―の子は蛙(＝凡人の子は凡人であるたとえ)」

かえる【▽反る】 裏と表が入れかわる。「軍配が―」〔「伸るか反るか」の「反」は「そる」と読む〕

かえる【返る】「あきれ―」「貸した物が―」「童心に―」「ふと我に―」

かえる【帰る】「家(祖国)に―」

かえる【▼孵る】「卵(ひな)が―」

かえる【換える】 交換する。「部品を―」「宝石を金〈かね〉に―」

かえる【替える】 入れ替える。「メンバーを―」「シーツを―」

かえる【代える】 代用する。代理させる。「命に―・えて守る」「書面をもって挨拶に―」

かえる【変える】 状態を変化させる。場所を移す。「態度を―」「住所を―」「血相を―」

かえん【火炎・火▼焔】「―瓶」

がえんじる【▽肯んじる】 聞き入れる。承諾する。「相手の要求に―用意がある」〔サ変「がえんずる」も同じ〕

かお【顔】「丸―」「―が赤い」「―が利〈き〉く」「―から火が出る」「―に書いてある」「―を合わせる」「―を立てる(潰す)」

かおう【花押】 古文書で図案化した署名。書き判。

かおかたち【顔⦅▽貌⦆】 目鼻立ち。「―が整った男」

かおく【家屋】「台風で―が倒壊する」

かおだち【顔⦅立⦆ち】「整った―の人」

かおつき【顔⦅付⦆き】「悲しそうな―」

かおなじみ【顔⦅▼馴染⦆み】「―の客」

かおぶれ【顔⦅触⦆れ】「豪華な―」

かおまけ【顔負け】「大工―の腕前」

かおみせ【顔見世】 一座の役者の総出演。「―興行」

かおむけ【顔向け】「ご先祖様に―ができない」

かおやく【顔役】 実力者。ボス。「村の―」

かおり【香り・薫り】「花の香り」「風の薫り」

かおる【香る・薫る・▼馨る】「バラの花が香る」「風薫る五月」

かか【▼呵▼呵】 大笑いするさま。「―と笑う」

かが【加賀】 旧国名。石川県南部。加州。賀州。

がか【画架】 カンバスをのせる三脚台。イーゼル。

がか【画家】「―志望の美大生」

がが【▼峨▼峨】 険しくそびえるさま。「―とした山脈」

かかあ【▼嚊・▼嬶】「―天下(＝妻が所帯を支配する)」

かがい【加害】「―者」

かがい【花街】 いろまち。遊郭。

かがい【課外】「―活動」

がかい【瓦解】「医療保険制度の―」

ががいも【〈蘿藦〉】 未熟果を強壮薬に。らま。

かかえる【抱える】「荷物を―」「頭を―(＝思案に暮れる)」

かかく【価格】「―破壊」

かかく【家格】「―が高い」

かかく【過客】「月日は百代の―にして行きかふ年もまた旅人なり／奥の細道」

かがく【化学】「―変化」「―工業」

かがく【科学】「―の進歩」「自然―」

かがく【価額】「課税の―」

かがく【家学】「漢学は当家代々の―である」

ががく【雅楽】「宮中の―」「―の舞」

かかげる【掲げる】「看板(スローガン・国旗・記事)を―」

かかし【〈案山子〉・〈鹿驚〉】「―を田んぼに立てる」

かかす【欠かす】「―ことのできない人材」

かかずらう【▽係う】 かかわりを持つ。「そんなつまらないことに―・ってはいられない」

かかたいしょう【▼呵▼呵大笑】「一同—する」

かかと【▼踵】「—の高い靴」「—を踏む(=前に行く人のすぐ後を追う)」

かがまる【▽屈まる】「腰が—」

かがみ【鏡】形・姿を映して見る道具。「—に映った自分の顔」

かがみ【▽鑑】模範。手本。「教師の—」

かがみびらき【鏡開き】「—に餅を食べる」

かがみもち【鏡餅】「—を飾る」

かがむ【▽屈む】「腰の—・んだ老人」

かがめる【▽屈める】「体を—」

かがやき【輝き】「ダイヤモンドの—」

かがやく【輝く・▼耀く・▼赫く】「—ばかりの美しさ」「瞳が—」「栄誉に—」

かかり【係(り)】「ただ今—の者が参ります」「受付係〈がかり〉」「—結び」

かかり【掛(か)り】費用。出費。「—がかさむ」「操車掛〈がかり〉」

かかりいん【係員・掛員】「—の指示」

かかりつけ【掛(か)り《付》け】「—の医者」

かがりび【▼篝火】「—を焚く」

かかる【係る】関係する。かかわる。「国家の大事に—問題」

かかる【掛(か)る】ぶら下がる。作用が及ぶ。要する。「壁に絵が—」「迷惑が—」「暗示に—」「修復には多額の金が—」「これが済んだら仕事に—」

かかる【▼罹る】病気になる。「肺炎に—」

かかる【架かる】かけわたされる。「橋が—」「空に虹が—」

かかる【懸(か)る】中空にある。金品の提供がある。「月が中天に—」「犯人逮捕に賞金が—・っている」

かかる【《▼斯》かる】「—事態が起ころうとは予想だにしなかった」

かがる【▼縢る】糸でしっかりと縫う。「裁ち目を—」

かかわる【▽係る・関わる】関係する。「命に—」「沽券〈こけん〉に—」

かかわる【▽拘る】こだわる。「小事に—」

かかん【果敢】「—に挑む」「勇猛—な行動」

がかんぼ【〈大蚊〉】カトンボ。

かき【垣】かき —「垣隣・垣根・石垣・柴垣・竹垣・玉垣・友垣」

かき【柿】かき —「柿渋・柿酢・甘柿・渋柿・樽柿」

かき【垣】「—を巡らす」

かき【柿】「—食へば鐘が鳴るなり法隆寺／子規」

かき【〈牡蠣〉】「—フライ」

かき【下記】⇕上記。「—のとおり実施する」

かき【火気】「—厳禁」

かき【火器】銃砲の総称。「—で戦う」

かき【花▼卉】観賞用の花の咲く草。「—園芸」

かき【花期】「—を迎えた梅」

かき【花器】「—に生ける」

かき【夏季】「—限定の氷菓子」

かき【夏期】「—講習(休暇)」

かぎ【▼鉤】先の曲がった金具。ホック。

かぎ【鍵】「—をかける」「事件の謎を解く—」

がき【《餓鬼》】「—大将」「—道に墜ちる」

かきあげ【▼搔き揚げ】「貝柱の—」

かきいれどき【書(き)入れ時・書入時】「年末の—」

かきおき【書(き)置き】「—を残して家出した」

かきおろし【書(き)下ろし】「—の小説」

かきかえ【書(き)換え・書換】「証書の—をする」「免許証の—」

かぎざき【《▼鉤》裂き】衣類にできた鉤形の裂け目。

かきぞめ【書(き)初め】「—展」

かきだす【▼搔き出す】「灰を—」「ボートの水を—」

かきつけ【書(き)付け・書付】書類。勘定書き。

かぎっこ【鍵っ子】「小学生の頃から—だ」

かきつばた【〈杜若〉・〈燕子花〉】アヤメ科の多年草。

かきとめ【書留】「現金(簡易)—」

かきとめる【書(き)留める】「手帳に—」「要点を—」

かきとり【書(き)取り・書取】「漢字の—」

かきね【垣根】「—越しに話をする」「—を取り払う」

かぎばな【▼鉤鼻】わしばな。「引目—」

かぎばり【▼鉤針】先端が鉤形に曲がった編み物用の針。「—編み」

かきみだす【▼掻き乱す】「人の心を—」

かきむしる【▼掻き▼毟る】「頭を—」

かぎゃく【加虐】「—性向」

かきゅう【下級】「—生」「—役人」

かきゅう【火急】さし迫っていること。「—の用」

かきゅう【加給】給料を増すこと。増給。

かぎゅう【▼蝸牛】「—角〈かく〉上の争い(=つまらないことで争う)」

かきゅうてき【可及的】できるだけ。「—速やかに」

かきょう【佳境】「話も—に入ってきたところで」

かきょう【架橋】「川に—の計画がある」

かきょう【家郷】ふるさと。故郷。

かきょう【華▼僑】海外居住の中国人。

かぎょう【家業】家の仕事。「実家に戻って—を継ぐ」

かぎょう【稼業】生活を維持するための仕事。「しがないサラリーマン—」

かぎょう【課業】課せられた学習・業務。「一日の—をこなす」


かきょく【歌曲】「イタリア—を披露する」

かぎり【限り】「—ある資源を大切に」「贅〈ぜい〉の—を尽くしたもてなし」「時間の許すかぎり」

かぎる【限る】「人数が—られている」「旅行は伊勢に—」「今日に—って傘を忘れた」

かきわり【書き割り】大道具の一。舞台の背景。

かきん【家▼禽】家で飼育される鳥。

かきん【▼瑕▼瑾】きず。欠点。「あえて—を指摘すれば」

かく【各】カク おのおの　「各位・各員・各界・各自・各種・各地・各様・各論・各国」〔「おのおの」は「各々」とも書く〕

かく【角】カク かど・つの　「角界・角材・角質・角度・角膜・一角・鋭角・互角・死角・頂角・頭角」

かく【拡(擴)】カク —　「拡散・拡充・拡声・拡大・拡張・拡幅」

かく【画(畫)】⇩が(画)。「画一・画策・画数・画定・企画・区画・計画・参画・総画・点画」〔「劃」の書き換え字としても用いられる〕

かく【客】⇩きゃく(客)。「客死・客年・過客・主客・食客・墨客・旅客・論客」

かく【革】カク かわ　「革質・革新・革命・沿革・改革・皮革・変革」
かく【格】カク・(コウ) —　「格式・格調・格闘・価格・厳格・合格・骨格・資格・性格・破格・別格」
かく【核】カク —　「核果・核酸・核心・結核・原子核・地核・中核」
かく【殻(殼)】カク から　「外殻・甲殻・耳殻・地殻・卵殻」
かく【郭】カク —　「郭外・一郭・外郭・胸郭・城郭・遊郭・輪郭」〔「廓」の書き換え字としても用いられる〕
かく【覚(覺)】カク おぼ-える・さ-ます・さ-める　「覚悟・覚醒・感覚・幻覚・才覚・錯覚・視覚・自覚・知覚・発覚」
かく【較】カク —　「較差・比較」
かく【隔】カク へだ-てる・へだ-たる　「隔月・隔週・隔心・隔世・隔絶・隔年・隔壁・隔離・遠隔・間隔」
かく【閣】カク —　「閣議・閣僚・城閣・組閣・内閣・仏閣・楼閣」
かく【確】カク たし-か・たし-かめる　「確実・確信・確認・確保・確約・確立・確

率・正確・的確・明確」
かく【獲】カク え-る 「獲得・漁獲・捕獲・乱獲・濫獲」
かく【嚇】カク ― 「嚇怒・威嚇」
かく【穫】カク ― 「収穫・秋穫」
かく【画】漢字を構成している線。
かく【格】「―が下がる(上がる・違う)」
かく【核】「―家族」「―を保有する」
かく【欠く】「湯飲みを―」「資格を―」「義理を―」
かく【書く】文字・記号を記す。「手紙を―」
かく【描く】絵にあらわす。えがく。「スケッチを―」「設計図を―」
かく【▽舁く】肩にかついで運ぶ。「かごを―」
かく【▼掻く】「かゆいところを―」「頭を―」「汗を―」「恥を―」
かく【《▼斯》く】「―なる上は」「ツァラツストラは―語りき(=ニーチェ著の哲学書の名)」
かぐ【家具】「婚礼―」「―屋」
かぐ【嗅ぐ】「におい(香り)を―」「他人の私行を―・いでまわる」
がく【学(學)】ガク まな-ぶ 「学園・学業・学資・学識・学者・学習・学術・学生・学童・学閥・学齢・学級・学究・学校・科学・語学・史学・進学・大学・入学・文学・勉学・留学」
がく【岳(嶽)】ガク たけ 「岳人・岳父・岳麓・山岳・富岳」
がく【楽(樂)】ガク・ラク たの-しい・たの-しむ 「楽員・楽劇・楽隊・楽団・楽壇・楽譜・楽屋・楽器・楽曲・音楽・雅楽・器楽・声楽・奏楽・舞楽」
がく【額】ガク ひたい 「額縁・額面・金額・巨額・月額・高額・差額・残額・税額・定額・半額・扁額・満額」
がく【顎】ガク あご 「顎関節・顎骨・下顎・上顎」
がく【学】「―がある」「―に志す」
がく【▼萼】花びらを支える部位。「―アジサイ」「花の―」
がく【額】「賞状を―に入れて飾る」「膨大な―になる」
かくあげ【格上げ】⇔格下げ。「庁を省に―する」
かくい【各位】みなさまがた。「会員―」「保護者―」(敬意を含むので「各位殿」などとはしない)
かくい【隔意】「―なく話す」
がくい【学位】「―授与機構」「―論文」「―を取る」
かくいつ【画一】「―的な教育」
かくう【架空】想像上のもの。空中にわたすこと。「―の人物」「―口座」「―ケーブル」
かぐう【仮▼寓】「単身赴任者のための―」
がくえん【学園】「―都市」「―物のドラマ」
かくおび【角帯】幅が狭くかたい男帯。
かくかい【角界】相撲界。「―の大物」
かくがい【閣外】内閣の外。「―協力」
かくかく【《▼斯》く《▼斯》く】「―しかじか」
がくがく【▼諤▼諤】遠慮せず正論を言う。「侃々(かんかん)―」
かくかぞく【核家族】「―化が進む」
かくがり【角刈(り)】「頭を―にした青年」
かくぎ【格技】格闘技。
かくぎ【閣議】内閣の閣僚会議。
かくぎょう【角行】将棋の駒の一。角。
がくぎょう【学業】「―に専念する」
がくげい【学芸】「―会」「博物館の―員」
かくげつ【客月】先月。
かくげつ【隔月】「―で発行する」
かくげん【格言】「有名な―を引いて話す」
かくげん【確言】「―を避ける」
かくご【覚悟】「死を―する」「―を決める」
かくさ【格差】等級・資格などの差。「―社会」「賃金―の是正を図る」

か

かくさ【較差】 最高と最低、最大と最小との差。「気温の―」
かくざ【▼擱座】 座礁する。破壊されて動けなくなる。「タンカーが―する」「―した戦車」
かくざい【角材】 切り口が四角形の、木材や石材。
がくさい【学才】 「優れた―に恵まれる」
がくさい【学際】 「―的な研究」
がくさい【楽才】 音楽の才能。
かくさく【画策】 「水面下で―する」
かくさげ【格下げ】 ⇔格上げ。「係長に―される」
かくさん【拡散】 「放射性物質が大気中に―して汚染する」「核兵器の―を防止する」
かくし【客死】 「異郷で―する」
かくじ【各自】 「文具は―持参のこと」
がくし【学士】 大学卒業者に授与される学位。「文―」「―院」
がくし【学資】 「―を援助する」
がくじ【学事】 学校に関することがら。「―暦」「―報告」
かくしあじ【隠し味】 「―に酒を少々加える」
かくしき【格式】 身分・家柄に応じた礼儀作法。「―を重んじる」「―の高い家柄」
がくしき【学識】 「―豊かな人」「―経験者」
かくしげい【隠し芸】 「新春―大会」

かくしつ【角質】 毛・角・爪などの主な成分。
かくしつ【確執】 不和。仲違い。「父子の―」「両氏の間に―が生じる」
かくじつ【隔日】 「―配達（勤務）」
かくじつ【確実】 「当選―」「―視されている」
がくしゃ【学者】 「―肌」「―の取った天下なし（＝理は実を超えられないたとえ）」
がくしゃ【学舎】 学校の建物。まなびや。
かくしゃく【▼矍▼鑠】 「―とした老紳士」
かくしゅ【各種】 「―学校」「商品を―取りそろえる」
かくしゅ【▼恪守】 謹んで守る。厳守。
かくしゅ【▼馘首】 解雇。首切り。「不景気で―される」
かくしゅ【▽鶴首】 首を長くして待ちわびる。「―して待つ」
かくじゅう【拡充】 「図書館のサービスを―する」
がくしゅう【学習】 基礎的な勉強。「課外―」「―態度」「古文を―する」
がくじゅつ【学術】 学問と芸術。「日本―振興会」「―会議」「―雑誌」
かくしょ【各所】 「新商品発売日に都内―で長蛇の列ができる」
かくしょう【確証】 「―が得られない」
がくしょう【楽章】 「バイオリン協奏曲第三―」
がくしょく【学殖】 「―豊かな人」

かくしん【革新】 （伝統・制度などを）変えようとする立場。⇔保守。「―政権」「技術―」「旧制度を―する」
かくしん【核心】 本質。「―に迫る（触れる）証言」「―を突いた質問」
かくしん【隔心】 「友人に―をいだく」
かくしん【確信】 「―犯」「無実を―する」「―をもって言う」
かくじん【各人】 「―の自覚に俟つ」
かくす【隠す・▽匿す】 「姿を―」「怒りを―」「能ある鷹は爪を―」
かくすう【画数】 「―が多い（少ない）漢字」
かくする【画する】 「時代を―」「他社と一線を―」
かくせい【覚醒】 「―剤」「国民の―を促す」
かくせい【隔世】 「―遺伝」「―の感がある」
かくせい【▼廓清】 悪いものを取り除く。「社会を―する」〔医学では「郭清」とも書く。「リンパ節を郭清する」〕
がくせい【学制】 学校制度に関する規定。
がくせき【学籍】 「―簿（番号）」
かくぜつ【隔絶】 「本土から―した孤島」
がくせつ【学説】 学問上の有力な説。
かくぜん【画然】 区別が明確なさま。「―とした違い」「―たる差がある」
かくぜん【確然】 たしかで動かないさま。「―としない返事」「―たる意志」

か

がくぜん【▼愕然】「知人の訃報に—とする」
がくそう【学窓】「—を巣立つ」
がくそう【学僧】「天竺を目指した—」
がくそう【楽想】「即興的に浮かんだ—をもとに作曲する」
がくそく【学則】「大学の—」
がくそつ【学卒】大学卒業(者)。「—無業者」
かくだい【拡大】⇔縮小。「—解釈」「規模を—する」
がくたい【楽隊】「笛や太鼓で—を編成する」
かくたん【▼喀▼痰】たんを吐き散らす。
かくだん【格段】「—の差」「成績が—に向上する」
がくだん【楽団】「交響—」
かくち【各地】「日本—の祭り」「台風上陸のため—で大荒れの天候となった」
かくちく【角逐】お互いに競争する。「両国の—」「三大勢力が—する」
かくちょう【拡張】「胃—」「—工事」「事業を—する」
かくちょう【格調】「—高い文学作品」「—あるデザイン」
がくちょう【学長】大学の長。「—に就任する」
かくづけ【格付け】「トップランクに—される」
┃かくてい【画定・▼劃定】「境界を—する」
┃かくてい【確定】「—申告」「当選が—する」
かくど【角度】「この—から眺めると絶景だ」「再度—を変えて考えてみる」
かくど【確度】「—の高い情報」
がくと【学徒】「—出陣(動員)」「この分野の一—としての見解を述べる」
がくと【学都】大学や研究機関を多く抱える—
かくとう【格闘】「—技」「警官が強盗犯と—する」
かくとう【確答】「—を求める(避ける)」
がくとう【学統】「先師の—を継ぐ」
がくどう【学童】「—保育」「地区で—を見守る」
かくとく【獲得】「—賞金」「—した権利」
がくとく【学徳】「—兼ね備えた人」
かくにん【確認】「安全—を怠る」「相手の意思を—する」
かくねん【隔年】一年おき。「—結実」「—交代」
がくねん【学年】「低(高)—」
かくのう【格納】「—庫」「コンテナに—する」
がくは【学派】「ストア—」
がくばつ【学閥】「—支配」「—を形成する」
かくはん【▼攪▼拌】「—機」「卵を—する」
がくひ【学費】「—を稼ぐ(賄う)」
かくひつ【▼擱筆】⇔起筆。「長編小説を—する」
がくふ【学府】「最高—たる大学」
がくふ【岳父】妻の父。
がくふ【楽譜】「—を読む」
がくぶ【学部】「—長」「文—」「今年度—を新設する」
がくふう【学風】「自由闊達な—」
かくふく【拡幅】「—工事」「四車線に—する」
がくぶち【額縁】「賞状を—に入れて飾る」
かくぶつちち【格物致知】道理をきわめる(朱子学)。また、自己の学問・知識を高める(陽明学)。
かくぶん【確聞】「—するところでは」
かくへいき【核兵器】「—廃絶」
かくへき【隔壁】しきり。「防火—」「艦内の水密—」
かくべつ【格別】「—な事もなく会談は終わった」「—に目をかける」「風呂上がりのビールは—だ」
かくほ【確保】「必要な食糧を—する」
かくほう【確報】「事件の—を得る(待つ)」
かくぼう【角帽】菱形をした大学の学生帽。
がくぼう【学帽】学校で決めてある制帽。
かくまう【▽匿う】「犯罪者を—」
かくまき【角巻】防寒用の肩掛け。
かくまく【角膜】「—移植の手術」
がくむ【学務】「大学の—課」
かくめい【革命】「産業—」「フランス—」「—的」
がくめい【学名】「アジサイの—はシーボルトによって付けられた」
がくめん【額面】「—価格」「相手の言葉を—通りに受け取る」

がくもん【学問】「耳—」「—を修める」「—に王道なし」
がくや【楽屋】「—裏」「—に押しかける」
かくやく【確約】「現時点では—できない」「—を得る」
かくやす【格安】「—航空券」「—で手に入れる」
がくゆう【学友】「英王子のご—」
かくよう【各様】「各人—」
がくようひん【学用品】「入学前に—をそろえる」
かぐら【《神楽》】「高千穂の夜—」「—歌」「神社で—を奉納する」
かくらん【▼霍乱】夏に起こる病気。「炎暑で—を起こす」「鬼の—(=丈夫な人が珍しく病気にかかる)」
かくらん【▼攪乱】「人心を—する」〔「こうらん(攪乱)」の慣用読み〕
かくり【隔離】「—病棟」「感染者を—する」
かくりつ【確立】「外交方針を—する」
かくりつ【確率】「雨の降る—が高い(低い)」
かくりょう【閣僚】「—名簿」「新内閣の—になる」
がくりょく【学力】「基礎—」「—低下」「—を養う」「—を高める」
がくれい【学齢】義務教育の年齢。「—に達する」
かくれが【隠れ家】「犯人の潜む—を探し当てる」「大人の—」
がくれき【学歴】「高—」「最終—」「—社会」
かくれみの【隠れ▼蓑】「村起こしを—に乱開発する」
かくれる【隠れる】「月が山に—」「親に—・れて遊びに行く」「—・れた才能を引き出す」
かくれんぼう【隠れん坊】「子供たちが—をして遊ぶ」
かくろう【客▼臘】昨年末。
かくろん【各論】⇔総論。「これより—に入る」「総論賛成、—反対」
かぐわしい【▼馨しい・▽芳しい】「薔薇の—香り」
がくわり【学割】「電車の切符を—で買う」
かくん【家訓】「徳川家康の—」「—を守る」
かけ【賭け】「一か八かの—に出る」「大きな—だ」
かげ【陰・▼蔭・▼翳】光が当たらない所。「あなたのお—で命拾いしました」「電柱の—に隠れる」「草葉の—」「—で悪口をいう」「どこか—のある人物」「—になり日向になり(=何かにつけ絶えず)」
かげ【影】光をさえぎった物の形。うつった形。「星—」「—武者(=大将の身代わりの武者)」「—が薄い」「—も形もない」「見る—もない」「死の—におびえる」「—を潜める」
がけ【崖・▼厓】「—崩れ」「切り立った—を登る」
かけあい【掛(け)合い】「—漫才」
かけあし【駆(け)足】「にわか雨が降って—で帰る」「冬が—でやって来る」「京都市内を—で観光する」
かけい【火刑】「—に処せられる」
かけい【花茎】花をつける茎。「タンポポの—」
かけい【佳景】いい景色。
かけい【家系】「—図」「由緒ある—」「—が途絶える」
かけい【家計】「—簿」「—を預かる主婦」「—をやり繰りする」
かけいやぼく【家鶏野▼鶩】見なれたものを遠ざけ、新しいものを尊ぶ。
かげえ【影絵・影▽画】灯火を当てて物の影を映し出す遊び。「—芝居」
かけおち【駆(け)落ち・▼駈け落ち】「交際を反対された男女が—する」
かけがえ【《掛》け《替》え】「—のない命」
かげき【過激】⇔穏健。「—派のテロ活動」「—な言動」
かげき【歌劇】「イタリア—」
かけきん【掛(け)金】「保険の—」
かげぐち【陰口】「—をたたく」
かけごえ【掛(け)声】「威勢のよい—」「—を掛ける」
かけごと【賭け事】「—をする」
かけことば【掛け▽詞・懸け▽詞】「—を用いる」
かけこむ【駆(け)込む・▼駈け込む】「助けを求めて交番に—」

かけざん【掛(け)算】「二桁の―」

かけじく【掛(け)軸】「床の間に―を掛ける」

かけす【懸巣】他の鳥の鳴き声をまねる野鳥。

かげぜん【陰膳】「―を据える」

かけだし【駆(け)出し】しんまい。「―の記者」

かけだす【駆(け)出す】「一斉に―」

かげち【陰地】日当たりのよくない土地。

かけつ【可決】「衆院で予算案を―した」

かげつ【か月・ヵ月・箇月・▼ケ月・▽個月】「一―分の家賃」

かけつける【駆け《付》ける・▼駈け《付》ける】「急いで現場に―」

かけね【掛(け)値】「―なしの値段」「―のない話」

かけはし【掛(け)橋】「日中友好の―」

かけはなれる【懸(け)離れる・掛(け)離れる】「要求と―れた回答内容」

かけひ【▼筧】「竹の―を渡る水」

かけひき【駆(け)引き】「―がうまい」

かげひなた【陰日▽向】「―のない男」「―なく人と接する」

かけぶとん【掛(け)布団・掛け▼蒲団】「―と敷き布団」

かげぼうし【影《法師》】「―を踏んで遊ぶ」

かげぼし【陰干し】日陰で干すこと。「着物(干物)を―する」

かけまわる【駆(け)回る・▼駈け▼廻る】「子犬が庭を―」「金策にあちこちを―」

かけもち【掛(け)持ち】「アルバイトを―する」

かけもの【掛(け)物】掛け軸。

かけら【欠けら】「クッキーの―」「良心の―も無い」

かける【掛】か-ける・か-かる・かかり「表札を―」「眼鏡を―」「罠に―」

かける【▼翔る】空高く飛ぶ。「大空を―」

かける【駆ける】速く走る。馬に乗って走る。「家からずっと―けて来た」

かける【欠ける・▼闕ける・▼虧ける】「刃の―けたナイフ」「全集の第三巻が―けている」「協調性に―」「月が虧ける」

かける【架ける】かけ渡す。「川に橋を―」「はしごを―」

かける【掛ける】ぶらさげる。費やす。作用を及ぼす。「壁に絵を―」「妻に苦労を―」「手間暇―けて育てる」

かける【懸ける】運命をともにする。金品を提供する。「一生―けて完成させた仕事」「犯人に賞金を―」

かける【賭ける】かけ事をする。運にまかせる。「命を―けた恋」「最後のレースに―」

かげる【陰る・▼翳る】「日が―ってくる」「表情が―」

かげろう【〈陽炎〉】地面に炎のように立ち上る気。「―稲妻水の月(=形は見えてもとらえることのできないもののたとえ)」「道路に―が立つ」

かげろう【〈蜻蛉〉・〈蜉蝣〉】トンボに似た昆虫。寿命は短い。「―の命(=人間の短い一生)」

かけん【家憲】家のおきて。家訓。

かげん【下弦】満月から新月に至る中間頃の月。⇔上弦。「―の月」

かげん【下限】⇔上限。「年齢の―」

かげん【加減】「茹〈ゆ〉で―」「力を―する」

かげん【寡言】「―の人」「―実行」

がけん【我見】偏見。

かこ【〈水夫〉】船乗り。

かこ【過去】「忌まわしい―」「―を振り返る」

かご【籠】「―を編む」「―に入れる」

かご【▼駕▽籠】「―に乗って道中を行く」

かご【加護】「神(仏)の―」

かご【過誤】「医療―」「―を犯す」

かこう【下降】⇔上昇。「―の一途をたどる」

かこう【火口】「―原」

かこう【加工】「―貿易」「木材を―する」

かこう【仮構】ないことを仮にあるとする。「―の世界」「事件を―する」

かこう【河口】「長良川の―堰〈ぜき〉」

かこう【河港】 川口または川岸にある港。

かこう【華甲】 数え年六一歳の称。還暦。「―の祝い」

かこう【▼嘉▼肴・佳▼肴】 うまい料理。「珍味―」「―ありと雖も食らわずんばその旨(うま)きを知らず(＝立派な道(大人物)も学ば(用い)なければ良さ(器量)を理解することはできないたとえ)／礼記」

かこう【歌稿】 歌を書いた原稿。詠草。「―を添削する」

かこう【囲う】 「城を堀で―」「妾を―」

かごう【化合】 「―物」「水素と酸素が―して水ができる」

がごう【雅号】 「書家の―」

かこうがん【花▼崗岩】 深成岩の一つ。みかげ石。

かこく【▽苛酷・▽苛刻】 むごい。「―な刑罰」

かこく【過酷】 きびしすぎる。「―な自然環境」

かこちょう【過去帳】 寺院にある死者の記録帳。

かこつ【▽託つ・▼喞つ】 ぐちや不平を言う。「身の不遇を―」

かこつける【▽託つける】 他のことを口実にする。「仕事に―・けて帰りが遅い」

かごぬけ【籠▽脱け】 「―詐欺の常習犯」

かこむ【囲む】 「緑に―・まれた団地」「恩師を―・んで食事をする」

かこん【禍根】 わざわいの原因。「―を断つ」「将来に―を残す」

かごん【過言】 「…だといっても―ではない」

かさ【▼笠】 「―をかぶる」

かさ【傘】 「―を差す」「権力を―に着て横暴に振る舞う」

かさ【▼暈】 太陽・月の周囲に現れる光の輪。「月に―がかかる」

かさ【▼嵩】 容積。また、分量。「水―を増す」「―がはる」

かさ【▼瘡】 できもの。はれもの。梅毒。「―ができる」

かさあげ【《▼嵩》上げ】 「堤防の―工事」「賃金ベースの―」

かざあな【風穴】 「―を開ける」

かさい【火災】 「―報知器」「―が発生する」

かさい【花菜】 花を食用にする野菜。カリフラワー・ブロッコリーなど。

かさい【果菜】 実を食用にする野菜。なすやトマトなど。

かさい【家裁】 家庭裁判所。「―で争う」

かざい【花材】 生け花にする材料。

かざい【家財】 「―道具」「―保険」

かざい【歌材】 「スイカを―にして短歌を作る」

がざい【画材】 絵にする素材。また、筆・絵の具など。「絵手紙の―を選ぶ」

かさいりゅう【火砕流】 火山の噴出物の高速の流れ。

かざかみ【風上】 ⇔風下。「武士の―にも置けないやつ」

かさく【仮作】 つくりごと。「―の物語」

かさく【佳作】 「―に選ばれる」

かさく【家作】 家賃収入を得るための家。貸し家。

かさく【寡作】 「―で有名な小説家」

かざぐるま【風車】 風で回して遊ぶ玩具。

かざごえ【〈風邪〉声】 「―で話す」

かささぎ【▼鵲】 カラス科の鳥。尾が長い。「―の橋(＝七夕に天の川に渡す橋)」

かざしも【風下】 ⇔風上。「―に立つ」

かざす【▼翳す】 手や手にもったものを上にあげる。「火鉢に手を―」「小手を―(＝光をさえぎるために手で額のあたりをおおう)」

かざす【〈挿頭〉す】 「髪に花の小枝を―」

かさなる【重なる】 「偶然が―」「心労が―」

かさねがさね【《重》ね《重》ね】 「―御礼申し上げます」「―の不幸」(お悔やみや婚礼の言葉としては禁句)

かさねる【重ねる】 「稽古を―」「年を―・ねて還暦を迎える」

かざはな【風花】 風に乗って飛んでくる小雪。「―がちらつく」

かさばる【《▼嵩張》る】 「荷物が―」

かさぶた【《▼瘡蓋》】 「―がはがれる」

かざみどり【風見▽鶏】鶏の形の風見。「—が目印の建物」

かさむ【▼嵩む】「食費が—」

かざむき【風向き】風の吹いてくる方向。形勢。「試合の—が変わる」

かざり【飾り】「大売出しの—をつける」

かざりけ【飾り(気)】「—のない人」

かざる【飾る】「会場を花で—」「新聞の一面を—大事件」「故郷に錦を—」

かさん【加算】⇔減算。「元金に利子を—する」

かさん【加▼餐】「心より御—をお祈り申し上げます」

かさん【家産】一家の財産。身代。「—を傾ける」

かざん【火山】「活(休)—」「—が噴火する」

がさん【画賛・画▼讃】絵に書き添える文章・詩句。「芭蕉真蹟筒朝顔—」

かし【《河岸》】川の岸。魚市場。飲み屋。「—に仕入れに出かける」「—を変える」

かし【▼樫・▼橿・▼櫧】どんぐりがなるブナ科の高木の総称。

かし【貸し】「—がある」「—と借り」

かし【下肢】あし。⇔上肢。「—が麻痺する」

かし【下賜】高貴な人が物をくださる。「杯を—される」

かし【可視】「—光線」

かし【仮死】「—状態になる」

かし【華氏】⇔摂氏。「—八十度」

かし【菓子】「綿—〈がし〉」「—折りを持参して謝罪に行く」

かし【▼瑕▼疵】きず。欠点。「—担保責任」

かし【歌詞】「—を覚える」

かじ【▼舵・▼柁・▼楫・▼梶】船の進む方向を定める道具。「—を取る」

かじ【《鍛冶》】「刀—」「—屋」

かじ【火事】「—になる」「—を出す」

かじ【加持】仏の助けを祈る。「—祈禱」

かじ【家事】「—に追われる主婦」

がし【餓死】「食糧難で子どもたちが—する」

かじか【▼鰍】カジカ科の川魚。ハゼに似る。

かじか【河鹿】川にすむカエル。カジカガエル。「—の鳴く声」

かしかた【貸(し)方】「—と借り方」

かしがましい【▼囂しい】「—・く騒ぎ立てる」

かじかむ【▼悴む】手足が凍えて動かなくなる。「手が—」

かしかん【下士官】軍隊の準士官と兵の間の官。

かじき【▼梶木】カジキマグロ。

かしきり【貸(し)切り】「—のバス」

かしぐ【▽炊ぐ】飯をたく。炊事をする。「米を—」

かしぐ【▽傾ぐ】かたむく。「軒が—・いだ家」

かしげる【▽傾げる】「首を—」

かしこ【▽彼▽処】「どこも—も傷だらけだ」

かしこい【賢い・▽畏い】「—犬」「—選択」「—・く立ち回る」

かしこまる【▽畏まる】「会長の下問に—・って答える」「はい、—・りました」

かしずく【▼傅く】えらい人に仕えて世話をする。「姑に—嫁」(「傅」(「伝」の旧字)とは別字。現代仮名遣いでは「かしづく」と書くこともできる)

かしだおれ【貸(し)倒れ・貸倒】「—引当金」

かしだし【貸(し)出し・貸出】「図書の—」「—係」

かしだす【貸(し)出す】「図書を—」

かしつ【過失】「—致死」「当方に—はない」

かじつ【佳日・▼嘉日】「—を期して婚礼の式を挙げる」

かじつ【果実】「—酒」「旬の—」

かじつ【過日】先日。「—お申し越しの件ですが」(手紙で用いる)

がしつ【画質】「高—の画面」

かしつけ【貸(し)付け・貸付】「—金」「—信託」

かして【貸(し)手】⇔借り手。「—を探す」

かじとり【▼舵取り】舵を操る人。組織を指揮する役。「経営の—を任される」

か

かじば【火事場】「—泥棒」「—の馬鹿力」

かしましい【▼姦しい】耳障りでうるさい。「夜行列車の中で—く騒ぐ子どもを注意する」「—噂話に耳をふさぐ」

かしまだち【鹿島立ち】旅に出ること。

かしもと【貸(し)元】「賭博場の—」

かしゃ【貨車】「—輸送」

かじめ【▼搗▽布】海藻。ヨードの原料。

かじや【《鍛冶》屋】「村の—」

かしゃく【仮▽借】許すこと。「—なく責め立てる」

かしゃく【▼呵▽責】責め苦しめること。「良心の—」

かしゅ【火酒】アルコール分の強い蒸留酒。

かしゅ【歌手】「オペラ—」

かじゅ【果樹】「—園」

がしゅ【雅趣】「—に富んだ日本庭園」「—を凝らす」

がじゅ【賀寿】長寿の祝い。「—を祝う」

かしゅう【歌集】「愛唱—」「—を読む」

かじゅう【加重】「さらに負担が—する」

かじゅう【荷重】「積載—」「—制限」

かじゅう【果汁】「—を搾〈しぼ〉る」「—入り飲料」

かじゅう【過重】「—労働」「—な負担」

がしゅう【我執】「—を捨てる」「—の強い人間」

がしゅう【画集】「—を眺める」

かしゅういも【何首▼烏芋】ヤマノイモの一種。

がじゅまる【〈榕樹〉】屋久島・沖縄に産。がじまる。

がしゅん【賀春】新春を祝うこと。〔年賀状に用いる〕

がじゅん【雅▼馴】文章がこなれて上品である。「—で洗練された文章」

かしょ【か所・カ所・箇所・▽個所】「四国八十八—」「読めない—を教えてもらう」

かじょ【加除】「—訂正を行う」

かじょ【花序】花軸につく花の配列の状態。「総状（穂状）—」

かしょう【火傷】やけど。

かしょう【仮称】かりの呼び名。

かしょう【仮象】客観的な実在性をもたない対象。

かしょう【河床】「—の見えるほど澄んだ水」

かしょう【▼嘉賞・佳賞】「御—にあずかる」

かしょう【歌唱】「—力」

かしょう【過小】小さすぎる。⇔過大。「—評価」

かしょう【過少】少なすぎる。⇔過多。「—申告」

かしょう【寡少】非常に少ないさま。「—戦力」

かじょう【下情】「—に通じた政治家」

かじょう【過剰】「自意識（自信）—」「—な期待」

かじょう【箇条・▽個条・か条】「—書き」「五—の御誓文（＝明治政府の基本方針）」

がしょう【画商】絵の売買を職業とする人。

がしょう【▼臥床】（病気で）寝ていること。寝床。「安静—」「—につく」

がしょう【賀正】正月を祝うこと。〔年賀状に用いる〕

がしょう【雅称】「花王は牡丹の—である」

がじょう【牙城】城の中心。本拠。「敵の—に迫る」「改革派の—」

がじょう【画▼帖】スケッチブック。画集。「草花の—」

がじょう【賀状】「—を出す」

かしょく【火食】食物を煮たきして食べる。「—を知らなかった原始人」

かしょく【華▼燭】華やかなともしび。婚礼。「—の典」

かしょく【貨殖】資産を増やす。「—の才がある」

かしょく【過食】「—症」

かしら【頭】「尾—付き」「—に白いものが混じる」「十歳を—に三人の娘がいる」

かしらだつ【頭立つ】「各社の—った人たち」

かしらもじ【頭文字】「姓の—はYだ」

かじる【▼齧る】「親の脛〈すね〉を—」「聞き—った話」

かしわ【▼柏・▼槲・▼檞】「—餅」

かしわで【▼柏手・▽拍手】「神前で—を打つ」

かしん【花信】花だより。

かしん【佳辰・▼嘉▼辰】吉日。めでたい日。

かしん【家臣】「豊臣家の—」

かしん【過信】「能力を—してはいけない」「安全装置への—」

かじん【佳人】 美人。「—▼薄命」

かじん【家人】 その家で一緒に生活している人。

かじん【歌人】 和歌を作る人。歌よみ。

がしんしょうたん【▼臥薪▼嘗胆】 「—して次の機会を待つ」

かしんれいげつ【▼嘉▼辰令月】 「—を選んで結納を交わす」

かす【▼滓】 くず。「食べ—」「安売りで—をつかまされる」

かす【▼粕・▼糟】 さけかす。「—漬け」

かす【貸す・▼藉す】 ⇔借りる。「金を—」「知恵を—」「耳を—」

かず【数】 「—を数える」「—多くの問題を抱える」

ガス【瓦▼斯】 「都市—」「—中毒」「腹部に—が溜まる」〔「瓦斯」は当て字〕

かすい【下垂】 「胃—」

かすい【仮睡】 「車中で—する」

かすい【花穂】 花が穂状に群がって咲くこと。「すすきの—」

かすか【▽微か・▽幽か】 「—な音色」「—に息をしている」

かすがい【▼鎹】 材木をつなぎとめるのに使う大釘。「子は—」

かずかず【数数】 「—の名作を残した大作家」

かずく【▽被く】 頭にかぶる。「衣〈きぬ〉を—」

かずく【▽潜く】 水中に頭からもぐる。「水に—」

かずさ【上総】 旧国名。千葉県中央部。

かすじる【▼粕汁・▼糟汁】 「塩ざけの—」

かすづけ【▼粕漬け・▼糟漬け】 「たらの—」

かずのこ【数の子】 ニシンの卵の塩漬け。「おせちの—」

かすみ【▼霞・▼翳】 「春の野山に—がたなびく」「目に翳がかかる」

かすみそう【▼霞草】 「赤い薔薇と—の花束」

かすむ【▼霞む・▼翳む】 「山が—」「疲れで目が翳む」

かすめる【▼掠める】 すばやく盗む。すれすれに通る。「すきを見て小銭を—」「軒を—・めて飛ぶツバメ」「不安が脳裏を—」

かずら【▽葛】 つるくさ。「風船—」

かずら【▼鬘】 かつら。

かすり【▼絣・〈飛白〉】 「—の織物」

かする【▼掠る】 「車が電柱を—・った」

かする【化する】 別のものに変わる。感化する。「戦災で焦土と—」

かする【科する】 刑罰などを定めて服させる。「懲役を—」

かする【課する】 租税などを負わせる。「罰金を—・せられた」「税(ノルマ)を—」

かする【嫁する】 嫁に行く。転嫁する。「娘が—・した家」「責任を秘書に—」

かすれる【▼掠れる・▽擦れる】 「字が—」「—・れた声」

かせ【▼枷】 首や手足にはめる刑具。「手—足—となる」

かせ【▼桛・▼綛】 紡いだ糸を巻き取る道具。「生糸を—に巻き取る」

かぜ【風】 「強い—が吹く」「南東の—」

かぜ【《風邪》】 「—を引く」

かぜあたり【風当(た)り】 「世間の—が強い」

かせい【火星】 太陽系の第四惑星。「—人〈じん〉」

かせい【火勢】 「懸命の消火作業で—がようやく衰える」

かせい【加勢】 「負けている方に—する」

かせい【仮性】 疑似。⇔真性。「—近視」

かせい【苛性】 皮膚などをただれさせる性質。「—ソーダ(=水酸化ナトリウム)」

かせい【苛政】 「—は虎よりも猛〈たけ〉し(=過酷な政治の害は何よりもひどいことのたとえ)/礼記」

かせい【家政】 「—婦」「—科」

かぜい【苛税】 「—に苦しむ」

かぜい【課税】 「累進—」「—の対象」

かせいがん【火成岩】 マグマが固まってできた岩。

かせいソーダ【苛性曹▽達】 水酸化ナトリウム。

かせき【化石】「―燃料」「カブトガニは生きた―と言われる」
かせぐ【稼ぐ】「学費を自分で―」「援軍が来るまで時間を―」
かせつ【仮設】「―住宅」
かせつ【仮説】「―を立てる」
かせつ【架設】「電線を―する」
かぜとおし【風通し】「―がよい（悪い）部屋」「部内の―をよくする」
かせる【▼痂せる・▼悴せる】できものの表面が乾く。「おできが―」
かせん【化繊】「化学繊維」の略。
かせん【火▼箭】火矢。「―を放つ」
かせん【河川】「―敷〈しき〉」
かせん【架線】線路の上に張られた電線。〔鉄道関係者は「がせん」と言う〕
かせん【寡占】「―価格」「市場を―する」
かせん【歌仙】和歌に優れた人。「六―」
かぜん【果然】思ったとおり。やはり。「―予想が的中した」
がぜん【瓦全】生きているだけの存在。⇕玉砕。「自分の身の―を恥じる」
がぜん【▼俄然】にわかに。急に。「―攻勢に転じた」「―やる気が出てきた」

がせんし【画仙紙・画▼牋紙・雅仙紙・雅宣紙】大判で厚い書画用和紙。
かそ【過疎】⇕過密。「農村の―化が進む」
かそう【下層】「社会の―」
かそう【火葬】「―に付す」
かそう【仮装】「―行列」「―して舞踏会に出る」
かそう【仮想】「―現実」「地震発生を―した対策」
かそう【家相】「―が良い（悪い）」「―を占う」
かぞう【加増】領地・禄高などを増やす。
かぞう【家蔵】自分の家にしまってあるもの。「―の書」
がぞう【画像】「―が良い（悪い）」「―データ」
かぞえどし【数え年】「―で二十歳になる」
かぞえび【数え日】年末の残り少ない日々。「―になり大晦日が迫る」
かぞえる【数える】「枚数を―」
かそく【加速】⇕減速。「温暖化が―する」
かぞく【家族】「核―」「―旅行」「―で食事する」
かぞく【華族】「―の出」
がぞく【雅俗】「―折衷文」
かそくど【加速度】「―的に普及する」
かた【潟】―かた「新潟・八郎潟・干潟」
かた【形】かたち。抵当。「扇―〈がた〉」「ピラミッド―〈がた〉」「柔道の―」「髪の―を整える」「土地を―に借金する」

かた【型】模範の様式。タイプ。「冬―〈がた〉の気圧配置」「うるさ―〈がた〉の論客」「新しい―の車」「石膏で―を取る」「―を破る」「―どおりにする」

かた【肩】「―が凝る」「―の荷が下りる」「―を叩く」「―を並べる」「―を持つ」

かた【潟】砂州で海と分離された湖。「干―〈ひがた〉」

かた【過多】⇕過少。「胃酸―」「情報―」

かたい【下▼腿】足の膝から足首まで。

かたい【過怠】「大した―もなく勤めを終える」

かたい【固い】形が簡単に変わらない。確かだ。「乾いて―くなった粘土」「―結束（信念）」

かたい【堅い】やわらかくない。てがたい。「―木」「―商売」「口が―」「合格は―」

かたい【硬い】やわらかくない。こわばっている。「―鋼鉄」「―表情（文章）」「試合前に―くなる」

かたい【難い】困難だ。「守るに易〈やす〉く、攻めるに―」「想像に―くない」

かだい【仮題】かりにつけた題名。「講演の―」

かだい【課題】「―図書（曲）」「夏休みの―を出す」

かだい【過大】⇕過小。「―な期待をかける」「経費を―に見積もる」

がたい【《難》い】「許し―行為」

か

がだい【画題】東洋画の主題。

かたいじ【片意地】「―を張る」

かたいなか【片《田舎》】「―でひっそりと暮らす」

かたいれ【肩入れ】「新人に―をする」

かたうで【片腕】「社長の―となって会社のために働く」

かたおもい【片思い】「せつない―に終わった」

かたおや【片親】両親のうち、どちらか一方の親。

かたがき【肩書き】社会的地位や身分。「社会では―が物をいう」

かたかけ【肩掛(け)】「羽毛の―」

かたかげ【片陰】夏の夕方の日陰。「―で涼む」

かたがた【《方方》】「御出席の―に御礼申し上げます」

かたがた【▼旁▼旁・▼旁】「お見舞い―一筆」

かたかな【片《仮名》】「―語」「擬音語は―で書く」

かたがみ【型紙】洋裁や型染めの型に用いる紙。

かたがわ【片側】「―通行」

かたがわり【肩代(わ)り】「借金を―する」

かたき【敵・▼仇】「恋―〈がたき〉」「商売―〈がたき〉」「仇討ち」「親の仇」「仇を取る」

かたぎ【〈気質〉】ある身分・職業などに特有の気質。「職人―」「昔―」

かたぎ【堅気】まじめで地道な職業。「―になる」


かたく【火宅】この世を燃え盛る家にたとえた語。「―の苦しみ」「―の人(＝檀一雄の小説名)」

かたく【仮託】他の物にかこつける。「主人公に―して自分の想いを述べる」

かたく【家宅】「―捜索」

かたくな【▽頑】意地っ張り。「―な態度」「―に口を閉ざす」

かたくり【片▼栗】ユリ科の草。「―の花」

かたくりこ【片▼栗粉】片栗からとる澱粉。

かたくるしい【堅苦しい】「―挨拶〈あいさつ〉」

かたぐるま【肩車】「子どもを―する父親」

かたげる【▽傾げる】かたむける。かしげる。「小首を―」

かたげる【▽担げる・肩げる】かつぐ。しょい込む。「鍬〈くわ〉を―」「借金を―」

かたこと【片言】「―の英語を話す」

かたこり【肩凝り】「―に効く薬」

かたしき【型式】車・機械などの型。タイプ。「―証明」

かたじけない【▼忝い】ありがたい。もったいない。「ご配慮の程まことに―く存じます」

かたしろ【形代】神霊の代わりにするもの。

かたず【《固唾》】「―を呑んで緊迫した事態を見守る」(現代仮名遣いでは「かたづ」とも書く)

かたすかし【肩透かし】「―を食う」

かたすみ【片隅】「大都会の―」
かたたがえ【方▽違え】忌む方角を避けた風習。
かたたたき【肩▼叩き】肩をたたくこと。退職の勧奨。「―に遭い再就職先を探す」
かたち【形】「みめ―」「髪の―」「影も―もない」「―にとらわれる」「解雇のところを依願退職という―にする」
かたつ【下達】上の者の意思を下の者に通すこと。「上意―」「命令を―する」
かたづく【片付く】「部屋が―」「事件が―」「娘が―」
かたづける【片付ける】「散らかった部屋を―」
かたっぱし【片っ端】「―からやっつける」
かたつむり【〈蝸牛〉】デンデンムシ。
かたておち【片手落ち】一方への配慮が欠ける。「―にならないよう公平を心がける」
かたてま【片手間】「―の仕事」
かたとき【片時】「ほんの―目を離したすきの出来事」
かたどる【▽象る】「かえでを―ったロゴ」
かたな【刀】「―疵〈きず〉」「―折れ矢尽きる」
かたなし【形無し】台無し。また、面目丸つぶれ。「今までの努力が―だ」「失敗続きで彼も―だ」
かたはだ【片肌】「友を助けるのに―を脱ぐ」
かたばみ【〈酢漿草〉】多年草。
かたはらいたい【片腹痛い】身の程知らずをあざ

笑う」「あの腕前で名人を名乗るとは―」
かたびら【〈帷子〉】裏を付けない衣服。ひとえもの。
かたぶつ【堅物】きまじめで融通が利かない人。
かたぶとり【固太り】「色黒で―の体型」
かたぼう【片棒】「犯罪の―を担ぐ」
かたまり【固まり】「卵の―具合」
かたまり【塊】「砂糖の―」「欲の―」
かたまる【固まる】「基礎が―」「意志が―」「突然の衝撃に―・って動けない」「雨降って地〈じ〉―」
かたみ【形見】「この懐中時計は祖父の―だ」
かたみ【肩身】「―が狭い」
かたみち【片道】「―切符」
かたむき【傾き】「―を直す」
かたむく【傾く】「船が左に―」「日が西に―」
かためる【固める】「セメントを―」「決意を―」
かたやぶり【型破り】「―な言動」
かたよる【片寄る・偏る】「進路が東に―」「栄養が―」「―・った考え」
かたらう【語らう】「親子水入らずで―」「仲間と―・って復讐〈ふくしゅう〉を図る」
かたりぐさ【語り(▽種)】「のちのちまでの―となる」
かたる【語る】「真実を―」「今夜は大いに―・ろう」
かたる【▼騙る】金品をだましとる。身分などを偽る。「人の名を―」
カタル【加▽答▽児】粘膜が炎症を起こすこと。「―性肺炎」〔「加答児」は当て字〕
カタログ【型▽録】「通販の―」〔「型録」は当て字〕
かたわら【傍ら・▼旁・▽側・▽脇】「道の―で休息する」「勤めの―、絵を描く」
かたわれ【片割れ】「盗賊の―」
かたん【下端】「バレーボールのネットの―の高さ」
かたん【荷担・加担】「陰謀に―する」
かだん【花壇】「公園の―に花を植える」
かだん【果断】思い切り。「―な処置」
がだん【画壇】「国際―の評価を得る」
かち【▽徒・〈徒歩〉】歩いて行く。「―で山を越える」
かち【勝ち】「―に乗じる」
かち【価値】「利用―」「―感」
がち【雅致】「―を凝らした庭園」
かちあう【(▼搗)ち合う】ぶつかり合う。また、物事が同じ所・時に重なる。「日程が―」
かちき【勝(ち)気】「―な性格」
かちく【家畜】「―を飼う」
かちぐり【▼搗ち▼栗・勝ち▼栗】殻と渋皮を取り除いた干し栗。「祝い膳に―を出す」
かちこす【勝(ち)越す】「今場所も―」
かちどき【勝ち▼鬨】勝った時にあげる鬨〈とき〉の声。「―をあげる」
かちぬき【勝(ち)抜き】「―戦」
かちまけ【勝ち負け】「―を決める」
かちみ【勝ち(味)】「―がない」
かちめ【勝ち(目)】「―がない」
かちゅう【火中】「―の栗を拾う」
かちゅう【家中】家の中。大名の家臣。
かちゅう【華▼冑】貴い家柄。名門。「―界」
かちゅう【渦中】混乱している騒ぎの真っただ中。「噂の―にある人」
かちょう【家長】「―制度」
かちょう【▼嘉兆】めでたいしるし。
がちょう【画帳】「―を開いてデッサンする」
がちょう【▼鵞鳥】ガンの飼育変種。
かちょうきん【課徴金】「―を納付する」
かちょうふうえい【花鳥▼諷詠】俳句で、自然とそれにまつわる人事を、無心に客観的に詠む。
かちょうふうげつ【花鳥風月】自然の美しい景色。「―を友とする」
かつ【括】カツ　―「括弧・括約・一括・概括・総括・統括・包括」
かつ【活】カツ　―「活気・活況・活字・活動・活躍・活用・活力・活路・快活・自活・死活・生活・復活」

かつ【喝(喝)】 カツ ― 「喝采・喝破・一喝・恐喝・恫喝」
かつ【渇(渇)】 カツ かわ-く ― 「渇仰・渇水・渇望・飢渇・枯渇」
かつ【割】 カツ わ-る・わり・わ-れる・さ-く ― 「割愛・割譲・割賦・割腹・割礼・群雄割拠・分割」
かつ【葛】 カツ くず ― 「葛根湯・葛藤」
かつ【滑】 カツ・コツ すべ-る・なめ-らか ― 「滑空・滑降・滑車・滑石・滑舌・滑走・滑脱・滑落・円滑・潤滑・平滑」
かつ【褐(褐)】 カツ ― 「褐色・褐藻・褐炭」
かつ【轄】 カツ ― 「管轄・所轄・総轄・直轄・統轄・分轄」
かつ【且】 か-つ ― 「大いに学び―遊ぶ」「必要―十分」「尚―」〔法令・公用文・新聞等では仮名で書く〕
かつ【活】 生きること。「死中に―を求める」
かつ【渇】 「―を癒やす」
かつ【勝つ】 たたかって相手を負かす。「試合に―」「赤みの―・った色」「荷が―・ちすぎる」
かつ【▽克つ】 欲望などをおさえつける。「誘惑に―」「己に―」
かつ【且つ】 「大いに飲み、―歌った」
かつ【喝】 禅宗で、励まし悟らせる声。
がつ【月】 ⇩げつ(月)。「月忌・月日・三月・正月」
かつあい【割愛】 惜しいと思いながら、省略する。「詳細は―する」「―願い」
かつえる【▽飢える】 うえる。ひどく欲しがる。
かつお【▼鰹】 海魚の名。「―のたたき」
かつおぎ【▼鰹木】 「神社の―」
かっか【閣下】 「大統領―」
がっか【学科】 「日本語―」「得意な―は英語だ」
がっか【学課】 「所定の―を修了する」
がっかい【学会】 同じ分野の研究者の団体。「―で発表する」
がっかい【学界】 学者の社会。「―の常識」「―の権威」
かっかく【▼赫▼赫】 「―たる戦果を上げる」
かっかざん【活火山】 現在、活動をしている火山。
かっかそうよう【隔靴▼掻▼痒】 もどかしいこと。「本質的な議論に及ばず―の感が否めない」
かつがん【活眼】 物事の本質を見通す見識。「―を開く」
かっき【客気】 気負い立つ心。血気。「―にかられる」
かっき【活気】 「―に満ちた市場」
がっき【学期】 「新―の始まり」
がっき【楽器】 「金(木)管―」
かっきてき【画期的】 「―な発明」
がっきゅう【学究】 「―肌の人物」
がっきゅう【学級】 「―会」「―閉鎖」
かっきょ【割拠】 「群雄―して戦う」
かつぎょ【活魚】 「―料理」
かっきょう【活況】 「株式市場が―を呈する」
がっきょく【楽曲】 「ロマン派の甘美な―」
かっきん【▼恪勤】 「精励―」
かつぐ【担ぐ】 「御輿を―」「験〈げん〉を―」「うまく―・がれた」
がっく【学区】 小・中学校の通学区域。「―制」
かっくう【滑空】 「グライダーが大空を―する」
かっけ【▽脚気】 「栄養不足のため―にかかる」
かっけい【活計】 家計。くらし。
がっけい【学兄】 学問上の友人を敬っていう語。
かつげき【活劇】 格闘場面を主とした演劇や映画。
かっけつ【▼喀血】 「―して倒れる」
かっこ【各個】 「―の行動」「―撃破」
かっこ【括弧】 「―付きの『安全』」
かっこ【確固・確▼乎】 「―たる信念」
かっこう【《格好》・《▼恰好》】 「―が良い」「―を付ける」「会議は中断された―になっている」

表記欄の▼は常用漢字表にない漢字、▽は常用漢字表にない音訓

かっこう【郭公】鳥の名。閑古鳥。
かっこう【滑降】スキーですべりおりる。「直—」「急斜面を—する」
かつごう【渇仰】「みほとけを—する」
がっこう【学校】「—法人」「自動車—」
かっこふばつ【確▼乎不抜】「—の信念」
かっこんとう【葛根湯】クズ根を主剤とする漢方薬。
かっさい【喝采】「拍手—」「—を博する」
がっさいぶくろ【合切袋・合財袋】信玄袋。
がっさく【合作】「日米—の映画」
かっさつじざい【活殺自在】生かすも殺すも自分の思うままである。生殺与奪。
がっさん【合算】「本給に臨時収入を—する」
かっし【▽甲子】きのえね。えと。
かつじ【活字】「—離れ」「—を組む」「—に親しむ」
かっしゃ【活写】「当時の世相を—した文章」
かっしゃ【滑車】「定—」
がっしゅうこく【合衆国】「アメリカ—」
がっしゅく【合宿】「—所」「大会を前に—する」
かつじょう【割譲】「国土を—する」
がっしょう【合唱】「二部—」
がっしょう【合掌】「—づくりの家屋」「食事の前に—する」
がっしょうれんこう【合従連衡】その時々の利害に応じて結合したり離れたりする。
かっしょく【褐色】黒っぽいこげ茶色。
かっすい【渇水】「—時に備えて貯水する」
かっする【渇する】「貯水池の水が—」
かっせい【活性】「—炭で脱臭する」
かっせいか【活性化】「社内の—を図る」
かっせん【合戦】「源平の—」
かつぜん【▼豁然】「眺望が—と開く」
かっそう【滑走】「—路」
がっそう【合奏】「—曲」「ピアノと—する」
がったい【合体】「公武—」「—ロボット」
かったつ【▼闊達・▼豁達】「自由—」「—な性格」
かつだつ【滑脱】滞らず変化すること。「円転—」
かつだんそう【活断層】活動することが予想される断層。
がっち【合致】「条件に—する」
かっちゅう【▽甲▼冑】「—に身を包む」
かって【勝手】台所。事情。生計。わがまま。「—道具」「—がわからない」「使い—〈がって〉がよい」「—に他人の物を使う」
かつて【▽曽て・▼嘗て】「—の親友」「いまだ—負けを知らない」
がってん【合点】「よしきた、—だ」
かっとう【葛藤】事情のいりくんだ争い。もつれ。「親子の—」「不安と期待とが—する」
かつどう【活動】「—写真(＝映画)」「課外—」「就職—」
かっぱ【▽河▽童】「—が棲むという伝説」「—巻(＝きゅうり巻)」「—の川流れ」
かっぱ【喝破】「事の本質を—する」
カッパ【合羽】「雨〈あま〉—」〔「合羽」は当て字〕
かっぱつ【活発】「—な子ども」「—な議論」
かっぱつはっち【活▼潑▼潑地】勢いが盛んなさま。
かっぱん【活版】活字の組版。「—印刷」
がっぴ【月日】「生年—」
がっぴつ【合筆】複数の区画を一筆にまとめる。⇕分筆。「土地を一つに—する」
がっぴょう【合評】「俳句の出来を相互に—する」
かっぷ【割賦】分割払い。年賦・月賦など。
かっぷく【▼恰幅】「—のよい男」
かっぷく【割腹】「—自殺」
かつぶつ【活仏】生き仏。チベット仏教の高僧。
かつぶつ【活物】生きているもの。「—寄生」
がっぺい【合併】「町村が—して市になる」
かっぽ【▼闊歩】「悪人が白昼往来を—する」
かつぼう【渇望】「平和を—する」

かっぽう【割▼烹】和風の食物の調理。「―店」
がっぽん【合本】「上中下三冊の―」
かつもく【▼刮目】目をこすって注意深く見る。「―に値する」
かつやく【活躍】「試合で―する」
かつよう【活用】「五段―」「インターネットを―する」
かつようじゅ【▼闊葉樹】広葉樹の旧称。
かつら【▼桂】落葉高木。
かつら【▼鬘】「―をかぶる」
かつらく【滑落】「登山客が雪渓から―した」
かつりょく【活力】「―を得る」
かつれい【割礼】陰茎包皮を切り取る風習。
かつろ【活路】「―を見いだす」「―が断たれる」
かて【糧】「生きる―」「音楽鑑賞が心の―である」
かてい【仮定】「動詞の―形」
かてい【家庭】「中流―」「―料理」「―を持つ」
かてい【過程】「証明の―が重要である」「製造―を検証する」
かてい【課程】「大学院の博士―」「本学所定の―を修める」
かててくわえて【▼糅てて加えて】その上に。「事故に遭い―母が入院した」
かてる【▼糅てる】まぜあわせる。

かでん【家伝】「―の陶器」
かでん【荷電】物体が電気を帯びること。帯電。
かでん【家電】家で使う電気製品。「―製品」「―の量販店」
がてん【合点】「―がいかない」
がでんいんすい【我田引水】自分の利益を図る。
かと【過渡】「―的な状況」「今変動の―期にある」
かと【▼蝌▼蚪】オタマジャクシ。
かど【角】「―のうどん屋」「―が立つ」「最近はすっかり―が取れた」
かど【門】「笑う―には福来たる」
かど【▽廉】理由となる事柄。「不審の―」
かど【過度】「―の負担」「―の飲酒」
かとう【下等】⇔上等・高等。「―な微生物」
かとう【過当】「―競争」
かどう【可動】「―橋」
かどう【華道・花道】「―の師匠」
かどう【稼働】「ホテルの客室の―率」「夜間も―する化学工場」
かとく【家督】「―を相続する」
かどぐち【門口】「―で客を待つ」
かどち【角地】「―にある郵便局」
かどづけ【門付】門口で芸をおこなって金品をもらう人。

かどで【門出・〈首途〉】「人生の―」
かどばん【角番】負けると負け越しになる一戦。
かどび【門火】お盆に門前でたく火。
かどまつ【門松】「玄関に―を立てる」
かとりせんこう【蚊取(り)線香】「渦巻き状の―」
かどわかす【〈勾引〉かす】誘拐する。
かとんぼ【蚊〈蜻蛉〉】昆虫ガガンボ。ひょろ長い人。
かな【《仮名》】「―書道」「―を振る」
かな【▼哉】「悲しい―」
かない【家内】家族。自分の妻。「―安全」「―を紹介する」
かなう【▼叶う】願望が実現する。「長年の夢が―」
かなう【▽適う】あてはまる。うまく合う。「理に―」
かなう【▽敵う】対抗できる。「―相手がいない」「こう暑くては―・わない」
かなえ【▼鼎】「―の軽重〈けいちょう〉を問う」
かながた【金型】金属で作った鋳型。「―にはめ込む」
かなかな【▼蜩】ヒグラシの別名。
かなきりごえ【金切(り)声】「―を上げる」
カナキン【金巾】薄地の平織り綿布。「―の肌着」「〔金巾〕は当て字」
かなぐ【金具】「―を取り付ける」
かなくぎりゅう【金▼釘流】へたな字をからかっていう。「―の文字」

かなしい【悲しい・▽哀しい】泣きたい気持ちだ。つらくせつない。「失恋して―気持ちになる」「戦時中の―話を聞く」

かなしばり【金縛り】「―に遭う」

かなしみ【悲しみ・▽哀しみ】「―に沈む」

かなしむ【悲しむ・▽哀しむ】「恩師の死を―」

かなた【《▽彼▽方》】「はるか海の―」

カナダ【加奈陀】北アメリカの一国。

かなだらい【金▼盥】「―の水で洗顔する」

かなづかい【《仮名》遣い】「歴史的―」「―の誤り」

かなづち【金▼槌】頭部が鉄製のつち。泳げない人。

かなつぼまなこ【金▼壺眼】落ちくぼんで丸い眼。

かなでる【奏でる】「フルートを―」

かなとこ【▽鉄床】鉄敷〈かなしき〉。「―雲」

かなぶん【金▼蚉】昆虫の名。

かなぼう【金棒】「鬼に―」

かなめ【要】「扇の―」「肝心―」「守りの―となる城」

かなめもち【要▼黐】常緑小高木。

かなもの【金物】「―屋」

かならず【必ず】「―合格する」「―しもうまくいくとは限らない」「―や実現する」

かなり【《可成》り】「―の時間」「―無理がある」

カナリア【〈金糸雀〉】愛玩用の小鳥。

かなわ【金輪】金属製の輪。五徳。

かなん【火難】「―に遭う」

かに【▼蟹】「―みそ」「―の甲羅」

かにく【果肉】「―入りゼリー」

がにまた【▼蟹股】「―歩きの男」

かにゅう【加入】「―者」「労働組合に―する」

かね【金】金属。金銭。おかね。「―でできている」「―を稼ぐ」「―に糸目をつけない」

かね【〈鉄漿〉】おはぐろ。

かね【鐘】つりがね。「寺の―」「―をつく」

かね【▼鉦】たたいて鳴らす金属製の器具。「―や太鼓で探しても見つからない」

かねあい【兼(ね)合い】「期限との―で進度を決める」

かねかし【金貸し】「―に借金を取り立てられる」

かねがね【《▽予▽予》】「―気になっていたこと」

かねぐり【金繰り】「―が付かない」

かねじゃく【▽曲尺】直角に曲がった金属製の物差し。

かねたたき【▼鉦▼叩】鉦をたたく。また、昆虫の名。

かねつ【加熱】「フライパンを―する」

かねつ【過熱】「オーブンの―で火事になる」「応援が―気味になる」

かねづかい【金遣い】「―が荒い」

かねづる【金▼蔓】金を出してくれる人。「―をつかむ」

かねて【《▽予》て】あらかじめ。前もって。「―依頼しておいたこと」

かねばなれ【金離れ】金銭の使い方。「―がよい」

かねまわり【金回り】ふところ具合。「―がいい」

かねめ【金《目》】「―の物を見つける」

かねもうけ【金▼儲け】「―の話」「―がうまい」

かねもち【金持(ち)】「―金遣わず」「―けんかせず」

かねる【兼ねる】「役職を―」「大は小を―」「申し上げかねる」

かねんせい【可燃性】「―の水素」

かの【《▽彼》の】「―有名な作曲家」「―地」

かのう【化▼膿】「傷口が―する」

かのう【可能】「―なかぎり」「―にする」

かのえ【▼庚】十干の第七。

かのこ【鹿の子】「―斑」

かのじょ【彼女】⇔彼氏。「―の部署」「僕と―」

かのと【▽辛】十干の第八。

かば【▼蒲】植物のガマ。「―の穂」

かば【▼樺】しらかば。「―の林」

かば【《河馬》】「―のような大口をあけて食べる」

かばいろ【▼蒲色・▼樺色】赤みをおびた茶色。

かばう【▽庇う】「容疑者を―」

かはく【下▼膊】ひじから手首までの間の部分。

かはく【仮泊】「港で一夜―する」

か

がはく【画伯】絵かきの敬称。「著名な―」
かばしら【蚊柱】「―が立つ」
かばね【▽姓】古代豪族が氏の下につけた称号。「氏―」
かばね【▼屍】死体。しかばね。「―を山野にさらす」
かばやき【▼蒲焼(き)】「鰻の―」
かはん【河畔】「―で遊ぶ」
かはん【過半】「―数」
かはん【過般】さきごろ。先般。「―ご相談した件」
かばん【▼鞄】「旅行―」
がばん【画板】絵をかく時、台にする板。
かひ【可否】「方針の―を論じる」「国民に憲法改正の―を問いかける」
かひ【歌碑】「―に刻む」
かび【▼黴】「―が生える」
かび【華美】「―な生活(服装)をつつしむ」
がび【▼蛾眉】細く美しいまゆ。美人の形容。
かひつ【加筆】「原稿に―して仕上げる」
がひつ【画筆】「―を執って描く」
がびょう【画▼鋲】「―で留める」
かびる【▼黴る】「壁面が―」
かひん【佳品】すぐれた作品。
かびん【花瓶】「ガラスの―」「―に百合の花を生ける」
かびん【過敏】「知覚(神経)―」「他人の言葉に―に反応する」

かふ【下付】役所から民間にさげわたす。「金一封を―された」
かふ【寡婦】未亡人。「―控除」「夫に先立たれ―となる」
かぶ【株】かぶ　―　「株価・株券・株式・株主・子株・根株・古株」
かぶ【株】木の切り株。株式。株券。評判。「―を分ける」「―の売買」「―が上がる」
かぶ【▼蕪】野菜。根は球形。「大きな―」
かぶ【歌舞】「―音曲」
がふ【画布】油絵をかくための布。カンバス。「―に描く」
かふう【下風】「―に立つ」
かふう【家風】「―に合わない」
かふう【歌風】「小野小町の―」
がふう【画風】「ルノワールの―」
かぶか【株価】「―が安定する」
かぶき【歌舞伎】「―十八番」
かふきゅう【過不及】「―なく処置を行う」
かふく【禍福】「―は糾(あざな)える縄の如し」
がふく【画幅】「―を掛ける」
かふくぶ【下腹部】「―が痛む」
かぶさる【▽被さる】「上から―」
かぶしき【株式】「―市場」「―会社」

かぶせる【▽被せる】「布を―」「罪を―」
かふそく【過不足】「―なく準備する」
かぶと【▼兜】「―を脱ぐ」「勝って―の緒を締めよ」
かぶとむし【▼兜虫・▽甲虫】昆虫の名。
かぶぬし【株主】「―総会」
かぶら【▼蕪】かぶ。「―蒸し」
かぶらや【▼鏑矢】射ると音を立てて飛ぶ矢。
かぶり【▽頭】「―を振る」
かぶりつき【▼齧り付き】劇場などの最前列の客席。
かぶりつく【▼齧り付く】「りんごに―」
かぶる【▽被る】「帽子を―」「犯してもいない罪を―」「猫を―」
かぶれる【(▽気触)れる】皮膚病になる。感化される。「漆に触れて―」「若者がくだらない思想に―」
かぶわけ【株分け】「蘭の―」
かふん【花粉】「杉―」「―が飛ぶ」
かぶん【過分】「―なお褒めにあずかる」「(祝い金などを)―に頂く」
かぶん【寡聞】「―にして知らない」
かべ【壁】「思わぬ―にぶつかり計画が難航する」「―に耳あり障子に目あり」
かへい【貨幣】「―価値が下がる」「―経済」
かへい【寡兵】少ない兵。「多勢に対して―で戦う」
がべい【画餅】絵に描いた餅。むだ。「―に帰す」

かへん【可変】⇕不変。「―的」「―資本」
かへん【佳▾篇】すぐれた作品。佳作。「―を選んで文集にする」
かべん【花弁】「コスモスの―」
かほ【花▾圃】花畑。花園。
かほう【加法】⇕減法。
かほう【加俸】「年功―」
かほう【果報】「―者」「―は寝て待て」
かほう【家宝】「我が家の―」
かほう【過褒】「―にあずかる〈浴する〉」
かぼく【花木】花と木。花の咲く木。「公園に―を植える」
かほご【過保護】「―に育てる」
カボチャ【〈南瓜〉】ウリ科の野菜。実は大形。
かほど【《▾斯程》】「―の傷は大したことはない」
かま【釜】かま ―「釜師・釜日・釜飯」
かま【鎌】かま ―「鎌首・鎌倉時代」
かま【釜】飯をたいたり、湯をわかしたりするのに用いる金属製の器具。「―で飯を炊く」
かま【窯】陶磁器や炭を焼く装置。
かま【▾罐】蒸気を発生させる装置。ボイラー。
かま【鎌】「―で雑草を刈る」

がま【▾蒲】「―の穂」

がま【〈蝦蟇〉】ヒキガエルの別名。「―がえる」「―の油」

かまいたち【鎌▾鼬】旋風で肌に切り傷ができる現象。

かまう【構う】「小さい子を―」「嵐の日でもお―・いなく練習がある」「どちらでもかまわない」

かまえる【構える】「銃を―」「門を―」「斜に―」「―・えて人目に立ってはいけない」

かまきり【〈蟷螂〉・〈螳螂〉・鎌切・〈杜父魚〉】前足が鎌状の昆虫。とうろう。

がまぐち【〈蝦蟇〉口】口金のついた袋状の銭入れ。「―から小銭を出す」

かまくび【鎌首】「蛇が―をもたげる」「抑えていた疑心が―をもたげる」

かます【▾魳・〈梭魚〉・▾魣・〈梭子魚〉】海魚の名。体は細長い。

かます【▾叺】むしろを二つ折りにした袋。

がまずみ【▾莢▾蒾】スイカズラ科の落葉低木。

かまち【▾框】床や縁側の端にわたす横木。「―に腰をかける」

かまつか【鎌▾柄】バラ科の小高木。材は鎌の柄に。

かまど【▾竈】「―の火」「―を分ける」

かまびすしい【▾喧しい】「―蟬の声」「―うわさ話に耳をふさぐ」

かまぼこ【▾蒲▾鉾】「―形の講堂」
かまめし【釜飯】「鶏の―」
かまもと【窯元】「備前焼の―」
かまゆで【釜▾茹で】「かにを―にする」「―の刑」
がまん【我慢】「やせ―」「痛みを―する」「―を強いる」
かみ【上】⇕下〈しも〉。「―半期」「川の―の方」
かみ【神】「―を信じる」「―のみぞ知る」
かみ【紙】「―一重〈ひとえ〉（＝僅かな差）」「―に字を書く」
かみ【髪】「―を下ろす（＝剃髪する）」
かみ【加味】「試験の点数に面接の結果を―して採用する」
かみ【佳味】よい味。よい味の食べ物。
かみあう【《▾嚙》み合う】「歯車が―」「―・わない議論」
かみいれ【紙入れ】札入れ。
かみがかり【神▾憑り】神霊が乗り移った状態。「―的な演奏」
かみかくし【神隠し】子供が急に行方不明になる。「―に遭う」
かみかぜ【神風】神の威力で起こるという風。命知らず。「―特攻隊」「―タクシー」「文永の役〈えき〉で―が吹いた」

かみがた【上方】「―漫才」
かみがた【髪型・髪形】「―を変える」
かみきりむし【髪切虫・〈天牛〉】昆虫の名。
かみきれ【紙切れ】「―一枚で解雇される」
かみくず【紙《▼屑》】「インフレで紙幣が―同然になる」
かみこ【紙子・紙▽衣】昔、紙で作った服。「飯粒で―の破れふたぎけり／蕪村」
かみざ【上座】⇕下座。「主賓を―に据える」
かみさびる【神さびる】おごそかな風に見える。「―・びた建物」
かみしばい【紙芝居】絵を見せながら語るもの。「子どもに―を見せる」
かみしめる【《▼嚙》み締める】「唇を―」
かみしも【▼裃・上下】江戸時代の武士の礼服。「―を脱ぐ」
かみそり【〈剃刀〉】「電気―」「―を当てる」
かみだな【神棚】「―に榊〈さかき〉を供える」
かみだのみ【神頼み】「苦しい時の―」
かみつ【過密】⇕過疎。「―スケジュール」
カミツレ【加密▽列】キク科の一、二年草。
かみて【上手】上の方。客席から見て右手。⇕下手。
かみなり【雷】「―が落ちる」
かみゆい【髪結(い)】「―床」「―の亭主」
かみよ【神代】神話で伝えられる時代。「―の時代」
かみわざ【神業】神が行うような素晴らしい技。
かみん【仮眠】「―を取る」
かむ【▼擤む】「鼻を―」
かむ【▼嚙む・▼嚼む・▼咬む】「ガムを―」「―・んで含めるように説教する」「犬に―・まれる」
がむしゃら【《我武者羅》】「―に働く」
かめ【▽瓶・▼甕】「酒の入った大きな―」
かめ【亀】「―は万年」「―の甲より年の功」
かめい【下命】「ぜひ当方に御―下さいませ」
かめい【加盟】「―店」「組合に―する」
かめい【仮名】「登場人物はすべて―である」
かめい【家名】家の名。家の名誉。「―を継ぐ」「―を汚〈けが〉す」
かめん【仮面】「―をかぶる(はぐ)」
がめん【画面】「テレビの―」
かも【▼鴨・▼鳧】水鳥。くみしやすい相手。「―葱〈ねぎ〉(＝好都合)」「麻雀で―にする」
かもい【▼鴨居】引き戸や障子の上側にある横木。「長身で―に頭がつかえそうな人」
かもく【科目】分類した小区分。学科の区分。「五教科七―」「受験したい―を選ぶ」
かもく【課目】学課の種類。「選択(必修)―」
かもく【寡黙】無口。「―な人」
かもじ【▼髢】婦人の髪に入れる毛。「―を入れる」
かもしか【〈羚羊〉・▼氈鹿】「―のような足」
かもしだす【醸し出す】「樽で寝かせると酒は独特の風味を―」「明るい雰囲気を―人」
かもす【醸す】醸造する。生じさせる。「酒を―」「物議を―」
かもつ【貨物】「―列車」
かものはし【▼鴨▼嘴】卵生の原始的な哺乳類。
かもめ【▼鷗】海鳥。体は白色。
かもる【▼鴨る】人からまきあげる。「麻雀で―・られた」
かもん【下問】「御―を受ける」
かもん【家門】一家一門。「―の誉れ」
かもん【家紋】「徳川家の―は葵だ」
かもん【渦紋】「―の風呂敷」
かや【▼茅・▼萱】「―ぶきの粗末な家」
かや【▼榧】常緑樹。種子は食用。
かや【《蚊帳》】「―を吊る」「―の外(＝仲間はずれ)」
かやく【火薬】「―庫」
かやく【加薬】薬味。五目飯などの具。「―御飯」「そばの―」
かやぶき【▼茅▼葺き】「―の屋根」
かやり【蚊▽遣り】「―火〈び〉」「―の煙」
かゆ【▼粥】「七草―〈がゆ〉」「―をすする」

かゆい【▼痒い】「痛くも―くもない」「―所に手が届く」
かゆばしら【▼粥柱】七草粥、小豆粥に入れた餅。
かゆばら【▼粥腹】「―では力が出せない」
かよいちょう【通い帳】「家賃の―」
かよう【加養】「御―ください」
かよう【歌謡】「―曲」「―祭」
かよう【通う】「中学校に―娘がいる」「心が―」
かよう【《▽斯様》】このよう。「―しかじか」
がようし【画用紙】絵をかくための厚手の紙。
かよく【寡欲・寡▼慾】欲が少ないさま。「控えめで―な人」
がよく【我欲】「―の強い人」
から【空・▽虚】「―いばり」「―振〈ぶ〉り」「財布が―になる」
から【唐・▽韓・▽漢】中国。外国。「―天竺」「―芋」
から【殻】「貝の―」「自分の―に閉じこもる」
がら【《柄》】「花―」「時節―」「商売―」「―にもなくおしゃれする」「―が悪い」
がらあき【《▽空》明き】「―のバス」
からあげ【唐揚げ・空揚げ】「鶏の―」
からい【辛い】舌をさすような感じだ。厳しい。「カレーライスは―方が好きだ」「採点〈評価〉が―」「山椒は小粒でもぴりりと―」
からい【▼鹹い・辛い】塩からい。「今日のみそ汁は少し―」
からいばり【空威張り】うわべだけの強がり。「偉そうに―をして見せる」
からかう【《揶揄》う】「冗談を言って相手を―」
からかさ【▽傘・唐傘】「―を差す」
からかみ【唐紙】「―障子」
からがら【辛辛】「命―逃げ出した」
からくさ【唐草】「―模様の風呂敷」
がらくた【《我楽多》・《瓦▽落苦多》】「―ばかりを集める趣味」「―道具を廃棄する」［「我楽多」「瓦落多」は当て字］
からくち【辛口】⇔甘口。「―の酒」「―の批評」
からくも【辛くも】やっとのことで。「―難を逃れた」
からくり【▽絡繰り・〈機関〉】仕掛け。計略。「―人形」「事件の―を解き明かす」
からくれない【唐紅・▽韓紅】美しく濃い紅色。「千早ぶる神世もきかず竜田川―に水くくるとは／古今集」
からげる【▽絡げる・▼紮げる】「古新聞を紐で―」「裾を―げて走る」
からげんき【空元気】「―を出す」「―を見透かす」
からし【▼芥子・辛子】「唐―〈とうがらし〉」「―蓮根」
からじし【唐▼獅子】「―牡丹〈ぼたん〉」
からす【▼烏・▼鴉】「旅―〈がらす〉」「―の行水」
からす【枯らす】「木を―」
からす【▼涸らす】「水を―」
からす【▼嗄らす】「声を―」
ガラス【〈硝子〉】「窓―」「―細工」
からすうり【▼烏▼瓜】「―の赤い実」
からすがい【▼烏貝・▼蚌貝】淡水産の二枚貝。
からすき【唐▼鋤・▼犂】「水田で―を牛に引かせる」
からすぐち【▼烏口】製図用具の一。細い線を引くもの。
からすみ【〈鱲子〉】ボラなどの卵巣の塩漬け。
からだ【体・〈身体〉・▼軀】「丈夫な―」「心と―のバランス」
からだき【空▼焚き】「風呂を―してしまう」
からたけわり【▽幹竹割り】「真っ向―」
からたち【〈枳殻〉・〈枸橘〉】落葉低木。とげがある。
からっかぜ【空っ風】「―が吹きすさぶ」
からつゆ【空《梅雨》】雨の少ない梅雨。
からて【空手・唐手】てぶら。手足だけで闘う武術。「―の道場」「土産を忘れて―で行く」「―で帰る」
からてがた【空手形】「約束が―に終わる」
からとう【辛党】酒の好きな人。⇔甘党。

からねんぶつ【空念仏】「改革も—では仕方がない」

からぶき【▽乾拭き】「柱を—して艶〈つや〉を出す」

からぶり【空振(り)】「—の三振」

からまつ【〈落葉松〉・唐松】マツ科の落葉高木。

からまわり【空回り】「車輪が—する」「やる気が—している」

からみ【辛《味》】「—を加える」

からみ【空身】何も持たないこと。「—で山を登る」

からむ【絡む・▼搦む】「足に蔓草が—んで歩きづらい」「金銭問題が—」「酒を飲んで—」

からむし【▼苧・〈苧麻〉】多年草。繊維植物。

からめて【《▼搦》め手】①城の裏門。「—から城に攻め入る」②相手が手薄なところ。「—から論破する」

からめる【絡める・▼搦める】「足を絡める」「盗人を搦め捕る」

からもの【唐物】外国製品。「—の陶器」

からやくそく【空約束】守る気のない約束。「—を信じて後悔する」

からよう【唐様】中国の様式。「—の仏像」

がらん【▼伽藍】寺院の大きな建物。「七堂—」

かり【仮】「—の宿」「—処分」

かり【狩(り)・▽猟】「山—〈がり〉」「葡萄—〈がり〉」

かり【借り】「—がある」


かり【▼雁】ガンの別名。

カリ【加里】「青酸—」

かりいれ【借(り)入れ・借入】「資金の—」

かりかた【借(り)方】「—と貸し方」

かりがね【▼雁が音・▼雁金】ガンの別名。「—点(=漢文のレ点)」「—の家紋」

かりぎぬ【狩▽衣】平安時代の公家の略服。

かりそめ【《仮初》め・《〈苟且〉》】「—の縁」「—にも口にしてはならない」

かりた【刈(り)田】「—に残された案山子〈かかし〉」

かりだす【駆(り)出す】「学園祭の設営に学生を—」

かりて【借(り)手】⇔貸し手。「家賃が高すぎて—が付かない」

かりとじ【仮▼綴じ】「—の本」

かりに【仮に】「—そうだとしても…」「—も公務員の身で…」

かりぬい【仮縫(い)】「ドレスを—する」

かりね【仮寝】うたた寝。旅寝。「—の夢」

かりやす【刈安・〈青茅〉】黄色の染料にするススキに似た草。

かりゅう【下流】⇔上流。「—域」「—層」

かりゅう【▼顆粒】小さいつぶ。

がりゅう【我流】「—でピアノを弾く」

かりゅうかい【花柳界】遊郭などの社会。


かりゅうど【狩▽人・猟▽人】猟師。かりうど。「獲物を追う—」

かりゅうびょう【花柳病】性病。

かりょう【加療】「一か月の—を要する」

かりょう【佳良】「品質—」

かりょう【科料】軽微な犯罪に科す財産刑。とがりょう。

かりょう【過料】行政上、違反者に科す金銭罰。あやまちりょう。

がりょう【▼臥▽竜】世間に知られないでいる大人物。

がりょう【雅量】人を受け入れる、おおらかな心。「彼女には—がある」

がりょうてんせい【画▽竜点▼睛】最後の仕上げ。〔睛を「晴」と書くのは誤り〕

かりょうびんが【▼迦陵▽頻▼伽】美声の想像上の鳥。

かりょく【火力】「—発電所」「—が強い」

かりる【借りる・▼藉りる】①人のものを自分の用に使う。⇔貸す。「金(本)を—」「—りて来た猫のようにおとなしい」②仮に使う。「この場を藉りてお礼を述べる」「名を藉りる」

かりん【花▽梨・花▼櫚】マメ科の高木。高級材。

かりん【〈榠樝〉】バラ科の高木。実は洋梨形。

かりんとう【《花林糖》】「—をかじる」

か

かる【刈】か-る ―「麦を―」「刈り入れ・刈り田・青田刈り・角刈り・丸刈り」
かる【刈る・▼苅る】「草を―」
かる【狩る・▽猟る】「うさぎを―」
かる【駆る・▼駈る】「余勢を―・って勝ち進む」「告白したい衝動に―・られる」
かるい【軽い】「目方が―」「―風邪」「―食事を摂る」「謝ったら気持ちが―・くなった」
かるいし【軽石】「―で垢をする」
かるがも【軽▼鴨】「池で遊ぶ―の親子」
かるがる【軽軽】「大きな荷物を―と持ち上げて運ぶ」
かるくち【軽口】「―をたたく」
カルサン【軽▼衫】〔ポルトガル語〕野良着とする、もんぺに似たはかま。「―袴〈ばかま〉」
カルタ【歌留多・〈骨牌〉】〔ポルトガル語〕絵や文字をかいた札。「―取りで遊ぶ」
かるはずみ【軽《弾》み】「―な行いは慎む」
かるわざ【軽業】「―師」「―で見物人を魅了する」
かれ【彼】「―は生涯多くの作品を遺した」
かれい【▼鰈】海底にすむ平たい魚。「―の煮付け」
かれい【加齢】「―臭〈しゅう〉」
かれい【▼嘉例】「―に倣〈なら〉う」
▬かれい【佳麗】「―な美人に引きつけられる」
▬かれい【華麗】「―な舞台」
かれいい【▽乾▽飯】炊いた飯を干した携帯食。
かれおばな【枯れ尾花】「幽霊の正体見たり―」
かれき【枯れ木】「―も山のにぎわい」
がれき【瓦▼礫】「一夜にして―と化した街」「―の下に埋もれる」
かれこれ【《彼▼此》】「―しているうちに夕暮れになる」「―二時近い」
かれさんすい【枯山水】「京都竜安寺の―」
かれし【彼氏】恋人の男性。⇕彼女。「最近―ができた」
かれつ【苛烈】「―な戦い」
かれの【枯れ野】「旅に病んで夢は―を駆けめぐる／芭蕉」
かれる【枯れる】草木が生気を失う。年季が入る。「草花が―」「やせても―・れても」「―・れた芸」
かれる【▼涸れる】水がなくなる。能力が尽きる。「井戸が―」「涙が―」「創作意欲が―」
かれる【▼嗄れる】声がかすれる。「歌いすぎて声が―」
かれん【可▼憐】「少女の―な姿」
かれんちゅうきゅう【苛▼斂▼誅求】「取り立てが―をきわめる」
かろう【家老】大名の最上位の家臣。
かろう【過労】「―死」「―で倒れる」
がろう【画廊】「―で個展を開く」
かろうじて【辛うじて】「―終電に間に合った」
かろとうせん【夏炉冬扇】役に立たないもの。
かろやか【軽やか】「―な足取り」
かわ【川】「―の流れ」「―遊び」
かわ【河】大きな川。「ナイル―〈がわ〉」
かわ【皮】「手の―」「リンゴの―」「まんじゅうの―」「面〈つら〉の―が厚い」「化けの―がはがれる」
かわ【革】「―製〈せい〉」「―の靴」「―ジャン」
かわ【佳話】美談。
がわ【側】「右―」「裏―」
かわあかり【川明かり】川の水面の明るみ。
かわいい【可▽愛い】「―孫」「―子には旅をさせよ」
かわいそう【可▽哀相】「―な身の上話に耳を傾ける」「―にまた上司に叱られている」
かわいらしい【可▽愛らしい】「―娘」
かわうそ【▼獺・川▼獺】水辺にすむ獣。「―の祭り」
かわかす【乾かす】「洗濯物を―」
かわかぜ【川風】「―に吹かれる」
かわかみ【川上】川の上流。⇕川下。「―の村」
かわぎし【川岸・河岸】「―にボートを寄せる」
かわきり【皮切り】「―の挨拶〈あいさつ〉」「東京を―に大阪、名古屋など各地で演奏会を開く」
▬かわく【乾く】「洗濯物が―」「―・いた心」「舌の根も

―・かぬうちに」

かわく【渇く】「のどが―」「親の愛情に―」

かわくだり【川下り】「筏に乗って―を楽しむ」

かわぐち【川口・河口】「―で船を破〈わ〉る（＝成功の一歩手前で失敗することのたとえ）」

かわごろも【皮衣・▼裘】毛皮で作った防寒用の衣。

かわざんよう【皮算用】「捕らぬ狸〈たぬき〉の―」

かわしも【川下】川の下流。⇔川上。

かわす【交わす】やりとりする。「言葉〈挨拶〉を―」

かわす【▼躱す】よける。そらす。「敵の攻撃から身を―」

かわず【▼蛙】カエルの歌語。「古池や―飛び込む水の音／芭蕉」

かわすじ【川筋】「―を辿る」

かわせ【《為替》】「郵便―」「外国―」「―相場」

かわせみ【川▼蟬・〈翡翠〉】水辺にすむ鳥。

かわたれどき【▽彼は▽誰時】明け方のまだ薄暗い時。

かわち【河内】旧国名。大阪府南東部。河州。

かわはぎ【皮剝】海魚。

かわばた【川端】川岸の付近。

かわはば【川幅・川▽巾】「―が狭い」

かわびらき【川開き】「両国〈りょうごく〉の―」

かわべ【川辺】川のほとり。「―に蛍が舞う」

かわむこう【川向こう】「橋を渡って―の町まで行く」「―の火事」

かわも【川▽面】「かがり火を照らす―に鵜がおどる」

かわや【▼厠】便所の古い言い方。「―に立つ」

かわら【《河原》・《川原》・▼磧】「―でバーベキューを楽しむ」

かわら【瓦】「鬼―〈おにがわら〉」「―葺〈ぶ〉き」

かわらけ【〈土器〉】素焼きの器。素焼きの杯。

かわらばん【瓦版】江戸時代、一枚刷りの新聞。

かわり【替わり・代わり】「―の選手」「父の―に出席する」「ご飯のお―」

かわり【変わり】「何の―もない」「一同―なく元気です」「お―もございませんか」

かわりだね【変わり種】「彼は同期の中では―だ」

かわりばえ【代わり映え】「―がしない」

かわりみ【変わり身】状況に応じて態度を変える。「実に―が早い」

かわりもの【変わり者】普通の人と違う人。

かわる【代わる】ある者が他の者の役目をする。「会長に―って会議に出席する」「原子力に―エネルギー」

かわる【替わる】交代する。入れ替わる。「政権〈世代〉が―」「担当者が―」

かわる【換わる】交換されて別の物になる。「土地が金に―」「新車に―」

かわる【変わる】ちがった状態になる。「突然顔色が―・った」「考え〈方針〉が―」「一風―・った建物」

かん【干】カン　ほ-す・ひ-る　「干害・干渉・干潮・十干・若干」

かん【刊】カン　―　「刊行・刊本・季刊・週刊・新刊・創刊・廃刊」

かん【甘】カン　あま-い・あま-える・あま-やかす　「甘雨・甘苦・甘言・甘受・甘心・甘美・甘味・甘露」

かん【甲】⇩こう（甲）。「甲乙・甲板〈かんぱん〉〈こうはん〉」

かん【汗】カン　あせ　「汗顔・汗腺・汗馬・制汗・発汗・流汗・冷汗」

かん【缶（罐）】カン　―　「缶詰・汽缶・製缶・薬缶」

かん【完】カン　―　「完結・完済・完成・完遂・完全・完配・完敗・完備・完璧・完本・完了・補完・未完」

かん【肝】カン　きも　「肝心・肝腎・肝臓・肝胆・肝油・肝要・心肝」

かん【官】カン　―　「官邸・官能・官報・官吏・器官・教官・五官」

かん【冠】カン　かんむり　「冠詞・衣冠・栄冠・王冠・戴冠・宝冠」

かん【巻(卷)】カン ま-く・まき 「巻首・巻頭・巻末・圧巻・一巻・開巻・上巻・通巻・別巻・万巻」

かん【看】カン ― 「看過・看護・看守・看取・看破・看板・看病」

かん【陥(陷)】カン おちい-る・おとしい-れる 「陥没・陥落・欠陥・失陥」

かん【乾】カン かわ-く・かわ-かす 「乾湿・乾燥・乾田・乾杯・乾物」

かん【勘】カン ― 「勘案・勘気・勘合・勘定・勘当・勘弁・校勘」

かん【患】カン わずら-う 「患者・患部・外患・急患・疾患・憂患」

かん【貫】カン つらぬ-く 「貫通・貫徹・貫流・貫禄・一貫・縦貫」

かん【寒】カン さむ-い 「寒暑・寒村・寒波・寒冷・極寒・厳寒」

かん【喚】カン ― 「阿鼻叫喚・喚起・喚呼・喚声・喚問・召喚」

かん【堪】カン た-える 「堪忍袋・堪能〈かんのう〉〈たんのう〉」

かん【換】カン か-える・か-わる 「換気・換算・交換・置換・転換」

かん【敢】カン ― 「敢為・敢行・敢然・敢闘・果敢・勇敢」

かん【棺】カン ― 「座棺・出棺・石棺・陶棺・入棺・納棺・木棺」

かん【款】カン ― 「款待・借款・定款・約款・落款」

かん【間】カン・ケン あいだ・ま 「間暇・間隔・間者・間食・間接・間奏・空間・山間・時間・中間・夜間」

かん【閑】カン ― 「閑寂・閑職・閑静・森閑・等閑・繁閑・有閑」

かん【勧(勸)】カン すす-める 「勧業・勧告・勧奨・勧誘」

かん【寛(寬)】カン ― 「寛雅・寛刑・寛厳・寛厚・寛仁・寛大・寛容」

かん【幹】カン みき 「幹事・幹線・幹部・基幹・根幹・才幹・主幹」

かん【感】カン ― 「感覚・感情・感触・感心・感染・感電・感動・感涙・所感・直感・敏感・予感・霊感」

かん【漢(漢)】カン ― 「漢語・漢詩・漢字・漢文・漢和・悪漢・痴漢・暴漢・和漢」

かん【慣】カン な-れる・な-らす 「慣行・慣習・慣性・慣例・習慣」

かん【管】カン くだ 「管見・管制・管内・管理・血管・鉄管・保管」

かん【関(關)】カン せき・かか-わる 「関係・関心・関節・関知・関白・関門・関与・機関・玄関・相関・難関・連関」

かん【歓(歡)】カン ― 「歓喜・歓迎・歓呼・歓心・歓声・歓待・歓談・歓楽・哀歓・交歓・合歓」

かん【監】カン ― 「監禁・監獄・監査・監視・監修・監督・総監」

かん【緩】カン ゆる-い・ゆる-やか・ゆる-む・ゆる-める 「緩急・緩球・緩行・緩衝・緩怠・緩慢・緩流・緩和」

かん【憾】カン ― 「遺憾」

かん【還】カン ― 「還元・還付・還暦・帰還・生還・送還・返還」

かん【館】カン やかた 「館長・館内・会館・公民館・新館・旅館」

かん【環】カン ― 「環境・環視・環状・環流・一環・金環・循環」

か

かん【簡】カン「簡易・簡潔・簡素・簡単・簡略・書簡・竹簡」
かん【観(觀)】カン「観客・観光・観察・観測・観点・観念・観覧・外観・客観・参観・静観・壮観・悲観・傍観・楽観」
かん【韓】カン「韓国・韓人・日韓」
かん【艦】カン「艦船・艦隊・艦長・艦艇・帰艦・旗艦・軍艦」
かん【鑑】カン かんが-みる「鑑査・鑑識・鑑札・鑑賞・鑑定・鑑別・印鑑・図鑑・大鑑・年鑑・名鑑」
かん【▼奸・▼姦・▼姧】悪い心。「君側の―を除く」
かん【官】「半―半民」「―を辞する」
かん【▼癇・▼疳】「―の強い子」「―が立つ」「物言いが―に障〈さわ〉る」
かん【勘】「―が鋭い」「―に頼る」
かん【貫】「重さ百―」「裸一―」「中〈ちゅう〉とろ二―」
かん【寒】立春の前三〇日間。「―の入り(戻り)」
かん【棺】かんおけ。ひつぎ。「―を蓋〈おお〉いて事定まる(=死んで後にその人の真価が決まる)／晋書」
かん【▼緘】手紙の封。封じ目に書く文字。
かん【▼燗】「熱〈あつ〉―」「―をつける」

カン【缶】「―詰〈づめ〉」「―を開ける」
がん【丸】ガン まる・まる-い・まる-める「丸薬・一丸・弾丸」
がん【元】⇩げん(元)。「元金・元日・元祖・元旦・元年・元来」
がん【含】ガン ふく-む・ふく-める「含意・含蓄・含有・含量・包含」
がん【岸】ガン きし「岸頭・岸壁・沿岸・海岸・傲岸・対岸・彼岸」
がん【岩】ガン いわ「岩塩・岩窟・岩石・岩盤・奇岩・巨岩・砂岩」
がん【玩】ガン「玩具・玩物・玩味・玩弄・愛玩・賞玩」
がん【眼】ガン・(ゲン) まなこ「眼下・眼球・眼光・眼中・眼目・眼力・近眼・主眼・着眼・肉眼・方眼」
がん【頑】ガン「頑強・頑愚・頑健・頑固・頑丈・頑迷」
がん【顔】ガン かお「顔色・顔面・顔料・温顔・紅顔・洗顔・拝顔」
がん【願】ガン ねが-う「願書・願望・哀願・依願・祈願・懇願・志願・宿願・請願・嘆願・念願・悲願」
がん【▼雁・▼鴈】大形の水鳥。かり。かりがね。「―が飛べば石亀も地団駄(=自分の能力を考えずに他人のまねをしたがるたとえ)」

がん【▼癌】悪性腫瘍。諸悪の根源。「手術で―を摘出する」「会社の―」
がん【願】「―をかける」
かんあく【▼姦悪・▼奸悪】「―な男」
かんあん【勘案】「諸事情を―して決定する」
かんい【官位】「―相当」「―が昇進する」
かんい【簡易】「―書留」「―な手続きで済む」
かんいっぱつ【間一髪】「―で助かった」〔「間一発」と書くのは誤り〕
かんいん【▼姦淫】不倫。「汝〈なんじ〉―するなかれ」
かんうんやかく【閑雲野▽鶴】悠々自適の境地。
かんえつ【観閲】「―式」
かんえん【肝炎】肝臓の炎症性疾患。
がんえん【岩塩】塩化ナトリウムが主成分の鉱物。
かんおう【観桜】花見。「―の宴」
かんおけ【棺▼桶】「―に片足を突っ込む(=年老いて死に掛けの状態)」
かんおん【漢音】「―と呉音」
かんか【干▼戈】「―を交える」
かんか【看過】「―し難い不正」
かんか【閑暇・間暇】ひま。「―を得る」
かんか【感化】「友人に―される」「―されて入信する」

かんか【管下】「警視庁―の事件」

かんが【官▼衙】官庁。役所。「中央―」「―遺跡」

かんが【閑雅】「―な舞を鑑賞する」

がんか【眼下】「―に広がる雲海」

がんか【眼▼窩・眼▼窠】眼球の収まっているくぼみ。

かんかい【感懐】「―を抱く」

かんかい【緩解・寛解】病気の症状が軽減してきた状態。

かんがい【干害・▼旱害】ひでりによる災害。

かんがい【寒害】春先の寒さによる農作物の被害。

かんがい【感慨】「―無量」「―深い」「―を覚える」「しばし―に浸〈ひた〉る」

かんがい【▼灌▼漑】「―用水」「畑を―する」

がんかい【眼界】目に見える範囲。「―から消える」

かんがえる【考える】「問題を―」「よく―・えて行動するように」

かんかく【間隔】「一定の―をおいて立つ」「五分―で運転する」

かんかく【感覚】「色彩―」「―中枢」「寒さで―がなくなる」「―が古い」「金銭―が麻痺〈まひ〉する」

かんがく【官学】官立の学校。⇔私学。

かんがく【漢学】「―を修める」

がんかけ【願掛(け)】「神社に詣でて―する」

かんかこどく【▼鰥寡孤独】身寄りのない人。

かんかつ【管轄】「―区域」「財務省の―する事項」「―外の出来事」

かんかつ【寛▼闊】ゆったりしているさま。「―な心持ち」

かんがっき【管楽器】吹き鳴らす楽器。

かんかふぐう【▼轗▼軻不遇】志を得ないこと。

かんがみる【鑑みる】「先例に―・みて処分を決める」

かんかん【閑閑】「日々悠々―として人生を送る」

かんがん【汗顔】「―の至り」

かんがん【▼宦官】中国で、後宮に仕えた去勢された男。

かんかんがくがく【▼侃▼侃▼諤▼諤】「―の議論を戦わせる」

かんき【乾季・乾期】雨の少ない季節。⇔雨季・雨期。

かんき【勘気】「―に触れる」

かんき【喚起】「注意を―する」

かんき【寒気】戸外の寒さ。

かんき【換気】「―扇〈せん〉」「しばらく窓を開けて―する」

かんき【歓喜】「優勝の知らせに―の声がわき起こる」

がんぎ【▼雁木】雪国で庇の下を通路としたもの。

かんぎく【観菊】菊の花を観賞すること。「―会」

かんきつるい【▼柑▼橘類】ミカン・レモンなどの総称。

かんきゃく【閑却】ほったらかす。等閑。「生と死の最大問題を―する」

かんきゃく【観客】「―席」

かんきゅう【感泣】「―の涙を流す」

かんきゅう【緩急】「―自在」「投球に―を付ける」

がんきゅう【眼球】めだま。

かんぎゅうじゅうとう【汗牛充棟】蔵書が非常に多い。

かんきょ【官許】政府の許可。

かんきょ【閑居】静かな住まい。ひまな暮らし。「小人―して不善をなす」

かんきょう【感興】「―がわく」「―のおもむくままに筆を走らせる」

かんきょう【環境】「地球―」「―問題」「―が良い(悪い)」

かんきょう【艦橋】軍艦の甲板上に高く構えた指揮所。

かんぎょう【官業】国有・国営の事業。⇔民業。

かんぎょう【寒行】寒中に行う修行。

かんぎょう【勧業】「―銀行」

がんきょう【眼鏡】めがね。

がんきょう【頑強】「―な体」「―な抵抗に遭う」

かんきり【缶切(り)】「―で缶詰を開ける」

かんきれいそく【管▼窺▼蠡▼測】狭い見識で物事

を推しはかる。

かんきん【看▽経】経文を黙読する。「禅寺で—する」〔「きん」は唐音〕

かんきん【換金】「—作物」「品物を—する」

かんきん【監禁】「地下牢に—する」

がんきん【元金】「—据え置き」「—を返済する」

かんく【甘苦】苦楽。「—をともにする」

かんく【管区】管轄する区域。「東京—気象台」

かんく【▼艱苦】「—に耐える」

がんぐ【玩具】おもちゃ。「—店」

がんぐ【頑愚】「—な連中」

がんくつ【岩窟・▼巌窟】いわや。いわあな。

がんくび【▼雁首】キセルの頭の部分。人の首。「—をそろえる」

かんぐる【勘繰る】「—・ればきりがない」

かんぐん【官軍】朝廷側の軍隊。「勝てば—負ければ賊軍」

かんけい【▼奸計・▼姦計】「—をめぐらす」

かんけい【関係】かかわりあい。男女の情交。「台風—のニュース」「対等な—」「—がある(ない)」「同僚の女性と—をもつ(絶つ)」

かんけい【簡▼勁】簡潔で力強い。「—な筆致」

かんげい【歓迎】「—会」「来訪を心から—する」

かんげき【間隙】すき。すきま。「—を縫う(突く)」

かんげき【感激】「名演奏に—する」「—に耐えない」

かんげき【観劇】演劇を見ること。「—に出かける」

かんけつ【完結】「全集が—する」

かんけつ【間欠・間▼歇】一定の時間をおいて起こる。「—泉」

かんけつ【簡潔】⇔冗長。「—に述べなさい」

かんげつ【観月】月見。「—会」

かんけん【官憲】「—の手がまわる」

かんけん【管見】自分の狭い見識をへりくだっていう。「—によれば」

かんげん【甘言】うまい言葉。「—につられる(乗せられる)」

かんげん【換言】「—すれば」

かんげん【管弦】「—楽団」

かんげん【▼諫言】「上司に—する」

かんげん【還元】もとに戻ること。戻すこと。また、化学反応で酸素を奪うこと。⇔酸化。「白紙—」「利益を消費者に—する」「化学物質を—する」

がんけん【眼▼瞼】まぶた。

がんけん【頑健】「—な肉体を保つ」

かんげんがく【管弦楽】オーケストラ。

かんこ【歓呼】「—の声があがる」

かんご【看護】「—師」「けが人の—に当たる」

かんご【閑語】むだばなし。「閑人—」

かんご【漢語】漢字を音読みする単語。漢字の熟語。「和製—」

がんこ【頑固】「—おやじ」「—一徹」「—な咳がとれない」

かんこう【刊行】「政府—物」「著書を—する」

かんこう【完工】工事を完了する。竣工。⇔起工。「—式」「来年に—する予定で建設中である」

かんこう【勘考】「諸事情を—して計画を練る」

かんこう【敢行】「極点踏破を—する」

かんこう【寛厚】寛大で温厚なさま。

かんこう【感光】「—紙」「フィルムが—する」

かんこう【慣行】「—に従う」「—を破る」

かんこう【▼緘口】口をつぐんで言わない。

かんこう【緩行】「—電車」

かんこう【還幸】天皇がお帰りになる。

かんこう【観光】「—旅行」「—客」

かんごう【勘合】「—貿易」

がんこう【眼孔】眼球を収めたくぼみ。見識。「—大なる人」

がんこう【眼光】目の光。観察力。「—鋭くにらみつける」「—紙背に徹する」「—炯炯として人を射る」

がんこう【▼雁行】斜めに並んで行く。

がんこうしゅてい【眼高手低】批評はすぐれていても、自分で創作する力は劣る。

かんこうちょう【官公庁】 官庁と地方公共団体の役所。

かんこうへん【肝硬変】 肝臓が硬化する病気。

かんこうれい【▼箝口令・▼鉗口令】 人に話すのを禁止する命令。「―を敷く」

かんこく【勧告】「人事院―」「辞職を―する」

かんごく【監獄】 刑務所や拘置所。

かんこつ【▼顴骨】 ほお骨。

かんこつだったい【換骨奪胎】 古人の語句を少し変えて自分のものにする。焼き直し。「古典の文章を―して作品化する」

かんこどり【閑古鳥】 鳥カッコウの別名。「―が鳴く(＝人が少ないさま。また、商売のはやらないさま)」

かんこんそうさい【冠婚葬祭】「―のマナー」

かんさ【監査】(業務の執行などを)監督し検査する。「―役」「会計を―する」

かんさ【鑑査】(書画などの価値を)評定する。「出展の作品を―する」

かんさい【完済】「住宅ローンを―する」

かんさい【関西】 京阪神地方の総称。⇔関東。「―弁」「―の芸人」

かんさい【艦載】「―機」

かんさい【漢才】 漢学に通じていること。「和魂―」

かんざい【管財】 財産を管理する。「―人(会社)」

かんさく【▼奸策・▼姦策】「―を巡らす」

かんさく【間作】「麦畑に豆類を―する」

がんさく【▼贋作】 にせの作品。にせもの。

かんざけ【▼燗酒】 温めた日本酒。⇔冷や酒。

かんざし【▼簪】 婦人の髪にさすかざり。

かんさつ【監察】 とりしまってしらべる。「―医」「厳重に―する」

かんさつ【観察】「―眼」「朝顔を育てて―する」「―が鋭い」

かんさつ【鑑札】 官庁が発行する許可証。「―を受ける」

がんさつ【▼贋札】 偽札。

かんざらい【寒〈復習〉】 寒げいこ。

かんさん【甘酸】 楽しみと苦しみ。苦楽。「世間の―をなめる」

かんさん【換算】「―表」「ドルを円に―する」

かんさん【閑散】「―とした住宅地」

かんし【干支】 十干と十二支。えと。

かんし【看視】「二人の行動を―する」

かんし【監視】「―船」「厳しい―のもとにおかれる」

かんし【環視】「衆人―の中で捕まえられる」

かんし【▼鉗子】 はさみ状の手術用医療具。

かんし【漢詩】 中国の詩。漢字で作った詩。

かんし【▼諫止】 いさめてとどまらせる。

かんし【▼諫死】 死ぬ覚悟でいさめる。また、死んでいさめる。

かんじ【漢字】「―の部首」

かんじ【幹事】 会や団体などの世話をする役。「―長」「同窓会の―」

かんじ【監事】 法人の業務を監督する役。

かんじ【▼莞▼爾】 にっこりと笑うようす。「―として笑う」

がんじがらめ【▼雁字▼搦め】 ぐるぐる巻き。「―に巻かれて身動きできない」

かんしき【鑑識】「―眼」「―課に回す」

かんじき【▼樏】 雪上を歩く時、靴の下につける輪形のもの。

がんしき【眼識】 物のよしあしを見分ける見識。「高い―をもつ人」「―に狂いはない」

がんしつ【眼疾】 眼の病気。「―を患う」

がんじつ【元日】「―に初詣に出かける」

かんじつげつ【閑日月】 ひま。ゆとり。余裕。「―を送る」「英雄―あり」

かんしゃ【官舎】 公務員の住宅。

かんしゃ【感謝】「―状」「―の念を表す」「厚意に―する」

かんじゃ【患者】「外来―」「―様」

かんじゃ【間者】 スパイ。回し者。「城に―が潜む」

か

かんしゃく【▼癇▼癪】怒りっぽい性質。「―を起こす」

かんじゃく【閑寂】「―な境内」

かんしゅ【看守】「刑務所の―として働く」

かんしゅ【看取】「動静をすばやく―する」

かんしゅ【管主】「清水寺の―」

かんしゅ【艦首】軍艦のへさき。⇔艦尾。

かんじゅ【甘受】甘んじて受け入れる。「あえて批判を―する」〔本来は快く受け入れる意〕

かんじゅ【官需】政府の需要。⇔民需。

かんじゅ【貫首】管主。座主。「日光輪王寺の―」〔「かんしゅ」「かんず」とも〕

がんしゅ【▼癌腫】悪性の腫瘍。癌。

かんしゅう【慣習】「土地の―に従う」

かんしゅう【監修】編集作業を監督する。「―者」「辞典を―する」

かんしゅう【観衆】「大―」「―から大きな拍手を受ける」

がんしゅう【含羞】はじらい。はにかみ。「―草」「少し―を持つ」

かんしゅうほう【慣習法】社会通念として成立する法。「国際的に―として認められる」

かんじゅく【完熟】「―トマト」「―するのを待って収穫する」

かんじゅく【慣熟】慣れて上手になる。「医療機器の扱いに―する」

かんじゅせい【感受性】「―が鋭い」「―の豊かな人」

かんしょ【甘▼蔗】サトウキビの別名。「―糖」〔「蔗」の字音は本来「しゃ」。「しょ」は慣用音〕

かんしょ【甘▼藷・甘▼薯】サツマイモの別名。

かんしょ【官署】官庁。役所。

かんしょ【寒暑】「―を叙〈じょ〉す」

かんじょ【寛▼恕】心が広く思いやりがある。「御―を請う」

がんしょ【▼雁書】手紙。たより。「―を賜る」

がんしょ【願書】「入学―」

かんしょう【干渉】「内政―」「子どもに―し過ぎる」

かんしょう【完勝】「緒戦に―する」

かんしょう【冠省】手紙で前書きを略すときに書く語。〔この語を用いれば「草々」などで結ぶ〕

かんしょう【勧奨】「納税―」「退職を―する」

かんしょう【感傷】「―にひたる」

かんしょう【管掌】権限にもとづき管理する。「政府―」「人事業務を―する」

かんしょう【緩衝】衝撃を和らげること。「国境の―地帯」

かんしょう【環礁】環状のさんご礁。「ビキニ―」

かんしょう【▼癇性・▼疳性】おこりっぽい性質。潔癖。「―な性格」「―で人の使った物に触れない」

かんしょう【観照】本質を主観を交えずに見つめる。「人生を―する」

かんしょう【観賞】美しいものを見て楽しむ。「―植物」「草花を―する」

かんしょう【鑑賞】「音楽―」

かんじょう【干城】国を守る武士。軍人。「君国の―」

かんじょう【勘定】「―奉行」「人数を―する」「料理屋の―を済ませる」

かんじょう【勧▽請】神仏の分霊を他の地に移し祭る。「梵天―」

かんじょう【感状】武将が手柄をほめて与えた文書。

かんじょう【感情】「―に訴える」「―を顔に出す」「―を込めて歌う」

かんじょう【環状】「中央―」

かんじょう【▼灌頂】頭頂から水を注ぐ仏教の儀式。「伝法―」

がんしょう【岩▼漿】マグマ。「火山の―移動」

がんしょう【岩礁】海中に隠れている岩。「―にすむ魚」

がんじょう【頑丈】「―な体」「―にできている」

かんしょく【官職】官吏としての職務と地位。

かんしょく【寒色】寒い感じを与える色。青系統の色。

⇔温色。

かんしょく【間食】「―を減らす」

かんしょく【閑職】ひまな職務。重要でない職。「―にまわされる」

かんしょく【感触】「つるつるした―」「交渉を進める中で確かな―を得る」

がんしょく【顔色】「予想外の不調に―を失う」

かんじる【感じる】「痛みを―」「本を読んで―じた事を文章にまとめる」〔サ変「感ずる」も同じ〕

かんしん【甘心】納得すること。「この説には全く―する他ない」

かんしん【▼奸臣・▼姦臣】主君に対して悪事をたくらむ家臣。「―を遠ざける」

かんしん【寒心】心配のあまりぞっとする。「通り魔事件の報道に―に耐えない」

かんしん【感心】「流暢な英語の発音に―する」

かんしん【関心】「政治に―をもつ」「オリンピック競技の結果に国民の―が集まる」

かんしん【歓心】相手の喜ぶ心。「―を買う（得る）」

かんじん【肝心・肝腎】「―要〈かなめ〉（＝最重要）」「何より基本が―だ」

かんじん【閑人】ひまじん。風流人。「―閑話」

かんじん【勧進】寺の建築・修繕の寄付を集める。「弁慶の―帳」「東大寺大仏殿の建立につき―する」

かんじん【寛仁】心が広くやさしい。「先生の―なお心に接し敬慕の念を増す」

かんじんたいど【寛仁大度】寛大で心が広い。「―な人物で皆から慕われていた」

かんす【▼鑵子】やかん。茶の湯の茶がま。

かんすい【完遂】「任務を―する」

かんすい【冠水】「洪水で田畑が―した」

かんすい【▼鹹水】しお辛い水。⇔淡水。「―魚」

かんすい【▼灌水】水を注ぎかける。「畑に―する」

かんすう【関数・▼函数】「三角―」「二次―の曲線グラフ」

かんせい【完成】「―度が高い」「作品が―する」

かんせい【官製】政府の製造。⇔私製。「―葉書」

かんせい【陥▼穽】落とし穴。わな。「―に陥る」

かんせい【▼喊声】突撃する際の声。ときの声。「―を発する」

かんせい【喚声】興奮して出す叫び声。

かんせい【感性】「豊かな―をはぐくむ」

かんせい【慣性】「―の法則」

かんせい【管制】「灯火―」「航空―塔」

かんせい【歓声】よろこびの声。「優勝の瞬間に―を上げる」

かんせい【▼鼾声】いびき。

かんせい【閑静】「―な住宅街」

かんぜい【関税】輸入貨物に国が課する租税。「―を課す」「―を引き上げる（引き下げる）」

かんぜおん【観世音】慈悲深い菩薩。かんのん。「―菩薩像」

かんせき【漢籍】「四書五経の―の類」「―を素読する」

がんせき【岩石】いわ。いわお。「―学」

かんせつ【冠雪】雪が降り積もること。「初―」「山頂は―している」

かんせつ【間接】⇔直接。「―照明」「人を介して―に尋ねる」

かんせつ【関節】「―技」「―が外れる」

かんぜつ【冠絶】とびはなれてすぐれている。「史上に―する大傑作」

がんぜない【頑是《無》い】幼くて聞き分けがない。「幼児の―笑顔」

かんぜみ【寒▼蟬】秋に鳴く蟬。かんせん。

かんぜより【観世▼縒り】こより。

かんせん【汗腺】「―から出る汗」

かんせん【幹線】主要な路線。⇔支線。「新―」「―道路」

かんせん【感染】「―症」「インフルエンザに―する」

かんせん【観戦】「野球を―する」

かんせん【艦船】「海軍の―」

かんぜん【完全】「―無欠」「―犯罪」「―燃焼」「―な形で保存する」「―に失敗した」

かんぜん【間然】非難すべき欠点がある。「―する所がない」

かんぜん【敢然】「―と立ち向かう」

がんぜん【眼前】「―に大海原が広がる」

かんぜんちょうあく【勧善懲悪】よい行いをほめすすめ、悪い行いをいさめこらしめる。「―の時代小説」

かんぜんむけつ【完全無欠】完全で欠点がない。

かんそ【簡素】「―な家の造り」

がんそ【元祖】一家の先祖。創始者。

かんそう【完走】「炎天下にマラソンを―した」

かんそう【乾燥】「無味―」「冬の―肌」「空気が―している」

かんそう【間奏】一曲の途中にはさんで奏される部分。「―部分」「―に台詞を入れる」

かんそう【感想】「―文」「―を述べる」

かんそう【歓送】「卒業生の―会」

かんそう【観相】人相を見ること。「―を信じる」

かんそう【観想】「―力」「浄土を―する」

かんぞう【甘草】草の名。根は薬用。「―エキス」「―の丸呑み（＝よくかみしめて本当の意味を知ろうとしないことのたとえ）」

かんぞう【肝臓】胆汁を作り、養分を貯蔵する内臓。

かんぞう【▼萱草】草の名。キスゲなど。

がんそう【含▼嗽】うがい。「―剤」

がんぞう【▼贋造】偽物をつくる。「―物」「紙幣を―する」

かんそく【観測】「天体―」「―史上最高の暑さ」

かんそん【寒村】さびれた貧しい村。「山中の―に生まれる」

かんそんみんぴ【官尊民卑】官を尊び民を蔑視する。「―の発想」

かんたい【寒帯】「―のツンドラ」

かんたい【歓待・款待】喜んで手厚くもてなす。「―を受ける」

かんたい【艦隊】「連合―」

かんだい【寛大】「―な処置を求める」

がんたい【眼帯】「片目を―で覆う」

かんたいじ【簡体字】中国で、簡略な字体の漢字。

かんだかい【甲高い】「―声が響く」

かんたく【干拓】「湖を―する」

かんたまご【寒卵】寒中に産んだ鶏卵。滋養に富む。

かんたる【冠たる】「世界に―日本の技術」

かんたん【肝胆】心の中。心底。「―相照らす」

かんたん【▼邯▼鄲】昆虫の名。中国の都市名。「―の夢（＝人の世の栄光のはかないこと）」

かんたん【感嘆・感▼歎】「―文」「あの熱意には―する」

かんたん【簡単・簡短】「―明瞭」「―な操作（問題）」「昼食を―に済ます」「先方は―に承知してくれた」

かんだん【寒暖】「―計」「―の差が激しい」

かんだん【間断】絶え間。切れ目。「―なく来客がある」「―なく雪が降り続ける」

かんだん【閑談】むだ話。雑談。「友人と―に耽〈ふけ〉る」

かんだん【歓談】うちとけた愉快な会話。「（披露宴などで）しばらく御―頂きますようお願い申し上げます」

がんたん【元旦】「一年の計は―にあり」

かんたんふ【感嘆符】感嘆を表す「！」の符号。

かんち【▼奸▼智・▼姦▼智・▼奸知】悪がしこい知恵。「―にたける」

かんち【完治】「口内炎がやっと―した」

かんち【閑地】しずかな土地。気楽な地位。「老後は―に隠居する」

かんち【感知】感づく。「煙を―する機械」「隠れた事実を―する」

かんち【関知】関わり知っている。「一切―しない」

かんちがい【勘違い】「とんだ―だ」「どうやら―していたらしい」

がんちく【含蓄】表現内容が豊かで味わい深い。「―

のある言葉」

かんちゅう【寒中】小寒から大寒の間。「—見舞い」

がんちゅう【眼中】「—に留める」「—に無い」

かんちょう【干潮】引き潮。⇔満潮。

かんちょう【観潮】潮の流れや渦潮などを見る。「鳴門海峡で—を楽しむ」

かんちょう【完調】「ほぼ—に近い」

かんちょう【官庁】国家の行政事務を処理する機関。「関係—」「—に届けて許可を得る」

かんちょう【▼浣腸・▼灌腸】肛門から薬や栄養分を注入する。「—器」

かんちょう【間▼諜】間者。スパイ。

がんちょう【元朝】元日の朝。元旦。

かんつう【▼姦通・▼奸通】不倫。「—罪」

かんつう【貫通】「トンネルが—する」「弾が肩を—する」

かんつばき【寒▼椿】寒中に咲くツバキ。

かんづめ【缶詰】「桃の—」「旅館に—になる」

かんてい【官邸】大臣・長官の官舎。公邸。「首相—」

かんてい【艦艇】大小各種の軍艦の総称。

かんてい【鑑定】「筆跡—」「—結果」「陶器を—する」

がんてい【眼底】眼球底部。「—出血」

かんてつ【貫徹】「要求—」「初志を—する」

かんてん【干天】ひでりの空。「—の慈雨」

かんてん【寒天】冬の空。テングサを加工した食品。「—に冴える月」「蜜豆の—」

かんてん【観点】「教育的—」「—を変える」「—を絞って議論する」

かんでん【乾田】水はけがよくてすぐにかわく田。「—直播〈ちょくはん〉(=稲の種子を田にじかまきすること)」

かんでん【感電】「落雷で—死する」

かんてんきち【歓天喜地】非常に喜ぶさま。

かんでんち【乾電池】「アルカリ(マンガン)—」

かんと【官途】官吏の地位。「—に就く」

かんど【感度】「—良好」「—がいい(にぶい)フィルム」

かんとう【完投】一人の投手が一試合を投げぬく。

かんとう【巻頭】巻物・書物などの最初。⇔巻末。「—言」「—を飾る」

かんとう【敢闘】よく戦う。「—賞」「—むなしく一回戦で敗退した」

かんとう【関東】東京を中心とする一都六県の地域。⇔関西。「—ローム層」「—地方」「—大震災」

かんとう【関頭】別れ目。せとぎわ。「生死の—に立つ」

かんどう【勘当】「放蕩が過ぎて親から—される」

かんどう【間道】抜け道。わき道。「渋滞を避けて—を行く」

かんどう【感動】「—的な場面」「名演奏に深い—を覚える」「—して涙を流す」

がんとう【▼龕灯】前方だけを照らすちょうちん。

かんとく【感得】深い道理を感じ悟る。「真言密教の奥義を—する」

かんとく【監督】「映画—」「野球の—」「責任を持って生徒を—する」

かんどころ【勘所】重要な点。急所。「—を外さない(押さえた)処置」

がんとして【頑として】「—応じない」

かんな【▼鉋】材木の表面を削って平らにする道具。「—で削る」「—をかける」

かんない【管内】「警察署の—で起きた事件」

かんながらのみち【〈随神〉の道】神道。「日本固有の—」

かんなぎ【▼巫・▼覡】神に仕える人。みこ。

かんなくず【▼鉋▼屑】鉋で削るときできる薄い木屑。

かんなづき【神無月】陰暦一〇月の別名。

かんなん【▼艱難】大変つらく苦しいこと。難儀。「—辛苦」「—を乗り越える」

かんにゅう【▼嵌入】「琵琶に螺鈿〈らでん〉を—する技法」

かんにゅう【観入】奥へ分け入り本質をつかむ。「心眼をもって—する」

か

かんにん【堪忍】「―袋〈ぶくろ〉の緒が切れる」「ならぬ―するが―」「どうか―して下さい」

かんぬき【▼閂】門や戸を固く閉めるための横木。

かんぬし【神主】神社に仕える人。神官。「―に家をお祓〈はら〉いしてもらう」

かんねい【▼奸▼佞・▼姦▼佞】「―の徒」

かんねいじゃち【▼奸▼佞邪知】心が悪くずる賢い。

かんねん【観念】「固定―」「経済―」「―論」「時間の―がない」「もうだめだと―した」

がんねん【元年】「平成―」「行政改革―」

かんのいり【寒の入り】「―を迎える」

かんのう【完納】「税金を―する」

かんのう【官能】「―小説」「―的な香り」

かんのう【感応】「―式信号機」

かんのん【観音】観世音〈かんぜおん〉菩薩。「―信仰」

かんのんびらき【観音開き】左右に開く開き戸。

かんば【汗馬】駿馬。「―の労(=軍功。奔走の労)」

かんば【▼悍馬・▼駻馬】あばれうま。「―を自在に乗りこなす」

かんぱ【看破】「正体を―する」

かんぱ【寒波】「―の襲来」「―が日本列島を広く覆う」

かんばい【完売】「即日―」

かんばい【寒梅】寒中に咲く梅。

かんばい【観梅】梅の花を観賞する。梅見。「―会」

かんぱい【完敗】「予選で―する」

かんぱい【乾杯】「再会を祝して―する」

かんぱく【関白】天皇を補佐した役。いばっている人。「摂政―」「亭主―」

かんばしい【芳しい・▽香しい・▼馨しい】「―梅の香」「成績が―くない」「あまり―くないうわさを耳にした」

かんばせ【《▽顔》】かお。「花の―」

かんぱち【間八】魚の名。「―の刺身」

かんばつ【▼旱▼魃・干▼魃】「―に見舞われ農作物が壊滅した」

かんばつ【間伐】「―材の利用」

かんぱつ【▼渙発】詔勅を広く発布する。「教育勅語を―する」

かんぱつ【▼煥発】輝きが現れる。「才気―」

がんばる【頑張る】「あきらめずに最後まで―」「―って練習する」「一人反対意見を述べて―」「入口には守衛が―っている」

かんばん【看板】「―娘」「八百屋の―」「―を掲げる(下ろす)」「海の幸料理を―にしている民宿」「―に偽り無し」「閉店時間になったのでそろそろ―にする」

かんぱん【甲板】艦船の上部の広く平らな所。デッキ。

かんぱん【乾板】写真感光板。

がんばん【岩盤】「―浴」「―がもろくなっている」

かんび【甘美】うっとりするほどおいしいこと。「―な酒に酔いしれる」

かんび【完備】「冷暖房―」「条件が―する」

かんび【艦尾】軍艦の後部。⇔艦首。

かんぴ【官費】国費。公費。「―の濫用」「―で洋行する」

がんぴ【岩▼菲】多年草。

がんぴ【▼雁皮】落葉低木。「―紙」

かんぴでり【寒▼旱】寒中、長い間雨が降らない。

かんびょう【看病】「―疲れ」「病床の父を―する」

かんぴょう【干▼瓢・乾▼瓢】「―巻き」

がんびょう【眼病】「―を患う」

かんぶ【患部】「―を冷やす」

かんぶ【幹部】「―候補生」「組合の―」

かんぷ【完膚】無傷の皮膚。「―無きまで叩きのめす」

かんぷ【乾布】かわいた布。「―摩擦」

かんぷ【還付】国などが返すこと。「―金」「税金を―する」

かんぷう【完封】「プロ入り初―を果たした投手」

かんぷう【寒風】「―が吹き付ける」

かんぷく【感服】「―の至り」「見事な腕前に―する」

がんぷく【眼福】よいものを見られた幸運。「思わぬ―にあずかる」「―を得る」

かんぶつ【▼奸物・▼姦物】心の曲がった者。悪者。

かんぶつ【官物】政府の所有物。かんもつ。
かんぶつ【乾物】乾燥させた食品。「―屋」
がんぶつ【頑物】頑固な人。「このあたりで有名な―」
がんぶつ【▼贋物】にせもの。「だまされて―をつかまされた」
かんぶつえ【▼灌仏会】釈迦の誕生日(四月八日)の法会。「―で仏様に甘茶を注ぐ」
がんぶつそうし【玩物喪志】目先の楽しみに熱中して、大切な志を失う。
かんぶな【寒▼鮒】寒中にとれるフナ。
かんぶん【漢文】「―訓読」
かんぷん【感奮】「コーチの一言に―興起する」
かんぺき【完璧】「今年のワインは―な出来だ」「―を期して体調を整える」
かんぺき【▼癇癖】癇癪〈かんしゃく〉。「―が強い」
がんぺき【岸壁】「―に船を寄せる」
がんぺき【岩壁】「―をよじ登る」
かんべつ【鑑別】「少年―所」「雛の雌雄を―する」
かんべん【勘弁】「もう―ならない」「今回は―してやる」「堅苦しい挨拶は―して下さい」
かんべん【簡便】「手続きを―に済ませる」「扱いの―な道具」
かんぼう【官房】「内閣―」「―長官」
かんぼう【感冒】かぜひき。風邪。「流行性―」「―薬」
かんぼう【監房・▼檻房】「―に押し込められる」
かんぼう【観望】なりゆきをうかがう。「形勢―」
かんぽう【官報】政府が日刊で発行する広告文書。
かんぽう【漢方】中国から伝わった医術。「―薬」
かんぽう【艦砲】「―射撃」
がんぼう【願望】「出世―」「強い―を抱く」
かんぼく【▼灌木】低木の古い言い方。⇔喬木。
かんぼく【▼翰墨】筆と墨。詩文や書画。
かんぼつ【陥没】「―湖」「―骨折」「道路の真ん中が―する」
かんぽん【刊本】刊行された本。⇔写本。「中国の古―」
かんぽん【完本】すべてそろっている全集本。⇔欠本。「古書店で―を見つける」
がんぽん【元本】利益・収入の元となる財産。「―保証」「―割れ」
かんまつ【巻末】巻物・書物などの最後。⇔巻頭。
かんまん【干満】「―の差が大きい」
かんまん【緩慢】「パンダは動作が―だ」
かんみ【甘味】「人工―料」
かんみ【▼鹹味】塩辛い味。塩辛い食べ物。「―の味噌」
がんみ【玩味】物事を深く味わう。「熟読―する」
かんみん【官民】「―一体となって災害時に備える」
かんむり【冠】「―大会(コンサート)」「李下〈りか〉に―を正さず(=疑われる行為を慎むたとえ)/古楽府」
かんむりょう【感無量】「優勝が決まって―だ」
かんめい【感銘】「名作を読んで強い―を受ける」(「肝銘」とも書く)
かんめい【漢名】中国での名称。⇔和名。「ツバキの―は山茶である」
かんめい【簡明】「―な説明」「―に記す」
がんめい【頑迷】かたくなで道理がわからない。「―固陋〈ころう〉」「―な人」
かんめん【乾麺】干した麺類。
がんめん【顔面】「―蒼白」
かんもく【▼緘黙】口をとじて何も言わない。「―症」
がんもく【眼目】「この本の―は第二章に書かれている」
かんもじ【閑文字】むだな文章や字句。「―を弄〈ろう〉する(連ねる)」
がんもどき【▼雁▽擬き】野菜を細かく刻み入れた油揚げ。
かんもん【喚問】「国会の証人―」
かんもん【関門】「最大の―を突破する」
がんもん【願文】「―を奉納する」
かんやく【完訳】「―源氏物語」
かんやく【簡約】「―に記す」
がんやく【丸薬】「―を水で飲み込む」

かんゆ【肝油】タラなどの肝臓から採った油。

かんゆう【官有】国有。「―地」

かんゆう【▼奸雄・▼姦雄】奸知にたけた英雄。「乱世の―」

かんゆう【勧誘】「―員」「サークルへの入会を―する」「保険に加入するよう―する」

がんゆう【含有】「有害物質の―量を測定する」

かんよ【関与】「政策の決定に―する」「事件への―を否定する」

かんよう【肝要】「―な点」「忍耐が―だ」

かんよう【▼涵養】「豊かな人間性を―する」

かんよう【寛容】「―な態度」「他者に―になる」

かんよう【慣用】「―句」「世間の―」

かんよう【簡要】簡単で要領を得ている。「―な説明を心がける」

がんらい【元来】「美とは―主観に属するものである」「日本人は―魚を好んで食べていた」

がんらいこう【▼雁来紅】ハゲイトウの別名。

かんらく【陥落】「地盤が―する」「城が―する」

かんらく【乾酪】チーズ。

かんらく【歓楽・▼懽楽】「―街〈がい〉」「―の巷〈ちまた〉」

かんらん【甘藍】キャベツ。

かんらん【観覧】「―席」「―車」「美術館を―する」

かんらん【▼橄▼欖】カンラン科の常緑高木。

かんり【官吏】国家公務員の通称。「高級―」「―の道に進む」

かんり【管理】「健康―」「―職」「ビルを―する」

かんり【監理・幹理】監督しとりしまる。「電波―局」「建設工事を―する」

がんり【元利】元金と利子。「―合計」

がんりき【眼力】「―が鋭い」「真贋〈しんがん〉を見分ける―」

かんりゃく【簡略】「―化」「挨拶を―に済ませる」

かんりゅう【貫流】川などが貫いて流れること。「平野を川が―する」

かんりゅう【寒流】低温の海流。⇔暖流。

かんりゅう【還流】流れが元へかえってくる。「水が―する」「資金が―する」

かんりょう【完了】「準備―」「作業が―する」

かんりょう【官僚】上級の公務員。「財務―」「―出身の大臣」

がんりょう【顔料】塗料。絵の具。「蛍光―」

かんりん【▼翰林】学者の仲間。文人の仲間。「―院」

かんるい【感涙】感激の涙。「―にむせぶ」

かんれい【寒冷】⇔温暖。「―地」「―前線」

かんれい【慣例】しきたり。ならわし。「―に従う」

かんれき【還暦】数え年で六一歳。華甲。「―を迎える」

かんれん【関連・関▼聯】「―会社」「互いに―がある」

かんろ【甘露】「ハゼの―煮」

かんろ【寒露】二十四節気の一。十月初旬頃。

がんろう【玩弄・▼翫弄】「―物(=おもちゃ)」

かんろく【貫▼禄】「―がある」「―十分」「近頃―がついてきた」

かんわ【官話】現代中国語の標準語。「北京―」

かんわ【閑話・間話】「一夕の―を楽しむ」

かんわ【漢和】中国と日本。中国語と日本語。「―辞典」

かんわ【緩和】「規制―」「渋滞が―する」「頭痛を―させる薬」

かんわきゅうだい【閑話休題】それはさておき。

き

き【己】⇩こ(己)。「克己・知己・己巳〈きし〉」

き【企】キ くわだ-てる「企画・企及・企業・企図」

き【伎】キ ―「歌舞伎」

き【危】キ あぶ-ない・あや-うい・あや-ぶむ 「危害・危機・危急・危惧・危険・危地・危篤・危難・安危」

き【机】キ つくえ 「起案・机下・机上・机辺・浄机」

き【気(氣)】キ・ケ 「気運・気鋭・気体・気力・意気・景気・元気・節気・天気・熱気・病気」

き【岐】キ ― 「岐路・多岐・分岐・岐阜〈ぎふ〉県」

き【希】キ ― 「希求・希釈・希書・希少・希世・希代・希薄・希望」〔「稀」の書き換え字としても用いられる〕

き【忌】キ い-む・い-まわしい 「忌諱・忌憚・忌中・忌日・忌避・忌服・禁忌・回忌・周忌・年忌」

き【汽】キ ― 「汽圧・汽缶・汽車・汽船・汽艇・汽笛・汽力」

き【奇】キ ― 「奇遇・奇行・奇才・奇襲・奇数・奇妙・新奇・数奇」〔「畸」の書き換え字としても用いられる〕

き【祈(祈)】キ いの-る 「祈願・祈求・祈誓・祈請・祈禱・祈年・祈念」

き【季】キ ― 「季語・季節・季題・雨季・夏季・乾季・四季・節季・年季」

き【紀】キ ― 「紀元・紀行・紀伝・紀要・校紀・綱紀・世紀・党紀・風紀」

き【軌】キ ― 「軌条・軌跡・軌道・軌範・広軌・常軌・不軌・無軌道」

き【既(旣)】キ すで-に 「既刊・既決・既婚・既済・既成・既製・既知・既定・既得・既報・皆既食」

き【記】キ しる-す 「記憶・記号・記事・記述・記章・記帳・記録・暗記・手記・注記・日記」

き【起】キ お-きる・お-こる・お-こす 「起因・起居・起工・起点・起用・喚起・再起・突起・奮起・発起」

き【飢】キ う-える 「飢餓・飢渇・飢寒・飢饉」

き【鬼】キ おに 「鬼気・鬼才・鬼神・鬼籍・鬼畜・悪鬼・餓鬼・邪鬼」

き【帰(歸)】キ かえ-る・かえ-す 「帰還・帰郷・帰結・帰順・帰省・帰属・帰途・帰納・回帰・復帰」

き【基】キ もと・もとい 「基因・基金・基準・基礎・基本・開基」

き【寄】キ よ-る・よ-せる 「寄港・寄宿・寄生・寄託・寄付・寄与」

き【規】キ ― 「規格・規準・規則・規模・規約・正規・定規・内規」

き【亀(龜)】キ かめ 「亀鑑・亀甲・亀卜・亀裂・神亀・盲亀」

き【喜】キ よろこ-ぶ 「喜劇・喜捨・喜色・歓喜・驚喜・悲喜」

き【幾】キ いく 「幾何・幾望・庶幾」

き【揮】キ ― 「揮発・指揮・発揮」

き【期】キ・(ゴ) ― 「期間・期限・期成・期待・期末・時期・所期・定期・末期・予期」

き【棋】キ ― 「棋界・棋客・棋局・棋士・棋勢・棋聖・棋譜・棋風・将棋」

き【貴】キ たっと-い・とうと-い・たっと-ぶ・とうと-ぶ 「貴下・貴兄・貴人・貴族・貴重・高貴・騰貴・富貴」

き【棄】キ ― 「棄却・棄権・遺棄・自棄・唾棄・投棄・廃棄・破棄・放棄」

き【毀】キ ― 「毀壊・毀棄・毀傷・毀損・毀誉」

き【旗】キ はた「旗艦・旗手・校旗・国旗・弔旗・半旗・万国旗」
き【器(器)】キ うつわ「器物・器用・器量・楽器・凶器・祭器・磁器・消化器・食器・神器・大器」
き【畿】キ ―「畿内・近畿・京畿〈けいき〉」
き【輝】キ かがや-く「輝栄・輝岩・輝石・輝線・輝度・光輝・清輝」
き【機】キ はた「機運・機会・機関・機器・機業・機知・危機・時機」
き【騎】キ ―「騎虎・騎士・騎手・騎乗・騎馬・騎兵・一騎当千・単騎」
き【木・▽樹】「柿の―」「―に竹を接ぐ」「―で鼻を括る」「―を見て森を見ず」
き【生】混じり物がない。純粋。「―糸」「―醤油〈じょうゆ〉」「―真面目〈まじめ〉」
き【黄】「―のチューリップ」「―の傘」
き【気】「―のいい人」「―が変わる」「―を失う」「死ぬ―で頑張れ」「―が置けない(=気遣いの要らない)仲間」「―が抜ける(=張り合いがなくなる)」「―に食わない(=いやだと思う)」
き【忌】死者の命日。「一周―」「桜桃―」「―が明ける」
き【奇】「事実は小説よりも―なり」
き【期】「思春―」「過渡―」
ぎ【技】ギ わざ「技官・技芸・技巧・技師・技術・技能・技法・技量・演技・球技・競技・国技・特技」
ぎ【宜】ギ ―「機宜・事宜・時宜・情宜・適宜・便宜」
ぎ【偽(僞)】ギ いつわ-る・にせ「偽書・偽証・偽善・偽装・偽造・偽筆・偽名・虚偽・真偽」
ぎ【欺】ギ あざむ-く「欺瞞〈ぎまん〉・詐欺」
ぎ【義】ギ ―「義歯・義父・義憤・義理・講義・信義・正義」
ぎ【疑】ギ うたが-う「疑心・疑問・疑惑・懐疑・質疑・容疑」
ぎ【儀】ギ ―「儀式・儀典・威儀・婚儀・葬儀・地球儀・律儀・礼儀」
ぎ【戯(戲)】ギ たわむ-れる「戯画・戯曲・戯作・戯書・戯場・戯評・嬉戯・球戯・児戯・遊戯」
ぎ【擬】ギ ―「擬音・擬古文・擬作・擬死・擬餌・擬人法・擬態・模擬」
ぎ【犠(犧)】ギ ―「犠牲・犠打」
ぎ【議】ギ ―「議案・議会・議題・議長・議論・異議・抗議」
ぎ【義】「君臣の―」「―を見てせざるは勇無きなり」
ぎ【儀】儀式。こと。「私〈わたくし〉―、この度恩師夫妻の媒酌により…」「結婚の―」
きあい【気合】「―を入れる」
ぎあく【偽悪】わざと悪く装う。⇕偽善。「―趣味」
きあけ【忌明け】喪の期間が終わる。
きあつ【気圧】「低(高)―」「―配置」「―の谷」
きあん【起案】「条文を―する」
ぎあん【議案】「―を提出する」
きい【忌・▼諱】恐れはばかること。〔規範としては「きき」が正しい。慣用読み〕
きい【奇異】「―な印象をもった」
きい【貴意】相手の考え・意見の尊敬語。「―に添う」
きい【紀伊】旧国名。和歌山県と三重県南部。紀州。
きいつ【帰一】結果として一つにまとまる。「一つの原因に―する」
きいっぽん【生一本】「銘酒・灘〈なだ〉の―」
きいと【生糸】「―相場」「繭〈まゆ〉から―をとる」
きいろい【黄色い】「―声」
きいん【気韻】品格の高い風雅な趣。「―生動(=気韻が生き生きとしているさま)を具現した肖像画」
きいん【起因】「国境問題に―する紛争」

ぎいん【議員】「国会―」「―定数」
ぎいん【議院】「―内閣制」
きう【喜雨】日照り続きの時に降る雨。
きうけ【気受け】人々のうけ。「世間の―がよい」
きうそうだい【気宇壮大】「―な計画(作品)」
きうつ【気鬱】「―な性質〈たち〉」
きうつり【気移り】「―する性格」
きうん【気運】情勢がある方向におもむこうとする傾向。「社会的―」「反戦の―が高まる(盛り上がる)」
きうん【機運】時のめぐり合わせ。おり。「改革の―が熟する」
きえ【帰依】神仏の力にすがる。「仏道に―する」
きえい【気鋭】意気込みのするどいこと。「新進―の歌手」
きえつ【喜悦】「―の極み」
きえる【消える】「山の雪が―」「よく―消しゴム」「憎しみ(不安)が―」
きえん【気炎・気▼焔】「―を吐く(上げる)」
きえん【帰▼燕】秋、南方に帰るツバメ。「―を惜しむ」
きえん【奇縁】不思議な因縁。「合縁〈あいえん〉―」
きえん【機縁】「一通の手紙が―となって交際が始まる」
ぎえんきん【義▼捐金・義援金】「―を募る」
きおい【気負い】「―がなく自然体でいる」

きおう【既往】過ぎ去ったとき。過去。「―症(歴)」
きおく【記憶】「―喪失」「―にない」
きおくれ【気後れ】心が臆する。「大勢の観衆の前で―する」
きおち【気落ち】「願いが届かず―する」
きおも【気重】気が引き立たない。「―な仕事」「何となく―で行きたくない」
きおん【気温】「―が上昇する」
ぎおん【擬音】「―語」
ぎおん【▼祇▽園】「―祭」
きか【机下】書簡文の脇付の一。案下。
きか【気化】「―熱」
きか【奇貨】利益が出そうな品物・機会。「―居〈お〉くべし(=好機を利用すべきだ)/史記」
きか【奇禍】思いがけない災難。「―に遭う」
きか【帰化】「日本に―する」
きか【幾何】「幾何学」の略。数学の一部門。
きか【貴下】手紙文で、男性が同輩や目下の者を敬っていう語。「―のご活躍を祈ります」
きか【貴家】相手や相手の家を敬っていう語。「―ご一同様には益々御清栄の段」「―益々御隆盛の段」
きか【▼麾下】人の指揮下にあること。「―の艦隊」
きが【起▼臥】「―を共にする」「山野に―する」
きが【飢餓・▼饑餓】「―状態」「―に苦しむ」

ぎが【戯画】「鳥獣―」
きかい【奇怪】「―な出来事」「「きっかい」とも」
きかい【機会】「―均等」「絶好の―だ」「―を逸する」
きかい【器械】動力をもたない小型の道具。「―体操」
きかい【機械】動力をつけて動く装置。「―工業」「―化する」「―で動く」
きがい【危害】「―を及ぼす(加える)」
きがい【気概】強い気性。いくじ。「―に富む若者」「やろうとする―を示す」
ぎかい【議会】「県―」「―政治」
きがえ【着替え】「ずぶ濡れになったが―がない」
きがかり【気《掛》かり】「一人暮らしの母が―だ」
きかく【企画】「―書」「新しい―」「―を練って提出する」
きかく【規格】「―外」「―に合う」
きがく【器楽】楽器のみで演奏する音楽。⇔声楽。「―合奏」
ぎがく【▽伎楽】「―面〈めん〉」
きかつ【飢渇】「―感」「―を癒す」
きがね【気《兼》ね】「近所に―する」
きかねつ【気化熱】蒸発する際に奪われる熱。
きがまえ【気構え】「凡人とは―が違う」「反撃の―を示す」
きがる【気軽】「―に引き受ける」

きかん【気管】「―支炎」「食べ物が―に入ってむせる」

きかん【汽缶・汽▼罐】蒸気を発生させる装置。

きかん【奇観】絶景。「天下の―」「―を呈する」

きかん【季刊】一年に四回刊行する。「―の雑誌」

きかん【既刊】すでに刊行されている。⇕未刊。「―図書のリスト」

きかん【帰還】「―兵」「戦争の前線から―する」

きかん【帰館】帰宅。「おおい、ご主人様の御―だぞ(=冗談めかした言い方)」

きかん【基幹】「―産業」

きかん【亀鑑】人のおこないの手本。模範。「教育者の―として仰がれる」

きかん【期間】「一定の―」「―を限定して販売する」

きかん【貴簡・貴▼翰】(あなたの)お手紙。

きかん【旗艦】艦隊の司令長官が乗る軍艦。「―三笠〈みかさ〉」

きかん【器官】「消化―」

きかん【機関】「行政―」「交通―」「金融―」「―車」「―紙」

きがん【奇岩】「―怪石を巡る」

きがん【祈願】「安全―」「病気が治るようにと―する」

きがん【帰▼雁】春になって北へ帰るガン。

ぎかん【技官】技術関係の仕事をする国家公務員。「国土交通(文部科学)―」


ぎがん【義眼】人工の眼球。

きき【危機】「―意識」「―を脱する」

きき【鬼気】「彼女の演技は―迫るものがある」

きき【機器】「教育―」

きき【忌▼諱】恐れはばかること。「―に触れる(=嫌われることをして相手の機嫌をそこねる意)」〔「きい」は慣用読み〕

きき【▼嬉▼嬉・▼嘻▼嘻】「―として遊ぶ」

きぎ【機宜】時機に適している。「―を得た処置」

ぎぎ【義義】淡水魚。とげをもつ。

ぎぎ【疑義】「―を生ずる(ただす)」

ききいっぱつ【危機一髪】「―のところを救出された」〔「危機一発」は誤り〕

ききいる【聞(き)入る・聴(き)入る】「話(演奏)に―」

ききいれる【聞(き)入れる】「頼みを―」「願いを―」

ききうで【利(き)腕】「―でラケットを振る」

ききかいかい【奇奇怪怪】「―な出来事が続く」

ききざけ【利(き)酒・聞(き)酒】「酒蔵で―を楽しむ」

きぎす【▼雉子】キジの古名。「焼け野の―、夜の鶴〈つる〉(=子を思う親の愛情が深いことのたとえ)」

ききずて【聞(き)捨て】「―ならない」

ききて【聞(き)手】「話し手と―」

ききにくい【聞き《▽悪》い・聞き《▽難》い】

ききみみ【聞(き)耳】「―を立てる」「声が小さくて―」
ききめ【利(き)目】「―は左目だ」
ききめ【効(き)目】「この薬は風邪に―がある」「特訓の―が現れる」
ききもらす【聞(き)漏らす・聞き▼洩らす】「うっかり―」
ききゃく【棋客】棋士。「アマ(プロ)―」〔「きかく」とも〕
ききゃく【棄却】「高等裁判所は控訴を―した」
ききゅう【危急】「―の場合には代理を務める」
ききゅう【気球】「―に乗る」
ききゅう【希求・▼冀求】「国際平和を―する」
ききゅう【帰休】勤務を離れて家にいる。「一時―」
ききゅう【▼欷泣】すすり泣く。「奥から―する声が聞こえる」
ききゅうそんぼう【危急存亡】「経営が悪化し、―の秋〈とき〉を迎える」
ききょ【起居】「病床に臥して―もままならない」
ぎきょ【義挙】正義のために起こす企てや行動。「赤穂浪士の―」
ききょう【奇矯】「突然笑い出すなど―な行動が目立つ」
ききょう【▼桔▽梗】秋の七草の一。

き

ききょう【帰京】「盆休みが終わって―する」
ききょう【帰郷】「―して正月をのんびりと過ごす」
きぎょう【企業】 営利の目的で活動する事業体。「中小―」「―の倒産」
きぎょう【起業】 新しく事業を始める。「―家」「―独立を支援する」
きぎょう【機業】 はた織り。「―家」
ぎきょう【義▼俠】 おとこぎ。「―心に富む」
ぎきょく【戯曲】 劇の脚本の形式で書いた文学作品。「―を読む」
ききわける【聞(き)分ける】「演奏者がだれか―」「道理を―」「どうか―けておくれ」
ききん【飢▼饉・▼饑▼饉】「水―」「深刻な―に苦しむ」
ききん【基金】「国際交流―」「育英事業の―」
ききんぞく【貴金属】「―店」「―が盗まれた」
きく【菊】 キク ―「菊花・菊人形・寒菊・残菊・松菊・白菊」
きく【菊】 多年草。主に秋に咲く。
きく【危▼懼】 あやぶみおそれる。危惧。「―の念」
きく【規▼矩】 行動の規準となる手本。「―とすべき行い」
きく【利く】 機能が働く。「犬は鼻が―」「機転が―」「見晴らしが―」「気が―」
きく【効く】 ききめが現れる。「薬が―いて症状が緩和した」「宣伝が―いて売れ行きが伸びた」
きく【聞く】 音・声を耳で感じて知る。「蟬の鳴き声を―」「親の言うことをちっとも―かない」
きく【▼訊く・聞く】 たずねる。問う。「名前(道)を―」「先生に正答を―」「胸に手を当てて―いてみる」
きく【聴く】 くわしく注意して聞く。傾聴する。「音楽を―」「事情を―」
きぐ【危惧】 あやぶみおそれる。「絶滅―種」「地球温暖化が―される」「―の念を抱く」
きぐ【器具】 簡単な作りの器械類。「電気―」
きぐ【機具】 機械・器具の類。「農―」
きくいただき【菊▽戴】 日本最小の鳥の一。
きぐう【奇遇】 思いがけず出会う。「旅先で出会うとは―だ」
きぐう【寄▼寓】 よその家に身を寄せる。「しばらくの間、知人宅に―する」
きくじゅんじょう【規▼矩準縄】 人の行動の規準。「―を正す」
きぐすり【生薬】 しょうやく。
きくする【▼掬する】 水を両手ですくう。事情をおしはかる。「湧き水を―して飲む」「―すべき意見」
きくずれ【着崩れ】「着付けがうまいと―しない」
きくづき【菊月】 陰暦九月の異名。
きくにんぎょう【菊人形】 菊で衣装を飾った人形。
きくばり【気配り】「―ができる」「―が足りない」
きぐみ【気組(み)】 心ぐみ。意気込み。「まだ―が足りない」
きぐらい【気位】「彼女は―が高い」
きくらげ〈木耳〉 人の耳形をした食用のキノコ。
きぐろう【気苦労】「―が絶えない」
きくん【貴君】 同輩の男性に対する尊敬語。手紙用語。「―の御発展をお祈り致します」
きけい【奇形・▼畸形・▼畸型】 生物の形の一部に異常がある。
きけい【奇景】「天下の―」
きけい【奇計】 非常に巧みなはかりごと。奇策。
きけい【▼詭計】 人をだましおとしいれる計略。
きけい【奇警】「―な発言に周囲はとまどいを隠せない」
きけい【貴兄】 先輩や同輩の男性に対する尊敬語。手紙用語。「―の益々の御発展をお祈り申し上げます」
ぎけい【偽計】 相手をだますための計略。「―業務妨害」
ぎけい【義兄】「―が経営する店」
ぎげい【技芸】 美術工芸など、芸術に関する技術。「日本の伝統―を継承する」
きげき【喜劇】「―作家(役者)」

きけつ【既決】 ⇔未決。「―事項」「―書類」
きけつ【帰結】 当然そうなる結果。「当然の結論に―する」
ぎけつ【議決】 「―機関」「―権」「国会で―する」
きけん【危険】 「―区域」「―な仕事」「―を避ける」「―を冒〈おか〉す」
きけん【気圏】 地球を包む大気の範囲。大気圏。「地圏・水圏・―」
きけん【貴顕】 身分が高く、有名な人。「―紳士」
きけん【棄権】 「投票を―する」「負傷したため競技の途中で―した」
きげん【紀元】 「―節」「―前」
きげん【起源・起原】 「生命の―」「種〈しゅ〉の―（＝ダーウィンの進化論についての書名）」
きげん【期限】 「―付き」「―を守る」「―が過ぎる」
きげん【機嫌】 「上〈じょう〉―」「―がよい（悪い）」「御―を伺う」
きこ【旗鼓】 軍隊。「―堂々」
きこ【騎虎】 虎の背に乗る。「―の勢い（＝途中でやめられない勢いのたとえ）／隋書」
きご【季語】 「俳句の―」
きご【▼綺語】 巧みに偽り飾った言葉。「狂言―」（「きぎょ」とも）
きこう【気功】 中国古来の健康法。「―術」

き

きこう【奇行】 「―癖のある小説家」
きこう【気候】 ある地域の一年間の天候の状態。「―帯〈たい〉」「―の変化」
きこう【季候】 季節。時候。「―が良いので出かける」
きこう【紀行】 「―文」
きこう【帰航】 「操業を終え―する」
きこう【帰港】 「数か月に渡る海の旅から―する」
きこう【起工】 着工。⇔完工・竣工。「―式」
きこう【起稿】 原稿を書き始める。「歴史小説を―する」
きこう【寄港】 「航海の途中で神戸港に―する」
きこう【寄稿】 「雑誌に―する」
きこう【機甲】 戦車や装甲車で武装する。「―部隊」
きこう【機構】 「公共広告―」「ロボットの―」「化学反応の―を解明する」
きこう【貴公】 武士が同輩程度の男性に用いた語。「拙者は―に忠告したはずじゃ」
きごう【記号】 「元素―」「―論」「適当なものを選び―で答えなさい」
きごう【揮▼毫】 「―料」「色紙に名言を―する」
ぎこう【技工】 「歯科―士」
ぎこう【技巧】 「表現―」「―的」「―を凝らす」「―に走る」
きこうし【貴公子】 身分の高い家柄の子弟。

きこうぼん【▼稀▼覯本】 めったにない珍しい本。「―を見つける」
きこえる【聞(こ)える】 「奥の方で物音が―」「名声が世に―」
きこく【帰国】 「留学を終えて―する」
ぎごく【疑獄】 政治にからむ大規模な汚職事件。
きこくしゅうしゅう【鬼▼哭▼啾▼啾】 死者の魂が泣くさま。鬼気迫るさま。「―たる戦場の跡」
きごころ【気心】 「―の知れた仲間」
きこつ【気骨】 信念を曲げない強い気性。「―のある男」
きこどうどう【旗鼓堂堂】 軍隊の威容の形容。「―とした軍隊の行進」
ぎこぶん【擬古文】 昔の作品をまねた文章。「近世の―」
きこり【▼樵・〈樵夫〉】 「山のことは―に聞け」
きこん【気根】 植物の空気中に出た根。
きこん【既婚】 すでに結婚している。⇔未婚。「―者」
きざ【気▽障】 「―なやつ」「―なせりふ」
きさい【奇才】 めったにないすぐれた才能。「天下の―」「―現〈あらわ〉る」
きさい【鬼才】 人間ばなれした才能。「文壇の―」
きさい【既済】 ⇔未済。「民事事件の―件数」

きさい【記載】「―事項」「―もれ」「住所・氏名を―する」
きさい【起債】債券を発行・募集する。「―市場」
きざい【器材】器具と材料。また、器具の材料。「調理―」「家具の―」
きざい【機材】機械と材料。また、機械の材料。「音楽―」「撮影―」「航空機の―」
きさき【▽后・▽妃】天皇や王の配偶者。
ぎざぎざ【《▽段▽段》】「刃に―が付いている」
きさく【奇策】奇抜な策略。奇計。「―を弄〈ろう〉する」
きさく【気さく】「―な人柄で慕われる」
ぎさく【偽作】「その絵が―か真作かを見抜く」
きさご【〈細螺〉・喜佐古・〈扁螺〉】小形の巻き貝。おはじきにする。
きざし【兆し・▼萌し】「春の―」「回復の―が見える」
きざす【兆す・▼萌す】「春が―」
きざはし【▽階】階段。文章語。
きさま【貴様】同輩か目下の者を呼ぶ語。「―と俺との仲」
きざむ【刻む】「ねぎを―」「文字(仏像)を―」「時を―」
きさらぎ【〈如月〉】陰暦二月の異称。
きざわり【気障り】「彼の態度が―だ」
きさん【帰参】かつての主人に再び仕える。「―がかなう」
きさん【起算】「払い戻しは翌日から―して十日以内」
きさんじ【気散じ】気楽。のんき。「―者」
きし【岸】「船を―に寄せる」「―に上がる」
きし【棋士】「プロ(アマ)―」
きし【旗▼幟】旗じるし。立場。「―を鮮明にする」
きし【騎士】「―道」
きじ【▼雉・▼雉子】日本の国鳥。「―の草隠れ(=頭隠して尻隠さず)」
きじ【木地】漆を塗る前の器物。
きじ【生地・▽素地】もともとの性質。布地。「洋服の―」「パンの―」「―が出る(=本来の性格が思わず出る)」
きじ【記事】「三面―」「―の見出し」
ぎし【技師】「診療放射線―」「ボイラー―」
ぎし【義士】「赤穂―」
ぎし【義姉】義理の姉。⇔義妹。
ぎし【義肢】「―を装着する」
ぎし【義歯】入れ歯。「―を入れる」
ぎじ【疑似】「―餌〈え〉」「―体験」
ぎじ【擬餌】「釣りの仕掛けに―を使う」
ぎじ【議事】「―進行」「―録」
きしかいせい【起死回生】絶望的な状態から立て直す。「―の一打」
ぎしき【儀式】「仏教―」「―張〈ば〉る」「―を執り行う」
ぎしぎし【〈羊蹄〉】草の名。
きじく【基軸】物事の中心となるもの。「政策の―となる方針」
きじく【機軸】物事のやり方。「新―を盛り込む」
きしせんめい【旗▼幟鮮明】主義・主張がはっきりしている。
きしつ【気質】「激しい―」
きじつ【期日】「―前投票」「―に遅れる」
きしべ【岸辺】「―の草花」
きしぼじん【鬼子母神】きしもじん。
きしむ【▼軋む】「戸が―」「床が―」
きしめん【▼棊子麺】平たく打ったうどん。「名古屋名物の―」
きしもじん【鬼子▽母神】安産や育児の女神。
きしゃ【汽車】「―ぽっぽ」「―に乗る」
きしゃ【記者】「新聞―」「―会見」
きしゃ【喜捨】「浄財を―する」
きしゃく【希釈・▼稀釈】「―度」「原液を―して使用する」
きじゃく【着尺】和服一枚に必要な反物の幅と長さ。「―地」
きしゅ【奇手】意表をついたやり方。奇抜な手。
きしゅ【期首】⇔期末。「―残高」
きしゅ【旗手】「新劇運動の―」
きしゅ【機首】飛行機の最前部。

きしゅ【機種】「携帯電話の―を変更する」
きしゅ【騎手】「競馬の―」「天才―」
きじゅ【喜寿】数え年七七歳の祝い。「祖父の―を祝う」
ぎしゅ【義手】「―を装着する」
きしゅう【奇習】珍しい風習。
きしゅう【奇襲】「―戦法」「背後から―をかける」
きしゅう【既習】「―者」「―外国語」
きじゅう【機銃】「―掃射」
ぎしゅう【▼蟻集・▼蟻▼聚】「見物の人が―する」
きじゅうき【起重機】クレーン。
きしゅく【▼耆宿】経験豊かな老大家。「落語界の―」
きしゅく【寄宿】「友人の家に―する」
きじゅつ【奇術】手品。「―師」
きじゅつ【既述】「―のように」
きじゅつ【記述】「事実をありのままに―する」
ぎじゅつ【技術】「運転―」「―革新」「新しい―を開発する」
きじゅん【帰順】「城を明け渡し敵に―する」
きじゅん【基準】物事を比べる際のもととなる標準。「大学設置―」「―値」「採点の―を示す」
きじゅん【規準】よりどころとなる規範。「取り扱いの―を遵守する」「医療倫理の―を定める」
きしょ【奇書】珍しい書物。珍本。

きしょ【希書・▼稀書】稀覯本〈きこうぼん〉。
きじょ【鬼女】「夫に裏切られ―と化す」
きじょ【貴女】「―にお似合いのファッション」
ぎしょ【偽書】「この作品には―説がある」
きしょう【気性】「―が荒い」
きしょう【気象】「―予報士」「―の変化が激しい」
きしょう【希少・▼稀少】「―価値」
きしょう【奇勝】思いがけない勝利。また、素晴らしい景色。
きしょう【起床】「―時間」「七時に―する」
きしょう【毀傷】「身体髪膚、これを父母に受く、あえて―せざるは孝の始めなり／孝経」
きしょう【▼徽章・記章】「警察―」「議員―」
きじょう【机上】「―の空論」
きじょう【気丈】精神的にしっかりしているさま。「―な人」
きじょう【軌条】「―を敷設する」
きじょう【機上】飛行機の中。「―から見下ろす富士山」「―の人となる」
きじょう【騎乗】馬に乗る。「―停止」「―の人」
ぎしょう【偽証】いつわりの証言。「―罪」
ぎじょう【儀▼仗】儀式に用いる装飾的な武器。「―兵」
ぎじょう【議定】合議で決める。ぎてい。「国憲を―する」

ぎじょう【議場】「投票に入るため―を閉鎖する」
きしょうてんけつ【起承転結】「五言絶句の―」「きちんと―を踏まえて文章を書くようにする」
きじょうぶ【気丈夫】「弱音を吐かない―な人」「お守りも持っているから―だ」
きしょうもん【起▽請文】神仏に誓いをたてた文書。「法然上人の一枚―」
きしょく【気色】「―悪い」〔「気色満面」は「喜色満面」の誤り〕
きしょく【寄食】「友人宅で―させてもらう」
きしょくまんめん【喜色満面】「―の笑みを浮かべる」
きしん【帰心】帰りたいと思う心。「―矢の如し」
きしん【寄進】「堂の建立費を寺院に―する」
きじん【奇人・▼畸人】「―伝」
きじん【鬼神】「断じて行えば―もこれを避く」
きじん【貴人】「―のたしなみ」
ぎしん【義心】正義をつらぬこうとする心。「忠臣の―」
ぎしん【疑心】「―を抱く」
ぎじん【義人】正義感の強い人。
ぎじん【擬人】人間に見立てる。「―法」
ぎしんあんき【疑心暗鬼】「―になる（陥る）」

きす【▼鱚】魚の名。「—の天ぷら」

きず【傷・▼疵・▼瑕】「切り—」「柱の—」「家具に—がつく」「玉に疵」

きず【生酢】混ぜ物を加えていない酢。〔「なます」は「膾」「鱠」が正しい。「生酢」と書くのは誤り〕

きずあと【傷痕・▼疵痕】「戦争の—」「—が残る」

きすい【汽水】海水と淡水が混じり合っている水。「—湖」

きすい【既遂】⇔未遂。「強盗の—」

きずい【奇▼瑞】めでたい前兆。「—が現れる」

きずいきまま【気随気▼儘】好き勝手なさま。「—な振る舞い」

きすう【奇数】⇔偶数。「—の日にバイトを入れる」

きすう【基数】「十進法の—は十である」

きすう【帰▼趨】「勝敗の—は予断を許さない」「混沌として—するところを知らない」

きずく【築く】「城を—」「未来を—」

きずぐち【傷口】「—がふさがる」「昔の—に触れる」「—に塩を塗る」

きすげ【黄▼萓】ユリ科の多年草。夕萓。

きずつく【傷〔付〕く】「心が—」「名誉が—」

きずな【▼絆・▼紲】「親子の—」「—を断ち切る」〔現代仮名遣いでは「きづな」とも書く〕

きずもの【傷物・▼疵物】傷のついた商品。「—の衣料品」

きする【帰する】「—所」「無に—」「罪を他人に—」
きする【記する】「講義内容をノートに—」
きする【期する】「必勝を—」「心中ひそかに—所がある」「午前三時を—して攻撃を開始する」
ぎする【擬する】「築山〈つきやま〉を富士山に—」「社長の長男を後継者に—」
ぎする【議する】「外交問題を—」
きせい【気勢】意気込んだ熱っぽい雰囲気。「—があがる」「—をそがれる」
きせい【希世・▼稀世】「—の英雄」
きせい【奇声】「—を発する」
きせい【既成】既にできている。「—概念を覆す」「—事実を作る」
きせい【既製】前もって作ってある。「—品で合う服を探す」
きせい【帰省】「盆休みの—ラッシュは今日がピーク」「正月には—する予定だ」
きせい【寄生】「—虫」「牛に—する蠅」
きせい【規正】規則に従って改める。「違法電波を—する」「政治資金—法」
きせい【規制】物事を規則で制限する。「輸出の自主—」「交通—」「—緩和」
きせい【期成】成功や完成を期待すること。「新幹線推進の—同盟」

ぎせい【擬制】異なるものを同一のものとみなす。法律用語。「—契約」「—親族」
ぎせい【擬勢・義勢・儀勢】強がり。「—を張る」
ぎせい【擬製】まねて作る。「—豆腐」
ぎせい【犠牲】「自己—」「—者」「—フライ」
ぎせいご【擬声語】「動物の鳴き声や風の音を表す—」
きせき【奇跡・奇▼蹟】「—的」「—の生還を果たす」
きせき【軌跡】「—をたどる」「完成までの—を追ったドキュメンタリー」
きせき【鬼籍】過去帳。点鬼簿。「—に入る(=故人となる)」
ぎせき【議席】「過半数の—を占める」
きせつ【気節】気概。気骨。「—がある人」
きせつ【季節】「—の変わり目」「桜の—」
きせつ【既設】「—会場を利用する」
きぜつ【気絶】「あまりのショックで—する」
ぎぜつ【義絶】親子兄弟の縁を絶つ。
キセル【〈煙管〉】刻みタバコを吸う道具。「—乗車」
きぜわしい【気▽忙しい】気持ちが落ち着かない。「—年の暮れ」「—性格」
きせん【汽船】「—でゆったり楽しむ海の旅」
きせん【貴▼賤】「—を問わず」

きせん【機先】やさき。直前。「—を制する」
きぜん【▼毅然】「—たる態度」
ぎぜん【偽善】⇔偽悪。「—者」「—的に振る舞う」
ぎぜん【▼巍然】高くそびえ立つさま。「—として聳える五重塔」
きそ【起訴】「検察が—する」
きそ【基礎】「—工事」「—的な練習」「—を固める」
きそう【起草】「案文を—する」
きそう【帰巣】「—本能」「—性」
きそう【競う】「技を—」「—ってその本を買った」
きぞう【寄贈】「図書館に蔵書の一部を—する」(「きそう」とも)
ぎそう【擬装・偽装】ごまかすために装う。「—結婚」「—した戦車」「食品の産地を偽装する」
ぎそう【▼艤装】船に装備を施す。
ぎぞう【偽造】「貨幣を—する」「ブランド商品の—」
きそうてんがい【奇想天外】奇抜で突飛なさま。「—な計画に腰を抜かす」
きそく【規則】「就業—」「—が厳しい」「—を守る」
きそく【▼羈束】自由を束縛する。「—行為」
きそく【▼驥足】「—を展〈の〉ばす(=すぐれた人物が才能を十分に発揮する)/三国志」
きぞく【帰属】「会社への—意識」「収益は主催者に—する」

きぞく【貴族】「平安時代の—社会」「独身—」
ぎそく【義足】「—を装着する」
ぎぞく【義賊】盗品を貧者に与える賊。
きそくえんえん【気息▼奄▼奄】「中小企業は—たる状態だ」
きそつ【既卒】「—者」
きそば【生〈蕎麦〉】「十割の—」
きそん【既存】「—の設備で間に合わせる」
きそん【毀損】「器物—」「名誉—で訴える」
きた【北】⇔南。「—と南」「—向き」
ぎだ【犠打】野球で走者を進塁させる打撃。「—で勝利に貢献する」
きたい【奇態】「—な話」
きたい【危▼殆】危険。危機。「—に瀕する」
きたい【気体】⇔液体・固体。「—燃料」「—を注入する」
きたい【希代・▼稀代】「—の大悪党」
きたい【期待】「—はずれ」「早期実現に—を込める」
きたい【機体】飛行機の胴体。
きだい【季題】季語。「俳句の—」
ぎたい【擬態】「—語」「木の枝に—した七節〈ななふし〉」
ぎだい【議題】「会議の—」「—に上げる」
ぎたいご【擬態語】「体のしなやかな様子や物の堅い様を—で表す」

きたえる【鍛える】「心身を—」
きたく【帰宅】「—時間」「午後六時に—する」
きたく【寄託】預けて保管を頼む。「寺宝を博物館に—する」
きたけ【着丈】着物の長さ。「—を直す」
きたす【来す】「運営に支障を—」「変調を—して欠席する」
きたつ【既達】公文書などで既に知らせてある。
きだて【気《立》て】「—のよい子」
きたない【汚い・▼穢い】「—部屋」「—手で触る」「やり方が—」
きたならしい【汚らしい・▼穢らしい】「—身なり」
きたはんきゅう【北半球】赤道より北半分。⇔南半球。「—で観測できる星座」
きたまくら【北枕】死者の頭を北に向けて寝かす。
ぎだゆう【義太▽夫】「—節」
きたる【来る】「待ち人—・らず」「冬—・りなば春遠からじ」
きたる【来る】この次の。⇔去る。「—一〇日」
きたん【忌▼憚】「—のない意見を述べる」
きたん【奇▼譚】世にも珍しい話・言い伝え。不思議な話。奇談。「異聞—」
きだん【気団】大気の塊。「小笠原—の勢力が強まる」

き

きだん【奇談】 不思議な話。「珍談―」

ぎだん【疑団】 胸につかえている疑いやしこり。「長年胸中に抱えていた―が氷解する」

きち【吉】 キチ・キッ ― 「吉事・吉日〈きちじつ〉〈きちにち〉・〈きつじつ〉・吉夢・吉例・大吉」

きち【吉】 ⇔凶。「―と出るか凶と出るか」

きち【危地】 「―を脱する」

きち【既知】 ⇔未知。「―の事実」

きち【基地】 「米軍―」「秘密―」

きち【機知・機▾智】 時に応じて巧みに働く才知。「―に富んだ会話」

きちく【鬼畜】 「―のような所業」

きちじ【吉事】 ⇔凶事。「―があってお祝いを贈る」

きちじつ【吉日】 「大安―」

きちじょう【吉祥】 めでたいきざし。きっしょう。「―が現れる」

きちずい【吉▾瑞】 よいことの前兆。「―がある」

きちゃく【帰着】 「無事故国へ―した」「結論は妥当な線に―した」

きちゅう【忌中】 「―につき賀状を遠慮する」

きちょう【▾几帳】 昔、部屋の仕切りに用いた道具。

きちょう【帰朝】 「唐から―した弘法大師」

きちょう【記帳】 「受付で―する」「入金額を―する」

きちょう【基調】 「―講演」「作品の―をなす思想」「黒を―とした服装」

きちょう【機長】 航空機の最高責任者。「―の指示に従う」

きちょう【貴重】 「―品を受付に預ける」

ぎちょう【議長】 「会議の―を務める」「可否同数のときは―の決するところによる」

きちょうめん【▾几帳面】 きちんとしているさま。「―な性格」

きちれい【吉例】 「―にならい儀礼を行う」

きちんやど【木賃宿】 安宿。「―に泊まる」

きつ【吉】 ⇩きち(吉)。「吉凶・吉日〈きつじつ〉〈きちじつ〉・〈きちにち〉・吉祥・吉相・吉兆・吉報・不吉」

きつ【喫】 キツ ― 「喫煙・喫驚・喫緊・喫茶・喫飯・満喫」

きつ【詰】 キツ つ-める・つ-まる・つ-む 「詰問・難詰・面詰・論詰」

きつえん【喫煙】 「―場所」「―者」

きつおん【▾吃音】 話す時、音が詰まったりする状態。

きっかい【奇っ怪】 「―な話」

きづかい【気遣い】 気をつかうこと。心配。「―無用」「食糧が不足する―はない」

きっかけ【≪切≫っ≪掛≫け】 「話をする―をつかむ」

きづかれ【気疲れ】 「―する相手」

きっきゅうじょ【▾鞠▾躬如】 身をかがめかしこまるさま。「―としてかしこまる」

きっきょ【▾拮▿据】 忙しく働く。骨折る。「妻は夫のため―して暮らしを支えた」

きっきょう【吉凶】 「―を占う」

きっきょう【喫驚・▾吃驚】 驚くこと。「―に値する大事件」

きっきん【喫緊・▾吃緊】 さしせまって大切なこと。「優先すべき―の問題」

きづく【気付く】 「誤りに―」

きっくつ【詰屈・▾佶屈】 文章が難解である。「―な文章に頭を抱える」

きっくつごうが【▾佶屈▾聱牙】 難解で読みにくい。「―なる漢語の数々」

きつけ【着付け】 和服をきちんと着る。「―教室」

きつけ【気付け】 気絶した人を正気に戻す薬。「―薬〈ぐすり〉」「―にブランデーを含ませる」

きづけ【気付】 「○○ホテル―山本様」

きっこう【▾拮抗・▾頡▾頏】 「相―する勢力」

きっこう【亀甲】 亀の甲羅。六角形の連続した模様。

きっさ【喫茶】 「―店」

きっさき【切っ先】 「―を向ける」「追及の―が鈍る」

ぎっしゃ【▿牛車】 昔、牛にひかせた貴人用の車。

きっしゅん【吉春】よい新春。年賀状などに書く言葉。「―おめでとうございます」

きっしょ【吉書】書き初め。「―始め」

きっしょう【吉祥】きちじょう。

きっすい【生っ粋】まじりけのないこと。「―の京都人」

きっすい【喫水・▼吃水】水面から船底までの距離。「―線」

きっする【喫する】「茶を―」「惨敗を―・した」

きつぜん【▼屹然】高くそびえ立つさま。「―と孤高を保つ」「―とそそり立つ大木」

きっそう【吉相】「―の印鑑」

きっそう【吉▽左右】うれしい便り。吉報。「今か今かと―を待つ」

きっちょう【吉兆】よいことが起こるきざし。吉祥。「―が現れる」

ぎっちょう【▼毬▽打】木のまりを打つ柄の長い槌〈つち〉。「―炭〈ずみ〉(=茶の湯で用いる炭)」

きつつき【〈啄木鳥〉】鳥の名。「―の巣穴」

きって【切手】「記念―」「―を貼る」

きっと【《▽屹度》・《▽急度》】「―明日は来るだろう」

きつね【▼狐】「―の嫁入り(=天気雨)」「―につままれたよう(=茫然とする意)」

きつねび【▼狐火】暗い夜に見える青白い火。鬼火。

きっぷ【《気》っ《風》】気まえ。心意気。「江戸っ子の―を示す」「粋で鯔背〈いなせ〉で―が良い」

きっぷ【切符】「往復―」「大会出場の―を手にする」

きっぽう【吉報】うれしい知らせ。⇔凶報。

きづまり【気詰(ま)り】「初対面の相手に―を感じる」

きつもん【詰問】「―口調」「刑事から事実関係を―される」

きつりつ【▼屹立】「国境に―する山々」

きてい【既定】⇔未定。「―の方針」

きてい【基底】基礎となる土台。「ダムの―部」

きてい【規定】規則として定める。また、その定め。「―に従う」「―の料金を支払う」

きてい【規程】官公庁の執務上の規則。「事務―」「給与―」

きてい【旗亭】小料理屋。

ぎてい【義弟】義理の弟。弟分。

きてき【汽笛】「―が鳴る」

きてれつ【《奇天烈》】「奇妙―な服装」

きてん【起点】始まる所。出発点。⇔終点。「国道の―」

きてん【基点】基準となる点。基準点。「海面を―として山の高さを測る」

きてん【機転】機敏な心の働き。「―が利く」

きでん【貴殿】目上の男性や同輩に用いる尊敬語。「―の御芳書承りました」

ぎてん【儀典】典例。典範。

きと【企図】計画。もくろみ。「心中大いに―するところがある」

きと【帰途】帰りみち。「―につく」

きど【木戸】簡単な開き戸。興行場の入り口。「―を開く」「―を突く(=興行場で入場を拒む意)」

きどあいらく【喜怒哀楽】「暮らしの中の―を描いた作品」

きとう【気筒】ピストンが往復する円筒。「多―エンジン」

きとう【祈▼禱】「―を捧げる」

きとう【亀頭】陰茎の先端部。

きどう【気道】「―確保」

きどう【軌道】「―修正」「経営が―に乗る」

きどう【起動】動き始める。また、立ち上げる。「パソコンを―する」

きどう【機動】すばやい活動。「―隊」

きどうしゃ【気動車】「二両連結の―」

きとく【危篤】「―状態」「―に陥る」

きとく【奇特】おこないが感心なさま。「若いのに―な人だ」

きとくけん【既得権】「―を守る」

きどる【気取る】「―・って歩く」「スターを―」

きない【畿内】「—の五か国」

きなが【気長】「—に待つ」

きながし【着流し】袴をつけない着物だけの服装。

きなくさい【きな臭い】こげくさい。情勢が不穏だ。「—焼け跡」「情勢が—」「どことなく—話」

きなこ【黄な粉】大豆をいってひいた粉。

きなん【危難】「—に遭う」

きにち【忌日】命日。「ご先祖の—」

きにゅう【記入】「姓名を—する」

きにん【帰任】「出向社員が—する」

きぬ【▽衣】着物。衣服。

きぬ【絹】蚕の繭からとった繊維。絹織物。

きぬかつぎ【▽衣▽被】里芋を皮のままゆでたもの。

きぬけ【気抜け】「炭酸飲料の—」「試合が延期になって—がする」

きぬごし【絹▼漉し】きめの細かい豆腐。

きぬずれ【▽衣擦れ・▽衣▼摺れ】「かすかな—の音」

きぬた【▼砧】布を打って柔らげる木や石の台。

きね【▼杵】臼に穀物を入れてつく木製の道具。「—で餅をつく」

きねづか【▼杵▽柄】「昔取った—(=かつての腕前が衰えていない意)」

きねん【祈念】心をこめて祈る。祈願。「平和—像」「成功を—する」

きねん【記念】思い出に残しておくもの。「—品(切手)」「卒業を—して植樹をする」

ぎねん【疑念】「—をもつ」

きのう《昨日》「—の新聞」「—の敵は今日の友」

きのう【帰納】個々の事実から一般的法則を導く。⇔演繹。「—法」

きのう【帰農】故郷に帰って農業に従事する。「定年退職の後—する」

きのう【機能】「胃腸の—が衰える」

ぎのう【技能】「—検定」「—講習」

きのえ【▽甲】十干の第一。こう。

きのえね【▽甲▽子】干支〈えと〉の第一番目。かっし。「—待ち(=江戸時代の商家の祭り)」

きのこ【▼茸・▼蕈・▽菌】「—狩〈が〉り」

きのと【▽乙】十干の第二。

きのどく【気の毒】「—な身の上」「—なことをした」

きのぼり【木登り】「—が上手だ」

きのめ【木の芽】木の若芽。山椒の若芽。「—和〈あ〉え」

きのり【気乗り】やる気。「この企画は—がしない」

きば【牙】「—を剝く」

きば【木場】材木を蓄えておく所。

きば【騎馬】「—隊」「—戦」

きはく【気迫・気▼魄】「—に押される」「—に欠ける」

きはく【希薄・▼稀薄】「山頂は空気が—だ」「熱意が—だ」「内容の—な本」

きばく【起爆】「—剤」「—装置」

きはだ【木▼蘗】ミカン科の落葉高木。

きばたらき【気働き】気が利く。機転。「—ができる」

きはつ【揮発】常温で液体が気体になる。「—性」「—油〈ゆ〉」

きばつ【奇抜】「—な発想」

きばらし【気晴(らし)】「—に温泉に出かける」

きばる【気張る】「—った態度」

きはん【帰帆】船が港に帰る。

きはん【規範・軌範】「—文法」「社会的—」「—に従う」

きはん【▼羈▼絆】妨げになるものや事柄。きずな。「俗世間の—を脱する」

きばん【基板】「プリント—」

きばん【基盤】土台。基礎。「—整備」「会社の—を固める」

きひ【忌避】きらってさける。「徴兵を—する」「裁判官を—する」「蚊や蝿を—する」

きび【▼黍・▼稷】イネ科の穀物。

きび【気▽味】気持ち。きみ。「—が悪い」

きび【機微】微妙な心の動きや物事の趣。「人生の―」「人情の―に触れる」
きび【▼驥尾】駿馬の尾。「―に付す(＝先達を見習って行う意)／史記」
きび【吉備】山陽道にあった国名。
きびがら【▼黍▼稈】「―細工」
きびき【忌引】喪に服すため欠勤・欠席する。「祖父が亡くなり―する」
きびしい【厳しい】「校則が―」「残暑が―」「―表情」「今の成績だと優勝は―」
きびす【▼踵】かかと。「―を返す(＝引き返す意)」
きびたき【黄▼鶲】鳥の名。
きひつ【起筆】⇔擱筆〈かくひつ〉。「先月初旬に―したエッセイがようやく書けた」
ぎひつ【偽筆】「おそらくは―の書であろう」
きびなご【▼黍▽魚子】海魚の名。
きひょう【起票】新しく伝票を書く。
きびょう【奇病】「難治性の―にかかる」
きひん【気品】「―のある顔立ち」「どことなく―が感じられる」
きひん【気▼稟】生来のすぐれた気質。「詩人としての―」
きひん【貴賓】身分の高い客。「―席」
きびん【機敏】「―な動作」「―に行動する」

きふ【寄付・寄附】「―金」「慈善事業の団体に―する」
きふ【棋譜】囲碁・将棋の対局の手順の記録。
きぶ【基部】「ビルの―を損傷する」
ぎふ【義父】⇔実父。「新居購入で―の援助を受ける」
きふう【気風】「質実剛健を尊ぶ―の土地柄」
きふく【帰服・帰伏】「抵抗派もようやく―した」
きふく【起伏】「―の多い土地」「―に富んだ人生」
きふじん【貴婦人】「―の香水」
きぶつ【器物】「―損壊」
ぎぶつ【偽物】「―をつかませる」
きぶとり【着太り】衣服を着ると太って見える。⇔着やせ。「―する人」
きぶん【気分】「お祭り―」「学生―が抜けない」「―次第」「―転換」「―がすぐれない」
きぶん【奇聞】「―を耳にする」
ぎふん【義憤】「―に駆られた行動」
ぎぶん【戯文】「たわいない―にすぎないが面白い」
きへい【騎兵】「―隊」
ぎへい【義兵】正義の兵。義軍。
きへき【奇癖】「彼には―がある」
きべん【▼詭弁】こじつけの議論。「―を弄〈ろう〉する」
きぼ【規模】「―が大きい(小さい)」
ぎぼ【義母】⇔実母。「母の日に―に花を贈る」

きほう【気泡】「―コンクリート」「炭酸飲料から―が出る」
きほう【奇峰】形の珍しいみね。「天狗の鼻のような―を眺める」
きほう【既報】「一部地域には―の事項」
きぼう【希望】「―者」「―がかなう」「―に燃える」
ぎほう【技法】「ピアノの―を磨く」
きぼく【亀▼卜】亀の甲を焼いて行う占い。
ぎぼし【擬▽宝▽珠】欄干の柱の頂部の飾り。
きぼね【気骨】気苦労。「―が折れる」
きぼり【木彫(り)】木を材料とした彫刻。
きほん【基本】「―的」「―方針」「―に忠実な練習」
ぎまい【義妹】義理の妹。⇔義姉。
きまえ【気《前》】「―がいい(悪い)」
きまぐれ【気《▽紛》れ】「―な性格」「一時の―」
きまじめ【生《真面目》】「―な人だから頑張りすぎた」
きまずい【気《〈不味〉》い】「―雰囲気になる」
きまつ【期末】⇔期首。「―試験」「―手当」
きまま【気▼儘】「―に旅をする」「―に振る舞う」
きまもり【木守り】木にとり残しておく果実。
きまり【決まり】「本―〈ぎまり〉」「―文句」「―を守る」「きまりが悪い」
きまる【決(ま)る】「投票結果で可否が―」「柔道の技が

き

ぎまん【欺▼瞞】だますこと。「—に満ちた言動」—」「—・った面々」
きみ【君】「—にお仕えする」「—と僕」
きみ【黄身】「卵の—」
きみ【気味】「風邪—〈ぎみ〉」「—が悪い」「いい—だ」
きみがよ【君が代】「—斉唱」
きみじか【気短】「—な性格で落ち着かない」
きみつ【気密】「—性の高い部屋」
きみつ【機密】「国家—」「軍の—が外部に漏れる」
きみゃく【気脈】気心。「—を通じる」
きみょう【奇妙】「—な出来事」「—な言動」
きみん【棄民】国家が見捨てて救済しない人々。
ぎみん【義民】世のために尽くす人。
ぎむ【義務】⇔権利。「—教育」「納税の—」「—を果たす」
きむすめ【生娘】処女。うぶな娘。
キムチ【沈菜】(朝鮮語)朝鮮の漬物。
きめ【決め】「—台詞〈ぜりふ〉」
きめ【木目】もくめ。木理。「—の通った板」
きめ【〈肌理〉】皮膚の表面の細かいあや。「—細かい肌」
きめい【記名】「—投票」「所定の欄に—する」
ぎめい【偽名】「—を使う(語る)」
きめて【決め手・▽極め手】「彼女の目撃証言が—となり犯人が捕まった」
きめる【決める・▽極める】「順序を—」「委員を選挙で—」
きめん【鬼面】「—人を驚かす」
きも【肝】「—が太い」「—が据わる」「—に銘じる」
きもいり【肝煎】間に立って世話をする人。「社長—の新企画」
きもうとかく【亀毛▼兎角】実在しない物事。「—に惑わされる」
きもすい【肝吸(い)】「かば焼きと—」
きもだめし【肝試し】「夏の夜の—」
きもち【気持(ち)】「いい—だ」「ほんの—ばかりの品」「思いやりの—」「—間をあけて種を植える」
きもったま【肝っ玉】「—が太い(小さい)」
きもの【着物】「—を着る」
きもん【奇問】突飛な質問。「—を発する」
きもん【鬼門】避けるべきだとされる方角。「家相ではこの方角が—に当たる」
ぎもん【疑問】「付加—」「—視」「—を投げかける(抱く)」
ぎもんふ【疑問符】「?」の印。「疑問文の末尾には—を付ける」

きゃく【却】キャク
—「却下・焼却・退却・返却・忘却・冷却」

きゃく【客】キャク・カク
—「客演・客室・客車・客人・客席・客体・客観・乗客・賓客・来客」

きゃく【脚】キャク・(キャ) あし
—「脚色・脚注・脚本・脚力・脚立〈きゃたつ〉・脚下・脚光・健脚・失脚・立脚」

きゃく【客】「—を大事にする店」「—を応接間に通す」「おわん五—」
きやく【規約】「—を改正する」

ぎゃく【逆】ギャク さか・さか-らう
—「逆上・逆説・逆転・逆風・逆流・逆境・逆光・逆行・悪逆・反逆」

ぎゃく【虐】ギャク しいた-げる
—「虐殺・虐使・虐政・虐待・加虐・残虐・自虐・被虐・暴虐・陵虐」

ぎゃく【逆】「—効果」「順序を—にする」「—をつく」
ぎやく【偽薬・擬薬】「不眠の—」
きゃくあし【客足】客の入り具合。「—が遠のく」
きゃくいん【客員】⇔正員。「—教授」(「かくいん」とも)
ぎゃくうん【逆運】不運。「調子に乗ると—を招く」
きゃくえん【客演】「名優を招き—してもらう」
ぎゃくえん【逆縁】親が子の供養をする。「—の不幸」

ぎゃくこうか【逆効果】「叱ってばかりではかえって—だ」
ぎゃくさつ【虐殺】「罪もない人々を—する」
ぎゃくさん【逆算】「年齢から生まれ年を—する」
きゃくしゃ【客車】旅客を載せる車両。
ぎゃくしゅう【逆襲】「—に転ずる」
ぎゃくじょう【逆上】「ささいなことから—する」
きゃくしょく【脚色】「実際あった出来事に—を加えて小説にする」「—が多すぎて信用できない」
きゃくじん【客人】「—をもてなす」
ぎゃくしん【逆心】「—を抱いて謀反をおこす」
ぎゃくしん【逆臣】「—を成敗する」
ぎゃくすう【逆数】その数に掛け合わせると1になる数。
きゃくすじ【客筋】客層。「この店は—がいい」
きゃくせき【客席】「—から鑑賞する」
ぎゃくせつ【逆説】逆の面から真理を言い得ている言説。「—的な表現が効いている」
きゃくせん【客船】「—に乗り込む」
きゃくせんび【脚線美】女性の足の、曲線の美しさ。
ぎゃくそう【逆走】「道路を誤って—する」
ぎゃくそう【逆送】「少年を刑事処分相当として検察官に—する」
ぎゃくぞく【逆賊】「—を討つ」

きゃくたい【客体】⇔主体。「—化」
ぎゃくたい【虐待】「幼児(動物)—」
きゃくだね【客種】客層。「—のよい高級レストラン」
きゃくちゅう【脚注・脚▼註】⇔頭注。「参考文献を—に示す」
ぎゃくて【逆手】「—をとられる」
ぎゃくてん【逆転】「形勢が—する」「—ホームラン」
きゃくど【客土】肥えた土を他から運び入れる。「—をした畑」
ぎゃくと【逆徒】「—を退治する」
ぎゃくと【逆▼睹・逆▼覩】予測。「形勢は—しがたい」
ぎゃくふう【逆風】向かい風。⇔順風。「—に立ち向かう」
きゃくぶん【客分】「—として招かれる」
きゃくほん【脚本】「—家」「ドラマの—を書く」
きゃくま【客間】客室。「—に通す」
ぎゃくゆにゅう【逆輸入】一度輸出した物を輸入する。「—の車」
ぎゃくよう【逆用】「強風を—して風力発電を行う」
きゃくよせ【客寄せ】「—パンダ」
ぎゃくりゅう【逆流】「海水が川に—する」
きゃくりょく【脚力】「—をきたえる」

きゃしゃ【▽華▼奢】「—な体でよく頑張る」

きやすい【気安い】「—間柄」「—く引き受けては後悔する」

きやすめ【気休め】「—を言う」「—にもならない」

きやせ【着痩せ】⇔着太り。「—する色」

きゃたつ【脚立】二つの梯子を組み合わせた踏み台。

きゃっか【却下】「申し立てが—された」

きゃっかしょうこ【脚下照顧】理屈を言う前に自分の足下をよく見ろ、ということ。

きゃっかん【客観】⇔主観。「—的な事実」

ぎゃっきょう【逆境】不幸な境遇。⇔順境。「—を乗り越える」

きゃっこう【脚光】「—を浴びる」

ぎゃっこう【逆光】⇔順光。「—でうまく撮影できない」

ぎゃっこう【逆行】「時代に—する発想」

きゃはん【脚▼絆】「—を巻いたお遍路さん」

きゃら【▼伽羅】香料。「—の香りが漂う寺院」

きやり【木▽遣り】大木を運び出す時、うたう唄。

きゅう【九】キュウ・ク　ここの・ここの-つ　「九死・九仞・九星・九折・九族・九天九地・九重・九拝」

きゅう【久】キュウ・(ク)　ひさ-しい　「永久・持久・耐久・悠久」

きゅう【及】 キュウ およ-ぶ・およ-び・およ-ぼす 「及第・及落・言及・遡及・追及・波及・普及・論及」

きゅう【弓】 キュウ ゆみ 「弓形・弓術・弓道・強弓・天弓・洋弓」

きゅう【丘】 キュウ おか 「丘陵・円丘・砂丘・段丘・墳丘」

きゅう【旧(舊)】 キュウ ― 「旧悪・旧家・旧式・旧制・旧姓・旧知・旧冬・旧友・旧暦・懐旧・新旧・倍旧・復旧」

きゅう【休】 キュウ やす-む・やす-まる・やす-める 「休演・休暇・休会・休学・休刊・休館・休憩・休止・休息・休養・運休・定休・連休」

きゅう【吸】 キュウ す-う 「吸引・吸収・吸着・吸入・吸盤・呼吸」

きゅう【朽】 キュウ く-ちる 「朽廃・朽木・不朽・腐朽・老朽」

きゅう【臼】 キュウ うす 「臼歯・臼状・臼砲・脱臼」

きゅう【求】 キュウ もと-める 「求愛・求刑・求婚・求職・求人・希求・請求・探求・追求・要求」

きゅう【究】 キュウ きわ-める 「究極・究明・究理・学究・研究・考究・講究・探究・追究・討究・論究」

きゅう【泣】 キュウ な-く 「泣訴・哀泣・感泣・号泣・悲泣」

きゅう【急】 キュウ いそ-ぐ 「急患・急行・急進・急速・急騰・急変・急用・火急・救急・緊急・至急・性急」

きゅう【級】 キュウ ― 「級数・級長・級友・階級・下級・首級・上級・初級・進級・等級・同級」

きゅう【糾】 キュウ ― 「糾合・糾察・糾弾・糾明・糾問・紛糾」(「糺」の書き換え字としても用いられる)

きゅう【宮】 キュウ・グウ・(ク) みや 「宮城・宮中・宮廷・宮殿・宮内庁〈くないちょう〉・王宮・子宮・迷宮・離宮」

きゅう【救】 キュウ すく-う 「救急・救護・救出・救助・救命」

きゅう【球】 キュウ たま 「球技・球形・球根・球場・球面・気球・打球・地球・直球・電球・投球」

きゅう【給】 キュウ ― 「給仕・給食・給水・給油・給与・給料・供給・支給・時給・配給・補給」

きゅう【嗅】 キュウ か-ぐ 「嗅覚」

きゅう【窮】 キュウ きわ-める・きわ-まる 「窮極・窮屈・窮死・窮状・窮地・窮理・窮余・困窮・貧窮・無窮」

きゅう【▼灸】 「―を据える(=きつく叱る意)」

きゅう【急】 「―ピッチ」「―に雨が降り出す」「―な用事」「―を要する」「風雲―を告げる」

きゆう【▼杞憂】 取り越し苦労。「不安は―に終わった」「―に過ぎない」

きゆう【喜憂】 「人生の―」

ぎゅう【牛】 ギュウ うし 「牛後・牛乳・牛馬・牛歩・闘牛・乳牛」

ぎゆう【義勇】 「―軍」

きゅうあい【求愛】 「雄鳥の―行為」

きゅうあく【旧悪】 昔の悪事。「―が暴露される」

きゅうい【球威】 野球で、投手のボールの威力。

きゅういん【吸引】 「ポンプで―する」「渋谷は若者を―する魅力にあふれている」

きゅういん【吸飲】 「阿片を―する」

ぎゅういんばしょく【牛飲馬食】 大いに飲み食らう。

きゅうえん【旧縁】 「―を頼って協力を求める」

きゅうえん【休演】「台風襲来のため―する」
きゅうえん【救援】「遭難者を―する」「―に向かう」
きゅうおん【旧恩】昔うけた恩。「―を忘れない」
きゅうおん【吸音】「―材」
きゅうか【旧家】「土地の―」
きゅうか【休暇】「夏季―」「―願」
きゅうかい【旧懐】「―の情」
きゅうかい【休会】「国会を―する」
きゅうかく【嗅覚】「犬は―が鋭い」
きゅうがく【休学】「―届」
きゅうかつ【久▼闊】「―をわびる」「―を叙する」
きゅうかん【休刊】「新聞の―日」
きゅうかん【急患】「―で病院に運ばれる」
きゅうかんち【休閑地】利用されないでいる土地。
きゅうかんちょう【九官鳥】カラスに似た鳥。「おしゃべりをする―」
きゅうき【吸気】⇔呼気。「―口」
きゅうぎ【球技】「―大会」
きゅうぎ【球戯】特にビリヤード。「―室」
きゅうきゅう【▼汲▼汲】あくせくするさま。「―として働く」
きゅうきゅう【救急】「―車」「―救命士」
きゅうぎゅうのいちもう【九牛の一毛】とるに足りないささいなこと。

きゅうきょ【旧居】もとの住居・住所。⇔新居。
きゅうきょ【急▼遽】「危篤の知らせに―帰国する」
きゅうきょう【究▼竟】「―の目的」
きゅうきょう【窮境】「―に陥る」
きゅうぎょう【休業】「臨時―」
きゅうきょく【究極・窮極】「―の目的」
きゅうきん【給金】給料として渡される金。
きゅうくつ【窮屈】「靴が―だ」「そんなに―に考えなくてもよい」
きゅうけい【休憩】「少し―をとる」
きゅうけい【求刑】「懲役三年を―する」
きゅうけい【急啓】手紙の頭語の一。
きゅうけい【球形】「―の実がなる」
きゅうげき【急激】「―に変化する」
きゅうけつ【宮▼闕】皇居。宮殿。
きゅうけつき【吸血鬼】「―ドラキュラ」
きゅうげん【急減】「学童数が―する」
きゅうご【救護】「けが人を―する」
きゅうこう【旧交】「―を温める」
きゅうこう【休航】船や飛行機が運行を休む。
きゅうこう【休校】学校が授業を休む。「インフルエンザが流行し―になる」
きゅうこう【休耕】「―田」
きゅうこう【休講】「来週の授業は―になる」

きゅうこう【急行】「新宿行きの―に乗る」「取材のため事故現場に―する」
きゅうこう【▼躬行】みずから実際に行うこと。「―実践」
きゅうごう【糾合・▼鳩合】「有志を―して運動を起こす」
きゅうこうか【急降下】「―爆撃」
きゅうこく【急告】「危険を―する」
きゅうこく【救国】「―内閣」
きゅうごしらえ【急▼拵え】「―の舞台」
きゅうこん【求婚】「―を受ける」
きゅうこん【球根】「―栽培」「チューリップの―」
きゅうさい【休載】「作家の病気で記事を―する」
きゅうさい【救済】「難民を―する」
きゅうさく【旧作】「―を読み返す」
きゅうさん【急▼霰】急に降るあられ。「―の如き拍手」
きゅうし【九死】「―に一生を得る」
きゅうし【旧▼址】「平城―」
きゅうし【旧師】「―の恩」
きゅうし【休止】「運転―」
きゅうし【臼歯】歯列の奥にあるうす形の歯。
きゅうし【急死】「旅先で―する」
きゅうし【急使】「―をたてて知らせる」

き

きゅうじ【給仕】食事の世話をすること。「客に―する」
きゅうじ【給餌】餌を与える。「ライオンに―する」
きゅうしき【旧式】⇔新式。「―な考え」「―の道具」
きゅうしき【旧識】「―の間柄」
きゅうしつ【吸湿】「―剤」
きゅうじつ【休日】「―出勤」
きゅうしゃ【▼柩車】ひつぎを乗せる車。霊柩車。
きゅうしゃ【▼厩舎】うまごや。競走馬を世話する所。
きゅうしゃ【▼鳩舎】鳩を飼う小屋。
きゅうしゅ【▼鳩首】人々が集まって相談する。「―協議する」
きゅうしゅう【旧習】「―に従う」
きゅうしゅう【吸収】「水分を―する」「大手に―される」「知識を―する」
きゅうしゅう【急襲】「敵を―する」
きゅうしゅう【九州】「―地方」「―山地」
ぎゅうしゅうばぼつ【牛▼溲馬勃】役に立たないもの。
きゅうしゅつ【救出】「―作業」
きゅうじゅつ【弓術】弓道。「―の練習に励む」
きゅうじゅつ【救▼恤】困っている人々を救い恵む。「―品」
きゅうしゅん【急▼峻】「―な岩場」

きゅうしょ【急所】「弾は―をはずれて命に別状はない」「―を衝〈つ〉いた鋭い質問」
きゅうじょ【救助】「―活動」
きゅうじょう【休場】「力士が春場所を―する」
きゅうじょう【宮城】皇居の旧称。
きゅうじょう【球場】「甲子園―」
きゅうじょう【窮状】「―を訴える」
きゅうしょく【休職】「―願」
きゅうしょく【求職】「―情報」「―活動」
きゅうしょく【給食】「学校―」
ぎゅうじる【牛耳る】自分の意のままに動かす。「党の書記局を―」
きゅうしん【丘▼疹】盛り上がった発疹。
きゅうしん【休心・休神】(手紙文で)安心すること。「なにとぞ御―下さいませ」
きゅうしん【休診】診療を休む。「本日―」
きゅうしん【求心】「―力」
きゅうしん【急伸】「売上高が―する」
きゅうしん【急進】目的の実現を急ぐ。⇔漸進。「―主義」
きゅうしん【球審】「―の判定」
きゅうじん【九▼仞】非常に高いこと。「―の功を一簣〈いっき〉に虧〈か〉く(＝長期の努力も終わりぎわのわずかな失敗で台無しになる)／書経」

きゅうじん【求人】「―広告」
きゅうす【急須】「―にお湯を注ぐ」
きゅうす【休す】「万事―」
きゅうすい【給水】「断水で―車が出る」
きゅうすう【級数】数列の項を順次たし加えたもの。「等比―」
きゅうする【窮する】「生活に―」「返答に―質問」
きゅうせい【旧制】⇔新制。「―高校」
きゅうせい【旧姓】「―に復する」「結婚後も―で通す」
きゅうせい【急性】⇔慢性。「―アルコール中毒」
きゅうせい【急逝】「旅先で―なさった」
きゅうせいしゅ【救世主】「球界の―」
きゅうせき【旧跡・旧▼蹟】「名所―」
きゅうせん【弓▼箭】「―の道」
きゅうせん【休戦】「―協定を結ぶ」
きゅうせんぽう【急先▼鋒】「改革派の―」
きゅうそ【泣訴】「惨状を―する」
きゅうそ【窮▼鼠】「―猫を噛む」
きゅうぞう【急造】「―の建物」
きゅうぞう【急増】「―する都市人口」
きゅうそく【休息】「―をとる」
きゅうそく【急速】「―冷凍」「過疎化が―に進む」
きゅうそだい【窮措大】貧乏な学者や学生。「本に埋もれた―」
きゅうたい【旧態】「―依然」「―に復する」
きゅうだい【及第】⇔落第。「―点」
きゅうたん【急▼湍】流れの急な浅瀬。早瀬。
きゅうだん【糾弾・▼糺弾】「汚職を―する」
きゅうだん【球団】「プロ野球の―」
きゅうち【旧知】「―の間柄」
きゅうち【窮地】「―に陥る」
きゅうちゃく【吸着】「―剤」
きゅうちゅう【宮中】「―の行事」
きゅうちょう【窮鳥】「―懐に入る」
きゅうつい【急追】「後半から―する」
きゅうてい【休廷】裁判を一時休む。「―を宣言する」
きゅうてい【宮廷】「―歌人」
きゅうていたいりょ【九▼鼎大▽呂】重い地位や名望。
きゅうてき【▼仇敵】かたき。「かねて―視する」
きゅうてん【九天】宮中。九重。
きゅうてん【▼灸点】灸をすえる部分。灸をすえる。
きゅうてん【急転】「事態が―する」
きゅうでん【宮殿】「ベルサイユ―」
きゅうてんちょっか【急転直下】「事件は―、一気に解決へと向かった」

きゅうとう【旧冬】昨冬。手紙用語。「―拝眉の折には」
きゅうとう【旧▼套】古いやりかた。「―を脱する」
きゅうとう【急騰】「株価が―する」
きゅうとう【給湯】「―設備(器)」
きゅうどう【弓道】「―場」「―の試合」
ぎゅうとう【牛刀】「鶏を割くにいずくんぞ―を用いん(=小事を処理するのに大きな道具は必要ないという意)」
ぎゅうなべ【牛鍋】すきやき。
きゅうなん【救難】「―活動」
きゅうにゅう【吸入】「―器」「酸素を―する」
ぎゅうにゅう【牛乳】「―配達」「―を飲む」
きゅうねん【旧年】(新年からみて)昨年。手紙用語。「―中は一方ならぬお世話になりました」
きゅうは【急派】急いで派遣する。「特使を現地へ―する」
キューバ【玖馬】中央アメリカの一国。
きゅうば【急場】「―しのぎ」
きゅうば【弓馬】「―の道」
ぎゅうば【牛馬】「―のように酷使される」
きゅうはく【急迫】せっぱつまる。「事態が―して緊張が高まる」
きゅうはく【窮迫】非常に困窮した状態になる。「国家財政が―する」

きゅうはん【急坂】「―を一気に駆け上がる」
きゅうばん【吸盤】「タコの―」
きゅうひ【給費】学費などを支給する。「―生」
きゅうび【▼鳩尾】みぞおち。「―を衝く」
ぎゅうひ【▽求肥】餅に似た和菓子の材料。
きゅうびょう【急病】「―人〈にん〉」
きゅうふ【給付】「医療費補助を―する」
きゅうぶん【旧聞】以前に聞いた話。「―に属する」
きゅうへい【旧弊】古い悪弊。古い考え方を守るさま。
きゅうへん【急変】「事態が―する」「容態が―する」
ぎゅうほ【牛歩】牛のように遅い歩み。「―戦術」
きゅうほう【急報】「火事の―で消防車が出動する」
きゅうぼう【窮乏】「生活が―する」
きゅうぼくふんしょう【朽木▼糞▼牆】教育しがたいこと。「論語」から出た語。
きゅうぼん【旧盆】陰暦で行う盂蘭盆〈うらぼん〉。
きゅうみん【休眠】「種子の―」
きゅうみん【救民】「被災地での―活動」
きゅうみん【窮民】「貧困にあえぐ―」
きゅうむ【急務】「改革が何よりも―である」
きゅうめい【究明】真理を明らかにする。「真相を―する」
きゅうめい【糾明・▼糺明】不正を問いただし明ら

かにする。「汚職を―する」

きゅうめい【救命】人命を救う。「―胴衣〈ボート〉」

きゅうもん【糾問・▼糺問】「容疑者を―する」

きゅうゆ【給油】「高速道路に入る前に―しておく」

きゅうゆう【旧友】「学生時代の―と会う」

きゅうゆう【級友】「―と登下校を共にする」

きゅうよ【給与】「―明細」「―を支払う」

きゅうよ【窮余】どうにも困ったあげく。「―の一策」

きゅうよう【休養】「病を得てしばらく―する」

きゅうよう【急用】「―ができて会議を欠席する」

きゅうらい【旧来】「―の悪習」

きゅうらく【及落】及第か落第か。「―を分かつ」

きゅうらく【急落】「株価が―する」

きゅうり【〈胡瓜〉・▽黄▼瓜】ウリ科の野菜。

きゅうりゅう【▼穹▼窿】大空。まる天井。ドーム。「大聖堂の―」「―仰ぎ見る」

きゅうりゅう【急流】「―下り」

きゅうりょう【丘陵】「―地に広がる住宅地」

きゅうりょう【給料】「―日〈び〉」「―が入る」

きゅうれき【旧暦】太陰暦。陰暦。⇔新暦。

きゅうろう【旧▼臘】昨年の一二月。「―二十六日の忘年会」

きょ【去】キョ・コ さ-る 「去就・去年・去来・過去〈かこ〉・死去・辞去・消去・退去・撤去」

きょ【巨】キョ ― 「巨額・巨漢・巨人・巨大・巨頭・巨費・巨万」

きょ【居】キョ い-る 「居住・居留・隠居・起居・皇居・雑居・住居・転居・同居・別居」

きょ【拒】キョ こば-む 「拒止・拒食・拒絶・拒否・抗拒・峻拒」

きょ【拠（據）】キョ・コ ― 「拠点・依拠・割拠・根拠・準拠・証拠〈しょうこ〉・占拠・典拠・論拠」

きょ【挙（擧）】キョ あ-げる・あ-がる 「挙行・挙国・挙式・挙手・挙党・挙動・一挙・快挙・検挙・推挙・選挙・壮挙・枚挙・列挙」

きょ【虚（虛）】キョ・（コ） ― 「虚栄・虚偽・虚構・虚弱・虚飾・虚心・虚勢・虚像・虚脱・虚報・虚無・虚名・虚礼・空虚・謙虚・大虚」

きょ【許】キョ ゆる-す 「許可・許諾・許否・許容・特許・免許」

きょ【距】キョ ― 「距離・測距儀」

きょ【居】「―を定める」

きょ【挙】おこない。「反撃の―に出る」

きょ【虚】「一瞬の―をつく」

きよ【寄与】「科学の発展に―する」

きよ【毀誉】「―褒貶〈ほうへん〉」

ぎょ【魚】ギョ うお・さかな 「魚群・魚肉・魚類・稚魚・人魚」

ぎょ【御】ギョ・ゴ おん 「御意・御者・制御・統御・崩御・防御」〔「駁」の書き換え字としても用いられる〕

ぎょ【漁】ギョ・リョウ ― 「漁火・漁期・漁業・漁港・漁礁・漁場・漁色・漁船・漁村・漁夫・漁民」〔「リョウ」は「猟」の字音の転用〕

きょあく【巨悪】「―を暴〈あば〉く」

きよい【清い・▽浄い】「―・く澄んだ水」「―交際」

ぎょい【御意】お考え。お考えのとおり。「―のまま」「社長の―を得たい」

きょう【凶】キョウ ― 「凶悪・凶器・凶作・凶暴・元凶・吉凶」〔「兇」の書き換え字としても用いられる〕

きょう【兄】⇩けい（兄）。「兄弟〈きょうだい〉（〈けいてい〉）」

きょう【共】キョウ とも 「共栄・共学・共感・共催・共済・共存・共著・共通・

共鳴・共有・公共」

きょう【叫】キョウ　さけ-ぶ　「叫喚・叫声・哀叫・絶叫」

きょう【狂】キョウ　くる-う・くる-おしい　「狂歌・狂気・狂犬・狂言・狂信・狂態・狂暴・狂乱・熱狂・発狂」

きょう【京】キョウ・ケイ　―　「京劇・京風・帰京・故京・退京・滞京・上京・入京・来京・離京」

きょう【享】キョウ　―　「享益・享持・享受・享年・享有・享楽」

きょう【供】キョウ・(ク)　そな-える・とも　「供応・供花・供給・供出・供述・供託・供用・自供・提供」

きょう【協】キョウ　―　「協会・協賛・協同・協約・協力・妥協」

きょう【況】キョウ　―　「概況・活況・近況・苦況・現況・好況・実況・状況・情況・盛況・戦況・不況」

きょう【峡（峽）】キョウ　―　「峡間・峡谷・海峡・河峡・山峡・地峡」

きょう【挟（挾）】キョウ　はさ-む・はさ-まる　「挟撃・挟殺」

きょう【狭（狹）】キョウ　せま-い・せば-める・せば-まる　「狭隘・狭義・狭小・狭量・広狭・偏狭」

きょう【香】⇩こう（香）。「香車」

きょう【恐】キョウ　おそ-れる・おそ-ろしい　「恐悦・恐喝・恐慌・恐妻・恐察・恐縮・恐怖・恐竜」

きょう【恭】キョウ　うやうや-しい　「恭賀・恭敬・恭倹・恭順」

きょう【胸】キョウ　むね・(むな)　「胸囲・胸郭・胸襟・胸骨・胸像・胸中・胸膜・胸裏・気胸・度胸・豊胸」

きょう【脅】キョウ　おびや-かす・おど-す・おど-かす　「脅威・脅嚇〈きょうかく〉・脅喝・脅迫」

きょう【強】キョウ・ゴウ　つよ-い・つよ-まる・つよ-める・し-いる　「強化・強健・強行・強硬・強大・強敵・強迫・強要・強烈・増強・勉強・補強」

きょう【教】キョウ　おし-える・おそ-わる　「教育・教科・教会・教義・教訓・教師・教室・教授・教団・教諭・教養・宗教・司教・布教」

きょう【経（經）】⇩けい（経）。「経巻・経典・経文・写経・説経・仏経」

きょう【郷（鄕）】キョウ・ゴウ　―　「郷愁・郷土・郷党・郷里・異郷・帰郷・故郷・他郷・同郷」

きょう【境】キョウ・（ケイ）　さかい　「境涯・境遇・異境・環境・逆境・国境・心境・辺境・老境」

きょう【橋】キョウ　はし　「橋脚・橋塔・橋梁〈きょうりょう〉・鉄橋・陸橋」

きょう【興】⇩こう（興）。「興味・座興・酒興・不興・遊興・余興」

きょう【矯】キョウ　た-める　「矯激・矯正・矯飾・矯風・奇矯」

きょう【鏡】キョウ　かがみ　「鏡鑑・鏡台・鏡面・眼鏡・破鏡・明鏡」

きょう【競】キョウ・ケイ　きそ-う・せ-る　「競泳・競映・競演・競技・競合・競作・競走・競争・競売・競歩」

きょう【響（響）】キョウ　ひび-く　「影響・音響・反響・余響」

きょう【驚】キョウ　おどろ-く・おどろ-かす　「驚異・驚愕〈きょうがく〉・

き

驚喜・驚嘆・驚天動地・一驚」

きょう《今日》「残暑厳しい—このごろ」

きょう【凶】⇔吉。「吉—を占う」

きょう【京】みやこ。京都。「—の都」

きょう【経】「—を読む」

きょう【興】おもしろみ。「—に乗る」

きよう【紀要】大学などで定期的に出す研究報告。

きよう【起用】「企画に若手を—する」「投手の—を誤る」

きよう【器用】「手先の—な人」「政界を—に泳ぎ回る」「—貧乏」

ぎょう【仰】ギョウ・(コウ) あお-ぐ・おお-せ 「仰角・仰視・仰天」

ぎょう【行】⇩こう(行)。「行間・行儀・行司・行事・行者・行商・行状・行数・行政・行列・改行・苦行・興行・修行」

ぎょう【形】⇩けい(形)。「形相・異形・印形・僧形・人形・裸形」

ぎょう【暁(曉)】ギョウ あかつき 「暁雲・暁光・暁鐘・暁星・暁天・今暁・昨暁・早暁・通暁・払暁」

ぎょう【業】ギョウ・ゴウ わざ 「業界・業績・業務・学業・企業・事業・授業・商業・所業・職業」

ぎょう【凝】ギョウ こ-る・こ-らす 「凝結・凝固・凝視・凝縮」

ぎょう【行】「—を改めて書きはじめる」「仏道の—」「漢字の真・—・草」

ぎょう【御宇】天子の治世の期間。御世〈みよ〉。

きょうあい【狭▾隘】「—道路」「—な谷間」「—な心の持ち主」

きょうあく【凶悪・▾兇悪】「—な犯罪」

きょうあく【▾梟悪】極悪なおこないをなす。

きょうあつ【強圧】「—的な態度」「—を加える」

きょうい【胸囲】「—を測る」

きょうい【脅威】「自然の—」「—を与える」

きょうい【驚異】「—的な威力」

きょういき【境域】「領地の—を定める」

きょういく【教育】「—者」「子どもを—する」

きょういん【教員】「—採用」「小学校の—として赴任する」

きょううん【強運】「—の持ち主」

ぎょううん【暁雲】夜明け頃の雲。

きょうえい【共栄】「共存—」

きょうえい【競泳】「—種目」「—用プール」

きょうえき【共益】共通の利益。「アパートの—費」

きょうえつ【恐悦・恭悦】「—至極に存じます」

きょうえん【共演】「東西の名優が—する」

きょうえん【競演】「名ピアニスト夢の—」

きょうえん【▾饗宴】「—を催す」

きょうおう【胸奥】「—に秘めた想い」

きょうおう【供応・▾饗応】「客人を—する」

きょうおん【▾跫音】あしおと。「静かな廊下に—が響く」

きょうおんな【京女】「東男に—」

きょうか【狂歌】滑稽で卑俗な和歌。

きょうか【強化】「—合宿」

きょうか【教化】「生徒を—する」〔「きょうげ」と読めば仏教の信仰に導く意〕

きょうか【教科】「得意な—」

きょうが【恭賀】「—新年」

ぎょうが【仰▾臥】「大の字になって—する」

きょうかい【協会】会員が協力して運営する団体。

きょうかい【胸懐】「密かに—を明かす」

きょうかい【教会】「—の日曜学校に通う」

きょうかい【教戒・教▾誡】教えいましめる。「師の—を受ける」

きょうかい【教▾誨】教えさとす。「悪事をなす者を—する」「—師」

きょうかい【境界】「—線を引く」

きょうがい【境涯】「波瀾万丈の—を振り返る」

ぎょうかい【業界】「ファッション―」「―用語」
ぎょうかいがん【凝灰岩】火山岩が固まった岩石。
きょうかく【▼俠客】渡世人。任俠。
きょうかく【胸郭】胸部を形成する骨組み。
きょうがく【共学】「男女―の高校」
きょうがく【教学】教育と学問。「浄土真宗の―」
きょうがく【驚▼愕】「突然の出来事に―する」
ぎょうかく【仰角】上を見る視線と水平面とがなす角。「アンテナの―を調整する」
きょうかたびら【経〈帷子〉】死者に着せる白い着物。
きょうかつ【恐喝】「醜聞を種に―する」
きょうかん【凶漢・▼兇漢】「―を取り押さえる」
きょうかん【共感】「―を覚える」「―を呼ぶ」
きょうかん【叫喚】「阿鼻〈あび〉―の地獄絵」
きょうかん【教官】「警察学校の―」
きょうかん【郷関】他国とのさかい目。故郷。「―に入る」
ぎょうかん【行間】文章の行と行の間。「―を読む」
きょうき【凶器・▼兇器】「犯行に用いた―はカッターナイフだ」
きょうき【狂気】「―の沙汰」
きょうき【狂喜】「―乱舞」
きょうき【驚喜】「補欠合格の知らせに―する」

きょうき【▼俠気】おとこぎ。義俠心。「―の持ち主」
きょうき【狭軌】間隔が標準より狭いレール。⇔広軌。
きょうき【強記】記憶力が優れている。「博覧―」
きょうぎ【経木】板を薄く削って包装用としたもの。「団子を―に包んでもらう」
きょうぎ【協議】「―の結果」
きょうぎ【狭義】⇔広義。「―の国語とは日本語を指す」
きょうぎ【教義】「キリスト教の―」
きょうぎ【競技】「運動―」「―大会」
ぎょうき【▼澆季】道義の乱れた末の世。「―末世」
ぎょうぎ【行儀】「―が良い（悪い）」
きょうきゃく【橋脚】「増水で―が流される」
きょうきゅう【供給】⇔需要。「被災地に物資を―する」
きょうきょう【▼恟▼恟】恐れおののくさま。「―として声もでない」
きょうきょう【▼兢▼兢】恐れてびくびくするさま。「戦々―」
きょうきょう【恐恐】おそれかしこまるさま。「―謹言」
きょうぎょう【協業】計画的に協同作業を行う。
ぎょうぎょうし【行行子】ヨシキリの異名。
ぎょうぎょうしい【仰仰しい】「―く振る舞う」「―言葉を連ねる」

きょうきん【胸襟】心の中。胸の中。「―を開いて悩みを打ち明ける」
きょうく【狂句】こっけいで卑俗な俳句。川柳。
きょうく【恐▼懼】恐れ入ること。「―謹言」
きょうぐう【境遇】「不幸な―」
きょうくん【教訓】「―的」「人生の―」
ぎょうけい【行啓】三后・皇太子・皇太子妃・皇太孫のお出掛け・御旅行。
きょうけいのせい【▼薑▼桂の性】年老いて剛直なたとえ。
きょうげき【京劇】中国北京の代表的な古典演劇。
きょうげき【挟撃・▼夾撃】「―して犯人を捕まえる」
きょうげき【矯激】言動が過激で偏している。
ぎょうけつ【凝血】体の外に出た血が固まる。
ぎょうけつ【凝結】「水蒸気が―する」
きょうけん【狂犬】「―にかまれる」
きょうけん【恭謙】「―な態度を示す」
きょうけん【強肩】「―の捕手」
きょうけん【強健】「―な体をつくる」
きょうけん【強堅】強くてしっかりしているさま。「信条を―に保つ」
きょうけん【強権】国家がもつ強力な権力。「―発動」

きょうげん【狂言】 日本固有の演劇。また、人をあざむく芝居。「能と―」「―を演じて人をだます」

きょうげんきご【狂言▾綺語】 道理にあわないことばと表面だけを飾った言葉。「―を連ねる」〔「きょうげんきぎょ」とも〕

きょうこ【強固】「―な建物」

きょうご【教護】 非行少年を保護し指導する。

ぎょうこ【凝固】 ⇔融解。「―作用」「血液が―する」

きょうこう【凶行・▾兇行】 凶悪な犯行。「―に及ぶ」

きょうこう【凶荒】 凶作。飢饉。

きょうこう【▿向後】 今後。「―、前向きに検討する」

きょうこう【恐▾惶】「―至極」

きょうこう【恐慌】「世界―」「―の危険性がある」

きょうこう【強行】 むりやりに押し切って行う。「―採決」「反対を押し切って―する」

きょうこう【強攻】 強引に攻める。「―策に出る」

きょうこう【強硬】「―な態度を崩さない」

きょうこう【教皇】 法王。「ローマ―」

きょうごう【▿校合】 異本と照合して異同を検討する。

きょうごう【強豪】「―同士が対戦する」

きょうごう【競合】「ライバル会社と―する分野」

きょうごう【▾驕傲】 おごりたかぶるさま。

ぎょうこう【行幸】 天皇が出かける。みゆき。「伊勢神宮に―される」

ぎょうこう【暁光】 明け方の光。

ぎょうこう【▾僥▾倖】 偶然の幸運。「―に恵まれる」

きょうこく【峡谷】「黒部―」

きょうこく【強国】「―に屈する」

きょうこつ【▾侠骨】 おとこ気。「―のある男」

きょうこつ【▿軽▾忽】「―な振る舞いを慎む」

きょうさ【教唆】「―扇動」

きょうさい【共催】「民間企業との―」

きょうさい【恐妻】 夫が妻に頭が上がらない。「―家」

きょうざい【教材】「英会話の―」

きょうさく【凶作】 ⇔豊作。「―に苦しむ」

きょうさく【狭▾窄】 すぼまって狭い。「視野―」「―な海峡」

きょうさく【競作】「日本料理の腕自慢が―する」

きょうざつ【▿夾雑】「―物〈ぶつ〉を取り除く」

きょうざめ【興▿醒め】「裏話を聞かされてすっかり―した」

きょうさん【共産】「―党」「―主義」

きょうさん【協賛】「展示会開催に―する」

ぎょうさん【《仰山》】「―な言い方」「金を―使う」

きょうし【狂死】「晩年―した画家」

きょうし【教師】 学問・技芸を教える人。先生。教員。

きょうじ【凶事】 ⇔吉事。

きょうじ【▾矜持・▾矜▾恃】 誇り。プライド。「我が社の社員としての―を持つ」

きょうじ【▿脇侍・▿脇士・▾夾侍・挟侍】 本尊の両脇に侍している仏像。

きょうじ【教示】「―を乞う」

きょうじ【▾驕児】 だだっ子。我意を通す高慢な人。

ぎょうし【仰視】 あおぎ見る。「富士山を―する」

ぎょうし【凝視】「相手の動きを―する」

ぎょうじ【行司】「相撲の―」

ぎょうじ【行事】「学校―」

きょうしつ【教室】「―に入る」

きょうしゃ【香車】 将棋の駒の一。きょうす。やり。

きょうしゃ【強者】 ⇔弱者。「―の論理」

きょうしゃ【▾驕▾奢】「―な振る舞いは身を滅ぼす」

ぎょうしゃ【業者】「出入りの―」「―に委託する」

ぎょうじゃ【行者】「修験道の―」

きょうじゃく【強弱】「音に―をつける」

きょうしゅ【凶手・▾兇手】「暗殺者の―に倒れる」

きょうしゅ【▾拱手】 何もせず手をこまぬいている。「―傍観」

きょうしゅ【教主】「新興宗教の―」

きょうしゅ【▼梟首】さらし首。獄門。

きょうしゅ【興趣】おもしろみ。「―がつきない」

きょうじゅ【享受】「自然の恵みを―する」

きょうじゅ【教授】「主任―」「言語学を―する」

ぎょうしゅ【業種】「―別に生産高を算出する」

きょうしゅう【強襲】「ピッチャー―のヒット」

きょうしゅう【教習】「自動車―所」

きょうしゅう【郷愁】故郷をなつかしく思う気持ち。

ぎょうしゅう【凝集・凝▼聚】一か所に集まり固まる。「―反応」

ぎょうじゅうざが【行住▼坐▼臥】日常の振る舞い。「―の心得」

きょうしゅく【恐縮】「心遣いに―する」

ぎょうしゅく【凝縮】「思いを詩に―させる」

きょうしゅつ【供出】政府の要請に応じてさし出す。

きょうじゅつ【供述】「容疑者の―にはあいまいな点が多い」

きょうじゅん【恭順】つつしみさからわない。「―の意を表す」

きょうしょ【教書】米国大統領が連邦議会に出す意見書。「一般―演説」

きょうじょ【共助】互助。

ぎょうしょ【行書】楷書を少し崩した漢字の書体。⇔楷書・草書。「名前を―で書く」

きょうしょう【協商】国家間の協定。「三国―」
きょうしょう【狭小】「―な敷地に家を建てる」
きょうしょう【▼嬌笑】女性のなまめかしい笑い。
きょうじょう【凶状・▼兇状】犯罪。罪状。「―持ち」
きょうじょう【教条】教会が公認した教義。ドグマ。「―主義」
ぎょうしょう【行商】店を持たず商品を売り歩く。
ぎょうしょう【暁鐘】夜明けを知らせる鐘。
ぎょうじょう【行状】日ごろのおこない。品行。「―が良くない」
きょうしょく【教職】「―に就く」
きょうじる【興じる】「笑い―」(サ変「興ずる」も同じ)
きょうしん【狂信】「―的なファン」
きょうしん【強震】「この建物は相当の―にも耐えられる」
きょうじん【凶刃・▼兇刃】暗殺者の刃物。「―にたおれる」
きょうじん【強▼靭】「―な精神力(肉体)」
きょうしんしょう【狭心症】心臓部に起こる疼痛発作。
ぎょうずい【行水】たらいの湯水で汗を流す。「烏の―」
きょうする【供する】「茶菓を―」「閲覧に―」

きょうする【▼饗する】もてなす。御馳走する。「祝宴を開いて客を―」

きょうせい【共生・共▼棲】「他文化―」「―の道を模索する」

きょうせい【強制】「―的に労働させる」「仕事を―する」

きょうせい【強請】無理にたのむ。「署名を―される」

きょうせい【教生】教育実習生。

きょうせい【▼嬌声】女性のなまめかしい声。

きょうせい【▼匡正】誤りや不正を正す。「道徳心の欠如を―する」

きょうせい【矯正】「歯列―」「非行に走る少年を―する」

ぎょうせい【行政】法律により国を治める。⇔司法・立法。「―改革」「彼の―手腕に期待する」

ぎょうせい【暁星】夜明けの空に残る星。

ぎょうせき【行跡】日頃のおこない。行状。「―が正しい」

ぎょうせき【業績】「―不振」「―をあげる」

きょうせん【教宣】組合や政党などの、教育・宣伝。「―活動」「―部」

ぎょうぜん【凝然】じっと動かないさま。「―として立ちつくす」

きょうそ【教祖】「新興宗教の―」
きょうそう【狂騒・狂▼躁】「―の坩堝と化す」
きょうそう【強壮】「―剤」
きょうそう【競争】「生存―」「―原理」
きょうそう【競走】走る速さを争う。「百メートル―」
きょうそう【競▼漕】ボートレース。「隅田川の―大会」
きょうぞう【経蔵】経典を納める建物。経堂。
ぎょうそう【形相】「鬼のような―」「必死の―」
きょうそうきょく【狂想曲】形式が自由な小品。「―の情熱的なメロディー」
きょうそうきょく【協奏曲】「ピアノ―」
きょうそく【▽脇息】座ったときに使うひじかけ。
きょうそく【教則】「ピアノの―本」
きょうそん【共存】「自然と人間とが―する」
きょうだ【▼怯▼懦】気が弱くおくびょうなさま。「―な性格」
きょうだ【強打】「転んで頭を―する」「―を誇る打線」
きょうたい【狂態】「泥酔して―をさらす」
きょうたい【▼嬌態】「―を見せる」
きょうだい【兄弟】「―で仲良く遊ぶ」「―弟子」
きょうだい【強大】⇔弱小。「―な権力」

きょうだい【鏡台】化粧用の鏡が付いている家具。
ぎょうたい【業態】「各企業の―を調査する」「総合商社としての―をととのえる」
きょうたく【供託】「―金」「保証金を法務局に―する」
きょうたん【驚嘆・驚▼歎】「非凡な技に―する」「―に値する演奏」
きょうだん【凶弾・▼兇弾】「―に斃〈たお〉れる」
きょうだん【教団】「―の結束」
きょうだん【教壇】「教師として初めて―に立つ」
きょうち【境地】「悟りの―」
きょうちくとう【▼夾竹桃】常緑大低木。庭木用。
きょうちゅう【胸中】「―お察しいたします」
ぎょうちゅう【▼蟯虫】肛門周辺に産卵する寄生虫。
きょうちょ【共著】「対談形式の―として刊行する」
きょうちょう【協調】「国際―」「―性」
きょうちょう【強調】「建設の必要性を―する」「目元を―するような化粧」
きょうちょく【強直】かたくこわばる。硬直。「関節の―」
きょうつう【共通】「―語」「姉妹に―した性格」「―の話題」
きょうづか【経塚】経典などを埋めた塚。
きょうづくえ【経机】経典を載せる小さな机。

きょうてい【協定】「労使間の―」「―を結ぶ」
きょうてい【胸底】「―に秘めた思い」
きょうてい【教程】「英語の―」
きょうてい【▼篋底・▼筐底】箱の底。「―に秘める」
きょうてい【競艇】ボートレース。「―場〈じょう〉」
きょうてき【強敵】「―が出現した」
きょうてん【経典】仏教関係の典籍。内典。
きょうてん【教典】宗教の教義を記した書物。
ぎょうてん【仰天】「びっくり―」
ぎょうてん【暁天】夜明けの空。また、明け方。「―の月」
きょうてんどうち【驚天動地】大いに驚かす。「―の大事件」
きょうと【凶徒・▼兇徒】「―に襲われる」
きょうと【教徒】「イスラム―」
きょうど【強度】「耐震―」
きょうど【郷土】「―愛」「―の誇り」
きょうど【▼匈奴】中国北方にいた遊牧騎馬民族。
きょうとう【共闘】「全学―」「野党が―する」
きょうとう【狂▼濤】荒れくるう大波。怒濤。「―に飲み込まれる」
きょうとう【教頭】「職員会議で―が司会する」
きょうとう【郷党】「―の名士」「―篇（＝『論語』の篇

の一つ」

きょうとう【驚倒】「予想だにしない展開に―する」

きょうどう【共同】同じ立場で一緒に行う。「―声明」「―して事にあたる」

きょうどう【協同】協力して事にあたる。「―組合」

きょうどう【教導】「飛行―隊」

きょうどう【経堂】経典がしまってある建物。経蔵。

きょうどう【▼嚮導】先導し、基準となること。「―艦」「船舶を安全に―する」

きょうとうほ【橋頭▼堡】攻撃の足場とする拠点。「―を築く」

きょうにん【▼杏▽仁】アンズ類の種子。あんにん。

きょうねつ【強熱】「ガラスに―を加える」

きょうねん【凶年】「米を蓄えて―に備える」

きょうねん【享年】死亡した時の年齢。行年。「―七十八」

ぎょうねん【行年】享年。「墓碑に―を誌す」

きょうは【教派】「神道の―」

きょうばい【競売】「―にかける」

きょうはく【脅迫】おどして何かの実行を迫る。「―状が届く」「―して金銭を要求する」

きょうはく【強迫】むりやりそうさせようとする。「―観念」

きょうはん【共犯】「―者〈しゃ〉」

きょうふ【恐怖】「―心」「―を感じる」

きょうぶ【胸部】「―疾患」

きょうふう【強風】「―にあおられ転倒する」

きょうふう【矯風】悪い風俗・習慣を正す。「―会」

きょうへい【強兵】軍事力を強化する。「富国―の政策」

きょうへき【胸壁】①土盛りの遮蔽物。「―を築く」②胸腔を囲む壁。「―筋」

きょうへん【共編】「―の国語辞典」

きょうべん【強弁】「間違いを認めずなお―する」

きょうべん【教▼鞭】「―を執る」

きょうほ【競歩】「五千メートル―」

きょうほう【凶報】悪い知らせ。⇔吉報。

きょうぼう【凶暴・▼兇暴】凶悪で乱暴なこと。「―な性格」「―性をあらわす」

きょうぼう【狂暴】非常に乱暴なこと。「酒を飲むと―になる」

きょうぼう【共謀】「―して詐欺をはたらく」

ぎょうぼう【仰望】「富士山を―する」

ぎょうぼう【▼翹望】首を長くして待ち望む。

きょうぼく【▼喬木】「高木」の旧称。⇔灌木。

きょうほん【狂奔】「売上倍増に―する」

きょうほん【教本】「ピアノの―」

きょうま【京間】江戸間より広い。「―の畳」

きょうまん【▼驕慢・▼憍慢】「―な態度」

きょうみ【興味】「―索然(＝興味が失せるさま)」「―津々(＝興味が尽きないさま)」「―を持つ」

きょうむ【教務】学校で教育上の事務。宗教上の事務。「大学の―課」「―委員」

ぎょうむ【業務】「―用」「―命令」「―上過失」「日々の―に励む」

きょうめい【共鳴】「―器」「ガンジーの非暴力の考えに―する」

きょうめい【▼嬌名】なまめかしいうわさ。「花柳界に―をうたわれる」

ぎょうめい【▼驍名】強いという評判。勇名。「―を馳せた武将」

きょうめん【鏡面】「車体の―仕上げ」

きょうもん【経文】「―を唱える」

きょうやく【共訳】「長編小説を―する」

きょうやく【協約】「労働―」「労使間で―する」

きょうゆ【教諭】「小学校―」

きょうゆう【共有】⇔専有。「―林」「情報を―する」

きょうゆう【享有】生まれながらもっている。「才能を―する」「基本的人権を―する」

きょうゆう【▼梟雄】残忍で強い人。「戦国時代の―」

きょうゆう【▼郷▼邑】むら。村里。

きょうよ【供与】「米軍から―された武器」

きょうよう【共用】共同で使う。「台所を―する」

きょうよう【供用】他者に使用させる。「下水道の―を開始する」

きょうよう【強要】「寄付金を―する」

きょうよう【教養】「―を身につける」

きょうらく【京▾洛】みやこ。京都。「―に住まう」

きょうらく【享楽】「人生を―する」「―にふける」

きょうらく【競落】競売で、せり落とす。「資産を―する」(法律用語では「けいらく」)

きょうらん【狂乱】「半―」「―物価」

きょうらん【狂▾瀾】荒れ狂う海の大波。「―怒濤」「―を既倒〈きとう〉に廻〈めぐ〉らす(=敗勢を挽回する意)／韓愈」

きょうらん【供覧】「文書を―する」

きょうり【胸裏・胸▾裡】「―に秘めた思い」

きょうり【教理】「カトリックの―」

きょうり【郷里】生まれ故郷。ふるさと。

きょうりきこ【強力粉】「―でパンをつくる」

ぎょうりつ【凝立】動かずにじっと立っている。

きょうりゅう【恐竜】「―図鑑」

きょうりょう【狭量】心のせまいさま。⇔広量。「―な考え」

きょうりょう【橋▾梁】(大きな)橋。「アーチ―」「―工学」

きょうりょく【協力】「事業に―する」「―を惜しまない」

きょうりょく【強力】「―な打線」「改革を―に推し進める」

きょうりん【▾杏林】医者の異名。

きょうれつ【強烈】「―な印象」「―なパンチ」

ぎょうれつ【行列】「―式」「―ができる店」

きょうれん【教練】教えきたえる。「軍事―」

きょうろう【▾拱廊】アーケード。

きょうわ【協和】調和する。「不―音を生じる」

きょうわこく【共和国】主権が国民にある国家。

きょうわん【峡湾】フィヨルド。

きょえい【虚栄】みせかけの姿。みえ。「―心」

ぎょえい【魚影】釣りで、魚の姿。「―が濃い」

ぎょえん【御▾苑】「新宿―」

きょおく【巨億】「―の資本を投ずる」(〔巨万〕よりも程度大)

ギョーザ【餃子】(中国語)中国料理の一。ギョウザ。「水〈すい〉―」

きょか【▾炬火】たいまつ。かがり火。

きょか【許可】「―を得る」「―が下りる」

ぎょか【漁火】いさりび。

きょかい【巨▾魁・▾渠▾魁】「窃盗団の―」

ぎょかい【魚介・魚貝】魚・貝などの海産物。「―類」

きょがく【巨額】「―の富を得る」

ぎょかく【漁獲】「―高」

きょかん【巨漢】「―のレスラー」

ぎょかん【御感】天皇が感心する。「―あって褒美を与える」

きょき【▾歔▾欷】すすり泣く。

きょぎ【虚偽】うそ。いつわり。「―の申告」

ぎょき【漁期】「タラバガニの―」

きょぎょう【虚業】堅実でない事業。

ぎょぎょう【漁業】「遠洋―」

きょきょじつじつ【虚虚実実】互いに計略を出し尽くして戦う。「―のかけひき」

きょきん【▾醵金・拠金】「―を求める」

きょく【曲】キョク まーがる・まーげる 「曲芸・曲折・曲線・曲論・委曲・作曲」

きょく【局】キョク ― 「局員・局外・局所・局地・局部・局面・結局・支局・時局・大局・対局・難局」

きょく【極】キョク・ゴク きわーめる・きわーまる・きわーみ きわ― 「極言・極限・極大・極端・極地・極度・極力・電極・南極・北極・両極」

きょく【曲】「詞に―をつける」

きょく【極】「繁栄の―に達する」
きょく【巨▼軀】「―を揺すって歩く」
ぎょく【玉】ギョク たま 「玉案・玉音・玉顔・玉座・玉酒・玉石・玉代・玉杯・玉稿・珠玉・宝玉」
ぎょく【漁区】「ロシア側の―」
ぎょぐ【漁具】「―の手入れをする」
ぎょくあんか【玉案下】手紙の脇付の一。机下。
きょくうち【曲打ち】「和太鼓の―」
ぎょくおん【玉音】天皇の声。ぎょくいん。「―放送」
きょくがい【局外】「―者」
きょくがくあせい【曲学▼阿世】真理に反した説を唱え、世間の人々におもねる。「―の徒」
ぎょくがん【玉顔】「―を拝す」
きょくぎ【曲技】軽業をする技術。曲芸。「―団」
きょくげい【曲芸】普通とは変わった芸当。離れ業。「―師」
きょくげん【極言】極端な表現をする。「―すれば」
きょくげん【局限】「犯行区域は―されてきた」
きょくげん【極限】物事の一番の果て。限界。「―にまで迫る」
ぎょくざ【玉座】天皇・王などの席。
ぎょくさい【玉砕・玉▼摧】力を尽くして潔く死ぬこと。⇔瓦全。
ぎょくじ【玉璽】天皇の印。みしるし。
きょくじつ【▼旭日】朝日。「―昇天」
きょくしょ【局所】「―的に豪雨となる」
きょくしょう【極小】「―サイズのパソコン」
きょくすい【曲水】「―の宴」
ぎょくせきこんこう【玉石混▼淆】すぐれたものと劣ったものとがまじりあっている。
きょくせつ【曲折】「紆余―」
きょくせつ【曲節】「浄瑠璃の―」
きょくせん【曲線】まがった線。⇔直線。「―を描く」
きょくそう【曲想】「―を練る」
きょくだい【極大】「―射程」
ぎょくたい【玉体】天子のからだ。
ぎょくだい【玉代】芸者を呼んで遊ぶ料金。花代。
きょくたん【極端】「―な意見」「到着が―に遅い」
きょくち【局地】限られた一部分の土地。「―的な大雨」
きょくち【極地】北極や南極。「―探検」
きょくち【極致】「快楽の―」
きょくちょう【曲調】「優雅な―」
きょくちょく【曲直】「理非―」
きょくてん【極点】「疲労の―に達する」
きょくてんせきち【▼跼天▼蹐地】身を縮めて生きる。「―の思いで細々と暮らす」
きょくど【極度】「この夏は―に暑い」
ぎょくと【玉▼兎】月の異名。
きょくとう【極東】東アジアの地域。
きょくどめ【局留】「―にして送る」
きょくのり【曲乗り】「バイクの―」
ぎょくはい【玉杯】杯の美称。
きょくばだん【曲馬団】サーカス。
きょくひつ【曲筆】事実を曲げて書く。「舞文―」
きょくぶ【局部】「―麻酔」
きょくほく【極北】「凍てつく―の地」
きょくめん【局面】「新たな―に差しかかる」「重大な―を迎える」
きょくもく【曲目】「演奏する―」
きょくりょく【極力】「出場辞退は―避けたい」「―出費を抑えたい」
ぎょくろ【玉露】最も上質の煎茶。
きょくろん【極論】極端な議論。極言。「―すれば」
ぎょぐん【魚群】「―探知機」
ぎょけい【御慶】お喜び。特に、新年の賀詞。
きょげん【虚言】「―癖〈へき〉」「―を吐く」
きょこう【挙行】「記念式典を―する」
きょこう【虚構】作りごと。フィクション。
きょごう【▼倨傲】おごりたかぶるさま。傲慢。「―な態度で相手を見下した」

ぎょこう【漁港】「沖から―に戻る船」
きょこくいっち【挙国一致】「―内閣」
きょさつ【巨刹】「奈良の―」
きょし【挙止】立ち居振る舞い。動作。挙動。「無駄のない―」
きょしき【挙式】結婚式などをとり行う。
ぎょじ【御璽】天皇の印。御印。「御名―」
きょし【▼鋸歯】のこぎりの歯。「―状」
きょしつ【居室】「―でくつろぐ」
きょじつ【虚実】①うそとまこと。「―とりまぜて話す」②「虚虚実実」の略。
きょしてき【巨視的】「物事を―にとらえる」
ぎょしゃ【御者・▼馭者】馬車に乗って馬を操る人。
きょじゃく【虚弱】「―体質」
きょしゅ【挙手】「―による採決」
きょしゅう【去就】進退。「首相の―が注目される」
きょじゅう【居住】「―地」
きょしゅつ【▼醵出・拠出】金品を出しあう。「会費を―して同窓会を運営する」
きょしょ【居所】「―を教える」
きょしょう【巨匠】「現代音楽の―」
ぎょしょう【魚▼醤】塩漬けの魚から作った調味料。
ぎょしょう【魚礁・漁礁】「人工―」
ぎょじょう【漁場】漁業に適した海域。ぎょば。

きょしょく【虚飾】「―にみちた生活」
ぎょしょく【漁色】女色に淫する。「―家」
きょしょくしょう【拒食症】食物をとることを拒む症状。
きょしん【虚心】「―に耳を傾ける」
きょじん【巨人】「映画界の―」
ぎょしん【魚信】釣りで、当たり。
きょしんたんかい【虚心▼坦懐】「―に話し合う」
きょすう【虚数】負の数の平方根。
ぎょする【御する】「荒馬を―」「―・しやすい人物」
きょせ【季寄せ】季語を分類整理した本。
きょせい【去勢】「―された牛」「―された思想」
きょせい【巨星】「演歌界の―」「―墜〈お〉つ」
きょせい【虚勢】「―を張る」
ぎょせい【御製】「明治天皇―の和歌」
きょせつ【虚説】根拠のないうわさ。そらごと。⇕実説。
きょぜつ【拒絶】「要求を―する」
ぎょせん【漁船】漁業をするための船。
きょそ【挙措】「―動作」「―進退」「―を失う」
きょぞう【虚像】「マスコミがつくり上げた―」
ぎょそん【漁村】「小さな―に生まれる」
きょたい【巨体】「―に似合わぬ機敏さ」

きょだい【巨大】「―な岩石」
きょたく【居宅】ふだん住んでいる家。すまい。「―介護」
きょだく【許諾】「本人の―を得る」
ぎょたく【魚拓】魚の拓本。「―をとる」
きょだつ【虚脱】「―状態に陥る」
きょたん【虚誕】おおげさなうそ。でたらめ。
きょっかい【曲解】「趣旨を―する」
きょっけい【極刑】「―に値する重罪」
きょっこう【▼旭光】朝日の光。
きょっこう【極光】オーロラ。
ぎょてい【魚▼梯】ダムに設けた階段状の魚道。
きょてん【拠点】「一大―」「支援活動の―」
きょとう【巨頭】「―会談」
きょとう【挙党】「―一致で選挙に臨む」
きょどう【挙動】「―不審」
ぎょどう【魚道】ダムや滝に設けた魚の通路。
きょねん【去年】「―の六月」
きょひ【巨費】「―を投じる」
きょひ【拒否】「援助の申し出を―する」
きょふ【巨富】「―を得る」
ぎょぶつ【御物】皇室が所有する物。「正倉院の―」
ぎょふのり【漁夫の利】第三者が利益を得る。「―を占める」

きょぶん【虚聞】事実でないうわさ。実のない名声。
きょへい【挙兵】「各地の源氏が―する」
きょへん【巨編・巨▼篇】「近代文学の一大―」
きょほう【虚報】「―が飛び交う」
きょほうへん【毀誉褒▼貶】非難と称賛。「―相半ばする」
きょまん【巨万】「―の富を得る」
ぎょみん【漁民】漁業で生活する人々。
きょむ【虚無】「―的」「―感」
きょめい【虚名】実力以上の名声。虚聞。
ぎょめい【御名】「―御璽」
きよめじお【清め塩】盛り塩。
きよめる【清める・▽浄める】「心(身)を―」「罪を―」
きょもう【虚妄】「―の言を信じる」
ぎょもう【漁網】漁業用の網。
きよもと【清元】江戸浄瑠璃の一種。
ぎょゆ【魚油】イワシ・ニシンなどからとった油。
きょよう【許容】「―範囲」「―量を超える」
きょらい【去来】「複雑な思いが―する」
ぎょらい【魚雷】魚形水雷の略。
きよらか【清らか】「―な空気」「―な心」
ぎょらん【魚▼籃】魚を入れるかご。びく。
きょり【巨利】「売上倍増で―を上げる」

きょり【距離】「至近―」「―を縮める」「―を保つ」

きょりゅう【居留】一時的にその土地に住む。「外国に―する」

ぎょりん【魚▼鱗】うろこ。また、中央が突き出た軍隊の陣形。

ぎょるい【魚類】魚の総称。魚族。

きょれい【虚礼】うわべだけの儀礼。「―廃止」

ぎょろう【漁労・漁▼撈】海産物をとる作業。「―長」

きよわ【気弱】「―な性格」

きょん【▼羌】シカ科の哺乳類。

きら【▼綺羅】ぜいたくな美しい衣服。「―を身にまとう」

きらい【帰来】帰ってくること。

きらい【機雷】「―を敷設する」

きらい【嫌い】「好き―が激しい」

きらう【嫌う】「掃除を―」「湿気を―」

きらく【気楽】「老後は―に暮らす」

きらず【〈雪花菜〉】おから。うのはな。

きらぼし【▼綺羅星】「―のごとく著名人が名を連ねる」〔本来は「きら、星のごとく」〕

きらめく【▼煌めく】「満天の―星」

きらら【〈雲母〉】雲母〈うんも〉。きら。「―紙〈がみ〉」

きり【《切》り・《▽限》り】「―のいい数」「―をつける」「これ―」「行った―帰ってこない」

きり【▼桐】木の名。箪笥・下駄などの材料。

きり【▼錐】「―で穴を開ける」

きり【霧】「―雨〈さめ〉」「―が立ちこめる」

ぎり【義理】「―の父」「―を欠く」「―を通す」「―と人情の板挟み」

きりかえ【切(り)替え】「チャンネルの―」「頭の―が速い」

きりかぶ【切(り)株】「木の―に躓く」

ぎりぎり【▽限り▽限り】「―まで粘る」「―の譲歩」

きりぎりす【〈螽斯〉】バッタに似た昆虫。

きりくち【切(り)口】「鋭い―」

きりこ【切(り)子】「―灯籠〈どうろう〉」

きりこうじょう【切(り)口上】「―のあいさつ」

きりごたつ【切り▼炬▼燵】掘り炬燵。

きりさく【切(り)裂く】「魚の腹を―」

きりさめ【霧雨】霧のような細かな雨。

キリシタン【▽吉利支丹】キリスト教信者。「―文献」

ギリシャ【希臘】「―神話」

きりすて【切(り)捨て・斬り捨て】「千円未満切り捨て」「斬り捨て御免」

キリスト【〈基督〉】「―教」

きりつ【起立】「―、礼、着席」

きりつ【規律】「―を正す」「―を保つ」

きりづま【切妻】棟を頂点とした山形の屋根。「―造りの社殿」

きりつめる【切(り)詰める】「費用をできるだけ―」

きりどおし【切(り)通し】山などを切り開いた道。

きりぬける【切(り)抜ける】「難関を―」

きりは【切(り)羽・切(り)端】坑内の先端の現場。採掘場。

きりはふ【切破風】切妻造りの破風。

きりび【切(り)火】火打ち石で起こした火。「清めの―」

きりひとは【▼桐一葉】衰亡のきざしのたとえ。「―落ちて天下の秋を知る」

きりふだ【切(り)札】トランプの最強の札。奥の手。「最後の―を出す」

きりぼし【切(り)干し】「―大根」

きりみ【切(り)身】「魚を―で買う」

きりもみ【▼錐▼揉み】飛行機が回転しながら降下する。「―降下」

きりもり【切(り)盛り】「飲食店を―する」

きりゃく【機略】「―縦横」

きりゅう【気流】「乱―」「上昇―に乗る」「―が変わる」

きりゅう【寄留】一時他の家や土地に滞在する。「知人宅に―する」


きりょ【▼羈旅・▼羇旅】旅。和歌・俳句の旅に関する部立て。

きりょう【器量】①才能。力量。「総理大臣としての―に欠ける」②女性の顔立ち。「―がいい」

ぎりょう【技量・技▼倆・▽伎▼倆】腕前。手腕。

ぎりょう【議了】議事や審議を終える。「―せずに散会する」

きりょく【気力】「けがをしていたが―で戦う」「やり遂げる―を失う」

きりん【▼騏▼驎】一日に千里を走るという馬。駿馬。「―も老いては駑馬〈どば〉に劣る」

きりん【▼麒▼麟】キリン科の哺乳類。また、中国の想像上の獣。

きりんじ【▼麒▼麟児】すぐれた才能をもつ少年。

きる【切る・▼剪る】刃物で物を断ち分ける。「ナイフで紙を―」「ハンドルを右に―」「走り(思い、読み)―」「木の枝を剪る」

きる【▽伐る】木をきりたおす。「樹木を―」

きる【斬る】刀で切る。鋭く批判する。「待ち伏せして敵を―」「世相を―」

きる【▼截る】布地を裁つ。「洋服の生地を―」

きる【▼馘る】解雇する。「社員の首を―」

きる【着る】「服を―」「罪を―」「恩に―」

きる【▼鑽る】石と金を打ち合わせて火をとる。「火を―」
きれ【切れ】「時間―」「油の―が良い」「布の―が余った」「―の長い目」「ハム一―」
きれ【▽布】「―を縫い合わせて袋を作る」
きれあじ【切れ味】「―のいい刀」
きれい【《▼綺麗》・《奇麗》】美しくよごれのないさま。すっかり。「―な花」「―な台所」「―に忘れる」〈副詞「―に」として用いるときは通常仮名書き〉
ぎれい【儀礼】「宗教―」「―的に謝罪する」
きれいどころ【▼綺麗所】きれいな芸者をいう語。「宴席に―をそろえる」
きれじ【切れ字】俳句の「や・かな」などの語。「―を置く」
きれつ【亀裂】「壁に―が一本見つかる」「二人の仲に―が生じる」
きれもの【切れ者】「相当の―だ」
きれる【切れる】「よく―小刀」「頭の―人」「すぐ―若者」
きろ【岐路】わかれ道。「人生の―に立つ」
きろ【帰路】「任務を終え―に就く」
ぎろう【▼妓楼】遊女を置いて、客を遊ばせる店。
きろく【記録】「―的な暑さ」「―媒体」「―破り」「成績を―する」「―にとどめる」

キログラム【▼瓩】重さの単位。一〇〇〇グラム。

キロメートル【▼粁】長さの単位。一〇〇〇メートル。

キロリットル【▼竏】体積の単位。一〇〇〇リットル。

ぎろん【議論】「—が起こる」「—を戦わせる」

ぎろんひゃくしゅつ【議論百出】「—で結論には至らなかった」

きわ【際】物のふち。そば。ちょうどそのとき。「机の—に物を置いてはいけない」「今わの—(＝死ぬ間際)」

ぎわく【疑惑】「—の念を抱く」

きわだつ【際立つ】「—った特徴は見られない」

きわどい【際▽疾い】切迫していて、あやうい。「—発言」

きわまる【極まる】極限に達する。限度に行きつく。「感(失礼)—」

きわまる【窮まる・▽谷まる】行きづまって進めなくなる。「進退ここに—」

きわみ【極み・窮み】限り。きわまり。「喜びの—」「ぜいたくの—を尽くす」

きわめつき【極め付き】「—の作品」

きわめて【極めて】「—重要な指摘だ」

きわめる【極める・窮める】極限にまで行きつく。「頂上(人臣)を—」「詳細を—」「口を—めてほめる」

きわめる【究める・窮める】研究して、物事の深奥まで達する。「真理を—」

きわもの【際物】「—的な読み物」
きをいつにする【軌を一にする】皆同じやり方である。〔「揆を一にする」とも書く〕
きん【巾】キン ー 「巾着・三角巾・手巾・頭巾・雑巾・茶巾・布巾」
きん【今】⇩こん(今)。「今古・今上・今体・古今」
きん【斤】キン ー 「斤目・斤量・一斤・斧斤〈ふきん〉」
きん【均】キン ー 「均一・均衡・均質・均斉・均等・均分・平均」
きん【近】キン ちか-い 「近況・近郊・近視・近親・近代・遠近・最近・親近・接近・側近・卑近・付近」
きん【金】キン・コン かね・(かな) 「金貨・金額・金言・金策・金属・金髪・合金・砂金・借金・純金・返金」
きん【菌】キン ー 「菌糸・菌類・球菌・細菌・殺菌・保菌・滅菌」
きん【勤(勤)】キン・(ゴン) つと-める・つと-まる 「勤学・勤倹・勤続・勤皇・勤勉・勤務・勤労・勤行〈ごんぎょう〉・皆勤・外勤・欠勤・出勤・常勤・精勤・忠勤・通勤」

きん【琴】キン こと 「琴曲・琴線・月琴・断琴・弾琴・鉄琴」
きん【筋】キン すじ 「筋骨・筋肉・筋力・鉄筋・背筋・腹筋」
きん【僅】キン わず-か 「僅僅・僅差・僅少」
きん【禁】キン ー 「禁忌・禁止・禁酒・禁足・禁断・禁中・禁欲・解禁・監禁・厳禁」
きん【緊】キン ー 「緊急・緊縮・緊張・緊迫・緊密・喫緊」
きん【錦】キン にしき 「錦旗・錦鶏・錦紗〈きんしゃ〉・錦秋・錦繡〈きんしゅう〉・錦心・錦地」
きん【謹(謹)】キン つつし-む 「謹賀・謹啓・謹言・謹厳・謹告・謹慎・謹製・謹聴・謹呈・恭謹」
きん【襟】キン えり 「襟懐・襟度・開襟・胸襟」
きん【斤】尺貫法の重さの単位。
きん【金】金属元素。こがね。
きん【菌】「病原—」「乳酸—飲料」
ぎん【吟】ギン ー 「吟詠・吟唱・吟醸・吟味・苦吟・詩吟・独吟」

き

ぎん【銀】ギン ―「銀貨・銀河・銀行・銀杯・銀髪・銀盤・銀幕・銀翼・金銀・純銀・水銀・白銀・路銀」

ぎん【銀】金属元素。しろがね。

きんあつ【禁圧】無理に圧迫し、やめさせる。「暴徒を―する」

きんいつ【均一】どれもすべて同じである。「―の値段」

きんいっぷう【金一封】「―を贈る」

きんいん【近因】⇔遠因。「この事故が両国対立の―となる」

きんいん【金員】金額。また、金銭。「―を拝借する」

きんうん【金運】「―が開ける」

きんえい【近影】「著者―」

ぎんえい【吟詠】「詩を―する」

きんえつ【▼欣悦】「―至極」

きんえん【近縁】「―に援助を求める」

きんえん【禁煙】「―席」

きんおうむけつ【金▼甌無欠】完全で傷一つない。

きんか【近火】近所で起こった火事。「―で類焼のおそれがある」

きんか【金貨】「―一枚」

きんか【▼槿花】ムクゲの花。「―一日の栄」

ぎんが【銀河】天の川。銀漢。「―系宇宙」

きんかい【近海】⇔遠海。「―で獲れた魚」

きんかい【▼欣快】非常によろこばしく快い。「―の至り」「―にたえない」

きんかい【金塊】「―市場」

きんかぎょくじょう【金科玉条】尊ぶべききまり。「―のごとく遵守する」

きんがく【金額】「―を記入する」

きんかくし【金隠し】大便用便器の前方のおおい。

きんかちょう【錦華鳥】飼い鳥となる鳥。

きんかん【近刊】「―の単行本」

きんかん【金冠】歯にかぶせる金の覆い。「―をかぶせる」

きんかん【金▼柑】ミカン科の木。実は食用。

きんがん【近眼】「―でよく見えない」

ぎんかん【銀漢】銀河。天の川。

きんかんがっき【金管楽器】金属製の管楽器。

きんかんばん【金看板】「減税を政策の―として謳う」

きんき【近畿】「―地方」

きんき【禁忌】忌みはばかって禁じること。タブー。「温泉療法の―症」「肉食を―する宗教」

きんき【錦旗】にしきのみはた。「―を戴く」

きんきじゃくやく【▼欣喜▼雀躍】小おどりして喜ぶ。

きんきゅう【緊急】「―事態に備える」

きんきゅうひなん【緊急避難】危険を避けるために、やむをえずとった行為。「―的処置」

きんぎょ【金魚】「―すくい」「―の糞〈ふん〉」

きんきょう【近況】「―を報告する」

きんきん【近近】近いうち。ちかぢか。「―連絡する」

きんきん【僅僅】「―一、二年のうちに会社を辞める」

きんく【禁句】「今のあの人にそれは―だ」

きんけい【近景】⇔遠景。「―を撮影する」

きんけい【謹啓】手紙の最初のあいさつの言葉。

きんけつ【金欠】「―で出費をおさえる」

きんけつ【禁▼闕】皇居の門。また、皇居。

きんけん【金券】「―ショップ」

きんけん【金権】「―政治」

きんけん【勤倹】「―力行〈りっこう〉」「―貯蓄」

きんげん【金言】「先人の残した―に学ぶ」

きんげん【謹言】手紙の末尾に用いて敬意を表す語。「恐惶―」

きんげん【謹厳】「―な性格」

きんげんじっちょく【謹厳実直】「―でよく働く」

きんこ【近古】中古と中世の間の時代。

きんこ【金庫】「耐火―」「―番」

きんこ【禁固】「―三年」「―刑に処する」

きんこう【均衡】釣り合いがとれている。「—が崩れる」
きんこう【近郊】「関東—」
きんこう【金工】金属に細工をする工芸(職人)。
きんこう【金鉱】「—を掘り当てる」
きんごう【近郷】都市の近くのいなか。「—近在」
ぎんこう【吟行】「季寄せを携行して—する」
ぎんこう【銀行】「都市—」「—預金」「—に預ける」
きんこうぼくぜつ【金口木舌】人々を教え導く人。
きんこく【謹告】「新聞の—欄」
きんごく【禁獄】牢獄に監禁する。
きんこつ【筋骨】「—隆々」
きんこんいちばん【緊▼褌一番】気持ちを引き締めて決意を新たに物事にとりかかる。
きんこんしき【金婚式】結婚五〇周年を祝う式。
ぎんこんしき【銀婚式】結婚二五周年を祝う式。
きんさ【僅差】わずかの差。「—で負ける」
ぎんざ【銀座】江戸の銀貨鋳造所。また、繁華街の代名詞。
きんざい【近在】都市に近い村。「—の桜名所を訪ねる」
きんさく【近作】「—展」「人気作家の—」
きんさく【金策】「—にかけ回る」

きんざん【金山】「佐渡—」「—を掘る」
きんし【近視】⇔遠視。「—で眼鏡を掛ける」
きんし【禁止】「駐車—」「携帯電話の使用を—する」
きんし【金▼鵄】建国神話に出る金色のトビ。「—勲章(=軍人に与えた勲章)」
きんじ【近似】「双方の性質が—している」
きんじ【近侍】「主君に—する」
きんじ【近時】「—話題になっている問題」
きんしつ【均質】「商品を—に仕上げる」
きんしつ【琴▼瑟】琴と瑟。仲のよい夫婦。「—相和す」
きんじつ【近日】「—中に発売される」
きんじて【禁じ手】「あえて—を使う」
きんじとう【金字塔】ピラミッド。偉大な業績。「—を打ち立てる」
きんしゅ【金主】「起業のために—を探す」
きんしゅ【金種】額面金額による貨幣の種類。「—計算」「給与支給—表」
きんしゅ【筋腫】筋肉にできる良性の腫瘍。「子宮—」
きんしゅ【禁酒】「医者に—を命じられる」
きんしゅう【錦秋】「—の候」
きんしゅう【錦▼繡】錦と刺繡した織物。立派な詩文。「—の帯」「—の詩篇」
きんじゅう【▼禽獣】鳥とけだもの。鳥獣。「飽食暖衣逸居して教なければすなわち—に近し／孟子」

きんしゅく【緊縮】引き締めること。「—財政」
きんしょ【禁書】出版・販売を禁ずること。その書物。
きんじょ【近所】「—の八百屋」
きんしょう【僅少】わずか。ほんの少し。「—の差」
きんじょう【近状・近情】近ごろのようす。近況。
きんじょう【錦上】にしきの上。「—花を添える」
ぎんしょう【吟唱】「漢詩を—する」
ぎんじょう【吟醸】「純米—酒」
きんじょうてっぺき【金城鉄壁】非常に固い守り。「—の守り」
きんじょうてんのう【今上天皇】現在の天皇。
きんじょうとうち【金城湯池】「—の堅固な守り」「保守系候補の—」
きんじょがっぺき【近所合壁】隣近所。「—の噂話を気にかける」
きんじる【禁じる】「法律で—じられている行為」(サ変「禁ずる」も同じ)
ぎんじる【吟じる】「詩を—」(サ変「吟ずる」も同じ)
きんしん【近臣】「—の進言」
きんしん【近親】血のつながりが近い親族。「—者」
きんしん【謹慎】「自宅—」「—処分」
きんしんしゅうこう【錦心▼繡口】優れた詩文の才能。
きんす【金子】金銭。お金。「—を包む」

きんせい【均整・均斉】「―のとれた体」
きんせい【近世】時代区分の一。江戸時代をいう。
きんせい【金星】太陽系の第二惑星。
きんせい【禁制】「女人〈にょにん〉―」「―品」
きんせい【謹製】つつしんで製造する。「―の和菓子」
きんせいぎょくしん【金声玉振】知徳が総合大成されたことのたとえ。
ぎんせかい【銀世界】「一面の―」
きんせきぶん【金石文】金属・石碑に刻まれた文章。
きんせつ【近接】「工場と―する地域」
きんせつ【緊切】「両者―な関係にある」
きんせん【金銭】「―感覚」
きんせん【琴線】琴の糸。感じ易い心。「心の―に触れる」
きんぜん【▼欣然】「―として困難を受け入れる」
きんせんか【金▼盞花】キク科の草。
きんそく【禁足】外出をとめる。「―令」「―地」
きんそく【禁則】「行末―処理」
きんぞく【金属】「―を加工する」
きんぞく【勤続】「―年数」
きんたい【勤怠】「社員の―管理」
きんだい【近代】「―国家」
きんだか【金高】「契約金の―を取り決める」
きんだち【▽公▽達】上流貴族の子弟。

きんだん【禁断】固く禁じる。「―の木の実」

きんち【錦地】相手の住む土地を敬っていう。「―の桜はいかがでしょうか」

きんちさん【禁治産】「―者」

きんちゃく【巾着】口ひものついた袋。

きんちゃく【近着】近々に到着したこと。「―の天体画像」

きんちゅう【禁中】皇居。宮中。「―並公家諸法度」

きんちょ【近著】「人気作家の―」

きんちょう【緊張】「両国の―関係」「面接を前に―する」

きんちょう【謹聴】「師の高説を―する」

きんちょく【謹直】「―な人柄」

きんつば【金▼鍔】餡を小麦粉の衣で包み焼いた菓子。

きんてい【▼欽定】君主が定めること。「―憲法」

きんてい【謹呈】「著者―」

きんてき【金的】あこがれのまと。急所。「―を射とめる」「護身術で―を攻撃する」

きんてん【均▼霑・均▼沾】等しく利益を受ける。

きんでんぎょくろう【金殿玉楼】非常に美しい御殿。

きんど【襟度】人を受けいれる心の広さ。雅量。

きんとう【均等】「機会―」

きんとう【近東】ヨーロッパに近い東洋諸国。


きんとん【金団】「栗―」

ぎんなん【銀▼杏】イチョウの種子。「―拾い」

きんにく【筋肉】「―を鍛える」

ぎんねず【銀▼鼠】「―の瓦」

きんねん【近年】「―の動向」

きんのう【金納】税などを金銭で納める。⇔物納。

きんのう【勤王・勤皇】尊王。「幕末の―派」

きんば【金歯】金冠をかぶせた歯。「―を入れる」

きんぱい【金杯・金▼盃】金の杯やカップ。

きんぱい【金▼牌】金の楯やメダル。

きんばく【緊縛】しっかりとしばる。「―強盗」

きんぱく【金▼箔】金を薄く延ばしたもの。

きんぱく【緊迫】「―した状況」「―した空気がしばし流れる」

きんぱつ【金髪】金色の髪の毛。ブロンド。「―の少女」

ぎんばん【銀盤】スケートリンク。「―の女王」

きんぴ【金肥】金銭で購入する肥料。

きんびょうぶ【金▼屏風】金箔をはった屏風。「新郎新婦が式場入り口の―の前で挨拶する」

きんぴん【金品】「報酬として―を受け取る」

きんぶん【均分】「利益は出資者に―する」

きんべん【勤勉】「―な学生」

きんぺん【近辺】「新宿―の飲食店」

きんぼ【▼欽慕】敬慕。「博士の学徳を—する」
きんぼう【近傍】「日本—の図」
きんぽうげ【金▼鳳▽花】キンポウゲ科の草。
きんぼし【金星】平幕力士が横綱に勝つ。大手柄。
ぎんまく【銀幕】映画を写す幕。映画。映画界。
きんまんか【金満家】財産家。富豪。「悪徳—」
ぎんみ【吟味】「素材をよく—する」
きんみつ【緊密】「—な関係を結ぶ」
きんみゃく【金脈】金の鉱脈。資金の出どころ。
きんみらい【近未来】「—小説」
きんむ【勤務】「—時間」「—する会社」
きんむく【金無▼垢】純金。「—の像」
きんもくせい【金木▼犀】「—の甘い香りが漂う」
きんもつ【禁物】「油断は—だ」
きんゆ【禁輸】輸出入を禁止する。「—品」
きんゆう【金融】「消費者—」「—機関(業界)」
きんよう【緊要】「—な問題」
きんよく【禁欲・禁▼慾】「—生活」「金銭に対して—的である」
きんらい【近来】「—の政局」「—まれな美談」
きんらん【金▼襴】金糸を織り込んだ織物。「—緞子」
きんり【金利】利子。利率。「—が上昇する」
きんり【禁裏・禁▼裡】皇居。御所。「—御用」
きんりょう【斤量】はかりで計った目方。
きんりょう【禁猟】「—区」
きんりょう【禁漁】「—期間」
きんりょく【金力】「—に物を言わせる」
きんりょく【筋力】「—をつける」
きんりん【近隣】「—諸国」
ぎんりん【銀輪】自転車の車輪。また、自転車。
ぎんりん【銀▼鱗】銀色に光るうろこ。また、魚。「—おどる釣りの季節」
きんるい【菌類】カビ・キノコ・細菌などの総称。
ぎんれい【銀▼嶺】雪が積もって銀色に見える山。
きんれんか【金▼蓮花】多年草。のうぜんはれん。
きんろう【勤労】「—感謝の日」「—の義務」

く

く【九】⇩きゅう(九)。「九界・九月・九九・九分九厘・三三九度」
く【久】⇩きゅう(久)。「久遠」
く【口】⇩こう(口)。「口授・口舌・口調・口伝・異口同音」
く【工】⇩こう(工)。「工夫・工面・細工・大工」

く【区(區)】ク 「区域・区画・区間・区分・区別・区民・学区・管区・地区」
く【句】ク 「句会・句集・句点・字句・秀句・対句・俳句・名句・文句」
く【供】⇩きょう(供)。「供花・供米・供物・供養」
く【苦】ク くる-しい・くる-しむ・くる-しめる・にが-い・にが-る 「苦学・苦言・苦笑・苦情・苦心・苦戦・苦痛・苦難・苦杯・苦楽・苦言・苦労・困苦・貧苦」
く【駆(驅)】ク か-ける・か-る 「駆役・駆使・駆除・駆逐・疾駆・先駆・前駆・長駆」
く【区】「—役所」
く【句】「—を詠ずる」
く【苦】「借金を—にする」
ぐ【具】グ 「具現・具象・具申・具足・具体・器具・敬具・道具・文具・用具」
ぐ【惧】グ 「危惧・憂惧」
ぐ【愚】グ おろ-か 「愚行・愚作・愚策・愚痴・愚直・愚問・愚劣・暗愚・賢愚・衆愚」

ぐあい【具合・▽工合】「―が悪い」

ぐあん【愚案】自分の考えを謙遜していう語。「―によれば」

くい【▼杭】「出る―は打たれる」

くい【悔い】「―を残す」

くいいる【食(い)入る】「―ように見つめる」

くいき【区域】「指定―」『土砂災害警戒―」

くいしばる【食(い)縛る】「歯を―」

くいぜ【▽株】木の切り株。「―を守る」

くいだおれ【食(い)倒れ】「大阪の―」

くいちがう【食(い)違う】「意見が―」

くいとめる【食(い)止める】「敵を―」

くいな【〈水鶏〉・〈秧鶏〉】小形の水鳥。

くいぶち【食(い)扶▽持】「―を稼ぐ(減らす)」

くいもの【食(い)物】食べ物。利用するもの。「―がない」『―にする」

くいる【悔いる】「前非を―」

くう【空】クウ そら・あ-く・あ-ける・から 「空間・空気・空虚・空軍・空港・空想・空輪・空論・上空・真空」

くう【空】空中。何もないこと。むだなこと。「―を切る」

くう【食う・▼喰う】「めしを―」『出版で―」

ぐう【宮】⇩きゅう(宮)。「宮司・参宮・神宮・東宮・竜宮」

ぐう【偶】グウ 「偶数・偶然・偶像・偶発・対偶・土偶・配偶」
ぐう【遇】グウ 「奇遇・境遇・遭遇・待遇・知遇・不遇・冷遇」
ぐう【隅】グウ すみ 「一隅・片隅・辺隅」
くうい【空位】「王座が―となる」
ぐうい【▼寓意】他事にかこつけてほのめかす。「絵に―を込める」
くういき【空域】「敵国の―に入る」
ぐうえい【偶詠】ふと浮かんだ感興を詩歌に詠む。
くうかん【空間】「居住―」『机を置く―がある」
ぐうかん【偶感】ふと心に浮かんだ感想。
くうかんち【空閑地】利用されていない土地。
くうき【空気】「―を吸う」『場の―を読む」
くうきょ【空虚】「―な内容(気持ち)」
ぐうきょ【▼寓居】仮住まい。「単身赴任用の―」
くうくうじゃくじゃく【空空寂寂】無心で無関心。「―の境地」『―と振る舞う」
くうくうばくばく【空空漠漠】広々としているさま。「―の大草原」
くうぐん【空軍】「―が出動する」
くうけい【空▼閨】ひとり寂しく寝る寝室。
くうげき【空隙】すき間。「わずかな―を見つける」

くうけん【空拳】武器などを持たない。「徒手―」
くうげん【空言】「―に惑わされる」
ぐうげん【▼寓言】たとえばなし。寓話。
くうこう【空港】「東京国際―」『―設備」
くうさつ【空撮】「上空からこの地区を―する」
ぐうじ【宮司】「神社の―」
ぐうじ【宮寺】神社に付属する寺。
くうしゃ【空車】客をのせていないタクシー。⇔実車。
くうしゅう【空襲】「―で家屋を焼かれる」
ぐうすう【偶数】⇔奇数。「―日〈び〉に勤務する」
ぐうする【▼寓する】仮ずまいをする。かこつける。「知人宅にしばらく―」『叔父の入院に―・して仕事を休む」
ぐうする【遇する】「課長として―」
ぐうせい【偶成】「―した短歌」
くうせき【空席】「教授ポストに一名の―がある」
くうせつ【空説】「―を信じ込む」
くうぜん【空前】「―の傑作」
ぐうぜん【偶然】「―見かける」
くうぜんぜつご【空前絶後】「―の大事件」
くうそ【空疎】「―な説明」
くうそう【空想】「―に過ぎない」
ぐうぞう【偶像】信仰の対象の像。あこがれの対象。「―崇拝」

くうちゅうろうかく【空中楼閣】絵空事。蜃気楼。
くうちょう【空調】「空気調節」の略。エアコン。「―設備」
くうていぶたい【空▼挺部隊】降下部隊。
くうてん【空転】「国会の審議が―する」
くうどう【空洞】「岩場に―がある」「中身が―になっている」
くうはく【空白】「―の一年」
くうばく【空漠】とりとめもなく広がるさま。「―とした宇宙空間」
ぐうはつ【偶発】偶然に起こる。「―的に起こった出来事」
くうひ【空費】「税金を―する」
くうふく【空腹】「―を訴える」「―で動けない」
くうぶん【空文】実際の役に立たない文章。「―を連ねる」
くうぼ【空母】航空母艦。
くうほう【空包】発射音だけが出るしかけの銃弾。
くうほう【空砲】実弾をこめていない銃砲。
くうゆ【空輸】「新鮮な海の幸を―する」
ぐうゆう【偶有】ある性質をたまたま持つ。
くうらん【空欄】「判断に迷う箇所は―にする」
くうり【空理】「―空論」

ぐうりょく【偶力】平行で逆向きの二つの等しい力。「―が働く」
くうれい【空冷】「―式冷却器」
くうろ【空路】「―で行く」
くうろん【空論】「机上の―」
ぐうわ【▼寓話】「―を引いて戒める」
くえき【苦役】「―を強いる」
くえんさん【〈▼枸▼櫞〉酸】ミカン類に含まれる有機酸。〔自然科学では「クエン酸」と書く〕
くおん【久遠】永遠。「―の絆」
くがい【苦界】苦しみの絶えない人間世界。「―に身を沈める」
くかく【区画・区▼劃】「―整理」
くがく【苦学】「―して大学を出る」
くかん【区間】「走行―」
くかん【▼軀幹】胴体。「―を横たえる」
ぐがん【具眼】見識をそなえている。「―の士」
くき【茎】植物体を支える、植物の器官。
くぎ【▼釘】「―を打つ（抜く）」
くきづけ【茎漬】大根などの茎葉を漬けたもの。
くぎづけ【▼釘付け】「―して留める」「テレビに目が―になる」
くぎぬき【▼釘抜き】打ち込んだ釘を抜く道具。
ぐきょ【愚挙】ばかげた企て。「―に出る」

くきょう【句境】「芭蕉の―に迫る」
くきょう【苦境】「―に立たされる」
くぎょう【▽公▼卿】公家。殿上人。
くぎょう【苦行】「―に耐える」
くぎり【区切り・句切り】「仕事にひと―つける」
くぎん【苦吟】「―して句を詠む」
くく【区区】「―とした問題にすぎない」
くぐい【▼鵠】白鳥の古名。
くくたち【▽茎立ち】菜類の茎が伸び出ること。
くぐまる【▽屈まる】「毛布に―って眠る」
くくむ【▼銜む】口にふくむ。古語。「水を―」
くぐりど【▽潜り戸】「背をかがめて―を抜ける」
くくる【▽括る】「新聞紙をひもで―」
くぐる【▽潜る】「門を―」「海中に―」
くげ【▽公家】「武家に対抗する―の勢力」
くげ【供▽花】仏前に供える花。
くけい【▼矩形】長方形。「―をした器物」
ぐけい【愚兄】自分の兄をへりくだっていう語。「―は東京におります」
くける【▼絎ける】縫い目が表に出ないように縫う。
くげん【苦言】あえて言う快くない忠告。「―を呈する」
ぐけん【愚見】自分の意見をへりくだっていう語。「―によれば」

ぐげん【具現】「イメージを実際に―する」
くこ【▼枸▼杞】ナス科の木。薬用植物。
ぐこう【愚考】自分の考えをへりくだっていう語。「―致しますに」
ぐこう【愚行】「―を咎める」
くさ【草】「―花」「―を刈る」
くさ【▼瘡】できもの。湿疹。胎毒。
くさい【臭い】「―ものに蓋をする」
ぐさい【愚妻】自分の妻をへりくだっていう語。「―がお宅までお送りいたします」
くさく【句作】「―に励む」
ぐさく【愚作】自分の作品をへりくだっていう語。
ぐさく【愚策】ばかげた方策。
くさけいば【草競馬】農村で行う小規模の競馬。
くさす【▽腐す】けなす。「さんざんに―」
くさずり【草▼摺】鎧の胴から垂れた、腰をおおう部分。
くさのね【草の根】一般庶民。民衆。「―活動」
くさばのかげ【草葉の陰】あの世。
くさび【▼楔】木や金属でV字形につくった道具。「―形〈がた〉文字」「―を打つ」
くさぶえ【草笛】「―を吹く」
くさぶかい【草深い】「―田舎」
くさまくら【草枕】旅先で寝ること。旅寝。

くさみ【臭《味》】「―のある文章」
くさむら【草《▼叢》・▼叢】「―に寝ころぶ」
くさめ【▼嚔】くしゃみ。
くさもえ【草▼萌え】草の芽が萌え出る。
くさもち【草餅】「ヨモギを摘んで―を作る」
くさやきゅう【草野球】素人がする野球。
くさり【鎖】「―でつなぐ」
くさる【腐る】「食べ物が―」「成績が伸び悩んで―っている」
くされえん【腐れ縁】切るに切れないでいる悪い関係。「彼とは学生時代以来の―だ」
くさわけ【草分け】その事を始めた人。開拓者。「―的存在」
くし【串】―くし「串揚げ・串柿・串刺し・串焼き」
くし【串】「鶏肉を―に刺す」
くし【▼櫛】「髪を―でとく」
くし【駆使】「技を―する」
くじ【▼籤】「―を引く」
くじく【▽挫く】「足を―」「出鼻を―」
くしくも【▽奇しくも】不思議にも。あやしくも。「昔無くした時計が―引き出しから出てきた」
くしけずる【▼梳る】櫛で髪をとかす。「髪を―って整える」

くじける【▽挫ける】「意志が―」
くじびき【▼籤引き】「―で当番を決める」
くじゃく【▽孔▼雀】大形の鳥。「美麗な―の羽」
くしゃみ【▼嚔】「風邪を引いて―が出る」
くじゅ【口授】師が弟子に言葉で教える。「秘伝を―によって伝える」
くしゅう【句集】「芭蕉―」
くじゅう【苦汁】苦い汁。つらい経験。「―をなめる」
くじゅう【苦渋】つらい思いをする。「―の選択」
くじょ【駆除】「害虫を―する」
くしょう【苦笑】「駄洒落に―する」
くじょう【苦情】「―が殺到する」
ぐしょう【具象】⇔抽象。「眼前の―から抽象の世界へ」
くじら【鯨】水生哺乳類。動物中最大。
くじらじゃく【鯨尺】布を計るのに使うものさし。
くじらまく【鯨幕】白と黒の凶事用の幕。
くじる【▼抉る】「穴を指で―」
くしん【苦心】「―の末」
ぐしん【具申】上役に意見などを述べる。「意見―」
くしんさんたん【苦心惨▼憺】ひどく苦労する。「―の結果やっと実現にこぎ着けた」
くす【▼樟】クスノキ。
くず【▼屑】「紙―」「人間の―」

くず【葛】 秋の七草の一。
ぐず【《愚図》】「―で仕事が遅い」
くずおれる【▼頽れる】「ショックでその場に―」
くずかご【▼屑籠】「ごみは―に入れよう」
くずきり【葛切り】 葛餅を細く切ったもの。
くすぐる【▼擽る】「―・って人を笑わせる」「彼の自尊心を―」
くすさん【▼樟蚕】 ヤママユガ科のガ。
くずしがき【崩し書き】「―の字」
くずす【崩す】「山を―」「体調を―」「お金を―」
くすだま【▽薬玉】 端午の節句に飾る香料入りの玉。
くずてつ【▼屑鉄】「―工場」
くすのき【▼樟・▼楠】 常緑高木。樟脳を採る。
くすぶる【▼燻る】「しめった薪に火をつけても―ばかりだ」「胸中の―・った感情を一気にはき出す」
くずもち【葛餅】 葛粉を水で溶き煮て固めた食品。
くずゆ【葛湯】 葛粉に熱湯を注ぎ練った飲み物。
くすり【薬】「傷口に―を塗る」「(上司に諭されて)横柄な彼にはいい―になっただろう」
くすりゆ【薬湯】 薬剤や薬草を入れた風呂。
くずれる【崩れる】「崖が―」「天気が―」
くすんごぶ【九寸五分】 あいくち。
くせ【癖】「爪をかむ―」「―のある(ない)人」「無くて七―」「ちゃんと見たくせに」

ぐせい【愚生】 男性が自分をへりくだっていう語。
くせつ【苦節】「―三十年、やっと仕事をやり遂げた」
くぜつ【口舌・口説】「聞くに堪えない―」
くせもの【▽曲者】「―が城内に侵入した」「社内でも評判の―」
くせん【苦戦】「―を強いられる」
くそ【▼糞】 大便。ふん。ののしる言葉。
ぐそく【具足】 十分備わっていること。甲冑〈かっちゅう〉。「―円満」「当世―」
ぐそく【愚息】 自分の息子をへりくだっていう語。
くそみそ【▼糞味▼噌】「―にけなされる」
くだ【管】「―を通す」「泥酔して―を巻く」
ぐたい【具体】 形や内容を備えていること。⇔抽象。「―化」「―的」
くたかけ【▽鶏】 ニワトリの異名。
くだく【砕く】「巨大な岩石を―」
くだける【砕ける】「石が―」「腰が―」
ください【《下》さい】「水を一杯―」「本を読んで―」
くたす【▽腐す】 くさらせる。
くだす【下す】 低い所へ移す。言い渡す。「命令を―」
くだす【▽降す・下す】 降参させる。「敵を―・」
くだたま【管玉】 古代の装身具の一。竹管状の玉。
くたびれる【〈草臥〉れる】「一日中働いて―・れた」

くだもの【《果物》】 食用になる木や草につく果実。
くだらない【下らない】「―本」
くだり【▽件・▽条】「話の―」「ここの―を読んでください」
くだる【下る】 ⇔のぼる。「山道を―・ってゆく」「判決が―」
くだる【▽降る】「川を―」「敵の大軍に―」
くだん【▽件】 前に述べたこと。例のこと。「―の案を検討する」
ぐち【愚痴】「―ばかり言う」
くちあたり【口当(た)り】「―のよい酒」
くちいれ【口入れ】 奉公先などの周旋をする。「―業者」
くちうら【口裏】 ことばの裏にこめられたもの。「―を合わせる」
くちえ【口絵】「本の扉の―写真」
くちおしい【口惜しい】 残念である。くやしい。「後輩に先を越されて―」
くちおも【口重】「―で信用のある人」
くちかず【口数】「―が多い(少ない)」
くちがね【口金】 器物の口につける金具。
くちがる【口軽】 軽々しくしゃべる。
くちきき【口利き】 仲介の労をとる。「―を頼む」
くちきり【口切り】 容器の封を切る。手初め。「この日本酒は本日が―です」「まず―にこの仕事から始めよう」

くちく【駆逐】追い払うこと。「―艦」「敵を―する」

くちぐせ【口癖】「『だって』が彼女の―だ」

くちぐるま【口車】口先だけの巧みな言い回し。「―に乗せられた」

くちげんか【口▼喧▼嘩】「日頃から―が絶えない」

くちごたえ【口答え】目上の人に逆らい言い返す。「親に向かって―ばかりする」

くちごもる【口籠もる】「―ばかりではっきりしない」

くちさがない【口さがない】口うるさく批評する。「―連中がいうことだ」

くちさき【口先】うわべだけの言葉。「―だけの約束」〔「口先三寸」は誤用。「舌先三寸」が正しい〕

くちずさむ【口▽遊む】「学校帰りの子どもたちが唱歌を―・みながら家路に就く」

くちすすぐ【▼嗽ぐ・▼漱ぐ】口の中を洗い清める。「流れに―」

くちぞえ【口添え】「就職の―をする」「先生のお―のおかげで無事問題は解決いたしました」

くちつき【口付き】口の形やようす。話しぶり。「あどけない―」「不満そうな―」

くちづけ【口付け】接吻〈せっぷん〉。キス。

くちどめ【口止め】「仲間内の秘事として―する」

くちとり【口取り】①日本料理で、最初に出す肴。「―菓子」②競馬で、勝利の記念撮影をする。「―写真」

くちなおし【口直し】「肉料理の―に果物を食べる」

くちなし【〈梔子〉・〈山梔子〉】常緑低木。「―の甘い香りが漂う」

くちなわ【▽蛇】ヘビの異名。

くちばし【▼嘴】「人の話に―を入れる」

くちばしる【口走る】「あらぬ事を―・ってひんしゅくを買う」

くちはっちょう【口八丁】弁舌が巧みである。「―手八丁」

くちはばったい【口幅ったい】「―ことを申し上げるようですが」

くちび【口火】「レンジの―」「話の―を切る」

くちびる【唇】「悔しさに―をかむ」「物言えば―寒し秋の風／芭蕉」

くちぶえ【口笛】「―を吹く」

くちふさぎ【口塞ぎ】「―に金を握らせる」

くちぶり【口振り】「上手くいったような―だった」

くちべに【口紅】「―を差す（塗る）」

くちもと【口元・口▽許】「かわいい―」「―が弛む」

くちやくそく【口約束】「―では当てにならない」

くちゅう【苦衷】苦しい心のうち。「―を察する」

くちゅう【駆虫】「―薬」

くちょう【口調】「演説―」「激しい―で迫る」

ぐちょく【愚直】ばか正直。「―な性質」

くちよごし【口汚し】「ほんのお―ですが」

くちよせ【口寄せ】霊魂を招き、その言葉を伝える。

くちる【朽ちる】「屋根が―・ちて雨漏りがする」「―ことのない名声」

ぐちん【具陳】詳しく述べる。「事の経緯を―する」

くつ【屈】クツ ―　「屈強・屈曲・屈辱・屈折・窮屈・退屈・不屈」

くつ【掘】クツ ほ―る　「掘削・掘進・採掘・試掘・盗掘・発掘・乱掘」

くつ【窟】クツ ―　「岩窟・石窟・巣窟・洞窟・魔窟」

くつ【▼沓】木・わら・麻などで作ったくつ。

くつ【靴】足首から先にはく履物。

くつう【苦痛】「―に顔をゆがめる」「―に耐えかねる」「他人と話すのが―だ」

くつがえす【覆す】「舟を―大波」「通説を―」

くっきょう【▽究▼竟】きわめて好都合なこと。結局。「―するに」

くっきょう【屈強】「―な若い男」

くっきょく【屈曲】「山間の―した道」

くっさく【掘削・掘▼鑿】「トンネルを―する」

くっし【屈指】「県下―の進学校」

くつした【靴下】「—を履く」

くつじょく【屈辱】「—的な行為」「—を受ける」

くっしん【屈伸】「体操の—運動」

くっする【屈する】「腰を—」「圧力に—・して辞任した」

くつずれ【靴擦れ】「—ができる」

くっせつ【屈折】「光線が—する」「主人公の—した心情を描いた小説」

くったく【屈託】「—のない笑顔」

くっぷく【屈伏・屈服】「腕力で—させる」

くつみがき【靴磨き】「—の少年」

くづめらくがみ【苦爪楽髪】苦労すると爪が早くのび、楽をすると髪が早くのびる。

くつろぐ【▽寛ぐ】「—・げる部屋」

くつわ【▼轡】「馬の—を取る」「—を並べる」「金の—をはめる(＝利益を与えて口ふさぎをする意)」

くつわむし【▼轡虫】昆虫の一種。がちゃがちゃ。

ぐてい【愚弟】自分の弟をへりくだっていう語。

くてん【句点】「文の終わりに—を打つ」

くでん【口伝】「—の秘法を授ける」

くどい【《▼諄》い】「年老いて話が—・くなった」

くとう【苦闘】「悪戦—の末の勝利」

くどう【駆動】「四輪〈よんりん〉—」

くとうてん【句読点】句点「。」と読点「、」。「—の打ち方」

くどく【功徳】仏教に言う、善行。「—を積む」

くどく【口説く】「女性を—」「先方を—・いて出資してもらう」

くどくど【《▼諄▼諄》】「—と言い訳する」

ぐどん【愚鈍】「—な性質」

くなん【苦難】「—の人生」「数々の—を乗り越える」

くに【国・▽邦】「—を治める」「盆休みに—に帰る」

くにがら【国柄】「お—にふさわしい情熱的な踊り」

くにくのさく【苦肉の策】苦しまぎれの手段。

くにつかみ【国つ神】天つ神に対し、土着の神。

くにもと【国元・国▽許】「—の両親」

くぬぎ【▼櫟・▼椚・▼橡・▼櫪】落葉高木。実はどんぐり。

くのう【苦悩】「—に満ちた表情」

くはい【苦杯】つらい経験。「—をなめる」

くばる【配る】「生徒にプリントを—」

くひ【句碑】「芭蕉の—」

くび【首・▼頸】「—に掛ける」「会社を—になる」「生後三か月で—が据わる」「—が回らない」「—に縄を付ける」「—を縦に振る」「—を長くして待つ」

ぐび【具備】「条件を—する」

くびかざり【首飾り・▼頸飾り】「真珠の—」

くびかせ【首▼枷・▼頸▼枷】首にはめる刑具。行動のさまたげ。「子は三界の—」

くびき【▼軛・▼頸木・▽衡】牛馬に引かせるための車の横木。自由を束縛するもの。「国家の—から脱する」

ぐびじんそう【▽虞美人草】ヒナゲシ。

くびす【▼踵】かかと。「—を返す」

くびすじ【首筋・▼頸筋】首の後ろ側。えりくび。

くびったけ【首っ《丈》】好きで夢中になる。「彼女に—だ」

くびっぴき【首っ引き】絶えず参照する。「辞書と—で訳す」

くびつり【首《▼吊》り】「—自殺」

くびれる【▽括れる】中ほどが細くなっている。「とっくりのように—」

くびれる【▼縊れる】首をくくって自殺する。

くびわ【首輪・▼頸輪】「犬の—」

ぐぶ【▽供奉】「将軍に—する御家人」

くふう【工夫】「飾り付けに—をこらす」

ぐふう【▼颶風】強く激しい風。

くぶくりん【九分九厘】「—成功する」

くぶん【区分】「諸費用を—して示す」

くべつ【区別】「—をつける」「公私の—」

くべる【▽焼べる】「薪を—」

くぼう【▽公方】朝廷。おおやけ。将軍。「—様」

ぐほう【▼弘法】仏法を広める。「日本全土に—する」

く

ぐほう【▽求法】「—する心」

くぼち【▽凹地・▼窪地】くぼんでいる土地。

くぼむ【▽凹む・▼窪む】「—んだ眼」

くま【熊】— くま「熊手・熊笹・熊蜂・穴熊・黒熊」

くま【▼隈・▽曲・▼阿】奥まった所。目の周囲の黒ずんだ所。「道の—」「疲労で眼の下に—ができる」「花はさかりに月は—なきをのみ見るものかは／徒然草」

くま【熊】「白—」「森の—さん」

ぐまい【愚昧】「—な輩」

くまざさ【▼隈▼笹】ササの一種。葉が大きい。

くまで【熊手】「—で落ち葉をかき集める」

くまどり【▼隈取り・▼暈取り】歌舞伎特有の化粧方法。「目の回りを—する」

くまなく【▼隈無く】「街中—なく捜す」

くまばち【熊蜂】大形のハチ。クマンバチ。

ぐみ【〈茱萸〉・〈胡頽子〉】落葉または常緑低木。

くみあい【組合】「労働—」「—に入る」

くみあわせる【組み合わせる・組み合(わ)せる】「柱を—」「両手を—」「一チームに男女をうまく—」

くみうち【組(み)討ち】「敵を—にする」

くみかえ【組(み)換え・組(み)替え】「遺伝子—」「—予算」

くみきょく【組曲】「バッハのイギリス—」

くみする【▽与する】「反対論に—する」

くみたて【組(み)立て】「機械の—」「—式」「—体操」

くみとり【▼汲み取り】「—式の便所」

くみはん【組(み)版】印刷で、活字を組んで作る凸版。

くみひも【組▼紐】「—の帯」

くむ【▼汲む】「バケツに水を—」「印象派の流れを—作品」

くむ【酌む】「酒を—」「気持ちを—」

くむ【組む】「やぐらを—」「腕を—」「コンビを—」「時間割を—」

くめん【工面】「何とか資金を—する」

くも【雲】「—の切れ間」「—間」

くも【〈蜘蛛〉】「—の子を散らすように逃げまどう」

くもあし【雲脚・雲足】「—が早い」

くもい【雲居・雲井】雲のある所。大空。宮中。「—の庭」

くもがくれ【雲隠れ】「うわさの張本人が—する」

くもすけ【雲助】江戸時代、かごかきなどの人夫。

くもつ【供物】「—を奉納する」

くものみね【雲の峰】入道雲。

くもゆき【雲行き】「—が怪しい」

くもり【曇り】「—ときどき雨」「声に—がある」「—なき身」

くもる【曇る】「空が—」「心が—」

くもん【苦▼悶】「自責の念にかられて—する」

ぐもん【愚問】「—愚答」

くやく【苦厄】苦労と災難。「—から抜け出す」

くやしい【悔しい・〈口惜〉しい】「試合に負けて—」

くやみ【悔(や)み】「お—を言う」「—状」

くやむ【悔(や)む】「あとから—んでも仕方ない」「友人の死を—」

ぐゆう【具有】「人間が本来—する才能」

くゆらす【▼燻らす】「たばこの煙を—」

くよう【供養】「亡き祖父の—をする」

くら【倉・蔵・▽庫】「—が立つ」「米の—」「蔵出し」「お蔵入り」

くら【▼鞍】人や荷物を乗せる馬具。

くらい【位】等級。階級。数のけた。「十の—」「—人臣を極める」

くらい【《位》】「この—の大きさ」「五分—歩く」

くらい【暗い】「—夜道」「—緑色」「気分が—くなる」「—過去がある」「見通しは—」

くらいどり【位取り】「—記数法」

くらいまけ【位負け】実力が地位に伴わない。「肩書きに—する」

くらう【食らう】「酒を—」「回し蹴りを—」

くらがえ【《▼鞍》替え】「選挙区を—して出馬する」

表記欄の⟪ ⟫は常用漢字表付表の語、〈 〉は表外熟字訓、《 》は仮名書きが多い

「もっと儲かる商売に―する」

くらがり【暗がり】「―から不意に声をかけられて驚く」「―から牛を引き出す（＝区別がつきにくい、また、動作の鈍いさまのたとえ）」

くらく【苦楽】「―を共にする」

くらげ【〈水母〉・〈海月〉】「―の骨（＝あり得ないことのたとえ）」

くらざらえ【蔵《▼浚》え】蔵払い。「―の大売り出し」

くらし【暮(ら)し】「―を立てる」

くらしきりょう【倉敷料】倉庫の保管料。

くらす【暮(ら)す】「都会で―」「この収入では―・してゆけない」「遊び―」

くらだし【蔵出し・▽倉出し】倉庫から保管物・製品を出す。「―の酒」

くらばらい【蔵払い】在庫商品の安売り処分。「―の特価品」

くらびらき【蔵開き】新年の吉日に蔵を開く。「一月十一日の―」

クラブ【▼倶▽楽部】「―活動」「―ハウス」〔「倶楽部」は当て字〕

くらべる【比べる・▽較べる・▽競べる】「二つの角度の大きさを―」「どちらが速く走れるかを―」

くらます【▼晦ます】「行方を―」

くらむ【▼眩む・▼晦む】「対向車のヘッドライトに目が―」「大金に目が―」

グラム【▽瓦】「食塩5―」

くらもと【蔵元】「―から買い求める」

くらやみ【暗闇】「―の鉄砲（＝あてずっぽう）」「―の頬冠〈ほおかむり〉（＝無益なことのたとえ）」

くらら【〈苦参〉】マメ科の多年草。クサエンジュ。

くり【▼栗】「―拾い」「―きんとん」

くり【庫裏・庫▼裡】寺院の台所。住職の住む所。〔「く」は呉音〕

くりあげ【繰(り)上げ】「―当選」「―返済」

くりいれ【繰(り)入れ・繰入】「貸倒引当金―」

くりいれる【繰(り)入れる】「予算に―」

くりかえし【繰(り)返し】「―検算する」

くりから【▼倶利▼迦羅】不動明王の変化。「―落とし（＝回りながら落ちる意）」

くりげ【▼栗毛】「―の馬」

くりこし【繰(り)越し・繰越】「―金」

くりこす【繰(り)越す】「残金は次年度に―」

くりごと【繰(り)言】「老いの―」「―を言う」

くりだす【繰(り)出す】皆で出かける。「打ち上げに街へと―」

くりど【繰(り)戸】戸袋から順に出し入れする戸。

くりぬく【▼刳り▽貫く】「カボチャを―」

くりのべ【繰(り)延べ・繰延】「―資産」

くりのべる【繰(り)延べる】「予定を―」

くりめいげつ【▼栗名月】陰暦九月十三夜の月。

くりや【▼厨】台所。

くりょ【苦慮】「事態の収拾に―する」

くる【繰】くる　―「繰り言・繰り延べ・絡〈から〉繰り・臍〈へそ〉繰り・遣〈や〉り繰り」

くる【来る】「電車が―」「春が―」「ちょっと見てくる」「散歩してくる」

くる【▼刳る】刃物でえぐって穴をあける。「丸太を―・っただけの小舟」

くる【繰る】巻き取る。めくる。順に送る。「糸を―」「ページを―」「数珠（雨戸）を―」

くるう【狂う】「嫉妬に―」「ギャンブルに―」「荒れ―海」「日程が―」「手元が―」

くるおしい【狂おしい】「―気持ち」

くるしい【苦しい】「―胸の内」「息が―」「―立場に追い込まれる」

くるしまぎれ【苦し紛れ】「―の言い訳」

くるしみ【苦しみ】「産みの―」

くるしむ【苦しむ】「借金に―」

くるぶし【▼踝】足首の両側の骨が盛り上がった部分。

くるま【車】「―に乗る」「―の両輪」

くるまいす【車椅子】「―用トイレ」
くるまざ【車座】「―になって宴会を始める」
くるまだい【車代】交通費。謝礼金。
くるまよせ【車寄せ】玄関前に設けた、車に乗降する所。
くるみ【〈胡桃〉】落葉高木。実は食用。「―割り人形」
くるむ【▽包む】「毛布に―」
くるめく【▼眩く】目が回る。「目―」
くるる【▽枢】「―戸」「―を開く」
くるわ【▽郭・▽曲輪】城やとりでの囲い。また、遊郭。「―通い」「―言葉」
くれ【暮れ】「年の―」
くれぐれも【〘▽呉▽呉〙も】「―よろしくお伝え下さい」
ぐれつ【愚劣】「―なふるまい」
くれない【紅】「―に染まった朝焼けの空」
くれなずむ【暮れ〘▽泥〙む】日が暮れそうで暮れない。「―春の空」
くれる【暮れる】「日が―」「思案に―」
くれる【〘▽呉〙れる】「金を―」「遊んでくれる」「助けてくれる」
ぐれん【▽紅▼蓮】「―の炎」
ぐれんたい【愚連隊】不良少年の集団。「―のリーダー」

くろ【黒】「赤と―」「―のスーツ」「警察はその男を―と見ている」
くろ【▽畔】あぜ。古語。「田の―」
くろい【黒い】⇔白い。「顔が―」「―髪」
くろう【苦労】「―性〈しょう〉」「妻に―をかける」
ぐろう【愚弄】「人を―するにもほどがある」
くろうと【《玄人》】専門家。水商売の女。⇔素人〈しろうと〉。「―も顔負けするほどの腕前」「―じみた女」
くろうとはだし【《玄人》▼跣】「―の腕前」
くろがね【▽鉄】鉄。「―の盾〈たて〉」
くろかみ【黒髪】「緑の―」
くろこ【黒子・黒▽衣】歌舞伎などの後見役。くろご。「今回は―に徹する」
くろじ【黒字】「収支が三か月ぶりに―に転じた」
くろしお【黒潮】「―洗う土佐の桂浜」
くろしろ【黒白】「―をはっきりさせる」
くろつち【黒土】耕作に適した黒色の土壌。
くろはえ【黒〈南風〉】梅雨どきに吹く南風。
くろふね【黒船】江戸末期、欧米から来た艦船。欧米の脅威の象徴。「―がやって来た」
くろぼし【黒星】⇔白星。「今場所初―」「―が付く」
くろまく【黒幕】「政界の―」
くろもじ【黒文字】クスノキ科の低木。爪楊枝。
くろやま【黒山】「―の人だかり」

くろわく【黒枠】「―の死亡広告」

ぐろん【愚論】ばかげた意見。自分の意見の謙譲語。「―を吐く」「一寸―を述べさせていただきます」

くわ【桑】落葉樹。葉は蚕の飼料。「―の実」

くわ【▼鍬】田を耕すのに用いる農具。

くわい【〈慈姑〉】塊茎は食用。「―頭〈あたま〉」

くわえる【加える】「砂糖を―」「新たな社員を―」「人に危害を―」

くわえる【▼銜える・▼啣える】「指を―・えて見ている」

くわがた【▼鍬形】兜の角〈つの〉状の飾り。大形の昆虫。「―虫」

くわしい【詳しい・▽委しい・▽精しい】「―・く説明する」「内部の事情に―者の犯行らしい」

くわずぎらい【食わず嫌い】「―による偏食」

くわせもの【食わせ物】「見かけによらずとんだ―だ」

くわせもの【食わせ者】「おとなしそうなのにとんだ―だ」

くわだてる【企てる】「事業拡張を―」「謀反を―」
くわばら【桑原】落雷や災難を避けるまじないの言葉。「―、―」
くん【君】クン きみ 「君子・君主・君臨・厳君・細君・諸君・名君」

くん【訓】クン　ー　「訓育・訓解・訓告・訓示・訓点・訓読・訓令・訓練・訓話・遺訓・音訓・家訓・教訓」

くん【勲(勳)】クン　ー　「勲位・勲章・殊勲・叙勲・武勲」

くん【薫(薰)】クン　かお-る　「薫煙・薫製・薫陶・薫風・余薫」

くん【訓】⇔おん(音)。「ー読み」「漢字のー」

くん【君】人の名に付けて、敬意を表す語。「中村ー」

ぐん【軍】グン　ー　「軍記・軍旗・軍縮・軍隊・軍備・従軍・敵軍」

ぐん【郡】グン　ー　「郡県制度・郡代・郡長・郡部」

ぐん【群】グン　む-れる・む-れ・(むら)　「群衆・群集・群像・群島・群発・群雄・群落・魚群・大群・抜群」

ぐん【軍】「ーの機密事項」

ぐん【郡】「ー部」

ぐん【群】「症候ー」「ーを抜く」

ぐんい【軍医】軍隊で、医療を担当する武官。

くんいく【訓育】若い人を教え育てる。「新入隊員のー係」

くんいく【薫育】徳をもって導き育てる。「生徒をーする」

ぐんえき【軍役】「ーに服する」

ぐんか【軍歌】「勇ましくーを歌う」

くんかい【訓戒】「生徒をーする」「ーを垂れる」

ぐんかく【軍拡】⇔軍縮。「ー予算」

ぐんがく【軍学】「山鹿流のー」

ぐんかん【軍艦】「敵のーを攻撃する」「寿司のー巻」

ぐんき【軍紀】「ーに従う」「ーを乱す行為」

ぐんき【軍旗】「ーを掲揚する」

ぐんき【軍機】軍事上の機密事項。

ぐんき【軍記】戦争の話を書いた物語。

ぐんきょ【群居】「島内には希少種の鳥類がーしている」

くんこ【訓▼詁】古語の字句の解釈。

くんこう【勲功】国家・主君に尽くした手柄。

くんこう【薫香】「ーの漂う居間」

ぐんこう【軍功】「ーを称える」

くんこがく【訓▼詁学】古典解釈のための学問。

くんこく【訓告】「ーの処分とする」

ぐんこく【軍国】「ー主義」

くんし【君子】「聖人ー」「ーの交わりは淡〈あわ〉き水の如し／荘子」「ーは危うきに近寄らず」「ーは豹変〈ひょうへん〉す／易経」

くんじ【訓示】上に立つ者が教え示す。「業務内容につきーする」

くんじ【訓辞】教えいましめる言葉。「入学式に総長がーを述べる」

ぐんじ【軍事】「ー大国」「ー基地」「ー裁判」

ぐんしきん【軍資金】「ーを調達する」

くんしゅ【君主】世襲による国家の元首。「専制ー」「立憲ー制」

くんしゅ【▼葷酒】臭気のあるニラなどの野菜と酒。「ー山門に入〈い〉るを許さず」

ぐんじゅ【軍需】⇔民需。「ー景気」「ー産業」

ぐんしゅう【群衆】むらがり集まった多くの人々。「人気歌手にーが押し寄せる」

ぐんしゅう【群集】人や動物がむらがり集まる。また、一時的・非組織的に集合した集団。「ー心理」

ぐんしゅく【軍縮】軍備を縮小する。⇔軍拡。「ー会議」

くんしょう【勲章】「文化ー」「青春のー」

くんじょう【▼燻蒸】害虫や細菌などを薬剤でいぶす。「ー処理」

ぐんしょう【群小】多くのつまらないもの。「ー作家」

ぐんじょう【群青】鮮やかな青。その色の顔料。「ーの海」

くんしん【君臣】「ー水魚〈すいぎょ〉(＝君主と臣下の関係が親密であるさまを言う)」「ーの道」

ぐんじん【軍人】「職業—」「—恩給」

くんずほぐれつ【組んず≪▽解≫れつ】「—の大げんか」〔現代仮名遣いでは「くんづほぐれつ」のように「づ」を用いて書くこともできる〕

くんせい【薫製・▼燻製】「—にしたソーセージ」

ぐんせい【軍制】軍隊に関する諸制度。「諸外国の—を調査する」

ぐんせい【軍政】軍隊が行う政治。⇔民政。

ぐんせい【群生】同種の植物が群がって生える。「ニッコウキスゲの—する霧ケ峰」

ぐんせい【群▼棲】同種の動物が群れをなしてすむ。「ガラパゴスに—するイグアナ」

ぐんぜい【軍勢】「敵の—が押し寄せる」

ぐんそう【軍曹】旧陸軍の階級。曹長の下、伍長の上。「鬼—」

ぐんぞう【群像】「青春—」「額に汗する労働者の—を描いた絵」

くんそく【君側】主君のそば。「—の奸〈かん〉」

ぐんぞく【軍属】軍人以外で軍務につく者。

ぐんたい【軍隊】「—生活」「—に入る」

ぐんだん【軍団】軍と師団の中間の規模の編制部隊。

ぐんて【軍手】「—をはめて除草作業をする」

くんてん【訓点】漢文を訓読するための符号。「—資料」「—語」「—を施して読み下す」

くんとう【勲等】「—を定める」
くんとう【薫陶】その人の人徳で他を感化する。「師の—を受ける」
ぐんとう【群島】「マーシャル—」「—理論」
ぐんとう【群盗】「—に襲撃される」
くんどう【訓導】「子弟を—する」
くんどく【訓読】「漢文を—する」
ぐんば【軍馬】軍用に使う馬。
ぐんばい【軍配】「—を上げる」
ぐんばつ【軍閥】軍部を中心とした政治勢力。「—政治」
ぐんぱつ【群発】一定地域で次々起こる。「—地震」
ぐんび【軍備】「—拡張〈縮小〉」
ぐんぶ【軍部】軍当局。「—の政治介入」
ぐんぶ【群舞】「ツルの—」
くんぷう【薫風】初夏のさわやかな南風。「—緑樹をわたる季節となりました」
ぐんぽう【軍法】軍律。「—会議」
くんめい【君命】主君の命令。「—に従う」「—を辱〈はずかし〉めず(＝君主の任務を十分に遂行する意)／論語」
ぐんもん【軍門】陣営の門。「敵の—に降〈くだ〉る」
ぐんゆう【群雄】「—割拠する戦国の世」
ぐんよう【軍用】「—機」

くんよみ【訓読み】⇔音読み。「漢字の—」

ぐんらく【群落】植物がむらがり生えている所。「植物—」「日陰を好む苔類の—」

ぐんりつ【軍律】「—に従う」「—を乱す」

ぐんりゃく【軍略】軍事上の計略。戦略。「—家」

くんりん【君臨】「財界に—する」「—すれども統治せず」

くんれい【訓令】上級官庁が下級官庁に発する命令。

くんれん【訓練】「—飛行」「一人でできるように—する」

くんわ【訓話】教えさとすための話。教訓的な話。「朝礼で校長の—がある」

け

け【化】⇩か(化)。「化粧・化身・教化・権化・道化・変化」

け【仮(假)】⇩か(仮)。「仮病・虚仮〈こけ〉」

け【気(氣)】⇩き(気)。「気色・気配」

け【家】⇩か(家)。「家来・王家・在家・出家・本家・良家」

け【華】⇩か（華）。「華厳・香華・散華・法華・蓮華」

け【毛】「髪の―」「―糸」

け【気】「火の―」「酒乱の―がある」「そっちの―は無い」

け【▼卦】易の算木に現れる形。吉凶を占う。

け【▼笥】食べ物を盛る容器。「―に盛る飯」

け【▼褻】ふだん。日常。⇔晴れ。「―の生活」

げ【下】⇩か（下）。「下界・下剤・下山・下車・下手人・下水・下段・下熱・下野・下落・上下・卑下」

げ【外】⇩がい（外）。「外科・外題・外道」

げ【夏】⇩か（夏）。「夏至・半夏生」

げ【解】⇩かい（解）。「解脱・解毒・解熱」

げ【▼偈】経文中の仏徳をたたえる詩。

けい【兄】ケイ・（キョウ） あに 「兄事・貴兄・義兄・大兄・父兄」〔「兄弟」は、「ケイテイ」と読むこともある〕

けい【刑】ケイ ― 「刑期・刑場・刑罰・刑法・求刑・極刑・処刑」

けい【形】ケイ・ギョウ かた・かたち 「形式・形象・形勝・形状・形成・形態・形容・円形・図形・造形・変形」

けい【系】ケイ ― 「系図・系統・系列・家系・女系・大系・直系」

けい【京】⇩きょう（京）。「京師・京葉」〔「京浜〈けいひん〉」「京阪〈けいはん〉」などと使う〕

けい【径（徑）】ケイ ― 「径路・口径・山径・小径・直情径行・半径」

けい【茎（莖）】ケイ くき 「塊茎・花茎・球茎・根茎・地下茎・鱗茎」

けい【係】ケイ かか-る・かかり 「係数・係争・係累・関係」

けい【型】ケイ かた 「型式・体型・典型・判型・模型・類型」

けい【契】ケイ ちぎ-る 「契印・契機・契合・契約・書契・黙契」

けい【計】ケイ はか-る・はか-らう 「計画・計算・計略・計量・会計・合計・生計・統計・累計」

けい【恵（惠）】ケイ・エ めぐ-む 「恵眼・恵贈・恵与・恩恵・互恵・慈恵・余恵」

けい【啓】ケイ ― 「啓開・啓示・啓発・啓蒙・謹啓・天啓・拝啓」

けい【掲（揭）】ケイ かか-げる 「掲載・掲示・掲出・掲揚」

けい【渓（溪）】ケイ ― 「渓間・渓谷・渓水・渓声・渓泉・渓流・雪渓」

けい【経（經）】ケイ・キョウ へ-る 「経営・経過・経験・経済・経度・経理・経略・経歴・神経・閉経」

けい【蛍（螢）】ケイ ほたる 「蛍火・蛍光・蛍雪・蛍窓」

けい【敬】ケイ うやま-う 「敬愛・敬意・敬語・敬称・敬白・敬服・敬慕・敬礼・敬老・畏敬・崇敬・尊敬」

けい【景】ケイ ― 「景気・景況・景品・近景・絶景・風景・夜景」

けい【軽（輕）】ケイ かる-い・かろ-やか 「軽快・軽挙・軽減・軽視・軽症・軽傷・軽食・軽装・軽率・軽輩・軽薄・軽蔑・軽妙・軽油・軽量」

けい【傾】ケイ かたむ-く・かたむ-ける 「傾向・傾国・傾斜・傾注・傾聴・傾倒・右傾・左傾・前傾」

けい【携】ケイ たずさ-える・たずさ-わる 「携行・携帯・提携・必携」

けい【継(繼)】ケイ つ-ぐ 「継承・継続・継父・後継・中継」

けい【詣】ケイ もう-でる 「参詣・造詣」

けい【境】⇩きょう(境)。「境界・境外・境内」

けい【慶】ケイ ― 「慶賀・慶事・慶祝・慶弔・大慶・同慶・落慶」

けい【憬】ケイ ― 「憧憬〈しょうけい〉〈どうけい〉」

けい【稽】ケイ ― 「稽古・荒唐無稽・滑稽・不稽」

けい【憩】ケイ いこ-い・いこ-う 「憩室・憩息・休憩・小憩・少憩」

けい【警】ケイ ― 「警戒・警官・警句・警告・警察・警鐘・警笛・警備・警部・警報・警棒・自警・夜警」

けい【鶏(鷄)】ケイ にわとり 「鶏冠・鶏群・鶏舎・鶏肉・鶏鳴・鶏卵・鶏肋〈けいろく〉・闘鶏・養鶏」

けい【競】⇩きょう(競)。「競馬・競売・競落・競輪」

けい【刑】「―を言い渡す」「―に服する」

けい【京】兆の一万倍。きょう。

けい【計】計画。はかりごと。合計。「―三万円」「一年の―は元旦にあり」

けい【▼罫】「―の入った便せん」

げい【芸(藝)】ゲイ ― 「芸術・芸談・芸能・芸名・園芸・演芸・学芸・技芸・文芸・武芸・無芸」

げい【迎】ゲイ むか-える 「迎撃・迎合・迎春・迎賓・歓迎・送迎」

げい【鯨】ゲイ くじら 「鯨飲・鯨肉・鯨波・鯨油・巨鯨・捕鯨」

げい【芸】「―を披露する」「―が細かい」「―は身を助ける」

けいあい【敬愛】「―する上司」「―してやまない」

けいい【経緯】「事件の―を聴取する」「これまでの―を踏まえて検討する」

けいい【敬意】「―を表す(払う)」

けいい【軽易】「―な問題」

げいいき【芸域】「―が広い」

けいいん【契印】二枚の紙面にまたがらせて押す印。

げいいんばしょく【鯨飲馬食】大いに飲食する。

けいえい【経営】「―不振」「会社を―する」

けいえい【警衛】警戒し守る。警護。

けいえん【敬遠】「その問題に関わることを―する」「―の四球」

けいえん【▼閨怨】ひとり寝の夫人の嘆き。「―の詩」

けいか【経過】「途中―」「―を報告する」

けいが【慶賀】「―に堪えない」

けいかい【軽快】「―なリズム」

けいかい【警戒】「―を厳重にする」

けいがい【形骸】「―化する」

けいがい【▼謦▼咳】せきばらい。「―に接する」

けいかく【▼圭角】「―が取れて性格が丸くなった」

けいかく【計画】「―性がない」「―を練る」

けいがく【▼掲額】額に掲げて功績をたたえる。

けいかん【▼挂冠】官を辞する。「―して野に下る」

けいかん【▼荊冠】いばらの冠。受難のたとえ。

けいかん【▼桂冠】月桂冠。「―詩人」

けいかん【景観】「都市―」

けいかん【警官】警察官。「通報を受けて―が駆けつける」

けいがん【▼炯眼】鋭く光る目。本質を鋭く見きわめる眼力。「―人を射る」

けいがん【▼慧眼】かしこくて鋭い眼力。深い洞察力。「―の士」

けいき【刑期】「―を終えて出所する」

けいき【京畿】京都及びその周辺の国々。「―八道」

けいき【契機】「出産を―に日記をつけ始めた」
けいき【計器】各種の量をはかる器具。「―飛行」「―の異常」
けいき【景気】「好―」「―が良い(悪い)」「―が回復する」「―のいい話」
けいき【継起】続けて起こる。「事件が―する」
げいぎ【芸▼妓】芸者。
けいきょ【軽挙】「―妄動をいましめる」
けいきょう【景況】「―判断」
けいきょく【▼荊▼棘】いばら。また、荒れた土地。
けいく【警句】真理をついた簡潔な語句。「―を吐く」
けいぐ【敬具】手紙の結びの語。「拝啓」と照応して用いる。
けいぐん【鶏群】「―の一鶴(＝凡人の中に優れた人物が一人まじっていることのたとえ)／晋書」
けいけい【▼炯▼炯】「眼光―として人を射る」
けいけいに【軽軽に】「―判断してはいけない」
げいげき【迎撃】「―ミサイル」「敵の来襲を―する」
けいけつ【経穴】「―に灸をすえる」
けいけん【経験】「―が物を言う」「―を積む」
けいけん【敬▼虔】「―な祈り」
けいげん【軽減】「負担を―する」
けいこ【稽古】「寒―」「―事」「―を付ける(＝指導する)」
けいご【敬語】「―を正しく使う」
けいご【警固】ある場所を非常事態に備えて守り固める。「―を厳重にする」
けいご【警護】ある人を警戒しまもる。「身辺を―する」
げいこ【芸子】芸者。芸妓。
けいこう【径行】思ったままに行う。「直情―」
けいこう【経口】口から体内に入る。「―感染」
けいこう【蛍光】「―灯」「―塗料」
けいこう【傾向】「物価は上昇の―にある」
けいこう【携行】携えて行く。「―食糧」
げいごう【迎合】人の気に入るようにふるまう。「世論に―する発言」「権力に―する」
けいこく【渓谷】深くて急な谷。
けいこく【経国】国を治める。「―済民」
けいこく【傾国】国をあやうくするほどの美人。遊女。「―の美女」
けいこく【警告】「―を発する」「―を無視する」
けいこつ【▼頸骨】くびの骨。「―損傷」
げいごと【芸事】芸能に関する事柄。「―に勤(いそ)しむ」
けいさい【▼荊妻】妻を謙遜して言う語。
けいさい【掲載】「雑誌に―された論文を読む」
けいざい【経済】「―制裁」「―的」「―を立て直す」
けいさく【警策】座禅中の人の雑念を払う棒。
けいさつ【警察】「―署」「―官」
けいさん【計算】「―ずく」「―が合わない」「―高(だか)い人」
けいさんぷ【経産婦】出産を経験した婦人。
けいし【刑死】刑を受けて死ぬ。
けいし【京師】みやこ。京都。
けいし【軽視】「―出来ない問題」
けいし【継子】ままこ。
けいし【継嗣】跡継ぎ。跡取り。
けいし【警視】「―総監」
けいじ【兄事】「―していた大学の先輩」
けいじ【刑事】「―事件」
けいじ【計時】「マラソンの―係」
けいじ【啓示】「神の―を受ける」
けいじ【掲示】「―板」「日程表を―する」
けいじ【慶事】結婚・出産などの祝い事。「娘の結婚・出産と―が続く」
けいしき【形式】「―的」「書類の―を整える」「―だけの謝罪」
けいしき【型式】かたしき。
けいじじょう【形▼而上】「―学的な議論」
けいしつ【形質】形と実質。生物の形態上の特徴。「―細胞」

けいしゃ【傾斜】「屋根の―が急だ」「軍国主義へと―する」

けいしゃ【鶏舎】にわとり小屋。

げいしゃ【芸者】宴席に興を添える職業の女性。「―を呼ぶ」

けいしゅう【▼閨秀】学芸にすぐれた女性。「―作家」

けいしゅく【慶祝】よろこび祝う。祝賀。「―行事」

けいしゅつ【掲出】「合格者の氏名を―する」

げいじゅつ【芸術】「―性が高い」「―的な写真」「―は長く人生は短し（＝作者に寿命はあるがその作品は生き続ける意。ヒポクラテスの言葉）」

けいしゅん【慶春】新春をよろこぶ。年賀状に用いる語。

げいしゅん【迎春】新春を迎える。年賀状に用いる語。

けいしょ【経書】中国の儒学の古典。「四書五経の―」

けいしょう【形象】かたち。すがた。「―化する」

けいしょう【形勝】①「景勝」に同じ。②要害の地。

けいしょう【景勝】景色が美しい地。「天下の―の地」

けいしょう【敬称】「―を略す」

けいしょう【軽少】「―な被害」

けいしょう【軽症】軽い病気。⇔重症。

けいしょう【軽傷】軽いけがや傷。⇔重傷。

けいしょう【軽▼捷】「―な身のこなし」

けいしょう【継承】「王位を―する」「伝統工芸を―する」

けいしょう【警鐘】危険を知らせるために鳴らす鐘。「モラルの低下に―を鳴らす」

けいじょう【刑場】死刑を執行する場所。「―に引かれる」「―の露と消える」

けいじょう【形状】かたち。ありさま。「―記憶のワイシャツ」

けいじょう【計上】「予算に―する」

けいじょう【啓上】「一筆―」

けいじょう【経常】平常。一定。「―収支」「―損益」

けいじょう【警乗】「新幹線に―する」

けいしょく【軽食】「朝は―で済ます」

けいず【系図】「豊臣家の―」

けいすう【係数】変数にかけられている数・文字。「エンゲル―」

けいすう【計数】「―に明るい人」

けいする【敬する】敬う。「―・して遠ざける」

けいする【慶する】「栄転を―」

けいせい【形成】「―外科」「人格の―」

けいせい【形勢】「どうも―は不利だ」「―が逆転する」

けいせい【傾▽城】遊女。美女。「―に誠なし」

けいせい【警世】「―家」「―の一文を認〈したた〉める」

けいせいさいみん【経世済民】世を治め民を救う。

けいせき【形跡】「犯人はここに立ち寄った―がある」

けいせつ【蛍雪】「―の功」

けいせん【係船・▼繋船】「岸壁に―する」

けいせん【経線】経度を表す線。⇔緯線。

けいせん【▼罫線】相場の動きのグラフ。罫。「―表」

けいそ【▼珪素・▼硅素】炭素族元素。「―入りのノート」

けいそう【形相】⇔質料。

けいそう【係争・▼繋争】裁判で争う。「目下―中なのでコメントを控える」

けいそう【軽装】「ハイキングには―で出かける」

けいそう【継走】リレーレース。

けいぞう【恵贈】贈り主を敬って礼にいう言葉。「御―にあずかる」

けいそく【計測】「気圧を―する」

けいぞく【係属・▼繋属】訴訟が続いている。「裁判所で―中の事件」

けいぞく【継続】「―審議」「早朝練習を―する」

けいそつ【軽率】「―なふるまい」

けいそん【恵存】本を贈るときに添える語。

けいたい【形態】「—安定」

けいたい【敬体】文末に「です」「ます」を使う文体。⇕常体。

けいたい【携帯】身につけて持つ。また、携帯電話。「雨具を—する」「出先から—で電話をかける」

けいだい【境内】「寺の—」

けいたく【恵沢】恵み。なさけ。「—に浴する」

げいだん【芸談】芸道についての話。

けいちつ【啓▼蟄】二十四節気の一。三月六日ごろ。

けいちゅう【傾注】「この事業に全精力を—する」

けいちょう【軽重】「事の—をわきまえない発言」「鼎〈かなえ〉の—を問う（＝人の実力、能力を疑う意）／左氏伝」

けいちょう【傾聴】「—に値する」

けいちょう【慶弔】祝い事と弔い事。

けいちょうふはく【軽▼佻浮薄】言動が軽率である。

けいつい【▼頸椎】首の骨。

けいてい【兄弟】きょうだい。「—の契り」「四海—」

けいてい【▼逕庭・径庭】隔たり。差。「—が無い」

けいてき【警笛】「—を鳴らす」

けいてん【経典】聖人・賢人の教えを説いた本。「古代中国の—」

けいてんあいじん【敬天愛人】天を敬い人を愛す。

けいと【毛糸】「—のセーター」

けいと【競渡】舟漕ぎ競争。ペーロン。

けいど【経度】地球上の東西の位置を表す座標。⇕緯度。

けいど【軽度】⇕重度。「—の高血圧」

けいとう【系統】「日本語—論」「父方の—」

けいとう【恵投】恵贈。恵与。「御—を賜る」

けいとう【傾倒】「英文学に—する」「全力を—する」

けいとう【継投】前の投手から引き継いで投げる。

けいとう【鶏頭】一年草。「—の十四五本もありぬべし／正岡子規」

げいとう【芸当】「素人〈しろうと〉にはまねの出来ない—」

げいどう【芸道】「—を極める」

げいにん【芸人】「彼はなかなかの—だ」

けいねん【経年】年月を経る。「—変化」

げいのう【芸能】「大衆—」「—界」

けいば【競馬】「草—」「—場〈じょう〉」

げいは【鯨波】大波。ときの声。

けいはい【軽輩】地位や身分の低い者。

けいばい【競売】法律で「競売〈きょうばい〉」のこと。

けいはく【敬白】謹んで申し上げる。また、手紙の結語に用いる。「店主—」「恐惶—」

けいはく【軽薄】⇕重厚。「—な男」

けいはつ【啓発】「自己—セミナー」「大いに—された」

けいばつ【刑罰】「—を科す」

けいばつ【▼閨閥】妻の血縁関係でつながっている勢力。

けいばつ【警抜】人の意表をついて優れていること。「—な比喩」

けいはんざい【軽犯罪】「—法」

けいひ【経費】「必要—」「—削減」「—がかさむ」

けいひ【軽費】「—老人ホーム」

けいび【軽微】「—な被害」

けいび【警備】「—員」「—保障」「—に当たる」

けいひん【京浜】東京と横浜。「—工業地帯」

けいひん【景品】「—付きのお菓子」

げいひんかん【迎賓館】「赤坂の—」

けいふ【系譜】「—を辿る」

けいふ【継父】血のつながらない父。ままちち。⇕実父。

けいぶ【▼頸部】「—損傷」

けいぶ【軽侮】「上司を—する」

けいぶ【警部】警視の下、警部補の上の階級。

げいふう【芸風】「人情味あふれる—」

けいふく【敬服】「精力的な仕事ぶりに—する」

けいぶつ【景物】「目に留まった―を絵に描く」
けいふん【鶏▼糞】肥料にする鶏のふん。
けいべつ【軽蔑】「―の眼差し」
けいぼ【敬慕】「―の念」「―してやまない師」
けいぼ【継母】血のつながりのない母。ままはは。⇕実母。
けいほう【刑法】「―により処罰される」
けいほう【警報】「大雨洪水―」「―器」
けいぼう【▼閨房】寝室。また、婦人の居間。
けいぼう【警棒】警察官が所持する護身用の棒。
けいま【▼桂馬】将棋の駒の一。
けいみょう【軽妙】「―な動きで攻撃をかわす」
けいむしょ【刑務所】受刑者を収容する所。
けいめい【鶏鳴】「―暁を告ぐ」
げいめい【芸名】芸能人としての名前。
けいめいくとう【鶏鳴▼狗盗】小策を弄する者。
けいもう【啓▼蒙】「―思想」「―主義」
けいやく【契約】「―書」「―を結ぶ(解消する)」
けいゆ【経由】「名古屋―で伊勢に向かう」
けいゆ【軽油】ディーゼル燃料。
けいよ【刑余】刑罰を受けたことがある。「―者」
けいよ【恵与】「御―の品」「結構なお品を御―賜り」
けいよう【京葉】東京と千葉。
けいよう【形容】「―詞」「言葉ではうまく―できない」
けいよう【掲揚】「国旗―」
けいら【警▼邏】見回って警戒する。「―中の巡査」
けいらく【京▼洛】みやこ。京都。
けいらん【鶏卵】「―大の筋腫」
けいり【経理】「―部に伝票を回す」
けいりゃく【計略】はかりごと。策略。「―をめぐらす」「まんまと―にひっかかる」
けいりゃく【経略】国を治める。
けいりゅう【係留・▼繋留】「―索」「船舶を岸壁に―する」
けいりゅう【渓流】「―釣り」
けいりょう【計量】「―カップ」
けいりょう【軽量】「―のノートパソコン」
けいりん【経▼綸】国を整え治める。
けいりん【競輪】「―選手」
けいるい【係累・▼繋累】面倒をみなければならない家族。
けいれい【敬礼】「隊長に―する」
けいれき【経歴】「―を偽る」
けいれつ【系列】「―会社」「同じ―に属する」
けいれん【▼痙▼攣】「胃―」
けいろ【毛色】「―の変わった人間」
けいろ【経路・径路】「進入―」
けいろう【敬老】「―の精神にあふれる」
けう【▽希有・▼稀有】「―な事例」
けうとい【気疎い】不愉快だ。うとましい。
けおされる【気▽圧される・気押される】「堂々たる風格に―」
けおとす【蹴落(と)す】「ライバルを―」
けおりもの【毛織物】羊毛などで織った布。
けが【▽怪我】「足を―する」「―の功名(＝失敗から偶然に好結果を生む意)」
げか【外科】「整形―」
げかい【下界】「天から―を見下ろす」
けがす【汚す・▼穢す・▼瀆す】「名誉を―」「会長の席を―」
けがらわしい【汚らわしい・▼穢らわしい】「―話」「見るのも―」
けがれ【汚れ・▼穢れ】「心の―」
けがれる【汚れる・▼穢れる】「心が―」
けがわ【毛皮・毛革】「―のコート」
げき【隙】ゲキ すき 「間隙・空隙・寸隙」〔「隙間」は、「透き間」とも書く〕
げき【劇】ゲキ 「劇場・劇痛・劇薬・演劇・楽劇・観劇・悲劇」
げき【撃(擊)】ゲキ うつ 「撃退・撃沈・撃墜・撃破・撃滅・攻撃・

射撃・襲撃・狙撃・打撃・目撃」
げき【激】ゲキ はげ-しい 「激賞・激情・激戦・激増・激動・激変・激流・激論・感激・急激・刺激・憤激」
げき【劇】「―作家」「―を観る」
げき【▼檄】人々に決起を促す文。「―を飛ばす」(「激を飛ばす」と書くのは本来は誤り)
げきえつ【激越】「―な口調」
げきか【劇化】「『坊ちゃん』を―する」
げきか【激化】「対立が―する」
げきが【劇画】「―タッチ」
げきげん【激減】⇔激増。「野生動物が―する」
げきこう【激▼昂・激高】「―して退場した」
げきさく【劇作】「―家」
げきしゅう【激臭・劇臭】「鼻をつく―」
げきしょ【激暑・劇暑】「―の候」
げきしょう【劇症・激症】「―肝炎」
げきしょう【激賞】「―を浴びる」「各紙とも―した」
げきじょう【劇場】「―で上演する」
げきじょう【撃▼攘】撃退。
げきじょう【激情】「―にかられる」
げきしょく【劇職・激職】「―に就いて休みが取れない」
げきしん【激震】「政界に―が走る」
げきじん【激甚・劇甚】「―な被害」
げきする【激する】激しくなる。興奮する。「相手の無礼に思わず―」
げきする【▼檄する】檄をとばす。「全軍に―」
げきせん【激戦・劇戦】「―区」
げきぞう【激増】⇔激減。「人口が―する」
げきたい【撃退】「痴漢を―する」
げきたく【撃▼柝】拍子木を打つこと。「抱関―」「―売買」
げきだん【劇団】演劇を上演する団体。
げきだん【劇談】演劇に関する談話。
げきちん【撃沈】「敵の戦艦を―する」
げきつい【撃墜】「―王」「敵機を―する」
げきつう【激痛・劇痛】「胸に―が走る〈襲う〉」
げきてき【劇的】「―な生涯」
げきど【激怒】「侮辱されて―する」
げきとう【激闘】「―の末、敵を破った」
げきどう【激動】「―する世界情勢」
げきどく【劇毒】猛毒。
げきとつ【激突】「壁に―する」「強豪どうしが―する」
げきは【撃破】「敵の部隊を―する」
げきはつ【激発】「反乱が―する」
げきぶん【▼檄文】「―を撒〈ま〉く」
げきへん【激変・劇変】「業界地図が―する」
げきむ【激務・劇務】「―に耐えられない」
げきめつ【撃滅】「敵軍を―する」
げきやく【劇薬】「―の取り扱いに注意する」
けぎらい【毛嫌い】理由なしに嫌う。「パソコンを―する」
げきりゅう【激流】「―に飲まれる」
げきりょ【▽逆旅】旅館。宿屋。
げきりん【▽逆▼鱗】「―に触れる」
げきれい【激励】「―会」「友人を―する」
げきれつ【激烈・劇烈】「日々―さを増す」「―な競争」
げきろう【▽逆浪】「世の―に翻弄される」
げきろん【激論】「―を戦わせる」
げくう【外▽宮】伊勢神宮の、豊受大神宮の称。⇔内宮。
げげ【下下】ひどく劣っていること。下の下。
げけつ【下血】肛門から血が出る。
げげん【▽怪▼訝】変だと思うさま。「―な顔をする」
げこ【下戸】酒の飲めない人。⇔上戸〈じょうご〉。「―で不調法なもので」
げこう【下向】「草深い地方へ―する」
げこう【下校】⇔登校。「―時間」
げごく【下獄】刑務所にはいる。
げこくじょう【下克上・下▼剋上】下位が上位

に取って代わる。「戦国時代の―」
けこみ【蹴込み】階段の踏板の間の垂直の部分。
けさ【《今朝》】「―のニュース」
けさ【▼袈▼裟】「―をまとった僧侶」
げざ【下座】⇔上座。「―に座る」
げざい【下剤】便通のための薬。
げさく【下策】下手なはかりごと。⇔上策。
げさく【▽戯作】江戸時代の通俗小説類。
げざん【下山】⇔登山。「無事―する」
けし【▼芥子・〈罌粟〉】二年草。阿片・モルヒネを製する。一般の栽培は禁止。
げし【夏至】昼間が最も長くなる日。六月二二日頃。⇔冬至。
げじ【下知】命令する。げち。「―状」
けしいん【消印】「今月末の―有効」
けしかける【▼嗾ける】「子分を―・けて襲わせる」
けしからぬ【《▽怪》しからぬ】「―振る舞いに立腹する」
けしき【気色】ようす。表情。「―ばむ」
けしき【《景色》】自然のながめ。「美しい―が広がる」
げじげじ【〈蚰蜒〉】ムカデに似た節足動物。ゲジ。
けしずみ【消し炭】火を消してできた炭。
けしつぶ【《▼芥子》粒】小さいものの形容。
けしぼうず【《▼芥子》坊主】芥子の果実。
げしゃ【下車】「途中―」
げしゅく【下宿】「上京して―する」
げしゅにん【下手人】「同心が―を捕らえる」
げじゅん【下旬】月末の一〇日間。
げじょ【下女】下働きの女性。
けしょう【化粧・仮粧】「―室」「―直し」「―品」
げじょう【下乗】「―の札」
けしょうじお【化粧塩】「焼き魚の―」
けしん【化身】「神の―」
げじん【外陣】社寺の内陣の外側の参拝する場所。⇔内陣。
けす【消す】「あかり(字)を―」「記憶を―」
げす【下▽種・下▽衆・下▽司】「―の勘繰り(＝邪推)」
げすい【下水】⇔上水。「―道(管)」
けすじ【毛筋】「―立て」「―ほどの乱れもない」
けずね【毛▼脛】毛の多くはえたすね。
けずりぶし【削り節】かつお節を薄く削ったもの。
けずる【削る】「ナイフで鉛筆を―」「予算を―」「しのぎを―」
けずる【▼梳る】髪をとかして整える。「緑の黒髪を―」
げせる【解せる】「何とも―・せない話だ」
げせわ【下世話】世間でよくいう話。「―な話」「…と―にも言う」
げせん【下船】⇔乗船。
げせん【下▼賤】「―の者」
けそう【懸想】恋慕。「―文」
げそく【下足】「―番」
けた【桁】けた ―「桁違い・桁外れ・井桁・橋桁・一桁・帆桁」
けた【桁】「橋(井)―」「―が違う」
げた【下▽駄】「勝負は―を履くまでわからない」
けたい【▼懈怠】なまけること。
げだい【外題】表紙の書名。また、歌舞伎や浄瑠璃の正式の題名。
けだかい【気高い】「雪を頂いた富士の―姿」
けだし【▽蓋し】考えてみると。確かに。「―名言だ」
けたちがい【桁違い】「―の強さ」「―に大きい」
けたはずれ【桁外れ】「値段が―に高い」
げだつ【解脱】「煩悩を―する」
けだもの【▽獣】「人間の皮をかぶった―」
けだるい【気▽怠い・気▼懈い】「―夏の昼下がり」
けち【《〈吝嗇〉》】「―な男」「―な商売に手を出す」「人のやることにいちいち―をつける」
げち【下知】げじ(下知)。
けちえん【▽結縁】仏道の縁を結ぶ。「―灌頂」
けちがん【▽結願】修法や法会の期日が終わる。

け

けちらす【蹴散らす】「雑兵を―して攻め入る」

けつ【欠(缺)】ケツ かーける・かーく 「欠員・欠勤・欠航・欠如・欠席・欠点・欠乏・出欠・補欠」

けつ【穴】ケツ あな 「一穴・経穴・虎穴・洞穴・風穴・墓穴」

けつ【血】ケツ ち 「血液・血気・血行・血戦・血族・出血・熱血」

けつ【決】ケツ きーめる・きーまる 「決壊・決行・決算・決勝・決心・決定・決別・解決・対決・否決」

けつ【結】ケツ むすーぶ・ゆーう・ゆーわえる 「結果・結婚・結社・結集・結晶・結成・結論・終結・団結」

けつ【傑】ケツ ― 「傑作・傑出・傑人・英傑・豪傑・俊傑・女傑」

けつ【潔】ケツ いさぎよーい 「潔白・潔癖・簡潔・高潔・不潔」

けつ【決】「―をとる」

げつ【月】ゲツ・ガツ つき 「月刊・月給・月収・月末・月曜・月齢・隔月・歳月・年月・満月・明月」

けつあつ【血圧】「―が高めだ」

けつい【決意】「―表明」「―がゆらぐ」

けついん【欠員】「―補充」「―が生じる」

けつえき【血液】「―型」「―製剤」

けつえん【血縁】「―関係」

けっか【決河】「―の勢い」

けっか【結果】⇔原因。「投票の―を発表する」「―を出す」

けっかい【決壊・決潰】「堤防が―する」

けっかく【欠格】⇔適格。「―事由」

けっかく【結核】「―菌」

げっかびじん【月下美人】サボテンの一。

げっかひょうじん【月下氷人】なこうど。媒酌人。

けっかふざ【結▼跏▼趺▼坐】仏像の座り方。「―をつとめる」

けっかん【欠陥】「―商品」「方法論の―を衝く」

けっかん【血管】「毛細―」「―が切れる」

げっかん【月刊】「―雑誌」

けっき【血気】「―盛んな若者」「―にはやる」

けっき【決起・▼蹶起】「―集会」「真相究明に市民が―する」

けつぎ【決議】「不信任案を―する」

げっきゅう【月給】「―取り」

けっきょ【穴居】「―生活」

けっきょく【結局】「―のところ」「―成功しなかった」「―(は)好きじゃないということですね」

けっきん【欠勤】「無断―」「風邪で―する」

けっく【結句】①詩歌の末尾の句。②結局。とうとう。

げっけい【月経】生理。「―痛」

げっけいかん【月▼桂冠】月桂樹で作った冠。

げっけいじゅ【月▼桂樹】クスノキ科の木。

けつご【結語】結びの言葉。

けっこう【欠航】「台風で―」

けっこう【血行】「―をよくする薬」

けっこう【決行】「雨天―」

けっこう【結構】「―な品」「―なご身分」「もうけっこうです」「けっこう難しい問題だ」

けつごう【結合】「―体」「分子が―する」

げっこう【月光】「―に照らされて薄白く光る海」

げっこう【激▼昂】げきこう(激昂)。「―して大声を出す」

けっこん【血痕】血のついた跡。

けっこん【結婚】「恋愛(見合い)―」「―式」「―記念日」

けっさい【決済】代金の受け渡しを済ませる。「銀行の―日」「現金で―する」

けっさい【決裁】権限のある者が採否を決める。「―済み」「社長の―を仰ぐ」

けっさい【潔斎】「精進―」

けっさく【傑作】「世紀の大―」「―な出来事」

けっさつ【結▼紮】血管などをしばる。「卵管―」
けっさん【決算】収支の総計算。「―日」「―報告」「人生の総―」
けつじ【▼訣辞】別れの言葉。
けつじつ【結実】「桃の―期」「長年の努力が―した」
けっして【決して】「―ご迷惑はおかけしません」
けっしゃ【結社】「秘密(政治)―」「―の自由」
げっしゃ【月謝】「―袋」「塾に―を持たせる」
けっしゅう【結集】「総力を―する」
げっしゅう【月収】一か月の収入。
けっしゅつ【傑出】「―した力量(才能)」
けっしょ【血書】「―をしたためる」
けつじょ【欠如】「能力の―」「責任感が―している」
げっしょ【月初】⇔月末。「―の計画」
けっしょう【血▼漿】血液の液状成分。
けっしょう【決勝】「―戦」「勝ち抜いて―に進出する」
けっしょう【結晶】「―水」「雪の―」「長年の努力が見事に―する」
けつじょう【欠場】⇔出場。「けがのため―する」
けっしょうばん【血小板】血液を固まらせる血液成分。
けっしょく【欠食】満足に食事をしていない。「―児童」
けっしょく【血色】「―が良い(悪い)」
げっしょく【月食・月▼蝕】「皆既―」
けっしん【決心】「―が固まる(ゆらぐ)」
けっしん【結審】「審理を経て―する」
けっする【決する】「運命が―」「意を―して敵陣にのりこむ」
けっせい【血清】血液が凝固して上澄みにできる液体成分。
けっせい【結成】「新党―」「チームを―する」
けつぜい【血税】「国民の―を無駄遣いしてはいけない」
けっせき【欠席】⇔出席。「風邪で―する」
けっせき【結石】「腎臓―」
けっせつ【結節】「交通―点」
けっせん【血栓】血管内にできる血液の固まり。「脳―」
けっせん【血戦】激しい戦い。
けっせん【決戦】「天下分け目の―」「いよいよ―の火ぶたが切られた」
けつぜん【決然】「―たる態度で臨む」
けっそう【血相】「―を変える」
けっそく【結束】「―を固める」
けつぞく【血族】「直系―」
けっそん【欠損】欠けて一部がなくなる。赤字。「―金」「けがで皮膚が―する」「メール本文の文字列が―する」
けったい【結滞】「脈が―する」
けったく【結託】「業者と―して不正をはたらく」
けったん【血▼痰】血のまじった痰〈たん〉。
けつだん【決断】「―力」「転職を―する」
けつだん【結団】「―式」
げったん【月旦】月の初め。人物批評。「―評」
けっちゃく【決着・結着】「数時間にわたる議論の末ようやく―がついた」
けっちょう【結腸】盲腸と直腸を除く大腸の部分。
けってい【決定】「―版」「―的瞬間」「順位を―する」
けってい【▼駃▼騠】雌ロバと雄ウマとの一代雑種。
けってき【▼抉▼剔】えぐり出す。「本質を―する」
けってん【欠点】「―をつかれる」「―を克服する」
けっとう【血統】「―書」「―が絶える」
けっとう【血糖】血液に含まれる葡萄糖。「―値」
けっとう【決闘】「―を申し入れる」
けっとう【結党】⇔解党。「―宣言」
けつにく【血肉】「―の争い」
けっぱい【欠配】配給や給与が支払われない。「給与を―する」
けっぱく【潔白】「清廉―」「身の―を証明する」

けっぱつ【結髪】「力士の―」
けつばん【欠番】「永久―」『四号室は―にする』
けっぱん【血判】指を切った血で押す印。「―状」
けっぴょう【結氷】「湖が―する」
げっぴょう【月評】「文芸―」
げっぷ【月賦】「―払い」「テレビを―で買う」
けつぶつ【傑物】「彼は類いまれな―だ」
げっぺい【月餅】中国風の焼き菓子。
けっぺき【潔癖】「―症」「金銭に―な人」
けつべつ【決別・▼訣別】きっぱり別れる。「青春に―する」
けつぼう【欠乏】「食糧(ビタミン)が―する」
げっぽう【月報】「文壇―」
けっぽん【欠本・▼闕本】⇔完本。「全集の―」
けつまく【結膜】まぶたの裏と眼球を覆っている粘膜。「―炎」
けつまずく【蹴▼躓く】「木の根っこに―」
けつまつ【結末】「意外な―」「―をつける(迎える)」
げつまつ【月末】⇔月初。
けつみゃく【血脈】ちすじ。仏法の伝統。けちみゃく。「―をつぐ」
けづめ【▽距・蹴爪】雄の足の後ろにある突起。「牛(鶏)の―」
けつめい【血盟】血判を押して固くちかう。

げつよ【月余】一か月あまり。「―にわたる闘病生活」
けつらく【欠落】あるべきものが欠けている。「方法論(モラル)が―している」
けつるい【血涙】「―をしぼる」
けつれい【欠礼】「喪中につき年賀―いたします」
げつれい【月例】「―会(報告)」
げつれい【月齢】月の満ち欠けを示す数。
けつれつ【決裂】「交渉は―した」
けつろ【血路】敵の包囲を切り抜ける道。「―を開く」
けつろ【結露】「窓ガラスに―する」
けつろん【結論】「―的に言って」「―を出す」「初めに―ありき」
げてもの【下手物】「―趣味」「―を食わせる」
げどう【外道】仏教以外の教え。釣りで対象外の魚。「―ばかりが釣れる」
げどく【解毒】「―剤(作用)」
けとばす【蹴飛ばす】「馬に―・される」「示談の申し入れを―」
けどる【気取る】「こちらの思惑を―・られないように注意する」
けなげ【▽健気】「―な心がけ」「病弱な母を助けて―に家事を手伝う長女」
けなす【▼貶す】「自分の作品が―・される」
けなみ【毛並(み)】「名門の出で―がいい紳士」

げなん【下男】下働きの男。
げに【▽実に】「―恐ろしきは人の怨念」
げにん【下人】身分の低い者。
けぬき【毛抜き・▼鑷】「―でとげを取る」
げねつ【下熱】「三日も―しない」
げねつ【解熱】「―剤(薬)」
けねん【懸念】「―される問題」「先行きを―する」
けば【毛羽・▼毳】「―が立つ」
けはい【気配】「春の―」「部屋に人がいる―がする」
けばけばしい【▼毳▼毳しい】「―服装」
げばひょう【下馬評】世間でのとりざた。「―では彼が優勝候補だ」
けばり【毛▼鉤】虫に似せた釣り針。「―釣り」
げはん【下阪】東京から大阪に行く。「新幹線で―する」
けびいし【▽検非違使】平安京の治安機関。
けびょう【仮病】「―を使う」
げびる【下卑る】「―・びた笑い」
げひん【下品】⇔上品。「―な話」
けぶり【(気振)り】「―にも見せない」
けぶる【▽煙る・▼烟る】けむる。「雨に―港」
げぼく【下僕】召し使いの男。
けぼり【毛彫(り)】細い線で彫る彫金の技法。
けまん【華▼鬘】仏堂の欄間に掛ける荘厳具。「―結び」

けみする【▽閲する】 読んで調べる。年月を経過する。「書物を丹念に—」『没後二年を—』

けむ【▽煙・▼烟】 けむり。「—に巻く」

けむし【毛虫】 チョウ・ガなどの幼虫。「—のように嫌われる」

けむたい【煙たい】「たばこが—」『—上司』

けむり【煙・▼烟】「たばこの—が目にしみる」『火のない所に—は立たぬ(＝噂話にも必ず根拠があるという意)』

けむる【煙る・▼烟る】「薪〈まき〉が—」『雨に—京の古刹』

けもの【獣】「—道」『—をねらう狩人』

げや【下野】 民間に下る。「選挙に敗れて—する」

けやき【▼欅】 ニレ科の木。大木になる。

けら【〈螻蛄〉】 地中にすむ昆虫。「お—も生き物だ」「—が鳴く」

けらい【家来】「忠実な—」『—を従える』

けらく【▽快楽】「かいらく(快楽)」の仏教語。「—を得る」(「け」は字の呉音)

げらく【下落】「株価が—する」

けり【▼鳧・▽計里】 チドリ科の鳥。

げり【下痢】「—止めの薬」

げりゃく【下略】 あとの語句や文章を略す。

ける【蹴る】「ボールを—」『相手の要求を—』

げれつ【下劣】「—な手口」

けれん【▽外連】 受けをねらった、はでなやり方。「—味〈み〉」『—がない』

げろう【下郎】「—の分際」『—呼ばわりされる』

けわしい【険しい】「—山道」『—表情』『前途は—』

けん【犬】 ケン いぬ 「犬歯・愛犬・忠犬・闘犬・名犬・野犬・猟犬」

けん【件】 ケン — 「件数・案件・事件・条件・物件・用件・要件」

けん【見】 ケン み-る・み-える・み-せる 「見解・見学・見識・見聞・意見・会見・所見・先見・発見・露見」

けん【券】 ケン — 「券種・回数券・株券・金券・債券・証券・食券・馬券・旅券」

けん【肩】 ケン かた 「肩甲骨・肩章・強肩・双肩・比肩・両肩」

けん【建】 ケン・(コン) た-てる・た-つ 「建議・建国・建材・建設・建造・建築・創建・封建」

けん【研(研)】 ケン と-ぐ 「研究・研鑽〈けんさん〉・研修・研磨」

けん【県(縣)】 ケン — 「県下・県花・県人・県勢・県庁・県立・近県」

けん【倹(儉)】 ケン — 「倹素・倹約・恭倹・勤倹・節倹」

けん【兼】 ケン か-ねる 「兼業・兼職・兼任・兼備・兼務・兼用」

けん【剣(劍)】 ケン つるぎ 「剣客・剣劇・剣士・剣術・剣道・剣舞・懐剣・銃剣・真剣・刀剣・名剣」

けん【拳】 ケン こぶし 「拳銃・拳闘・拳法・空拳・鉄拳」

けん【軒】 ケン のき 「軒昂〈けんこう〉・軒数・軒灯・一軒」

けん【健】 ケン すこ-やか 「健康・健在・健全・健闘・壮健・保健」

けん【険(險)】 ケン けわ-しい 「険悪・険阻・険相・険難・険路・陰険・危険・天険・冒険・保険」

けん【圏(圈)】 ケン — 「圏外・圏点・圏内・北極圏」

けん【堅】 ケン かた-い 「堅果・堅固・堅持・堅実・堅忍・中堅」

けん【検(檢)】 ケン — 「検閲・検温・検挙・検査・検索・検察・検事・検証・検定・検討・検問・送検・点検・探

検」

けん【間】⇩かん（間）。「間数・世間・人間・眉間・無間」

けん【嫌】ケン・（ゲン）　きら-う・いや　「嫌煙・嫌悪・嫌疑・機嫌〈きげん〉」

けん【献（獻）】ケン・（コン）　―　「献花・献金・献血・献辞・献身・献呈・献杯・一献〈いっこん〉・貢献・文献」

けん【絹】ケン　きぬ　「絹糸・絹布・絹本・純絹・正絹・人絹・本絹」

けん【遣】ケン　つか-う・つか-わす　「遣外・遣唐使・差遣・先遣・派遣・分遣」

けん【権（權）】ケン・（ゴン）　―　「権威・権限・権勢・権謀・権利・権力・実権・主権・政権」

けん【憲】ケン　―　「憲章・憲兵・憲法・違憲・改憲・官憲・護憲・合憲・立憲」

けん【賢】ケン　かしこ-い　「賢兄・賢人・賢哲・賢明・諸賢・先賢」

けん【謙】ケン　―　「謙虚・謙称・謙譲・謙遜・謙抑・恭謙」

けん【鍵】ケン　かぎ　「鍵盤・関鍵・黒鍵・電鍵・白鍵・秘鍵」

けん【繭】ケン　まゆ　「繭糸・乾繭・生繭」

けん【顕（顯）】ケン　―　「顕官・顕示・顕彰・顕著・顕微鏡・露顕」

けん【験（驗）】ケン・（ゲン）　―　「験算・経験・効験・試験・実験・受験・体験・治験」

けん【懸】ケン・（ケ）　か-ける・か-かる　「懸想〈けそう〉・懸念〈けねん〉・懸案・懸隔・懸賞・懸垂・一生懸命」

けん【件】「今月の交通事故の―数」「例の―」

けん【券】「乗車―」「招待―」

けん【▼妍】美しいこと。「―を競う」

けん【県】「都道府―」

けん【剣】「手裏―」「ペンは―よりも強し」

けん【拳】にぎりこぶし。

けん【険・▼嶮】「険のある言い方」「箱根の山は天下の険（嶮）」

けん【間】長さの単位。柱と柱との間。「三十三―〈げん〉堂」

けん【▼腱】筋肉と骨とを連結する組織。「右足のアキレス―が切れる」

けん【鍵】ピアノなどの、指で押す部分。キー。

げん【元】ゲン・ガン　もと　「元気・元勲・元号・元素・根元」

げん【幻】ゲン　まぼろし　「幻影・幻覚・幻想・幻灯・幻滅・夢幻」

げん【玄】ゲン　―　「玄関・玄室・玄孫・玄武・玄米・玄妙・幽玄」

げん【言】ゲン・ゴン　い-う・こと　「言及・言語・言行・言動・言明・言論・格言・甘言・失言・宣言・断言」

げん【弦】ゲン　つる　「弦歌・弦楽・弦月・管弦・上弦・正弦・余弦」〔「絃」の書き換え字としても用いられる〕

げん【限】ゲン　かぎ-る　「限界・限度・期限・際限・制限・門限・無限」

げん【原】ゲン　はら　「原因・原告・原作・原石・原則・原点・原典・原爆・原野・原理・高原・草原・平原」

げん【現】ゲン　あらわ-れる・あらわ-す　「現金・現在・現実・現象・現状・現像・現代・現物・実現・表現」

げん【眼】⇩がん（眼）。「開眼・慈眼」

げん【舷】ゲン　―　「舷窓・舷側・舷灯・舷頭・舷門・右舷・左舷」

げん【減】ゲン へ-る・へ-らす 「減益・減刑・減収・減少・減税・減退・加減・軽減・削減・増減」

げん【源】ゲン みなもと 「源泉・源流・起源・根源・資源・水源」

げん【厳（嚴）】ゲン・（ゴン） おごそ-か・きび-しい 「厳寒・厳禁・厳守・厳重・厳粛・厳正・厳然・厳罰・厳命・威厳・荘厳〈そうごん〉・尊厳」

げん【験（驗）】⇩けん（験）。「験者・修験・霊験」

げん【言】「—を左右にする」「—を俟〈ま〉たない」

げん【弦】弓のつる。「—を張る」

げん【弦・▼絃】弦楽器の糸。弦楽器。「—楽器」

げん【舷】船ばた。船べり。「—を接する」

げん【験】効きめ。縁起。「—がいい」「—をかつぐ」

げん【厳】「—とした態度」「—として存在する」

けんあく【険悪】「—な表情」「二人の仲が—になる」

げんあつ【減圧】⇕加圧。

けんあん【検案】形跡・状況などを調べ考える。「死体—書」

けんあん【懸案】「—事項」「—を勘案する」

げんあん【原案】「—を修正する」

けんい【権威】「—的な態度」「—主義」「—が失墜する」

けんいん【▼牽引】「—自動車」「機関車が客車を—する」

げんいん【原因】⇕結果。「—究明」「事故の—を調べる」

けんいん【検印】検査済みを示す印。「—を省略する」

げんいん【減員】⇕増員。「営業部門を縮小し一割—する」

けんうん【▽巻雲・絹雲】「秋空に高く—が広がる」

げんうん【▼眩▼暈】「—を感じてその場にしゃがみ込む」

けんえい【兼営】「花屋と喫茶店を—する」

げんえい【幻影】「死者の—におびえる」

けんえき【検疫】感染症予防の検査。「空港で—を受ける」

けんえき【権益】「在外—の確保」

げんえき【原液】「—を水で薄める」

げんえき【現役】「—を引退する」「—で大学に合格する」

げんえき【減益】⇕増益。「減収—」

けんえつ【検閲】「私信を—する」

けんえん【犬猿】「—の仲」

げんえん【減塩】「—醤油」

けんお【嫌悪】「自己—」「—感をいだく」

げんおう【玄奥】「—なる宇宙の神秘」

けんおん【検温】「三時間おきに—する」

げんおん【原音】「—に近い音質を再現する」

けんか【▼喧▼嘩・▼諠▼譁】「—腰」「—を売る（買う）」「—両成敗（＝喧嘩をした双方を罰する意）」

けんか【献花】霊前に花を供える。「—する人の行列」

けんが【懸河】流れの早い川。「—の弁をふるう（＝よどみなく話す意）」

げんか【言下】言い終わってすぐ。「—に否定する（断られる）」

げんか【原価・元価】仕入れ値段。コスト。「—率」「—を切る」

げんか【現価】今の値段。時価。

げんか【減価】価額を減らす。「—償却」

げんか【現下】ただ今。「—の社会情勢を鑑みる」

げんか【弦歌・▼絃歌】三味線などに合わせて歌う。「—の巷〈ちまた〉」

げんが【原画】「絵本の—展」

けんかい【見解】考え方。「—の相違」

けんかい【▼狷介】がんこで妥協しないさま。「—孤高」「—な人物」

けんがい【圏外】⇕圏内。「通話—にいて携帯電話がつながらない」

けんがい【懸崖】絶壁。また、盆栽の仕立て。「—をよじ登る」「—の菊」

げんかい【限界】「体力の―」「我慢もこれが―だ」

げんかい【厳戒】「―態勢をしく」

げんがい【言外】「―にほのめかす」「―の意味をくみとる」

けんかく【懸隔】かけ離れていること。「事実と―する」

けんがく【見学】「社会―」「施設を―する」

けんがく【建学】学校を創立する。「―の精神」

げんかく【幻覚】「―症状が現れる」「―を見る」

げんかく【厳格】「―な父」「―に審査する」

げんがく【弦楽・▼絃楽】「―四重奏」

げんがく【▼衒学】知識をひけらかす。「―的な態度」

げんがっき【弦楽器・▼絃楽器】「―を演奏する」

けんがみね【剣ヶ峰】噴火口の周縁。瀬戸際の状態。「富士山の―に立つ」「首相は年金問題で―に立たされた」

けんかん【顕官】地位の高い官職。「―に就く」

けんがん【検眼】「―して眼鏡を作る」

げんかん【玄関】「―先」「―払い」

げんかん【厳寒】「―の候」

けんぎ【建議】意見を申し立てる。「政府に―する」

けんぎ【嫌疑】悪事をした疑い。「―をかけられる」

げんき【元気】「―が出る」「―に歌う」「―な子」

げんぎ【原義】もとの意味。「この語の―を辞書で調べる」

けんきゃく【剣客】剣術にすぐれた人。けんかく。

けんきゃく【健脚】「―を競う」

けんきゅう【研究】「―所(者)」「西洋史を―する」

けんぎゅう【▼牽牛】わし座のアルタイル。ひこぼし。

げんきゅう【言及】話がおよぶ。「今回は―を避けた」「進退問題に―する」

げんきゅう【減給】「―処分」

けんきょ【検挙】警察官が容疑者をつかまえる。「暴走族を一斉に―する」

けんきょ【謙虚】「―な態度」「人の忠告を―に聞く」

けんぎょう【兼業】「―農家」

けんぎょう【検▽校】「琵琶語りの―」

げんきょう【元凶・元▼兇】「地球温暖化の―」

げんきょう【現況】「―報告」

げんぎょう【現業】工事現場などの仕事。「―労働者」

けんきょうふかい【▼牽強付会・▼牽強附会】都合のいいように理屈をこじつける。「―の説をなす」「―の感がしないでもない」

げんきょく【限局】内容や意味の範囲を狭く限定する。「研究のテーマを―する」

げんきょく【原曲】「―はオルガン曲だ」

けんきん【献金】「政治―」「慈善事業団体に―する」

げんきん【現金】「―で支払う」「―なやつ」

げんきん【厳禁】「火気―」「立ち入りを―する」

げんくん【元勲】勲功のあった臣。「明治維新の―」

げんくん【厳君】他人の父の敬称。「―によろしくお伝え下さい」

げんげ【〈紫雲英〉】レンゲソウ。

けんけい【賢兄】他人の兄や同輩の男性の敬称。

げんけい【原形・元形】物のもとの形。「―を保つ(とどめる)」

げんけい【原型】鋳物・彫刻などのもとになる型。

げんけい【減刑】「恩赦により―となる」

げんけい【厳刑】「―を求める」「―に処する」

けんげき【剣▼戟】刀剣を用いた戦い。「おりから起こる―の響き」

けんげき【剣劇】ちゃんばら劇。

けんけつ【献血】「―車」

げんげつ【弦月】上弦・下弦の月。

けんけん【▼蹇▼蹇】悩み苦しむさま。忠義を尽くすさま。「―匪躬〈ひきゅう〉(=忠義を尽くす意)の臣/易経」

けんげん【建言】官庁や上司に意見を述べること。「―書」「政府に対して―する」

けんげん【権限】「―移譲」「―外の事項」「強大な―を

もつ」

けんげん【顕現】「力の―」

けんけんごうごう【▽喧▽喧▽囂▽囂】 さまざまな意見が出てやかましいさま。「政治家の討論が―と交わされる」

けんけんふくよう【拳拳服▼膺】 肝に銘じて忘れない。「―すべき信条」

けんご【堅固】「道心―」「志操―な人」「―な要塞」

げんこ【▽拳固】 にぎりこぶし。「―でなぐる」

げんご【言語】「―能力(活動)」「―に絶する」

げんご【原語】「外国小説を―で読む」

けんこう【兼行】 物事を急いでする。「昼夜―して納品期日に間に合わせる」

けんこう【健康】「―美」「―食品」「―診断」「―を害する」「―に気をつける」

けんこう【権衡】 つりあい。均衡。「―を失する」

けんこう【軒▼昂】 意気の揚がるさま。「老いてますます意気―」

けんごう【剣豪】 剣術の達人。「―小説」

げんこう【元▼寇】 鎌倉時代、元軍が来襲したこと。

げんこう【言行】「―一致」

げんこう【原稿】「―用紙」「講演の―」

げんこう【現行】「―法」「―の料金体系」

げんごう【元号】「―が改まる」

けんこうこつ【肩甲骨・肩▼胛骨】 両肩の後ろにある平たい骨。

げんこうはん【現行犯】「―で逮捕する」

けんこうりへい【堅甲利兵】 強い軍隊。

けんこく【建国】「―記念の日」

げんこく【原告】 ⇔被告。「―側の主張を棄却した」

げんこつ【▽拳骨】「―をふりあげる」

げんごろう【《源五郎》】 池や沼にすむ昆虫。

けんこん【▽乾▼坤】 天地。

げんこん【現今】「―の情勢」

けんこんいってき【▽乾▼坤一▼擲】 命をかけた大勝負。「―の大事業」

けんさ【検査】「水質―」「胃を―する」

けんざい【建材】 建築用の材料。「新―」

けんざい【健在】「父は―です」「横綱は相変わらず―だ」

けんざい【顕在】 ⇔潜在。「矛盾が―化する」

げんさい【減殺】 少なくすること。そぐこと。「興味が―される」「ミサイルの威力を―する」(「げんさつ」と読むのは誤り)

げんざい【原罪】 キリスト教で、人間生来の罪。「―を負う」

げんざい【現在】「午前八時―の気温」「―住んでいる町」

けんさく【研削】「―盤」

けんさく【検索】「図書館で文献を―する」

けんさく【献策】「部長に新事業を―する」

げんさく【原作】「―者」「人気小説が―の映画」

けんさつ【検札】 乗客の切符を調べる。「車内―」

けんさつ【検察】「―官」

けんさつ【賢察】 相手の推察を敬っていう。「御―の通りです」

けんさん【研▼鑽】「日々―を積む」

けんざん【剣山】 生け花で、針を上向きに植えた台。

けんざん【検算・験算】 計算結果を確かめる。「必ず―しなさい」

げんさん【原産】「熱帯―の植物」

げんさん【減産】 ⇔増産。「―して価格の安定をはかる」

げんざん【▽見参】「―を許される」

げんざん【減算】 引き算。⇔加算。

けんし【犬歯】 糸切り歯。

けんし【剣士】「少年―」

けんし【検死・検▼屍】 変死体を調べる。検視。「変死体の―をする」

けんし【検視】 ①事実を詳しく調べる。②「検死」に同じ。

けんし【絹糸】 きぬいと。

けんじ【健児】元気な若者。「―の意気込み」
けんじ【堅持】「これまでの方針を―する」
けんじ【検事】「―総長」「―の尋問に答える」
けんじ【献辞】「著者の―」
けんじ【顕示】はっきりと示す。「自己―欲」
げんし【幻視】「―に悩まされる」
げんし【原子】「酸素の―」「―力」「―爆弾」
げんし【原始】「―人(時代)」「―のままの生活」
げんし【原資】もとで。「年金支給の―」
げんし【減資】資本金を減らす。⇕増資。
げんじ【言辞】「いたずらに―を弄《ろう》する」
げんじ【現時】「―の情勢」
げんじ【源氏】「光―」「―物語」
けんしき【見識】すぐれた考えや判断力。「高い―をもつ」「―張る(ぶる)」
けんじつ【堅実】「―な商売(手法)」
げんしつ【玄室】古墳の中の、棺をおさめる場所。
げんしつ【言質】げんち(言質)。
げんじつ【現実】「―的」「―主義」「きびしい―を直視する」「理想と―のギャップ」「―に起こった事件」
げんじな【源氏名】芸妓などが付ける呼び名。「―で呼ぶ」
けんじゃ【賢者】「―ひだるし伊達寒し」
げんしゃく【現尺】原寸。

げんしゅ【元首】「―制」「一国の―」
げんしゅ【原酒】醸造したままの加工していない酒。
げんしゅ【原種】品種改良のもとになった野生種。
げんしゅ【厳守】「時間―」「秘密は―して下さい」
けんしゅう【研修】「―医」「―期間」「―を受ける」
けんしゅう【検収】「御―ください」
けんしゅう【献酬】酒宴で杯のやりとりをする。「―を重ねる」
けんじゅう【拳銃】ピストル。「―を構える」
げんしゅう【減収】⇕増収。「一割の―」
げんじゅう【現住】「―所(地)」
げんじゅう【厳重】「―注意」「―に警戒する(取り締まる)」
げんしゅく【厳粛】「―な雰囲気」「葬儀は―に執り行われた」
けんしゅつ【検出】「毒物が―された」
けんじゅつ【剣術】「―使い」
げんしゅつ【現出】「楽園を―する」
げんじゅつ【幻術】不思議な術。妖術。「―をあやつる」
けんしゅん【険▾峻】山が高く険しいこと。「―な霊山」
げんしょ【原初】「―形態」
げんしょ【原書】「―講読」「フランス文学を―で読む」

げんしょ【厳暑】「―の候」
けんしょう【肩章】肩につける記章。
けんしょう【検証】「現場―」「誤りがないかどうか―する」
けんしょう【憲章】「国連―」「児童―」
けんしょう【謙称】謙遜した言い方。小生・愚妻など。
けんしょう【顕彰】功績をたたえる。「―碑」「長年の功労を―する」
けんしょう【懸賞】「―金(付き)」「―でハワイ旅行が当たった」
けんしょう【健勝】健康。丈夫。「貴家益々ご―の段」
けんじょう【堅城】堅固な城。「―を抜く」
けんじょう【献上】「―品」「皇室に―する」
けんじょう【謙譲】へりくだる。「―語」「―の美徳」
げんしょう【現象】「社会―」「―学」「―にとらわれる」
げんしょう【減少】⇕増加。「人口が―する」
げんじょう【原状】変化するもとの状態。「―回復」「―に復する」
げんじょう【現状】現在の状態。「―維持」「貧困の―を伝える」
けんしょうえん【▾腱▾鞘炎】腱を包む組織の炎症。
けんしょく【兼職】「住職が教員を―する」

げんしょく【原色】「—図鑑」
げんしょく【現職】「—の警察官」
げんしょく【減食】「—して体重を落とす」
げんしりょく【原子力】「—発電」
げんじる【減じる】「価値が—」(サ変「減ずる」も同じ)
けんしん【検針】「ガスの—に巡回する」
けんしん【健診】「健康診断」の略。「定期—」
けんしん【検診】病気があるかどうか診察する。「集団—」
けんしん【献身】「—的な介護」
けんじん【賢人】「竹林の七—」
げんじん【原人】「北京—」
げんず【原図】複製でないもとの図。
けんすい【建水】茶道具の一。水こぼし。
けんすい【懸垂】「—運動」「—を五十回する」
げんすい【元帥】軍人の最高位の称号。
げんすい【原水】「水道—」
げんすい【減衰】「繁殖力が—する」
げんすん【原寸】「—図」「—大の模型」
げんせ【現世】この世。「—では結ばれぬ恋」
けんせい【▼牽制】「—球」「互いに—し合う」
けんせい【権勢】「—をふるう(誇る)」
けんせい【憲政】「—の常道」

げんせい【原生】「—動物(林)」
げんせい【現勢】現在の情勢。
げんせい【厳正】「—中立」「—なる抽選の結果」
げんぜい【減税】⇔増税。「定率—」
けんせき【▼譴責】不正などをとがめ責める。「—処分」「職務怠慢を—する」
げんせき【言責】自分の発言に対する責任。「約束した—を果たす」
げんせき【原石】「ダイアモンドの—」
げんせき【原籍】以前の本籍。
けんせきうん【▽巻積雲・絹積雲】上層雲。いわし雲。
けんせつ【建設】「—業」「—的な意見」「新しい校舎を—する」
けんせつ【兼摂】兼任。「—大臣」
けんぜつ【懸絶】かけ離れること。差が大きいこと。「—した実力」
げんせつ【言説】「難解な—をもてあそぶ」
けんせん【献▼饌】神前に物を供える。
けんぜん【健全】「—なる精神は—なる身体に宿る」
げんせん【源泉・原泉】「温泉の—」「活力の—」
げんせん【厳選】「—された素材だけ使う」
げんぜん【現前】「—に起きた出来事」
げんぜん【厳然・▼儼然】「—たる事実」

けんそ【険阻・▼嶮▼岨】けわしいこと。「—な山々(表情)」
げんそ【元素】「—記号」
けんそう【険相】険悪な人相。「急に—な顔つきに変わる」
けんそう【▼喧▼噪・▼喧騒】「都会の—を避ける」
けんぞう【建造】「奈良時代の木造—物」「新しい船を—する」
げんそう【幻想】「—即興曲(=ショパンのピアノ曲)」「—的な絵本」
げんぞう【現像】「フィルム(写真)を—する」
けんそううん【▽巻層雲・絹層雲】上層雲の一種。
けんぞく【▼眷属・▼眷族】血族。「一家—」
げんそく【原則】「—として五時に下校する」「—を貫く(崩す)」
げんそく【舷側】船の側面。ふなべり。
げんそく【減速】⇔加速。「車を—する」
げんぞく【▽還俗】僧や尼が俗人に戻る。
けんそん【謙遜】「—した言い方」
げんそん【玄孫】孫の孫。やしゃご。
げんそん【現存】「—最古の写本」
げんそん【厳存】「身分制度はなお—している」
けんたい【▼倦怠】「—期(感)」

けんたい【兼帯】二つ以上の用途を兼ねる。「朝昼—の弁当」

けんたい【検体】検査の対象となる物体。

けんたい【献体】解剖実習用に遺体を提供する。

けんだい【見台】書見台。

けんだい【兼題】前もって出される題。⇔席題。

げんたい【減退】⇔増進。「食欲—」

げんだい【原題】翻訳などをする前の、もとの題。

げんだい【現代】「—日本(社会)」「—仮名遣い」「—的な生活様式」

けんだか【権高・見高】気位が高いさま。「—に振る舞う」

けんだま【剣玉・拳玉】木製の玩具の一。

けんたん【健▼啖】食欲旺盛。「—家」

げんたん【減反】⇔増反。「—政策」「米作の—」

けんち【見地】「医学的な—」

けんち【検地】「太閤—」

げんち【言質】あとの証拠となる言葉。「—を与える」「—を取る」

げんち【現地】「—説明会」「—におもむく」

けんちく【建築】「木造—」「—現場」「マンションを—する」

けんちょ【顕著】「—な進歩」「効果が—だ」

けんちょう【県庁】「三重—」「—所在地」

けんちょう【堅調】⇔軟調。「株価の動きが—だ」
げんちょう【玄鳥】ツバメの異名。
げんちょう【幻聴】「—に悩まされる」
けんちん【≪▽巻▽繊≫】「—汁」
けんつく【≪剣突≫く】「—をくう」
けんてい【検定】「教科書—」「—試験」
けんてい【献呈】「拙著を—する」
げんてい【限定】「—版」「応募資格を二十歳以下に—する」
げんてい【舷▼梯】ふなばしご。タラップ。
けんてき【▼涓滴】しずく。「—岩をうがつ」
けんてき【▼硯滴】硯用の水さし。
けんてん【圏点】字句のわきにつける点。
けんでん【▼喧伝】盛んに言いはやす。「広く—された逸話」
げんてん【原典】「—に当たって調べる」
げんてん【原点】「平和運動の—に立ち返る」
げんてん【減点】「駐車違反で二点—される」
げんど【限度】「ふざけるにも—がある」「許容の—を超える」
けんとう【見当】「四十—のやせた男性」「—違いも甚だしい」「おおよその—を付ける」「—が外れる」
けんとう【拳闘】ボクシング。
けんとう【軒灯】軒先につけるあかり。「玄関の—」

けんとう【健闘】「強敵を相手によく—した」

けんとう【検討】「前向きに—する」「—を加える」「—の余地がある」

けんとう【献灯】社寺に奉納する灯明。

けんどう【剣道】「—場」

けんどう【権道】方便。「混乱に陥らないための—」

げんとう【幻灯】スライド映写機。

げんとう【玄冬】冬の異名。

げんとう【厳冬】「—の候」

げんどう【言動】「—を慎む」

げんどうりょく【原動力】「民衆の運動が法改正の—となった」

げんとして【厳として・▼儼として】「格差は—存在する」

けんどちょうらい【▼捲土重来】「—を期して機会をねらう」

けんどん【▼慳貪・倹▼飩】つっけんどん。物惜しみする。「—な人」「—に言い放つ」

けんない【圏内】⇔圏外。「合格—」

げんなおし【験直し】縁起なおし。「—に酒でも飲もう」

げんなま【現生】現金をいう俗語。「身代金を—で用意しろ」

けんなん【剣難】「—の相が見える」

げんに【現に】 実際に。現実に。「—実在する」
げんに【厳に】「不用意な発言は—つつしんでもらいたい」
けんにん【兼任】 ⇔専任。「選手とコーチを—する」
けんにん【堅忍】 がまん強く耐えること。「—持久」「—不抜」
けんにん【検認】「—済みの商品」
げんにん【現認】「事実として—する」
けんのう【献納】「神社に灯籠を—する」
けんのう【権能】 能力を行使できる法律上の権利。「教員の採用は教育委員会がその—を有する」
げんのう【《玄翁》】 鉄製の大きな金づち。
けんのん【剣▼呑】 あぶないさま。「うまい話に乗るのは—だ」
げんば【現場】「工事—」「—検証」
けんぱい【献杯・献▼盃】「遺影に—して、故人を偲〈しの〉ぶ」
げんぱい【減配】 配給や配当を減らす。⇔増配。
けんぱく【建白】「—書」「政府に—する」
げんばく【原爆】「原子爆弾」の略。「—症」「—投下」
げんばつ【厳罰】「—に処す」
げんぱつ【原発】「原子力発電」の略。「—事故」
けんばのろう【犬馬の労】 人のために力を尽くす。「—をとる」

けんばん【検番・見番】 三業組合の事務所。「—に芸者を呼ばせる」
けんばん【鍵盤】「—楽器」「—を叩く」
げんばん【原盤】 複製に使用したもとのレコード。
げんぱん【原板】 もとの写真フィルム。
げんぱん【原版】 もとになる活字組版。
けんび【兼備】「才色—」「智勇を—する」
げんぴ【厳秘】 極秘。「人事は—の事項に属する」
けんびきょう【顕微鏡】 物を拡大して見る装置。「電子—」
けんぴつ【健筆】 達筆。「—を振るう」
けんぴん【検品】「—して不良品の混じるのを防ぐ」
げんぴん【原品】「—を持ち主に返す」
げんぴん【現品】「—限り」
けんぶ【剣舞】「—を舞う」
けんぷ【絹布】 絹で織った布。
げんぶ【玄武】 天の四神の一。水の神。北に配する。「—岩」
げんぷ【厳父】 他人の父の敬称。
げんぷう【厳封】 厳重に封をする。「重要書類を—する」
げんふうけい【原風景】「幼児期の—」
げんぷく【元服】「—の儀式」
けんぶつ【見物】「—客(人)」「祭りを—する」「高みの—」

げんぶつ【現物】 金銭に対して、実物。「—支給」「—取引」「—を見せて説明する」
けんぶん【見聞】「—録」「—を広める」
けんぶん【検分・見分】「実地—」「実情を—する」
げんぶん【原文】「—に照らし合わせて訳を確かめる」
けんぺい【権柄】「—ずくな役所の対応に憤る」
けんぺい【憲兵】 軍事警察を担当した兵。
げんぺい【源平】「—の戦い」
けんぺいりつ【建蔽率・建▽坪率】 建て坪と敷地面積との割合。
けんべん【検便】 大便を検査する。
けんぼ【賢母】「良妻—」
けんぽ【健保】「健康保険」の略。「—組合」
げんぼ【原簿】「—と照合する」
けんぽう【拳法】 中国伝来の格闘技。「少林寺—」
けんぽう【憲法】「日本国—」「—記念日」
げんぽう【減法】 引き算。⇔加法。
げんぽう【減俸】 減給。「—処分」
けんぼうじゅっすう【権謀術数】 人を欺く計略。「—をめぐらす」
けんぼうしょう【健忘症】 記憶を再生できない症状。

けんぽく【▼硯北・研北】 手紙の脇付の一。机下。
げんぼく【原木】「パルプの―」
けんぽん【献本】「図書館に著書を―する」
けんぽん【絹本】 書画用の絹地。
げんぽん【原本】「証書の―」「―に当たって確かめる」
けんま【研磨・研摩】「レンズを―する」
げんま【減摩】 摩擦を少なくする。
げんまい【玄米】「―茶(パン)」
けんまく【《剣幕》・《見幕》・《権幕》】「ものすごい―でつめよる」
けんまこくげき【肩摩▼轂撃】 都会の雑踏のさま。「―の街」
げんまん【《▽拳万》】 約束の印。「ゆびきり―」
げんみつ【厳密】「―な調査」「―に言うと」
げんみょう【玄妙】 奥深くて微妙なさま。「―な茶の湯の世界」
けんむ【兼務】「経理と営業の部長職を―する」
けんめい【賢明】「―な判断(処置)」
けんめい【懸命】「一生―」「―な努力」「―に働く(説得する)」
げんめい【言明】 断言。「―を避ける」「知事が公約実現を―した」
げんめい【厳命】「―を下す」「医師からたばこをやめるように―された」
げんめつ【幻滅】 裏切られてがっかりすること。「実態を見て―する」
けんめん【券面】「―額」
げんめん【減免】「税が―される」「恩赦により刑を―される」
けんもん【検問】「―所」「犯人が―に掛かる」
けんもん【権門】 官位が高く権勢のある家。「―勢家」「―体制」
げんや【原野】「―に咲く草花」「―を開拓する」
けんやく【倹約】「―家」「―して貯金する」
げんゆ【原油】「―価格の高騰に苦しむ」
げんゆう【現有】「―勢力」
けんよう【兼用】 ⇔専用。「男女―のかばん」
けんよう【顕揚】「国威を―する」
けんらん【▼絢▼爛】「―豪華」「―たる衣装に身をまとう」
けんり【権利】 ⇔義務。「生きる―」「―を主張する」「―を行使する」
げんり【原理】「相対性―」「―主義」「多数決の―」「この―を応用する」
げんりゅう【源流】「長良川の―をたずねる」
けんりょう【見料】 見物の料金。占いを見てもらう料金。
げんりょう【原料】「―を加工して製造する」「―を海外から輸入する」
げんりょう【減量】 ⇔増量。「三キロ―する」
けんりょく【権力】「国家―」「―の座にすわる」「―を振るう(失う)」
けんるい【堅塁】 堅い守り。「―を抜く」
けんれん【▼眷恋】 恋いこがれる。「―してもだえ苦しむ」
けんろ【険路・▼嶮路】 けわしい道。「―が行く手をはばむ」
けんろう【堅▼牢】 堅くじょうぶ。「―無比」「―な作り」
げんろう【元老】「―院」「政界の―」
げんろん【言論】「―の自由」
げんわく【幻惑】 ありもしないことで目先をまどわす。「たくみなトリックに―される」
げんわく【▼眩惑】 何かに目がくらんで判断が狂う。「あまりの美しさに―される」

こ

こ【己】 コ・キ おのれ ｜「一己・自己・利己」

こ

こ【戸】コ と 「戸外・戸戸・戸主・戸数・戸籍・下戸・上戸・門戸」

こ【古】コ ふる-い・ふる-す 「古書・古代・古典・古風・懐古・中古」

こ【呼】コ よ-ぶ 「呼応・呼気・呼吸・呼称・指呼・点呼・連呼」

こ【固】コ かた-める・かた-まる・かた-い 「固形・固持・固辞・固守・固体・固定・固有・確固・強固・凝固」

こ【股】コ また 「股間・股関節・股肱〈ここう〉・四股」

こ【虎】コ とら 「虎穴・虎口・虎視眈眈〈たんたん〉・虎狼・白虎・猛虎・竜虎」

こ【孤】コ ― 「孤雲・孤影・孤軍・孤高・孤児・孤絶・孤島・孤独・孤立」

こ【弧】コ ― 「弧光・弧状・弧線・円弧・括弧」

こ【故】コ ゆえ 「故意・故郷・故事・故障・故人・事故・物故」

こ【枯】コ か-れる・か-らす 「枯渇・枯骨・枯死・枯淡・枯木・栄枯」

こ【個】コ ― 「個室・個人・個数・個性・個展・個別・一個・各個・好個・数個・別個」

こ【庫】コ・（ク） ― 「庫裏〈くり〉・金庫・車庫・書庫・倉庫・入庫・文庫」

こ【虚（虛）】⇩きょ（虚）。 「虚空・虚仮〈こけ〉・虚無僧」

こ【湖】コ みずうみ 「湖岸・湖沼・湖上・湖水・湖畔・湖面・塩湖」

こ【雇】コ やと-う 「雇員・雇用・解雇」

こ【誇】コ ほこ-る 「誇示・誇称・誇大・誇張」

こ【鼓】コ つづみ 「鼓吹・鼓笛・鼓動・鼓舞・鼓膜・鐘鼓・太鼓」

こ【錮】コ ― 「禁錮・党錮」

こ【顧】コ かえり-みる 「顧客・顧問・一顧・回顧・後顧・三顧」

こ【子・▽児】「女の―」「いい―」

こ【子・▼仔】「―豚」「猫の―」

こ【粉】「小麦―」「身を―にして働く」

こ【弧】円周の一部。「―を描く」

こ【個】「―としての認識」

ご【五】ゴ いつ・いつ-つ 「五月・五穀・五体・五臓・六腑〈ろっぷ〉」

ご【互】ゴ たが-い 「互角・互恵・互助・互譲・互選・交互・相互」

ご【午】ゴ ― 「午後・午餐・午睡・午前・午砲・子午線・正午・端午」

ご【呉】ゴ ― 「呉越同舟・呉音・呉服」

ご【後】ゴ・コウ うし-ろ・あと・おく-れる・のち 「後光・後刻・後妻・後日・午後・死後・食後・前後・背後」

ご【娯】ゴ ― 「娯遊・娯楽・歓娯」

ご【悟】ゴ さと-る 「悟性・悟道・悟入・改悟・悔悟・覚悟・大悟」

ご【御】⇩ぎょ（御）。 「御所・御仁・御膳・御殿・御飯・御幣・御用・親御・殿御」〔接頭語の場合、公用文では、仮名書きの語の前では仮名で書く〕

ご【期】⇩き（期）。 「最期・死期・末期」

ご【碁】ゴ ― 「碁会・碁盤・囲碁」

ご【語】ゴ かた-る・かた-らう 「語学・語句・語源・語尾・敬語・言語・口語・豪語・私語・単語・独語」

ご【誤】ゴ あやま-る 「誤解・誤差・誤算・誤写・誤診・誤認・誤報・誤訳・誤用・過誤・錯誤・正誤」

ご【護】ゴ ―「護衛・護岸・護送・援護・看護・救護・弁護・保護・養護」

ご【碁・▼棊・▽棋】「―を打つ」

ご【語】「―を次ぐ」「―の品詞を辞書で調べる」「―を交える」

こあじ【小味】こまやかなあじわい。「―のきいた料理」

こあたり【小当(た)り】「上司の内意を―してみる」

こい【恋】「―は盲目」「―のさやあて」「―に落ちる」

こい【▼鯉】「錦―」「池の―」「まな板の―」

こい【故意】「―に負ける」

こい【濃い】「―味付け」「疲労の色が―」「血は水よりも―」

ごい【語彙】「漱石の―」「―が豊富だ」

ごい【語意】「古語の―」

こいがたき【恋敵】「―に奪われる」

こいき【小意気・小粋】「―な女将」

こいくち【濃い口】⇔薄口。「―醤油」

こいぐち【▼鯉口】刀のさやの口。「―を切る(=刀を抜く構えにはいる)」

こいこく【▼鯉▽濃】鯉の筒切りを煮込んだ味噌汁。

こいごころ【恋心】「―が芽生える」

こいじ【恋路】「人の―のじゃまをする」

ごいし【碁石】碁で使う黒と白の小さな石。

こいしい【恋しい】「ふるさとが―」

こいしたう【恋(い)慕う】「母を―」

こいする【恋する】「―女心」

こいちゃ【濃茶】濃くたてた抹茶。⇔薄茶。「―点前〈てまえ〉」

こいつ【《此奴》】「―はいい」「―め」

ごいっしん【御一新】明治維新。

こいなか【恋仲】「二人はいつしか―になる」

こいにょうぼう【恋女房】「長年連れ添った―に先立たれる」

こいねがう【乞い願う・▽希う・▼冀う・〈庶幾〉う】「命の助かることを―」

こいねがわくは【乞い願わくは・▽希くは・▼冀くは・〈庶幾〉くは】「―初志貫徹されんことを」

こいねこ【恋猫】さかりのついた猫。

こいのぼり【▼鯉▼幟】「五月晴れの空に泳ぐ―」

こいびと【恋人】「―を友人に紹介する」

こいぶみ【恋文】「―をしたためる」

こいも【子芋】里芋。「―の煮っころがし」

こいわずらい【恋煩い】「―でやせる」

こいん【雇員】(官庁などで)臨時雇いの職員。

こう【口】コウ・ク くち 「口外・口座・口実・口述・口頭・口論・開口・河口・虎口・人口・閉口・砲口」

こう【工】コウ・ク ―「工学・工業・工芸・工作・工事・工場・工程・工費・加工・職工・人工・名工」

こう【公】コウ おおやけ 「公園・公休・公共・公言・公債・公子・公私・公示・公爵・公称・公正・公選・公転・公表・公布・公平・公募・公明・貴公」

こう【勾】コウ ―「勾引・勾配・勾欄・勾留」

こう【孔】コウ ―「孔版・眼孔・気孔・瞳孔・鼻孔」

こう【功】コウ・(ク) ―「功徳〈くどく〉・功罪・功績・功名・功利・功労・偉功・勲功・成功・大功・年功・武功」

こう【巧】コウ たく-み 「巧言・巧知・巧遅・巧妙・技巧・精巧」

こう【広(廣)】コウ ひろ-い・ひろ-まる・ひろ-める・ひろ-がる・ひろ-げる 「広遠・広義・広言・広告・広大・広範・広報・広野」(「宏」の書き換え字としても用いられる)

こ

こう【甲】コウ・カン ― 「甲乙・甲殻・甲種・甲板〈こうはん〉〈かんぱん〉・亀甲・装甲」

こう【交】コウ まじ-わる・まじ-える・ま-じる・ま-ざる・ま-ぜる・か-う・か-わす 「交換・交互・交際・交渉・交信・交流・外交・混交・社交・親交」

こう【仰】⇩ぎょう(仰)。「渇仰〈かつごう〉・景仰・信仰」

こう【光】コウ ひか-る・ひかり 「光陰・光栄・光学・光輝・光景・光線・光明・栄光・日光・陽光」

こう【向】コウ む-く・む-ける・む-かう・む-こう 「向学・向寒・向暑・向上・向背・意向・一向・外向・傾向・趣向」

こう【后】コウ ― 「后妃・皇后・皇太后」

こう【好】コウ この-む・す-く 「好意・好機・好況・好日・好調・好転・好評・愛好・同好・良好」

こう【江】コウ え 「江湖・江上・江水・峡江・遡江・大江・長江」

こう【考】コウ かんが-える 「考案・考査・考察・考証・考慮・一考・再考・参考・思考・先考・備考」

こう【行】コウ・ギョウ・(アン) い-く・ゆ-く・おこな-う 「行為・行進・行程・行動・移行・運行・銀行・携行・直行・同行・発行・歩行・旅行・連行」

こう【坑】コウ ― 「坑口・坑山・坑道・坑内・坑夫・炭坑・廃坑」

こう【孝】コウ ― 「孝行・孝子・孝順・孝心・孝養・忠孝・不孝」

こう【抗】コウ ― 「抗議・抗原・抗争・抗力・対抗・抵抗・反抗」

こう【攻】コウ せ-める 「攻撃・攻略・侵攻・専攻・速攻・難攻」

こう【更】コウ さら・ふ-ける・ふ-かす 「更衣・更新・更迭・変更」

こう【効(效)】コウ き-く 「効果・効能・効用・効率・効力・時効・失効・即効・発効・薬効・有効」

こう【幸】コウ さいわ-い・さち・しあわ-せ 「幸運・幸臣・幸甚・幸福・行幸・巡幸・多幸・薄幸・不幸」〔「倖」の書き換え字としても用いられる〕

こう【拘】コウ ― 「拘引・拘禁・拘束・拘置・拘泥・拘留」

こう【肯】コウ ― 「肯定・首肯」

こう【侯】コウ ― 「侯爵・王侯・諸侯・藩侯・列侯」

こう【厚】コウ あつ-い 「厚意・厚顔・厚情・厚生・温厚・重厚・濃厚」

こう【後】⇩ご(後)。「後援・後者・後続・後退・後輩・後半」

こう【恒(恆)】コウ ― 「恒久・恒産・恒常・恒心・恒星・恒例」

こう【洪】コウ ― 「洪恩・洪業・洪才・洪水・洪大」

こう【皇】コウ・オウ ― 「皇位・皇居・皇后・皇室・皇帝・上皇」

こう【紅】コウ・(ク) べに・くれない 「紅顔・紅玉・紅唇・紅潮・紅梅・紅白・紅葉・紅涙・真紅〈しんく〉」

こう【荒】コウ あら-い・あ-れる・あ-らす 「荒天・荒廃・荒野・荒涼」

こう【郊】コウ ― 「郊外・郊野・近郊・秋郊・春郊・西郊・東郊」

こう【香】コウ・(キョウ) か・かお-り・かお-る 「香気・香水・香草・香味・香油・香料・線香・芳香・抹香」

こう【候】コウ そうろう 「候鳥・候補・気候・徴候・天候」

こう【校】コウ ― 「校閲・校歌・校訂・校友・学校・将校・登校」

こう【格】⇩かく（格）。「格子」

こう【耕】コウ たがや-す 「耕作・晴耕雨読・農耕・筆耕」

こう【耗】⇩もう（耗）。「心神耗弱」（「モウ」は、慣用音）

こう【航】コウ ― 「航海・航空・航路・寄航・就航・渡航・密航」

こう【貢】コウ・（ク） みつ-ぐ 「貢献・貢進・貢納・朝貢・入貢・年貢〈ねんぐ〉・来貢」

こう【降】コウ お-りる・お-ろす・ふ-る 「降下・降嫁・降参・降雪・降臨・以降・下降・昇降・乗降・投降」

こう【高】コウ たか-い・たか・たか-まる・たか-める 「高温・高価・高貴・高級・高見・高原・高潔・高尚・高説・高潮・高低・高慢・高名・最高・標高」

こう【康】コウ ― 「康健・安康・健康・小康」

こ

こう【控】コウ ひか-える 「控除・控訴」

こう【梗】コウ ― 「梗概・花梗・心筋梗塞・脳梗塞」

こう【黄（黃）】コウ・オウ き・（こ） 「黄泉・黄梅・黄白・黄葉」

こう【喉】コウ のど 「喉舌・喉頭・咽喉」

こう【慌】コウ あわ-てる・あわ-ただしい 「恐慌」

こう【港】コウ みなと 「港湾・開港・寄港・漁港・軍港・出港」

こう【硬】コウ かた-い 「硬化・硬貨・硬球・硬骨・硬質・硬直・硬度・硬軟・硬派・硬筆・強硬・生硬」

こう【絞】コウ しぼ-る・し-める・し-まる 「絞罪・絞殺・絞首」

こう【項】コウ ― 「項背・項目・移項・事項・条項・別項・要項」

こう【溝】コウ みぞ 「溝渠〈こうきょ〉・海溝・側溝・地溝」

こう【鉱（鑛）】コウ ― 「鉱業・鉱山・鉱床・鉱脈・鉱油・金鉱・採鉱」（「礦」の書き換え字としても用いられる）

こう【構】コウ かま-える・かま-う 「構外・構図・構成・構想・構造・構築・構文・遺構・機構・虚構・結構」

こう【綱】コウ つな 「綱紀・綱目・綱要・綱領・政綱・大綱・要綱」

こう【酵】コウ ― 「酵素・酵母・発酵」

こう【稿】コウ ― 「遺稿・改稿・寄稿・原稿・草稿・脱稿・投稿」

こう【興】コウ・キョウ おこ-る・おこ-す 「興行・興奮・興亡・興隆・再興・振興・中興・復興・勃興」

こう【衡】コウ ― 「合従連衡・均衡・度量衡・平衡」

こう【鋼】コウ はがね 「鋼管・鋼材・鋼索・鋼線・鋼鉄・鋼板・製鋼」

こう【講】コウ ― 「講演・講義・講座・講釈・講習・講堂・講読・講評・講和・講話・開講・休講・聴講」

こう【購】コウ ― 「購求・購書・購読・購入・購買」

こう【乞】こ-う 「―、御期待」「乞い願う・雨乞い・暇〈いとま〉乞い・命乞い」

い・物乞い」

こう【功】「年の―」「―を奏する」「―成り名遂げる」

こう【効】「薬石―なく不帰の人となった」

こう【甲】 こうら。また、十干の第一。きのえ。「手の―」「―は乙に賃貸料を支払う」「亀の―より年の功」「―が舎利になっても(=どんなことがあっても)」

こう【香】「―を聞く」「―をたきしめる」

こう【候】「秋冷の―」

こう【▼庚】 十干の第七。かのえ。

こう【稿】 原稿。「―を脱する」「この点は―を改めて述べたい」

こう【鋼】 鋼鉄。スチール。

こう【講】 金融のための組合。信者の団体。「頼母子〈たのもし〉―」「富士―」「ねずみ―」

こう【恋う】「母(妻)を―」

こう【請う・乞う】「専門家に教えを―」「近日上映。乞う御期待」

こう【《▼斯》う】「―思う」

ごう【号(號)】 ゴウ ―「号外・号泣・号砲・号令・暗号・記号・称号・信号・怒号・年号・番号」

ごう【合】 ゴウ・ガッ・(カッ) あ-う・あ-わす・あ-わせる 「合作〈がっさく〉・合算〈がっさん〉・合戦〈かっせん〉・合奏〈がっそう〉・合点〈がってん〉(〈がてん〉)・合意・合格・合議・合計・合流・暗合・集合・符合」

ごう【拷】 ゴウ ―「拷問」

ごう【剛】 ゴウ ―「剛気・剛球・剛健・剛直・剛勇・剛腕・強剛」

ごう【強】 ⇩きょう(強)。「強引・強姦・強情・強奪・強盗・強欲」

ごう【郷(鄕)】 ⇩きょう(郷)。「郷士・郷社・近郷・在郷・水郷」

ごう【傲】 ゴウ ―「傲岸・傲然・傲慢」

ごう【業】 ⇩ぎょう(業)。「業火・業苦・業病・因業・自業自得・非業」

ごう【豪】 ゴウ ―「豪雨・豪華・豪快・豪傑・豪語・豪勢・豪壮・豪放・豪遊・強豪・剣豪・富豪・文豪」

ごう【号】「三―車は禁煙車だ」「画家としての―」「次の―で完結する」

ごう【合】 尺貫法の体積の単位。「十―で一升」

ごう【業】「―が深い」「―を煮やす」

ごう【剛・豪】「柔よく―を制す」

ごう【郷】「白川―」「―に入っては―に従う」

ごう【▼壕・▼濠】 みぞ。城の周囲の堀。(「壕」は水のないもの、「濠」は水をたたえたもの)

こうあつ【高圧】「―線」「―的態度」

こうあん【公安】「―委員会」

こうあん【公案】 禅の修行者に与える課題。「―を解く」

こうあん【考案】「―者」「新製品を―する」

こうい【行為】「不正―」「卑劣な―を許さない」

こうい【更衣】「―室」

こうい【好意】「―的」「ひそかに―を抱く」「人の―を無にする」

こうい【厚意】「―に感謝する」

こうい【皇位】「―継承者」

こうい【校医】 学校医。

こうい【校異】「別の伝本で―をする」

こうい【高位】「―高官」

ごうい【合意】「―に達する」「ようやく―が得られた」

こういき【広域】「―避難場所」「―捜査」

こういしょう【後遺症】「事故の―が残る」「不況の―が尾を引く」

こういつ【後逸】 野球で、ボールを後ろへそらす。「捕手が―する」

ごういつ【合一】「知行〈ちこう〉―」

こういっつい【好一対】「―の夫婦」
こういってん【紅一点】「男性ばかりの職場に―」
こういん【工員】「人手が足りず新規に―を雇う」
こういん【勾引・拘引】被告人や証人を引致する。
こういん【光陰】歳月。「―人を待たず」「―矢の如し」
こういん【行員】銀行員。
こういん【後▼胤】子孫。「将軍の―」
ごういん【強引】「―なやり方」「―に決めてしまう」
こうう【降雨】「―量」
ごうう【豪雨】「集中―」
こううん【幸運・好運】「―な男」「―の女神」
こううんき【耕▼耘機・耕運機】田畑を耕す機械。
こううんりゅうすい【行雲流水】成り行きに任せる。
こうえい【公営】「―住宅」
こうえい【光栄】「身に余る―」
こうえい【後▼裔】「源氏の―」
こうえい【後衛】⇔前衛。「テニスの―」
こうえき【公益】⇔私益。「―事業」
こうえき【交易】「諸外国との―を盛んにする」
こうえつ【高閲】文章に目を通すことの尊敬語。「御―頂きたくお願い申し上げます」
こうえつ【校閲】「原稿を―する」「―を受ける」

こうえん【口演】「円生の―を聞く」
こうえん【公演】「交響楽団の―の日程が決まる」
こうえん【講演】「―会」「環境問題について―する」
こうえん【公園】「児童―」「―の噴水」〔「公苑」と書く施設もある〕
こうえん【後援】「新聞社が―する催し」
こうえん【高遠】高尚で遠大なさま。「―な理想（書物）」
こうえん【講▼筵】講義をする席。「―に列する」
こうお【好悪】「―の激しい人」
こうおつ【甲乙】優劣。「二人とも優秀な成績で―がつけがたい」
こうおん【厚恩】あつい恩恵。「長年の―を忘れない」
こうおん【高恩】高大な恩。「恩師の―に報いる」
こうおん【▼鴻恩・洪恩】大きく深い恩恵。「―を蒙る」
こうおん【恒温】「―動物」
こうおん【高音】⇔低音。「―の旋律が美しい」
こうおん【高温】⇔低温。「―期」「―ガス炉」
ごうおん【号音】合図の音。「らっぱの―」「―に従って出発する」
ごうおん【▼轟音】とどろきわたる音。「低空飛行のジェット機の―」
こうか【工科】「―大学」

こうか【公課】租税以外の負担金。「公租―」
こうか【功過】功績と過失。「―格」「厳罰化の―を見極める」
こうか【考課】勤務評価。「人事―」「―表」
こうか【効果】「逆―」「―的なやり方」「猛練習の―が表れる」「―をあげる」
こうか【校歌】「入学式で―を歌う」
こうか【降下】「落下傘で―する」「組閣の大命が―した」
こうか【降嫁】皇女が臣下にとつぐ。「臣籍に―する」
こうか【高価】⇔安価・廉価。「―な品」
こうか【高架】高くかけ渡す。「―橋」「鉄道を―にする工事」
こうか【高歌】「―放吟」
こうか【硬化】⇔軟化。「動脈―」「態度が―する」
こうか【硬貨】「五百円―」
こうが【高雅】「―な香り」
ごうか【▼劫火】仏教で大火をいう。「―に焼かれる寺」
ごうか【業火】罪人を焼くという地獄の猛火。「地獄の―にあえぐ」
ごうか【豪華】「―絢爛〈けんらん〉」「―客船」「―な景品」
こうかい【公海】⇔領海。

こ

こうかい【公開】⇕非公開。「—討論会」「情報を—する」
こうかい【更改】あらためかえる。「予算(契約)を—する」
こうかい【後悔】「—先に立たず」
こうかい【航海】「太平洋を—する」
こうかい【降灰】「噴火による—を除去する」
こうかい【▼狡▼獪】狡猾〈こうかつ〉。「—な策略」
こうがい【▼笄】日本髪に挿す、はし状の髪飾り。
こうがい【口外】「—を禁ずる」「—してもらっては困る」
こうがい【口蓋】口の内部の上側の部分。「硬(軟)—」
こうがい【公害】「—訴訟」「—に苦しむ住民」
こうがい【郊外】「都心を離れて—で暮らす」
こうがい【梗概】「源氏物語の—」
こうがい【▼慷慨・忼慨】「悲憤—する」
ごうかい【豪快】「—な技で勝利をおさめる」「—に笑い飛ばす」
ごうがい【号外】「突然の首相辞任に—が出る」
こうかいどう【公会堂】「日比谷—」
こうかく【口角】「—泡を飛ばす」
こうかく【広角】「—レンズ」
こうかく【降格】⇕昇格。「—人事」「二軍に—する」
こうがく【工学】「機械—」

こうがく【光学】「—顕微鏡」
こうがく【向学】学問に志す。「—心に燃える」
こうがく【好学】学問を好む。「—の士」
こうがく【後学】後日役立つ知識。後進の学者。⇕先学。「—のために見学しておく」「—の指導にあたる」
こうがく【高額】⇕低額・小額。「—所得者」「代金は相当—になる」
ごうかく【合格】「—通知」「志望校に—する」
ごうかけんらん【豪華▼絢▼爛】「—の衣装」
こうかつ【広▼闊】「—な視野」
こうかつ【▼狡▼猾】「—な狐」「—手口で陥れる」
こうかてきめん【効果▼覿面】「特効薬は—だった」
こうかん【公刊】「詩集を—する」
こうかん【公館】「在外—」
こうかん【交換】「物々—」「—条件」「意見を—する」「円をドルに—する」
こうかん【交感】「—神経」
こうかん【交歓・交▼驩】「学生同士の—会」
こうかん【向寒】「—の候」
こうかん【好感】「—のもてる人」「—をいだく」
こうかん【好漢】りっぱで好ましい男。「—よく自重せよ」
こうかん【▼巷間】ちまた。世間。「—のうわさ」「—に流布する」

こうかん【皇漢】皇国と漢土。日本と中国。「—薬(=漢方薬)」
こうかん【後患】のちのうれい。「—の根を絶つ」
こうかん【校勘】刊本・写本などの校異を調べる。
こうかん【▼浩▼瀚】書籍の巻数やページ数が多い。「—な書物」
こうかん【高官】「政府—」
こうかん【▼槓▼桿】レバー。てこ。
こうがん【厚顔】厚かましいさま。「—な男」「—無恥」
こうがん【紅顔】血色のいい若者の顔。「—の美少年」
こうがん【▼睾丸】雄の生殖腺。きんたま。
ごうかん【強▼姦】相手の意思に反して性交に及ぶ。「—罪」
ごうがん【傲岸】おごりたかぶるさま。「—な態度」
ごうがんふそん【傲岸不遜】高慢で謙虚でない。
こうがんむち【厚顔無恥】恥知らずなさま。「責任逃ればかりする—の対応」
こうき【工期】「—を遅らせる」
こうき【公器】「新聞は社会の—と言われる」
こうき【広軌】鉄道レールの幅が標準より広いもの。⇕狭軌。
こうき【光輝】光り輝く。名誉。「—を放つ」「—に満ちた生涯」

こうき【好奇】珍しい物に対する興味。「—心」「—のまなざし」

こうき【好期】ちょうどよい時期。

こうき【好季】ちょうどよい季節。

こうき【好機】ちょうどよい機会。「千載一遇の—」「—を逃す」

こうき【後記】あとがき。「編集—」

こうき【後期】⇔前期。「江戸時代—」「—の授業」

こうき【香気】よいかおり。芳香。「—漂う部屋」「—を放つ」

こうき【校規】学校の規則。「—を守る」

こうき【校紀】学校内の風紀。「—が乱れる」

こうき【高貴】「—な家柄」

こうき【綱紀】国や組織の秩序・規律。「—粛正」

こうぎ【公儀】朝廷。幕府。

こうぎ【広義】⇔狭義。「—に解釈する」

こうぎ【交▼誼】親しく交際する。「—を結ぶ」「変わらぬ御—をお願い申し上げます」

こうぎ【好▼誼】(自分に向けられる)親しみ。「貴兄の御—に感謝申し上げます」

こうぎ【厚▼誼】深い親しみ。親しい交わり。「平素の御—に御礼申し上げます」

こうぎ【高▼誼】相手の好意を敬っていう語。「格別の御—をもったいなく存じます」

こうぎ【抗議】「—デモ」「判定に納得がゆかず—する」

こうぎ【講義】「金融論について—する」

ごうき【剛▼毅・豪▼毅】意志が強くくじけないさま。「—果断」「—木訥〈ぼくとつ〉仁に近し(=意志が強く飾りけのないのが道徳の理想に近い)／論語」

ごうき【豪気・剛気】気が強い。「—な男」

ごうぎ【合議】「—制」「関係者が—する」

ごうぎ【強気・豪気・豪儀】「海外進出を果たすとは—なものだ」

こうきゅう【公休】「—日」

こうきゅう【好球】「—必打」

こうきゅう【考究】深く考える。「生命について—する」

こうきゅう【攻究】研究に励む。「遺伝学を—する」

こうきゅう【後宮】后妃や女官が住んだ奥御殿。

こうきゅう【恒久】「—平和の実現」

こうきゅう【高級】⇔低級。「—車」「—官僚」

こうきゅう【高給】「—取り」

こうきゅう【硬球】⇔軟球。「野球(テニス)の—」

こうきゅう【購求】「数日分の食料品を—する」

ごうきゅう【号泣】「悲報を聞いて—する」

ごうきゅう【剛球・豪球】「—投手」

ごうきゅう【強弓】張りの強い弓。「世に聞こえた—の使い手」

こうきょ【皇居】天皇が住む所。「—前広場」

こうきょ【公許】「—を得る」

こうきょ【溝▼渠】給排水のためのみぞ。「公共—」

こうきょ【▼薨去】親王・三位以上の人が死ぬ。

こうぎょ【香魚】アユの異名。

こうきょう【口供】口頭で述べること。供述。「宣誓—書」

こうきょう【公共】「—団体」「—料金」

こうきょう【広狭】広いことと狭いこと。「—の二義がある」

こうきょう【好況】景気がよいこと。⇔不況。「—に沸く」「—の波に乗る」

こうきょう【高教】相手が教えてくれることの敬称。「御—を乞う」

こうぎょう【工業】「—製品」「—地帯」

こうぎょう【功業】功績の著しい事業。「—を立てる」

こうぎょう【鉱業・▼礦業】鉱物の採掘・製錬などをする産業。「—従事者」

こうぎょう【興行】入場料を取って見物させる催し物。「地方—」「—収入」

こうぎょう【興業】産業を盛んにする。「殖産—」

こうきょうきょく【交響曲】シンフォニー。

こうぎょく【硬玉】 翡翠〈ひすい〉。
こうぎょく【鋼玉】 サファイヤやルビーなどの鉱物。
こうきん【公金】「―横領」「―を使い込む」
こうきん【拘禁】 身柄を拘束すること。「逮捕して拘置所に―する」
こうきん【抗菌】「―加工製品」
こうぎん【高吟】「放歌―」「漢詩を―する」
ごうきん【合金】「黄銅は銅と亜鉛の―である」
こうく【工区】 工事の区域。「―ごとに作業計画を立てる」
こうぐ【工具】「―箱」
ごうく【業苦】「現世で―を受ける」
こうくう【航空】「―機」
こうくう【高空】 ⇔低空。「―飛行」
こうぐう【厚遇】 ⇔冷遇。「珍客として―を受ける」
こうぐう【皇宮】「―警察」
こうくうき【航空機】「―事故」
こうくつ【後屈】 ⇔前屈。「子宮―」
こうくん【校訓】 学校の教育方針。「我が校の―」
こうぐん【行軍】「八甲田の雪中―」「隊伍を組んで―する」
こうげ【香華】「―を仏前に供えて手を合わせる」
こうげ【高下】「相場の乱―」
こうけい【口径】「銃(大砲)の―」
こうけい【光景】「ほほえましい―」
こうけい【肯▼綮】 物事の急所。「―にあたる」
こうけい【後景】 背景。「―には富士山を描く」
こうけい【後継】「―者不足に悩む」
こうげい【工芸】「―品」「美術―」
ごうけい【合計】「全体の金額を―する」「みかんは―二十個ある」
こうけいき【好景気】 ⇔不景気。「―に沸く」
こうげき【攻撃】 ⇔守備。「相手の―をかわす」「失政を―する」
こうけち【▼纐▼纈】 古代の絞り染めの名。「―染め」
こうけつ【高潔】「―な人格」
こうけつ【▼膏血】 あぶらと血。苦労して得た収入。「―を絞りとる」
ごうけつ【豪傑】「彼はなかなかの―でやることが大胆だ」
こうけん【効験】 効き目。こうげん。「―あらたかな秘薬」
こうけん【後見】 うしろだて。「成年―制度」「甥を―する」
こうけん【貢献】「社会―」「優勝に―する」
こうけん【高見】「御―を伺いたい」
こうげん【巧言】「―令色」「―を弄〈ろう〉する」
こうげん【公言】 人前で堂々と言う。「上司の批判を―する」
こうげん【広言】「―してはばからない」
こうげん【高言】「命令口調で―する」
こうげん【光源】 光を発するもと。
こうげん【抗原】 抗体を生じさせる物質。「―抗体反応」
こうげん【荒原】「―を一人さまよう」
こうげん【高原】「―野菜」「―の避暑地」
ごうけん【合憲】 ⇔違憲。「―と解釈する」
ごうけん【剛健】「質実―」
こうげんれいしょく【巧言令色】 こびへつらう。「―鮮〈すくな〉し仁／論語」
こうこ【公庫】 政府の金融機関。
こうこ【好個】 ちょうどよいこと。「―の資料」
こうこ【江湖】 世の中。世間。「―の好評を得る」
こうこ【後顧】 あとに残る思い。「―の憂い」
こうこ【香▼香】 漬物。「お―」
こうご【口語】 現代の日常語。⇔文語。「―体(文法)」
こうご【交互】「二人で―に見張りに立つ」
こうご【向後】 これからのち。今後。
ごうご【豪語】「必ず勝つと―する」
こうこう【口▼腔】 口の中。〔医学では「こうくう」〕
こうこう【孝行】 ⇔不孝。「親―」「老母に―する」
こうこう【後攻】 あとぜめ。⇔先攻。

こ

こうこう【航行】「島づたいに―する」
こうこう【▼膏▼肓】体の奥深くの、治療しにくい所。「病〈やまい〉―に入る」
こうこう【▼浩▼浩】水がみなぎるさま。広々としたさま。「太平洋は―として目の前にある」
こうこう【▼耿▼耿】明るいさま。うれえるさま。「―たる銀河」「―たる反逆精神」
こうこう【▼皓▼皓・▼皎▼皎】白いさま。光るさま。「―とした白壁」「月が―と照る」
こうこう【▼煌▼煌】きらきらと光り輝くさま。「星が―ときらめく」
こうごう【皇后】「天皇―両陛下」
こうごう【香合・香▼盒】香を入れる容器。
ごうごう【▼囂▼囂】やかましいさま。「―たる非難」
ごうごう【▼轟▼轟】とどろくさま。「―と音を立ててトラックが走り過ぎる」
こうごうしい【神神しい】「―神社のたたずまい」
こうこうや【好好▼爺】「若い頃は意地っ張りな性格だったが今ではすっかり―となった」
こうこがく【考古学】文字社会以前の、古代の生活を探究する学問。「―上の発見」
こうこく【公告】官報などで広く公衆に告知する。「官報で―する」
こうこく【広告】世間に商品などを広く宣伝する。

こうこく【抗告】「判決を不服として―した」
こうこく【▼鴻▼鵠】大きな鳥。大人物。「―の志」
こうこつ【甲骨】「―文字」
こうこつ【硬骨】「―の士」
こうこつ【▼恍▼惚】「―とした表情」
こうこつかん【硬骨漢】「―で我慢強い」
こうさ【交差・交▼叉】「高速道路が―する地点」
こうさ【考査】「人物を―する」「学期末の―」
こうさ【黄砂】中国大陸の黄土が空を覆う現象。
こうざ【口座】「預金(勘定)―」「指定の―に振り込む」
こうざ【高座】一段高い席。「―に上って説教する」「寄席の―で芸を見せる」
こうざ【講座】「言語学の―」
こうさい【公債】国債および地方債。
こうさい【交際】「―費」「二人の―を認める」
こうさい【光彩】「一きわ―を放つ」
こうさい【▽虹彩】光の量を調節する眼球の膜。
こうさい【高裁】「高等裁判所」の略。
こうさい【鉱▼滓】鉱石を精錬するときに出るかす。〔「こうし(鉱滓)」の慣用読み〕
こうざい【功罪】てがらとあやまち。「ダム建設の―」「―相半ばする」
こうざい【鋼材】「―を輸入する」
こうざいしっそく【高材疾足】知勇兼備の人。

こうさいりくり【光彩陸離】まばゆく輝くさま。
こうさく【工作】器物を作ること。事前の働きかけ。「―で椅子を作る」「裏面で―する」
こうさく【交錯】入りまじる。「期待と不安が―する」
こうさく【耕作】「農地を―する」
こうさく【鋼索】「―鉄道(=ケーブルカー)」
こうさつ【考察】「環境問題について―する」
こうさつ【高札】①相手の手紙の敬称。「御―拝見致しました」②昔、役所の告知板。
こうさつ【高察】「推察」の尊敬語。「御―のとおり」
こうさつ【絞殺】「―死体」
こうざつ【交雑】「―してできた新品種」
こうさてん【交差点・交▼叉点】「―の信号が青になってから渡る」
ごうさらし【業▼晒し・業▼曝し】恥さらし。「とんだ―で穴があったら入りたい」
こうさん【公算】見込み。「成功する―が大きい」
こうさん【恒産】一定の財産や職業。「―なきものは恒心なし/孟子」
こうさん【降参】「鬼は桃太郎に―した」「あいつの頑固さには―だ」
こうざん【鉱山】「―から鉄鉱石を採掘する」
こうざんりゅうすい【高山流水】すぐれた楽曲のたとえ。

こうし【子牛・▼仔牛・▼犢】「―の皮」

こうし【公子】貴族の子。貴公子。「小―(=バーネット作の児童文学)」

こうし【公私】「―混同」

こうし【公使】大使に次ぐ外交使節。「特命全権―」

こうし【甲子】干支の一。きのえね。かっし。

こうし【行使】「実力(武力)―」「公民権を―する」

こうし【孝子】親孝行な子供。

こうし【厚志】厚意。厚情。「御―ありがたくお受け致します」

こうし【後嗣】あとつぎ。よつぎ。

こうし【皇嗣】皇位の継承者。

こうし【格子】細い木を縦横に組んだもの。「―窓」

こうし【高士】人格が高潔な人。

こうし【▼皓歯】白く美しい歯。「明眸〈めいぼう〉―」

こうし【▼嚆矢】かぶら矢。物事のはじめ。「この説を唱えたのは彼をもって―とする」

こうし【講師】「専任(非常勤)―」

こうじ【▼麴・▼糀】「―かび」「―味噌」

こうじ【▽小路】⇔大路。「袋―」

こうじ【工事】「道路―」「―現場」

こうじ【公示】「総選挙の期日を―する」

こうじ【好事】「―魔多し(=良いことにはとかくじゃまがはいりやすい意)」

こうじ【好餌】「―につられる」「振り込め詐欺の―となる」

こうじ【後事】あとのこと。死後のこと。「―を託す」

こうじ【▼柑子】小さく酸味が強いミカン。「―の実」

こうじ【高次】「より―の技術」

ごうし【合▼祀】二柱以上の神や霊を一社に祭る。

ごうし【郷士】農村に居住した武士。「金納―」

こうしき【公式】「―試合(戦)」「―に認める」

こうしせい【高姿勢】「終始―で応対する」

こうしそうにく【行▼尸走肉】存在価値のない人。「―の輩」

こうしつ【皇室】「―外交」「―典範」

こうしつ【高湿】「高温―」

こうしつ【硬質】「―ガラス」

こうしつ【▼膠質】にかわ質。

こうじつ【口実】「うまい―をみつける」「―を設けて欠席する」

こうじつ【好日】吉日。「日々これ―」

こうじつびきゅう【▼曠日▽弥久】むだに時を費やす。

こうしゃ【公社】国や公共団体が出資した法人。

こうしゃ【公舎】公務員用の住宅。

こうしゃ【巧者】たくみにできること(人)。「口―」「見―」「試合―」

こうしゃ【後者】⇔前者。「―を取る」

こうしゃ【校舎】「小学校の―」

こうしゃ【降車】⇔乗車。「―口」

ごうしゃ【豪▼奢】「―な建物」「―をきわめる」

こうしゃく【公爵】もと五等爵の第一位。

こうしゃく【侯爵】もと五等爵の第二位。

こうしゃく【講釈】「薬の効能を―する」「―を垂れる」

こうじゃくふう【黄▼雀風】陰暦五月に吹く東南の風。

こうしゅ【巧手】技芸がたくみなこと(人)。「弓の―」

こうしゅ【好手】囲碁や将棋で、うまい手。「相手の―に苦戦する」

こうしゅ【好守】上手な守り。「―で鳴る野球チーム」

こうしゅ【攻守】「―所を変える」

こうしゅ【絞首】「―刑」

こうじゅ【口授】「師匠の―」

こうしゅう【口臭】「―が気になる」

こうしゅう【公衆】「―便所」「―道徳」

こうしゅう【甲州】甲斐国(現山梨県)の別名。

こうしゅう【講習】「―を受ける」「―に参加する」

ごうしゅう【江州】近江国(現滋賀県)の別名。

ごうしゅう【豪州】オーストラリア。

ごうじゅう【剛柔】強いこととやさしいこと。「―よろしきを得よ」

こうしゅうは【高周波】⇔低周波。「―加熱」

こうじゅく【黄熟】「みかんが―する」

こうじゅつ【口述】口で述べる。「―筆記(試験)」

こうじゅつ【公述】公聴会で意見を述べる。「―人」

こうじゅつ【後述】⇔前述。「詳細は―する」

こうしゅん【高▼峻】「―な山々」

こうしょ【向暑】「―の候」

こうしょ【高所】「―恐怖症」「大所―から論ずる」

こうじょ【皇女】天皇の娘。内親王。⇔皇子。

こうじょ【控除・▼扣除】「扶養―」「収入から必要経費を―する」

こうしょう【口承】口から口へ語り伝える。「―文芸」

こうしょう【口▼誦】書物などを声に出して読むこと。「詩を―する」

こうしょう【工匠】「―の技」

こうしょう【公称】表向きに発表されていること。「会員数十万と―している」

こうしょう【公証】各種の登記や証明書の発行など、公に証明する行為。「―人」「―役場」

こうしょう【交渉】「労使が―する」「―が決裂する」「―をもつ(絶つ)」

こうしょう【行賞】ほうびを与える。「論功―」

こうしょう【考証】「時代―」「元禄の風俗を―する」

こうしょう【▼哄笑】大声でどっと笑う。「一同思わず―した」

こうしょう【好尚】このみ。嗜好〈しこう〉。「時代の―に合う」

こうしょう【高尚】「―な趣味」「君の話は―すぎてわからない」

こうしょう【高唱】「応援歌を―する」

こうしょう【鉱床】鉱物が集まっている所。

こうじょう【口上】「前―」「逃げ―」「―を述べる」

こうじょう【工場】「紡績―」「―長」「―から出る廃液」

こうじょう【向上】「―心」「品質の―を目指す」「学力が―する」

こうじょう【交情】相手への親しみの気持ち。「―を深める」

こうじょう【厚情】相手の好意をいう語。「御―のほど御礼申し上げます」

こうじょう【恒常】「―的に人手不足が続く」「朝の渋滞が―化する」

ごうしょう【豪商】富豪の商人。「江戸で名高い―」

ごうじょう【強情・剛情】「―な性格」「―を張る」

こうじょうせん【甲状腺】のどぼとけの下にある内分泌器官。「―ホルモン」

こうしょく【公職】公務員や議員などの職。「―に就く」「―選挙法」

こうしょく【好色】「―な目つき」「―漢」「―一代男(＝井原西鶴の作)」

こうじょりょうぞく【公序良俗】「―に反する行為」

こうじる【高じる・▼昂じる】高まる。「病が―」「趣味が―じて本業となる」(サ変「高ずる」も同じ)

こうじる【講じる】講義する。はかる。「近代史を―」「対策を―」「和を―」(サ変「講ずる」も同じ)

こうしん【▼亢進・▼昂進・高進】高ぶりすすむ。「心悸〈しんき〉―」「―症」

こうしん【功臣】功労のあった臣下。

こうしん【交信】「無線で―する」

こうしん【行進】「デモ―」「―曲」「堂々と―する」

こうしん【更新】「運転免許証の―」「日本記録を―する」「ホームページを―する」

こうしん【▼庚申】干支の一。かのえさる。「―塚」

こうしん【後進】後から進んでくる人。「―国」「―を育成する」「―に道をゆずる」

こうしん【恒心】常に正しい心。「恒産なきものは―なし／孟子」

こうしん【紅唇・紅▼脣】(美人の)赤いくちびる。

こうじん【公人】公職にある人。⇔私人。「―としての立場」

こうじん【行人】 道を歩いて行く人。また、旅人。使者。

こうじん【幸甚】 ありがたく思うこと。「御一報賜りますれば—に存じます」

こうじん【▼巷▼塵】 俗世の汚れ。俗塵。

こうじん【後▼塵】 「—を拝する(=後れを取る、また、勢力のある人に付き従う意)」

こうじん【荒神】 かまどの神。「三宝—」「—様」

こうしんじょ【興信所】 秘密に調査して報告する機関。

こうじんばんじょう【黄▼塵万丈】 黄色い土けむりが風で舞い上がるさま。

こうじんぶつ【好人物】 「なかなかの—」

こうしんりょう【香辛料】 スパイス。

こうず【構図】 「全体の—を決める」「大がかりな汚職事件の—を明らかにする」

こうすい【香水】 「—をつける」

こうすい【降水】 「—量」「今日の—確率」

こうすい【硬水】 カルシウムなどを多く含む水。⇔軟水。

こうずい【洪水】 「家屋が—で流される」「車の—」

こうずか【好事家】 物好きの人。また、風流人。「—の手になる研究」

こうずけ【上野】 旧国名。群馬県全域。上州。

こうする【抗する】 「時流に—」

ごうする【号する】 「芭蕉庵と—」

こうせい【公正】 「—取引委員会」「—な判断」「—を期する」

こうせい【攻勢】 ⇔守勢。「—に転ずる」

こうせい【更正】 誤りを正す。「—登記」「所得税の—決定」

こうせい【更生・▼甦生】 生活態度を改め、立ち直る。「—して社会復帰する」

こうせい【厚生】 健康で豊かにする。「—労働省」「—年金」

こうせい【後世】 のちの時代。「—に伝える」「—に名を残す」

こうせい【後生】 後から生まれてくる人。後輩。「—畏〈おそ〉るべし／論語」

こうせい【恒星】 自ら光を出し位置を変えない星。

こうせい【校正】 「—刷り」「—を済ませて出版社に返送する」

こうせい【構成】 「ドラマの—」「社会を—する一員」

ごうせい【合成】 「—ゴム」「—繊維」「—した写真」

ごうせい【豪勢】 「—な暮らしぶり」「—な料理」

こうせいぶっしつ【抗生物質】 菌繁殖を抑制する物質。

こうせき【口跡】 台詞の言い回し。「—のいい役者」

こうせき【功績】 「社会福祉の向上に—があった」「—をたたえる」

こうせき【皇籍】 「—離脱」

こうせき【航跡】 船が通ったあとに残る波や泡。

こうせき【鉱石・▼礦石】 有用鉱物を含む岩石。

こうせきうん【高積雲】 ひつじ雲。

こうせつ【公設】 ⇔私設。「—秘書」

こうせつ【巧拙】 じょうずとへた。「技の—を比べる」

こうせつ【交接】 性交。

こうせつ【▼巷説】 世間のうわさ。「説話は多く—に基づく」「—に惑わされてはいけない」

こうせつ【降雪】 「—量」

こうせつ【高説】 「御—を拝聴する」

こうぜつ【口舌】 口先。言葉だけ。「—の争い」「—の徒」

ごうせつ【豪雪】 大雪。「—地帯」

こうせん【口銭】 仲介手数料。「—を取る」

こうせん【公選】 「—制」

こうせん【交戦】 「隣国と—する」

こうせん【光線】 「太陽—」

こうせん【好戦】 「—的風潮」

こうせん【抗戦】 「徹底—を主張する」

こうせん【黄泉】 死人が行く所。あの世。よみ。

こうせん【鉱泉】 「—が湧く」

こうぜん【公然】表立っているさま。「—の秘密」「—と口にする」

こうぜん【▼昂然】意気盛んなさま。「—と胸を張る」

こうぜん【▼浩然】広々としているさま。「—の気を養う」

ごうぜん【傲然】いばっているさま。「—として不遜な態度をとる」

ごうぜん【▼轟然】大きな音を立てるさま。「—たる航空機の爆音」

こうそ【公租】国税・地方税の総称。「—公課」

こうそ【公訴】検察官が裁判所に裁判を請求する。「—事実」「—を断念する」

こうそ【控訴】上級裁判所に再審を求める。「—審」「—棄却」「判決を不服として原告が—する」

こうそ【酵素】「消化—」

こうぞ【▼楮】クワ科の低木。和紙の原料。

ごうそ【強訴・▼嗷訴】徒党を組んで訴える。「延暦寺僧による—」

こうそう【好走】「—して二塁打とする」

こうそう【抗争】「派閥—」

こうそう【後送】「資料は—する」

こうそう【香草】ハーブ。「鶏肉の—焼き」

こうそう【降霜】「茶畑に—のおそれがある」

こうそう【高僧】学識や徳のすぐれた僧。

こうそう【高層】「—ビル」
こうそう【構想】「—を練る」「新事業を—する」
こうそう【広壮・▼宏壮】広く立派なさま。「—な邸宅」
こうそう【高燥】⇔低湿。「—の地」
こうぞう【構造】「耐震—」「精神—」「—改革」「機械の—」
ごうそう【豪壮】「—な寺院」
こうそく【拘束】「—時間」「身柄を—する」
こうそく【校則】「—に違反する」
こうそく【高速】「首都—」「—道路」「—走行」
こうそく【梗塞】動脈がふさがる。「脳(心筋)—」
こうぞく【後続】「—部隊」「—を断つ」
こうぞく【皇族】「—会議」「—費」
ごうぞく【豪族】勢力を持つ一族。「地方—」
こうそくど【高速度】「—撮影(写真)」
こうそんじゅ【公孫樹】イチョウの漢名。
こうた【小唄】「三味線の伴奏で—を披露する」
こうだ【好打】「難しい球を—して出塁する」
こうたい【交代・交替】入れ代わること。「選手の交代」「若い世代に交代する」「母音交替形」「昼夜交替(交代)制」
こうたい【抗体】「体内に—ができる」「—医薬」
こうたい【後退】⇔前進。「景気が—する」

こうだい【広大・▼宏大】「—無辺」「—な農地」
こうたいごう【皇太后】先代の天皇の皇后。
こうたいし【皇太子】次代の天皇となるべき皇子。
こうたく【光沢】「—紙」「磨いて—を出す」
ごうだつ【強奪】「現金を—する」
こうたん【荒誕】でたらめ。うそ。「—な小説」
こうたん【降誕】「キリストの—」「—祭」
こうだん【公団】「道路—」「—住宅」
こうだん【▼巷談】世間のうわさ。「—俗説」
こうだん【降壇】⇔登壇。
こうだん【高談】大声で話す。また、他人の話の尊敬語。「御—を伺いたい」
こうだん【講談】「—師」
こうだん【講壇】「—に立つ」
ごうたん【豪胆・剛胆】「—をもって鳴る武将」
ごうだん【強談】強引に談判する。「—威迫」
こうたんさい【降誕祭】「キリストの—」
こうだんし【好男子】「眉目秀麗の—」
こうち【巧遅】上手だが完成が遅い。⇔拙速。「—は拙速に如〈し〉かず」
こうち【巧緻】「—な模型」
こうち【拘置】「留置所に—する」
こうち【▼狡知・▼狡▼智】ずるがしこい。「—にたける」

こうち【耕地】「―整理」

こうち【高地】「―トレーニング」

こうちく【構築】「理論の―」「陣地を―する」

こうちゃ【紅茶】「―を入れる」

こうちゃく【▼膠着】「―状態」「戦線が―して動かない」

こうちゅう【甲虫】「カブトムシやコガネムシなどの―」

こうちゅう【校注・校▼註】「枕草子の―」

こうちょ【高著】他人の著書の尊敬語。「御―を拝読致しました」

こうちょう【好調】⇔低調・不調。「絶―」「―の波に乗る」「仕事は―に進んでいる」

こうちょう【紅潮】「耳まで―して照れている」

こうちょう【候鳥】渡り鳥。

こうちょう【校長】「―室」「中学校の―」

【こうちょう【高潮】「最―に達する」

【こうちょう【高調】「声が―する」「雰囲気が―する」

こうちょう【硬調】相場が上がり気味である。「―の相場」

こうちょうかい【公聴会】「―を開き市民の意見を聞く」

こうちょく【硬直】「死後―」「―した思考」「手足が―して動かない」

ごうちょく【剛直】信念を曲げないさま。「―な人」

こうちん【工賃】生産・加工の手間賃。

こうつう【交通】「―安全(事故)」「―の便が良い(悪い)」「台風の接近で―機関に影響が出る」

ごうつくばり【業突く張り】欲張りでがんこである。「―な爺さん」

こうつごう【好都合】⇔不都合。「万事―に運ぶ」

こうてい【工程】生産・工事の作業手順。「作業―」「―管理」「―表」

こうてい【公定】公の機関が公式のものとして定める。「―価格」

こうてい【公邸】「知事の―」

こうてい【行程】みちのり。旅行の日程。「三日の―」「東北旅行の―表」

こうてい【肯定】⇔否定。「―的な判断」「己が人生を―する」

こうてい【皇帝】「ローマ帝国の―」

こうてい【校訂】「本文―」「―者」

こうてい【校庭】「―を駆け回る子どもたち」

こうてい【高低】「土地の―」「音の―」

こうてい【高弟】優れた弟子。高足。

こうでい【拘泥】こだわる。「ささいなことに―する」

ごうてい【豪邸】「立派な―に住む」

こうてき【好適】「別荘に―な土地」

こうてき【公的】⇔私的。「―資金」「―な立場」「―な性格」

こうてきしゅ【好敵手】ライバル。「長年―として競い合う」

こうてつ【更迭】ある地位にある者を他の者にかえる。「外務大臣を―する」

こうてつ【鋼鉄】「―の意志」「―のような肉体」

こうてん【公転】⇔自転。「惑星の―」

こうてん【交点】「二つの線分の―」

こうてん【好天】⇔悪天。「運動会は―に恵まれる」

こうてん【好転】「事態が―する」

こうてん【荒天】「あいにくの―で遠足は中止になった」

こうでん【香典・香▼奠】霊前に供えるお金。「―返し」「―を包む」

こうてんし【▽告天子】ヒバリの異名。

ごうてんじょう【▽格天井】格子形に組んだ天井。

こうてんてき【後天的】⇔先天的。「―な疾患」

こうと【後図】将来の計画。「―をはかる」

こうど【光度】光源の光の強さの度合。「―計」

こうど【高度】「―八千メートルの上空を飛行する」「―な技能をもつ」

こうど【硬度】鉱物の硬さの程度。

こうとう【口頭】「—試問」「—で伝える」
こうとう【公党】⇔私党。
こうとう【好投】「—して、安打で抑えた」
こうとう【▼叩頭】頭を地につけておじぎをする。「—して謝罪する」
こうとう【皇統】「—を引く」
こうとう【紅灯】赤いはなやかなともしび。「—緑酒(=歓楽街のさま)」「—の巷(=花柳界、色町の意)」
こうとう【高等】⇔下等。「—学校」「—動物」
こうとう【高踏】高い理想の境地。「—的立場」
こうとう【高騰・▼昂騰】「物価が—する」
こうとう【喉頭】「—が赤く腫れる」
こうどう【公道】⇔私道。「—を整備する」「—にもとる」
こうどう【行動】「—半径」「勝手な—は許さない」「ただちに—する」
こうどう【坑道】鉱山の地下に掘った通路。
こうどう【香道】香のかおりを楽しむ芸道。
こうどう【黄道】地球から見た太陽の運行する軌道。「—傾斜角」「—帯」
こうどう【講堂】「生徒を—に集める」
ごうとう【強盗】「—罪」「—を働く」
ごうどう【合同】「三角形の—条件」「二チーム—の練習」

こうどうきちにち【黄道吉日】何事にも吉の日。「挙式に—を選ぶ」

こうとうむけい【荒唐無稽】「—な作り話」「—な計画で実現性はない」

こうとく【公徳】公衆道徳。「—心」

こうとく【高徳】「—の僧」

こうどく【鉱毒】鉱物製錬の際に出る毒物。

こうどく【講読】書物を読み内容を講義する。「源氏物語を—する」

こうどく【購読】出版物を買って読む。「定期—」「—料」「雑誌を—する」

こうない【坑内】鉱山の坑道の内部。「—掘り」

こうない【校内】「—模試」「—暴力」

こうない【港内】「—に停泊する船舶」

こうない【構内】「駅の—は禁煙です」

こうなご【▽小▽女子】イカナゴの別名。

こうなん【後難】後日の災難。「—を恐れる」

こうなん【硬軟】「—両様の態度でのぞむ」

こうにゅう【購入】「チケットを—する」

こうにん【公認】「—会計士」「党の—候補」

こうにん【後任】⇔前任。「—人事」

こうにん【降任】下位の役職・地位につける。⇔昇任。「現部長を—させる」

こうねつ【光熱】「—費がかさむ」


こうねつ【高熱】「—に苦しむ」

こうねん【光年】光が一年間に進む距離。

こうねん【行年】その人が今まで生きてきた年月。「—七十六」

こうねん【後年】のちの年。将来。「—成功をおさめた」

こうねんき【更年期】女性の月経が止まる時期。「—障害」

こうのう【効能・功能】「薬(温泉)の—」

ごうのう【豪農】財力のある豊かな農家。

こうのとり【▼鸛】ツルに似た大形の鳥。

こうのもの【香の物】漬物。「—を添える」

こうは【硬派】「—の意見が通る」「—で鳴らす」

こうば【工場】こうじょう(工場)。「町—」

こうはい【交配】「—種」「花粉の—」

こうはい【光背】仏像の背後にある光明を表す装飾。

こうはい【向背】従うことと背(そむ)くこと。「—つねなき人情」「天下の—を決する」

こうはい【後輩】⇔先輩。「サークルの—」

こうはい【荒廃】「戦乱で—した都市」「人心が—する」

こうはい【降灰】こうかい(降灰)。

こうはい【高配】「御—を賜り厚く御礼申し上げます」

こうはい【興廃】「皇国の―此の一戦に在り」
こうばい【公売】「―にかける」
こうばい【勾配】「急―」「ゆるい―のついた屋根」
こうばい【紅梅】「―襲〈がさね〉」
こうばい【購買】「―部」「―力を高める」
こうばいすう【公倍数】二つ以上の整数に共通の倍数。⇔公約数。「最小―」
こうはいち【後背地】都市や港の周辺地域。
こうはく【紅白】「―試合」「―の垂れ幕(水引)」
こうばく【広漠・宏漠】果てしなく広いさま。「―とした草原」
こうばく【荒漠】荒れはてて果てしないさま。「―たる原野」
こうばしい【香ばしい・▽芳ばしい】「ほうじ茶の―かおり」
こうはつ【好発】病気がよく発生すること。「―部位」
こうはつ【後発】「―の電車」「―の商品」
ごうばな【香花】こうげ(香華)。
ごうはら【業腹】非常に腹の立つこと。しゃく。「なんとも―な仕打ち」
こうはん【公判】公開の法廷で行う刑事事件の審理。「初―」「―中」「―に付せられる」
こうはん【後半】⇔前半。「―戦」
こうはん【紅斑】皮膚にできる赤い斑点。
こうはん【広範・広汎】「―な調査」「―にわたる活動」
こうばん【交番】「―に落とし物を届ける」
こうばん【降板】「連打を浴びて五回裏で―する」
ごうはん【合板】ベニヤ板。
こうはんせい【後半生】「―を信仰に捧げる」
こうひ【口碑】言い伝え。伝説。「―に残る」
こうひ【工費】「建設の―を見積もる」
こうひ【公費】⇔私費。「交通費を―でまかなう」
こうひ【后妃】王侯の妻。きさき。
こうひ【皇妃】天皇・皇帝の妻。皇后。
こうひ【高▼庇】相手の庇護を敬っていう語。「かねがね御―をこうむり厚く御礼申し上げます」
こうひ【高批】相手の批評を敬っていう語。「拙論を御―賜り恐縮に存じます」
こうび【交尾】動物の雌雄が交わる。
こうび【後尾】「ここが列の最―だ」
ごうひ【合否】「―判定」
こうひつ【硬筆】「―習字」
こうひょう【公表】「―をはばかる」「真実を―する」
こうひょう【好評】「―を博する」
こうひょう【高評】「御―を賜る」
こうひょう【講評】「入賞作品について審査委員が―する」
ごうびょう【業病】悪業が原因でかかると考えられていた難病。
こうひん【公賓】国賓に次ぐ賓客。
こうびん【幸便】よいついで。「―に託す」
こうびん【後便】「詳細は―でお伝えいたします」
こうふ【工夫】土木工事などで働く労働者。
こうふ【公布】「法令(条例)を―する」
こうふ【交付】「無償―」「証明書を―する」
こうぶ【公武】「―合体」
こうぶ【後部】⇔前部。「―座席」
こうぶ【荒▼蕪】「―地と化す」
こうふう【光風】「―霽月〈せいげつ〉」
こうふう【校風】「―が合う」
こうふう【高風】気高い人格・姿。「―に接する」
こうふく【幸福】⇔不幸。「―な人生」「子どもの―を願う」
こうふく【降伏・降服】「無条件―」「無駄な抵抗はやめて―する」
ごうふく【剛▼愎】強情で人に従わないさま。
ごうふく【剛腹】剛胆で度量の大きいさま。「―な男」
ごうぶく【▽降▽伏】神仏により悪魔を抑え鎮める。「悪霊を―する」
こうぶつ【好物】「大―」
こうぶつ【鉱物】「―学」

こうふん【口▼吻】くちさき。話しぶり。くちぶり。「—を洩らす(＝内心をほのめかす)」

こうふん【公憤】社会の悪に対するいきどおり。⇔私憤。「—をおぼえる」

こうふん【興奮・▼昂奮・▼亢奮】「—して眠れない」

こうぶん【構文】文の組みたて。「英語の—」

こうぶんしょ【公文書】⇔私文書。「—偽造罪」

こうべ【▽頭・▽首】「—をたれる」

こうへい【公平】「—性」「—無私(＝公平で私心がない意)」「—に分け与える」「—を欠く」

こうへん【口辺】口のあたり。口もと。「—に微笑を浮かべる」

こうべん【抗弁】「—権(＝法律で、請求を拒絶できる権利)」「まったく—の余地がない」「あえて—するつもりはない」

ごうべん【合弁・合▼辦】二国以上の資本提携による共同経営。「—会社」

こうほ【候補】「対立—」「—者を立てる」「オリンピックの—地」「—に上がる」

こうぼ【公募】「英語の教員を—する」

こうぼ【酵母】「—菌」

こうほう【工法】「潜函—」

こうほう【公法】「—上の契約(団体)」

こうほう【公報】官庁が国民に正式に発表する知らせ。「選挙—」

こうほう【広報】一般の人に広く知らせる。「—活動」

こうほう【後方】⇔前方。「—からの援護射撃」

こうほう【航法】船や航空機を正しく航行させる技術。

こうほう【高峰】「八ヶ岳の—」

こうぼう【工房】美術家・工芸家の仕事場。アトリエ。

こうぼう【広▼袤】幅と長さ。広さ。「—百里」

こうぼう【光▼芒】尾をひく光の筋。「—一閃」「—を放つ」

こうぼう【攻防】「—戦」「—を繰り返す」

こうぼう【興亡】「諸王朝の—」

ごうほう【号砲】「—一発」

ごうほう【合法】「—的な手段」

ごうほうらいらく【豪放▼磊落】大らかで心が広い。「—な性格」

こうぼく【公僕】公衆に奉仕する者。公務員。「—としての意識が欠如している」

こうぼく【香木】芳香を放つ木。白檀など。

こうぼく【高木】高く生長する木。喬木。

こうほね【▽河骨・▽川骨】スイレン科の多年草。

ごうま【▽降魔】悪魔を降伏〈ごうぶく〉する。「—の印」

こうまい【高▼邁】「—な志(理想)」

ごうまい【豪▼邁】豪放で優れている。「—な精神」

ごうまつ【▼毫末】ほんのわずか。「—もない」

こうまん【高慢】「—ちき」「—の鼻をへし折る(くじく)」

ごうまん【傲慢】「—な態度で接する」

こうみ【香味】「—野菜」「—料」

こうみゃく【鉱脈】「—を掘り当てる」

こうみょう【功名】「けがの—」「—心」「—を立てる」

こうみょう【巧妙】「振り込め詐欺の—な手口」

こうみょう【光明】「前途に—を見いだす」「暗闇の中に一条の—がさす」

こうみん【公民】国政に関与する権利を有する国民。また、教科の名前。

こうみんかん【公民館】「住民が—に集まる」

こうみんけん【公民権】選挙権と被選挙権。市民権。

こうむ【工務】「—店」

こうむ【公務】「—員」「—執行妨害」「—で出張する」

こうむる【被る・▼蒙る】「多大の恩恵を—」「台風で大きな痛手を—」「皆様のお陰(蔭)を—りまして」

こうめい【高名】「—な作家」「御—はかねがね承っております」

こうめいせいだい【公明正大】「—な裁決(措置)」

ごうも【▼毫も】少しも。全く。「—動じない」

こうもう【紅毛】「—人」「—碧眼」

こうもう【孔▼孟】孔子と孟子。「—の教え(=儒教)」

こうもう【▼鴻毛】きわめて軽いもののたとえ。

ごうもう【剛毛】かたい毛。こわい毛。

こうもく【項目】「—別に整理する」「—毎に検討する」

こうもり【〈蝙蝠〉】鳥のように飛べる哺乳類。「—傘」

こうもん【▼肛門】大便を排泄する穴。

こうもん【校門】「—をくぐる」

こうもん【黄門】中納言の唐名。「水戸—」

こうもん【▼閘門】水量調節のできる水門。

ごうもん【拷問】自白させるために苦痛を与える。

こうや【紺屋】染め物屋。こんや。「—の明後日〈あさって〉(=約束の期日のあてにならない意)」「—の白袴〈しろばかま〉(=専門にしていることについて、自分の身にはおろそかである意)」

こうや【広野・▼曠野】「果てのない—」

こうや【荒野】「—をさすらう」

こうやく【口約】口約束。「—はあてにならない」

こうやく【公約】「—を果たす」「減税を—に掲げる」

こうやく【▼膏薬】あぶらで練り固めた外用薬。

こうやくすう【公約数】複数の整数に共通した約数。⇔公倍数。「最大—」

こうやどうふ【高野豆腐】凍〈し〉み豆腐。

こうゆう【公有】「—地」「—林」

こうゆう【交友】「—関係(範囲)」

こうゆう【交遊】「不純異性—」

こうゆう【校友】同じ学校の卒業生。「—会」

ごうゆう【豪勇・剛勇】「—な男」

ごうゆう【豪遊】「高級料亭で—する」

こうよう【公用】⇔私用。「—車」「—語」「民間の建物を—にあてる」

こうよう【孝養】「—を尽くす」

こうよう【効用】「薬の—」「鉄の—は大きい」

こうよう【紅葉】「全山—」

こうよう【黄葉】「銀杏〈いちょう〉の—」

こうよう【高揚・▼昂揚】「試合前で気分が—する」

こうよう【綱要】主要な点。「キリスト教—」

こうようじゅ【広葉樹】⇔針葉樹。「—の落ち葉」

ごうよく【強欲・強▼慾】「—な高利貸し」

こうら【甲羅】「—干し」「亀(蟹)の—」「—が生える(=老獪になる意)」「—を経る(=年数を経て経験豊かになる意)」

こうらい【光来】相手の来訪を敬っていう語。「御—を仰ぐ」

こうらい【高▽麗】「—版」「—人参」

こうらく【行楽】「—地」「—シーズン」「—の秋」

こうらく【黄落】「—する銀杏〈いちょう〉」

こうらん【勾欄・高欄】欄干〈らんかん〉。「橋(廊下)の—」

こうらん【高覧】他人が見ることを敬っていう語。「当家の家宝を御—に供したく存じます」

こうり【小売(り)】「—業(商)」

こうり【公理】前提となる基本命題。

こうり【功利】名誉や利益。「—主義」

こうり【行▼李・▼梱】竹や柳で編んだ入れ物。

こうり【高利】⇔低利。「—貸し」

ごうり【合理】道理にかなっている。「—的な考え方」「—化」

ごうりき【合力】力を添え助ける。「友人の事業に—する」

ごうりき【強力・剛力】強い力。荷を負い道案内する人。「—無双の男」「ヒマラヤ登山で—を雇う」

こうりつ【公立】⇔私立。「—の小中学校」

こうりつ【効率】「熱—」「—が良い(悪い)作業方針を立てる」

こうりつ【高率】「—の利子」

こうりゃく【攻略】「—法」「先発投手を—する」「強硬な反対論者からまず—する」

こうりゃく【後略】「以下、—」

こうりゅう【交流】①互いに行き来して交わる。「国際—に貢献する」「東西文化が—する」②⇔直流。「百ボルトの—電流」

こうりゅう【勾留】被疑者・被告人を拘禁する。「未決—」

こうりゅう【拘留】犯罪人を三〇日未満拘置する刑。

こうりゅう【興隆】「ネット関連企業が—する」

ごうりゅう【合流】「二つの河川が—する」「先発隊と目的地で—する」

こうりょ【考慮】「—に入れる」「相手の立場を—する」

こうりょう【広量・▼宏量】⇔狭量。「—な性質」

こうりょう【香料】よいにおいを出す物質。また、香典。「—を添加する」「御—」

こうりょう【校了】「—して印刷に回す」

こうりょう【黄▼粱】オオアワの漢名。コーリャン。「—一炊の夢」

こうりょう【綱領】政党などの根本方針。

こうりょう【稿料】原稿料。

こうりょう【荒涼・荒▼寥】「—とした枯れ野原」

こうりょく【効力】「—を発する」

こうりん【光臨】他人の来訪を敬っていう語。「御—を仰ぐ」

こうりん【降臨】神仏が地上に降りる。「天孫—」

こうるい【紅涙】美しい女性の涙。「—をしぼる」
こうれい【好例】「—を示して説明する」
こうれい【恒例】「—の行事」「—による」
こうれい【高齢】「後期—者」「—化社会」
ごうれい【号令】「—をかける」
こうろ【行路】「人生—」
こうろ【香炉】香をたく器。香盤。「—で香をくゆらせる」
こうろ【航路】「—の安全を祈る」
こうろ【高炉】「製鉄所の—」
こうろう【功労】「文化—者」「—に報いる」
こうろう【高楼】「—に登る」
こうろく【高▼禄】多額の俸禄。高給。「—をはむ」
こうろん【口論】「ささいなことから—になる」
こうろん【公論】世間一般の人の意見。「万機—に決すべし／五箇条の御誓文」
こうろん【高論】相手の意見の尊敬語。「御—拝聴いたしました」
こうろんおつばく【甲論乙▼駁】議論が入り乱れる。「—で結論に至らない」
こうろんたくせつ【高論卓説】立派な意見・理論。「先生の御説はまことに—と有り難く承りました」
こうわ【講和・▼媾和】戦争をやめ平和を回復する。「—条約」「敵国と—する」

こうわ【講話】「社長の—を聞く」

こうわかまい【幸若舞】曲舞〈くせまい〉の一種。

こうわん【港湾】みなと。「—都市」

こえ【声】口から出る音。人々の意見。「虫の—」「風の—」「読者の—」「—を出す（落とす）」「—を張り上げる（潜める）」

こえ【肥】こやし。「基〈もと〉—」「—を汲み取る」

ごえい【護衛】「大臣を—する」

ごえいか【御詠歌】巡礼が歌う仏を讃える歌。

こえいしょうぜん【孤影▼悄然】ひとりぼっちで寂しそうなさま。

こえがわり【声変（わ）り】「中学二年生の甥〈おい〉が—した」

ごえつどうしゅう【呉越同舟】仲の悪い者同士が共にいる。

こえる【肥える】「よく—えた豚（土）」「なかなか目が—えている」「ふところが—」

こえる【越える】上を通り過ぎる。とびこす。「頭上を—」「峠（野）を—」「能力の限界を—」

こえる【超える】程度を上まわる。それ以上になる。抜け出る。まさる。「利害を—えて業界に尽くす」「四千人を—観衆」「力量が人に—」

こおう【呼応】「中央に—して、地方でも抵抗の動きが見られる」「副詞（係り結び）の—」

こおうこんらい【古往今来】昔から今まで。「愛とは、―、思想家を悩ましてきた問題である」
こおどり【小躍り・▼雀躍り】「―して喜ぶ」
コーヒー【▼珈▼琲】「ホット(アイス)―」
こおり【氷】「―が張る」
こおりざとう【氷砂糖】「―で梅酒を作る」
こおりまくら【氷枕】「―で頭を冷やす」
こおりみず【氷水】削り氷に砂糖水をかけたもの。「真夏にシロップのかかった―を食べる」
コーリャン【高粱】〔中国語〕「―酒」
こおる【凍る・▽氷る】「湖が―」「早朝の―った空気」
こおろぎ【〈蟋蟀〉・▼蛼】「すだく―の声」
ごおん【呉音】「漢字の―と漢音」
こがい【子飼い】未熟な時から育てる。「―の部下」
こがい【戸外】「―に出て深呼吸する」
ごかい【〈沙蚕〉】「磯釣りのえさに―を使う」
ごかい【五戒】仏徒が守るべき五つのいましめ。
ごかい【誤解】「―を招く」「真意を―する」
ごかく【互角・▽牛角】「両者譲らず―の戦い」「名人相手に―にわたり合う」
ごがく【語学】「―教育」「―に強い(弱い)」
こかげ【木陰・木▼蔭】「―にたたずむ」
こがす【焦がす】「恋の炎に身を―」

こがた【小形】形が小さいもの。⇔大形。「―包装物」
こがた【小型】同類の物のうち小さい方。⇔大型。「―自動車」
ごがたき【碁敵】「―との一局」
こがたな【小刀】「―でリンゴの皮をむく」
こかつ【枯渇・▼涸渇】「水源が―する」「才能が―する」「資金が―する」
こがね【小金】「こつこつと―を貯める」
こがね【黄金・▽金】おうごん。きん。「―色」
こがねむし【黄金虫・〈金亀子〉】コガネムシ科の昆虫。
こがら【小柄】⇔大柄。「―な人」
こがらし【木枯らし・▼凩】「東京に―一号が吹いた」
こがれる【焦がれる】「恋い(待ち)―」
こかん【股間・▼胯間】またの間。またぐら。
こがん【湖岸】「―にボートを着ける」
ごかん【五官】目・耳・舌・鼻・皮膚。「―を刺激する」
ごかん【五感】視覚・聴覚・味覚・嗅覚・触覚。「―を働かせる」
ごかん【互換】「―性のあるソフトウエア」
ごかん【語幹】用言の活用しない部分。⇔語尾。「形容詞の―」
ごかん【語感】「―が良い」「英語の―を養う」

ごがん【護岸】「―工事」
こかんせつ【股関節】「―脱臼」
こき【古▼稀・古希】七〇歳。「―の祝い」
こき【呼気】はき出す息。⇔吸気。
ごき【語気】「―を強める」「―鋭く相手をやりこめる」
ごき【誤記】「宛名を―する」
ごぎ【語義】「辞書を引いて―を調べる」
こきおろす【⦅▽扱⦆き下ろす】ひどくけなす。「人の説をさんざんに―」
ごきげん【御機嫌】「―いかがですか」「社長の―をうかがう」「酔いが回ってすっかり―になる」「―斜め」
こぎしゅんじゅん【▼狐疑▼逡巡】実行をためらう。「―してとうとう好機を逸してしまう」
こきつかう【⦅▽扱⦆き使う】人を酷使する。「部下を―」
こぎって【小切手】「―を換金する」
ごきぶり【⦅〈蜚蠊〉⦆】「―を駆除する」
こきみ【小気味】「―がいいリズム」
こきゃく【顧客】お得意客。こかく。「―管理」「―深耕(＝従来の顧客から新たな需要を掘り起こす意)」
こきゅう【呼吸】「―困難」「ボールを打ち返す―をつかむ」「二人の―がぴったりと合う」
こきゅう【故旧】「―忘れ得べき」
こきゅう【▼胡弓・鼓弓】「―の哀しい響き」

こきょう【故郷】「盆正月には—に帰る」「—に錦を飾る」
ごきょう【五経】易経・書経・詩経・春秋・礼記。「四書—」
ごぎょう【五行】木・火・土・金・水の五つの元素。「陰陽—説」
ごぎょう【御形・五形】ハハコグサ。春の七草の一つ。
こぎれい【《小▾綺麗》】「—な服装(店)」
こく【石】⇩せき(石)。「石高・減石・増石」
こく【克】コク —「克服・克明・克己・相克・超克」
こく【告】コク つ-げる「告示・告訴・告知・告白・告別・広告・宣告・被告・報告・予告」
こく【谷】コク たに「河谷・峡谷・空谷・渓谷・幽谷」
こく【刻】コク きざ-む「刻印・刻苦・時刻・深刻・遅刻・彫刻」
こく【国(國)】コク くに「国営・国学・国技・国際・国主・国籍・国葬・国土・国費・国賓・国宝・国民・国立・国家・国会・愛国・外国・帰国」

こく【黒(黑)】コク くろ・くろ-い「黒衣・黒煙・黒鉛・黒色・黒炭・黒点・黒板・黒白・暗黒・漆黒」
こく【穀(穀)】コク —「穀倉・穀粉・穀物・穀粒・穀類・五穀・雑穀・新穀・脱穀・米穀」
こく【酷】コク —「酷使・酷似・酷暑・酷評・過酷・残酷・冷酷」
こく【石・▾斛】尺貫法における容積の単位。「千—船」
こく【刻】「丑の—」
こく【《▿扱》く】「稲を—」
こく【《▿放》く】「いい年—いて」「うそを—け」「ばかを—な」
こく【酷】「—な言い方」「あまりにも—な条件だ」
こぐ【▾漕ぐ】「ボートを—」「櫓を—」「自転車のペダルを—」
ごく【極】⇩きょく(極)。「極悪・極暑・極上・極秘・極楽・至極」
ごく【獄】ゴク —「獄死・獄舎・獄卒・疑獄・地獄・出獄・牢獄」
ごく【《極》】「—普通の人」
ごく【獄】牢屋。「—にくだる」
ごく【語句】「適当な—を選ぶ」
ごくあく【極悪】「—非道」

こくい【国威】「—発揚」
ごくい【極意】「空手の—」
こくいっこく【刻一刻】次第次第に。「—と出発の時が迫る」
こくいん【刻印】「製造番号を—する」「偽善者の—を押される」
ごくいん【極印】「裏切り者の—を押される」
こくう【虚空】「—を見つめてため息をつく」
こくう【穀雨】二十四節気の一。四月二〇日頃。
ごくう【御▿供】神仏に供えるもの。「人身〈ひとみ〉—」
こくうん【国運】「—を賭した戦争」「—隆盛に向かう」
こくえい【国営】「—放送」「—企業」
こくえき【国益】「—に反する」
こくえん【黒鉛】炭素からなる鉱物の一。石墨。
こくおう【国王】「アラブの—」
こくが【国▾衙】律令制下、諸国の国司の役所。国府。「—領」
こくがい【国外】⇔国内。「—追放(逃亡)」
こくがく【国学】「近世—」「—者、本居宣長」
こくぎ【国技】「相撲は日本の—だ」
ごくげつ【極月】一二月の異名。しわす。
こくげん【刻限】「—が迫る」「返済の—を切る」
こくご【国語】「—教育」「—の授業」「—審議会」

こ

こくごう【国号】「―を唐とする」
こくさい【国債】「赤字―」「―を発行する」
こくさい【国際】「―空港」「―交流」「―連合」
ごくさいしき【極彩色】非常に濃厚な色彩。
こくさく【国策】「―として優先的に取り組む」
こくさん【国産】「―品(車)」
こくし【国司】律令制下の国の長官。
こくし【国史】日本史。「―を専攻する」
こくし【酷使】「肉体(部下)を―する」
こくじ【告示】「内閣―」「衆議院議員選挙が―される」
こくじ【国字】国語を表記する文字。また、日本製の漢字。「国語―問題」「峠、辻、躾などの―」
こくじ【国事】「―に奔走する」
こくじ【酷似】「内容が他の本に―している」
ごくし【獄死】監獄の中で死ぬ。
こくしびょう【黒死病】ペストの別名。
こくしむそう【国士無双】国家第一等の人物。
ごくしゃ【獄舎】牢獄。「―につながれる」
こくしゅ【国主】一国の大名。「―大名」
こくしょ【国書】国が発する文書。日本の典籍。
こくしょ【酷暑】「―の砌〈みぎり〉」「例年にない―」
ごくしょ【極暑】「日中の砂漠は―となる」
こくじょう【国情・国状】「―視察」「―に鑑みて」
ごくじょう【極上】「―の酒」「―の一品を献上する」

こくじょく【国辱】「―的な領海侵犯」「―ものの発言」
こくすい【国粋】「―主義」
こくする【刻する】「心を込めて仏像を―する」
こくする【▼哭する】大声をあげて泣き叫ぶ。
こくぜ【国是】国政上の大方針。「平和共存を―とする」
こくせい【国政】「―に参与する」
こくせい【国勢】「―調査」「―の実態を把握する」
こくぜい【国税】「―庁」「財源は―でまかなう」
こくぜい【酷税】「―にあえぐ庶民」
こくせき【国籍】「―を取得する」「―不明の船舶」
こくせん【国選】国が選任する。「―弁護人」
こくそ【告訴】「―状」「詐欺罪で―する」「―を取り下げる」
こくそう【国葬】「元大統領の―が行われる」
こくそう【穀倉】「中国南部の―地帯」
ごくそう【獄窓】「―に呻吟〈しんぎん〉する」
こくぞうむし【穀象虫】小形の甲虫。米の害虫。
こくぞく【国賊】国家に害を与える悪人。
ごくそつ【獄卒】地獄で亡者を責める鬼。
こくたい【国体】①戦前の、天皇を中心に仰ぐ国の在り方。「―の本義」②「国民体育大会」の略。
こくたん【黒▼檀】常緑高木。「―製の家具」

こくち【告知】「納税期限を―する」
こぐち【小口】「―の預金」「―の注文」「ねぎの―切り」
こぐち【木口】「―彫り」
ごくちゅう【獄中】「―からの手紙」
ごくつぶし【▽穀潰し】「この―め」
こくてい【国定】「―公園」
こくてん【黒点】「太陽面の―」
こくと【国都】その国の首都。
こくど【国土】「―交通省」「我が国が領有する―」
こくどう【国道】「―一号線」
ごくどう【極道・獄道】「―な息子」「―の限りを尽くす」
こくない【国内】⇔国外。「空港の―線」「―旅行」「―総生産」
こくなん【国難】「未曽有の―に遭遇する」
こくねつ【酷熱】酷暑。「―の砌〈みぎり〉」
こくはく【告白】「自分の気持ちを―する」
こくはく【酷薄・刻薄】思いやりがなく、むごい。「―な人間」
こくはつ【告発】「内部―」「脱税を―する」
こくばん【黒板】「―にチョークで名前を書く」
こくひ【国費】「―留学」
こくび【小首】「―をかしげる」
ごくひ【極秘】「―の情報(文書)」「―に調査を進める」

こくびゃく【黒白】「―をつける」「法廷で―を争う」

こくひょう【酷評】「新作の小説を―する」

こくひん【国賓】「―を招いて晩餐会を催す」

ごくひん【極貧】「―にあえぐ」

こくふ【国父】国民が父のように尊敬する指導者。

こくふう【国風】いかにも日本らしい。日本流。「―文化」

こくふく【克服】困難な状況を乗り越える。「難病を―する」

こくふく【克復】平和な状態に戻す。「平和の―」

こくぶん【国文】国語（＝日本語）で書いた文章。「文学部―学科」

こくべつ【告別】（死者に）別れをつげる。「―式」

こくほう【国宝】「―に指定されている仏像」

こくほう【国法】「―を犯す」

こくぼう【国防】「―費」「アメリカの―総省」

こくみん【国民】「日本―」「―主権」「―栄誉賞」

こくむ【国務】「アメリカの―長官」

こくめい【克明】「一日の行動を―に記す」

こくもつ【穀物】「―の備蓄」「―を収穫する」

ごくもん【獄門】「―に懸ける」

こくゆ【告諭】告げさとす。説き聞かせる。

こくゆう【国有】⇕民有。「―林（鉄道）」

こくようせき【黒曜石】ガラス質の火山岩。

ごくらく【極楽】「―浄土」「―気分で温泉につかる」

ごくらくとんぼ【極楽〈蜻蛉〉】「脳天気な―の生活」

こくりつ【国立】「―公園」「―大学法人」

こくりょく【国力】「日本の―」

こくるい【穀類】「―の生産高」

こくれつ【酷烈】「―な政治弾圧」

こくれん【国連】「―の常任理事国」「―平和維持活動」

ころん【国論】国民の意見。世論。「―を二分する」

こぐんふんとう【孤軍奮闘】一人懸命に尽くす。

こけ【▼苔】「―むした岩」「―の生えた古い考え」

こけ【《虚仮》】愚かなこと。実質のないこと。「―の一心」「ずいぶんと人を―にした話だ」

ごけ【後家】未亡人。やもめ。「夫の死後も―を立てる」

こけい【固形】「―物」「―燃料」

こけい【孤▼閨】「夫の死別後も―を守る」

ごけい【互恵】「―条約」「―の精神」

こけおどし【《虚仮》▽威し】見せかけだけのもの。「―で言うのではない」

こけし【《小▼芥子》】木製の人形。東北地方特産。

こけしみず【▼苔《清水》】苔の間を流れる清水。

こげちゃ【焦げ茶】「―の靴」

こけつ【虎穴】「―に入らずんば虎児を得ず（＝危険を冒さなければ望みのものは得られない）／後漢書」

ごけにん【御家人】将軍直属の家臣。

こけむす【▼苔▽生す】「―・した石畳」

こけら【▼柿・▼杮・木▼屑】材木のけずりくず。「―くず」

こけら【▼鱗】魚のうろこ。

こけらおとし【▼柿落（と）し】新築の劇場の初の興行。「映画館の―」

こける【▽転ける・▽倒ける】「―・けてけがをした」

こける【▽痩ける】「やせ―」「ほおが―」

こげる【焦げる】「隣家の火事で壁が―・げた」「まっくろに―・げたパン」

こけん【古賢】「―の教えに学ぶ」

こけん【▼沽券・▼估券】体面。品格。「―にかかわる」

こげん【古▼諺】古くから伝わることわざ。「―を引く」

ごけん【護憲】憲法を擁護する。「―派」「―運動」

ごげん【語源・語原】ある言葉の、もともとの形や意味。「―を調べる」

ここ【▼呱▼呱】赤ん坊の泣く声。産声。「日本の近代産業が―の声をあげた地」

ここ【個個・▽箇▽箇】「―の判断に任せる」「―に検討する」

ここ【《▼此▽処》・《▼此▽所》・《▽是》・《▼爰》・

ここ【《▼茲》】「—一番という時」「—が思案のしどころだ」「事—に至る」「—で会ったが百年目」

ここ【古語】「—辞典」

ごご【午後】正午から午前零時まで。⇔午前。「明日の—から練習が始まる」

ここう【股▼肱】自分の手足となって働く家来。「—の臣」

ここう【虎口】極めて危険な状況。「—(の難)をのがれる」

ここう【孤高】ひとり超然としている。「—の精神」「—を持する」

ここう【▼糊口・▼餬口】ほそぼそとした暮らし。「—の資を得る」「—を凌ぐ」

ごごう【古豪】ふるつわもの。ベテラン。「—どうしの対戦」

ごこう【五更】一晩中。また、寅の刻(午前四時頃)。

ごこう【後光】「—がさす」

ごこう【御幸】上皇・法皇・女院の外出。「大原—」

こごえ【小声】「—でささやく」

こごえる【凍える】寒さのために感覚を失う。「あまりの寒さに—」

ここかしこ【《▽此▽処》《▽彼▽処》】「—で冬支度が始まる」

ここく【故国】祖国。「—を想う」

ごこく【五穀】五種の穀類。米・麦・粟・黍・豆。「—豊穣を祈る」

ごこく【後刻】のちほど。「—参上いたします」

ごこく【護国】「—神社」

こごし【小腰】腰。「—をかがめる」

ここじん【個個人】「—の責任において行動してほしい」

ここち【《心地》】「乗り(住み)—」「天にも上る—」「生きた—がしない」

こごと【小言】「—を食う」「お—を頂く」

ここのえ【九重】皇居。宮中。

こごむ【▽屈む】かがむ。「その場に—」

こごめ【小米・粉米】精白した時に砕けた米。

こごる【▽凝る】「魚の煮汁が—」

こころ【心】「—が痛む」「—が動く」「—が弾む」「—に懸ける」「—に残る」「—を打つ」「—を籠める」「—を鬼にする」

こころあたり【心当(た)り】「いくら考えても—がない」「—を探す」

こころいき【心意気】「—に打たれる」「江戸っ子の—を見せる」

こころえ【心得】「電話をかける時の—」「柔道の—がある」

こころおきなく【心置きなく】「—語り合う」「—旅に出られる」

こころおぼえ【心覚え】思い当たること。メモ。「言われてみれば—がある」「—を記す」

こころがけ【心掛け】「ふだんの—が良い」

こころがまえ【心構え】「震災に対する—が必要だ」

こころがわり【心変(わ)り】「恋人の—を悲しむ」

こころくばり【心配り】「いろいろと細やかな—をする」

こころざし【志】人生の目標・理想。贈り物。「—を立てる」「お—を頂戴し御礼申し上げます」

こころざす【志す】「司法試験突破を—」

こころじょうぶ【心丈夫】「あなたが一緒なので—です」

こころづかい【心遣い】「お—に厚く御礼申し上げます」

こころづけ【心付け】祝儀。チップ。「旅館の仲居さんに—を渡す」

こころづもり【心《積》もり】「いざという時の—をする」「ひそかに—していたとおりになる」

こころなし【心《▼做》し・心《成》し】気のせいでそう思えるさま。「—寂しそうに見える」「—か少しやせたようだ」

こころにくい【心憎い】「—演出(心遣い)」「—まで

に落ち着きはらっている」

こころね【心根】「―のやさしい人」

こころのこり【心残り】「最後まで見とどけられないのが―だ」

こころばかり【心▽許り】「ほんの―の品ですがご笑納下さい」

こころぼそい【心細い】「一人では―」

こころまち【心待ち】「―にしていた手紙がやっと届く」

こころみ【試み】「新しい―」「―に一度やってみる」

こころもち【心持(ち)】「―がいい(悪い)」「こころもち右に曲がっているようだ」

こころもとない【心《▽許》ない】「娘を一人暮らしさせるのはどうも―」「ふところが―」

こころやすい【心安い】親しい。「―・くしている知人」「―・きは不和の基〈もと〉(＝親しい間柄でも時には遠慮が必要だということ)」

こころゆく【心行く】「―まで遊ぶ(飲み明かす)」

こころよい【快い】「―眠りにつく」「そよ風が顔に―」「―・く引き受ける」

ここん【古今】「―東西の文学に通じている」「―に例を見ない大発見」

こざ【▼胡▼坐】あぐら。「―をかく」

ごさ【誤差】「―が生じる」「両者の数値の違いは―の範囲だ」

ござ【▼茣▼蓙・▼蓙】「―を敷いて座る」

こさい【小才】「―が利く」

こさい【▽巨細】「―もらさず調査する」

ごさい【後妻】のちぞいの妻。

こざいく【小細工】「見えすいた―」「―を弄〈ろう〉する」

こさく【小作】地主から土地を借りて耕作する。「―農」

こさつ【古刹】古い由緒ある寺。

こさめ【小雨】「―模様の天気」

こさん【古参】古くからその職にいる人。⇔新参。「職場の最―」「―の社員」

こざん【故山】故郷の山。故郷。「―を臨む」

ごさん【午▼餐】昼食。「―会を催す」「―をとりながら会合する」

ごさん【誤算】「作戦に重大な―があった」「予想以上に売れて、うれしい―となった」

ごさんけ【御三家】「首都圏進学校の―」

こし【腰】「―が重い(軽い)」「―が砕ける」「―が引ける」「―を上げる」「―を据える」「―を抜かす」

こし【▼輿】人を運ぶ、屋形のある乗り物。「玉の―」

こし【古紙・故紙】「―再生」

こし【枯死】「松が虫害で―する」

こじ【固持】自分の意見・説を持ち続ける。「自説を―する」

こじ【固辞】固く辞退する。「会長就任を―する」

こじ【《居士》】男子の戒名につける称号。また、その男子の性格を表す。「一言―」「謹厳―」

こじ【孤児】みなしご。「戦災―」「業界の―」

こじ【故事・古事】「―成語」「―を引き合いに出す」

こじ【誇示】「武力の―」「自分の存在を―する」

ごし【五指】「彼はこの分野では―に入る研究者だ」

ごし【《越》し】「背中―に呼びかける」「眼鏡―にらみつける」

ごじ【誤字】「―脱字を指摘する」

ごじ【護持】大事にして守る。「仏法を―する」

こじあける【《▼抉》じ開ける】「戸を無理に―」

こしいれ【▼輿入れ】嫁入り。「―先が決まる」

こしお【小潮】潮の干満の差が最小となる。⇔大潮。

こしおび【腰帯】婦人が和服を着る時の腰紐。

こしおれ【腰折れ】へたな和歌。自分の和歌の謙称。「―ですのでお読み捨てください」

こしかけ【腰掛(け)】腰をおろす台。一時的な勤め。

こしかた【来し方】「―行く末」

こしき【▼甑】米・豆などを蒸すのに用いる道具。

こしき【▼轂】車輪の中心にある、輻〈や〉の集まる部分。

こしき【▼濾し器・▼漉し器】濾すための調理器具。

こ

こしき【古式】「―ゆかしい神事」「―にのっとる」

こじき【▽乞食】「―も三日すれば忘れられぬ（＝悪習は染まりやすく、改めにくいことのたとえ）」

こしぎんちゃく【腰巾着】いつも付き従っている人。「社長の―」

こしくだけ【腰砕け】途中でだめになる。「計画は―に終わった」

こしけ【腰気・〈帯下〉】女性器の分泌物。おりもの。

こしたやみ【木下闇】茂った樹下が暗いさま。このしたやみ。「昼なお暗い―」

こしたんたん【虎視▼眈▼眈】機会をねらってうかがっているさま。「―と獲物をねらう」

こしつ【固執】「自説を―して譲らない」

こしつ【個室】「宿泊は―を予約した」

こしつ【▼痼疾】長く治らない病気。持病。「―に悩む」

こじつ【故実】昔の儀式・法令・慣例など。「有職―」

ごじつ【後日】「―談」「領収書は―郵送する」

ごじっぽひゃっぽ【五十歩百歩】小さな差はあるが、余り違いがない。

こしぬけ【腰抜け】臆病者。いくじなし。「―侍」

こしべん【腰弁】「腰弁当」の略。下級役人や安月給取り。

こしまき【腰巻㋖】女性の和装用下着。湯文字。

こしもと【腰元】昔、貴人のそばに仕えた女性。


こしゃく【小▼癪】「―なやつめ」「―な真似をしおって」

ごしゃく【語釈】語の意味の解釈・説明。

こしゅ【古酒】「泡盛の―」

こしゅ【固守】「必死に戦ってとりでを―する」

こしゆ【腰湯】腰から下だけ湯につかる。座浴。「―を使う」

こしゅう【固執】こしつ。「自説に―する」

こしゅう【孤愁】孤独のわびしさ。

ごじゅうから【五十▼雀】青灰色の小鳥。

こじゅうと【小▼舅】配偶者の兄弟。

こじゅうと【小▼姑】配偶者の姉妹。こじゅうとめ。「―一人は鬼千匹にむかう」

こじゅけい【小▼綬鶏】キジ科の鳥。高く鳴く。

こしょ【古書】「―展（売買）」「―店」

ごしょ【御所】「京都―」「東宮―」

ごじょ【互助】「―会」

こしょう【小姓・小性】昔、貴人のそば近くに仕えた少年。

こしょう【呼称】名づけること。呼び名。「会社組織の―」

こしょう【故障】「エンジンが―する」「体に―をきたす」

こしょう【▼胡▼椒】「塩と―を少々かける」

こしょう【▼扈従】貴人につき従う。こじゅう。「主君の―として仕える」
こしょう【湖沼】「―地帯」
こじょう【古城】「小諸なる―のほとり」
こじょう【孤城】「―落日（＝寂しく心細いさま）」
こじょう【湖上】「―の月」
ごしょう【後生】来世。来世の幸福。「―を願う」
ごじょう【互譲】「―の精神」
こしょうがつ【小正月】一月一五日前後の称。
ごしょうだいじ【後生大事】とても大切にする。「古証文を―に持っている」
ごしょうらく【後生楽】何の心配もせずのんきである。
こしょく【古色】「―蒼然たる館」「―を帯びた建物」
ごしょく【誤植】「―を見つける」
こじらいれき【故事来歴】事物の伝来の事情。「―を調べる」
こしらえる【▼拵える】「夕飯を―」「家財を売り払って資金を―」「楽屋で顔を―」
こじり【▼鐺・▼璫】刀剣のさやの末端（の金物）。「―が詰まる（＝借金のため抜き差しならなくなる意）」
こじる【▼抉る】「戸を―・って開ける」
ごじる【呉汁】大豆をすりつぶしていれた味噌汁。
こじれる【▼拗れる】「余計な口出しで話が―・れてし

こ

まった」
こじわ【小▼皺】 細かいしわ。「目じりに—がよる」
こじん【故人】 死んだ人。「—をしのぶ」「—となる」
こじん【個人】「—の考え」「—的な問題」
ごしん【誤診】 誤った診断をする。「—により適切な治療が遅れた」
ごしん【誤審】 誤った審判・判定を下す。「—だとして監督が主審に詰め寄る」
ごしん【護身】「—術」
ごじん【御仁】 他人を敬って言う語。おかた。「なかなか聡明な—だ」「あの—には辟易する」〔現在ではからかい気味の言い方に用いる〕
ごじん【▼吾人】 われわれ。われら。「他人が如何なることを言おうとも—は善を信ずる」
こす【越す】 越えて行く。経過する。引っ越す。「峠を—」「年を—」「ライバルに先を—・された」「隣に—・してきた人」「おそろいでお—・し下さい」
こす【超す】 ある基準を上まわる。「一万人を—大観衆」「時速百三十キロを—猛スピード」
こす【▼濾す・▼漉す】「すりおろしたりんごの果汁を—」
ごす【呉須】 磁器の染め付けに用いる藍色の顔料。
こすい【湖水】 みずうみ(の水)。
こすい【鼓吹】「勇気(士気)を—する」「新思想を—する」
こすい【▼狡い】 ずるい。「—奴」
ごすい【午睡】 昼寝。「昼食後にはいつも—する」
こすう【戸数】「—の多い地区」
こずえ【▼梢・▼杪】 木の、幹や枝の先。「小鳥が—にとまる」
こすからい【▼狡辛い】 ぬけめがなくてずるい。「金に—男」
ごずめず【▽牛頭▽馬頭】 地獄の獄卒。
コスモス【〈秋桜〉】 キク科の一年草。秋に咲く。
こする【▽擦る】「乾いた布で—・ってつやを出す」「眠い目を—・りながら起きる」
こする【鼓する】「勇気を—・して強敵に立ち向かう」
ごする【▼伍する】 同等に位置する。「一流選手に—・して走る」
ごせ【後世】「—をとむらう」
ごぜ【〈瞽女〉】 琵琶などの弾き語りで門付けをする盲目の女性。
こせい【個性】「—派俳優」「—的な文字」「—を発揮する」「強烈な—をもった人物」
こぜい【小勢】 小人数。「—でむかえ討つ」
ごせい【悟性】 合理的に思考・判断する能力・知力。「感性と—」
ごせい【語勢】 語気。語調。アクセント。「—を強める」
こせき【戸籍】「—抄本(謄本)」「—を移す」
こせき【古跡・古▼蹟】 歴史上の遺跡。旧跡。
こせつ【古拙】 古風で素朴な味わいのあるさま。「—な表現」
こぜつ【孤絶】「社会に—した別天地」
こぜに【小銭】「—入れ」「—の持ち合わせがない」
こぜりあい【小競(り)合い】「国境で—が続いている」
こせん【古銭・古泉】「—蒐集の趣味」
ごせん【五線】「—譜(紙)」
ごせん【互選】「委員長は委員が—する」
ごぜん【午前】 ⇔午後。「—様」「—中に準備しておく」
ごぜん【御前】 天皇や貴人の前。貴人・主君の敬称。「—にお仕えする」
こせんきょう【▼跨線橋】 線路の上に架け渡した橋。
こぞ【〈去年〉】 昨年。きょねん。「—今年」
こぞう【小僧】「いたずら(腕白)—」「門前の—、習わぬ経を読む」
ごそう【護送】「犯人を—する」
ごぞうろっぷ【五臓六▼腑】 はらわた。内臓。「—にしみわたる」
こそく【▼姑息】「因循—」「—な手段」
ごそくろう【御足労】「—をおかけいたします」
こそげる【▼刮げる】「靴の泥をへらで—」

こそだて【子育て】 育児。「―が済んでまた働きに出る」

こぞって【▽挙って】 「家族一同―お待ちしております」「市民は―反対している」

こそで【小袖】 袖口が狭い和服。絹の綿入れ。

ごぞんじ【御存じ】 「やり方は―でしょうか」「―のような次第でして」

こたい【固体】 ⇔液体・気体。「水の―は氷である」

こたい【個体】 他とは区別される独自の存在。「牛の―識別番号」「薬の効き目には―差がある」

こだい【古代】 「―史研究」「―へのロマン」

こだい【誇大】 「―広告」「―妄想」「―に言いふらす」

ごたい【五体】 頭・両手・両足。全身。「―に力がみなぎる」

こたえ【答え】 「正しい―」

こたえる【▽堪える】 耐える。こらえる。「風呂上がりのビールは―えられない」

こたえる【答える】 返事をする。解答する。「元気よく『はい』と―」「次の設問に―えなさい」

こたえる【応える・▽報える】 応じる。報いる。強く感じる。「期待に―」「県民の要請に―」「寒さが骨身に―」

こだから【子宝】 「―に恵まれる」

ごたく【御託】 「―を並べる」

ごたくせん【御託宣】 神のお告げ。「神の―を受ける」

こだし【小出し】 「情報を―にする」

こだち【木立】 「緑の―に囲まれた住宅」

こたつ【▼炬▼燵・▽火▼燵】 「猫は―で丸くなる」

ごだつ【誤脱】 誤字と脱字。「―の多い原稿」

こだね【子種】 「―がない」

ごたぶん【御多分】 「―に洩れず」（「御多聞」と書くのは誤り）

こだま【木霊・木▽魂・▼谺】 木の精。やまびこ。「歌声が―する」「山から―が返る」

こだわる【▽拘る・〈拘泥〉る】 しつこく気にする。「ささいなことに―」「味に―」

こたん【枯淡】 「―の味わいが感じられる名演技」

こち【〈東風〉】 「―吹かばにほひおこせよ梅の花あるじなしとて春をわするな／菅原道真」

こち【▼鯒・〈牛尾魚〉】 カサゴ目の海魚。

こち【故地】 ふるさとの地。ゆかりの地。「松尾芭蕉の―を訪れる」

こち【故知・故▼智】 昔の人の知恵。「―に学ぶ」

ごちそう【御▼馳走】 「どうも―様でした」「クリスマスの―」「夕食を―になる」

こちゃく【固着】 「―剤」「船底に貝が―する」

こちゅうのてん【▼壺中の天】 別天地。仙境。

こちょう【▼胡▼蝶・▼蝴▼蝶】 蝶のこと。「―蘭〈らん〉」「―の夢（＝この世のはかないたとえ）／荘子」

こちょう【誇張】 「面白おかしく―して話す」「いささか―が過ぎた宣伝」

ごちょう【▼伍長】 旧陸軍で、最下級の下士官。

ごちょう【語調】 「―を整える」「―を強めて訴える」

こちら【《▼此▽方》】 「―から連絡します」

こつ【骨】 コツ ほね 「骨格・骨子・骨肉・気骨・筋骨・鉄骨・老骨」

こつ【滑】 ⇩かつ（滑）。「滑稽」

こつ【骨】 ①死者のほね。「お―を拾う」②やり方の要領。「商売の―をつかむ」（②は「コツ」と片仮名書きにすることが多い）

こつえん【▼忽▼焉】 突然。「―として姿を消す」

こっか【国花】 「日本の―は桜である」

こっか【国家】 「近代―」「―権力」「―試験」「―公務員」「天下―を論ずる」

こっか【国歌】 「―斉唱」

こづか【小▽柄】 刀の鞘〈さや〉にさしそえる小刀。

こっかい【国会】 「―議員」「―議事堂」

こづかい【小使い】 用務員の旧称。「―さん」

こづかい【小遣い】 「―をためてゲーム機を買う」

こっかく【骨格・骨▼骼】 「人体の―」「―がゆがむ」「改正案の―ができあがる」

こつがら【骨柄】 人柄。「人品―卑しからざる老人」

こっかん【骨幹】「組織の―をなす人材」

こっかん【酷寒】「ーが生む凍り豆腐」

ごっかん【極寒】「―の地シベリア」

こっき【克己】 自分に打ち勝つ。「―心」「―復礼」

こっき【国旗】「―掲揚」

こっきょう【国教】 国家が認め、国民に信仰させる宗教。

こっきょう【国境】 国と国とのさかい。「スペインとフランスの―」「―を越える」

こっきん【国禁】「―を犯す」「―にふれる」

こづく【小突く・小▽衝く】「肩を―」

こっくべんれい【刻苦勉励】「若い頃―して社長となった」

こっけい【滑稽】「―な事を言って笑わせる」「何とも―なスタイル」

こっけん【国権】 国家の統治権。国家権力。

こっこ【国庫】「―支出金」「―負担金」

こっこう【国交】「―回復」

こっこく【刻刻】「時々―」「―と変化する」

こつざい【骨材】 コンクリートに使う砂や砂利。

こっし【骨子】 物事の要点。眼目。「法案の―がまとまる」

こつずい【骨髄】「―移植（バンク）」「恨み―に徹する」

こっせつ【骨折】「複雑―」「車にはねられて左足を―した」

こつぜん【▼忽然】「―と姿を消す」

こつそしょうしょう【骨粗▼鬆症】 骨がもろくなる病気。

こっちょう【骨頂・骨張】「真―を発揮する」「愚の―」

こつづみ【小鼓】 能楽などで使う打楽器。

こづつみ【小包】「―を出す」

こっとう【骨▼董】 美術的価値のある古道具。「―品」

こつにく【骨肉】「―の争い」

こつにくしゅ【骨肉腫】 骨にできる悪性腫瘍。

こっぱ【木っ端・木っ▽片】 木の切れ端。価値のないもの。「―役人」「―微塵〈みじん〉に吹っ飛ばす」

こつばん【骨盤】 腰の骨。腹の臓器を支える。

こつぶ【小粒】「山椒は―でもぴりりと辛い」「新社長は先代に比べて―だ」

こづま【小▼褄】 和服のつま。

こつまく【骨膜】「―炎」

こづめ【小爪】 爪の生え際の白い半月形の部分。「―を拾う（＝言葉じりをとらえて非難する）」

こて【▼鏝】 セメントなどを塗る道具。火のし。小型のシャベル。「移植―」

こて【小手】 手の先。ひじから手首の間。

こて【▽籠手】 剣道で、小手を覆う防具。「稽古で―を打たせる」

ごて【後手】 先を越されて受け身になる。「―に立たされる」「―にまわる」

こてい【固定】「―観念」「―資産税」「たんすが倒れないように―する」

こてき【鼓笛】 太鼓と笛。「―隊」

こてさき【小手先】 手の先。ちょっとした技能。「―の技で切り抜けようとしてもだめだ」

こてしらべ【小手調べ】「まずは―にやってみるか」

こでまり【小手▼毬】 バラ科の落葉低木。

こてん【古典】「―文学」「―劇」「モーツァルトは―派音楽に属する」

こてん【個展】 個人の作品の展覧会。「―を開く」

ごてん【御殿】「鰊〈にしん〉―」「まるで―のような豪邸」

ごでん【誤伝】「今回の報道は―を含んでいる」

こと【言】「―の葉」「二〈ふた〉―めには結婚しろと言う」

こと【事】「―ここに至る」「―と次第による」「―によると」「―もあろうに」「―を構える」「そんなことはない」「英語を話すことができる」

こと【琴・▼箏】「繊細な―の音色にしばし耳を傾ける」

こと【古都】「―奈良・京都」

こと【▼糊塗】一時しのぎにごまかす。「うわべを―しようと画策する」

ことあげ【言挙げ】取りたてて言う。「あえてこの場で―する必要もなかろう」

ことあたらしい【事新しい】「そんなことは―・く言うほどではない」

ことう【孤島】離れ島。「絶海の―」

こどう【鼓動】心臓の律動的な動き。「ときめいて胸の―が高鳴る」「春の―」

ごとう【▼梧▼桐】アオギリの異名。

こどうぐ【小道具】舞台で使う小さい道具。

ごとうち【御当地】「―ソング」

ことかく【事欠く】「日々の米にも―生活」「言うに―・いて卑怯者よばわりするとは許せない」

ことがら【事柄】「重要な―を列挙する」「見聞したさまざまな―」

ことぎれる【事切れる】「救急車が到着したときにはすでに―・れていた」

こどく【孤独】「天涯―」「―感」「―な老人を慰める」

ごとく【五徳】火鉢に据える三本脚で輪形の鉄の台。

ごどく【誤読】「ニュース原稿の―を指摘される」

ことごとく【▼悉く・▽尽く】すべて。残らず。「財産を―失った」「提案を―否定された」

ことさら【殊更】わざと。とりわけ。「―つらくあたる」「―問題にするほどではない」

ことし【《今年》】「―の正月は帰省する」

ことじ【琴▽柱・▼箏▽柱】琴の弦を支える「人」字型の用具。

ごとし【▽如し】…ようだ。「読んで字の―・く」「ただ春の夜の夢の―」

ことしだけ【《今年》竹】今年生え出た竹。若竹。

ことだま【言霊】「―の幸〈さきわ〉う国」

ことづかる【言付かる・▽託かる】「伝言を―」

ことづけ【言付け・▽託け】伝言。ことづて。「―を頼む」

ことづて【言▽伝】「―を頼む」

ことづめ【琴爪・▼箏爪】琴をひく際指にはめるつめ形のもの。

ことなかれしゅぎ【事▼勿れ主義】「―では進歩がない」

ことなる【異なる】「意見が―」

ことに【殊に】特別。「今年は作柄が―よくない」「―変わったところもない」

ごとに【《▽毎》に】「一日―暖かくなる」

ことのほか【殊の外】意外に。格別。「今回は―準備作業に手間取った」「今年の問題は―簡単だった」「―御立腹だ」

ことば【言葉・▽詞・▽辞】「―少なに語った」「―巧みにだます」「―遣いを正す」「ちょっと―が過ぎる」「お―に甘える」「お―を返すようですが」「―を尽くしてわびる」「―を濁す」「はじめに―ありき」「謡いの詞の箇所」

ことばがき【▽詞書】和歌の前書き。「小町の詠んだ和歌の―」

ことばじり【言葉尻】失言。言いそこない。「―を捕らえて言いがかりをつける」

ことばづかい【言葉遣い】「―を注意する」「―を改める」

ことぶき【寿】「―退社」

ことほぐ【言▽祝ぐ・▽寿ぐ】お祝いの言葉を言う。「新春を―」

こども【子供】「―扱いするな」「―心にも傷ついた」「―の喧嘩〈けんか〉に親が出る」

ことり【小鳥】「―に餌をやる」

ことわざ【▼諺】「―を引いて説明する」

ことわり【断り（断わり）】拒絶。予告。「―の手紙を受け取る」「―なしに欠勤する」

ことわり【▽理】道理。すじみち。「きちんと―を説く」

ことわる【断る（断わる）】「寄付を―」「事前に―・らずに会議を欠席する」

こな【粉】「小麦を―にひく」「チョークの―」「―をかける（＝俗に、異性に言い寄る意）」

こなごな【粉粉】「花瓶が落ちて—に割れる」

こなす【▽熟す】消化する。上手に処理する。「どんな仕事でも器用に—」「雑だが数を—のは得意だ」「リストの難曲を弾き—ピアニスト」

こなた【《▼此▽方》】（文語的）こちら。

こなまいき【小生意気】「—な態度にいらつく」

こなみじん【粉▽微▼塵】「ダイナマイトで—に砕け散る」

こなゆき【粉雪】「—の舞う季節」

こなれる【▽熟れる】「食べた物が—」「—・れた文章」

ごなん【御難】難儀・災難の丁寧語。「—続き」

ごにん【誤認】「事実—も甚だしい」

こぬかあめ【小▼糠雨】静かに細かく降る雨。

こねどり【▼捏ね取り】餅つきで、餅をこね返す。また、その人。

こねる【▼捏ねる】「小麦粉を—・ねてうどんを打つ」「理屈を—」「だだを—」

このえ【▽近▽衛】天皇の近くに仕え、警護にあたる。「—府」

このしろ【▼鮗】海魚。すし種にする。

このたび【《▼此》の度】「—はお世話になりました」

このは【木の葉】「—が舞い散る」

このはずく【▼木葉▼木▼菟】フクロウ科の鳥。

このまま【《▼此》の《▼儘》】「—でよい」

このみ【好み】「—が違う」「お—に合うかどうか」

このみ【木の実】「—入りのチョコレート」

このむ【好む】「読書を—」

このめ【木の芽】「—どき」「—が吹く」

このわた【〈海鼠腸〉】ナマコの腸の塩辛。「—を肴〈さかな〉に酒を飲む」

ごば【後場】取引所の午後の立ち会い。⇔前場。

こばい【故買】盗品と知りつつ買う。「—犯（者）」

ごはい【誤配】「年賀状を—する」

こはく【▼琥▼珀】「—色（＝透明感のある黄褐色）」

ごばく【誤爆】まちがえて爆撃する。

ごはさん【御破算】白紙の状態に戻す。ごわさん。「—で願いましては」「計画がすっかり—になった」

こばしり【小走り】小またで急いで走る。「にわか雨で—に軒に駆け込む」

こはぜ【小▼鉤・▼鞐】足袋などの合わせ目を留めるもの。「—をかける」

こはだ【小▼鰭】コノシロの幼魚の名。すし種。

ごはっと【御法度】禁じられているものごと。「賭け事は—だ」

こばな【小鼻】「—が落ちてやせ衰えた姿が痛々しい」「—をふくらませて不平を言う」

こばなし【小話・小▼咄・小▼噺】短い笑い話。一口話。「ここでちょっと—を一つ」

こばむ【拒む】「要求を—」「来る者は—・まず」

こはるびより【小春《日和》】陰暦一〇月時分の穏やかな気候。「—で行楽地がにぎわう」

こはん【湖畔】湖のほとり。「静かな—」

こばん【小判】「大判—がざくざく」「—鮫〈ざめ〉」

ごはん【御飯】「—どき」「—をよそう」

ごばん【碁盤】碁を打つのに使う盤。「—目」

こび【▼媚】「—を売る」

ごび【語尾】⇔語幹。「動詞の活用—」「—があいまいになる」

こびき【木▼挽き】木材をのこぎりでひくこと（人）。「—唄」

こひつ【古筆】平安及び鎌倉時代の名筆の筆跡。「—鑑〈かがみ〉」「—切〈ぎれ〉」「—見〈み〉」

こびと【小人】童話に登場する体の小さい人。「七人の—」

ごびゅう【誤▼謬】まちがい。「—を犯す」

こひょう【小兵】体の小さいこと（人）。⇔大兵。「—力士」

こびる【▼媚びる】へつらう。なまめかしくふるまう。「上司に—」

こぶ【▼瘤】「木の—につまずく」「紐の—が解けない」「目の上の—」

こぶ【昆布】「—巻き」

こ

こぶ【鼓舞】「士気を―する」

ごふ【護符・御符】神仏のお守り札。おふだ。

こふう【古風】「―な考え」「―にならう」

ごふく【呉服】和服用の織物。反物。「―店」

こふくげきじょう【鼓腹撃壌】太平を謳歌する。

こぶくしゃ【子福者】多くの子供に恵まれた人。

ごぶごぶ【五分五分】「合格するかどうかは―だ」「形勢は―」

ごぶさた【御無沙汰】「大変―しております」

こぶし【拳】「―をふり上げる（にぎる）」

こぶし【小節】微妙な節回し。「―をきかせて民謡を歌う」

こぶし【〈辛夷〉】モクレン科の木。「―の白い花」

ごふじょう【御不浄】便所の婉曲表現。「―はどちらでしょう」

こぶつき【▼瘤付き】俗に、子供を連れていること。

こぶとり【小太り】「―した愛嬌のある男」

こぶり【小振り】「今年のサンマは―だ」

こぶり【小降り】「雨が―になってきた」

こふん【古墳】「―時代」「―からの出土品」

こぶん【子分】手下。配下。⇔親分。「―を従える」

こぶん【古文】「―読解」「―の教科書」

ごふん【▼胡粉】貝殻を砕いて粉末にした顔料。

ごぶん【誤聞】聞き違い。

ごへい【御幣】幣束の尊敬語。「―担ぎ（＝縁起を気にする）」

ごへい【語弊】誤解を招く言い方。「失敗作と言うと―があるかもしれないが」

こべつ【戸別】一軒一軒。家ごと。「―訪問」

こべつ【個別・▽箇別】一つ一つ。別々。「―交渉」「問題点を―に検討する」

ごほう【語法】言葉の使い方や文法。「誤った―」「英会話の―を習得する」

ごほう【誤報】「新聞報道の―を謝罪する」

ごぼう【▽牛▼蒡】「―巻き」「ゴール直前で―抜きにする」

こぼくかんがん【枯木寒▼巌】枯淡なさま。冷淡でとっつきにくいさま。

こぼし【▽零し・▼溢し】茶道で、建水〈けんすい〉。

こぼす【▽零す・▼溢す】液体などを不注意に落とす。「コーヒーを服に―」「愚痴を―」「思わず笑みを―」

こぼれる【▽毀れる】刃物の刃が少し欠ける。「庖丁の刃が―」

こぼれる【▽零れる・▼溢れる】外にあふれ出る。ちらりと見える。「コップの水が―」「悔し涙が―」「枝の間から秋の陽〈ひ〉が―」「笑うと白い歯が―」

こぼんのう【子煩悩】わが子を非常にかわいがること。「―な父親」

こま【駒】こま ―「駒落ち・駒形・手駒・持ち駒」

こま【〈独楽〉】「正月は―を回して遊ぶ」

こま【駒】馬。子馬。将棋で使う木片。また、配下。「大がかりな資金集めが必要だが―が足りない」「準決勝へと―を進める」

こま【▼齣】映画のフィルムの一画面。「青春の一―」

ごま【▼胡麻】ゴマ科の一年草。種子は食用。「―油」「ほうれん草の―和え」「上司に―を擂〈す〉る」

ごま【護摩】火を焚いて祈願する密教の儀式。「―を焚〈た〉く」

こまい【木舞・小舞】壁の下地に用いる竹や細木。また、垂木〈たるき〉の上に渡した細長い材。「―壁」「―を渡す」

こまい【古米】とれて一年以上たった米。

こまい【〈氷魚〉・〈氷下魚〉】タラ目の海魚。

こまいぬ【▼狛犬】社寺にある一対の獅子に似た像。

こまかい【細かい】「―砂」「ネギを―く刻む」「計画を―く練る」「神経が―」「芸が―」「金に―」

ごまかす【《誤魔化》す・《▼胡麻化》す】「年齢（学歴）を―」「釣り銭を―」「笑って―」「適当な返事をして―」

こまぎれ【細切れ・小間切れ】「豚肉の―」「―の情報では全体像がつかめない」

こまく【鼓膜】「大音響で―が破れそうになる」

こまげた【駒下▽駄】材をくりぬいて造った下駄。

こまごま【《細細》】「―とした用事」「―と注意を与える」

ごましお【▼胡麻塩】「―頭(＝白髪混じりの頭の意)」

ごますり【▼胡麻▼擂り】人にへつらう。「―が上手だ」

こまた【小股】「―走りに駆け寄る」「―が切れ上がったいい女」

こまづかい【小間使い】雑用をする女性。

こまつな【小松菜】アブラナ科の野菜。

こまどり【駒鳥】ツグミ科の夏鳥。声が美しい。

こまぬく【▼拱く】腕組みをする。こまねく。「手を―いて見ているしかない」

こまねずみ【〈独楽〉▼鼠・〈高麗〉▼鼠】小形で白いハツカネズミ。「―のように働く」

ごまのはい【護摩の灰】旅人から金品を盗む者。

ごまふあざらし【▼胡麻▽斑〈海豹〉】アザラシの一。

ごまめ【▼鱓】カタクチイワシを干したもの。田作り。「おせちの―」

こまもの【小間物】日用のこまごました品物。

こまやか【細やか・▽濃やか】「―な心遣い」


こまる【困る】「このあたりは道が狭くて―」「―・ったことがあったらご相談下さい」「暮らしに―」

こまわり【小回り】「―がきく」

こみ【込(み)】「―で売る」「税―」

ごみ【《▼芥》・《▼塵》】「粗大―」「―箱」「―の分別」〔「護美箱」は当て字〕

こみあげる【込(み)上げる】「涙が―」

ごみため【▼芥▼溜め・▼塵▼溜め】ごみ捨て場。

こみみ【小耳】「よくないうわさを―に挟む」

こむ【込】― こ-む・こ-める　「打ち―」「考え―」「申し―」「意気込み・植え込み・売り込み・やり込める」

こむ【込む・混む】「電車(道路)が―」「思い(教え)込む」「手の込んだ仕事」「思い切って飛び込む」

ゴム【護▼謨】「―製の管」「―輪」〔「護謨」は当て字〕

こむぎ【小麦】「―色した夏の肌」

こむすび【小結】力士の位の一。関脇の下。

こむそう【虚無僧】尺八を吹いて行脚する僧。

こむら【▼腓】ふくらはぎ。こぶら。「―返り」

こむら【木▼叢】木の茂み。

こむらさき【濃紫】濃い紫色。「―の小袖」

こめ【米】「―作りの盛んな地域」「―の飯と天道様はどこへ行っても付いて回る」

こめかみ【〈顳顬〉・〈蟀谷〉】目尻の脇の、物をかむと動く部分。「―を震わせて怒りを抑える」

こめつきむし【米▼搗虫】コメツキムシ科の甲虫。
こめびつ【米▼櫃】「この商品がわが社の―だ」
こめる【込める・籠める】「鉄砲に弾を―」「満身の力を―」
こめん【湖面】「鏡のような―」
ごめん【御免】「天下―」「任期が終わってやっとお役―だ」「ごめんなさい(下さい)」
こも【▽薦・▼菰】マコモやわらで織ったむしろ。
こもかぶり【薦▽被り】こもで包んだ酒樽。また、乞食。
ごもくずし【五目▼鮨】種々の具入りのすし飯。
こもごも【《▽交▽交》】代わる代わる。「悲喜―」「―体験を語る」
ごもつ【御物】ぎょぶつ。
こもの【小物】「―入れ」「捕まったのは―ばかりだ」
こもり【子守(り)】「―歌」「孫の―を頼まれる」
こもる【籠もる】「研究室に―・って実験する」「寺に―・って修行する」「部屋に―」「陰に―」
こもれび【木漏れ日・木▼洩れ▽陽】「―が差す」「―を浴びる」
こもん【小紋】「―染め」「―の羽織」
こもん【顧問】「―弁護士」「クラブ活動の―を務める」
こもんじょ【古文書】「―を解読する」

こや【小屋】「犬―〈ごや〉」「―を建てる」
ごやく【誤訳】「英文の―を指摘する」
こやす【肥やす】「土地を―」「私腹を―」
こゆう【固有】「―名詞」「―の領土」「日本―の文化」
こゆき【小雪】「―舞い散るゲレンデ」
こよい【▽今宵】「―はお集まりいただきまして」
こよう【雇用・雇▼傭】「―機会均等法」「―保険」「従業員を一名―する」
ごよう【御用】「―聞き」「―納め」「―を承ります」「空き巣が―となる」
ごよう【誤用】「敬語の―を指摘される」
ごようたし【御用▽達】「宮内庁―の品」
こよみ【暦】「―の上ではもう春だ」
こより【▽紙▼縒り・▽紙▼撚り・▽紙▽捻り】細長い和紙を糸状によったもの。
こらい【古来】古くから。昔から。「―難所と言われた所」
ごらいこう【御来光】山頂で迎える日の出。「富士山頂で―を拝む」
こらえる【▽堪える・▼怺える】「痛みを―」「笑い〈涙〉を―」「どうか―・えてやって下さい」
ごらく【娯楽】「―施設」
こらす【凝らす】意識を集中させる。「目を―・して舞台を見つめる」「工夫を―」

ごらん【御覧】「本を―になる」「ほらごらん」「思い切って投げてごらん」
こり【▼梱】「―を運ぶ」
こり【凝り】「肩の―」「―性」
こり【▼狐▼狸】キツネとタヌキ。「―妖怪」
ごり【▼鮴・〈石伏魚〉】淡水魚カジカの異名。
こりこう【小利口】「―に立ち回る」
こりごり【《懲》り《懲》り】「今度の失敗でもう―だ」
こりしょう【凝り性】「大変―な質〈たち〉」
こりつ【孤立】「―無援となる」「一人―した状態になる」
ごりむちゅう【五里霧中】考えの定まらないたとえ。「―で先行きが見えない」
ごりやく【御利益】神仏などのめぐみ。
こりょ【顧慮】気にかけること。「周囲の思惑を―する余裕がない」
ごりょう【御陵】天皇・皇后の墓。みささぎ。
ごりょうにん【御寮人・御料人】町家の娘や若妻の敬称。
こりょうり【小料理】「―屋」
こりる【懲りる】痛手を受け、もうやるまいと思う。「失敗に―」「―・りずにまた来た」
ごりん【五輪】「―種目」「次の―の開催地が決まる」

こる【凝る】「盆栽〈占い〉に―」「―・ったデザイン」「肩が―」

こるい【孤塁】「革新の―を守る」

これ【⦅▽此⦆れ・⦅▽是⦆・⦅▼之⦆・⦅▼惟⦆】「―は私の本だ」「―から伺います」「―が私の娘です」「隣に初老の男が住んでいたが、―がとんでもない人物だった」「やせ蛙負けるな一茶―にあり」

ごれいぜん【御霊前】香典・供物に書き記す語。

これしき【⦅▽是式⦆】「何の―」

ころ【頃】ころ ―「頃合・今頃・先頃・手頃・年頃・日頃・一頃」

ころ【▽転】重い物の下に入れる丸棒。「―を使って大きな石を動かす」

ころ【⦅頃⦆・⦅▽比⦆】その時分。時節。だいたいの時刻。「午前十時―伺います」「―は十一月下旬、紅葉の色も深まって」

ごろ【語呂】言葉の響き具合。「―が悪い」

ころあい【頃合い】「―を見計らって早退する」

ころう【古老・故老】昔の事を知っている老人。「かつての様子を村の―に尋ねる」

ころう【固▼陋】がんこで見識が狭い。「頑迷―」

ころう【虎▼狼】貪欲で残忍な者のたとえ。「―の心をもった人間」

ころがき【▽転柿・枯露柿】筵の上に転がして乾

燥させ、白い粉のついた干し柿。
ころがす【転がす】「玉を―」
ころがる【転がる】「寝―」『ボールが―』『そんなもの、そこらにいくらでも―っている』
ごろく【語録】 偉人などの言行を記録したもの。「偉人の―」
ころしもんく【殺し文句】「女性を口説く―」
ころす【殺す】「生き物を―のは非道だ」『スピードを―した球』『声を―して泣く』『息を―して様子をうかがう』
ごろつき【〈破落戸〉・〈無頼〉】 ならずもの。
ごろね【▽転寝】「こたつで―する」
ころぶ【転ぶ】「石につまずいて―」『―んでもただでは起きない』『どう―んでも不利にはならない』『―ぬ先の杖』
ころも【衣】「墨染めの―」『天ぷらの―』『―の下の鎧(=うわべの下の本心)』
ころもがえ【衣替え・〈更衣〉】 季節に合った衣服にかえる。「―の季節」
こわい【怖い・▽恐い】「―もの見たさ」『今はいいが、あとが―』『―もの知らずの新人』
こわい【▽強い】 かたい。強情だ。「飯が―」『情が―人』
こわいろ【声色】 声の調子。人の口調のまね。「先生の―を使っておどかす」

こわがる【怖がる・▽恐がる】「犬を―」
こわき【小脇】「鞄を―に抱える」『本を―にはさむ』
こわく【▼蠱惑】 人の心をまどわす。「―的な瞳」
こわごわ【《怖怖》・《▽恐▽恐》】「古井戸を―とのぞき込む」
こわす【壊す・▽毀す】「ドアを―して中に入る」『働きすぎて体を―』『せっかくのいい話を―』『一万円を―してもらえますか』
こわだか【声高】 声を高くはりあげるさま。「待遇改善を―に叫ぶ(主張する)」
こわだんぱん【▽強談判】 強硬な態度でする談判。
こわっぱ【小▽童】「―にしてやられた」『―に及ぶ』
こわばる【▽強張る】「緊張で表情が―」
こわもて【▽強持て・▽恐持て】 恐れられて丁重に扱われる。「―のする人」
こわもて【▽強▽面】 強硬な態度に出る。「―に出る」
こわれる【壊れる・▽毀れる】「―れたラジオ」
こん【今】 コン・キン いま 「今回・今期・今後・今週・昨今」
こん【困】 コン こま-る 「困却・困窮・困苦・困難・困惑・貧困」
こん【昆】 コン ― 「昆虫・昆布〈こんぶ〉(〈こぶ〉)」

こん【金】 ⇩きん(金)。「金色・金堂・金銅・金輪・黄金」
こん【建】 ⇩けん(建)。「建立・再建」
こん【恨】 コン うら-む・うら-めしい 「恨事・遺恨・怨恨・痛恨」
こん【根】 コン ね 「根気・根拠・根茎・根源・根性・根絶・根本」
こん【婚】 コン ― 「婚姻・婚約・婚礼・既婚・結婚・未婚・離婚」
こん【混】 コン ま-じる・ま-ざる・ま-ぜる・こ-む 「混血・混交・混合・混在・混雑・混線・混濁・混同・混迷・混乱」〔「混み合う」「人混み」は、「込み合う」「人込み」とも書く〕
こん【痕】 コン あと 「痕跡・血痕・傷痕・創痕・弾痕・墨痕・涙痕」
こん【紺】 コン ― 「紺青・紺碧〈こんぺき〉・紺屋〈こんや〉(〈こうや〉)・紫紺・濃紺」
こん【魂】 コン たましい 「魂胆・士魂・招魂・商魂・鎮魂・霊魂」
こん【墾】 コン ― 「墾田・開墾・新墾・未墾」
こん【懇】 コン ねんご-ろ 「懇意・懇願・懇親・懇請・懇切・懇談」

こん【根】気力。根気。数学で、方程式の解。「あまり―を詰めては体に障る」「精も―も尽き果てる」「平方―」

こん【紺】「―のスーツ」

ごん【言】⇩げん(言)。「言上・過言・他言・伝言・遺言〈ゆいごん〉〈いごん〉・無言」

ごん【勤(勤)】⇩きん(勤)。「勤行」

ごん【権(權)】⇩けん(権)。「権化・権現・権者」

こんい【懇意】親しく仲がよいこと。「―にしている人」

こんいん【婚姻】「―届を出す」

こんか【婚家】「―の者とうまくやる」

こんかぎり【根限り】「―の努力」「―頑張る」

こんかん【根幹】「組織の―を揺るがす事件」「思想の―をなす部分」

こんがん【懇願・▼悃願】「銀行に融資を―する」

こんき【根気】「―を養う」「―のいる仕事」「―よく続ける」

こんぎ【婚儀】結婚式。婚礼。「―を執り行う」

こんきゃく【困却】困り果てる。「答弁に―する」

こんきゅう【困窮】「―家庭」「生活に―する」

こんきょ【根拠】「―を明示して批判する」

こんぎょう【今暁】きょうの明け方。けさ。

ごんぎょう【勤行】「お堂で早朝から―する」

こんく【困苦】「―に堪える」

ごんぐ【▼欣▽求】「極楽往生を―する」

ごんぐじょうど【▼欣▽求浄土】極楽往生を願う。

こんくらべ【根比べ・根▽競べ】「どちらが先に頭を下げるか、―だ」

ごんげ【権化】仏・菩薩が仮の姿で現れること。転じて、その特性の典型と思われる人。「悪の―」

こんけい【根茎】根のように見える地下茎。「ハスの―」

こんけつ【混血】「―児」「両民族は千年にわたって―した」

こんげん【根源・根元】「諸悪の―」「―に立ち戻る」

ごんげん【権現】仏が日本の神の姿で現れる。「―様(＝徳川家康の尊称)」

こんご【今後】「―の方針」「―気をつけなさい」

こんこう【混交・混▼淆】「玉石―」「和漢―文」

こんごう【金剛】「―石(＝ダイヤモンド)」「―不壊〈ふえ〉」

こんごう【混合】「―液」「数種の薬品を―する」「男女―リレー」

ごんごどうだん【言語道断】「無断で欠席するとは―だ」

こんこん【▼昏▼昏・▼惛▼惛】「―と眠り続ける」

こんこん【▼滾▼滾】「―とわき出る泉」

こんこん【《懇懇》】「―と言って聞かせる」

こんざい【混在】「異文化が―する街」「大胆さと繊細さとが―する作品」

こんさいるい【根菜類】根や地下茎を食する野菜。

こんざつ【混雑】「車の―を避けて迂回する」

こんじ【今次】「―の大戦」

こんじ【恨事】残念なこと。「千載の―」

こんじ【根治】病気が根本から治る。「虫歯を―する」

こんじき【金色】「―堂(＝平泉の中尊寺にある藤原三代の廟堂)」「―夜叉(＝尾崎紅葉作の小説名)」

こんじゃく【今昔】「―の感に堪えない」

こんしょ【懇書】「御―拝読」

こんじょう【今生】「―の思い出(別れ)」

こんじょう【根性】「―が足りない」「―をたたき直す」

こんじょう【紺青】「―の海」

ごんじょう【言上】「恐れながら殿に―する」

こんじる【混じる】「水に不純物が―」(サ変「混ずる」も同じ)

こんしん【混信】異なる信号がまざって受信される。

こんしん【▼渾身】体全体。全身。「―の力をふりしぼって戦う」

こんしん【懇親】「―会」「会員相互の―を図る」

こんすい【▼昏睡】「―状態に陥り危険だ」

こんせい【懇請】ひたすら頼む。「委員長就任を―する」「―もだしがたく…」

こんせき【痕跡】あとかた。形跡。「二人の争った―がある」「―をとどめる」

こんせつ【懇切】「―丁寧に教える」

こんぜつ【根絶】「汚職を―する」

こんせん【混戦】「―模様で最後まで勝敗はわからない」

こんせん【混線】入りまじって話が混乱する。混信。「話題が―する」

こんぜん【婚前】「―交渉」

こんぜん【▼渾然・混然】「―一体となる」「―と融和する」

こんだく【混濁・▼溷濁】「白く―した液体」「意識が―して夢うつつの状態だ」

こんだて【献立】「給食の―表」「決まり切った―」

こんたん【魂胆】(よくない)たくらみ。企て。「儲けようとする―が見え見えだ」

こんだん【懇談】「―会」「学級担任と保護者が―する」

こんちゅう【昆虫】「―採集」

こんてい【根底・根▼柢】「通説を―から覆す」「―にある思想」

こんでい【金泥】金粉をにかわで溶いたもの。「紺紙―経」

こんど【今度】「―こそやり遂げる」

こんとう【▼昏倒】「ふいに殴られて―する」

こんどう【金堂】寺院で、本尊を安置する仏殿。「法隆寺の―」

こんどう【混同】「公私―も甚だしい」「わがままと自由を―してはいけない」

ごんどうくじら【▽巨頭鯨】大形のイルカ。

こんとく【懇篤】「―に御指導頂き」「―なる御弔慰を賜り」

こんとん【混▼沌・▼渾▼沌】物事の区別ができないさま。「―とした宇宙」「勝敗の行方は―として定まらない」

こんなん【困難】「計画の変更は―だ」「―に打ち勝つ」

こんにち【今日】きょう。本日。現在。「苦難に耐えて―の繁栄を築く」

こんにちは【《今日》は】「―、御機嫌いかがですか」

こんにゃく【▼蒟▼蒻】サトイモ科の草。「―芋(玉)」

こんにゅう【混入】「毒物が―する」

こんぱい【困▼憊】くたびれ果てる。「疲労―する」

こんぱく【魂▼魄】たましい。霊魂。「肉体から―が離れる」

こんばん【今晩】「―のおかず」

こんぱん【今般】このたび。「―生起した事態について説明する」

こんばんは【《今晩》は】「―、夜分に失礼します」

こんぴら【金▼毘羅・金比羅】「―宮」「―船船(=香川県の民謡でお座敷唄)」

こんぶ【昆布】「―熨斗〈のし〉」「―巻き」

こんぺき【紺▼碧】深みのある濃い青色。「―の空」

こんぼう【混紡】種類の違う繊維をまぜて糸につむぐ。「―糸」

こんぼう【▼棍棒】「―でなぐる」

こんぽう【▼梱包】荷造りすること。「書籍を―して送る」

こんぽん【根本】「君の考えは―的に間違っている」「常識を―からくつがえす」

こんまけ【根負け】「永らくの説得にとうとう―して承諾する」

こんめい【混迷】混乱してわけがわからなくなる。「―する政局」

こんめい【▼昏迷】軽度の意識障害。「一時的に―状態になる」

こんもう【懇望】「総裁就任を―する」「―もだしがた

こ

く引き受ける」

こんや【紺屋】こうや。

こんやく【婚約】「—者」「—指輪」

こんよう【混用】「アラビア数字と漢数字を—する」

こんよく【混浴】「男女—の温泉」

こんらん【混乱】「頭の中が—してわけがわからない」「事態の—は避けられない」

こんりゅう【建立】寺院などを建てること。「五重塔を—する」

こんりゅう【根粒・根瘤】マメ科植物の根に見られるこぶ。「—バクテリア」

こんりんざい【金輪際】絶対に。決して。「—口をきかない」

こんれい【婚礼】「—家具(衣装)」「—の儀式」

こんろ【《焜炉》】「電気(ガス)—」

こんわ【懇話】「—会で率直な意見を聞く」

こんわく【困惑】どうしてよいかわからずにとまどう。「突然の出馬要請に—する」

さ

さ【左】サ ひだり 「左遷・左党・左派・左右・左翼・左腕・証左」

さ【佐】サ — 「佐官・佐幕・一佐・海佐・将佐・大佐・保佐・補佐・陸佐」

さ【作】⇩さく(作)。「作業・作法・作用・操作・動作・発作」

さ【沙】サ — 「沙翁・沙場・沙石・沙汰・沙漠・沙羅双樹・泥沙・平沙」

さ【査】サ — 「査察・査証・査定・検査・考査・巡査・審査・捜査・調査」

さ【砂】サ・シャ すな 「砂丘・砂金・砂上・砂糖・砂漠・黄砂・熱砂」

さ【茶】⇩ちゃ(茶)。「茶菓・茶房・茶寮・喫茶・日常茶飯」

さ【唆】サ そそのか-す 「教唆・示唆」

さ【差】サ さ-す 「差額・差配・差別・交差・誤差・差・時差・落差」

さ【詐】サ — 「詐意・詐欺・詐取・詐術・詐称・詐病・詐謀・巧詐」

さ【鎖】サ くさり 「鎖港・鎖国・鎖骨・鉄鎖・封鎖・鎖・閉鎖・連鎖」

さ【差】「寒暖の—が激しい」「大きな—をつける」「雲泥の—がある」

ざ【座】ザ すわ-る 「座禅・座卓・座談・座長・座標・円座・銀座・口座・講座・星座・台座」(「坐」の書き換え字としても用いられる)

ざ【挫】ザ — 「挫傷・挫折・頓挫・捻挫」

ざ【座】「チャンピオンの—」「—に着く」「—を持たす」「—が白ける」

さい【才】サイ — 「才人・才知・才能・秀才・商才・才・多才・天才」(年齢の「歳」に当てるのは、俗用)

さい【再】サイ・(サ) ふたた-び 「再会・再開・再起・再現・再興・再婚・再審・再選・再度・再発・再来年〈さらいねん〉・一再」

さい【西】⇩せい(西)。「西下・西海・西京・西国・西方・関西・東西」

さい【災】サイ わざわ-い 「災害・災難・災厄・火災・震災・人災・戦災・息災・天災・被災・防災」

さい【妻】サイ つま 「妻子・妻帯・愛妻・後妻・正妻・夫妻・良妻」

さい【采】サイ — 「采配・喝采・神采・納采・風采」

さい【砕(碎)】サイ くだ-く・くだ-ける 「砕鉱・砕石・砕氷・砕片・玉砕・粉骨砕身・粉砕」

さい【宰】サイ ― 「宰相・宰領・主宰」

さい【栽】サイ ― 「栽培・植栽・盆栽」

さい【殺（殺）】⇩さつ（殺）。「減殺・相殺」

さい【彩】サイ いろど-る 「彩雲・彩色・光彩・色彩・水彩・生彩」

さい【採】サイ と-る 「採掘・採決・採光・採鉱・採算・採取・採集・採択・採点・採否・採用・採録・伐採」

さい【済（濟）】サイ す-む・す-ます 「済世・済度・完済・救済・共済・経済・決済・返済・弁済」

さい【祭】サイ まつ-る・まつ-り 「祭器・祭祀・祭日・祭場・祭壇・祭典・祭礼・祝祭・葬祭・例祭」

さい【斎（齋）】サイ ― 「斎戒・斎日・斎場・潔斎・書斎」

さい【細】サイ ほそ-い・ほそ-る・こま-か・こま-かい 「細菌・細君・細心・細則・細大・詳細・繊細・零細」

さい【菜】サイ な 「菜園・菜館・菜食・根菜・山菜・主菜・前菜・惣菜・野菜」

さい【最】サイ もっと-も 「最愛・最悪・最近・最後・最高・最上・最新・最善・最短・最低・最適」

さい【裁】サイ た-つ・さば-く 「裁決・裁断・裁判・裁縫・決裁・最高裁・総裁・体裁・独裁・洋裁」

さい【債】サイ ― 「債鬼・債券・債権・債務・国債・社債・負債」

さい【催】サイ もよお-す 「催告・催促・催眠・催涙・開催・主催」

さい【塞】サイ・ソク ふさ-ぐ・ふさ-がる 「塞翁・山塞・城塞・辺塞・防塞・要塞」

さい【歳】サイ・（セイ） ― 「歳月・歳出・歳費・年年歳歳」

さい【載】サイ の-せる・の-る 「載録・記載・掲載・所載・積載・千載〈せんざい〉一遇・転載・満載・連載」

さい【際】サイ きわ 「際会・際限・学際・交際・国際・実際・辺際」

さい【埼】（さい） ― 「埼玉県」

さい【才】「天賦の―に恵まれる」「音楽の―がある」「―におぼれる」

さい【▼犀】大形の草食哺乳類。

さい【際】「近くにお越しの―にはぜひお立ち寄り下さい」「この―細かな問題は無視しよう」

さい【▼賽・采・〈骰子〉】さいころ。「―を振る」

さい【歳】「満八―」

さい【差異・差違】「予算と実績との―」「両者に大きな―はない」

ざい【在】ザイ あ-る 「在位・在学・在庫・在職・在世・在籍・在宅・近在・健在・現在・所在・存在・不在」

ざい【材】ザイ ― 「材質・材料・逸材・取材・人材・題材・木材」

ざい【剤（劑）】ザイ ― 「液剤・下剤・錠剤・洗剤・調剤・配剤・薬剤」

ざい【財】ザイ・（サイ） ― 「財界・財産・財政・財団・財閥・財布〈さいふ〉・財宝・財力・私財・蓄財」

ざい【罪】ザイ つみ 「罪悪・罪状・罪人・功罪・謝罪・犯罪・有罪」

ざい【在】いること。いなか。在所。「―、不在を示す」「―ロンドン」「―から来た人」

ざい【財】「文化―」「巨万の―を築く」「―を成す」

さいあい【最愛】「―の妻」

さ

さいあく【最悪】「―の結果となった」
ざいあく【罪悪】「他人の傘を持ってゆくのに―感のない人が増えている」
ざいい【在位】「―五十年」「横綱―六場所」
さいう【細雨】「―に煙る港」
さいうよく【最右翼】最もすぐれているもの。「今年度賞金王の―」
さいうん【彩雲】美しく照り映える雲。「―たなびく西の空」
さいえん【才媛】すぐれた才能のある女性。「―として名高い」
さいえん【再演】「逆転劇を―する」
さいえん【菜園】「家庭―」
さいおう【最奥】一番奥。「中国の―地」
さいおうがうま【塞翁が馬】人間の幸不幸は予測しがたいことのたとえ。「人間万事―」
さいか【西下】東京から関西方面へ行く。
さいか【災禍】災難。「―を被る」
さいか【裁可】「国王が―を下す」
ざいか【財貨】「戦災で多くの―が失われた」
ざいか【罪科】法や戒めを犯す罪。「重い―を犯す」
ざいか【罪過】犯罪と過失。「―を白状する」
さいかい【再開】「営業―」
さいかい【再会】「二十年前別れた人と―する」
さいかい【際会】重要な事態に出あう。「千載一遇のチャンスに―する」
さいがい【災害】「―対策」「―に備える」「―は忘れた頃にやってくる」
さいがい【際涯】大地のはて。限り。
ざいかい【財界】「―の大物」
ざいがい【在外】「―邦人」「―公館」
さいかいもくよく【斎戒▼沐浴】「神聖な儀式を前に―する」
さいかく【才覚】すばやい頭の働き。金品を工面する。「すぐれた―を発揮する」「―がつく」「月末の不足分を自分で―する」
ざいがく【在学】「―証明書」「本学に―している者」
さいかち【〈皂莢〉】マメ科の木。
さいかん【才幹】てきぱきと処理する能力。「―に富む人物」
さいかん【彩管】絵筆。「―をふるう」
さいかん【再刊】「今度―された雑誌」
さいかん【菜館】中国料理店の呼び名。「駅前の中国―」
さいき【才気】するどい頭のはたらき。「―煥発(=才気がひらめく)」「―あふれる新人」
さいき【再起】「けがをして投手として―不能になる」
さいぎ【再議】「提案を―する」
さいぎ【▼猜疑】「―心」「―の目で見る」
さいきょ【再挙】「態勢を立て直して―する」
さいきょ【裁許】役所などが審査し許可する。「市長が―する」
さいきょう【最強】「決勝戦は―メンバーで臨む」
ざいきょう【在京】「―の者が集まって県人会を開く」
さいきん【細菌】「―兵器」「―に感染して発症する」
さいきん【最近】「―の若者」「―彼の姿を見ないようだが」
ざいきん【在勤】「東京に―しているとき」
さいく【細工】細かい物を作ること。工夫。計略。「竹―」「小―」「手のこんだ―が施してある」
さいくつ【採掘】「鉄鉱石の―現場」
さいくん【細君】他人の妻。また、自分の妻の謙称。「君の―はピアノが上手だそうだね」「うちの―にも手伝わせよう」
ざいけ【在家】僧籍に入っていない、普通の人。⇔出家。
さいけいこく【最恵国】「―待遇」
さいけいれい【最敬礼】「深々と―する」
さいけつ【採血】「検査のために―する」
さいけつ【採決】議案等について賛否を決める。「強行―」「これより―に入る」
さいけつ【裁決】上の人が判断を下す。「理事会で―

—する」「—流るる如〈ごと〉し」
さいげつ【歳月】「十年の—を要した(費やした)」
さいけん【再見】もう一度見る。「日本美—」「茶器の—を願う」
さいけん【再建】「組織の—に努める」「会社を—する」
さいけん【債券】国債・地方債・社債などの有価証券。
さいけん【債権】貸した金や物を返してもらう権利。⇔債務。「不良—」「—国」「銀行が—を放棄する」
さいげん【再現】「名場面を—する」
さいげん【際限】「人間の欲望には—がない」「—なく話し続ける」
ざいげん【財源】「—を確保する」「—が乏しい」
さいこ【最古】「—の恐竜の化石」
さいご【最後】⇔最初。「—通告」「—の手段(切り札)」「披露宴の—に新郎・新婦から挨拶がある」
さいご【最期】命の終わり。臨終。「父の—を看取る」
ざいこ【在庫】「—品」「—処分」
さいこう【再考】「—を促す」
さいこう【再興】「寺の—に尽力する」
さいこう【採光】光を内にとりいれる。「天窓から—する」
さいこう【採鉱】鉱石を掘り出す。
さいこう【最高】⇔最低。「—傑作」「—裁判所」

ざいこう【在校】「—生を代表して送辞を読む」
ざいごう【在郷】いなか。「—軍人」「—の者」
ざいごう【罪業】「—の深さを悔いる」
さいこうちょう【最高潮】「聴衆の興奮は—に達した」
さいこうほう【最高峰】「世界の—、エベレスト山」「音楽界の—」
さいこく【催告】「義務履行の—」
さいごつうちょう【最後通▼牒】実力行使前の要求。「—の期限が迫る」
さいころ【▼賽▽子・〈骰子〉】「—を振る」
さいこん【再建】「堂を—する」
さいこん【再婚】「良縁を得て—する」
さいさい【再再】「—の警告」「—申し入れたとおり」
さいさき【幸先】「—が良い」
さいさん【採算】「—がとれない」
さいさん【再三】「—注意したのにまだ改めない」「—にわたる申し入れ」
ざいさん【財産】「私有—」「—分与」「—を築く」「この経験を—として精進する」
さいし【才子】⇔才女。「—佳人(=好一対の男女)」「—多病(=才知優れた人はとかく病弱である意)」「—才に倒れる(=自分の才知を過信して失敗する意)」
さいし【妻子】「—を養う」「—ある身」

さいし【祭司】宗教儀式をつかさどる者。

さいし【祭▼祀】神や祖先をまつる。「—料」

さいしき【彩色】「細かに—を施した陶器」

さいじき【歳時記】季語を集め例句を示した書。「—で季語を調べる」

さいじつ【祭日】「国民の祝日」の通称。「日曜と—は休業」

ざいしつ【材質】「優れた—を選ぶ」

さいしゅ【採取】「指紋を—する」

さいしゅ【採種】植物の種をとる。

さいしゅう【採集】「昆虫—」

さいしゅう【最終】「—審査まで残る」

ざいじゅう【在住】「パリ—の日本人」

さいしゅつ【歳出】国または公共団体の一年間の総支出。⇔歳入。「—を抑えた予算案」

さいしゅっぱつ【再出発】「過ちを反省して—する」

さいしょ【最初】⇔最後。「何事も—が肝心」

さいじょ【才女】⇔才子。「—として知られた作家」

さいじょ【妻女】つま。また、つまと娘。

ざいしょ【在所】ふるさと。いなか。「生まれ—」「—者」

さいしょう【妻▼妾】つまとめかけ。

さいしょう【宰相】首相。総理大臣。「—にまで昇る」

さいしょう【最小】 ⇕最大。「世界—の独立国」「—公倍数」「被害を—限に食い止める」

さいしょう【最少】 ⇕最多。「—催行人員」

さいじょう【斎場】 葬儀を行う場所。

さいじょう【最上】 「ホテルの—階」

ざいしょう【罪障】 往生の妨げとなる悪い行い。「—消滅」

ざいじょう【罪状】 「—認否」

さいしょく【菜食】 「—主義者」「健康に気を使い—を心がける」

ざいしょく【在職】 「二十年間—した職場」

さいしょくけんび【才色兼備】 才能と容色をあわせもつ。「—の誉れが高い花嫁」

さいしん【再診】 二度目以降の診察。⇕初診。

さいしん【再審】 二度目の審査・審理。

さいしん【砕身】 「粉骨—して完成に至る」

さいしん【細心】 「—の注意を払う」

さいしん【最新】 「—技術」「—の情報」

さいじん【才人】 才知のすぐれた人。「なかなかの—」

ざいす【座椅子】 和室で用いる背もたれ。

さいすん【採寸】 洋裁で、体の寸法を測る。

さいせい【再生】 生き返る。廃品を生き返らす。「—医療」「映画の名場面を—する」「—の道を歩む」「—紙」

さいせい【再製】 一度製品となったものを加工して別の製品に作り直す。「—生糸」

さいせい【祭政】 「—一致の古代社会」

ざいせい【財政】 「—投融資」「赤字—を立て直す」

さいせいさん【再生産】 「拡大(縮小)—」

ざいせいちゅう【在世中】 「故人の—はお世話頂き」

さいせき【砕石】 石・結石を砕く。「—工場」「体外衝撃波—術」

さいせき【採石】 石材を切り出す。

ざいせき【在籍】 「本校に—の学生」

さいせん【再選】 「議長に—される」

さいせん【▼賽銭】 「—箱」

さいぜん【最前】 一番前。今しがた。先刻。「販売の—線に立つ」「—の男が現れる」

さいぜん【最善】 「—の努力」「—を尽くす」

さいぜん【▼截然】 せつぜん(截然)。

さいそく【細則】 「実施方法は—に譲る」

さいそく【催促】 「矢の—」「支払いを—する」「—を受ける」

ざいぞく【在俗】 在家。「—の信者」

さいた【最多】 ⇕最少。「—安打記録」

さいたい【妻帯】 妻がいること。「—者」

さいたい【▼臍帯】 へそのお。せいたい。「—血移植」

さいだい【細大】 細かいことと大きいこと。「—漏らさず報告する」

さいだい【最大】 ⇕最小。「—限の努力する」「—公約数」「世界—のタンカー」

さいたく【採択】 「動議を—する」

ざいたく【在宅】 「—勤務」「—起訴」

さいたん【最短】 ⇕最長。「—距離」「—ルートを探し出す」

さいたん【歳旦】 一月一日の朝。元日。

さいだん【祭壇】 「葬儀の—に花を供える」

さいだん【裁断】 布をたちきる。判断し決める。「ブラウスを—する」「—を下す」

ざいだん【財団】 「—法人」

さいち【才知・才▼智】 「—にたける」「—縦横の人」

さいち【細緻】 こまかく行き届くさま。「—な技巧を凝らしたピアノの演奏」「—をきわめた画風」

さいちゅう【最中】 「試合の—に雨が降り出す」

ざいちゅう【在中】 中にその物が入っている。封筒などに書く言葉。「写真—」

さいちょう【最長】 ⇕最短。「—不倒距離」「世界—の橋」

さいちょうほたん【採長補短】 人の長所をとり入れ、それにより自分の短所を補う。

さいづち【才▼槌】 小形の木の槌。「—頭」

さいてい【最低】 ⇕最高。「—得点で合格する」「—限

「これだけはやっておくように」「あいつは—の男だ」
さいてい【裁定】「仲裁—」「—取引」「慎重に—する」
さいてき【最適】「別荘に—な土地」「パソコンのハードディスクを—化する」
さいてん【採点】「答案を—する」
さいてん【祭典】「スポーツの—」
さいど【再度】「検定試験に—挑戦する」
さいど【彩度】「—と明度」「画像の—を調整する」
さいど【済度】仏が人々を悟りの境地に導く。「—方便」「衆生を—する」
さいなむ【▽苛む・▼嘖む】心身をひどく苦しめる。「責め(切り)—」「後悔の念に—まれる」
さいなん【災難】「—続き」「旅先で台風に襲われとんだ—だった」
ざいにち【在日】「—外国人」「—の歴史」
さいにゅう【歳入】⇔歳出。「国の—を増やす」
さいにん【再任】「委員長に—される」
ざいにん【在任】「総理大臣—中」「—期間」
ざいにん【罪人】「部屋から出られないなんてまるで—扱いだ」
さいねん【再燃】「消費税の議論が—する」
さいのう【才能】「音楽の—に恵まれる」「存分に—を発揮する」
さいのかわら【▼賽の《河原》】「—を渡る」
さいのめ【▼賽の目・采の目】さいころの目。小さい立方体。「ジャガイモを—に切る」
さいはい【再拝】手紙の最後に添える語。「頓首—」
さいはい【采配】「監督として—を振るう(取る)」
さいばい【栽培】「温室—」「野菜の促成—」
さいばし【菜箸】料理に使う長い箸。
さいばしる【才走る】「—・ったことを言う」
さいはつ【再発】「事故の—防止に向けて対策を考える」「治癒したと思っていた病が—した」
ざいばつ【財閥】「—解体」「—の御曹司」
さいはて【最果て】「日本の—の島」
さいばら【催馬▽楽】古代歌謡の一。
さいはん【再犯】「—防止策を検討する」
さいはん【再版】同一書籍を再び出版する。
さいばん【裁判】「欠席—」「—所」「—官(長)」「—員制度」
さいばん【歳晩】年の暮。歳末。
さいひ【採否】「審査によって論文の—を決定する」「—は追って通知する」
さいひ【歳費】国会議員の一年間の手当。
さいひつ【才筆】巧みな文章。それを書く才能。「—をもって鳴る人」
さいひょう【砕氷】氷をくだく。「—船」
さいふ【財布】「—の紐が堅い(緩む)」「—を握る」
さいふ【採譜】「流れてくる曲をその場で—する」
さいぶ【細部】「—にこだわる」「—にわたって説明する」
さいぶつ【才物】才人。「なかなかの—」
ざいぶつ【財物】金銭と品物。
さいぶん【細分】「土地を—する」「組織を—化する」
さいべつ【細別】こまかく区分する。「検査項目の—」
さいへん【再編】編成し直す。「中央省庁の—」
さいほう【再訪】「新婚旅行で訪れた街を—する」
さいほう【採訪】「史料—」「民俗—録」
さいほう【裁縫】「—箱」
さいぼう【細胞】「癌—」「—分裂」
ざいほう【財宝】「金銀—」「—は身の敵〈かたき〉」
さいまつ【歳末】年の暮れ。年末。「—大売り出し」「—たすけあい運動」
さいみつ【細密】「—な描写」
さいみん【細民】下層階級の人々。
さいみん【催眠】「—療法」「—術にかかる」
さいむ【債務】⇔債権。「多重—者」「会社が—超過に陥る」「—を負う」
ざいむ【財務】「—省」「今年度の—報告をする」
さいもく【細目】「規約の—を決める」
ざいもく【材木】「原木から—に加工する」
さいもん【祭文】祭りのとき、神仏に告げる言葉。「—

読み(語り)」

ざいや【在野】民間にいること。「—の研究者」

さいやく【災厄】災難。「思わぬ—が降りかかる」「—を招く(逃れる)」

さいゆ【採油】「菜種から—する」

さいよう【採用】「—人事(試験)」「修正案を—する」

さいよう【細腰】女性の細くしなやかな腰。

さいらい【再来】「バブル景気の—」

ざいらい【在来】「—線」「外来種と—種」

さいり【▼犀利】「明敏—」「—な論述(観察)」

さいりゃく【才略】才知と計略。「—に長ける」

さいりゅう【細流】ほそい川。「—が数本流れ込む湖」

ざいりゅう【在留】「日本に—する外国人」

さいりょう【宰領】指揮・世話をすること(人)。「工事現場の—を任される」

さいりょう【裁量】考えどおりに物事を処置する。「自由—」「—に任せる(委ねる)」

さいりょう【最良】「—の方法を模索する」

ざいりょう【材料】「建築—」「工作の—を集める」「反論の—を見つける」

ざいりょく【財力】「—に富む(乏しい)」「—に物を言わせる」

さいれい【祭礼】「秋の—でみこしが繰り出す」

さいろう【▼豺▼狼】山犬と狼。残酷で貪欲な人のたとえ。

さいろく【採録】とりあげて記録する。「会議の進行を—する」

さいろく【載録】書物などに書いてのせる。「雑誌に—される」

さいわ【再話】伝説などを子供向きに書き直す。「竹取物語を—して絵本にする」

さいわい【幸い】「不幸中の—」「友人と一緒だったことも彼には—した」「—雨に降られずにすんだ」「ご返事いただけると—です」

さいわん【才腕】「会社の経営に—を振るう」

ざいん【座員】劇団などの一座のメンバー。

さえき【差益】差し引きして出る利益。⇔差損。「円高—」「—還元」

さえぎる【遮る】「車が行く手を—」「相手の言葉を—」「吹雪が視界を—」

さえずる【▼囀る】「森で小鳥が—」

さえつ【査閲】実地に調査・検閲する。「—官」

さえる【▼冴える・▼冱える】「—・えた月の光(笛の音色)」「朝のうちは最も頭が—」

さお【▼竿】竹や木の細長い棒。「物干し—」「釣り—」「大漁旗(簞笥)二—」

さお【▼棹】舟を進める長い棒。「水に—を差す」「三味線の—」

さおさす【▼棹さす】棹で舟を進める。時流に乗じる。「流れに—」「時勢に—」

さおとめ【《早乙女》】田植えをする若い女性。

さおばかり【▼竿▼秤】竿と分銅で重さを量る秤。

さか【坂・▽阪】「人生の—をのぼりつめる」「—を転げ落ちる」「四十の—にさしかかる」

さか【茶菓】茶と菓子。ちゃか。

さが【▽性】生まれつきの性質。習慣。「おのれの—のつたなさを恥じる」「定めなきはうき世の—だ」

ざが【座▼臥・▼坐▼臥】すわることと寝ること。日常生活。「行住—」

さかい【境・▽界】「—争い」「生死の—をさまよう」「—を接する三県」

さかうらみ【逆恨み】「忠告したらかえって—された」

さかえる【栄える】「かつて門前町として—・えた所」

さかき【▼榊・▽賢木】「神前に—を供える」

さがく【差額】「—ベッド」「—を精算する」

さかぐら【酒蔵・酒倉・酒▽庫】酒を造ったり、たくわえたりするための蔵。

さかげ【逆毛】髪の毛を逆立ててふくらませる。

さかご【逆子・逆▽児】赤ん坊が足のほうから生まれる。

さかさ【逆さ】「—になる」

さかさま【逆《様》】「順序が—になる」「—に落ちる」

さかしい【▽賢しい】利口だ。こざかしい。「変に—ところが皆に嫌われる」

さかしら【▽賢しら】利口そうに振る舞う。「—を言う」「—に振る舞う」「だれでも知っていることを—に説明する」

さがす【探す】手に入れたいものを見つけ出す。「下宿(仕事)を—」

さがす【捜す】失ったものなどを見つけ出す。「落とした財布(犯人)を—」

さかずき【杯・▼盃】「—を傾ける」「—を返す」〔現代仮名遣いでは「さかづき」とも書く〕

さかだち【逆立ち】「—しても彼にはかなわない」

さかだつ【逆立つ】「恐怖のあまり髪の毛が—」

さかだる【酒▼樽】酒を入れておく樽。

さかて【逆手】「相手の主張を—に取る」

さかて【酒手】酒の代金。心づけの金銭。「—をはずむ」

さかな【▼肴】酒を飲むときに添える食べ物。「酒の—」「旅の話を—に酒を飲む」

さかな【魚】うお。魚類。「—料理」「—を釣る」

さかなで【逆▼撫で】「神経を—するような言動」

さかなみ【逆▽浪・逆波】「—が立つ」

さかねじ【逆▼捩じ】「—を食わせてやった」

さかのぼる【遡る・▼溯る】川の上流へ進む。根本に戻る。「川を—って源流まで達する」「未払い分の家賃を—って納める」

さかば【酒場】「大衆—」「—で一杯ひっかける」

さかまく【逆巻く】「—怒濤〈どとう〉」「—波を乗り越えてゆく」

さがみ【相模】旧国名。ほぼ神奈川県に相当。相州。

さかむけ【逆▽剝け】爪ぎわの皮膚が細くむける。「—ができる」

さかもぎ【逆茂木】棘のある木を並べた防御柵。

さかもり【酒盛(り)】「—唄」「婚礼の—をする」

さかや【酒屋】「—でビールを買う」「造り—」

さかやき【〈月代〉】男子が頭頂部の髪をそったこと。「—を剃る」

さかゆめ【逆夢】現実には逆のことが起こる夢。⇔正夢。

さからう【逆らう】「川の流れに—って船を進める」「時代の流れに—生き方をするにはそれなりの覚悟が必要だ」

さかり【盛り】「働き—」「桜の花が今は—と咲いている」「暑さも—を越した」「人生の—を過ぎる」

さがり【下がり】「上がり—」

さかりば【盛り場】「—をうろつく若者たち」

さかる【盛る】「燃え—」

さがる【下がる】⇔上がる。「成績が—」「物価が—」「時代が—」「暖簾〈のれん〉が—っている」

さかん【左官】壁塗りの職人。「—屋」

さかん【佐官】軍隊で将官の下、尉官の上の称。「自衛隊の—」

さかん【盛ん・▽旺ん】「血気—な若者」「—に炎が上がる」「議論が—になる」

さき【崎《さき》】—「岡崎・長崎・枕崎」

さき【先・▽前】物の先端。順序が前。将来。⇔後。「指—」「—のとがった棒」「—を切って走る」「—に着いた順に並ぶ」「代金を—に払う」「—が思いやられる」「転ばぬ—の杖」「お—まっくらだ」

さき【崎・▽埼】海や湖に突き出た陸地。みさき。

さき【左記】「—の通り同窓会を行います」

さぎ【▼鷺】サギ科の水鳥。「—を烏〈からす〉と言いくるめる」

さぎ【詐欺】「振り込め—」「—罪」「—にひっかかる」

さきおととい【〈一昨昨日〉】おとといの前日。

さきおととし【〈一昨昨年〉】一昨年の前年。

さきがけ【先駆け・先▼駈け・▼魁】先んずること。「春の—」「—の功名」「流行の—となった当社の商品」

さきがける【先駆ける・先▼駈ける・▼魁ける】「世界に—けて開発する」

さ

さきごろ【先頃】「書類が届いたのはつい—のことだ」

さきざき【先先】「—どうなることか心配だ」「行く—で歓迎をうける」

さきだつ【先立つ】「試合に—って開会式が行われた」「—ものがない」「—不孝をお許し下さい」

さぎちょう【左義長・▽三▼毬▼杖】小正月の火祭りの行事。

さきどり【先取り】「時代を—する」「利息の—をする」

さきに【先に・▼曩に】「—述べたように」

さきばしる【先走る】早まった行動をする。「気持ちが—って失敗する」

さきぶれ【先触れ】前ぶれ。きざし。「春の—」「何の—もなく突然訪れる」

さきぼう【先棒】（多く「お先棒」の形で）人の手先となって働く。「社長のお—を担ぐ」

さきぼそり【先細り】「景気が—していく」

さきほど【先《程》】「—は失礼いたしました」

さきまわり【先回り】「—して駅でつかまえる」

さきもの【先物】将来受け渡すことを約束した商品。「—買い」「—取引」

さきもり【〈防人〉】古代、九州北部の備えに派遣された兵士。

さきゅう【砂丘】「鳥取—」

さきゆき【先行き】「—が不安だ」「—の見通しが立たない」

さぎょう【作業】「単純—」「—員」「—開始」

ざきょう【座興】「—に隠し芸を披露する」「その場の—にすぎない」

さきん【砂金・沙金】「—を採取する」

さきん【差金】差し引きした残りの金額。「—取引」

さきんじる【先んじる】「人より一歩—」（サ変「先んずる」も同じ）

さく【冊】⇩さつ（冊）。「冊命・冊立・短冊」

さく【作】サク・サ つく-る 「作為・作者・作戦・作品・作風・遺作・傑作・原作・耕作・秀作・創作・豊作」

さく【削】サク けず-る 「削減・削除・掘削・切削・添削・筆削」

さく【昨】サク — 「昨日・昨年・昨晩・昨夜・昨今・一昨日」

さく【柵】サク — 「柵門・城柵・竹柵・鉄柵・木柵」

さく【索】サク — 「索引・索条・索然・索道・索漠・検索・鋼索・思索・詮索・捜索・探索・鉄索・模索」

さく【策】サク — 「策士・策謀・策略・画策・失策・政策・対策」

さく【酢】サク す 「酢酸・木酢」

さく【搾】サク しぼ-る 「搾取・搾乳・搾油・圧搾」

さく【錯】サク — 「錯誤・錯雑・錯綜〈さくそう〉・錯乱・錯覚・交錯・倒錯」

さく【咲】さ-く — 「梅が—」「一花—・かせる」「咲き匂う・狂い咲き・五分咲き・早咲き」

さく【柵】「—で囲う」

さく【策】「—を練る（めぐらす）」「—を講ずる」「こうなっては—の施しようがない」

さく【咲く】「死んで花実が—ものか」

さく【裂く】破って二つに分ける。引き離す。「シーツを切り—」「絹を—ような悲鳴が聞こえた」「二人の仲を—」

さく【割く】切り分ける。一部を他に回す。「賞金の一部を—いて施設に寄付する」「新総理誕生の報道に一面全部を—」

さくい【作為】つくりごと。法律で、積極的な行為。「無—」「—的」「何者かの—の跡が残る」

さくい【作意】作品の制作意図。「この絵画の—を時代背景を踏まえて読み取る」

さくいん【索引】「―を引いて用語の所在を調べる」
さくがら【作柄】農作物のできぐあい。作況。「今年は―が良い」
さくがんき【削岩機・▼鑿岩機】岩盤に穴をあける機械。
さくぎょう【昨暁】「―の地震は凄まじかった」
さくげん【削減】「人員―」「予算を―して支出を抑える」
さくご【錯誤】まちがい。あやまり。「試行―」「時代―も甚だしい」
さくさく【▼嘖▼嘖】口々にいいはやすさま。「好評―」(「悪評―」は誤用)
さくざつ【錯雑】複雑に入りまじる。錯綜。「罵声怒声が―して議論が紛糾する」
さくさん【酢酸・▼醋酸】「無水―」
さくし【作詞】「―家」「校歌を―する」
さくし【策士】「―策に溺〈おぼ〉れる(＝自分の策略に頼りすぎてかえって失敗する意)」
さくじ【作字】「パソコンにない文字を―する」
さくじ【作事】工事。建築。「―場」「江戸幕府の―方」
さくじつ【昨日】きのう。
さくじつ【▼朔日】月の第一日。ついたち。
さくしゃ【作者】「小説の―」
さくしゅ【搾取】利益をしぼりとる。「中間―」

さくじょ【削除】「不適当な文言を―する」
さくず【作図】「正六角形を定規とコンパスで―する」
さくする【策する】計略をめぐらす。「一計を―」
さくせい【作成】書類や計画などを作る。「企画書を―する」「書類の―を依頼する」
さくせい【作製】品物を作る。製作。「陶芸教室で湯飲み茶碗を―する」
さくせい【▼鑿井】井戸掘り。
さくせん【作戦・策戦】「空輸―」「―会議」
さくぜん【索然】興味のなくなるさま。「興味―」
さくそう【錯▼綜】「指揮系統が―している」「情報が―する」
さくづけ【作付け】作物を植えつける。さくつけ。「―面積」
さくてい【策定】「予算の修正案を早急に―する」
さくてき【索敵】敵を探し求める。「機上から―を続ける」
さくど【作土】耕地の表層の土。
さくどう【索道】ロープウエー。
さくどう【策動】ひそかに策略を立て行動する。「会社乗っ取りの―が明るみになる」
さくにゅう【▼搾乳】乳をしぼる。「―機」
さくねん【昨年】今年の前の年。去年。
さくばく【索漠・索▼莫・索▼寞】荒涼としたさま。「―たる思い」「―とした教室」

さくばん【昨晩】きのうの夜。ゆうべ。
さくひん【作品】「芸術―」「新しい―を発表する」
さくふう【作風】「古典的な―」
さくふう【▼朔風】北風。
さくぶん【作文】「国語の時間に―を書く」「今回の計画案はまったくの―に過ぎない」
さくぼう【策謀】はかりごと。計略。「―をめぐらす」
さくもつ【作物】「遺伝子組み換え―」
さくや【昨夜】「―の嵐で家屋が壊れた」
さくやく【▼炸薬】弾丸や爆弾を爆発させる火薬。
さくゆ【搾油】「菜種から―する」
さくよう【▼腊葉】押し葉。「―集」(「せきよう(腊葉)」の慣用読み)
さくら【桜】バラ科の木。日本の国花。「―が満開だ」
さくら【《桜》】①客のふりをして買い物をする売り手仲間。「―を使って品を売りさばく」②馬肉。「―なべ」
さくらそう【桜草】サクラソウ科の草。
さくらゆ【桜湯】塩漬けの桜の花を入れて飲む湯。
さくらん【錯乱】「―状態に陥る」「頭が―している」
さくらんぼう【〈桜桃〉】桜桃〈おうとう〉の実。さくらんぼ。
さくりゃく【策略】「―家」「―をめぐらす」
さぐる【探る】「ポケットを―って小銭を取り出す」

「相手の腹を―」「敵情を―」「問題解決の糸口を―」

さくれつ【▼炸裂】 「―音」「爆弾が―する」「見事に必殺技が―して優勝を決める」

ざくろ【▽石▼榴・▼柘▼榴】 ザクロ科の木。実は食用。

さけ【酒】 「―は百薬の長」

さけ【▼鮭】 サケ科の海魚。シャケ。「塩引きの―」

さけい【左傾】 急進的になる。⇕右傾。

さけかす【酒▼粕・酒▼糟】 「―から甘酒を作る」

さけくせ【酒癖】 「―が悪い」

さげすむ【蔑む・▼貶む】 軽蔑する。見下す。「―ような目つき」「田舎者と呼ばれて―まれる」

さけび【叫び】 「反対の―」「―声」

さけびたり【酒浸り】 「親父は毎晩―だ」「『さかびたり』とも」

さけぶ【叫ぶ】 「『助けて』と大声で―」「獄中から無実を―び続ける」「戦争反対が―ばれる」

さけめ【裂け目】 「岩の―から水が流れる」

さける【裂ける】 「落雷で大木が―けた」「口が―けても言えない」

さける【避ける】 「混雑を―けて早朝に出発する」「難を―」「人目を―けて暮らす」

さげる【下げる】 下方(後方)へ移す。低くする。⇕上げる。「遮断機を―」「頭を―げて謝罪する」「お膳を―」「部屋の温度を少し―」

さげる【提げる】 ぶらさげる。「かばんを―」

さげん【左舷】 ⇕右舷。「―前方に漁船を確認する」

ざこ【《雑魚》・▽雑▽喉】 「釣れたのは―ばかりだ」「―は相手にしなくてもよい」

ざこう【座高・▼坐高】 「身長の割りに―が高い」

さこうべん【左顧右▼眄】 うこさべん(右顧左眄)。

さこく【鎖国】 外国との通商・交流をやめる。⇕開国。

さこつ【鎖骨】 胸骨と肩甲骨をつなぐ骨。

ざこね【《雑魚》寝】 「合宿中は一部屋で―する」

ささ【▽酒】 酒のこと。

ささ【▼笹・▼篠・〈小竹〉】 タケのうち小形のもの。「七夕祭の―」

ささ【▼些▼些】 わずかなさま。「―たる出来事」

ささい【▼些細】 「―なことに腹を立てる」

ささえ【支え】 「心の―」「―を失う」

さざえ【〈栄螺〉】 海産の巻き貝。「―の壺焼き」

ささえる【支える】 「倒れないようにはしごをしっかり―」「仲間に―えられてここまで来ました」

ささがき【▼笹▼掻き】 ごぼうなどを細く薄く削る。

ささがに【▽細▼蟹】 古語で、クモのこと。

ささげ【〈豇豆〉・〈大角豆〉】 マメの一種。食用。

ささげる【▼捧げる・▽献げる】 「神に祈りを―」「この本を亡き母に―」「研究に一生を―げた」

ざさしんたい【座作進退・▼坐作進退】 行儀作法。立ち居振る舞い。「―に気を配り、しつけを怠らない」

ささつ【査察】 「―官」「監督官庁の―が入る」

ささなき【▼笹鳴き】 ウグイスが冬チチと鳴く。

さざなみ【《▽細》波・《▽小》波・▼漣】 「湖面に―が立つ」

ささぶね【▼笹舟】 笹の葉を折って作った舟。

ささみ【《▼笹身》】 鶏の胸部の柔らかい肉。

ささめごと【〈私語〉】 内緒話。「―が耳に入る」

ささめゆき【▽細雪】 こまかに降る雪。「―が舞う」

ささやか【《▽細》やか】 「―な幸せ(夢)」「ほんの―な物で恐縮ですがご笑納ください」

ささやく【▼囁く・〈私語〉く】 「耳元で秘密を―」「愛を―」「あちこちで議長辞任が―かれている」

ささら【▼簓】 細く裂いた竹を束ねたもの。

ささる【刺さる】 「喉に魚の骨が―」

さざれいし【▽細れ石】 「―の巌となりて」

さざんか【▽山▽茶花】 ツバキ科の木。冬に花が咲く。

さし【差(し)・指(し)】 さしむかい。「―で話す(勝負をする)」

さし【▽尺】 ものさし。「―を当てて長さを測る」

さし【砂▼嘴】 岸から細長く突き出た砂の堆積。

さし【▼渣▼滓】 液体の底にたまったかす。

さじ【▼匙】 「小―一杯の塩」「―加減が難しい」「難問に

ぶつかり—を投げる」

さじ【▼瑣事・▼些事】取るに足らないこと。「—にとらわれる(こだわる)」

ざし【座視】そばで黙って見ている。「不正義を—できない」

さしあげる【差(し)上げる】高く上げる。「与える」の謙譲語。「グラスを—げて乾杯する」「御来店のお客様に粗品を—げます」「お茶を入れて—げなさい」

さしあたり【差し当(た)り】当面。「—の食料はある」

さしいれ【差(し)入れ】外部から届ける慰問の品。「残業中の部下に夜食の—をする」

さしえ【挿絵】「小説の—」

さしおさえ【差し押(さ)え】財産処分を禁じる。「—を受ける」

さしかかる【差し《掛》かる】「車はいよいよ最後の急坂に—」「テレビドラマが佳境に—」

さしかけ【指し《掛》け】将棋で勝負の一時中断。

さじかげん【▼匙加減】料理の味付けの具合。手加減。「塩の—を間違えた」「思春期の娘はしかり方の—が難しい」

さしがね【差(し)金】曲尺〈かねじゃく〉。陰で人を操る。「いらざる—」

さしき【挿(し)木】「バラを—して根づかせる」

さじき【《桟敷》】一段高くした見物席。「天井—」「—から芝居(相撲)を見物する」

ざしき【座敷】「客を—に通す」「お—がかかる(=芸者が客に招かれて席に出る)」

さしこ【刺(し)子】綿布を重ね刺し縫いにしたもの。

さしこむ【差(し)込む・▽射し込む】「コンセントにプラグを差し込む」「脇腹に差し込むような痛みが走る」「窓から朝日が射し込む」

さしさわり【差(し)障り】「—があるのでそのことには触れないでおく」

さしず【指図】「誰の—も受けない」

さしずめ【《差》し《詰》め】「—自営業の店主は一国一城の主だ」(現代仮名遣いでは「さしづめ」と書くこともできる)

さしせまる【差(し)迫る】「一週間後に—った入試」

さしだしにん【差(し)出し人】「—不明の封書」

さしだす【差(し)出す】「挨拶の後に手みやげを—」

さしちがえ【差(し)違え】「行司—」

さしちがえる【刺(し)違える】「敵の大将と—」

さしつかえ【《差(し)支え》】「—がなければ話して欲しい」

さしつかえる【《差(し)支える》】「明日の仕事に—ので今日は早めに帰る」

さして【《▽然》して】たいして。それほど。「—生活に困っているわけではない」「—ひどいとは思えない」

さしでがましい【差(し)出がましい】「—ようですが、私にも一言言わせてください」

さしとめる【差(し)止める】「出入りを—められる」

さしね【指し値】客が指定する売買の値段。

さしのべる【差(し)伸べる・差(し)延べる】「救いの手を—」

さしば【差し歯】欠けた歯につぎ足す人工の歯。

さしはさむ【▽挟む・差(し)挟む】「人の話に口を—」「当局の説明に疑いを—」「本にしおりを—」

さしひき【差(し)引き】「—ゼロ」

さしみ【刺(し)身】「—庖丁」「マグロの—」

さしもの【指物・差物・挿物】板を組み合わせて作った家具。

さしゅ【詐取】金品をだまし取る。

さしゅう【査収】調べて受け取る。「よろしく御—ください」

さじゅつ【詐術】人をあざむく手段。「—にたけた男」

さしょう【▼些少】「—ですがお納めください」

さしょう【査証】旅券の裏書き。ビザ。

さしょう【詐称】氏名や職業などをいつわる。「学歴—」

ざしょう【座礁・▼坐礁】「操船を誤って—させる」

ざしょう【挫傷】うちみ。打撲傷。「脳—」

さじょうのろうかく【砂上の楼閣】実現または永続不可能な物事のたとえ。
さしわたし【差(し)渡し】直径。「―一メートルの木」
さじん【砂▼塵】「―をまきあげる」
さす【砂州・砂▼洲】「天橋立の―」
さす【差す】表面に現れる。生じる。かざす。「杯を―」「日傘を―」「頬に赤みが―・してきた」「嫌気が―」「魔が―」
さす【射す・差す】光があたる。「窓に日が―」「後光が―」
さす【指す】ゆびさす。指名する。目指す。「時計の針が正午を―」「後ろ指を―・される」「北を―・して進む」
さす【▽注す・▽点す】つぐ。そそぐ。色をつける。「自転車に油を―」「目薬を―」「話に水を―」
さす【挿す】はさみ込む。「髪に花を―」「大刀を腰に―」「花を花瓶に―」
さす【刺す】突き入れる。刃物で突く。「暴漢に―・される」「注射針を腕に―」「とどめを―」「釘を―」「鳥を―」「牽制球で二塁のランナーを―」「異様なにおいが鼻を―」「寒気が肌を―」
さす【▼螫す・刺す】虫が針で突く。「蜂に―・される」
ざす【座主】延暦寺などの大寺の長。「天台―」
さすが【⦅〈流石〉⦆・⦅▼遉⦆・⦅〈有繫〉⦆】「―本場の味だ」「―の名選手も年齢には勝てない」「強がっていても―にこわいとみえる」「―は名将の子だけある」
さずかる【授かる】「爵位を―」「師から秘伝を―」
さずける【授ける】「勲章を―」「奥義を―」
さすらう【⦅〈流離〉⦆う・⦅〈放浪〉⦆う】「あてもなく―旅人」
ざする【座する・▼坐する】すわる。連座する。「―・して死を待つ」「汚職事件に―・して辞任する」
さする【▽摩る・▽擦る】「ぶつけた膝を―」
させい【▼嗄声】かれ声。しわがれ声。
ざせき【座席】「―指定」「―に着く」
させつ【左折】⇔右折。「次の交差点を―する」
ざせつ【挫折】「試験に落ちて―感を味わう」
させん【左遷】「地方支社に―される」
ざぜん【座禅・▼坐禅】「禅寺で―を組む」
さぞ【⦅▼嘸⦆】「こんなに早く来るとは―驚いたことだろう」「一回戦で敗退して―かし無念だったろう」
さそう【誘う】「友人をカラオケに―」「悪の道に―」「春風に―・われて野山に繰り出す」
ざぞう【座像・▼坐像】「鑑真和上の―」
さそり【▼蠍】熱帯にすむ毒虫。「―座」
さそん【差損】差し引きして出る損失。⇔差益。「為替―」
さた【沙汰】「処分については追って―する」「地獄の―も金次第」「新企画は―止〈や〉みとなった」
さだか【定か】「事の真相は―でない」
ざたく【座卓・▼坐卓】畳にすわって使う机。
さだまる【定まる】「目標が―」
さだめ【定め】「―なき世」「これも―かとあきらめる」
さだめし【⦅定⦆めし】「―お喜びのことと存じます」
さだめる【定める】「目標を―」
さたん【左▼袒】一方に味方する。
さたん【▼嗟嘆・▼嗟▼歎】ひどくなげく。「被災者の―の声が耳を離れない」
ざだん【座談】「―会」
さち【幸】「海の―に恵まれた土地」「―多かれと願う」
ざちょう【座長】「劇団の―」「審議会の―を務める」

さつ【冊】サツ・サク　―　「冊子・小冊・大冊・分冊・別冊」

さつ【札】サツ　ふだ　「改札・鑑札・贋札〈がんさつ〉・検札・入札・表札・落札」

さつ【刷】サツ　する　「刷新・印刷・縮刷・増刷」

さつ【刹】サツ・セツ　―　「巨刹・古刹・仏刹・名刹・霊刹」

さつ【拶】サツ　―　「挨拶」

さつ【殺（殺）】サツ・（サイ）・（セツ）　ころ-す　「殺意・殺人・殺

到・殺生〈せっしょう〉・自殺・悩殺・忙殺・抹殺」
さつ【察】サツ 「観察・警察・考察・視察・診察・推察・洞察」
さつ【撮】サツ とる 「撮影・撮要・空撮・特撮」
さつ【擦】サツ する・すれる 「擦過傷・塗擦・摩擦」
さつ【札】「―入れ」「―を数える」
ざつ【雑（雜）】ザツ・ゾウ 「雑学・雑種・雑多・雑談・雑用・混雑・粗雑・繁雑・複雑・乱雑」
ざつ【雑】「彼の仕事は速いが―だ」
さつい【殺意】「―を抱く（覚える）」
さつえい【撮影】「写真―」「映画を―する」
ざつえき【雑役】雑多な仕事。雑用。
ざつおん【雑音】「―がひどいレコード」「今が一番大切なときだから余計な―を入れないでほしい」
さっか【作家】「放送（推理）―」「―志望の青年」
ざっか【雑貨】こまごまとした日用品。「―店」
さつがい【殺害】「強盗に―される」
さっかく【錯覚】思い違い。まちがって知覚する。
ざつがく【雑学】雑多な事柄についての知識。
さっかしょう【擦過傷】すりきず。
ざっかん【雑感】まとまりのない感想。

さっき【《▽先》】「さき（先）」の転。「―食べたばかりだ」「―から待っていた」
さっき【殺気】「―を感じる」「―立った群衆」
さつき【《五月》・▼皐月】「―躑躅〈つつじ〉」「―闇（＝梅雨の暗さ）」「―晴れの好天に恵まれる」
ざっき【雑記】「―帳」「身辺―」
さっきゅう【早急】「―な措置を要する」「―に対策を講ずる必要がある」
ざっきょ【雑居】「―ビル」
さっきょう【作況】その年の農作物のでき具合。「―指数」
さっきょく【作曲】「―家」「ショパン―のワルツ」
さっきん【殺菌】「塩素には―作用（効果）がある」「医療器具を熱湯で―する」
さっく【作句】「老後の趣味に―を楽しむ」
ざっけん【雑件】「会議の前に―を片付ける」
ざっこく【雑穀】「飼料用の―」
さっこん【昨今】「先行き不安な―の情勢」
さっさつ【▼颯▼颯】「―と風が吹き抜ける」
さっし【察し】「そのことに気付くとはなかなか―がいい」
さっし【冊子】「小―」「―本」「糸で綴じて―にする」
ざっし【雑誌】「文芸―」「―の定期購読を申し込む」
ざつじ【雑事】「―にかまける」

ざっしゅ【雑種】「―の犬」
さっしょう【殺傷】「―能力がある空気銃」
ざっしょく【雑食】「烏は―で何でも食べる」
さっしん【刷新】「人事を―する」
さつじん【殺人】「密室―」「―事件」「―犯」
さつじん【殺陣】映画・演劇で斬り合いの場面。たて。
さっすい【▼撒水】「―車」
さっする【察する】「心中お―しいたします」「彼の精神的苦痛は―に余りある」
ざつぜん【雑然】「―とした部屋」
さっそう【▼颯爽】「いざ出陣と叫んで―と出かける」「―とデビューする」
ざっそう【雑草】「畑の―を抜く」「―のようにたくましく生きる」
さっそく【早速】「―手配いたします」「―のお返事ありがとうございます」
さっそざい【殺▼鼠剤】鼠の駆除に用いる薬。
ざっそん【雑損】「―控除」
ざった【雑多】「―な書類を整理する」
さつたば【札束】「―で頬をはるような仕打ち」
ざつだん【雑談】「会議の後に―する」
さっち【察知】「敵の動きを―する」
さっと【▼颯と】「―と風が吹き抜ける」
ざっと【《雑》と】あらまし。「―百人」

さ

表記欄の▼は常用漢字表にない漢字、▽は常用漢字表にない音訓

さっとう【殺到】「新製品に予約が―する」「火災で非常口に群衆が―する」
ざっとう【雑踏・雑▼沓】「―にまぎれこむ」
ざつねん【雑念】「―をふり払う」「―が湧く」
ざつのう【雑▼嚢】肩に掛ける布製のかばん。
ざっぱく【雑▼駁】「―な話で恐縮ですが」
さつばつ【殺伐】「―とした世相（人間関係）」
ざっぴ【雑費】「諸―が若干かかる」
さっぴく【差っ引く】「手数料を―」
さつびら【札▽片】「―を切る（＝一度に大金を使う）」
さっぷうけい【殺風景】「―な部屋」
さつま【薩摩】旧国名。鹿児島県西部。薩州。「―芋」
ざつむ【雑務】こまごまとした仕事。
ざつよう【雑用】「―が多い」
さつりく【殺▼戮】残忍な方法で多くの人を殺す。「大量―」
さて【《▼扨》・《▼扠》・《▼偖》】「―、次のニュースです」「―、ぼちぼち行きますか」
さであみ【▼叉手網】枠が三角形のすくい網。
さてい【査定】「勤務成績を―する」「中古車を―して買い取ってもらう」
さてつ【砂鉄】「磁石に―を付ける」
さてつ【▼蹉▼跌】つまずき。挫折。「―をきたす」
さと【里・▽郷】「―帰り」「お―はどちらですか」「そのような下品な物言いをしては、お―が知れますよ」
さど【佐渡】旧国名。新潟県の佐渡島。
さとい【▼聡い・▽敏い】かしこい。敏感だ。「耳が―」「利に―」
さといも【里芋】「―の煮っ転がし」
さとう【左党】酒の好きな人。左翼の党派。
さとう【砂糖】「ザボンの―漬け」
さどう【作動】「誤―」「警報装置が―する」
さどう【茶道】茶の湯。「―の作法（心得）」「―の家元」
ざとう【座頭】昔、頭をそった盲人。
さとうきび【砂糖▼黍】砂糖の原料とする作物。
ざとうくじら【座頭鯨】ヒゲクジラの一種。
さとおや【里親】他人の子どもを預かって育てる人。
さとがえり【里帰り】「―して出産する」
さとかた【里方】嫁や養子の実家。
さとご【里子】「―に出される」
さとごころ【里心】「―がつく」
さとす【諭す】「懇々と―」
さとやま【里山】人里近い山。「―保全に努める」
さとゆき【里雪】平野部に降る雪。
さとり【悟り・▽覚り】「―を開く」
さとる【悟る・▽覚る】「事の重大性を―」「相手に―・られないようにそっと近づく」「死期を―」
さなえ【《早苗》】「田植えを待つ―」
さなか【▽最中】「夏の―」「激戦の―」
さながら【《▽宛》ら】「草原は―海のようだった」「本番―にリハーサルを行う」
さなぎ【▼蛹】「―が羽化して蝶になる」
さなだひも【▽真田▼紐】木綿糸で編んだ平たい紐。
さなぶり【早▽苗▼饗】田植えを終えた祝い。
さぬき【讃岐】旧国名。香川県。讃州。「―うどん」
さね【▽札】甲冑とする鉄・革の小板。
さね【▽実・▽核】果実のたねの芯の部分。
さねかずら【▽真▽葛】マツブサ科の蔓性低木。
さのう【砂▼嚢】砂入りの袋。鳥の胃の一部。砂ぎも。
さば【▼鯖】「塩―」「―寿司」「―を読む（＝自分の利になるように数をごまかす）」
さはい【差配】指図すること。「仕事の―をする」
さばえ【〈五月〉▼蠅】夏の初めに群がる蠅。
さばく【佐幕】「倒幕派と―派」
さばく【砂漠・沙漠】「―気候」「月の―」
さばく【▼捌く】「鰹を―」「在庫を―」「仕事を一人で―」
さばく【裁く】「人を公平に―」
さはちりょうり【▽皿鉢料理】高知県の郷土料理。
さはんじ【茶飯事】「日常―」
さび【寂】古びた趣。「侘〈わび〉―の茶」「―のきいた声」
さび【▼錆・▼銹・▼鏽】「鉄についた―を落とす」「身か

ら出た―」

さびあゆ【▼錆▼鮎】産卵期の鮎。

さびしい【寂しい・▼淋しい】「独り暮らしは―」「山奥の―村」「彼の顔が見えないのは―」「タバコをやめると口が―」「ふところが―」

ざひょう【座標】「―軸」「二十一世紀の日本の―」

さびる【▼錆びる】「自転車が―」

さびれる【寂れる・▽荒びれる】「商店街がすっかり―」

ざぶとん【座布団・座▼蒲団】「―を敷く」

サフラン【▼泊夫藍】アヤメ科の多年草。

さべつ【差別】「人種―」「―待遇」「性―」

さほう【作法】「行儀―」「冠婚葬祭の―」

さぼう【砂防】「―造林」

サボテン【〈仙人掌〉・〈覇王樹〉】サボテン科の多肉植物。

さほど【《▽然程》・《左程》】「―の人物ではなかろう」「―辛くない」

ザボン【〈朱欒〉】ミカン科の小高木。

さま【様・▽方】「藤田―」「仏―」「御馳走―」「彼女の落胆した―」「彼の剣士姿はなかなか―になっている」

ざま【《▽様》・《▽態》】見苦しい様子・状態。「なんて―だ」「―を見ろ」

さまがわり【様変(わ)り】「町並みがすっかり―した」

さまざま【《様様》】「人の考えは―だ」「―な品を取りそろえる」

さます【冷ます】「熱を―」「湯を―」

さます【覚ます・▽醒ます】「目を―」「酔いを―」「心の迷いを―」

さまたげる【妨げる】「眺望を―ものがなく見晴らしがよい」「出世を―邪魔者」「安眠を―」

さまつ【▼瑣末】「―な問題」

さまよう【さ迷う・《〈彷徨〉》う】「樹海の中を―・い続ける」「生死の境を―」

さみしい【▼淋しい・▽寂しい】「恋人に会えなくて―」

さみだれ【《五月雨》】陰暦五月頃の雨。つゆ。「今月は―式に会議がある」「―をあつめて早し最上川／芭蕉」

さみどり【▽早緑】若草や若葉のみどりいろ。

さむい【寒い】⇔暑い。「このあたりは冬は格別に―」「背筋が―・くなる」「お―計画書」「懐が―」

さむえ【作務▽衣】僧が着る作業着。

さむけ【寒《気》】「風邪を引いたのか―がする」「―を覚える」

さむぞら【寒空】「―に震える」

さむらい【侍】武士。気骨のある人。「七人の―」「上役に楯突くとはなかなかの―だ」

さめ【▼鮫】海産の軟骨魚。「小判―〈ざめ〉」「人食い―〈ざめ〉」

さめはだ【▼鮫肌・▼鮫▽膚】ざらざらした皮膚。

さめる【冷める】冷たくなる。感情が静まる。「湯(御飯)が―」「ほとぼりが―」

さめる【覚める・▽醒める】「夢から―」「寝ても―・めても」「酔いが―」「彼は―・めた目で世界を見ている」

さめる【▼褪める】色があせる。「表紙の色が―」

さも【《▽然》も】「―うれしそうに笑う」「―すべて承知しているかのようにうなづく」

さもあらばあれ【〈遮莫〉】古語で、どうともなれ。

ざもち【座持ち】座の取り持ちをすること。「―が上手な彼に司会をさせる」

さもん【査問】「―委員会」「統制違反で―する」

さや【▼莢】マメの、種子のはいっている殻。「―から豆を取り出す」

さや【▼鞘】刀身を入れる筒。売値と買値の差。「―を払う」「利―」「―をかせぐ」

さやあて【▼鞘当て】「恋の―」

さやか【▽清か・▽明か】「月影―な夜」「笛の音が―に響き渡る」

ざやく【座薬・▼坐薬】肛門に挿入して使う薬。

さゆ【▽白湯】「病人に―を含ませる」

さゆう【左右】「前後―」「言を―にして言質を与えな

い」「今度の選挙は日本の将来を―する」

ざゆう【座右】「―に備えておく本」

さゆり【▽小〈百合〉】ユリの美称。

さよ【▽小夜】よる。「―千鳥」

さよう【作用】「消化―」「―点」「触媒として―する」

さよう【《左様》・《▽然様》】「―でございます」「―、あれはもう五十年ほど前の出来事でした」

さようなら【《左様》なら】「では―」

さよく【左翼】革新派。⇔右翼。「―政党」

ざよく【座浴・▼坐浴】腰湯。

さより【▼鱵・〈細魚〉・〈針魚〉】細長い海魚。

さら【皿】―さら―「小皿・灰皿・平皿・銘銘皿」

さら【皿・▽盤】「―回し」「―うどん」「団子二―」「膝の―」

さら【▽新・更】まだ使っていない。「―の食器（洋服）」

さらいげつ【再来月】来月の次の月。

さらいねん【再来年】来年の次の年。

さらう【▼浚う・▼渫う】水底の土やごみを取り除く。「どぶを―」「鍋の中を―」

さらう【▼攫う・▼掠う】横合いから奪う。「子供を―」「波に―・われる」

さらう【〈復習〉う】「今日教わった英単語を―宿題が出た」

ざらがみ【▽更紙】「ビラを―に印刷する」

さらけだす【《▼曝》け出す】「己の無知を―」

サラサ【更▼紗】人物・花鳥の模様を捺染した綿布。〔「更紗」は当て字〕

さらさら【更更】「そんな気持ちは―ない」

さらし【▼晒し・▼曝し】さらして白くした綿布・麻布。

さらしくび【▼晒し首・▼曝し首】江戸時代、斬首を獄門にさらした刑。また、その首。

さらしこ【▼晒し粉】「―を使ってまな板を洗う」

さらす【▼晒す・▼曝す】「黄ばんだ布を―して白くする」「スライスした玉葱を水に―」「人目に醜態（恥）を―」「身を危険に―」

さらそうじゅ【沙羅双樹・▼娑羅双樹】釈迦入滅のときに、四方に生えていたという沙羅の木。「―の花の色、盛者必衰のことわりをあらわす（＝「平家物語」の冒頭）」

さらち【更地・▽新地】「まだ家の建っていない―が残っている」

さらに【更に】「モーターを―に速く回す」「―交渉を続ける」

さらば【《▽然》らば】「いまこそわかれめ、いざ―」

ざらめ【▽粗目】結晶のあらい砂糖。「―糖」

さらゆ【▽新湯】沸かしてだれも入っていない風呂。「客に―を使ってもらう」

ざりがに【〈蝲蛄〉】「アメリカ―」

さりょう【茶寮】茶室。喫茶店。料理屋。

さる【▽申】十二支の第九。「―年生まれ」

さる【猿】「―も木から落ちる（＝上手な者も時には失敗する）」

さる【去る・▽避る】「三十年勤めた会社を―」「台風が―・ったあとの青空」「迷いを―」「一難―・ってまた一難」

さる【去る】⇔来（きた）る。「事件は―八日未明に起きた」

さる【▽然る】「―人の御落胤」「―方面からの圧力」

ざる【▼笊】「―そば」

さるおがせ【猿▽麻▼桛】地衣植物の一種。

さるがく【猿楽・▽申楽】能楽のもととなった芸能。

さるぐつわ【猿▼轡】「―をかませる」

ざるご【▼笊碁】へたな碁。

さるすべり【〈百日紅〉・猿滑】ミソハギ科の高木。

ざるそば【▼笊〈蕎麦〉】笊に盛り海苔をかけたそば。

さるぢえ【猿知恵】間の抜けた知恵。

さるまた【猿股】男子用の下着。

さるまね【猿真▽似】「欧米の―に過ぎない」

さるまわし【猿回し】「大道芸の―」

さるもの【《▽然》る者】「敵も―」

さるもの【去る者】「―は追わず」
されき【砂・礫】砂と小石。
されこうべ【〈髑髏〉】風雨にさらされた頭蓋骨。どくろ。
ざれごと【▽戯れ言】「宴席での―とお聞き流し下さい」
ざれごと【▽戯れ事】「―でできることではない」
されど【▽然れど】「たかがゲーム―ゲーム」
さわ【沢】「―登り」「―の辺でしばらく休息する」
さわかい【茶話会】茶を飲みながら話をする会。
さわがしい【騒がしい】「―物音」
さわがに【沢・蟹】谷川にすむカニの一種。
さわぎ【騒ぎ】「―を起こす」
さわぐ【騒ぐ】「子供の―声がうるさい」「マスコミが―」「九州男児の血が―」
さわす【▼醂す】渋柿の渋を抜く。
ざわめく【▽騒めく】「会場が―」
さわやか【爽やか】「―な風」「―な笑顔」
さわら【▼椹】ヒノキ科の高木。
さわら【▼鰆】サバ科の海魚。
さわり【触り】「曲の―」「―の文句」
さわり【障り】「治療の―となる」
さわる【触る】ふれる。かかわり合う。「展示物に―らないで下さい」
さわる【障る】害になる。「徹夜は体に―」「騒音が耳に―」「癪〈しゃく〉に―」

さん【三】サン み・み-つ・みっ-つ 「三冠・三脚・三権・三顧・三国・三三五五・三乗・三面・三流・再三」
さん【山】サン やま 「山河・山号・山積・山川・山荘・山脈・山林・火山・開山・高山・登山・本山・連山」
さん【参（參）】サン まい-る 「参加・参画・参観・参考・参照・参政・参戦・参拝・参謀・参列・降参・古参・持参」〔金額などを書く時、「三」の代わりに用いることがある〕
さん【桟（棧）】サン ― 「桟道・桟橋」
さん【蚕（蠶）】サン かいこ 「蚕業・蚕糸・蚕紙・蚕室・蚕種・蚕食・蚕卵・秋蚕・稚蚕・養蚕」
さん【惨（慘）】サン・ザン みじ-め 「惨禍・惨害・惨苦・惨劇・惨事・惨状・惨絶・陰惨・凄惨・悲惨」
さん【産】サン う-む・う-まれる・うぶ 「産業・産出・産地・遺産・原産・財産・出産・生産」

さん【傘】サン かさ 「傘下・鉄傘・落下傘」
さん【散】サン ち-る・ち-らす・ち-らかす・ち-らかる 「散逸・散見・散財・散策・散布・散文・散歩・散乱・解散・拡散・集散・退散・発散・分散・離散」
さん【算】サン ― 「算数・算段・算入・暗算・換算・計算・決算・公算・誤算・採算・試算・通算・予算」
さん【酸】サン す-い 「酸化・酸欠・酸性・酸素・酸味・酢酸・辛酸」
さん【賛（贊）】サン ― 「賛意・賛助・賛成・賛同・賛否・画賛・協賛・称賛・賞賛・絶賛・論賛」〔「讃」の書き換え字としても用いられる〕
さん【桟】戸や障子の骨。
さん【酸】すっぱい味。酸性の物質。
さん【賛・▼讃】①絵に添える詩文。②仏の功徳をほめたたえる言葉。梵讃・和讃など。
ざん【残（殘）】ザン のこ-る・のこ-す 「残虐・残業・残金・残酷・残暑・残念・残務・残留・無残」
ざん【惨（慘）】⇩さん（惨）。「惨殺・惨死・惨敗」

さ

ざん【斬】ザン き-る 「斬罪・斬殺・斬首・斬新・斬髪」
ざん【暫】ザン ― 「暫時・暫定」
ざん【▼讒】讒言。
さんい【賛意】「―を表す」
さんいつ【散逸】「自筆本は―した」
さんいん【山陰】⇔山陽。「―地方」
さんいん【産院】妊産婦・新生児のための医院。
ざんえい【残映】夕焼け。名残。「江戸文化の―」
ざんおう【残▼鶯】夏に鳴くウグイス。
さんか【参加】「―賞」「平和運動に―する」
さんか【惨禍】いたましい災難。「戦争の―」
さんか【産科】「―医」
さんか【傘下】「大企業の―に入る」
さんか【酸化】物質が酸素と化合すること。⇔還元。「―防止剤」「―還元反応」
さんか【賛歌・▼讃歌】「雪山―」
さんが【山河】「故郷の―」「国破れて―あり（＝杜甫の漢詩「春望」の句）」
さんが【参賀】「天皇誕生日の一般―」
ざんか【残花】散り残った桜の花。
さんかい【山海】「―の珍味」
さんかい【散会】「議長が―を宣言する」
さんかい【散開】「―星団」
さんがい【三界】仏教の、欲界・色界・無色界。全世界。「―の火宅」
さんがい【惨害】「巨大地震の―」
ざんがい【残骸】「墜落した機体の―」
さんかいき【三回忌】死の翌々年の忌日。「亡き父の―の法要」
さんかく【参画】「男女共同―社会」「草案の起草に―する」
さんがく【山岳】「―地帯」
さんがく【産額】生産される物資の数量や金額。
ざんがく【残額】「借金の―を一括返済する」
さんかくかんけい【三角関係】「―のもつれ」
さんかくきん【三角巾】「給食当番で―をかぶる」
さんかくす【三角州・三角▼洲】河口付近の三角形の低地。デルタ。
さんかくすい【三角▼錐】底面が三角形の角錐。
さんかん【参観】「授業を―する」「父親―日」
さんかんしおん【三寒四温】冬の天候の型。
さんぎ【算木】易で使う角棒。和算で使う計算用具。
ざんき【▼慚▼愧・▼慙▼愧】深く心に恥じる。「―に堪えない」
さんぎいん【参議院】国会を構成する一院。参院。⇔衆議院。「―議員」
ざんぎく【残菊】「―の宴」
さんきゃく【三脚】「二人―」「―にカメラを取り付ける」
ざんぎゃく【残虐】「―な行為」
さんきゅう【産休】出産のための休暇。出産休暇。
さんきょう【山峡】「―の温泉宿」
さんぎょう【三業】料理屋・芸者屋・待合の営業。「東京の―地」「―組合」
さんぎょう【蚕業】「―試験場」
さんぎょう【産業】「主要―」「―革命」「自動車―が苦境に陥る」
さんぎょう【▼鑽仰・賛仰】聖人の学徳を敬う。さんごう。
ざんきょう【残響】「―音」
ざんぎょう【残業】「―手当」「遅くまで―する」
ざんぎりあたま【▽散切り頭】明治初期の男の髪型。「―をたたいてみれば文明開化の音がする」
ざんきん【残金】「―決済」
さんきんこうたい【参勤交代・参▼覲交代】「大名の―」
さんく【惨苦】「―を目《ま》のあたりにする」
さんぐう【参宮】神社、特に伊勢神宮に参拝する。
さんぐん【三軍】「―も帥《すい》を奪うべきなり（＝どんなに大軍であってもまとまっていないと大将を討

つことができる）／論語」

さんげ【散華】供養のため花をまき散らす。また、戦死。「南海に―した勇士」

ざんげ【▼懺▽悔】「自らの罪を―する」

さんけい【参詣】「天満宮に―する」

さんげき【惨劇】「一家皆殺しの―」

さんけつ【酸欠】「―で倒れる」

ざんげつ【残月】ありあけの月。

さんけん【散見】「著者ならではの手法が著書の至るところに―される」

ざんげん【▼讒言】「―して失脚させる」「―にあう」

さんご【▼珊▼瑚】「―礁」「―細工のブローチ」

さんご【産後】⇔産前。「―の肥立ちが良い（悪い）」

さんこう【三后】太皇太后・皇太后・皇后の総称。

さんこう【山行】山歩き。登山。「奥穂高―」

さんこう【参考】「―書」「前例を―にする」「御―までに」

さんこう【参向】出向く。参上。

さんこう【▼鑽孔】穴をあける。パンチ。「―機」

さんごう【山号】寺院の名の上につける称号。

ざんごう【▼塹▼壕】戦場で、防御設備として掘ったみぞ。

さんこうすいちょう【山高水長】人格高潔のたとえ。「―の士」

ざんこく【残酷】「―な場面（仕打ち）」

さんごくいち【三国一】（天竺・唐土・日本の三国の意）世界一。「―の花むこ」「富士山は―の名山だ」

さんこつ【散骨】海や山に遺骨をまく葬礼。「―葬」

さんこのれい【三顧の礼】礼を尽くして頼む。「―をもって迎える」

さんさ【三▼叉】「―神経」「―路」

ざんさ【残▼渣】残りかす。

さんさい【山菜】「―採りに裏山に入る」

さんざい【散在】「人家が―する」

さんざい【散剤】粉末の内服薬。

さんざい【散財】「とんだ―をかけました」

ざんざい【斬罪】江戸時代の打ち首の刑。「―に処する」

さんさく【散策】「のんびりと古都を―する」

さんざし【山査子・山▼樝子】バラ科の低木。

ざんさつ【惨殺】「一家―の凶悪な事件」

ざんさつ【斬殺】刀剣で切り殺す。

さんさろ【三差路・三▼叉路】みつまたの道。

さんさん【▼燦▼燦・▼粲▼粲】「太陽の光が―とふりそそぐ」

さんざん【散散】「運動会はあいにくの雨で―だった」「―に痛めつける」

さんさんくど【三三九度】「―の杯」

さんさんごご【三三五五】「―帰る」

さんし【蚕糸】カイコの繭からとった糸。生糸。

さんじ【参事】ある事務に参与する職。

さんじ【惨事】いたましい出来事。「大―」

さんじ【産児】「―制限」

さんじ【賛辞・▼讃辞】「おしみない―を呈する」

ざんし【残▼滓】残りかす。「旧体制の―」

ざんじ【暫時】しばらくの間。「―お待ち願います」「―の猶予を請う」

さんしきすみれ【三色▼菫】パンジー。

さんじげん【三次元】「―グラフ」

さんしすいめい【山紫水明】「―の地」

さんした【三下】ばくち打ちの仲間で、最も下位の者。「―奴（やっこ）」

さんしちにち【三七日】死後二一日目。みなぬか。「―の法要」

さんじゅ【傘寿】八〇歳。また、その祝い。

ざんしゅ【斬首】「―の刑に処する」

さんしゅう【参集】「他県からも多数―した」「御―の皆さま」

さんしゅつ【産出】「ウランを―する」

さんしゅつ【算出】「見積額を―する」

さんじゅつ【算術】算数の旧称。

さんしゅゆ【山▼茱▼萸】ミズキ科の小高木。

さんじょ【賛助】「—会員」「—企業」
ざんしょ【残暑】立秋後まで残る暑さ。
さんしょう【山▼椒】「—は小粒でもぴりりと辛い」
さんしょう【参照】「—項目」「第一章を—せよ」
さんじょう【参上】「お宅へ—します」「直ちに—いたします」
さんじょう【惨状】「事故の—を物語る」
ざんしょう【残照】夕焼け。「昔日の—」
さんしょううお【山▼椒魚】イモリに似た両生類。
さんしょく【蚕食】「領土を—される」
さんじょく【産▼褥】産婦の寝床。「—期」「—に就く」
さんじる【参じる】「はせ—」〔サ変「参ずる」も同じ〕
さんじる【散じる】「家財を—」〔サ変「散ずる」も同じ〕
さんしん【三▽線】胴に蛇の皮を張った三弦の楽器。「沖縄の—」
ざんしん【斬新】「—なデザイン」「若手の—な発想を取り入れる」
さんすい【山水】自然の景色。「—画」
さんすい【散水・▼撒水】水をまく。「—車」「道路に—する」
さんすう【算数】小学校の教科名。
さんすくみ【三▼竦み】三者が互いに牽制しあう。「—の状態で誰も動きがとれない」

さんすけ【三助】銭湯の下働きの男。
さんずのかわ【三▽途の川】冥土の途中にある川。
さんする【産する】「鉄を—」
さんする【算する】「人口十万を—」
さんする【賛する・▼讃する】「徳を—」
さんぜ【三世】前世・現世・来世。親・子・孫の三代。「主従は—」「—の恩」
さんせい【三省】日に何度も反省する。
さんせい【酸性】「—、中性、アルカリ性」
さんせい【賛成】⇔反対。「—票を投ずる」「君の意見に—する」
さんせいけん【参政権】政治に参加する権利。
さんせき【山積】「課題が—している」
ざんせつ【残雪】「—を頂く山々」
さんせん【参戦】「ワールドカップに—する」
さんぜん【参禅】「老師の下に—する」
さんぜん【産前】出産の前。臨月の頃。⇔産後。
さんぜん【▼燦然・▼粲然】「頭上に—と輝く王冠」
ざんぜん【▼嶄然】高くそびえる。「—頭角を現す」
さんそ【酸素】空気の主成分。「活性—」「—吸入」
ざんそ【▼讒訴】人を陥れる、事実を曲げた告げ口。
さんそう【山荘】山の中の別荘。
ざんぞう【残像】「—効果」
さんぞく【山賊】山中を根城とする賊。

さんそん【山村】「—水郭」「豊かな自然に恵まれた—を訪れる」
さんそん【散村】散居村落。「砺波〈となみ〉平野の—」
さんぞん【三尊】「阿弥陀—」「—来迎」
ざんそん【残存】「土中に—する養分」
さんだい【参内】「皇太子夫妻が皇居に—する」
ざんだか【残高】「預金の—照会」
さんだつ【▼簒奪】臣下が帝王の位を奪い取る。
さんだわら【桟俵】米俵の上下の、わら製の円いふた。「—法師」
さんたん【三嘆・三▼歎】何度も感心する。「一読—」「今回の演奏は—に値する」
さんたん【賛嘆・▼讃▼歎】「見事な演技に—の声があがる」
さんたん【惨▼憺・惨▼澹】「苦心—」「—たる結果に終わった」
さんだん【算段】「会う—をつける」「金を—する」
さんだんじゅう【散弾銃】ショットガン。「狩猟用の—」
さんだんとび【三段跳(び)】「—の競技」
さんち【山地】「白神〈しらかみ〉—」
さんち【産地】「—直送(直売)」「桃の—岡山」
さんちょう【山頂】「富士—」
さんてい【算定】「—基準を示す」「米の価格を—す

る」

ざんてい【暫定】仮に。臨時的。「—的」「—税率」

ざんてき【残敵】「—を掃蕩〈そうとう〉する」

さんてん【山▼巓・山▼顚】山頂。

さんと【三都】三つの大きな都市。京都・大坂・江戸。

ざんど【残土】土木工事で出るいらない土砂。

さんどう【参道】寺社に参拝するための道。「表—」

さんどう【桟道】崖に沿って設けた板の道。かけはし。

さんどう【賛同】「企画案は大方の—を得た」「趣旨に—する」

ざんとう【残党】「敵の—が勢力を盛り返す」

さんにゅう【参入】新しく加わる。「外資系企業が市場に新規—する」

さんにゅう【算入】計算に組み入れる。「給与には残業手当分も—してある」

ざんにょう【残尿】「—感」

ざんにん【残忍】「—酷薄」「—な暴行事件」

ざんねん【残念】「—ながら欠席いたします」「応援してきたチームが解散すると聞いて—だ」

さんば【産婆】助産師の旧称。

さんぱい【三拝】「—九拝して頼み込む」「神前で—する」

さんぱい【参拝】「明治神宮に—する」

さんぱい【酸敗】食べ物が腐ってすっぱくなる。

ざんぱい【惨敗】「予選で—する」「—を喫する」
さんばいず【三杯酢】同量の酢・醤油・味醂〈みりん〉を混ぜたもの。「かに身の—和え」
さんばがらす【三羽▼烏】「漱石門下の—」
さんぱくがん【三白眼】「—でにらむ」
さんばし【桟橋】「出帆した船を—から見送る」
さんばそう【三▽番▼叟】能の「翁」の祝言舞。
さんぱつ【散発】「放火事件が—的におきている」
さんぱつ【散髪】「—に行く」
ざんぱん【残飯】「野良猫が—をあさりにやってくる」
さんび【酸鼻】非常にむごたらしいこと。「—をきわめる事故現場」
さんび【賛美・▼讃美】「偉業を—する」
さんぴ【賛否】「—両論」「—を問う」
さんびか【賛美歌・▼讃美歌】「礼拝堂で—を歌う」
さんびょうし【三拍子】「攻走守の—揃った選手」
さんぴん【三▽一】身分の低い侍。「この—侍め」
さんぴん【産品】産出する品物。「一次—」
ざんぴん【残品】売れ残りの商品。「—処分」
さんぷ【参府】大名が江戸に参勤したこと。
さんぷ【産婦】出産前後の女性。
さんぷ【散布・▼撒布】「—剤」「農薬を—する」

さんぷく【三伏】夏の最も暑い時期。「—の候」

さんぷく【山腹】山頂と麓との間の部分。

さんぷくつい【三幅対】三幅で一組の掛け物。

さんぶつ【産物】「この地方の—」

サンフランシスコ【桑港】米国、西海岸の港湾都市。

さんぶん【散文】⇔韻文。「—詩」

さんぺいじる【三平汁】北海道の郷土料理。

ざんぺん【残片】「墜落した機体の—」

さんぽ【散歩】気晴らしや健康のために歩く。「ちょっと—に出かけてくる」

さんぼう【三方】「鏡餅を—に載せて供える」

さんぼう【三宝】仏と法と僧。「篤く—を敬え」

さんぼう【参謀】作戦・用兵などを受け持つ将校。「選挙の—を務める」

ざんぼう【▼讒▼謗】「罵詈〈ばり〉—を浴びせる」

さんま〈秋刀魚〉「—を炭火で焼く」

さんまい【三昧】①精神を統一して乱さない。②複合語をつくる。「ざんまい」となることが多い。「読書—に明け暮れる」「贅沢—の生活」

さんまい【産米】「新潟—」

さんまいめ【三枚目】滑稽な役をする俳優。

さんまん【散漫】「注意力が—だ」「—な論旨」

さんみ【酸味】「—の強いみかん」

さんみいったい【三位一体】キリスト教の根本

教養の一。また、三者が心を合わせること。「—の改革」
さんみゃく【山脈】「ヒマラヤ—」「青い—」
ざんむ【残務】「退職前の—整理」
ざんむ【残夢】目覚めてなお心に残る夢。
さんめんきじ【三面記事】社会面の記事。「新聞の—」
さんめんろっぴ【三面六▼臂】何人分もの活躍。「—の働き」
さんもん【山門】寺院の門。また、寺院。特に、天台宗延暦寺。「南禅寺—」「—派」
さんもんばん【三文判】出来合いの安いはんこ。
さんや【山野】「—を駆けめぐる」
さんやく【三役】大関・関脇・小結。重要な三つの役職。「—揃い踏み」「党の—」
さんやく【散薬】こなぐすり。散剤。
さんよ【参与】「国政に—する」
ざんよ【残余】「—財産の分配」「—額を返還する」
さんよう【山容】山の姿。「—水態(=自然の風景)」
さんよう【山陽】⇔山陰。「—地方」「—新幹線」
さんよう【算用】「胸—(=心積もり)」「—数字」
さんようどう【山陽道】七道の一。山陽地方に相当。
さんらん【産卵】「鮭は川を遡上して—する」
さんらん【散乱】「ガラスの破片が—する」
さんらん【▼燦▼爛】「—たる輝き」
さんり【三里】灸点の一。膝頭の外側のくぼんだ所。
さんりく【三陸】「—海岸」「—沖地震」
ざんりゅう【残留】「農薬が—している」
さんりょう【山陵】天皇や皇后の墓。みささぎ。
さんりょう【山▼稜】山の尾根。
さんりん【山林】「—を開発する」
さんりんぼう【三隣亡】建築を忌む凶日。
さんれい【山▼嶺】山のみね。「アルプス—」
さんれつ【参列】「告別式に—する」
さんれつ【惨烈】非常にむごたらしいさま。「—を極める戦争」
さんろう【参籠】「寺に数日間—する」
さんろく【山麓】山のふもと。山すそ。「富士—」

し

し【士】シ — 「士官・学士・騎士・義士・紳士・博士・武士・兵士・名士」
し【子】シ・ス こ 「子細・子女・子息・子孫・子弟・君子・原子・骨子・男子・調子・分子・卵子・粒子」
し【支】シ ささ-える 「支援・支給・支局・支持・支出・支障・支柱・支店・支配・支部・支流・収支」
し【止】シ と-まる・と-める 「止血・止宿・止痛・休止・禁止・終止・制止・静止・中止・停止・廃止・抑止」
し【氏】シ うじ 「氏族・氏名・諸氏・姓氏・同氏・某氏・両氏」
し【仕】シ・(ジ) つか-える 「仕官・仕途・給仕〈きゅうじ〉・出仕・致仕・奉仕」
し【史】シ — 「史学・史観・史実・史書・史上・史跡・史料・国史・歴史」
し【司】シ — 「司会・司祭・司書・司直・司法・司令・行司・上司」
し【四】シ よ・よ-つ・よっ-つ・よん 「四海・四角・四季・四苦八苦・四散・四方・四面楚歌」
し【市】シ いち 「市営・市価・市街・市況・市場・市井・市長・市内・市販・市民・市立・都市」
し【矢】シ や 「一矢・嚆矢〈こうし〉」
し【示】⇩じ(示)。「示教・示唆・示度・図示・黙示」
し【旨】シ むね 「旨酒・宗旨・主旨・趣旨・諭旨・要旨・論旨」

し【死】シ し-ぬ 「死角・死去・死刑・死語・死守・死闘・死亡・死滅・急死・決死・生死・必死・病死」

し【糸(絲)】シ いと 「糸価・一糸・菌糸・製糸・抜糸・紡糸・綿糸」

し【至】シ いた-る 「至急・至近・至高・至上・至難・冬至・必至」

し【伺】シ うかが-う 「伺候・奉伺」

し【志】シ こころざ-す・こころざし 「志気・志向・志望・意志・遺志・初志・同志・有志」

し【私】シ わたくし・わたし 「私営・私語・私財・私情・私心・私信・私邸・私鉄・私腹・私用・私立・公私」

し【使】シ つか-う 「使者・使節・使命・使用・駆使・公使・天使」

し【刺】シ さ-す・さ-さる 「刺客・刺激・刺殺・刺青・風刺・名刺」

し【始】シ はじ-め・はじ-まる 「始業・始終・始祖・始動・始発・始末・開始・原始・終始・創始・年始」

し【姉】シ あね 「姉弟・姉妹・義姉・実姉・諸姉・大姉・長姉」

し【枝】シ えだ 「枝幹・枝葉・樹枝・整枝・短枝・柳枝・連枝」

し【祉(祉)】シ ― 「福祉」

し【肢】シ ― 「肢体・下肢・義肢・後肢・四肢・上肢・選択肢」

し【姿】シ すがた 「姿勢・姿態・艶姿・風姿・雄姿・容姿・麗姿」

し【思】シ おも-う 「思考・思索・思想・思慕・意思・静思・相思」

し【指】シ ゆび・さ-す 「指圧・指示・指定・指導・指名・屈指」

し【施】シ・セ ほどこ-す 「施行・施策・施術・施政・施設・実施」

し【師】シ ― 「師事・師匠・師団・師弟・医師・恩師・教師・先師・導師」

し【恣】シ ― 「恣意的・驕恣・自恣・放恣」

し【紙】シ かみ 「紙質・紙上・紙幣・紙面・色紙・白紙・半紙・用紙・和紙」

し【脂】シ あぶら 「脂粉・脂肪・牛脂・獣脂・樹脂・皮脂・油脂」

し【視(視)】シ ― 「視界・視覚・視察・視線・視力・監視・軽視・注視・敵視」

し【紫】シ むらさき 「紫衣・紫雲・紫煙・紫外線・紫紺・紫斑」

し【詞】シ ― 「詞藻・歌詞・賀詞・作詞・祝詞・数詞・誓詞・品詞・名詞」

し【歯(齒)】シ は 「歯牙・歯根・歯石・義歯・乳歯・抜歯」

し【嗣】シ ― 「嗣子・継嗣・後嗣・皇嗣・嫡嗣・令嗣」

し【試】シ こころ-みる・ため-す 「試案・試飲・試技・試験・試行・試作・試算・試食・試着・試用・入試」

し【詩】シ ― 「詩歌(しか)(しいか)・詩稿・詩作・詩集・詩情・詩人・詩聖・詩壇・詩文」

し【資】シ ― 「資格・資金・資源・資材・資産・資質・資料・資力・学資・投資・物資・融資」

し【飼】シ か-う 「飼育・飼養・飼料」

し【誌】シ ― 「誌上・誌面・会誌・機関誌・雑誌・日誌・墓誌・本誌」

し【雌】シ め・めす 「雌性・雌伏・雌雄」

し【摯】シ ― 「真摯」

し【賜】シ たまわ-る 「賜金・賜杯・賜与・恩賜・下賜・恵賜・賞賜」

し【諮】シ はか-る 「諮詢・諮問」

し【士】学徳を備えた男子。「好学の―」「高潔の―」

し【子】「読書―」「―いわく」

し【氏】「藤原―」「―は斯界の先達であります」

し【市】「―の条例」

し【死】「祖父の―」「―に瀕する」「―をもって潔く罪を償う」

し【私】「―的」「公と―との区別をつける」

し【刺】名札。「―を通じる」

し【師】「我が―の恩」

し【詩】「定型(自由)―」「―を作るより田を作れ」

し【資】「―を投ずる」

じ【示】ジ・シ しめ-す 「示威・示談・暗示・開示・訓示・掲示・公示・告示・誇示・指示・提示・表示・明示」

じ【地】⇩ち(地)。「地獄・地所・地震・地盤・地面・地雷」

じ【字】ジ あざ 「字画・字形・字源・印字・活字・漢字・数字・題字」

じ【寺】ジ てら 「寺院・古寺・社寺・廃寺・仏寺・菩提寺・末寺」

じ【次】ジ・シ つ-ぐ・つぎ 「次回・次官・次期・次元・次席・次善・次第〈しだい〉・順次・席次・途次・年次・目次」

じ【耳】ジ みみ 「耳殻・耳疾・耳目・俗耳・外耳・内耳・馬耳東風」

じ【自】ジ・シ みずか-ら 「自愛・自衛・自我・自覚・自棄・自供・自己・自習・自身・自信・自然〈しぜん〉・自治・自動・自白・自分・自慢・自由・各自・独自」

じ【似】ジ に-る 「疑似・近似・酷似・相似・類似」

じ【児(兒)】ジ・(ニ) ― 「児童・愛児・育児・孤児・男児・乳児・鹿児島〈かごしま〉県」

じ【事】ジ・(ズ) こと 「事業・事件・事実・事情・事物・事務・事例・悪事・好事家〈こうずか〉・私事・師事・無事」

じ【侍】ジ さむらい 「侍医・侍者・侍従・侍女・侍臣・侍立・近侍」

じ【治】ジ・チ おさ-める・おさ-まる・なお-る・なお-す 「根治・政治・退治・湯治・難治・不治・療治」

じ【持】ジ も-つ 「持続・持病・持論・維持・支持・所持・保持」

じ【時】ジ とき 「時価・時間・時候・時刻・時差・時事・時代・時報・時流・瞬時・寸時・当時・同時・臨時」

じ【滋】ジ ― 「滋味・滋養・滋賀〈しが〉県」

じ【慈】ジ いつく-しむ 「慈愛・慈雨・慈眼・慈顔・慈善・慈悲・慈母」

じ【辞(辭)】ジ や-める 「辞意・辞書・辞職・辞世・辞退・辞表・辞令・訓辞・固辞・式辞・祝辞」

じ【磁】ジ ― 「磁気・磁器・磁極・磁石・磁針・磁性・磁力・青磁・白磁」

じ【餌[餌]】ジ えさ・え 「擬餌・給餌・好餌・食餌・薬餌」

じ【璽】ジ ― 「印璽・御璽・国璽・神璽」

じ【地】「雨降って―固まる」「―の名産品(人)」「映画の筋を―で行く」「めっきがはげて―が出る」「水色の―に白の水玉」

じ【字】「―が書けるようになる」「―が上手な人に清書してもらう」「彼は彼女にほの―だ」

じ【▼痔】肛門部にできる腫れ・ただれ。

しあい【試合・仕合】「泥―」「―に勝つ（負ける）」

じあい【自愛】自分の体を大切にする。「御―専一にお過ごし下さい」

じあい【慈愛】「深い―に包まれて育つ」

しあがり【仕上(が)り】「―が悪い」

しあげ【仕上げ】「いよいよ―の段階に入る」

しあさって【〈明明後日〉】「―までに仕上げる」

しあつ【指圧】指先・手のひらで、体を押す療法。

じあめ【地雨】同じ強さで降り続く雨。「―がしとしとと降る」

しあわせ【幸せ・仕合(わ)せ・▼倖せ】「―な生涯」

しあん【私案】自分の個人的な案や考え。「あくまで―として示しただけだ」

しあん【試案】検討材料として試みに作った案。「暫定―」「叩き台として―を提示する」

しあん【思案】あれこれ思いめぐらす。心配。「―の種」「―をめぐらす」

じあん【事案】問題になっている事柄。

しい【▽椎】「―の実」

しい【四囲】周囲。「―の景勝を楽しむ」「―の情勢に鑑みる」

しい【私意】私情をまじえた考え。「―をさしはさまずに判断する」

しい【恣意・▼肆意】勝手な考え。「会長の―によって方針が左右される」「―的な人事」

しい【思▼惟】「哲学的―」

じい【示威】気勢や威力を示す。「―行為（運動）」

じい【自慰】オナニー。「―的行為」

じい【辞意】「―をもらす」

しいか【詩歌】「日本の―」「―管弦の遊び」〔「しか（詩歌）」の慣用読み〕

しいぎゃく【▼弑逆】主君・父を殺す。「皇帝―は未遂に終わった」〔「しぎゃく（弑逆）」の慣用読み〕

しいく【飼育】「乳牛を―する」

じいしき【自意識】「―過剰」「―が強い」

しいする【▼弑する】主君や父を殺す。「将軍を―・しようと企む輩」〔「し（弑）する」の慣用読み〕

しいそさん【▼尸位素▼餐】才能や徳がないのに高位につき、いたずらに禄を食む。

しいたけ【▽椎▼茸】ハラタケ目のきのこ。

しいたげる【虐げる】虐待する。「領民（動物）を―」

しいて【《強》いて】「―言えば」「―そうさせる」

しいな【▼粃・▼秕】実のないもみ。十分実らない果実。

しいら【▼鱰・▼鱪】スズキ目の海魚。

しいる【強いる】「酒を―」

しいれ【仕入(れ)】「―に出る」「―品」

しいれる【仕入れる】「問屋から―」「新しい情報を―」

しいん【子音】「英語の―」

しいん【死因】「―を特定する」

しいん【試飲】「新酒を―する」

じいん【寺院】「バンコクのエメラルド―」

じう【慈雨】めぐみの雨。「旱天〈かんてん〉の―」

しうち【仕打ち】「ひどい―を受ける」

しうん【紫雲】「―たなびく寺」

じうん【時運】その時のめぐりあわせ。時の運。「―のなせるわざ」「―に乗って繁栄する」

しうんてん【試運転】「新路線の―を実施する」

しえい【市営】「―住宅」

じえい【自営】「―業」「豆腐屋を―する」

じえい【自衛】「―隊」「―権」

しえき【私益】⇔公益。「私利―の争い」

しえき【使役】人に仕事をさせる。

しえん【支援】「―の手をさしのべる」「技術開発を―する」

しえん【私怨】「―を晴らす」

しえん【紫煙】たばこの煙。「―をくゆらす」

じえん【自演】「自作―の疑いがある」

しお【塩】「魚に―を振って焼く」「力士が土俵に―をまく」「敵に―を送る」

しお【潮・▼汐】「―が満ちる（引く）」「それを―に席を立つ」

し

じおう【地黄】多年草の名。漢方薬に用いる。

しおかげん【塩加減】「ちょうどいい—だ」『—を見る」

しおかぜ【潮風】潮気を含んだ風。

しおがま【塩▼竈・塩釜】海水を煮て塩をつくるかまど。

しおから【塩辛】「いかの—」『—蜻蛉〈とんぼ〉」

しおき【仕置き】こらしめのための手段。「—人」「お—をする」

しおくり【仕送り・▽為送り】「月々の生活費を—する」

しおけ【塩《気》】「—が足りない」

しおさい【潮▽騒】「海辺の宿で—を聞きながら床に就く」

しおざけ【塩▼鮭】塩漬けのサケ。

しおさめ【仕納め・▽為納め】「今年の仕事の—」

しおしお【▼悄▼悄】「断られて—と帰る」

しおぜ【塩瀬】羽二重に似た、厚地の絹織物。

しおだまり【潮▼溜まり】干潮時に海水が残る磯の岩場。

しおたれる【潮垂れる】「戦いに負けて選手たちはすっかり—れている」

しおづけ【塩漬(け)】「きゅうりの—」

しおどき【潮時】「満潮の—にかかる」『—を見計らう』『物には—というものがある」

しおひがり【潮干狩(り)】干潟で貝を取る遊び。

しおびき【塩引き】塩漬けにした魚。「—鮭」

しおふき【潮吹き】海産の二枚貝。「—の佃煮」

しおまねき【潮招・〈望潮〉】干潟にすむカニ。

しおめ【潮目】「黒潮と親潮の—」『日本経済の—を読む」

しおやき【塩焼き】「サンマの—」

しおやけ【潮焼け】潮風のため肌が赤黒くなる。

しおり【▼栞・枝折(り)】「読みかけの本に—をはさんで閉じる」『旅の—」

しおりど【枝折(り)戸】竹などで作った簡単な庭戸。

しおれる【▽萎れる】「花瓶の花が—」『叱られて—」

しおん【私恩】自分の都合で、ある人にだけ施す恩。「—を売る」

しおん【紫▼苑・紫▼菀】キク科の多年草。

じおん【字音】漢字の音読み。⇕字訓。

しか【鹿】ーしか・(か)「鹿笛・牡鹿・大鹿・牝鹿」

しか【鹿】「奈良公園の—」

しか【史家】歴史家。「郷土—」

しか【市価】市場で売買される値段。「—の二割程度安く買う」

しか【私家】「—版」

しが【歯牙】「—にもかけない(=まったく問題にしない)」

じか【自家】「—用車」『—焙煎のコーヒー」

じか【時価】その時々の市場価格。

じか【時下】(手紙文で)このごろ。目下。「—ますます御清栄のこととお慶び申し上げます」

じが【自我】人の意識の主体となる自己。「—に目覚める」

しかい【司会】「—進行役」『研究集会で—をする」

しかい【四海】四方の海。天下。「—波静か(=天下泰平の意)」

しかい【視界】「—が効かないので着陸を断念する」『—を遮るものがない」

しかい【▼斯界】「—の権威」『—のために尽力する」

しがい【市外】⇕市内。「—通話」

しがい【市街】「—地」

しがい【死骸・▼屍骸】「鳥の—」

じかい【自戒】「—を込めて言いますが」

じかい【自壊】「—作用」

じかい【持戒】⇕破戒。「—の聖者」

じかい【磁界】磁場〈じば〉。

じがい【自害】自殺。「—して果てる」

しかいけいてい【四海兄弟】世界の人はみな兄弟のようなものである。

しがいせん【紫外線】「―によるしみ、そばかすを防ぐ」
しかえし【仕返し】やり返す。報復。
しかく【死角】「―に入って射撃できない」
しかく【刺客】暗殺者。しきゃく。「―をさしむける」
しかく【視角】目と物体の両端を結んだ二直線の成す角度。「最小―」
しかく【視覚】「―的に分かりやすく表示する」
しかく【資格】「受験―」「―試験」「教員の―をとる」「個人の―で発言する」
しがく【史学】歴史学。「文学部―科」
しがく【志学】学問に志す。また、一五歳の異称。
しがく【私学】⇔官学。「―の中学校に通う」「―助成」
しがく【詩学】詩の原理や作詩法を研究する学問。
じかく【字画】「子供の名前を―で占う」
じかく【耳殻】外耳の最外部。耳介。
じかく【自覚】「―症状」「自分の立場をよく―している」
じかく【▼痔核】いぼ痔。
じがく【自学】「―自習」
しかくしめん【四角四面】真四角なこと。堅苦しいこと。「―のやぐら」「―の応対」
しかけ【仕掛(け)・仕懸(け)】「種も―もございません」

しかける【仕掛ける】「わなを―」
しかし【《▽然》し・《▽併》し】「あいにくの悪天候だ。―、出発する」「よく会社をやめる決心がついたね。―これからどうするつもりかね」「―、豪壮な邸宅だなあ」
しかじか【▽然▽然】「斯く斯く―」「―の理由による と明記せよ」
じがじさん【自画自賛】「自分の製作した映画を―する」
しかして【▽然して・▼而して】そうして。
しかず【▽如かず】及ばない。一番よい。「逃げるに―」「百聞は一見に―」
じかせい【自家製】「―の梅酒」
じかせん【耳下腺】耳の前下方にある唾液腺。「―炎(=おたふくかぜ)」
じがぞう【自画像】「ゴッホの―」
しかた【《仕方》】「話の―」「―が無い」
じかたび【地下《足袋》】「―を履いて土木作業をする」
じがため【地固め】「立候補のための―をする」
じかだんぱん【▽直談判】「社長に―して企画案を通してもらう」
しかつ【死活】「円高は当社にとって―問題だ」
じかつ【自活】「アルバイトで―する」
しかつめらしい【《鹿爪》らしい】「―顔つきで挨拶をする」
しかと【▽確と・▼聢と】「―心得た」
じかどうちゃく【自家▼撞着】言動が矛盾する。「―に陥る」
じかに【▽直に】直接に。「荷物を地面に―置く」
じがね【地金】めっきの下地。本来の性質。「―を出す(=本性を表す)」
しかのみならず【〈加之〉】そればかりでなく。
しかばね【▼屍・▼尸】死体。かばね。「生ける―」「―に鞭〈むち〉打つ(=死んだ人の悪口を言う)」
じかび【▽直火】「―炊きの釜飯」
じかまき【▽直▼播き】直接に田畑に種をまく。
しかめる【▼顰める】「歯の痛みに顔を―」
しかも【▽然も・▼而も】「最初で―最後の機会」
しからば【▽然らば】それなら。「―やってみよう」
しがらみ【▼柵・▼笧】流れをさえぎる物。まとわりつくもの。「恋の―」「浮き世の―」
しかり【▽然り】その通りだ。「その逆もまた―だ」
しかる【叱る・▼呵る】「子供のいたずらを―」
しかるに【▽然るに】ところが。
しかん【士官】軍隊で、佐官・尉官の総称。「―候補生」
しかん【仕官】官吏になる。武士が主君に仕える。「時の政府に―する」
しかん【史観】歴史の見方。「唯物―」

しかん【▼弛緩】 たるむこと。ゆるむこと。「筋肉が―する」

しがん【▼此岸】 仏教で、現実のこの世。「―の煩悩」

しがん【志願】 「―兵」「大学の―者」

じかん【次官】 各省大臣の補佐官。「事務―」「外務―」

じかん【時間】 「集合―」「―帯」「復旧までにはかなりの―を要する」「食事をとる―もない」「勝敗は―の問題だ」

しかんたざ【▼只管▽打▼坐・▼祗管▽打▼坐】 (曹洞宗で)ひたすら座禅する。

じかんわり【時間割(り)】 「授業の―」

しき【式】 シキ 「式場・式典・式服・格式・儀式・旧式・挙式・形式・公式・数式・葬式・本式・略式」

しき【色】 ⇩しょく(色)。「色彩・色紙・色情・色素・色欲・景色」

しき【織】 ⇩しょく(織)。「組織」

しき【識】 シキ 「識字・識別・意識・常識・知識・認識・面識」

しき【式】 「結婚―」「電動―」「―の日取りを決める」「―を挙げる」「―を立てて計算する」

しき【士気・志気】 「―を鼓舞する(高める)」

しき【子規】 鳥のホトトギスの別名。

しき【四季】 「―折々の風景」

しき【死期】 「―が迫る」「―を悟る」

しき【始期】 ⇔終期。「出芽の―を予測する」

しき【指揮・指▼麾】 「―を取る」「楽団を―する」

しき【紙器】 紙製の容器や外箱の総称。「包装―」

しぎ【▼鴫・▼鷸】 シギ科の水鳥の総称。「心なき身にもあはれは知られけり―たつ沢の秋の夕暮れ／西行(新古今和歌集)」

しぎ【仕儀】 なりゆき。事情。「このような―にあいなりまして」

じき【直】 ⇩ちょく(直)。「直参・直直・直訴・直伝・直筆・正直」

じき【食】 ⇩しょく(食)。「悪食・断食・中食」

じき【《直》】 すぐ。「頂上はもう―だ」「―(に)終わるから我慢しろ」

じき【次期】 「―首相」

じき【自記】 自筆。自動的に記録する。「―温度計」

じき【自棄】 すてばち。やけ。「自暴―」

じき【時季】 季節。時節。「―はずれの料理」「行楽の―」

じき【時期】 とき。おり。「―尚早」「―を区切って募集する」

じき【時機】 よい機会。チャンス。「―到来」「―を失する」

じき【磁気】 鉄を引きつける作用。「―カード(テープ)」

じき【磁器】 硬く吸水性のない上質の焼き物。

じぎ【字義】 その文字の意味。「―どおりに解釈する」

じぎ【児戯】 「―に類する」

じぎ【時宜】 ちょうどよい時期。「―にかなった処置」「―を得た発言」

しきい【敷居・▼閾】 「―が高い(＝不義理や不面目などの理由でその人の家に行きにくい)」「二度と―を跨がせない(＝家に入れない)」

しきいき【識▼閾】 感覚が出現・消失する境目。「―をさまよう」

しきいし【敷石・▽舗石・▼甃石】 道路・庭などに敷いた石。

しきうつし【敷(き)写し】 「地図の―」

しきかん【色感】 色彩感覚。「―が豊かだ」

しききん【敷金】 「―礼金無しの賃貸住宅」

しきけん【識見】 見識。

しきご【識語】 写本で本の来歴を記した部分。

しきさい【色彩】 「政治的―を帯びた発言」

じきさん【直参】 将軍に直属した旗本・御家人。

しきさんば【式三▽番】 能の「翁」の歌舞伎所作事。

しきし【色紙】 「―にサインをもらう」

しきじ【式次】 式次第。

■しきじ【式辞】儀式で述べるあいさつの言葉。

しきじ【識字】文字が読めること。「—率（層）」「—運動」

じきじき【《直直》】人を介さず直接に。「—にお話しいたしたい」

しきしだい【式次第】「卒業式の—」

しきじつ【式日】儀式の行われる日。祝日。祭日。

しきしま【敷島・磯城島】日本国の別名。「—の道（＝和歌の道）」

しきしゃ【識者】有識者。「—の意見を聞く」

しきじょう【色情】「—狂」

しきそ【色素】「メラニン—」「—沈着」

じきそ【直訴】「社長に—する」

しきそう【色相】色の種類。色合い。「—環」

しきそくぜくう【色即是空】仏教で、万物の本性は空であるということ。

しきだい【式台・敷台】玄関の上がり口の板敷き。

しきたり【《仕来》り・《▽為来》り】ならわし。

しきち【敷地】「—面積」

しきちょう【色調】「柔らかい—の照明」

じきでし【直弟子】直接教えを受ける弟子。

しきてん【式典】「広島平和記念—」

じきでん【直伝】「師匠—の技を修得する」

じきひ【直披】手紙の脇付の一。自ら披〈ひら〉かれたいの意。

じきひつ【直筆】「坂本龍馬—の文書」

しきふ【敷布】シーツ。

しきべつ【識別】「牛の個体—番号」「敵と味方を—する」

しきみ【▼樒・▼梻】モクレン科の木。

しきもう【色盲】「—検査」

しきもの【敷物】「床の—」

しぎやき【▼鴫焼(き)】焼きナスの料理の一。

しきゃく【刺客】しかく。

しぎゃく【▼嗜虐】残虐なことを好む。「—的な行為」

じぎゃく【自虐】自らを痛めつける。「—的な考え方」

しきゅう【子宮】「—筋腫」「—外妊娠」

しきゅう【支給】「現物—」「ボーナス（年金）を—する」

しきゅう【四球】「—で出塁する」

しきゅう【死球】「まともに頭に—を受ける」

しきゅう【至急】「—の用事」「—連絡してほしい」

じきゅう【持久】「—戦に持ち込まれる」

じきゅう【時給】「—の高いアルバイト」

しきゅうしき【始球式】野球で来賓が投球する儀式。

じきゅうじそく【自給自足】「—の経済」「田舎で—の生活をする」

しきょ【死去】「昨夜—した」

じきょ【辞去】「知人の家を—する」

しきょう【司教】カトリックで、司祭の上の聖職。

しきょう【市況】「野菜（不動産）—」「株式—を読む」

しぎょう【仕業】実際に機械操作や車両運転をする。「列車の—点検を行う」

しぎょう【始業】授業・仕事を始める。「一学期の—式」「午前九時に—する」

じきょう【自供】「犯行を—する」「—を翻す」

じきょう【自▼彊】みずから進んで励む。「—術」「—不息の精神で挑戦し続けてゆきたい」

じぎょう【地形・地業】建築で、地固め。地突き。

じぎょう【事業】「福祉—」「新たに—を興す」

しきょうひん【試供品】「健康食品の—」

しきょく【支局】「東京—」

しきよく【色欲・色▼慾】情欲。性欲。「—に溺れる」

じきょく【時局】「重大な—にさしかかる」「—問題講演会」

じきょく【磁極】「磁石の—」「地球の—」

しきり【仕切(り)】「部屋の—」

しきりに【▽頻りに】「—誘われる」「雪が—降っている」「—恐縮している」

しきる【仕切る】「部屋を—」「この部門を—責任者」

じきわ【直話】「社長の—」

しきん【至近】「―距離」「―弾」

しきん【資金】「運転―」「―繰り」

しぎん【歯▼齦】歯ぐき。歯肉。「―炎」

しぎん【詩吟】漢詩に節をつけてうたう。

しきんせき【試金石】価値や力量を試す物事。「今回の企画が大事業展開への―となる」

しく【▽如く・▽若く・▽及く】匹敵する。「帰るに―はない」

しく【四苦】生・老・病・死の四つの苦痛。「―八苦」

しく【詩句】「杜甫の―を吟ずる」

しく【布く】発布する。「善政を―」「戒厳令を―」

しく【敷く】下に当てる。延べ広げる。「布団を―」「鉄道を―」

じく【軸】ジク ― 「機軸・座標軸・車軸・主軸・枢軸・地軸」

じく【軸】「床の間に―を掛ける」「右足を―に二回転する」「チームの―となって活躍する」

じく【字句】「―の解釈」

じくあし【軸足】「国連に―を置いた外交」「方針の―がふらつくようでは困る」

じくう【時空】「―を超えた普遍的なテーマ」

じくうけ【軸受け】回転軸を受け支える装置。

じくぎ【軸木】「巻物の―」「マッチの―」

しぐさ【⸨仕草⸩】「愛らしい―」

じくじ【▼忸▼怩】自ら恥じ入るさま。「内心―たる思いであった」

じぐち【地口】成語などをもじったしゃれ。「猫に小判」を「下戸に御飯」と言う類。「―落ち」「―行灯」

しくつ【試掘】「温泉の―に成功した」

しくはちがい【四▼衢八街】道が四方八方に通ずる大きな都市。

しくはっく【四苦八苦】「金策に―する」

じくばり【字配り】文字の配置。「―が良くない」

しくみ【仕組み】「機械の―」「世の中の―」

じくもの【軸物】掛け軸。「床飾りの―」

しぐれ【《時雨》】初冬ごろのにわか雨。「さっと―が通り過ぎる」「蛤の―煮」

じくろ【▼舳▼艫】船首と船尾。へさきと、とも。「―千里(=多くの船が連なる様)」

じくん【字訓】漢字の訓。⇔字音。

しくんし【士君子】「天下の―たれ」

しけ【▽時化】「―で魚の値が上がる」

じげ【地毛】「―で日本髪を結う」

しけい【死刑】「―囚」

しけい【私刑】私的な制裁。リンチ。

しげい【至芸】芸の極致。「華やかなピアノの―」

じけい【自警】自分で警護すること。自戒。「―団」「―の言葉」

しげき【史劇】「シェイクスピアの―」

しげき【刺激・刺▼戟】「―臭」「―が強い」「―を求めて旅に出る」

しげき【詩劇】詩の形式で書かれた劇。

しげしげ【⸨▽繁▽繁⸩】「その店に―(と)通う」「横顔を―(と)見る」

しけつ【止血】「―剤」

じけつ【自決】「民族―」「ピストルで―する」

しげみ【茂み・▽繁み】「庭の―」

しける【▽時化る】「台風で海が―」「―・けた顔」「客が入らない―・けた店」

しける【▽湿気る】湿気をおびる。下一段にも五段にも活用する。「―・けた煎餅(下一段活用)」「海苔が―・らないようにする(五段活用)」

しげる【茂る・▽繁る】「若葉が―」「夏草が―」

しけん【私見】一個人の見解。「―によれば」

しけん【試験】「司法―」「入学―」「―問題」「新車の性能を―する」

しげん【至言】「巨匠ならではの―」

しげん【始原】物事の起こり。原始。

しげん【資源】「―開発」「限りある―を大切にしよう」

じけん【事件】「殺人―」「―記者」「―が起こる」

じげん【示現】神仏が霊験を現す。

じげん【次元】「―の異なる意見」「低い―の話」

じげん【時限】「四―目の授業」「―装置（爆弾）」
しけんかん【試験管】「―ベビー」「―の水溶液」
しこ【四股】「―を踏む」
しこ【四顧】四方を見回す。「―するも人影無し」
しこ【指呼】近しい間柄。「―の中〈うち〉」「―の間〈かん〉に望む」
しご【死後】「―硬直」「―の世界」
しご【死語】使われなくなった単語や言語。
しご【私語】「会議中は―しないように」
じこ【自己】「―流」「―暗示」「―嫌悪」「―顕示欲」
じこ【事故】「交通―」「―渋滞」「―を起こす」
じご【事後】⇔事前。「―承諾」「―処理」
じご【▼爾後】この後。以後。「―の予定」「―お見知りおきを」
しこう【至高】「―の神」「―の芸術」
しこう【志向】意識をある目的に向ける。「上昇―」「本物―」「民主国家の建設を―する」
しこう【指向】ある定まった方向に向かう。「探知機が発信源を―する」
しこう【思考】「―力を身につける」「論理的―」
しこう【施工】工事を行う。せこう。「―図」「土木の―現場」
しこう【施行】法令の実施。せこう。「―規則」「日本国憲法が―される」

し

しこう【伺候・▼祗候】「白河院に―する近臣」
しこう【歯▼垢】「ブラシで―を取り除く」
しこう【▼嗜好】「コーヒーなどの―品」「―が偏っている」
しこう【試行】「新方式を―的に導入する」
しごう【▼諡号】おくりな。
じこう【時好】「―におもねる」「―に投ずる」
じこう【事項】「協議―」「注意―をよく読む」
じこう【時効】「―が成立する」「もうあの約束は―だ」
じこう【時候】「―のあいさつ」
しこうさくご【試行錯誤】試みては失敗することを重ねる。「―を繰り返してようやく完成する」
じごうじとく【自業自得】自らの悪事によって報いを受ける。「―だからやむを得まい」
じごえ【地声】生まれつきの声。「この高い声は―です」
しこく【四国】「本州―連絡橋」
しごく【至極】きわめて。「―面白い」「迷惑―」
しごく【▽扱く】「稲穂を―いて、もみを落とす」「合宿で―かれる」
じこく【時刻】「―表」「発車―が近づく」
じごく【地獄】「借金―」「―耳」「―の沙汰も金次第」
しごせん【子午線】天球の両極を結ぶ線。また、地球の経線。

しごと【仕事】「野良―」「―柄」「―先」「―量」「―が片付く」「―を探す」「―に取りかかる」

しこな【▽醜名】力士としての呼び名。〔「四股名」は当て字〕

しこむ【仕込む】「芸を―」「商品を―」

しこめ【▽醜女】容貌の醜い女。

しこり【▽凝り・▼痼り】「肩の―をもみほぐす」「きっちり議論しないとあとあと―が残る」

しころ【▼錏・▼錣】兜などの首筋をおおうもの。

しこん【士魂】武士のたましい。「―商才（＝武士の精神と商人の才覚を兼備する意）」

しこん【紫紺】紫色を帯びた紺色。「―色」

じこん【自今・▼爾今】今から後。今後。「―は出入りを禁止する」

しさ【示唆】「―を与える」「―に富む貴重な話」

しざ【視座】「高齢化社会について介護者側に―を移して考えてみる」

じさ【時差】二地点の標準時の差。「帰国直後なので―ボケでだるい」

しさい【子細・▼仔細】「事件の経過を―に検証する」「―ありげな様子」

しさい【司祭】カトリックの聖職位の名。

しざい【死罪】「―に処す」

しざい【私財】私有財産。「―を投じて福祉事業を行

しざい【資材】物を作るもとになる材料。「建築—を運搬する」
じさい【自裁】自殺。自決。
じざい【自在】「自由—」「ボールを—に操る名投手」
しさく【思索】筋道をたどって考える。「—にふける」「今後の生き方に—を巡らす」
しさく【施策】対策。計画。「景気回復に向けての—を講ずる」「犯罪防止の—を進める」
しさく【試作】「—品(車)」「新しい料理を—する」
じさく【自作】「—自演」「—農」
じざけ【地酒】その土地で造った酒。「越後の—」
しさつ【刺殺】「何者かに刃物で—された」
しさつ【視察】「民情—」「海外—団」「被災地を—して実情を把握する」
じさつ【自殺】「飛び降り—」「—未遂」「—行為」
しざる【▽退る】さがる。後退する。「後ろに—」
しさん【四散】「機動隊の規制に群衆が—する」
しさん【試算】「工事費を—する」
しさん【資産】「—家」「—を公開する」「—の運用を図る」
しざん【死産】胎児が死んで生まれる。
じさん【自賛・自▼讃】「自画—」
じさん【持参】「—金」「授業参観には上履きを—すること」

しざんけつが【▼屍山血河】激しい戦闘のあと。「—の惨状に立ちすくむ」

しし【▽肉・▼宍】「—置き」

しし【▽獣・▼猪・▽鹿】食肉のためのけもの。特にイノシシ。「—食った報い(＝悪事の報い)」

しし【四肢】両手と両足。手足。「—動物」「—にしびれがある」

しし【死▼屍】「—累々」

しし【志士】「勤王の—」

しし【嗣子】跡取り。「家督を継ぐべき—」

しし【▼獅子・師子】ライオン。唐獅子〈からじし〉。

しし【▼孜▼孜】熱心に励むさま。「—として研究に従事する」

しじ【支持】「—母体」「—する政党」「—を取り付ける」

しじ【四時】四季。しいじ。「—移り変わる景観を楽しむ」

しじ【私事】「—にわたって恐縮ですが」「—をあばく」

しじ【指示】「—書」「その点については—が無かった」

しじ【師事】「ピアノをA先生に—する」

「首相が法案の修正検討を—する」

じし【自死】みずから死をえらび取る。自殺。

じし【侍史】手紙の脇付の言葉。侍曹。「木村先生 御—」


じじ【〈祖父〉】両親の父親。そふ。

じじ【▼爺】男の老人。⇔婆〈ばば〉。

じじ【自▼恃】自分自身をたのみとする。「—の念をもつ」

じじ【時事】「—問題」

ししおどし【▽鹿▽威し】庭園に置く、水で音を出すしかけ。

ししく【▼獅子▼吼】熱弁をふるう。

ししつ【紙質】紙の品質。かみしつ。

ししつ【脂質】脂肪や脂肪に似た性質の物質。

ししつ【資質】生まれつきの性質や才能。「教師の—を備えている」「管理職の—に欠けている」

しじつ【史実】歴史上の事実。「—を踏まえて時代劇の脚本を書く」

じしつ【耳疾】耳の疾病。

じしつ【自失】「茫然—」

じしつ【自室】「—にこもって読書にふける」

じしつ【▼痔疾】肛門部の病気の総称。

じじつ【事実】「既成—」「—無根」「—上の倒産」「—、そんな事情は知らなかった」「—は小説よりも奇なり」

じじつ【時日】「開催の—」「—を費やす」

ししふんじん【▼獅子奮迅】「—の活躍」

ししまい【▼獅子舞】獅子頭をかぶった舞。「正月の—」

しじみ【▼蜆】淡水産の二枚貝。「二日酔いには—汁がよく効く」

ししむら【▽肉▼叢】肉のかたまり。また、肉体。

ししゃ【支社】「—への転勤が決まった」

ししゃ【死者】「交通事故—数」「—の霊魂」

ししゃ【使者】「急ぎの—を立てる」

ししゃ【試写】「映画の—会に応募する」

じしゃ【寺社】寺と神社。「—奉行」

ししゃく【子爵】もと五等爵の第四位。

じしゃく【磁石】「まるで—に引き寄せられるような出会いをする」

じじゃく【自若】落ち着いているさま。「泰然—」

ししゃごにゅう【四捨五入】「小数点以下第二位を—する」

シシャモ【〈柳葉魚〉】（アイヌ語）サケ目の海魚。

ししゅ【死守】命がけで守る。「首位の座を—する」

ししゅ【詩趣】詩的な味わい。「—に富む風景」

じしゅ【自主】「—的」「—制作の映画」「自動車の輸出を—規制する」

じしゅ【自首】「犯人が警察署に出頭し、—した」

ししゅう【死臭・▼屍臭】死体から発する悪臭。

ししゅう【刺▼繡】「ハンカチに—する」

ししゅう【詩集】「中原中也の—」

しじゅう【始終】「一部—」「しじゅう文句を言っている」

じしゅう【自習】「—時間」「図書館で—する」

じじゅう【自重】車両や機械などの、それ自体の重量。

じじゅう【侍従】天皇のそば近く仕える人。

しじゅうから【四十▼雀】小形の野鳥。

しじゅうくにち【四十九日】人の死後四九日目。「—の法要」

しじゅうそう【四重奏】四つの楽器による合奏。カルテット。「弦楽—」

ししゅく【止宿】宿泊。下宿。「友人宅に—させてもらう」

ししゅく【私淑】ひそかに師として尊敬し学ぶ。「—する作家」（直接指導を受けたことのある人に対して用いるのは誤り）

じしゅく【自粛】「過度な商戦を—する」

ししゅつ【支出】⇔収入。「—がかさむ」「消費—が減少傾向にある」

しじゅん【至純・至▼醇】この上なく純粋なさま。「—の心をもった少女」

しじゅん【諮▼詢・▼咨▼詢】参考として意見を求める。

じじゅん【耳順】六〇歳の別名。

しじゅんかせき【示準化石】地層の年代を確定する基準となる化石。「アンモナイトは中生代の—だ」

ししゅんき【思春期】「娘も—を迎えて難しい年頃になった」

ししょ【司書】図書館の専門職。「—教諭」

ししょ【史書】歴史書。「古代の—をひもとく」

ししょ【四書】大学・中庸・論語・孟子の総称。「—五経」

ししょ【死所・死処】「—を得る（同じくする）」

しじょ【子女】「帰国—」「良家の—」

じしょ【地所】敷地や財産としての土地。「新校舎を建てるために—を購入する」

じしょ【字書】漢字を集めて解説した書物。字典。

じしょ【辞書】言葉を集めて解説した書物。辞典。

じしょ【自署】自分で署名する。「調書を確認し、最後に—する」

じじょ【自助】「—努力」「—の精神」

じじょ【侍女】貴人のそばに仕える女。「—を召す」

じじょ【次女・▽二女】二番目に生まれた娘。

ししょう【支障】「雑用が多くて本務に—を来す」

ししょう【死傷】「交通事故による—者」

ししょう【刺傷】刀などで刺して傷つける。

ししょう【師匠】「落語の—」「—に付いて芸を教わる」

しじょう【史上】「—稀な事件」「—に残る偉業」

しじょう【市場】「青果—」「—開放」「—価格」「新商品が—に出回る」

し

しじょう【至上】「芸術―主義」「―の幸福」「上司の―命令」

しじょう【至情】まごころ。ごく自然の人情。

しじょう【私情】個人的な感情。「―に左右される」「仕事に―をさしはさむ」

しじょう【詩情】詩的な味わい。詩を作りたい気持ち。「―あふれる作品」

しじょう【紙上】新聞の紙面。「―を騒がせた事件」

しじょう【誌上】雑誌の誌面。「著名人の秘話を―で知る」

しじょう【試乗】「新車に―する」

じしょう【自称】「―詩人を名乗る」

じしょう【自照】自分を深く客観的に見つめる。「日記や随筆などの―文学」

じしょう【事象】「自然界の諸―」

じじょう【自乗・▽二乗】同じ数を二度掛け合わせる。「―根」

じじょう【自浄】「―作用」「―能力」

じじょう【事情】「―通」「―に明るい」「関係者から―を詳しく聞く」

じじょうじばく【自縄自縛】「―に陥る」

ししょうびょう【私傷病】業務によらないきずや病気。

ししょく【試食】「―会」「新作料理を―する」

じしょく【辞色】言葉づかいと表情。「急に―を改める」
じしょく【辞職】「引責―」「―勧告」「内閣総―」
じじょでん【自叙伝】自分で書いた自分の伝記。
ししょばこ【私書箱】「送り先を―にする」
ししん【私心】「―のない人」「―を去って公平に接する」
ししん【私信】「本状は―として扱ってもらいたい」
ししん【指針】「ガスメーターの―を調べる」「景気対策の―を示す」
しじん【私人】公的な立場を離れた一個人。⇕公人。「―として忠告する」
しじん【詩人】「吟遊―」「フランスの著名な―」
じしん【地震】「直下型―」「―を予知する」「―雷火事親父」
じしん【自身】「これは私―の問題だ」「―の体験を語る」
じしん【自信】「―過剰」「腕には―がある」「―に満ちた態度」「うまくやれる―がない」
じしん【磁針】磁石の針。「―が北を指す」
じじん【自刃】刃物で自殺する。「―を遂げる」
じじん【自尽】自殺。「―して果てる」
ししんでん【紫▼宸殿】内裏の正殿。〔「ししいでん」とも読む〕

しず【▼賤】身分が低いこと。「―が伏せ屋」

しずい【雌▼蕊】めしべ。

じすい【自炊】「―生活」「アパートで―する」

しすう【指数】基準値一〇〇と比較した数値。「物価―」

しすう【紙数】定められた紙の枚数。「―が尽きたので筆を擱く」

しずか【静か・▽閑か】「―な夜」「―な湖畔」「子供が眠ってようやく―になる」

しずく【滴・▼雫】「雨の―が垂れる」

じすべり【地滑り・地▼辷り】土地の一部が崩れ落ちる。「総選挙で―的な大勝利をおさめた」

しずまる【静まる】静かになる。勢いがなくなる。「風(波)が―」「騒音が―」「場内はしんとして―り返っていた」

しずまる【鎮まる】おさまる。落ち着く。「内乱が―」「興奮(怒り)が―」「痛みがようやく―」

しずむ【沈む】「船が―」「ダムの底に―んだ村」「市井に―」「悲しみ(憂い)に―」「三回でマットに―」

しずめる【沈める】「船を―」

しずめる【静める】「気を―」

しずめる【鎮める】「反乱を―」「痛みを―」

しする【資する】役に立つ。「医学の発展に―研究」

じする【侍する】そば近くに仕える。「皇太子に―」

じする【持する】 たもつ。固く守る。「満を―・して市長選に立候補する」「身を清潔に―」

じする【辞する】 いとまごいをする。辞退する。「先生のお宅を―」「この世を―」「勧誘を―」

しせい【市井】 「―の人」

しせい【市政】 市の行政。「―への提言」

しせい【市制】 市の制度。「―八十年」「―を敷く」

しせい【市勢】 市の動勢。「―調査」

しせい【死生】 「―観を論じる」

しせい【至誠】 「―天に通じる」

しせい【私製】 ⇔官製。「―葉書」

しせい【姿勢】 「―が良い(悪い)」「政治の―を正す」

しせい【施政】 「―権」「―方針演説」

しせい【詩聖】 すぐれた詩人。「詩仙李白、―杜甫」

しせい【資性】 生まれつきの才能や性質。「すぐれた―の持ち主」

じせい【自生】 「ツバキが―する北限」

じせい【自制】 自分の感情や欲望をおさえる。「―心」「募る思いを―することができない」

じせい【自省】 自分の言動を反省する。「怠惰な自分に―の念が起きる」

じせい【時世】 その時代。「いまどきの―に合わない」「結構な御―」

じせい【時勢】 時代のなりゆき。「―に逆らう」「―の赴くところ」

じせい【辞世】 死にぎわに残す詩歌・言葉。「―の句を詠む」

じせい【磁性】 「―インク」「―半導体」

しせいし【私生子】 私生児。

しせき【史跡・史▼蹟】 「有名な―を訪れる」「―名勝天然記念物」

しせき【▼咫▽尺】 近い距離。「―の間」「―を弁ぜず(＝暗くて近くのものも見分けがつかない意)」

しせき【歯石】 歯垢〈しこう〉が石灰化したもの。

じせき【次席】 「―検事」「俳句コンクールに―で入選する」

じせき【自責】 「―の念に駆られる」

じせき【事跡・事▼蹟】 物事のおこなわれたあと。「―を実地に調査する」

じせき【事績】 その人のした事業と功績。「先祖の―を称える」

しせつ【私設】 ⇔公設。「―秘書」

しせつ【使節】 国の代表として外国に派遣される人。「親善―団」

しせつ【施設】 「公共(福祉)―」「―を有効に活用する」

じせつ【自説】 自分の説や意見。「―を曲げない(譲らない)」「―にこだわる」

じせつ【持説】 常に唱えている意見。持論。「財政再建がかねてからの―だ」

じせつ【時節】 「―柄〈がら〉くれぐれも御自愛下さい」「いよいよ―到来だ」「―を待って行動する」

しせん【支線】 幹線から分かれた線路。⇔幹線。「―に乗り換える」

しせん【死線】 生死の境目。「―をさまよう」

しせん【私▼撰】 個人が編纂すること。⇔勅撰。「―和歌集」

しせん【私選】 個人が選ぶこと。「―弁護人」

しせん【視線】 「―が集まる」「―が合う」「―をそらす」「背中に―を感じる」

しせん【詩仙】 非常にすぐれた詩人。「―李白、詩聖杜甫」

しぜん【自然】 「大―の恵み」「―環境」「―な動作」「坂で車が―に動き出す」

じせん【自選・自▼撰】 自分の作品を自分で選ぶ。「―詩集」

じせん【自薦】 自分で自分を推薦する。⇔他薦。「―他薦を問わずふるって応募下さい」

じぜん【次善】 最善に次いでよい。「―の方策を考える」

じぜん【事前】 ⇔事後。「―運動」「会議を欠席する場合には―に連絡を下さい」

じぜん【慈善】 困窮者を援助する。「―事業」

し

しそ【始祖】 元祖。創始者。「―鳥」「禅宗の―達磨〈だるま〉」
しそ【紫▼蘇】 シソ科の一年草。
しそう【死相】「―が現れる」
しそう【志操】 固く守る志・意志。「―堅固な人物」
しそう【思想】「社会―」「―家」「―犯」「―の自由」
しそう【詞藻】 文章の修辞。「―に富んだ文章」
しそう【試走】「―車」
しそう【使▼嗾・指▼嗾】「人を―して悪事に荷担させる」
しぞう【死蔵】「貴重な書物を―する」
しぞう【私蔵】「書画を―する」
じぞう【地蔵】「―菩薩」「お―様に手を合わせる」
しそうのうろう【歯槽▼膿漏】 歯の根がうむ病気。
しそく【子息】 他人の息子をいう語。⇔令嬢。「御―はどちらにお勤めですか」
しそく【四則】「―計算」
しぞく【士族】 旧武士に与えられた族称。「―の商法」
しぞく【氏族】 祖先を同じくする血族集団。「日本古代の―」
じそく【自足】「自給―」「小さな成功に―する」
じそく【時速】「―三百キロで走る新幹線」
じぞく【持続】「―力」「薬の効果が―する」「友好関係を―する」

しそつ【士卒】 兵士。
しそん【子孫】「徳川家の―」「―繁栄を願う」
じそん【自存】「―自衛」
じそん【自尊】「―心」「―自重」「―の念が強い」
じそん【自損】「―事故」
じそん【児孫】「―のために美田を買わず」
しそんじる【《仕》損じる・《▽為》損じる】 失敗する。「せいては事を―」〔サ変「仕損ずる」も同じ〕
した【下】「三歳―の弟」「―相談」「空の―」「―の部屋」「―にシャツを着る」「あの人の―で働くのはつらい」「成績は彼より―だ」「―に見る」「わびる言葉の―からもう失礼なことを言っている」
した【舌】「―先」「よく―が回る（＝よくしゃべる）」「―が縺〈もつ〉れて上手くしゃべれない」「―の根の乾かぬうちに約束をたがえては困る」「見事な采配ぶりに―を巻く（＝感心する）」
した【▼簧】 吹奏楽器の振動音を出す薄片。リード。
しだ【〈羊歯〉・歯▼朶】 ウラジロ。「正月用三宝に飾る―」
じた【自他】「―共に認める名演奏家」
じだ【耳▼朶】 耳たぶ。耳。「悲鳴を―にする」
したい【死体・▼屍体】 死んだ人間のからだ。死骸。
したい【肢体】 手足とからだ。「しなやかな―」
したい【姿態・姿体】 すがた。容姿。「なまめかしい（美しい）―」
しだい【次第】「式―」「結果がわかり―連絡します」「台風が接近して―に風雨が強まる」「地獄の沙汰も金―」
じたい【字体】「漢字の―」
じたい【自体】「制度―が悪いのではない」「考え方それ―に問題がある」
じたい【事態】「緊急―」「不測の―に備える」「―を重くみた当局は早速対策に乗り出した」
じたい【辞退】「出場―」「議長への推薦を―する」
じだい【地代】 地主に払う借地料。ちだい。
じだい【次代】「―を担う若者」
じだい【事大】 弱者が強大な者に従う。「―主義」
じだい【時代】「平安―」「学生―」「―遅れ（後れ）」「―の寵児」「物の豊かな―」「一―を画する出来事」
じだいさくご【時代錯誤】 時代後れ。「―も甚だしい」
したう【慕う】「恩師を―」「子どもが母を―って泣く」
したうけ【下請(け)】「―に出す」「大企業の仕事を―する」
したうち【舌打ち】「悔しそうに―する」
したえ【下絵】「色を塗る前にまず―を描く」
したおび【下帯】 ふんどしや腰巻き。「―を締めた男衆」
したがう【従う・▽随う】「上司の命令に―」「日本の慣習に―」「時代の流れに―」「回を重ねるに―・って、演技が上手になる」
したがき【下書き】「清書する前にまず―をする」
したがって【《従》って】「当方に過失はない。―、賠償するつもりはない」
したぎ【下着】肌着。
したく【支度・仕度】「旅―」「―金」「食事の―を急ぐ」
したく【私宅】個人の家。また、自宅。
じたく【自宅】「―通勤」「―待機」
したごころ【下心】「妙に親切なのは何か―があるのだろう」
したごしらえ【下《▼拵》え】「調理の前に材料の―を済ませておく」
したさきさんずん【舌先三寸】「―で言いくるめる」
したじ【下地】物事の基礎。素質。また、醤油。「―がしっかりしているから、上達も早い」「割り―」
しだし【仕出し】「―弁当」「―屋」
したしい【親しい】「―友人」「―関係」「耳目に―民謡」「―・き中にも礼儀あり」
したじき【下敷き】「花瓶の―」「ノートに―を敷く」「倒れた木の―になる」「古典作品を―にした小説」
したしむ【親しむ】「文学に―」「―・みやすい温厚な人柄」
したしらべ【下調べ】「授業を前に―をしておく」
しただい【舌代】飲食店の値段表。ぜつだい。
したたか【《▽強》か】「―な男」「酒を―飲む」「転倒して腰を―に打つ」
したためる【▽認める】「紹介状を一筆―」
したたる【滴る】「汗が―・り落ちる」「水も―いい男」
じたつ【示達】上位者から下位者に通達する。したつ。「文書で―する」
したつづみ【舌鼓】「うまい京料理に―を打つ」
したっぱ【下っ端】「―の社員」
したづみ【下積み】下に積まれる。人に使われる。「壊れ物を―にしてはいけない」「―の時代が長い職人」
したて【仕立て】「―直し」「―物」「―の良い着物」
したて【下手】「丘の―」「決まり手は―出し投げ」「―投げの投手」「―に出ればつけ上がる」
したなめずり【舌▼舐めずり】待ち構えるさま。「獲物が近づいてくるのを―して待つ」
したばき【下履(き)】屋外ではく履物。⇕上履き。「―に履き替える」
したばき【下▼穿き】腰より下にはく肌着。「野球のユニフォームを着る前に―を着ける」
したばたらき【下働き】目立たず雑務をこなす。「上役の―をさせられる」
したび【下火】「風邪の流行もようやく―になった」
したびらめ【舌平目・舌▼鮃】「―のムニエル」
じたまご【地卵】「産み立ての―」
したまち【下町】⇕山の手。「―育ちで威勢がよい」
したまわる【下回る・下▼廻る】⇕上回る。「入場者数が予想を―」
したみ【下見】「試験会場の―に行く」
したむき【下向き】「しょんぼりと―加減に歩く」「景気が―になる」
したもえ【下▼萌え】春、草の芽が生い出る。「野原の―」
したやく【下役】部下。⇕上役。
したよみ【下読み】「台本を―する」
じだらく【《自堕落》】だらしないさま。「―な生活を続ける」
したりがお【したり顔】得意げな顔つき。「―で自らの武勇伝を語る」
しだれざくら【《枝垂》れ桜】「庭の―の蕾がほころぶ」
しだれる【《枝垂》れる】「柳の枝が―」
したわしい【慕わしい】「―気持ち」
したん【紫▼檀】マメ科の小高木。「―の高級箪笥」

し

しだん【指弾】非難する。「世間の人から—を受ける」
しだん【師団】軍隊で、旅団の上の編制単位。
しだん【詩壇】「—で評価の高い作家」
じたん【時短】「時間短縮」の略。「—要求」
じだん【示談】「—金」「今回の事故は訴訟せずに—で済ませた」
じだんだ【《地団駄》・《地団太》】「—を踏んで悔しがる」
しち【七】シチ なな・なな-つ・(なの)　「七月・七五調・七言・七転八倒・七難・七分・七味・七曜」〔「七日〈なのか〉」は、「なぬか」とも〕
しち【質】⇩しつ(質)。　「質権・質店・質札・質屋・入質・人質」
しち【七】「—変化〈へんげ〉」「—五調」「—面倒臭い」「竹林の—賢」
しち【質】「高級時計を—に入れる」
しち【死地】危険な場所。死に場所。「—に赴く」
じち【自治】「地方—体」「チベット—区」「大学の—」
しちぐさ【質草・質▽種】「—が流れる」
しちごさん【七五三】子供の成長を祝う行事。
しちしちにち【七七日】死後四九日目の日。「—の法要」
しちてんばっとう【七転▽八倒】苦しみ悶えるさま。「—の苦しみ」「激痛のあまり—する」

しちながれ【質流れ】「—の品」
しちなん【七難】「色の白いは—隠す」
しちふくじん【七福神】福徳をもたらす七人の神。「—詣で」
しちへんげ【七変化】アジサイの別名。
しちめんちょう【七面鳥】「クリスマスの—料理」
しちめんどうくさい【《七》面倒《臭》い】「—ことを言う」
しちや【質屋】「—から金を借りる」
しちゃく【試着】「スーツを—する」
しちゅう【支柱】「一家の—を失う」
しちゅう【死中】絶望的な状況。「—に活を求める」
しちょう【市長】「—に立候補する」
しちょう【思潮】「時代—」「文芸—」
しちょう【視聴】「—者」「—覚教室」「—を集める」「ビデオを—する」
しちょう【試聴】「レコードを—する」
しちょう【▼輜重】旧陸軍で、軍需品の総称。「—隊」
じちょう【自重】言動を慎む。自愛。「隠忍—」「各自の—を望む」
じちょう【自嘲】自らをあざ笑う。「—の笑いを浮かべる」
しちょうそん【市町村】「—選挙」「—の合併」
しちょく【司直】裁判官。「—の手にゆだねる」

しちりん【七輪・七厘】土製のこんろ。
じちんさい【地鎮祭】建築工事の無事を祈る祭儀。
しつ【叱】シツ しか-る　「叱正・叱責・叱咤〈しった〉」
しつ【失】シツ うしな-う　「失業・失言・失効・失策・失笑・失敗・失望・失恋・遺失・過失・消失・損失・紛失」
しつ【室】シツ むろ　「室内・室料・王室・温室・客室・教室・皇室・寝室・側室・同室・入室・病室・和室」
しつ【疾】シツ —　「疾患・疾駆・疾走・疾風・疾病・悪疾・耳疾」
しつ【執】シツ・シュウ と-る　「執権・執行・執事・執政・執刀・執筆・執務・執拗・偏執」
しつ【湿(濕)】シツ しめ-る・しめ-す　「湿原・湿地・湿度・湿布・陰湿・乾湿・除湿・多湿」
しつ【嫉】シツ —　「嫉視・嫉妬」
しつ【漆】シツ うるし　「漆器・漆芸・漆工・漆黒・乾漆」
しつ【質】シツ・シチ・(チ) —　「質疑・質実・質問・質量・気質・言質〈げ

んち〉・実質・性質・物質・本質」

しつ【質】「天成の―」「―より量を優先する」

じつ【日】⇩にち(日)。「日月・過日・元日・休日・後日・祭日・終日・祝日・昔日・平日・落日・連日」

じつ【実(實)】ジツ み・みの-る 「実技・実況・実験・実現・実行・実際・実子・実習・実証・実用・実力・果実・確実・充実・誠実・忠実」

じつ【実】「―の兄」「―のある男」「名を捨てて―を取る」「改革の―を挙げるのに功があった」

しつい【失意】「―のどん底にいる」

じつい【実意】本心。真心。

じついん【実印】役所に登録してある印。

しつう【歯痛】歯の痛み。はいた。

しつうはったつ【四通八達】交通網が発達している。「―の地」

じつえき【実益】「趣味と―を兼ねた仕事」

じつえん【実演】「マグロの解体を―する」

しっか【失火】「―で家を失った」

しっか【▽膝下】ひざもと。親もと。「父母の―」

じっか【実科】商業科や工業科などの学科。図工や音楽などの実技科目。

じっか【実家】「初産なので―に帰る」

しっかい【▼悉皆】残らず。すっかり。「―調査」
じっかい【十戒】仏教の修行上守るべき一〇の戒律。
じっかい【十▼誡】神がモーセに与えた一〇の戒律。
じつがい【実害】「空き巣に入られたが―は少なかった」
しっかく【失格】「反則三回で―となる」
じつがく【実学】「―主義」
しっかり【(▽確)り・(▼聢)り】「―者」「まだ若いのになかなか―している」「財政基盤が―している」「―とした造りの建築物」
しっかん【疾患】「呼吸器の―に悩む」
しつかん【質感】「木の―を生かした彫刻」
じっかん【十干】五行に兄〈え〉と弟〈と〉を配したもの。「―十二支」
じっかん【実感】「突然の吉報にまだ―がわかない」「現実の厳しさを―する」
しっき【漆器】漆塗りの器物。塗り物。
しつぎ【質疑】「―応答を交わす」
じつぎ【実技】「―試験」
しっきゃく【失脚】「醜聞が露見して―する」
しつぎょう【失業】「―保険」「―率」「リストラの結果―する」
じっきょう【実況】「―中継」
じつぎょう【実業】「―家」「―高校」

しっきん【失禁】大小便をもらす。

しっく【疾駆】「犬ぞりが氷上を―する」

しっくい【漆▼喰】消石灰が主原料の壁の上塗り材料。「―壁」

しっけ【湿気】「―を嫌う」

しつけ【▼躾】礼儀・作法を身につけさせる。「―が厳しい家庭に育つ」「店員の―が悪い」

しつけ【仕付け】「―糸」「―をかける」「―休み」

しっけい【失敬】失礼。ごめん。さよなら。「―千万」「待たせて―した」「ここで―するよ」

じっけい【実兄】実の兄。

じっけい【実刑】「―判決」

じつげつ【日月】太陽と月。年月。つきひ。「―星辰」「―地に墜ちず」

しっけん【執権】鎌倉幕府の将軍の補佐役。「―北条時宗」

しつげん【失言】「―を取り消す」

しつげん【湿原】「尾瀬の―に咲く水芭蕉」

じっけん【実検】本物かどうかを実際に検査する。「首―」

じっけん【実験】理論・仮説を実際に確かめる。「動物―」「―器具」「化学の―をする」

じっけん【実権】「―を握る」

じつげん【実現】「長年の夢が―する」「公約の―を期

し

待する」

しつこい【〈執拗〉い】「―風邪」「―・く電話をかけてくる」

しっこう【失効】⇔発効。「期限切れで契約が―する」

しっこう【執行】「強制―」「―猶予」「政務を―する」

しっこう【▽膝行】床にひざをついて進退する。「―三度」

じっこう【実行】「不言―」「計画を―に移す」

じっこう【実効】実際の効力。「―の程は疑わしい」

しっこく【▼桎▼梏】自由な行動を妨げるもの。「家庭が―となる」

しっこく【漆黒】「―の闇」

じっこん【▼昵懇・▽入魂】たいへん親しいさま。「―の間柄」「十年来―にしている」

じっさい【実際】「話に聞いていたことが―とはずいぶんと違う」「―のところ、どこまで出来ているのか」「―、どうしたものかとまだ迷っている」

じつざい【実在】「―の人物」「宇宙人は―するかどうか」

しっさく【失策・失錯】しそこなうこと。失敗。エラー。「味方の―で負けた」

じっさく【実作】「理論よりも―に秀でた人」「―してみると案外難しいことがわかる」

しっし【嫉視】ねたむこと。

しつじ【執事】貴人の家で家政を扱う人。

じっし【十指】「―に余る肩書きを持つ」

じっし【実子】血を分けた子。⇔養子。

じっし【実施】「―期間」「計画を―する」

じっしつ【実質】「―的なリーダー」「―賃金」

しつじつごうけん【質実剛健】実直でたくましい。「―の家風」

じっしゃ【実写】「被災者の生活を―した番組」

じっしゃ【実車】タクシーが客を乗せている。⇔空車。

じっしゃかい【実社会】「厳しい―の現実」

じっしゅう【実収】「諸経費を差し引くと―はわずかだ」

じっしゅう【実習】「教育―」「―船」「―生」

しつじゅん【湿潤】「温帯―気候」「―な風土」

しっしょう【失笑】「思わず―した」「―を買う」

じっしょう【実証】「―主義」「―的な研究」「仮説が正しいことを―する」

じつじょう【実状】実際の状況・状態。「―を調査して報告する」

じつじょう【実情】実際の事情。実状。「―に鑑みて寛大な措置をとる」「生活に困窮している―を政府に訴える」

しっしょく【失職】「リストラに遭い―した」

しっしん【失神・失心】「あまりのショックで―した」

しっしん【湿▼疹】皮膚表面の炎症。

じっすう【実数】実際の数。有理数と無理数の総称。「見学者の―を把握する」

しっする【失する】うしなう。…すぎる。「会う機会を―」「寛大に―」「遅きに―・した感がある」

しっせい【叱正】しかりただす。「よろしく御―を乞う」

しっせい【失政】「現内閣の―を糾弾する」

じっせい【実勢】実際の勢い。実際。「―価格」

しっせき【叱責】「上司から―を受ける」「部下の怠慢を強く―する」

しっせき【失跡】行方が知れなくなる。失踪。

じっせき【実績】「―を上げる」

しつぜつ【湿舌】湿った空気の一団。

じっせつ【実説】実際の話。実話。⇔虚説。

じっせん【実戦】実際の戦闘・試合。「―部隊」「訓練期間を終え、―に臨む」

じっせん【実践】実際に行うこと。実行。「―躬行〈きゅうこう〉(＝理論や信条に従って自分で行う)」「理論と―」「計画を―する」

しっそ【質素】「―な料理」「―に暮らす」

しっそう【失踪】行方をくらます。「―したまま帰って来ない」

しっそう【疾走】「全力—」「軽やかに—するスポーツカー」

じっそう【実相】「社会の—に迫る記事」

じつぞう【実像】光が交わって結ぶ像。本来の姿。「—を結ぶ」「総理の—に迫る」

しっそく【失速】「着陸時に—して墜落する」「景気の—で減産に踏み切る」

じっそく【実測】「—図」「橋の高さを—する」

じつぞん【実存】「—主義」

しった【叱▼咤・叱▼咤】「—激励」

しったい【失態・失体】「酒に酔って—を演じる」

じったい【実体】実質。常に変わらない本質的存在。「—経済」「—のない幽霊会社」

じったい【実態】実際の状態。実情。「—調査」「経営の—を把握する」

しったかぶり【知ったか《振》り】さも知っているように振る舞う。「彼はよく—をする」

しったん【▼悉▽曇】古代インドの文字。梵字。

じつだん【実弾】「—による射撃訓練」「選挙戦に—が飛び交う」

しっち【失地】失った土地や地位。「市場の—回復にやっきとなる」

しっち【湿地】「—帯」

じっち【実地】「—検証」「—踏査」

じっちゅうはっく【十中八九】十のうち八か九。「—成功するだろう」「—間違いない」

しっちょう【失調】調和を失う。「栄養—」「自律神経—症」

じっちょく【実直】「謹厳—」「—そうな男」

しっちんまんぽう【七珍万宝】さまざまな宝物。

しっつい【失墜】「権威(信用)を—する」

じって【十手】江戸時代、捕吏が使った鉄製の用具。

じってい【実弟】実の弟。

しつてき【質的】⇕量的。「—向上を望む」「—に優れた製品」

しってん【失点】「六回裏に反撃され—を許す」「些細な—をあげつらわれる」

しつでん【湿田】排水が悪く、どろ深い田。

しっと【嫉妬】「—心」「—深い性格」「同僚の昇進に—する」

しつど【湿度】「—が高く蒸し暑い一日になりそうだ」

じっと【《▽凝》と・《▽熟》と】「—立ち尽くす」

しっとう【失当】不当。「—な処分に抗議する」「この書評は—も甚だしい」

しっとう【失投】「—して痛打される」

しっとう【執刀】「—医」「外科部長自らが—する」

じつどう【実動】機械や組織が実際に動いていること。「—台数」「—部隊」

じつどう【実働】実際に働いていること。「—時間を記録する」

じっとく【十徳】江戸時代、学者や医者が着た羽織に似た礼服。

じつに【実に】「—面白い小説だ」「—にけしからん」「—十年もの歳月を費やした」

しつねん【失念】「うっかり約束の期日を—してしまった」

じつねん【実年】五、六〇歳代をいう語。「働き盛りの—世代」

じつは【実は】「—昨年末に入籍していた」

しっぱい【失敗】⇕成功。「—談」「試験に—する」「—は成功のもと」

じっぱひとからげ【十把一▽絡げ】「細かな問題は—に扱う」

しっぴ【失費】「子どもの進学で—がかさむ」

しっぴ【▼櫛比】すき間なく並んでいる。「往時—していた家々」

じっぴ【実否】本当かどうか。「—をただす」〔「じっぷ」とも読む〕

じっぴ【実費】「交通費の—を支払う」

しっぴつ【執筆】「—活動」「原稿の—をする」

しっぷ【湿布】「捻挫した足に—する」

じっぷ【実父】実の父。⇕義父・養父・継父。

し

しっぷう【疾風】「—迅雷の勢い」「—怒濤の荒れ狂う海」「バイクが—のごとく駆け抜ける」
しっぷうもくう【▼櫛風▼沐雨】風雨にさらされ、多くの苦難に耐えながら活動する。「—の日々」
じつぶつ【実物】「—大の模型」「見本だけで—は見たことがない」
しっぺい【▽竹▼篦】参禅者を戒める竹製の平たい棒。
しっぺい【疾病】病気。疾患。「—保険」
しっぺがえし【▽竹▼篦返し】すぐさま仕返しをする。「—をくらう」
しっぽ【≪尻尾≫】「権力者に—を振る」「必ず—を摑んでやる」「—を巻いて逃げ出す」
じつぼ【実母】実の母。⇔義母・養母・継母。
しつぼう【失望】「期待はずれで彼には—した」
しっぽう【七宝】七種の宝物。工芸の一。七宝焼き。「—の皿」
しつぼく【質朴・質▼樸】素直で飾りけがないさま。「—な好青年」
しっぽく【▽卓▼袱】中国風の食卓。うどん・そばの料理。「—料理」
じつまい【実妹】実の妹。
しつむ【執務】事務を執る。「—中」
じつむ【実務】「—能力」「—に明るい」
じづめ【字詰(め)】「—は一七字」
しつめい【失名】名前がわからないこと。「—氏」
しつめい【失明】視力を失う。
じつめい【実名】本当の名前。本名。「—を伏せる」〔「じつみょう」とも読む〕
しつもん【質問】「—状」「先生に—する」「—を受ける」
しつよう【執▼拗】「—な攻撃」「—につきまとう」
じつよう【実用】「—的な知識」「—品」「—化を図る」
じづら【字面】「—だけを目で追う」
しつらえる【▽設える】「広間に—・えた祭壇」
じつり【実利】「—を重んずる」
しつりょう【質料】材料・素材となるもの。⇔形相。「—因」
しつりょう【質量】「—保存の法則」「—共に群を抜いている」
じつりょく【実力】「—行使」「—試験」「—を発揮する」「—で排除する」
しつれい【失礼】「—なことを言う」「先日は—致しました」「これで—します」「—ですが」
じつれい【実例】「—を挙げて説明する」
しつれん【失恋】「—の痛手を癒やしに旅に出る」
じつろく【実録】「—物」
じつわ【実話】「—に取材した小説」
して【仕手・▽為手】主役。行動の主体。「狂言の—」「病人を介護をする—を探す」〔能狂言の主役は一般に「シテ」と片仮名で書く〕
しで【四手・▽垂】玉串やしめなわにたらす紙・布。
しで【死出】死んであの世に行く。「—の道連れ」「—の旅に出る」「—の山」
してい【子弟】「良家の—」「—の教育に当たる」
してい【私邸】個人のやしき。
してい【指定】「—席」「期日—で配達を依頼する」「重要文化財に—する」「出入り業者を—する」「—された場所にごみを捨てる」
してい【師弟】「—関係」
しでかす【仕出かす・▽為出▽来す】してしまう。やってのける。「大それたことを—」
してき【指摘】「間違いを—される」「消費者からの—を受け改善する」
してき【私的】⇔公的。「—な行動を慎む」
してき【詩的】「—な文章」
じてき【自適】「悠々—の生活を送る」
してつ【私鉄】「—沿線」
してん【支店】⇔本店。「—長」「大阪に—を出す」
してん【支点】てこを支える固定した点。
してん【始点】起点。⇔終点。
してん【視点】「新たな—から眺める」「—を変えるといい考えが浮かぶ」

しでん【史伝】「—小説」

じてん【字典】漢字の読みや意味を記した書物。「—を引いて漢字の意味を調べる」

じてん【事典】事物や事柄を解説した書物。「百科—」「人名—」

じてん【辞典】言葉の意味や用法を記した書物。「国語—」「英和—」

じてん【次点】当選の次。第二位。「惜しくも—となる」

じてん【自転】⇔公転。「—軸」「地球の—」

じてん【時点】「結果がわかった—で判断する」

じでん【自伝】「—小説」

じてんしゃ【自転車】「—競技」「—操業」「—で通学する」

してんのう【四天王】「—寺」「日本料理界の—」

しと【使徒】キリストが選んだ一二人の弟子。「平和の—」

しと【使途】「—不明金」「—が明確でない」

しとう【死闘】「血みどろの—を繰り返す」

しとう【至当】しごく当然であるさま。「—な発言(判断)」

しとう【私党】個人的利害関係で集まった党派。⇔公党。

しとう【私闘】個人的な利害・感情による争い。

しどう【私道】私有地内の道路。⇔公道。

し

しどう【始動】「計画を—させる」「エンジンを—する」

しどう【指導】「交通安全—」「—教員」「学生の—に当たる」

しどう【▼祠堂】祖先の霊をまつる部屋や堂。「—地」

しどう【▼斯道】専門の道。この分野。「—の碩学」

じとう【地頭】荘園をおさめ租税を徴収した職。「泣く子と—には勝てぬ」

じどう【自動・自働】「—ドア」「—車」「—引き落とし」

じどう【児童】「—相談所」「—文学」

しとく【至徳】「—の聖」

じとく【自得】「操作のこつを—する」「自業—」

しどころ【▽為所】「我慢の—」「ここが思案の—だ」

しとね【▼茵・▼褥】敷物。布団。「草の—」「—を共にする」

しとみ【▼蔀】格子組みの裏に板を張った戸。

しどみ【▼樝】クサボケの別名。

しとめる【仕留める・▽為留める】「獲物を一発で—」

しとやか【▽淑やか】「お—な女性」「—な物腰」

しな【品】品物。商品。「記念の—を贈る」「よい—を揃えた店」「手を変え—を変え」

しな【▽科】媚を含んだ、色っぽいしぐさ。「—を作る」

しない【《竹刀》】剣道の練習用の割り竹製の刀。

しない【市内】⇔市外。「—局番」「—近郊に在住する」
しなう【▼撓う】「大物がかかって釣り竿が—」
しなうす【品薄】「—で入手が難しい」
しなさだめ【品定め】「じっくり茶器の—をする」「雨夜〈あまよ〉の—(=源氏物語の一シーン)」
しなだれる【▼撓垂れる】「甘えて男の肩に—」
しなちく【支那竹】メンマ。ラーメンの具。
しなの【信濃】旧国名。長野県全域。信州。
しなのき【▽科の木・▼榀の木】シナノキ科の高木。樹皮の繊維で布や縄を作る。
しなびる【▽萎びる】「冷蔵庫の野菜が—」
しなもの【品物】「高価な—を取りそろえる」
じならし【地(▽均)し】地面を平らにする。また、事前工作。「あらかじめ関係者に—をしておく」
じなり【地鳴り】「—の直後に強い揺れを感じた」
しなる【▼撓る】「枝が—」
しなん【至難】「計画成功は—の業〈わざ〉だ」
しなん【指南】(武芸などを)教え導くこと(人)。「—役」「剣術を—する」
じなん【次男・▽二男】二番目の息子。
しにがみ【死に神】「—にとりつかれる」
しにぎわ【死に際】「—に残した言葉」
しにせ【《老舗》】「—の呉服屋」
しにみず【死(に)水】「—をとる」

しにめ【死に目】「親の―に間に合う」
しにものぐるい【死に物狂い】「―で逃げる」
しにょう【▼屎尿】大小便。「―処理」
しにん【死人】「―に口無し」
じにん【自任】自分はそれに適任と考える。「事情通を―している」
じにん【自認】自分自身でそうだと認める。「その発言は失敗を―するに等しい」
じにん【辞任】「首相を―する」「―を迫る」
しぬ【死ぬ】「寿命をまっとうして―」「―・んだ気になれば何でもできる」「目が―・んでいる」「素材の持ち味が―・んでいる」
じぬし【地主】「不在―」「―制」
じねつ【地熱】「―発電」
しねん【思念】常に心に思う。「―をこらす」「天国を―する」
じねんじょ【自然▼薯・自然▽生】ヤマノイモ。
しの【▼篠】「―突く雨」
しのぎ【▼凌ぎ】凌ぐこと。「その場―」「退屈―」「当座の―にはなるだろう」
しのぎ【▼鎬】刀身の小高くなっている部分。「―を削る選挙戦」
しのぐ【▼凌ぐ】切り抜ける。まさる。「飢え(雨風)を―」「―・ぎやすい気候」「前作を―勢いでヒットしている」
しのだ【▽信太・▽信田】「―鮨(=いなり寿司)」「―巻」
しののめ【〈東雲〉】夜明け方。あかつき。「―の空」
しのび【忍び】「―の術」「―歩き」
しのぶ【忍・▼荵】「―摺〈ず〉り」「―捩〈も〉ち摺〈ず〉り」
しのぶ【忍ぶ】こらえる。こっそり行動する。「―・び泣く」「―・び寄る」「恥を―・んでお願いする」「世を―仮の姿」
しのぶ【▼偲ぶ・▽慕ぶ】懐かしく思い出す。「先人の苦労を―」「故人を―」「お人柄が―・ばれる」
しば【芝】しば｜「芝居・芝刈・芝草・芝地・道芝」
しば【芝】イネ科の多年草。芝生をつくる。「人工―」「―草」「―刈り機」
しば【▼柴】山野にはえる小さい雑木。薪の材。「おじいさんは山へ―刈りに」
じば【地場】地元。「―産業の振興を図る」
じば【磁場】磁力の作用域。磁界。「強力な―が発生する」
しはい【支配】「―者」「感情に―される」
しはい【紙背】紙の裏側。「―文書」「眼光―に徹す」
しはい【賜杯】天皇や皇族が勝者に賜る優勝杯。
しばい【芝居】「紙―」「―見物」「下手な―」「―掛かった振る舞い」「―を打つ(=見せかけの振る舞いをする)」
しばがき【▼柴垣】柴を編んだ垣。
じはく【自白】「犯行を―する」
じばく【自縛】「自縄―に陥る」
じばく【自爆】「―テロ」
しばざくら【芝桜】ハナシノブ科の多年草。「―の絨毯〈じゅうたん〉」
しばし【《▽暫》し】「―足をとどめる」「―の別れ」
しばしば【《▼屢》・《▼屢▼屢》・《▽数》・《▽数▽数》】「―足を運んで見舞う」
じはだ【地肌・地▽膚】化粧をしていない生地の肌。
しばたたく【▼屢▼叩く・▽瞬く】「目を―・かせて驚く」
しはつ【始発】⇔終発。「上野駅―の夜行列車」
じはつ【自発】「―的に参加する」
しばふ【《芝生》】「公園の―」「―に寝転ぶ」「隣の―は青い(=他人の物は何でもよく見える)」
じばら【自腹】「―を切って研修に参加する」
しはらう【支払う】「現金で―」「月末に―」
しばらく【《▽暫》く】「―ぶりの雨」「―お待ち下さい」「―して主人が現れた」「その問題は―おく」
しばる【縛る】「小包を紐で―」「時間に―・られる」「校則で生徒を―」
じばれ【地腫れ】傷口などの周囲がはれる。

しはん【市販】「―の薬で間に合わせる」

しはん【死斑・▼屍斑】「―から死亡時刻を推定する」

しはん【師範】「―代」「―学校」「―として仰がれる」

じはん【事犯】法律で、刑罰に処すべき違反行為。「暴力―」

じばん【地盤】「―沈下」「雨のため―がゆるむ」「しっかり―を固める」「農村部に―を築く」

ジバン【▼襦▼袢】和服用の下着。ジュバン。

しひ【私費】個人の費用。⇔公費。「―留学」「―を投じる」

しひ【詩碑】詩を刻んだ碑。

しび【▼鮪】マグロ。

しび【▼鴟尾・▼鵄尾】寺院や城の屋根の両端につけた飾り。「大仏殿の―」

じひ【自費】「―出版」

じひ【慈悲】「―を乞う」「―を垂れる」「神様、どうかお―を」

じびき【字引】辞書。字書。「―を引く」

じびきあみ【地引(き)網・地▼曳き網】「―を引く」

しひつ【試筆・始筆】書き初め。

じひつ【自筆】「―原稿」「―で履歴書を書く」

じひびき【地響き】「崖が―を立てて崩れ落ちる」

しひょう【指標】「新たな経営―を掲げる」

しひょう【師表】人々の手本となること(人)。「―と仰がれる」

じひょう【時評】「社会―」「文芸―」

じひょう【辞表】辞職願。「―を提出する」

じびょう【持病】「長年―に苦しむ」「―の癪が出た」

しびれ【▼痺れ】「―をきらす」

しびれる【▼痺れる】「足が―・れて立てない」「ジャズの旋律に―」

しびん【▼溲瓶】排尿するために使う瓶。

しふ【師父】「―の恩」「―と仰ぐ」

しふ【詩賦】詩と賦。中国の韻文。「―を詠ずる」

しぶ【支部】「―長」「―を置く」

じふ【自負】「―心」「―をもつ」「日本一だと―する」

しぶい【渋い】「この柿は―・くて食べられない」「―柄の着物」「痛いところをつかれて―顔をする」「あの人は金に―」

しぶかわ【渋皮】「栗の―」「―が剝〈む〉けた(=あか抜けた)女」

しぶき【〈飛沫〉・▽繁吹(き)】「―を上げて飛び込む」

しふく【至福】「―の時を過ごす」

しふく【私服】⇔制服。「―に着替える」「―が張り込む」

しふく【私腹】個人的な利益。「―を肥やす」

しふく【紙幅】「―が尽きたので筆を擱〈お〉く」

しふく【雌伏】活躍の機会をじっと待つ。⇔雄飛。「―して時を待つ」

じぶくろ【地袋】違い棚の下などに設けた小さい袋棚。

しぶしぶ【《渋渋》】「―仕事を引き受ける」

しぶちゃ【渋茶】出しすぎて渋い茶。下等な茶。

しぶつ【私物】「部室に―を持ち込む」「会社の品を―化する」

じぶつ【事物】「自然の―を観察する」「精神と―」

じふぶき【地《吹雪》】地上の雪を吹き上げる強風。「津軽の―」

しぶる【渋る】「承諾を―」「金を出し―」「筆が―」

しふん【私憤】個人的な憤り。⇔公憤。「―を抱く」「―を晴らす」

しふん【脂粉】紅とおしろい。化粧。

しぶん【士分】武士の身分。「―に取り立てる」

しぶん【死文】「―と化した規則」

しぶん【詩文】詩と散文。文学作品。「―の才がある」

じふん【自▼刎】自ら自分の首をはねる。

じぶん【自分】「―勝手」「―探し」「―でやるしかない」

じぶん【時分】時期。ころ。「今―」「子供の―はよくこの辺で遊んだものだ」

しぶんごれつ【四分五裂】「党内は―の状態だ」
しぶんしょ【私文書】⇔公文書。「―偽造の疑いで逮捕される」
しべ【▼蕊・▼蘂】「雄(雌)―」
しへい【紙幣】「一万円―」
じへい【自閉】「―症」
しべつ【死別】死に別れる。⇔生別。「一〇歳のとき父親と―した」
しへん【四辺】「―を気遣う」「―を海で囲まれた島」「―の長さが等しい四角形」
しべん【支弁】費用をまかなう。「交通費は実費を―する」
しへん【紙片】紙きれ。
しべん【至便】「通勤に―な場所に住む」
しべん【思弁】思惟のみで真理に至ろうとする。「―的」「―哲学」
じへん【事変】異常な出来事。宣戦布告のない戦争。「―の起こる前兆か」「満州―」
じべん【自弁】費用を自分で負担する。「費用は各自―のこと」「―で研修会に参加する」
しぼ【▼皺】皮革・織物などの表面の凹凸。
しぼ【思慕】「母への―の情」
じぼ【字母】「仮名―」「アルファベットの―表」
じぼ【慈母】「―のように優しい表情の仏像」

しほう【司法】具体的な事件に法を適用する。⇔立法・行政。「―書士」「―試験」
しほう【四方】「―を山で囲まれる」「―八方手を尽くす」
しほう【至宝】「正倉院の―」
しぼう【子房】めしべの下部の膨らみ。
しぼう【死亡】「―一時金」「―診断書」「交通事故で―する」
しぼう【志望】「進学―」「女優―」「―理由」「―する大学に合格する」
しぼう【脂肪】「体―率」「―太り」
じほう【時報】「正午の―」「社会―」
じぼうじき【自暴自棄】やけくそになる。「何をやってもうまくいかず―に陥る」
しほうだい【《仕》放題】「わがままの―」
しぼつ【死没・死▼歿】「―した人々」
しぼむ【▽萎む・▼凋む】「花が―」「闘争心が―」
しぼりぞめ【絞り染め】「―の浴衣」
しぼりとる【絞り取る・搾り取る】「金を―」
しぼる【絞る】ねじって水分を出す。無理に出す。「雑巾を―」「無い知恵を―」「論点を―・って話し合う」
しぼる【搾る】押して液を出す。無理に取り立てる。「乳を―」「油を―」「紅涙を―ドラマ」
しほん【資本】「―主義」「商売の―を集める」「サラリーマンは体が―だ」

しま【島】「南の―」「―伝い」
しま【▼縞・島】「縦―」「―模様」
しまい【▽終い・《仕舞》い】「店―」「―風呂」「今日はこれで―にしよう」「―には怒り出す」
しまい【仕舞】能で、地謡だけで舞う。「―謡〈うたい〉」
しまい【姉妹】「三人―」「―品」「―校」「―都市」
しまう【▽終う・《仕舞》う】「店を―」「行って―」
しまうま【▼縞馬】「―の群れ」
じまえ【自前】「―の衣装」「交通費は―だ」
しまおくそく【▼揣摩憶測・▼揣摩臆測】当て推量。「相手の出方を―する」「―は控えるべきだ」
じまく【字幕】「洋画の―」
しまぐに【島国】「―根性」
しまだ【島田】「―髷〈まげ〉」「文金高―の花嫁姿」
しまだい【島台】祝儀用の飾り物。
しまつ【始末】「後―」「―書」「―が悪い」「―に負えない」「さんざん迷惑をかけた挙げ句に、逃げ出す―だ」
しまながし【島流し】「―の刑」
じまま【自▼儘】わがまま。「―気まま」「―に暮らす」
しまる【締まる・絞まる】ゆるみがない。「ねじがよく締まる」「最終回だ、締まってゆこう」「首が絞まる」
しまる【閉まる】閉じる。「ドアが―・ります」「午後七時で店が―」

じまん【自慢】「お国—」「—話」「自分の手柄を—する」「—ののどを聞かせる」「—じゃないが」

しみ【〈紙魚〉・〈衣魚〉】本や衣料を食べる昆虫。「—の喰った本」

しみ【染み】しみてできた汚れ。皮膚に出る色素斑。

じみ【地味】⇕派手。「—な色」「—な性格」「—に暮らす」

じみ【滋味】「—掬〈きく〉すべし」「—に富む陶芸品」

しみじみ【《▼沁▼沁》】心に深くしみいるさま。「生きていて良かったと—感じた」「昔の思い出を—と語る」

しみず【《清水》】「—がわき出る」

じみち【地道】手堅いさま。「—に働く」

しみどうふ【▽凍み豆腐】高野豆腐。

しみとおる【染み▽透る・▼滲み▽透る】「中まで—」

しみょう【至妙】絶妙。「—の技を披露する」

しみる【染みる・▼沁みる・▽浸みる・▼滲みる】液体がにじむ。刺激で痛む。感じる。「インクが染(浸)みる」「汗の染(滲)みたハンカチ」「冷たい水が歯に染(沁)みる」「骨身に染(沁)みて感じる」

しみる【▽凍みる】物が凍る。冷え込む。「今夜はたいそう—なあ」

じみる【染みる】「あか—」「所帯—」

しみん【四民】士・農・工・商。「—平等」


しみん【市民】「—権を得る」「—運動が活発になる」

じむ【事務】「窓口—」「—室」「—員」「—次官」「—用品」

しむける【仕向ける】働きかける。「進んで本を読むように—」

しめ【▼鴲】スズメ目の小鳥。

しめ【締め】しめること。金銭の合計。「—が甘い」「—に一言御挨拶を賜りたく存じます」「今月の—を出す」

しめい【氏名】「—欄」「—を記入する」

しめい【死命】死ぬか生きるか。「—を制する」

しめい【使命】「—感に燃える(かられる)」「—を帯びる」「—を果たす」「—を全うする」

しめい【指名】「—手配」「議長に—される」

じめい【自明】はじめからはっきりしている。「—の理」

しめかざり【〈注連〉飾り・▽標飾り・〈七五三〉飾り】門や神棚に張るしめ縄。

しめきり【締(め)切り】「—厳守」「募集の—が過ぎる」〔「〆切」とも書く〕

しめくくる【締め▽括る】「披露宴を両親への感謝の言葉で—」

しめさば【締め▼鯖】おろした鯖に塩をふり酢に浸したもの。

しめし【示し】手本。「子供への—がつかない」

しめじ【湿地・占地】キノコの一種。食用。

しめす【示す】「根拠を—」「模範を—」「非常口を—ランプ」「入場券は入り口でお—・し下さい」
しめす【湿す】湿らす。筆に墨をふくませる。「タオルを—・して顔をふく」「水でのどを—」「一筆—」
しめた【〈占〉めた】しめしめ。「—、この問題なら解けるぞ」
しめつ【死滅】「何万年も前に—した動物」
じめつ【自滅】「勝負をあせって—した」
しめて【締めて】合計で。「—五千円になります」
しめなわ【〈注連〉縄・▽標縄・〈七五三〉縄】「—を張る」
しめり【湿り】「—を帯びる」「よいお—です」
しめりけ【湿り《気》】「—がある」
しめる【湿る】「—・った空気が大陸から入り込む」「劣勢に応援も—・りがちだ」
しめる【占める】「商店街の一角を—銀行」「窓側に座席を—・めている」「権力の座を—」「過半数を—」「国土の半分以上を山林が—」「獲物がなにかかれば—・めたものだ」
しめる【絞める】首の回りを強く圧迫する。殺す。「首を—・めて殺す」
しめる【締める】緩みをなくす。節約する。合計する。「鉢巻きを—」「ガスの元栓を—」「社内の規律を—」「鯖を酢で—」「家計を—」「月末に帳簿を—」「勝って兜の緒を

し

「—・めよ」

しめる【閉める】 ⇕開ける。「戸を—」「店を—」

しめん【紙面】 「選挙の記事に多くの—を割く」〔雑誌の場合は「誌面」と書く〕

じめん【地面】 「—に座る」「—が揺れる」

しめんそか【四面▼楚歌】 孤立無援。「—の状態に陥る」

しも【下】 ⇕上〈かみ〉。「—の席に着く」「川の—へ下る」「—の世話をする」

しも【霜】 「—柱」「—が降りる」「頭〈かしら〉に—を置く〈戴く〉(＝白髪になる)」

しもうさ【下総】 旧国名。千葉県北部と茨城県南西部。

しもがれ【霜枯れ】 霜により草木が枯れる。「—の野」「—三月〈みつき〉(＝一〇月～一二月の景気が悪い月)」

じもく【耳目】 「—を驚かすビッグニュース」

じもく【除目】 平安時代の人事異動の儀式。「県召〈あがためし〉の—(＝春の地方官の任命)」「司召〈つかさめし〉の—(＝秋の京官の任命)」

しもげる【霜げる】 野菜などが寒さのためにいたむ。「—げた白菜」

しもごえ【下肥】 人の糞尿を肥料としたもの。

しもざ【下座】 ⇕上座。「—に控える」

しもじも【下下】 「—の事情に通じる」

しもたや【《仕▽舞》た屋】 商店街にある民家。しもうたや。

しもつき【霜月】 陰暦一一月の異名。

しもつけ【下野】 旧国名。栃木県全域。野州。

しもて【下手】 下の方。客席から見て舞台の左手。⇕上手〈かみて〉。「舞台の—から一人の男が登場する」

じもと【地元】 「—出身の大臣」

しもばしら【霜柱】 「—が立つ」「—を踏みながら登校する」

しもぶくれ【下膨れ・下▼脹れ】 「—の顔」

しもふり【霜降り】 脂肪が網の目状に入る牛肉。

しもべ【▽僕・下▽部】 下男。召し使い。

しもやけ【霜焼け】 指などの軽い凍傷。

しもよけ【霜▽除け】 「庭木に—を施す」

しもん【指紋】 「—押捺」「—を採る」「現場に犯人の—が残る」

しもん【試問】 「口頭—」

しもん【諮問】 学識経験者に意見を尋ね求める。⇕答申。「—機関」「大臣が審議会に—する」

じもん【地紋】 布地に織り出した文様。

じもん【自問】 「これでよいのかと—自答する」

しゃ【写(寫)】 シャ うつ-す・うつ-る 「写経・写実・写真・映写・試写・描写・複写・模写」

しゃ【社(社)】 シャ やしろ 「社員・社会・社交・社寺・社説・社長・会社・公社・支社・神社」

しゃ【車】 シャ くるま 「車庫・車窓・車道・車両・車輪・汽車・水車・駐車・電車・拍車・飛車・風車」

しゃ【舎】 シャ — 「舎監・営舎・駅舎・官舎・牛舎・校舎」

しゃ【者(者)】 シャ もの 「医者・王者・学者・患者・記者・後者・作者・使者・勝者・達者・筆者」

しゃ【砂】 ⇩さ(砂)。「砂石・砂利・金砂・土砂・白砂・流砂」

しゃ【射】 シャ い-る 「射撃・射殺・射程・照射・発射・噴射・乱射」

しゃ【捨】 シャ す-てる 「喜捨・四捨五入・取捨選択・用捨」

しゃ【赦】 シャ — 「赦免・恩赦・大赦・特赦・容赦」

しゃ【斜】 シャ なな-め 「斜影・斜傾・斜光・斜線・斜体・斜度・斜塔・斜辺・斜面・斜陽・傾斜」

しゃ【煮(煮)】 シャ に-える・に-る・に-やす 「煮沸」

し

しゃ【遮】シャ さえぎ-る 「遮音・遮光・遮断・遮二無二」
しゃ【謝】シャ あやま-る 「謝意・謝恩・謝罪・謝辞・謝絶・謝礼・感謝・月謝・多謝・陳謝・報謝」
しゃ【▼紗】搦〈から〉み織りの絹織物。うすぎぬ。「―の羽織」
しゃ【斜】ななめ。はす。「―に構える」
しや【視野】「広い―に立って判断する」「―が狭い」「交渉再開も―に入れる」
じゃ【邪】ジャ 「邪悪・邪気・邪教・邪心・邪推・邪道・邪念」
じゃ【蛇】ジャ・ダ へび 「蛇口・蛇腹・大蛇・毒蛇・白蛇」
じゃ【邪】よこしま。⇔正。
じゃ【蛇】へび。おろち。「大―」「―の道は蛇〈へび〉(=同類は互いに事情に通ずるということ)」「鬼が出るか―が出るか」
じゃあく【邪悪】「―な考えにとらわれる」
しゃい【謝意】感謝の気持ち。わびる気持ち。「協力下さった方々に一言―を述べたい」
しゃいん【社員】「新入―」「―旅行」
じゃいん【邪淫・邪▼婬】よこしまで、みだらなこと。「―戒」

しゃうん【社運】「この企画には―が掛かっている」
しゃおく【社屋】「―を建て直す」
しゃおん【遮音】音をさえぎり防ぐ。「―効果」
しゃおん【謝恩】「―会」
しゃか【釈迦】仏教の開祖。みほとけ。「―如来」「―に説法」
しゃが【射▽干・▽著▼莪】アヤメ科の多年草。
しゃかい【社会】「実―」「上流―」「―主義」「―問題」「―の一員」
じゃかご【蛇籠】護岸工事用の石を詰めた円筒形の籠。
しゃがれる【▼嗄れる】「風邪を引いて声が―」
しゃかん【車間】「―距離を十分にとる」
しゃかん【舎監】寄宿舎を監督する人。「寮の―」
しゃがん【▼赭顔】赤ら顔。「白髪―の老人」
じゃき【邪気】悪意。病気などを起こす悪い気。「無―」「―のない人」「―を払う」
しゃきょう【写経】「般若心経の―」
じゃきょう【邪教】「―と見なし斥ける」
しゃきん【謝金】「講演の―を受け取る」
しゃく【尺】シャク ― 「尺度・尺角・尺貫法・曲尺・縮尺・長尺」
しゃく【石】⇨せき(石)。「磁石・盤石」

しゃく【借】シャク か-りる 「借財・借地・借用・借家・借款・借金・借景・寸借・租借・貸借・賃借・拝借」

しゃく【酌】シャク く-む 「酌量・参酌・対酌・独酌・媒酌・晩酌」

しゃく【釈(釋)】シャク ― 「釈然・釈放・釈明・解釈・講釈・注釈」

しゃく【爵】シャク ― 「爵位・栄爵・勲爵・侯爵・天爵・伯爵」

しゃく【▼勺・▽夕】容積・面積の単位。

しゃく【尺】長さの単位。「―八」「―取虫」

しゃく【▼笏】束帯のとき右手に持つ細長い板。

しゃく【酌】酒を杯につぐ。「―をする」

しゃく【▼癪】腹痛。腹が立つこと。「―が起こる」「―に障〈さわ〉る」

しやく【試薬】物質の検出・分析に使う薬品。

じゃく【若】ジャク・(ニャク) わか-い・も-しくは 「若年・若輩・若齢・若干・自若・老若〈ろうじゃく〉〈ろうにゃく〉」

じゃく【弱】ジャク よわ-い・よわ-る・よわ-まる・よわ-める 「弱視・弱者・弱小・弱体・弱点・弱年・弱輩・弱冠・強弱・虚弱・衰弱・薄弱・貧弱」

し

じゃく【寂】ジャク・(セキ) さび・さび-しい・さび-れる 「寂然〈じゃくねん〉〈せきぜん〉」・寂滅・閑寂・静寂・入寂・幽寂」

じやく【持薬】いつも服用している薬。

しゃくい【爵位】「―を授かる」

しゃくう【▼杓う】「網で金魚を―」

しゃくざい【借財】借金。「―の返済に追われる」

しゃくし【▼杓子】「猫も―も」

じゃくし【弱視】「眼科検診で―を疑われる」

しゃくしじょうぎ【▼杓子定規】融通性のないさま。「―なお役所仕事」「法を―に適用する」

じゃくしゃ【弱者】⇔強者。「社会的―」「―救済の手だてを講じる」

しゃくしゃく【▼綽▼綽】ゆとりのあるさま。「余裕―」

じゃくじゃく【寂寂】静かでさびしいさま。

しゃくじょう【▼錫▼杖】「―を打ち鳴らす」

じゃくしょう【弱小】⇔強大。「―チーム」「―な零細経営」

しゃくぜん【釈然】「彼の説明ではどうも―としない」

しゃくそん【釈尊】釈迦の尊称。

じゃくたい【弱体】「組織が―化する」

しゃくち【借地】「―権を更新する」

じゃぐち【蛇口】「―をひねって水を出す」

しゃくてん【釈▼奠】孔子を祭る。せきてん。

じゃくてん【弱点】「相手の―を攻める」

しゃくど【尺度】「適不適を決める―」

しゃくどう【赤銅】わずかの金・銀を含む銅合金。「日に焼けた―色の肌」

しゃくとりむし【尺取虫】ガの一種の幼虫。

しゃくなげ【石南▽花・石▼楠▽花】ツツジ科の低木。

じゃくにくきょうしょく【弱肉強食】「―の厳しい社会」

しゃくねつ【▼灼熱】「―の恋」「―の太陽」

じゃくねん【若年・弱年】「若年層」「弱年者〈もの〉」「若年性認知症」

じゃくねん【寂然】ひっそりとしてさびしいさま。

じゃくはい【若輩・弱輩】年が若く、未熟な者。「―の身ゆえ、ご指導お願い申し上げます」

しゃくはち【尺八】竹で作った縦笛。

しゃくふ【酌婦】酒の酌をしてもてなす女性。

しゃくぶく【▽折伏】悪い教えをくじき、従わせる。「相手を―する」

しゃくほう【釈放】「仮―」「政治犯を―する」

しゃぐま【▽赤熊・▼赭熊】ヤクの尾の毛を赤く染めたもの。「―髷〈まげ〉」「―の払子〈ほっす〉」

じゃくまく【寂▼寞】ひっそりしているさま。せきばく。「辺りは―として静まりかえっている」

しゃくめい【釈明】「―を求める」「容疑に対し―する」

じゃくめつ【寂滅】究極的な悟りの境地。死ぬこと。「釈迦の―」「―為楽」

しゃくや【借家】「―住まい」

しゃくやく【▼芍薬】ボタン科の多年草。「立てば―すわれば牡丹」

じゃくやく【▼雀躍】「勝利の報に欣喜―した」

しゃくよう【借用】「―書」「無断で―する」

しゃくりょう【酌量】「情状―」「―の余地はない」

しゃくる【▽決る・▼抉る】「匙で―って食べる」「あっちへ行けと、あごを―った」

しゃくる【▼噦る】激しく息を吸い込むように泣く。

しゃけ【▼鮭】さけ。「―弁当」

しゃげき【射撃】「掩護―」「―訓練」「一斉に―する」

しゃけつ【▼瀉血】治療のため静脈血の一部を除く。

しゃけん【車券】競輪で、勝者投票券。

しゃけん【車検】「―証」「来年は―がある」

じゃけん【邪険・邪▼慳】「―にされる」「―に扱う」

しゃこ【車庫】ガレージ。「―証明」

しゃこ【▼硨▼磲】大形の二枚貝。「―貝」

しゃこ【▼蝦▼蛄】海産の節足動物。食用。

しゃこう【社交】「―界の花形」「―性に富む」「―的な性格」

しゃこう【遮光】「―板」「菊の―栽培」

じゃこう【▼麝香】ジャコウジカの雄からとる香料。

しゃこうしん【射幸心・射▼倖心】偶然の利益や幸運を望む心。「―をあおる」「―に駆られる」〔本来は「射倖心」が正しい〕

しゃさい【社債】「―を発行する」

しゃざい【謝罪】「―広告」「―する気はない」

しゃさつ【射殺】銃やピストルでうち殺す。

しゃし【斜視】左右の視線の方向が一致しない状態。

しゃし【▼奢▼侈】「―にふける毎日」「―に流れる生活」

しゃじ【社寺】神社と寺院。「―に詣でる」

しゃじ【謝辞】感謝の言葉。謝罪の言葉。「応援してくださった方々に一言―を述べる」

しゃじく【車軸】「―を流すような大雨となる」

しゃじつ【写実】「―的な手法」「―小説」「―主義」

しゃしゃらくらく【▼洒▼洒落落】さっぱりして物事にこだわらない。「―な態度」

しゃしゅ【車種】自動車などの種類。

しゃしゅ【射手】銃を撃つ人。弓を射る人。「魔弾の―〔＝ウェーバー作曲のオペラ〕」

じゃしゅう【邪宗】邪教。江戸時代、キリスト教のこと。「―門」

しゃしょう【車掌】「―が検札に来る」

しゃしょう【捨象】抽象する際、不要な要素を捨て去る。「個別の問題は―して議論する」

しゃしょく【写植】「写真植字」の略。「電算―機」

しゃしょく【社▼稷】土地の神と五穀の神。国家。「―の臣〔＝国家の重臣〕」

しゃしん【写真】「記念―」「―写りがよい」「―を撮る」

じゃしん【邪心】「―を起こす」「―を捨てよ」

じゃすい【邪推】「二人の仲を変なふうに―された」

ジャスミン【〈耶悉茗〉・〈素馨〉】花から香油をとる。

しゃする【謝する】わびる。礼を言う。断る。「非礼を―」「厚意を―」「面会を―」

しゃぜ【社是】会社の経営上の方針や主張。

しゃせい【写生】「―画」「―文」「アジサイの花を―する」

しゃせい【射精】精液を射出する。

しゃせつ【社説】「環境問題について―で論じる」

しゃぜつ【謝絶】「面会―」

じゃせつ【邪説】「―を信じる」

しゃせん【車線】「片側二―」「―を変更する」

しゃせん【斜線】「要らない箇所に―を引く」

しゃそう【車窓】「―から眺める美しい景色」

しゃたい【車体】車両の、人や荷物をのせる部分。

しゃだい【車台】車体を支えている台。シャーシー。

しゃたく【社宅】「―住まい」「―を出て一戸建てに移る」

しゃだつ【▼洒脱】あかぬけしているさま。「軽妙―」「―な味のある俳句」

しゃだん【遮断】「―機」「通信を一時的に―する」

しゃち【▼鯱】大形海獣。性質が荒い。

しゃちほこ【▼鯱・▼鯱▼鉾】想像上の海獣。城の棟に取り付ける。「金の―」「―立ちしても彼にはかなわない」「―張らずに楽にして下さい」

しゃちょう【社長】「代表取締役―」「―の挨拶」

しゃっかん【借款】国際間の資金の貸借。「円―」

じゃっかん【若干】いくらか。多少。「―名」「―疑問に思う点がある」「―費用がかかるかもしれない」

じゃっかん【弱冠】男子二〇歳のこと。年が若いこと。「彼は―二十歳にして王者となった」〔「若冠」と書くのは誤り〕

しゃっかんほう【尺貫法】日本古来の度量衡法。

じゃっき【▼惹起】「隠蔽工作が混乱を―した」

しゃっきん【借金】「―取り」「―の形〈かた〉」「―で首が回らなくなる」

じゃっく【▼惹句】うたい文句。キャッチフレーズ。

しゃっくり【《▼噦》・《〈吃逆〉》】「—が止まらない」

しゃっけい【借景】 庭園外の景物を庭園に取り入れる。

しゃっこう【赤口】 六曜の一。凶日(但し正午のみ吉)。「—日」

しゃてい【舎弟】(やくざなどの)弟分。

しゃてい【射程】「—距離」「上位合格も—内に入ってきた」

しゃてき【射的】 まとを銃で撃つ遊び。「縁日の—」

しゃでん【社殿】 神体をまつる建物。

しゃどう【車道】「—に出ては危険だ」

じゃどう【邪道】 ⇔正道。「勝てばいいという考え方は—だ」

しゃない【車内】「—では禁煙です」

しゃにくさい【謝肉祭】 カトリック教国の祝祭。カーニバル。

しゃにち【社日】 春分・秋分に最も近い戊〈つちのえ〉の日。「—の収穫祭」

しゃにむに【《遮二無二》】 がむしゃらに。「—向かってゆく」

じゃねん【邪念】 よこしまな悪い考え。「—を抱く」

じゃのめ【蛇の目】 ヘビの目に似た文様。また、蛇の目傘。「—でお迎えうれしいな」

しゃば【車馬】「—代」

しゃば【▼娑婆】 仏教で、人間の世界。俗世間。「—っ気〈け〉」「刑務所から出て—の空気を吸う」

じゃばら【蛇腹】 アコーディオンや旧式写真機の伸縮する部分。

しゃはん【▼這般】 このたび。今般。「—の事情により」

じゃびせん【蛇皮線】 さんしん(三線)。「—を弾く」

しゃふつ【煮沸】「熱湯に入れて—消毒する」

しゃへい【遮蔽】 覆いさえぎる。「—幕」

しゃべる【▼喋る】「よく—人」「だれにも—なよ」

しゃへん【斜辺】 直角三角形の直角に対する辺。

しゃほん【写本】 ⇔刊本。「土佐日記の—」

シャボンだま【〈石鹼〉玉】「—遊び」

じゃま【《邪魔》】「—立て」「—者扱い」「—が入る」「仕事の—をする」「子供を—にする」「お—しました」

しゃみ【▽沙▽弥】 入門して間もない僧。

しゃみせん【《三味線》】「—をつまびく」

しゃむ【社務】「—所」

シャム【暹羅】 タイの旧称。「—双生児」「—猫」

しゃめん【斜面】「急—」

しゃめん【赦免】「—を乞う」

シャモ【〈軍鶏〉】「—肉を水炊きにする」

しゃもじ【▼杓文字】 ご飯をすくうへら。「—でご飯をよそう」

しゃもん【▽借問】 試みに質問する。しゃくもん。

しゃよう【社用】「—で外出中」

しゃよう【斜陽】 夕日。次第に衰えること。「—族」

しゃらく【▼洒落】 さっぱりしていて、こだわらない。「—で気っ風がいい」

しゃらくさい【▼洒▽落《臭》い】 生意気だ。「若僧のくせに—ことを言うな」

しゃり【舎利】 釈迦の遺骨。米飯。「仏—塔」「—会〈え〉」「銀—」

じゃり【《砂利》】 小石。子供。「玉—」「—道」「—を採取する」「—は黙ってろ」

しゃりょう【車両・車▼輛】「—点検」「一番前の—に乗る」

しゃりん【車輪】「—が外れる」「大—で仕上げる」

しゃれ【▼洒▽落】「駄—」「—っ気〈け〉」「—本」「—を言う」

しゃれい【謝礼】「—金」

しゃれこうべ【〈髑髏〉】 されこうべ。

しゃれる【▼洒▽落る】「—・れたデザイン」「なかなか—・れたことを言う」

じゃれる【▽戯れる】「犬が飼い主に—」

しゅ【手】 シュ て・(た)「手記・手芸・手術・手跡・手段・手法・手腕・騎手・挙手・助手・選手・名手」

しゅ【主】シュ・(ス) ぬし・おも 「主観・主眼・主権・主語・主事・主従・主人・主体・主題・主張・主任・主犯・主婦・主役・主要・主流・主力・君主」

しゅ【守】シュ・(ス) まも-る・も-り 「守衛・守旧・守護・守勢・守戦・守秘・守備・看守・堅守・厳守・好守・攻守・固守・死守・遵守・先守・保守・留守〈るす〉」

しゅ【朱】シュ ― 「朱印・朱字・朱肉・朱筆・朱墨・一朱」

しゅ【取】シュ と-る 「取材・取捨・取得・採取・摂取・聴取」

しゅ【狩】シュ か-る・か-り 「狩漁・狩猟」

しゅ【首】シュ くび 「首席・首都・首脳・首尾・元首・自首・船首」

しゅ【修】⇩しゅう(修)。「修行・修業・修験・修羅場」

しゅ【殊】シュ こと 「殊遇・殊勲・殊勝・特殊」

しゅ【珠】シュ ― 「珠玉・珠算・遺珠・真珠・念珠・胚珠・宝珠」

しゅ【酒】シュ さけ・(さか) 「酒宴・酒家・酒気・酒豪・酒色・酒席・酒乱・飲酒・禁酒・美酒・洋酒」

しゅ【衆】⇩しゅう(衆)。「衆生・衆徒・衆道・若衆」

しゅ【腫】シュ は-れる・は-らす 「腫瘍・筋腫・血腫・水腫・浮腫」

しゅ【種】シュ たね 「種子・種別・種目・種類・雑種・人種・品種」

しゅ【趣】シュ おもむき 「趣意・趣向・趣旨・趣味・興趣・情趣」

しゅ【主】「若い人が―になって始めた運動」「―たる家計維持者」「会員は―として学生である」「―イエスキリスト」

しゅ【朱】「誤字に―を入れる」「―に交われば赤くなる(＝人は交わる人や環境によって良くも悪くもなる)」

しゅ【種】「この―の本はある程度は売れる」「―の起源」

じゅ【寿(壽)】ジュ ことぶき 「寿命・寿齢・賀寿・長寿・天寿」

じゅ【受】ジュ う-ける・う-かる 「受給・受験・受賞・受信・受像・受胎・受諾・受難・受粉・受理・甘受・拝受」

じゅ【呪】ジュ のろ-う 「呪術・呪縛・呪法・呪文・呪力」

じゅ【授】ジュ さず-ける・さず-かる 「授戒・授業・授受・授賞・授乳・授与・教授・口授・天授・伝授」

じゅ【需】ジュ ― 「需給・需要・外需・軍需・特需・内需・必需」

じゅ【儒】ジュ ― 「儒家・儒学・儒教・儒者・碩儒・大儒・老儒」

じゅ【樹】ジュ ― 「樹皮・樹木・樹立・樹林・樹齢・果樹・大樹」

じゅ【寿】長寿。「百歳の―を保つ」

しゅい【主意】中心となるねらいや考え。「質問―書」「法案の―」

しゅい【趣意】物事を始めるに際しての考えや目的。「設立―書」

しゅい【首位】「―打者」「現在―に立つチーム」「―を独走する」

しゅいん【主因】「倒産に至った―」

しゅいん【朱印】「―船貿易」

しゅう【収(收)】シュウ おさ-める・おさ-まる 「収益・収穫・収支・収縮・収束・収入・収納・収録・回収・吸収・月収・減収・税収・没収・領収」

しゅう【囚】シュウ ― 「囚獄・囚人・囚徒・死刑囚・女囚・虜囚」

し

しゅう【州】シュウ　す　「州議会・欧州・本州・六大州」〔「洲」の書き換え字としても用いられる〕

しゅう【舟】シュウ　ふね・(ふな)　「舟運・舟艇・舟遊・軽舟・孤舟」

しゅう【秀】シュウ　ひい-でる　「秀逸・秀才・秀作・秀麗・俊秀・優秀」

しゅう【周】シュウ　まわ-り　「周囲・周忌・周期・周知・周到・周波・周辺・周遊・一周・円周・外周」

しゅう【宗】シュウ・ソウ　―　「宗義・宗教・宗旨・宗徒・宗派・宗法・宗門・改宗・邪宗・禅宗」

しゅう【拾】シュウ・ジュウ　ひろ-う　「拾遺・拾得・収拾」

しゅう【祝(祝)】⇩しゅく(祝)。「祝儀・祝言・祝着」

しゅう【秋】シュウ　あき　「秋雨・秋霜・秋風・秋分・秋冷・春秋・初秋・仲秋・晩秋・立秋・涼秋」

しゅう【臭(臭)】シュウ　くさ-い・にお-う　「臭気・臭素・臭味・悪臭・異臭・激臭・口臭・消臭・体臭・腐臭」

しゅう【修】シュウ・(シュ)　おさ-める・おさ-まる　「修学・修飾・修得・修理・修了・改修・監修・研修・必修」

しゅう【袖】シュウ　そで　「袖手・長袖・領袖」

しゅう【執】⇩しつ(執)。「執着〈しゅうちゃく〉(しゅうじゃく)・執心・執念・愛執・我執・妄執」

しゅう【終】シュウ　お-わる・お-える　「終業・終結・終始・終日・終点・終末・終了・最終・始終・臨終」

しゅう【羞】シュウ　―　「羞恥心・含羞」

しゅう【習】シュウ　なら-う　「習慣・習作・習性・習俗・習得・演習・講習・常習・風習・復習・練習」

しゅう【週】シュウ　―　「週刊・週間・週末・隔週・今週」

しゅう【就】シュウ・(ジュ)　つ-く・つ-ける　「就学・就業・就航・就職・就寝・就任・就労・去就・成就〈じょうじゅ〉」

しゅう【衆】シュウ・(シュ)　―　「衆寡・衆議・衆愚・衆徒・衆望・衆目・公衆・大衆・聴衆・民衆」

しゅう【集】シュウ　あつ-まる・あつ-める・つど-う　「集金・集計・集結・集合・集団・集中・集配・集約・群集・詩集・選集・編集」〔「輯」の書き換え字としても用いられる〕

しゅう【愁】シュウ　うれ-える・うれ-い　「愁傷・愁訴・愁嘆・愁眉・哀愁・郷愁・悲愁・憂愁・旅愁」

しゅう【酬】シュウ　―　「応酬・献酬・報酬」

しゅう【醜】シュウ　みにく-い　「醜悪・醜態・醜聞・美醜・老醜」

しゅう【蹴】シュウ　け-る　「蹴球・一蹴」

しゅう【襲】シュウ　おそ-う　「襲撃・襲名・襲来・因襲・奇襲・空襲・世襲・敵襲・踏襲・夜襲・来襲」

しゅう【州】連邦国家の行政区画。「コロンビア―」

しゅう【週】「―の初め」

しゅう【衆】「若い―」「―を頼んで事を始める」「烏合〈うごう〉の―」

しゅう【私有】「―地」「―財産」

しゅう【雌雄】「―を決する」

じゅう【十】ジュウ・ジッ　とお・と　「十戒〈じっかい〉・十中八九〈じっちゅうはっ

く〉・十悪・十全・十分・十目・五十音」〔「ジッ」は「ジュッ」とも〕

じゅう【中】⇩ちゅう(中)。「一日中・心中・年中・老中」

じゅう【汁】ジュウ しる 「汁液・果汁・苦汁・胆汁・肉汁・墨汁」

じゅう【充】ジュウ あ-てる 「充血・充実・充電・充満・補充」

じゅう【住】ジュウ す-む・す-まう 「住所・住職・住宅・住人・住民・安住・移住・居住・先住・定住」

じゅう【拾】⇩しゅう(拾)。「金拾万円」〔金額などを書く時、「十」の代わりに用いることがある〕

じゅう【柔】ジュウ・ニュウ やわ-らか・やわ-らかい 「柔術・柔順・柔軟・懐柔・外柔内剛・優柔不断」

じゅう【重】ジュウ・チョウ え・お も-い・かさ-ねる・かさ-なる 「重圧・重視・重症・重心・重責・重大・重版・重要・重量・過重・体重・比重」

じゅう【従(從)】ジュウ・(ショウ)・(ジュ) したが-う・したが-える 「従兄・従事・従順・従属・従来・従三位〈じゅさんみ〉・専従・忍従・服従」

じゅう【渋(澁)】ジュウ しぶ・しぶ-い・しぶ-る 「渋滞・渋面・苦渋・難渋」

じゅう【銃】ジュウ ― 「銃器・銃撃・銃殺・銃声・銃弾・猟銃」

じゅう【獣(獸)】ジュウ けもの 「獣医・獣肉・猛獣・野獣」

じゅう【縦(縱)】ジュウ たて 「縦横・縦走・縦断・操縦」

じゅう【柔】「―能く剛〈ごう〉を制す」

じゅう【従】「仕事が主で、家庭のことは―だ」

じゅう【銃】「―を構える」『―を向ける」

じゆう【自由】「―意志」『―闊達〈かったつ〉』『―競争』『―自在』『―民権運動』『言論の―』『―の女神」

じゆう【事由】そうなった理由。わけ。「―を述べる」

しゅうあく【醜悪】「―な政権争い」

しゅうあけ【週明け】「―から新学期が始まる」

じゅうあつ【重圧】「―感」『職責の―に耐えかねる」

しゅうい【周囲】「島の―」『―に気を配る」

しゅうい【拾遺】「宇治―物語」『―和歌集」

じゅうい【重囲】「敵の―を破る」

じゅうい【獣医】「猫を―に診てもらう」

しゅういつ【秀逸】「―な作品」

じゅういつ【充▼溢】満ちあふれている。「気力が―している」

しゅうう【秋雨】秋の雨。あきさめ。

しゅうう【▼驟雨】にわか雨。夕立。「―沛然〈はいぜん〉として至る」

しゅううん【舟運】舟による運送・交通。

しゅうえき【収益】「―の一部を寄附する」

しゅうえき【就役】仕事につく。任務につく。

しゅうえん【周縁】「駅―」『島の―部」

しゅうえん【終▽焉】人の命が終わる。「―の地」

しゅうえん【終演】⇔開演。「午後九時に―の予定」

じゅうおう【縦横】「市街地を―に貫く大通り」『―に張りめぐらされた通信網』『―に活躍する」

じゅうおうむげ【縦横無▼礙】妨げがなく自在。「―にゴール目指して突き進む」

じゅうおうむじん【縦横無尽】自由自在に行う。「―の活躍」

しゅうか【衆寡】多人数と少人数。「―敵せず(=少人数では多人数にはとても勝てない意)/孟子」

しゅうか【集荷・▼蒐荷】各地の産物を市場に集める。「―先の市場」『農作物を―する」

しゅうか【集貨】貨物や商品を集める。「駅に荷物を―する」

じゅうか【銃火】銃器による射撃。「―を交える」

しゅうかい【周回】「―軌道」「―遅れ（＝先頭の走者から一周以上遅れる）」

しゅうかい【集会】「―場」「―の自由」「―を開く」

しゅうかい【醜怪】「―な容貌をした魚」

しゅうかいどう【秋海▼棠】ベゴニアの一種。

しゅうかく【収穫】「―期」「大豆の―」「研修を終えて多くの―があった」

しゅうかく【臭覚】「犬の―」

しゅうがく【修学】「―旅行」

しゅうがく【就学】「―義務」「―児童」

じゆうがた【自由形】「―の選手」

しゅうかん【収監】「刑務所に―される」

しゅうかん【習慣】「生活―」「早寝早起きの―」「晩酌が―となっている」

しゅうかん【週刊】「毎週火曜日発行の―誌」

しゅうかん【週間】「今日から読書―が始まった」

じゅうかん【重患】重い病気。その病人。

じゅうかん【縦貫】「九州を―する高速道路」

しゅうき【周期】「―律」「―運動」「―的な変化」

しゅうき【周忌】死後、年ごとにめぐってくる忌日。回忌。「一―」

しゅうき【秋季】秋の季節。秋。「―大運動会」

しゅうき【秋期】秋の期間。「―休業」

しゅうき【臭気】くさいにおい。悪臭。「―が漂う」

しゅうき【終期】⇔始期。「任期の―が近づく」

しゅうぎ【祝儀】祝いの儀式。婚礼。心付け。「御―」「―袋」「―をはずむ」

しゅうぎ【衆議】「―一決する」「―にはかる」

じゅうき【▼什器】ふだん使用する家具・道具類。

じゅうき【銃器】小銃・拳銃などの総称。

しゅうぎいん【衆議院】国会を構成する一院。衆院。⇔参議院。「―議員」

しゅうきゅう【週休】「―二日制」

しゅうきゅう【週給】一週間ごとに支給される給料。

しゅうきゅう【蹴球】サッカー。「―魂」

じゅうきょ【住居】「―を移す」「古代の―跡」「―侵入罪」

しゅうきょう【宗教】「新興―」「―改革」「―法人」

しゅうぎょう【修業】「二年間の―課程を終える」

しゅうぎょう【終業】「―式」「―時間」

しゅうぎょう【就業】仕事につく。「―規則」「―時間」

じゅうぎょういん【従業員】「―組合」「―を雇う」

しゅうきょく【終局】物事の結末。終末。「与野党の攻防もようやく―に向かう」

しゅうきょく【終極】物事の終わり。はて。究極。「人生―の目的」

しゅうきょく【▼褶曲】地層が波状に曲がる現象。「―山脈」

しゅうきん【集金】「―人」「自治会費を―して回る」

しゅうく【秀句】秀れた俳句。また、地口や語呂合わせなど。

しゅうぐ【衆愚】多くのおろかな人々。「―政治」

じゅうぐん【従軍】軍隊に加わって戦地へ行く。

しゅうけい【集計】「―作業」「得票を―する」

じゅうけい【従兄】年上の、男のいとこ。⇔従弟。

しゅうげき【襲撃】「ゲリラに―される」

じゅうげき【銃撃】「―戦」

しゅうけつ【終決】物事が最終的に決着する。「長年争った裁判がようやく―を迎えた」

しゅうけつ【終結】物事が終わる。「―宣言」「ストが―した」「民族紛争が―した」

しゅうけつ【集結】「部隊を―する」

じゅうけつ【充血】「―して目が赤い」

しゅうけん【集権】⇔分権。「中央―国家」

しゅうげん【祝言】婚礼。「仮―」「―を挙げる」

じゅうこ【住戸】マンションの一戸一戸。「―ごとに訪問する」

じゅうご【銃後】戦線の後方。戦場に出ていない国民。「―の守り（備え）」

しゅうこう【舟航】船で航行する。「かつての瀬戸内海は―の便がよかった」

しゅうこう【周航】船で各地をめぐる。「琵琶湖―」
しゅうこう【修好・修交】「日米通商―条約」
しゅうこう【就航】「羽田と上海を結ぶ便が―する」
しゅうこう【衆口】「それは―に上った有名な話だ」
しゅうこう【醜行】みだらな行為。「昨夜の宴席での―に恥じ入る」
しゅうごう【習合】異なる教義を折衷する。「神仏―」
しゅうごう【集合】「部分―」「―住宅」「明日七時に駅前で―する」
じゅうこう【重厚】重みがあって落ち着いているさま。⇔軽薄。「―な語り口」「―な文体」
じゅうこう【銃口】銃の筒口。「敵に―を向ける」
じゅうこうぎょう【重工業】鉄鋼・造船業などの工業。
じゅうごや【十五夜】陰暦八月一五日の夜。
しゅうさ【収差】「―を補正する」
しゅうさい【秀才】「―の誉れが高い若者」
じゅうざい【重罪】「―に科せられる」
しゅうさく【秀作】すぐれた作品。「―の展示会」
しゅうさく【習作】「画伯の―時代の絵」「ピアノ曲の―」
しゅうさつ【集札】「駅員が改札口で―する」
じゅうさつ【銃殺】「―刑に処する」
しゅうさん【集散】「離合―」「各地の産物が―する」
じゅうさんや【十三夜】陰暦九月一三日の夜。
しゅうし【収支】「貿易―」「―決算」「―相つぐなう」
しゅうし【宗旨】「―によって儀式の作法が異なる」「日本酒からワインに―替えする」
しゅうし【修士】「文学―」「―論文」
しゅうし【終止】「文の―」「動詞の―形」「―符を打つ」
しゅうし【終始】「あいまいな答弁に―する」「―なごやかなうちに会談は終わった」「―一貫して反対し続ける」
しゅうじ【修辞】「―法」「―を凝らした文章」
しゅうじ【習字】「―の手本」「ペン―を始める」
じゅうし【重視】「学歴よりも実績を―する」「景気対策を―した予算編成」
じゅうし【従姉】年上の女のいとこ。⇔従妹。
じゅうじ【住持】住職。「寺の―」
じゅうじ【従事】「高齢者医療に―する」
じゅうじか【十字架】「―に誓う」「―を背負い茨の道を進む」
じゆうじざい【自由自在】「―に車のハンドルを操る」
しゅうじつ【終日】「駅構内は―禁煙です」「休日は―読書を楽しむ」
しゅうじつ【週日】日曜日を除いた日。平日。「―の時刻表を見る」
じゅうじつ【充実】「―した日々を過ごす」「スタッフの―を図る」
じゅうしまつ【十姉▽妹】飼い鳥にする小鳥。
しゅうしゃ【終車】最終の電車・バス。「―に間に合う」
じゅうしゃ【従者】「―を連れて旅に出る」
しゅうしゅう【収拾】混乱した状態をおさめる。「―がつかない」「事態の―に乗り出した」
しゅうしゅう【収集・▼蒐集】寄せ集める。物を集める。「情報の収集」「ごみの収集」「切手の蒐集」
しゅうしゅう【▼啾▼啾】すすり泣くさま。「鬼哭〈きこく〉―とした雨夜」
じゅうじゅう【重重】「―の不始末に猛省を促す」「―承知している」
しゅうしゅく【収縮】⇔膨張。「―運動」「筋肉が―する」
しゅうじゅく【習熟】「―度別学級編成」「英会話に―する」
じゅうしゅつ【重出】「同一内容の記事が―する」
じゅうじゅん【柔順】素直でものやわらかである。「元来―な性格」
じゅうじゅん【従順】おとなしく逆らわない。「上司に―な部下」

じゅうしょ【住所】「現―」「―録」「―不定」「―・氏名・年齢を記入する」

しゅうしょう【愁傷】(人の死を)嘆き悲しむ。「この度は誠に御―様でございます」

じゅうしょう【重症】重い病気。⇔軽症。「―患者」「彼の蒐集癖も相当―だ」

じゅうしょう【重傷】ひどいけが。⇔軽傷。「交通事故で―を負う」

じゅうしょう【重唱】「二―」

しゅうしょうろうばい【周章▾狼▾狽】うろたえあわてる。「事件の知らせを突然聞いて―する」

しゅうしょく【秋色】秋のけはい。「―が深まる」

しゅうしょく【修飾】「連用(連体)―語」「話に―が多い」

しゅうしょく【就職】「―祝い」「―口」「―活動」

しゅうしょく【愁色】心配そうな顔付き。「―を隠せない」

じゅうしょく【住職】寺の長である僧。

じゅうしょく【重職】要職。「―に就く」

じゅうじろ【十字路】四つ辻。

しゅうしん【修身】行いをただし身をおさめる。また、戦前の道徳科目。「―斉家/大学」

しゅうしん【執心】「金銭に―する」「彼女にずいぶんと御―のようだ」

しゅうしん【終身】一生。終生。「―刑」「―雇用」

しゅうしん【就寝】「もう―時間が過ぎている」

しゅうじん【囚人】「―服」「―が脱走する」

しゅうじん【衆人】「―の見守る中で開票を行う」「―環視の的となる」

じゅうしん【重心】「―を低くして打球を受ける」「―を失って転倒する」

じゅうしん【重臣】身分の重い臣下。

じゅうしん【獣心】けもののような残忍な心。「人面―」

しゅうすい【秋水】秋の澄みきった水。とぎすました刀。

しゅうする【修する】「学を―」「身を―」

じゅうする【住する】「郊外に―」

しゅうせい【修正】よくない点を正しく直す。「下方―」「―案」「軌道を―する」

しゅうせい【修整】写真の原板を修正する。「―液」「画像を―してパソコンに取り込む」

しゅうせい【終生・終世】「―恩を忘れない」「―独身を貫く」

しゅうせい【習性】「モズには捕獲した昆虫などを枝に刺す―がある」「晩酌が―となる」

しゅうせい【集成】「芭蕉俳句―」

じゅうせい【銃声】「―が聞こえた」

じゅうぜい【重税】「―感」「―にあえぐ」

しゅうせき【集積】「―回路」

じゅうせき【重責】重い責任。「―を担う」

しゅうせん【周旋】間に立って世話をする。仲立ち。「―業」「適当な人物を―する」

しゅうせん【終戦】⇔開戦。「―を迎える」

しゅうせん【▾鞦▾韆】ぶらんこ。

しゅうぜん【修繕】「―費」「屋根が壊れて―する」

じゅうぜん【十全】完全なさま。「―な対策を講ずる」

じゅうぜん【従前】これまで。従来。「―のとおり」「―通告したように実施する」

しゅうそ【宗祖】「浄土宗の―法然」

しゅうそ【臭素】ハロゲン元素の一。有毒。

しゅうそ【愁訴】苦しみなどを訴える。「診断がつかず不定―のままだ」「―嘆願する」

しゅうぞう【収蔵】「宝蔵の―品を展示する」

じゅうそう【重奏】「弦楽三―」

じゅうそう【重曹】「―でパンを膨らませる」

じゅうそう【銃創】銃弾による傷。「貫通―」

じゅうそう【縦走】「南アルプスを―する」

しゅうそうれつじつ【秋霜烈日】刑罰などが厳しい。「―の態度で罰する」

しゅうそく【収束】おさまりがつくこと。収拾。「争いが―する」「事態が―に向かう」
しゅうそく【終息・終▼熄】やむこと。終わること。「インフレが―する」
しゅうぞく【習俗】「アイヌの―」
じゅうそく【充足】「―感がある」「―した生活」「条件を―する」
じゅうぞく【従属】「―関係」「大国に―する」
しゅうたい【醜態】見苦しい様子。「―を演ずる」「―をさらけ出す」
じゅうたい【重体・重態】「意識不明の―に陥る」
じゅうたい【渋滞】「交通―」「―に巻き込まれる」
じゅうたい【縦隊】「二列―に並ぶ」
じゅうだい【重大】「責任―」「―発表」「―なミスを犯す」
じゅうだい【重代】代々伝わる。累代。「先祖―の宝」
しゅうたいせい【集大成】「長年の研究を―する」
じゅうたく【住宅】「公務員―」「―難」
しゅうだつ【収奪】強制的に取り上げる。「土地を―する」
しゅうたん【愁嘆・愁▼歎】「芝居の―場」
しゅうだん【集団】「―行動」「―生活」「―登校」
じゅうたん【▼絨▼毯・▼絨▼緞】「―爆撃」
じゅうだん【銃弾】「胸に―を受ける」

じゅうだん【縦断】「台風が九州を―する」

しゅうち【周知】広く知れ渡っている。「―の事実」「構内禁煙を―徹底させる」

しゅうち【衆知・衆▼智】多くの人の知恵。「―を集めて改革に臨む」

しゅうち【羞恥】恥ずかしく思う。「―心」「―で顔がほてる」

しゅうちく【修築】「本堂を―する」

しゅうちゃく【祝着】（手紙文で）喜び祝うこと。「益々御壮健で―に存じます」

しゅうちゃく【執着】「―心」「金儲けに―する」〔「しゅうじゃく」とも読む〕

しゅうちゅう【集中・集注】「―治療室」「―審議」「精神を―させる」「人口が―する」「―的に攻める」

しゅうちょう【▼酋長】部族のかしら。

じゅうちん【重鎮】「法曹界の―」

しゅうちんぼん【袖珍本】ポケットに入る小形の本。

じゅうづめ【重詰(め)】重箱に料理を詰める。

しゅうてい【舟艇】小型の船。

しゅうてい【修訂】書物の誤りを訂正する。「―版」

じゅうてい【従弟】年下の、男のいとこ。⇔従兄。

しゅうてん【終点】⇔起点・始点。「―まで各駅に停車する」


じゅうてん【充塡】「虫歯の穴を―する」

じゅうてん【重点】「不得意な科目を―的に勉強する」「景気対策に―を置いた予算編成」

じゅうでん【充電】「―器」「ケイタイの―をする」

じゅうでんき【重電機】発電機など大型の電気機械。

しゅうと【▼姑】夫あるいは妻の母。しゅうとめ。

しゅうと【▼舅】夫あるいは妻の父。

じゅうど【重度】程度が重い。⇔軽度。「―の障害」

しゅうとう【周到】「用意―」「―に計画する」

じゅうとう【充当】ある使途や目的にあてる。「新人を―する」

じゅうとう【重盗】野球で、ダブルスチール。

じゅうどう【柔道】「―場」「―の稽古」

しゅうどういん【修道院】キリスト教の僧院。

しゅうとく【収得】自分の物とする。「住宅を―する」

しゅうとく【拾得】落とし物をひろう。「―物」

しゅうとく【修得】学問や技芸を身につける。「（大学の授業で）単位を―する」

しゅうとく【習得】習い覚える。「外国語を―する」

じゅうとく【重篤】病状がきわめて悪い。「容態が急変し―な状態に陥る」

しゅうとめ【▼姑】しゅうと（姑）。

じゅうなん【柔軟】「―体操」「―に対応する」
じゅうにし【十二支】時刻・年を表す十二の動物。「十干―」
じゅうにしちょう【十二指腸】「―潰瘍」
じゅうにひとえ【十二▽単】平安時代の女房装束。
じゅうにぶん【十二分】「―に成果をあげる」
しゅうにゅう【収入】⇔支出。「年間―」「―が安定する」
しゅうにん【就任】⇔退任。「大統領に―する」
じゅうにん【住人】「マンションの―」
じゅうにん【重任】重要な任務。また、再任。「―を果たす」「―を妨げない」
じゅうにんといろ【十人十色】考え方・好み・性格などが人それぞれによって違う。
しゅうねん【周年】「創立五十―の記念式典」
しゅうねん【執念】「―深い」「―を燃やす」
しゅうのう【収納】「―庫」「―上手」「蔵書を―する」
じゅうのう【十能】炭火を載せて運ぶ柄の付いた容器。
しゅうは【宗派】「―門流」「仏教の各―」
しゅうは【秋波】女性のこびを含んだ目つき。「―を送る」
しゅうはい【集配】「―人」「―所」
じゅうばこ【重箱】「―におせちを詰める」「―の隅をつつくような小言」
じゅうばこよみ【重箱読み】上が音で下が訓の読み。
しゅうはすう【周波数】「ラジオの―」
じゅうはちばん【十八番】最も得意とする芸。おはこ。「演歌は彼の―だ」
しゅうはつ【終発】⇔始発。「新宿行きの―」
しゅうばつ【秀抜】「―な作品で他を凌駕する」
しゅうばん【終盤】⇔序盤。「―戦で一発逆転をねらう」
じゅうはん【重版】出版の版数をかさねる。「注文殺到で早くも―が決まった」
じゅうはん【従犯】正犯を手助けする罪。
しゅうび【愁眉】「―を開く(＝安心する意)」
じゅうひ【獣皮】「―の敷物」
じゅうびょう【重病】「―人」「―ですぐに手術が必要だ」
しゅうふうさくばく【秋風索▼寞】盛んだった物事の勢いが衰えてものさびしいさま。
しゅうふく【修復】「―工事」「仏像の―」「友好関係の―に努める」
じゅうふく【重複】ちょうふく。
しゅうぶん【秋分】二十四節気の一。九月二三日頃。
しゅうぶん【醜聞】よくない評判。「―を流す」「―が立つ」
じゅうぶん【《十分》・《充分》】「十分条件」「―な栄養を摂る」「二人で住むには―だ」「―に話し合う」
しゅうへき【習癖】「夜ふかしの―がある」
しゅうへん【周辺】「工場―」「医学の―領域」
しゅうほう【秀峰】形の美しい山。「―富士」
しゅうぼう【衆望】「―を担って誕生した内閣」
じゅうほう【▼什宝】家宝の道具類。
じゅうほう【銃砲】「―刀剣店」
じゅうぼく【従僕】召し使いの男。下僕。
シューマイ【焼売】〔中国語〕中国料理の点心の一。
じゅうまい【従妹】年下の、女のいとこ。⇔従姉。
しゅうまく【終幕】「予想外の―を迎える」
しゅうまつ【終末】「―を迎える」
しゅうまつ【週末】「―の過ごし方」「―は買い物を楽しむ」
じゅうまん【充満】「部屋に煙が―する」
しゅうみ【臭味】「田舎者の―が感じられる」
じゅうみん【住民】「―税」「―投票」「近隣の―」
しゅうめい【襲名】芸名を受け継ぐ。「―披露興行」「団十郎を―する」
しゅうめいぎく【秋明菊・秋冥菊】キンポウゲ科の多年草。
じゅうめん【渋面】「―をつくる」

じゅうもう【▼絨毛】小腸内壁の毛状突起。

しゅうもく【衆目】「彼が適役であることは—の一致するところだ」

じゅうもく【十目】十人の目。衆目。「—の視る所十手の指す所（＝すべての人の判断が一致するところ）／大学」

じゅうもつ【▼什物】道具類。

しゅうもん【宗門】「—改〈あらため〉」「—人別帳」

じゅうもんじ【十文字】「道路が—に交わる」

しゅうや【終夜】一晩中。「—灯」「—営業」

じゅうや【十夜】一〇昼夜、念仏を唱える法会。お十夜。「—粥〈がゆ〉」

しゅうやく【集約】「—農業」「意見を—する」

じゅうやく【重役】会社の取締役などの通称。

じゅうやく【十薬】ドクダミの別名。

じゅうやく【重訳】翻訳を別の外国語に翻訳する。

じゅうゆ【重油】「船から—が海に流出する」

しゅうゆう【周遊】「沖縄諸島を—する」

しゅうよう【収用】国などが強制的に所有権を買い取る。「道路を通すために土地を—する」

しゅうよう【収容】人や品物を一定の場所に入れる。「—所」「被災者を病院に—する」

しゅうよう【修養】「精神—」「—を積む」

じゅうよう【重要】「—人物」「—文化財」「—な意味をもつ語句」「この問題を—視する」

じゅうよく【獣欲】けだもののような肉欲。

しゅうらい【襲来】おそってくる。「蒙古—」

じゅうらい【従来】「—見られなかった傾向」

しゅうらく【集落・▼聚落】「—遺跡」「山間の—」

しゅうらん【収▼攬】人の心をつかむ。「人心を—する」

じゅうらん【縦覧】「選挙人名簿を—する」

しゅうり【修理】「屋根を—する」「自動車の—工場」

しゅうりょう【収量】収穫した分量。「反当たり—」

しゅうりょう【秋涼】秋のすずしい風。初秋。「—の候」

しゅうりょう【修了】「修士課程を—した」

しゅうりょう【終了】⇔開始。「ゲームを—する」

じゅうりょう【十両】相撲で、幕内の下、幕下より上位の地位。

じゅうりょう【重量】「—級」「—挙げ」「—感がある」

じゅうりょく【重力】地球上の物体に働く地球の引力。

しゅうりん【秋▼霖】秋の長雨。「—前線」

じゅうりん【▼蹂▼躙】「人権—」「隣国の領土を—する」

しゅうれい【秀麗】「眉目—」「—な富士の姿」

しゅうれい【秋冷】秋の冷ややかな気候。「—の候」

じゅうれつ【縦列】たてに並んだ列。「—駐車」

しゅうれん【収▼斂】ちぢむ。一点に集まる。「血管の—」「生活習慣病の問題は結局食生活に—する」

しゅうれん【修練・修錬】心身をみがき鍛える。「武道を—する」「—を積む」

しゅうれん【習練】繰り返し習う。練習。「英会話を—する」

しゅうろう【就労】「—時間」「午前九時に—する」

しゅうろく【収録】書物などに載せる。録音・録画する。「正月番組は年末にすべて—してある」

しゅうろく【集録】集めて記録する。「土地に伝わる民話を調査して—する」

しゅうわい【収賄】わいろをもらう。⇔贈賄。

しゅえい【守衛】「ビルの—」

じゅえき【受益】利益を受ける。「—者負担」

じゅえき【樹液】樹木の分泌物。

しゅえん【主演】主役を演ずる。⇔助演。「—女優」

しゅえん【酒宴】さかもり。宴会。

しゅおん【主音】音階の第一音。「—で終わる曲」

しゅか【主家】主人・主君の家。しゅけ。

しゅが【珠芽】むかご。

じゅか【儒家】儒学者。また、その家。

しゅかい【首▼魁】「窃盗団の—を捕らえる」

しゅがい【酒害】飲酒の害。

じゅかい【受戒】仏教の戒律を受ける。

じゅかい【授戒】仏教の戒律を授ける。

じゅかい【樹海】「青木ヶ原の―」

しゅかく【主客】「―処をかえる」「―転倒」

しゅかく【主格】文や句の中で、主語を表す格。

しゅかく【酒客】酒を好む人。

じゅがく【儒学】儒教を研究する学問。「―者」

じゅかせきじょう【樹下石上】出家した人の境遇。「出家して―の旅に出る」

しゅかん【手簡・手翰】手紙。

しゅかん【主幹・主監】その仕事の中心となる人。「辞典の編集―」

しゅかん【主管】「―大臣」「運輸行政を―する官庁」

しゅかん【主観】外界を認識する働き。個人的考え。⇔客観。「―的」「―を交えずに事実だけを述べる」「それは君の―だ」

しゅかん【首巻】全集などの最初の巻。第一巻。

しゅがん【主眼】「福祉に―を置く」

しゅき【手記】「戦争体験を綴った―」

しゅき【酒気】「―帯び運転」

しゅぎ【主義】「民主―」「資本―」「事なかれ―」「別に特段の―主張があるわけではない」

しゅきゃく【主客】しゅかく。

しゅきゅう【守旧】古い習慣を守る。保守。「―派」

しゅきゅう【首級】討ち取った敵の首。しるし。「―を挙げる」
じゅきゅう【受給】「―資格」「年金を―する」
じゅきゅう【需給】需要と供給。「―調整」「―のバランス」
しゅきょう【酒興】「―の席での話」
しゅぎょう【修行】仏道に励む。武芸・学問を磨く。「―僧」「武者―」「―を積む」
しゅぎょう【修業】学問・技芸を習い修める。「花嫁―」「バイオリンを―する」
じゅきょう【儒教】孔子を祖とする教学。「―思想」
じゅぎょう【授業】「―時間割」「―を受ける」
しゅぎょく【珠玉】「―の小品」「―短編集」
しゅく【叔】シュク ― 「叔父・叔母・伯叔」
しゅく【祝(祝)】シュク・(シュウ) いわう 「祝宴・祝賀・祝辞・祝日・祝電・祝福・慶祝・奉祝」
しゅく【宿】シュク やど・やどる・やどす 「宿駅・宿縁・宿願・宿舎・宿題・宿直・宿敵・宿場・宿泊・宿命・合宿・寄宿・下宿・止宿・投宿・野宿」
しゅく【淑】シュク ― 「淑女・淑人・淑徳・私淑・貞淑」

しゅく【粛(肅)】シュク ― 「粛清・粛然・厳粛・自粛・静粛」
しゅく【縮】シュク ちぢむ・ちぢまる・ちぢめる・ちぢれる・ちぢらす 「縮減・縮刷・縮写・縮尺・縮小・縮図・圧縮・恐縮・凝縮・軍縮・収縮・伸縮・短縮」
しゅく【宿】「箱根の―」
じゅく【塾】ジュク ― 「塾舎・塾生・塾長・義塾・私塾・入塾」
じゅく【熟】ジュク うれる 「熟語・熟睡・熟達・熟知・熟読・熟慮・熟練・円熟・習熟・成熟・半熟・未熟」
じゅく【塾】「珠算―」「―通い」
しゅくあ【宿痾】持病。「長年―に悩まされる」
しゅくい【祝意】喜び祝う気持ち。
しゅぐう【殊遇】格別の手厚いもてなし。「訪問先の―に感激する」
しゅくえん【祝宴】「売上達成の―を開く」
しゅくえん【宿縁】仏教で、前世の因縁。すくえん。
しゅくが【祝賀】「優勝―会」
しゅくがん【宿願】以前からの願い事。「―を果たす」
しゅくき【淑気】新春のめでたい気。「新年の―に包

し

まれる」

じゅくぎ【熟議】「—の必要がある」

しゅくけい【粛啓】手紙の書き出しに用いる語。謹啓。

じゅくご【熟語】「四字—」

しゅくさつ【縮刷】「—版の辞典」

しゅくし【宿志】かねてからのこころざし。「—を遂げる」

しゅくじ【祝辞】「来賓の—」

じゅくし【熟思】よく考える。熟慮。「—の上返答する」

じゅくし【熟▽柿】よく熟した柿。「飲酒で息が—臭い」

じゅくし【熟視】「手にとって—する」

しゅくじつ【祝日】「国民の—」

しゅくしゃ【宿舎】「公務員—」

しゅくしゃく【縮尺】「—五万分の一の地図」

しゅくしゅく【粛粛】おごそかなさま。「—として実行に移す」

しゅくしょ【宿所】「簡易—」

しゅくじょ【淑女】「紳士—」

しゅくしょう【祝勝・祝▼捷】「—会を開く」

しゅくしょう【縮小】⇕拡大。「—して複写する」

しゅくす【祝す】「結婚を—」

しゅくず【縮図】原形を縮小した図面。「—法」「人生の—」

じゅくす【熟す】「実が—」「機が—」

しゅくすい【宿酔】二日酔い。「—で頭が痛い」

じゅくすい【熟睡】「—したので疲れがとれた」

じゅくする【熟する】「柿の実が—」「いよいよ実行の機が—」

しゅくせい【粛正】厳しく取り締まって不正を正す。「綱紀を—する」

しゅくせい【粛清】厳重に取り締まり反対派を除く。「血の—」「反対分子を—する」

じゅくせい【熟成】「味噌をじっくり—させる」

しゅくぜん【粛然】「恩師の前に—と控える」

しゅくだい【宿題】「夏休みの—」「—を片付ける」

じゅくたつ【熟達】「その道に—した人物」

じゅくち【熟知】「彼のことなら—している」

しゅくちょく【宿直】「—室」「—の警備員」

しゅくてき【宿敵】昔からの敵。ライバル。「—ジャイアンツ」〔「—のライバル」は重言〕

しゅくてん【祝典】「皇太子即位の—が催される」

しゅくでん【祝電】「結婚の—を打つ」

しゅくとく【淑徳】上品でしとやかな女性の徳。

じゅくどく【熟読】「哲学書を—する」

じゅくどくがんみ【熟読玩味】「眼光紙背に徹するまで—する」〔「熟読吟味」と書かれることもあるが、正しくは「玩味」〕

じゅくねん【熟年】「—夫婦」「—離婚」

しゅくば【宿場】「—町」

しゅくはい【祝杯・祝▼盃】「披露宴で—を挙げる」

しゅくはく【宿泊】「—先」「本日—のお客様」

しゅくふく【祝福】「神の—を受ける」「結婚を—する」

しゅくへい【宿弊】古くからの弊害。「—を一掃する」

しゅくほう【祝砲】「—を打つ（放つ）」

しゅくぼう【宿坊・宿房】「寺院の—に泊まる」

しゅくぼう【宿望】「十年来の—を果たす」

しゅくめい【宿命】前世から定まっている運命。「—のライバル」「—の対決」「—と思ってあきらめる」

しゅくや【▼夙夜】朝早くから夜遅くまで。一日中。

しゅくやく【縮約】「連語の—形」

じゅくらん【熟覧】「書類を—する」

しゅくりつ【縮率】「—八〇パーセントの小型辞書」

じゅくりょ【熟慮】「—断行」「—の上今回は見送ることにした」

じゅくれん【熟練】「—工」

しゅくろう【宿老】経験豊かで思慮のある老人。

しゅくん【主君】「—の命令」「—に仕える」

しゅくん【殊勲】すぐれた勲功・手柄。「—賞」「—をたてる」
じゅくん【受勲】 勲章を受ける。
しゅけい【主計】 会計をつかさどる。「―局」
しゅげい【手芸】「―を習う」「―を趣味にしている」
じゅけい【受刑】「―者」
しゅけん【主権】 国を統治する最高権力。「―在民」「―を侵害する」
じゅけん【受検】「技能検定の―資格」
じゅけん【受験】「―生」「この春大学を―する」
じゅけん【授権】 一定の権利を特定の者に与える。「―行為」「―資本」
しゅげんどう【修験道】 密教的儀礼を行う宗教。
しゅご【主語】「―と述語の関係」
しゅご【守護】 守ること。中世の職名。「―と地頭」
しゅこう【手交】 公式の文書などを手渡す。「要請書を―する」
しゅこう【首肯】 うなずく。承知する。「にわかには―しがたい説」
しゅこう【酒▼肴】「―を供する」
しゅこう【趣向】「―を凝らしたもてなし」
しゅごう【酒豪】 大酒飲み。
じゅこう【受講】「大学の講義を―する」
しゅこうぎょう【手工業】「家内制―」
しゅこうりょう【酒▼肴料】 酒肴を振る舞う代わりの包み金。
しゅごしん【守護神】「チームの―」
じゅごん【⸨儒▼艮⸩】 海にすむ哺乳類。
しゅさ【主査】 ⇔副査。「学位論文の―」
しゅさい【主宰】 主となって物事を行うこと（人）。「俳句結社を―する」
しゅさい【主催】 中心となって会などを催すこと。「―者」「演奏会を―する」
しゅざい【取材】「―記者」「民話に―した作品」
しゅざん【珠算】「―教室」「―二段」
じゅさん【授産】 失業者や貧困者に仕事を与える。「―施設」
しゅし【主旨】 話や文章の中心となる事柄。「判決理由の―」
しゅし【趣旨】 言おうとしていることの目的や理由。「修正案の―を説明する」「―に反する」
しゅし【種子】 植物のたね。「―植物」
しゅじ【主事】 その業務を主管する人。「指導―」
じゅし【樹脂】「合成（天然）―」「―加工」
しゅじい【主治医】 かかりつけの医者。「―の所見」
しゅじく【主軸】「チームの―」
しゅしゃ【手写】 手で書き写す。「―本」
じゅしゃ【儒者】 儒学を修める人。
しゅしゃせんたく【取捨選択】 悪いものを捨て良いものを取る。「情報の―」「―を迫られる」
しゅしゅ【守株】 旧習を守り進歩のないこと。「―待兎〈たいと〉」
しゅじゅ【▼侏儒】 こびと。見識のない者。「―の言葉（＝芥川龍之介の箴言集名）」
しゅじゅ【種種】「―雑多」「―取りそろえる」
じゅじゅ【授受】「金銭の―はなかった」
しゅじゅう【主従】 主君と家来。しゅうじゅう。「―関係」
しゅじゅつ【手術】 治療のため患部を切開する。「―室」「心臓を―する」「社内組織の大―」
じゅじゅつ【呪術】 まじない。「―師」
しゅしょ【朱書】「封筒に写真在中と―する」
しゅしょう【主将】「ラグビー部の―」
しゅしょう【主唱】 中心になって主張する。「新学説を―する」
しゅしょう【首唱】 先に主張しはじめる。「行政改革の―者」
しゅしょう【首相】 内閣総理大臣。「―官邸」「―の発言」
しゅしょう【殊勝】 けなげで感心。「―な心がけ」
しゅじょう【主上】 昔、天皇の尊称。
しゅじょう【衆生】 仏教で、生きとし生けるもの。「一切―」「縁なき―は度し難し」

じゅしょう【受章】 勲章を受ける。「文化勲章を―する」
じゅしょう【受賞】 賞を受ける。「大臣賞を―する」
じゅしょう【授章】 勲章をさずける。「紫綬褒章を―する」
じゅしょう【授賞】 賞をさずける。「ノーベル賞の―式」
しゅしょく【主食】 「米は日本の―だ」
しゅしょく【酒色】 飲酒と色事。「―にふける」
しゅしょく【酒食】 酒と食事。「―の接待を受ける」
しゅしん【主審】 「野球の―」
しゅじん【主人】 「店の―」「御―によろしく」
じゅしん【受信】 ⇕発信・送信。「―料」「電波を―する」
じゅしん【受診】 「半年に一度は―して下さい」
しゅじんこう【主人公】 「小説（ドラマ）の―」
しゅしんこうし【朱唇▼皓歯】 美しい女性の形容。
しゅす【▼繻子】 なめらかで光沢のある織物。
じゅず【《数珠》】 「―を揉む」「〔珠数〕とも書く」
しゅすい【取水】 「利根川から―する」
じゅすい【▽入水】 水中に身投げして自殺する。「―自殺」
しゅせい【守成】 「創業は易〈やす〉く―は難〈かた〉し」
しゅせい【守勢】 ⇕攻勢。「―作戦」「―に回る」

しゅせい【酒精】 アルコール。「―分」
じゅせい【受精】 精子と卵子が結合する。「―卵」
じゅせい【授精】 精子と卵子を人工的に結合させる。「人工―に成功した」
じゅせい【樹勢】 樹木の生長するいきおい。
しゅせき【手跡・手▼蹟】 「見事な―に感服する」
しゅせき【主席】 「国家―」「―検事」
しゅせき【首席】 第一位の席次。「―で卒業する」
しゅせき【酒席】 「―での話」
しゅせん【主戦】 「―論」「―投手」
しゅせん【酒仙】 心から酒を楽しむ人。酒豪。
しゅぜん【▼鬚▼髯】 あごひげとほおひげ。
しゅせんど【守銭奴】 けちで金銭欲の強い人。
しゅそ【主訴】 患者の訴えの中で最も主な症状。「―は腹部の疼痛だ」
じゅそ【呪▼詛】 のろうこと。のろい。
しゅぞう【酒造】 「―業」
じゅぞう【受像】 「―機」「電波が弱く―がゆがむ」
じゅぞう【受贈】 「―図書」
しゅぞく【種族】 「―間の争いが絶えない」
しゅそりょうたん【首▼鼠両端】 どっちつかず。「―の説」「―を持す」
しゅたい【主体】 ⇕客体。「学生を―とする団体」「―的に判断する」「―性を重んじる教育」

しゅだい【主題】 「ドラマの―歌」「小説の―」
じゅたい【受胎】 みごもること。「―調節」「―告知（＝マリアが神の子を受胎したことを告げられる、キリスト教美術の代表的テーマ）」
じゅだい【▽入内】 「帝に召されて―する」
しゅたく【手沢】 手あかで出来たつや。「―本」
じゅたく【受託】 委託を受ける。「―販売」
じゅだく【受諾】 「ポツダム宣言を―する」
しゅたる【主たる】 おもな。「―原因」
しゅだん【手段】 「最後の―」「目的のためには―を選ばない」
しゅち【趣致】 おもむき。風情。「―に富む景観」
しゅちにくりん【酒池肉林】 豪勢を極めた酒宴。
しゅちゅう【手中】 「勝利を―に収める」
しゅちゅう【主柱】 「一家の―を失う」
じゅちゅう【受注・受▼註】 注文を受ける。⇕発注。「ビルの建設工事を―する」
しゅちょ【主著】 「サルトルの―」
しゅちょう【主張】 「相手の―」「―が通る」「―を曲げる」
しゅちょう【主潮】 その時代の主となる思想傾向。「時代の―が社会主義に傾く」
しゅちょう【主調】 主となる調子。楽曲の中心となる調子。「会議の―は積極論だった」

しゅちょう【首長】「―選挙」
しゅちょう【腫▼脹】炎症や腫瘍ではれる。はれ。
しゅちん【朱珍・▼繻珍】繻子〈しゅす〉織物。女帯に用いる。
しゅつ【出】シュツ・(スイ) で-る・だ-す 「出勤・出欠・出現・出産・出自・出社・出身・出題・出張・出廷・出典・出版・出費・進出・提出・摘出」
じゅつ【述】ジュツ の-べる 「述懐・記述・口述・前述・著述」
じゅつ【術】ジュツ 「術語・術策・術中・技術・芸術」
じゅつ【術】「処世―」「身を守る―」「―にかかって動けなくなる」
しゅつえん【出演】「友情―」「―依頼」「テレビに―する」
しゅっか【出火】「―の原因」「隣家から―する」
しゅっか【出荷】「市場に果物を―する」
じゅっかい【述懐】「現在の心境を―する」
しゅっかん【出棺】葬式で棺を送り出す。「―の時間となり最後のお別れをする」
しゅつがん【出願】「特許の―」「石油の採掘権を―する」
しゅつぎょ【出御】天皇・三后のおでまし。「帝の―」

しゅっきょう【出郷】「都会にあこがれて―する」
しゅっきん【出金】⇔入金。「―伝票」「―がかさむ」
しゅっきん【出勤】「―簿」「―時刻」
しゅっけ【出家】⇔在家。「―して僧となる」
じゅっけい【術計】「まんまと―にはまる」
しゅつげき【出撃】「―準備完了」「敵をめがけて―する」
しゅっけつ【出欠】「授業開始の前に―を取る」
しゅっけつ【出血】「内―」「―大サービス」「―が止まらない」
しゅつげん【出現】「大型新人が―する」
しゅっこ【出庫】倉庫から品物を出す。車庫から出る。⇔入庫。「始発時刻が近づき電車が―する」
じゅつご【述語】「主語と―」
じゅつご【術後】手術の終わったあと。「―の経過は順調だ」
じゅつご【術語】専門用語。「経済学の―」
しゅっこう【出向】在籍のまま他の会社や官庁に勤める。「―社員」「子会社に―する」
しゅっこう【出航】船や飛行機が出発する。「当便は定刻に羽田空港を―した」
しゅっこう【出港】船が港を出る。⇔入港。「神戸を―する」
じゅっこう【熟考】「―を要する」「―を重ねる」

しゅっこく【出国】⇔入国。「―手続き」

しゅつごく【出獄】⇔入獄。

じゅっさく【述作】著述。著作。

じゅっさく【術策】「まんまと―にはまる」「―を弄する」

しゅっさつ【出札】切符を売る。「―係」

しゅっさん【出産】「―祝い」「無事長女を―する」

しゅっし【出仕】官に仕える。「この春から役所に―する」

しゅっし【出資】「―金」「友人の会社に―する」

しゅつじ【出自】人の生まれや出身。「―不明の人物」

しゅっしょ【出所】物事の出どころ。また、刑務所を出る。「情報の―を明らかにする」「刑期を終えて―する」

しゅっしょ【出処】官職につくことと民間に退くこと。「―進退を誤らないようにしたい」

しゅっしょう【出生】子供が生まれること。「―率」「―の秘密を明かす」

しゅつじょう【出場】⇔欠場。「甲子園初―」「―停止処分」

しゅっしょく【出色】「―の出来映えだ」

しゅっしん【出身】「―地」「沖縄―の新人歌手」

しゅつじん【出陣】「学徒―」「遠征試合に―する」

しゅっすい【出水】「坑内に―する」

じゅっすう【術数】はかりごと。計略。「権謀―」

しゅっする【▽卒する】死ぬ。そっする。「若くして―した天才画家」
しゅっせ【出世】「立身―」「―魚〈うお〉」
しゅっせい【出征】戦地へ行く。「―兵士」
しゅっせき【出席】⇔欠席。「―回数」「国際会議に―する」
しゅっそう【出走】レースに出場する。「―馬」「―時刻が迫る」
しゅったい【出▽来】「大事件が―する」
しゅつだい【出題】「難問を―する」
しゅったつ【出立】旅立ち。「早朝に―する」
じゅっちゅう【術中】相手が仕掛けたわな。「―にはまる〈陥る〉」
しゅっちょう【出張】「外国―」「―先」「大阪に―する」
しゅっちょう【出超】輸出超過。⇔入超。「ここ数年間貿易は―が続いている」
しゅってい【出廷】「証人として―する」
しゅってん【出典】「引用した文献の―を明記する」
しゅってん【出店】「駅ビルに―する」
しゅってん【出展】「陶芸の作品を―する」
しゅつど【出土】「―品」「この地層から―した化石」
しゅっとう【出頭】「―命令」「警察に―する」「―を求める」
しゅつどう【出動】「消防車が―する」
しゅつにゅう【出入】「―国管理」「―の多い貯金通帳」
しゅつば【出馬】「―表明」「会長の―を請う」「総選挙に―する」
しゅっぱつ【出発】「―点」「次の訪問地に向かって―する」「新生活の―を祝う」
しゅっぱん【出帆】「横浜港を―する」
しゅっぱん【出版】「自費―」「―社」「小説を―する」
しゅっぴ【出費】「―がかさむ」「―を抑える」
しゅっぴん【出品】「―作品」「絵を―する」
しゅっぺい【出兵】⇔撤兵。「シベリアに―する」
しゅつぼつ【出没】「―自在」「熊が―する」
しゅっぽん【出奔】ゆくえをくらます。「故郷を―する」
しゅつらん【出藍】弟子が師より優れている。「―の誉〈ほま〉れ」
しゅつりょう【出猟】狩りに出かける。
しゅつりょう【出漁】漁に出かける。
しゅつりょく【出力】「―五〇キロワット」「データを―する」
しゅつるい【出塁】「死球で―する」
しゅと【首途】かどで。旅立ち。「新しい―を祝う」
しゅと【首都】その国の中央政府の所在地。首府。「―圏」
しゅとう【酒盗】カツオのはらわたの塩辛。
しゅとう【種痘】天然痘の予防接種。
しゅどう【手動】「―式ポンプ」
しゅどう【主導】「―権争い」「―的な立場にある」「自治体―で企画を推進する」
じゅどう【受動】⇔能動。「―態」「―喫煙」
しゅとく【取得】「不動産の―」「運転免許を―する」「所定の卒業単位を―する」
しゅとして【主として】「―学生が利用する」
じゅなん【受難】「―の日々が続く」
しゅにく【朱肉】朱色の印肉。
じゅにゅう【授乳】「―期」「赤ん坊に―する」
しゅにん【主任】「教務―」「―研究員」「―弁護人」
じゅにん【受忍】「―限度(＝被害の我慢ができる限度)」
しゅぬり【朱塗(り)】「―の橋」
しゅのう【首脳】「―部」「日米―会議」
じゅのう【受納】「粗品ですが御―下さいませ」
しゅはい【酒杯・酒▼盃】さかずき。「―を重ねる」
じゅばく【呪縛】まじないで動けないようにする。「―を解く」「何物かに―されたような窮屈な感じ」
しゅはん【主犯】「詐欺グループの―格」
しゅはん【首班】第一位の席次。特に内閣の総理大臣。

「後継―」「内閣の―」
ジュバン【▼襦▼袢】ジバン。「長(肌)―」
しゅひ【守秘】秘密を守る。「公務員(医師)の―義務」
しゅひ【種皮】植物の種子をおおう皮。
しゅび【守備】⇔攻撃。「―範囲」「―を固める」
しゅび【首尾】「文の―を整える」「―よく交渉がまとまる」「―一貫した論理」
じゅひ【樹皮】樹木の表皮。
しゅひつ【主筆】記者の首席。「新聞の―」
しゅひつ【朱筆】「―を入れて添削する」
しゅびょう【種苗】草木の、たねとなえ。卵や稚魚などの水産物にも言う。「家庭園芸用の―を栽培する」
じゅひょう【樹氷】霧が木に凍りついたもの。「蔵王の―」
しゅひん【主賓】「―の発声で乾杯する」
しゅふ【主婦】「専業―」
しゅふ【首府】首都。「―パリ」
じゅぶつ【呪物】「―崇拝」
しゅぶん【主文】「判決―」「―、被告人を懲役五年に処する」
じゅふん【受粉】おしべの花粉がめしべにつく。「自家―」
しゅへき【酒癖】「よく笑う―がある」
しゅべつ【種別】種類によって区別する。「データを職業ごとに―して集計する」
しゅほう【手法】「繊細(大胆)な―を用いる」「リアリズムの―を取り入れた作品」
しゅほう【主峰】「北アルプスの―、穂高岳」
しゅほう【主砲】「チームの―」
しゅほう【修法】密教で、加持祈禱の法式。「―を行う」
しゅぼう【首謀・主謀】「犯行の―者を追跡する」
しゅみ【趣味】「盆栽を―にしている」
しゅみせん【▽須▽弥▽山】仏教で世界の中心にある山。
じゅみょう【寿命】「―が延びる」「このテレビはもう―だ」「―が縮まる思い」
しゅむ【主務】「―官庁は国土交通省だ」
しゅめい【主命】「―を拝して遣わされる」
しゅもく【種目】「競技―」「二つの―に出場する」
しゅもく【▼撞木】鐘を鳴らす丁字形の棒。「―杖」「―鮫〈ざめ〉」「―で鉦〈かね〉をたたく」
じゅもく【樹木】「―が生い茂る」「―に覆われる」
しゅもつ【腫物】はれもの。
じゅもん【呪文】「―を唱える」
しゅやく【主役】⇔脇役。「―を演じる」「―に抜擢される」
しゅゆ【▽須▼臾】しばらく。わずかの間。「―にして起こった出来事」
じゅよ【授与】「卒業証書―」「賞状を―する」
しゅよう【主要】「―な登場人物」「この町の―産業」
しゅよう【腫瘍】「脳―」「―マーカー」
じゅよう【受容】「西欧文明を―する」
じゅよう【需要】商品を買おうという欲求。⇔供給。「エコ商品の―が高まる」「―を満たす」
しゅよく【主翼】「旅客機の―」
じゅらく【▽入▼洛】京に入る。都入り。「将軍が―なさる」
しゅらば【修羅場】「何度も―をくぐり抜ける」
しゅらん【酒乱】酒に酔うとあばれること(人)。
じゅり【受理】「願書(辞表)を―する」
しゅりけん【手裏剣】手で敵に投げる小形の剣。
じゅりつ【樹立】「国交―」「新政権を―する」
しゅりゅう【主流】「―派」「党内の―を占める」「現代建築の―をなす様式」
しゅりょう【狩猟】「―期」
しゅりょう【首領】集団の長。頭目。「一味の―」
しゅりょう【酒量】飲める酒の量。
じゅりょう【受領】「―証」「代金を―する」
しゅりょく【主力】「―選手」
じゅりょく【呪力】「―を使う」
じゅりん【樹林】「針葉(広葉)―」「―地帯」

しゅるい【種類】「さまざまな—の木」
じゅれい【樹齢】「—三百年の大樹」
しゅれん【手練】上手なてぎわ。てれん。「—の早業」
しゅろ【▼棕▼櫚・▼棕▼梠】ヤシ科の常緑高木。「—縄」
じゅろうじん【寿老人】七福神の一。長寿を授ける。
しゅわ【手話】聴覚障害者の手による会話法。
しゅわん【手腕】「—を発揮する」「—を買われて転職する」
しゅん【俊】シュン　—　「俊英・俊才・俊秀・俊足・俊敏・英俊」
しゅん【春】シュン　はる　「春秋・春眠・新春・青春・早春・立春」
しゅん【瞬】シュン　またた-く　「瞬間・瞬時・瞬発・一瞬」
しゅん【旬】「—の食材を使った料理」
じゅん【旬】ジュン・(シュン)　—　「旬刊・旬祭(しゅんさい)・旬報・中旬」
じゅん【巡】ジュン　めぐ-る　「巡回・巡業・巡行・巡幸・巡航・巡査・巡察・巡視・巡覧・巡礼・一巡」
じゅん【盾】ジュン　たて　「矛盾」

じゅん【准】ジュン　—　「准尉・准教授・准将・批准」
じゅん【殉】ジュン　—　「殉教・殉国・殉死・殉職・殉難」
じゅん【純】ジュン　—　「純愛・純血・純潔・純情・純真・純粋・純正・純然・純白・清純・不純」
じゅん【循】ジュン　—　「循環・循行・因循」
じゅん【順】ジュン　—　「順位・順延・順次・順序・順調・順当・順風・恭順・従順・打順・不順」
じゅん【準】ジュン　—　「準拠・準備・基準・規準・水準・標準」
じゅん【潤】ジュン　うるお-う・うるお-す・うる-む　「潤滑・潤色・潤沢・潤筆・湿潤・浸潤・豊潤・利潤」
じゅん【遵】ジュン　—　「遵守・遵奉・遵法」
じゅん【順】「先着—」「—を追って話す」「—に並べる」
じゅん【純】「—な心」「—日本式」
じゅんあい【純愛】「—物語」
じゅんい【順位】「成績の—」「—が上がる」
じゅんいつ【純一】まじりけがない。「—な愛情」

しゅんえい【俊英】「天下の—が門下につどう」

じゅんえん【巡演】「地方を—する」

じゅんえん【順延】順に日延べする。「雨天—」

じゅんか【純化】まじりけのないものにする。「座禅を組んで精神を—する」

じゅんか【▼醇化】余分なものを取り除く。てあつい教えで感化する。「道徳を説いて人心を—する」

じゅんか【▼馴化・順化】なれて適応する。「環境に—する」

じゅんかい【巡回】「—図書館」「町内を—する」

じゅんかつゆ【潤滑油】「チェーンに—を差す」「長年、労使間の—の役を果たす」

しゅんかん【春寒】立春後に残る寒さ。「—の候」

しゅんかん【瞬間】「決定的—」「—湯沸かし器」「打った—ホームランとわかる打球」

じゅんかん【旬刊】「—誌」

じゅんかん【旬間】「交通安全—」

じゅんかん【循環】「—器」「—論法」「市内を—するバス」

しゅんき【春季】春の季節。「—大会」「—皇霊祭」

しゅんき【春期】春の期間。「—休業」「—株主総会」

しゅんぎく【春菊】キク科の野菜。「—の和え物」

しゅんきはつどうき【春機発動期】思春期。

じゅんぎゃく【順逆】道理にしたがうこととそむく

し

こと。「事の―を誤ってはいけない」
じゅんきゅう【準急】「新宿行きの―」
しゅんきょ【▼峻拒】「要求を―する」
じゅんきょ【準拠】「指導要領に―した教科書」
しゅんぎょう【春暁】春の夜明け方。
じゅんきょう【殉教】「―者」
じゅんきょう【順境】物事が順調に運ぶ境遇。⇕逆境。
じゅんぎょう【巡業】興行して回る。「地方―」
じゅんきょうじゅ【准教授】かつての助教授。
じゅんきん【純金】まじり物のない金。「―の指輪」
じゅんぐり【順繰り】「―に入浴する」
しゅんけつ【俊傑】非常にすぐれた人物。「天下の―」
じゅんけつ【純血】「―種」
じゅんけつ【純潔】「―な精神」「―を守る」
じゅんけっしょう【準決勝】「―進出」
しゅんけん【▼峻険・▼峻▼嶮】山が高く険しい。「―な峰」
しゅんげん【▼峻厳】非常に厳しいさま。「―な態度」
じゅんこ【▼醇▼乎・純▼乎】気持ちなどが純粋なさま。「―たる精神」
しゅんこう【春光】「―うららかなこのごろ」
しゅんこう【▼竣工・▼竣功】工事が完成する。⇕起工。「―式」
じゅんこう【巡行】「史跡を―する」
じゅんこう【巡幸】天皇が各地を回って歩く。
じゅんこう【巡航】「世界―」「―船」「―速度」
じゅんこう【順光】カメラの後ろから射す光線。⇕逆光。
じゅんさ【巡査】「―部長」「交番の―」
しゅんさい【俊才・▼駿才】「―の誉れが高い」
じゅんさい【▼蓴菜】水草。ぬめりがある。「―の吸い物」
しゅんじ【瞬時】「光が―に消え失せた」
じゅんし【巡視】「―船」「校内を―する」
じゅんし【殉死】「主君のあとを追って―する」
じゅんじ【順次】「―検査を受けさせる」
しゅんじつ【春日】「―遅々たる陽気」
じゅんじつ【旬日】一〇日間。わずかな日数。「―にして完成した」
じゅんしゅ【遵守・順守】「交通規則を―する」
しゅんしゅう【俊秀】才能のすぐれていること(人)。「門下に―を集める」
しゅんしゅう【春愁】春の日のものうい思い。
しゅんじゅう【春秋】「―に富む若者」「―の筆法」
しゅんじゅん【▼逡巡】「事ここに至ってまだ―している」
じゅんじゅん【▼諄▼諄】よくわかるように教えるさま。「―と人の道を説く」
じゅんじゅん【順順】順序どおり。「―に席を立つ」
じゅんじょ【順序】「―よく乗車する」
しゅんしょう【春宵】春の夕べ。「―一刻値千金」
しゅんじょう【春情】春の景色。色情。「―を催す」
じゅんじょう【純情】純真ですなおなさま。「―可憐な女性」「少年の―を失っていない」
じゅんじょう【準縄】規則。「規矩―」
しゅんしょく【春色】春の景色。春光。
じゅんしょく【殉職】職務のために命を落とす。
じゅんしょく【潤色】事実を誇張しておもしろくする。「事実を―する」
じゅんじる【殉じる】「キリストの名の下に―」(サ変「殉ずる」も同じ)
じゅんじる【準じる・准じる】「給与は正社員に―」(サ変「準(准)ずる」も同じ)
じゅんしん【純真】「―無垢」「―な子供」
じゅんすい【純水】不純物をとりのぞいた水。
じゅんすい【純粋】「―培養」「―のアルコール」「―な気持ちから忠告する」
じゅんせい【純正・▼醇正】メーカーが責任を持って作る。「―オイル」「―部品」
しゅんせつ【春雪】「―残る四月の中旬」

しゅんせつ【▼浚▼渫】水底の土砂をさらう。「―船」
じゅんぜん【純然】「―たるサラブレッド」
しゅんそく【俊足】優れた才能の人。「一門の―」
しゅんそく【▼駿足・俊足】足が速い。「―のランナー」
じゅんたく【潤沢】「―な資金」「物資が―にある」
しゅんだん【春暖】「―の候」
じゅんち【▼馴致】なじませる。「野生動物を―する」
しゅんちゅう【春昼】のどかな春のひるま。
じゅんちょう【順調】「―な滑り出し」「―に事が進む」
しゅんでい【春泥】春にできるぬかるみ。
じゅんど【純度】「―の高い金」
しゅんとう【春闘】労働組合の春の闘争。
しゅんどう【▼蠢動】虫がうごめく。こそこそと策動する。「不満分子が―する」
じゅんとう【順当】「―な人選」「―に勝ち進む」
じゅんなん【殉難】「―者の碑」
じゅんのう【順応】「―性がある」「環境に―する」
じゅんぱく【純白】「―のシーツ」
しゅんぱつりょく【瞬発力】「―のある短距離走者」
じゅんばん【順番】「―どおり並べる」
じゅんび【準備】「―万端」「―に余念がない」

じゅんぴつ【潤筆】書画をかく。「―料」

しゅんびん【俊敏】頭がよく、行動がすばやいさま。「―をもって鳴る剣士」

じゅんぷう【順風】船の進む方向に吹く風。追い風。⇔逆風。「―に帆を上げる」

しゅんぷうたいとう【春風▼駘▼蕩】温和なさま。「―とした人柄」

じゅんぷうびぞく【▼醇風美俗】あつくて素直な人情と、美しく好ましい風俗・習慣。「江戸の―を綴った本」

じゅんぷうまんぱん【順風満帆】「新番組は視聴率も高く―だ」

しゅんぶん【春分】二十四節気の一。三月二十一日頃。

しゅんべつ【▼峻別】「公私を―して取り組む」

じゅんぽう【遵奉】命令や教義に従い、それを守る。「師の教えを―する」

じゅんぽう【遵法・順法】法律に従う。「―闘争」「―を旨とする」

じゅんぼく【純朴・▼淳朴・▼醇朴】「―な田舎の少年」

しゅんみん【春眠】「―暁を覚えず／孟浩然(春暁)」

しゅんめ【▼駿▽馬】足の速い、すぐれた馬。「―を駆る」

じゅんもう【純毛】動物の毛だけを原料とした糸・織物。「―のコート」


じゅんよう【準用】本来の場合に準じて適用する。「業務規定を臨時雇用者にも―する」

じゅんようかん【巡洋艦】軍艦の一。

じゅんら【巡▼邏】警備のため見回ること(人)。「―中」

しゅんらい【春雷】春に鳴る雷。「遠くに―を聞く」

じゅんり【純利】純益。「―を算出する」

じゅんり【純理】純粋な理論。「―を追究する」

じゅんりょう【純良】まじりけがなく、質がよい。「―な乳製品」

じゅんりょう【▼淳良】かざりけがなく、素直だ。「―の美風」

じゅんりょう【順良】素直で善良である。「―な性質」

しゅんりん【春▼霖】降り続く春の長雨。

しゅんれい【▼峻▼嶺】「アルプス山脈の―」

じゅんれい【巡礼】「四国―」「聖地を―する」

じゅんれき【巡歴】「芭蕉ゆかりの地を―する」

しゅんれつ【▼峻烈】「―な批判を浴びる」

じゅんろ【順路】「―に沿って見学する」

しょ【処(處)】ショ ―「処遇・処刑・処女・処世・処置・処罰・処分・処方・処理・善処・対処」

しょ【初】ショ はじ-め・はじ-めて・はつ・うい・そ-める 「初演・初期・初校・初婚・初心・初段・初冬・初頭・初日・初犯・初版・初歩・初老・最初・当初」

しょ【所】ショ ところ 「所轄・所見・所持・所長・所定・所得・所有・近所・急所・住所・長所・役所」

しょ【書】ショ か-く 「書架・書画・書記・書道・書面・遺書・願書・著書・投書・読書・図書・文書」

しょ【庶】ショ ― 「庶幾・庶人・庶民・庶務・衆庶」

しょ【暑(暑)】ショ あつ-い 「暑気・暑中・暑熱・炎暑・向暑・酷暑・残暑・大暑・避暑・猛暑」

しょ【署(署)】ショ ― 「署員・署長・署名・支署・自署・消防署・代署・部署・分署・本署」

しょ【緒(緒)】ショ・(チョ) お 「緒言・緒戦・一緒・情緒〈じょうしょ〉〈じょうちょ〉・端緒・内緒・由緒」〔「チョ」の音は慣用〕

しょ【諸(諸)】ショ ― 「諸悪・諸学・諸君・諸賢・諸侯・諸国・諸事・諸説・諸島・諸般・諸費」

しょ【書】書いた文字。書道。書物。手紙。「弘法大師空海の―」「―を習う」「万巻の―を読破する」「―(=手紙)を呈す」

しょ【緒】物事の初め。ちょ。「この研究はまだ―に就いたばかりだ」

じょ【女】ジョ・ニョ・(ニョウ) おんな・め 「女医・女王・女子・女史・女流・女房〈にょうぼう〉・淑女・少女・長女・幼女」

じょ【如】ジョ・ニョ ― 「如才・欠如・突如・躍如」

じょ【助】ジョ たす-ける・たす-かる・すけ 「助言・助手・助勢・助命・助力・援助・救助・内助・扶助・補助」

じょ【序】ジョ ― 「序曲・序章・序説・序奏・序盤・序文・序幕・序列・序論・公序・自序・順序・秩序」

じょ【叙(敍)】ジョ ― 「叙勲・叙爵・叙述・叙情・自叙」

じょ【徐】ジョ ― 「徐行・徐徐・緩徐」

じょ【除】ジョ・(ジ) のぞ-く 「除外・除去・除数・除雪・除草・除幕・除夜・解除・駆除・控除・掃除〈そうじ〉」

じょ【序】順序。書物のはしがき。物事の糸口。「長幼の―」「―と跋」「―の口」

じょ【自余・爾余】そのほか。このほか。「―は省略に従う」「―は想像に任せる」

しょあく【諸悪】「―の根源」

しょい【所為】しわざ。せい。「悪魔の―としか思えない残酷な事件」

じょい【叙位】「―叙勲」

しょいこ【▽背▽負い子】荷物を背負うための枠。

しょいこむ【≪▽背▽負≫い込む】「他人の仕事まで―」

しょいちねん【初一念】最初の念。「―を貫く」

しょいんづくり【書院造り】近世に行われた建築様式。現代和風建築の基本となった。

しょう【上】⇩じょう(上)。

しょう【小】ショウ ちい-さい・こ・お 「小国・小心・小生・小説・極小・群小・細小・弱小・縮小・大小」

しょう【升】ショウ ます 「一升」

しょう【少】ショウ すく-ない・すこ-し 「少尉・少額・少子・少女・少食・少数・少壮・少年・少量・希少・減少・最少・

些少・多少・年少」

しょう【召】ショウ　めーす　「召喚・召還・召集・召致・応召」

しょう【正】⇩せい(正)。「正月・正気・正午・正直・正体・正味・正面・賀正・僧正」

しょう【生】⇩せい(生)。「生涯・生得・生滅・生老病死・一生・衆生・誕生」

しょう【匠】ショウ　―　「意匠・楽匠・巨匠・師匠・宗匠・名匠」

しょう【声(聲)】⇩せい(声)。「声明・声聞・大音声」

しょう【床】ショウ　とこ・ゆか　「温床・起床・鉱床・銃床・病床」

しょう【抄】ショウ　―　「抄出・抄書・抄本・抄訳・抄録・詩抄」

しょう【肖】ショウ　―　「肖像・不肖」

しょう【姓】⇩せい(姓)。「小姓・素姓・百姓」

しょう【尚】ショウ　―　「尚古・尚早・尚武・和尚・好尚・高尚」

しょう【性】⇩せい(性)。「性分・相性・気性・根性・本性・貧乏性」

しょう【招】ショウ　まねーく　「招魂・招集・招待・招致・招来」

しょう【承】ショウ　うけたまわーる　「承諾・承知・承認・承服・起承転結・継承・口承・伝承・了承」

しょう【昇】ショウ　のぼーる　「昇格・昇級・昇給・昇降・昇進・昇段・昇天・上昇」〔「陞」の書き換え字としても用いられる〕

しょう【松】ショウ　まつ　「松韻・松竹梅・松柏・松明・老松」

しょう【沼】ショウ　ぬま　「沼沢・湖沼」

しょう【青】⇩せい(青)。「群青・紺青・緑青」

しょう【昭】ショウ　―　「昭昭・昭代・昭和」

しょう【相】⇩そう(相)。「相伴・外相・宰相・首相・名相」

しょう【省】⇩せい(省)。「省記・省庁・省略・省力・省令・外務省・文部科学省」

しょう【宵】ショウ　よい　「秋宵・春宵・清宵・徹宵」

しょう【将(將)】ショウ　―　「将器・将棋・将軍・将校・将来・王将・主将・大将・武将・猛将」

しょう【従(從)】⇩じゅう(従)。「従容・合従・追従」

しょう【消】ショウ　きーえる・けーす　「消火・消夏・消却・消失・消息・消灯・消毒・消費・消防・消滅・消耗・抹消」〔「銷」の書き換え字としても用いられる〕

しょう【症】ショウ　―　「症状・炎症・軽症・劇症・重症・発症」

しょう【祥(祥)】ショウ　―　「祥月・吉祥・瑞祥・発祥」

しょう【称(稱)】ショウ　―　「称呼・称号・称賛・称揚・称量・敬称・自称・総称・対称・名称」

しょう【笑】ショウ　わらーう・えーむ　「笑殺・苦笑・失笑・大笑・談笑・微笑・冷笑」

しょう【唱】ショウ　となーえる　「唱歌・唱導・合唱・提唱・独唱」

し

しょう【商】ショウ あきな-う「商業・商魂・商社・商店・商人・商売・商品・行商・豪商」
しょう【渉(涉)】ショウ ―「渉外・渉猟・干渉・交渉」
しょう【章】ショウ ―「章句・楽章・記章・勲章・肩章・憲章・校章・序章・文章・褒章・腕章」
しょう【紹】ショウ ―「紹介」
しょう【訟】ショウ ―「訴訟」
しょう【勝】ショウ か-つ・まさ-る「勝因・勝機・勝算・勝敗・勝利・圧勝・景勝・健勝・必勝・優勝」
しょう【掌】ショウ ―「掌握・掌中・合掌・車掌・職掌・分掌」
しょう【晶】ショウ ―「液晶・結晶・水晶・氷晶」
しょう【焼(燒)】ショウ や-く・や-ける「焼却・焼香・焼死・焼失・延焼・全焼・燃焼・類焼」
しょう【焦】ショウ こ-げる・こ-がす・こ-がれる・あせ-る「焦心・焦燥・焦点・焦土・焦熱・焦眉・焦慮」

しょう【硝】ショウ ―「硝安・硝煙・硝酸・硝石・硝薬」
しょう【粧】ショウ ―「化粧・新粧・盛粧・美粧」
しょう【詔】ショウ みことのり「詔書・詔勅・大詔」
しょう【装(裝)】⇩そう(装)。「装束・衣装」
しょう【証(證)】ショウ ―「証券・証言・証拠・証明・証文・暗証・偽証・考証・物証・立証」
しょう【象】ショウ・ゾウ ―「象形・象徴・印象・気象・具象・現象・事象・対象・抽象・万象」
しょう【傷】ショウ きず・いた-む・いた-める「傷害・傷心・傷病・感傷・軽傷・死傷・重傷・中傷・負傷」
しょう【奨(獎)】ショウ ―「奨学・奨励・勧奨・推奨・選奨・報奨」
しょう【照】ショウ て-る・て-らす・て-れる「照会・照合・照射・照明・参照・残照・対照・日照」

しょう【詳】ショウ くわ-しい「詳解・詳細・詳察・詳述・詳説・詳伝・詳報・詳録・精詳・不詳・未詳」
しょう【彰】ショウ ―「彰功・顕彰・表彰」
しょう【精】⇩せい(精)。「精舎・精霊・精進・不精・無精」
しょう【障】ショウ さわ-る「障害・故障・支障・万障・保障」
しょう【憧】ショウ あこが-れる「憧憬〈しょうけい〉〈どうけい〉」
しょう【衝】ショウ ―「衝撃・衝動・衝突・緩衝・折衝・要衝」
しょう【賞】ショウ ―「賞金・賞賛・賞状・賞杯・賞品・賞味・賞与・観賞・鑑賞・金賞・懸賞・受賞」
しょう【償】ショウ つぐな-う「償還・償却・償金・代償・賠償・弁償・報償・補償・無償」
しょう【礁】ショウ ―「暗礁・環礁・岩礁・座礁・珊瑚〈さんご〉礁・離礁」
しょう【鐘】ショウ かね「鐘声・鐘楼・警鐘・半鐘・晩鐘・梵鐘」
しょう【小】「大は―を兼ねる」「―を捨て大に就く」

しょう【升】尺貫法の体積の単位。「一―瓶」

しょう【抄・▼鈔】抜き書き。「源氏物語の―」

しょう【性】「―が悪い」「―に合った仕事を選ぶ」

しょう【省】国の中央行政機関。中国の行政区画。省く。「国土交通―」「山東―」「―エネ」

しょう【将】「敗軍の―、兵を語らず」「―を射んとすればまず馬を射よ／杜甫(前出塞)」

しょう【称】呼び名。「まあちゃんの―で愛されている」

しょう【商】割った値。⇔積。「次の割り算の―を求めなさい」

しょう【章】「三つの―から成る論文」

しょう【▼笙】雅楽に使う管楽器。笙の笛。

しょう【証】証拠。しるし。「預かり―」「写真に収めて後日の―とする」

しょう【▼鉦】金属製の打楽器。たたきがね。

しょう【衝】「外交の―に当たる」

しょう【賞】「―に入る」「―を受ける」

しよう【仕様】しかた。機具などの型・寸法など。「―書」「返事の―が気に入らない」「車の―」〔「―が無い子だ」「―も無いミス」の場合には「しょう」とも発音され、仮名書きが一般的〕

しよう【子葉】植物が発芽して最初に出る葉。

しよう【止揚】矛盾する諸概念を発展的に統一する。アウフヘーベン。

しよう【私用】⇔公用。「―で出かける」

しよう【使用】「―中」「―料」「会議室を―する」

しよう【枝葉】「―末節にこだわる」

しよう【試用】ためしに使ってみる。「―期間」「ソフトウエアの―版」

しよう【飼養】「牛を―して生計を立てる」

じょう【上】ジョウ・(ショウ)　うえ・(うわ)・かみ・あ-げる・あ-がる・のぼ-る・のぼ-せる・のぼ-す　「上映・上京・上空・上下・上告・上司・上旬・上昇・上品・炎上・屋上・献上・地上・途上」〔「身上」は、「シンショウ」と「シンジョウ」とで、意味が違う〕

じょう【丈】ジョウ　たけ　「丈夫・一丈・頑丈・気丈・万丈」

じょう【冗】ジョウ　―　「冗員・冗舌・冗談・冗長・冗費・冗漫」

じょう【成】⇩せい(成)。「成就・成仏」

じょう【条(條)】ジョウ　―　「条規・条件・条項・条文・条約・条理・条例・箇条・信条・逐条」

じょう【状(狀)】ジョウ　―　「状況・状態・異状・行状・現状・実状・賞状・情状・書状・免状」

じょう【定】⇩てい(定)。「定規・定石・定席・定法・勘定・評定」

じょう【乗(乘)】ジョウ　の-る・の-せる　「乗客・乗降・乗車・乗数・乗馬・二乗・搭乗・便乗」

じょう【城】ジョウ　しろ　「城郭・城内・城壁・城門・開城・牙城・名城・落城・茨城〈いばらき〉県・宮城〈みやぎ〉県」

じょう【浄(淨)】ジョウ　―　「浄化・浄財・浄罪・浄書・浄水・浄土・自浄・清浄・洗浄・不浄」

じょう【剰(剩)】ジョウ　―　「剰員・剰語・剰余・過剰・余剰」

じょう【常】ジョウ　つね・とこ　「常温・常識・常設・常態・常備・異常・正常・通常・日常・無常」

じょう【情】ジョウ・(セイ)　なさ-け　「情況・情景・情状・情勢・情熱・情報・愛情・事情・風情〈ふぜい〉」

じょう【盛】⇩せい(盛)。「繁盛」

じょう【場】ジョウ　ば　「場内・会場・工場・祭場・登場・入場」

し

じょう【畳（疊）】ジョウ たた-む・たたみ 「畳語・畳字・一畳・重畳・半畳」

じょう【蒸】ジョウ む-す・む-れる・む-らす 「蒸気・蒸発・蒸留・蒸溜」

じょう【縄（繩）】ジョウ なわ 「縄文・自縄自縛・準縄・捕縄」

じょう【壌（壤）】ジョウ ― 「壌土・土壌・鼓腹撃壌」

じょう【嬢（孃）】ジョウ ― 「愛嬢・令嬢・老嬢」

じょう【錠】ジョウ ― 「錠剤・解錠・施錠・舌下錠・手錠」

じょう【譲（讓）】ジョウ ゆず-る 「譲位・譲渡・譲歩・譲与・委譲・割譲・敬譲・謙譲・禅譲・分譲」

じょう【醸（釀）】ジョウ かも-す 「醸成・醸造・吟醸」

じょう【丈】「五―の仏像」『尾上菊五郎―』

じょう【条】箇条。「十七―憲法」

じょう【情】「―が移る」『―に厚い』『―に絆〈ほだ〉される』『―を通ずる』

じょう【錠】「―をさす（おろす）」『鎮痛剤二―』

じょう【滋養】「―に富む食品」『―強壮剤」

じょうあい【情愛】「親子の―」『―を捨てる」

しょうあく【掌握】「人心を―する」『部下を―する」

しょうい【小異】「大同―」『―を捨てて大同につく（＝細かなことは目をつぶって大筋で賛成する意）」

しょうい【少尉】軍隊の階級で、尉官の最下位。

しょうい【傷▼夷】「―軍人」『―未だ癒えず」

じょうい【情意】感情と意志。「―投合」

じょうい【▼攘▼夷】「尊王―」『―論」

じょうい【譲位】君主がその位を譲る。

じょういかたつ【上意下達】上の者の命令を下の者に徹底させる。⇕下意上達。

しょういだん【焼▼夷弾】高熱を発し周囲を焼く爆弾。

しょういん【承引】「要求をすべては―しがたい」

しょういん【勝因】⇕敗因。「―はねばり強い守備だ」

じょういん【上院】二院制の議会の一方の院。⇕下院。「―議員」

じょういん【冗員・剰員】「―を削減する」

じょういん【乗員】乗務員。

じょうえい【上映】「絶賛―中」『―会」

しょうえん【招宴】人を招いて開く宴会。

しょうえん【▽荘園・▼庄園】貴族・社寺が持っていた私有地。

しょうえん【硝煙】火薬の煙。「―弾雨」『―反応検査」

じょうえん【上演】「新作のオペラが―される」

しょうおう【照応】「首尾が―しない」

しょうおん【消音】「―機能を備えた電子ピアノ」

じょうおん【常温】「この食品は―で保存できる」

しょうか【小過】「―には目をつぶる」

しょうか【昇華】「樟脳（ドライアイス）が―する」『苦悩が硬質な詩的文体に―された」

しょうか【消化】「―不良」『―の良い食べ物」『教養をよく―している」『年度内に予算を―しなければならない」

しょうか【消火】「―器（栓）」『―活動」

しょうか【消夏・▼銷夏】夏の暑さをしのぐ。「―に木陰で昼寝する」

しょうか【商家】商人の家。「大阪の―の出」

しょうか【唱歌】旧制小学校の教科。その教材の歌曲。「文部省―」『小学―集」

しょうか【▼娼家】遊女屋。女郎屋。

しょうか【▼頌歌】神の栄光や人の功績をたたえる歌。

しょうが【生▼姜・生▼薑】「紅―」『豚肉の―焼き」

じょうか【城下】「―町」

じょうか【浄化】「―槽」『川の水を―する」『社会を―する」

表記欄の︽は常用漢字表付表の語、︿は表外熟字訓、︵は仮名書きが多い

しょうかい【▼哨戒】「徹夜で―する」「―機」

しょうかい【紹介】人と人とを引き合わせる。「自己―」「―状」「知人を―する」「日本文化を外国人に―する」

しょうかい【照会】問い合わせる。「友人の居所を実家に―する」

しょうかい【詳解】「難しい文章を―する」

しょうがい【生涯】「―学習」「―独身を貫く」「―忘れまい」

しょうがい【渉外】外部や外国と交渉・連絡する。「―担当」「―係」

しょうがい【傷害】「―罪」「相手に―を負わせる」

しょうがい【障害・障▼碍・障▼礙】「機能―」「売上向上の―となる要因」「幾多の―を乗り越える」

じょうかい【常会】定例の会。特に、通常国会。

じょうがい【場外】「―ホームラン」

しょうかく【昇格】⇔降格。「主任に―する」

しょうがく【小額】⇔高額。「―紙幣」

しょうがく【少額】少しの金額。⇔多額。「―の借金」

しょうがく【奨学】「―金」「―制度」

じょうかく【城郭・城▼廓】「―都市」

しょうがくぼう【正覚坊】アオウミガメの別名。

しょうがつ【正月】「旧―」「―気分が抜けない」

しょうがっこう【小学校】「この三月に―を卒業する」


しょうかん【小寒】二十四節気の一。一月六日頃。「―の氷大寒に解く(＝必ずしも順序どおりにはいかない)」

しょうかん【小感】ちょっとした感想。寸感。「歳末―」

しょうかん【小閑】「―を得て旅行に出かける」

しょうかん【召喚】裁判所などの出頭命令。「証人を―する」

しょうかん【召還】外国へ派遣した者を呼び戻す。「大使を本国に―する」

しょうかん【消閑】ひまをつぶす。「―の具に絵手紙を始める」

しょうかん【商館】外国商人の営業所。「オランダ―」

しょうかん【償還】借金など債務を返す。「―期日」

しょうがん【賞▼翫・賞玩】「織部の皿を―する」

じょうかん【上官】「―の命令は絶対である」

じょうかん【情感】「―を込めて歌う」

しょうき【正気】「―の沙汰とは思えない振る舞い」

しょうき【匠気】芸術家などの技巧をひけらかす心。「演奏に―が感じられる」

しょうき【将器】大将となるべき、すぐれた器量。

しょうき【商機】商売・取引のよい機会。「絶好の―」「ようやく―が訪れる」「―に敏である」

しょうき【勝機】勝てる機会。「―をつかむ」


しょうき【▼瘴気】熱病を起こすという山川の毒気。

しょうき【▼鍾▼馗】邪気・疫病を除く神。

しょうぎ【床▼几・▼牀▼几・将▼几】昔の折りたたみ式の腰掛け。

しょうぎ【将棋・象棋・象戯】「―指し」「―の駒」

しょうぎ【▼娼▼妓・▼倡伎】もと公認の売春婦。公娼。

じょうき【上気】「湯上がりの―した顔」

じょうき【上記】⇔下記。「―の通り、相違ありません」

じょうき【条規】条文・法令に示された規定。

じょうき【浄▼几・浄机】きれいな机。「明窓―の落ち着いた書斎」

じょうき【常軌】普通の方法や考え方。「―を逸している」

じょうき【蒸気・蒸汽】「水―」「―船(機関)」「―で動く」

じょうぎ【定規・定木】「―を使って直線を引く」

じょうぎ【情義】人情と義理。「―を欠く」

じょうぎ【情▼誼・情宜】親しい間柄に見られる情愛。「―に厚い人物」

じょうきげん【上機嫌】⇔不機嫌。「―で帰る」

しょうきゃく【正客】主となる客。主賓。「茶事の―」

しょうきゃく【消却・▼銷却】消してなくす。「名

し

前を名簿から―する」

しょうきゃく【償却】債務や借金を返す。「減価―」「―資産」

じょうきゃく【上客】大切な客。お得意。「―だけのサービス」

しょうきゃく【焼却】「―処分」「ごみを―する」

じょうきゃく【乗客】「―名簿」

しょうきゅう【昇級】「―試験」

しょうきゅう【昇給】「定期―」

じょうきゅう【上級】「―生」「―者向けのコース」

しょうきょ【消去】「データを誤って―する」「―法で決める」

しょうきょう【商況】商売の状況。景気。「―不振」

しょうぎょう【商業】「―都市」「―簿記」「―高校」

しょうぎょう【▽聖教】経典の尊称。「古刹伝来の―」

じょうきょう【上京】地方から東京へ行く。

じょうきょう【状況・情況】「―証拠を積み重ねる」「的確な―判断」

しょうきょく【消極】進んで物事を行わない。⇕積極。「―策しか持ち得ない」「―的な性格」

しょうきん【賞金】「―王」「―百万円を獲得した」

じょうきん【常勤】⇕非常勤。「―医師」

しょうく【章句】「大学―」「古典の―を解釈する」

じょうく【冗句】不必要な言葉や句。むだな句。

しょうぐん【将軍】「征夷大―」

しょうけい【小径・小▼逕】小道。細い道。「羊腸の―」

しょうけい【小計】一部分の合計。「支出を―する」

しょうけい【小景】ちょっとした眺め。「池袋―」「川辺の―」

しょうけい【小憩・少憩】「山頂で―する」

しょうけい【承継・紹継】受け継ぐ。跡を継ぐ。継承。「承継税制」「伝統を承継(紹継)する」

しょうけい【▼捷径】近道。早道。「大学合格への―」

しょうけい【象形】物の形をかたどる。「―文字」

しょうけい【憧憬】あこがれ。どうけい。「―の的」「異国の文化を―する」

じょうけい【情景・状景】人の心を動かす光景や場面。「ほほえましい―」

じょうけい【場景】その場のありさま。「その場の―を克明に述べる」

しょうげき【衝撃】「―的な写真」「腹部に―を受けた」「この事件は全国に大きな―を与えた」

しょうけつ【▼猖▼獗】悪いものが盛んにはびこる。「たちの悪い風邪が―を極める」

しょうけん【証券】債権のしるしとして発行する証書。「有価―」「―取引法(所)」

しょうげん【証言】「法廷でありのままに―する」

じょうけん【条件】「必要(十分)―」「―反射」「―を付けて許可する」「不利な―をのむ」

じょうげん【上弦】新月から満月に至る間の月。⇕下弦。

じょうげん【上限】数量や時代の上の限界。⇕下限。「宿泊費は一万円を―と定める」

しょうこ【尚古】昔の文物・制度などを尊ぶ。「―主義」

しょうこ【証拠】「―隠滅」「―不十分」「動かぬ―をつかむ」

しょうこ【▼鉦鼓】雅楽などで用いる打楽器。

しょうご【正午】昼の一二時。

じょうこ【上古】大昔。文学史では大化の改新まで。

じょうご【上戸】酒好き。⇕下戸(げこ)。「笑い(泣き)―」

じょうご【冗語・剰語】むだな言葉。不必要な言葉。

じょうご【畳語】同じ単語を重ねて一語とした語。「人々」「久々に」「知らず知らず」の類。

じょうご【〈漏斗〉】「―で醤油を小瓶に移す」

しょうこう【小康】「ここ数日容態も落ち着いて―を保っている」「戦乱が治まって―状態が続く」

しょうこう【昇降・升降】「踏み台―」「校舎の―口」

しょうこう【将校】少尉以上の武官。士官。「青年―」

しょうこう【消光】月日を送る。手紙文で謙遜の辞。「おかげさまで無事―しております」
しょうこう【症候】「無呼吸―群」
しょうこう【焼香】「仏前で―する」
しょうごう【称号】「理学博士の―を取得する」
しょうごう【商号】商人が営業上用いる名称。「―を登記する」
しょうごう【照合】「本人かどうかを―する」
じょうこう【上皇】天皇の譲位後の尊称。「後鳥羽―」
じょうこう【条項】「規約に新しい―を付け加える」
じょうこう【乗降】「―客で混雑する」
じょうこう【情交】男女間の性的な交わり。「―を結ぶ」
しょうこうねつ【▼猩紅熱】「―で赤い発疹ができる」
しょうごく【生国】生まれた国。出生地。
じょうこく【上告】「―棄却」「―申立書」「二審の判決を不服として最高裁に―する」
しょうこくみん【少国民】第二次大戦中、小学生の称。
じょうこしゃそ【城▼狐社▼鼠】君側の奸臣。
しょうこり【性懲り】「―もなく同じ過ちを繰り返す」

しょうこん【招魂】死者の霊を招いて祭る。「―祭」

しょうこん【商魂】「―たくましい大阪のあきんど」

しょうこん【傷痕】「戦争の―がなまなましい」

しょうさ【小差】わずかな差。⇔大差。「―で辛勝した」

しょうさ【少佐】軍隊の階級で、佐官の最下位。

しょうさ【証左】証拠。「疑うべき―がある」

じょうざ【上座】上位の座席。⇔下座。

しょうさい【商才】「―に長〈た〉けた人物」

しょうさい【詳細】「―な報告」「―にわたる説明」「―に調べる」

じょうさい【城塞・城▼砦】城とりで。城。

じょうざい【浄財】「鳥居建て替えのため―を募る」

じょうざい【錠剤】「―を水と一緒に服用する」

じょうさく【上策】すぐれた計略・手段。⇔下策。「中止するのが―だと判断した」

じょうさく【城柵】城にめぐらした柵。また、とりで。

じょうさし【状差し】手紙・葉書などを入れるもの。

しょうさつ【笑殺】一笑に付す。

しょうさっし【小冊子】「旅行ガイドの―を配る」

しょうさん【消散】「薬を飲んで痛みが―した」

しょうさん【称賛・称▼讃・賞賛】「惜しみない―の拍手がおくられた」

しょうさん【勝算】「―はゼロに等しい」


しょうさん【硝酸】「―エステル」

じょうさん【蒸散】「気孔の開閉によって水分が―する」

しょうし【小史】簡略な歴史。「日本開化―」

しょうし【笑止】ばかげていておかしい。「―千万な話」「作り話も甚だしく―の至りだ」

しょうし【焼死】焼け死ぬ。

しょうし【証紙】証明や保証のために貼る紙。「収入―」

しょうじ【小事】ささいなこと。「―にこだわって大局を見失う」「大事の前の―」

しょうじ【少時・小時】「―よりピアノに親しむ」「―の猶予を賜りたい」

しょうじ【生死】仏教で、生と死を繰り返す。「―輪廻」「―の苦海」

しょうじ【商事】「―会社」

しょうじ【障子】「―紙」「壁に耳あり―に目あり」

じょうし【上▼巳】陰暦三月三日の桃の節句。

じょうし【上司】「―に休暇届を提出する」

じょうし【上肢】人の腕。また、動物のまえあし。⇔下肢。「―筋」

じょうし【上▼梓】本を出版する。「処女作を―する」

じょうし【城▼址・城▼趾】しろあと。「上田―」「―公園」

し

じょうし【情死】「—を遂げた作家」

じょうじ【常時】いつも。「傘は—携行する」

じょうじ【情事】「—に耽る」「昼下がりの—」

じょうじ【畳字】繰り返し符号。「々」「ゝ」など。

しょうじき【正直】「—者」「—に自分の非を認めた」「—なところ、彼は信用出来ない」「三度目の—」「—の頭〈こうべ〉に神宿る」

じょうしき【常識】「非—」「—人」「—では考えられない数字」「—に欠ける人物」「—的な考え」

しょうしつ【消失】「期限が来ると権利が—する」

しょうしつ【焼失】「空襲で都市の半分が—した」

じょうしつ【上質】「—の酒」

じょうじつ【情実】「人事は—を排して行うべきだ」

しょうしみん【小市民】中産階級。プチブル。「—的な発想」

しょうしゃ【商社】「総合—」「—マン」

しょうしゃ【勝者】勝利者。⇔敗者。「この試合の—が決勝に進む」

しょうしゃ【照射】「—時間」「レントゲンの—量」

しょうしゃ【▼瀟▼洒・▼瀟▼灑】「—な構えの喫茶店」

しょうじゃ【精舎】寺。寺院。「祇園—の鐘の声、諸行無常の響きあり／平家物語」

じょうしゃ【乗車】⇔降車。「無賃—」「—券」

じょうしゃひっすい【盛者必衰】勢いの盛んな者もついには必ず衰えほろびる。「沙羅双樹の花の色、—のことわりをあらわす／平家物語」

しょうじゃひつめつ【生者必滅】生きているものは必ず死ぬ。「—、会者定離〈えしゃじょうり〉／遺教経」

じょうしゅ【城主】「熊本—」

じょうしゅ【情趣】「—に富む美しい景観」

じょうじゅ【成就】「大願—」「長年の悲願が—する」

しょうしゅう【召集】「—令状」「国会を—する」

しょうしゅう【招集】関係者を招き集める。「理事会を—して協議する」

しょうしゅう【消臭】においを消す。「—剤」

しょうじゅう【小銃】ライフル銃など携帯できる銃。

じょうしゅう【常習】「—犯」「遅刻の—者」

じょうしゅう【上州】上野〈こうずけ〉国の別名。

じょうじゅう【常住】定住。ふだん。「夜間の—人口が少ない東京」

じょうじゅうざが【常住▼坐▼臥】ふだん。いつも。「—研究に専念する」

じょうじゅうふだん【常住不断】絶え間のないこと。「—とも言える車の往来」

しょうしゅつ【抄出】必要箇所を抜き書きする。

しょうじゅつ【詳述】「事件の経過を—する」

じょうじゅつ【上述】「—の通り、間違いありません」

じょうしゅび【上首尾】⇔不首尾。「万事—に運ぶ」

しょうしゅん【▼頌春】年賀状の詞。賀春。

しょうじゅん【照準】「—を定めて獲物に向け発砲する」「夏のコンクールに—を合わせて課題曲を仕上げる」

じょうじゅん【上旬】月の最初の一〇日間。

しょうしょ【小暑】二十四節気の一。七月七日頃。

しょうしょ【証書】「卒業—」「保険—」「—貸付」

しょうしょ【詔書】国事に関し天皇が発する公文書。「衆議院解散の—」

じょうしょ【上書】上官や主君に意見書を出す。「行政改革について—する」

じょうしょ【浄書】清書。「下書きを—して提出する」

じょうしょ【情緒】「江戸—」「—纏綿〈てんめん〉（=情緒がこまやかなこと）」「—豊かに描写する」

じょうじょ【乗除】掛け算と割り算。「加減—」

しょうしょう【少少】「—お待ち下さい」「砂糖を—加える」

しょうしょう【少将】軍隊の階級で将官の最下位。

しょうしょう【▼悄▼悄】元気のないさま。「—として戻ってきた」

しょうしょう【▼蕭▼蕭】ものさびしいさま。「雨が

「—と降っている」

しょうじょう【小乗】自己の悟りを重視する仏教。⇔大乗。「—戒」「—仏教」

しょうじょう【症状】「自覚—」「めまいの—を訴える」

しょうじょう【清浄】仏教で、煩悩がなく清らかであるさま。「六根—」

しょうじょう【▼猩▼猩】オランウータン。また、猿に似た想像上の動物。

しょうじょう【賞状】「—を授与する」

しょうじょう【▼霄壌】天と地。大きな違いがある。

しょうじょう【▼蕭条】寒々としてものさびしいさま。「—とした山間の村落」

じょうしょう【上昇】⇔下降。「—気流に乗る」「—志向の強い人」

じょうしょう【▼丞相】中国で、天子を補佐した最高の官。

じょうじょう【上上・上乗】この上なくよいこと。最上。仏教で、大乗のこと。「気分上上(上乗)」「上上(上乗)の出来栄えだ」「上乗の教え」

じょうじょう【上場】「—会社」「東証第一部に—される」

じょうじょう【情状】実情。「—酌量の余地なし」

じょうじょう【▼嫋▼嫋・▼裊▼裊】しなやかなさま。音が細く長く続く。「—たる柳」「余韻—として尽きない」

しょうじょうせぜ【生生世世】「—の苦しみ」

しょうしょく【少食・小食】「生来—なのでやせている」

じょうしょく【常食】「朝はパンを—としている」

しょうじる【生じる】「浴槽にカビが—」「予期せぬ事態が—」「無から有を—ことはできない」(サ変「生ずる」も同じ)

しょうじる【招じる・▽請じる】招く。「宮殿に賓客を—・じて篤くもてなす」(サ変「招(請)ずる」も同じ)

じょうじる【乗じる】「すきに—」(サ変「乗ずる」も同じ)

しょうしん【小心】臆病。「—者」「—翼々」

しょうしん【小身】身分が低い。「—の侍」

しょうしん【昇進・▼陞進】「この春から課長に—する」

しょうしん【焦心】「—苦慮」「—に駆られる」

しょうしん【焼身】「—自殺を図る」

しょうしん【傷心】「—を慰める旅に出る」

しょうじん【小人】こども。器量の小さい者。「—閑居して不善をなす／大学」

しょうじん【消尽】「財産を—する」

しょうじん【精進】「—潔斎」「—料理」「芸道に—する」

じょうしん【上申】「—書」「部長に意見をまとめて—する」

じょうじん【常人】「—には理解できない」「とても—のなせる所為とは思えない」

じょうじん【情人】愛人。じょうにん。「—が出来る」

しょうしんしょうめい【正真正銘】「これは—の芭蕉の自筆だ」

じょうず【《上手》】⇔へた(下手)。「話し—」「彼女はピアノが—だ」「—に文章をまとめる」「相手の気分がよくなるように—を言う」

しょうすい【小水】小便。尿。

しょうすい【▼憔▼悴】「看護疲れですっかり—しきっている」

じょうすい【上水】飲料として供給される水。⇔下水。「—道」

じょうすい【浄水】「—器」「—場」

しょうすう【小数】一より小さいはしたの数。「—点」「—第二位を四捨五入する」

しょうすう【少数】数が少ないこと。⇔多数。「—精鋭」「—民族」「—意見も尊重すべきだ」

しょうする【称する】「織田信長の末裔と—人物」「外国出張と—・して遊びに行く」

しょうする【賞する】ほめる。美しいものをめでる。

「優れた成績をおさめられたので、これを―・します」「桜の花を―」

しょうする【証する】「本人であることを―書類」

しょうする【▼誦する】詩や経文をとなえる。「法華経を―」

しょうせい【小成】「―に安んずることなかれ」

しょうせい【招請】「―状」「客員教授として―する」

しょうせい【小生】手紙文などで男子の、自分の謙称。「―の不徳の致すところ、謹んでお詫び申し上げます」

じょうせい【上製】「―本」「―の筆入れ」

じょうせい【情勢・状勢】なりゆき。形勢。「―を冷静に見守る」「―は極めて深刻だ」「―判断を誤ってはいけない」

じょうせい【醸成】醸造。雰囲気などをかもし出す。「ふくよかな味わいに―された酒」「景気の不透明感が社会不安を―する」

じょうせき【上席】上座。かみざ。「―判事」

じょうせき【定石】囲碁で、最善とされる一定の打ち方。「―の手を打つ」「―どおり走者をバントで進める」

じょうせき【定跡】将棋で、最善とされる一定の指し方。「―に従って駒を進める」

じょうせき【定席】いつもすわる席。常設の寄席。

しょうせつ【小雪】二十四節気の一。一一月二三日頃。

しょうせつ【小節】楽譜で、縦線で仕切られた一区切り。

しょうせつ【小説】「推理―」「―家」「事実は―よりも奇なり」

しょうせつ【詳説】「問題の解き方を―する」

じょうせつ【常設】「―展」「―市場」

じょうぜつ【▼饒舌】口数が多い。おしゃべり。「―な人」

しょうせん【商船】「―大学」「―が入港する」

しょうせん【商戦】「歳末―」

しょうぜん【承前】（雑誌の続き物などで）前回の続き。

しょうぜん【▼悄然】元気がないさま。「―と立ち尽くす」

しょうぜん【▼蕭然】ものさびしいさま。「―とした風景」

じょうせん【乗船・上船】⇕下船。「横浜から―する」

しょうそ【勝訴】有利な判決が下される。⇕敗訴。「全面的―」「原告側が―した」

じょうそ【上訴】不服を上級裁判所に申し立てる。

しょうそう【少壮】「―官僚」「―気鋭の学者」

しょうそう【尚早】「時期―」

しょうそう【焦燥・焦▼躁】「―感」「時間が切迫しており―を覚える」

しょうぞう【肖像】人の顔をうつした絵・写真や彫刻。「―権」「―画」

じょうそう【上奏】天皇に申し上げる。奏上。

じょうそう【上層】「―階級」「会社の―部」

じょうそう【情操】芸術・道徳などにかかわる感情。「子供の―を育む」「幼児期の―教育」

じょうぞう【醸造】「―業」「日本酒を―する」

しょうそく【消息】「―不明」「一度連絡があったきり―が途絶える」「雪山で遭難し―を絶つ」「―筋の伝えるところによると」

しょうぞく【装束】「白―に身をまとう」

しょうたい【正体】「―不明の飛行物体」「怪物の―をあばく」「酒に酔って―を失う」

しょうたい【招待】「―状」「披露宴に―される」

じょうたい【上体】上半身。「―を起こす」

じょうたい【状態・情態】「健康状態」「状態変化」「横になったままの状態で手足を動かす」「情態（状態）副詞」

じょうたい【常体】⇕敬体。「敬語を用いず―で書く」

じょうたい【常態】「電車の遅延が―化する」

じょうだい【上代】大昔。文学史では奈良時代。

じょうだい【城代】「―家老」

しょうたく【沼沢】沼と沢。「―地」「―植物」

しょうだく【承諾】「事後—」「—書」「申請を—する」

じょうたつ【上達】「下意—」「習字の—が早い」

じょうだま【上玉】上等の物。美人。「なかなかの—だ」

しょうたん【小胆】度胸がないこと。⇔大胆。「—者」

しょうたん【賞嘆・賞▼歎】感心してほめたたえる。

しょうだん【昇段】「—試験」

しょうだん【商談】「—が成立する」「—をまとめる」

じょうだん【冗談】「—を言う」「—に過ぎる」「—を真に受ける」「—半分に話す」

しょうち【承知】「いきさつは—しております」「解約の件は—できかねます」「そんなことをしたら—しないぞ」

しょうち【招致】「オリンピック—運動」

じょうち【常置】「委員会を—する」

じょうち【情痴】「—の限りを尽くす」

しょうちくばい【松竹梅】松と竹と梅。めでたいもの。

しょうちゅう【掌中】「勝利を—に収める」「—の珠〈たま〉（＝大事な物。最愛の子）を失う」

しょうちゅう【焼酎】「芋—」「—のお湯割り」

じょうちゅう【常駐】「警備員が—している」

しょうちょ【小著】自分の著作を謙遜していう。「—謹呈申し上げます」

じょうちょ【情緒】「異国—」「—豊かな町並み」「—不安定に陥る」〈「じょうしょ（情緒）」の慣用読み〉

しょうちょう【省庁】中央官庁。「関係—」

しょうちょう【消長】「勢力の—」

しょうちょう【象徴】「—詩（絵画）」「あれは時代が変わったことを物語る—的な事件だった」

じょうちょう【上長】目上の人。「—の命令に従う」

じょうちょう【冗長】むだが多く長いさま。⇔簡潔。「—な話（文章）」

じょうちょう【情調】おもむき。気分。「しばし浪漫的—に浸る」

しょうちょく【詔勅】旧制で、天皇の発する文書の総称。

しょうちん【消沈・▼銷沈】「試合に負けて意気—する」

しょうつき【祥月】故人が死んだ月と同じ月。「—命日」

じょうてい【上程】「予算案を—する」

じょうでき【上出来】出来の良いこと。「これだけうまく書ければ—だ」

しょうてん【小▼篆】漢字の古書体。印章などに用いる。

しょうてん【昇天】天高くのぼる。死去する。「竜が—する」

しょうてん【商店】「駅前の—街」

しょうてん【焦点】「—距離」「—を絞って話し合う」「—の定まらない議論」

しょうてん【衝天】天をつくほどの勢い。「意気—」

しょうでん【昇殿】「—を許される」

しょうど【焦土】「空襲で東京が—と化した」

しょうど【照度】光に照らされた面の明るさの度合。

じょうと【譲渡】権利や財産を他人に譲り渡す。「株式の—」

じょうど【浄土】「極楽—」「—宗」

しょうとう【松▼濤】風に鳴る松の音を波にたとえた語。

しょうとう【消灯】⇔点灯。「—時刻」

しょうどう【唱道】人に先だって主張する。「平和を—する」

しょうどう【唱導】考えなどを説いて人を導く。「—師」

しょうどう【衝動】発作的に行動をおこす心の動き。「—に駆られる」「—買い」「—的な行動に走る」

しょうどう【▼聳動】「世間の耳目を—する出来事」

じょうとう【上棟】棟上げ。「新築住宅の—式」

じょうとう【上等】⇔下等。「—な服」「初めてでこれだけできれば—だ」

じょうとう【常▼套】決まりきったやり方。「—手段」

「それは婉曲に断るときの—句だ」

じょうどう【常道】原則にかなった方法。「憲政の—」

じょうどう【情動】「怒りの—に駆られる」

しょうとく【生得】生まれつき。せいとく。「彼の音楽の才能は—のものだ」「—の素直さで誰からも好かれる」

しょうとく【▼頌徳】「—碑」

しょうどく【消毒】「傷口を—して薬を塗る」

じょうとくい【上得意・常得意】店をよく利用する客。

しょうとつ【衝突】「正面—」「—事故」

しょうとりひき【商取引】商売上の取引。

しょうなん【湘南】神奈川県相模湾沿岸地域。

しょうに【小児】「—麻痺〈まひ〉」「—科」

しょうにゅうどう【▼鍾乳洞】石灰岩地の地下の洞窟。

しょうにん【上人・▽聖人】高僧。僧侶の敬称。「法然上人」「親鸞聖人」

しょうにん【承認】「国会の—を求める」

しょうにん【昇任】⇔降任。「—試験」「—人事」

しょうにん【商人】商業を営む人。あきんど。

しょうにん【証人】「—喚問」「—として出廷する」

じょうにん【常任】「—理事国」「—委員」

しょうね【性根】「—が腐ったやつ」「—を据えて勉学に勤しむ」

しょうねつ【焦熱】「—地獄」「—の地」

じょうねつ【情熱】「—家」「教育に—を燃やす〈傾ける〉」「—的な恋」

じょうねん【情念】愛や憎しみなどの強い感情。

しょうねんば【正念場・性念場】「今が—だ」

しょうのう【小脳】脳の一部。

しょうのう【笑納】「御—下されば幸いに存じます」

しょうのう【▼樟脳】クスノキから得る結晶。防臭用。

じょうのう【上納】「—金」

じょうば【乗馬】「—服」「—クラブ」

しょうはい【勝敗】「—は時の運」「—の鍵を握る」

しょうはい【賞杯・賞▼盃】賞として与える杯やカップ。

しょうはい【賞▼牌】賞として与えるメダルや盾。

しょうばい【商売】「—人〈にん〉」「—上手」

しょうはく【松▼柏】マツやヒノキの類。常緑樹。「—の操〈みさお〉」

じょうはく【上白】上等の白米、酒、砂糖。「魚沼産の—」

じょうはく【上▼膊】上腕。肩とひじとの間の部分。「—骨」

じょうばこ【状箱】手紙を入れておく箱。

しょうばつ【賞罰】「—審査委員会」

じょうはつ【蒸発】液体が気体になる。行方をくらます。「水分が—する」「昨年父親が突然—した」

しょうばん【相伴】「お—に与〈あずか〉る」

じょうばん【常磐】常陸〈ひたち〉国と磐城〈いわき〉国。

しょうひ【消費】「—者」「—電力」「時間を無駄に—する」

しょうび【賞美・称美】「梅の花を—する」

しょうび【焦眉】危険が迫っている。「景気対策は—の急(問題)だ」

じょうひ【冗費】むだな費用。「—を節約する」

じょうび【常備】「—薬」

じょうびたき【▽尉▼鶲】ツグミ科の小鳥。冬鳥。

しょうひょう【商標】「登録—」

しょうひょう【証▼憑】事実を証明するもの。「—を湮滅〈いんめつ〉する」

しょうびょう【傷病】「—者」「—兵」

しょうひん【小品】短い作品。小さい作品。「—盆栽」「ショパンの—集」

しょうひん【商品】「夏物—」「—券」

しょうひん【賞品】「運動会の—」

じょうひん【上品】⇔下品。「—な方」「—な物腰」

しょうふ【正▼麩】小麦の澱粉。糊などにする。

しょうふ【▼娼婦】売春婦。

しょうぶ【尚武】武道・軍事などを尊ぶ。

しょうぶ【勝負】「真剣―」「―強い」「―を挑む」

しょうぶ【▼菖▼蒲】サトイモ科の多年草。「―湯」

じょうふ【上布】軽く薄い上質の麻織物。「越後―」

じょうふ【丈夫】「堂々とした―」

じょうふ【情夫】愛人である男。

じょうふ【情婦】愛人である女。

じょうぶ【丈夫】「大―」「毎日鍛えて―な体をつくる」「―な布」

しょうふく【▼妾腹】めかけから生まれたこと(人)。

しょうふく【承服・承伏】「どうにも―しがたい内容」

じょうぶくろ【状袋】封筒。「書いた手紙を―に入れる」

しょうふだ【正札】「―付きのペテン師」

じょうぶつ【成仏】「最期は苦しまずに―した」

しょうぶん【性分】「かっとなりやすい―」「持って生まれた―だから仕方がない」

じょうぶん【上聞】「―に達する」

じょうぶん【条文】法律などの、箇条書きの文。「憲法の―」

しょうへい【招▼聘】礼儀を尽くして人を招く。「本学の客員教授として―する」

しょうへい【将兵】将校と兵士。

し

しょうへき【障壁・▼牆壁】へだて。障害となるもの。「関税障壁」「障壁画(＝壁や屏風に描いた絵画)」「立ちはだかる障壁(牆壁)を乗り越えて計画を遂行する」

じょうへき【城壁】城を囲む壁。「―を巡らす」

しょうへん【小編】短い文学作品。短編。「夏目漱石の―」

しょうへん【掌編】小編より短い文芸作品。「エッセイなどの―を集めた本」

しょうべん【小便】おしっこ。ゆばり。尿。小水。

じょうほ【譲歩】「互いに―する」「―を強いられる」

しょうほう【商法】商売のやり方。商事に関する法律。「悪徳―」「―の講義を聞く」

しょうほう【勝報・▼捷報】「―に湧く」

しょうほう【詳報】詳細な報告。「―が入り次第、最終的な判断を下す」

しょうぼう【消防】「―車」「―団(署)」

しょうぼう【焼亡】「名刹の七堂伽藍もことごとく―した」

じょうほう【定法】いつも通りの決まったやり方。

じょうほう【情報】「―化社会」「―公開」「―処理」「―操作」

しょうほん【正本】芝居の脚本。省略のない本。完本。「歌舞伎の―」

しょうほん【抄本・▼鈔本】原本の一部を書き抜いたもの。「戸籍―」「源氏物語の―」


じょうまえ【錠前】「―を下ろす」

しょうまっせつ【枝葉末節】「―にこだわる」

しょうまん【小満】二十四節気の一。五月二一日頃。

じょうまん【冗漫】「―な文章に辟易する」

しょうみ【正味】中身の重さ。実際の数量。実質。「―三時間しか働いていない」

しょうみ【賞味】味わいながら食べる。「旬の鰹を―する」「―期限が切れている食品」

じょうみ【情味】人情味。「―に欠ける応対」

しょうみつ【詳密】「―なデータを提供する」

じょうみゃく【静脈】血液を心臓に運ぶ血管。「―注射」「肌に―が青く浮き上がる」

しょうみょう【声明】法会に僧が唱える声楽。

しょうみょう【称名】仏の名を唱える。「南無阿弥陀仏の―」

じょうむ【乗務】「(客室)―員」「新幹線に―する」

じょうむ【常務】日常の業務。常務取締役。

しょうめい【証明】「印鑑―」「―書」「無実を―する」

しょうめい【照明】「間接―」「―器具」

しょうめつ【消滅】「自然―」「権利が―する」

しょうめん【正面】⇔側面。「―玄関」「―衝突」「―から戦いを挑む」

しょうもう【消耗】使いへらす。「―品」「風邪を引いて体力を―する」「タイヤの―が早い」

じょうもの【上物】「今日は―の魚が入った」

しょうもん【証文】後日の証拠となる文書。「―の出しおくれ(=時機を逸して役に立たないたとえ)」

じょうもん【定紋】その家の印とする紋章。家紋。

じょうもん【縄文】「―時代」「―土器」

しょうや【▼庄屋】名主のこと。主に関西での名称。

しょうやく【生薬】「―を配合した漢方薬」

しょうやく【抄訳】「長編小説を―する」

じょうやく【条約】「―を結ぶ(締結する)」

じょうやど【定宿・常宿】「出張のときの―」

じょうやとう【常夜灯】夜の間つけておく明かり。

しょうゆ【▼醤油】「刺身―」「―差し」

しょうよ【賞与】ボーナス。「暮れの―」

じょうよ【剰余】「―金を次年度に繰り越す」

じょうよ【譲与】「財産の一部を息子に―する」

しょうよう【称揚・賞揚】ほめたたえる。「我が国の医学の発展に寄与した功績を―する」

しょうよう【商用】商売上の用事。

しょうよう【▼逍▼遥】目的もなく気ままに歩く。「早朝湖畔を―する」

しょうよう【▼慫▼慂】誘い勧める。「―黙〈もく〉しがたく選挙に出馬する」

しょうよう【従容】ふだんと同じように落ち着いている。「―として死に就く」

じょうよう【常用】「―漢字」

じょうよく【情欲・情▼慾】「抑えがたい―」「―に溺れる」

しょうらい【松▼籟】松に吹く風の音。松風。「―渡る浜辺の旅館」

しょうらい【招来】招き寄せる。もたらす。「海外から演奏家を―する」「議員の汚職問題が政治不信を―する」

しょうらい【将来】これから先。持って来る。「―が楽しみだ」「―きっと後悔するだろう」「―性に富む若者」「社会的不安を―する」「三蔵法師の―した経巻」

しょうらい【▽請来】経文などを請いうけ持って来る。「奈良時代に―した仏像」

じょうらく【上▼洛】京都へ行くこと。

しょうらん【笑覧】作品などを見てもらうことの謙譲語。「拙い作品ですが、御―を乞いたく存じます」

しょうらん【照覧】「神も御―あれ」

じょうらん【▼擾乱】「国内―して治まりがたし」

しょうり【勝利】戦いに勝つ。⇔敗北。「戦いに―する」

じょうり【条理】物事の道理。すじみち。「―にかなった解決策」「―に反する意見」

じょうり【情理】人情と道理。「―を尽くして説く」

じょうりく【上陸】「台風が四国に―する」

しょうりゃく【省略】「時間の関係で説明を―する」

しょうりゅう【昇竜】空にのぼる竜。「―の勢い」

じょうりゅう【上流】⇔下流。「川の―」「―の家庭で育つ」

じょうりゅう【蒸留・蒸▼溜】「―水(酒)」

しょうりょ【焦慮】「―の色が濃くなる」

しょうりょう【小量】度量の狭いこと。「―なる人物で寛容さに欠ける」

しょうりょう【少量】わずかな数量。⇔多量・大量。「―の塩を加える」

しょうりょう【商量】あれこれ考えはかる。「種々の条件を比較―して決める」

しょうりょう【渉猟】「古文献を―する」

しょうりょう【精霊・▽聖霊】死者の霊魂。「―会〈え〉」

しょうりょく【省力】「―を図る」「作業の―化」

じょうりょくじゅ【常緑樹】「―の森」

しょうるい【生類】いきもの。動物。「―憐みの令」

じょうるり【浄瑠璃】義太夫節。「人形―」

しょうれい【省令】各省の大臣が発する命令。

しょうれい【奨励】「―金」「―賞」「ボランティア活動を―する」

しょうれい【▼瘴▼癘】湿熱の気候によって起こる風土病。「―の地」

じょうれい【条例】 地方公共団体が制定する法規。「都の公安―」
じょうれん【常連】「―客で賑わう飲み屋」
しょうろ【松露】 海浜の松林でとれる食用きのこ。「―の吸い物」
じょうろ【《如雨露》・《▽如露》】 草木に水をかける道具。
じょうろう【上▼臈】 修行を積んだ高僧。位の高い女官。
しょうろう【鐘楼】 寺院のかねつき堂。
しょうろく【抄録】「文書の要点を―する」
しょうろく【詳録】「講演内容を―する」
じょうろく【丈六】 一丈六尺(約四・八メートル)の仏像。「―の仏」
しょうろん【小論】 自分の論をへりくだって言う語。「―が学会誌に掲載された」
しょうろん【詳論】「今は―する暇がない」
しょうわ【笑話】 わらいばなし。「―に興じる」
しょうわ【唱和・▼倡和】「よろしく御―下さい、乾杯」
しょうわる【性悪】「この―め」
じょうわん【上腕】「―二頭筋(=力こぶ)」
しょえん【初演】「本邦―」「オペラの―」
じょえん【助演】 脇役として出演する。⇔主演。

し

じょおう【女王】「エリザベス―」「―蜂」「テニス界の―」〈「じょうおう」とも〉
しょか【初夏】 夏の初め。
しょか【書架】「―から本を取り出す」
しょか【書家】 書道の専門家。
しょが【書画】「―骨董〈こっとう〉」「―を展示する」
しょかい【所懐】 所感。「いささか―を述べる」
じょがい【除外】「割引―品」「特殊なケースは―して考える」
しょがかり【諸掛(かり)】 諸費用。「―込みの費用」
しょがく【初学】「―者に適切な入門書を与える」
しょかつ【所轄】 ある事・地域を管理する。「―の警察署」
しょかつさい【諸葛菜】 アブラナ科の一年草。
しょかん【所感】 心に感じたこと。「―の一端を述べたい」
しょかん【所管】「住民の戸籍は区役所の―する事項」
しょかん【書簡・書▼翰】 手紙。書状。「―文の書き方」「作家の―を全集に入れる」
しょき【初期】「昭和―の風景」「ディスクの―化」「インフルエンザの―症状」
しょき【所期】「―の目的を達する」
しょき【書記】「組合の―長」「会議の―を務める」

しょき【庶幾】 こいねがうこと。
しょき【暑気】「―中〈あた〉り」「―払い」
じょきょ【除去】「ごみの―作業」
しょぎょう【所業・所行】「ふらちな―に及ぶ」
じょきょう【助教】 これまでの助手。「研究室の―」
しょぎょうむじょう【諸行無常】 仏教で、すべてのものは変化すること。「祇園精舎の鐘の声、―の響きあり／平家物語」
じょきょく【序曲】「それは一連の出来事の―に過ぎなかった」
しょく【色】 ショク・シキ いろ 「原色・好色・暖色・着色・特色・配色・白色・物色・暮色・容色」
しょく【拭】 ショク ふ-く・ぬぐ-う 「拭浄・払拭」
しょく【食】 ショク・(ジキ) く-う・く-らう・た-べる 「食事・食卓・食堂・食費・食物・食欲・食料・食器・会食・給食・主食・絶食・粗食・肉食・偏食」
しょく【植】 ショク う-える・う-わる 「植栽・植樹・植生・植物・植民・植林・移植・誤植・定植・入植」
しょく【殖】 ショク ふ-える・ふ-やす 「殖財・殖産・学殖・貨殖・生殖・増殖・

拓殖・繁殖・養殖・利殖」

しょく【飾】ショク かざ-る 「虚飾・修飾・装飾・電飾・服飾」

しょく【触（觸）】ショク ふ-れる・さわ-る 「触診・触媒・触発・触角・触感・感触・接触・抵触」

しょく【嘱（囑）】ショク ― 「嘱託・嘱望・嘱目・委嘱」

しょく【織】ショク・シキ お-る 「織女・織布・織機・交織・混織・試織・製織・染織・紡織」

しょく【職】ショク ― 「職員・職業・職場・職務・職歴・汚職・休職・辞職・就職・退職・天職・無職」

しょく【食】「―が進む」「―が細い」

しょく【職】「新しい―を求める」「手に―をつける」「本学に―を奉じて五年を経る」

しょく【私欲・私▼慾】「私利―」「―に走る」

じょく【辱】ジョク はずかし-める 「辱知・辱友・栄辱・汚辱・屈辱・国辱・雪辱・恥辱・侮辱・陵辱」

しょくあたり【食▽中り】「―で腹痛を起こす」

しょくあん【職安】「公共職業安定所」の略。

しょくいん【職員】「団体―」「―室」

しょぐう【処遇】「幹部として―する」

しょくえん【食塩】「―水」

しょくがい【食害】害虫が植物を食い荒らす。

しょくぎょう【職業】「教師を―とする」「―に貴賤なし」「―病とも言えるこだわり」「―柄顔が広い」「―意識に芽生える」

しょくげん【食言】約束を破ったり嘘を言う。「君子は―せず」

しょくざい【▼贖罪】罪をつぐなう。

しょくさん【殖産】「―興業」

しょくし【食指】ひとさしゆび。「投資話に―が動く」

しょくじ【食事】「―前には手を洗う」

しょくじ【食餌】食べ物。「―療法」

しょくじ【植字】活字を組み合わせて版をつくる。「―機」

しょくしゅ【職種】「学生に人気の高い―」

しょくしゅ【触手】下等動物の触覚や捕食の器官。「大手企業が買収しようと―を伸ばす」

しょくじゅ【植樹】「卒業記念に―する」

しょくじゅう【職住】仕事と住居。「―近接」

しょくじょ【織女】琴座のアルファ星ベガ。織姫〈おりひめ〉。「―と牽牛〈けんぎゅう〉」

しょくしょう【食傷】「社長の訓示も毎朝となると―気味だ」

しょくしょう【職掌】担当する役目・仕事。

しょくしん【触診】「腹部を―する」

しょくする【食する】食べる。

しょくする【嘱する】「後事を―」

じょくせ【▽濁世】にごりけがれた世。末世。

しょくせい【食性】動物の食物に関する習性。

しょくせい【植生】その場所に生育している植物の集団。「―が変化する」

しょくせい【職制】職務分担に関する制度。管理職。

しょくせき【職責】「―を果たす」「―を全うする」

しょくぜん【食膳】「―にのぼる」「―に供する」

しょくだい【▼燭台】蠟燭立て。

しょくたく【食卓】「家族そろって―を囲む」

しょくたく【嘱託・▽属託】「―として雇用される」

じょくち【辱知】知り合いである意の謙譲語。「先方の社長とは―の間柄だ」

しょくちゅうどく【食中毒】飲食物が原因の中毒。

しょくつう【食通】「―をうならせる一品」

しょくどう【食堂】「学生〈社員〉―」「―車」

しょくどう【食道】のどから胃に通じている消化器官。

しょくにん【職人】「植木―」「―気質〈かたぎ〉」

しょくのう【職能】職務を果たす能力。「―給」

しょくば【職場】「―結婚」「―の雰囲気がよい」

しょくばい【触媒】「電極―」「光―」「―作用」

しょくはつ【触発】「啄木の作品に―される」

しょくひ【食費】食事にかかる費用。

しょくひん【食品】「冷凍―」「―添加物」

しょくぶつ【植物】「高山―」「動物と―」「―性蛋白質」

しょくぶん【職分】「―を全うする」「―を弁える」

しょくぼう【嘱望・▽属望】「将来(前途)を―されている青年」

しょくみ【食味】食べたときの味。

しょくみんち【植民地・殖民地】「―政策」

しょくむ【職務】「―質問」「―怠慢」「―に忠実な人」

しょくもく【嘱目・▽属目】「万人が―する人材」

しょくもつ【食物】「―繊維」「―連鎖」

しょくよう【食用】「―油」「―蛙」

しょくよく【食欲・食▼慾】「―旺盛」「香辛料が―をそそる」「二日酔いで―がない」

しょくりょう【食料】食べ物。食べ物になる材料。「―自給率」「―品」

しょくりょう【食糧】特に主食の米や麦などの食べ物。「―難」「―事情」「―援助」

しょくりん【植林】「―事業」

しょくれき【職歴】「―は問わない」

しょくん【諸君】呼びかけの語。皆さん。「学生―」「―の健闘を祈る」

じょくん【叙勲】勲等と勲章を授ける。「春の―」「―を受ける」

しょけい【処刑】死刑を執行する。「―台」

しょけい【書▼痙】字を書くとき手がふるえる状態。

しょけい【諸兄】男性が同性の近しい者に対して敬愛を込めて言う語。「同窓の―」「―におかせられましては」

じょけい【女系】女子の系統。母方の血統。

じょけい【叙景】「山部赤人の―歌」

しょげる【▼悄気る】「叱られて―」

しょけん【初見】初めて見る。「―の資料」「―でピアノを演奏する」

しょけん【所見】見たところ。コメント。「医師の―」

しょけん【諸賢】男性が人々に呼びかけるときの語。みなさん。「読者―に訴える」

しょげん【緒言】前書き。序文。ちょげん。

じょけん【女権】「―の拡張を訴える」

じょげん【助言】「後輩に―する」「適切な―を与える」

じょげん【序言】前書き。序文。緒言。

しょこ【書庫】書物を入れる部屋・建物。

しょこう【諸侯】封建時代の領主。

しょこう【▼曙光】夜明けの光。わずかに見える希望。「東雲〈しののめ〉の―」「平和の―が差す」「景気回復の―を見出す」

じょこう【徐行】「―運転」「橋を―して渡る」〔「除行」と書くのは誤り〕

しょこく【諸国】「アジア―を歴訪する」

しょこん【初婚】最初の結婚。

しょさ【所作】身のこなし。ふるまい。「歌舞伎の―事〈ごと〉」

しょさい【所載】「今月号―の記事」

しょさい【書斎】「―にこもって執筆する」

しょざい【所在】「県庁―地」「被疑者の―を突きとめる」「責任(問題)の―を明らかにする」

しょざいない【所在無い】することがなく退屈だ。「―まま公園を散歩する」

じょさいない【如才無い】「―・く立ち回る」

しょさん【所産】「遺跡が発見されたのは偶然の―だ」「この新製品は永年の試行錯誤の―だ」

じょさんし【助産師】出産を助ける職業(人)。助産婦から改称。

しょし【初志】「―を貫徹する」

しょし【書▼肆】本屋。書店。

しょし【書誌】書物の成立や内容についての記述。「―学」

しょし【庶子】正妻でない女性の生んだ子。⇔嫡子。

しょじ【所持】「身の回りの—品」

しょじ【諸事】「—万端準備が整った」「年末を迎え、—御多端にお過ごしのことと拝察いたします」

じょし【女子】⇕男子。「—教育」「—大学」

じょし【女史】社会的に活動している女性の敬称。

じょじ【女児】⇕男児。

じょじ【叙事】「英雄—詩」

しょしき【書式】「書類は所定の—で提出すること」

しょしき【諸式・諸色】いろいろの品物。物の値段。「—がずいぶんと値上がりする」

じょしつ【除湿】「—機」

しょしゃ【書写】「お経の言葉を—する」「—の時間」

じょしゅ【助手】「実験の—」「車の—席」

しょしゅう【初秋】秋のはじめ。「—の候」

しょしゅう【所収】「全集—の作品」

しょしゅつ【初出】「小学校三年生で—の漢字」

じょじゅつ【叙述】順序だてて述べる。「—態度」「年次を追って詳細に—する」

しょしゅん【初春】春のはじめ。「—の候」

しょじゅん【初旬】月のはじめの一〇日間。上旬。

しょしょ【処暑】二十四節気の一。八月二三日頃。

しょしょ【所所】あちこち。「—方々」「—に農家が点在する」

しょじょ【処女】「—作」「—航海」

じょじょ【徐徐】「景気が—に回復する」

しょじょう【書状】「感謝の気持ちを—にしたためる」

じょしょう【女将】料理屋や旅館の女主人。おかみ。

じょしょう【序章】論文・小説などの最初の章。

じょじょう【叙情・▼抒情】「—詩」

じょしょく【女色】「—に迷う(ふける)」

しょしん【初心】「—者」「—にかえる」「—忘るべからず」

しょしん【初診】最初の診察。⇕再診。「—料」

しょしん【所信】考えていること。信念。「—表明演説」

しょしん【書信】手紙。たより。「—を受け取る」

じょすうし【助数詞】数を表す語について数え方を示す接尾語。「五枚の枚や三匹の匹は—だ」

じょすうし【序数詞】順序を表す数詞。「三番や一度、第四などは—と言う」

しょする【処する】「いかに身を—べきか」「世に—」「懲役二年に—」

じょする【序する】「巻頭に—一文」

じょする【叙する】「個人的感懐をノートに—」「勲一等に—・される」

じょする【除する】「十を二で—」

しょせい【処世】世渡り。「—訓」「—術」「—に長ける」

しょせい【書生】他家に世話になって勉強した学生。

じょせい【女声】女性の歌う声部。⇕男声。「—合唱」

じょせい【女性】⇕男性。「—的」「—の地位が向上する」

じょせい【女婿】娘の夫。娘むこ。

じょせい【助成】事業や研究を援助する。「研究—金」

じょせい【助勢】手助けする。加勢。「見かねて—する」

しょせき【書籍】本。書物。「—小包」

じょせき【除籍】「—処分」「—謄本」

しょせつ【諸説】「—紛々としている」

じょせつ【序説】「経済学—」

じょせつ【除雪】積もった雪を取り除く。「—車」「—作業」

しょせん【初戦】最初の試合。第一戦。「—で敗退した」

しょせん【緒戦】戦いのはじめ。ちょせん。「—は優勢に展開する」

しょせん【所詮】「—高嶺〈たかね〉の花だ」

しょそう【諸相】「人生の—」

しょぞう【所蔵】「博物館—の古写本」

じょそう【女装】男が女のよそおいをする。⇕男装。

じょそう【助走】「—をつけて跳ぶ」

じょそう【序奏】楽曲の導入部。

し

じょそう【除草】「―作業」「―剤」
じょそう【除霜】植物の霜よけ。冷蔵庫の霜取り。
しょぞく【所属】「―団体」「政党に―する」
しょぞん【所存】心に思っていること。考え。「一層の努力を致す―でございます」
しょたい【所帯・▽世帯】「男（大）―」「―持ち」「―を構える（持つ）」「―じみたことを言う」
しょたい【書体】「―を明朝体に統一する」
しょだい【初代】「―社長（校長）」
じょたい【除隊】兵役を解かれる。「満期で―する」
しょたいめん【初対面】「―の印象」
しょだな【書棚】「―に本を並べる」
しょだん【処断】「法に照らして厳正に―する」
しょち【処置】「応急―」「早急に―する」「適切な―を講じる」
しょちゅう【書中】文書の中。手紙の中。「―の趣、承知致しました」
しょちゅう【暑中】「―お見舞い申し上げます」（立秋以後は「残暑見舞い」）
じょちゅう【女中】女性のお手伝いさんの旧称。
じょちゅうぎく【除虫菊】蚊取り線香の原料。
しょちょう【初潮】はじめての月経。初経。
しょちょう【署長】「警察（税務）―」
じょちょう【助長】「教科書の平易化は学力低下を―する」「ネットの掲示板がいじめを―する」（現在は良い意味で使うこともあるが、元来（孟子の故事）は悪い傾向を促す意で用いる）
しょっかく【食客】客分として他家の世話になる人。
しょっかく【触角】「カタツムリの―」「株価の値動きに敏感に―を働かせる」
しょっかく【触覚】「寒さで指の―が失われた」
しょっかん【食間】「―に服用する薬」
しょっかん【触感】「柔らかな―のタオル」
しょっき【食器】「―棚（だな）」
しょっき【織機】布を織る機械。
しょっけん【食券】「食堂の入り口で―を買い求める」
しょっけん【職権】職務上の権限。「―濫用」
しょっこう【▼燭光】ともしびの光。もと光度の単位。
しょっこう【職工】工場労働者のかつての呼び名。
しょっぱな【初っ▽端】はじめ。最初。「入社一日目、―から遅刻してしまった」
しょて【初手】（囲碁・将棋で）最初の手。最初。「―から強気で出る」「宝くじなど当たらないものと―からあきらめている」
しょてい【所定】「―の期日までに提出のこと」
じょてい【女帝】女性の帝王。女王。
しょてん【書店】「大型―で専門書を買う」
しょでん【所伝】「先祖代々―の宝物」
しょとう【初冬】「―を思わせる寒さ」
しょとう【初等】「―教育」「―数学」
しょとう【初頭】「二十一世紀―の大事件」
しょとう【▼蔗糖】サトウキビから精製した砂糖。（「しゃとう」の慣用読み。自然科学では「ショ糖」と書く）
しょとう【諸島】「ガラパゴス―」
しょどう【初動】「―捜査」「地震の―分布」
しょどう【書道】「仮名―」「―展」「―教室」
しょとく【所得】「給与―」「―税」「今年の―総額」
しょとく【書▼牘】手紙。書簡。「―文（体）」
しょなのか【初七日】人の死後七日目。「―の法要」
じょなん【女難】「―の相が見える」
しょにん【初任】「―給」「―者研修制度」
しょねつ【暑熱】「耐えられない―」
じょのくち【序の口】物事の初め。相撲で一番下の位。「この程度の試練はまだまだ―だ」
じょはきゅう【序破急】導入・展開・終結の三構成。「能の―」
しょばつ【処罰】「規則に違反した者を―する」
しょはん【初犯】はじめて罪を犯す。
しょはん【初版】「―本が古書市に出る」
しょはん【諸般】「―の事情で中止となった」
じょばん【序盤】物事の初めの段階。⇔終盤。「―戦」

「―でつまづき、大きく出遅れた」

しょひょう【書評】「新刊書の―が載る」

しょふう【書風】「豪快な―で知られる書家」

しょふく【書幅】「床の間に―を飾る」

しょぶん【処分】「廃棄―」「違反者を―する」

じょぶん【序文・叙文】書物の前書き。⇔跋文。

しょほ【初歩】「―的なミスを犯す」

しょほう【処方】「―箋〈せん〉」

しょほう【書法】文字の書き方。筆法。

じょまく【序幕】「交渉は―から紛糾した」

じょまく【除幕】「記念碑の―式を行う」

しょみん【庶民】「一般―」「―階級」「―的な人柄」

しょむ【庶務】「―課」「―委員」

しょめい【署名】「―運動」「―捺印」「受領書に―する」

じょめい【助命】「―嘆願書」「―を願う（請う）」

じょめい【除名】「―処分」「党則違反で―される」

しょめん【書面】「採否は―をもって通知する」「今の心境を―にしたためる」

しょもう【所望】「御―の品をお届けします」

しょもく【書目】書物の目録。「―一覧」「―解題」

しょもつ【書物】本。書籍。

しょや【初夜】新婚夫婦の最初の夜。

じょや【除夜】おおみそかの夜。「―の鐘」

じょやく【助役】市区町村長や駅長を補佐する人。

しょゆう【所有】「―権」「―者」「土地（財産）を―する」

じょゆう【女優】⇔男優。「主演―」

しょゆるし【初許し】芸事の最初の段階の許し。

しょよ【所与】前提として与えられているもの。「―の条件」

しょよう【所用】用事。用件。「―で席を外している」

しょよう【所要】必要とすること。「―金額」「―時間」

しょり【処理】「情報―」「ごみ―場」「苦情を―する」

じょりゅう【女流】「―作家」「王朝―文学」

しょりょう【所領】領有する土地。領地。「上杉家の―」

じょりょく【助力】「及ばずながら―する」

しょるい【書類】「重要―」「―審査」「―送検」

じょれつ【序列】「年功―」「―をつける」

じょろ【如露】じょうろ。

しょろう【初老】「―の紳士」

じょろう【女郎】遊郭で客の相手をした女。遊女。

じょろん【序論】本論の前に述べる概論。緒論。

しらあえ【白▽和え】「ほうれん草の―」

じらい【地雷】地中に埋め、踏むと爆発する兵器。

じらい【▼爾来】それ以来。「―音信不通になった」

しらうお【白魚】サケ目の魚。「―のような指」

しらが【≪白髪≫】「―染め」

しらかば【白▼樺】カバノキ科の落葉高木。

しらかべ【白壁】「―造りの蔵」

しらかゆ【白▼粥】白米だけの粥。

しらかわよふね【白川夜船・白河夜船】「―の高いびき」

しらき【白木】皮を削ったままの木材。「―の柱」

しらくも【白▼癬・白〈禿瘡〉】伝染性の皮膚病。

しらける【白ける】「座が―」

しらげる【▽精げる・白げる】「玄米をついて―」

しらこ【白子】魚の精巣。また、皮膚色素が欠乏した状態。

しらさぎ【白▼鷺】サギ科の鳥。全身が白色。「―城（＝姫路城）」

しらじらしい【（白白）しい】見えすいている。「―うそをつく」

しらす【白州・白▼洲】白砂を敷いた所。奉行所の裁きの庭。「―に引き出す」

しらす【白▽砂】「―台地」（普通「シラス」と書く）

しらす【白子】イワシなどの稚魚。「―干〈し〉」

じらす【▽焦らす】「わざと遅れて相手を―」

しらずしらず【知らず知らず・〈不知不識〉】「―のうちに眠ってしまっていた」「毎日練習していたら―（に）上達していた」

しらせ【知らせ・▽報せ】通知。「合格の―」「虫の―」
しらたき【白滝】糸こんにゃくより細く作ったもの。
しらたま【白玉】餅米粉で作った小さな団子。「―団子」
しらぬい【▽不▽知▽火】「有明海の―」
しらは【白刃】「―をかざして構える」
しらはえ【白〈南風〉】梅雨明けの頃吹く南風。「―が吹いて波が高い」
しらはた【白旗】「―を揚げ降伏する」
しらはのや【白羽の矢】「―を立てる（＝多くの中から選ぶ）」
しらふ【〈素面〉・〈白面〉】「―では言えないことを語り出す」
しらべ【調べ】「―がつく」「歌の―」
しらべる【調べる】「言葉の意味を辞書で―」「事故の原因を―」「容疑者を―」
しらみ【▼虱・▼蝨】動物について血を吸う昆虫。
しらみつぶし【▼虱潰し】「心当たりを―に探す」
しらむ【白む】「東の空が―」「座が―」
しらん【▽芝▼蘭】霊芝とふじばかま。また、すぐれたもの。「―の交わり」
しらん【紫▼蘭】ラン科の多年草。
しり【尻】しり　―「尻軽・尻毛・尻込み・尻目・尻餅・帳尻・目尻」

しり【尻・▼臀・▽後】「―が重い（軽い）」「亭主を―に敷く」「―に火がつく」「頭隠して―隠さず」

しり【私利】「―私欲に目がくらむ」

じり【事理】物事の道理。「―明白」「―を弁える」

しりあい【知(り)合い】知人。「―が大勢いる」

しりあがり【尻上(が)り】上向き。「景気が―によくなる」

しりうま【尻馬】便乗。同調。「他人の―に乗る」

しりえ【▽後▽方・▽後】うしろの方。後方。「―に引き下がる」

しりがい【▼鞦・尻▼繋】馬の尾から鞍にかける緒。

しりがる【尻軽】軽はずみ。「―に振る舞う」

じりき【地力】本来の力。底力。「土壇場で―を発揮する」

じりき【自力】自分ひとりの力。「―更生」「―ではいあがる」

しりきれ【尻切れ】「―とんぼ」

しりごみ【尻込み・▽後込み】「相手の勢いに―する」

しりすぼみ【尻▼窄み】「最初は期待されたが、結局―の成績に終わる」

しりぞく【退く】「二、三歩後ろに―」「現役を―」

しりぞける【退ける・▽斥ける】「敵の攻撃を―」「誘惑を―」

しりつ【市立】「―病院」「―図書館」〔「私立」と区別するため「いちりつ」とも言う〕
しりつ【私立】⇔公立。「子供が―の中学に進学する」〔「市立」と区別するため「わたくしりつ」とも言う〕
じりつ【▼而立】三〇歳の異称。
じりつ【自立】「自主―」「親元を離れて―する」
じりつ【自律】⇔他律。「―神経失調症」「学問の―性」
しりぬぐい【尻拭い】「部下の不始末の―をする」
しりめ【尻目・▽後目】「あっけにとられた人々を―に逃走する」「他の走者を―にゴールインする」
しりめつれつ【支離滅裂】「話が―でわからない」
しりもち【尻餅】「転んで―をつく」
しりゅう【支流】「利根川の―」
じりゅう【時流】「―に乗る」「―に逆らう」
しりょ【思慮】「―分別」「―に欠ける発言」「―深い」
しりょう【史料】歴史を記述するのに必要な材料。「―批判」「新―の出現で歴史が塗り替えられる」
しりょう【資料】判断・研究のもととなる材料。「論文を書くために―を集める」
しりょう【試料】試験・分析する材料。サンプル。
しりょう【死霊】死者の霊魂。⇔生き霊。
しりょう【思量・思料】思いはかる。「―の末、今回は見送る」
しりょう【飼料】「家畜に―をやる」

しりょく【死力】「―を尽くして戦う」

しりょく【視力】「―検査」「―が低下した」

しりょく【資力】「―にものを言わせて買収する」

じりょく【磁力】「―計」「強い―を持つ磁石」

しる【汁】「リンゴの―」「―の実」

しる【知る・▽識る】「事件の発生をニュースで―」「―・らない人に声を掛けられる」「―人ぞ―」「一を聞いて十を―」

しるこ【汁粉】あんの汁に餅を入れたもの。

しるし【印・▽標・▽証】目印。合図。「赤信号は止まれの―だ」「ほんの―ばかりの品をお送り致しました」「鳩は平和の―だ」

しるし【▽験・▽徴】兆候。効能。「大雪は豊年の―だ」「薬餌療法の―が見え始めた」

しるし【首・〈首級〉】敵の首。「み―頂戴いたす」

しるす【記す・▽誌す・▽識す】書きつける。「手帳に名前を記す」「今日の出来事を日記に記(誌)す」「序文を識す」

しるす【▽印す・▽標す】しるしや跡をつける。「確認済みのマークを―」

しるべ【▽導・▽標】案内。手引き。「旅の道―」

しるべ【知る《辺》】知り合い。知人。「―を頼って上京する」

しれい【司令】軍隊などを指揮・監督する。「―官」「日本代表チームの―塔」

しれい【指令】上の者が指図する。命令。「―書」「本庁の―を受けて行動する」

じれい【事例】「似たような―」

じれい【辞令】「人事異動の―」「社交―」

しれごと【▽痴れ言】「ばかげた―をぬかすな」

しれつ【歯列】歯並び。「―を矯正する」

しれつ【▼熾烈】「戦闘は―をきわめた」

じれったい【▽焦れったい】「主人公の引っ込み思案な性格が―・くて仕方がない」「また三振とは―試合だ」

しれもの【▽痴れ者】「この―めが」

しれん【試練・試▼煉】「よく―に耐えてきた」

しろ【代】代わりとなる金品。「借金の―」

しろ【白】「―のネクタイ」「容疑者は―だった」

しろ【城】「―跡」「―を攻め落とす」「―を枕に討ち死にする」「自分の―に閉じこもる」

しろあと【城跡・城▼址】「―を訪ねる」

しろあり【白▼蟻】「―退治」

しろい【白い】⇕黒い。「―雲」「―歯」「―シャツ」「―目で見る」

じろう【▼痔▼瘻】肛門の付近に穴ができる痔疾。

しろうお【白魚・▽素魚】小形のハゼ。春を告げる魚として食用にする。〔「しらうお」とは別種〕

しろうと【《素人》】本職・専門でない人。⇕玄人〈くろうと〉。「―考え」「―療法」「芝居に関してはずぶの―だ」「―離れした包丁さばき」

しろうり【白▼瓜】「―の奈良漬け」

しろかき【代▼掻き】「田植えの前に―をする」

しろがね【▽銀】銀〈ぎん〉。

しろくじちゅう【四六時中】一日中。「―テレビばかり見ている」

しろくま【白熊】ホッキョクグマ。

しろくろ【白黒】「―写真」「目を―させる(=驚く。まごつく。)」「―をはっきりさせる」

しろざけ【白酒】餅米などで作る白く濃厚な甘酒。

しろそこひ【白底▼翳】⇩白内障〈はくないしょう〉。

しろた【代田】「田植え前の―」

しろたえ【白▽妙・白▼栲】白い布。また、白い色。

しろつめくさ【白詰草】クローバー。

しろなまず【白▼癜】皮膚に白い斑紋のできる病気。

しろぼし【白星】⇕黒星。「初戦を―で飾る」

しろみ【白み】白いこと。白い程度。「―がかった青色」

しろみ【白身・白味】魚肉などの白い部分。卵白。「―魚のフライ」「メレンゲは卵の―だけで作る」

しろむく【白無▼垢】「―の花嫁衣装」

しろもの【代物】「三千万円もする―」

じろん【持論】「英語教育に関する私の―」

じろん【時論】時事に関する議論。

しわ【▼皺・▼皴】物の表面にできる、細い筋目。「—だらけの顔」「ズボンが—になる」

しわい【▼吝い】けちだ。「—旦那だ」

しわがれる【▼嗄れる】「どなりすぎて声が—」

しわけ【仕分け】区分する。分類。「在庫を—する」

しわけ【仕訳】簿記で、貸方・借方を分けて記入する。「—帳に記す」

しわざ【仕業】「この落書きはだれの—か」

しわす【《師走》】陰暦十二月。しはす。

しわぶき【▼咳き】「—一つ聞こえない」

しわぶく【▼咳く】「風邪をひいて—」

しわよせ【《▼皺》寄せ】「親会社の赤字の—を受ける」

しわる【▼撓る】しなう。たわむ。「枝が—」

じわれ【地割れ】「地震で—ができた」

しわんぼう【▼吝ん坊】「—の柿の種(=柿の種を捨てるのもしぶるほどのひどいけち)」

しん【心】シン こころ「心外・心機・心境・心身・心酔・心臓・心痛・心配・心服・心理・一心・改心・核心・感心・信心・中心・変心・本心・良心」

しん【申】シン もう-す「申告・申請・申達・具申・上申・内申」

しん【伸】シン の-びる・の-ばす・の-べる「伸縮・伸長・伸張・伸展・急伸・屈伸・続伸・追伸・二伸」

しん【臣】シン・ジン —「臣下・家臣・君臣・功臣・重臣・大臣〈だいじん〉・忠臣」

しん【芯】シン —「芯線・芯地・摘芯・灯芯」

しん【身】シン み「身心・身体・身代・身辺・身命・一身・献身・終身・全身・刀身・変身・保身・立身」

しん【辛】シン から-い「辛気・辛苦・辛酸・辛勝・辛抱・辛棒・香辛料」

しん【侵】シン おか-す「侵害・侵攻・侵食・侵入・侵犯・侵略・不可侵」

しん【信】シン —「信義・信仰・信号・信実・信条・信心・信託・信徒・信任・信念・信用・信頼・威信・確信・自信・受信・忠信・通信・背信・迷信」

しん【津】シン つ「興味津津」

しん【神(神)】シン・ジン かみ・(かん)・(こう)「神学・神官・神経・神聖・神童・神秘・神父・神仏・失神・精神・

神奈川〈かながわ〉県」

しん【唇】シン くちびる「唇音・唇歯・口唇・紅唇・朱唇・読唇」

しん【娠】シン —「妊娠」

しん【振】シン ふ-る・ふ-るう・ふ-れる「振興・振子・振幅・振動・振幅・強振・三振・不振」

しん【浸】シン ひた-す・ひた-る「浸出・浸食・浸水・浸透」

しん【真(眞)】シン ま「真意・真価・真偽・真空・真実・真情・真相・真理・写真・純真・迫真」

しん【針】シン はり「針路・運針・指針・磁針・短針・秒針・方針」

しん【深】シン ふか-い・ふか-まる・ふか-める「深遠・深奥・深海・深更・深刻・深山・深謝・深雪・深窓・深層・深長・深度・深謀・深夜・深慮・深緑・水深」

しん【紳】シン —「紳士・紳商・貴紳」

しん【進】シン すす-む・すす-める「進化・進学・進級・進撃・進言・進行・進出・進退・進呈・進入・進歩・行進・昇進・前進・促

進・突進・躍進」

しん【森】シン もり 「森閑・森厳・森森・森羅万象・森林」

しん【診】シン み-る 「診察・診断・診療・往診・検診・誤診・問診」

しん【寝（寢）】シン ね-る・ね-かす 「寝具・寝室・寝所・寝食・寝台・寝殿・就寝・不寝番」

しん【慎（愼）】シン つつし-む 「慎重・戒慎・謹慎」

しん【新】シン あたら-しい・あら-た・にい 「新案・新鋭・新旧・新作・新参・新春・新雪・新設・新説・新鮮・新任・新暦・革新・更新・刷新・斬新」

しん【審】シン ― 「審議・審査・審判・審理・再審・主審・不審」

しん【震】シン ふる-う・ふる-える 「震央・震源・震災・震度・震動・震幅・地震・大震・耐震・余震」

しん【薪】シン たきぎ 「薪水・薪炭」

しん【親】シン おや・した-しい・した-しむ 「親愛・親交・親書・親戚・親切・親善・親族・親展・親任・親睦・親身・親密・親友・親類・懇親・肉親」

しん【心】こころ。本心。心臓。「―・技・体」「―の強い人」「―は素直な子だ」「―から納得する」

しん【芯】物体の中心。「鉛筆の―」「ごはんに―がある」「体の―まで暖まる」「バットの―で打つ」

しん【臣】家来。臣下。「股肱〈ここう〉の―（＝忠実な家来）」

しん【信】「絶対の―を置いている部下」「国民に―を問う」

しん【真】ほんとう。まこと。「この命題は―か偽か」「―の愛情」「―に迫る名演技」

じん【人】ジン・ニン ひと 「人格・人間〈じんかん〉・人権・人工・人口・人材・人種・人生・人道・人倫・人類・偉人・賢人・成人・聖人」

じん【刃】ジン は 「凶刃・自刃・刀刃・毒刃・白刃・兵刃・利刃」

じん【仁】ジン・（ニ） ― 「仁愛・仁義・仁徳・仁王〈におう〉・御仁」

じん【尽（盡）】ジン つ-くす・つ-きる・つ-かす 「尽日・尽力・縦横無尽・焼尽・大尽・蕩尽・理不尽」

じん【迅】ジン ― 「迅速・迅雷・奮迅」

じん【甚】ジン はなは-だ・はなは-だしい 「甚大・激甚・幸甚・深甚」

じん【神（神）】⇩しん（神）。「神器・神宮・神社・神通力・神代・海神・鬼神・風神」

じん【陣】ジン ― 「陣営・陣地・陣痛・陣頭・陣容・一陣・円陣・出陣・首脳陣・対陣・布陣・本陣」

じん【尋】ジン たず-ねる 「尋常・尋問・審尋・千尋・万尋」

じん【腎】ジン ― 「腎炎・腎臓・肝腎・副腎」〔「肝腎」は、「肝心」とも書く〕

じん【仁】思いやる心。ひと。「―の心が厚い」「見上げた御―だ」

じん【陣】「大坂冬の―」「背水の―」

しんあい【親愛】「―なる市民の皆様」

じんあい【▼塵▼埃】「―にまみれる」「世俗の―を逃れてひっそりと暮らす」

しんあん【新案】「実用―」「―特許」

しんい【真意】「―を問う」「―を計りかねる」

しんい【▼瞋▼恚】怒りや憎しみ。「―の炎」

じんい【人為】「―の及ばない神秘の世界」「―的ミス」「―的に雨を降らせる」

しんいき【神域】神社の境内。

しんいん【心因】「―性の疾患」
しんいん【真因】本当の原因。
じんいん【人員】「募集―」「―削減」「―整理」
じんうえん【腎▼盂炎】「―にかかり発熱する」
しんうち【真打】「いよいよ―の登場」
しんえい【新鋭】「―選手が大活躍する」
じんえい【陣営】「味方の―」「野党―」
しんえん【深▼淵】深いふち。「悲しみの―に沈む」
しんえん【深遠】「―な思想」
じんえん【人煙】「―まれな山中に暮らす」
じんえん【腎炎】「急性―」
しんおう【心奥】心の奥。「作家の―に迫る」
しんおう【深奥】「芸道の―をきわめる」
しんおん【心音】「聴診器を当てて―を聞く」
しんか【臣下】家来。
しんか【真価】「―が問われる」「―を発揮する」
しんか【深化】「思索の―」「対立が日増しに―する」
しんか【進化】⇔退化。「―論」「人類の―」
じんか【人家】「―が密集した地域」
しんかい【深海】⇔浅海。「―魚」
しんかい【新開】「―地に店舗を出す」
しんがい【心外】「―な結果」「―の至り」「君までが僕を疑っていたとは―だ」
しんがい【侵害】「人権―」「プライバシーの―」
しんがい【震▼駭】驚きおそれふるえる。「世間を―させた残虐な事件」
じんかい【▼塵▼芥】ちり。ごみ。「―焼却炉」
じんかいせんじゅつ【人海戦術】「―で雪かきをする」
しんがお【新顔】「春から―が増える」
しんかく【神格】「大作家を―化する」
しんがく【心学】道徳の実践を説く江戸時代の思想。「石門―(＝石田梅巌を祖とする心学)」
しんがく【神学】キリスト教の教義を研究する学問。
しんがく【進学】「―塾」「大学に―する」
じんかく【人格】「二重―」「―者」「―の修養に努める」
じんがさ【陣▼笠】昔、下級武士がかぶった笠。「―連」
しんがた【新型・新形】「―車両」「―インフルエンザ」
しんかぶ【新株】「―落ち」「―予約権」
しんがり【▽殿】最後尾の後備えの軍隊。列の最後。「登山の列でベテランが―を歩く」
しんかん【心肝】心の底。「―を砕いて懸命に治療に当たる」「―を寒からしめる出来事」
しんかん【神官】神主〈かんぬし〉。神職。
しんかん【▼宸▼翰】「後鳥羽院の―」
しんかん【新刊】「―書」「今月の―」
しんかん【震▼撼】「世界を―させた事件」
しんかん【森閑・深閑】「―として物音一つしない」
しんがん【心眼】真実を鋭く見抜く心の働き。
しんがん【真▼贋】ほんものとにせもの。「―を見分ける能力」
じんかん【人間】人の住むところ。世間。「―到る処〈ところ〉青山〈せいざん〉あり(＝故郷を出て活躍すべきである、との意)／月性」〔「じんかん」は字の漢音。「にんげん」は字の呉音〕
しんかんせん【新幹線】「東海道―」
しんき【新奇】「―を衒〈てら〉う」
しんき【新規】「―採用」「―蒔〈ま〉き直し」
しんぎ【心技】精神面と技術面。
しんぎ【信義】「―に悖〈もと〉る行為」〔「信義にも劣る」は誤り〕
しんぎ【真偽】「うわさの―を確かめたい」「―のほどはわからない」
しんぎ【審議】「法案を―する」「十分に―を尽くす」
じんぎ【仁義】「渡世の―」「―を切る」
じんぎ【神▼祇】天の神と地の神。「―信仰」「―官」
じんぎ【神器】「三種の―」
しんきいってん【心機一転】心を切り換える。「―して一から出直す」〔「心気一転」と書くのは誤り〕

し

しんきくさい【辛気《臭》い】気がめいってしまう。「いつも愚痴ばかりで—人だ」
しんきこうしん【心▼悸▼亢進】心臓の鼓動が激しくなる。
しんきじく【新機軸】「—を打ち出す(盛り込む)」
しんきゅう【進級】「六年生に—する」「珠算の—試験」
しんきゅう【新旧】「—対照表」「—の役員が交代する」
しんきゅう【▼鍼▼灸】鍼〈はり〉と灸。「—師」「—術」
しんきょ【新居】⇔旧居。「結婚して—を構える」
じんきょ【腎虚】俗に房事過度による衰弱。
しんきょう【心境】「—の変化」「現在の—を語る」
しんきょう【信教】「—の自由」
しんきょう【進境】「—著しい新人選手」
しんきろう【▼蜃気楼】光の異常屈折現象の一。
しんきん【心筋】「—梗塞」
しんきん【▼宸襟】天子の心。「—を悩ます」
しんぎん【▼呻吟】苦しんでうなる。「病床に—する」
しんきんかん【親近感】「同郷と聞き—を抱く」
しんきんこうそく【心筋梗塞】冠動脈がつまっておこる心臓の疾患。
しんく【辛苦】「粒々〈りゅうりゅう〉—の甲斐あって夢が実現した」

しんく【深紅・真紅】「—の薔薇」「高校野球の深紅の優勝旗」
しんぐ【寝具】ふとん・枕など。
じんく【甚句】民謡の一つ。「相撲—」
しんくう【真空】「—パック」
じんぐう【神宮】「伊勢—」「明治—」「—寺」
しんぐん【進軍】「—らっぱ」「雪中を—する」
しんけい【神経】「運動—」「—痛」「—過敏」「繊細な—の持ち主」「応対に—を使う」「被害者の—を逆撫でするような発言」「相次ぐ批判に—を尖らせる」
しんげき【進撃】「快—」「大軍を擁して—する」
しんげき【新劇】西欧の影響を受けた新しい演劇。
しんけつ【心血】「後進の育成に—を注ぐ」
しんげつ【新月】陰暦で月の第一日の月。三日月。
しんけん【真剣】本物の刀。一生懸命なさま。「—勝負」「—で立ち合う」「—に取り組む」「—な態度で相手と向き合う」
しんけん【親権】「—者」「子供の—でもめる」
しんげん【進言】「計画見直しを—する」
しんげん【▼箴言】教訓を含んだ短い言葉。「—集」
しんげん【震源】「—地」「—は中越沖だ」
しんげん【森厳】「—静寂な境内の朝のひととき」「—雄偉な迫力を仏像に感じ取る」
じんけん【人権】「基本的—」「—蹂躙〈じゅうりん〉」

じんけんひ【人件費】労働に対して払う経費。

しんげんぶくろ【信玄袋】口を紐で締めるようにした布製の手さげ袋。

しんこ【▼糝粉】うるち米をひいた粉。「—餅」

しんこ【新▽香】漬物。おしんこ。

しんご【新語】「今年の—流行語大賞」

じんご【人後】人のうしろ。「話上手にかけては—に落ちない(=他人にひけをとらない)」

じんご【人語】人間の言葉。「—を解する小鳥」

しんこう【侵攻】他の領土に攻め入る。「隣国の領土を—する」

しんこう【進攻】前進して攻める。攻め入る。

しんこう【侵▼寇】他国の領土をおかす。「大軍をもって—する」

しんこう【信仰】「民間—」「—心」「仏教に厚い—を寄せる」

しんこう【振興】「日本学術—会」「産業の—を図る」

しんこう【深更】真夜中。深夜。「激論は—に及んだ」

しんこう【深耕】田畑を深く耕す。「畑地の—」「顧客—(=従来の顧客から新たな需要を引き出すこと)」

しんこう【進行】「出発—」「現在—形」「工事が予定通り—する」「議事の—が遅い」

しんこう【進講】「皇太子に万葉集を御—する」

しんこう【新興】「—宗教」

しんこう【親交】「彼とは―がある」「隣国と―を結ぶ」
しんごう【信号】「モールス―」「停止―」
じんこう【人口】「―密度」「―爆発」「―に膾炙〈かいしゃ〉する(=人の噂が広がる意)」
じんこう【人工】⇔天然。「―衛星」「―呼吸」「―授精」
じんこう【▽沈香】ジンチョウゲ科の香木。
しんこきゅう【深呼吸】「大きく―する」
しんこく【申告】「確定―」「税務署に所得を―する」
しんこく【深刻】「―化」「―な表情」「―な事態」
しんこく【親告】被害者自身が告訴する。「―罪」
じんこくき【人国記】著名人を論評した書物。「政界(財界)―」
しんこっちょう【真骨頂】「―を発揮する」
しんこん【心魂】「―を傾けて執筆した小説」
しんこん【新婚】「―旅行」「―気分」
しんごん【真言】「―宗」「修法で―を唱える」
しんさ【審査】「資格―」「書類―」「コンクールの―委員」「厳正なる―の結果」
しんさい【震災】「関東大―」「―による被害」
じんさい【人災】人間の不注意が原因で起こる災害。
じんざい【人材】「―派遣」「―不足」「有能な―」
しんさく【真作】「―かどうか鑑定する」
しんさつ【診察】「医師の―を受ける」

しんさん【心算】考えている計画。心づもり。

しんさん【辛酸】「世の―を嘗〈な〉める」

しんざん【新参】新しく加わること(人)。⇔古参。「―者ですがよろしくお願いします」

しんさんきぼう【神算鬼謀】すぐれて巧みな策略。

しんざんゆうこく【深山幽谷】奥深い山や谷。

しんし【伸子・▼籡】反物を張るための竹製の細い串。「―張〈ば〉り」

しんし【真摯】まじめで熱心なさま。「―な態度」「判決を―に受け止める」

しんし【紳士】「―貴顕」「―服売り場」「―的な態度で冷静に話し合う」「―協定」

しんじ【心耳】是非を聞き分ける心の働き。

しんじ【心事】心のうち。「遺族の―を察するに余りある」

しんじ【神事】「―能(舞)」「―を執り行う」

じんし【人士】教養や地位のある人。「各界の―が一堂に会する」

じんじ【人事】人間の出来る事。地位・身分など。「―不省に陥る」「―を尽くして天命を待つ」「―考課」「―異動」

じんじ【仁慈】慈愛。

しんしき【神式】「―で結婚式を挙げる」

しんしき【新式】⇔旧式。「―の設備」

しんしつ【心室】心臓の下半分。血液を送り出す。「右(左)―」
しんしつ【寝室】「―のベッド」
しんじつ【信実】まじめでいつわりのない心。
しんじつ【真実】「―を話す」「―みに欠ける」
じんじつ【人日】陰暦正月七日の称。七草がゆを祝う。
じんじつ【尽日】一日中。みそか。大みそか。「―降雨」
しんしほしゃ【唇歯▼輔車】互いに支えて助け合う。「―の関係」
しんしゃ【深謝】「御厚情に―致します」
しんしゃ【親▼炙】親しく接してその感化を受ける。
しんじゃ【信者】「キリスト教の―」
じんじゃ【神社】「―の境内」「―に詣でる」
しんしゃく【▼斟酌】「相手の立場を―する」「採点に―を加える」
しんしゅ【進取】「―の気性に富む」
しんしゅ【神酒】神に供える酒。おみき。
しんしゅ【新酒】「―の出来」
しんしゅ【新種】「深海で―の魚が発見された」
しんじゅ【真珠】「―のネックレス」「豚に―」
しんじゅ【親授】天皇などが直接授ける。「文化勲章の―式」
じんしゅ【人種】「―差別」「―の坩堝〈るつぼ〉」
しんしゅう【神州】かつて日本で用いた自国の美称。

し

しんしゅう【新秋】 秋のはじめ。「―の候」

しんしゅう【信州】 信濃国の別名。現長野県。

しんじゅう【心中】 一緒に自殺する。運命をともにする。「無理―」「新事業と―するつもりで取り組む」〔「しんちゅう（心中）」は別語〕

しんしゅく【伸縮】「―自在」

しんしゅつ【浸出】 液体に浸して固体の成分を溶かし出す。「―水」

しんしゅつ【▼滲出】 液体などが外へにじみ出る。「―性炎症」「血液の―」

しんしゅつ【進出】「日本の商品が海外に―する」「勝って二回戦に―する」

しんじゅつ【▼鍼術・針術】 針を使って治療する方法。

じんじゅつ【仁術】 仁徳を施す方法。「医は―なり」

しんしゅつきぼつ【神出鬼没】「―の怪盗」

しんしゅん【新春】 新年。「―特別番組」「謹んで―のお慶びを申し上げます」

しんじゅん【浸潤】「雨水が壁面に―する」

しんしょ【信書】 特定の個人間の手紙。「―便」「―開封罪」「履歴書は―扱いでお送り下さい」

しんしょ【親書】 自筆の手紙。天皇や元首の手紙。「大統領の―を持参する」

しんしょ【新書】 新刊書。本の判型の一。「―版」

しんじょ【神助】 神の助け。「天祐〈てんゆう〉―」

しんじょ【寝所】「子供と―を別にする」

しんしょう【心証】 その人の言動から受ける印象。「裁判官の―をよくしようと反省の弁を述べる」「得意客の―を害してしまう」

しんしょう【心象】 意識の中に現れる像や姿。「―風景を描いた」

しんしょう【身上】 財産。身代〈しんだい〉。「一代で―を築き上げた」「―をつぶす」「―持ちがいい」「―をはたいて買った高級車」〔「しんじょう（身上）」とは別語〕

しんしょう【辛勝】 やっと勝つ。⇔楽勝。「一点差で―した」

しんじょう【心情】「被災者の―を察する」「―的には理解できる」

しんじょう【真情】 本当の気持ち。「―を吐露する」

しんじょう【身上】 身の上。とりえ。ねうち。「―書」「―調査」「勤勉が彼の―だ」〔「しんしょう（身上）」とは別語〕

しんじょう【信条】 堅く信じている事柄。

しんじょう【進上】「―物〈もの〉」

じんじょう【尋常】「―のやり方ではうまくいかない」「いざ、―に勝負しろ」「―一様の方法では解決しない」

しんしょうひつばつ【信賞必罰】 賞罰を厳正に行う。

しんしょうぼうだい【針小棒大】 大げさに言う。「経験談を―に語る」

しんしょく【侵食・侵▼蝕】 他の領域に次第にくいこむ。「他国の漁場を―する」

しんしょく【浸食・浸▼蝕】 風や水により陸地が次第に削られる。「風雨に―された断崖」

しんしょく【神職】 神官。神主。

しんしょく【寝食】「―を忘れて研究に没頭する」

しんじる【信じる】「神を―」〔サ変「信ずる」も同じ〕

しんしん【心身】「―症」「―ともに疲れきっている」

しんしん【心神】 心。精神。「―喪失」「―耗弱」

しんしん【新進】「―気鋭の若手医師」

しんしん【津津】「新作の映画は興味―だ」

しんしん【深深】「夜が―とふけてゆく」

しんじん【信心】 信仰の心。「―深い人」

しんじん【深甚】 非常に深いさま。「―なる謝意を表す」

しんじん【新人】「―歌手」「―戦」

じんしん【人心】「―収攬〈しゅうらん〉」「―を一新する」「―を掌握する」「―を惑わす邪宗」

じんしん【人臣】 家来。臣下。「位―を極める」

じんしん【人身】「―事故」「―攻撃に等しい報道」

しんすい【心酔】「流行作家に―する」

しんすい【浸水】「床下―」「堤防が決壊し家屋が―する」
しんすい【進水】「―式」
しんすい【薪水】たきぎと水。炊事。「―の労をとる（＝骨身を惜しまず働く意）」
しんすい【親水】「―公園」「―性物質」
しんずい【神髄・真髄】「剣の道の―をきわめる」
じんすい【尽▼瘁】尽力。
じんずうりき【神通力】じんつうりき。
しんせい【申請】「―書」「新事業の許可を―する」
しんせい【神聖】尊くおかしがたいさま。「―な場所」「―にして侵すべからざる人権」
しんせい【真正】「―な愛情の発露」「―の勇気」
しんせい【真性】⇔仮性。「―近視」
しんせい【新生】「―児」「―面を切り開く」
しんせい【新制】⇔旧制。「―大学」
しんせい【親政】君主がみずから政治を行う。
じんせい【人生】「退職して第二の―を歩み出す」
しんせき【臣籍】「―降下」「内親王の―降嫁」
しんせき【真跡・真▼蹟】「弘法大師の―と見られる」
しんせき【親戚】「―付き合い」「遠い―より近くの他人」
じんせきみとう【人跡未踏】「―の秘境」

し

しんせつ【新設】「県立高校を―する」
しんせつ【新説】「―を立てる」
しんせつ【親切・深切】「―心」「―な人」「―にする」
しんせん【神仙・神▼僊】「―境」「―思想」
しんせん【深浅】「海の―」「理解の―」
しんせん【震▼顫・振▼顫】身体の一部がふるえる。
しんせん【新鮮】「―な魚」「―な空気」「―な感覚」
しんぜん【神前】「―結婚」
しんぜん【親善】「友好―」「―試合」「両国の―を深める」
じんせん【人選】「実績中心に―する」
じんぜん【▼荏▼苒】いたずらに月日がたつさま。「―として今日に至る」
しんぜんび【真善美】人間の理想。「―の三位一体」
しんそ【親疎】「―の別なく招待する」
しんそう【真相】「事件の―は明らかでない」
しんそう【深窓】「―の令嬢」
しんそう【深層】「―心理」
しんそう【新装】「―開店のセール」
しんぞう【心臓】循環器系の中枢器官。物事の中枢。「―麻痺〈まひ〉」「―が強い」「―に毛が生えている（＝ずうずうしい意）」「組織の―部」
じんぞう【人造】「―人間」「―大理石」

じんぞう【腎臓】尿を排泄する器官。「―結石」
しんそく【神速】「―果敢な太刀さばき」
しんぞく【親族】親類縁者。親戚。「―会議」
じんそく【迅速】非常にはやい。「―な対処」「―果断な処置が評価される」
しんそこ【心底・真底】心から。本当に。「旧友からの言葉が―うれしく思った」「今度ばかりは―あいそが尽きた」
しんそつ【真率】正直で飾らない。「―な態度」
しんそつ【新卒】「―の採用」
しんたい【身体】「―検査」「―髪膚〈はっぷ〉」
しんたい【進退】身の処し方。進むことと退くこと。「出処―」「―伺い」「挙措〈きょそ〉―」「―両難（＝進むとも退くこともできないさま）」「―これきわまる」
しんだい【身代】「―を築く（潰す）」「―を棒に振る」
しんだい【寝台】「―車」「―特急」
じんたい【人体】「―実験」「―解剖」
じんたい【▼靭帯】関節の周囲にある繊維性の組織。
じんだい【人台】洋裁で用いる人体の模型。
じんだい【神代】「―神楽」「―文字」
じんだい【甚大】「―な影響が出る」
じんだいこ【陣太鼓】「山鹿流の―」
しんたく【信託】「貸付―」「―銀行」
しんたく【神託】神のお告げ。「―が降〈くだ〉る」

じんだて【陣立て】軍勢の配置。

しんたん【心胆】心。きも。「―を寒からしめる」

しんたん【薪炭】まきとすみ。燃料。「―商」

しんだん【診断】「健康―」「―書」「高血圧と―された」

しんち【新地】「―通い（＝遊郭に通う意）」

じんち【人知・人▼智】「天災は―の及ばぬところ」

じんち【陣地】「―を構築する」「敵の―を攻撃する」

しんちく【新築】「―のマンション」

じんちく【人畜】人間と家畜。「―無害」

しんちぢり【新〈松子〉】若い青まつかさ。

しんちゃく【新着】「―の図書」

しんちゅう【心中】心の中。胸中。「被害者の―を推し量る」「親友に―を打ち明ける」〔「しんじゅう」とは別語〕

しんちゅう【真▼鍮】黄銅〈おうどう〉。「―加工の製品」

しんちゅう【進駐】「―軍」「海外各地に―する」

じんちゅう【陣中】陣地の中。戦場。「―見舞い」

しんちょう【伸長・伸▼暢】力や長さがのびる。「背丈が―する」「学力の―を目指す」

しんちょう【伸張】勢力や規模がのび広がる。「商圏の―を図る」

しんちょう【身長】「―と体重を測定する」

しんちょう【深長】意味が深く、含みが多い。「意味―な文章」

しんちょう【慎重】注意深く行動するさま。「―を期する」「―な態度で交渉に臨む」「―に審議した結果」

しんちょう【新調】衣服などを新しく作る。「背広を―した」

じんちょうげ【▽沈丁▽花】ジンチョウゲ科の低木。

しんちょく【進捗・進▼陟】物事が進みはかどる。「工事が予定どおりに―する」「―状況を報告する」

しんちんたいしゃ【新陳代謝】「肌の―」「新旧選手の―がうまくいく」

しんつう【心痛】「御―いかばかりかとお察し申し上げます」

じんつう【陣痛】出産時に起こる周期的な痛み。

じんつうりき【神通力】不思議な霊妙自在の力。

しんて【新手】「―の詐欺」「―を考え出す」

しんてい【心底】心の奥底。しんそこ。「―を見抜く」

しんてい【進呈】「新しい著作を一冊―する」

しんてい【新訂】「―版」

しんてき【心的】心・精神にかかわるさま。「―外傷」

じんてき【人的】人にかかわるさま。「―資源」

しんてん【伸展】勢力や範囲が伸び広がる。「勢力の―を図る」「売上高が順調に―する」

しんてん【進展】物事がすすみはかどる。「局面が急速に―する」「捜査が―する」

しんてん【親展】「重要書類在中、―」

しんでん【神殿】「パルテノン―」

しんでん【新田】新しく開いた田地。「―開発」「―集落」

しんでんず【心電図】「―検査」

しんてんち【新天地】新たに活躍する場。「―でのご活躍をお祈り申し上げます（＝栄転祝いの言葉）」

しんてんどうち【震天動地】「―の大事件」

しんと【信徒】「キリスト教の―」

しんど【進度】「授業の―が速い」

しんど【震度】地震の揺れの強さの度合。「―階級」

しんとう【心頭】「怒り―に発する」「―滅却すれば火もまた涼し」

しんとう【神灯】神に供える灯火。

しんとう【神道】日本古来の伝統的な信仰。

しんとう【浸透・▼滲透】「―圧」「雨水が屋根に―する」「自由の気風が―する」

しんとう【震▼盪・震▼蕩・振▼盪】激しくゆれ動く。「ボールが当たり脳―を起こす」

しんとう【親等】「兄弟は二―だ」

しんどう【神童】「子供の頃には―と呼ばれた」

しんどう【振動】振れ動く。「共鳴したガラスが―する」

しんどう【震動】「大地が―する」
じんとう【人頭】人の頭。人の数。「―税」
じんとう【陣頭】「選挙の―指揮を執る」
じんどう【人道】「―的な見地」「―に悖〈もと〉る行為」
じんとく【人徳】その人に備わっている徳。「―のある人」
じんとく【仁徳】人を慈しみ愛する徳。「―あふれる政治」
じんどる【陣取る】「演壇の前に―」
しんに【真に】「―自由な心」「―勇気ある者」
しんにち【親日】日本に友好的である。⇔反日。「彼は―家だ」
しんにゅう【侵入】不法に入り込む。「他国に―する」「賊の―を防ぐ」
しんにゅう【浸入】水などが内部に入り込む。「氾濫した川の水が家屋に―する」
しんにゅう【進入】進んで来て入る。「―禁止」「エプロンから滑走路に―する」
しんにゅう【新入】「―社員」「―生歓迎会」
しんにん【信任】「―投票」「部下の―が厚い」
しんにん【新任】「―の教師」
しんねん【信念】「―を曲げない堅固な意志」
しんねん【新年】「―明けましておめでとうございます」「謹賀―」
しんのう【親王】天皇の男の子および孫の称号。⇔内親王。
しんぱ【新派】「―劇」「―を起こす」
しんぱい【心配】「―事〈ごと〉」「テストの結果が―だ」
しんぱい【心肺】心臓と肺。「人工―」「―停止」「―蘇生法」
じんばおり【陣羽織】陣中で着た袖のない羽織。
しんぱく【心拍・心▼搏】心臓の鼓動。「―数」
しんばつ【神罰】「―が下〈くだ〉る」
しんばりぼう【心張(り)棒】つっかえ棒。「―をかう(はずす)」
しんぱん【侵犯】「領空―」「国境を―する」
しんぱん【審判】「試合の―」「世論の―を受ける」
しんぱん【親藩】徳川氏の近親諸侯の藩。「―大名」
しんび【審美】美醜を見分ける。「―眼を養う」
しんぴ【神秘】「宇宙の―」「―的な美しさ」
しんぴ【真否】真実かうそか。真偽。「事の―を確かめる」
しんぴつ【真筆】その人自身の筆跡。真跡。「夏目漱石の―」
しんぴつ【親筆】自身で書いた筆跡。「大臣の―」
しんぴつ【▼宸筆】天子の自筆・筆跡。「天皇の―」
しんぴょうせい【信▼憑性】信用できる度合。「―が高い証言」
しんぴん【新品】「中古とは言え―同様だ」
じんぴん【人品】「―骨柄いやしからぬ人物」
しんぶ【深部】深い部分。深い所。
しんぷ【神父】カトリック教会などの司祭。
しんぷ【新婦】「―がお色直しで中座する」
しんぷ【新譜】「―アルバム」「―情報」
しんぷう【新風】「詩壇に―を吹き込む若手詩人」
しんぷく【心服】「師の人格学識に―する」
しんぷく【振幅】「振り子の―」「―が大きい」
しんぷく【震幅】地震計に記録された揺れの幅。
しんぶつ【神仏】「―に祈る」「―習合」
じんぶつ【人物】「登場―」「好―」「―画」「―評」「彼はなかなかの―だ」
しんぶん【新聞】「古―」「―紙」「―社」「―記事」
じんぶん【人文】人類の文化。じんもん。「―科学」「―地理学」
しんぺい【新兵】新しく入隊した兵士。
じんべえ【甚▽兵▽衛】筒袖で膝上丈の夏着。
しんぺん【身辺】「―整理」「大臣の―を警戒する」
しんぽ【進歩】よい方向に進む。⇔退歩。「科学の―の跡が見られる」「長足の―を遂げた」
しんぼう【心房】心臓の上半部。血液を心室に送る。

し

しんぼう【心棒】回転の軸となる棒。

しんぼう【辛抱・辛棒】「—した甲斐があった」「—強い子供」

しんぼう【信望】「彼は同僚からも—がある」

しんぽう【信奉】「イスラム教を—する」

じんぼう【人望】「部下に—の厚い人物」

しんぼうえんりょ【深謀遠慮】先々を考えた計略。

しんぼく【神木】神霊が宿るとされる樹木。

しんぼく【親睦】「—会」「相互の—を深める」

しんぼち【新▽発▽意】出家して間もない者。しぼち。

しんまい【新米】「今年の—を試食する」「英語の—教師」

じんましん【▼蕁麻▼疹】発疹が現れる急性皮膚病。

しんみ【親身】「—になって相談に乗る」

しんみ【新味】「この企画は—に乏しい」

しんみつ【親密】親しく仲がよいさま。⇔疎遠。「—な仲」

じんみゃく【人脈】つながりをもつ一群の人々。「—作り」

しんみょう【神妙】「—な心がけ」「—な面持ち」

じんみん【人民】「—裁判」「—解放軍」「—の人民による人民のための政治」

しんめ【新芽】新たに出た芽。

しんめ【神▽馬】神社に奉納された馬。じんめ。

しんめい【身命】「—をなげうって国民のために働きたい」

しんめい【神明】神。「天地—に誓って偽りは申しません」

じんめい【人名】人の名前。「—用漢字」

じんめい【人命】人の命。「—救助」

じんめんじゅうしん【人面獣心】冷酷で恩義を知らない人。

しんめんもく【真面目】本来のすがた。真価。しんめんぼく。「試合ではベテランの—を発揮した」

しんもつ【進物】贈り物。

しんもん【審問】「裁判官が被告人に—する」

じんもん【人文】じんぶん。

じんもん【陣門】「敵の—に降〈くだ〉る(＝降参する)」

じんもん【尋問・▼訊問】「誘導—」「反対—」

しんや【深夜】まよなか。「—番組」「—営業の店」

しんやく【新薬】「—の開発に成功する」

しんゆう【心友】心から通じ合っている友達。

しんゆう【親友】きわめて仲のよい友達。「無二の—」

しんよ【神▼輿】みこし。「—の奉納」「—を担ぐ」

しんよう【信用】「—金庫」「彼の言葉を—する」「彼は社内で—がある」

じんよう【陣容】「—を立て直す」「派遣チームの—」

しんようじゅ【針葉樹】針状の葉をつける樹木。⇔広葉樹。

しんらい【信頼】「部下を—する」「—が置けない」「—を裏切る」「—度が高いメーカー」

しんらい【新来】「—の患者に対する説明」

じんらい【迅雷】「疾風—の如く駆け抜ける」

しんらつ【辛辣】非常に手厳しいさま。「—な批評」

しんらばんしょう【森羅万象】すべての物や現象。

しんり【心裏・心▼裡】心の中。本心。「—に潜む思いを意識する」

しんり【心理】心の動き方。精神の状態。「深層—」「—学」「—小説」

しんり【真理】普遍的で妥当性のある法則や事実。「—の探究」

しんり【審理】「事件を—する」

じんりきしゃ【人力車】人を乗せ車夫が引く二輪車。

しんりゃく【侵略・侵▼掠】他国に侵入して領土を奪い取る。「—者」「—戦争」

しんりょ【深慮】「—遠謀」「—を巡らす」

しんりょう【診療】「—所」「—報酬明細書」

しんりょう【新涼】初秋の涼しさ。「—の候」

しんりょく【深緑】濃いみどり色。「―の山」
しんりょく【新緑】初夏のころの若葉のみどり。「―の候」
じんりょく【人力】人間の力・能力。
じんりょく【尽力】「世界平和のために―する」
しんりん【森林】「―浴」「―伐採」
じんりん【人倫】「―に悖〈もと〉る行為」
しんるい【親類】「―縁者」
じんるい【人類】「―愛」「文化―学」
しんれい【心霊】たましい。霊魂。「―術」「―現象」
しんれい【振鈴】鈴を振り鳴らす。「授業の終了を―で知らせる」
しんれき【新暦】太陽暦。陽暦。⇕旧暦。
しんろ【針路】船や飛行機の進むべき方向。「―を北にとる」
しんろ【進路】進んで行く方向。将来進むべき方向。「―指導」「卒業後の―を決める」
しんろう【心労】「―が重なり病に倒れる」
しんろう【辛労】「―辛苦」「長年の―が報われる」
しんろう【新郎】「―の親族が紹介される」
じんろく【甚六】世間知らずの長男。「惣領の―」
しんわ【神話】「ギリシャ―」「古事記の―」
しんわ【親和】「―力」「チームの―を図る」

す

す

す【子】⇩し(子)。「椅子・金子・銀子・扇子・様子」

す【主】⇩しゅ(主)。「座主・坊主・法主〈ほっす〉〈ほうしゅ〉〈ほっしゅ〉」

す【素】⇩そ(素)。「素顔・素性・素姓・素手・素直・素面・素浪人」

す【須】ス ―「必須」

す【州・▼洲】「三角―」「川の中流に―がある」

す【巣】「くもの―」「二人の愛の―」

す【酢】「三杯―」「―の物」「鯖〈さば〉を―で締める」

す【▼鬆】芯にできるすきま。「大根に―が入る」

ず【図(圖)】ズ・ト はか-る 「図案・図画・図解・図形・図工・図式・図表・図面・構図・地図・略図」

ず【豆】⇩とう(豆)。「豆州・大豆」

ず【頭】⇩とう(頭)。「頭蓋・頭巾・頭上・頭痛・頭脳・竜頭」

ず【図】物の形や様子を絵に描いたもの。「地形―」「設計―」「―に乗る」

ず【頭】あたま。かしら。「―が高い」

すあし【素足】「―で砂浜を歩く」

すあま【素甘】甘い餅菓子。

ずあん【図案】装飾的に描かれた模様や柄。「刺繡の―」「ポスターの―」

すい【水】スイ みず 「水圧・水域・水泳・水温・水害・水準・水晶・水洗・水素・水道・水分・水平・水辺・海水・下水・配水・排水・防水・用水・流水」

すい【出】⇩しゅつ(出)。「出師・出納」

すい【吹】スイ ふ-く 「吹管・吹奏・吹鳴・鼓吹」

すい【垂】スイ た-れる・た-らす 「垂下・垂訓・垂線・垂直・垂範・下垂・懸垂」

すい【炊】スイ た-く 「炊煙・炊事・炊飯・一炊・自炊・雑炊」

すい【帥】スイ ―「元帥・将帥・総帥・統帥」

すい【粋(粹)】スイ いき 「粋人・国粋・純粋・精粋・抜粋・不粋・無粋」

すい【衰】スイ おとろ-える　「衰弱・衰退・衰微・盛衰・老衰」

すい【推】スイ お-す　「推移・推挙・推考・推察・推進・推薦・推測・推定・推理・推量・推論・邪推・類推」

すい【酔（醉）】スイ よ-う　「酔漢・酔眼・酔顔・酔客・酔狂・酔態・心酔・沈酔・泥酔・陶酔・麻酔・乱酔」

すい【遂】スイ と-げる　「遂行・完遂・既遂・未遂」

すい【睡】スイ ―　「睡魔・睡眠・一睡・仮睡・午睡・昏睡・熟睡」

すい【穂（穗）】スイ ほ　「穂状・花穂・出穂」

すい【粋】「先端技術の―を集める」

すい【酸い】「―も甘いも噛み分ける」

ずい【随（隨）】ズイ ―　「随意・随員・随行・随時・随所・随想・随伴・随筆・追随・不随・付随」

ずい【髄（髓）】ズイ ―　「髄質・延髄・玉髄・骨髄・歯髄・神髄・精髄・脊髄・脳髄」

ずい【▼蕊・▼蘂】花の雄蕊と雌蕊。しべ。「花の―」

ずい【髄】骨の中にある組織。茎の中にある組織。「苦い経験は骨の―まで堪えた」「葦〈よし〉の―から天井をのぞく」

すいあつ【水圧】水の圧力。

すいい【水位】「海面の―が上昇する」

すいい【推移】「事件の―を見守る」「原油価格の―をグラフで示す」

ずいい【随意】心のまま。勝手に。「―契約」「各自―に参加する」

すいいき【水域】「危険―」「排他的経済―」

ずいいち【随一】「北陸―の旅館」「社内―の美食家」

ずいいん【随員】「天皇陛下御訪欧の―」

すいうん【水運】水路による交通・運送。「―業」

すいうん【衰運】⇔盛運。「平家の―を綴る」

ずいうん【▼瑞雲】めでたいしるしの雲。

すいえい【水泳】「寒中―」「―競技」

すいえん【水煙】「薬師寺東塔の―」

すいおん【水温】水の温度。

すいか【水火】水と火。洪水と火災。「―の難を避ける」「―も辞せず（＝いかなる困難もいとわない）」

すいか【水禍】「―に遭う」

すいか【▽西▼瓜】大きな実を結ぶ夏のの果物。

すいか【▽誰何】「門を入ったところで―された」

すいがい【水害】「―で収穫前の稲が全滅する」

すいがい【透▽垣】竹や板で間を透かして作った垣根。

すいかずら【〈忍冬〉】つる性木本。

すいがら【吸（い）殻】「―入れ」

すいかん【水干】狩衣の一。「―姿の白拍子」

すいかん【酔漢】「居酒屋で―にからまれる」

すいがん【酔眼】「―朦朧〈もうろう〉としている」

ずいかん【随感】随想。「―録」

ずいき【〈芋茎〉】サトイモの茎。「―の煮物」

ずいき【随喜】心からうれしく思う。「あまりの感激に―の涙を流す」

ずいき【▼瑞気】めでたい雲気。「―が立ちこめる」

すいきゃく【酔客】酒に酔った人。酔人。すいかく。

すいきゅう【水球】水上競技の一。ウオーターポロ。

すいぎゅう【水牛】水辺にすむ牛の一種。

すいきょ【推挙・吹挙】「優勝力士を横綱に―する」

すいぎょ【水魚】水と魚。「―の交わり（＝親密な交際のたとえ）／三国志」

すいきょう【水郷】すいごう。

すいきょう【酔狂・粋狂】物好きである。「―にもほどがある」「だてや―でやっているわけじゃない」

すいぎょく【▼翠玉】エメラルド。

すいぎん【水銀】常温で液体である唯一の金属。

すいくん【垂訓】教えを示す。「山上の―（＝キリストが弟子達に語った教え）」

すいぐん【水軍】「熊野―」「瀬戸内海の村上―」
すいけい【水系】「一般―」「木曽川―」
すいけい【推計】「一〇年後の人口を―する」
すいげん【水源】「東京都の―」
すいこう【水耕】「クロッカスの―栽培」
すいこう【推考】「状況証拠から犯人を―する」
すいこう【推▼敲】文章の字句を何度も練り直す。「原稿を―する」「―を重ねて完成度を高める」
すいこう【遂行】「任務を―する」
すいごう【水郷】「利根川下流域の―」
ずいこう【随行】「外相の海外訪問に―する」
ずいこう【▼瑞光】めでたい光。
すいこむ【吸(い)込む】「息を―」
すいさいが【水彩画】「古い町並みを描いた―」
すいさつ【推察】「遺族の心中を―する」
すいさん【水産】「―業」「農林―省」
すいさん【炊▼爨】「飯盒〈はんごう〉―」
すいさん【推参】訪問することの謙譲語。また、無礼である。「近日中に―致します」「―者」
すいさん【推算】「―して見積書を作成する」
すいざん【衰残】衰え弱る。「―の身」
すいし【水死】「川で遊んでいた子供が―した」
すいし【出師】「―の表」
すいじ【炊事】「―当番」「―と洗濯は家事の基本だ」

ずいじ【随時】いつでも。必要に応じて。「入会者を―受け付ける」

すいしつ【水質】「―検査」「―汚染」

すいしゃ【水車】「―小屋」

すいじゃく【垂▼迹】仏・菩薩が仮の姿で現れる。「本地―説」

すいじゃく【衰弱】「神経―」「猛暑で体が―する」

すいしゅ【水腫】「やけどをして―ができる」

すいじゅん【水準】「給与―」「知的―」「―が高い」

ずいしょ【随所・随処】至る所。どこにでも。「街の―に掲示板を設ける」「―に間違いが見られる」

すいしょう【水晶・水精】石英の結晶。「紫―」「―時計」「眼球の―体」

すいしょう【推奨】ほめて人にすすめる。「著名な学者が―する国語辞典」「パソコンの―環境」

すいしょう【推賞】物や人がすぐれているとほめる。「識者の―する図書」「―に値する人物」

ずいしょう【▼瑞祥】良い兆し。「夢に―が現れる」

すいじょうき【水蒸気】「大気中の―が冷却されて雲になる」

すいしん【水深】「一〇メートルまで潜る」

すいしん【推進】「―力」「新校舎建設を―する」

すいじん【粋人】風流を好む人。いきな人。通人。

ずいじん【随身】身分の高い人の供をし警護する人。「平安貴族の御〈み〉―」

スイス【瑞西】ヨーロッパにある内陸国。永世中立国。

すいせい【水生】⇔陸生。「―動物」

すいせい【水性】水溶性。「―絵の具(インク)」

すいせい【水星】太陽系の第一惑星。

すいせい【衰勢】「おごる平家も―に向かう」

すいせい【▼彗星】「ハレー―」「―の如く現れたランナー」

すいせいむし【酔生夢死】無意味な一生。「―の空しい生涯」

すいせん【水仙】ヒガンバナ科の多年草。

すいせん【水洗】「―便所」

すいせん【垂線】直線や平面と直角に交わる直線。「―の足」

すいせん【推薦】「―状」「―図書」「監査役に―する」

すいぜん【垂▼涎】非常にほしがる。すいえん。「少年たちの―の的になっているゲーム」

すいそ【水素】最も軽い元素。「―イオン」「―爆弾」

すいそう【水葬】遺体を海に投じて葬る。

すいそう【水槽】「防火用―」「―で熱帯魚を飼う」

すいぞう【▼膵臓】胃の後方にある臓器。

ずいそう【随想】思いつくままの感想。「―録」「療養中に日々の―を綴る」

ずいそう【▼瑞相】めでたいことが起こるしるし。吉

す

兆。「—が現れる」

すいそうがく【吹奏楽】管楽器及び打楽器で合奏する音楽。

すいそく【推測】「原因を—する」「あくまで—の域を出ないのだが」

すいぞくかん【水族館】水生動物を見学させる施設。

すいたい【衰退・衰▼頽】「国運が—する」「—の一途を辿る」

すいたい【推戴】「名誉総裁に—する」

すいたい【酔態】「公衆に—をさらす」

すいちゅうか【水中花】水に入れて楽しむ造花。

ずいちょう【▼瑞兆】めでたい前兆。吉兆。「—を現す」

すいちょうこうけい【▼翠帳紅▼閨】貴婦人の寝室。

すいちょく【垂直】⇔水平。「—尾翼」「—分布」

すいてい【水底】「村落がダム湖の—に没する」

すいてい【推定】「建設費用はおよそ五億円と—される」「—年齢三〇歳」

すいてき【水滴】「ガラスに—が付着する」

すいでん【水田】たんぼ。みずた。「—地帯」

すいてんほうふつ【水天▼彷▼彿】水面と空が続いて見分けがつかない。


すいとう【水痘】みずぼうそう。

すいとう【水筒】「—持参で遠足に出かける」

すいとう【水稲】水田の稲。⇔陸稲。「—栽培」

すいとう【出納】金品の出し入れ。「金銭—簿」「現金を—する」

すいどう【水道】水を供給する設備。狭い海峡。「電気と—を引く」「紀伊—」

ずいどう【▼隧道】トンネル。「天城山—」

すいとん【水団】汁に小麦粉の団子を入れた食べ物。

すいなん【水難】「—の相」「—事故」

すいば【酸葉】タデ科の多年草。すかんぽ。

すいばく【水爆】「水素爆弾」の略。「原—」「—実験に抗議する」

すいはつ【垂髪】垂れた髪。女性、童子の形容。

すいはん【垂範】模範を示すこと。「率先—する」

すいはん【炊飯】「—器」

すいばん【水盤】生け花で使う底の浅い器。

すいばん【推▼輓・推▼挽】推薦する。「後進を—する」

ずいはん【随伴】「睡眠時—症」「社長に—して出張する」「技術の進歩に—して起こる諸問題」

すいび【衰微】「伝統産業が—の一途を辿る」

ずいひつ【随筆】「—家〈か〉」

すいふ【水夫】「見習い—」

ずいぶん【随分】「ここは—寒い所だ」「門前払いとは—な話だ」
すいへい【水平】⇔垂直。「地面と—に腕を上げる」
すいへい【水兵】海軍の兵士。「—帽」
すいへいせん【水平線】「—に沈む夕陽」
すいほ【酔歩】千鳥足。「—蹣跚〈まんさん〉としてはしご酒をする」
すいほう【水泡】「長年の努力が—に帰する」
すいほう【水▼疱】皮下に分泌液をもつ発疹。
すいぼう【水防】「—団」「—工事」
すいぼう【衰亡】「国家—の危機」
すいぼくが【水墨画】墨でかいた絵。「雪舟の—」
すいぼつ【水没】「ダム湖に—した村落」
すいま【睡魔】「会議中—に襲われる」
ずいまくえん【髄膜炎】髄膜の炎症。旧称、脳膜炎。
すいみつとう【水蜜桃】モモの品種。水蜜。
すいみゃく【水脈】地下水の流れる道。
すいみん【睡眠】「—不足」
すいめい【水明】「山紫—の地」
すいめつ【衰滅】「—したインカ文明」
すいめん【水面】「—下〈か〉での駆け引き」
すいもの【吸(い)物】「松茸の—」
すいもん【水門】「—式運河」「—を開く〈閉じる〉」
すいよ【酔余】酔ったあげくのこと。「—の一興」

すいようえき【水溶液】物質を水に溶かした液。
すいらい【水雷】魚雷・機雷などの兵器。「―艇」「―艦長（＝子供の遊戯の一つ）」
すいらん【▼翠▼巒】みどり色の山。
すいり【水利】「―権」「―の便が良い」
すいり【推理】「―小説」
すいりく【水陸】「―両用の飛行機」
すいりょう【推量】「当て―」「相手の心中を―する」
すいりょく【水力】「ダムによる―発電」
すいれん【水練】水泳の練習。「―場」「畳の上の―」
すいれん【睡▼蓮】スイレン科の水草。
すいろ【水路】「農業用―」「―橋」「―を開く（閉じる）」
すいろん【推論】「調査結果から事故原因を―する」
すう【枢（樞）】スウ ―「枢機・枢軸・枢密・枢要・中枢」
すう【崇】スウ ―「崇敬・崇高・崇拝・崇美・尊崇」
すう【数（數）】スウ・（ス） かず・かぞ-える「数回・数学・数奇・数字・数日・数人・数量・数寄屋〈すきや〉・回数・奇数・偶数・個数・算数・少数・人数〈にんずう〉〈にんず〉・年数・分数」
すう【数】物や人のかず。「参加者―」
すう【吸う】「新鮮な空気を―」「タバコを―」「うまい汁を―」
スウェーデン【瑞典】北欧の一国。
すうがく【数学】「―者」「―的帰納法」
すうき【枢機】重要な事柄。重要な政務。「国政の―に参与する（あずかる）」
すうき【数奇】「―な生涯」「―な運命をたどる」
すうけい【崇敬】「―の念を抱く」
すうこう【崇高】「―な理想に向かって突き進む」
すうこう【▼趨向】ある方向に向かう傾向。
すうじ【数字】「漢（アラビア）―」「売上目標について具体的な―を示す」「面白い番組なのに視聴率は―が取れなかった」
すうじ【数次】数回。数度。「会談は―に及ぶ」
すうしき【数式】「―記号」「―処理」
すうじく【枢軸】重要な箇所。政治・権力の中心。「―国」
ずうずうしい【▽図▽図しい】「列に割り込んでくるとは―」
すうせい【▼趨勢】「時代の―」
ずうたい【▽図体】「―ばかり大きくて役に立たない」
すうだん【数段】「彼の腕が自分より―上だ」
すうち【数値】「中性脂肪の―が高い」
すうとう【数等】「実力では彼より―劣っている」
すうはい【崇拝】「偶像―」「神を―する」
すうみつ【枢密】枢要な機密。「―院」
すうよう【枢要】最も重要なところ。「―の地位を占める」
すうり【数理】「―に暗い」「―的な処理を施す」
すうりょう【数量】「おびただしい―」
すえ【末】はし。終わり。将来。結果。⇔本〈もと〉。「―の子」「―が案じられる」「世も―だ」「苦労した―、完成にこぎつけた」
ずえ【図会】「名所―」
すえおく【据(え)置く】「値上げせずに料金を―」
すえき【須恵器・▽陶器】古墳時代の青灰色の土器。
すえぜん【据(え)膳】「上げ膳―（＝何もしなくていいくらいすっかり世話になったたとえ）」「―食わぬは男の恥」
すえっこ【末っ子】「―で甘やかされて育った」
すえつむはな【末摘花】ベニバナの別名。また、源氏物語に登場する女性の名。「紅色の―」
すえひろがり【末広がり】次第に栄える。扇子。「―の繁栄を願う」「漢数字の八は―で縁起がよいとされる」
すえる【据】― す-える・す-わる「灸を―」「腹を―」「据え膳・据え置き・据物」
すえる【据える】「会長に―」「この地に腰を―つもりだ」「足に灸を―」「性根を―」「腹に―・えかねて抗議す

す

る」

すえる【▼饐える】「室内は―・えたにおいが漂う」

すおう【素▼襖】武士の礼服。

すおう【▼蘇▽芳・▼蘇▽方・▼蘇▼枋】マメ科の小高木。黒みを帯びた紅色。

すおう【周防】旧国名。山口県南部・東部。防州。

ずが【図画】「―工作」

ずかい【図解】「建物の構造を―する」

ずがいこつ【頭蓋骨】頭部の骨の全体。

すがお【素顔】「―の美しさ」「有名女優の―に迫る」

すかさず【《透》かさず】すぐに。「油断したところを―突撃する」

すかし【透かし】「紙幣の―」「―彫り」

すかす【▽空かす】「腹を―・したライオン」

すかす【透かす】光を通して見る。「明かりに―・して見る」

すかす【▼賺す】「転んで泣く子をなだめ―」「おどしたり―・したりして承知させる」〈きどる意の「すかす」は仮名書き〉

すがすがしい【▽清▽清しい】「―高原の朝」「―気分」

すがた【姿】「―形〈かたち〉」「―が見えない」「―をくらます」

すがたみ【姿見】全身を映す大形の鏡。

すがめる【▼眇める】片目を細くする。
ずがら【図柄】「ポスターの―を考える」
すがる【▼縋る】「手すりに―・って階段を上る」「仏様のお慈悲に―」
ずかん【図鑑】「魚類―」
ずかんそくねつ【頭寒足熱】頭を涼しくし、足を温める。
すかんぴん【素寒貧】「―になる」
すかんぽ【〈酸模〉】タデ科の多年草。酸味がある。
すき【▼犂】牛馬に引かせて土をすき返す農具。
すき【▼鋤】田畑をほりおこす農具。
すき【数寄・数奇】風流を好む。「―三昧」「―を凝らした暮らし」
すき【好き】「この部屋は―に使っていい」「―こそ物の上手なれ」
すき【隙・透き】「戸の―から明かりがもれる」「相手の―につけ込む」
すぎ【杉】すぎ　―「杉重・杉戸・杉箸・杉原・杉船」
すぎ【杉・▼椙】スギ科の常緑高木。
すぎな【杉菜】シダ植物。つくしはその胞子茎。
すききらい【好き嫌い】「―が激しい」
すきま【隙間・透(き)間】「―風」
すきや【《数寄屋》・《数奇屋》】「―造り」

すきやき【《▼鋤》焼(き)】牛肉の鍋料理。

すぎる【過ぎる】「五年が―・ぎた」「冗談(度)が―」「早すぎる」「―・ぎたるは猶及ばざるが如し」「大きすぎる」

ずきん【頭巾】「防寒―」「赤―ちゃん」

すく【好く】「誰からも―・かれる人」

すく【▽空く】あきができる。腹がへる。「雨の日はデパートが―・いている」「腹が―」「胸が―」「手が―」

すく【透く】すき間ができる。すけて見える。「歯の間が―」「底が―・いて見える」

すく【▼梳く】髪を櫛〈くし〉でとかす。「櫛で髪を―」

すく【▼鋤く】「田を―・いて水を入れる」

すく【▼漉く・▽抄く】簀〈す〉を使い紙や海苔をうすく作る。「紙(海苔)を―」

すく【▽剝く】薄く切る。そぐ。「鱈〈たら〉を―・いて鍋の具にする」

すぐ【▽直ぐ】「家に帰って―に宿題をする」

ずく【▽尽く】「腕―」「納得―」〈現代仮名遣いでは「うでづく」のように「づ」でも可〉

ずく【〈木菟〉】ミミズクの別名。

ずく【▼銑】銑鉄〈せんてつ〉のこと。

すくい【救い】「―を求める」

すくう【▼掬う・▽抄う】「清水を手で―・って飲む」「夜店で金魚を―」「足を―」

すくう【救う・▽済う】「おぼれかけた子供の命を―」「神に―・われる」

すくう【巣くう】巣を作りすむ。たむろする。「軒先にツバメが―」「暴力団が町に―」

すぐき【酸茎】「―の漬け物」

すぐさま【《▽直様》】「―現場に駆けつける」

すくせ【▽宿世】仏教で、前世。「―からの契り」

すくない【少ない・▼尠い・▽寡い】⇕多い。「思ったより報酬が―」「この案の方が抵抗が―」

ずくにゅう【〈木菟〉入】太った坊主頭の人。

すくね【▽宿▼禰】「万葉歌人、大伴〈おおとも〉―家持〈やかもち〉」

すくむ【▼竦む】「足が―」「身の―思い」

すくよか【▽健よか】「病気一つせずに―に育つ」

すぐり【酸▽塊】ユキノシタ科の低木。

すぐる【▽選る】「精鋭を―」

すぐれる【優れる・▽勝れる】「―・れた脚力」「理解力に―」「健康が―・れない」「天気が―・れない」

すげ【▼菅】カヤツリグサ科の多年草。「―の笠」

ずけい【図形】「平面(空間)―」

すげかえる【▽挿げ替える】新しいものに取り替える。「下駄の鼻緒を―」「監督の首を―」

すけそうだら【助宗▼鱈・助▼惣▼鱈】スケトウダラの別名。

すけだち【助《太刀》】「義によって―する」

すけっと【助っ▽人】加勢する人。「―を頼む」

すけとうだら【▽介党▼鱈】タラの一種。メンタイ。

すけべえ【助▽兵▽衛・助▽平】「―ったらしい」「―根性」

すける【▽助ける】「仕事を―」

すける【透ける】「裏が―」

すげる【▽挿げる・▼箝げる】はめこむ。さしこむ。「下駄の鼻緒を―」「人形の首を―」

すごい【▽凄い】「―目つき」「―腕前」「―混みようだ」

ずこう【図工】図画と工作。

すごうで【▽凄腕】「―の商社マン」

すこし【少し】「水はまだ―ある」「昨日より―寒い」「もう―右だ」

すごす【過(ご)す】「楽しいときを―」「つい酒を―」

すごすご【《▼悄▼悄》】「断られて―と帰る」

スコットランド【蘇格蘭】イギリスの地方名。

すこぶる【▼頗る】「年老いても―元気だ」「うわさでは―付きの美人だそうだ」

すごみ【▽凄《味》】「―がある表情」

すごむ【▽凄む】「座敷に上がり込んで―」

すごもり【巣籠もり】雛鳥が巣にこもっている。「鶴の―」

すこやか【健やか】「―な心身」「―に育つ」

すごろく【▽双六】さいころを使った遊戯。「―打ち」

すさ【▼苆・▽寸▼莎】壁土にまぜる藁や糸屑。

すざく【▽朱▼雀】四神の一。鳥の姿で、南に配する。「―門」

すさび【▽遊び】慰みごと。「老いの―に俳句を始める」

すさぶ【▽荒ぶ】すさむ。「嵐が吹き―」

すさまじい【▽凄まじい・▽冷まじい】「―形相〈ぎょうそう〉」「―爆音」

すさむ【▽荒む】「―・んだ生活」「心が―」

ずさん【▼杜▼撰】「―な工事」「―な計画」

すし【▼鮨・▼鮓】「ちらし―」「―職人」「「寿司」と書くのは当て字」

すじ【筋】「消息―」「街道―」「―違い」「ふきの―をとる」「確かな―からの情報」「自分なりに―を通す」

ずし【図示】「建物の構造を―する」

ずし【▼厨子】仏像を入れる堂の形をした仏具。

すじあい【筋合(い)】道理。理由。「あなたに文句を言われる―はない」

すじかい【筋交い・筋▽違い】斜めに交差している。「―の家」

すじがき【筋書き】「―通りに事が運ぶ」

すじがねいり【筋金入り】「―のベテラン刑事」

ずしき【図式】「工程を―で示す」「事は―通りには運ばない」

すじこ【筋子】サケの卵の塩漬け。
すじだて【筋立て】「推理小説の—を練る」
すしだね【▼鮨種】「魚河岸で今日の—を仕入れる」
すじちがい【筋違い】「僕に文句をいうのは—だ」
すしづめ【《▼鮨》詰め】「—の満員電車」
すじみち【筋道】「—を立てて話す」
すじむかい【筋向かい】斜め向かい。「—の家」
すじめ【筋目】「ズボンに—がつく」「—の正しい家柄」「—を立てて話す」
すじょう【素性・素姓・▽種姓】「氏〈うじ〉—」「—が知れない男」
ずじょう【頭上】頭の上。「—注意」
すす【▼煤】「—払い」「—で顔が汚れる」
すず【鈴】「猫の首に—をつける」「—を転がすような声」
すず【▼錫】金属元素の一。〔自然科学では「スズ」と書く〕
すずかけのき【▼篠懸の木】落葉高木。プラタナス。
すすき【▽薄・▼芒】秋の七草の一。「枯れ—」
すずき【▼鱸】スズキ目の海魚。「—のポアレ」
すすぐ【《▽雪》ぐ】不名誉を取り除く。「汚名〈恥〉を—」
すすぐ【《▽漱》ぐ】口の中を洗う。うがいをする。「食後に口を—」
すすぐ【《▽濯》ぐ】よごれを洗い落とす。ゆすぐ。「洗濯物を—」
すすける【▼煤ける】「天井が—」「—けた障子」
すずし【〈生絹〉】生糸で織った絹織物。きぎぬ。
すずしい【涼しい】「朝夕はようやく—くなった」「目元—く、きりっとした顔立ちの青年」
すずしろ【〈蘿蔔〉・▽清白】ダイコンの別名。春の七草の一。
すずな【▼菘・鈴菜】カブの別名。春の七草の一。
すずなり【鈴▽生り】「—になった柿の実」「—の見物人」
すずのこ【▼篠の子】篠竹のたけのこ。
すすはらい【▼煤払い】年末に煤を掃除する。
すすむ【進む】「前に—」「医学の道に—」「開発が—」「食が—」「この時計は五分—んでいる」「あまり気が—まない」
すずむ【涼む】「縁側に出て—」
すずむし【鈴虫】コオロギに似た昆虫。「—の音」
すすめ【勧め・▽奨め】「読書の—」
すずめ【▼雀】「楽屋—（＝世間の内幕に通じている人）」「—の涙（＝わずかなお金）」
すずめばち【▼雀蜂・▼胡蜂】日本で一番大きなハチ。
すすめる【進める】前の方に動かす。はかどらせる。「船を—」「時計を五分—」「議事を—」
すすめる【勧める・▽奨める】そうするようにはたらきかける。「参加を—」「読書を—」「酒を—」
すすめる【薦める】推薦する。「候補者として—」「優良商品として—められた品」
すずらん【鈴▼蘭】ユリ科の多年草。
すずり【▼硯】「—石」「—で墨をする」
すすりなき【《▼啜》り泣き】「かすかに聞こえる—の声」
すする【▼啜る】「かゆを—」「鼻を—」
ずせつ【図説】「—日本の歴史」
すそ【裾】— すそ「裾野・裾模様・裾綿・裳裾・山裾」
すそ【裾】「—をからげて駆け出す」
すその【裾野】「富士山の—」「インターネット利用者の—を広げる」
すだく【▽集く】「—虫の鳴き声」
すだち【酢▼橘】「焼き魚に—を搾りかける」
すだつ【巣立つ】「雛が—」「学窓を—って社会人となる」
ずだぶくろ【頭▼陀袋】僧が首に掛ける袋。
すだま【〈魑魅〉】山林・木石の精霊。ちみ。
すたる【廃る】「ここで引き下がっては男が—」
すだれ【▼簾】「—越しに外を見やる」

すたれる【廃れる】「流行語はすぐに―」
ずつ【《▽宛》】「一人―」「一枚―」〔現代仮名遣いでは「ひとりづつ」のように「づ」を用いて書くこともできる〕
ずつう【頭痛】「社内の人間関係が―の種だ」
すっとんきょう【素っ頓狂】「―な声を出す」
すっぱい【酸っぱい】「―梅干し」
すっぱだか【素っ裸】「―になって一からやり直す」
すっぱぬく【《素》っ《破》抜く】「スキャンダルを―」
すっぽん【▼鼈】「―鍋」「月と―ほど違う」
すで【素手】「―で立ち向かう」
すていし【捨(て)石】「将来の―となる覚悟だ」
すてき【《素敵》・《素的》】「―なドレスに身を包む」
すてぜりふ【捨て〈台詞〉】去り際に放つ悪口。「―を吐いて(残して)その場を立ち去る」
すでに【既に・▼已に】「駅に着いたときには―発車してしまっていた」「―に述べたとおり」
すてね【捨(て)値】「急落銘柄を―で売却する」
すてばち【捨(て)鉢】やけくそ。「―な言動は慎みなさい」「何もかもがいやになって―になる」
すてみ【捨て身】「―の覚悟でぶつかる」
すてる【捨てる・▽棄てる】「ごみを―」「故郷を―」「私心を―・て市民のために尽力する」

すどおし【素通し】「―のガラス」「―の眼鏡」
すどおり【素通り】「―できない重要な問題」
すどまり【素泊まり】食事なしの宿泊。
すな【砂・▽沙】「―遊び」「―時計」「―を噛むような(=味気ない)思い」
すなあらし【砂嵐】「砂漠で起きた―」
すなお【素直】「―な性格」「―に従う」
すなご【砂子・▽沙子】「金銀―」
すなどる【▽漁る】魚をとる。「海辺で小魚を―人々」
すなぼこり【砂《▼埃》】「風が吹いて―がたつ」
すなわち【▽即ち】言い換えれば。つまり。「国会は二院、―衆議院と参議院より成る」「子の喜びは―親の喜びである」

すなわち【▽則ち】そのときは必ず。「戦えば―勝つ」
すなわち【▼乃ち】そこで。「七代目病に倒れ、―嫡男家業を嗣ぐ」
ずぬける【《図抜》ける・《頭抜》ける】ずばぬける。「成績が他の学生に比べ―・けている」
すね【▼脛・▼臑】「親の―をかじる(=経済的に自立できない)」「―に傷をもつ(=やましいことがある)」
すねかじり【▼臑▼齧り】親がかりで暮らしている。
すねる【▼拗ねる】「子供が言うことをきかずに―・ねて泣く」「世を―・ねて生きる」
ずのう【頭脳】「―明晰」「組織の―」

すのこ【▼簀の子】「洗い場に―を敷く」
すのもの【酢の物】「ワカメとタコの―」
すばこ【巣箱】「―を林の木に掛ける」
すはだ【素肌・素▽膚】なにも化粧をしていない肌。
すばなれ【巣離れ】「軒先のツバメが―する」
ずばぬける【ずば抜ける】「―・けて足が速い」
すはま【州浜・▼洲浜】水際の輪郭が出入りしている砂浜。「―台」「―に集く水鳥」
すばやい【素早い】「動作が―」「経済の動きを―・く読み取る」
すばらしい【《素晴》らしい】「―眺望に感動する」「―ニュースに胸躍る」
すばる【▼昴】牡牛座のプレアデス星団の和名。
ずはん【図版】書物に印刷された図や写真。
ずひょう【図表】図と表。
ずふ【図譜】絵図にかいたものをまとめた本。
ずぶとい【《図太》い】ずうずうしい。「―神経の持ち主」
ずぶぬれ【ずぶ▼濡れ】「雨で―になる」
すべ【▽術】「なす―を知らない」「施す―がない」
スペイン【西班牙】ヨーロッパの一国。
すべからく【▽須く】当然。ぜひとも。「学生は―勉強すべし」
すべて【全て・▽総て・▽凡て】「関係者―が同意し

た」「問題は―解決した」「―の道はローマに通ず」
すべりだい【滑り台】「公園の―で遊ぶ」
すべる【滑る・▼辷る・▽退る】「雪道で―・って転んだ」「うっかり口が―」「入学試験に―」
すべる【統べる・▽総べる】「帝王が国を―」
ずぼし【図星】「―を指されて動揺する」
すぼまる【▼窄まる】「口の―・った壺」
すぼむ【▼窄む】「裾が―・んだズボン」
すぼめる【▼窄める】「肩を―」「傘を―」
すまい【住(ま)い】「快適な―」
すまき【▼簀巻き】「―かまぼこ」
すまし【澄まし】「―汁」「お―」
すます【済ます】「仕事を―」「先に―」
すます【澄ます】「水を―」「カメラの前で―」
すみ【済(み)】「代金―」
すみ【炭】木材を蒸し焼きにしたもの。「―を焼く」
すみ【隅・▽角】はし。かど。「部屋の―に片付ける」「重箱の―をつつく」「―から―までよく読んでいる」「―に置けない(＝抜け目がない)」
すみ【墨】「―を磨〈す〉る」「―を流したような深い暗闇」
すみえ【墨絵】水墨画〈すいぼくが〉。
すみか【住み▽処・▼栖】「犯人の―」「終〈つい〉の―」
すみがま【炭窯】炭を焼くかまど。

すみこみ【住(み)込み】「―の店員」

すみずみ【隅隅】「部屋の―まで掃除する」

すみそ【酢味▼噌】「ウドの―和〈あ〉え」

すみぞめ【墨染(め)】喪服。「―の衣」

すみだわら【炭俵】炭を入れる萱や藁で作った俵。

すみつぼ【墨▼壺】直線を引く大工道具。

すみなわ【墨縄】墨壺の糸巻車に巻いてある麻糸。

すみび【炭火】「―で肉を焼く」

すみません【《済》みません】「どうも―」

すみやか【速やか】「可及的―に対処する」

すみれ【▼菫】スミレ科の多年草。「―草」

すむ【住む・▼栖む】人がそこで生活する。「町に―」「―・めば都」

すむ【▼棲む】鳥や動物が巣を作る。「狐が森に―」

すむ【済む】「仕事が早く―」「大事に至らずに―・んだ」「謝って―ことではない」

すむ【澄む・▽清む】⇕濁る。「湖の水が美しく―」「月が―」「―・んだ笛の音」「―・んだ心(瞳)」

すめらみこと【〈天皇〉・▽皇▽尊】天皇。

ずめん【図面】「―上で建設計画を説明する」

すもう【《相撲》・〈角力〉】「―を取る」「―にならない(＝力量が違いすぎて勝負にならない意)」

すもも【▼李・酸桃】バラ科の落葉高木。

すやき【素焼き】「―の茶碗」


すり【〈掏摸〉・〈掏児〉】「電車内で―にやられた」

すりあし【(▼摺)り足】「竹刀を構え―で前へ出る」

すりかえる【(▼掏)り替える】「論点を―」

すりガラス【▽磨りガラス】不透明にしたガラス。

すりきず【擦り傷】「転んで膝に―を作る」

すりきり【擦(り)切り・▽摩り切り】「大さじ―一杯」

すりこぎ【(▼擂)り《粉》木】「―でごまをする」

すりぬける【擦(り)抜ける】「その場はなんとか―・けた」

すりばち【(▼擂)り鉢】「―で胡麻をする」

すりへらす【(▽磨)り減らす】「神経を―仕事」

すりみ【(▼擂)り身】魚肉をすりつぶしたもの。

すりむく【(擦)り(▽剝)く】「転んで膝を―」

すりよる【擦(り)寄る・(▽摩)り寄る】「猫が―・ってくる」「市長派に―」

する【▼掏る】「電車の中で財布を―・られた」

する【▽磨る】こすり合わせて何度も動かす。「墨を―」「やすりで―」

する【刷る・▼摺る】印刷する。「学級文集を―」

する【▼擂る】はちやうすで細かく砕く。「胡麻(山芋)を―」

する【擦る・▽摩る】こする。使い果たす。「マッチを―」「転倒して膝を―」

ずるい【▼狡い】「—男だから油断はできない」
するどい【鋭い】「—刀」「—目つき」「—指摘」
するめ【▼鯣】「—烏賊（いか）」「—を噛む」
すれちがい【擦れ違い】「—に声をかける」「議論は—に終始した」
すれっからし【擦れっ（枯）らし】「—の女」
すれる【刷れる】「全冊が—」
すれる【擦れる・▽摩れる・▽磨れる・▼擂れる】
ずろう【▼杜漏】やりっ放しでだらしない。「—な公共事業に憤慨する」
すろうにん【素浪人】貧乏な浪人。
ずろく【図録】「美術館の—」
すわる【座る・▼坐る】腰をおろす。ある地位につく。「いすに—」「部長のポストに—」
すわる【据わる】動かなくなる。物に動じない。「腰が—」「目が—」「赤ん坊の首が—」
すん【寸】スン｜「寸暇・寸劇・寸刻・寸志・寸借・寸前・寸断・寸鉄・寸分・寸法・原寸・採寸」
すん【寸】尺貫法の長さの単位。「—が足りない」「洗濯したら—が詰まった」
すんいん【寸陰】「—を惜しんで勉学に励む」
すんか【寸暇】「—を惜しんで研究する」
すんかん【寸感】「演劇—」「—を述べる」
すんげき【寸劇】短い喜劇。コント。
すんげき【寸隙】わずかなすきま。少しのひま。
すんげん【寸言】「含蓄のある—を集めた本」
すんごう【寸▼毫】「決意は—も揺るがない」
すんこく【寸刻】「—を惜しむ」
すんし【寸志】心ばかりの贈り物。〔自分の気持ちをへりくだっていう語〕
すんじ【寸時】「—の猶予もない」
すんしゃく【寸借】「—詐欺」
すんしんしゃくたい【寸進尺退】少し進み多く退く。「—として仕事がはかどらない」
すんぜん【寸前】「発車—に飛び乗った」「ゴール—で逆転する」
すんぜんしゃくま【寸善尺魔】世の中には善いことが少なく、悪いことが多いことのたとえ。「—の世の中」
すんだん【寸断】「地震で鉄道が—される」
すんてつ【寸鉄】小さい刃物。警句。「—人を刺す（殺す）（＝ごく短い言葉で人の急所をつく）」
すんど【寸土】わずかの土地。「—を争う」
ずんどう【寸▽胴】上から下まで同じ太さである。「—な体型」
すんぴょう【寸評】「献本の礼状に—を添える」
すんぶん【寸分】ごくわずかの程度。「—たがわず同じものを作る」「—の隙もみせない」
すんぽう【寸法】「買った服の—が合わない」「これで万事丸くおさまるという—だ」

せ

せ【世】⇩せい（世）。「世界・世間・世襲・世上・世情・世相・世代・世評・世話・現世・出世・来世」

せ【施】⇩し（施）。「施工・施主・施錠・施米・施療・布施」

せ【瀬（瀬）】セ｜「瀬戸際・浅瀬・逢瀬・川瀬・早瀬・速瀬」

せ【▽畝】土地面積の単位。「一反三—」

せ【背・▽脊】せなか。背面。身長。せい。「壁に—をもたせかける」「馬の—にまたがる」「—の高い男」「山の—」「—に腹はかえられぬ」「社会に—を向ける生き方」

せ【瀬】川の流れの浅い所。「—を渡る」「立つ—がない」「逢う—を楽しむ」

ぜ【是】ゼ｜「是正・是是非非・是認・国是・社是」

ぜ【是】⇔非。「—が非でも手に入れたい品物」

せい【井】セイ・(ショウ)　い　「井蛙・井目・市井・天井〈てんじょう〉・油井」

せい【世】セイ・セ　よ　「世紀・世局・隔世・近世・時世・終世・絶世・当世・二世・乱世」

せい【正】セイ・ショウ　ただ-しい・ただ-す・まさ　「正解・正義・正妻・正常・正数・正当・正犯・正論・改正・公正・純正・是正・中正・訂正・適正」

せい【生】セイ・ショウ　い-きる・い-かす・い-ける・う-まれる・う-む・お-う・は-える・は-やす・き・なま　「生活・生殖・生成・生存・生徒・生年・生命・学生・終生・人生・先生・派生・発生・野生」

せい【成】セイ・(ジョウ)　な-る・な-す　「成果・成功・成績・成長・成否・成立・完成・構成・賛成・養成」

せい【西】セイ・サイ　にし　「西欧・西紀・西経・西南・西部・西洋・西暦・以西・泰西・偏西風・北西」

せい【声(聲)】セイ・(ショウ)　こえ・(こわ)　「声援・声価・声楽・声帯・声望・声明・声優・声量・声涙・音声・銃声・肉声・発声・美声・名声・和声」

せい【制】セイ　―　「制圧・制御・制限・制裁・制作・制定・制度・制服・禁制・税制・体制・統制・法制」

せい【姓】セイ・ショウ　―　「姓氏・姓名・改姓・旧姓・同姓」

せい【征】セイ　―　「征戦・征討・征伐・征服・遠征・出征・長征」

せい【性】セイ・ショウ　―　「性格・性急・性交・性質・性能・性別・異性・急性・習性・天性・品性・理性」

せい【青】セイ・(ショウ)　あお・あお-い　「青雲・青春・青天・青年」

せい【斉(齊)】セイ　―　「斉唱・一斉・不斉」

せい【政】セイ・(ショウ)　まつりごと　「政権・政策・政治・政情・政敵・政党・政府・行政・国政・財政・摂政〈せっしょう〉」

せい【星】セイ・(ショウ)　ほし　「星雲・星座・星宿・星辰・星霜・衛星・巨星・金星・恒星・新星・明星〈みょうじょう〉・遊星・流星・惑星」

せい【牲】セイ　―　「犠牲」

せい【省】セイ・ショウ　かえり-みる・はぶ-く　「省察・帰省・三省・自省・内省・反省・猛省」

せい【凄】セイ　―　「凄艶・凄惨・凄絶」

せい【逝】セイ　ゆ-く・い-く　「逝去・急逝・早逝・長逝・夭逝」

せい【清】セイ・(ショウ)　きよ-い・きよ-まる・きよ-める　「清浄〈しょうじょう〉・清音・清潔・清算・清酒・清純・清書・清新・清掃・清濁・清談・清澄・清貧・清明・清流・清涼・粛清」

せい【盛】セイ・(ジョウ)　も-る・さか-る・さか-ん　「盛運・盛夏・盛況・盛衰・盛大・盛典・全盛・隆盛」

せい【婿】セイ　むこ　「女婿」

せい【晴】セイ　は-れる・は-らす　「晴雨・晴天・晴朗・快晴」

せい【勢】セイ　いきお-い　「勢力・威勢・運勢・虚勢・形勢・権勢・軍勢・豪勢・姿勢・時勢・大勢・優勢」

せい【歳】⇩さい(歳)。「歳暮」

せい【聖】セイ　「聖火・聖書・聖職・聖人・聖地・聖典・聖堂・聖道・聖徳・聖母・楽聖・詩聖・神聖」
せい【誠】セイ　まこと　「誠意・誠実・誠心・至誠・忠誠」
せい【精】セイ・(ショウ)　「精鋭・精勤・精細・精算・精神・精髄・精製・精選・精通・精読・精白・精米・精密・精妙・精油・精力・精励」
せい【製】セイ　「製作・製紙・製造・製品・官製・精製・調製」
せい【誓】セイ　ちかう　「誓願・誓紙・誓詞・誓約・祈誓・宣誓」
せい【静(靜)】セイ・(ジョウ)　しず・しずか・しずまる・しずめる　「静脈〈じょうみゃく〉・静隠・静観・静止・静寂・静粛・静電気・静物・静養・安静・閑静・鎮静・動静・平静・冷静」
せい【請】セイ・(シン)　こう・うける　「請願・請求・招請・申請・普請〈ふしん〉・要請」
せい【整】セイ　ととのえる・ととのう　「整形・整骨・整数・整然・整備・整理・整列・修整・端整・調整」

せい【醒】セイ　「覚醒・半醒」
せい【正】プラス。正義。⇔負・邪。「—の数」「契約書は—と副と二通が必要だ」「—は邪を制す」
せい【生】「この世に—を受ける」
せい【姓】「母方の—を名乗る」
せい【性】「人の—は善である」「習い—となる」「思春期を迎えて—に目覚める」
せい【精】「森の—」「仕事に—を出す」「—のつく食べ物」
せい【《▽所為》】「気の—」「年の—か目がかすむ」
ぜい【税】ゼイ　「税関・税金・印税・課税・関税・脱税・免税」
ぜい【税】「—を納める」「所得—」「消費—」
ぜい【▼贅】ぜいたく。「—を尽くした食卓」
せいあ【井▼蛙】井の中の蛙。見識の狭い人。「—の見〈けん〉」
せいあい【性愛】「小説の—描写」
せいあつ【制圧】「反乱軍が首都を—する」
せいあん【成案】「協議の末にようやく—を得る」
せいい【勢威】「美濃で—をふるった織田信長」
せいい【誠意】「—ある態度で和解に応ずる」「—を尽くして懇切に説明する」
せいいき【西域】中国の西方地域。「—都護府」

せいいき【声域】「—が広い歌手」
せいいき【聖域】「予算削減に—なし」
せいいく【生育】植物が生長する。「今年は稲の—が悪い」
せいいく【成育】人や動物が成長する。「養殖中の稚魚が—する」「学術用語としては「生育」は植物に用い「成育」は動物に用いられる」

せいいつ【斉一】「自然の—性」

せいいっぱい【精《一杯》】力のかぎり。「—頑張ります」

せいいん【正員】⇔客員。「会の—」

せいいん【成因】「岩石の—を調べる」

せいいん【成員】「正式に会の—となる」

せいう【晴雨】晴れと雨。「—計」

セイウチ【〈海象〉】北極海にすむ大きな海獣。

せいうん【青雲】晴天。高位・高官。「—(=立身出世)の志を抱いて故郷を出る」

せいうん【星雲】雲状に見える星の集まり。「銀河系の—」「アンドロメダ—」

せいうん【盛運】栄えていく運命。⇔衰運。「—におもむく相が見える」

せいえい【清栄】手紙文で、相手の健康を祝う言葉。「益々御—のこととお慶び申し上げます」

せいえい【精鋭】「—な軍隊」「—をえりすぐる」

せいえき【精液】雄性生殖器から分泌される液。

せいえん【声援】「熱い—」「—を送る」

せいえん【凄艶】ぞっとするほどあでやかなさま。「—な美人」

せいえん【盛宴】盛大な宴会。「—を張る」

せいえん【製塩】「—所」「—方法」

せいおう【西欧】ヨーロッパ西部。西洋。「—文明」

せいおん【清音】「—の仮名」

せいおん【聖恩】天皇の恵み。

せいおん【静穏】しずかでおだやか。「—な海」

せいか【正価】掛け値なしの値段。「—販売」「会員には—の一割引で販売する」

せいか【正貨】額面と同じ価値をもつ貨幣。

せいか【正課】「—活動と課外活動」

せいか【生花】いけばな。自然の花。⇔造花。「御霊前に—を供える」

せいか【生家】「野口英世の—を訪れる」

せいか【成果】「—が上がる」「—を収める」

せいか【声価】評判。「海外の舞台で活躍して—が高まる」

せいか【青果】野菜と果物の総称。「—商」

せいか【盛夏】夏の暑い盛りの時期。「—の候」

せいか【聖火】オリンピック大会の火。「—リレー」

せいか【聖歌】賛美歌。「—隊」


せいか【精華】真髄。「天平文化の—」

せいか【製菓】菓子を製造する。「—業」「—店」

せいか【製靴】靴を製造する。「—業」

せいが【静▼臥】静かに横になる。「ベッドの上に—する」

せいかい【正解】「問題の—」「遅れそうだったので特急を使ったのは—だった」

せいかい【政界】「—から引退する」「—再編」

せいかい【盛会】「祝賀会は—のうちに幕をとじた」

せいかいけん【制海権】ある海域を支配する権力。

せいかく【性格】「楽天的な—」「彼とは—が合わない」

せいかく【正確】正しくたしかなさま。「—な時刻」「寸法どおり—に作る」「—を期す」

せいかく【精確】くわしくてたしかなさま。「—な描写」「—に調査する」

せいがく【声楽】⇔器楽。「—家〈か〉」

せいかたんでん【▼臍下丹田】へその下のあたり。

せいかつ【生活】「—環境」「—を営む」「—がかかっている」「アリの—を観察する」

せいかん【生還】生きて戻る。「奇跡的な—」

せいかん【性感】性的な快感。「—帯」

せいかん【精▼悍】「—な顔立ちの男性」


せいかん【静観】「事の成り行きを—する」

せいがん【正眼】剣の切っ先を相手の眼に向ける構え方。「—に構える」

せいがん【青眼】人を歓迎するときの目つき。⇔白眼。「遠来の客を—をもって迎える」

せいがん【誓願】神仏に誓いを立てて祈る。「神社に詣でて—を立てる」

せいがん【請願】役所に文書で希望を伝える。「—書を市役所に提出する」

ぜいかん【税関】「—申告書」「—窓口を通過する」

せいき【世紀】「—末」「—の大事件」「新しい—を開く」

せいき【正規】「—の手続き」「—採用の職員」

せいき【生気】「—に満ちた絵」「顔に—が無い」

せいき【精気】万物を生み出す気。精力。「—がつく」

せいき【生起】「不思議な現象が—する」

せいき【性器】生殖器官。生殖器。

せいぎ【正義】人間としての正しい道理。道義。「—漢」「—の味方」「—を貫く」

せいぎ【盛儀】盛大な儀式。「戴冠式の—」

せいきまつ【世紀末】退廃的・懐疑的な風潮。「—的」「—美術」

せいきゅう【性急】「—に結論を出さない」

せいきゅう【請求】「—書」「—権」「支払いを—する」

せいきょ【逝去】人の死を敬っていう語。死去。「御—」

を悼み、心からご冥福をお祈り申し上げます」

せいぎょ【生魚】生きている魚。新鮮な魚。

せいぎょ【成魚】⇕稚魚。

せいぎょ【制御・制▼禦・制▼馭】「―装置」

せいきょう【政教】政治と宗教。「―分離」

せいきょう【盛況】「連日満員の―ぶり」

せいきょう【精強】「―な兵士をそろえる」

せいぎょう【正業】まともな職業。かたぎの職業。「遊びをやめて―に就く」

せいぎょう【生業】暮らしをたてるための職業。なりわい。「先祖代々漁を―として暮らしてきた」

せいぎょう【盛業】事業や商売が盛んである。「(手紙で)貴社益々御―のこととお慶び申し上げます」

せいきょうと【清教徒】イギリスのプロテスタント各派の総称。ピューリタン。

せいきょく【政局】政治の動向。「―は混迷している」

せいきん【精勤】休まずに仕事にはげむ。「―賞(章)」「―手当」

ぜいきん【税金】「確定申告で―を納める」

せいく【成句】「ことわざや―をうまく使う」

せいくうけん【制空権】ある空域を支配する権力。

せいくらべ【背比べ】「どんぐりの―」

せいくん【請訓】本国政府の指示を求める。⇕回訓。


せいけい【生計】「文筆業で―を立てる」

せいけい【成形】形を作る。「手術して胸郭の―を行う」

せいけい【成型】型にはめて一定の形の物を作る。「立体―」「プラスチックの押出―技術」

せいけい【整形】正しい形に整える。「美容―」「―外科」「―手術」

せいけい【政経】政治と経済。「―不可分」

せいけつ【清潔】⇕不潔。「―な衣服」「―な人柄(交際)」

せいけん【生検】組織の一部を切りとり検査する。「腎(肝)―診断」

せいけん【政見】「―放送」「―演説」

せいけん【政権】「軍事―」「―交代」「新―を樹立した」

せいけん【聖賢】聖人と賢人。清酒と濁酒。「―明哲」

せいげん【制限】「―時間」「―速度」

ぜいげん【税源】「国から地方へ―を移譲する」

ぜいげん【▼贅言】「―を要しない」「―を費やすまでもない」「―を弄する」

せいご【▼鮬】スズキの若魚。

せいご【正誤】「―表」

せいご【生後】生まれてのち。「―四か月」

せいご【成語】「故事―」


せいこう【生硬】表現が未熟でぎこちない。「―な文章」

せいこう【成功】⇕失敗。「―者」「―報酬」「実験が―する」「実業界で―する」

せいこう【性交】セックス。

せいこう【性向】気だて。気質。「明るい―の人物」

せいこう【性行】性質とふだんの行動。「―不良」「―に問題がある」

せいこう【政綱】「党の―を発表する」

せいこう【盛行】「江戸時代に―した風俗」

せいこう【精巧】「―な機械」「―を極めた模型」

せいこう【製鋼】「―炉」「―所」

せいこううき【晴好雨奇】晴天にも雨天にも、山水の景色が趣を異にしてすばらしい。

せいこううどく【晴耕雨読】文人の理想の生活。

せいごうせい【整合性】「データの―」

せいこうほう【正攻法】「あくまで―で行きたい」

せいこく【正▼鵠】的の中央の黒点。要点。「―を射た見解」

せいこつ【整骨】骨折や脱臼を治す。ほねつぎ。

せいこん【成婚】婚姻が成立する。「皇太子御―」

せいこん【精根】気力と体力。「―尽き果てる」「―を使い果たす」

せいこん【精魂】たましい。「―を込める」「研究に―

―を傾ける」

せいさ【性差】男女の性別に基づく差。

せいさ【精査】「申告内容を―する」

せいざ【正座・正▼坐】⇔安座。「―して足がしびれる」

せいざ【星座】恒星の群れを動物や人物に見立てたもの。「―占い」

せいざ【静座・静▼坐】「―して熟考する」

せいさい【正妻】正式な妻。本妻。⇔内妻。

せいさい【制裁】「経済―」「―を加える」

せいさい【精彩・生彩】生き生きしている。「ひときわ―を放つ演奏」「―を欠くプレー」

せいさい【精細】「―に描写する」

せいざい【製材】「―業」

せいざい【製剤】薬剤を製造する。「血液―」

せいさく【政策】「外交―」「新たな―を打ち出す」

せいさく【制作】芸術作品などをつくる。「卒業―」「彫刻(映画)を―する」

せいさく【製作】物品を作る。「―所」「―費」「自動車部品を―する」

せいさつ【制札】「辻に―を立てる」

せいさつ【省察】反省してよく考える。「自己―」

せいさつよだつ【生殺与奪】生かすも殺すも思うままであること。「―の権を握る」

せいさん【正▼餐】洋食で、正式の献立による食事。

せいさん【生産】「大量―」「国民総―」「自動車を―する」「―的な議論」

せいさん【成算】「―がある」「―が立たない」

せいさん【凄惨・▼悽惨】ひどくむごたらしい。「―な殺人事件の現場」

せいさん【清算】貸借を計算して決まりをつける。「借金を―する」「三角関係を―する」

せいさん【精算】料金や運賃などを計算し過不足を直す。「乗り越し運賃を―する」

せいざん【青山】木が青々と茂る山。骨を埋める地。「人間〈じんかん〉到る処に―あり」

せいし【世子・世嗣】貴人のあとつぎ。「長州藩―」

せいし【正史】国家が編纂した歴史書。

せいし【正視】「―するにしのびない悲惨な光景」

せいし【生死】「―不明」「―の境をさまよう」

せいし【制止】「相手の発言を―する」

せいし【姓氏】みょうじ。「―の系譜」

せいし【青史】歴史書。「―に名を残す人物」

せいし【精子】雄性の生殖細胞。⇔卵子。

せいし【製糸】生糸をつくる。「―業」

せいし【製紙】紙をつくる。「―工場」

せいし【誓詞】誓いの言葉。「神前で―を朗読する」

せいし【静止】「―画像」「―衛星」

せいし【静思】「―黙考」

せいし【西施】中国、春秋時代の美女。「―の顰〈ひそ〉みに倣〈なら〉う(=人の真似をしたことを謙遜して言う)／荘子」

せいじ【正字】⇔俗字。

せいじ【青磁・青▼瓷】青緑色の磁器。「―色」

せいじ【政治】「―家」「―活動」「―的判断」

せいじ【盛事】「創立百年記念の―」

せいじ【盛時】「遺跡を訪れ―をしのぶ」

せいしき【正式】⇔略式。「―の文書」「議決を経て―に決定する」「国の―な認可を受けた新薬」

せいしき【清▽拭】病人の体をふききよめる。「入浴できない病人に全身―をする」

せいしつ【正室】正妻。⇔側室。

せいしつ【性質】「協調性のある―」「従順な―の犬」「前回とは問題の―が違う」

せいじつ【誠実】真心が感じられるさま。「―な人柄」「―な対応を求める」

せいじゃ【正邪】「―曲直」「―をわきまえる」

せいじゃ【聖者】偉大な信徒や殉教者。

せいじゃく【静寂】「寺院の―な朝」

ぜいじゃく【▼脆弱】「―な身体」「大都市の―な救急医療体制」

せいしゅ【清酒】米からつくる澄んだ酒。

せいじゅ【聖樹】クリスマスツリー。
ぜいしゅう【税収】「―不足」
せいしゅく【星宿】「―図」「二十八の―」
せいしゅく【静粛】「堂内は―に願います」
せいじゅく【成熟】「―卵」「―期」「機運が―する」「―した社会」
せいしゅん【青春】「―時代」「―を謳歌する」
せいじゅん【正▼閏】正統とそうでない系統。「南北朝―論」
せいじゅん【清純】「―派の女優」
せいしょ【清書】「下書きを原稿用紙に―する」
せいしょ【聖書】キリスト教の聖典。「旧約(新約)―」
せいじょ【整序】「英語の語句―問題」
せいしょう【青松】「白砂―の浜辺」
せいしょう【斉唱】同じ旋律をおおぜいで歌う。「校歌を―する」
せいしょう【政商】政治家と結びついている商人。
せいしょう【清祥・清勝】手紙で、相手の健康や幸福を祝う語。「益々御―のこととお慶び申し上げます」
せいじょう【正常】⇔異常。「ダイヤは―に戻った」「国交の―化」「血圧は―値の範囲だ」
せいじょう【性状】人や物の性質。「風変わりな―」「土壌の―を調査する」
せいじょう【性情】生まれつきの性質と心情。「子供の頃から穏和な―だ」
せいじょう【政情】政局の状況。「―不安が続く国」
せいじょう【清浄】「空気―機」「―な水」
せいじょうき【星条旗】アメリカ合衆国の国旗。
せいしょうねん【青少年】青年と少年。若い人たち。
せいしょく【生色】「点滴を受け―を取り戻す」
せいしょく【生食】なまのままで食べる。「―用の牡蠣〈かき〉」
せいしょく【生殖】「有性―」「―器」
せいしょく【聖職】神聖な職業。「教師は―かという議論がある」
せいしん【星▼辰】ほし。星座。「―崇拝」
せいしん【生新・清新】生き生きとして新しいこと。
せいしん【誠心】「―誠意の介護」
せいしん【精神】「スポーツマン―」「―衛生」「―安定剤」「憲法の―に悖〈もと〉る」「健全な―は健全な肉体に宿る」
せいじん【成人】「新―」「―病」「―の日」
せいじん【聖人】「―君子」「―の教えを守る」
せいず【星図】恒星の位置を記した図。
せいず【製図】設計図などをかく。「―道具」
せいすい【盛衰】「栄枯―」
せいすい【精粋】「現代日本画の―」
せいずい【精髄】「バロック音楽の―」
せいすう【正数】ゼロより大きい数。⇔負数。
せいすう【整数】自然数とその負数およびゼロ。
せいする【制する】「相手の攻撃を―」「先んずれば人を―」「はやる気持ちを―」
せいする【征する】「従わない部族を―」
せいせい【生成】「―文法」「骨の―」
せいせい【精製】「―品」「砂糖を―する」
せいせい【▽済▽済】人が多くて盛んなさま。「多士―」「(たし)さいさい」は慣用読み」
せいせい【《清清》・《晴晴》】すっきりしてはればれしている。「いやな事が済んで気が―(と)した」
せいぜい【《精精》】できるだけ。たかだか。「―勉強させていただきます」「集まっても、―五人くらいだ」
ぜいせい【税制】「―調査会」「―改正」
せいせいどうどう【正正堂堂】「スポーツマンシップに則り―と戦うことを誓います」
せいせいるてん【生生流転】万物はたえず生まれ変わってゆく。しょうじょうるてん。
せいせき【成績】「営業―」「―が上がる」
せいせき【聖跡・聖▼蹟】「明治天皇行幸の―」
せいぜつ【凄絶】「―な戦い」
せいせん【生鮮】魚・野菜などが新鮮である。「―食料品」

せいせん【聖戦】神聖な目的のための戦い。

せいせん【精選】「―問題集」「―された食材」

せいぜん【生前】「―贈与」「父が―よく言った言葉」

せいぜん【西漸】次第に西方に移りゆく。「フロンティアの―運動」

せいぜん【整然・井然】「理路―とした演説」

せいそ【清▼楚】「―な装い」「―な花」

せいそ【精粗】「報道内容に―の差がある」

せいそう【正装】正式の装い。⇔略装。「―して表彰式に出向く」

せいそう【盛装】美しく立派に着飾る。「―した貴婦人たち」

せいそう【政争】政界の争い。「年金問題を―の具にすべきでない」

せいそう【星霜】としつき。「幾―、時は流れて」

せいそう【▼悽▼愴】「―な争いを繰り返す」

せいそう【清掃】「―車」「教室を―する」

せいそう【清爽】さわやかですがすがしい。

せいそう【精巣】動物の雄の生殖腺。⇔卵巣。

せいぞう【製造】「―業」「自動車部品を―する」

せいそうけん【成層圏】対流圏と中間圏の間。

せいそく【生息・▼棲息・▼栖息】「野鳥の―地」

せいぞろい【勢▼揃い】「正月には親類縁者が―する」


せいぞん【生存】「―競争」「―者の確認を急ぐ」

せいたい【生体】「―実験」「―肝移植」

せいたい【生態】「パンダの―」「―系」「現代日本の若者の―」

せいたい【声帯】「―模写」「―ポリープ」

せいたい【政体】国家の政治の形態。「立憲(専制)―」

せいたい【静態】⇔動態。「人口の―統計」

せいたい【整体】背骨のゆがみを矯正する身体療法。「―術」「―院」

せいたい【▼臍帯】さいたい。

せいだい【正大】「公明―」

せいだい【盛大】「歓迎会が―に催された」

せいたく【請託】「業者からの―を受ける」

せいだく【清濁】清いことと濁っていること。善と悪。「―併せ呑む(=度量の大きいたとえ)」

ぜいたく【▼贅沢】「―な食事」「布地を―に使って仕立てる」「複数合格してどこに行こうなんて―な悩みだ」

せいたん【生誕】「釈迦―の地」「ダーウィンの―二百年祭」〔「誕生」より改まった言い方〕

せいだん【政談】政治に関する談話。「大岡―(=裁判などを題材にした講談)」「―演説」

せいだん【星団】恒星の大集団。「散開(球状)―」

せいだん【清談】風流・高尚な話。

せいだん【聖断】天皇の裁断。「―が下る」


せいたんさい【聖誕祭】クリスマス。

せいち【生地】生まれた土地。

せいち【聖地】「―巡礼の旅」

せいち【精緻】綿密できめ細かい。「自然を―なタッチで描く」「―な頭脳で計算する」

せいち【整地】「雑木林を―して宅地にする」

ぜいちく【▼筮竹】易占いで使う竹製の細い棒。

せいちゃく【正嫡】正妻が生んだ子。嫡子。

せいちゅう【成虫】「蝶が蛹〈さなぎ〉から―になる」

せいちゅう【▼掣▽肘】干渉して自由な行動をさせない。「非道なやり方に対して―を加える」

せいちょう【正調】民謡などで、正しく受け継がれた唄い方。「―江差追分」

せいちょう【生長】植物がのび育つ。「稲が順調に―する」

せいちょう【成長】育って一人前になる。発展する。「経済―」「―株」「子が立派に―する」

せいちょう【性徴】「思春期の第二次―」

せいちょう【政庁】政治を扱う官庁。「太宰府―」「香港―」

せいちょう【清澄】「―な朝の空気」

せいちょう【清聴】相手が聞いてくれることの尊敬語。「御―ありがとうございました」

せいちょう【静聴】静かにきく。「御―願います」

せいちょうざい【整腸剤】腸の調子をよくする薬。

せいつう【精通】「韓国文化に—している」

せいてい【制定】「憲法を—する」

せいてき【清適】手紙で、相手の健康・無事を喜ぶ語。「益々御—の段」

せいてき【性的】「—魅力」「—いやがらせ」

せいてき【静的】⇕動的。「人口分布を—に把握する」

せいてつ【製鉄】「—業」「—所」

せいてん【青天】澄みきった青空。「—の霹靂〈へきれき〉」「—白日の身となる」

せいてん【晴天】はれた空。「本日は—なり」「—に恵まれる」

せいてん【盛典】盛大な儀式。「華燭の—(=結婚式)」

せいてん【聖典】教えを説いた神聖な書物。「イスラム教の—」

せいでん【正殿】「皇居の—」

せいでんき【静電気】帯電体に静止している電気。

せいと【生徒】中学校・高等学校で教育を受ける者。「—会」「—手帳」

せいと【征途】出征の道。「勇ましく—につく」

せいど【制度】「社会保障—」「—的な問題」

せいど【精度】「測定の—を高める」

せいとう【正当】道理にかなっている。⇕不当。「—な報酬」「実力を—に評価する」「自分を—化する論理」「処分の—性」

せいとう【正統】歴史的に正しい系統・血統。「王権の—性」

せいとう【正答】「—率の低い設問」

せいとう【征討】「—軍」「反乱軍を—する」

せいとう【政党】「—政治」「支持する—」

せいとう【盛唐】「—に活躍した詩人、李白と杜甫」

せいとう【製糖】「—工場」

せいどう【正道】⇕邪道。「—を踏む」

せいどう【生動】「山水画の気韻—に息を呑む」

せいどう【制動】運動をおさえ止める。「—機」

せいどう【青銅】銅とスズとの合金。ブロンズ。

せいどう【政道】政治のやり方。「孔子が—を説く」

せいどう【聖堂】「湯島—」「ノートルダム大—」

せいとく【生得】しょうとく。

せいどく【精読】熟読。⇕卒読。「古典の文章を—する」

せいとん【整頓】「整理—」「道具を—しておく」

せいにく【精肉】鮮度の高い肉。「—店」

ぜいにく【▼贅肉】「—を落とす」

せいにゅう【生乳】搾ったままの牛乳。

せいねん【生年】「—月日」

せいねん【成年】成人に達した年齢。満二〇歳。「—男子」「—に達する」

せいねん【青年】「—実業家」「—の主張」「彼はなかなかの好—(=男性について言う)だ」

せいねん【盛年】「—重ねて来たらず／陶潜」

せいのう【性能】「エンジンの—を比較する」

せいは【制覇】「全国大会を—する」

せいばい【成敗】処罰する。さばく。「喧嘩両—」「悪人を—する」

せいはく【精白】「玄米を—する」

せいはつ【整髪】髪の毛を整える。「—料」

せいばつ【征伐】「山賊を—する」

せいはん【製版・整版】印刷用の版をつくる。「写真—」

せいはんたい【正反対】「この前とは—の主張をする」

せいひ【正否】正しいか正しくないか。「—を明らかにする」

せいひ【成否】成功か失敗か。「事の—」「企画の—は君の腕にかかっている」

せいび【整備】「エンジンを—する」「—新幹線」

せいひつ【静▼謐】「世情は—に戻った」

せいひょう【青票】議会の投票で反対を表す票。⇕白票。

せいひょう【製氷】「—皿」

せいびょう【性病】性行為によって感染する病気。

せいびょう【聖▼廟】孔子をまつった廟。

せいひん【正賓】中心となる客。主賓。正客。

せいひん【清貧】「—に甘んじる」

せいひん【製品】「乳—」「電化—」「新—の開発」

せいふ【政府】「日本—」「—筋」「—与党」

せいふう【清風】「—明月」「一陣の—が吹き抜ける」

せいふく【制服】⇔私服。「中学校の—」

せいふく【征服】服従させる。難事に打ちかつ。「世界—」「登山隊がエベレストを—する」

せいふく【清福】「御—をお祈りします」

せいぶつ【生物】動物と植物。いきもの。「微—」「—学」

せいぶつ【静物】絵画の題材で、動かないもの。「—画」「—を写生する」

せいふん【製粉】穀物をひいて粉にする。

せいぶん【成分】「有効—」「—献血」

せいぶんほう【成文法】文書で書き表された法。

せいへい【精兵】「—を選りすぐって隊を成す」

せいへき【性癖】(良くない)くせ。「誇大妄想の—」

せいべつ【生別】いきわかれ。⇔死別。

せいべつ【性別】「—不問」

せいへん【政変】政治上の大きな変動。

せいぼ【生母】生みのはは。実母。

せいぼ【歳暮】歳末の贈り物。

せいぼ【聖母】「—マリアの像」
せいほう【製法】「独自—」「—技術」
せいぼう【声望】「—をほしいままにする」
せいぼう【制帽】「—をかぶった高校生」
ぜいほう【税法】「法人—」「地方—」
せいほん【正本】「—と副本の二部を提出する」
せいほん【製本】「上(本)—」「仮(並)—」
せいまい【精米】「玄米をついて—にする」
せいみつ【精密】「—機械」「—検査」
せいみょう【精妙】「—な細工を施した首飾り」
せいむ【政務】「大臣—官」「—調査会」
ぜいむ【税務】「—署で確定申告を済ませる」
せいめい【生命】「政治—」「—力」「—の危険」
せいめい【声明】「内外に独立の—を発表する」
せいめい【姓名】名字と名前。氏名。「—判断」
せいめい【清明】二十四節気の一。四月五日頃。
せいめい【盛名】さかんな評判。「海外に—をはせる」
せいもん【正門】「大学の—」
せいもん【声門】声帯の間にある、息が通るすきま。
せいもん【声紋】「—分析で犯人を割り出す」
せいや【聖夜】クリスマスイブ。
せいやく【成約】「輸入契約が—した」
せいやく【制約】「時間に—される毎日」
せいやく【製薬】「—会社」

せいやく【誓約】「—書」

せいゆ【精油】植物からとる香料。エッセンシャルオイル。「アロマセラピーのための—」

せいゆ【製油】石油などを製造する。「—所」

せいゆう【声優】「アニメの—」

せいゆう【清遊・清▼游】風雅な遊び。相手の旅行の尊敬語。「箱根に御—の由」

せいよう【西洋】欧米諸国の総称。⇔東洋。「—人」「—美術」

せいよう【静養】「信州に—に出かける」

せいよく【性欲・性▼慾】性的な欲望。肉欲。

せいらい【生来】「—の怠け者」「—金とは縁がない」

せいらん【晴▽嵐】晴れた日に立つ霞。「粟津の—(=近江八景の一)」

せいり【生理】生体に生じる諸現象。月経。「—食塩水」「—的に嫌悪する」「—休暇」

せいり【整理】「人員—」「—券」「引き出しを—する」「論点を—する」

せいりつ【成立】「今年度予算が—する」「和解が—する」「鎌倉幕府の—」

ぜいりつ【税率】「消費税の—を上げる」

せいりゃく【政略】政治上の策略。「—結婚」

せいりゅう【清流】清らかな水の流れ。

せいりゅう【整流】交流電気を直流に変える。

せいりょう【声量】「豊かな―のテノール歌手」

せいりょう【清涼】「―飲料水」「ユーモアは一服の―剤」「―感のある香り」

せいりょく【勢力】「―図」「―範囲」「―を伸ばす」

せいりょく【精力】「―絶倫」「―にあふれる」

せいりょくはくちゅう【勢力伯仲】「与野党―の様相を呈する」

せいるい【声涙】「―ともに下る(=怒り泣きながら語る)辞意表明」

せいれい【政令】「―指定都市」

せいれい【聖霊】キリスト教で、信徒を導く霊。「父と子と―の御名において」

せいれい【精霊】万物に宿る魂。死者の霊魂。「―崇拝」

せいれい【精励】「刻苦―」「―恪勤〈かっきん〉」

せいれき【西暦】キリスト生誕を紀元とする暦。

せいれつ【清▼冽】「―な谷川の水」

せいれつ【整列】「―乗車に御協力下さい」

せいれん【清廉】「―潔白」「―で高潔な人柄」

せいれん【精練】繊維からごみなどを除去する。練習を積んで鍛える。「生糸を―する」「―された軍隊」

せいれん【精錬】粗金属を純度の高いものにする。「銀を―する」

せいれん【製錬】鉱石から金属を取り出す工程全体。「銅の―技術」

せいろう【▽蒸籠】蒸す用具。せいろ。「―蒸し」

せいろう【晴朗】「天気―なれど波高し」

せいろん【正論】「―を吐く」

セイロン【錫蘭】スリランカの旧称。

せおう【背負う】「赤ん坊を―」「借金を―・って苦しむ」「日本の未来を―若者」

せかい【世界】「銀―」「―遺産」「―地図」「―の平和」「新しい―が開ける」「勝負の―は厳しい」

せがき【施餓鬼】無縁の死者を弔う法会。

せかす【▽急かす】早くするようにいそがせる。「そう―・さないでほしい」

せかっこう【背▼恰好】「―がそっくりだ」

せがれ【▼倅・▼伜・▼悴】「酒屋の―」「うちの―」

せき【夕】セキ　ゆう　「夕陽・一朝一夕・今夕・旦夕・朝夕」

せき【斥】セキ　―　「斥力・斥候・排斥」

せき【石】セキ・(シャク)・(コク)　いし　「石材・石炭・石仏・石油・石器・岩石・布石・宝石・木石・落石」

せき【赤】セキ・(シャク)　あか・あか-い・あか-らむ・あか-らめる　「赤銅〈しゃくどう〉・赤道・赤飯・赤貧・赤面・赤裸裸」

せき【昔】セキ・(シャク)　むかし　「昔時・昔日・昔年・今昔〈こんじゃく〉」

せき【析】セキ　―　「析出・解析・透析・分析」

せき【席】セキ　―　「席順・席上・客席・欠席・座席・出席・列席」

せき【脊】セキ　―　「脊索・脊髄・脊柱・脊椎」

せき【隻】セキ　―　「隻眼・隻手・隻腕・隻脚・一隻」

せき【寂】⇩じゃく(寂)。「寂然〈せきぜん〉(じゃくねん)・寂寞〈せきばく〉・寂寥〈せきりょう〉」

せき【惜】セキ　お-しい・お-しむ　「惜敗・惜別・哀惜・愛惜・痛惜」

せき【戚】セキ　―　「姻戚・縁戚・外戚・親戚」

せき【責】セキ　せ-める　「責任・引責・自責・重責・職責・免責」

せき【跡】セキ　あと　「遺跡・奇跡・軌跡・旧跡・人跡・追跡・筆跡」(「蹟」の書き換え字としても用いられる)

せき【積】セキ　つ-む・つ-もる　「積載・積雪・積年・積極・山積・集積・体積・蓄積・

面積・累積」

せき【績】セキ 「業績・功績・実績・成績・戦績・治績・紡績」

せき【籍】セキ 「移籍・漢籍・鬼籍・国籍・戸籍・書籍・除籍」

せき【▼咳】「―払い」「―が止まらない」

せき【▼堰・▽塞】「―を切ったように語り出す」

せき【関】関所。「白河の―」

せき【席】「―に着く」「―をとる（譲る）」「会議の―で報告する」

せき【積】かけた数値。⇔商。

せき【籍】戸籍。ある組織の一員。「―を入れる」

せきあく【積悪】積み重ねてきた悪事。⇔積善。「―の余殃〈よおう〉（＝悪事は災いによって報いが来る）」

せきえい【石英】鉱物。装飾品や陶器の原料。

せきえん【積怨】つもる恨み。「―を晴らす」

せきがいせん【赤外線】「―フィルム」

せきがく【▼碩学】学問が広く深い人。「―大儒（＝大学者）」「―泰斗（＝権威）」

せきがはら【関ヶ原】勝負や運命の重要なわかれ目。

せきがん【隻眼】片目。すぐれた見識。「一―を有する」

せきご【隻語】わずかの言葉。「片言―」

▬せきこむ【▼咳き込む】「激しく―」

▬せきこむ【▽急き込む】心がせく。「―んで話す」

せきさい【積載】「―量」「貨物を―した車両」

せきざい【石材】「―を加工して墓石にする」

せきさん【積算】「各支店の売上高を―する」

せきし【赤子】赤ん坊。ちのみご。また、人民。

せきじ【席次】「披露宴の―」「校内模試の―」

せきじつ【昔日】むかし。往時。「―の面影がない」

せきしゅ【赤手】手に何も持たない。素手。「―空拳」

せきしゅつ【析出】「結晶が電極に―する」

せきしゅん【惜春】過ぎゆく春を惜しむ。「―の候」

せきじゅん【石▼筍】鍾乳洞のたけのこ状の堆積物。

せきしょ【関所】「―破り」

せきしょう【石▼菖】サトイモ科の多年草。観賞用。

せきじょう【席上】「祝賀会の―で挨拶する」

せきしん【赤心】まごころ。誠意。「―を推して人の腹中に置く（＝人を信じて疑わない）／後漢書」

せきずい【脊髄】背骨の中にある中枢神経。

せきせい【赤誠】まごころ。「―を尽くす」

せきせいいんこ【背黄青▼鸚▼哥】飼い鳥。

せきせつ【積雪】「―量」

せきぜん【積善】長年積み重ねてきた善行。⇔積悪。「―の余慶（＝善行を重ねると思いがけない慶事で報われる）」

せきぜん【寂然】「―とした山中の古刹」

せきぞう【石像】「庭園の―」

せきぞく【石▼鏃】石でつくった矢じり。

せきだい【席題】歌会や句会の場で出す題。⇔兼題。

せきたてる【▽急き立てる】「早くしろと―」

せきたん【石炭】「炭坑で―を採掘する」

せきちく【石竹】ナデシコ科の多年草。

せきちゅう【脊柱】背骨。「―湾曲」

せきつい【脊椎】「―動物」「―カリエス」

せきてい【石庭】「竜安寺の―」

せきてい【席亭】寄席。「―に出演する」

せきてん【▼釈▼奠】孔子と孔門十哲をまつる儀式。

せきとう【石塔】石造りの五輪の塔。墓石。

せきどう【赤道】緯度の基準となる線。「―直下」

せきとく【▽尺▼牘】手紙。書状。「―用語」

せきとめる【《▽塞》き止める・《▼堰》き止める】「川を―」

せきとり【関取】十両以上の力士の敬称。

せきにん【責任】負うべき義務や償い。「―感」「―転嫁」「―の所在」「―をとって辞職する」

せきねん【昔年】「すっかり年老いて―の面影がない」

せきねん【積年】「―の怨みを晴らす」

せきのやま【関の山】「今のチームの実力では準決勝までが―だ」

せきはい【惜敗】「一点の差で—した」
せきばく【寂▼寞】「—として人影もない街」
せきばらい【▼咳払い】「—して壇上に登る」
せきはん【赤飯】「—を炊いて祝う」
せきひ【石碑】「記念の—を立てる」
せきひん【赤貧】ひどく貧しい。「—洗うが如し」
せきふ【石▼斧】「磨製(打製)—」
せきぶつ【石仏】「臼杵の—群」
せきぶん【積分】「微分—」
せきへい【積弊】長年の弊害。「—を除去する」
せきべつ【惜別】「—の情」
せきぼく【石墨】黒色の炭素鉱物。黒鉛。
せきむ【責務】責任と義務。「重大な—を負う」
せきめん【石綿】アスベスト。いしわた。
せきめん【赤面】「思わぬ失態に—する」「—の至り」
せきゆ【石油】「—化学工業」「—危機」
せきらら【赤裸裸】「—な告白」
せきらんうん【積乱雲】入道雲。雷雲。
せきり【赤痢】感染症の一。「—菌」
せきりょう【席料】「レストランの—」
せきりょう【脊▼梁】背骨。脊柱。「—山脈」
せきりょう【寂▼寥】物寂しいさま。「—感が漂う晩秋」
せきりょく【斥力】反発する力。

せきれい【▼鶺▼鴒】セキレイ科の水辺にすむ小鳥。

せきわけ【関▽脇】三役の力士。大関の下、小結の上。

せく【▼咳く】せきをする。

せく【▽急く】あせる。「気が—いて仕事が手に着かない」

せく【▼塞く・▼堰く】流れをさえぎる。「川に石を置いて流れを—」

せけん【世間】「—話」「—知らず」「渡る—に鬼はない」「—の目がうるさい」「—に対して申し訳が立たない」

ぜげん【▽女▼衒】女を遊女屋へ売るのを業とした人。

せこ【▽勢子・〈列卒〉】狩猟のとき、鳥獣を追い立てる人。

せこ【世故】世の中の事情。「—にたける」

せこう【施工】工事を実施する。しこう。「架橋工事を予定通り—する」

せこう【施行】法令の実施。しこう。「—法」「—細則」

せさい【世才】「—にたける」

せじ【世事】「—にうとい」「—に賢〈さと〉い」

せじ【世辞】「お—がうまい」「—を言う」

せしゅ【施主】法事や葬式の主人役。また、施工主。

せしゅう【世襲】「—代議士」「芸名を—する」

せじょう【世上】世の中。世間。「—の風聞」「—取りざたされているうわさ」

せじょう【世情】世間の事情。「—に通じる」


せじょう【施錠】「倉庫に—する」

せじん【世人】世間一般の人。「—の非難を買う」

せじん【世▼塵】世間のわずらわしい事柄。俗事。「—にまみれて暮らしてきた」

せすじ【背筋】「—を伸ばす」「—が寒くなるような残酷な事件」

ぜせい【是正】まちがいをただす。「格差を—する」

ぜぜひひ【是是非非】公平無私な立場で、よいことはよい、悪いことは悪いとする。「—の立場を貫く」

せせる【▼挵る】つつきほじる。「歯を—」「猫が魚の骨を—」「火鉢の炭を—」

せそう【世相】「—を反映した事件」

せぞく【世俗】「—に染まる」「—的な話」

せたい【世帯】所帯。「—主」「—持ち」

せたい【世態】世間の状態。世相。「—人情」

せだい【世代】ある同年代の層。「—の差」「—を越えて支持されている政治家」「—交代が進む」「三—が同居する」

せたけ【背丈】「—が伸びる」

せち【世知・世▼智】「—にたけている」

せちがらい【《世知》辛い・《世▼智》辛い】暮らしにくい。打算的。「—世の中だ」

せつ【切】セツ・(サイ)　き-る・き-れる　「切開・切実・切除・切断・切迫・切望・一

せ

切〈いっさい〉・懇切・親切・痛切・適切」

せつ【折】セツ おーる・おり・おーれる 「折衝・折損・折衷・折半・右折・回折・曲折・屈折・骨折・左折・夭折」

せつ【刹】⇩さつ(刹)。「刹那・梵刹・羅刹」

せつ【拙】セツ つたなーい 「拙稿・拙速・拙文・拙劣・巧拙・稚拙」

せつ【窃(竊)】セツ ― 「窃取・窃盗」

せつ【接】セツ つーぐ 「接客・接近・接合・接骨・接触・接待・応接・間接・逆接・近接・直接・密接・面接」

せつ【設】セツ もうーける 「設営・設計・設置・設定・設備・設問・設立・開設・建設・施設・創設・特設」

せつ【雪】セツ ゆき 「雪渓・雪原・雪辱・降雪・新雪・積雪・風雪」

せつ【摂(攝)】セツ ― 「摂関・摂取・摂生・摂理・包摂」

せつ【節(節)】セツ・(セチ) ふし 「節会〈せちえ〉・節句・節食・節水・節制・節操・節度・節約・関節・季節・苦節・使節・時節・章節・忠節・文節」

せつ【説】セツ・(ゼイ) とーく 「説教・説得・説明・演説・解説・社説・小説・俗説・珍説・伝説・遊説〈ゆうぜい〉・論説」

せつ【節】「その―はお世話になりました」「―を守る(越えない)」

せつ【説】「新しい―」「この現象の解釈については―が分かれている」

せつ【切】「平和への―なる願い」

ぜつ【舌】ゼツ した 「舌禍・舌根・舌戦・舌鋒・毒舌・筆舌・弁舌」

ぜつ【絶】ゼツ たーえる・たーやす・たーつ 「絶縁・絶景・絶交・絶好・絶食・絶大・絶筆・絶品・絶壁・絶望・絶妙・絶命・絶滅・拒絶・根絶・断絶」

せつあく【拙悪】「―な文章で辟易する」

せつえい【設営】「キャンプ場でテントを―する」

ぜつえん【絶縁】「―状」「暴力団とは―した」

ぜつえんたい【絶縁体】電流を通さない物体。

せっか【雪加・雪下】スズメ目の小鳥。

ぜっか【舌禍】自分の言説によって受ける災難。「―事件」「―を招く」

ぜっか【絶佳】眺めがすばらしい。「風光―の地」

せっかい【切開】「帝王―」「―手術を行う」

せっかい【石灰】「―岩」「グランドに―で線を引く」

せっかい【節介】「余計なお―はよして下さい」

せつがい【雪害】雪による被害。

ぜっかい【絶海】「―の孤島」

せっかいがん【石灰岩】堆積岩の一。セメント原料。

せっかく【《折角》】「―楽しみにしていたのに雨で流れて残念だ」「―の二枚目も台無しだ」

せっかん【石棺】石でつくったひつぎ。

せっかん【折▼檻】「言うことを聞かない子供を―する」

せっかん【摂関】摂政と関白。「―政治」

せつがん【接岸】「貨物船が岸壁に―する」

せっき【石器】先史時代に作られた石製の器具。「旧(新)―時代」

せっき【節気】季節の変わり目。「二十四―」

せっき【節季】盆と暮れ。特に年末。「―仕舞い」「―大売り出し」

せっきゃく【接客】「―係」「―業」「店員の―態度」

せっきょう【説教】「先生に懇々と―された」「お―はもうたくさんだ」

せっきょう【説経】経典の意味を説いて聞かせる。

ぜっきょう【絶叫】「恐怖のあまり―する」

せっきょく【積極】進んで事にあたる。⇕消極。「今ひとつ―さに欠ける」「―的に発言する」

せっきん【接近】「台風が―する」「両者の実力は―し

ている」

せっく【節句・節供】季節の折り目に祝いをする日。「桃の—」「端午の—」「怠け者の—働き」

せつく【《▽責付》く】しきりに催促する。せっつく。「子供に—かれておもちゃを買う」

ぜっく【絶句】「突然の知らせにしばらく—する」「李白の五言—」

せつぐう【接遇】もてなす。

せっくつ【石窟】「竜門—」「—寺院」

せっけい【設計】「生活—」「—図」「—事務所」

せっけい【雪渓】夏まで残雪のある高山の谷間。

ぜっけい【絶景】「眼前に広がる—」「天下の—」

せっけいもじ【▼楔形文字】くさびがた文字。

せつげつか【雪月花】雪と月と花。四季の自然美。

せっけっきゅう【赤血球】血液の成分。酸素を運ぶ。

せっけん【石▼鹸】「薬用—」「—で手を洗う」

せっけん【席▽巻・席▼捲】片端から攻め取る。「日本製品が海外の市場を—する」

せっけん【接見】「大統領が外国大使を—する」「弁護人が被告人に—する」

せっけん【節倹】節約。「—家」「—に務める」

せつげん【切言】心を込めて忠告する。

せつげん【節減】「電力を—する」


ぜつご【絶後】「空前にして—の大事件」

せっこう【斥候】「敵陣に—を送り込む」

せっこう【石工】石材を加工する職人。いしく。

せっこう【石▼膏】「—を流し込んで型をとる」

せっこう【拙稿】自分の原稿の謙称。

せつごう【接合】「鉄パイプを—する」

ぜっこう【絶交】「—状」「喧嘩して友達と—する」

ぜっこう【絶好】「—の機会」「—の遠足日和だ」

せっこく【石▼斛】ラン科。観賞用。いわぐすり。

せっこつ【接骨】「—院」

せっさく【切削】金属などを切り削る。「—加工」

せっさく【拙作】自分の作品の謙称。

せっさく【拙策】まずい策略。自分の策略の謙称。「監督の—で試合に負けた」「上官に—を述べる」

せっさたくま【切▼磋▼琢磨】互いに励まし合って向上をはかる。「選手たちが—して技術を向上させる」

ぜっさん【絶賛・絶▼讃】「—を博した作品」

せっし【摂氏】温度目盛り。⇔華氏。

せつじつ【切実】「人生の悲哀を—に感じる」「生き方に関わる—な問題」

せっしゃ【接写】「—装置」「草花を—する」

せっしゃ【拙者】武士が自分をへりくだっていった語。

せっしゃくわん【切歯▼扼腕】非常にくやしがる。「平凡なミスで勝利を逃し—する」

せっしゅ【接種】「インフルエンザの予防—」

せっしゅ【摂取】「栄養価の高い食品を—する」「西欧文化の—に努める」

せっしゅ【節酒】「節煙—を心がける」

せっしゅう【接収】国家が強制的に取り上げる。「—解除」「建物を—される」

せつじょ【切除】「腫瘍を—する」

せっしょう【折衝】対立する相手との談判・交渉。「外交—」「復活—」「予算案の—」「—を重ねる」〔「接衝」と書くのは誤り〕

せっしょう【殺生】「無益な—をしてはいけない」「あまりに—な仕打ち」「そんな—な」

せっしょう【摂政】天皇に代わり政治を行う者。

ぜっしょう【絶唱】非常にすぐれた詩歌。熱唱。「古今の—」「舞台中央で—する歌手」

ぜっしょう【絶勝】景色がすばらしい土地。「—の地」

せっしょく【接触】「—事故」「スイッチの—が悪い」「犯人と—する方法を探す」

せっしょく【節食】ダイエット。「糖尿病のため—する」

せつじょく【雪辱】相手に勝って恥をそそぐ。「—戦」「—を果たす」「—を期す」

ぜっしょく【絶食】「検査前日午後九時以降は―する」
せっすい【節水】「水不足で―を強いられる」
せっする【接する】「国境を―地域」「朗報に―」「人と―ときの作法」
ぜっする【絶する】「想像をはるかに―」「言語に―見事な演技」
せっせい【摂生】何事もほどほどにし健康に留意する。「健康維持には普段の―が大切だ」
せっせい【節制】度を越えないように控える。「酒やたばこを―する」
せつぜい【節税】「非課税制度を活用して―する」
ぜっせい【絶世】「―の美女」
せつせつ【切切】「窮状を―と訴える」「人生の哀感を―と歌い上げる」
せっせん【接戦】「―の末勝利を飾る」
せっせん【接線】曲線や曲面上の一点で接する直線。
せつぜん【▼截然】区別が明らかなさま。「両者は似た点もあるが―と区別する必要がある」〔「さいぜん」は慣用読み〕
ぜっせん【舌戦】「激しい―が繰り広げられた」
せっそう【節操】「敵にすり寄るとは―のない人だ」
せっそく【拙速】へただが仕上がりは早い。⇔巧遅。「―主義」「―な判断は望ましくない」

せつぞく【接続】「―詞」「二本のパイプを―する」「乗り換えの―が悪い」「インターネットに―する」
せっそくどうぶつ【節足動物】動物分類上の門の一つ。
せった【雪▽駄・雪▽踏】竹皮草履の裏に革を張った履物。
せったい【接待・摂待】「―客」「取引先の社長を―する」
ぜったい【舌▼苔】舌にできる苔状のもの。
ぜったい【絶対】他に比べる物がない。決して。⇔相対。「―安静」「―音感」「―評価」「上官の命令は―だ」「唯一―の神」「―大丈夫だ」
ぜつだい【舌代】口上の代わりに簡単に書いたもの。
ぜつだい【絶大】「―な権力」「―な信頼をおく」
ぜったいぜつめい【絶体絶命】進退極まった状態。「―の窮地」〔「絶対絶命」と書くのは誤り〕
せったく【拙宅】自分の家をへりくだっていう語。「御旅行の際には―にお立ち寄り下さい」
せつだん【切断・▼截断】「鉄板を―する」
ぜったん【舌端】舌の先。「―火を吐く(＝勢い鋭い論戦)」
せっち【設置】「大学―基準」「委員会を―する」
せっちゃく【接着】「―剤」「糊で―する」
せっちゅう【折衷・折中】「―案」「双方の意見を―する」「和洋―」

せっちょ【拙著】自分の著書をへりくだっていう語。
ぜっちょう【絶頂】最高の状態。「幸福(人気)の―」
せっちん【雪▽隠】便所。かわや。「―詰め」
せってい【設定】「パソコンの初期―」「冷暖房の―温度」「目標を―する」
せってん【接点・切点】「東西文明の―」「二人の過去に―が見つかる」
せつでん【節電】「―を心がける」
せつど【節度】「―をわきまえる」「―ある行動」
せっとう【窃盗】「―罪」「―の容疑で逮捕する」
せつどう【雪洞】露営用に雪中に掘る穴。
ぜっとう【絶倒】笑いころげる。「抱腹―する」
せっとく【説得】「―して自首させる」「主張は―力に欠けている」
せつな【刹那】非常に短い時間。瞬間。「―の快楽を求める」「―的に生きる」
せつない【切ない】「片思いの―胸のうち」
せつに【切に】「幸せを―願う」「健闘を―祈る」
せっぱく【切迫】さしせまる。「事態は―している」「提出期日が―する」「―流産」
せっぱつまる【切羽詰(ま)る】全く窮する。「―・って口から出まかせを言う」
せっぱん【折半】「かかった費用を―する」

ぜっぱん【絶版】「―になった書物」
せつび【設備】「―投資」「最新の―を備える」
せっぴ【雪▼庇】稜線から張り出したひさし状の積雪。
ぜっぴつ【絶筆】「―となった作品」
ぜっぴん【絶品】「ここの料理は―だ」
せっぷく【切腹】腹を切って死ぬ。「―して果てる」
せっぷく【説伏】ときふせる。「反対意見を―する」
せつぶん【拙文】自分の文章をへりくだっていう。
せつぶん【節分】立春の前日。豆まきをする。
せっぷん【接▼吻】口づけ。キス。
ぜっぺき【絶壁】「断崖―」「―をよじ登る」
せつぼう【切望】「高速道路の実現を―する」
せっぽう【説法】「辻―」「釈迦に―」
ぜつぼう【絶望】「人生に―する」「自分の才能に―する」「墜落機の乗員乗客の命は―的だ」
ぜっぽう【舌▼鋒】鋭い弁舌。「―鋭く批判する」
ぜつみょう【絶妙】「―のタイミング」
ぜつむ【絶無】「誤りは―とは言えない」
せつめい【説明】「作業手順を―する」「事情の―を求める」「―責任」「―書」
ぜつめい【絶命】「医者が到着したときには既に―していた」「絶体―のピンチ」
ぜつめつ【絶滅】「―危惧種」「―の危機に瀕した動物」「―寸前の野鳥を保護する」

せ

せつもう【雪盲】積雪の反射光線による目の炎症。

せつもん【設問】「次の―に答えなさい」

せつやく【節約】⇔浪費。「経費を―する」「時間の―」

せつゆ【説諭】「警官に―される」

せつよう【切要】「―案件」「今は安静が―だ」

せつり【摂理】「自然の―に従う」「神の―に反する行為」

せつり【節理】規則正しい岩石の割れ方。また、道理。「柱状―」

せつりつ【設立】「新会社を―する」

ぜつりん【絶倫】抜群に優れている。「精力―の男」

せつれい【雪▼嶺】「遠く立山の―を臨む」

せつれつ【拙劣】へた。「―な文章」

せつわ【説話】民間に伝わる話。「―文学」

せと【瀬戸】狭い海峡。「音戸〈おんど〉の―」

せど【背戸】家の裏口。裏手。「―の竹藪」「―の馬も相口〈あいくち〉(＝ならず者にも気の合う友人がいることのたとえ)」

せどう【世道】道徳。「―人心の退廃を憂える」

せどうか【▽旋頭歌】万葉歌の一体。六句から成る。

せとぎわ【瀬戸際】「勝負の―に立たされる」

せともの【瀬戸物】陶磁器。「―の茶碗」

せなか【背中】「咳き込む母の―をさする」「ためらう彼の―を押してやる」「世間に―を向けて暮らす」

せなかあわせ【背中合わせ】「―に建つ家」「死生は―」
ぜに【銭】「あぶく―」「小―」「―儲け」「安物買いの―失い」「―勘定にこまかい」
ぜにん【是認】「相手の主張を―する」
せのび【背伸び】「―して原書を読んでみる」
せばめる【狭める】「選択の余地を―」
せひ【施肥】作物に肥料を与える。
ぜひ【《是非》】「物事の―をわきまえる」「―お越し下さい」「そういう事情なら―も無い」
せひょう【世評】「企業合併が―でささやかれる」
せびれ【背▼鰭】魚類の背にあるひれ。
せびろ【背広】男子の上下一組の洋服。
せぶみ【瀬踏み】「交渉に先立って―しておく」
せぼね【背骨】「―が曲がっている」
せまい【狭い】「―道路」「視野が―」「肩身が―」
せまる【迫る】「身に危険が―」「核心に―質問」「締め切りが―」「真に―った演技」「必要に―られて道具を揃える」
せみ【▼蟬】「―取り」
せみしぐれ【▼蟬《時雨》】多くの蟬が一斉に鳴く。
せめ【攻め】攻撃。「―の姿勢」「守りから一気に―に転じる」
せめ【責め】苦痛。責任。「―を果たす」「違反行為の―を

―負って辞職する」

せめあぐむ【攻め▼倦む】「敵の抵抗が強くて―」

せめぎあう【▼鬩ぎ合う】「新市場をめぐって二社が―」

せめく【責⦅め⦆苦】「地獄の―」

せめぐ【▼鬩ぐ】互いに争う。「兄弟〈けいてい〉牆〈かき〉に―（＝内輪もめ）」

せめる【攻める】攻撃を加える。⇔守る。「敵を―」

せめる【責める】相手を非難する。苦痛を与える。「他人の非を―」「配慮の足りなかった自分を―」

せもたれ【背▼凭れ】「―のついた椅子」

せり【▼芹】セリ科の多年草。春の七草の一。

せり【競⦅り⦆・▼糶り】競売。「けさ獲れた魚を―にかける」

せりあう【競⦅り⦆合う】「ゴール直前の混戦で―って勝つ」

せりいち【競⦅り⦆市・▼糶り市】「魚〈青果〉の―」

せりだす【《▽迫》り出す】「だんだん腹が―してくる」

せりふ【〈台詞〉・〈科白〉】「―がなかなか覚えられない」「それが親に向かって言う―か」「捨て―〈ぜりふ〉」

ゼロ【▽零】「服装のセンスが―だ」

せろん【世論】「―調査」「―の支持を得る」

せわ【世話】「―好き」「大きなお―だ」「―を焼く」「犬の―をする」「彼にはずんぶん―になった」

せわしい【▽忙しい】いそがしくて、気持ちが落ち着かない。「―年の瀬」「―毎日を送る」

せわもの【世話物】町人社会に取材した芝居。

せん【千】セン ち「千円・千客万来・千載一遇・千差万別・千里眼・値千金・一日千秋」

せん【川】セン かわ「河川・山川」

せん【仙】セン ―「仙境・仙術・仙人・歌仙・詩仙・酒仙・神仙」

せん【占】セン しーめる・うらなーう「占拠・占術・占有・占領・寡占・独占」

せん【先】セン さき「先決・先見・先攻・先進・先陣・先生・先祖・先代・先方・先約・祖先・率先・優先」

せん【宣】セン ―「宣教・宣言・宣告・宣誓・宣戦・宣伝・託宣」

せん【専（專）】セン もっぱーら「専業・専決・専攻・専従・専心・専属・専任・専念・専門・専用」

せん【泉】セン いずみ「泉下・泉水・塩泉・温泉・源泉・鉱泉・清泉」

せん【浅（淺）】セン あさーい「浅学・浅薄・浅慮・深浅」

せん【洗】セン あらーう「洗眼・洗浄・洗濯・洗脳・洗礼・洗練・筆洗」

せん【染】セン そーめる・そー まる・しーみる・しーみ「染色・染織・染髪・染筆・染料・汚染・感染・伝染・媒染」

せん【扇】セン おうぎ「扇形・扇状・扇情・扇動・鉄扇・白扇」

せん【栓】セン ―「活栓・給水栓・血栓・消火栓・密栓」

せん【旋】セン ―「旋回・旋盤・旋風・旋毛・旋律・斡旋・周旋」

せん【船】セン ふね・（ふな）「船員・船室・船首・船窓・船頭・船舶・船腹・貨物船・汽船・客船・漁船・乗船」

せん【戦（戰）】セン いくさ・たたかーう「戦火・戦況・戦局・戦災・戦術・戦争・戦闘・戦略・開戦・休戦・苦戦・作戦・敗戦・奮戦・冷戦・論戦」

せん【煎】セン いーる「煎茶・煎餅・煎薬・香煎・焙煎・湯煎」

せん【羨】セン うらやーむ・うらやーましい「羨慕・羨望」

せん【腺】セン　―「腺病質・汗腺・胸腺・前立腺・毒腺・乳腺・涙腺」
せん【詮】セン　―「詮議・詮索・所詮」
せん【践（踐）】セン　―「実践」
せん【箋】セン　―「箋註・処方箋・便箋・付箋・附箋・用箋」
せん【銭（錢）】セン　ぜに「銭湯・悪銭・金銭・口銭・古銭・賽銭・銅銭」
せん【潜（潛）】セン　ひそ-む・もぐ-る「潜血・潜行・潜在・潜水・潜入・潜伏・潜没・原潜・沈潜」
せん【線】セン　―「線香・線審・線路・曲線・光線・視線・車線・戦線・脱線・直線・鉄線・点線・有線」
せん【遷】セン　―「遷移・遷延・遷宮・遷都・左遷・三遷・変遷」
せん【選】セン　えら-ぶ「選挙・選考・選手・選択・選任・選抜・選別・改選・決選・公選・精選・当選・予選」
せん【薦】セン　すす-める「薦骨・自薦・推薦・他薦・特薦」

せん【繊（纖）】セン　―「繊維・繊細・繊弱・繊毛・化繊・合繊」
せん【鮮】セン　あざ-やか「鮮血・鮮少・鮮度・鮮明・鮮烈・生鮮」
せん【千・▼仟・▼阡】「千に一つの可能性もない」「金壱仟（阡）円也（＝領収書などに用いる千の大字）」
せん【先】「―の勧め先」「―から気付いていた」
せん【栓】「ビールの―を抜く」
せん【線】「柔らかな腰の―」「公人として越えてはならない―がある」「少し―が細いので仕事を任せるのは心配だ」
せん【選】「―に漏れる」
ぜん【全】ゼン　まった-く・すべ-て「全員・全校・全集・全体・全廃・全般・全部・全滅・安全・完全・健全・万全」
ぜん【前】ゼン　まえ「前言・前日・前者・前述・前進・前兆・前方・前面・以前・空前・事前・直前・門前」
ぜん【善】ゼン　よ-い「善悪・善意・善行・善政・善戦・善人・善良・最善・次善・慈善・親善・独善」
ぜん【然】ゼン・ネン　―「依然・俄然・偶然・公然・雑然・自然・整然・全然・断然・超然・当然・突然・必然」

ぜん【禅（禪）】ゼン　―「禅宗・禅僧・禅寺・禅門・座禅・参禅」
ぜん【漸】ゼン　―「漸減・漸次・漸進・漸漸・漸増・西漸・東漸」
ぜん【膳】ゼン　―「客膳・御膳・食膳・配膳・本膳・薬膳」
ぜん【繕】ゼン　つくろ-う「営繕・修繕」
ぜん【善】⇔悪。「真―美」「―は急げ」
ぜん【禅】仏教の座禅。「―の修行」
ぜん【膳】「二の―」「―に上〈のぼ〉る」
ぜんあく【善悪】「事の―をわきまえる」
せんい【戦意】「―喪失」
せんい【繊維】「食物―」「―工業」
ぜんい【善意】⇔悪意。「―でした行為」「―に解釈する」
ぜんいき【全域】「近畿―に暴風警報が出された」
せんいつ【専一】「くれぐれも御自愛―に」
せんいん【船員】船の乗組員。
ぜんいん【全員】「―揃って参加する」
せんうん【戦雲】「―急を告げる」
せんえい【先鋭・▼尖鋭】思想・行動が急進的である。「―な理論」
せんえい【船影】「霧の彼方に―が見える」

せ

せ

ぜんえい【前衛】⇔後衛。「テニスの―」「―的な芸術」

せんえき【戦役】戦争。「日露―」

せんえつ【▼僭越】身分や地位を越える。「―のそしりを免れない発言」「―ながら私から申し上げます」

せんえん【遷延】のびのびになる。「工事が―して今年度中に終わらない」

せんおう【専横・▼擅横】わがまま勝手に物事をなすさま。「―な振る舞いを続ける」

ぜんおん【全音】半音二つ分の音程。長二度。

せんか【専科】ある分野を専門に学ぶ課程。

せんか【選科】一部の学科だけを選んで学ぶ課程。本科に準ずる課程。

せんか【泉下】あの世。「昨年―の人となられた」

せんか【戦火】「―の絶えない国境地域」

せんか【戦果】「―を上げる」

せんか【戦禍】戦争の被害。「―を被る」「―に巻き込まれる」

ぜんか【前科】以前に刑罰を受けたことがある。「―者」「―一犯」「宴席で大暴れした―がある」

せんかい【浅海】浅い海。⇔深海。

せんかい【旋回・旋▼廻】「飛行機が空港上を―する」

せんがい【選外】「―佳作」

ぜんかい【全会】「―一致で可決した」

ぜんかい【全快】「―祝い」

ぜんかい【全開】「窓を―して掃除する」「エンジン―で疾走する」

ぜんかい【全壊・全潰】「地震で家屋が―する」

せんかく【先覚】「情報社会の到来を予言していた―者」

せんがく【先学】学問上の先輩。⇔後学。

せんがく【浅学】「―の身ゆえ御批正下さいませ」

ぜんかく【全角】和文字一字分の大きさ。

ぜんがく【全額】「―払い戻し」

せんがくひさい【浅学非才・浅学▼菲才】浅薄な学識と才能。「―の身ゆえ御教導のほどお願い申し上げます」

せんかた【⦅▽為⦆ん方・詮方】なすべき方法。しかた。「今さら言っても―ないことだが」

せんかん【戦艦】「―大和」

せんかん【潜▼函】「―工法」

せんがん【専願】単願。⇔併願。「この大学を―で受験する」

せんがん【洗眼】水や薬液で目を洗う。

せんがん【洗顔】「―クリーム」「―後の化粧水」

ぜんかん【全館】「―冷房(暖房)」

ぜんかん【全巻】「―にルビが振ってある」

ぜんかん【善感】種痘などがついて有効である。

せんき【▼疝気】漢方で腹部の痛む病気。

せんき【戦記】「―物語」

せんき【戦機】戦うべき好機。「―が熟する」

せんぎ【先議】先に審議する。「予算―権」

せんぎ【詮議】「容疑者を厳しく―する」「詰まらない―立ては無用だ」

ぜんき【前記】前に書いてあること。「―のとおり」

ぜんき【前期】⇔後期。「江戸時代―」「―の成績」

せんきゃく【先客】「―があったので早々に失礼した」

せんきゃくばんらい【千客万来】次々と客が来る。「―で休む間もない」「店は―の賑わいだ」

せんきゅう【選球】「一流の―眼の持ち主」

せんきょ【占拠】「不法―」「他国の領土を侵して―する」

せんきょ【船▼渠】船の建造・修理をする施設。ドック。

せんきょ【選挙】「総―」「―違反」「―管理委員会」

せんぎょ【鮮魚】いきのいい魚。「地元で捕れた―」

せんきょう【仙境・仙郷】「俗界を離れた―の地」

せんきょう【宣教】「キリスト教の―師」

せんきょう【船橋】船長が指揮をとる場所。ブリッジ。

せんきょう【戦況】「―は芳しくない」

せんぎょう【専業】「―主婦」「―農家」

せんきょく【戦局】「―に重大変化が見られる」

せんきょく【選曲】「自分の好きな歌を—する」
せんぎり【千切り・繊切り】「キャベツの—」
せんきん【千金】多額の金銭。「一攫〈いっかく〉—を夢見る」
せんきん【千▼鈞】非常に重い。「師の教えに—の重みを感じる」
せんく【先駆】「—者」「—的な事業」
せんく【選句】「句会で—する」
ぜんく【前駆】馬で行列を先導する。
せんぐう【遷宮】「式年—祭」「伊勢神宮の—」
せんくち【先口】先の順番である。
ぜんくつ【前屈】前にかがむ。⇔後屈。
せんぐんばんば【千軍万馬】経験が豊富である。「—の古強者〈ふるつわもの〉」「—の間（＝戦場。社会での競争の場）」
せんげ【遷化】高僧が死ぬ。「座主が—された」
せんけい【扇形】おうぎがた。「—グラフ」
ぜんけい【全景】「—写真」「—を見渡す」
ぜんけい【前掲】「—の表を参照のこと」
ぜんけい【前傾】「—姿勢を保つ」
せんけつ【先決】「—問題」「消火より避難させることが—だ」
せんけつ【専決】「理事長の—事項」
せんけつ【潜血】化学的方法ではじめてわかる出血。
せんけつ【鮮血】「—がほとばしる」
せんけん【先見】前もって見抜く。「—の明がある」
せんけん【先遣】「—隊が出発する」
せんけん【先賢】「古典を通して—の教えに学ぶ」
せんけん【専権】「政府の—横暴を許してはならない」
せんけん【浅見】「—短慮」
せんげん【宣言】「ポツダム—」「独立—」「人権—」「ここに開会を—する」
ぜんけん【全権】「特命—大使」「—を委ねる」
ぜんげん【前言】前に述べた言葉。「—のとおり」「—を撤回する」「—を翻すようですが」
ぜんげん【漸減】⇔漸増。「交通事故が—している」
せんげんばんご【千言万語】非常に多くの言葉。「—を費やして説得に当たる」
せんこ【千古】大昔。永遠。永久。「—不易〈ふえき〉（＝永遠に不変なこと）」「—の昔」「—の謎に迫る」
せんご【先後】あとさき。前後。「—関係」
せんご【戦後】「—派」「—六十年」
ぜんご【前後】「六時—」「—賞」「—不覚」「話が—する」「二人は—してやって来た」
せんこう【先考】亡き父。「—の菩提を弔う」
せんこう【先行】「—車両」「チケットの—予約」「理屈ばかりが—する」
せんこう【先攻】先に攻撃する。⇔後攻。
せんこう【専行】「独断—」
せんこう【専攻】「歴史学—」
せんこう【▼穿孔】「—機」「ドリルで—する」
せんこう【▼閃光】瞬間的に強くきらめく光。
せんこう【潜行】水中を行く。ひそかに行動する。「スパイが地下に—する」
せんこう【潜航】「水中深くに—する」
せんこう【線香】「—花火」「—を上げて先祖を供養する」
せんこう【選考・▼銓衡】「書類—」「—委員」「文学賞を—する」
せんこう【鮮紅】あざやかなくれない色。
ぜんこう【善行】「—を積む」
せんこく【先刻】さきほど。すでに。「—お帰りになった」「—御承知のとおり」
せんこく【宣告】「死刑を—する」
ぜんこく【全国】「日本—」「—チェーン」「—大会」「一地域に限らない—的な傾向」
ぜんごさく【善後策】あと始末をうまくする方策。「—を講ずる」（「前後策」と書くのは誤り）
せんこつ【仙骨・薦骨】背骨の下部の三角形の骨。
せんごは【戦後派】第二次大戦後に育った人々。
ぜんごふかく【前後不覚】正体を失う。「—に陥

せ

る」

ぜんこみぞう【前古未曽有】「―の惨事」

ぜんこん【善根】よい果報を受ける善行。「―を積む」

せんざ【遷座】神仏や天皇の座を他へ移す。

ぜんざ【前座】「大物歌手の―を務める」

せんさい【先妻】もとの妻。前妻。

せんさい【浅才】浅知恵。自分のことをへりくだって言う。「―の身」

せんさい【戦災】「―孤児」「―に遭う」

せんさい【繊細】「―な神経の持ち主」

せんざい【▽前栽】庭の植え込み。

せんざい【洗剤】「中性〈合成〉―」

せんざい【潜在】内に隠れていて表面に現れない。⇕顕在。「―意識」「―能力」「―的需要」

ぜんさい【前菜】オードブル。「コース料理の―」

ぜんざい【《善▼哉》】汁粉。

せんざいいちぐう【千載一遇】「―のチャンス」

せんさく【▼穿▼鑿】うるさくたずね知ろうとする。「―好き」「相手のことを根掘り葉掘り―する」

せんさく【詮索】詳しく調べる。「事実を―する」

せんさばんべつ【千差万別】「人の好みは―だ」

せんざんこう【▼穿山甲】哺乳類。ボールのように丸くなる。

せんし【先史】文字が使用される以前の時代。「―時代」

せんし【先師】死んだ先生。

せんし【戦士】「企業―」

せんし【戦史】「―に残る壮絶な戦い」

せんし【戦死】「―者」「兄はサイパンで―した」

せんし【▼穿刺】体液や組織を採るため体に針を刺す。

せんじ【宣旨】天皇の命を伝える文書。「―が下る」

せんじ【戦時】戦争中。⇕平時。「―中」「―体制」

ぜんし【前肢】動物の前の二本のあし。

ぜんじ【漸次】「寒冷前線は―東へ移動しつつある」

せんじぐすり【煎じ薬】「冷え症で―を飲む」

ぜんじだいてき【前時代的】「―な印象を受ける」

せんしつ【泉質】温泉有効成分。

せんしつ【船室】船の中の乗客用の部屋。

せんじつ【先日】少し前のある日。「―買ったばかりの品」「―の用件」「―来の疑問が解けた」

せんじつめる【煎じ詰める】考えを最後までおしすすめる。「―・めれば結局君の責任だ」

せんしばんこう【千思万考】あれこれ考える。

せんしばんこう【千紫万紅】彩り豊かなさま。

せんしばんたい【千姿万態】種々様々な姿や形。

せんしゃ【洗車】「天気がいいので―した」

せんしゃ【戦車】「―を出動させる」

せんじゃ【選者】作品などの選に当たる人。

せんじゃ【▼撰者】作品を選んで歌集・文集を作る人。

ぜんしゃ【前者】⇕後者。「―の意見を採用する」

ぜんしゃ【前車】前方の車。「―の轍〈てつ〉を踏む〈＝前の者と同じ失敗を繰り返す〉」

せんじゃく【繊弱】きゃしゃ。「―で神経質な子」

ぜんしゃく【前借】「―金」「給料を―する」

せんしゅ【先取】相手より先に取る。「―点」

せんしゅ【船主】船舶の持ち主。

せんしゅ【船首】船の前端。へさき。⇕船尾。

せんしゅ【▼僭主】「古代ギリシャの―」

せんしゅ【選手】「野球―」「―宣誓」

せんしゅ【繊手】女性の細くてしなやかな手。

せんしゅう【千秋】長い年月。「一日〈いちじつ〉―の思い」

せんしゅう【専修】「経済学を―する」

せんしゅう【選集】代表的な作品を選び集めた書。

せんしゅう【▼撰集】詩歌・文を選び編集すること(書)。

せんしゅう【泉州】和泉〈いずみ〉国の別名。大阪府南部。

せんじゅう【専従】その仕事だけに従事する。「―者」

ぜんしゅう【全集】個人や同種の作品を網羅した書

物。「夏目漱石の―」『古典文学―』

ぜんしゅう【禅宗】座禅によって悟りを開く宗派。

せんしゅうばんぜい【千秋万歳】長寿を祝う言葉。

せんじゅうみん【先住民】先に住んでいた民族。

せんしゅうらく【千秋楽】興行の最終日。

せんしゅけん【選手権】「―大会に出場する」

せんしゅつ【選出】「各種委員を―する」

せんじゅつ【戦術】「人海―」『牛歩―』『―を練る」

ぜんじゅつ【前述】前に述べたこと。先述。⇔後述。「―のとおり」

せんしゅん【浅春】春になったばかりのころ。「―の候」

せんしょ【選書】ある目的に従って選ばれた書物。

せんじょ【▼剪除】切り取ること。

ぜんしょ【全書】ある方面の事柄を全部集めた書物。

ぜんしょ【善処】「速やかに―されたい」

せんしょう【先勝】先に勝つこと。また、六曜の一。

せんしょう【先▼蹤】先人の事跡。先例。「―に倣って事を進める」

せんしょう【戦勝・戦▼捷】「―国」『―を祝う」

せんしょう【▼僭称】身分以上の称号を勝手に名乗る。「皇帝を―する」

せんしょう【選奨】優れたものだとしてすすめる。

「芸術―」

せんじょう【洗浄・洗▼滌】「―剤」

せんじょう【扇情・▼煽情】「―的なポスター」

せんじょう【戦場】「古―」『市街地が―と化す」

せんじょう【▼僭上】身分以上の差し出た行為をする。「―の振る舞い」

せんじょう【線上】「当落―にある候補者」

ぜんしょう【全勝】「―して優勝に花を添える」

ぜんしょう【全焼】「家屋二棟が―した」

ぜんじょう【禅譲】天子が帝位を徳のある人に譲る。

ぜんしょうせん【前▼哨戦】前段階の活動。

せんしょく【染色】布などを染める。「―体」『布地を―する―」

せんしょく【染織】布を染めることと織ること。「―工芸」

せんじる【煎じる】「薬を―じて病人に飲ませる」〔サ変「煎ずる」も同じ〕

せんしん【先進】「―国」『―的な考え」

せんしん【専心】「一意―(=そのことだけに励むこと)」『地質学の研究に―する」

せんしん【線審】ラインズマン。

せんじん【千尋・千▼仞】「―の谷」

せんじん【先人】昔の人。「―の智恵に学ぶ」

せんじん【先陣】「―争い」『―を切って敵方に乗り込む」

せんじん【戦陣】「いよいよ―に臨む」

せんじん【戦▼塵】「―にまみれて戦い続ける」

ぜんしん【全身】「―麻酔」『水泳は―運動だ」

ぜんしん【前身】「師範学校を―とする大学」

ぜんしん【前進】⇔後退。「公害対策が大きく―する」「領土問題は一歩―したと評価される」

ぜんしん【漸進】だんだんに進む。⇔急進。「ここ数年学力が―した」

ぜんじん【全人】知・情・意が兼ね備わった人。「―教育を目指す」

ぜんしんぜんれい【全身全霊】「―を傾ける」『―を打ち込んだ作品」

せんしんばんく【千辛万苦】「―を重ねる」

ぜんじんみとう【前人未到】「―の業績を上げる」

せんす【扇子】「暑くて―で扇ぐ」

せんすい【泉水】「―の鯉に餌をやる」

せんすい【潜水】「―作業」『―艦」

ぜんすう【全数】すべての数。「―調査」

せんずるところ【詮ずる《所》】結局。

ぜんせ【前世】「―の報いを受ける」

せんせい【先生】「小学校の―」『―に診てもらう」

せんせい【先制】「―点」『―攻撃」

せ

せんせい【宣誓】「選手―」
せんせい【専制】「―君主」「―政治」
せんぜい【▼蟬▼蛻】セミのぬけがら。脱俗の風である。
ぜんせい【全盛】「―時代(期)」「―をきわめる」
ぜんせい【善政】⇔悪政。「―を敷く」
せんせいじゅつ【占星術】天体の運行で吉凶を占う術。
せんせん【宣戦】戦争開始の意思を宣言する。「―布告」
せんせん【戦線】「統一(共同)―」「―を拡大する」
せんぜん【戦前】第二次大戦の前。「―の検閲制度」
ぜんせん【全線】「台風接近のため―不通」
ぜんせん【前線】「寒冷(温暖)―」「桜―」「―基地」
ぜんせん【善戦】「強豪チームを相手に―する」
ぜんぜん【全然】「金が―足りない」「問題が―解けなかった」「―疲れていない」「まだ―だめだ」
せんせんきょうきょう【戦戦恐恐・戦戦▼兢▼兢】「いつ叱られるかと―としている」
せんそ【践▼祚・践▼阼】後継者が天皇の位につくこと。「皇嗣(皇太子)が―する」
せんぞ【先祖】「―の供養をする」「―伝来の名刀」「―代々守り続けてきた家訓」
せんそう【船倉・船▼艙】船舶の貨物を積んでおく所。

せんそう【戦争】「受験―」「冷たい―」「―犯罪」

ぜんぞう【漸増】だんだん増加すること。⇔漸減。「交通事故が―している」

ぜんそうきょく【前奏曲】初めに演奏される器楽曲。「この小さな出来事が忌まわしい事件の―だった」

せんぞく【専属】「事務所―の歌手」

ぜんそく【▼喘息】「小児―」「―の発作が起きる」

ぜんそくりょく【全速力】「―でゴールを目指す」

せんたい【船体】「しけで―が大きく傾く」

せんたい【▼蘚▼苔】こけ。「―植物」

せんだい【先代】一代前の主人。「―の社長」

ぜんたい【全体】⇔部分。「会社―」「―主義」「個人より―の利益を優先すべきだ」「一体―どうしたのだ」

ぜんだいみもん【前代未聞】「―の珍事」

せんたく【洗濯】「―機」「―物を干す」「―日和〈びより〉」「命の―」

せんたく【選択】「―肢〈し〉」「得意な科目を―する」「もはや―の余地がない」

ぜんだく【然諾】承諾。「―を重んずる(=一度引き受けたことは必ずやり遂げる)」

せんだつ【先達】先導者。「富士登山の―」「理論物理学の―」「すこしのことにも―はあらまほしき事なり／徒然草」

せんだつ【▼蟬脱】蟬蛻〈せんぜい〉。


せんだって【先《達》て】「―の話」「―は大変お世話になりました」

ぜんだて【膳立て】(食事の)準備。「お―が整う」「あらかじめお―しておく」

ぜんだま【善玉】善人。⇔悪玉。「―コレステロール」

せんたん【先端・▼尖端】「錐の―で突く」「時代の最―を行く」「―技術を駆使する」

せんたん【戦端】戦闘の始まるきっかけ。「―を開く」

せんだん【専断・▼擅断】「市長の―に対して抗議する」

せんだん【▼栴▼檀】センダン科の高木。また、ビャクダンのこと。「―は双葉より芳〈かんば〉し」

せんだん【船団】「捕鯨―」「護送―方式」

せんち【戦地】「―に赴く」

ぜんち【全治】「―二か月の大けが」

ぜんちしき【善知識】仏道に導く高徳の僧。

ぜんちぜんのう【全知全能】「―の神」

センチメートル【▼糎】長さの単位。

せんちゃ【煎茶】湯で煎じ出して飲む茶。

せんちゃく【先着】「―順」「―二十名様限り」

せんちょう【船長】「漁船の―」

ぜんちょう【前兆】きざし。前触れ。「大地震の―」

せんつう【▼疝痛】激しい発作性の腹痛。

せんて【先手】「―必勝」「―を取る」「―を打つ」

せんてい【▼剪定】「―作業」「庭木の―」
せんてい【選定】「候補者を―する」
ぜんてい【前提】「大―」「―条件」「他言しないことを―に打ち明ける」
せんてつ【先哲】「―の教えに学ぶ」
せんてつ【▼銑鉄】「―を精錬する」
ぜんてつ【前▼轍】前の車のわだち。「―を踏む（＝前の者と同じ失敗を繰り返す）」
ぜんでら【禅寺】禅宗の寺院。
せんでん【宣伝】「―効果」「あることないこと―して回る人」
せんてんてき【先天的】⇔後天的。「運動神経の良さは―なものだ」
せんと【遷都】「平安京―」
セント【▽仙】一ドルの一〇〇分の一。
せんど【先途】「ここを―と踏ん張る」
せんど【鮮度】「魚は―が命だ」
ぜんと【前途】「―有望」「―洋々」「―ある若者」「お二人の―を祝して乾杯」
せんとう【先頭】「住民運動の―に立つ」
せんとう【▼尖塔】「寺院の―」
せんとう【戦闘】「―機」「―力」「―開始の合図」
せんとう【銭湯】「スーパー―」
せんどう【先導】先に立って導く。「―車」「―的立場にある人」
せんどう【扇動・▼煽動】「―されて暴徒と化した民衆」
せんどう【船頭】「―多くして船〈ふね〉山に上る（＝指図する人が多くあらぬ方向に物事が進んでしまう）」
ぜんどう【善導】「非行少年を―する」
ぜんどう【▼蠕動】くびれが徐々に移行する型の運動。
ぜんとたなん【前途多難】先々に困難が多い。
ぜんとりょうえん【前途▼遼遠】道のりが非常に長い。
せんない【詮無い】しかたがない。無益である。「―事とあきらめる」「彼はいくら忠告しても―男だ」
せんなり【千成り・千▽生り】「―瓢箪〈ひょうたん〉」
ぜんなんぜんにょ【善男善女】「寺院に参詣した―」
ぜんに【禅尼】仏門に入り髪を下ろした女性。
せんにちこう【千日紅】ヒユ科の一年草。
ぜんにちせい【全日制】「―高等学校」
せんにゅう【潜入】「敵地に―する」
せんにゅうかん【先入観】「―にとらわれる」
せんにん【仙人】山中に住み神通力を持つという人。
せんにん【先任】ある任務に先についている。⇔後任。「―の校長から引き継ぐ」
せんにん【専任】⇔兼任。「―職」「大学の―講師」
せんにん【選任】「評議会で理事を―する」
ぜんにん【前任】先任。⇔後任。「―者から業務を引き継ぐ」「―地は大阪だった」
ぜんにん【善人】⇔悪人。「彼は根っからの―だ」
せんぬき【栓抜き】「―でビールの栓を抜く」
せんねん【専念】「家業（学業）に―する」
せんのう【仙▽翁】ナデシコ科の多年草。
せんのう【洗脳】「一晩語り合ってすっかり―される」
ぜんのう【前納】「入学金を―する」
ぜんば【前場】取引所の午前の立ち会い。⇔後場。
せんばい【専売】「この芸は彼の―特許だ」
せんぱい【先輩】⇔後輩。「―後輩の仲」
ぜんぱい【全廃】「配給制度を―した」
せんぱく【浅薄】「―な知識を振り回す」
せんぱく【船舶】大型の船。「―信号」
せんばこき【千把▽扱き】稲などの穂を扱くための農具。
せんばつ【選抜】「―高等学校野球大会（＝春の甲子園大会）」「代表校を―する」「―試験」
せんぱつ【先発】「一番線の電車が―だ」「―メンバーとして出場する」
せんぱつ【染髪】「白髪が増えたので―する」

せ

せんぱつ【洗髪】「理髪店で―してもらう」

せんばづる【千羽鶴】糸でつないだ沢山の折り鶴。

せんぱばんぱ【千波万波】次々押し寄せる波。「―が押し寄せる」

せんばん【千万】「笑止―」「迷惑―な話だ」

せんばん【旋盤】物を回転させて切削する工作機械。

せんぱん【先般】「―の会議」「―行われた大会」

せんぱん【戦犯】戦争犯罪人。

ぜんはん【前半】⇔後半。「―戦の得点」

ぜんぱん【全般】「経済―に通じた人物」「―に大会の記録は低調だった」

せんび【船尾】船体の後ろの部分。とも。⇔船首。

せんぴ【戦費】「―調達に困難が予想される」

ぜんび【善美】美しく立派。「―を尽くした礼拝堂」

ぜんぴ【前非】過去の過ち。「―を悔いる」

せんぴつ【染筆】筆で書画をかく。揮毫〈きごう〉。「―料」

せんびょう【線描】線だけで描く。せんがき。「―画」

せんぴょう【選評】「絵画コンクールの―を述べる」

ぜんぴょう【全▼豹】全体のありさま。「一斑〈いっぱん〉を見て―を卜〈ぼく〉す(=一部から全体を推量する)/世説新語」

せんびょうしつ【腺病質】「うまれつき―な子」

せんぶ【先負】六曜の一つ。さきまけ。


せんぶ【宣▼撫】「―工作」

せんぷ【宣布】「五箇条の御誓文を―する」

ぜんぶ【全部】すべて。皆。「金を―使ってしまった」「会員は―で二百名だ」

ぜんぶ【前部】前の部分。⇔後部。

ぜんぶ【膳部】膳にのせて出す料理。

せんぷう【旋風】「映画界に―を巻き起こした名作」

せんぷうき【扇風機】風を起こす機械。

せんぷく【船腹】船の貨物を積む場所。

せんぷく【潜伏】「犯人はこのあたりに―している」

ぜんぷく【全幅】あらんかぎりすべて。「―の信頼を置く」

せんぶり【千振】リンドウ科の越年草。薬草。

せんべい【煎餅】「手焼き―」「―布団」

せんぺい【先兵・▼尖兵】先頭に立って物事をする人。「貿易立国の―」「メジャー選手の―としてアメリカに渡る」

せんべつ【選別】「鶏卵を大きさによって―する」

せんべつ【▼餞別】「上京する甥に―を贈る」

せんべん【先▼鞭】「遺伝子治療に―をつける」

せんぺんいちりつ【千編一律・千▼篇一律】「感想文はどれも―で面白みに欠けた」

せんぺんばんか【千変万化】様々に変化する。「市況は―の様相を呈している」


せんぼう【羨望】「彼の才能を―する」「―の的」

せんぽう【先方】相手方。⇔当方。「―の意向」

せんぽう【先▼鋒】「急―」「反対運動の―になる」

せんぽう【戦法】「変幻自在の―」

ぜんぼう【全貌】「事件の―を解明する」

ぜんぽう【前方】⇔後方。「―にある交差点」

せんぼうきょう【潜望鏡】潜水艦から海上を見る望遠鏡。

せんぼく【占▼卜】うらない。「―の術」

せんぼつ【戦没・戦▼歿】戦死。「―者の慰霊碑」

ぜんまい【〈発条〉・〈撥条〉】「―仕掛けのおもちゃ」

ぜんまい【▼薇・〈紫萁〉】山菜となるシダ植物。「―の煮物」

せんまいどおし【千枚通し】紙などに穴をあける錐。

せんまんむりょう【千万無量】計り知れない。「―の思いがある」

ぜんみ【禅味】「―のある日本画」

せんむ【専務】専務取締役。

せんめい【鮮明】「旗幟〈きし〉―」「―な画像」「―に記憶している」「去就(立場)を―にする」

せんめい【▼闡明】今までわからなかったことを明らかにする。「宇宙の真理を―する」

ぜんめい【▼喘鳴】ぜいぜいという呼吸音。
せんめつ【▼殲滅】皆殺しにする。「敵を―する」
ぜんめつ【全滅】「台風でリンゴが―した」
せんめん【洗面】「―器」「―所」「―用具」
ぜんめん【全面】「―支援」「―的に協力する」
ぜんめん【前面】「長所を―に押し出して宣伝する」「交渉の―には出ない」
せんもう【旋毛】つむじ。
せんもう【繊毛】「ゾウリムシの―運動」
せんもん【専門】「―家」「―学校」「―分野は消化器内科だ」「カメラの―店」
ぜんもん【前門】「―の虎、後門の狼」
ぜんもんどう【禅問答】ちぐはぐでわかりにくい問答。
せんやく【先約】「今日は―がある」
ぜんやく【全訳】「―枕草子」
せんゆう【占有】自分の所有とする。「―権」「―率」「土地を―する」
せんゆう【専有】自分ひとりで所有する。⇔共有。「マンションの―部分」
せんゆう【戦友】「倒産後の辛苦を共にした―」
せんゆうこうらく【先憂後楽】為政者は国民に先立って心配し、国民より後れて楽しむ。
せんよう【占用】「道路の―許可」

せ

せんよう【宣揚】世の中にはっきり示し表す。「国威を―する」
せんよう【専用】⇔兼用。「自動車―道路」「夜間―窓口」「女性―車両」
ぜんよう【全容】「事件の―が明らかになった」
ぜんら【全裸】「―になって入浴する」
せんらん【戦乱】「―の世の中」
せんりがん【千里眼】遠隔の地の出来事を見通す能力。
せんりつ【旋律】メロディー。「美しい―を奏でる」
せんりつ【戦慄】「凶悪犯罪に―が走る」
ぜんりつせん【前立腺】「―肥大症」
せんりひん【戦利品】「大量の―」「パチンコの―」
せんりゃく【戦略】「―家」「試合前に―を練る」
ぜんりゃく【前略】手紙で前文を省略する意の語。「草々」「不一」などで結ぶ。「―ごめん下さい」
せんりゅう【川柳】「世相を風刺した―」
せんりょ【千慮】「―の一失(＝賢人の考えにも一つくらい間違いはある)／史記」
せんりょ【浅慮】「己の―を恥じる」
せんりょう【千両】「―箱」「―役者(＝格式が高く、すぐれた役者)」「鉢植えの―(＝常緑小低木の名)が赤い実をつける」
せんりょう【占領】「―軍」「一人で部屋を―する」

せんりょう【染料】「天然(合成)―」
せんりょう【線量】放射線の量。
せんりょう【選良】「―にあるまじき行為」
ぜんりょう【善良】「―な市民」
せんりょく【戦力】「軍の―を強化する」
ぜんりょく【全力】「―疾走」「―投球」
ぜんりん【前輪】自動車などの前の車輪。「―駆動」
ぜんりん【善隣】「―外交」
せんれい【先例】「―にとらわれずに判断する」
せんれい【洗礼】キリスト教で、信者になる儀式。「神父から―を受ける」「新入社員が実社会の―を受ける」
ぜんれい【全霊】「全身―を打ち込んだ作品」
ぜんれい【前例】「―に倣〈なら〉って処理する」
ぜんれき【前歴】これまでの経歴。「―を隠す」
せんれつ【戦列】戦闘中の隊列。実行する組織。「―から脱落する」「新企画の―に加わる」
せんれつ【鮮烈】「―なデビューを飾る」
せんれん【洗練・洗▼煉・洗錬】「―された匠の技(文章)」
せんろ【線路】「―沿い」「―伝いに歩く」
せんろっぽん【千六本・繊六本】細長く刻んだ大根。
ぜんわん【前腕】腕のひじから手首までの部分。

そ

そ【狙】ソ ねら-う 「狙撃」

そ【阻】ソ はば-む 「阻害・阻止・険阻」〔「沮」の書き換え字としても用いられる〕

そ【祖(祖)】ソ ― 「祖国・祖述・祖先・祖父・開祖・元祖」

そ【租】ソ ― 「租界・租借・租税・地租・田租・免租」

そ【素】ソ・ス ― 「素材・素質・素数・素養・元素・質素・要素」

そ【措】ソ ― 「措辞・措置・挙措」

そ【粗】ソ あら-い 「粗悪・粗忽〈そこつ〉・粗雑・粗食・粗製・粗茶・粗描・粗暴・粗密・精粗」

そ【組】ソ く-む・くみ 「組閣・組織・組成・改組・労組」

そ【疎】ソ うと-い・うと-む 「疎遠・疎開・疎外・疎隔・疎水・疎通・疎密・疎略・過疎・空疎・親疎」

そ【訴】ソ うった-える 「訴因・訴願・訴訟・訴状・訴追・哀訴・応訴・起訴・控訴・告訴・直訴・上訴」

そ【塑】ソ ― 「塑像・可塑・彫塑」

そ【遡［遡］】ソ さかのぼ-る 「遡及・遡源・遡江・遡上」

そ【礎】ソ いしずえ 「礎材・礎石・基礎・定礎」

そ【祖】「中興の―」『古典派の―』

そ【疎・▼疏】「天網恢々―にして漏らさず(=悪事は天が見逃さない)〈老子〉」

そあく【粗悪】「―品が出回る」

そあん【素案】「叩き台として―を示す」

そいそしょく【粗衣粗食】「―のつつましい生活」

そいつ【《其奴》】「―が悪い」「―はいい」

そいとげる【添い遂げる】「生涯仲良く―げた」「周囲の反対を押し切って―」

そいね【添い寝】「赤ん坊に―する母親」

そいん【素因】もともとそうなる原因。

そいん【疎音】無沙汰。無音。「永らく―にうち過ぎ」

そいん【訴因】起訴の理由。「―を提示する」

そう【双(雙)】ソウ ふた 「双肩・双手・双頭・双璧・双方・一双・無双」

そう【壮(壯)】ソウ ― 「壮観・壮挙・壮健・壮行・壮士・壮絶・壮大・壮丁・壮年・壮齢・強壮・豪壮・少壮・悲壮・勇壮」

そう【早】ソウ・(サッ) はや-い・はや-まる・はや-める 「早速〈さっそく〉・早期・早計・早婚・早熟・早春・早退・早朝」

そう【争(爭)】ソウ あらそ-う 「争議・争奪・争点・争乱・競争・抗争・政争・闘争・紛争・論争」

そう【走】ソウ はし-る 「走行・走破・競走・脱走・逃走・暴走」

そう【宗】⇩しゅう(宗)。「宗家・宗室・宗主・宗匠・皇宗・祖宗」

そう【奏】ソウ かな-でる 「奏楽・奏効・奏上・演奏・合奏・独奏」

そう【相】ソウ・ショウ あい 「相違・相応・相互・相似・相続・相談・相当・真相・手相・人相・様相」

そう【荘(莊)】ソウ ― 「荘厳・荘重・山荘・村荘・別荘・旅荘」

そう【草】ソウ くさ 「草案・草原・草稿・草創・草体・起草・雑草」

そう【送】ソウ おく-る 「送金・送行・送辞・送信・送付・送風・送別・移送・運送・護送・発送・放送」

そう【倉】ソウ くら 「倉庫・倉皇・倉卒・営倉・穀倉・船倉・弾倉」

そう【捜(搜)】ソウ さが-す 「捜査・捜索・特捜班・博捜」

そう【挿(插)】ソウ さ-す 「挿花・挿架・挿画・挿入・挿話」

そう【桑】ソウ くわ 「桑園・桑海・桑田・扶桑」

そう【巣(巢)】ソウ す 「巣窟・営巣・帰巣・精巣・病巣・卵巣」

そう【掃】ソウ は-く 「掃海・掃除・掃射・掃討・掃滅・一掃・清掃」

そう【曹】ソウ ― 「御曹司・海曹・空曹・軍曹・法曹・陸曹」

そう【曽(曾)】ソウ・(ゾ) ― 「曽祖父・曽祖母・曽孫・未曽有〈みぞう〉」

そう【爽】ソウ さわ-やか 「爽快・爽秋・爽涼・颯爽・秋爽・清爽」

そう【窓】ソウ まど 「窓外・学窓・獄窓・車窓・深窓・同窓・明窓」

そう【創】ソウ つく-る 「創意・創刊・創業・創作・創設・創造・創立・銃創・刀創・独創・満身創痍」

そう【喪】ソウ も 「喪失・喪主・喪服・喪礼・国喪・大喪・得喪」

そう【痩(瘦)】ソウ や-せる 「痩軀・痩身・肥痩」

そう【葬】ソウ ほうむ-る 「葬儀・葬祭・葬式・葬送・葬列・会葬・火葬・国葬・社葬・土葬・本葬・埋葬」

そう【装(裝)】ソウ・ショウ よそお-う 「装飾・装置・装備・改装・仮装・新装・盛装・服装・変装」

そう【僧(僧)】ソウ ― 「僧院・僧職・僧籍・僧俗・僧侶・悪僧・学僧・高僧・禅僧・尼僧・名僧」

そう【想】ソウ・(ソ) ― 「想像・想定・想念・愛想〈あいそ〉・感想・空想・思想・追想・夢想・予想・理想・連想」

そう【層(層)】ソウ ― 「層雲・層状・一層・階層・客層・高層・重層・上層・断層・地層・表層」

そう【総(總)】ソウ ― 「総意・総員・総額・総合・総裁・総長・総務・総理・総力・総論」(「惣」の書き換え字としても用いられる)

そう【遭】ソウ あ-う 「遭遇・遭難」

そう【槽】ソウ ― 「歯槽・水槽・貯水槽・油槽・浴槽」

そう【踪】ソウ ― 「踪跡・失踪」

そう【操】ソウ みさお・あやつ-る 「操業・操行・操作・操車・操守・操縦・操船・情操・節操・体操・貞操」

そう【燥】ソウ ― 「乾燥・高燥・焦燥」

そう【霜】ソウ しも 「霜害・霜雪・秋霜・除霜・星霜・晩霜・風霜」

そう【騒(騷)】ソウ さわ-ぐ 「騒音・騒然・騒動・騒乱・物騒・離騒」

そう【藻】ソウ も 「藻類・海藻・褐藻・詞藻・水藻・文藻・緑藻」

そう【相】「女難の―」「水難の―」

そう【僧】「修行―」「仏門に入って―となる」

そう【想】「―を練る」

そう【層】「粘土―」「年齢―」「サラリーマン―」「幾重に

そ

も―をなす」

そう【▼箏】 十三弦の琴。

そう【沿う】 離れずにそばを行く。方針に従う。「線路に―って歩く」「政府の方針に―って実施される」

そう【添う・▽副う】 つき従う。夫婦になる。かなう。「影のように―」「二人を―わせる」「御希望には―えません」

ぞう【造】 ゾウ つく-る 「造園・造花・造形・造詣・造語・改造・偽造・建造・構造・醸造・人造・製造」

ぞう【象】 ⇩しょう(象)。「象眼・象牙・象皮・有象無象・巨象」

ぞう【像】 ゾウ ― 「映像・胸像・現像・肖像・想像・銅像・仏像」

ぞう【増(增)】 ゾウ ま-す・ふ-える・ふ-やす 「増員・増加・増強・増減・増産・増資・増収・増水・増税・増設・増大・増発・急増・激増・倍増」

ぞう【憎(憎)】 ゾウ にく-む・にく-い・にく-らしい・にく-しみ 「憎悪・愛憎」

ぞう【雑(雜)】 ⇩ざつ(雑)。「雑歌・雑巾・雑言・雑炊・雑兵」

ぞう【蔵(藏)】 ゾウ くら 「蔵書・蔵本・収蔵・所蔵・貯蔵・土蔵・秘蔵」

ぞう【贈(贈)】 ゾウ・(ソウ) おく-る 「贈呈・贈答・贈与・贈賄・寄贈〈きぞう〉(〈きそう〉)・追贈」

ぞう【臓(臟)】 ゾウ ― 「臓器・臓物・五臓六腑・心臓・内臓」

ぞう【象】 「ナウマン―」「―は鼻が長い」

ぞう【像】 「期待される人間―」

そうあい【相愛】 「二人は相思―の仲だ」

ぞうあく【増悪】 「難治の病がさらに―する」

そうあん【草案】 「―を練る」「新憲法の―」

そうあん【草▼庵】 「山奥に―を結ぶ」

そうあん【創案】 「新たに―した技法」

そうい【相違・相異】 「―点」「彼の証言は事実と―する」「彼は断るに―ない」

そうい【創▼痍】 傷。痛手。「満身―」

そうい【創意】 「―工夫」「―に満ちた新作料理」

そうい【総意】 「部員の―で監督就任を望む」

そういん【僧院】 寺。修道院。

そういん【総員】 「乗組員は―三十名」

ぞういん【増員】 ⇕減員。「製作部門を―する」

そううつ【▼躁▼鬱】 「―気質」「―病」

そううん【層雲】 低空に現れる層状の雲。

ぞうえい【造営】 「本殿を―する」

ぞうえき【増益】 ⇕減益。「三期連続の―」

ぞうえん【造園】 「―業」

ぞうえん【増援】 「―部隊を派遣する」

ぞうお【憎悪】 「近親―」「―の念が起こる」

そうおう【相応】 「分〈ぶん〉―に暮らす」

そうおん【騒音】 「―対策」

そうが【▽爪牙】 「―を磨く」「―に掛かる」

そうが【挿画】 さし絵。

ぞうか【造化】 造物主。宇宙。自然。「―の妙」

ぞうか【造花】 造りものの花。⇕生花。

ぞうか【増加】 ⇕減少。「売上が―の一途を辿る」

そうかい【壮快】 元気があって、気分がよいさま。「―な気持ちで仕事に励む」

そうかい【爽快】 気分がさわやかなさま。「よく眠れたので気分―だ」

そうかい【掃海】 海中の機雷や不発弾を除く。

そうかい【▼蒼海・▼滄海】 あおうなばら。「―桑田(＝世の中の移り変わりの激しいこと)」「―の一粟〈いちぞく〉(＝広大な中のちっぽけな存在)／蘇軾(前赤壁賦)」

そうかい【総会】 「株主―」

そうがい【霜害】 霜による農作物の被害。

そうかく【総画】「漢和辞典の―索引」
そうかく【騒客】風流人。詩人。文人。
そうがく【奏楽】音楽を演奏すること。その音楽。
そうがく【総額】「被害―」「―五億円の宝くじ」
ぞうがく【増額】「手当を―する」
そうかつ【総括】全体を一つにくくりまとめる。「一年間の活動を―する」「―的な批評」
そうかつ【総轄】全体を取り締まる。「―責任者」「事務を―する」
そうかん【壮観】「―な眺め」
そうかん【相▼姦】「近親―」
そうかん【相関】「―図」「―関係」「―性」
そうかん【送還】「不法入国者を本国に強制―する」
そうかん【創刊】「新たな文芸誌が―される」
そうかん【総監】「警視―」
ぞうかん【増刊】「新春―号」
ぞうがん【象眼・象▼嵌】「蒔絵などの―細工を施す」
そうがんきょう【双眼鏡】「―で野鳥を観察する」
そうき【早期】「癌〈がん〉治療は―発見が鍵だ」
そうき【想起】「前例を―されたい」
そうき【総記】全体についてまとめた記述。図書の十進分類法の区分の一。
そうぎ【争議】「家庭―」「労働者の―権」

そうぎ【葬儀】「―社」「―を執り行う」
ぞうき【臓器】内臓などの諸器官。「―移植」「―バンク」
ぞうきばやし【雑木林】雑多な木の集まった林。
そうきゅう【早急】さっきゅう。
そうきゅう【送球】球を投げ渡すこと。ハンドボール。
そうきゅう【▽蒼▼穹】青空。大空。「―を仰ぐ」
そうきょ【壮挙】「ヒマラヤ登頂の―に出発する」
そうぎょ【草魚】コイ目の大形の淡水魚。
そうぎょう【早暁】夜明け。「―に宿を出発する」
そうぎょう【創業】「―記念日」「―二百年の老舗」
そうぎょう【僧形】僧の身なりをした姿。
そうぎょう【操業】(工場が)仕事をする。「―短縮」
ぞうきょう【増強】「兵力(生産力)を―する」
そうきょく【▽箏曲】箏のための曲。
そうぎり【総▼桐】「―の箪笥〈たんす〉」
そうきん【送金】「息子に―する」
ぞうきん【雑巾】「廊下の―掛けをする」
そうきんるい【走▼禽類】速く走るが飛べない鳥類。ダチョウなど。
そうく【走▼狗】「権力の―となる」
そうく【痩▼軀】やせた体。「長身―」
そうぐ【装具】「義肢―」「陸上自衛隊の―」
そうぐう【遭遇】「敵と―する」

そうくつ【巣窟】悪人などのすみか。「悪の―」「暴力団の―」
そうけ【宗家】一門の本家。家元。「徳川―」
ぞうげ【象牙】「―製の印鑑」「―の塔」
そうけい【早計】「ここで中止するのは―に過ぎる」
そうけい【総計】「得点の―を出す」
そうげい【送迎】「―バス」
ぞうけい【造形・造型】「―芸術」「自然の―美」
ぞうけい【造詣】「古典文学に―が深い」
そうけだつ【総毛立つ】身の毛がよだつ。「あまりのむごたらしさに―」
ぞうけつ【造血】体内で血液をつくりだす。「―器官」
ぞうけつ【増血】赤血球を増加させる。「―剤」
ぞうけつ【増結】「途中駅で車両を―する」
そうけっさん【総決算】「収益金の―」「大学生活の―」
そうけん【双肩】「国の将来は若者の―にかかっている」
そうけん【壮健】「御―で何よりです」「―に暮らす」
そうけん【送検】容疑者や書類を検察庁へ送る。「書類―」「容疑者の身柄を―する」
そうけん【創見】「―に富む論文」
そうけん【創建】「奈良時代に―された寺院」
そうけん【総見】「芝居を後援会全員で―する」

そうげん【草原】「モンゴルの大―」
ぞうげん【増減】「人口の―」
そうこ【倉庫】「貸―」「―業」
そうこ【操▼觚】詩文を作ること。「―界」
そうご【壮語】「大言―する」
そうご【相互】「―乗り入れ」「―扶助」「―依存」「―にメッセージを交換する」
ぞうご【造語】「―力」「この表現は記者の―だ」
そうこう【《▽然》う《▼斯》う】「―するうちに」
そうこう【走行】「―距離」
そうこう【奏功】功績をあげたり良い結果を得る。「調停工作が―する」
そうこう【奏効】効き目が現れる。「改革が―する」
そうこう【草稿】下書きの原稿。「清書前の―」
そうこう【操行】ふだんのおこない。品行。「―が悪い」「―点も成績に加味される」
そうこう【▼糟▼糠】粗末な食事。「―の妻（＝苦労を掛けた妻）」
そうこう【霜降】二十四節気の一。一〇月二三日頃。
そうこう【倉皇・▼蒼▼惶】あわてるさま。「準備もそこそこに―として出かけた」
そうごう【相好】「―を崩す（＝笑顔になる）」
そうごう【総合・▼綜合】⇕分析。「―職」「―大学」「みんなの話を―して判断する」「―的に考察する」

そうこうかい【壮行会】「選手の―を催す」
そうこうしゃ【装甲車】「過激なデモに―が出動する」
そうこく【相克・相▼剋】「愛と憎しみの―する感情」「利害をめぐって二人の―が始まった」
そうこん【早婚】若いうちに結婚する。⇕晩婚。
そうこん【創痕・▼瘡痕】きずあと。「心の―」
そうごん【荘厳】おごそかで立派である。「―な音楽」
ぞうごん【雑言】「罵詈（悪口）―を浴びせかけられる」
そうこんもくひ【草根木皮】漢方薬。
そうさ【捜査】「―本部」「犯人の行方を―する」
そうさ【操作】「ハンドルを―する」「帳簿を―して利益を隠す」
ぞうさ【造作・雑作】手間。めんどう。「この程度は―もないことだ」
そうさい【相殺】貸し借りを差し引きしてなしにする。「―契約」「前回の借金を今月の収益で―する」
そうさい【葬祭】「―料」「冠婚―」
そうさい【総裁】「日本銀行の―」「党の次期―」
そうざい【▼惣菜・総菜】日常の食事のおかず。
そうさく【捜索】「家宅―」「―願」
そうさく【創作】「―意欲」「苦しまぎれに―した話」
ぞうさく【造作】「親の隠居所を―する」「顔の―がまずい」〔ぞうさ（造作）は別の意味〕

ぞうさつ【増刷】「売れ行き好調につき―した」
そうざらい【総▼浚い】公演前の総稽古。総復習。「公演前日に―する」「一年間の学習内容を―する」
そうざん【早産】「三十週目に入ったが―が心配される」
ぞうさん【増産】⇕減産。「食糧―」「売れ行きが好調なので製品を―する」
そうし【壮士】血気盛んな男。
そうし【草紙・草子・双紙・▽冊子】綴じてある本。絵入りの読み物。「枕―〈まくらのそうし〉」「浮世―〈うきよぞうし〉」
そうし【創始】「―者」「新たな流派を―する」
そうじ【相似】「三角形の―条件」
そうじ【送辞】卒業式で、はなむけの言葉。⇕答辞。「在校生代表が―を読む」
そうじ【掃除】「―機」「悪の温床を―する」
ぞうし【増資】資本金を増加する。⇕減資。
ぞうじ【造次】ちょっとの間。「見張りは―もおろそかにしない」
そうしき【葬式】「立派な―を出す」
そうしそうあい【相思相愛】「―の仲だ」
そうしつ【喪失】「記憶―」「自信を―する」
そうじて【総じて】「今年の新入生は―優秀だ」

ぞうじてんぱい【造次▼顛▼沛】わずかの間。とっさの場合。

そうしゃ【壮者】働き盛りの人。

そうしゃ【走者】「駅伝の最終―」「一塁―」

そうしゃ【奏者】「フルート―」

そうしゃ【掃射】「機銃―」

そうしゃ【操車】車両の編成をすること。「―場」

そうしゅ【双手】両手。もろて。

そうしゅう【爽秋】さわやかな秋。「―の候」

そうしゅう【相州】相模国の別名。現在の神奈川県。

そうじゅう【操縦】「飛行機を―する」「人を巧みに―する」

ぞうしゅう【増収】⇔減収。「農作物の―が見込まれる」

ぞうしゅうわい【贈収賄】「―事件」「―の疑いで逮捕される」

そうじゅく【早熟】ませている。⇔晩熟。「最近の中学生は―だ」

そうしゅこく【宗主国】従属国を支配する国。

そうしゅつ【創出】「新たな文化を―する試み」

そうじゅつ【▼槍術】槍を使う武術。

そうしゅん【早春】「―賦」「―の候」

そうしょ【草書】くずして続けた書体。⇔楷書・行書。

そうしょ【▼叢書・双書】「日本史人物―」「看護学―」

ぞうしょ【蔵書】「―印」「―家」

そうしょう【宗匠】「茶道の―」

そうしょう【相承】「仏の教えを師資―して後世に伝える」

そうしょう【相称】「左右―の動物」

そうしょう【創傷】体のきず。「―処置(治療)」

そうしょう【総称】「弁護士や作家などを―して自由業という」

そうじょう【奏上】天皇に申し上げる。

そうじょう【相乗】二つ以上の数を掛け合わせる。「―平均」「金融安定化と景気対策の―効果で経済再生を期待する」

そうじょう【僧正】「権大―」

そうじょう【騒▼擾】騒ぎを起こして社会秩序を乱す。「幕末の―」

そうじょうのじん【▼宋▼襄の仁】無益の情けをかける。

ぞうじょうまん【増上慢】うぬぼれる。「―を戒める」

そうしょく【草食】⇔肉食。「―動物」

そうしょく【装飾】「―品」「―的な建築」

ぞうしょく【増殖】「高速―炉」「細菌が―する」

そうしん【送信】信号をおくる。⇔受信。「メール―」

そうしん【喪心・喪神】放心。気絶。「―したようにぼうっとする」

そうしん【痩身】やせた身体。美しくやせる。「―エステに通う」

ぞうしん【増進】⇔減退。「辛い食べ物は食欲を―させる」

そうしんぐ【装身具】かんざしや首輪など。

そうず【添▽水・僧都】ししおどし。

そうず【僧都】僧正に次ぐ位の僧。「俊寛―」

そうすい【総帥】「陸海空三軍の―」

ぞうすい【増水】「大雨で河川が―する」

ぞうすい【雑炊】野菜などを入れたおかゆ。

そうする【奏する】「器楽を―」「奇襲が功を―」

そうする【草する】「一文を―」

ぞうする【蔵する】「多くの古書を―図書館」「複雑な問題を―している」

そうせい【早世】若い人生を終わる。「天才はえてして―する」

そうせい【早逝】若くて死ぬ。「前途を期待されていた作家が―した」

そうせい【創世】世界のできはじめ。「―神話」

そうせい【創製】「先代の―した菓子」

そうせい【▼叢生・▼簇生】草木が群がり生える。「ススキが―する」

そ

そうぜい【総勢】「―三十人の乗組員」
ぞうせい【造成】「宅地を―する」
ぞうぜい【増税】⇔減税。「―で生活が苦しくなる」
そうせいじ【双生児】ふたご。「一卵性(二卵性)―」
そうせきちんりゅう【▼漱石▽枕流】負けず嫌い。
そうせつ【創設】「大学の―者」「新制度を―する」
そうせつ【総説】総論。全体の要旨。「論文の―」
そうぜつ【壮絶】「―な死を遂げる」
ぞうせつ【増設】「水道管の―工事」「パソコンのメモリを―する」
そうぜん【▼蒼然】古びたさま。「古色―とした寺院のたたずまい」
そうぜん【騒然】「地震で一時―となった」
ぞうせん【造船】「―所」
そうせんきょ【総選挙】衆議院議員全員を選ぶ選挙。
そうそう【早早】「入学―」「―に退散する」
そうそう【草草】手紙の末尾に書く語。「前略」に対応。
そうそう【草創】「―期の苦難」
そうそう【葬送】死者を見送る。「―曲」
そうそう【▼錚▼錚】すぐれているさま。「―たるメンバーが集まる」
そうぞう【創造】「天地―」「―主」
そうぞう【想像】「―力」「―していたよりずっと立派だ」「―を逞〈たくま〉しくする」「―を絶する苦労」
そうぞうしい【騒騒しい】「地震のうわさで世間が―」
そうそうのへん【▼滄桑の変】世の変化が激しい。
そうそく【総則】全体について決めた原則。「商法―」
そうぞく【相続】「遺産―」「―税」「―人」
そうそくふり【相即不離】深い関係にある。「塩分摂取と高血圧症は―の関係にある」
そうそつ【倉卒・草卒・▼怱卒】あわただしい。「―の間」
そうそふ【曽祖父】祖父母の父。ひいじいさん。
そうそぼ【曽祖母】祖父母の母。ひいばあさん。
そうそん【曽孫】孫の子。ひまご。
そうたい【早退】「風邪で会社を―する」
そうたい【相対】⇔絶対。「―性理論」「物価上昇は―的に収入減をもたらす」
そうたい【草体】草書の字体。草書体。「―の仮名」
そうたい【掃▼苔】墓参り。
そうたい【総体】「社会を―としてとらえる」「―無理な話だった」
そうだい【壮大】「―な計画(構想)」
そうだい【総代】「卒業生―」
ぞうだい【増大】「汚染の危険が―する」
そうだしゅ【操▼舵手】船のかじをあやつる甲板員。
そうだち【総立ち】「満場―で拍手を送る」
そうたつ【送達】「公示―」「―証明書」
そうだつ【争奪】「天皇杯―戦」
そうたん【操短】「操業短縮」の略。「来月から工場を―する」
そうだん【相談】「進路―」「―役」「―に乗る」「旅行の日程を―する」
ぞうたん【増反】作付け面積をふやす。⇔減反。
そうち【送致】「被疑者を検察庁に―する」
そうち【装置】「安全―」「舞台―」
ぞうちく【増築】建て増し。「子供部屋を―する」
そうちゃく【早着】定刻より早く到着する。⇔延着。「成田行きの便が一時間―した」
そうちゃく【装着】「チェーンを―する」
そうちょう【早朝】「―練習」「―出発する」
そうちょう【荘重】おごそかで重々しい。「―な音楽」
そうちょう【曹長】旧陸軍で、下士官の階級の最上位。
そうちょう【総長】「検事―」「国連の事務―」
ぞうちょう【増長】「おだてればすぐに―する」
そうで【総出】「一家―で除草作業をする」
そうてい【壮丁】旧制で、徴兵検査の対象者。
そうてい【送呈】「拙著を―します」
そうてい【装丁・装▼幀・装▼釘】書物の意匠や

体裁。
そうてい【想定】「大地震発生を—して防災訓練を行う」「株価の下落は—外(内)だった」
そうてい【▼漕艇】ボート競争。「—場」
ぞうてい【贈呈】「文学賞の—式」
そうてん【争点】「税率の上げ幅が議論の—になる」「—を絞って議論する」
そうてん【装塡】「カメラにフィルムを—する」
そうでん【相伝】代々受け伝えること。「一子—の奥義」「茶道の—式」
そうでん【送電】「—線」「—鉄塔」
そうと【壮図】「—むなしく挫折した」
そうと【壮途】「南極探検の—につく」
そうとう【双頭】「—の鷲(＝欧州の紋章)」
そうとう【相当】「一万円—の食事券」「死に—する罪」「—な辛抱がいる」「—参っている」
そうとう【掃討・掃▼蕩】「残敵を—する」「悪風を—する」
そうとう【想到】「そこまでひどいとは—しなかった」
そうとう【総統】全体を統轄する地位。
そうどう【草堂】草ぶきの家。
そうどう【騒動】「お家—」「米—」「上を下への大—となっている」

そ

ぞうとう【贈答】「—品」

そうとく【総督】植民地を監督する長官。「—府」

そうなめ【総▼嘗め】「横綱・大関陣を—にする」

そうなん【遭難】「アルプスの雪山で—する」

そうに【僧尼】僧と尼。「—が守るべき戒律」

ぞうに【雑煮】「元旦の—に餅を二つ入れる」

そうにゅう【挿入】「—句」「—歌」

そうねん【壮年】働き盛りの年頃。「—期」

そうねん【想念】心に浮かぶ思い。「頭によぎる—」

そうは【争覇】一番の地位を争う。「天下の—戦」

そうは【走破】「一万キロを—する」

そうは【▼搔▼爬】子宮内膜の除去。「—手術」

そうば【相場】「円—」「株式—」「—が上がる」「大晦日は年越し蕎麦と—が決まっている」

ぞうはい【増配】配当をふやす。⇔減配。「記念—」

そうはく【▼蒼白】「重要書類を紛失し顔面—になる」

そうはく【▼糟▼粕】酒かす。「—を嘗〈な〉める(＝他人のまねだけで進歩がないことのたとえ)」

ぞうはつ【増発】「臨時列車を—する」

そうはつき【双発機】発動機二つの飛行機。

そうばな【総花】客が全員に配る心付け。すべてを羅列すること。「—的に予算を配分する」「—的な解説」

そうばん【早晩】遅かれ早かれ。「無理を重ねても—行き詰まるだろう」


ぞうはん【造反】反乱を起こす。「—有理」「—議員」

そうび【装備】「重—」「登山の—を確認する」

そうび【▼薔▼薇】バラ。しょうび。

そうひょう【総評】「今年の演劇界を—する」

そうびょう【宗▼廟】祖先の霊をまつった建物。

ぞうひょう【雑兵】身分の低い兵卒。

ぞうひん【▼贓品】盗品。贓物。

ぞうびん【増便】「国際線を—する」

そうふ【送付・送附】「—先」「合格通知を—する」

ぞうふ【臓▼腑】五臓六腑。「—が煮え返る」

そうふう【送風】「温度は下げずに—だけにする」

ぞうふく【増幅】「—器」「話が—されて伝わる」

ぞうぶつ【▼贓物】違法な方法で手に入れた財物。

ぞうぶつしゅ【造物主】万物を創造した者。神。

そうへい【僧兵】中世、武装した僧の集団。

ぞうへい【造幣】「—局」

そうへき【双璧】好一対のすぐれた二つのもの。「漱石と鷗外は日本文学の—だ」

そうべつ【送別】「—会」「—の辞を述べる」

ぞうほ【増補】補いふやす。「旧版の—版を出す」

そうほう【双方】「—の意見を聞く」

そうほう【走法】「ピッチ—」「ストライド—」

そうほう【奏法】「ギターの—を教わる」

そうぼう【双▼眸】両方のひとみ。

そうぼう【怱忙】忙しくて落ち着かない。「—の間」

そうぼう【相貌】顔つき。ありさま。「—失認」「近代思想の—」

そうぼう【僧坊・僧房】寺院に付属した僧の部屋。

そうぼう【▼蒼▼氓】人民。国民。

そうぼう【▼蒼▼茫】青々と広いさま。「—とした大海原」

そうほん【草本】茎が木質でない植物。⇔木本〈もくほん〉。「—植物」

そうほんざん【総本山】「浄土宗—の知恩院」

そうまくり【総▼捲り】片っ端から残らず言及する。「政界—」「今年の芸能界—」

そうまとう【走馬灯】回転する影絵が見える灯籠。「思い出が—のように駆けめぐる」

そうみ【総身】「大男—に知恵が回りかね」

そうむ【総務】「—省」「—部長」

そうめい【▼聡明】「—な頭脳」「—な女性」

そうめい【▼滄▼溟】青々とした広い海。

そうめいきょく【奏鳴曲】器楽曲の形式の一。ソナタ。「ピアノ—」

そうめつ【掃滅・▼剿滅】「残敵を—する」

そうめん【▽素麺・▽索麺】「流し—」「冷やし—」

そうもう【草▼莽】民間。在野。「—の志士(臣)」

そうもく【草木】「山野—」「—図鑑」


ぞうもつ【臓物】はらわた。内臓。「—料理」

そうもん【僧門】僧の身分。「—に入る」

そうもん【桑門】僧。出家。沙門。「—の身」

そうもん【相聞】万葉集の部立ての一。恋の歌。

そうゆう【曽遊】以前に訪れたことがある。「—の地」

ぞうよ【贈与】「—税」

そうよう【▼掻▼痒】かゆいこと。「隔靴〈かっか〉—の感(=もどかしさ)がある」

そうらい【爽▼籟】さわやかな秋風の響き。「—の候」

そうらん【争乱】争いが起こり乱れる。「両国の間で—が絶えない」

そうらん【騒乱】社会を混乱させる事件。「—罪」

そうらん【総覧・▼綜覧】全体に目を通す。「大学—」「全国の道路状況を—する」

そうらん【総▼攬】権力を掌握しておさめる。「国政を—する」

そうり【総理】内閣総理大臣。

ぞうり【《草履》】「藁—」「—を履いて出かける」

そうりつ【創立】「—記念日」「大学を—する」

そうりょ【僧侶】「—の修行」

そうりょう【送料】「配達には—がかかる」

そうりょう【爽涼】「—な朝風」

そうりょう【総量】「排気ガスの—規制」

そうりょう【総領・▼惣領】「—に家業を任せる」「—の甚六(=長男・長女はおっとりしている)」


ぞうりょう【増量】⇔減量。「メモリーを—する」

そうりょく【総力】「—戦」「—を挙げて取り組む」

そうりん【相輪】仏塔の最上部の柱状の装飾部分。

ぞうりん【造林】「—学」「—業」

そうるい【走塁】「—練習」「—妨害」

そうるい【藻類】海藻などの植物の総称。

そうれい【壮齢】働き盛りの年頃。三十、四十代。

そうれい【壮麗】「—な会堂」

そうれい【葬礼】「—マナー」

そうれつ【壮烈】「—な最期を遂げた」

そうれつ【葬列】葬式の行列。「—に加わる」

そうろう【早漏】射精が早すぎる。

そうろう【▼蹌▼踉】よろめくさま。「泥酔し—として家路に就く」

そうろうぶん【候文】書簡などの文語体の一種。「候」を文の終わりに用いる。

そうろん【争論】言い争い。「—が絶えない」

そうろん【総論】全体にわたり述べた論。⇔各論。

そうわ【挿話】「講演中に—を入れて語る」

そうわ【総和】全部を加えた数。総計。

ぞうわい【贈賄】わいろを贈る。⇔収賄。

そえがき【添(え)書き】「年賀状の—」

そえじょう【添(え)状】「お中元に—を付けて送る」

そえぢ【添(え)乳】 子供に添い寝して乳を飲ませる。「母親が―をする」

そえもの【添(え)物】 付け足し。おまけ。「カレーライスの―」

そえる【添える・▽副える】 「贈り物にカードを―」「軽く右手を―」「名演奏で祝賀会に彩りを―」

そえん【疎遠】 ⇔親密。「友人とは卒業後―になる」

ソーダ【曹▽達】 「炭酸―」

そかい【租界】 「上海の共同―」

そかい【素懐】 「往生の―を遂げる」

そかい【疎開】 「田舎に―する」

そがい【阻害・阻▼碍・阻▼礙】 じゃまをする。「植物の生育が―される」「経済成長を―する動き」

そがい【疎外・▼疏外】 きらって近づけない。「―感」「仲間から―される」

そかく【組閣】 内閣を組織する。

そかく【疎隔】 へだたりができる。

そきゅう【訴求】 宣伝や広告で買い手に働きかける。「―力」

そきゅう【遡及・▼溯及】 過去にさかのぼり効力を及ぼす。「―効（＝法律の効力について言う）」「半年前に―して昇給する」

そく【即（卽）】 ソク ― 「即位・即応・即座・即死・即日・即製・即席・即答・即売・即決・即刻」

そく【束】 ソク たば 「束縛・束髪・結束・拘束・収束・集束・約束」

そく【足】 ソク あし・た-りる・た-る・た-す 「足跡・遠足・満足」

そく【促】 ソク うなが-す 「促音・促進・促成・催促・督促」

そく【則】 ソク ― 「規則・原則・校則・細則・鉄則・反則・法則」

そく【息】 ソク いき 「息災・安息・休息・子息・終息・消息・嘆息」

そく【捉】 ソク とら-える 「把捉・捕捉」

そく【速】 ソク はや-い・はや-める・はや-まる・すみ-やか 「速達・速断・速度・速報・急速・時速・迅速・敏速・風速」

そく【側】 ソク がわ 「側室・側壁・側面・側近・反側」〔「がわ」は、「かわ」とも〕

そく【測】 ソク はか-る 「測地・測定・測量・測候・観測・計測・実測・推測・不測・目測・予測」

そく【塞】 ⇩さい（塞）。「栓塞・腸閉塞・脳梗塞・逼塞・閉塞」

そく【即】 「―買い」「―アポ」「連絡があり次第―行動せよ」

そぐ【▽削ぐ・▽殺ぐ】 「包丁の先でごぼうを―」「勢いが―がれる」

ぞく【俗】 ゾク ― 「俗悪・俗語・俗人・俗説・俗物・俗論・俗化・僧俗・通俗・低俗・風俗・民俗・良俗」

ぞく【族】 ゾク ― 「族称・族長・一族・血族・種族・同族・民族」

ぞく【属（屬）】 ゾク ― 「属性・属官・属国・帰属・金属・従属・所属・親属・専属・直属・配属」

ぞく【賊】 ゾク ― 「賊軍・海賊・義賊・逆賊・山賊・盗賊・馬賊」

ぞく【続（續）】 ゾク つづ-く・つづ-ける 「続出・続編・続行・継続・持続・接続・相続・断続・連続」

ぞく【俗】 「―な人間」「―なところがかえって受ける」「これが―に言う鬼火だ」

ぞく【続】 「正―二巻よりなる小説」

ぞく【賊】 「―に襲われる」

ぞくあく【俗悪】 「―な小説」

そくい【▽続▽飯】 飯粒を練った糊〈のり〉。

そくい【即位】 君主が位につく。「―式」

そくいん【▼惻隠】 相手を思いやり同情する。「―の情」

ぞくうけ【俗受け】「―する曲」「―をねらった小説」

ぞくえん【続演】演劇の上演期間を延長する。

そくおう【即応】「時代の変化に―する」

そくおん【促音】つまる音。「っ」「ッ」で表記。

ぞくがら【続柄】つづきがら。

ぞくぐん【賊軍】「勝てば官軍負ければ―」

ぞくけ【俗⦅気⦆】「―が抜けない」

そくげん【塞源】おおもとから弊害を断つ。「抜本―」

ぞくげん【俗言】俗語。世間のうわさ。「―を信じる」

ぞくげん【俗▼諺】世間一般に言うことわざ。「―を交えて講話をする」

ぞくご【俗語】くだけた言葉。また、下品な言葉。

そくざ【即座】「―の機転」「―に答える」

そくさい【息災】「お陰様で―に過ごしております」「無病―を祈願する」

そくし【即死】「心臓を撃ち抜かれて―する」

そくじ【即時】「―の解決を望む」「―撤廃せよ」

ぞくじ【俗字】正しくはないが通用している字体。⇔正字。

ぞくじ【俗耳】「―に入りやすい（＝一般の人に理解しやすい）」

ぞくじ【俗事】「―に追われて研究に専念できない」「―にかまけて修業がおろそかになる」

そくしつ【側室】貴人のめかけ。⇔正室。

そくじつ【即日】「―開票」「―結果を発表する」

そくしゅう【束▼脩】入門時にさし出す謝礼。

ぞくしゅう【俗臭】「―芬々〈ふんぷん〉とした態度」

ぞくしゅつ【続出】「被害が―する」

ぞくしょう【俗称】通称。

そくじょ【息女】他人の娘の敬称。

そくしん【促進】「販売―」「開発を―する」

ぞくしん【俗信】「―に惑わされる」

ぞくしん【賊臣】「―を誅する」

ぞくじん【俗人】「芸術とは無縁の―だ」

ぞくじん【俗▼塵】世間のわずらわしい事柄。「―にまみれて日々の生活で精一杯だ」

そくする【即する】ぴったりあてはまる。「事実に―・して考える」

そくする【則する】のっとる。「前例に―・して処置する」

ぞくする【属する】「哺乳類に―動物」「テニス部に―」「いささか旧聞に―話ですが」

ぞくせ【俗世】俗世間。「―に身を置く」

そくせい【即製】その場で即座に作る。「―品」「―のカップラーメン」

そくせい【促成】人工的に早く生長させる。「トマトの―栽培」

そくせい【速成】短期間にしあげる。「翻訳を―する」

ぞくせい【俗姓】出家する前の姓。ぞくしょう。

ぞくせい【属性】そのものに固有の性質。「素材の―を存分に活かした新製品」

ぞくせい【▼簇生】そうせい（叢生）。

そくせき【即席】「―ラーメン」「―に考えた趣向」

そくせき【足跡】「作家の故郷に出かけ彼の―を辿る」「業界に輝かしい―を残す」

ぞくせけん【俗世間】「―の些事にとらわれない」

ぞくせつ【俗説】世間で行われている根拠のない話。

そくせんそっけつ【速戦即決】速やかに解決する。「住民からの苦情を―で処理する」

そくせんりょく【即戦力】「―として期待される」

ぞくぞく【続続】「新製品が―（と）登場する」「―（と）観客が詰めかける」

そくたい【束帯】公家の正装。「衣冠―」

そくたつ【速達】「明日までに届くように―で出す」

そくだん【即断】その場ですぐ決める。「―即決」「軽々しく―するわけにはいかない」

そくだん【速断】すばやい判断。判断をはやまる。「―を要する問題」「あれは―だったと悔やまれる」

そくてい【測定】「体力―」「―値」「距離を―する」

そくど【速度】「制限―」「新幹線の最高―」

ぞくと【賊徒】「―に襲われる」

そくとう【即答】「—しかねる」「—を避ける」

ぞくとう【属島】その国または本島に付属する島。

ぞくとう【続投】「先制点を取られたがそのまま—した」「首相の—の目はなくなった」

ぞくとう【続騰】相場が引き続いて上がる。⇕続落。

ぞくねん【俗念】「—を去って修行に専念する」

そくばい【即売】「古書の展示—会」

そくばく【束縛】「時間に—される」「自由を—する」

そくはつ【束髪】明治期に流行した女性の洋風の髪形。

ぞくはつ【続発】「交通事故が—する」

そくひつ【速筆】⇕遅筆。「彼は—ですぐに返事が来る」

ぞくぶつ【俗物】「—根性」「教養の無い—」

ぞくぶつてき【俗物的】「—描写」「—な人」

そくぶん【▼仄聞・側聞】うわさに聞く。「—するところによれば」

そくほう【速報】「選挙の開票—」

ぞくほう【続報】「墜落事故の—が入った」

ぞくみょう【俗名】僧の出家前の名。生前の名。⇕法名・戒名。「西行、—佐藤義清」

そくめん【側面】横の面。⇕正面。「—図」「—から援助する」「良き父親としての—を紹介する」

ぞくよう【俗用】雑事。また、俗な用い方。

ぞくよう【俗謡】通俗的な歌。小唄・民謡など。

ぞくらく【続落】⇕続騰。

ぞくり【俗吏】つまらない俗物の役人。

そくりょう【測量】「—士」「—図」「土地を—する」

ぞくりょう【属領】本国の支配下にある領土。

そくりょく【速力】「駆逐艦の—」

そくろう【足労】「御—願います」

ぞくろん【俗論】通俗的な議論。

そけい【素▼馨】ジャスミンの一種の常緑低木。

そけいぶ【▼鼠▼蹊部】ももの付け根の内側の部分。

そげき【狙撃】ねらい撃つ。「警官が—される」

そけん【訴権】裁判所に訴えを起こす権利。「団体—」「—の濫用」

そげん【遡源・▼溯源】もとにさかのぼる。

そこ【底】「鍋の—」「海の—」「—知れぬ好奇心」「心の—まで見透かされる」「相場が—を打つ（突く）」「—の浅い議論」

そこ【《▼其▽処》・《▼其所》】「—でお待ち下さい」「交番があるから、—を右に曲がりなさい」「友人と話しをしていたら、—へ電話が掛かってきた」

そご【祖語】共通の祖先にあたる言語。「印欧—」

そご【▼齟▼齬】「両者の主張が—している」「—を来〈きた〉す」

そこい【底意】本心。「相手の—を測りかねる」

そこいじ【底意地】奥にある気性。「—の悪い人」

そこいれ【底入れ】「景気の—を示唆する」

そこう【素行】ふだんのおこない。「—不良」

そこう【粗鋼】「日本の—生産量」

そこう【遡行・▼溯行】「アマゾン川を—する」

そこかしこ【《▼其▽処▽彼▽処》】「—でうわさが立つ」

そこく【祖国】「—愛」

そこぢから【底力】いざというときに出る強い力。「伝統産業が—を発揮する」

そこつ【粗▼忽】そそっかしい。「—者〈もの〉」

そこなう【損なう・▽害う】「機嫌（友好関係）を—」「健康を—」「ボールをとり—」

そこなだれ【底《雪崩》】積雪全体が崩れ落ちる雪崩。

そこぬけ【底抜け】「この樽は—だ」「—のお人好し」

そこね【底値】取引で、一番低い値段。「株を—で買う」

そこばく【〈若干〉・▽幾▽許】いくつか。いくらか。「—の蓄えがある」

そこひ【底▼翳・〈内障〉】視力が落ちる眼の病気。「白（青、黒）—」

そこびえ【底冷え】「京都の—は格別だ」

そこびきあみ【底引(き)網・底▼曳き網】「—漁」

そさい【▼蔬菜】野菜。青もの。「健康維持のために—

そ

類を多く摂る」

そざい【素材】「―の持ち味を生かした料理」

そざつ【粗雑】「―な塗り方」「―に扱う」

そさん【粗▼餐】粗末な食事。人に出す食事の謙譲語。「―を差し上げたく存じます」

そし【阻止・▼沮止】「侵入を断固―する」

そし【祖師】宗派の開祖。「日蓮宗の―」

そし【素子】「半導体―」

そし【素志】前々からの望み。「―を遂げる」

そじ【素地】「―の美しさを生かした洋服」「―があるから後は稽古次第だ」

そじ【措辞】「詩の巧みな―を味わう」

そしき【組織】「会社―」「細胞―」「―力」「―票」「労働組合を―する」

そしつ【素質】「バレリーナの―がある」

そしな【粗品】「開店祝いに―を贈呈します」

そしゃく【▼咀▼嚼】食物を細かくかみ砕く。「―筋」「書かれた内容を―する」

そしゃく【租借】他国の領土を借りておさめる。「―地」「―期間」

そしゅう【▼楚囚】囚人。とりこ。

そじゅつ【祖述】先人の説を継ぎ研究を発展させる。「師の学説を―する」

そしょう【訴訟】「民事―」「―沙汰」

そじょう【▼俎上】「話題作を―に載せて批評し合う」

そじょう【訴状】「裁判所に―を提出する」

そじょう【遡上・▼溯上】「鮭が川を―する」

そしょく【粗食】⇔美食。「粗衣―」「―に耐える」

そしる【▼謗る・▼譏る・▼誹る】「陰で上司を―」

そすい【疎水・▼疏水】水になじまないこと。灌漑・発電用に作った水路。「―性の物質は油には溶ける」「安積〈あさか〉―」「琵琶湖―」

そすう【素数】一とその数でしか割れない正の整数。

そせい【粗製】粗雑なつくり方。「―品」「―濫造」

そせい【組成】「化合物の―」

そせい【▼蘇生・▼甦生】「人工呼吸で―する」「活力を失った企業を―させる」

そぜい【租税】税金。「―の負担」「―を徴収する」

そせき【礎石】建物の土台石。物事の基礎。

そせん【祖先】「人類の―」「―の墓に手を合わせる」

そそ【▼楚▼楚】清らかで美しいさま。「―とした美人」

そそう【阻喪・▼沮喪】気力がくじける。「意気―」

そそう【粗相】ちょっとした失敗。大小便をもらす。「とんだ―を致しまして申し訳もございません」「子供が―をして、ちょっと失礼致します」

そぞう【塑像】粘土や石膏などで造った像。

そそぐ【注ぐ・▼灌ぐ】流れ込む。上からかける。集中する。「東京湾に―川」「椀に汁を―」「降り―日光」「生徒に愛情を―」「全員の視線が―がれる」「心血を―」

そそぐ【▽雪ぐ・▽濯ぐ】清める。名誉を回復する。「恥を―」

そそのかす【唆す・▼嗾す】「子供を―」

そそりたつ【⦅▼聳⦆り立つ】「―摩天楼(高峰)」

そそる【▽唆る】「食欲を―」「興味を―」

そぞろ【▽漫ろ】上の空。何となく。「気も―になる」「―に昔がしのばれる」

そぞろあるき【▽漫ろ歩き】「桜の下を―する」

そだ【粗▼朶・▼麁▼朶】切り取った木の枝。

そだいごみ【粗大⦅▼塵⦆】「家では娘に―扱いされる」

そだち【育ち】「田舎―」「―盛り」「今年は作物の―が良い」「生まれも―も東京だ」「氏より―」

そだつ【育つ】「立派な青年に―」「後継者が―」「親がなくとも子は―」

そだてる【育てる】「子ども(後継者)を―」

そち【措置】「適切な―を講ずる」

そちゃ【粗茶】他人に出す茶をへりくだっていう語。「―でございますが」

そちら【⦅▼其▽方⦆】その方角・物。あなたの方。「―の天気はいかがですか」「―さまの御都合」

そつ【卒】ソツ　―「卒業・卒中・卒倒・学卒・弱卒・新卒・兵卒」

そつ【率】ソツ・リツ　ひき-いる　「率先・率然・率直・引率・軽率・統率」
そつ【卒】「昭和五十九年―」
そつ【▽帥】律令制で、大宰府の長官。そち。
そつい【訴追】検察官が公訴を提起する。「刑事―」
そつう【疎通・疏通】「意思の―を図る」
そっか【足下】手紙の脇付の一。「山田太郎様―」
ぞっか【俗化】「―してきた観光地」
ぞっかい【俗界】「―の煩わしさから逃れる」
ぞっかい【俗解】「語源―」
ぞっかい【続開】会議を再開する。「休憩の後、委員会を―する」
そっき【速記】「―術」「―本」「議事録を―する」
そっきゅう【速球】非常に速い投球。「剛―」
そっきょう【即興】「―曲」「―で俳句を詠む」
そつぎょう【卒業】「―式」「―証書」「―旅行」
ぞっきょく【俗曲】三味線伴奏の大衆的な小歌曲。
そっきん【即金】「半分を―で払う」
そっきん【側近】そば近くに仕える人。「―政治」「首相の―」
ぞっけ【俗気】ぞくけ。
そっけつ【即決】「即断―」「採否を―する」
そっけない【《素》っ《気》ない】愛想がない。「―返事」
そっこう【即効】すぐに効き目がある。「―薬」「―性のある風邪薬」
そっこう【速効】効き目が現れるのがはやい。「―性肥料」
そっこう【速攻】すばやく攻撃すること。すぐさま。「―して先取点をとる」
そっこう【側溝】道路の脇に作る排水溝。
ぞっこう【続行】「現役を―する」
そっこく【即刻】「ダム建設を―中止する」
ぞっこく【属国】他国に支配されている国。
そつじ【卒▼爾・率▼爾】「―ながらお邪魔致します」
そつじゅ【卒寿】九〇歳。また、その祝い。
そっせん【率先・▽帥先】「―垂範(=進んで模範を示す)」「―躬行〈きゅうこう〉(=先だって実践する)」〔「卒先」と書くのは誤り〕
そつぜん【卒然・率然】突然。「―として悟りを開いた」
そっちゅう【卒中】脳卒中。
そっちょく【率直】「―な人柄」「臆せず―に言う」
そっとう【卒倒】「ショックのあまり―する」
そつどく【卒読】急いでざっと読む。⇔精読。
そっぽ【《▽外▽方》】よその方。「住民から―を向かれる」
そで【袖】「着物の―」「―にされる(=冷淡にされる)」
そでがき【袖垣】門のわきに造った小さい垣根。
そてつ【▼蘇鉄】暖地に生える常緑低木。
そでのした【袖の下】賄賂〈わいろ〉。「―を使う」
そと【外】⇔内。「―へ出て遊ぶ」「夕食を―でとる」「鬼は―、福は内」
そとう【粗糖】精製していない砂糖。
そとうみ【外海】大陸の外に広がる大海。「瀬戸内海から―に出ると船は大きく揺れた」
そどく【素読】「論語を―する」
そとぜい【外税】価格に消費税が含まれていないこと。⇔内税。
そとづら【外面】⇔内面〈うちづら〉。「―のいい人」
そとば【▽卒▽塔婆・▽卒都婆】供養のために立てる板。
そとぼり【外堀・外▼壕・外▼濠】城の外回りの堀。⇔内堀。「江戸城の―跡」「法案成立のため、まず―を埋める(=目的達成のために障害を除く)」
そとまご【外孫】他家に嫁いだ娘の子。養子に出した息子の子。⇔内孫。
そとまた【外股】「―で偉そうに歩く」
そなえ【供え】「仏壇の―物」「お―」
そなえ【備え】「万全の―」「―あれば憂いなし」
そなえる【供える】神仏に物をささげる。「仏壇にお団子を—」「神棚に榊を—」

そなえる【備える】用意をする。設備する。形を整える。「台風に—えて懐中電灯を買う」「玄関に防犯カメラを—」「十分に資質(条件)を—」

そなえる【▽具える】生まれつき身につけている。「徳(力量)を—」

そなた【⦅▼其▽方⦆】あなた。お前。

そなれまつ【▼磯▼馴れ松】潮風で傾いている松。

そねむ【▽嫉む・▽妬む・▼猜む】ねたむ。「同僚から異例の昇進を—まれる」

その【園・▼苑】「学びの—」「女の—」

その【⦅▼其⦆の・⦅▽夫⦆の】「—人」「実は—…」

そのう【園▽生】草木を植える庭。庭園。「竹の—」

そのすじ【⦅▼其⦆の筋】「—の専門家」「—のお達し」

そのた【⦅▼其⦆の他】「—大勢」

そば【⦅▽側⦆・⦅▽傍⦆】「家の—の公園」「かせぐ—から使ってしまう」

そば【〈蕎麦〉】「天ぷら—」「—湯」「—を打つ」

そばがき【〈蕎麦〉▼搔き】熱湯で練った蕎麦粉。

そばかす【〈雀斑〉】顔にできる褐色の斑点。

そばだつ【▼聳つ・▼峙つ】「—った崖」

そばだてる【▼欹てる】「耳を—てて聞く」

そばづえ【▽側▼杖・▽傍▼杖】「とんだ—を食う」

そばめ【▽側女・▽側▽妻】めかけ。側室。


そばめる【▽側める】視線をそらす。「目を—」

そびえる【▼聳える】「高層ビルが—」

そびやかす【▼聳やかす】「肩を—」

そびょう【祖▼廟】祖先をまつるみたまや。

そびょう【素描】単色の線で形をかく。デッサン。「石膏像を—する」

そびょう【粗描】あら筋を大まかに描写する。「近代法制史を—する」

そふ【祖父】父母の父親。おじいさん。⇕祖母。

そふぼ【祖父母】祖父と祖母。「—の住む実家」

そぶり【⦅素振⦆り】「つれない—」

そぼ【祖母】父母の母親。おばあさん。⇕祖父。

そほう【粗放・疎放】「—な性格の少年」

そぼう【粗暴】態度が乱暴である。「—な振る舞い」

そほうか【素封家】名家とされる財産家。

そぼく【素朴・素▼樸】「—な人柄」「—な疑問」

そほん【粗▼笨】荒けずりなさま。粗雑。「—な計画」

そまつ【粗末】「—な食事で我慢する」「親を—にする」「お—な出来で恥ずかしい」

そまびと【▼杣人】きこり。杣〈そま〉。

そまやま【▼杣山】材木にする木を植える山。杣〈そま〉。

そまる【染まる】「朱〈あけ〉に—」

そみつ【粗密・疎密】「人口の—に差がある」


そみんしょうらい【▼蘇民将来】疫病よけの神の名。「—の護符」

そむく【背く・▼叛く】「師の教え(期待)に—」「主君に—」「約束(法)に—」

そむける【背ける】「顔を—けて挨拶もしない」

そめい【疎明・▼疏明】釈明。「—書」「法廷での—」

そめいよしの【染井▽吉野】サクラの品種。

そめる【初める】はじめて…する。「花が散り—」「テニスコートで見—」

そめる【染める】「布を藍で—」「髪を茶色に—」「恥ずかしさに頰を—」「悪事に手を—」

そもう【▼梳毛】羊毛などの繊維を平行に揃える。

そもさん【▽作▼麼▽生・▼什▼麼▽生】(禅問答で)いかに。

そもそも【▽抑・▽抑▽抑】「—の始まり」「—事前調査の不備がこのような事態を招いた」

そや【▽征矢・▽征▼箭】戦闘に用いた矢。

そや【粗野】荒々しく下品。「—な振る舞い」

そよう【素養】「音楽の—がある」

そよかぜ【⦅▽微⦆風】「春の—」

そよぐ【▽戦ぐ】「秋風にススキの穂が—」

そら【空】「—に輝く星」「—高く舞い上がる」「変わりやすい秋の—」「遠い異国の—」

そらおそろしい【⦅空⦆恐ろしい】「—話」

そらおぼえ【《空》覚え】「—の歌詞」
そらごと【《空》言・《▽虚》言】うそ。偽り。
そらす【反らす】弓なりに曲げる。「体を後ろに—」
そらす【▽逸らす】ねらいを外す。違う方に向かわせる。「的を—」「目を—」「話題を—」
そらぞらしい【空空しい】「—お世辞を言う」
そらだのみ【《空》頼み】当てにならない頼み。
そらとぼける【《空》▼惚ける】わざと知らない素振りをする。
そらに【《空》似】「他人の—」
そらね【《空》音】聞こえるような気がする音。うそ。
そらね【《空》寝】「—を決め込んで目をつむる」
「—の鈴」「—を吐く」
そらまめ【空豆・▽蚕豆】マメ科の越年草。
そらみみ【《空》耳】声や物音がしたように思う。
そらんじる【▼諳んじる】「源氏物語の冒頭を—」(サ変「諳んずる」も同じ)
そり【反り】「—が合わない(=気心が合わない)」
そり【▼橇】「犬—」「—滑り」
そりみ【反り身】「妊婦が—で歩く」
そりゃく【粗略・疎略】「客を—に扱う」
そりゅうし【素粒子】「—論」「—の相互作用」
そりん【疎林】樹木のまばらに生えている林。
そる【反る】「本の表紙が—」
そる【▼剃る】「ひげを—」
それ【《▽其》れ】「—がいい」「—もそうだ」
それがし【▽某】誰それ。また、武士が自分をさして言った言葉。「鈴木—の著した本」
それぞれ【《▽夫》れ《▽夫》れ】「—の意見」
それる【▽逸れる】「台風が—」「話が—」
そろう【疎漏・粗漏】いい加減で、抜けがある。「—のないように厳重に注意する」
そろう【▼揃う】「粒が—」「足並みが—」
そろえる【▼揃える】「書類を—」
そろばん【▽算盤・▽十露盤】「読み書き—」「—勘定」「—をはじく」「この仕事は—抜きでやっています」

そん【存】ソン・ゾン —「存在・存続・存立・既存・現存・残存」
そん【村】ソン むら「村長・村道・村民・村落・寒村・漁村・山村」
そん【孫】ソン まご「外孫・玄孫・皇孫・子孫・嫡孫・内孫・令孫」
そん【尊】ソン たっと-い・とうと-い・たっと-ぶ・とうと-ぶ「尊顔・尊敬・尊厳・尊称・尊属・尊大・尊重・本尊」
そん【損】ソン そこ-なう・そこ-ねる「損益・損壊・損害・損失・損傷・損得・損料・欠損・減損・破損」

そん【遜[遜]】ソン —「遜位・遜色・遜譲・謙遜・不遜」
そん【損】⇔得。「千円の—をする」「口べたで—をする」「—な役回り」「—して得取れ」
ぞん【存】⇨そん(存)。「存外・存命・温存・実存・生存・保存」
そんえい【尊影】「歴代校長の御—」
そんえき【損益】「—勘定」「取引の—を計算する」
そんかい【損壊】「地震で家屋が—する」
そんがい【損害】「—賠償」「—保険」「—を被る」
ぞんがい【存外】「—な謝礼に恐縮している」「案じていたが—うまくいった」
そんがん【尊顔】「御—を拝する」
そんきょ【▼蹲▼踞・▼蹲居】うずくまる。深く腰をおろす。「竹刀を正眼に構えて—の姿勢をする」
そんけい【尊敬】「—語」「—の念を抱く」
そんげん【尊厳】「生命の—」「—死」
そんざい【存在】そこにあること、いること。「—感」「—証明」「神の—を信じる」「貴重な—」
そんしつ【損失】⇔利益。「—を被る」「国家的—」
そんしょう【尊称】「権現様は徳川家康の—である」
そんしょう【損傷】「交通事故で頸椎を—する」「機体に—を受ける」
そんしょく【遜色】見劣り。「日本の製品は世界の一流製品と比べても―(が)ない」

そんじる【損じる】「御機嫌を―」「書き―」〔サ変「損ずる」も同じ〕

そんする【存する】ある。存在する。「結核の疑いが―」

ぞんずる【存ずる】「そのように―・じます」「知らぬ―・ぜぬの一点張り」

そんぞく【存続】「動物園の―を求める」

そんぞく【尊属】目上の血族。父母・祖父母など。

そんそせっしょう【▼樽▼俎折衝】外交交渉。かけひき。

そんだい【尊大】「―な態度に批判が集中する」

そんだい【尊台】手紙で相手を敬って言う語。「―の御健勝をお祈り申し上げます」

そんたく【▼忖度】おしはかる。「相手の心中を―する」

そんち【存置】「古代遺跡を―する」

そんちょう【尊重】「人命―の精神」

そんどう【尊堂】手紙で相手や相手の家を敬っていう語。「―の御健勝をお祈り申し上げます」

そんとく【損得】「―抜きの奉仕」

ぞんねん【存念】「御―を伺いたい」

そんのう【尊王・尊皇】「―攘夷」

そんぱい【存廃】「死刑の―を巡って議論する」

そんぴ【存否】有無。安否。「―を確かめる」

そんぴ【尊卑】「貴賤―」

そんぷ【尊父】「御―様の御逝去を悼む」

そんぷうし【村夫子】(揶揄の意味を込めて)田舎の学者。「―然として講義をする」

ぞんぶん【存分】「―に腕を振るう」「思う―楽しむ」

そんぼう【存亡】「危急―の秋〈とき〉」

そんめい【尊名】「御―はかねがね承っております」

ぞんめい【存命】「亡父―中はお世話になりました」

そんもう【損耗】つかいへること。そんこう。「自然―」「タイヤが―する」

そんよう【尊容】「阿弥陀仏の―を拝する」

そんらく【村落】「―共同体」「山間の―」

そんりつ【存立】「―の基盤がゆらぐ」

そんりょう【損料】衣服などの使用料。「―貸し」

た

た【太】⇩たい(太)。「太郎・丸太」

た【他】タ ほか 「他意・他国・他言・他殺・他人・他方・他面・他用・他力・他流・自他・排他・利他」

た【多】タ おお‐い 「多感・多義・多芸・多才・多湿・多大・多難・多年・多方・多忙・多様・多量・過多・雑多・煩多」

た【汰】タ ― 「沙汰・淘汰」

だ【打】ダ う‐つ 「打開・打撃・打算・打者・打診・打電・打倒・打破・打撲・安打・殴打・強打・連打」

だ【妥】ダ ― 「妥協・妥結・妥当」

だ【唾】ダ つば 「唾液・唾棄・唾腺」〔「唾」は、「つばき」とも〕

だ【蛇】⇩じゃ(蛇)。「蛇蝎〈だかつ〉・蛇行・蛇足・長蛇」

だ【堕(墮)】ダ ― 「堕胎・堕落」

だ【惰】ダ ― 「惰性・惰眠・惰力・勤惰・怠惰」

だ【駄】ダ ― 「駄句・駄作・駄賃・駄文・無駄」

ダース【▽打】「ジュース一―を配達する」

たい【大】⇩だい(大)。「大意・大過・大会・大挙・大局・大軍・大赦・大衆・大葬・大任・大病・大変・大役・大要」

たい【太】タイ・タ　ふとーい・ふとーる　「太極・太古・太鼓・太子・太初・太平」

たい【代】⇩だい(代)。「代謝・永代・希代・交代」

たい【台(臺)】⇩だい(台)。「台風・台命・台臨・舞台・屋台」

たい【対(對)】タイ・ツイ　―　「対応・対局・対決・対抗・対策・対処・対称・対象・対戦・対談・対等・対比・対話・応対・敵対・反対」

たい【体(體)】タイ・テイ　からだ　「体育・体温・体格・体験・体質・体重・体積・体操・体得・体罰・体面・体力・固体・実体・主体・身体」

たい【耐】タイ　たーえる　「耐圧・耐火・耐寒・耐久・耐暑・耐食・耐震・耐水・耐性・耐熱・耐乏・忍耐」

たい【待】タイ　まーつ　「待機・待遇・待望・歓待・期待・招待・接待」

たい【怠】タイ　おこたーる・なまーける　「怠業・怠惰・怠納・怠慢・勤怠」

たい【胎】タイ　―　「胎教・胎児・胎生・胎動・胎内・胎盤・懐胎」

たい【退】タイ　しりぞーく・しりぞーける　「退位・退院・退化・退学・退去・退屈・退出・退場・退廷・引退・減退・後退・辞退・進退・早退・脱退・敗退」

たい【帯(帶)】タイ　おーびる・おび　「帯電・帯同・一帯・寒帯・眼帯・携帯・妻帯・所帯・熱帯・連帯」

たい【泰】タイ　―　「泰山・泰初・泰西・泰然・泰斗・泰平・安泰」

たい【堆】タイ　―　「堆石・堆積・堆肥」

たい【袋】タイ　ふくろ　「風袋・薬袋・郵袋」

たい【逮】タイ　―　「逮捕・逮夜」

たい【替】タイ　かーえる・かーわる　「移替・交替・代替・隆替」

たい【貸】タイ　かーす　「貸借・貸費・貸与・賃貸」

たい【隊】タイ　―　「隊員・隊商・隊列・楽隊・軍隊・兵隊・連隊」

たい【滞(滯)】タイ　とどこおーる　「滞空・滞在・滞陣・滞積・滞納・滞留・延滞・渋滞・沈滞・停滞」

たい【態】タイ　―　「態勢・態度・旧態・形態・事態・状態・生態」

たい【戴】タイ　―　「戴冠・推戴・頂戴・不倶戴天・奉戴」

たい【▼鯛】「―の尾より鰯〈いわし〉の頭」

たい【体】「名は―を表す」「―もない(＝くだらない)こと」「ばかり言っている」「口々に発言して会議の―をなさない」

たい【隊】「登山―」「―を組む」

たい【他意】「別に―はない」

タイ【泰】東南アジアの一国。

だい【大】ダイ・タイ　おおーきい・おおーいに　「大恩・大小・大胆・偉大・拡大・過大・寛大・巨大・広大・重大・尊大・多大・長大・特大・肥大・雄大」

だい【内】⇩ない(内)。「内裏・境内・参内」

だい【代】ダイ・タイ　かーわる・かーえる・よ・しろ　「代休・代金・代行・代償・代診・代走・代筆・代表・代役・代用・代理・現代・古代・世代・地代・年代」

だい【台(臺)】ダイ・タイ　―　「台形・台座・台紙・台帳・台本・一台・演台・鏡台・式台・寝台」

た

た

だい【弟】⇩てい(弟)。「兄弟〈きょうだい〉〈けいてい〉」
だい【第】ダイ― 「第一・第三者・第六感・及第・次第・落第」
だい【題】ダイ― 「題材・題字・題名・演題・課題・議題・宿題・主題・出題・難題・表題・命題・問題」
だい【代】「一九八〇年―」「三十―半ば」「祖父の―からここに住んでいる」「―が替わる」「お―はこちらへお願いします」
だい【台】「箱を―にして本を取る」「パソコン一―」「七時―の列車に乗る」
だい【題】「作品に―をつける」「五つのうち三―解けた」
たいあたり【体当(たり)】「―の演技」
たいあつ【耐圧】「―ガラス」
たいあん【大安】六曜の一。すべてに吉。「―吉日」
たいあん【対案】「与党案の―を出す」
だいあん【代案】「賛同できないなら―を示すべきだ」
たいい【大尉】将校の階級で、尉官の最上級。
たいい【大意】「文章の―をつかむ」
たいい【体位】体格・体力・健康の度合。体の姿勢。「―が向上する」

たいい【退位】「老王が―する」
たいいく【体育】「保健―」「―座り」
だいいち【第一】「安全―」「―印象」
たいいん【退院】⇔入院。「病気が治って―する」
たいいん【隊員】「救急―」「消防―」
たいいんれき【太陰暦】月の運行による暦法。陰暦。
たいえい【退▼嬰】新しい物事に消極的。「―的な風潮」
だいえい【題詠】与えられた題によって詩歌をよむ。
たいえき【体液】血漿・リンパ液など体内にある液体。
たいえき【退役】兵役を退く。「―軍人」
たいおう【対応】「状況の推移に―する」「―策を検討する」
だいおう【大黄】タデ科の薬草。
だいおうじょう【大往生】「祖父は―を遂げた」
たいおん【体温】「―計」「―を測る」
だいおんじょう【大音声】「―を張り上げて叱る」
たいか【大家】その道で特に優れた人。「老―」「書道の―」
たいか【大火】大きな火事。
たいか【大過】「定年退職まで―なく勤め上げる」
たいか【対価】「労働に見合うだけの―」
たいか【耐火】「―れんが」
たいか【退化】⇔進化。「脚力が―する」

たいか【滞貨】ストック。「―一掃」「―金融」

たいが【大河】「―ドラマ(小説)」

だいか【代価】代金。「高い―を支払う」

だいか【台下】手紙の脇付に用いる語。

たいかい【大会】「陸上競技の全国―」

たいかい【大海】「井の中の蛙〈かわず〉―を知らず」

たいかい【退会】⇔入会。「今年限りでクラブを―する」

たいがい【《大概》】「デパートで―の物は揃う」「昼間は―出かけている」「冗談を言うのも―にしなさい」

たいがい【体外】⇔体内。「―受精」

たいがい【対外】「―政策」「―交渉」「―的問題」

たいかく【台閣】内閣。だいかく。「―に列する」

たいかく【体格】「―がいい(悪い)」

たいがく【退学】「中途―」「―処分」

だいがく【大学】「国立(私立)―」「―受験」

たいかくせん【対角線】隣り合わない角を結ぶ直線。「正方形の―の長さを求める」

たいかこうろう【大▼廈高楼】「―の立ち並ぶ都心」

だいかつ【大喝】大声でどなる。たいかつ。「―をくらわす」「―一声」

だいがわり【代替(わり)】「宿の主人が―していた」

たいかん【大患】重病。大きな心配。「―をわずらう」

たいかん【大観】「富士の―」『時局を―する』

たいかん【体感】「風が強くて―温度が低い」

たいかん【耐寒】「―訓練」『―性を備えた服装』

たいかん【退官】「教授の―記念講演」

たいがん【対岸】「船で―に渡る」『―の火事』

だいかん【大寒】二十四節気の一。一月二〇日頃。

だいかん【代官】昔、領地を統治した地方官。「お―様」

たいかんしき【戴冠式】帝王が即位し王冠を戴〈いただ〉く式。

たいがんじょうじゅ【大願成就】「見事―を果たす」

たいき【大気】「―圏」『―汚染』

たいき【大器】すぐれた器量や才能をもつ人。

たいき【待機】「自宅―」『控え室で―する』

たいぎ【大義】「悠久の―」『―にもとる所行』

たいぎ【大儀】「御即位の―」『体がだるく起きるのが―だった』

たいぎご【対義語】意味が反対の関係にある語。

だいぎし【代議士】国会議員、特に衆議院議員。

だいきち【大吉】⇔大凶。「おみくじで―を引く」

たいきばんせい【大器晩成】「―型の人物」

だいきぼ【大規模】「―な改革」『―集積回路』

たいぎめいぶん【大義名分】至極当然な理由。「―が立つ」『―にかなう』

たいきゃく【退却】「敗残兵をまとめて―する」

たいきゅう【耐久】「―レース」

だいきゅう【代休】「休日出勤したので―を取る」

たいきょ【大挙】「―して押し寄せる」

たいきょ【退去】「デモ隊を―させる」

たいきょう【胎教】「―に良い音楽」

たいぎょう【怠業】サボタージュ。

だいきょう【大凶】⇔大吉。

だいきょうじ【大経師】経巻や仏画を表装する職人。「―暦」

たいきょく【大局】全体の局面。「―を見て判断する」『世界経済の―を見通す』『―的な視野に立つ』

たいきょく【対局】囲碁・将棋などの勝負をする。

たいきょく【対極】反対の極。「両者は―に位置する」

たいきょくけん【太極拳】中国古来の拳法。健康法として行われる。

たいきん【大金】「―をつぎ込む」

だいきん【代金】「―は前払いでお願いします」

たいく【体▼軀】「逞しい―の男」

だいく【大工】「日曜―」

たいくう【対空】「―射撃」『―ミサイル』

たいくう【滞空】「グライダーの―時間」

たいぐう【待遇】給与や地位などの処遇。「部長―」「―表現」『―の改善を求める』

たいくつ【退屈】「―凌〈しの〉ぎ」『―な授業』

たいぐん【大軍】「敵の―が押し寄せる」

たいぐん【大群】「イナゴの―」

たいけい【大系】著作を系統立てて集めた書物。「思想―」『古典文学―』

たいけい【体系】個々の部分を統一した組織の全体。「給与―」『―的にとらえる』

たいけい【大計】遠大な計画。「国家百年の―」

たいけい【大慶】「―至極」『―に存じます』

たいけい【体形・体型】「肥満の―を改善する」

たいけい【隊形】「戦闘―」『四列横隊の―』

たいけい【大兄】手紙で、同輩以上の男性を敬っていう語。「―の御高見を承りたく」

だいけい【台形】二辺だけが平行な四辺形。

たいけつ【対決】「全面―」『―姿勢』

たいけん【体験】「無料―」『―談』『―学習』

たいけん【帯剣】剣を腰に下げる。

たいげん【体言】活用しない自立語。名詞・代名詞。

たいげん【体現】「人類愛を身をもって―した人」

たいげんそうご【大言壮語】「―を吐く」

たいこ【太古】有史以前。大昔。「―の昔から」

たいこ【太鼓】「祭りの―」『間違いないと―判を捺

た

〈お〉す」「社長の—持ち(=幇間)」

たいご【隊▼伍】「—堂々」「—を組んで行進する」

たいこう【大綱】根本。大要。「規約の—を決める」

たいこう【太▼閤】前関白の尊称。豊臣秀吉のこと。

たいこう【対向】「—車と接触事故を起こす」

たいこう【対抗】「—馬を立てる」「—意識を燃やす」

たいこう【対校】学校どうしの対抗。また、校合〈きょうごう〉。「—試合」「源氏物語諸本の—」

たいこう【退行】「幼児への—現象」

だいこう【代行】「部長—」「運転—」

だいこう【▼乃公・▼迺公】おれさま。「—出〈い〉でずんば(=自分をおいて他にだれができるものか)と気負って見せる」

たいこうしょく【退紅色】薄い紅色。

たいこうぼう【太公望】釣り人。「魚影に目を輝かす—たち」

たいごく【大獄】「安政の—」

だいこく【大黒】大黒天。僧の妻。

だいこくてん【大黒天】七福神の一。福徳の神。

だいこくばしら【大黒柱】「一家の—」

たいごてってい【大悟徹底】「—して澄み切った心持ち」

たいこばん【太鼓判】「—を捺〈お〉す」

だいごみ【▼醍▼醐味】「温泉旅行の—を満喫する」

だいこん【大根】「—卸〈おろし〉」「—役者」

たいさ【大佐】軍隊の階級で、佐官の最上位。〔旧日本海軍では「だいさ」と称した〕

たいさ【大差】⇔小差。「試合に—で勝った」

たいざ【対座・対▼坐】「—して碁を打つ」

たいざ【退座】「会議の途中で—する」

だいざ【台座】「阿弥陀像の—」

たいざい【滞在】「夏の間は軽井沢の別荘に—する」

だいざい【大罪】重く大きな罪。たいざい。

だいざい【題材】「庶民の日常生活を—に描いた作品」

たいさく【大作】すぐれた作品。大規模な作品。

たいさく【対策】「災害—」「—を立てる(講ずる)」

だいさく【代作】「小説を—するゴーストライター」

たいさん【退散】「機嫌が悪いので早々に—する」

たいざん【大山・泰山】「—鳴動して鼠一匹」

だいさん【代参】本人に代わって参拝すること(人)。

たいさんぼく【泰山木・大山木】モクレン科の常緑高木。

たいざんほくと【泰山北斗】第一人者。泰斗。

たいし【大志】「少年よ—を抱け(=クラーク博士の言葉)」

たいし【大使】「—館」「—を派遣する」

たいし【太子】「皇—」「立—」「聖徳—」

たいじ【対▼峙】対立する。「両軍が川を挟んで—する」

たいじ【胎児】母親の腹の中にある子ども。

たいじ【退治】「鬼—」「台所のゴキブリを—する」

だいし【大姉】女性の戒名に添える語。

だいし【大師】「弘法—」「—堂」

だいし【台紙】「アルバム用の—」

だいし【台詞】せりふ。

だいじ【大字】「一・二・三」などの代わりに用いる「壱・弐・参」などの文字。

だいじ【大事】「お家の—」「天下の一—」「—な話」「—には至らなかった」「—を取って出発を見合わせる」

だいじ【題字】書物のとびらに書く文字。

だいじ【題辞】書物などの表題の言葉。

たいした【大した】「—ことはない」

たいしつ【体質】「虚弱—」「—の改善をはかる」

たいして【大して】「薬を飲んでも—よくならない」

たいしゃ【大赦】「—の恩典に浴する」

たいしゃ【代▼赭】赤鉄鉱を粉末にした赤色の顔料。

たいしゃ【代謝】「新陳—」「—を高める」

たいしゃ【退社】「—時刻」「定年で—する」

だいしゃ【代車】「車検に出すので—を回してもらう」

だいしゃ【台車】「—で荷物を運ぶ」

だいじゃ【大蛇】「とぐろを巻いた―」

たいしゃく【貸借】「―関係」「―対照表」

たいしゃくてん【帝釈天】仏教の守護神。

だいしゃりん【大車輪】「―で仕事を片付ける」

たいしゅう【大衆】「一般―」「―化」「―食堂」

たいしゅう【体臭】「夏場は特に―が気になる」

たいじゅう【体重】「―計」

たいしゅつ【退出】「宮中を―する」

たいしゅつ【帯出】備品や図書などを外へ持ち出す。「禁―の図書」

たいしょ【大所】大きな立場。「―高所から発言する」

たいしょ【大暑】二十四節気の一。七月二三日頃。

たいしょ【対処】「困難な事態にうまく―する」

たいしょ【対▼蹠】正反対の関係にある。「―的な考え方（立場）」〔「対照的」に比べて正反対の意が強い〕

だいしょ【代書】「―人（＝行政書士）」「―を頼む」

たいしょう【大将】軍隊で、将官の最高位。「陸軍―」

たいしょう【対称】互いに対応してつり合う。「点（線）―」「左右―の図形」

たいしょう【対象】注意が向けられる目標となるもの。「あこがれの―」「児童を―とした交通安全指導」

たいしょう【対照】比べ合わせる。違いが際立つ。「―表」「―実験」「比較―する」「―の妙を示す」

たいしょう【隊商】砂漠を往来する商人の一隊。

たいじょう【退場】「反則をして審判が―を命じる」
だいしょう【代償】「戦いには勝利したがその―は大きかった」
だいじょう【大乗】広く人間の救済を説く仏教の教え。⇔小乗。「―仏教」
だいじょうさい【大▼嘗祭】天皇の即位後最初の新嘗祭。
だいじょうだん【大上段】「―に構える」
だいじょうぶ【《大丈夫》】危なげない。きっと。立派な男子。「彼に任せておけば―だ」「彼女なら―成功する」「堂々とした大丈夫」
たいしょうりょうほう【対症療法】「―（＝その場しのぎ）に過ぎない」
たいしょく【大食】「無芸―」「―漢」
たいしょく【耐食・耐▼蝕】「―性にすぐれたメッキ」
たいしょく【退色・▼褪色】「日に当たって―する」
たいしょく【退職】「―金」「―願」「会社を定年で―する」
たいしん【耐震】「―構造」
たいじん【大人】徳の高い人。「―の風格がある」
たいじん【対人】「―保険」
たいじん【対陣】敵と向かい合って陣を取る。
たいじん【退陣】「内閣が―する」

だいしん【代診】「担当医から―を頼まれた」
だいじん【大尽・大臣】金持ち。豪遊する客。「―風を吹かす」
だいじん【大臣】国務大臣。「文部科学―」
だいず【大豆】マメ科の作物。「―油」
だいすう【代数】数学の一部門。代数学。
たいする【体する】「社長の意を―」
たいする【対する】「議会に―要求」「客に愛想よく―」「優勝候補と―」「右が白組、―紅組は左に構える」
たいする【帯する】身につける。「弓矢を―」
だいする【題する】「『老後の暮らし』と―講演」
たいせい【大成】「若くして―する」
たいせい【大政】「―奉還」「―翼賛会」
たいせい【大勢】「―に従う」「―に影響しない」
たいせい【体制】組織の様式。支配者の側。「資本主義―」「救急医療―」
たいせい【体勢】体全体の構え。姿勢。「得意の―に持ち込む」「不利な―」
たいせい【態勢】「万全の―で望む」
たいせい【耐性】「―菌」「―がつく」
たいせい【胎生】⇔卵生。「―動物」
たいせい【退勢・▼頽勢】「―を挽回する」
たいせい【泰西】西洋。欧米。「―名画」
たいせいよう【大西洋】「―横断」

たいせき【体積】「直方体の―」
たいせき【対▾蹠】たいしょ。
たいせき【退席】「会議の途中で―する」
たいせき【堆積】「―岩」「土砂が―する」
たいせつ【大雪】二十四節気の一。十二月八日頃。
たいせつ【大切】「―な思い出の品」「―な命(資源)」「お体を―になさって下さい」
たいせん【大戦】「第二次世界―」
たいせん【対戦】「チャンピオンと―する」
たいぜん【大全】その分野についてのすべてを記した書物。「薬草―」
たいぜん【泰然】「―として驚かない」
だいせん【題▾簽】和漢書の題名を書き表紙にはる紙片。
たいぜんじじゃく【泰然自若】一向に動じない。「辺りは騒然となったが彼一人が―としていた」
たいそう【大葬】天皇・皇后などの葬儀。
たいそう【体操】「ラジオ―」「朝起きてまず―する」
たいそう【《大層》】「―な人出」「―な構えの邸宅」「突然の知らせで―驚いた」
たいぞう【退蔵】使わずしまっておく。「―物資」
だいそう【代走】ピンチランナー。
だいそれた【大それた】「―考え」
たいだ【怠惰】「―な生活」

だいだ【代打】「八回裏に―で出場する」
だいたい【大▾腿】太もも。「―骨」
だいたい【代替】「―案」「―医療」「―効果」
だいたい【《大体》】「―できた」「―五百人ぐらい」「―お前が悪いのだ」
だいだい【▾橙・〈臭橙〉】「―色」「―酢」
だいだい【代代】「先祖―の墓」「―受け継がれている秘伝の味」
だいだいてき【大大的】「今回の事件を―に報じた」
だいだいり【大内裏】内裏と諸官司のある区域。
たいだん【対談】二人があるテーマについて話す。「文学について―する」
たいだん【退団】⇔入団。「今期限りで―する」
だいたん【大胆】⇔小胆。「―な発言」
だいだんえん【大団円】芝居などの最後の場面。「―を迎える」
だいたんふてき【大胆不敵】「―な行動」
たいち【対置】「原案と修正案とを―して比べる」
だいち【大地】「―に根を下ろして生きる」
だいち【台地】「武蔵野―」「シラス―」
たいちょう【体長】動物の体の長さ。
たいちょう【体調】「―を整える」「―を崩す」
たいちょう【退庁】⇔登庁。「定時に―する」

たいちょう【退潮】「党勢が―する」
たいちょう【隊長】「登山隊の―」
だいちょう【大腸】「―菌」「―炎」
だいちょう【台帳】土台となる帳簿。原簿。「土地―」「―と合わせて確かめる」
たいてい【《大抵》】「―の人は理解できる」「並み―の努力ではない」「八時には―帰宅している」
たいてい【退廷】法廷から退出する。⇔入廷。
たいてき【大敵】「油断―」「甘いものは肥満の―だ」
たいてん【大典】「皇位継承の―」「千古不磨の―」
たいでん【帯電】「―防止加工」
たいと【泰斗】第一人者。泰山北斗。「物理学界の―」
たいど【態度】「―が良い(悪い)」「―が大きい」「真剣な―に心うたれる」「強硬な―」
たいとう【対等】「―の立場にある」「―に戦う」「―な関係を保つ」
たいとう【▾擡頭・台頭】「新勢力が―する」
たいとう【帯刀】「名字―を許される」
たいとう【▾頽唐】健全な気風が衰える。頽廃。「―美」
たいとう【▾駘▾蕩】のどかなさま。「春風―とした人柄」
たいどう【胎動】「新しい気運が―する」
たいどう【帯同】一緒に連れて行く。「秘書を―する」
だいどう【大道】「天下の―」「政治の―」「―芸」

だいどうしょうい【大同小異】似たりよったり。

だいどうだんけつ【大同団結】小異を捨てて団結する。

だいとうりょう【大統領】共和国の元首。「アメリカ―」

たいとく【体得】「こつを―する」

たいどく【胎毒】子どもにできる皮膚病の通称。

だいどく【代読】「表彰状を理事長の名で―する」

だいどころ【台所】「―は火の車だ」

たいない【体内】体の内部。⇔体外。「―時計」

たいない【胎内】身ごもった母親の腹の中。「母の―ではぐくまれた命」

だいなし【台《無》し】「せっかくの苦労が―だ」

たいにち【対日】「―赤字」「―貿易」

だいにちにょらい【大日如来】真言宗の本尊。

たいにん【大任】「見事に―を果たす」

たいにん【退任】⇔就任。「部長の職を―する」

だいにん【代人】代理人。「―を務める」

たいねつ【耐熱】「―ガラス」

だいの【大の】「―好物」「―仲良し」

たいのう【滞納】「家賃（授業料）を―する」

だいのう【大脳】「―皮質」

だいのう【代納】「税を米で―する」

たいは【大破】「転倒した車は―した」

た

だいば【台場】海岸沿いに造った砲台。「御〈お〉―（＝品川台場）」

たいはい【大敗】「予想外の―を喫する」

たいはい【退廃・▼頽廃】「風紀が―する」「―的なムード」

たいはく【太白】金星。太白星。

だいはちぐるま【大八車・代八車】木製の二輪の荷車。

たいばつ【体罰】「しつけと称して―を加える」

たいはん【大半】全体の半分以上。ほとんど。大部分。「財産の―を失う」

たいばん【胎盤】胎児と母体を結ぶ器官。

だいばんじゃく【大盤石・大▼磐石】「―の構えで事に臨む」

たいひ【対比】「昨年と今年の実績を―してみる」

たいひ【待避】他の車両が通り過ぎるのを待つ。「―線」「―所」

たいひ【退避】退いて危険・危難を避ける。「―訓練」「安全な地点に―する」

たいひ【堆肥】草・塵芥などを腐らせた有機肥料。

だいひつ【代筆】「手紙を―する」

たいひょう【体表】からだの表面。「―呼吸」

たいびょう【大病】「―を患って長く入院する」

たいびょう【大▼廟】宗廟。伊勢神宮。「―に詣でる」

だいひょう【大兵】体が大きい。⇔小兵。「―肥満」

だいひょう【代表】「―作」「―質問」「―取締役」

たいぶ【大部】「―の書物」

だいぶ【《大分》】「近頃―暖かくなった」「具合が―良くなった」

たいふう【台風・▼颱風】「―一過」「―の目」

だいふく【大福】「苺―」「―餅」

だいふくちょう【大福帳】商家で売買を記録した元帳。

だいぶつ【大仏】「―殿」「―開眼〈かいげん〉」

だいぶぶん【大部分】「生徒の―が自転車で通学する」

たいへい【太平・泰平】「天下―」「―の世」

たいへいよう【太平洋】「―の沿岸」

たいへいらく【太平楽】「のんきに―を並べる」

たいべつ【大別】「東洋と西洋に―する」

たいへん【大変】「―な事件」「準備が―だ」「あの方には―世話になった」

だいへん【代返】「教師に―がばれた」

だいべん【大便】くそ。糞。便。

だいべん【代弁・代▼辯】「被害者の気持ちを―する」

たいほ【退歩】⇔進歩。「考え方が―する」

たいほ【逮捕】「―状」「現行犯で―する」

たいほう【大砲】「―で敵艦を攻撃する」
たいぼう【待望】「―の女の子を出産する」
たいぼう【耐乏】「―生活を強いられる」
だいほん【台本】「演劇の―」「―どおりに事が運ぶ」
たいま【大麻】「―所持で逮捕される」
たいまい【大枚】「―をはたいて新車を購入する」
たいまい【▼玳▼瑁】海産のカメ。べっこう細工で激減。
たいまつ〈松明〉「―をともす」
たいまん【怠慢】「職務―」「―のそしりを免れない」
だいみょう【大名】「戦国―」「―行列」「―旅行」
たいめい【大命】天皇の命令。「―降下」
たいめい【待命】命令が出るまで待機する。「―休職」
だいめい【題名】「小説の―」
だいめいし【代名詞】「人称（指示）―」「関係―」
たいめん【体面】面目。体裁。「―にかかわる」「―をけがす（傷つける）」「何とか―を保つ」
たいめん【対面】「―交通」「親子が―を果たした」
たいもう【大望】大きな望み。「―を抱く」
だいもく【題目】「卒業論文の―」「お―を並べる」
たいや【逮夜】葬儀・忌日の前夜。
たいやく【大厄】「男の―は四十二歳、女は三十三歳と言われる」
たいやく【大役】「―を果たす」「見事な演技で―をこなす」「議長の―を仰せつかる」

たいやく【対訳】「日中―辞書」
だいやく【代役】「―を立てる」「―を務める」
だいゆう【大勇】「―を振るって不正を告発する」
たいよ【貸与】「奨学金を―する」
たいよう【大洋】「―に船出する」
たいよう【大要】大体の要点。あらまし。「計画の―を発表する」「―次のとおりである」
たいよう【太陽】「―系」「―電池」「―が昇る（沈む）」「君は僕の心の―だ」
たいよう【態様・体様】ありさま。状態。
だいよう【代用】「―品」「踏み台を箱で―する」
たいようれき【太陽暦】地球の一公転が一年の暦。陽暦。
たいよく【大欲・大▼慾】「―は無欲に似たり」
たいら【平ら】「―な道」
たいらぎ〈玉珧〉海産の大形の二枚貝。貝柱は食用とされる。
たいらげる【平らげる】「敵を―」「食べ物を残さず―」
たいらん【大乱】「応仁の―」
だいり【内裏】皇居。
だいり【代理】「部長―」「―人」「広告―店」「上司の―として会議に出席する」
だいりき【大力】「―無双」

たいりく【大陸】「アジア―」「―封鎖」「―横断鉄道」「―棚」「南極―を探検する」
だいりせき【大理石】「―でできた像」
たいりつ【対立】「―候補」「意見が―する」
だいりびな【内裏▼雛】天皇・皇后の雛人形。
たいりゃく【大略】「構想の―を述べる」
たいりゅう【対流】熱により流体が循環運動をする。
たいりゅう【滞留】物事がとどこおる。旅先でとどまる。「霧が山あいに―する」
たいりょう【大量】⇔少量。「―生産」「イナゴが―に発生する」
たいりょう【大漁】「―旗」「―続きで漁港が活気づく」
たいりょく【体力】「―測定」「―の衰え」
たいりん【大輪】「―の菊」
たいれい【大礼】皇室の重大な儀式。即位の儀式など。
たいれつ【隊列】「―を整えて行進する」
たいろ【退路】退却する道。にげみち。「―を断つ」
たいろう【大老】江戸幕府の最高の官職名。
だいろっかん【第六感】「―が働く」
たいわ【対話】「―劇」「親子の―が必要だ」
たう【多雨】「高温―」
たうえ【田植（え）】「―祭り」「一列に並んで―する」
たえがたい【堪（え）難い】「―腹痛」「―暴言」

だえき【唾液】つば。つばき。

たえしのぶ【堪(え)忍ぶ】「苦難を―」

たえず【絶えず】「―注意を喚起する」「―見守る」

たえて【絶えて】「―久しく音沙汰がない」「そのようなことは―聞いたことがない」

たえない【堪えない】抑えられない。「憂慮に―」「慚愧に―」「聞く(見る)に―」

たえなる【妙なる】「―笛の音」

たえまない【絶え間無い】「雨が―・く降っている」

たえる【耐える】我慢する。持ちこたえる。「苦痛(孤独)に―」「風雪に―」

たえる【堪える】…の値打ちがある。「批評に―論文」

たえる【絶える】「仕送りが―」「息が―」

だえん【▼楕円】「―形の陸上競技のトラック」

たおす【倒す】「木を―」「敵を―」「幕府を―」

たおす【▼斃す・▼殪す】殺す。「凶悪な敵を―」

たおやか【▼嫋やか】「―な乙女」「―な舞の手振り」

たおやめ【手▽弱女】たおやかな女。⇔益荒男〈ますらお〉。「―振り」

たおる【手折る】「桜の枝を―」

たおれる【倒れる】「柱が―」「過労で―」

たおれる【▼斃れる・▼殪れる】死ぬ。殺される。「凶弾に―」「病で―」

たか【高】「収穫の―」「―をくくる」

たか【▼鷹】中形の代表的な猛禽。

たか【多寡】「寄附は金額の―を問わない」

たが【▼箍】桶の周囲を締める竹や金属の輪。「厳しい監督が辞めてつい―が緩む」

たかい【高い】⇔低い・安い。「背の―人」「―声で歌う」「目が―」「格調が―」「敷居が―」「枕を―・くして寝る」

たかい【他界】「先月―した作曲家」

たがい【互い】「二人は―に愛し合っている」「任務遂行には―の協力が必要だ」「困ったときはお―さまです」

だかい【打開】「局面の―を図る」「膠着状態を―する」「有効な―策が見出せない」

たがいちがい【互い違い】「―に糸を編む」

たかいびき【高▼鼾】安心してよく眠るさま。「―をかく」

たがう【▽違う】「事、志と―」「案に―・わず事を進める」「本物と寸分―・わない精巧な模型」

たかがり【▼鷹狩(り)】鷹で鳥獣を捕らえる狩り。

たがく【多額】⇔少額。「―の借金がある」

たかくけい【多角形】角が三つ以上の平面図形。

たかげた【高下▽駄】歯の高い下駄。

たかさご【高▽砂】謡曲の曲名。めでたい席で謡われる。

だがし【駄菓子】「―屋であめ玉を買う」

たかしお【高潮】「―注意報」

たかしまだ【高島田】婚礼の花嫁が結う髪型。「文金―」

たかじょう【▼鷹匠】鷹を飼育訓練し鷹狩りをする人。

たかせぶね【高瀬舟】底の平たい川舟。

たかだい【高台】「―にある住宅地」

たかだか【《高高》】高らか。せいぜい。「―と抱き上げる」「声―と読み上げる」「安いと言っても―三十円の違いだ」

だかつ【蛇▼蝎・蛇▼蠍】「―の如く嫌われる」

たかつき【高▼坏】「神饌を盛る―」

だがっき【打楽器】打って音を出す楽器。

たかとび【高跳び】「走り―」「棒―」

たかとび【高飛び】「犯人が国外へ―する」

たかなる【高鳴る】「期待に胸が―」

たかね【高値】「株価が―を更新する」

たかね【高▼嶺・高根】「富士の―」「所詮彼女は―の花(=手に入らないもの)だ」

たがね【▼鏨】「―で石を削る」

たがねる【▼綰ねる】ひとまとめにする。「冬物の衣類を―・ねて片付ける」

たかのぞみ【高望み】「―して失敗する」

たかは【▼鷹派】強硬派。⇔ハト派。「多く「タカ派」と

書く〉

たかはご【高▾擌】小鳥をとらえる仕掛け。

たかびしゃ【高飛車】①将棋の攻勢の形。②頭ごなしに相手をおさえつけるさま。「—な態度」「—に出る」

たかぶる【高ぶる】「神経が—」「おごり—」

たかまがはら【高▿天原】日本神話の天上界。

たかまくら【高枕】安心して眠る。「—で寝る」

たかまる【高まる】「関心(不満)が—」「機運が—」

たかみ【高み】「—から見下ろす」「—の見物を決め込む」

たかみくら【高▿御▿座】儀式の際の天皇の座。

たがめ【田▾鼈・〈水爬虫〉】大形の水生昆虫。

たがやさん【〈鉄刀木〉】マメ科の常緑高木。

たがやす【耕す】「耕耘機で田を—」

たかようじ【高▾楊枝】「武士は食わねど—」

たから【宝・▿財・▿貨】「家の—」「子—に恵まれる」

たからくじ【宝▾籤】自治体が売り出すくじ。「—の持ち腐れ」

たからぶね【宝船】宝と七福神を乗せた帆掛け船。「—の絵を描いた賀状」

たかる【▿集る】「蠅が—」「チンピラに—・られる」

たかん【多感】「—な年ごろ」

だかん【▾兌換】紙幣を正貨と引き換える。

たかんな【▾筍】たけのこの異名。

たき【滝（瀧）】—　たき　「滝口・滝壺・白滝」

たき【滝】「鯉〈こい〉の—登り」「—のような汗」

たき【多岐】「複雑—」「問題が—にわたる」

たぎ【多義】「—語」「—的な用語」

だき【唾棄】さげすみ、いみ嫌うこと。「—すべき低劣な行為」

だきかかえる【抱き抱える】「負傷した子供を—」

たきぎ【薪・▾焚き木】「—拾い」「—小屋」

たきぎのう【薪能】夜、薪をたいて行う野外能。

だきこむ【抱(き)込む】「役人を—・んで一儲けを企む」

たきしめる【▿薫き▿染める】「香〈こう〉を—・めた衣装」

だきしめる【抱(き)締める】「愛〈いと〉し子を—」

だきすくめる【抱き▾竦める】「子どもを—」

たきだし【炊(き)出し】飯を炊いて被災者に配る。

たきつける【《▾焚》き《付》ける】おだてけしかける。「周囲から—・けられて立候補する」

たきつぼ【滝▾壺】滝の水が落ちる淵。

たきび【▾焚き火】「—に当たって暖を取る」

たきぼうよう【多岐亡羊】選択肢がたくさんあってわからなくなる。「—の感が否めない」

たきもの【▿薫物】練り香。「客を通す前に—をする」

だきゅう【打球】「—が伸びてホームランになる」

たきょう【他郷】「—をさすらって十五年」

だきょう【妥協】「適当なところで—する」「—点を探る」

たぎる【▾滾る・▿激る】煮え立つ。「やかんの湯が—」「血が—」

たく【宅】タク　—　「宅地・宅配・帰宅・在宅・自宅・住宅・邸宅」

たく【択（擇）】タク　—　「択一・採択・選択」

たく【沢（澤）】タク　さわ　「遺沢・恩沢・恵沢・光沢・潤沢・沼沢」

たく【卓】タク　—　「卓越・卓上・卓説・卓抜・卓見・座卓・食卓」

たく【拓】タク　—　「拓殖・拓本・開拓・干拓・魚拓・手拓」

たく【度】⇩ど(度)。　「支度」

たく【託】タク　—　「託宣・託送・委託・屈託・結託・受託・預託」

たく【濯】タク　—　「洗濯」

たく【宅】「—の方に届けて下さい」「—に申し伝えます」

たく【炊く】「御飯を―」「大根を―」
たく【▼焚く】「落ち葉を―」「風呂を―」「護摩を―」
たく【▽薫く】「香を―」
だく【諾】ダク ―「諾意・応諾・快諾・許諾・受諾・承諾・内諾」
だく【濁】ダク にごる・にごす「濁音・濁流・汚濁・混濁・清濁」
だく【抱く】「赤ん坊を―」「恋人の肩を―」
たくあん【沢▼庵】大根を干してぬかで漬けた食品。
たぐい【類い・▽比い】「この―の物はたくさんある」
たくいつ【択一】「二者―」「―的な問題」
たくえつ【卓越】「―した能力を示す」
だくおん【濁音】ガ行・ザ行・ダ行・バ行の音。
たくさん【《沢山》】「―の人でごった返す」「争いはもう―だ」
たくじしょ【託児所】乳幼児を預かる施設。
たくじょう【卓上】「―こんろ」
たくしょく【拓植】未開の地を開墾し植民する。
たくす【託す・▼托す】「手紙を―」「次世代に望みを―」
たくせつ【卓説】すぐれた説。「―というべきである」
たくぜつ【卓絶】「―した技能の持ち主」
たくせん【託宣】「神の御―」
だくだく【諾諾】「唯唯〈いい〉―」

たくち【宅地】「―造成」

だくてん【濁点】濁音を表す符号。

たくはい【宅配】「―ピザ」「お中元を―する」

たくはつ【▼托鉢】「―僧」「市中を―する」

たくばつ【卓抜】「―した技能」「―な発想」

だくひ【諾否】承諾か不承諾か。「―を問う」

たくぼく【▼啄木】キツツキの異名。

たくほん【拓本】碑の文字などを紙に写しとったもの。「―をとる」

たくま【▼琢磨】学問などにはげむ。「切磋〈せっさ〉―」

たくまざる【巧まざる】自然にそうなる。意図しない。「―美しさ」「―ユーモア」「―サービス精神」

たくましい【▼逞しい】「筋骨隆々とした―男」「想像を―くする」

たくみ【▽匠・▽工】職人。「飛騨の―」「―の技」

たくみ【巧み】上手である。趣向。「自然の―」「―な演技」「言葉―に誘惑する」

たくらむ【▽企む】「陰謀を―悪い輩」

たくりつ【卓立】「学界に―している業績」

だくりゅう【濁流】「―が渦を巻く」「―に飲まれる」

たぐる【手繰る】「記憶を―」「釣り糸を―り寄せる」

たくろん【卓論】すぐれた議論。「―を述べる」

たくわえる【蓄える・▽貯える】「資金を―」「明日への活力を―」「ひげを―えた男」

たけ【丈・▽長】「身の―」「―の短いスカート」「思いの―を打ち明ける」
たけ【竹】「―細工」「―を割ったような性格」
たけ【他家】「―へ嫁にやる」
だけ【《▽丈》】「これ―しかない」
たげい【多芸】「―多才な人」「―は無芸」
たけうま【竹馬】「―に乗って遊ぶ」
だげき【打撃】「不況で中小企業が―を受ける」
たけだけしい【▽猛▽猛しい】「盗人〈ぬすっと〉―とはお前のことだ」
だけつ【妥結】「労使交渉がようやく―した」
たけとんぼ【竹〈蜻蛉〉】ひねって飛ばす竹製の玩具。
たけなわ【▼酣・▼闌】最も盛んな時期。「春―」「宴も―ではございますが」
たけのこ【竹の子・▼筍】「雨後の―のようにビルが建つ」
たけみつ【竹▽光】「―で立ち回りの練習をする」
たけやぶ【竹▼藪】「―に矢を射るよう」
たけやり【竹▼槍】先を斜めに切って槍とした竹。
たけり【田▽計里・田▼鳧】チドリ目の鳥。冬鳥。
たけりたつ【▼哮り立つ】「猛犬が―」
たける【▼哮る】すごい声でほえる。「虎が―」
たける【▽猛る】荒れ狂う。「―り狂う荒波」

たける【▼闌ける】たけなわになる。盛りが過ぎる。「春―けて」「日が―」

たける【▽長ける】あることにすぐれている。「才―」「世故に―」

たけん【他見】「―を禁じる」

たげん【多元】「―放送」「―的国家論」

たげん【多言】たごん。「これ以上―を要しない」

たこ【▼凧・〈紙鳶〉】「―揚げをして遊ぶ」

たこ【〈胼胝〉・▼胝】「同じことを何度も聞かされて耳に―ができる」

たこ【▼蛸・〈章魚〉・▼鮹】「―焼き」「―入道」

たご【〈担桶〉】水・肥やしなどを入れてになう桶。

たこあし【▼蛸足】「―配線」

たこう【多幸】「御―をお祈り申し上げます」

だこう【蛇行】「―運転」「川が―している」

たこく【他国】「―の軍隊の侵入を阻止する」

たごさく【田▼吾作】田舎者を揶揄していう語。

たこつぼ【▼蛸▼壺】「―状態」

たこん【多恨】「多情―」

たごん【他言】「―無用」「決して―しないよう」

たさい【多才】「―な人」「多芸―」

たさい【多彩】「ゲストは―な顔触れだ」

たざい【多罪】手紙で無礼や過失をわびる言葉。「妄言―をお許し下さい」「―の至り」

ださく【駄作】つまらない作品。「―としか言いようがない」

たさつ【他殺】「―死体」

たさん【多産】「―種の豚」「当地で―する果物」

ださん【打算】「―で動く人」「―的な人」

たざんのいし【他山の石】「友人の失敗を―とする」

たし【足し】「費用の―にする」

たじ【他事】「―ながら御安心下さい」

たじ【多事】「内外―」「―多端」「―多難」

だし《山車》神社の祭礼に引き出す飾り屋台。

だし【出し】「昆布で―を取る」

たしか【確か・▼慥か】「―な証拠」「―に受け取りました」「身元の―な人」「あれは―一年前の出来事でした」

たしかめる【確かめる】「意向を―」

たしせいせい【多士済済】優れた人が多い。たしさいさい。「このゼミからは―の人材を世に送り出している」

たしつ【多湿】「高温―の地域」

たじつ【他日】別の日。後日。「―の再会を誓う」

たしなむ【▼嗜む】「釣りを―」「酒は―程度が良い」

たしなめる【▼窘める】「乱暴な言葉遣いを―」

だしぬく【出し抜く】「同業者に―・かれる」

だしぬけ【出し抜け】不意であるさま。突然。「―の質問にとまどう」「物陰から―に現れる」

たじま【但馬】旧国名。兵庫県北部。但州。

だしもの【出し物・▽演し物】芝居で上演される作品。

だしゃ【打者】バッター。「―凡退」

だじゃく【惰弱・▼懦弱】意気地のないさま。「―な心を叩き直す」

だじゃれ【駄▼洒▽落】つまらない洒落。「―を言うのは誰じゃ」「―を飛ばす」

たしゅたよう【多種多様】「―な職業」

だじゅん【打順】「―が回ってくる」

たしょう【他生】仏教で、前世と来世。「―の縁」

たしょう【多少】「投資するのは―の不安がある」

たしょう【多生】何度も生まれ変わる。「袖振り合うも―の縁」

たじょう【多情】「―な性格」「―多感」

たじょうたこん【多情多恨】物事に感じやすく、悩みが多いこと。尾崎紅葉作の小説名。

たじょうぶっしん【多情仏心】移り気ではあるが、薄情なことはできない性質。里見弴作の小説名。

だしん【打診】「相手の意向を―する」

たす【足す】「少し砂糖を―」「用を―」

たず【田▽鶴】ツルの雅称。「―鳴き渡る」

だす【出す】「ゴミを―」「手紙を―」「暇を―」「元気を

―』『娘を嫁に―』『そろそろ結論を―時だ』

たすう【多数】⇔少数。「賛成―で可決した」

たすうけつ【多数決】「―で決める」

たすかる【助かる】「幸運にも命だけは―・った」「手伝ってくれて本当に―・った」

たすき【▼襷】「―掛け」「帯に短し、―に長し」

たすけぶね【助け船】「―を出す」

たすける【助ける】危難から救う。救助する。「池に落ちた子供を―」

たすける【▽扶ける】力を貸す。助力する。「アルバイトをして家計を―」

たすける【▼輔ける】補佐する。「主君を―」

たずさえる【携える】「手土産を―・えて訪問する」「手を―・えて出発する」

たずさわる【携わる】「新製品の開発に―」

たずねる【訪ねる】訪問する。おとずれる。「知人宅を―」「古都を―」

たずねる【尋ねる・▼訊ねる】捜し求める。質問する。「母を―・ねて三千里」「安否を―」

だする【堕する】「マンネリに―」

たぜい【多勢】「―に無勢〈ぶぜい〉」

だせい【惰性】「―で仕事を続ける」「―的な生き方」

だせき【打席】バッターボックス。

たせん【他薦】⇔自薦。「自薦―を問いません」

だせん【打線】「上位―」「―が火を噴く」

たそがれ【〈黄昏〉】「―時」「―の町」

だそく【蛇足】「―ですが、最後にひと言」

たた【多多】「―益益弁ず（＝多ければそれだけ巧みに処理する意）」

ただ【《▼只》・《▽徒》】無料。普通。平凡。「ビールが一杯―になるサービス券」「―では済まされない」「―のかすり傷だ」「―の人」

ただ【《▽唯》】それだけをするさま。「―君だけが頼りだ」「今は―無事を祈るのみである」「泣き言は―の一度も言ったことがない」

だだ【《駄駄》】「―を捏〈こ〉ねる」

ただい【多大】「台風が―な被害を及ぼす」「―な恩恵をこうむる」

だたい【堕胎】人為的に子どもを流産させる。

ただいま【《▼只今》】「―問い合わせております」「―、すぐご飯にして」

たたえる【▽称える】「栄誉を―」

たたえる【▼湛える】「目に涙を―」「満面の笑みを―」

たたかう【戦う】戦争をする。勝ち負けを争う。「敵国と―」「選挙で―」「優勝をかけて―」

たたかう【闘う】困難などを克服しようとする。格闘する。「労使が―」「難病と―」

たたき【《▼叩》き】「鰹の―」

たたき【〈三和土〉】「玄関の―で靴を脱ぐ」

たたきだい【▼叩き台】検討するための原案。「あくまで―として提案する」

たたく【▼叩く・▼敲く】「手を―」「太鼓を―」「無駄口を―」「マスコミに―・かれる」

ただごと【《▼只》事】「―では済まされない」

ただし【但】― ただ-し

「―書き」〔法令・公用文・新聞等では仮名書きで、一般にも仮名書きが多い〕

ただし【《但》し】「明日は遠足だ。―、雨天の場合には延期する」

ただしい【正しい】「―おこない」

ただしがき【《但》し書き】本文に例外などを加える文。「契約書の終わりに―を添える」

ただす【正す】正しくする。「誤りを―」「姿勢を―」「襟を―」

ただす【▼糺す・▽糾す】真偽や事実をきびしく問い調べる。「罪を―」「事の真相を―」

ただす【▽質す】問う。「疑問点を執筆者に―」「発言の真意を―」

たたずまい【▼佇まい】「城下町の落ち着いた―」

たたずむ【▼佇む・▼彳む】「しょんぼりと―」

ただちに【直ちに】「―実行せよ」「失敗は―死を意味する」

た

だだっこ【《駄駄》っ子】「―で困る」
ただなか【《▽直》中・《▼只》中】「争いのまっ―に割って入る」
ただならぬ【《▽徒》ならぬ・《▼啻》ならぬ】普通ではない。…どころではない。「徒ならぬ様子」「犬猿も啻ならぬ仲」
ただに【《▽唯》に・《▼啻》に】単に。「―…するのみならず」
たたみすいれん【畳水練】実地に役立たない練習。
たたむ【畳む】「着物を―」「店を―」
ただよう【漂う】「船が波間を―」「花の香りが―」
たたら【〈踏鞴〉・〈蹈鞴〉】「―を踏む（＝勢いあまって数歩あゆむ）」
たたる【▼祟る】「悪霊が―」「無理が―って体調を崩す」〔「崇」とは別字〕
ただれる【▼爛れる】「―れた皮膚」「―れた生活」
たたん【多端】「多事―」
たち【《太刀》・〈大刀〉】「―捌〈さば〉き」「一―浴びせる」
たち【《▽質》】「涙もろい―」「―の悪いいたずら」
たち【▽達】「子供―」
たちあい【立(ち)会い】その場で確認する。「―人」「―演説」「第三者の―のもとで」
たちあい【立(ち)合い】力士が立ち上がる。「―負け」

たちあおい【立▼葵】アオイ科の越年草。

たちあがる【立(ち)上がる】「椅子から―」

たちい【立(ち)居】日常の動作。「―が不自由になる」「―振る舞いが美しい」

たちいり【立(ち)入り】「―禁止」「―検査が許される」

たちうお【《太刀》魚】刀に似た形の海魚。

たちうち【《太刀》打ち】「とても―できない相手」

たちおうじょう【立(ち)往生】「弁慶の―」「雪のため電車が―する」

たちおくれる【立(ち)後れる・立(ち)遅れる】「他社に一歩―」「災害対策が―」

たちかた【裁(ち)方】「和服の―」

たちがれ【立(ち)枯れ】「―の並木」

たちき【立(ち)木】「―を切る」

たちぎえ【立(ち)消え】「本社移転の計画が―になる」

たちきる【断(ち)切る】「未練を―」

たちぐい【立(ち)食い】「―そば」

たちくらみ【立(ち)暗み・立ち▼眩み】「時々―がする」

たちこめる【立(ち)込める・立(ち)籠める】一面をおおう。「霧が―高原」

たちすくむ【立ち▼竦む】「恐ろしさのあまりその場に―」

たちどころに【《立》ち《所》に】「―解決する」


たちなおる【立(ち)直る】「景気が―」「悔い改めて早く―ってほしい」

たちならぶ【立(ち)並ぶ】「警官が―」

たちならぶ【建(ち)並ぶ】「ビルが―」

たちぬい【裁(ち)縫い】裁縫。針仕事。

たちのく【《立(ち)退く》】他の場所に移る。「道路拡幅で―」

たちば【立場】「責任を取る―」「つらい―に立たされる」「相手の―になって考える」

たちばな【▼橘】ミカン科の常緑小高木。

たちばなし【立(ち)話】「―も何ですからちょっと中に入って下さい」

たちまち【《▼忽》ち】「チケットが―売り切れる」

たちまわり【立(ち)回り】「大―を演ずる」

たちみ【立(ち)見】「―の客」「―席」

たちやく【立役】歌舞伎で、主演級の男役。

だちょう【▼駝鳥】大形の鳥。飛べないが高速で走る。

だちん【駄賃】「使いの子にお―をあげる」

たつ【達】タツ「達観・達人・達成・調達・通達・到達・発達」

たつ【▼辰】十二支の第五番目。

たつ【竜】想像上の動物。りゅう（竜）。

たつ【立つ】縦の状態になる。起き上がる。「賛成の人は―って下さい」「教壇に―」「まったく歯が―たない」

た

「めどが―」「顔が―」「角〈かど〉が―」「白羽の矢が―」

たつ【建つ】建造物ができる。「家が―」「図書館が―」

たつ【▽発つ】「明日上海に―」

たつ【▽経つ】「時の―のは早いものだ」

たつ【絶つ】関係をなくす。終わらす。「隣国と国交を―」「最後の望みが―たれる」

たつ【断つ】切り離す。さえぎる。「鎖を―」「酒を―」「退路を―」

たつ【裁つ】布・紙などをはさみで切る。「布地を―」

だつ【脱】ダツ　ぬ-ぐ・ぬ-げる　「脱出・脱色・脱税・脱線・脱走・脱退・脱落・脱力・逸脱・虚脱・着脱・離脱」

だつ【奪】ダツ　うば-う　「奪回・奪還・奪取・強奪・争奪・略奪」

たつい【達意】「―の文章」

だつい【脱衣】「銭湯の―所」

だっかい【脱会】「連盟から―する」

だっかい【奪回】奪い返すこと。「戦略上の要地を―する」「世界選手権の王座を―する」

たっかん【達観】小事にとらわれず本質を見通すこと。「人生を―する」

だっかん【奪還】奪回。「タイトルを―する」

たつき【〈方便〉・〈活計〉】生活の手段。「―を失う」

だっきゃく【脱却】「赤字財政からの―を図る」

たっきゅう【卓球】「―台」

だっきゅう【脱臼】「肩を―する」

たづくり【田作り】ごまめ。「おせちの―」

たっけい【▼磔刑】はりつけの刑。たくけい。

たっけん【卓見】すぐれた意見・見識。

たっけん【達見】広い見通しをもった見解。

だっこう【脱▼肛】直腸の粘膜が肛門の外に出る症状。

だっこう【脱稿】「連載小説の最後の回を―する」

だっこく【脱穀】「―機」

だつごく【脱獄】「―囚」「刑務所から―する」

たっし【達し】「―書き」「その筋からお―があった」

だつじ【脱字】「誤字―を見つける」

たっしき【達識】「達見―」

だっしめん【脱脂綿】脱脂・消毒した綿。医療用。

たっしゃ【達者】「口が―だ」「どうぞお―で」

だっしゅ【奪取】「敵陣を―する」「三振―記録」

だっしゅう【脱臭】「冷蔵庫に―剤を置く」

だっしゅつ【脱出】「危機を―する」

だっしょく【脱色】「ジーンズを―する」

たつじん【達人】「剣道の―」「料理の―」

だっすい【脱水】「洗濯物を―する」「―症状」

たっする【達する】「山頂に―」「目的を―」「合意に―」「人口が百万に―」

だっする【脱する】「危機的な状態を―」

たつせ【立つ瀬】立場・面目。「それでは間に入った私の―がない」

たっせい【達成】「目標を―する」「―感のある仕事」

だつぜい【脱税】「所得を隠して―を謀る」

だっせん【脱線】「―事故」「話が―する」

だっそ【脱▼疽】えそ。「―病」

だっそう【脱走】「囚人が刑務所から―する」

だつぞく【脱俗】「―の士」「―の境地に達する」

だったい【脱退】「今期で組合を―する」

たっちゅう【▽塔▽頭】大寺院にある小院。「境内の―」

だっと【脱▼兎】「―の如く飛び出す」

たっとい【尊い・貴い】「―身分の人」

だっとう【脱党】「集団で―する」

たっとぶ【尊ぶ・貴ぶ】とうとぶ。「神を―」

たづな【手綱】「―を引く」「―をゆるめる」

だっぱん【脱藩】武士が藩籍を脱して浪人になる。

だっぴ【脱皮】「蛇の―」

たっぴつ【達筆】「―な字」

たつぶん【達文】達意の文。

たつべん【達弁】「―を振るう」

だつぼう【脱帽】⇔着帽。「君のねばり強さには―するよ」

たつまき【竜巻】「―が一帯を襲う」
たつみ【▼巽・▼辰▼巳】南東の方角。
だつもう【脱毛】「円形―症」「―器」
だつらく【脱落】「―者」「上位から―する」
だつりゃく【奪略・奪▼掠】無理やり奪い取る。
だつりょく【脱力】「急に―感に見舞われる」
だつりん【脱輪】「―事故」「走行中に―する」
だつろう【脱漏】「一部に―のある文章」
たて【盾・▼楯】「相手の弱みを―に取って攻撃する」「親に―をつく」
たて【縦・▼竪】⇔横。「―長の箱」「―の物を横にもしない」
たて【▽館】「衣川〈ころもがわ〉の―」
たて【〈殺陣〉】演劇・映画の、乱闘場面の演技。「―師」「―をつける」
たで【▼蓼】「―食う虫も好き好き」
だて【〈伊達〉】「おとこ―」「―に留学して英語を学んだわけではない」「―や酔狂で言っているのではない」
たてあな【▼竪穴】「縄文時代の―式住居」
たていた【立(て)板】「―に水」
たてうり【建(て)売り】「―住宅」
たてかえる【立(て)替える】「本代を―」
たてかえる【建(て)替える】「校舎を―」
たてがき【縦書き】「―と横書き」

たてかける【立て⦅掛⦆ける】「壁に―」

たてがみ【▼鬣】「ライオンの―」

たてぎょうじ【立(て)行司】相撲で最高位の行司。

たてぐ【建具】戸・窓・障子・襖などの総称。

たてこもる【立(て)籠もる・▼楯籠もる】「城に―って抵抗する」

たてつく【盾突く・▼楯突く】「上司に―」

たてつけ【建(て)付け】「―の悪い障子」

たてつづけ【立(て)続け】続けざま。「―に三杯も酒を飲む」

たてつぼ【建坪】建築面積を坪単位で表したもの。

たてなおす【立(て)直す】「態勢を―」

たてなおす【建(て)直す】「家を―」

たてひざ【立(て)膝】「―をする」

たてふだ【立(て)札】「通行禁止の―」

たてまえ【建前】①棟上げ式。上棟〈じょうとう〉式。②(「立前」とも書く)表向きの原則や方針。「本音と―をうまく使い分ける」

だてまき【〈伊達〉巻(き)】幅の狭い帯。また、卵焼きの一。

たてまし【建(て)増し】「部屋の―」

たてまつる【奉る】「上奏文を―」「会長として―っておけばいい」

たてもの【建物】「―の構造」


たてやくしゃ【立役者】一座の中心的な俳優。「一座の―」「チームを優勝に導いた―」

たてる【立てる】「旗を―」「波風を―」「候補者を―」「志を―」「上司の顔を―」

たてる【建てる】「郊外に家を―」「公園に銅像を―」「新たに国を―」

たてる【▽点てる】抹茶をいれる。「茶室でお茶を―」

たてる【▽閉てる・立てる】戸や障子をしめる。「雨戸を―」

だてん【打点】「―王」「高い―でボールを打つ」

だでん【打電】「特使に帰国を―する」

たとい【〈仮令〉・▽縦・〈縦令〉】たとえ。

だとう【打倒】「宿敵を―する」

だとう【妥当】「―な判断(線)」「それに―する例が思いつかない」「―性を欠く処置」

たとうがみ【▽畳紙】和服などを包む丈夫な和紙。

たとえ【例え・▼譬え・▽喩え】「―話」「―を引いて説明する」

たとえ【〈仮令〉・▽縦】かりに。よしんば。「―この身がどうなろうと」

たとえば【例えば】「―気温が一度上昇したら」「命のはかなさは―かげろうのようなものだ」

たとえる【例える・▼譬える・▽喩える】「彼を動

た

物に―と熊だ」

たどく【多読】「読解力には―と精読が大切だ」

たとする【多とする】感謝の言葉。「好意(労)を―」

たどたどしい【▼辿▼辿しい】「―話し方」

たどる【▼辿る】「犯人の足取りを―」「文脈を―」

たどん【▽炭団】炭の粉を丸く固めた燃料。

たな【▽店・棚】みせ。商家。借家。

たな【棚】―たな「棚板・網棚・神棚・書棚・戸棚・藤棚・本棚」

たな【棚】「食器―」「藤―」「―を吊る」「―からぼた餅」

たなあげ【棚上げ】「面倒な問題を―する」

たなおろし【▽店卸(し)・棚卸(し)】決算のため在庫品を調べる。「―表」「―資産」

たなぎょう【棚経】精霊棚の前で、読経する。

たなこ【▽店子】「大家といえば親も同然、―といえば子も同然」

たなご【▼鱮】小形のコイ科の淡水魚。

たなごころ【▽掌】てのひら。「―を合わせて祈る」

たなざらえ【棚▼浚え】在庫品を全部、安く売る。「店舗改築に際して―する」

たなざらし【▽店▼晒し・▽店▼曝し】売れ残り。手つかず。「―の品」「―になっている案件」

たなちん【▽店賃】家賃。

たなばた【《七夕》・棚機】「―祭り」

たなびく【《棚引》く】「山間に―霞」
たなん【多難】「前途―」「―の日々が続く」
たに【谷・▽渓・▼谿】「人生は山あり―ありだ」「気圧の―」
だに【▼蜱・〈壁蝨〉】「家畜に―がたかる」「町の―を一掃する」
たにあい【谷▽間】たにま。「―の村」
たにし【田▼螺】淡水産の巻き貝。
たにま【谷間】「―に咲いた白百合」「ビルの―」「連休の―の出勤は疲れる」
たにん【他人】「赤の―」「―行儀」「―の空似」
たぬき【▼狸・▼貍】「―親父」「あいつは相当の―だから気をつけろ」
たぬきねいり【▼狸寝入り】寝たふり。「―をきめこむ」
たね【種】植物の種子。仕掛け。材料。「朝顔の―をまく」「悩みの―」「手品の―」「おでんの―」
たね【▼胤・種】血筋の子。「一粒―」「落とし―」
たねいも【種芋】種にするための芋。
たねうま【種馬】種付け用の雄馬。
たねぼん【種本】著述のもととなった本。
たねまき【種▼蒔き】「畑を耕して―をする」
たねん【多年】「―にわたる研究の成果」
たのう【多能】「多芸―」「―工作機械」

たのしい【楽しい・▽愉しい】「家族そろっての―夕食」
たのしむ【楽しむ】「釣りを―」
たのみ【頼み】「―がある」「―の綱」
たのむ【頼む】依頼する。まかせる。「部下に伝言を―」「そば屋に出前を―」
たのむ【▼恃む・頼む】あてにする。「一家の柱と―人」「―に足らず」
たのもし【頼▽母子・▼憑子】無尽。「―講」
たのもしい【頼もしい】「―男に成長した」
たば【束・▽把】「札―」「薪を―にする」「―になって掛かってこい」
だは【打破】「伸び悩みの現状を―する」
だば【駄馬】荷を運ぶための馬。下等な馬。
たばかる【▽謀る】「―ってライバルを陥れる」
タバコ【〈煙草〉・〈烟草〉・▼莨】「―をふかす(吸う)」「三遍回って―にしょ」
たはた【田畑】「―を耕す」
たはつ【多発】「同時―テロ」「交通事故が―する」
たばねる【束ねる】「稲を―」「若い人を―役」
たび【《足袋》・▽単皮】足につける布製の履物。「和服姿に―を履く」
たび【《度》】「この―は息子がお世話になりました」「見る―に思い出す」「―重なる非礼をお詫び申し上げま

す」
たび【旅】「かわいい子には―をさせよ」
だび【▼荼▼毘】火葬。「亡骸〈なきがら〉を―に付す」
たびがらす【旅▼烏】「しがない―」
たびさき【旅先】「―から電話を入れる」
たびじ【旅路】「死出の―」「―の果て」
たびだち【旅立ち】「―の準備」
たびたび【《度度》】「―後ろを振り返る」
たびびと【旅人】「―算」
たびまくら【旅枕】旅先で泊まる。旅寝。
たびょう【多病】「才子―」「―なたち」
だふ【▼懦夫】意気地なし。
たぶらかす【▼誑かす】人をだます。「若い女性を―」
たぶん【他聞】他人が聞くこと。「―をはばかる」
たぶん【《多分》】「彼の話は―に疑わしい」「―行けると思う」「御多分に洩〈も〉れず」「御多聞に洩れず」と書くのは誤り」
だぶん【駄文】つまらない文。自分の文の謙称。
たべかけ【食べ《掛》け】「―の御飯」
たべもの【食べ物】「―の好み」
たべる【食べる】「ご飯を―」
たべん【多弁】「酒が入ると―になる」
だべん【駄弁】「―を弄する」
たぼ【▼髱】日本髪で、後ろに張り出した部分。
だほ【▼拿捕】「我が国の漁船が―される」
たほう【他方】「―の言い分も聞く必要がある」「乱暴者だが、―優しいところもある」
たぼう【多忙】「御―のところ恐縮ですが」
たほうとう【多宝塔】「石山寺の―」
だぼく【打撲】「全身―」「―傷」
だぼら【駄▽法▼螺】「―を吹く」
たま【玉】まるいもの。宝石や真珠。「目の―」「こんにゃく―〈だま〉」「―の汗をかく」「眼鏡の―がくもる」「そそっかしいのが―に瑕〈きず〉だ」
たま【球】ボール。電球。「速い―を投げる投手」「―がきれる」

たま【弾】銃砲の弾丸。「鉄砲の―をこめる」
たま【▽魂・霊・▼魄】たましい。「先祖の御〈み〉―」
たまあられ【玉▼霰】あられの美称。
たまう【▽賜う・▽給う】「ここへかけ―・え」
たまおくり【霊送り・▽魂送り】送り火を焚き祖霊を帰す儀式。
たまがき【玉垣】神社のまわりにめぐらした垣。
たまかずら【玉▽葛】つる性草本の美称。
たまき【▽環・手▼纏・▼鐶】玉や鈴にひもを通した腕飾り。
たまぐし【玉串】神前にささげる榊の枝。「―料」「―を捧げる」
たまげる【《▽魂▽消》る】「突然の揺れに―・げた」
たまご【卵・玉子】「鶏の卵」「医者の卵」「温泉玉子」「玉子焼き」
たまござけ【卵酒】「風邪のときには―が効く」
たまごとじ【卵《▼綴》じ・玉子《▼綴》じ】「サヤエンドウの―」
たまさか【《▽偶》さか・《▽適》さか】「彼とは―にしか会わない」
たましい【魂】「大和―」「―を込めた作品」「妻に先立たれて―が抜けたようだ」
たまじゃり【玉《砂利》】「境内の―をふみしめて歩く」
だます【▼騙す】「―・して金をもうける」「苦手な野菜を―・し―・し食べさせる」
たまずさ【玉▼梓・玉▽章】手紙の美称。
たまたま【《▽偶》・《▽偶▽偶》・《▽適》】「通りがかりに―目撃した」
たまつき【玉突き】ビリヤード。撞球〈どうきゅう〉。「―衝突〈事故〉」
たまてばこ【玉手箱】「開けてびっくり―」
たまな【玉菜・〈甘藍〉】キャベツ。
たまに【《▽偶》に・《▽適》に】「―やってくる」「―は電話ぐらい入れなさい」
たまねぎ【玉▼葱】「―のスライス」

たまのこし【玉の▼輿】「―に乗る」

たままつり【▽魂祭(り)・霊祭り】死者の霊を祀る行事。

たまむかえ【霊迎え・▽魂迎え】お盆に祖霊を迎える儀式。

たまむし【玉虫】美しいはねをもつ甲虫。

たまむしいろ【玉虫色】どうにでも解釈できること。「―の改革案」

たまもの【賜・▽賜物・▼賚】成果。「これまでの努力の―」

たまゆら【玉▽響】ほんのしばらくの間。

たまらない【▽堪らない】「暑くて―」

たまる【▽堪る】がまんできる。「この暑さは―ったものではない」「負けて―か」

たまる【▼溜まる】集まり積もる。量が増える。「窪地に雨水が―」「ほこりが―」「仕事が―」

たまる【▽貯まる】金銭のたくわえができる。「貯金箱にお金が―」

だまる【黙る】「泣く子も―」

たまわる【賜る(賜わる)・▽給る】「御来賓の方々からお言葉を―りたいと存じます」「この度は結構なお品を―り、有り難うございます」

たみ【民】「―の声に耳を傾ける」

だみえ【▽濃絵】金銀箔地に極彩色で花鳥を描いた絵。

た

だみごえ【《▽濁》声】低く濁った声。「―で競〈せ〉りをする」

だみん【惰眠】「―を貪る」

たむける【手向ける】「墓に線香を―」

たむし【田虫】皮膚病の一。「陰金―」

たむろ【《▽屯》】「学生が―する飲み屋街」

ため【▽為】「―になる本」「君の―を思って言う」「情けは人の―ならず」

だめ【《駄目》】「まだ目を開けては―だ」「今日中に完成させようと思ったが―だった」

ためいき【《▼溜》め息】「―をつく(もらす)」「―が出るようなすばらしい演奏」

ためいけ【▼溜め池】灌漑用水をためておく池。

だめおし【駄目押し】さらに念を入れる。「もう一度―をする」「―の満塁ホームラン」

ためし【▽例・▽様】先例。前例。「そのような―はない」

ためし【試し・▽験し】こころみ。「―にやってみる」

ためす【試す】「実力のほどを―」

ためつすがめつ【矯めつ▼眇めつ】「―して観察する」

ためらう【〈躊躇〉う】「入ろうか入るまいか―」

ためる【▼溜める】集めたくわえる。とどこおらせる。「雨水を―」「宿題を―」

ためる【▽貯める】お金をたくわえる。「お金を―」「ポイントを―」

ためる【矯める・▼撓める】「枝を―」

ためん【他面】「厳しい人だが―ではやさしいところもある」

ためん【多面】「―体」「―にわたり活躍する」

たもあみ【▼攩網】「釣った魚を―ですくう」

たもうさく【多毛作】年三回以上の作付け。

たもつ【保つ】「健康を―」「一定の距離を―」

たもと【▼袂】和服の袖の袋状の部分。「―を分かつ」

たやす【絶やす】「火を―さないようにする」

たやすい【〈容易〉い】「―くは解決できない問題」

たゆう【▽大▽夫・太▽夫】上級の役者。最高位の遊女。

たゆたう【〈揺蕩〉う】「波間に―小舟」

たゆむ【▼弛む】心がゆるむ。「倦〈う〉まず―まず」

たよう【他用】「―で外出していた」

たよう【多用】「御―中のところ申し訳もございません」「修辞を―した華麗な文体」

たよう【多様】「多種―な車」「―な生き方」

たより【便り】手紙。音信。「風の―」「―が無い」

たより【頼り】あて。「地図を―に知人宅を訪ねる」

たよる【頼る】「勘に―」「海外からの輸入に―」

たら【▼鱈・〈大口魚〉】「―の白子」「―の切り身」

たらい【▼盥】「金―〈かなだらい〉」

たらいまわし【《▼盥》回し】「病院を―にされる」
だらく【堕落】「―した生活」
たらこ【▼鱈子】スケトウダラの卵巣の塩づけ。
たらす【垂らす】液体を流す。「よだれを―」
たらす【▼誑す】うまくだます。「甘い言葉で女性を―」
たらちねの【垂乳根の】「母」にかかる枕詞。「―の母」
だらに【▼陀羅尼】梵語で唱える長い呪文。
たらのめ【▼楤の芽】「―の天ぷら」
たらばがに【《▼鱈場》▼蟹・《多羅波》▼蟹】海産のヤドカリの一種。
たらふく【《▼鱈腹》】「ごちそうを―食べる」
たりきほんがん【他力本願】阿弥陀の本願によって成仏する。また、他人の力に頼って事をなす。「浄土真宗の―思想」「そんな―なことではいけない」〔後者の意味は本来の意味からはまちがった用法〕
たりつ【他律】他人の強制・命令で行動する。⇔自律。「―的態度」
たりょう【多量】⇔少量。「出血―」
だりょく【打力】「―に秀でた選手」
だりょく【惰力】「―で走る」
たりる【足りる】「昼食には千円あれば―」「プリントが三人分―りない」「取るに―りない問題」
たる【▼樽】「漬物―」

た

たる【足る】「一読するに―本」
だるい【▽怠い・▼懈い】「熱があるのか体が―」
たるき【垂木・▼棰・▼椽・▽架】棟木から軒に渡し屋根板を支える木。「―を渡す」
たるざけ【▼樽酒】「祝宴で―を振る舞う」
たるひ【垂氷】つらら。
だるま【▽達磨】「雪―」「火―」「―落とし」「―さんが転んだ」
たるむ【▼弛む】「電線が―」「精神が―んでいる」
だれ【誰《だれ》】―「誰彼・誰誰」
だれ【誰】「これは―の傘ですか」「―がこんなことをしたのだろう」「―の目にも明白だ」
たれこみ【垂れ込み】密告。「―情報」
たれこめる【垂れ込める・垂れ籠める】「暗雲が―」
だれそれ【誰▽某】「―から聞いた話」
たれながし【垂れ流し】「汚水を―する工場」
たれる【垂れる】「鼻水が―」「耳の―れた犬」「教訓を―」「人々に範を―立場」
たろう【太郎】長男。第一のもの。「一姫二―」
たろうかじゃ【太郎▽冠者】狂言の役柄の一。
たわいない【《他▽愛無》い】つまらない。「―子供の言い分」

たわけ【▼戯け・〈白痴〉】「この―め」
たわごと【▽戯言】「そんな―を聞いている暇はない」
たわし【《▽束子》】「―でこすって汚れを落とす」
たわむ【▼撓む】「みかんがたくさん実って枝が―」
たわむれる【戯れる】「子供達がボール遊びをして―」
たわら【俵】「米を―に詰める」
たわわ【▼撓わ】「枝も―に実がなる」
たん【反・▽段】地積の単位で十アール弱。織物の一着分の幅と丈の長さの単位。「田五―」「反物一―」
たん【丹《タン》】―「丹青・丹誠・丹精・丹念・丹薬・仙丹」
たん【反】⇩はん(反)。「反収・反別・反物・減反・増反」
たん【旦《タン・ダン》】―「旦日・旦夕・一旦・元旦・月旦・歳旦」
たん【担(擔)《タン かつ-ぐ・にな-う》】―「担架・担当・担任・担保・荷担・負担・分担」
たん【単(單)《タン》】―「単位・単一・単価・単語・単純・単身・単数・単線・単調・単独・単品・簡単」
たん【炭《タン すみ》】「炭坑・炭鉱・炭素・炭田・黒炭・採炭・石炭」

たん【胆（膽）】タン ― 「胆汁・胆力・豪胆・魂胆・心胆・大胆・落胆」

たん【探】タン さぐ-る・さが-す 「探求・探究・探検・探鉱・探査・探索・探勝・探知・探偵・探訪」

たん【淡】タン あわ-い 「淡彩・淡水・淡泊・枯淡・濃淡・冷淡」

たん【短】タン みじか-い 「短気・短期・短剣・短縮・短所・短針・短波・短髪・短命・短慮・最短・長短」

たん【嘆（嘆）】タン なげ-く・なげ-かわしい 「嘆願・嘆息・詠嘆・慨嘆・感嘆・驚嘆・長嘆・悲嘆」〔「歎」の書き換え字としても用いられる〕

たん【端】タン はし・は・はた 「端正・端然・端的・端麗・異端・一端・極端・尖端・発端・末端・両端」

たん【綻】タン ほころ-びる 「破綻」

たん【誕】タン ― 「誕生・降誕・生誕・聖誕」

たん【鍛】タン きた-える 「鍛工・鍛鋼・鍛造・鍛鉄・鍛錬」

たん【▼痰】「―がからむ」

たん【端】「一発の銃声に―を発した事変」

だん【旦】⇩たん（旦）。「旦那」

だん【団（團）】ダン・（トン） ― 「団員・団結・団体・一団・楽団・気団・軍団・集団・退団」

だん【男】ダン・ナン おとこ 「男子・男児・男女・男性・男装・男優」

だん【段】ダン ― 「段位・段階・段差・段段・段落・一段落・階段・格段・算段・手段・上段・特段・別段」

だん【断（斷）】ダン た-つ・ことわ-る 「断言・断固・断行・断罪・断水・断絶・断然・断層・断続・断定・断念・横断・決断・裁断・遮断・縦断・診断・切断・即断・独断・判断」

だん【弾（彈）】ダン ひ-く・はず-む・たま 「弾圧・弾劾・弾性・弾薬・弾力・糾弾・凶弾・銃弾・爆弾」

だん【暖】ダン あたた-か・あたた-かい・あたた-まる・あたた-める 「暖衣・暖気・暖色・暖地・暖冬・暖房・暖流・暖炉・温暖・寒暖・春暖」

だん【談】ダン ― 「談合・談笑・談判・談話・縁談・会談・怪談・歓談・座談・雑談・相談・対談・美談・密談」

だん【壇】ダン・（タン） ― 「壇上・演壇・楽壇・花壇・教壇・降壇・祭壇・登壇・土壇場（どたんば）・俳壇・文壇・論壇」

だん【段】「一番上の―に内裏様を並べる」『珠算二―』「失礼の―お許し下さい」

だん【暖】「たき火で―を取る」

だん【壇】「―に登って演説する」

だんあつ【弾圧】「反政府運動を―する」

たんい【単位】「長さの―」『卒業に必要な―』

たんいつ【単一】「―神」『―民族』

だんいほうしょく【暖衣飽食】「―の何不自由ない暮らし」

だんいん【団員】「オーケストラの―」

たんか【担架】「負傷者を―に載せて救急車に運ぶ」

たんか【単価】「商品一つ当たりの―が安い」

たんか【炭化】「遺跡から―した米が出土した」

たんか【▼啖▼呵】歯切れのよい、鋭い言葉。「―を切る」

たんか【短歌】「石川啄木の―」

だんか【▼檀家】「―の多い寺」

たんかい【▼坦懐】心にわだかまりがない。「虚心―」

た

だんかい【団塊】「―の世代(=戦後のベビーブーム世代)」

だんかい【段階】「五―評価」「―的に廃止する」「まだ公表する―ではない」

だんがい【断崖】「―絶壁の岩山」

だんがい【弾劾】罪や不正を調べ責め立てること。「―裁判所」「腐敗政治を―する」

たんがん【嘆願・歎願】「鉄道の存続を―する」

だんかん【断簡】書物の切れはし。

だんがん【弾丸】「撃った―が標的に命中する」

だんがんこくし【弾丸黒子】狭い土地のたとえ。「―の地」

だんかんれいぼく【断簡零墨】文章や筆跡の断片。

たんき【単記】選挙で一人の名前だけ書く。⇔連記。「―無記名投票」

たんき【短気】「―な性格」「―は損気」

たんき【短期】「―留学」

だんき【暖気】暖かい空気・気候。

だんぎ【談義・談議】「世相(教育)―」「―本」

たんきゅう【探求】どこまでも探し求める。「生きがいの―」

たんきゅう【探究】本質をさぐり明らかにする。「真理の―」

だんきゅう【段丘】階段状の土地。「河岸(海岸)―」

たんきん【鍛金】金属を延ばし立体的に形づくる技。

たんく【短・軀】背の低い体。

たんけい【端渓】中国広東省端渓産の硯〈すずり〉石。

たんげい【端・倪】推測する。「―すべからざる事態」

だんけつ【団結】「一致―」「―権」

たんけん【探検・探険】「―隊」「南極―」

たんけん【短見】浅はかな考え。「若者の―を戒める」

たんけん【短剣】「懐に―をしのばせる」

たんげん【単元】「―学習」「理科の各―」

だんげん【断言】「彼は絶対来ると―してもいい」

たんご【単語】「英―」「―の綴りが間違っている」

たんご【端午】五月五日の節句。「―の節句」

たんご【丹後】旧国名。京都府の北部。「―縮緬」

だんこ【断固・断・乎】固い決意をもってするさま。「―反対」「―として戦う」「―たる態度」

だんご【団子】「月見―」「―レース」「花より―」

たんこう【炭坑】石炭を掘り出すためのあな。

たんこう【炭鉱・炭・礦】石炭を掘り出すための鉱山。

たんこう【淡交】あっさりした君子どうしの交わり。

だんこう【団交】「団体交渉」の略。

だんこう【断交】国交の断絶。「通商を―する」

だんこう【断行】反対を押し切っておこなうこと。「大改革を―する」

だんごう【談合】「―入札」

たんこうぼん【単行本】「連載小説が―になる」

だんこん【男根】男性の生殖器。「―崇拝」

だんこん【弾痕】弾丸の当たったあと。

たんさ【探査】「無人―機を着陸させる」

たんざ【端座・端・坐】正座。

だんさ【段差】「車道と歩道との―」

たんさい【淡彩】薄くあっさりした色彩。「―画」

だんさい【断裁】「本の小口を―する」

だんざい【断罪】「悪業の数々を―する」

たんさいぼう【単細胞】「―生物」「―な男」

たんさく【単作】「米の―地帯」

たんさく【探索】「広く資料を―する」

たんざく【短冊・短▽籍・短▽尺】「七夕の―」「大根を―に切る」

たんさん【炭酸】「―飲料」

たんし【端子】電気機器のターミナル。

だんし【男子】⇔女子。「―禁制」

だんし【弾指】つまはじき。指弾。ごく短い時間。「―の間」

だんじ【男児】⇔女児。「日本―」「―を出産する」

だんじき【断食】「―の修行」

たんじじつ【短時日】わずかの日数。「―のうちに完成させる」

たんじつ【短日】「―植物」「―処理」

だんじて【断じて】「いじめは―許さない」

たんしゃ【単車】エンジン付きの二輪車。

だんしゃく【男爵】昔の爵位の第五位。

だんしゅ【断首】首をきる。斬首。

だんしゅ【断酒】「健康のため―する」

だんしゅ【断種】手術して生殖能力を失わせる。

たんじゅう【胆汁】肝臓から出る、褐色の消化液。

たんじゅう【短銃】ピストル。「―で撃つ」

たんしゅく【短縮】「労働時間の―を訴える」

たんじゅん【単純】⇕複雑。「―なミス」

たんしょ【短所】⇕長所。「あきっぽいのが―だ」

たんしょ【端緒】きっかけ。たんちょ。「紛争解決の―が開ける」

たんしょう【探勝】「紅葉の山々を―する」

たんしょう【短小】みじかく小さい。⇕長大。

たんしょう【嘆賞・嘆称】「すばらしい演奏に―の声が上がった」

たんじょう【誕生】「―日」「新横綱が―した」

だんしょう【談笑】「なごやかに―する」

だんじょう【壇上】「―から改革の必要性を訴える」

だんしょうしゅぎ【断章取義】詩文の一部だけを切り離して、自分に都合よく解釈して使う。


たんしょうとう【探照灯】「―が遠くの夜空を照らす」

だんしょく【男色】男性の同性愛。なんしょく。

だんしょく【暖色】暖かな感じを与える色。

だんじり【▼檀尻・〈楽車〉】山車(だし)。「岸和田の―祭」

たんじる【嘆じる】「世相を―」(サ変「嘆ずる」も同じ)

だんじる【断じる】「一概に―べきでない」(サ変「断ずる」も同じ)

だんじる【弾じる】「琴を―」(サ変「弾ずる」も同じ)

だんじる【談じる】「政局を―」(サ変「談ずる」も同じ)

たんしん【丹心】まごころ。赤心。

たんしん【単身】「―赴任」

たんしん【短針】時針。⇕長針。

たんじん【炭▼塵】微細な石炭の粉末。「―爆発」

たんす【▼箪▼笥】「服を―にしまう」「―預金」

たんすい【淡水】⇕鹹水(かんすい)。「―魚」

だんすい【断水】「工事のため一時―する」

たんすう【単数】⇕複数。「名詞の―形」

たんせい【丹青】絵の具。「―の妙」

たんせい【丹精・丹誠】真心をこめてする。「―して作った器」「―を込めて育てた牛」

たんせい【嘆声・▼歎声】「名演技に―が上がる」
たんせい【端整・端正】「―な顔立ちの好青年」
だんせい【男性】⇕女性。「―的」「―の平均寿命」
だんせい【男声】⇕女声。「―合唱」
だんせい【弾性】変形した物体が元に戻る性質。
たんせき【旦夕】朝と晩。目前。「命―に迫る」
たんせき【胆石】胆嚢でできる結石。
だんぜつ【断絶】「親子の―」
たんせん【単線】「―のローカル鉄道」
たんぜん【丹前】広袖で綿入れの和服。どてら。
だんせん【断線】「台風で―する」
だんぜん【断然】「この服の方が―かっこいい」
たんそ【炭素】元素の一。「二酸化―」
たんぞう【鍛造】金属を打って成形する。「―機」
だんそう【男装】男性の身なり。⇕女装。「―の麗人」
だんそう【断想】断片的な短い感想。
だんそう【断層】「活―」「―海岸」「世代間の―」
だんそう【弾奏】「琴(バイオリン)の―」
だんそう【弾倉】連発銃で弾丸をつめる部分。
たんそく【探測】「宇宙―機」
たんそく【嘆息・▼歎息】「天を仰いで―する」
だんぞく【断続】「―的に激しい雨が降る」
だんたい【団体】「政治―」「―で行動する」
たんだいしんしょう【胆大心小】大胆でしかも

細心。

たんたん【▼坦▼坦】平らで変化がないさま。「―とした道を歩く」「―たる生涯」

たんたん【▼眈▼眈】「虎視―」「―と好機をうかがう」

たんたん【淡淡・▼澹▼澹】さっぱりしているさま。「夫を失った悲しみを―と語る」

だんだん【段段】「―畑」「新しい仕事にもだんだんと慣れてきた」〔副詞の用法では仮名書きが一般〕

タンタンメン【担担麺】〔中国語〕四川風そば。

たんち【探知】「電波―機」「不穏な動きを―する」

だんち【団地】「公営―」「工業―」

だんちがい【段違い】「―平行棒」「こっちの方が―に優れている」

たんちょ【端緒】たんしょ。

たんちょう【丹頂】国産最大のツル。「―鶴」

たんちょう【単調】「―なリズム」「―な毎日」

たんちょう【短調】⇕長調。「物寂しい―の曲」

だんちょう【断腸】非常な悲しみや苦しみ。「―の思いで社員のクビを切る」

だんつう【段通・▼緞通】手織りの敷物。

たんてい【探偵】「私立―」「―小説」

たんてい【端艇・短艇】ボート。「大学の―部」

だんてい【断定】「―を下す」「―的な物言い」「彼を犯人と―した」

たんてき【端的】「―に言って」「営業内容を―に表す数字」

たんでき【▼耽溺・▼酖溺】「酒色に―する」

たんてつ【鍛鉄】鉄をきたえる。錬鉄。

たんでん【丹田】漢方でへその下。「臍下〈せいか〉―」

たんでん【炭田】石炭が採掘される地域。

だんと【▼檀徒】檀家の人々。

たんとう【担当】「―者」「経理を―する」

たんとう【短刀】「―を突きつけて脅す」

だんとう【弾頭】「核―」

だんとう【暖冬】「今年は―だそうだ」

だんどう【弾道】「―ミサイル」

だんとうだい【断頭台】首斬り台。ギロチン。

たんとうちょくにゅう【単刀直入】直接、本題に入る。「―に尋ねる」〔「短刀直入」と書くのは誤り〕

たんどく【丹毒】連鎖球菌による皮膚の急性炎症。

たんどく【単独】「―犯」「―飛行」「―登頂」

たんどく【▼耽読】「深夜まで推理小説を―する」

だんどり【段取り】「―をつける」「仕事の―が悪い」

だんな【▼檀那】檀家。「―寺」「―衆」

だんな【旦那】商店などの主人。おっと。パトロン。「老舗の若―」「―持ち」「―、もう一杯いかがですか」

たんなる【単なる】「―うわさだよ」

たんにん【担任】教師がクラスを受け持つ。

だんねつ【断熱】「―材」

たんねん【丹念】「職人が―に仕上げた陶器」

だんねん【断念】「悪天候のため登頂を―する」「―のやむなきに至る」

たんのう【胆▼嚢】胆汁を一時蓄え濃縮する器官。

たんのう【堪能】「おいしい料理を心ゆくまで―した」「語学に―な人を連れて行く」

たんば【丹波】旧国名。京都府中部と兵庫県中東部。

たんぱ【短波】「―放送」

たんばい【探梅】冬に早咲きの梅を観賞しに行く。「―行」

たんぱく【淡白・淡泊・淡薄・▼澹泊】⇕濃厚。「―な味を好む」「人づきあいに―な性格」

たんぱく【▼蛋白】「尿に―が下りる」

たんぱくしつ【▼蛋白質】生物体の主成分。〔自然科学では「タンパク質」と書く〕

たんぱつ【単発】「―銃」「―のヒット」

たんぱつ【短髪】「―の男性」

だんぱつ【断髪】「〔相撲の〕―式」

だんぱん【談判】「直〈じか〉―」「膝詰め―」「―が決裂する」「値引きを―する」

たんび【▼耽美】「―派の小説」

たんぴょう【短評】短い批評。寸評。

だんびら【段平】刃幅の広い刀。「―を振りかざす」

たんぴん【単品】「—生産」「—では販売しません」

だんぶくろ【段袋】布製の大きな袋。幅の広いズボン。

たんぺいきゅう【短兵急】だしぬけに物事をするさま。「—な結論」「—に攻め立てる」

たんぺん【短編】⇔長編。「—小説」

だんぺん【断片】「記憶の—」「—的な知識」

たんぼ【田〈▼圃〉】「—道」

たんぼ【旦暮】朝と晩。「—に釣りに出かける」

たんぽ【担保】「—物件」「家屋を—に銀行から金を借りる」「従業員の身分保障が—されなければ交渉に応じない」

たんぼう【探訪】「大和の歴史—記」

だんぼう【暖房・▼煖房】⇔冷房。「—器具」

だんボール【段ボール】「—の箱に詰める」

たんぽぽ【〈蒲公英〉】キク科の多年草。

たんまつ【端末】コンピューターの入出力装置。

だんまつま【断末魔・断末摩】臨終の苦しみ。「—の叫び」

だんまり【▽黙り】「—を決め込む」〔歌舞伎で無言で演じる立ち回りの意には、「暗闘」とも書く〕

たんめい【短命】「—内閣」

タンメン【湯麺】〔中国語〕野菜入りの塩味の中華そば。

だんめん【断面】「—図」「現代社会の一—」

たんもの【反物】「西陣織の—を扱う呉服屋」
だんやく【弾薬】「—庫」「—を補充する」
だんゆう【男優】男性の俳優。⇔女優。
たんらく【短絡】「—した論理」「—的」
だんらく【段落】「—に分けて書く」
だんらん【団▼欒】「一家水いらずで—する」「楽しい—の一時を過ごす」
たんり【単利】元金だけに対して計算される利息。
だんりゅう【暖流】⇔寒流。「—と寒流のぶつかる潮目」
たんりょ【短慮】「—軽率」「—に過ぎる」
たんりょく【胆力】度胸。「—のある大人物」
だんりょく【弾力】「—性に富む素材」「—的な運用」
だんりん【談林・▼檀林】寺の学問・修行所。寺院。「十八—」「—風〈ふう〉俳諧」
たんれい【端麗】「容姿—」
だんれつ【断裂】「アキレス腱が—する」
たんれん【鍛錬・鍛練】「鋼を—する」「日頃の—の成果を発揮する」
だんろ【暖炉・▼煖炉】室内暖房用の炉。
だんろんふうはつ【談論風発】議論を盛んに行う。
だんわ【談話】「—室」「友人と—する」

ち

ち【地】チ・ジ —
「地位・地域・地価・地球・地層・地面・地理・耕地・失地・大地・天地・土地・領地」

ち【池】チ いけ
「池亭・池畔・貯水池・電池・肉池・墨池」

ち【治】⇩じ(治)。

「治安・治水・治世・治療・自治・統治」

ち【知】チ し-る
「知覚・知識・知人・知性・知的・知能・旧知・才知・察知・周知・認知・未知・無知」〔「智」の書き換え字としても用いられる〕

ち【値】チ ね・あたい
「価値・近似値・数値・偏差値」

ち【恥】チ は-じる・はじ・は-じらう・は-ずかしい
「恥骨・恥辱・恥部・恥毛・羞恥・破廉恥・無恥」

ち【致】チ いた-す
「致死・一致・合致・極致・招致・送致・誘致」

ち【遅(遲)】チ おく-れる・おく-らす・おそ-い
「遅延・遅刻・遅速・

遅滞・遅遅・遅配・遅筆・巧遅」
ち【痴(癡)】チ ―「痴漢・痴情・痴人・痴態・痴話・音痴・愚痴」
ち【稚】チ ―「稚気・稚魚・稚拙・幼稚」
ち【置】チ おーく ―「置換・安置・位置・拘置・処置・設置・装置・措置・存置・倒置・配置・放置・留置」
ち【緻】チ ―「緻密・巧緻・細緻・精緻」
ち【血】「―が出る」「―の気が多い」
ち【地】「安住の―を求める」「―の利を得る」「人気が―に堕ちる」
ち【知・▼智】「―を磨く」「―に働けば角が立つ」
ちあい【血合(い)】魚の肉で、赤黒い部分。
ちあん【治安】「この国は―がよい(悪い)」
ちい【地位】「社会的―」「業界での―を築く」
ちいき【地域】「―社会」「―の住民」
ちいく【知育・▼智育】知能を伸ばす教育。「―玩具」
ちいさい【小さい】「―声で話す」
ちいさな【小さな】「―子供」
ちいん【知音】親友。知人。「俳句仲間の―」
ちえ【知恵・▼智・慧・▼智恵】「生活の―」「―が回る」
ちえん【地縁】「―血縁」
ちえん【遅延】「列車に―が生じている」
ちか【地下】「―街」「―鉄」「―の秘密結社」
ちか【地価】「―が高騰する」
ちか【治下】支配下。統治下。「占領軍―」
ちかい【誓い】「―を立てる」
ちかい【近い】隔たりが小さい。⇔遠い。
ちかい【地階】地下に作られた階。
ちがい【違い】「―がはっきりする」
ちがい【稚貝】「アサリの―」
ちがいほうけん【治外法権】「―の撤廃」
ちかう【誓う】「神様に―」「心に―」
ちがう【違う】「注文と―品が届く」
ちがえる【違える】「約束を―」「見―」
ちかく【近く】「―の店」「―完成する」
ちかく【地核】地球の中心部。「高温の―」
ちかく【地殻】地球の外側の堅い部分。
ちかく【知覚】「―動詞」「―過敏」
ちかけい【地下茎】植物の地中にある茎。
ちかごろ【近頃】「―物忘れがひどくなった」
ちかしい【近しい・▽親しい】「二人は―間柄だ」
ちかぢか【近近】「―伺います」
ちかづく【近⸨付⸩く】「列車が駅に―」「娘に―な」
ちかば【近場】「旅行は―で間に合わせた」
ちかみち【近道】「駅にはこっちの方が―だ」「語学の学習に―はない」
ちがや【▼茅・茅・▼萱・〈白茅〉】イネ科の多年草。
ちかよる【近寄る】「もっと―」
ちから【力】「―が強い」「拳に―を込める」「友人の―になる」「お―添えをいただく」
ちからおとし【力落(と)し】「お―のないように」
ちからこぶ【力⸨▼瘤⸩】「受験指導に―を入れる」
ちからぞえ【力添え】「お―ください」
ちからづよい【力強(い)】「―言葉」
ちからもち【力持(ち)】「日本一の―」
ちかん【痴漢】「電車内で―に襲われる」
ちかん【置換】「水中(水上)―」「文字の一括―」
ちき【知己】友人。知り合い。「多くの―を得る」「百年の―に会ったよう」
ちき【稚気】無邪気さ。「―愛すべし」
ちぎ【千木・知木・▽鎮木】神社の棟の両端の装飾材。
ちぎ【地▼祇】地の神。「天神―」
ちぎ【遅疑】疑ってためらう。「―逡巡」
ちきゅう【地球】人類がすむ天体。「―儀」「―温暖化」
ちぎょ【稚魚】⇔成魚。「サケの―を放流する」
ちきょう【地峡】二つの陸地をつなぐ細長い陸地。
ちぎょう【知行】昔、武士に支給された領地。

ちきょうだい【乳兄弟】同じ乳で育った間柄。
ちぎり【契り】「―を結ぶ」
ちぎる【契る】「再会を―」「一夜を―」
ちぎる【《千切》る】「手紙を―って捨てる」「ほめ―」
ちぎん【地銀】「地方銀行」の略。
ちく【竹】チク たけ「竹簡・竹紙・竹馬・竹林・竹工・爆竹・破竹」
ちく【畜】チク ―「畜産・畜生・役畜・家畜・鬼畜・人畜・牧畜」
ちく【逐】チク ―「逐一・逐語・逐次・逐条・逐電・駆逐・放逐」
ちく【蓄】チク たくわ-える「蓄財・蓄積・蓄電・含蓄・貯蓄・備蓄」
ちく【築】チク きず-く「築城・築造・築庭・築堤・築港・移築・改築・建築・構築・修築・新築・増築」
ちく【地区】「住宅―」「―ごとに委員を選ぶ」
ちく【▼馳駆】「戦場を―する」
ちくいち【逐一】ちくいつ。「どんな細かいことでも―報告するように」
ちぐう【知遇】認められて厚遇される。「社長の―を得る」
ちくおんき【蓄音機】旧式のレコードプレーヤー。

ちくかん【竹簡】古代中国で、文字を書いた竹の札。

ちくご【筑後】旧国名。福岡県南部。「―川」

ちくごやく【逐語訳】「まず英文を―してみる」

ちぐさ【千草】いろいろな秋の草。

ちぐさ【千▽種】種類の多いこと。ちくさ。

ちくざい【蓄財】「不正―」「こつこつと―する」

ちくさん【畜産】「―農家」

ちくじ【逐次】順次。「―刊行物」

ちくしょう【畜生】けもの。人をののしる語。「―道に落ちる」「―め」

ちくじょう【逐条】一箇条ずつ順をおうこと。「―解釈」「―審議」「―的解説」

ちくじょう【築城】「織田信長は安土に―した」

ちくせき【蓄積】「資本の―」「疲労が―する」

ちくぜん【筑前】旧国名。福岡県の北部・西部。

ちくぞう【築造】「ダムを―する」

ちくでん【逐電】逃げて行方をくらます。「公金横領の後―する」

ちくでんち【蓄電池】バッテリー。

ちくのうしょう【蓄▼膿症】「―に悩む」

ちくはく【竹▼帛】書物。歴史書。「名を―に垂る(=歴史に名を残す功績を立てる)」

ちくばのとも【竹馬の友】幼なじみ。

ちくび【乳首】「赤子に―を含ませる」


ちくふじん【竹夫人】夏、抱いて寝る竹の籠。

ちくろく【逐▽鹿】「―場裡」「中原〈ちゅうげん〉―(=天下を制覇しようと争う意)/史記」

ちくわ【竹輪】筒形の魚肉の練り製品。

ちくわぶ【竹輪▼麩】竹輪の形にして蒸した麩。

ちけい【地形】「―図」「果樹栽培に適した―」

ちけむり【血煙】血しぶきを煙にたとえた語。「―を上げて倒れる」

ちけん【知見】「―を広める」

ちご【《稚児》・▽児】「―行道」

ちこう【地溝】「アフリカ大―」「地塁と―」

ちこう【遅効】「―性肥料」

ちこうごういつ【知行合一】「陽明学の―説」

ちこく【治国】国を治める。

ちこく【遅刻】「急がないと学校に―する」

ちこつ【恥骨】生殖器のすぐ上にある骨盤の骨。

ちさん【治山】山の災害を防ぐ。「―治水の事業」

ちさん【遅参】遅刻。「会合に―する」

ちし【地誌】地理の研究、またその本。

ちし【知歯・▼智歯】親知らず。

ちし【致死】「毒薬の―量」「過失―」

ちし【致仕・致▽事】官職を退く。七〇歳。

ちじ【知事】都道府県の長。「三重県の―」

ちしお【血潮・血▼汐】「若き―がたぎる」

ち

ちしき【知識・▼智識】「予備—」「—欲」「—人」
ちじき【地磁気】地球自身がもつ磁気。
ちじく【地軸】地球の自転軸。
ちしつ【地質】「—学」「—調査」
ちしつ【知▼悉】知りつくすこと。「お互い手の内は—している」
ちじつ【遅日】なかなか暮れない春の日。
ちしゃ【〈萵苣〉】キク科の野菜。サラダ菜など。
ちしゃ【知者・▼智者】知識のある人。賢い人。
ちしょう【地象】地震・噴火など地上に起こる現象。⇕天象。
ちしょう【知将・▼智将】はかりごとの上手な大将。
ちじょう【地上】「—波放送」「—の楽園」
ちじょう【痴情】異性への色情に迷う心。「—のもつれから相手を刺した」
ちじょうい【知情意】知性と感情と意志。「—のバランスが取れた人」
ちじょく【恥辱】「—を受ける」
ちじん【知人】「フィアンセを—に紹介する」
ちじん【痴人】「—の夢（＝要領を得ない話）」
ちず【地図】「世界—」「道路—」「—帳」「—を頼りに尋ね行く」
ちすい【治水】「—工事」
ちすじ【血筋】「—は争われない」

ちせい【地勢】「—図」
ちせい【治世】「名君の—の下」
ちせい【知性】「豊かな—」「—的な顔立ち」
ちせき【地積】土地の面積。「—の測量を行う」
ちせき【地籍】土地の戸籍。「—台帳（＝土地台帳）」
ちせき【治績】「首相として優れた—を上げる」
ちせつ【稚拙】「—な文章（絵）」
ちそう【地層】「—から貝の化石が見つかった」
ちそく【遅速】「種子の発芽には—がある」「分秒の—を争う」
ちたい【地帯】「安全—」「工業—」
ちたい【遅滞】「工事が—なく進む」
ちたい【痴態】ばかげた振る舞い。「人前で—を演ずる」
ちだるま【血▽達磨】「全身—になる」
ちち【父】⇕母。「—と子」「近代経済学の—」
ちち【乳】「—を飲む」「牛の—」
ちち【遅遅】「作業が—として進まない」
ちぢ【千千】「心が—に乱れる」
ちちかた【父方】⇕母方。「—の祖母」
ちぢかむ【縮かむ】「手が—」
ちぢくる【乳繰る】男女がたわむれ合う。
ちぢこまる【縮こまる】「隅で—」
ちぢむ【縮む】「ウールは水で洗うと—」「恐ろしさに身の—思いをした」

ちぢれる【縮れる】「髪が—」
ちつ【秩】チツ　「秩序」
ちつ【窒】チツ　「窒素・窒息」
ちつ【▼帙】「—入りの和装本」
ちつ【▼膣・▼腟】女性の生殖器の一部。
ちっきょ【▼蟄居】家に閉じ籠もる。江戸時代の刑罰。
ちつじょ【秩序】「—正しく行動する」
ちっそ【窒素】元素の一。「—肥料」「—酸化物」
ちっそく【窒息】「首を絞められ—死する」
ちっとも【（▼些）とも】「—知らなかった」
ちてき【知的】「—所有権」「—な会話」
ちてん【地点】「マラソンの折り返し—」
ちとく【知得】理解する。
ちとく【知徳・▼智徳】知識と道徳。「—合一」
ちとせ【千▽歳】千年。非常に長い年月。
ちとせあめ【千▽歳▼飴】縁起物の紅白の棒飴。
ちどり【千鳥・▼鵆】チドリ科の鳥の総称。
ちどりあし【千鳥足】「盛り場を—ではしごする」
ちどん【遅鈍】動作がのろくてにぶい。
ちなまぐさい【血▼腥い】「—戦場の風」「—話」
ちなみに【▽因みに】参考までにいえば。

ちなむ【▽因む】「出身地に—・んだ芸名」
ちにち【知日】「—家のアメリカ人ジャーナリスト」
ちぬ【▼茅▼渟・〈海鯽〉】クロダイ。
ちねつ【地熱】「—発電」
ちのう【知能・▼智能】「—犯」「—テスト」
ちのう【知▼嚢・▼智▼嚢】知恵袋。知恵者。
ちのみご【乳飲み▽児】「生後六か月の—」
ちのり【血▼糊】「—の付いたナイフ」
ちのり【地の利】「—を得て発展する」「—を活かした産業」
ちのわ【▼茅の輪】夏越〈なごし〉の祓〈はらえ〉の茅〈ちがや〉の輪。「—をくぐる」
ちはい【遅配】「郵便物の—」「給料が—する」
ちばしる【血走る】「ゲームに熱中して目が—」
ちはつ【遅発】「—信管」「雪のため列車が—する」
ちばなれ【乳離れ】「この子は—が遅い」「まだ—もしていない青二才」
ちはん【池畔】池のほとり。
ちばん【地番】「—変更」
ちひつ【遅筆】⇔速筆。「—で有名な作家」
ちびふで【▼禿筆】毛の先がすりきれた筆。とくひつ。
ちひょう【地表】「—温度」「火星の—」
ちびる【▼禿びる】「—・びた鉛筆」〔小便を「ちびる」は別語で仮名書きが一般〕

ち

ちひろ【千▽尋】「—の海底」
ちぶ【恥部】「芸能界の—」「—をさらす」
ちぶさ【乳房】「母親の—」
ちへいせん【地平線】「—に夕日が沈む」「—のかなた」
チベット【西蔵】「—自治区」「—高原」「—仏教」
ちへど【血▽反吐】「—を吐いて苦しむ」
ちほ【地歩】自分の地位・立場。「—を固める」
ちほう【地方】「—自治体」「—公務員」
ちほう【痴▼呆】現在の「認知症」のこと。
ちぼう【知謀・▼智謀】「—をめぐらす」
ちまき【▼粽】「端午の節句に—を食べる」
ちまた【▼巷・▽岐・▼衢】まちなか。世間。「—の声」「—で流行っている歌」「不況の風が—に吹く」
ちまつり【血祭(り)】「—に上げる」
ちまなこ【血眼】「—になって探し出す」
ちまみれ【血▽塗れ】「—になって死んでいた」
ちまめ【血豆】「鉄棒で手に—ができる」
ちまよう【血迷う】「何を—っているのだ」
ちみ【地味】「—がよい(悪い)」「—に恵まれる」
ちみち【血道】「若い女に—を上げる」
ちみつ【緻密】「—な分析」「女性心理を—に描いた作品」
ちみどろ【血▽塗ろ】「相手を刺した手が—になる」「—の戦いが今始まった」

ちみもうりょう【▼魑▼魅▼魍▼魎】いろいろな化け物。怪物。「—が跋扈〈ばっこ〉する」

ちめい【知命】五〇歳。

ちめいしょう【致命傷】「—を負う」「円高が—となる」

ちめいど【知名度】「甲子園に出場して—が上がる」

ちもく【地目】土地の用途別による区分。「山林から宅地へと—を変更する」

ちゃ【茶】— チャ・サ 「茶菓・茶会・茶器・茶事・茶室・茶人・茶代・茶番・新茶・献茶・紅茶・抹茶」

チャーシュー【叉焼】〔中国語〕焼き豚。「—麺」

チャーハン【炒飯】〔中国語〕焼き飯。

ちゃいろい【茶色い】「—髪」

ちゃうけ【茶請け】「お—に和菓子を出す」

ちゃか【茶菓】さか。

ちゃかい【茶会】茶の湯の会。「—の作法」

ちゃかす【《茶化》す】「人の話を—しては失礼だ」

ちゃがま【茶釜】「分福〈ぶんぶく〉—」

ちゃがら【茶殻】茶をいれたあとの葉。

ちゃき【茶器】茶をいれるための道具。

ちゃきちゃき【《▽嫡▽嫡》】生粋。「—の江戸っ子」

ちゃきん【茶巾】茶の湯で、茶碗をふく布。

ちゃく【着】チャク・(ジャク) き-る・き-せる・つ-く・つ-ける 「着眼・着実・着手・着色・着席・着想・着任・着用・着陸・着工・愛着〈あいちゃく〉(〈あいじゃく〉)・執着〈しゅうちゃく〉(〈しゅうじゃく〉)・土着・発着・落着」

ちゃく【嫡】チャク 「嫡子・嫡出・嫡孫・嫡男・嫡流・廃嫡」

ちゃくい【着衣】「―はそのままで結構です」

ちゃくがん【着岸】「豪華客船が港に―する」

ちゃくがん【着眼】「―点が斬新なレポート」

ちゃくざ【着座】「定められた席に―する」

ちゃくし【嫡子】⇕庶子。「本家の―として生まれる」

ちゃくじつ【着実】「―な努力」「―に前進する」

ちゃくしゅ【着手】「研究に―する」

ちゃくしゅつ【嫡出】法的に、正式の夫婦の間に生まれる。

ちゃくしょく【着色】「―料無添加」「イラストに―する」

ちゃくしん【着信】「携帯電話の―音」

ちゃくすい【着水】「水上飛行機が―する」

ちゃくせき【着席】「全員起立、礼、―」

ちゃくそう【着想】「実話から―を得た小説」

ちゃくだつ【着脱】「装備を―する」

ちゃくだん【着弾】「正確にミサイルが―する」

ちゃくちゃく【着着】「―(と)準備が進む」

ちゃくなん【嫡男】「織田信長の―、信忠」

ちゃくにん【着任】⇕離任。「―の挨拶」

ちゃくふく【着服】「公金―の容疑」

ちゃくぼう【着帽】⇕脱帽。

ちゃくもく【着目】「将来性に―する」「―に値する」

ちゃくよう【着用】「会場では腕章を―のこと」

ちゃくりく【着陸】⇕離陸。「旅客機は定時に―した」

ちゃこし【茶▾漉し】お茶をこす器具。

ちゃさじ【茶▾匙】「―で紅茶をポットに入れる」

ちゃしつ【茶室】「黄金の―」

ちゃしぶ【茶渋】茶のあか。「―が落ちにくい」

ちゃしゃく【茶▾杓】抹茶をすくうさじ。

ちゃじん【茶人】茶の湯を好む人。「―帽」

ちゃせき【茶席】茶の湯の席。

ちゃせん【茶▾筅・茶▾筌】抹茶をかきまぜる竹製の具。

ちゃだい【茶代】茶の代金。心づけ。チップ。「旅館の仲居さんに―を渡す」

ちゃたく【茶▾托】茶碗を載せる小さな皿状の台。

ちゃだんす【茶▾簞▾笥】茶器や食器を入れる家具。

ちゃちゃ【《茶茶》】ひやかしの言葉。「―を入れる」

ちゃっか【着火】「―剤」「―点で燃え出す」

ちゃづけ【茶漬け】「鮭―」「―屋」

ちゃっこう【着工】⇕竣工〈しゅんこう〉。「―式」

ちゃづつ【茶筒】茶の葉を保存する、円筒形の容器。

ちゃつぼ【茶▾壺】茶の葉を入れておく壺。

ちゃつみ【茶摘み】「―唄」

ちゃどう【茶道】茶の湯の道。さどう。

ちゃのま【茶の間】「―で団欒のひと時を過ごす」

ちゃのみ【茶飲み・茶▾呑み】「―話」

ちゃのゆ【茶の湯】茶道。「―の道」

ちゃばおり【茶羽織】腰までの短い羽織。

ちゃばしら【茶柱】「―が立つ」

ちゃばたけ【茶畑】「―で茶摘みが始まる」

ちゃばん【茶番】滑稽な寸劇。愚かしい振る舞い。「―劇」「―を演じる」

ちゃびん【茶瓶】「―敷」「―頭」

ちゃぶだい【《▿卓▾袱》台】脚のついた低い食卓。

チャボ【〈矮鶏〉】小型で足の短いニワトリ。

ちゃぼうず【茶坊主】「上司の機嫌ばかりうかがう―」

ちゃみせ【茶店】「街道添いの―」

ちゃめ【《茶目》】「―っ気」「お―な人」

ちゃや【茶屋】「京都祇園のお―」「―遊び」

ちゃわかい【茶話会】さわかい。

ちゃわん【茶▾碗】「湯飲み―」「―蒸し」

ちゆ【治癒】病気やけがが治る。「完全―」

ちゅう【中】チュウ・(ジュウ) なか 「中央・中核・中継・中堅・中枢・中心・中途・中立・胸中・的中・夢中・命中」

ちゅう【仲】チュウ なか 「仲夏・仲介・仲裁・仲春・伯仲」

ちゅう【虫(蟲)】チュウ むし 「虫害・虫媒花・益虫・害虫・寄生虫・昆虫・成虫・防虫・幼虫」

ちゅう【沖】チュウ おき 「沖積・沖天」

ちゅう【宙】チュウ ― 「宙空・宇宙」

ちゅう【忠】チュウ ― 「忠義・忠勤・忠君・忠犬・忠孝・忠告・忠実・忠誠・忠節・誠忠・不忠」

ちゅう【抽】チュウ ― 「抽出・抽象」

ちゅう【注】チュウ そそ-ぐ 「注意・注記・注射・注釈・注入・注文・脚注・頭注・特注・発注・補注」〔「註」の書き換え字としても用いられる〕

ちゅう【昼(晝)】チュウ ひる 「昼光・昼食・昼夜・白昼」

ち

ちゅう【柱】チュウ はしら 「柱石・柱廊・円柱・支柱・電柱・門柱」

ちゅう【衷】チュウ ― 「衷情・衷心・苦衷・折衷・和衷」

ちゅう【酎】チュウ ― 「焼酎」

ちゅう【鋳(鑄)】チュウ い-る 「鋳鋼・鋳造・鋳鉄・改鋳」

ちゅう【駐】チュウ ― 「駐在・駐屯・駐輪・駐留・常駐・進駐」

ちゅう【宙】「―返り」「―に舞う」「計画は―に浮いたままだ」

ちゅう【注・▼註】「難解な語句に―を付ける」

ちゆう【知友】「学生時代の―と再会する」

ちゆう【知勇・▼智勇】知恵と勇気。「―兼備の名将」

ちゅうい【中尉】軍隊の階級で、尉官の第二位。

ちゅうい【注意】「―書き」「―力」「細心の―を払う」

ちゅうおう【中央】中心。首都。「市の―に宮殿がある」「―に陳情に行く」「―に進出する」

ちゅうか【中華】「―思想」「―料理」

ちゅうか【仲夏】陰暦五月の異名。

ちゅうかい【仲介】「―者」「売買を―する」

ちゅうかい【注解・▼註解】「源氏物語―」「和歌に―を加える」

ちゅうかい【▼厨▼芥】台所のごみ。

ちゅうがい【虫害】害虫による農作物の被害。

ちゅうがえり【宙返り】「二回―して着地する」

ちゅうかく【中核】「―都市」「組織の―」

ちゅうかん【中間】「―点」「―報告」「―管理職」

ちゅうかん【昼間】⇔夜間。「―人口」

ちゅうかんぎたん【忠肝義胆】忠義一途の心。

ちゅうき【中気】脳卒中の通称。中風〈ちゅうふう〉。

ちゅうき【注記・▼註記】「異説を―する」

ちゅうぎ【忠義】「主君に―を尽くす」

ちゅうきょう【中京】名古屋及びその近郊。「―地域」

ちゅうきん【忠勤】「―を励む」

ちゅうきん【鋳金】金属を鋳型に溶かし込み器物を作る。

ちゅうきんとう【中近東】「―の石油資源」

ちゅうくう【中空】空のなかほど。中がからなこと。「―にかかる月」「―の鋳物」

ちゅうぐう【中宮】皇后。「一条天皇の―」

ちゅうけい【中継】「駅伝の―点」「野球の実況―」

ちゅうけん【中堅】組織の中核の人。野球で、センター。「―企業」「―の社員」「―手」

ちゅうげん【中元】七月一五日。その頃の贈り物。

ちゅうげん【中原】中国黄河中流域。「―に鹿を逐

〈お〉う（＝多くの人が地位や政権を争う）」
ちゅうげん【中間】 武家の召し使い。
ちゅうげん【忠言】「—耳に逆らう」
ちゅうこ【中古】 ちゅうぶる。日本歴史で、平安時代。「—車」「—文学」
ちゅうこう【中興】 衰えていたものを再び盛んにする。「—の祖」
ちゅうこう【忠孝】 主君への忠義と親への孝行。
ちゅうこう【昼光】 昼間の太陽光。「—色」「—灯」
ちゅうこうねん【中高年】「—の生活習慣病」
ちゅうこく【忠告】「友人として—する」「—に従う」
ちゅうごく【中国】 中国地方。中華人民共和国の略称。「—山地」「—共産党」
ちゅうごし【中腰】「—の姿勢で作業をする」
ちゅうこん【忠魂】 戦死した人の霊魂。「—碑」
ちゅうさ【中佐】 軍隊の階級で、佐官の第二位。
ちゅうざ【中座】「会議を—して電話をかける」
ちゅうさい【仲裁】「紛争（けんか）を—する」「—を買って出る」「—は時の氏神」
ちゅうざい【駐在】「—所」「村の—さん」「日本に—する大使」
ちゅうさつ【▼誅殺】「天に代わって—する」
ちゅうさつ【駐▼箚】 大使などがその地に滞在する。
ちゅうし【中止】「雨天により試合を—する」
ちゅうし【注視】「株価の値動きを—する」
ちゅうじ【中耳】 鼓膜と内耳の間。「—炎」
ちゅうじき【中食】 昼食。
ちゅうじく【中軸】「チームの—選手」
ちゅうじつ【忠実】「職務に—な人」「事件を—に再現する」「原文に—に翻訳する」
ちゅうしゃ【注射】「—器」「—針」「予防—」
ちゅうしゃ【駐車】「—場」「—禁止（違反）」
ちゅうしゃく【注釈・▼註釈】「—書」「源氏物語を—する」
ちゅうしゅう【中秋】 陰暦八月一五日の称。「—の名月」
ちゅうしゅう【仲秋】 陰暦八月の異名。「—の候」
ちゅうしゅつ【抽出】「果実からエキスを—する」「リストから条件を満たす物を—する」
ちゅうしゅん【仲春】 陰暦二月の異名。「—の候」
ちゅうじゅん【中旬】「今月—には退院の見込みだ」
ちゅうしょう【中傷】 根拠のない悪口で人を傷つけること。「誹謗—」「陰で—される」
ちゅうしょう【抽象】 ⇔具象・具体。「—画」「—的な説明に終始する」
ちゅうじょう【中将】 軍隊の階級で、将官の第二位。
ちゅうじょう【衷情】 本心。誠意。「遺族が—を訴える」
ちゅうしん【中心】「—街」「—人物」「町の—」「円の—」「文化の—」「サークルの—的存在」
ちゅうしん【忠臣】「—は二君に事〈つか〉えず／史記」
ちゅうしん【注進】 急ぎ上申する。「御—に及ぶ」
ちゅうしん【衷心】 まごころ。「—より御多幸をお祈り申し上げます」
ちゅうすい【虫垂】「—炎（＝盲腸炎）」
ちゅうすい【注水】「タンクに—する」
ちゅうすう【中枢】 中心となる主要な所。「政治の—」「—神経系」
ちゅうする【沖する・▼冲する】 高く昇る。「天に—煙」
ちゅうする【注する・▼註する】「難解な語句に—」
ちゅうする【▼誅する】 悪人や罪人を殺す。「逆賊を—」
ちゅうせい【中世】 鎌倉・室町時代。「—都市」「—文学」
ちゅうせい【中正】「—な意見」「—を欠く処置」
ちゅうせい【中性】「—子」「—洗剤」「男とも女ともつかない—的な魅力」
ちゅうせい【忠誠】「—心」「祖国への—を誓う」
ちゅうぜい【中背】「中肉—」
ちゅうせき【沖積】「—層」「—平野」

ちゅうせき【柱石】「国家の―となる」
ちゅうせつ【忠節】「主君に―を尽くす」
ちゅうぜつ【中絶】「音信が―する」「人工妊娠―」
ちゅうせん【抽選・抽▼籤】「次期委員を―して決める」〔本来の用字は「抽籤」〕
ちゅうぞう【鋳造】「貨幣を―する」
ちゅうたい【中退】「大学を―する」
ちゅうたい【▼紐帯】結びつける役割。
ちゅうだん【中断】「審議をいったん―する」
ちゅうちょ【▼躊▼躇】ためらう。「判断を―する」「―なく決定する」
ちゅうづり【宙▼吊り】「アンコウを―にする」
ちゅうてつ【鋳鉄】「―工場」
ちゅうてん【中天】空のなかほど。なかぞら。「―に月が懸かる」
ちゅうてん【沖天・▼冲天】天に上る。「意気―」
ちゅうと【中途】「―採用」「―半端」「道の―で引き返す」
ちゅうとう【中等】「―教育」
ちゅうとう【仲冬】陰暦一一月の異名。
ちゅうとう【▼偸盗】盗み。盗人。
ちゅうとう【中東】アジア南西部とアフリカ北東部地域。「―戦争」「―の石油資源」
ちゅうどう【中道】極端に走らない穏当な立場。

ち

ちゅうどく【中毒】「食―」「―を起こす」
ちゅうとん【駐屯】「―地」「国連派遣部隊が―する」
ちゅうなんべい【中南米】「―の音楽」
ちゅうにく【中肉】「―中背」
ちゅうにち【中日】彼岸のなかび。春分と秋分の日。
ちゅうにゅう【注入】「薬液を体内に―する」
ちゅうにん【仲人】仲裁する人。なこうど。
ちゅうねん【中年】「―層」「―太り」
ちゅうばいか【虫媒花】昆虫の媒介で受粉する花。
ちゅうばつ【▼誅伐】「裏切り者を―する」
ちゅうばん【中盤】「―戦」「選挙戦も―に入る」
ちゅうぶ【中部】「―日本」「―アメリカ」
ちゅうふう【中風】脳出血などによる機能障害。
ちゅうふく【中腹】「山の―にある小屋」
ちゅうべい【中米】中央アメリカ。
ちゅうぼう【▼厨房】台所。調理場。
ちゅうぼく【忠僕】忠実なしもべ。
ちゅうみつ【▼稠密】「人口が―な大都市」
ちゅうもく【注目】「―の的」「世間の―を浴びる」「―に値する新事実」
ちゅうもん【注文】「―生産」「鮨〈すし〉を二人前―する」「あれこれと―を付ける」
ちゅうや【昼夜】「―兼行で工事を急ぐ」「―を舎〈お〉かず／論語」

ちゅうゆ【注油】「軸受けに―する」
ちゅうゆう【忠勇】忠義と勇気。
ちゅうよう【中庸】「―を重んじる」
ちゅうよう【中葉】中頃。「十九世紀―」
ちゅうようとっき【虫様突起】虫垂。
ちゅうりく【▼誅▼戮】「賊徒を―する」
ちゅうりつ【中立】「永世―国」「―の立場を保つ」
ちゅうりゃく【中略】「―して引用する」
ちゅうりゅう【中流】「川の―」「―家庭に育つ」
ちゅうりゅう【駐留】「有事―」「―軍」
ちゅうりん【駐輪】「校内(駅前)の―場」
ちゅうれい【忠霊】「―塔」
ちゅうろう【柱廊】柱と屋根だけの、吹き放しの廊下。コロネード。
ちゅうわ【中和】「―剤」「酸とアルカリが―する」
ちょ【著(著)】チョ あらわ-す・いちじる-しい「著作・著者・著述・著書・著増・著大・著名・共著・顕著・好著・自著・大著・編著・名著」
ちょ【貯】チョ「貯金・貯水・貯蔵・貯炭・貯蓄」
ちょ【緒(緒)】⇩しょ(緒)。「緒言・情緒〈じょうちょ〉〈じょうしょ〉」〔「チョ」の音は慣用〕

ちょ【著】「川端康成―」
ちよ【千代】「―に八千代に」
ちょう【丁】チョウ・テイ ― 「丁数・丁丁発止・一丁目・落丁」
ちょう【弔】チョウ とむら-う 「弔意・弔花・弔客・弔事・弔辞・弔電・弔文・弔問・敬弔・慶弔・追弔」
ちょう【庁(廳)】チョウ ― 「庁舎・官庁・支庁・登庁」
ちょう【兆】チョウ きざ-す・きざ-し 「兆候・億兆・吉兆・凶兆・前兆・瑞兆・予兆」
ちょう【町】チョウ まち 「町営・町会・町制・町村・町民・町名」
ちょう【長】チョウ なが-い 「長期・長考・長者・長寿・長所・長女・長身・成長・総長・団長・悠長」
ちょう【挑】チョウ いど-む 「挑戦・挑発」
ちょう【重】⇩じゅう(重)。「重複・貴重・自重・慎重・尊重・鄭重」
ちょう【帳】チョウ ― 「帳簿・帳面・画帳・開帳・記帳・通帳」

ちょう【張】チョウ は-る 「張力・拡張・緊張・主張・出張」
ちょう【彫】チョウ ほ-る 「彫金・彫工・彫刻・彫塑・彫像・木彫」
ちょう【眺】チョウ なが-める ― 「眺望」
ちょう【釣】チョウ つ-る 「釣果・釣竿・釣魚・釣具・釣人・釣友」
ちょう【頂】チョウ いただ-く・いただき 「頂上・頂点・有頂天・山頂・真骨頂・絶頂・登頂・頭頂」(「いただき」は「山頂」の意)
ちょう【鳥】チョウ とり 「鳥獣・鳥人・愛鳥・一石二鳥・鳥取〈とっとり〉県」
ちょう【朝】チョウ あさ 「朝会・朝刊・朝見・朝食・朝夕・朝礼・一朝一夕・帰朝・今朝・早朝・翌朝」
ちょう【貼】チョウ は-る 「貼付〈ちょうふ〉〈てんぷ〉」
ちょう【超】チョウ こ-える・こ-す 「超越・超過・超勤・超人・超絶・超然・超電導・出超・入超」
ちょう【腸】チョウ ― 「腸炎・腸壁・胃腸・浣腸・鼓腸・整腸・断腸・直腸・盲腸・羊腸」

ちょう【跳】チョウ は-ねる・と-ぶ 「跳馬・跳躍・跳梁」
ちょう【徴(徵)】チョウ ― 「徴候・徴収・徴税・徴発・徴用・象徴・性徴・増徴・追徴・特徴」
ちょう【嘲】チョウ あざけ-る 「嘲笑・自嘲」
ちょう【潮】チョウ しお 「潮位・潮汐・潮流・干潮・紅潮・高潮・思潮・初潮・退潮・風潮・満潮・落潮」
ちょう【澄】チョウ す-む・す-ます 「澄明・清澄・明澄」
ちょう【調】チョウ しら-べる・ととの-う・ととの-える 「調印・調合・調査・調子・調書・調整・調節・調理・調律・調和・快調・強調・好調・順調・単調・長調・転調・不調・歩調」
ちょう【聴(聽)】チョウ き-く 「聴覚・聴講・聴衆・聴力・傾聴・幻聴・視聴・試聴・拝聴・傍聴」
ちょう【懲(懲)】チョウ こ-りる・こ-らす・こ-らしめる 「懲役・懲戒・懲罰・勧善懲悪」
ちょう【丁】「―と出るか半と出るか」「一―目八番地の

ち

七」「一―上がり」

ちょう【兆】「三―円」「災いの―」

ちょう【町】「一―先の交番」

ちょう【長】「理事―」「一家の―」「人の―たる器」「一日〈いちじつ〉の―がある」

ちょう【徴】呼び出し。きざし。「―に応ずる」「天候激変の―がある」

ちょう【腸】「胃―薬」「―の具合」

ちょう【▼蝶】「―よ花よと大事に育てられる」

ちょうあい【帳合(い)】帳簿を照合する。「―をとる」

ちょうあい【▼寵愛】「帝の―を受ける」「深く―する」

ちょうあく【懲悪】悪をこらす。「勧善―」

ちょうい【弔意】人の死をいたみ哀悼する気持ち。「葬儀に参列し―を表す」

ちょうい【弔慰】死者をとむらい、遺族を慰める。「―金」

ちょうい【潮位】「―が上がる(下がる)」

ちょういん【調印】「―式」「条約(協定)に―する」

ちょうえき【懲役】「無期―」「被告人に―五年の判決が言い渡された」

ちょうえつ【超越】「世俗を―した悟りの境地」

ちょうえん【長円】楕〈だ〉円。

ちょうおん【長音】長くのばす音。「―符号」

ちょうおんそく【超音速】「―旅客機」

ちょうおんぱ【超音波】耳に聞こえない高周波音波。「―診断」

ちょうか【長歌】和歌の一体。五七調を反復する。

ちょうか【釣果】魚釣りの成果。「今日の―」

ちょうか【超過】「―勤務」「制限時間を―する」

ちょうかい【町会】町内会。また、町議会。

ちょうかい【朝会】朝礼。また、朝の集会。

ちょうかい【懲戒】「―処分(免職)」

ちょうかく【聴覚】「―中枢」「―障害」

ちょうかん【長官】「官房―」

ちょうかん【鳥▼瞰】高い所から見下ろす。「世界情勢全体を―する」「学界の現況を―的に論評する」

ちょうかん【朝刊】朝に発行される新聞。⇔夕刊。

ちょうかんず【鳥▼瞰図】上から見下ろした状態の図。

ちょうき【弔旗】「―を揚げて哀悼の念を表する」

ちょうき【長期】「―予報」「―的展望」

ちょうき【▼寵▽姫】君主に寵愛されている女性。

ちょうきゅう【長久】「武運―を祈る」

ちょうきょ【聴許】聞き入れて許す。「―を仰ぐ」

ちょうきょう【調教】「―師」「犬を―する」

ちょうきん【彫金】「―のアクセサリー」

ちょうく【長駆】「―して敵塁に迫る」

ちょうけし【帳消し】「借金を―にする」

ちょうけつ【長欠】「―児童」「病気で―する」

ちょうこう【長江】中国第一の大河。揚子江〈ようすこう〉。

ちょうこう【朝貢】外国に貢ぎ物を奉る。「―貿易」

ちょうこう【長考】「難しい局面で―する」

ちょうこう【徴候・兆候】「景気回復の―が見られる」「地震の―が観測される」

ちょうこう【聴講】「―生」「英文学の授業を―する」

ちょうごう【調合】「処方箋に従って薬を―する」

ちょうこうぜつ【長広舌】「―を振るう」

ちょうこうそう【超高層】「―ビル」

ちょうこく【彫刻】「―家」「―刀」「ロダンの―」

ちょうこく【超克】「幾多の困難を―する」

ちょうこく【▼肇国】国の初め。

ちょうさ【調査】「国勢―」「―書」「事故原因について―する」

ちょうざ【長座】「思いの外―してしまう」

ちょうざい【調剤】「―薬局」

ちょうざめ【▼蝶▼鮫】卵はキャビアにする。

ちょうさんぼし【朝三暮四】うまい言葉で人をだます。「今回の改革は―の感が否めない」

ちょうさんりし【張三▼李四】ごく平凡な人。「―の輩」

ちょうし【長子】一番目の子。長男。⇔末子。「―相続」

ちょうし【▼銚子】徳利。「お―をつけて下さいな」

ちょうし【調子】「体の―が良い(悪い)」「いらいらした―で話す」「―の外れた歌」「―を合わせる」「―に乗る」

ちょうじ【丁子・丁字】常緑高木。「―油」

ちょうじ【弔事】とむらいごと。不幸。

ちょうじ【弔辞】「友人を代表して―を読む」

ちょうじ【▼寵児】「時代の―」「一躍文壇の―となる」

ちょうしゃ【庁舎】役所の建物。

ちょうじゃ【長者】「億万―」「―番付」

ちょうじゃ【▼諜者】スパイ。

ちょうしゅ【聴取】「関係者から事情を―する」

ちょうじゅ【長寿】「―を保つ」「―の秘訣」

ちょうしゅう【徴収】税金などをとりたてる。「源泉―」「住民税を―する」

ちょうしゅう【徴集】国などが人や物資を強制的に集める。「兵士を―する」

ちょうしゅう【聴衆】「―の心を揺さぶる演奏」

ちょうしゅう【長州】長門〈ながと〉国の別名。

ちょうじゅう【鳥獣】「―保護区」「―戯画」

ちょうしょ【長所】すぐれている点。⇔短所。「だれでもどこか―がある」「―は短所」

ちょうしょ【調書】「―を取る」

ちょうじょ【長女】最初に生まれた女の子。


ちょうしょう【嘲笑】あざわらう。「世間の―を浴びる」「周囲の―を買う」

ちょうじょう【長上】目上の人。「―の教えに従う」

ちょうじょう【頂上】山のいただき。最高の状態。

ちょうじょう【重畳】幾重にも重なる。大いに満足なこと。「―たる山脈」「―の至りに存じます」

ちょうじり【帳尻】「話の―を合わせる」

ちょうじる【長じる】「文武に―」〔サ変「長ずる」も同じ〕

ちょうしん【長身】「―痩軀〈そうく〉」

ちょうしん【長針】分針。⇔短針。

ちょうしん【調進】注文品をととのえ届ける。「得意先に注文の品を―する」

ちょうしん【聴診】「―器を当てる」

ちょうしん【▼寵臣】気に入りの家来。

ちょうじん【超人】「―的速度で仕事を片付ける」

ちょうしんるこつ【彫心▼鏤骨】文章について、心を砕いて作る。

ちょうず【▽手▽水】手や顔を洗うための水。また、用便。「―を使う」「―に立つ」

ちょうする【徴する】証拠を求める。とりたてる。「歴史に―しても明らかだ」「広く国民各層からの意見を―する」「租税を―する」

ちょうせい【長逝】死ぬこと。永眠。


ちょうせい【調製】注文に応じてこしらえる。「洋服を―する」

ちょうせい【調整】物事を整えてよい状態を保つ。「年末―」「日程を―する」

ちょうぜい【徴税】税金を取り立てる。

ちょうせき【長石】火成岩の一種。ガラス光沢がある。

ちょうせき【朝夕】朝と夕方。いつも。「―その重恩を思う」

ちょうせき【潮▼汐】しおの周期的な干満。

ちょうせつ【調節】「産児―」「テレビの音量を―する」

ちょうぜつ【超絶】「ピアノの―技巧練習曲」「凡俗を―する技量」

ちょうせん【挑戦】「チャンピオンに―する」「―的な態度をとる」「―状を突き付ける」

ちょうぜん【超然】俗事にこだわらないさま。「どんな中傷にも―として動じることがない」

ちょうそ【重▼祚】退位した天皇が再び即位する。

ちょうそ【彫塑】彫刻と塑像。塑像を作ること。「石膏で―を作る」

ちょうそう【鳥葬】遺体を鳥についばませる葬法。

ちょうぞう【彫像】「大理石で出来た―」

ちょうそく【長足】「―の進歩を遂げる」

ちょうぞく【超俗】「―の境地に到る」

ち

ちょうだ【長打】野球で二塁打・三塁打・本塁打。

ちょうだ【長蛇】「開店セールに―の列が出来る」

ちょうだい【長大】⇔短小。

ちょうだい【頂戴】「結構な品を―する」「おやつを―」

ちょうたいそく【長大息】長くて大きなため息。

ちょうたく【彫▼琢】「美しく―された指輪」「入念に―された文章」

ちょうたつ【▼暢達】「―な筆跡」

ちょうたつ【調達】「資金を―する」

ちょうだつ【超脱】「世俗から―している」

ちょうたん【長短】「―相補う」

ちょうたんそく【長嘆息・長▼歎息】「あまりのショックに天を仰いで―を漏らす」

ちょうちゃく【▽打▼擲】うちたたく。なぐる。

ちょうちょう【長調】長音階による調子。⇔短調。「ハ―」

ちょうちょう【▼蝶▼蝶】「―が花畑を舞う」

ちょうちょうなんなん【▼喋▼喋▼喃▼喃】男女がむつみ合う。

ちょうちょうはっし【丁丁発止・▽打▽打発止】激しく戦うさま。激論を戦わすさま。「論客同士が―とやりあう」

ちょうちん【▽提▽灯・挑▽灯】「―行列」「―持ち（＝お先棒をかつぐ人）」


ちょうつがい【▼蝶▽番】「門の―が外れる」「腰の―を痛める」

ちょうづめ【腸詰め】ソーセージ。

ちょうづら【帳面】「―を合わせる」

ちょうてい【朝廷】天子や君主が政務をとる所。

ちょうてい【調停】和解させる。「―離婚」

ちょうていきょくほ【長▼汀曲▽浦】曲がりくねって長く続くなぎさ。「―の海岸」

ちょうてき【朝敵】朝廷に反逆する者。

ちょうてん【頂点】「三角形の―」「不満が―に達する」「日本画家として―を極める」

ちょうでん【弔電】おくやみの電報。「―を打つ」

ちょうと【長途】長いみちのり。「―の旅に就く」

ちょうど【調度】身の回りの道具。「―品」

ちょうど【《丁度》】「自分の体に―合う」（「丁度」は当て字）

ちょうどきゅう【超▼弩級】超大型。「―のスーパーマーケット」

ちょうとっきゅう【超特急】「―でやってくれ」

ちょうな【▽手▼斧】荒けずりに用いる柄の曲がったおの。

ちょうない【町内】その町の中。「―会の会長」

ちょうなん【長男】最初に生まれた男の子。長子。


ちょうにん【町人】「―文化」「江戸の―」

ちょうねんてん【腸捻転】腸のねじれによる閉塞。

ちょうのうりょく【超能力】「―者」「―で透視する」

ちょうば【帳場】「―を預かる女将」

ちょうば【跳馬】馬体に似た用具を使う体操競技。

ちょうば【▼嘲罵】「―を浴びせかける」

ちょうはつ【長髪】「―の若い男性」

ちょうはつ【挑発・挑▼撥】「敵を―する」「―に乗る」

ちょうはつ【徴発】「軍需物資を民間から―する」

ちょうはつ【調髪】髪を刈って形を調える。

ちょうばつ【懲罰】「―動議」

ちょうはん【丁半】さいの目の丁（偶数）と半（奇数）。

ちょうび【▼掉尾】最後。とうび。「―の勇を奮う」「舞台の―を飾る」（「とうび」は慣用読み）

ちょうふ【貼付】「証明書に印紙を―する」（「てんぷ」は慣用読み）

ちょうふく【重複】「前回の説明と―する」

ちょうぶく【調伏】仏の力によって怨敵を封じ込める。「悪霊を―する」

ちょうぶつ【長物】「無用の―」

ちょうぶん【弔文】「友人を代表して―を読む」

ちょうへい【徴兵】国民を兵役に徴用すること。「―

制」「成年男子を―する」
ちょうへいそく【腸閉塞】腸管の閉塞による病気。
ちょうへん【長編】⇔短編。「―小説」
ちょうぼ【帳簿】「―を付ける」
ちょうぼ【徴募】「義勇兵を―する」
ちょうほう【重宝】「よく切れるはさみで―している」
ちょうほう【▼諜報】秘密に敵の動きを探る。「―機関」
ちょうぼう【眺望】「―の良い場所」「―が開ける」
ちょうほうけい【長方形】「―の面積」
ちょうほんにん【張本人】首謀者。「うわさをばらまいた―」
ちょうみりょう【調味料】「料理の仕上げに―で味を調える」
ちょうむすび【▼蝶結び】「靴紐を―にする」
ちょうめい【長命】「―の血筋」「―の演歌」
ちょうめい【澄明】「秋の―な空」
ちょうめん【帳面】ノート。帳簿。
ちょうもく【鳥目】金銭。「いささかの―を与える」
ちょうもん【弔問】「―客が跡を絶たない」
ちょうもん【聴聞】「ゴミ焼却場建設の―会」
ちょうもんのいっしん【頂門の一針】急所をついた教訓。

ちょうや【朝野】政府と民間。全国。「―を挙げて歓迎する」「―の人心を驚かす」
ちょうやく【跳躍】ジャンプ。「―台」「―競技」
ちょうよう【長幼】年上と年下。「―序あり」
ちょうよう【重陽】陰暦九月九日の節句。菊の節句。
ちょうよう【重用】「有能の士を―する」
ちょうよう【徴用】国民に強制して仕事をさせる。「軍需工場に―する」
ちょうらく【▼凋落】「―の一途を辿る」
ちょうり【調理】「―師」「魚を―する」
ちょうりつ【調律】「―師」「ピアノを―してもらう」
ちょうりゅう【潮流】「時代の―に乗る」
ちょうりょう【跳▼梁】「賊徒が―する」
ちょうりょうばっこ【跳▼梁▼跋▼扈】悪人がのさばりはびこる。「魑魅魍魎〈ちみもうりょう〉の―する闇世界」
ちょうりょく【張力】「表面―」
ちょうりょく【潮力】「―発電」
ちょうりょく【聴力】「―検査」
ちょうれい【朝礼】朝の始業前の集会。
ちょうれいぼかい【朝令暮改】変更が著しいこと。「指示が―で混乱している」
ちょうろう【長老】「村の―」
ちょうろう【嘲弄】あざけりなぶる。「弱い者を―する」

ちょうわ【調和】「家屋と―した庭づくり」
ちよがみ【千代紙】「―細工」「―を折って遊ぶ」
ちょきぶね【▼猪▽牙舟】江戸で作られた細長い川舟。
ちょきん【貯金】「―箱」「老後のために―する」
ちょく【直】チョク・ジキ ただ‐ちに・なお‐す・なお‐る ―「直営・直撃・直視・直進・直接・直送・直属・直通・直面・直訳・直立・直流・直列・愚直・硬直・実直・宿直・垂直・率直」
ちょく【勅（敕）】チョク ―「勅語・勅使・勅書・勅選・勅命・勅許・詔勅」
ちょく【捗】チョク ―「進捗」
ちょく【直】「寄り道せずに―で先方に出向く」「―の取引で仕入れ値を安くする」
ちょく【▼猪口】ちょこ。
ちょくえい【直営】「メーカーの―店」
ちょくおん【直音】拗音・促音・撥音以外の音。
ちょくがん【勅願】勅命による祈願。「―寺」
ちょくげき【直撃】「―弾」「石油の値上げが家計を―する」

ちょくげん【直言】「―居士」「上司に―する」
ちょくご【直後】⇕直前。「離陸―に事故があった」
ちょくご【勅語】天皇のお言葉。「教育―」
ちょくし【直視】「―するに堪えない惨状」「現実を―する」
ちょくし【勅使】天皇の使い。「―を遣わす」
ちょくしゃ【直射】「―日光」
ちょくじょう【直情】「―にまかせての行動」
ちょくじょうけいこう【直情径行】思い通り行動する。「彼は―型で、何かと上司とぶつかる」
ちょくしん【直進】「ここから先は―できない」
ちょくせつ【直接】⇕間接。「―税」「―話法」「本人から―事情を聞く」「学校から―会場に行く」
ちょくせつ【直▼截】まわりくどくないさま。ちょくさい。「相手に向かって―的に言う」「―簡明な表現」〔「ちょくさい」は慣用読み〕
ちょくせん【直線】⇕曲線。「―距離」「点の間を―で結ぶ」
ちょくせん【勅▼撰】勅命により撰する。⇕私撰。「―和歌集」
ちょくぜん【直前】⇕直後。「出発―に中止となる」
ちょくそう【直送】「産地―の新鮮な果物」
ちょくぞく【直属】「―の部下」
ちょくちょう【直腸】大腸の最終部分。下端は肛門。
ちょくつう【直通】「ダイヤル―」「―列車」
ちょくとう【直答】「社長の―を求める」「―を避ける」
ちょくはい【直配】「工場―」
ちょくばい【直売】「産地―の梨」
ちょくはん【直販】直売。「―店」「―システム」
ちょくひ【直披】手紙の脇付の一。親展。じきひ。
ちょくほうたい【直方体】「―の体積を求める」
ちょくめい【勅命】天皇の命令。「―を拝する」
ちょくめん【直面】「困難な事態に―する」
ちょくやく【直訳】「英文を―する」
ちょくゆ【直喩】「〜のようだ」とたとえる言い方。⇕隠喩。
ちょくゆ【勅諭】天皇がみずからさとす言葉。「軍人―」
ちょくりつ【直立】「―歩行」「上官の前で―する」「―不動の姿勢を保つ」
ちょくりゅう【直流】方向の変わらない電流。⇕交流。
ちょくれい【勅令】旧憲法下、天皇が直接発した命令。
ちょくれつ【直列】正負の順に並ぶように電池をつなぐ。⇕並列。「―つなぎ」
ちょげん【緒言】しょげん。
ちょこ【▼猪▽口】小さなさかずき。ちょく。
ちょこざい【▼猪▽口才】「―な小僧め」
ちょさく【著作】「―権」「―集」
ちょしゃ【著者】「―のサイン入りの本」
ちょじゅつ【著述】「―業」「退職後に自伝の―に専念する」
ちょしょ【著書】「多くの―で知られる評論家」
ちょすい【貯水】「―池」「ダムに―する」
ちょぞう【貯蔵】「―庫」「ワインを地下に―する」
ちょちく【貯蓄・▼儲蓄】「給与の一部を―する」
ちょっか【直下】「赤道―」「―型地震」「事件は急転―解決した」
ちょっかく【直角】「―三角形」「―に交わる線」
ちょっかく【直覚】直接に感じとる。
ちょっかつ【直轄】「―地」「―事業」「財務省が―する機関」
ちょっかっこう【直滑降】「スキーの―」
ちょっかん【直感】感覚でただちにつかみとる。「―で答える」「父の身に何か起こったことを―した」
ちょっかん【直観】推論によらないで本質を捉える。「真理を―する」
ちょっかん【直▼諫】上位者を率直にいさめる。「―の臣」
ちょっきゅう【直球】「小細工はやめて―で勝負に挑む」

ち

表記欄の▼は常用漢字表にない漢字、▽は常用漢字表にない音訓

ちょっきょ【勅許】天皇の許し。「―を仰ぐ」
ちょっけい【直系】血筋が直接につながっている系統。⇔傍系。「―の子孫(弟子)」
ちょっけい【直径】円の中心を通る弦。
ちょっけつ【直結】「生活に―する問題だ」
ちょっこう【直交】垂直に交わること。「二本の線分が―する」
ちょっこう【直行】「事件現場に―する」
ちょっと《〈一寸〉》・《〈▽鳥渡〉》「―失礼」「最近―元気がない」「―背中を押しただけだ」
ちょとつもうしん【▼猪突猛進】向こう見ずな行動。
ちょま【▼苧麻】カラムシ。またその繊維。
ちょめい【著名】「―人」「―な学者」
ちょりつ【▼佇立】たたずむ。「その場に―する」
ちょろぎ【〈草石蚕〉・〈甘露子〉】「―の梅酢漬け」
ちょんまげ【▽丁▼髷】「―を結った関取」
ちらかす【散らかす】「部屋を―」
ちらしずし【散らし▼鮨】「ひな祭りの日に―を作る」
ちらす【散らす】「火花を―」「食い―」
ちらん【治乱】「―興亡(興廃)」
ちり【▼塵】「―取り」「―箱」「部屋の―を拾う」「―に交わる(=俗世間にいる)」「―も積もれば山となる」
ちり【地理】「人文(自然)―学」「我が国の―を学ぶ」「この辺りの―に詳しい人」
ちりあくた【▼塵▼芥】「人を―のように思っている」
ちりがみ【▼塵紙】「古新聞を―交換に出す」
ちりぢり【散り散り】「一家―」
ちりばめる【▼鏤める】「宝石を―めた王冠」「美辞麗句を―めた文章」
ちりめん【〈▽縮▼緬〉】細かなしぼを出した絹織物。
ちりゃく【知略・▼智略】「―に優れた名将」
ちりょう【治療】「―費」「入院して病気を―する」
ちりょく【地力】その土地が農作物を育てる力。「―増進(逓減)」「―を保つ」
ちりょく【知力・▼智力】「―・体力ともに申し分ない」
ちる【散る】「花(葉)が―」「水しぶきが―」「卒業生が各地に―っていく」「できものが―」「気が―って仕事がはかどらない」「戦いで―った若者たち」「花と―」
ちろり【〈銚釐〉】酒の燗〈かん〉をする筒形の容器。
ちわ【痴話】男女がたわむれてする話。「―喧嘩〈げんか〉」
ちん【沈】チン　しず-む・しず-める　「沈思・沈船・沈滞・沈着・沈痛・沈没・沈黙・撃沈・消沈・深沈・浮沈」
ちん【珍】チン　めずら-しい　「珍客・珍事・珍種・珍獣・珍説・珍重・珍鳥・珍品・珍本・珍味・珍妙」
ちん【朕】チン　―　もと、天皇の自称。
ちん【陳】チン　―　「陳謝・陳述・陳情・陳腐・陳列・開陳・出陳」
ちん【賃】チン　―　「賃金・賃貸・運賃・工賃・家賃・無賃・労賃」
ちん【鎮(鎭)】チン　しず-める・しず-まる　「鎮圧・鎮火・鎮魂・鎮座・鎮守・鎮静・鎮痛・重鎮・文鎮」
ちん【▼狆】小形の犬。顔が平たく目が大きい。
ちん【▽亭】庭に設けたあずまや。「「ちん」は字の唐音」
ちん【朕】天皇が自分をさして言う語。われ。「―惟〈おも〉うに」
ちんあつ【鎮圧】「反乱軍を―する」
ちんうつ【沈鬱】「―な表情」
ちんか【沈下】「地盤―」
ちんか【鎮火】「ようやく―した」
ちんがいざい【鎮▼咳剤】せき止め薬。
ちんき【珍奇】「―な出来事」
チンキ【▽丁幾】薬品をアルコールに溶かした液体。「ヨード―」「「丁幾」は当て字」

ちんきゃく【珍客】「—到来」

ちんぎょらくがん【沈魚落▼雁】美しい女性の形容。

ちんぎん【沈吟】考えこむ。静かに吟ずる。「嘆息—する」「和歌を—する」

ちんぎん【賃金】「—カット」「—格差」

ちんご【鎮護】「—国家」

ちんこう【沈降】⇔隆起。「—海岸」

ちんこん【鎮魂】「—歌(曲)」

ちんざ【鎮座】「二柱の神が—まします」

ちんじ【珍事・▼椿事】「—発生」「前代未聞の—」

ちんしもっこう【沈思黙考】「一日中—する」

ちんしゃ【陳謝】「数々の非礼を—申し上げます」

ちんしゃく【賃借】金を払って借りる。「—権」「—人」

ちんじゅ【鎮守】「村の—のお祭り」「—の森」

ちんじゅう【珍獣】「中国の—パンダ」

ちんじゅつ【陳述】「冒頭—」「—書」

ちんじょう【陳情】「国会に—する」

ちんせい【沈静】落ち着いてしずかになる。「物価が—する」

ちんせい【鎮静】騒動や興奮などがしずまる。「—剤」「高まる不満の声を—化する」

ちんぜい【鎮西】九州の称。「—探題」

ちんせつ【珍説】とっぴな意見。「—を吐く」

ちんせん【沈潜】水底に沈む。深く没頭する。「水中に—する」「研究に—する」

ちんたい【沈滞】「—した気分」

ちんたい【賃貸】「—料」「—住宅」

ちんたいしゃく【賃貸借】「—契約」

ちんだん【珍談】珍しい話。「—に耳を驚かす」

ちんちゃく【沈着】「冷静—」「—な行動」

ちんちょう【珍重】「舶来物として—される」

ちんちん【沈沈】「—と夜が更ける」

ちんつう【沈痛】「—な面持ち」

ちんつう【鎮痛】痛みを抑える。「—剤」

ちんてい【鎮定】「地方豪族の乱を—する」

ちんでん【沈殿・沈▼澱】「水に溶けずに—した物質」

ちんとう【▽枕頭】まくらもと。「—の書」

ちんとう【珍答】「—続出のクイズ番組」

ちんにゅう【▼闖入】「見知らぬ男が—して来た」

ちんぴ【陳皮】ミカンの皮を乾燥させたもの。

ちんぴん【珍品】「骨董市で—を求める」

ちんぶ【鎮▼撫】「暴動を—する」

ちんぷ【陳腐】ありふれていて、平凡なさま。「—な言い回し」「発想があまりに—だ」

ちんぶん【珍聞・▼椿聞】「それは—だ」

ちんぷんかんぷん【《珍紛漢紛》】「何を言っているのか—だ」

ちんべん【陳弁】弁明。「—に努める」

ちんぼつ【沈没】「—船」「漁船が—する」

ちんみ【珍味】「山海の—」

ちんみかこう【珍味佳▼肴】たいそうな御馳走。「—のもてなしに満足する」

ちんみょう【珍妙】「—なかっこう」

ちんむるい【珍無類】「—な発言」「—な服装」

ちんもく【沈黙】「—を守る」「唇をかんで—する」「—を破って重い口を開く」「—は金〈きん〉」

ちんもん【珍問】「—珍答の応酬」

ちんりん【沈▼淪】おちぶれはてる。「貧困の底に—する」

ちんれつ【陳列】「—棚(窓)」「商品をガラスケースに—する」

つ

つ【都(都)】⇩と(都)。「都合・都度」

つい【対(對)】⇩たい(対)。「対句・対語・対幅・

一対」

つい【追】ツイ おーう 「追憶・追加・追記・追究・追撃・追従・追伸・追跡・追想・追悼・追突・追認・追尾・追慕・追放・訴追」
つい【椎】ツイ ―「椎間板・椎骨・胸椎・頸椎・脊椎・腰痛」
つい【墜】ツイ ―「墜死・墜落・撃墜・失墜」
つい【▽終・▼竟】人生の終わり。「―のすみか」
つい【対】「―をなす」「―の茶碗」
ついえる【費える】とぼしくなる。むだに過ぎる。「財産が―」「空しく時が―」
ついえる【▽潰える・▽弊える】だめになる。やぶれる。「夢が―」
ついおく【追憶】「青春の日々を―する」
ついか【追加】「公的資金投入の―を検討する」
ついかい【追懐】「―の情がこみ上げる」
ついかんばん【椎間板】椎骨と椎骨の間にある軟骨。「―ヘルニア」
ついき【追記】「但し書きを―する」
ついきゅう【追及】問い詰める。「責任を―する」
ついきゅう【追求】どこまでも追い求める。「利潤を―する」
ついきゅう【追究】学問的にたずねきわめる。「美の―」「真理を―する」
ついく【対句】句形や意味が、対になっている句。
ついげき【追撃】「敵を―する」
ついし【追試】追試験。「―を受ける」
ついし【墜死】「断崖から―する」
ついじ【▽築地】瓦でふいた屋根のある土塀。「―塀」
ついじゅう【追従】人の意見にそのまま従う。「権力者に―する」
ついしょう【追従】こびへつらう。「―笑い」「客にお―を言う」「出世のために上司に―する」
ついしん【追伸】手紙で追記の文の初めに書く語。
ついずい【追随】「他の―を許さない実力」
ついせき【追跡】「―調査」「犯人を―する」
ついぜん【追善】死者の冥福を祈って法会を行う。「―供養」「先代の―法要を営む」
ついぞ【▽終ぞ】「そんな話は―聞いたことがない」
ついそう【追想】「往時を―する」
ついぞう【追贈】死後に官位などを贈る。「従二位を―された」
ついたち【《一日》・〈朔日〉・▼朔】月の第一日。
ついたて【▽衝立】「―で仕切る」
ついちょう【追徴】「―課税」「不足金を―する」
ついて【《就》いて】「教育制度に―議論する」
ついで【《▽序》で】「買い物に出た―に立ち寄る」
ついとう【追討】「賊軍を―する」
ついとう【追悼】「遺族に―の意を述べる」
ついとつ【追突】「―事故」
ついな【追▼儺】節分の豆まき。鬼やらい。
ついに【▽終に・▽遂に・▼竟に】「―決着のときが来た」「株価は―大台を割った」「―長年の夢が実現した」
ついにん【追認】「既成事実を―する」
ついばむ【▼啄ばむ】「小鳥が木の実を―」
ついひ【追肥】おいごえ。
ついぼ【追慕】「亡き祖父を―する」
ついほう【追放】「公職―」「暴力を町から―する」
ついやす【費やす】「この事業に全財産を―・した」「時間を空しく―」
ついらく【墜落】「旅客機が―する」
ついり【《梅雨》入り・〈入梅〉】つゆいり。にゅうばい。
ついろく【追録】あとから書き加えること(もの)。
つう【通】ツウ・(ツ) とおーる・とおーす・かよーう 「通貨・通過・通学・通行・通告・通常・通信・通説・通知・通帳・通年・通報・通用・通例・通夜〈つや〉・開通・貫通・共通・交通・食通・不通・流通」
つう【痛】ツウ いたーい・いたーむ・いたーめる 「痛飲・痛快・痛感・痛切・痛烈・

つ

苦痛・劇痛・心痛・鎮痛」

つう【通】「事情―」「歌舞伎の―だ」「―なはからい」

つういん【通院】「週に一度―している」

つういん【痛飲】「三十年ぶりの再会で―した」

つううん【通運】「―事業」「―会社」

つうか【通貨】通用する力のある貨幣。「―危機」

つうか【通過】「台風が四国を―する」「検査を無事―する」「予算案が議会を―する」

つうかい【痛快】「―無比の冒険談」

つうかぎれい【通過儀礼】人生の節目に行われる儀礼。成人式・結婚式・葬儀など。

つうかく【痛覚】痛みを感じる感覚。

つうがく【通学】「―路」「電車で―する」

つうかん【通関】税関を通過する。「―統計」

つうかん【通観】「膨大な書類を―して要点をつかむ」

つうかん【痛感】「自らの未熟さを―する」

つうき【通気】「―孔〈こう〉」「室内の―をよくする」「―性のよいシャツ」

つうぎょう【通暁】「業界事情に―している」

つうきん【通勤】「―ラッシュ」「電車で―する」

つうく【痛苦】「―に耐える」

つうけい【通計】総計。「五年間の売上部数を―する」

つうげき【痛撃】「敵の拠点を―する」

つうげん【痛言】苦言。「部下に―する」

つうこう【通交・通好】「両国の間で―条約を締結する」

つうこう【通行】「右側―」「―人」「世間に―している説」

つうこう【通航】「運河を―する」

つうこく【通告】決定事項を告げ知らせる。「―処分」「受諾を―する」

つうこく【痛▼哭】「天を仰いで悲憤―する」

つうこん【痛恨】「―事」「―の極み」

つうさん【通算】「―百本の本塁打」

つうし【通史】「土地所有制の―を描く」

つうしょう【通称】「西芳寺、―苔寺〈こけでら〉」

つうしょう【通商】「―条約」「―産業省（＝通産省。現在の経済産業省の前身）」

つうじょう【通常】「―国会」「―どおり営業する」

つうじる【通じる】「都に―道」「業界の事情に―」「一年を―・じて温暖な気候」「彼には冗談が―・じない」「英語が―地域」（サ変「通ずる」も同じ）

つうしん【通信】「―機器」「―教育」「―販売」

つうしん【痛心】「恩師の逝去は―の極みだ」

つうじん【通人】「なかなかの―」

つうせい【通性】「前に出たがらないのは、日本人の―かと思われる」

つうせき【痛惜】「―の念に堪えない」

つうせつ【通説】「古代史の―をくつがえす新発見」

つうせつ【痛切】「力量不足を―に感じる」

つうそく【通則】すべてに通じる規則。

つうぞく【通俗】「―小説」「―に堕する」

つうだ【痛打】「初登板でいきなり―を浴びる」

つうたつ【通達】「文科省からの―」

つうたん【痛嘆・痛▼歎】「―の極み」

つうち【通知】「合格―」「前もって―する」

つうちょう【通帳】「預金―」「―記入（繰越）」

つうちょう【通▼牒】通知・通告の書面。「最後―」

つうてい【通底】「双方に―する事情がある」

つうどく【通読】「物語の全文を―する」

つうねん【通年】「―採用」

つうねん【通念】「社会―」

つうば【痛罵】「相手を―する」「―を浴びせる」

つうはん【通販】「通信販売」の略。

つうふう【通風】「―孔〈こう〉」「―をよくする」

つうふう【痛風】尿酸が蓄積し関節炎を起こす疾患。

つうふん【痛憤】「政治の腐敗を―する」

つうへい【通弊】「―を打破する」

つうべん【通弁】通訳の古い言い方。

つうほう【通報】「気象―」「消防署に火災発生の―があった」

つうぼう【通謀】しめし合わせて事をなす。「敵と―する者」
つうぼう【痛棒】座禅で、心の定まらない者を打つ棒。「―を食らわす（＝ひどく叱責する）」
つうやく【通訳】「同時―」「―を介して意見を交換する」
つうゆう【通有】共通にもっていること。「―性」「政治家に―の考え方」
つうよう【通用】「―口（門）」「世界に―する技術」
つうよう【痛▼痒】自分に関係する利害や影響。「この程度の損失には―を感じない」
つうらん【通覧】「書類を―してから会議に臨む」
つうれい【通例】「―午後五時で閉館する」
つうれつ【痛烈】「―な批判（皮肉）」
つうろ【通路】「荷物が―をふさぐ」
つうろん【通論】「社会の―」
つうろん【痛論】「モラルの低下を―する」
つうわ【通話】「ダイヤル―」「―料金」
つえ【▼杖・▽丈】「―をつく」「転ばぬ先の―」
つか【塚（塚）】
―つか「塚穴・蟻塚・一里塚・貝塚・筆塚」
つか【▽束】書物の厚み。「―見本」「―が出る」
つか【▽柄】刀剣などの、手で握る部分。筆の軸。
つか【塚】土を小高く盛った墓。

つが【▼栂】マツ科の常緑高木。
つかい【使い】「―を出す」「―賃」
つがい【▽番】「―のおしどり」
つかいこむ【使い込む】「公金を―」
つかいて【遣い手】「二刀流の―」
つかう【使う】「道具を―」「通勤に車を―」「人を―・って作業をする」「居留守を―」
つかう【遣う】あやつる。「蛇を―」「言葉を―」「無駄に大金を―」
つがう【▽番う】対になる。交尾する。「池に―おしどり」「犬が―」
つかえる【《▽支》える・《▼閊》える】進めなくなる。とどこおる。「頭が天井に―」「餅が喉に―」「仕事が―・えている」
つかえる【《▼痞》える】胸がふさがったような感じになる。「胸が―」
つかえる【仕える】「公に―」「神に―」
つがえる【▽番える】「弓に矢を―」
つかさどる【▽司る・▽掌る】「法を―」「呼吸を―器官」
つかす【尽かす】「あいそを―」
つかぬこと【《付》かぬ事】だしぬけのこと。「―をお伺いしますが」
つかねる【▽束ねる】「髪を―」

つかのま【▽束の間】「―の出来事（栄華）」
つかまえる【捕まえる】「虫を―」「犯人を―」
つかまえる【▼摑まえる・▽捉まえる】「言葉じりを―」「機会を―」
つかまつる【▽仕る】「する」の謙譲語。「失礼―・ります」
つかまる【捕まる】とらえられる。「警察に―」
つかまる【▼摑まる・▽捉まる】手でにぎる。ひきとめられる。「つり革に―」「タクシーが―」「いやなやつに―・った」
つかむ【▼摑む・▼攫む】「―・んだら離さない」「相手の心を―」
つからす【▽疲らす】「神経を―」
つかる【浸かる】ひたる。ある状態に入りきる。「肩まで湯に―」「安楽な生活にどっぷり―」
つかる【漬かる】漬物ができる。「たくあんが―」
つかれる【疲れる】「足が―」「仕事で体が―」「生活に―」「―・れた背広」
つかれる【▼憑かれる】霊などに乗り移られる。「ものに―・れたようになる」「狐に―」
つかわす【遣わす】「社員をそちらに―」
つき【月】「―の光」「―の満ち欠け」
つき【《付》き】「自分にも―が回ってきた」
つき【尽き】おわり。はて。「運の―」

つ

つき【▼坏】飲食物を盛る古代の土器。

つぎ【次】「―の機会にする」「―から―へと仕事を替える」

つぎ【継ぎ】衣服などを繕う布。「―を当てる」

つきあう【付(き)合う】「二人は学生時代から―・っていた」「食事に―」

つきあたり【突き当(た)り】「―の家」

つきかげ【月影】月の光。月の光で映る物の影。「―さやけき夜」

つぎき【接(ぎ)木】枝や芽を他の木に接ぐ。

つきぎめ【月▽極】一か月を単位とする契約。「―の駐車場」

つききり【付(き)切り】「―で看病する」

つきげ【月毛・▼鴇毛】葦毛でやや赤味をおびた馬の毛色。「―の馬」

つぎこむ【▽注ぎ込む】「全財産を事業に―」

つきじ【▽築地】埋め立て地。

つきしろ【月白・月代】月の出の頃、空が白む。

つきそい【付(き)添い】「―の保護者」

つきだし【突(き)出し】酒を注文したときに出る軽い肴。お通し。「―でまず一杯」

つぎつぎ【次次】「新製品が―あらわれる」「―に不祥事が明るみに出る」

つきつける【突き《付》ける】「証拠を―」


つぎて【継(ぎ)手】材と材との接合部。継ぎ目。

つきなみ【月並・月▽次】毎月行うこと。平凡。「―俳諧」「―な言葉しか思い浮かばない」

つきのわぐま【月輪熊】クマの一種。くろくま。

つぎはぎ【継ぎ▽接ぎ】「―だらけの着物」

つきひ【月日】「―の経つのは早いものだ」

つきびと【付き人】つけびと。「人気歌手の―」

つぎほ【接(ぎ)穂・継(ぎ)穂】「話の―を失う」

つきまとう【付き▼纏う】「変な男に―・われる」「常に漠然とした不安が―」

つきみ【月見】「―団子」「―の宴」

つきみそう【月見草】アカバナ科の越年草。また、マツヨイグサなどの俗称。

つきもの【付き物】「旅に不安は―だ」

つきもの【▼憑き物】「―が落ちたように元気になる」

つきやま【《築山》】日本庭園などに築いた小山。

つきる【尽きる】「食糧が―」「話が―・きない」「命が助かったのは幸運の一語に―」

つく【点く】火が燃え出す。あかりがともる。「火が―」「街灯が―」

つく【▼憑く】霊がのりうつる。「狐が―」

つく【付く】離れなくなる。あとが残る。加わる。「衣服にしみが―」「名前に傷が―」「話に尾ひれが―」「条件が―」「実力が―」「味方に―」「収拾が―・かない」〔「加わる」意には「附く」とも書く〕

つく【就く】ある職に身を置く。従事する。「社長のポストに―」「仕事に―」「今夜は早く眠りに―」

つく【▽即く】即位する。「帝位に―」

つく【着く】到着する。達する。すわる。「列車が駅に―」「プールの底に足が―・かない」「食事の席に―」

つく【突く】物の先端で強く押す。相手を攻める。「背中をどんと―」「銛〈もり〉で魚を―」「手を―・いてあやまる」

つく【▼撞く・突く】鐘などを打つ。「鐘を―」「ビリヤードの玉を―」

つく【▽衝く・突く】攻める。強く刺激する。断行する。「敵陣を―」「人の意表を―」「鼻を―アンモニアの匂い」「風雨を―・いて決行する」

つく【《▼搗》く・《▼舂》く】穀物をきねで打つ。「餅を―」「米を―」

つく【▽吐く】口から出す。言い放つ。「ため息を―」「親に向かって悪態を―」

つぐ【接ぐ】つなぎ合わせる。「骨を―」「木に竹を―」

つぐ【継ぐ・▽嗣ぐ】補給する。継承する。「炭を―」「言葉を―」「家業を―」

つぐ【次ぐ・▽亜ぐ】あとに続く。次に位する。「地震に―・いで津波がおきる」「大阪は東京に―大都市だ」

つ

つぐ【▽注ぐ】 液体をそそぎ入れる。「急須に湯を—」「酒を—」

つくえ【机】「—に向かって勉強する」

つくし【〈土筆〉】 スギナの胞子茎。

つくす【尽(く)す】「全力を—・して戦う」「手を—」「贅〈ぜい〉を—したおもてなし」「電話では意を—・さない」

つくだに【≪▼佃≫煮】「海苔の—」

つくづく【≪▽熟≫・≪▽熟▽熟≫】「—(と)考えてみる」「彼の気遣いには—感心させられる」

つぐなう【償う】「刑に服して罪を—」

つくねいも【▼捏ね▼薯・〈合掌〉▼薯】 ナガイモの一品種。

つくねる【▼捏ねる】 手でこねて丸くする。「ひき肉を—」

つくばい【▼蹲・▼蹲▼踞】 茶室の庭などにある石の手水鉢。

つくばう【≪▼蹲≫う・≪▼蹲▼踞≫う】「—・って草刈をする」「はい—・って急な尾根を進む」

つくばね【▽衝羽根】 羽子板遊びのはね。

つぐみ【▼鶫】 冬鳥として渡来する小鳥。

つぐむ【▼噤む・▼鉗む】「固く口を—」

つくもがみ【〈九十九〉髪】 老女の白髪。

つくり【作り・造り】「若—」「お—」「寄せ木—」「—笑い」「頑丈な—の椅子」

つくり【▼旁】 漢字の右側の構成部分。⇕偏〈へん〉。

つくる【作る】 こしらえる。耕作する。「本箱を—」「詩を—」「畑に麦を—」

つくる【造る】 大きなものをこしらえる。醸造する。「道路を—」「船を—」「米から酒を—」

つくる【創る】 はじめて創造する。「新しい文化を—」「画期的な商品を—・り出す」

つくろう【繕う】「破れた靴下を—」「髪を—」「その場を—・って言い逃れる」

つけ【付け・▽附け】 請求書。後払い。「—がきく店」

つげ【〈黄楊〉・〈柘植〉】 ツゲ科の常緑小高木。

つけあがる【付け上(が)る】「あんまり—なよ」

つけいる【付(け)入る】「相手の弱点に—」

つけうま【付(け)馬】 取立てに客と一緒に家に行く人。

つげぐち【告げ口】「上司にこっそり—する」

つけこむ【付(け)込む】「相手の弱みに—」

つけとどけ【付(け)届け】「盆暮れの—」

つけびと【付(け)人】 付き添って世話をする人。「関取の—」

つけぶみ【付(け)文】 恋文。

つけめ【付(け)目】「金に弱いのがこちらの—だ」

つけもの【漬物】「京—」「—石」「—を漬ける」

つけやきば【付(け)焼き刃】 にわか仕込み。「—の知識」

つける【漬】—つ‐ける・つ‐かる「漬物・味噌漬け・薬漬け」

つける【付ける・附ける・▽点ける・着ける・▼跟ける・就ける】「薬を付ける」「条件を附ける」「火を点ける」「下着を着ける」「あとを跟ける」「嫡子を王位に就ける」

つける【▽浸ける】 液体にひたす。「ぬるま湯に洗濯物を—」

つける【漬ける】 漬物にする。「ナスをぬかみそに—」

つげる【告げる】「玄関で来意を—」「別れを—」「風雲急を—」

つごう【都合】 事情。便宜。やりくり。合計で。「自己—」「この日は—がよい(悪い)」「ちょっと—がつかない」「旅費を—する」「—百人になる」

つごもり【▼晦・〈晦日〉】 月の最後の日。みそか。「大—」

つじ【▼辻】 十字路。街頭。ちまた。

つじうら【▼辻▽占】 吉凶を占う文句を書いた紙片。

つじぎり【▼辻斬り】 行きずりの人を斬ったこと。また、その人。

つじせっぽう【▼辻説法】 大道で仏法を説く。

つじつま【▼辻▼褄】「収支の—を合わせる」「それでは話の—が合わない」

つしま【対馬】 旧国名。対馬全島。対州。「—海流」

つた【▼蔦】ブドウ科のつる性落葉植物。

つたう【伝う】「涙がほほを―」「手すりを―・って階段を下りる」

つたえる【伝える】「先方にこちらの希望を―」「伝統工芸を後世に―」

つたかずら【▼蔦▽葛】つるくさの総称。

つたない【拙い】「―文章（筆跡）」

つち【土・▽地】「―を耕す」「肥えた―」「異国の―となる（＝死ぬ）」「故郷の―を踏む（＝たどり着く）」

つち【▼槌・▼鎚・▽椎】物を打ちたたく道具。「金〈かな〉―」「木―」「打ち出の小―」

つちいじり【土《▽弄》り】慰みにする園芸。

つちかう【培う】「体力を―」「克己心を―」

つちくれ【土▼塊】土のかたまり。

つちのえ【▼戊】十干の第五。

つちのと【▽己】十干の第六。

つちふまず【土踏まず】足の裏のくぼんだ所。

つちふる【土降る・▼霾る】黄砂が降る。

つちぼこり【土《▼埃》】「―が上がる（舞う）」

つつ【筒】「茶―」「卒業証書を―に収める」

つつうらうら【津津浦浦】「京都には全国―から観光客が訪れる」

つつがない【▼恙無い】異状がない。無事である。「―・く旅を終える」「日々―・く暮らしている」

つつがむし【▼恙虫】「―病」
つづき【続き】「日照り―」「地―」「―を読む」「この―はまた明日」
つづきがら【続き柄】親族・血族の関係。ぞくがら。
つつぎり【筒切り】輪切り。「鯉を―にする」
つつく【▽突く】「赤ん坊のほっぺを―」「肘で―」「重箱の隅を―（＝あら探しをする）」
つづく【続く】「良い天候が―」
つづける【続ける】「仕事を―」
つっけんどん【《突▼慳貪》】「―な口調」「―にあしらう」
つっこむ【突っ込む】「正面から―」「面倒なことに首を―」
つつじ【〈躑躅〉】ツツジ科の低木の総称。
つつしみぶかい【慎み深い】「―人」
つつしむ【慎む】言動に気をつける。ひかえめにする。「言葉を―・みたまえ」「酒を―」
つつしむ【謹む】かしこまる。「―・んで承ります」
つつそで【筒袖】たもとのない筒形の袖。
つつぬけ【筒抜け】「会議の様子が外部に―だ」
つっぱる【突っ張る】「両手を―」
つつましやか【▽慎ましやか】「―に話す」
つづまやか【▽約やか】「―な生活」
つつみ【包み】「おみやげの―を開く」

つつみ【堤】土手。堤防。「河の―が決壊する」
つづみ【鼓】「囃子〈はやし〉に合わせて―を打つ」
つつみがみ【包み紙】「商店の―」
つつむ【包む・▼裹む】「風呂敷に―」「炎に―・まれる」「すべてが謎に―・まれたままだ」
つづめる【▽約める】「袖を五センチほど―」「内容を―・めて言う」
つつもたせ【〈美人局〉】情婦に男を誘惑させゆする。
つづら【▽葛・〈葛籠〉】植物のつるで編んだ衣類入れのかご。
つづらおり【葛折（り）・〈九十九〉折（り）】折れ曲がった山道。「―の険しい道を歩く」
つづり【▼綴り】スペル。「英単語の―」
つづる【▼綴る】「ローマ字で単語を―」「戦争の体験を切々と―・った本」
つて【▽伝】てづる。縁故。「―を求める」
つと【▼苞・〈苞苴〉】わらづと。みやげ。「納豆の―」「家―」
つど【都度】「その―注意を与える」
つどう【集う】「学生が―喫茶店」
つとに【▼夙に】早くから。幼時に。「御高名は―伺っておりました」「―学問に志す」
つとまる【務まる】「議長の役が―」

つとまる【勤まる】「お役所仕事は―らない」
つとめ【務め】役目。義務。「納税は国民の―」
つとめ【勤め】勤務。仕事。毎日の読経。「今日から―に出る」「朝のお―」
つとめる【努める・▽勉める】努力する。「問題の解決に―」
つとめる【務める】役目にあたる。「議長を―」
つとめる【勤める】雇われて働く。「銀行に―」
つな【綱】「―を引く」「頼みの―」
つながる【▼繋がる】「電話が―」「血が―」
つなぐ【▼繋ぐ】「ボートを岸に―」「獄に―」
つなげる【▼繋げる】「電気回路を―」
つなみ【津波・津▽浪・〈海嘯〉】「地震による―の心配」
つなわたり【綱渡り】「毎日―の連続だ」
つね【常・▽恒】「顔色が―と違う」「―の人」「親が子を思うのは世の―だ」
つねる【▼抓る】「ほっぺたを―」
つの【角】「鹿の―」「―を矯〈た〉めて牛を殺す」
つのかくし【角隠(し)】和装の花嫁が頭にかぶる白い物。
つのぶえ【角笛】角で作った笛。ホルン。
つのる【募る】「希望者(寄付)を―」「不信感(不安)が―」「―思いを吐露する」

つば【唾】「―を吐く」

つば【▼鍔・▼鐔】刀身の柄にある平たい鉄板。

つばき【唾】つば。唾液。

つばき【▼椿・〈山茶〉】ツバキ科の常緑樹。「―油」

つばくろ【▼燕】ツバメ。つばくらめ。

つばさ【翼・▼翅】鳥類のはね。飛行機のはね。

つばぜりあい【▼鍔▽迫り合い】「激しい―を演じる」

つばな【▼茅花】チガヤの花穂。

つばめ【▼燕】春に渡来する渡り鳥。「―が軒先に巣を作る」「若い―」

つぶ【粒】「豆―」「―が揃う」

つぶ【▼螺】丸く膨らんだ巻貝の称。つぶがい。

つぶさに【▽具に・▽備に】「事件の経過を―語る」

つぶす【潰す】「喉を―」「会社を―」「庭を―・して駐車場にする」

つぶぞろい【粒▼揃い】「今回の選手は―だ」

つぶて【▼礫・〈飛礫〉】「紙―」「梨〈なし〉の―」

つぶやく【▼呟く】「ぼそっと独り言を―」

つぶより【粒▽選り】「―の選手を派遣する」

つぶら【▽円ら】「―な瞳」

つぶる【▼瞑る】まぶたをとじる。また、見て見ぬふりをする。「部下の失敗に目を―」

つぶれる【潰れる】「声が―」「計画が―」


つぼ【坪】つぼ ―「坪数・地坪・十坪・建坪・立坪」

つぼ【坪】土地面積の単位。「五十―の敷地」

つぼ【▼壺】「話の―を心得ている」「―を押さえた発言」「―にはまる」

つぼにわ【坪庭】建物に囲まれた内庭。

つぼね【▽局】宮中の女官の部屋。女官。「春日の―」「お―様」

つぼみ【▼蕾・▼莟】「桜の―」「―がほころびる」

つぼむ【▼窄む】「裾が―・んだズボン」「夕方になると―花」

つぼむ【▼蕾む】つぼみができる。

つぼやき【▼壺焼き】「サザエの―」

つま【妻】配偶者の一方としての女性。⇔夫。

つま【▽具】「刺身の―」

つま【▼褄】着物の裾の左右のすみの部分。

つまぐる【爪繰る】「数珠を―」

つまさき【爪先】「―で立つ」

つましい【▽倹しい・▽約しい】質素である。「―生活」

つまずく【▼躓く】「石に―・いてころぶ」「不況で事業が―」「方程式で―生徒」(現代仮名遣いでは「つまずく」とも書く)

つまはじき【爪▽弾き】「クラスの仲間から―され

る」

つまびく【爪弾く・爪引く】「ギターを—」

つまびらか【▽詳らか・▽審らか】「事件の真相を—にする」「生死のほどは—でない」

つまみぐい【▽摘まみ食い】「食卓のおかずを—する」「公金の—」

つまむ【▽摘まむ・▽撮む・▼抓む】「ピンセットで—」「お菓子を—」「キツネに—まれたようだ」

つまようじ【爪▼楊枝】「食後に—を使う」

つまらない【《詰》まらない】「—話」

つまり【《詰》まり】結局。要するに。「とどの—」「こんなに売れるのも、—品質がよいからだ」

つまる【詰(ま)る】「排水管が—」

つみ【罪】「—を犯す」「—を償う」「—の意識」「—なお方」

つみき【積(み)木】「—をして子供と遊ぶ」

つみたて【積(み)立て・積立】「—金」

つみたてる【積(み)立てる】「旅費を—」

つみとが【罪▽科】つみととが。罪過。

つみほろぼし【罪滅ぼし】「せめてもの—」

つむ【▼錘・〈紡錘〉】糸をつむぎ巻き取る道具。

つむ【詰む】「目の—んだ編物」「あと一手で—」

つむ【摘む】「茶を—」「草を—」

つむ【積む】「石を—んで塀を作る」「経験を—」「いくら金を—まれてもこの土地は売らない」

つむぎ【▼紬】紬糸で織った絹織物。「大島—」

つむぐ【紡ぐ】「糸を—」

つむじ【〈旋毛〉】「—が曲がる」

つむじかぜ【《▽旋》風】渦を巻いて吹く強い風。

つむじまがり【〈旋毛〉曲(が)り】へそまがり。

つむり【▽頭】あたま。かしら。おつむ。

つむる【▼瞑る】目を閉じる。つぶる。

つめ【爪】— つめ・(つま)　「爪先・爪痕・鉤爪・生爪・深爪・夜爪」

つめ【爪】「—を切る」「—切り」
つめあと【爪痕】「台風の—」
つめあわせ【詰め合(わ)せ】「果物の—」
つめえり【詰(め)襟】軍服や学生服の立ち襟。
つめこむ【詰(め)込む】「定員以上—」
つめしょ【詰(め)所】「警備員の—」
つめたい【冷たい】「—飲み物」「わざと—く当たる」「発見されたときにはすでに—くなっていた」
つめばら【詰(め)腹】「—を切らされる」
つめよる【詰(め)寄る】「議長に—」
つめる【詰める】「通い—」「思い—」「おせちを重箱に—」「話を—」「交代で病院に—」
つもり【《積》もり・〈心算〉】「明日中に仕上げる—だ」「だます—はなかった」「買った—で貯金する」「今夜はこの一杯でお—にする(＝飲むのを止める)」
つもる【積(も)る】「雪が屋根に—」「—話に夜のふけるのも忘れた」「—恨みを晴らす」
つや【艶】「顔に—があり、健康そのものだ」「まったく—のない話で面白くない」
つや【通夜】遺体とともに終夜過ごす。「お—」
つやけし【艶消し】「—の塗料」
つやごと【艶事】男女の情事。
つゆ【▽汁・▽液】「お—をすする」「そうめんの—」
つゆ【《梅雨》・〈黴雨〉】ばいう。「—入り」
つゆ【露】「—が置く」「—の命」「つゆ知らず」
つゆくさ【露草】ツユクサ科の一年草。
つゆざむ【《梅雨》寒】梅雨期に訪れる寒さ。
つゆはらい【露払い】「横綱・太刀持・—」「計画推進の—を務める」
つよい【強い】「腕力が—」「酒が—」「押しが—」「—意志」
つよき【強気】「—な発言」「—に出る」
つよめる【強める】「語気を—」
つら【面・▼頬】「ふくれ—」「泣きっ—」「馬—」「紳士—」
つらあて【面当て】「—を言う」「—にやったこと」
つらい【《▽辛》い】「—別れ」「—修行」「彼に—く当たる」「それを言われると—」
づらい【《▽辛》い】「読み—」「やり—」

つらがまえ【面構え】「勝負事に強そうな、いい―だ」

つらだましい【面魂】「不敵な―」

つらつら【▽熟▽熟・▼倩▼倩】つくづく。「―考えるに」

つらなる【連なる・▽列なる】「国境に―山々」「末席に―」

つらにくい【面憎い】「―ほど落ち着いている」

つらぬく【貫く】「矢が板を―」「初志を―」

つらねる【連ねる・▽列ねる】「軒を―」

つらのかわ【面の皮】「―が厚い」

つらよごし【面汚し】「仲間の―だ」

つらら【〈氷柱〉】「軒に―が垂れ下がる」

つり【釣(り)】「魚―」「―糸」「―に出かける」「―の要らないよう両替を済ませておく」

つりあい【釣(り)合い】「―をとる」

つりあげる【《▼吊》り上げる】「値を―」

つりがね【釣(り)鐘】寺院の大きな鐘。つきがね。

つりかわ【《▼吊》り革】「車内では―におつかまり下さい」

つりざお【釣り▼竿】「―を担ぐ」

つりしのぶ【釣(り)忍・釣り▼荵】涼を呼ぶため束ねたシノブを軒に吊したもの。

つりせん【釣(り)銭】「バスを降車される前に―を御用意下さい」

つりばし【▼吊り橋・釣(り)橋】架け渡した綱で吊った橋。

つりぼり【釣(り)堀】料金を取って釣りをさせる池。

つる【鶴】つる ―「鶴亀・折り鶴・千羽鶴」

つる【弦・▼絃】弓に張る糸。弦楽器に張る糸。

つる【▼鉉】なべなどの取っ手。「―をつかむ」

つる【▼蔓】「朝顔の―」「出世の―」

つる【鶴】「丹頂―」「―の一声(=権力者の一言)」「―は千年亀は万年」

つる【▼吊る】物にかけて下げる。高くかけ渡す。「蚊帳を―」「棚を―」

つる【▼攣る】筋肉がひきつって痛む。「足が―って走れなくなる」「顔が引き―」

つる【釣る】釣り針で魚をとる。巧みに人を誘う。「魚を―」「海老で鯛を―」「甘言で―」

つるかめ【鶴亀】鶴と亀。長寿でめでたいもの。

つるぎ【剣】諸刃〈もろは〉の刀。刀剣の総称。

つるくさ【▼蔓草】「―が伸びる」

つるしがき【▼吊るし柿】皮をむいて干した渋柿。

つるす【▼吊るす】「天井から―」

つるはし【鶴▼嘴】土を掘り起こす鉄製の道具。「硬い土に―を振り下ろす」

つるばみ【▼橡】クヌギの古名。

つるべ【釣▽瓶】「秋の日は―落とし」

つるむ【〈交尾〉む】(けものが)交尾する。

つるむ【▽連む】行動をともにする。「あいつとはよく―んで遊んだ」

つるれいし【▼蔓▼茘枝】沖縄では「ごおや」と呼ぶ。

つれ【連れ】同伴者。なかま。「―と旅に出かける」〔能で、ツレと片仮名で書いて、シテまたはワキに連れ添う役柄を指す〕

つれあい【連(れ)合い】配偶者。連れ添う相手。

つれそう【連(れ)添う】「長年―った女房」

つれづれ【〈徒然〉】することがなくて、たいくつなこと。「老後の―を慰める」

つれない【《▽情無》い】「―ことを言う」

つれる【連れる】「犬を―れて散歩する」

つれる【▼攣れる・▼痙れる】「足が―」

つわぶき【〈槖吾〉・〈石蕗〉】キク科の多年草。

つわもの【▽兵】武士。強豪。「剣道部の―」「夏草や―どもが夢の跡/芭蕉」

つわり【〈悪阻〉】妊娠初期にある吐き気などの症状。

つんざく【▼劈く】「耳を―砲声」

て

て【手】「―が掛かる子供」「気になって仕事が―に付かない」「高すぎて―が出ない」「かゆいところに―が届く」「―に汗にぎる白熱した試合」「―に取るようにわかる」「株の売買に―を染める」

てあい【手合(い)】「あの―とはつきあうな」

であい【出会い】「―頭〈がしら〉にぶつかる」「―から三年目の春に結婚した」

であう【出会う・出合う】「友人に―」

てあか【手▼垢】「―にまみれた本」「―のついた表現」

であし【出足】「―の鋭い車」「客の―は上々だ」

てあたりしだい【手当(たり)次第】「―に物を投げる」

てあつい【手厚い】「―看護」「―・くもてなす」

てあて【手当(て)】「応急―」「欠員の―」「月々のお―」

てあみ【手編(み)】「―のマフラーを贈る」

てあら【手荒】「本を―に扱う」「―なまねはよせ」

てあらい【手洗(い)】「外出先から戻ったら―をする」「ちょっと―に立つ」「―のセーター」

てい【丁】⇩ちょう(丁)。「丁字・丁寧・園丁・甲乙丙丁・装丁」

てい【体(體)】⇩たい(体)。「体裁・世間体・人体・風体・面体」

てい【低】テイ　ひく-い・ひく-める・ひく-まる「低圧・低音・低下・低額・低級・低減・低空・低速・低俗・低調・低能・低迷・低劣・高低・最低・平身低頭」

てい【呈】テイ　―「呈上・謹呈・献呈・進呈・送呈・贈呈・露呈」

てい【廷】テイ　―「廷議・廷臣・廷吏・開廷・休廷・宮廷・出廷・退廷・朝廷・閉廷・法廷」

てい【弟】テイ・(ダイ)・(デ)　おとうと「弟妹・弟子〈でし〉・義弟・賢弟・高弟・実弟・師弟・舎弟・徒弟・門弟」

てい【定】テイ・ジョウ　さだ-める・さだ-まる・さだ-か「定員・定価・定期・定義・定休・定時・定数・定説・定着・定評・安定・一定・改定・確定・仮定・鑑定・協定・決定・限定・固定・指定・推定・制定・設定・測定・断定・未定・予定」

てい【底】テイ　そこ「底辺・底面・底流・海底・眼底・基底・湖底・根底・心底・地底・通底・徹底・到底」

てい【抵】テイ　―「抵抗・抵触・抵当・大抵」

てい【邸】テイ　―「邸宅・邸内・官邸・公邸・豪邸・私邸・別邸」

てい【亭】テイ　―「亭主・席亭・池亭・茶亭・料亭」

てい【貞】テイ　―「貞潔・貞淑・貞女・貞節・貞操・貞婦・不貞」

てい【帝】テイ　―「帝王・帝国・帝政・帝都・皇帝・大帝・天帝」

てい【訂】テイ　―「訂正・改訂・校訂・再訂・修訂・補訂」

てい【庭】テイ　にわ「庭園・庭前・家庭・校庭・石庭・築庭・名庭」

てい【逓(遞)】テイ　―「逓減・逓次・逓信・逓送・逓増・駅逓」

てい【停】テイ　―「停学・停止・停車・停滞・停電・調停」

てい【偵】テイ　―「偵察・探偵・内偵・密偵」

てい【堤】テイ　つつみ「堤防・築堤・長堤・突堤・防波堤」

てい【提】テイ　さ-げる「提案・提議・提供・提琴・提言・提示・提出・提唱・

提訴・提督・前提」
てい【程】テイ ほど「程度・音程・過程・工程・道程・日程・旅程」
てい【艇】テイ ―「艇庫・艇首・艇身・艦艇・汽艇・競艇・舟艇」
てい【締】テイ しーまる・しーめる「締結・締盟・締約」
てい【諦】テイ あきらーめる「諦観・諦視・諦聴・諦念・要諦」
てい【丁】十干の第四。ひのと。
てい【体・▽態】「―の良い逃げ口上」「ほうほうの―で退く」
でい【泥】デイ どろ「泥岩・泥酔・泥土・泥流・雲泥・汚泥・拘泥」
ていあん【提案】「―を採択する（受け入れる）」
ていい【帝位】「―に即く」「―を継承する」
ていいん【定員】「入学―」「―割れの大学」
ていえん【庭園】「日本―」「池泉回遊式―」
ていおう【帝王】「―学」「―切開」「無冠の―」
ていおん【低音】⇕高音。「―再生向きのスピーカー」
ていおん【低温】⇕高温。「―やけど」「―殺菌」
ていおん【定温】「室内を―に保つ」
ていか【低下】「品質が―する」
ていか【定価】「―の二割引で販売する」

ていかい【低回・▼低▼徊】行きつ戻りつする。「池の畔を―する」
ていがく【低額】⇕高額。「―の掛け金」
ていがく【定額】「―貯金」「毎月―を納付する」
ていがく【停学】「―処分を受ける」
ていかん【定款】会社などの組織の基本的な規則。
ていかん【諦観】事の本質を見極める。あきらめる。「時代（人生）を―する」
ていき【定期】「―券」「―的に検査を行う」
ていき【提起】「問題を―する」
ていぎ【定義】「三角形の―」
ていぎ【提議】「法改正を―する」
ていきゅう【低級】⇕高級。「―アルコール」「―な趣味」
ていきゅう【定休】「―日」「土日を―にする」
ていきゅう【庭球】テニス。
ていきゅう【▼涕泣】涙を流して泣く。
ていきょう【提供】「情報―」「資料を―する」
ていきん【提琴】バイオリン。
ていくう【低空】⇕高空。「―飛行」
ていけい【定形・定型】決まった形。一定のかた。「定形郵便物」「定型詩」
ていけい【▼梯形】台形の旧称。
ていけい【提携】「技術―」「外国の企業と―する」

ていけつ【貞潔】みさおが堅い。「―な婦人」
ていけつ【締結】「条約を―する」
ていけん【定見】しっかりした意見。「―のない人」
ていげん【低減】減る。値段が安くなる。「経費を―する」
ていげん【逓減】しだいに数量が減る。⇕逓増。「年々利益が―する」「収穫―の法則」
ていげん【提言】「解決策を―する」
でいご【▼梯▼梧・▼梯▼姑】マメ科の落葉高木。沖縄の県花。
ていこう【抵抗】「電気―」「―勢力」
ていこく【定刻】「―に開会する」
ていこく【帝国】「―大学」「―議会」
ていさい【体裁】「―を整える」「―が悪くて彼に会えない」
ていさつ【偵察】「敵情を―する」
ていし【停止】「一旦―」「貸し出しを―する」
ていじ【定時】「―制高校」「―に発車する」
ていじ【呈示】さし出して見せる。「身分証明書を―する」
ていじ【提示】特にとりあげて示す。「条件を―する」「問題点を―する」
ていじ【▼綴字】つづり字。てつじ。
ていしき【定式】「―化された方法」

ていしせい【低姿勢】「―に出る」「―で交渉に臨む」
ていしつ【低湿】⇔高燥。「川沿いの―な土地」
ていしゃ【停車】「急―」「急行の―する駅」
ていしゅ【亭主】「―関白」「うちの―」
ていしゅう【定収】「―が得られる仕事をさがす」
ていじゅう【定住】「―の地と決める」
ていしゅうは【低周波】⇔高周波。「―公害」
ていしゅく【貞淑】「―な妻」
ていしゅつ【呈出】あらわれ出る。「反対の結果を―した」
ていしゅつ【提出】書類などを差し出す。「レポートを―する」
ていじょ【貞女】「―二夫に見〈まみ〉えず」
ていしょう【低唱】「浅酌―」
ていしょう【提唱】「協会の設立を―する」
ていじょう【呈上】目上の人に物を差し上げること。「粗品を―致します」
ていしょく【定食】「焼き肉―」「―屋」
ていしょく【定植】苗を畑などに本式に移し植える。
ていしょく【定職】臨時ではない、きまった職業。「早く―に就きたいものだ」
ていしょく【抵触・▼觝触・▼牴触】「法に―する行為」

ていしょく【停職】「―処分」
ていしん【廷臣】朝廷に仕えている臣下。
ていしん【▼挺身】「世界の平和に―する」
ていしん【逓信】電信などを順次送り伝える。
ていしん【艇身】ボート一そう分の全長。
でいすい【泥酔】「―してさっぱり覚えていない」
ていすう【定数】「―に満たない」「議員の―是正」
ていする【呈する】差し出す。差し上げる。表す。「疑問を―」「自著を―」「炎色反応で緑色を―」
ていする【▼挺する】「身を―・して主君を守る」
ていせい【帝政】「―ロシア」
ていせい【訂正】「誤りを朱で―する」
ていせつ【定説】「学界の―」「―を覆す新たな発見」
ていせつ【貞節】「―を尽くす」
ていせん【▼汀線】海岸線。
ていせん【停船】「即刻―せよ」
ていせん【停戦】「和平交渉に向けて―する」
ていそ【定礎】着工に先立って基礎の石を置く。「―式」
ていそ【提訴】訴訟を起こす。「裁判所に―する」
ていそう【貞操】「―を守る(破る)」
ていそう【逓送】荷物などを順に送る。「被災地に食糧を―する」
ていぞう【逓増】⇔逓減。「輸出は―の傾向にある」

ていそく【低速】「―で走行する」
ていぞく【低俗】「―な読み物(番組)」
ていそくすう【定足数】議決に必要な最小限の人数。
ていたい【停滞】「―前線」「事務が―する」「景気の―感が否めない」
ていたい【手痛い】「―出費」「―エラー」
ていたく【邸宅】「豪壮な―をかまえる」
ていたらく【体たらく・▽為▽体】情けないありさま。「何という―だ」
ていだん【▼鼎談】三人で行う座談。
でいたん【泥炭】どろ状の石炭。ピート。「―地」
ていち【定置】「―網漁業」
ていちゃく【定着】「分煙がようやく―する」
でいちゅうのはちす【泥中の▼蓮】汚れた環境の中でも清らかさを保つ。
ていちょう【丁重・▼鄭重】「―な挨拶」「―にお断りする」
ていちょう【低調】⇔好調。「投票の出足は―だ」
ていてい【亭亭】まっすぐ高く伸びているさま。「―たる大木」
ていてつ【▼蹄鉄】馬のひづめに付ける鉄具。
ていてん【定点】「―観測」
ていでん【停電】「架線が切れて―する」

ていと【帝都】帝国の首都。

ていど【程度】「補償額は損害の―による」「焦げない―に焼く」「一時間―で問題を解く」「甘い物が好きといっても―問題だ」

でいど【泥土】どろ。

ていとう【低頭】「ひたすら平身―して詫びる」

ていとう【抵当】担保。「土地を―に入れる」

ていとく【提督】艦隊の司令官となる軍人。

ていとん【停頓】「交渉が―する」

ていねい【丁寧・叮▼嚀】「―な説明」

でいねい【泥▼濘】ぬかるみ。

ていねん【定年・停年】「―退職」「無事―を迎える」

ていねん【諦念】あきらめの気持ち。

ていはく【停泊・▼碇泊】「船が港に―する」

ていはつ【▼剃髪】頭髪をそり落とし仏門に入る。

ていばん【定番】流行に関係なく売れる商品。

ていひょう【定評】「彼の仕事は丁寧だと―がある」

ていへん【底辺】「三角形の―」「社会の―」

ていぼう【堤防】「―が決壊する」

ていぼく【低木】たけの低い樹木。灌木〈かんぼく〉。

ていほん【定本】校訂がなされて標準となる本。「―枕草子」

ていほん【底本】校訂や翻訳の元にした本。そこぼん。「初版を―にして翻訳する」

ていめい【低迷】「景気が―する」

ていめん【底面】「直方体の―」

ていやく【締約】「条約を―する」

ていよう【提要】要点をあげて示すこと。その書物。「日本文学史―」

ていよく【体良く】体裁よく。「―断られた」「―調子を合わせる」

ていらく【低落】「人気が―する」「株価が―する」

ていり【低利】安い金利。⇔高利。「―で借りる」

ていり【廷吏】法廷で裁判事務を取り扱う職員。

ていり【定理】「三平方の―」

でいり【出入り】「客の―」「―の商人」

ていりつ【▼鼎立】三者が並び立つ。「三派が―している」

ていりゅう【底流】「平和思想の―にあるもの」

ていりゅう【停留】「バスの―所」

ていりょう【定量】「―分析」「リスクの―化」

ているい【▼涕涙】なみだを流す。「―雨のごとく」

ていれい【定例】「―の閣議」

ていれつ【低劣】「―な読み物」

ていれん【低廉】「―な価格」

てうす【手薄】「警護が―になる」

てうち【手打ち】そば・うどんを手でつくる。「―うどん」

てうち【手討ち】武士が家来などを斬る。「お―覚悟で進言する」

ておい【手負い】傷を受ける。「―の熊」

ておくれ【手遅れ】「今頃気づいても、もう―だ」

ておち【手落ち】「調査方法に―があった」

てかがみ【手鏡】手に持って用いる柄のついた鏡。

てかがみ【手▽鑑】手本。模範。

てがかり【手（掛）かり】「わずかのくぼみを―に岩場をよじ登る」「犯人捜索の―をつかむ」

てかぎ【手▼鉤】柄のついた鉤。小形のとび口。

でがけ【出（掛）け】「―に客が来た」

でかける【出（掛）ける】「街へ買い物に―」

てかげん【手≪加減≫】相手に合わせた取り扱い。「―を加える」「子供相手なので―して球を投げる」

てかず【手数】手間。てすう。「―のかからない仕事」

でかす【≪出▽来≫す】しでかす。うまくやる。「窮地を独力で脱するとは、―した」

てかせ【手▼枷・手▼桎・手▽械・手▼梏】手にはめて自由を奪う刑具。「―足枷」

でかせぎ【出稼ぎ】一時他の土地で働く。

てがた【手形】一定金額を支払う約束の有価証券。「為替〈約束〉―」「―を落とす」

でかた【出方】「相手の―を見る」

てがたい【手堅い】「—方法」「—く攻める」

てがたな【手刀】手の指を揃えて刀のように使う。

てがみ【手紙】「—の書き方」「知人から—が届く」

てがら【手柄】「—話」「戦で—を立てる」

てがら【手絡】日本髪のまげの根元に巻く飾りの布。

でがらし【出▼涸らし】「—のお茶」

てがる【手軽】「昼食は—に済ませる」

てき【的】テキ まと「的確・的中・劇的・性的・知的・標的・目的」

てき【笛】テキ ふえ「汽笛・警笛・号笛・鼓笛・牧笛・霧笛」

てき【摘】テキ つ-む「摘果・摘出・摘発・摘要・摘録・摘記・指摘」

てき【滴】テキ しずく・したた-る「滴下・一滴・雨滴・滴・水滴・点滴・油滴・余滴」「硯滴〈けんてき〉・残

てき【適】テキ「適応・適温・適合・適性・適切・適度・適当・適任・適否・適量・快適・最適・不適」

てき【敵】テキ かたき「敵意・敵国・敵視・敵前・敵対・敵地・外敵・強敵・宿敵・天敵・匹敵・不敵・無敵」

てき【敵】「向かう所—なし」「—に後ろを見せる」「—に塩を送る」「—もさる者」

でき【溺】デキ おぼ-れる「溺愛・溺死・溺没・耽溺・惑溺」

でき【《出来》】「—がいい(悪い)」

できあい【出来合い】既製のもの。「—の洋服」

できあい【溺愛】無闇にかわいがる。「孫を—する」

できあがる【出来上がる】「苦心の作がようやく—」

できあき【出来秋】稲の実る秋。

てきい【敵意】「言動に何となく—を感じる」

てきおう【適応】「—能力」「新しい環境に—する」

てきおん【適温】「部屋は—に保たれている」

てきがいしん【敵▼愾心】「激しい—を燃やす」

てきかく【適格】資格にあてはまる。⇔欠格。「—者」「飛行士として—かどうか審査する」

てきかく【的確・適確】確実に要点をとらえているさま。「—な判断を下す」「—に表現する」

てきぎ【適宜】「各自—解散してよろしい」

てきごう【適合】「条件に—する人物を採用する」

できごころ【出来心】「—で万引きをしてしまった」

できごと【出来事】「今日の—を日記に記す」

てきざいてきしょ【適材適所】「—で人員配置を考える」

てきし【敵視】「反対者を—する」

できし【溺死】「高波にさらわれて—する」

てきしゃせいぞん【適者生存】「—の自然界」

てきしゅう【敵襲】敵の襲撃。「—に備える」

てきしゅつ【▼剔出】えぐり出す。「裏金問題を—する」

てきしゅつ【摘出】病巣を取り除く。「腫瘍を—する」

てきじょう【敵情】「—視察」「—をさぐる」

てきじん【敵陣】「—に斬り込む」

てきず【手傷】「矢に当たって—を負う」

てきする【適する】「青少年に—した本」

てきせい【適正】適当で正しい。「評価が—を欠く」

てきせい【適性】ある事に適している素質。「—検査」

てきせい【敵性】「—国家」

てきぜい【敵勢】「—の侵入を防ぐ」

てきせつ【適切】「—な処置」「—に表現する」

できそこない【出来損ない】「—の目玉焼き」「この—め」

てきたい【敵対】「—する両勢力」「—心」

できだか【出来高】「米の—」「—払い」

てきち【適地】「土壌が粘土質で稲作の—だ」

てきち【敵地】「たった一人で—に乗り込む」

てきちゅう【的中・適中】まとに当たる。予想が当たる。「矢が真ん中に的中する」「予感が的中(適中)した」

てきど【適度】「―な運動をする」
てきとう【適当】ふさわしい。いいかげん。「業務内容に―な人材」「―なことばかり言う」
てきにん【適任】「―者」「彼は―だと思う」
できばえ【出来栄え・出来映え】「作品は見事な―だ」
てきはつ【摘発】「不正を―する」
てきひ【適否】「新たな制度導入の―を検討する」
てきびしい【手厳しい】「―批判を浴びる」
てきほう【適法】⇔違法。「―行為の範囲」
てきめん【▼覿面】「効果―」「―に天罰が下る」「この薬は―に効く」
できもの【《出来物》】はれもの。吹き出物。
てきや【的屋】縁日などに屋台を出して物を売る者。
てきやく【適役】「この仕事は彼が―だ」
てきよう【摘要】要点の抜き書き。「改正案の―」
てきよう【適用】「災害救助法を―する」
てきりょう【適量】「酒は―を心がける」
できる【《出来》る】「赤ちゃんが―」「見ることが―」
てぎれ【手切れ】「―金を払って縁を切る」
てきれい【適例】「説明するのに―をさがす」
てきれい【適齢】「結婚―期」
てきろく【摘録】要点をぬき出して記すこと。「講演会の演説を―する」

てぎわ【手際】物事の処理のし方。「―よくまとめる」「料理の―がいい(悪い)」
てきん【手金】手付金。
でく【〈木偶〉】木彫りの人形。操り人形。「―の坊で役に立たない」
てぐす【〈天蚕糸〉】白色透明の糸。釣り糸用。
てぐすね【《手▽薬▼煉》】準備。「―引いて待ち構える」
てくせ【手癖】「―が悪い」
てくだ【手管】人をだます手ぎわ。「手練―の限りを尽くす」
てぐち【手口】犯罪のやり方。「巧妙な―」
でぐち【出口】⇔入り口。「非常―」「―調査」
てくばり【手配り】「必要な人員を―する」
てくらがり【手暗がり】「―になる」
てぐるま【手車】手で押す小さな車。〔宮中の貴人の乗り物の意では「輦」と書く〕
でくわす【出《▽会》す・出《▽交》す】「学生時代の友人に道でばったり―した」
てこ【▼梃・▼梃子】「―の原理」「―でも動かない」
てこいれ【▼梃入れ】外部からの支援。「親会社が資金上の―をする」
てごころ【手心】手加減。「―を加える」
てこずる【《手古▼摺》る・《▼梃子▼摺》る】もてあます。「説得に―」
てごたえ【手《▽応》え】「確かな―を感じる」「いくら教えてもさっぱり―がない」
でこぼこ【《凸凹》】「―の道」
てごま【手駒】「―は限られているのでうまく使う」
てこまい【手古舞】祭礼の時の男装した女性の舞。
てごめ【手込め・手籠め】女性を暴力で犯す。
てごろ【手《頃》】「―な相手」「―な値段」
てごわい【手▽強い】「敵に回すと―相手」
でさかる【出盛る】「露地物の―時節」
てさき【手先】「―が冷たい」「―が器用だ」
でさき【出先】「―から電話を入れる」「―機関」
てさぐり【手探り】「洞窟を―で進む」「状況がわからず―の状態が続く」
てさげ【手提げ】「―かばん(袋)」
てさばき【手《▼捌》き】「鮮やかな―で和菓子を作る」
てざわり【手触り】「―のいい布地」
でし【弟子】「師匠の―になる」「―入りを願う」
てしお【手塩】「―に掛けて育てる」
てした【手下】「―を引き連れる」
てじな【手品】「―師」「―の種を明かす」
てじまい【手《仕舞》い】清算・信用取引の決済。
てじめ【手締め】祝って一同がそろって手を打つ。

てじゃく【手酌】自分で酒の酌をして飲む。「面倒だから―でゆこう」
てじゅん【手順】「作業―」「―を決める」「きちんと―を踏む」「―が狂う」
てじょう【手錠】「犯人に―をかける」
てしょく【手▼燭】柄をつけた手で持ち運べる燭台。
てしょく【手職】手先を働かせる職業。てじょく。「―を身につける」
てすう【手数】「お―を掛けて申し訳ありません」
てすき【手隙・手透き】「お―のときにおいで下さい」
てすき【手▼漉き】紙を手ですく。「―の和紙」
でずき【出好き】外出が好きである。「―でしょっちゅう海外旅行をしている」
てすさび【手▽遊び】あそび半分にすること。「老後の―に俳句を作る」
てすじ【手筋】技芸などの素質。有効な着手。「―のいい子」「碁の―を読む」
でずっぱり【《出突》っ《張》り】「テレビに―の売れっ子俳優」〔現代仮名遣いで「でづっぱり」とも書く〕
てすり【手▼摺り】「―につかまる」
てせい【手製】「奥様のお―の料理」
てぜい【手勢】「わずかの―で敵陣に乗り込む」
てぜま【手狭】「オフィスが―になる」

て

てそう【手相】「―見」「―を見てもらう」
でぞめしき【出初(め)式】消防の仕事初めの儀式。
でそろう【出▼揃う】「代表チームがすべて―」
てだい【手代】商店の番頭と丁稚との間の身分。
てだし【手出し】「余計な―はしないでくれ」
てだすけ【手助け】「店の仕事を―する」
てだて【手《立》て】「救う―がみつからない」「―を講ずる」
てだま【手玉】「上級生を―に取る(=人を思いのままに動かす)」
でたらめ【《出▼鱈目》】「―を言ってはいけない」〔「出鱈目」は当て字〕
てだれ【手▽練れ・手▽足れ】技術がすぐれている。
てぢか【手近】「筆記用具を―に置く」「―な話題」
てちがい【手違い】「当方の―で連絡が遅れました」
てちょう【手帳・手▼帖】「生徒―」「明日の予定を―で確かめる」
てつ【迭】― テツ 「更迭」
てつ【哲】― テツ 「哲学・哲人・哲理・賢哲・聖哲・先哲・明哲」
てつ【鉄(鐵)】― テツ 「鉄管・鉄器・鉄橋・鉄筋・鉄人・鉄則・鉄道・鉄壁・鉄分・鉄棒・鉄砲・鉄腕・鋼鉄・砂鉄・私鉄・寸鉄・製鉄・電鉄」
てつ【徹】― テツ 「徹頭徹尾・徹夜・一徹・貫徹・透徹・冷徹」
てつ【撤】― テツ 「撤回・撤去・撤収・撤退・撤廃・撤兵」
てつ【鉄】「―は熱いうちに打て」
てつ【▼轍】車輪の跡。「前車の―を踏む(=前の人の失敗を繰り返すたとえ)」
てっか【鉄火】生の赤身マグロ。「―巻き(丼)」
てっかい【撤回】「前言を―する」
てつがく【哲学】「人生―」「―者」「―的な問題」
てっかば【鉄火場】ばくち場。
てっき【摘記】「講演の要点を―する」
てつき【手付き】「慣れた―で包丁を握る」
てっきょ【撤去】「障害物を―する」
てっきょう【鉄橋】「汽車が―を渡る」
てっきん【鉄琴】並べた金属の板をばちで打つ楽器。
てっきん【鉄筋】「―コンクリート」
てづくり【手作り】「―のクッキー」
てつけ【手付け】契約の保証として渡す金。「―金」「―を払う(打つ)」
てっけつ【▼剔▼抉】あばき出す。「汚職を―する」
てっけつ【鉄血】武器と兵士。「―宰相」
てっけん【鉄拳】「―制裁」「―を見舞う」

てっこう【手っ甲】手の甲を覆う布や革。「―脚絆」

てっこう【鉄鉱】鉄分を含む鉱石。

てっこう【鉄鋼】銑鉄・鋼鉄などの鉄材。「―の生産」

てつごうし【鉄格子】「―の中(＝刑務所)」

てっこつ【鉄骨】「―を組む」

てっさく【鉄索】「―鉄道(＝ケーブルカー)」

てっしゅう【撤収】「テントを―する」「基地を―する」

てっしょう【徹宵】夜どおし。「―して観測にあたる」

てつじょうもう【鉄条網】有刺鉄線を張り巡らした柵。

てつじん【哲人】「―ソクラテス」「―の教え」

てっする【徹する】しみ通る。徹底する。貫く。「骨身に―」「脇役に―」「夜を―・して歩く」「眼光紙背に―」

てっする【撤する】取り払う。「陣を―」

てっせきしん【鉄石心】きわめて固い意志。

てっせん【鉄扇】鉄の骨の扇子。

てっせん【鉄線】キンポウゲ科のつる性多年草。

てっそく【鉄則】「民主主義の―」

てったい【撤退】「前線から―する」「中国の市場から―する」

てつだう【《手伝う》】「家事を―」

でっち【▽丁稚】商家で下働きする少年。「―奉公」

でっちあげる【《▼捏》ち上げる】「でたらめの証拠を―」

てっつい【鉄▼槌・鉄▼鎚】「汚職官吏に―をくだす(＝厳罰に処する)」

てつづき【手続き】「入学の―を済ませる」「所定の―を経て認可される」

てってい【徹底】「サービスが―している」「規則の趣旨を―させる」「―した平和主義者」「―的に追及する」

てっとう【鉄塔】鉄で作った塔。

てつどう【鉄道】「登山―」「―網」「―が開通する」

てっとうてつび【徹頭徹尾】「―反対する」

てっとりばやい【手っ取り早い】「―・く片付ける」

てっぱい【撤廃】「輸入制限を―する」

てつびん【鉄瓶】「―で湯を沸かす」

てっぷ【▼轍▼鮒】車輪の跡の水たまりにいるフナ。危険の差し迫ったたとえ。「―の急」

てつぶん【鉄分】「―を含む食品」

てっぺい【撤兵】⇔出兵。

てっぺき【鉄壁】非常に堅固な防備。「―の守り」

てっぺん【▽天辺】「頭の―から足の先まで」

てつぼう【鉄棒】「―で逆上がりをする」

てっぽう【鉄砲】「下手な―も数打ちゃ当たる」

てづま【手妻・手爪】手品。

てづまり【手詰(ま)り】手段、金銭に行き詰まること。「捜査が―になる」「―感が強まる」

てつめんぴ【鉄面皮】厚かましい。「あんな―なまねはできない」

てつや【徹夜】「―で警戒に当たる」

てづる【手▼蔓】縁故。つて。てがかり。「―を求めて就職活動をする」

てつろ【鉄路】鉄道線路。鉄道。

てつわん【鉄腕】「―投手」

てどり【手取り】「税金を引かれ―は二十万だ」

てなおし【手直し】「大幅な―をする」

でなおす【出直す】「改めて―」

てなぐさみ【手慰み】退屈しのぎ。ばくち。

てなずける【手▽懐ける】なつかせて味方にする。「犬を―」

てなべ【手鍋】つるの付いた鍋。「―さげても」

てなみ【手並み】うでまえ。「お―拝見」

てならい【手習い】「四十の―」

てにもつ【手荷物】手で持ち運ぶ荷物。

てぬかり【手抜かり】「対応に―があった」

てぬき【手抜き】「―工事」「―した仕事」

てぬぐい【手拭い】「―でしっかり体を拭く」

てぬるい【手▽緩い】「そんな―やり方ではだめだ」

てのうち【手の内】力の及ぶ範囲。心中の考え。「―

を見透かされる」
てのひら【手の《平》・▽掌】「―を返すように冷たい態度をとる」
てば【手羽】鶏の、羽のつけ根の部分の肉。
でば【出刃】「―包丁で魚を捌く」
てはい【手配】「指名―」「会場を―する」
でばかめ【出歯亀】のぞき見の常習者。
てばこ【手箱】身の回りの品を入れる小箱。
てはじめ【手始め】「まず―に包丁を研ぐ」
てはず【手▼筈】手順。「―を整える」「―が狂う」
てばた【手旗】通信用の赤白の小旗。「―信号」
てばな【手鼻】「―をかむ」
ではな【出▽端・出鼻】①出たとたん。「出端（出鼻）を挫〈くじ〉く」②山などの突き出た所。「岬の出鼻まで船を近づける」
でばな【出花】いれ立ての香りのいい茶。「鬼も十八、番茶も―」
てばなし【手放し】「―で喜ぶわけにはいかない」
でばぼうちょう【出刃包丁・出刃▼庖丁】「―を振り回す」
でばん【出番】「舞台の袖で―を待つ」「いよいよ若手の―だ」
てびかえ【手控え】備忘録。「予定を―で確認する」
てびき【手引き】導くこと。入門書。てほどき。「学習の―」「内部に―した者がいる」
てひどい【手▽酷い】「―打撃を受ける」
てびょうし【手拍子】「曲に合わせて―を打つ（取る）」
てびろい【手広い】「―く商売をする」
てふうきん【手風琴】アコーディオン。
てぶくろ【手袋】「―をはめる（脱ぐ）」
でぶしょう【出不精】外出をめんどうがる。「―な人」
てふだ【手札】持ち札。「出す―が無い」
てぶら【手ぶら】「―で訪問する」
てぶり【手《振》り】「身ぶり―で意思を伝える」
てぶんこ【手文庫】文具などを入れる小箱。
てべんとう【手弁当】自前の弁当。無報酬で働く。「―で手伝う」
てほどき【手▽解き】「友人にギターの―をする」
てほん【手本】「習字の―」「―となる人」
てま【手間】「―のかかる仕事」「―を省く」
てまえ【手前】「橋の一つ―の角を曲がる」「助けてやると言った―断れない」「―どもは旅館業を営んでおります」
てまえ【▽点前】茶の湯の作法。「結構なお―」
でまえ【出前】「―持ち」「鮨の―を取る」
でまかせ【出任せ】「急場しのぎに―を言う」
てまくら【手枕】ひじを曲げて枕にする。
てまちん【手間賃】「仕事の―を払う」
てまどる【手間取る】「手続きに―」
てまね【手真▽似】「―をまじえて話す」
てまねき【手招き】「―をする」
てまひま【手間▽隙】「弟子を育てるには―がかかる」
てまめ【手〈忠実〉】こまめ。「―に家の中を片付ける」
てまり【手▼鞠・手▼毬】「―歌」「―をつく」
てまわし【手回し】用意。準備。「―がいい」「―よく席をとる」
てまわり【手回り】「―品」「―を整頓する」
でまわる【出回る】「にせ物が大量に―」
てみじか【手短】「要点だけを―に説明する」
でみせ【出店】「参道に―が並ぶ」
てみやげ【手《土産》】「―を持って挨拶に出向く」
てむかう【手向かう】「―っても無駄だ」
でむかえる【出迎える】「客を駅まで―」
でむく【出向く】「こちらから―必要はない」
てもち【手持ち】「―無沙汰」「―の金はこれしかない」
てもと【手元・手▽許】「―が暗い」「―に資料がない」「―が狂う」

でもの【出物】格安の売り物。おでき。「スーパーの―目当てに客が集まる」「―腫れ物所嫌わず」
でよう【出様】「相手の―による」
てら【寺】「―の住職」「―の境内」
てらう【▼衒う】才能・知識などをひけらかす。「奇を―・った発言」
てらこや【寺子屋】近世、読み書きを教えた所。
てらす【照らす】「法に―・して判断する」
てらせん【寺銭】ばくちの場所代。てら。
てらまいり【寺参り・寺▽詣り】「―に出掛ける」
てりゅうだん【手▼榴弾】手投げ弾。しゅりゅうだん。
てりょうり【手料理】「妻の―で友人をもてなす」
てる【照る】「月が皎々〈こうこう〉と―」
でる【出る】「月が―」「やる気が―」「予算に足が―」「試合に―」「旅に―」「試験によく―問題」「―杭は打たれる」「お前の―幕ではない」
てるてるぼうず【照る照る坊主】「軒先に―を吊るす」
てれくさい【照れ《臭》い】「―表情」
てれる【照れる】はにかむ。「―顔もまたかわいい」
てれんてくだ【手練手管】「―の限りを尽くす」
でわ【出羽】旧国名。のち羽前・羽後に分割。
てわけ【手分け】「―して探す」
てわたし【手渡し】「書類を―する」
てん【天】テン あめ・(あま)「天下・天気・天空・天性・天体・天地・天敵・天然・天罰・天命・炎天・仰天・昇天・晴天」「国・天才・天災・天子・」
てん【典】テン ―「典雅・典拠・典礼・恩典・経典・祭典・辞典・祝典」
てん【店】テン みせ「店主・店頭・店舗・開店・支店・売店・来店」
てん【点(點)】テン ―「点火・点検・点在・点数・点線・点灯・点滅・観点・起点・欠点・原点・採点・失点・支点・視点・弱点・終点・焦点・同点」
てん【展】テン ―「展開・展示・展性・個展・伸展・進展・発展」
てん【添】テン そ-える・そ-う「添加・添削・添書・添乗・添付」
てん【転(轉)】テン ころ-がる・ころ-げる・ころ-がす・ころ-ぶ「転移・転回・転記・転機・転居・転業・転勤・転校・転出・転職・転身・転進・移転・運転・栄転・回転・機転・急転・好転」
てん【塡】テン ―「塡補・充塡・装塡・補塡」
てん【殿】⇩でん(殿)。「殿上・御殿」
てん【天】「―を仰ぐ」「―高く馬肥ゆる秋」「―に召される」「―と地ほどの差」「―は二物を与えず」
てん【典】儀式。「華燭の―」
てん【点】「文の句切りに―を打つ」「―が辛い(甘い)先生」
てん【▼貂・〈黄鼬〉】イタチ科の獣。
でん【田】デン た「田園・田楽・田地・塩田・水田・油田」
でん【伝(傳)】デン つた-わる・つた-える・つた-う「伝記・伝言・伝承・伝説・伝送・伝達・伝統・伝票・伝聞・伝来・遺伝・自伝・宣伝・秘伝・評伝」
でん【殿】デン・テン との・どの「殿下・殿堂・宮殿・神殿・拝殿・宝殿」
でん【電】デン ―「電圧・電気・電源・電池・電波・電報・感電・市電・充電・祝電・逐電・停電・発電」
でん【伝】「古老の―」
でんあつ【電圧】電位の差。単位はボルト。「―計」
てんい【天意】天の意志。「―に背く」
てんい【転移】「癌が肺に―する」
でんい【電位】電荷を運ぶのに必要なエネルギー。

てんいむほう【天衣無縫】「―の詩作」「―に人生を送る」
てんうん【天運】天から与えられた運命。「―尽きる」
でんえん【田園】「―風景」
てんか【天下】「―一」「―を取る」「―国家を論ずる」「―分け目の戦い」
てんか【点火】「導火線に―する」
てんか【添加】「―物」「ビタミンを―する」
てんか【転化】変化して他の状態になる。「愛情が憎悪に―する」
てんか【転嫁】責任などを他に負わせる。「責任を―する」
てんが【典雅】「―な儀式」「―曲」
でんか【伝家】「―の宝刀」
でんか【殿下】「皇太子（内親王）―」
でんか【電化】「オール―」「―製品」
でんか【電荷】電気量。
てんかい【展開】「話が予想外の方向に―する」「目の前に―する大パノラマ」「三角錐の―図を描く」
てんかい【転回】「空中―」「方針を―する」
てんがい【天涯】空のはて。遠く離れた地。「―万里」「―孤独の身となる」
てんがい【天蓋】仏像・棺などの上にかざす笠。
でんかい【電解】「―質」

てんかいっぴん【天下一品】「―の秀逸な作品」
てんがく【転学】「他大学から―する」
でんがく【田楽】「味噌―」「―豆腐」
てんかたいへい【天下泰平】「―の世」
てんかびと【天下人】「―となった織田信長」
てんから【天から】「―信じる」「―あきらめている」
てんかん【天漢】あまのがわ。銀河。
てんかん【転換】「気分―」「発想を―して新企画に臨む」「時代の―期」
てんかん【▼癲▼癇】痙攣発作を起こす脳の疾患。
てんがん【点眼】目薬をさす。「―薬」
てんがんきょう【天眼鏡】「―で手相をみる」
てんき【天気】「―予報」「今日も―だ」
てんき【転記】「台帳に―する」
てんき【転機】「人生の重大な―を迎える」
てんぎ【転義】元の意味から変化した意味。
でんき【伝奇】空想的な物語。
でんき【伝記】「偉人の―」
でんき【電気】電荷。電流。電灯。電力。「―代」「部屋の―を点〈つ〉ける」
でんき【電器】電気器具。「―店」
でんき【電機】（大規模な）電気機械。「重―」「―工業」「動力用の―」
てんきぼ【点鬼簿】過去帳。

てんきゅう【天球】「―儀」
でんきゅう【電球】「風呂場の―が切れる」
てんきょ【典拠】「―を示して引用する」
てんきょ【転居】「―届」「この度左記に―しました」
てんぎょう【転業】「コンビニに―する」
でんきょく【電極】電流の出入りする所。陽極と陰極。
てんきん【転勤】「大阪支社に―する」
てんぐ【天▼狗】想像上の怪物。自慢する人。「少しばかり成績が良いからと言って―になる」
てんくう【天空】「―に虹がかかる」
てんくうかいかつ【天空海▼闊】人の度量が大きい。
てんぐさ【天草】暗赤色の海藻。心太〈ところてん〉の原料。
でんぐん【殿軍】行軍のしんがりの部隊。
てんけい【天恵】「―に浴する」
てんけい【天啓】天の導き。「―を得る」
てんけい【典型】「美の―を追究する」「―的な英国紳士」
てんけい【点景・添景】風景画に添えた動物や人物。
でんげき【電撃】「政界に―が走る」「―結婚」
てんけん【天険】険しい自然の要害。「―の地」
てんけん【点検】「走行前にエンジンを―する」
てんげん【天元】碁盤の中央にある星。

でんげん【電源】「—を入れる(切る)」

てんこ【点呼】「—して人数を確認する」

てんこう【天候】「悪—」「—不順」「—に恵まれる」

てんこう【転向】「—文学」「歌手から俳優に—する」

てんこう【転校】「—生」「地方の高校に—する」

でんこう【電光】「—掲示板」「—ニュース」

でんこうせっか【電光石火】非常に素早い。「—の早技」

てんこく【▼篆刻】「—の印鑑」

てんごく【天国】「歩行者—」「—と地獄」

でんごん【伝言】「—板」「—を言い付ける」

てんさい【天才】「—と騒がれたピアニスト」「—的な技」

てんさい【天災】「—は忘れた頃にやって来る」

てんさい【▼甜菜】サトウダイコンの別名。

てんさい【転載】「無断—を禁ずる」

てんざい【点在】「谷間に—する民家」

てんさく【添削】「—指導」「赤ペンで答案を—する」

てんさく【転作】「稲作から野菜栽培に—する」

でんさん【電算】「電子計算機」の略。コンピューター。

てんし【天子】帝王。皇帝。

てんし【天使】キリスト教などで、神の使者。

てんし【天資】生まれつきの資質。天性。「—英邁」

てんじ【点字】「—ブロック」「—図書館」

てんじ【展示】「住宅—場」「生徒の絵を—する」

でんし【電子】「—レンジ」「—辞書」

てんじく【天▼竺】インドの古称。「—木綿」

てんじつ【天日】太陽。「—塩」

でんじは【電磁波】電場と磁場の振動が空間を伝わる波。

てんしゃ【転写】「書物を—する」

てんじゃ【点者】和歌・俳諧などで評点をつける人。

でんしゃ【殿舎】御殿。やかた。

でんしゃ【電車】「路面—」「—が駅に到着する」

てんしゃく【転借】人が他から借りたものを借りる。

てんしゅ【天主】カトリック教会で、神。「—堂」

てんじゅ【天寿】「—を全うする」

でんじゅ【伝授】「弟子に秘技を—する」

てんしゅかく【天守閣】城の最も高い物見やぐら。

てんしゅつ【転出】⇔転入。「—届」「県外へ—する」

てんしょ【添書】添え状。「—が封入されている」

てんしょ【▼篆書】隷書・楷書のもとになった書体。

てんじょ【天助】天の助け。「神佑—」

てんしょう【天象】天体の現象。⇔地象。

てんじょう【天上】「—界」「—天下〈てんげ〉」

てんじょう【天井】「—裏」「株価が—を打つ(=最高値を示す)」

てんじょう【添乗】「旅行ツアーの—員」

でんしょう【伝承】「巷間に—する民話を集める」

てんじょうむきゅう【天壌無窮】永遠に続くこと。

てんしょく【天職】「教師を—と考える」

てんしょく【転職】「資格を取って—する」

でんしょく【電飾】イルミネーション。

でんしょばと【伝書▼鳩】遠隔地に文書を運ぶ鳩。

てんじる【点じる】ともす。たらす。茶をたてる。「火を—」「目薬を—」「茶を—」〈サ変〉「点ずる」も同じ
てんじる【転じる】「話題を—」「経済界から政界に—」〈サ変〉「転ずる」も同じ
てんしん【天心】空のまんなか。「月—貧しき町を通りけり／蕪村」

てんしん【点心】中国料理で簡単な食べ物。

てんしん【転身】身分・職業などを変える。「実業家に—する」

てんしん【転進】目的地を変えて進む。「険しい山を避けて南へ—する」

てんじん【天神】天満宮。「—様」

でんしん【電信】「—柱」「—為替」

てんじんちぎ【天神地▼祇】すべての神々。

てんしんらんまん【天真▼爛漫】「—な子供たち」

てんすい【天水】雨水。「—桶」「—田」

てんすう【点数】「数学の―が上がった」「上司の機嫌をとって―稼ぎをする」

てんせい【天成】自然にそうできている。「―の要害」「―の美」

てんせい【天性】生まれつきの性質。「―の才能」「彼の明るい性格は―のものだ」

てんせい【展性】薄く広げることができる金属の性質。

てんせい【転生】生まれ変わること。てんしょう。

てんせい【転成】「動詞の連用形から―した名詞」

てんせき【典籍】「和漢の古―」

てんせき【転籍】本籍を他へ移す。「結婚を機に―する」

でんせつ【伝説】「―上の人物」

てんせん【点線】「―に沿ってはさみを入れる」

てんぜん【▼恬然】「―として恥じることを知らない」

でんせん【伝染】「―病」

でんせん【伝線】「ストッキングに―が入る」

でんせん【電線】「―に凧が引っ掛かる」

てんそう【転送】「メールを―する」

でんそう【電送】電波・電流で写真や原稿を送る。

てんそく【▼纏足】昔の中国で女の足の成長をとめた風習。

てんぞく【転属】「名古屋支社に―を命じられる」

てんそん【天孫】天の神の子孫。「―降臨」

てんたい【天体】「―観測」「―望遠鏡」

てんたいしゃく【転貸借】借りている物の又貸し。

でんたく【電卓】電子式卓上計算機。

でんたつ【伝達】「―事項」「命令を―する」

てんたん【▼恬淡・▼恬▼澹・▼恬▼惔】「無欲―」「出世に―な人」

てんち【天地】「―創造の神」「新たな―を求める」「―無用(=荷物の上下を逆さまにしてはいけない)」

てんち【転地】「空気のきれいな所で―療養する」

でんち【田地】「―田畑を売り払う」

でんち【電池】「乾―」「―で動くおもちゃ」

てんちかいびゃく【天地開▼闢】天地の開き初め。「―以来の大事件」

てんちしんめい【天地神明】「―に誓って偽りではない」

てんちゃ【点茶】抹茶をたてる。「―の作法」

てんちゅう【天▼誅】天罰。「―が下る」「―を加える」

でんちゅう【殿中】御殿の中。将軍の居所。「―でござる」

でんちゅう【電柱】「誤って車が―にぶつかる」

てんちょう【転調】曲の途中で他の調に変える。

てんちょうせつ【天長節】天皇誕生日の旧称。

てんてい【天帝】天にあって万物をつかさどる神。

てんてき【天敵】「―に襲われる」

てんてき【点滴】「病院で―を受ける」「―石を穿〈うが〉つ」

てんてこまい【《天手古》舞い】「客が多くて―する」

てんてつき【転▼轍機】線路の切り換え装置。

てんでに【《手》ん《手》に】それぞれ。めいめい。「みんなが―に好き勝手を言う」

てんてん【展転・▼輾転】寝返りを打つ。「―して眠れない夜」

てんてん【転転】次々と移るさま。ころがるさま。「職を求めて―とする」「―と住居を替える」

てんてんはんそく【▼輾転反側】眠れずに何度も寝返りを打つ。「―して夜が明ける」

でんでんむし【〈蝸牛〉】カタツムリ。

てんと【▼奠都】新たに都を定める。

てんとう【天道】太陽。お天道様。「―干し」「何事も―任せ」

てんとう【店頭】「―販売」「―に品物を並べる」

てんとう【点灯】⇔消灯。「ネオンサインが―する」

てんとう【転倒・▼顚倒】「本末―」「気が―する」

てんどう【天道】天地・自然の法則。「―人を殺さず(=天は人を見捨てない)」

でんとう【伝統】「―工芸」「先祖からの―を守る」「―

て

的な行事」

でんとう【電灯】「懐中—」「家々の—が灯る頃」

でんどう【伝道】「—師」

でんどう【伝導】熱や電気が物体をつたわる。「熱—」「—率」

でんどう【殿堂】立派で大きな建物。「白亜の—」「学問〈音楽〉の—」「—入りした名選手」

でんどう【電動】「—機（＝モーター）」「—工具」

てんとうむし【天道虫・▼瓢虫・〈紅娘〉】赤地に黒斑のある小形の甲虫。

てんとして【▼恬として】気にかけない。「あれだけのミスをしても—恥じない」

てんどん【天丼】天ぷらの丼飯。

てんにゅう【転入】⇔転出。「—試験」「他校から—する」

てんにょ【天女】「吉祥—」「—の舞」

てんにん【天人】「—の羽衣」「—の五衰」

てんにん【転任】「担任の先生が年度末に—する」

でんねつき【電熱器】「—で湯を沸かす」

てんねん【天然】⇔人工。「—ガス」「—水」「—記念物」「彼女のあの性格は—だ」

てんねんとう【天然痘】痘瘡〈とうそう〉。

てんのう【天皇】「—陛下」「—誕生日」

てんのうざん【天王山】勝敗の分かれ目となる所。「この戦いが—となる」

てんのうせい【天王星】太陽系の第七惑星。

でんぱ【伝▼播】「稲作文化の—」

でんぱ【電波】「—障害」「—時計」

てんばい【転売】「土地を—して一儲けする」

てんぱい【▼顛▼沛】危急の時。「造次—」

でんぱた【田畑・田▼畠】「—が広がる光景」

てんばつ【天罰】「—覿面〈てきめん〉」「—が下る」

てんぱん【典範】よるべき規則。「皇室—」

てんぴ【天日】「—塩」「—にさらす」「—干し」

てんぴ【天火】オーブン。「—で十五分加熱する」

てんびき【天引き】「給料から保険料を—する」

てんびょう【点描】「下町の人情を—した小説」「—法によるスーラの絵画」

でんぴょう【伝票】「売上—」「注文品に—を添える」

てんびん【天▼秤】「—棒」「両者の力を—に掛ける」

てんぴん【天▼稟】生まれつきの才。天分。「—に恵まれる」

てんぷ【天賦】生まれつきの才能。素質。「—の才を発揮する」

てんぷ【添付】「—ファイル」「申請書の—書類」

てんぷ【▽貼付】はりつける。ちょうふ。〔「てんぷ」は慣用読み。本来は「ちょうふ」〕

でんぶ【田▼麩】蒸した魚をほぐして煎〈い〉った食品。

でんぶ【▼臀部】しりの部分。しり。

てんぷく【転覆】「漁船が横波を受けて—する」

てんぶくろ【天袋】押し入れの上部に作る戸棚。

でんぷやじん【田夫野人】粗野で無教養の人。

テンプラ【天▼麩羅】「—を揚げる」

てんぶん【天分】「—に恵まれて作曲家の道に進む」

でんぶん【伝聞】「私の—するところでは」

でんぶん【電文】電報の文章。

でんぷん【▼澱粉】「—質」「ジャガイモの—」〔自然科学では「デンプン」と書く〕

てんぺん【転変】つぎつぎと移り変わる。「有為—」

てんぺんちい【天変地異】自然の様々な異変。「—に見舞われる」

てんぼ【展墓】墓参。「—のために帰省する」

てんぽ【店舗】「新しく—を構える」

てんぽ【塡補】不足を補う。補塡。「—賠償」「学費の不足分を叔父から—してもらう」

てんぼう【展望】「—台」「明日への—が開ける」

でんぽう【伝法】①仏教で、師から弟子に教えを伝える。「—阿闍梨」「—灌頂を授ける」②女が勇み肌である。「—肌」「—な口をきく」

でんぽう【電報】「慶弔—」

デンマーク【丁抹】北ヨーロッパの一国。

てんまく【天幕】テント。「—を張る」

てんません【《伝馬船》】はしけとする小型の和船。

てんまつ【▼顚末】「事の―をつぶさに語る」

てんまど【天窓】「―をあけて換気する」

てんめい【天命】「人事を尽くして―を待つ」「―を知る(=五十歳になる)」

てんめつ【点滅】「ネオンが―する」

てんめん【▼纏綿】情が細やかなさま。「情緒―とした京の風情」

てんもく【天目】すりばち形の抹茶茶碗。「―茶碗」

てんもんがく【天文学】「大学で―を学ぶ」「―的数字(=実生活から離れた大きな数字)」

てんもんだい【天文台】天文の観測・研究をする所。

てんやく【点訳】文章を点字に直す。「小説を―する」

てんやく【点薬】「目に―する」

てんやもの【店屋物】飲食店から取り寄せた料理。「―で済ませる」

てんゆう【天▼佑・天▼祐】天の助け。「―神助」

てんよ【天与】「―の才」

てんよう【転用】「旅費を交際費に―する」「情報の無断―を禁ずる」

てんらい【天来】「―の妙音」

てんらい【天▼籟】風の音。優れた詩歌。「山中に―が駆け抜ける」「―の賦」

でんらい【伝来】「十六世紀に鉄砲が―した」

てんらく【転落・▼顚落】「足を踏み外して崖下に―する」「―の道を辿る」

てんらん【天覧】天皇が見ること。「―相撲(試合)」「―に供する」

てんらん【展覧】「―会」

でんりゅう【電流】電気の流れ。単位はアンペア。

でんりょく【電力】電流の仕事量。単位はワット。「―会社」

てんれい【典礼】定められた儀式。「即位の―」

てんれい【典麗】整っていて美しいさま。「―な文章」「―な衣装」

でんれい【伝令】命令を伝えること(人)。「―を出す」

てんろ【転炉】鉄や銅の精錬用の回転式炉。

でんわ【電話】「携帯―」「―線」「―に出る」

と

と【土】ト ⇩ど(土)。「土地」
と【斗】ト「斗酒・泰斗・北斗・漏斗」
と【吐】ト は-く「吐息・吐血・吐剤・吐乳・吐露・嘔吐・音吐」
と【図(圖)】⇩ず(図)。「図書・意図・企図・壮図・版図・雄図」
と【妬】ト ねた-む「妬心・嫉妬」
と【徒】ト「徒手・徒食・徒弟・徒党・徒歩・徒労・異教徒・学徒・信徒・生徒・博徒・暴徒・門徒」
と【途】ト「途上・途端・途中・途方・帰途・使途・前途・中途」
と【都(都)】ト・ツ みやこ「都営・都下・都会・都市・都心・都民・学都・楽都・古都・州都・首都」
と【渡】ト わた-る・わた-す「渡欧・渡河・渡海・渡航・渡渉・渡世・渡船・渡米・渡来・過渡・譲渡」
と【登】⇩とう(登)。「登山・登城・登頂」
と【塗】ト ぬ-る「塗装・塗炭・塗板・塗布・塗抹・塗料」
と【賭】ト か-ける「賭場・賭博」
と【十】「―月十日」「十人―色」
と【戸】「雨―」「―を開ける」

と【斗】容積の単位。一斗は一〇升。「—酒」
と【途】道。「帰国の—に就く」
と【徒】仲間。やから。「学問の—」「忘恩の—」
と【都】みやこ。東京都。「—の査察が入る」
ど【土】ド・ト つち 「土管・土器・土砂・土葬・土足・土台・土木・郷土・国土・出土・焦土・浄土・粘土・領土」
ど【奴】ド — 「奴輩・奴婢・奴隷・守銭奴・農奴・売国奴」
ど【努】ド つと-める 「努力」
ど【度】ド・(ト)・(タク) たび 「度胸・度数・度量・緯度・温度・過度・強度・極度・限度・湿度・制度・法度〈はっと〉」
ど【怒】ド いか-る・おこ-る 「怒号・怒声・激怒・憤怒」
ど【度】「冗談も—が過ぎる」「—の強い眼鏡」「—の高い酒」
どあい【度合】「親密さの—」
とあみ【《投網》】「—を打つ漁師」
とい【▼樋】屋根に落ちた雨水を集めるための装置。とよ。ひ。「雨—」「—を伝って雨水が流れる」
といあわせ【問い合(わ)せ】「電話での—に応じる」
といかける【問(い)掛ける】「見知らぬ人に—・けられる」
といき【吐息】ためいき。「青息—」
といし【▼砥石】「—で庖丁を研ぐ」
といた【戸板】「負傷者を—で運ぶ」
といただす【問い《▽質》す・問い《▽糾》す】「資金の出所を—」
どいつ【《▽何▽奴》】「どこの—だ」「—もこいつも」
ドイツ【独逸】ヨーロッパ中央部の国。
といつめる【問(い)詰める】「どこへ行ってたのかと—」
とう【刀】トウ かたな 「刀剣・刀身・執刀・短刀・木刀・名刀」
とう【冬】トウ ふゆ 「冬季・冬期・冬至・冬眠・厳冬・晩冬・立冬」
とう【灯(燈)】トウ ひ 「灯影・灯火・灯光・灯油・外灯・消灯・常夜灯・点灯・電灯・尾灯・門灯」
とう【当(當)】トウ あ- たる・あ-てる 「当局・当座・当時・当然・当番・当分・当惑・該当・芸当・見当・正当・相当・担当・抵当・適当・配当」
とう【投】トウ な-げる 「投影・投下・投棄・投球・投降・投資・投書・投入・投票・投薬・投与・続投・暴投」
とう【豆】トウ・(ズ) まめ 「豆乳・豆腐・納豆」
とう【東】トウ ひがし 「東経・東国・東西・東上・東風・以東・極東」
とう【到】トウ — 「到達・到着・到底・到来・殺到・周到・未到」
とう【逃】トウ に-げる・に-がす・のが-す・のが-れる 「逃走・逃亡」
とう【倒】トウ たお-れる・たお-す 「倒壊・倒錯・倒産・倒置・倒木・圧倒・一辺倒・傾倒・卒倒・打倒・転倒」
とう【凍】トウ こお-る・こご-える 「凍害・凍結・凍原・凍死・凍傷・凍土・解凍・不凍・冷凍」
とう【唐】トウ から 「唐音・唐突・唐風・唐本・荒唐・頽唐」
とう【島】トウ しま 「島民・群島・孤島・諸島・半島・離島・列島」
とう【桃】トウ もも 「桃花・桃源郷・桃李・桜桃・白桃・扁桃」
とう【納】⇩のう(納)。「出納」
とう【討】トウ う-つ 「討議・討究・討幕・討伐・討論・検討・掃討」

とう【透】トウ すーく・すーかす・すーける「透過・透視・透湿・透写・透水・透析・透徹・透明・浸透」

とう【党(黨)】トウ ―「党首・党争・党派・悪党・挙党・残党・政党・徒党・野党・与党・離党」

とう【悼】トウ いたーむ「悼辞・哀悼・追悼」

とう【盗(盜)】トウ ぬすーむ「盗掘・盗作・盗賊・盗聴・盗難・盗伐・盗品・盗癖・盗用・盗塁・怪盗・強盗・酒盗・窃盗」

とう【陶】トウ ―「陶器・陶芸・陶工・陶酔・陶然・薫陶・作陶」

とう【塔】トウ ―「塔婆・金字塔・斜塔・石塔・鉄塔・仏塔」

とう【搭】トウ ―「搭載・搭乗」

とう【棟】トウ むね・(むな)「棟梁・上棟・病棟」

とう【湯】トウ ゆ「湯治・給湯・銭湯・熱湯・秘湯・名湯・薬湯」

とう【痘】トウ ―「痘苗・牛痘・種痘・水痘」

と

とう【登】トウ・ト のぼーる「登院・登記・登校・登載・登場・登壇・登庁・登頂・登板・登用・登竜門・登録」

とう【答】トウ こたーえる・こたーえ「答案・答辞・答申・答弁・応答・回答・解答・贈答・即答・返答・問答」

とう【等】トウ ひとーしい「等圧・等温・等級・等分・等量・一等・対等・同等・特等・平等・優等」

とう【筒】トウ つつ「円筒・気筒・水筒・封筒」

とう【統】トウ すーべる「統一・統計・統合・統帥・統率・統治・系統・血統・正統・総統・伝統」

とう【稲(稻)】トウ いね・(いな)「水稲・晩稲・陸稲」

とう【読(讀)】⇩どく(読)。「読点・句読」

とう【踏】トウ ふーむ・ふーまえる「踏歌・踏査・踏襲・踏青・踏破・踏舞・高踏・雑踏・舞踏・未踏」〔「蹈」の書き換え字としても用いられる〕

とう【糖】トウ ―「糖分・果糖・血糖・砂糖・製糖・粗糖・白糖」

とう【頭】トウ・ズ・(ト) あたま・かしら「頭角・頭髪・音頭〈おんど〉・街頭・口頭・出頭・陣頭・先頭・船頭・年頭・筆頭・毛頭」

とう【謄】トウ ―「謄写・謄本」

とう【藤】トウ ふじ「葛藤」

とう【闘(鬭)】トウ たたかーう「闘牛・闘志・闘争・闘病・格闘・激闘・決闘・健闘・死闘・奮闘・乱闘」

とう【騰】トウ ―「騰貴・騰落・急騰・狂騰・高騰・沸騰・暴騰」

とう【当】「―を得た意見」「―の本人はまったく気にしていない」

とう【党】「―の方針に従う」

とう【塔】「五重の―」

とう【糖】「尿に―が降りる」

とう【▼薹】フキなどの花茎。「―が立つ(=年頃が過ぎる)」

とう【▼籐】「―で編んだ椅子」

とう【唐】「―の都長安」

とう【問う】たずねる。罪や責任を責める。「予定を―・われる」「国民に信を―」「指導力が―・われる」「―は一度の恥、―・わぬは末代の恥」

とう【▽訪う】おとずれる。「秋の古都を―」

どう【同】ドウ おな-じ 「同意・同一・同格・同感・同志・同時・同情・同性・同窓・同調・同伴・同封・同盟・同類・一同・異同・共同・協同・合同・賛同」

どう【洞】ドウ ほら 「洞窟・洞穴・洞見・洞察・空洞・雪洞・風洞」

どう【胴】ドウ ― 「胴衣・胴体・胴部」

どう【動】ドウ うご-く・うご-かす 「動員・動機・動転・動物・動脈・動揺・動力・移動・異動・運動・活動・挙動・駆動・激動・言動・行動・鼓動・作動・自動・衝動・制動・騒動・電動・連動」

どう【堂】ドウ ― 「堂宇・一堂・講堂・金堂・参堂・殿堂・霊堂」

どう【童】ドウ わらべ 「童顔・童子・童女・童心・童貞・童謡・童話・悪童・怪童・学童・児童・神童・牧童」

どう【道】ドウ・(トウ) みち 「道義・道具・道場・道程・道徳・道楽・道理・道路・軌道・求道・参道・神道〈しんとう〉・正道・弾道・鉄道・報道・歩道・林道」

どう【働】ドウ はたら-く 「稼働・協働・実働・就働・労働」

どう【銅】ドウ ― 「銅貨・銅線・銅像・銅板・産銅・精銅・分銅」

どう【導】ドウ みちび-く 「導入・引導・指導・先導・補導・誘導」

どう【瞳】ドウ ひとみ 「瞳孔・散瞳・縮瞳」

どう【胴】「―の周りに贅肉が付く」「三味線の―」

どう【堂】「礼拝―」「―に入った(＝身についている)挨拶」

どう【銅】金属元素の一。「―メダル」

どう《〈如何〉》「これは―だ」「―したの」

どうあく【▼獰悪】凶悪で荒々しいさま。「―な人相」

どうあげ【胴上げ】「選手達が監督を―する」

とうあつせん【等圧線】気圧の等しい所を結んだ線。

とうあん【答案】「―用紙」

とうあん【▼偸安】目先の安楽をむさぼる。「―することなく日々精進する」

とうい【当為】哲学で、なすべきこと。

とうい【糖衣】錠剤を包む甘い被膜。

どうい【同意】「相手の考えに―する」「関係者に―を求める」

とういす【▼籐椅子】籐を編んで作った椅子。

とういそくみょう【当意即妙】「―の答弁」

とういつ【統一】「全体の意見を―する」「―を欠く」「天下を―する」

どういつ【同一】「―人物」「両者を―と見なす」

どういつし【同一視】「連中と―して欲しくない」

とういん【党員】その党の仲間。

とういん【登院】国会議員が議院に出る。「初―」

どういん【動因】直接の原因。動機。

どういん【動員】人や物資を駆り集める。

どうう【堂宇】堂の建物。「寺院境内の荘重な―」

とうえい【投影】「―図」「作者の屈折した心情を―した作品」

とうえい【倒影】逆さに映った影。「富士の―」

とうおう【東欧】ヨーロッパ東部の地域。「―諸国」

どうおう【堂奥】学問・技芸の奥深い所。奥義。

とうおく【塔屋】とうや。

どうおん【同音】「―異義語」「異口―」

とうおんせん【等温線】気温が等しい所を結んだ線。

とうか【灯下】ともしびの近く。「―に人が佇む」

とうか【灯火】ともしび。あかり。「―親しむべし(＝秋の読書を勧める)／韓愈」

とうか【投下】「爆弾―」「設備に資本を―する」

とうか【透過】「―性」「―光線」
とうか【等価】「―交換」
どうか【同化】「―作用」「その社会に―する」
どうが【動画】「携帯電話で―を見る」
どうが【童画】「子供に―を見せる」
とうかい【東海】「―地方」「―三県（＝愛知、岐阜、三重）」
とうかい【倒壊・倒潰】「―家屋」「地震で建物が―する」
とうかい【▼韜▼晦】才能や本心をつつみかくす。「自己―」
とうがい【当該】それに該当する。「―官庁」
とうがい【凍害】農作物がこおって受ける害。
とうがい【等外】等級・順位の中に入らない。「―品」
とうかいどう【東海道】江戸から京都に至る街道。「―五十三次」「―新幹線」
とうかく【当確】当選確実。「開票速報で―が出た」
とうかく【倒閣】内閣を倒す。「―運動」
とうかく【頭角】すぐれた才能。「―を現す」
どうかく【同格】「―の役職」
どうがく【同学】「―のよしみで頼み込む」
どうがく【道学】朱子学。道教。心学。
どうかせん【導火線】口火をつける線。きっかけ。「開戦の―となった事件」

とうかつ【統括】「全体を―する立場にある」
とうかつ【統轄】まとめて取りしきる。「社長は全体を―する」「出先機関を―する」
どうかつ【▼恫喝・▼恫▼愒】おどしつける。「―して金品を巻き上げる」
とうから【▽疾うから】「そんなことは―承知している」
とうがらし【唐辛子・唐▼芥子・▼蕃▼椒】「七味―」
とうかん【投▼函】「葉書をポストに―する」
とうかん【等閑】なおざりにすること。「―に付す」
とうかん【統監】全体をまとめて監督する。
とうがん【冬▼瓜】「―の含め煮」
どうかん【同感】「―の意を表す」「君の意見に全く―だ」
どうかん【動感】「―にあふれた絵」
どうかん【導管】水・ガスなどを導く管。パイプ。
どうがん【童顔】「―の青年」
とうき【冬季】冬の季節。冬。「―オリンピック」
とうき【冬期】冬の期間。冬の間。「この道は―は通行不能になる」
とうき【投棄】「不法―」
とうき【投機】「―マネー」「原油の―的売買」
とうき【陶器】「―でできた灰皿」

とうき【登記】「―簿」「不動産を―する」
とうき【騰貴】「物価が―する」
とうぎ【討議】「今後の方針を―する」
どうき【同気】同じような仲間。「―相求める」
どうき【同期】「会社の―」「―の桜」
どうき【動▼悸】「―がする」「激しい―に襲われる」
どうき【動機】「犯行の―」「―が不純だ」
どうぎ【胴着】肌着の上に着る防寒用の下着。
どうぎ【同義】「―語」
どうぎ【動議】予定外の議題を持ち出す。「修正（緊急）―」「株主総会の―」
どうぎ【道義】人としてあるべき道。「―的責任」
とうきび【唐▼黍】トウモロコシ。
とうきゅう【投球】「全力―」「―が乱れる」
とうきゅう【討究・討求】議論して深く追究する。
とうきゅう【等級】「出荷する果物に―を付ける」
とうぎゅう【闘牛】牛同士や、牛と人を闘わせる競技。
どうきゅう【同級】「―生」「彼女は中学で―だった」
どうきゅう【▼撞球】ビリヤード。玉つき。
とうぎょ【統御・統▼馭】「全軍を―する」
とうぎょ【闘魚】熱帯産の淡水魚。闘争心が強い。
どうきょ【同居】「―人」「三世代が―する」「危険と―した状態」
どうきょう【同郷】「―のよしみ」

と

どうきょう【道教】「中国の―寺院」
どうぎょう【同行】「―衆」「―二人」
どうぎょう【同業】「―者」「―組合」
とうきょく【当局】「大学―」
どうきん【同▼衾】男女が寝床を共にする。
とうく【投句】「新聞に―する」
どうぐ【道具】「大工(家財)―」
とうぐう【東宮・▽春宮】皇太子。「―御所」
とうくつ【盗掘】「墳墓は―されていた」
どうくつ【洞窟】「―を探検する」
とうげ【峠】― とうげ 「峠道・洞ケ峠」
とうげ【峠】「―の茶屋」「この熱も今夜が―だ」「インフレも―を越したようだ」
どうけ【道化】「―に徹する」「―役を演じる」
とうけい【東経】子午線から東へはかった経度。
とうけい【統計】「―学」「―を取る」
とうけい【闘鶏】鶏を闘わせる遊び。その鶏。
とうげい【陶芸】「―家」「―を趣味にする」
どうけい【同慶】相手の慶事を祝って言う。「御―の至り」
どうけい【憧憬】あこがれる。しょうけい。「―の的」「しょうけい(憧憬)」の慣用読み」
とうけつ【凍結】「冬に―する湖」「海外資産を―する」「その論議は一時―する」
どうけつ【洞穴】ほら穴。洞窟。
とうけん【刀剣】かたなとつるぎ。
とうけん【闘犬】犬を闘わせる遊び。その犬。
どうけん【同権】「男女―」
どうけん【洞見】「将来を―する能力」
とうげんきょう【桃源郷・桃源境】俗界を離れた理想的な世界。
とうこう【刀工】「日本刀の―」
とうこう【投光】「―器」
とうこう【投降】敵に降参する。「―兵」
とうこう【投稿】「新聞に論文を―する」
とうこう【陶工】陶磁器を製作する人。
とうこう【登校】学校に行く。⇕下校。「不―」「―拒否」
とうこう【登高】高い山へ登る。「ロープ―」
とうごう【投合】「すっかり意気―する」
とうごう【等号】「数式を―で結ぶ」
とうごう【統合】「三町村を―する」
どうこう【同好】「―の士」「落語の―会に入る」
どうこう【同行】「私も―させて下さい」「警察に任意―を求められる」
どうこう【動向】「経済(政局)の―」
どうこう【瞳孔】ひとみ。
どうこういきょく【同工異曲】「―の話ばかりを書く作家」
とうこうせん【等高線】等しい高さの所を連ねた線。
とうごく【投獄】「賊を―する」
とうごく【東国】東方の国。関東。「―方言」「―の出」
どうこく【▼慟▼哭】「友の死に―する」
とうこん【刀痕】刀で切られた傷のあと。
とうこん【当今】「―の社会事情」「―の若い者は」
とうこん【闘魂】「―みなぎるボクサー」
どうこん【同根】「愛憎の感情は―である」
とうさ【踏査】「海外の遺跡を実地に―する」
とうざ【当座】「―をしのぐ金」「―の間に合わせ」
どうさ【動作】「誤―」「―がのろい」「機敏な―」
とうさい【当歳】「―子〈ご〉」
とうさい【搭載】装置や荷物を積む。「無線機を―した車」
とうさい【登載】新聞や帳簿に載せる。掲載。「候補者名簿の上位に―される」
とうざい【東西】「古今―」「町の中央を―に走る国道」「人の気持ちは洋の―を問わない」
どうざい【同罪】「黙って見過ごした者も―だ」
とうさく【倒錯】異常な状態であること。「性的―」「―した欲望」

と

とうさく【盗作】他人の作品をひそかに用いる。

どうさつ【洞察】「真相を深く―する」「鋭い―力」

とうさん【《父さん》】⇔母さん。

とうさん【倒産】経営が行きづまって企業がつぶれる。

とうざん【唐桟】江戸時代に輸入された木綿の縞織物。

どうさん【動産】現金・商品・家財などの財産。

どうさん【道産】北海道産。「―の食品」

どうざん【銅山】銅鉱を産出する山。

とうし【投資】「設備―」「新事業に―する」

とうし【凍死】「山で遭難して―する」

とうし【透視】「エックス線を当てて仏像内部を―する」「胸中を―されたよう」

とうし【闘士】自己の思想のために戦う人。「組合運動の―」

とうし【闘志】闘争心。「―満々」「ライバルに―を燃やす」

とうじ【冬至】二十四節気の一。十二月下旬。⇔夏至。

とうじ【当時】「―の流行」「―を知る人はもういなくなった」

とうじ【▼杜氏】酒を造る職人。とじ。

とうじ【悼辞】弔辞。「故人の親友が―を読む」

とうじ【湯治】温泉に入り病気を治すこと。「―客」「―場」「温泉で―する」

とうじ【答辞】送辞などに答える言葉。⇔送辞。「卒業生が―を述べる」

とうじ【▼蕩児】放蕩息子。

どうし【《同士》】同類の関係にある人。「似た者―」「気の合った者―」「彼とはいとこ―だ」

どうし【同志】同じ志の人。「―愛」「―を募る」

どうし【動詞】品詞の一。動作・存在などを表す語。

どうし【導師】「追善法要の―」

どうじ【同時】「―通訳」「―に出発する」

どうじ【童子】「酒呑―」

どうしうち【同士討ち・同士打ち】仲間同士が戦う。

とうしき【等式】式や数が等号で結ばれているもの。

とうじき【陶磁器】陶器と磁器。やきもの。

とうじしゃ【当事者】「―に話を聞く」

とうしつ【等質】「―のサービスを保証するチェーン店」「文化の―性」

とうしつ【糖質】炭水化物。「―ゼロのビール」

とうじつ【当日】「事件―」「―券」

どうじつ【同日】「―付けをもって発令」「同月―の生まれ」

とうしゃ【投写】（スライドを）写す。「スクリーンに―する」

とうしゃ【投射】光をあてる。照射。「探照灯を―する」

とうしゃ【透写】透き写しにする。「トレーシングペーパーに地形図を―する」

どうしゃ【堂舎】「大寺院の―」

どうじゃく【▼瞠若】驚いて目をみはるさま。「世人―として動向を見守る」

とうしゃばん【謄写版】ガリ版印刷。

とうしゅ【当主】「六代目―」「城の―」

とうしゅ【投手】「先発―」

とうしゅ【党首】「―討論」

どうしゅ【同種】同じ種類。⇔異種。「―の商品」

とうしゅう【踏襲】「これまでのやり方を―する」

どうしゅう【銅臭】金銭欲を侮蔑していう語。

とうしゅく【投宿】「出張先で一泊―する」

どうしゅく【同宿】同じ宿に泊まり合わせること。

とうしょ【当初】「―の計画」「―から予想されていた事態」

とうしょ【投書】「―欄」「新聞に―する」

とうしょ【島▼嶼】大小の島々。「瀬戸内海の―部」

とうしょ【頭書】書類の最初に書いてあること。「―の通り」

とうしょう【凍傷】「雪山で遭難して―になる」

とうしょう【闘将】「―として知られた代議士」
とうじょう【東上】関西方面から東京へ行く。
とうじょう【搭乗】「―券」「飛行機に―する」
とうじょう【登場】「―人物」「真打ちが―する」「新製品が―する」
どうじょう【同上】「以下―の理由による」
どうじょう【同乗】「トラックに―する」「―者」
どうじょう【同情】「―心」「不幸な境遇に―する」
どうじょう【道場】「―破り」「剣道（柔道、合気道）の―」「真言宗の―」
どうしょういむ【同床異夢】「連立与党と言ってもその内実は―だ」
とうじる【投じる】「身を―」「私財を―」「白票を―」「政界に一石を―」（サ変「投ずる」も同じ）
どうじる【同じる】「彼の考えに―つもりはない」（サ変「同ずる」も同じ）
どうじる【動じる】「物に―・じない男」（サ変「動ずる」も同じ）
とうしろ【藤四▽郎】しろうと。とうしろう。「恰好ばかりで実は―だ」
とうしん【刀身】「―の長い刀」
とうしん【灯心・灯芯】「ランプの―」
とうしん【投身】「―自殺」
とうしん【答申】⇔諮問。「大臣の諮問に対して―する」

とうじん【党人】その政党はえぬきの人。

とうじん【唐人】外国人、特に中国人のこと。

とうじん【▼蕩尽】すっかり使い果たす。「先代の蓄財を―してしまう」

どうしん【同心】「一味―」「―円」

どうしん【童心】「―に返って遊ぶ」

どうしん【道心】仏教を信じる心。「青―」「―をおこして修行する」

どうじん【同人】「―雑誌」

とうしんだい【等身大】「―のポスター」

とうすい【陶酔】うっとりとした気持ちになること。「自己―」「―境に入る」「名演奏に―する」

とうすい【統帥】全軍隊をまとめ率いる。「―権」

とうぜ【党是】党の根本方針。

とうせい【当世】「―風」

とうせい【東征】東の地方の征伐。「官軍の―」

とうせい【党勢】「―伸張」

とうせい【統制】「主将がチームの―をとる」「物価を―する」「言論を―する」

とうせい【踏青】萌え出た草を踏み野に遊ぶ。

とうせい【騰勢】「相場が―にある」

どうせい【同姓】「―同名」

どうせい【同性】⇔異性。「―からの信望も篤い」

どうせい【同▼棲】「学生のころから―していた」
どうせい【動静】「敵の―を探る」
どうぜい【同勢】一緒の人々。「―一〇人」
どうせいあい【同性愛】同性の者に対する恋愛。
とうせき【投石】「民衆が―を繰り返す」
とうせき【党籍】「―を離脱する」
とうせき【透析】血液中の老廃物を取り除く。「人工―」
どうせき【同席】「会議で―する」
とうせつ【当節】「―の若い者は好き嫌いが多い」
とうせん【当選】⇔落選。「―確実」「知事に―する」
とうせん【当▼籤】くじに当たる。「宝くじに―する」
とうせん【登仙】仙人になること。貴人の死。
とうぜん【当然】「―至極」「理の―」「―の結果（報い）」「叱られて―だ」
とうぜん【東漸】次第に東方に進んでゆく。「仏教―」
とうぜん【陶然】「名演奏に―とする」
どうせん【導線】「―に電流を流す」
どうぜん【同前】前に述べたことと同じである。「―なので、ここでは省略する」
どうぜん【同然】大体同じである。「紙くず―」「ここまで引き離せば勝ったも―だ」
とうそう【逃走】「犯人が―に用いた車」
とうそう【党争】党派どうしの争い。「選挙が近づき

「―が熾烈になる」
とうそう【凍▼瘡】 しもやけ。凍傷。
とうそう【痘▼瘡】 天然痘。疱瘡。
とうそう【闘争】 「―心」「―本能」「―を繰り返す」
どうそう【同窓】 「―会」「―生」
どうぞう【銅像】 銅でつくった像。
とうぞく【盗賊】 「―の頭〈かしら〉」
どうぞく【同族】 一族。一門。「―会社」
どうぞく【道俗】 僧侶と俗人。「―の差別なく御利益がある」
どうそじん【道祖神】 「路傍の―に手を合わせる」
とうそつ【統率】 「―力」「応援団員を―する団長」
とうた【▼淘汰】 「自然―」「弱小企業が―される」
とうだい【灯台】 「―守」「岬の―」「―下〈もと〉暗し」
とうだい【当代】 「―切っての名優」
どうたい【同体】 「一心―」
どうたい【胴体】 「―着陸」
どうたい【動体】 「―視力」
どうたい【動態】 変動するものの状態。⇔静態。「―統計」「人口―調査」
どうたい【導体】 熱や電気をよく伝える物体。
どうたく【銅▼鐸】 「弥生時代の―」
とうたつ【到達】 「―点」「目標に―する」
とうだん【登壇】 ⇔降壇。「講師が―する」

どうだん【同断】 「以下―」「―に論ずべき事柄ではない」「罪を犯したも―だ」
どうだんつつじ【〈満天星〉】 白色小花を下垂。
とうち【当地】 「―には初めて参りました」「御―ソング」
とうち【倒置】 強調のため語順を通常と変える。「―法」
とうち【統治】 「王が国を―する」
とうちゃく【到着】 「列車がホームに―する」
どうちゃく【▼撞着】 つじつまが合わない。「自家―」
とうちゅう【頭注】 本文の上の方に記した注釈。⇔脚注。
どうちゅう【道中】 「旅の―」「―の無事を祈る」
とうちゅうかそう【冬虫夏草】 昆虫類に寄生した菌糸から生じるキノコ。薬用。
とうちょう【盗聴】 「隠しマイクで―される」
とうちょう【登庁】 官庁に出勤する。⇔退庁。
とうちょう【登頂】 「エベレストの―に成功する」
どうちょう【同調】 「彼の意見に―する」「―者が一人もいない」
どうちょうとせつ【道聴塗説】 受け売りの話。
とうちょく【当直】 「―の医師」
とうつう【▼疼痛】 ずきずきとうずく痛み。「突然胸部に―を覚える」

とうてい【《到底》】 「このような提案は―承服できない」「彼には―かなわない」
どうてい【同定】 同じものであると認める。「双方を―する根拠」
どうてい【童貞】 性的経験のない若い男。
どうてい【道程】 みちのり。行程。「完成までの―は平坦ではなかった」
とうてき【投▼擲】 「砲丸投げなどの―競技」
どうてき【動的】 生き生きとしているさま。⇔静的。「―な描写」「ここ数年の経済を―に捉える」
とうてつ【透徹】 「―した湖水〈空気〉」「―した理論」
とうてん【読点】 文の切れ目に打つ点。「句―」
どうてん【同点】 「―で引き分けだった」
どうてん【動転・動▼顚】 「突然の訃報に気が―する」
とうと【東都】 東京。「―大学野球」
とうど【凍土】 「永久―」
とうど【陶土】 陶磁器の原料となる粘土。白土。
とうとい【尊い・貴い】 「高僧の尊い教え」「子供の尊い命が助かる」「貴い身分の方」〔「たっとい」とも〕
とうとう【▼滔▼滔】 水が盛んに流れる。よどみなく話す。「―と大河が流れる」「自分には非がないことを―と述べる」
とうとう【▼蕩▼蕩】 広くさえぎるものがないさま。

と

「―たる大空」
とうとう【《到頭》】「―ここまで来てしまった」「―自白した」
どうとう【同等】「会員と―に扱う」「―の資格が与えられる」
どうどう【同道】いっしょに行くこと。「友と―する」「会場まで―を求める」
どうどう【堂堂】「威風―」「―の行進」「―とした態度」「正々―と戦う」
どうどうめぐり【堂堂巡り・堂堂▼廻り】「話し合いは―するばかりだ」
どうとく【道徳】「交通―」「―的な見地」
とうとつ【唐突】「―な質問」「―の感が否めない」「道行く人に―に話しかける」
とうとぶ【尊ぶ・貴ぶ】「神仏を―」
とうどり【頭取】銀行などの代表者。
どうなが【胴長】「―短足」
とうなす【唐〈茄子〉】カボチャの別名。
とうなん【東南】「―アジア」
とうなん【盗難】「―届」「車内で―に遭う」
とうに【《▽疾》うに】「用意は―できている」「―締切の日は過ぎている」
とうにゅう【投入】「公的資金を―する」
とうにゅう【豆乳】砕いた大豆を煮て、こした白い汁。
どうにゅう【導入】「外資を―する」「新制度を―する」「曲の―部」
とうにょうびょう【糖尿病】「長く―を患う」
とうにん【当人】「まわりの心配をよそに―は平気でいる」「―以外は開封してはいけない」
とうねん【当年】ことし。本年。「―とって七十八歳」
とうは【党派】「無―層」「―を超えた話し合い」
とうは【踏破】「北アルプスを―する」
とうば【塔婆】卒塔婆〈そとば〉。
どうは【道破】はっきりと言い切る。「躊躇せずに―する」
どうはい【同輩】「―の部員」
とうはいごう【統廃合】「官公庁の―を進める」
とうばく【倒幕】幕府を倒す。「―の気運が高まる」
とうばく【討幕】幕府を攻め討つ。「尊皇―」「―の密勅」
とうはつ【頭髪】頭の毛。
とうばつ【討伐】「反乱軍を―する」
とうはん【登▼攀】険しい山によじ登る。とはん。「アイガー北壁を―する」
とうはん【登坂】車両が坂道を登る。とはん。「坂道で―車線に移る」
とうばん【当番】「掃除―」「鶏の世話の―」
とうばん【登板】「二試合連続で―する」
どうはん【同伴】「父兄―」「祝賀会に夫人を―する」
とうひ【当否】「事の―を尋ねる」
とうひ【逃避】「現実―」「―行」
とうび【▼掉尾】事の最後。「今シーズンの―を飾る熱戦」〔本来は「ちょうび」と読む〕
とうひょう【投票】「決選―」「―結果」
とうびょう【投▼錨】⇔抜錨。「港外に―碇泊〈ていはく〉する」
とうびょう【闘病】病気を治そうと療養に励む。
どうひょう【道標】道しるべ。
どうびょう【同病】「―相憐れむ」
とうひん【盗品】「―売買」「―が質屋に入る」
とうふ【豆腐】大豆の蛋白質を固めた柔らかい食品。「湯―」「―に鎹〈かすがい〉」
どうふう【同封】「返信用葉書を―する」
どうふく【同腹】⇔異腹。「―の兄弟」
どうぶつ【動物】「脊椎―」「―園」「―を飼う」
どうぶるい【胴震い】「恐ろしさ(寒さ)のあまり―する」
とうぶん【当分】「―の間、謹慎する」
とうぶん【等分】「パイを四つに―する」
どうぶん【同文】「以下―」「―同種」
とうへき【盗癖】ぬすみをするくせ。
とうべん【答弁】「国会で―する」「大臣が―する」

と

とうへんぼく【唐変木】 気がきかない人。まぬけ。「―のわからずや」
とうほう【当方】 こちら。⇔先方。「―の責任」「―は一切関知しない」
とうぼう【逃亡】 「国外に―を企てる」「―中の犯人を捕まえる」
どうほう【同胞】 「海外の―に義援金を送る」「―あい争う」
とうほく【東北】 「―弁」「―地方」「―新幹線」
とうぼく【倒木】 「―が道を塞ぐ」
とうほん【謄本】 原本どおり写しとった文書。「戸籍―」
とうほんせいそう【東奔西走】 忙しく駆け回る。「資金繰りで―する」
どうまき【胴巻(き)】 金銭などを入れ腹に巻く袋。
どうまごえ【胴間声】 調子はずれの太い声。「―を張り上げる」
とうまちくい【稲麻竹▼葦】 多くのものが入り乱れているたとえ。
とうみ【唐▼箕】 籾殻〈もみがら〉を取り除く農具。
どうみゃく【動脈】 心臓から血液を送り出す血管。「―硬化」「東海道は日本の―だ」
とうみょう【灯明】 神仏に供える明かり。みあかし。
とうみん【冬眠】 冬の間動物が活動しない状態。

とうめい【透明】 「無色―」「―なガラス(水)」
どうめい【同盟】 「軍事―」「―国」「―を結ぶ」
とうめん【当面】 「―の問題を解決する」「―増築するつもりはない」
どうもう【童▼蒙】 道理のわからない幼い者。
どうもう【▼獰猛】 たけだけしいさま。「―な犬」
とうもく【頭目】 親分。「強盗団の―」
どうもく【▼瞠目】 おどろいて目を見はる。「―すべき事実」「―するほどの発展を遂げる」
どうもと【胴元・▽筒元】 ばくちの貸元。胴親。「賭場の―」
とうもろこし【〈玉蜀黍〉】 「焼き―」「―を収穫する」
どうもん【同門】 同じ門下。「―のよしみ」
どうもん【洞門】 ほらあな。「青の―」
とうや【陶冶】 人間を鍛えて練り上げる。「人格を―する」
とうや【塔屋】 ビル屋上の機械室。
とうやく【投薬】 「患者に―する」
とうゆ【灯油】 ストーブの燃料の石油。
どうゆう【同憂】 同じ心配を持つ。「―の士」
とうゆうし【投融資】 投資と融資。「財政―」
とうよ【投与】 「経口―」「栄養剤を―する」
とうよう【当用】 さしあたりの。「―日記」「―漢字」

とうよう【東洋】 ⇔西洋。「―人」「―医学」
とうよう【盗用】 「デザインを無断で―する」
とうよう【登用・登庸】 「優秀な人材を―する」
とうよう【陶窯】 陶磁器を焼くかま。
どうよう【同様】 「諸外国と―の問題を抱える」「我が子―に育てる」
どうよう【動揺】 「―の少ない車」「内心の―を隠せない」
どうよう【童謡】 「園児が―を歌う」
どうよく【胴欲・胴▼慾】 貪欲。「―な人物」
とうらい【到来】 「好機―」「友人からの―品」
とうらく【当落】 「―線上の候補者」
どうらく【道楽】 「―者」「―に盆栽をする」
どうらん【胴乱】 採集した植物を入れる円筒型容器。
どうらん【動乱】 「―の時代が長く続く」
とうり【党利】 その政党の利益。「―党略」
どうり【道理】 「―にかなった行い」「そんな―が通るわけがない」「ずっと寝ていたのか。―で遅いわけだ」「無理が通れば―引っ込む」
とうりつ【倒立】 「―前転」
とうりゃく【党略】 党派・政党のかけひき。「党利―」
とうりゅう【▼逗留】 「当地に一週間ほど―する」
とうりゅうもん【登竜門】 「この賞はプロへの―だ」

と

とうりょう【投了】 碁・将棋で一方が負けを認める。

とうりょう【棟▼梁】 大工のかしら。統率者。「大工の―」「武家の―」

とうりょう【統領】 人々を統べ治めること(人)。「大―」「―政府」

とうりょう【頭領】 かしら。おさ。「山賊の―」

どうりょう【同僚】「職場の―」

どうりょく【動力】「太陽光を―源とする自動車」

とうるい【盗塁】「―に失敗する」

どうるい【同類】「―項」「あいつらと―には見られたくない」

とうれい【答礼】 相手の敬礼にこたえる礼。「―の品」「深々と―する」

どうれつ【同列】「―に扱う」「―には論じられない」

とうろ【当路】 重要な地位にいる。「―の要人」

どうろ【道路】「高速―」「―工事」「―交通法」

とうろう【灯籠】「石―」「―流し」

とうろう【▼蟷▼螂】 カマキリ。「―の斧(=はかない抵抗)」

とうろく【登録】 公式の帳簿に載せる。「―商標」「台帳に―する」「世界遺産に―される」

とうろん【討論】「―会」「教育問題について―する」

どうわ【童話】「子供に―を読み聞かせる」

とうわく【当惑】「―顔」「突然の質問に―する」

とえはたえ【《十重二十重》】「城を―に取り囲む」

とお【十】「―ぐらいの子供」

とおあさ【遠浅】「―の海岸」

とおい【遠い】 ⇔近い。「ここから駅までは―」「―親戚」「気が―くなるような大金」「耳が―」

とおえん【遠縁】「―の叔父に当たる」

とおざかる【遠ざかる】「足音が―」

とおす【通す・▽透す・▽徹す】「ちょっと―・して下さい」「電流を―」「客を応接間に―」「部屋に風を―」「先方に話しを―」「ガラスを―(透)・して外を見る」「昼も夜も―(徹)・して働く」

とおで【遠出】「車で―する」

とおとうみ【遠江】 旧国名。静岡県の西部。遠州。

とおのく【遠(▽退)く】「足が次第に―」

とおのり【遠乗り】「馬で―する」

とおび【遠火】 遠くで燃える火。火から離す。「―でパンをじっくり焼く」

とおぼえ【遠▼吠え】「犬の―」

とおまき【遠巻き】「事件現場を―に窺う」

とおまわし【遠回し】「―な表現」「誘いを―に断る」

とおめ【遠目】「―にはよくわからない」

とおめがね【遠《眼鏡》】 望遠鏡。

とおり【通り】「―に出て買い物に行く」「―のいい声」「設計図の―に作る」「―一遍の挨拶」

とおりすがり【通りすがり】「―の人」

とおりま【通り魔】「―殺人」「―が出没する」

とおる【通る・▽透る・▽徹る】「道路の右側を―」「食べ物がのどを―・らない」「光が―(透)・らない」「よく―(徹)・る声」

とか【都下】「―全域に注意報が出ている」

とか【渡河】「敵前を―する」

とが【▼咎・▽科】「過失を犯した―はまぬかれない」「窃盗の―で尋問を受ける」

とが【都雅】 上品でみやび。「―な風俗」

とかい【都会】「大―」「―の喧騒」

とかい【渡海】「荒波を越えて―する」

どかい【土塊】 土のかたまり。つちくれ。

どがいし【度外視】 問題にしない。「採算を―する」

とかき【斗▼搔き・▽概】 枡に盛った穀類を平らにする棒。

とがき【ト書き】 脚本で俳優の動きを指示した文。

とかく【《▼兎角》・《▽左▽右》】「あせると―失敗しがちだ」「―のうわさのある人」「―この世はままならぬ」

とかげ【〈蜥蜴〉・〈蝘蜓〉・〈石竜子〉】 小形の爬虫類。「―のしっぽ切り」

とかす【解かす・▽融かす】 氷や雪を水にする。「水をかけて雪を―」

とかす【▽融かす】 固体に熱を加え液状にする。「金属を―して鋳型に流し込む」〔金属の場合は「熔かす」「鎔かす」とも書く〕

とかす【溶かす】 液体の中に他の物をまぜる。「砂糖を水に―」

とかす【▼梳かす・解かす】 毛を櫛で整える。「髪を―」

どかす【▽退かす】「路上の石を―」

とがにん【▼咎人・▽科人】 罪人。

とがま【▽利鎌】 鋭い鎌。「―のごとき月」

とがめる【▼咎める】「他人の失敗を―」「気が―」

とがる【▼尖る】「―った鉛筆」「神経が―」

どかん【土管】 素焼きの太い管。

とき【時・▽秋】「―の流れ」「―の首相」「―を得る」「―には酒を飲む」「国家存亡の秋」「―と場合による」「―は金なり」

とき【▽斎】 寺院の食事。精進料理。

とき【〈朱鷺〉・▼鴇・〈桃花鳥〉】 サギに似た大形の鳥。

とき【▼鬨・〈鯨波〉】 戦場などで一斉に発する叫び声。「勝ち―」「―の声をあげる」

とぎ【▼伽】 退屈を慰める話し相手。

どき【土器】「縄文―」「弥生―」

どき【怒気】「―を含んだ声」

ときあかす【解(き)明かす】「事件の真相を―」

ときおり【時折】「―北風が強く吹く」

とぎすます【研(ぎ)澄ます】「―・された感覚」

ときたま【時▽偶】「―会うこともある」

ときどき【《時時》】「―の贈り物」「―顔を出す」

ときめく【時めく】「期待に胸が―」

どぎも【度▽胆・度肝】 きもったま。「―を抜かれる」

ときよ【時世】 時代。時世。「―時節」「―を経る」

とぎょ【渡御】 神輿〈みこし〉のお出まし。

とぎょ【▼蠹魚】 シミの異名。「―の害で本を傷める」

どきょう【度胸】 物事に動じない心。「―試し」「いい―だ」「―が据わる（ある）」

どきょう【《読経》】「堂に満ちる―の声」

ときょうそう【徒競走】 かけっこ。「運動会の―」

とぎれる【途切れる・▽跡切れる】 中途で切れて、あとが続かなくなる。「話が―」

ときわ【▽常▼磐】「―の松」

ときわぎ【▽常▼磐木】 常緑樹。

ときわず【▽常▼磐津】 浄瑠璃の一流派。「―節」〔現代仮名遣いでは「ときわづ」とも書く〕

ときん【▼鍍金】 めっき。

とく【匿】 トク ―　「匿名・隠匿・秘匿」

とく【特】 トク ―　「特異・特技・特産・特殊・特集・特賞・特色・特設・特選・特大・特段・特注・特徴・特別・特命・特有・特急・特許・特権・独特」

とく【得】 トク え-る・う-る　「得意・得策・得心・得点・獲得・習得・取得・所得・説得・損得・体得」

とく【督】 トク ―　「督戦・督促・督励・家督・監督・総督・提督」

とく【徳（德）】 トク ―　「徳育・徳性・徳望・徳目・徳用・悪徳・公徳・人徳・仁徳・道徳・不徳」

とく【篤】 トク ―　「篤学・篤志・篤実・篤行・危篤・懇篤・重篤」

とく【得】 ⇔損。「損して―とれ」「何の―にもならない」「お―な商品」

とく【徳】 行いが立派である。神仏の慈悲。「―を積む」「先生の―を慕う」「―の高い人」「―を施す」

とく【解く】 ほどく。解任する。解決する。「紐(帯)を―」「議長の任を―」「問題を―」「誤解を―」

とく【▼梳く】 毛をくしでとかす。すく。「髪を―」

とく【溶く・解く・▽融く】 物を液体に入れてまぜる。とかす。「小麦粉を水で―」「卵を―」

とく【説く】「自由平等の精神を―」

と

とぐ【研ぐ・▽磨ぐ】「包丁を―」「爪を―」「米を―」
どく【毒】ドク ―「毒牙・毒殺・毒舌・毒素・毒薬・解毒・消毒・中毒」
どく【独（獨）】ドク ひと-り ―「独学・独裁・独自・独習・独占・独創・独断・独立・孤独・単独」
どく【読（讀）】ドク・トク・（トウ） よ-む ―「読者・読書・読破・読本〈とくほん〉・音読・購読・精読・速読・判読・朗読」
どく【毒】「―を盛る」「―を呷〈あお〉る」「目の―」「あまり根を詰めては体に―だ」
どく【▽退く】「わきに―・いて下さい」
とくい【特異】「これまでに例のない、―な事件」「―な才能を示す」
とくい【得意】「上―」「―先」「―満面（＝誇らしげな表情）」「―な料理」「成績があがり―になる」
とくいく【徳育】「―を重んじる教育方針」
どぐう【土偶】「縄文遺跡から出土した―」
どくえん【独演】「―会」「義士銘々伝を―する」
どくおう【独往】独自の道を行く。「自主―」
どくが【毒牙】「お人好しを―にかける」
とくがく【篤学】学問に熱心である。「―の士」
どくがく【独学】「―でフランス語を修得する」

どくがんりゅう【独眼竜】片目の英雄。特に伊達政宗。
とくぎ【特技】「履歴書の―欄」
とくぎ【徳義】「―に篤い人」
どくぎん【独吟】「―千句」
どくけ【毒気】毒となる成分。悪気。どっけ。「―に当てられる」「―を抜かれる」
どくけし【毒消し】解毒。「越後の―」
どくご【独語】ひとりごと。ドイツ語。「壁に向かって―する」「―会話」
どくご【読後】「―の感想」
とくさ【〈木賊〉・▼砥草】常緑性シダ植物。「―で角を磨く」
どくさい【独裁】「―者」「―政治」
とくさく【得策】「まずは一言わびるのが―だ」
どくさつ【毒殺】「奸臣に―される」
とくさん【特産】「さくらんぼは山形の―品だ」
とくし【特使】「首相の―として派遣される」
とくし【篤志】社会事業などに熱心だ。「―家」
どくじ【独自】「―性」「―の方法」「―な考え」
とくしつ【特質】「日本文化の―」
とくしつ【得失】「―を論ずる」「―相半〈なか〉ばする」
とくじつ【篤実】「温厚―」「―な人柄」

とくしゃ【特写】特別に写真に写す。「本紙―」

とくしゃ【特赦】恩赦の一種。特定の者の刑の免除。

どくしゃ【読者】「―層」「―欄」「一般の―」

どくじゃ【毒蛇】どくへび（毒蛇）。

どくしゃく【独酌】「カウンターの片隅で―する」

とくしゅ【特殊】⇔一般・普通。「―撮影」「―な技能を要する」「―な事例」

とくしゅ【特種】特別な種類。「―情報処理」

とくじゅ【特需】特別な需要。「―景気」

どくしゅ【毒手】どくが（毒牙）。「―にかかる」

とくしゅう【特集・特▼輯】「―号」「―記事」「環境問題について―する」

どくしゅう【独習】「ギターを―する」

とくしゅつ【特出】「他に―する技能を有する」

どくしょ【読書】「―三昧」「―に勤しむ」「―百遍、意自ら通ず」

とくしょう【特賞】特別の賞。「―に輝く」

とくじょう【特上】上よりさらに上。「―の鮨」

どくしょう【独唱】「ピアノの伴奏で―する」

とくしょく【特色】「―のある本」

とくしょく【▼瀆職】汚職。「公務員の―疑惑」

どくしょさんとう【読書三到】読書の三つの心構え。心を集中し、目を見開き、声に出して読む。

どくしょしょうゆう【読書尚友】昔の賢人の書

物を読むことによって、古人を友とする。
とくしん【特進】「二階級―」
とくしん【得心】十分に納得する。「―がゆく」
とくしん【篤信】信仰心があつい。「―家」
とくしん【▼瀆神】神の神聖をけがす。「―的行為」
どくしん【独身】「―生活」「―貴族」
どくじん【毒刃】凶悪人の用いるやいば。
どくしんじゅつ【読心術】相手の心の中を読みとる術。
どくしんじゅつ【読唇術】唇の動きで話を理解する術。
どくじんとう【独▽参湯】いつ演じても当たる出し物。
とくする【得する】利益を得る。
とくする【督する】「全軍を―」
どくする【毒する】「青少年を―悪書」
とくせい【特性】「錆びにくい―を有する金属」
とくせい【特製】「―の記念品」
とくせい【徳性】道徳心。「―を磨く」
とくせい【徳政】貸借関係の破棄。「―令」
どくせい【毒性】「―がある成分」
とくせつ【特設】「―スタンド」「会場を―する」
どくぜつ【毒舌】てきびしい皮肉・批判。「―家」「―を吐く」

とくせん【特選・特▼撰】「―品」「―に入賞する」
とくせん【督戦】部下を励まし戦わせる。「―隊」
どくせん【独占】「―禁止法」「人気を―する」
どくぜん【独善】「―に陥る」「―的な行動」
どくせんじょう【独▼擅場】ひとり舞台。どくだんじょう（独壇場）。「彼の―の分野」〔「擅」を「壇」と誤り、「ひとり舞台」の意から「独壇場〈どくだんじょう〉」の語が生じた〕
どくそ【毒素】「―を排出する」
とくそう【特捜】「特別捜査」の略。「―本部」「―部隊」
どくそう【独走】「―態勢」「注意を聞かずに―する」
どくそう【独奏】「ピアノの―」
どくそう【独創】「彼の―になる技法」「―的な企画」「―性に富むデザイン」
とくそく【督促】「―状」「借金の返済を―する」
とくだね【特種】「―記事」
どくだみ〈蕺草〉ドクダミ科の草。十薬。「―茶」
とくだん【特段】「―の注意（配慮）を要する」
どくだん【独断】「―と偏見」「私の―で行う」「―に陥る」「―的な態度」
どくだんじょう【独壇場】「この分野は彼の―だ」〔「独擅場〈どくせんじょう〉」の「擅」を「壇」と誤って生じた語〕
どくだんせんこう【独断専行】「―の振る舞い」

とくちゅう【特注】「特別注文」の略。「―品」
とくちょう【特長】そのものに見られる長所。「耐久性に優れた―を備えた車」
とくちょう【特徴】そのものに特に目立つ点。「―的」「鼻の形に―のある猿」
どくづく〈毒突〉く ひどく悪口を言う。
とくてい【特定】「―の個人」「犯人を―する」
とくてん【特典】「今月中に会員登録するとさまざまな―が付く」
とくてん【得点】「―差」「大量に―する」
とくと〈篤〉と「―ご覧あれ」「―吟味する」
とくど【得度】出家する。「―式」
とくとう【▼禿頭】はげあたま。光頭。
とくとう【特等】一等よりもさらに上。「―席」
とくどう【得道】「―の境地」
とくとく〈得得〉「―として語る（自慢する）」
どくとく【独特・独得】「彼―の文体」「―な語り口」
どくどくしい【毒毒しい】「―化粧（色彩）」
とくに【特に】「―異論は無い」
とくにん【特任】特別に任命する。「―教授」
とくのうか【篤農家】研究熱心な農業者。
どくは【読破】「難解な哲学書を―する」
とくばい【特売】「―日」「―品」

とくはいん【特派員】「海外―のレポート」
どくはく【独白】「主人公が―する場面」
とくはつ【特発】原因不明の発病。「―性の疾患」
とくひつ【特筆】「―すべき事項」「―に値する」
とくひつ【▼禿筆】ちびた筆。「―を呵す」
とくひょう【得票】「―数を公表する」
どくふ【毒婦】残酷な性悪女。「―と騒がれる」
どくぶつ【毒物】「―混入事件」
とくべつ【特別】「―待遇」「―付け足すこともない」「義務を―に免除する」
どくへび【毒蛇】毒をもつヘビの総称。
とくほう【特報】「選挙の―」
とくぼう【徳望】「―高い村の長老」
どくぼう【独房】一人だけ収容する監房。「留置所の―に入れられる」
とくほん【読本】入門書。「文章―」
どくみ【毒味・毒見】毒の有無を試す。味見。
とくむ【特務】特別の任務。「―機関」
とくめい【匿名】「―の投書」
とくめい【特命】「―を帯びる（拝する）」
とくもく【徳目】徳を一つ一つ列挙したもの。「―を列挙する」
とくやく【特約】特別な条件や便宜を伴う契約。
どくやく【毒薬】「飲み物に―を混ぜる」

とくゆう【特有】「この土地―の作物」
とくよう【徳用・得用】使うと割安なこと。「お―の品」
とくり【徳利】とっくり。「―の酒をつぐ」
とくりつ【特立】秀でている。「理数科の―クラス」
どくりつ【独立】「―宣言」「―自尊」「司法権の―」
どくりつどっぽ【独立独歩】他人にたよらず、自己の信念に基づき行動する。「―の精神」
どくりつふき【独立不▼羈】束縛を受けず行う。「―の信念で遂行する」
どくりょう【読了】「一晩で―した」
どくりょく【独力】「―で完成させる」
とくれい【特例】「―市」「―として認める」
とくれい【督励】「現場（部下）を―する」
とぐろ【▼塒・〈蜷局〉】「蛇が―を巻く」
どくろ【▼髑▼髏】されこうべ。
どくわ【独話】「壁に向かって―する」
とげ【▽刺・▼棘】「―が喉にささる」「―のある物言い」「きれいな花には―がある」
とけい【徒刑】昔、重罪人を労役に服させた刑。
とけい【《時計》・土▼圭】「腕―」「―台」「―回り」「―数字」「―の針」
とけこむ【溶け込む】「地域社会に―」
どげざ【土下座】「―してわびる」

とけつ【吐血】消化器から出血した血液を吐く。
とげとげしい【▽刺▽刺しい】「―皮肉」「―顔つき」
とける【解ける】ほどける。答えが得られる。「靴の紐が―」「出入り禁止が―」「緊張が―」「誤解が―」「数学の問題が―」

とける【▽融ける】固体が液状になる。「氷が―」（金属の場合は「熔ける」「鎔ける」とも書く）
とける【溶ける】物が液体にまじりあう。「砂糖が水に―」
とげる【遂げる】「目的を―」「本懐を―」「目覚ましい発展を―」「功成り名―」
どける【▽退ける】「障害物をわきへ―」
どけん【土建】「土木建築」の略。「―業者」
とこ【床】「―を敷く」「―に就く」「病の―に臥す」
どこ【《▽何▽処》・〈▽何▽所〉】「交番は―ですか」「―の国から来たのですか」「―も悪くない」
とこあげ【床上げ】病気が回復して寝床を上げる。「退院して―を祝う」
とこいり【床入り】婚礼の夜、夫婦の初めての共寝。
とこう【渡航】「―手続き」「海外へ―する」
どごう【土豪】その土地の豪族。
どごう【怒号】「曖昧な答弁に―が飛び交う」
とこがまち【床▼框】床の間の前にわたした化粧横木。

とこしえ【〈永久〉・常しえ・▽永え】「—に変わらぬ愛」

とこずれ【床擦れ】病床が長く体がすれてただれる。

とこなつ【常夏】「ハワイは—の島だ」

とこのま【床の間】座敷の上座に一段高く構えた所。

とこばしら【床柱】床の間にある化粧柱。

とこぶし【常節】アワビに似た巻き貝。

とこや【床屋】理髪店。また、理髪師。

とこやま【床山】役者・力士の髪を結う人。

とこやみ【常闇】永久の闇。「—の世界」

ところ【所・▽処】「遠い—から来る」「—変われば品変わる」「—を得た人事配置」「すんでのところで助かった」「これから式が始まるところだ」「聞くところによると」

ところ【〈野老〉】ヤマノイモ科のつる性多年草。

ところてん【〈心太〉・〈瓊脂〉】「—突き」「—式に大学を卒業する」

とさ【土佐】旧国名。高知県。土州。「—犬」「—酢」

どざえもん【土左▽衛門】水死体。「池に—が浮かぶ」

とさか【〈鶏冠〉】「鶏の—」

とざす【閉ざす・▽鎖す】「門を—」「心を—」「悲しみに—される」

とさつ【▼屠殺】「—場」

とさつ【塗擦】「薬を傷口に—する」


とざま【▽外様】譜代でない大名。「—大名」

とざん【登山】⇔下山。「—口(道)」「—客」「—鉄道」

どさん【土産】みやげ物。

どさんこ【▽道産子】北海道で生まれた人(馬)。

とし【年・▽歳】「—の始め」「五歳も—が違う」「亀の甲より—の劫」「—には勝てない」

とし【都市】「研究学園—」「大—」「—化」

とし【徒死】むだに死ぬ。

とじ【▽刀自】年寄りの婦人の尊称。とうじ。「母—」

とじ【途次】道の途中。「帰郷の—」

としおとこ【年男】その年の干支生まれの男。

としがい【年▽甲▼斐】「—も無くけんかをする」

としかさ【年▼嵩】年長であること。「—のいった人」

どしがたい【度し難い】救いようがない。「頑固一徹で—男」「縁なき衆生は—」

としかっこう【年▼恰好・年格好】「—は三十四、五というところだ」

としがみ【年神・▽歳神】その年の豊作を守る神。

としご【年子】「—の兄弟」

としこし【年越し】大晦日の夜。「—蕎麦〈そば〉」

としごもり【年籠もり】社寺に籠もり新年を迎える。

とじこもる【閉じ籠もる】「部屋に—」「自分の殻に—」

としごろ【年《頃》】「—の娘」「遊びたい—」
とじしろ【▼綴じ代】「—を十分にとる」
としだま【年玉】「正月に祖父からお—をもらう」
としなみ【年波】「寄る—には勝てない」
としのいち【年の市・▽歳の市】「年末に—でお飾りを買う」
としのくれ【年の暮れ】「—はとかく忙しい」
としのせ【年の瀬】年末。「—も押し詰まった」
としは【年端・年歯】「—もゆかぬ子」
としま【年▽増】娘盛りを過ぎた女性。
とじまり【戸締(まり)】「—を厳重にする」
としまわり【年回り】「今年は悪い—だ」
としゃ【吐▼瀉】嘔吐と下痢。「食中毒になって激しく—する」
どしゃ【土砂】「—くずれ」
どしゃぶり【土砂降り】「—の雨」
としゅ【斗酒】多量の酒。「—なお辞せず」
としゅ【徒手】手に何も持たないこと。素手。「—体操」「—空拳」
としょ【図書】「推薦—」「—館(室)」「—券」
としょ【▼屠所】屠殺場。「—の羊の歩み」
としょう【徒渉】「山河を—する」
とじょう【途上】「発展—国」「京都に向かう—」「建設の—にある」

とじょう【登城】「威儀を正して―する」
どじょう【〈泥鰌〉・▾鰌】「―鍋」「―掬い」(店の看板に「どぜう」と書くのを見かけるが、歴史的仮名遣いは「どぢやう」)
どじょう【土壌】「―汚染」「―を改良する」「勉学を重んじる―を育む」
どしょうぼね【土性骨】生まれつきの精神力。「浪速っ子の―を見せてやる」「―をたたき直す」
としょく【徒食】「無為―する生活」
としより【年寄(り)】「―の冷や水」
とじる【閉じる】しめる。しまる。やめる。「門が―」「目を―」「傘を―」
とじる【▾綴じる】つづり合わせて一つにまとめる。「書類を―」「卵で―」
としわすれ【年忘れ】「―の宴」
としん【都心】「―部」「―の高層ビル」
とじんし【都人士】都会に住む人。
とする【賭する】かける。「身命を―・して闘う」
とせい【渡世】「―術」「―人」「―を送る」
どせい【土星】太陽系の第六惑星。「―の輪」
どせい【怒声】「反対派の―が飛び交う」
どせきりゅう【土石流】「集中豪雨で―が発生する」
とぜつ【途絶・▾杜絶】「交通―」「輸入が―する」

とせん【渡船】わたしぶね。「―場」
とそ【▾屠▾蘇】元旦に飲む薬酒。「―気分」
とそう【塗装】「―業」「車体(壁面)を―する」
どそう【土葬】死体を土の中に埋めて葬る。
どぞう【土蔵】「―造り」「―破り」
どそく【土足】「―で座敷に上がり込む」「―で人の心を踏みにじる」
どぞく【土俗】民俗の旧称。「―と伝説」
どだい【土台】「会社の―をつくった人」「どだい無理な話だ」
とだえる【途絶える・▿跡絶える】「消息(連絡)が―」
とだな【戸棚】「食器―」
とたん【途端】「立ち上がった―に倒れた」
とたん【塗炭】非常に苦しい境遇。「―の苦しみをなめる」
どたんば【土壇場】最後の瞬間。「―で逆転する」
とち【栃】―　(とち)「栃餅・栃木県」
とち【▾橡・栃】とちのき。
とち【土地】「―柄」「―勘(鑑)」「―付きの家」「その―の生活(言葉)」
とちのき【▾橡・▿栃】トチノキ科の落葉高木。
どちゃく【土着】「―の文化」

とちゅう【途中】「―下車」「学校へ行く―」「仕事を―で投げ出す」
とちゅうちゃ【▾杜仲茶】トチュウの葉から作る茶。
とちょう【徒長】植物の枝がいたずらに伸びる。
とちょう【登頂】とうちょう(登頂)。
どちょう【怒張】「こめかみ(血管)が―する」
とつ【凸】トツ　―　「凸版・凸面・凹凸」
とつ【突(突)】トツ　つ-く　「突起・突撃・突出・突入・突発・激突・衝突・追突」「突如・突進・突然・
とっか【特化】「医学分野に―した翻訳業」
とっか【特価】「―品」「大―セール」
とっか【徳化】「師によって―される」
どっかい【読解】「―力」「英語の長文を―する」
とっかん【▾吶▾喊】ときの声をあげて突撃する。
とっかん【突貫】一気に完成させる。「―工事」
とっき【突起】「皮膚に小さな―物ができる」
とっき【特記】「―すべき事項」
とっきゅう【特急】「超―」「―券」「―停車駅」
とっきゅう【特級】「―酒」
とっきょ【特許】「―権」「―が下りる」
どっきょ【独居】「―老人」「山中に―する」
とっく【《▿疾》っく】「―の昔に引っ越した」

とつぐ【嫁ぐ】「娘が—」
とつくに【▽外っ国】異国。外国。「—の話」
とっくみあい【取っ組(み)合い】「—のけんか」
とっくん【特訓】「猛—」
どっけ【毒気】どくけ(毒気)。
とつげき【突撃】「—部隊」「敵陣に向かって—する」
とっけん【特権】「—階級」「反抗は若者の—だ」
とっこ【▽独▼鈷・▽独股】両端がとがった仏具。「—杵〈しょ〉」
とっこう【特高】戦前の特別高等警察。
とっこう【徳行】道徳にかなった行為。「君子の—」
とっこう【篤行】誠実で人情にあつい行為。「彼は篤志—の人で知られる」
とっこう【篤厚】情にあつく誠実なこと。「—の師」
とっこうたい【特攻隊】「神風—」
とっこうやく【特効薬】「—が開発される」
とっこつ【突▼兀】物が高く出ているさま。「—たる岩石」
とっさ【《▼咄▼嗟》】「—の判断」「—に身をかわす」
とっしゅつ【突出】「家計の中で教育費が—している」
とつじょ【突如】「—として出現する」「—心変わりをする」
とっしん【突進】「敵陣目がけて—する」

とつぜん【突然】「—変異」「—笑い出す」「—の質問で即答しかねる」
とったん【突端】「岬の—」
どっち【《何方》】「—にするか」「—つかずの考え」
とっつき【《取》っ《付》き】初対面の印象。一番手前。「—にくい人」「入口から—の部屋」
とって【取っ手・▽把手】「引き出しの—」「鍋の—」
とってい【突堤】海の中に長く突き出した堤防。「—灯台」「港の—」
とっておき【取って置き】「—の隠し芸を披露する」
とってかわる【取って代わる】「メールが手紙に—」
とつとつ【▼訥▼訥・▼吶▼吶】つかえるように話すさま。「言いにくそうに—と語る」
とつにゅう【突入】「敵陣に—する」「ストに—する」
とっぱ【突破】「—口」「難関を—する」「参加者は五千人を—する」
とっぱつ【突発】「—事故」「—性難聴」「—的雷雨」
とっぱん【凸版】印刷する面が高くなった印刷版。⇕凹版。「—印刷」
とっぴ【突飛】「—な発想(行動)」
とっぴょうし【突拍子】「—もない計画」

とっぷう【突風】「—が吹き付ける」

とつべん【▼訥弁】⇕能弁。「—だが真情のこもった話」

どっぽ【独歩】「独立—」「古今—の名作」

とつレンズ【凸レンズ】⇕凹レンズ。「—の焦点距離」

どて【土手】「川の—」「—伝いに歩く」

とてい【徒弟】住み込みの弟子。門人。「—制度」

とてつもない【途▼轍もない】「—く壮大な計画」

とても【《▼迚》も】「—すてきな服装だ」「自分には—まねが出来ない」

どてら【〈褞袍〉】防寒用の綿入れの着物。

とど【▼鯔】ボラの成長したもの。「—の詰まり、また泣きついてくるだけだ」

とど【〈胡獱〉】アシカに似た大形の海獣。

どどいつ【▽都▽都逸・▽都▽都一】七・七・七・五句の俗曲の一。「三味線に合わせて—を唄う」

ととう【徒党】悪いたくらみを持つ仲間。「—を組む」

どとう【怒▼濤】「疾風—」「逆巻く—を乗り越える」

とどく【届く】「手紙が—」「願いが—」「目が—」「痒い所に手が—」

とどけで【届(け)出】「—の義務」

とどける【届(屆)】とど—ける・とど—く「本を—」「出

と

生を—」「届け出・行き届く」

とどこおる【滞る】「仕事が—」「部屋代が—」

ととのう【整う】きれいにそろう。調和がとれる。「—った顔立ち」「形（足並み）が—」〔「斉う」は漢文の読み下し文などに出てくる特殊な用字〕

ととのう【調う】必要なものがそろう。まとまる。「書類が—」「食卓の準備が—」

ととのえる【整える】「隊列を—」

ととのえる【調える】「味を—」

とどまつ【▼椴松】マツ科の常緑高木。

とどまる【▽止まる・▽留まる・▽停まる】「現地に—」「被害は一人や二人に—・らない」「—所を知らない」

とどめ【▽止め】「—の一撃」「—を刺す」

どどめ【土留め】「—工事」「—の柵」

とどめる【▽止める・▽留める・▽停める】「原形を—」

とどろく【▼轟く】大きな音が響く。広く知られる。「雷鳴が—」「名声が天下に—」

となえる【▽称える】名づけて呼ぶ。称する。「鹿苑寺は金閣と—・えられる」

となえる【唱える】節をつけて読む。はっきり主張する。「万歳を—」「念仏を—」「異を—」

トナカイ【〈馴鹿〉】〔アイヌ語〕シカ科の獣。

どなた【⦅〈何方〉⦆・⦅〈誰方〉⦆】「—様ですか」

どなべ【土鍋】素焼きの鍋。

となり【隣】「—の人」「一つ置いて—」

となりあわせ【隣り合(わ)せ】「—の席」「危険と—の仕事」

となる【隣る】「相—町」

どなる【⦅怒鳴⦆る】「そんなに—・らなくても十分に聞こえる」

とにかく【⦅▽兎⦆に⦅角⦆】「うまくいくかは別として—やってみよう」

とにゅう【吐乳】「赤ん坊が—した」

とねり【〈舎人〉】天皇・貴族に仕えて雑務をした役人。

とねりこ【▼梣】モクセイ科の落葉高木。

との【殿】「—の御機嫌を伺う」

どの【殿】「鈴木太郎—」

どの【⦅▽何⦆の】「—色がいいか」「—道を行くか」

どのう【土▼嚢】「決壊寸前の堤防に—を積む」

とのがた【殿方】女性が男性をさしていう敬称。

とのこ【▼砥粉】砥石の粉。「—で刀を磨く」

とのさま【殿様】「お—」「—商売」

とのさまがえる【殿様▼蛙】カエルの一種。金線蛙。

とば【賭場】ばくちをする所。「—荒らし」

どば【▼駑馬】歩みののろい馬。

とばく【賭博】ばくち。「—で一儲けする」

とばしる【▼迸る】ほとばしる。

とばす【飛ばす】「車を—」「やじを—」

どはずれ【度外れ】「—に大きな体（声）」

どはつ【怒髪】怒って逆立った頭髪。「—天を衝く」

とばっちり【▼迸り】「とんだ—を食う（受ける）」

どばと【土▼鳩・▼鴿】公園などにいる普通のハト。

とばり【▼帳・▼帷・▼幄・▼幌】たれ下げて目かくしとする布。「—を下ろす」「夜の—が下りた」

とはん【登坂】とうはん。「—車線」

とひ【都▼鄙】都会といなか。「—を問わず」

とび【▼鳶・▼鴟・▼鵄】タカ科の鳥。とんび。鳶職。「—が鷹を生む」「—の親方」

とびあがる【飛び上(が)る】「—・って喜ぶ」

とびいし【飛(び)石】「—伝い」「—連休」

とびいり【飛(び)入り】「—参加」「—で歌う」

とびうお【飛魚】小形の海魚。あご。

とびかう【飛(び)交う】「かもめが—」「野次が—」

とびきゅう【飛(び)級】学年を飛ばして進級する制度。

とびきり【⦅飛⦆び⦅切⦆り】「—上等の品」

とびぐち【▼鳶口】棒の先に鉄の鋭い鉤をつけた道具。

とびこみ【飛(び)込み】「—台」「—自殺」「—の仕事が入り、残業となる」

とびしょく【▼鳶職】土木・建築工事に従事する職人。

とびち【飛(び)地】他の行政区域に離れてある土地。
とびどうぐ【飛(び)道具】弓矢や鉄砲。
とびばこ【飛(び)箱・跳(び)箱】「七段の―を開脚で跳ぶ」
どひょう【土俵】「力士が―に上がる」「話題を自分の―に引き込む」
とびら【扉】「―を開く」「神秘の―」
どびん【土瓶】「―蒸し」
とふ【塗布】「薬を患部に―する」
とぶ【飛ぶ】「飛行機が空を―」「誘われればいつでも―んで行く」「野次が―」「ヒューズが―」
とぶ【跳ぶ】高くはねる。はねて越える。「兎がぴょんぴょんと―」「二メートルのバーを―」
どぶ【▽溝】「―掃除」「―にはまる」
とぶくろ【戸袋】雨戸を引き入れておくところ。
どぶねずみ【▽溝▼鼠】ネズミの一種。
どぶろく【〈濁酒〉・〈濁醪〉】白く濁った酒。
どべい【土塀】土で塗りかためた塀。
とべら【〈海桐〉・〈海桐花〉】トベラ科の常緑低木。
とほ【徒歩】「駅まで―五分のマンション」
とほう【途方】「―に暮れる」「―もない計画」
どほうがかい【土崩瓦解】「戦乱で国が―の状態に陥る」

と

どぼく【土木】「―工事」「―作業員」

とぼける【▼恍ける・▼惚ける】「知らないふりをして―」「―けた表情」「―けたことを言う」

とぼしい【乏しい】「資金(食糧)が―」「経験が―」

とぼそ【▽枢】開き戸の回転軸を入れる穴。

とま【▼苫・▼篷】スゲ・カヤで編んだ雨露を防ぐもの。「―屋」「―葺(ぶ)き」

どま【土間】「―に下りる」

とまつ【塗抹】塗りつける。また、塗り消す。

トマト【〈蕃茄〉】「―ケチャップ」「―ソース」

とまどう【戸惑う】「急に質問されて―」

とまや【▼苫屋】苫ぶきの粗末な家。「見渡せば花も紅葉もなかりけり浦の―の秋の夕暮れ／定家」

とまる【止(ま)る・留(ま)る・▽停まる】「時計が止まる」「目に留まる」「赤信号で車が停まる」

とまる【泊(ま)る】「宿に―」「船が港に―」

どまんじゅう【土▼饅▽頭】土を丸く盛り上げた墓。

とみ【富】「巨万の―を築く」

とみくじ【富▼籤】江戸時代にはやった宝くじ。

とみこうみ【▽左見▽右見】「―して行く」

とみに【▽頓に】急に。にわかに。「ここ数年―体力が衰えてきた」

とむ【富む】「―める国」「才能に―」「君は若く春秋に―」「示唆に―発言」

とむらう【弔う】「死者の霊を―」

とめ【止(め)】「通行―」「名詞―」

とめ【留(め)】「局―」「駅―」

とめがね【留(め)金】「―を外す」

とめそで【留袖】既婚女性の礼装用和服。

とめど【止め▽処】「―なくしゃべり続ける」

とめる【止める】動きを停止させる。やめさせる。「エンジンを―」「列車を―」「けんかを―」

とめる【留める】固定する。意識を向ける。「洗濯挟みで―」「別に気にも―・めない」

とめる【▽泊める】宿泊させる。「不意の客を―」

とも【友・朋】親しくしている人や物。「竹馬の―」「昨日の敵は今日の―」「書物を―とする」

とも【〈共〉】一緒。「二人―合格する」

とも【供・▽伴】主人につき従って行くこと(人)。「大勢の―を従える」「お―しましょう」

とも【▼鞆】弓を射るとき左手につける革製の具。

とも【▼艫・▼艉】船の後部。船尾。⇔みよし・へさき。

ども【〈共〉】「わたくし―」

ともえ【▼巴】水の渦巻くような形・模様。「三つ―の家紋」「―投げの技が決まる」

ともがき【友垣】友人。「恙〈つが〉なしや―(＝唱歌「ふるさと」の一節)」

ともかく【⦅▼兎⦆も⦅角⦆】「留守かもしれないが、—行ってみよう」「夏は—冬がつらい」
ともがら【▽輩】仲間。やから。
ともぐい【共食い】同類の動物が食い合う。
ともしび【▽灯火・▽灯・▼燭】「町の—」「風前の—」
ともしらが【共≪白髪≫】「—まで添い遂げる」
ともす【▽点す・▽灯す】「ろうそく(明かり)を—」
ともだおれ【共倒れ】「安売り合戦で—になる」
ともだち【≪友達≫】「遊び—」「—になる」
ともづな【▼纜・▼艫綱】船をつなぎとめる綱。
ともなう【伴う】「秘書を—・って出かける」「危険を—手術」「人口増加に—住宅問題」
ともに【⦅共⦆に】「父と—語る」「うれしいと—悲しい」
ともばたらき【共働き】「—の夫婦」
ともびき【友引】六曜の一。葬式を出すことを忌む日。
ともる【▽点る・▽灯る】「ランプに火が—」
どもる【▼吃る】「緊張すると—」
とや【▽鳥屋・▼塒】鳥小屋。
とやかく【⦅▼兎⦆や⦅角⦆】「君に—言われる筋合いはない」
とゆう【都▼邑】まちとむら。また、都会。「中国の古い—を巡る旅」
とよあしはら【豊葦原】日本国の美称。「—瑞穂国」
どよう【土用】雑節の一。「—の丑の日」
どようなみ【土用波】夏の土用の頃の大波。
どよめく【▽響めく】「主役の登場に観客が—」
とら【虎】「動物園の—」「—の威を借る狐」「—の尾を踏む」「酒が入ると—になる」
とら【▼寅】十二支の第三番目。
どら【▽銅▼鑼】青銅製の円盤状の打楽器。「—を打つ(=遊興に財産を使い果たす)」
とらい【渡来】「—人」「中国から—した品」
とらえる【捕(ら)える】「犯人を—」
とらえる【捉える】「特徴をよく—・えている」「疑惑の念が彼を—・えた」
とらがり【虎刈(り)】「—の頭」
とらつぐみ【虎▼鶫】ツグミ類で最も大きい鳥。ヌエ。
とらのこ【虎の子】「—の貯金」
とらのまき【虎の巻】兵法の秘伝書。あんちょこ。「—を授かる」「英語の読本の—」
とらわれる【捕(ら)われる・▽囚われる】「敵に—」「先入観に—」
とり【▼酉】十二支の第一〇番目。
とり【鳥】鳥類の総称。「立つ—跡を濁さず」
とり【▽鶏】にわとり。
とりあえず【取り▽敢えず】なにはさておき。さしあたって。「—ビール」「—倒産はまぬがれた」
とりあげる【取(り)上げる】「おもちゃを—」
とりあげる【採(り)上げる】「案を—」
とりあつかい【取(り)扱い・取扱】「事務—」「—注意」
とりあわせ【取り合(わ)せ】配合。「—の妙」
とりい【鳥居】神社の入り口に建てる門。
とりいそぎ【取り急ぎ】「—ご報告まで」
とりうちぼう【鳥打ち帽】庇のある平たい帽子。「—をかぶった刑事」
とりえ【取(り)柄・取(り)得】長所。「何の—もない」
とりおこなう【執(り)行う】改まって行う。「これより結婚式を—・います」
とりおさえる【取り押(さ)える】「賊を—」
とりおどし【鳥▽威し】かかし・鳴子など。
とりかえし【取(り)返し】「—のつかないことをしでかした」
とりかえる【取(り)替える・取(り)換える】「車のタイヤを—」
とりかかる【取り⦅掛⦆かる】「早速仕事に—」
とりかご【鳥籠】鳥を飼うかご。
とりかじ【取り▼舵】船首を左へ向ける舵の取り方。⇔面舵。「—いっぱい」
とりかぶと【鳥▼兜】キンポウゲ科の多年草。根は猛毒。

とりかわす【取(り)交わす】「杯を―」「契約書を―」

とりきめる【取(り)決める・取り▽極める】「式の日取りを―」「和解条項を―」

とりくみ【取(り)組み・取組】「環境問題への―が弱い」「中入り後の―」

とりけし【取(り)消し】「前言―」「内定が―になる」

とりこ【取(り)粉】つきたての餅につける粉。

とりこ【▽虜・▼擒・〈俘虜〉】「恋の―」「名誉欲の―」

とりこしぐろう【取(り)越し苦労】杞憂。「あれこれと―ばかりしている」

とりこみ【取(り)込み】「画像の―」「お―中、失礼致します」

とりこわす【取(り)壊す・取り▽毀す】「老朽校舎を―」

とりざた【取り沙汰】「世間でいろいろ―される」

とりざら【取(り)皿】料理を取り分ける小皿。

とりしまり【取(り)締(ま)り・取締】「交通違反の取り締まりが強化される」「取締役に就任する」

とりしらべ【取(り)調べ】「容疑者が警察で―を受ける」

とりたてる【取(り)立てる】「借金を―」「―・てて問題にすべきことではない」

とりつぎ【取(り)次ぎ・取次】「―店」「電話の―をする」「社長に―を頼む」

とりつく【取り(付)く】「―島もない」

とりで【▼砦・▽塁・▼寨】「―を築く」

とりてき【取的】一番下の階級の力士。

とりとめ【(取)り(留)め】「―のない話」

とりどり【(取)り(取)り】「色―に咲く花」

とりなす【取(り)成す・執(り)成す】「両者の間を―」「あなたからうまく―・していただけませんか」

とりのこがみ【鳥の子紙】淡黄白色の上質の和紙。

とりはからう【取(り)計らう】「適当に―」「よいように―・え」

とりばし【取(り)箸】「大皿の料理を―で分ける」

とりはだ【鳥肌】「恐怖のあまり―が立った」「名演奏に感動して思わず―が立った」

とりはらう【取(り)払う】「垣根を―」

とりひき【取引】「公正―委員会」「主流派と反主流派との間で―が行われた」

とりぶん【取(り)分】「それぞれの―を決める」

とりまき【取(り)巻き】「ワンマン社長の―連中」

とりまとめる【取り▼纏める】「予算案を今月中に―」「縁談を―」

とりみだす【取(り)乱す】「秘密がばれて―」

とりめ【鳥目】夜盲症の俗称。

とりもち【鳥▼黐】鳥などをつかまえる粘りのあるもの。

とりもつ【取(り)持つ・執(り)持つ】仲立ちをする。「二人の間を―」「雨の―縁」

とりもなおさず【取りも直さず】「今回の選挙結果は―政府への不信任にほかならない」

とりもの【捕(り)物】犯人を捕らえること。「大―」「―帳」

とりょう【塗料】「蛍光―」「自動車の―」

どりょう【度量】「―のある人」「―が大きい」

どりょうこう【度量衡】長さと容積と目方。「古代日本の―」

どりょく【努力】「―家」「目標に向かって―する」「―のたまもの」

とりわけ【《取》り《分》け】「今日は―暑い」

とる【取る】手に持つ。手に入れる。「資格を―」「天下を―」「バランスを―」「責任を―」

とる【▽盗る】他人の物をうばう。ぬすむ。「お金(財布)を―・られる」

とる【▽摂る】体内に取り込む。「栄養を―」

とる【捕る】つかまえる。「トンボを―」「外野フライを―」

とる【採る】集める。採集する。えらぶ。「山菜を―」「決を―」「新卒の学生を―」

とる【▽穫る】農作物を収穫する。「―・れたばかりのト

と

マト」

とる【▽獲る】獲物を捕まえる。「魚を―」

とる【執る】手に持って使う。行う。「筆を―」「毅然たる態度を―」

とる【▽録る】録音、録画する。「運動会の様子をビデオに―」

とる【撮る】写真や映画を撮影する。「写真(映画、レントゲン)を―」

ドル【▼弗】「円高―安」

どるい【土塁】土を盛り上げた簡単なとりで。

トルコ【土耳古】アジア西端部の国。

どれ【《▽何》れ】「―でもいい」「―ほど心配したか」

どれい【土鈴】粘土で作った鈴。

どれい【奴隷】「―解放宣言」

とれだか【取れ高】農作物の収穫量。「米の―」

とれたて【取れ立て】「―の新鮮なキュウリ」

とろ【▼瀞】河川の流れの中で、水深があり流れがゆるやかなところ。どろ。

とろ【吐露】「真情を―する」

どろ【泥】「―にまみれる」「顔に―を塗る(=名誉を傷つける)」「―をかぶる(=他人の悪事・失策の責任を負う)」「―を吐く(=白状する)」

とろう【徒労】むだな骨折り。「努力も―に終わった」「―に帰す」

とろける【▼蕩ける・▼盪ける】「キャラメルが―」「身も心も―ような甘い言葉」

どろじあい【泥仕合】欠点をあばき合う醜い争い。「―の様相を呈してきた」

どろなわ【泥縄】あわてて対処する。「―式の勉強」

どろぬま【泥沼】「―化」「―の戦争に突入した」「借金の―にはまり込む」

どろぼう【泥棒・泥坊】「―を捕まえる」

どろまみれ【泥▽塗れ】「―になって一生懸命に働く」

どろよけ【泥▽除け】車輪上部のおおい。

とろろ【〈薯蕷〉】「―芋」「―汁」

とろろあおい【〈黄蜀〉▼葵】アオイ科。製紙用の糊。

とわ【〈永久〉】「―の誓い」「―に幸あれ」

どわすれ【度忘れ】「先方の名前をふと―する」

とん【屯】トン ― 「屯営・屯所・屯田・駐屯」

とん【団(團)】⇩だん(団)。「金団・水団・布団」

とん【豚】トン ぶた 「豚骨・豚児・豚舎・養豚」

とん【頓】トン ― 「頓挫・頓死・頓首・頓智・頓着・頓服・整頓」

トン【屯・▼噸・▼瓲】質量・体積の単位。「一〇―トラック」

どん【貪】ドン むさぼ-る 「貪食・貪欲」

どん【鈍】ドン にぶ-い・にぶ-る 「鈍化・鈍角・鈍感・鈍器・鈍行・鈍才・鈍重・鈍痛・愚鈍・遅鈍」

どん【曇】ドン くも-る 「曇天・晴曇」

どん【鈍】頭の回転がにぶい。「―な奴」

とんえい【屯営】兵士がいる所。兵営。「山中に―する」

どんか【鈍化】にぶること。「経済の成長が―する」

どんかく【鈍角】「―三角形」

どんかん【鈍感】「彼女の気持ちに気づかない―な奴」「味覚が―になる」

どんき【鈍器】こん棒や金づちなど。「―で頭を殴打される」

とんきょう【頓狂】「素っ―」「―な声を出す」

どんぐり【▽団▽栗】「―の背比べ」

どんこう【鈍行】各駅停車の列車。「―しか停まらない駅」

とんこつ【豚骨】「―ラーメン」

とんざ【頓挫】「不況のあおりで事業が―する」

とんさい【頓才】「頓智―」

どんさい【鈍才】頭の働きがにぶい。

とんし【頓死】急死。「脳溢血で―する」

とんじ【豚児】自分の子供の謙譲語。

とんじ【▼遁辞】逃げ口上。「―を弄する」

とんじゃく【頓着】とんちゃく（頓着）。「物事に―しない性格」

とんしゅ【頓首】「―再拝」「草々―」

どんじゅう【鈍重】「―な動き」

どんしゅうのうお【▼呑舟の魚】（舟をのみ込むほどの）大魚。大人物。「―を逸す」

とんしょ【屯所】詰めている所。「新選組の―」

どんす【▼緞子】厚く光沢のある繻子〈しゅす〉地の絹織物。「金襴―の帯」

どんする【鈍する】にぶくなる。「貧すれば―」

とんせい【▼遁世・▼遯世】「出家―の身」

とんそう【▼遁走】逃走。「―曲（＝フーガ）」「敵は―した」

どんそく【鈍足】足が遅い。

とんち【頓智・頓知】「―で人を笑わせる」

とんちき【頓痴気】とんま。まぬけ。

とんちゃく【頓着】気にかける。とんじゃく。「服装に―しない」

どんちょう【▼緞帳】劇場で、上から垂らす幕。


とんちんかん【《頓珍漢》】「―な答え」

どんつう【鈍痛】にぶい痛み。「腹部に―を覚える」

どんてん【曇天】曇り空。

とんび【▼鳶】トビ。

とんぷく【頓服】必要なときにのむ薬。「痛みが我慢できないときに―をのむ」

どんぶり【丼】― どんぶり・（どん）　「丼勘定・丼鉢・丼飯」

どんぶり【丼】「親子―」

どんぶりかんじょう【丼勘定】大ざっぱな金の使い方。「―ではやっていけない」

とんぼ【〈蜻蛉〉・〈蜻蜓〉】「赤―」「尻切れ―」「―返り（「―帰り」と書くのは誤り）」「歌舞伎で、―を切る（＝宙返りをする）」

とんま【頓馬】まぬけ。

どんま【鈍麻】「神経（感覚）が―する」

とんや【問屋】「乾物―」「そうは―が卸さない（＝そう都合よくはいかない）」

どんよく【貪欲】「―に知識を吸収する」

どんらん【貪▼婪】欲深。貪欲。「金銭に―飽くなき男」「―な好奇心」

な

な【那】― ナ　「那辺・刹那・旦那」

な【奈】― ナ　「奈落」

な【南】⇩なん（南）。　「南無」

な【納】⇩のう（納）。　「納屋・大納言」

な【名】「開発の―のもとに自然を破壊する」「―に傷がつく」「―は体を表す」

な【菜】「―の花」「―種油」

なあて【名宛て】指定した受取人。あてな。「―人」

ない【内】― ナイ・（ダイ）　うち　「内意・内科・内外・内向・内示・内実・内緒・内情・内心・内通・内定・内服・内密・内容・案内・機内・構内・体内」

ない【無い】存在しない。所有していない。「家も―、妻も―」「迫力の―演技」

ない【亡い】死んでいる。「今は―き人」

ない【《無》い】打ち消しの助動詞。「見―」「一人では行けー」

ないあつ【内圧】内部からの圧力。

ないい【内意】内々の意向。「―を伺う」「―を伝える」

ないいん【内因】⇔外因。「組織分裂の―」

ないえつ【内謁】内々に、貴人や目上の人に会う。「会長に―を賜る（許される）」

ないえつ【内閲】内々に閲覧・検閲する。「原稿（申請書）を―する」

ないえん【内▼苑】皇居や神社の中庭。

ないえん【内縁】「―の妻」

ないおう【内応】内通。「敵に―する」

ないおう【内奥】「心の―の声に耳を傾ける」

ないか【内科】「神経―」「―医」

ないかい【内海】「瀬戸―」

ないかい【内界】心の中の世界。

ないがい【内外】「緊迫した―の情勢」「社の―に知られる」「一週間―で旅行する」

ないかく【内角】多角形の内側の角。「三角形の―の和は百八十度である」

ないかく【内閣】「―府」「―総理大臣」「―不信任案」

ないがしろ【▽蔑ろ】「親を―にする」「本来の職務を―にする」

ないかん【内患】国や組織内部にある心配事。内憂。「―外憂」

ないかん【内観】「静かに瞑想して―する」

ないき【内規】「細目については―に定める」

ないぎ【内儀】他人の、特に町人の妻の敬称。

ないきょく【内局】中央省庁の大臣が直接監督する局。

ないきん【内勤】「―から外勤に替わる」

ないくう【内▽宮】伊勢皇大神宮。⇔外宮。

ないけい【内径】「パイプの―」

ないこう【内向】内気な性格。⇔外向。「気持ちが―する」「―的な性格」

ないこう【内攻】病気が身体の内部に広がる。「病巣が―して重篤化する」

ないこう【内▼訌】うちわもめ。内紛。「―が絶えない」

ないごうがいじゅう【内剛外柔】がいじゅうないごう（外柔内剛）。

ないこく【内国】「―為替」「―の事情」

ないさい【内妻】内縁の妻。⇔本妻・正妻。「―を入籍させる」

ないさい【内済】表ざたにしないで済ます。「金を支払って―にする」

ないさい【内債】国内で募集される公社債。内国債。

ないざい【内在】「官僚機構に―する形式主義」「―的な問題」

ないし【▼乃至】…から…まで。あるいは。「五日―七日の旅程」「本人―は代理人の署名」

ないじ【内示】内々に示す。「転任の―を受ける」

ないじ【内耳】「―炎」

ないしきょう【内視鏡】「―で胃の内部を検査する」

ないしつ【内室】貴人の妻の敬称。おくがた。「御―様」

ないじつ【内実】「立派に装っているがその―は貧相である」「家庭の―を明かす」

ないじゅ【内需】国内の需要。⇔外需。「―拡大」

ないじゅうがいごう【内柔外剛】本当は気が弱いのに、外見は強そうである。⇔外柔内剛。

ないしゅっけつ【内出血】「打撲による―」

ないしょ【内緒・内▽証】「父に―で外出する」

ないじょ【内助】妻の夫に対する援助。「―の功」

ないじょう【内情】「政界の―を暴露する」

ないしょく【内職】本職以外にする仕事。

ないしん【内心】「―の動揺を隠しきれない」「―忸怩（じくじ）たる思いである」

ないじん【内陣】神体や本尊を安置する奥の部分。⇔外陣。「堂の―」

ないしんしょ【内申書】「志望校に―を提出する」

ないしんのう【内親王】天皇の娘および女の孫。⇔親王。

ないせい【内政】「—干渉」
ないせい【内省】自分の心のうちを省りみる。「自己を冷静に—する」
ないせん【内戦】「—の絶えない国」
ないせん【内線】⇔外線。「—番号」
ないそう【内装】「—工事」「店の—を新しくする」
ないぞう【内蔵】「留守電機能を—した携帯電話」「高度文明社会が—する問題」
ないぞう【内臓】「—を患って入院する」
ないだく【内諾】「就任を—する」「部長の—を得る」
ないだん【内談】「役員数人で—した結果」
ないち【内地】「—留学」「—に引き揚げる」
ないつう【内通】「敵に—する」
ないてい【内定】「—通知」「採用が—する」
ないてい【内偵】「汚職の容疑者を—する」
ないてき【内的】「—生活」「—な要因」
ないない【内内】「—に処分する」「意向を—に打診する」「—の話ですが」
ないないづくし【無い無い尽くし】「—の貧乏所帯」
ないはってき【内発的】「—な欲求に従う」
ないぶ【内部】「—告発」「建物の—」「—の事情に詳しい」
ないふく【内服】⇔外用。「化膿止めの—薬」

ないふん【内紛】「—が絶えない会社」

ないぶん【内分】表ざたにしないこと。内聞。「これは—にしておく」

ないぶん【内聞】内々に聞くこと。また、「内分」に同じ。「—に達する」「この件は御—に願います」

ないほう【内包】内部にもつこと。「危険性(矛盾)を—している」

ないまぜ【(▼綯)い交ぜ】「うそとまことを—にする」

ないみつ【内密】「—に交渉を進める」「どうぞ御—にお願いします」

ないめい【内命】秘密の命令。「—を受ける」

ないめん【内面】⇔外面。「—の苦悩は計り知れない」

ないや【内野】⇔外野。「—手」「—安打(ゴロ)」

ないやく【内約】「—を交わす(得る)」

ないゆうがいかん【内憂外患】内外の心配事。「—が相次ぎ、政情不安定に陥る」

ないよう【内用】うちわの用事。内服。⇔外用。「もっぱら—する薬」

ないよう【内容】「報道の—をかいつまんで話す」「—に乏しい議論」

ないらん【内乱】国内の騒乱。「—が起きる」

ないらん【内覧】非公式に見る。「—会」

ないりく【内陸】「—部」「—性気候」

なう【▼綯う】「泥棒を捕らえて縄を—」
なえ【苗】「花の—」「—を植える」
なえぎ【苗木】「—市」「杉の—」
なえどこ【苗床】種をまいて苗を育てる場所。
なえる【萎える】「寝たきりで足が—」「立ち向かおうとする気力が—」
なお【▽猶・▽尚】「今も—語り継がれている」「—いっそう精進されたい」「謝らずにいる方が—悪い」「—詳細は追ってお知らせ致します」「過ぎたるは—及ばざるがごとし」
なおかつ【▽尚且つ】「できるだけ短く—わかりやすく書き記す」「強く忠告しても—改めない」
なおさら【▽尚更】「そんなことをしたら—悪くなる」「それなら—早く行くべきだ」
なおざり【〈等閑〉】おろそか。「勉学を—にする」
なおす【直す】正しくする。改める。置き換える。「機械の故障を—」「文章の誤りを—」「英文を和文に—」「機嫌を—」
なおす【治す】もとの健康な状態に戻す。「風邪を—」「傷を—」
なおなおがき【尚尚書】追伸。二伸。「—を添える」
なおらい【直▽会】神事の後、供え物を飲食する行事。「—の宴」
なおる【直る】正しくなる。修復される。「故障が—」

「悪い癖が―らない」「機嫌が―」

なおる【治る】「病気が―」「けがが―」

なおれ【名折れ】名を汚す。不名誉。「一族の―だ」

なか【中】内部。内側。あいだ。「もっと―に入って下さい」「―に立って話しをまとめる」「―を取って五万円で手を打つ」

なか【仲】間柄。関係。「―のよい兄弟」「夫婦の―を取り持つ」

ながあめ【長雨】霖雨〈りんう〉。「秋の―」

なかい【仲居】「料亭の―さん」

ながい【長居】「―は無用」「すっかり―してしまう」

ながい【長い】距離・時間の隔たりが大きい。⇔短い。「―道のり」「―行列」「日が―・くなる」「―目で見る」「―物には巻かれろ」

ながい【永い】時間的にいつまでも続くさま。「―眠りにつく」

ながいき【長生き】「親には―してもらいたい」

ながいも【長芋・長▼薯】畑で栽培するとろろいも。

なかいり【中入り】相撲や芝居の中休み。

ながうた【長唄】三味線に合わせて歌う長い謡物。

ながえ【▼轅】牛車などの前方に突き出た二本の棒。

ながえ【長柄】「―のキセル〈槍〉」

なかおち【中落ち】三枚におろした魚の中骨の部分。

なかがい【仲買】「―人」

ながぐつ【長靴】「雨の日に―を履く」

なかし【仲仕】船の貨物の積み降ろしをする人。「沖―」

ながし【流し】「灯籠―」「―のギター弾き」「―のタクシー」「―で野菜を洗う」

ながしびな【流し▼雛】川に流す雛祭りの人形。

ながしめ【流し目】「好きな相手に―を使う」

なかす【中州・中▼洲】「博多の中洲」

ながす【流す】「水に―」「会議を―」

ながすくじら【長須鯨】ヒゲクジラの一種。

なかせんどう【中山道・中仙道】五街道の一つ。「―の宿場町」

ながそで【長袖】「―のシャツ」

なかたがい【仲▽違い】「友人と―する」

なかだち【仲立ち・▽媒】「知人の―で一緒になる」「受粉の―をする昆虫」

なかだるみ【中▼弛み】「―した試合」

ながちょうば【長丁場】「この仕事は―になりそうだ」

なかつぎ【中継(ぎ)・中次】「―貿易」「―の投手」

ながつき【長月】陰暦九月。

ながっちり【長っ▽尻】「―の客」

ながつづき【長続き】「何をやっても―しない」

なかづり【中▼吊り】「電車の―広告」

なかて【中手・中▽稲】早稲の次に実る稲。

ながと【長門】旧国名。山口県の西北部。長州。

なかなおり【仲直り】「話し合って―する」

なかなか【《中中》】「―よく似合っている」「病が―治らない」

なかにわ【中庭】「校舎の―」

ながねぎ【長▼葱】普通の棒状のネギ。ねぶか。

ながねん【長年・永年】「―のつきあい」「―の苦労」

なかば【半ば】「春の―」「―あきらめる」

なかび【中日】「公演の―」

ながびつ【長▼櫃】衣服や調度を入れる長くて大きな箱。

ながひばち【長火鉢】長方形の箱火鉢。

なかま【仲間】「―入り」「―を助ける」

なかみ【中身・中味】「箱の―」「話の―」「外見は立派だが―は空っぽだ」

なかみせ【仲見世・仲店】境内の商店街。

ながめる【眺める】「窓から外の様子を―」

ながもち【長持】衣服や調度品を入れる長方形の箱。

ながもち【長持(ち)】「丈夫で―する靴」

ながや【長屋・長家】「―ずまい」

ながゆ【長湯】「―してのぼせる」

なかよし【仲良し】「隣の子と―になる」

ながら【《▼乍》ら】「まことに勝手—」「—族」

ながらえる【長らえる・永らえる・▽存える】「命を—」

ながらく【永らく・長らく】「—お待たせしました」

なかれ【▼勿れ・▼莫れ・▼毋れ】「驚く—」

ながれだま【流れ弾】目標をそれた弾丸。

ながれぼし【流れ星】流星〈りゅうせい〉。

ながれもの【流れ者】定住せず渡り歩く者。

ながれる【流れる】「汗が滝のように—」「不穏な空気が—」「生活が怠惰に—」「雨で試合が—」

ながわずらい【長患い】長い年月にわたる病気。

なかんずく【〈就中〉】「この傾向は—晩年の作品に目立つ」〔現代仮名遣いでは「なかんづく」とも書く〕

なき【泣き】「—を入れる」「—を見る」

なき【亡き】「—父をしのぶ」

なぎ【▼凪・▽和】風が止んで波が静かになった状態。「夕—」「—模様の政局」

なぎ【▼梛】マキ科の常緑高木。

なきがら【亡き▽骸】「—にすがって泣く」

なきごと【泣き言】「—ばかり言う」

なぎさ【▼渚・▼汀】「—で波と戯れる子供たち」

なきじゃくる【泣き▼噦る】「いつまでも—子」

なぎたおす【▼薙ぎ倒す】「草を鎌で—」「並みいる強豪を—」

なきつく【泣き《付》く】「親に—」
なきっつら【泣きっ面】「—に蜂〈はち〉」
なきどころ【泣き所】「—をつく」「弁慶の—」
なぎなた【〈長刀〉・〈薙刀〉・〈眉尖刀〉】刀身に柄を付けた武器。
なきねいり【泣(き)寝入り】「文句も言えずに—する」
なく【泣く】涙を流す。つらく感じる。「赤ん坊が—」「重なる不幸に—」
なく【鳴く・▼啼く】鳥・獣・虫などが声を出す。「小鳥が—」「虫が—」「—・かず飛ばず」〔鳥の場合には「啼く」とも書く〕
なぐ【▼凪ぐ・▽和ぐ】「海(風)が—」
なぐ【▼薙ぐ】「鎌で草を—」
なぐさめる【慰める】「試合に負けた友人を—」「音楽が私の心を—めてくれる」
なくなる【亡くなる】「老衰で祖父が—」
なくなる【無くなる】「鍵が—」「心配事が—」
なぐる【殴る・▼擲る・▼撲る】「げんこつで頭を—」
なげうつ【▼抛つ・▼擲つ】「全財産を—って会社を設立する」
なげかける【投げ《掛》ける】「疑問を—」
なげかわしい【嘆かわしい】「—風潮」「実に—ことだ」

なげく【嘆く・▼歎く】「身の不幸を—」「モラルの低下を—」
なげくび【投(げ)首】「思案—する」
なげし【▽長▼押】日本間の柱と柱の間をつなぐ横材。
なげだす【投(げ)出す】「命を—」「仕事を—」
なげつける【投げ《付》ける】「石を—」「非難の言葉を—」
なげやり【投げ▽遣り】「—な態度(物言い)」
なげる【投げる】「ボールを—」「相手を土俵の外に—」「勝負を—」「匙を—(=あきらめる)」
なこうど【《仲人》】「結婚式に—を立てる」
なごしのはらえ【▽夏越しの▼祓・名越しの▼祓】六月晦日の神事。
なごむ【和む】「優しい笑顔に心が—」
なごやか【和やか】「—な雰囲気」「終始—に会談は行われた」
なごり【《名残》】なお残る気分。別れの際の心残り。「昔の—をとどめる古城」「—を惜しむ」
なごり【〈余波〉】風がないだあとも、なお静まらない波。「台風の—のうねり」
なさけ【情け】「深—」「—を掛ける」「人の—が身にしみる」「—容赦なく」「—は人の為ならず」
なざし【名指し】「—で非難する」
なさぬなか【▽生さぬ仲】義理の親子関係。「—の親

な

子」

なし【梨】―なし 「梨子地・梨の礫〈つぶて〉・洋梨」

なし【梨】バラ科の果物。有〈あり〉の実。

なしくずし【《▽済》し崩し】「―に形骸化していく」

なしじ【▽梨子地】梨の実の皮に似た蒔絵。

なしとげる【成(し)遂げる】「偉業を―」

なしのつぶて【梨の▼礫】「いくら問い合わせても―だった」

なじみ【▼馴染み】「昔―」「―の客」「―深い土地」

なじむ【▼馴染む】「店の雰囲気に―・まない絵」

なじる【▽詰る】「約束違反を―・られる」

なす【〈茄子〉・▼茄】「秋―は嫁に食わすな」

なす【▽生す】子を産む。「子まで―・した仲」

なす【成す】つくる。構成する。やりとげる。「一代で財を―」「群れを―」「文章の体を―・していない」「災いを転じて福と―」

なす【▽為す】する。行う。「―がままに任せる」「―・せば成る」「―術〈すべ〉もない」

なす【▽済す】借金を返す。済ませる。「―時の閻魔顔〈えんまがお〉」

なずな【▼薺】春の七草。ペンペングサ。

なすび【〈茄子〉・▼茄】なす(茄子)。

なずむ【▽泥む・▽滞む】こだわる。とどこおる。「暮れ―」

なすりつける【《▽擦》り付ける】「罪を人に―」

なする【《▽擦》る】「泥を衣服に―」

なぜ【〈何故〉】「―黙っているのか」

なぜる【▼撫ぜる】なでる。「ひげを―」

なぞ【謎[謎]】―なぞ 「謎掛け・謎解き・謎謎」

なぞ【謎】「永遠の―」「―の人物」

なぞなぞ【《謎謎》】「―遊び」

なぞらえる【▽準える・▽准える・▽擬える】「人生を旅に―」

なた【▽鉈】「―で薪を割る」「予算削減に―を振るう」

なだ【▼灘・▽洋】「玄海―」

なだい【名代】有名なこと。「当地―の銘菓」

なだい【名題】一座の上位の役者。「―看板」「―披露」

なだかい【名高い】「避暑地として―軽井沢」

なたね【菜種】「―油」「―和え」

なたねづゆ【菜種《梅雨》】春の長雨。

なたまめ【▼鉈豆・▽刀豆】マメ科の一年草。

なだめる【▼宥める】「はやる部下を―」「―・めたりすかしたりして子供の機嫌をとる」

なだれ【《雪崩》・▽傾れ】「―を打って敗走する」

なつ【夏】「―の休暇」「―場」

なついん【▼捺印】「書類に署名―して提出する」

なつがけ【夏掛け】「―一枚で十分だ」

なつかしい【懐かしい】「故郷が―」「―歌」

なつかぜ【夏《風邪》】「―は治りにくい」

なつがれ【夏枯れ】「―相場」

なつく【懐く】「後輩たちもよく―・いている」「野生の動物は人に―・かない」

なつくさ【夏草】「―や兵〈つわもの〉どもがゆめの跡／芭蕉」

なづけおや【名付け親】「恩師に―になってもらう」

なつこだち【夏木立】夏の、生い茂った木立。

なっせん【▼捺染】型紙を用いて模様を染める染め方。「―更紗(友禅)」

なっとう【納豆】「―巻き」「―菌」

なっとく【納得】「―がいかない」「―尽くの話」

なつどなり【夏隣】夏に間近い季節。

なっぱ【菜っ葉】葉の部分を食べる野菜。

なつばしょ【夏場所】五月に行う大相撲。

なつび【夏日】最高気温が二五度以上の日。

なつまけ【夏負け】夏の暑さに体が弱る。

なつまつり【夏祭(り)】夏に行われる神社の祭り。

なつみかん【夏▽蜜▼柑】ミカン科の大形な果物。

なつめ【▼棗】クロウメモドキ科の落葉小高木。

なつやすみ【夏休み】「―の宿題」
なつやせ【夏痩せ】「―には鰻が良い」
なでがた【▼撫で肩】「―の女」
なでぎり【▼撫で斬り】「上位チームを―にする」
なでしこ【▼撫子・〈瞿麦〉】ナデシコ科の草。秋の七草。「大和―(=日本女性の清楚な美しさを称えていう語)」
なでる【▼撫でる】「子供の頭を―」「あごを―・でて思案する」
など【《▽等》】「犬や猫―」「遠慮―するな」
などころ【名所】器物の各部分の名称。また、名所。「太刀の―」「紅葉の―」
なとり【名取】「日本舞踊の―になる」
ななえ【七重】「―の膝を八重に折る(=重ねて嘆願、謝罪するさま)」
なながまど【七▼竈】バラ科の落葉小高木。
ななくさ【七草】「春(秋)の―」
ななくさがゆ【七草▼粥】正月七日に食べるかゆ。
ななひかり【七光】「親の―で重役に就く」
ななめ【斜め】「道を―に横切る」「―向かいの家」「御機嫌―」
なに【何】「―はなくても」「―はともあれ」
なにがし【▽某・何▽某】「田中―とか名乗る人物」「―かの金が必要だ」

なにとぞ【《何▽卒》】「―よろしくお願い致します」
なにもの【何者】「―かに襲われた」
なにもの【何物】「―にも代え難い宝だ」「過大評価以外の―でもない」
なにゆえ【何《故》】「―報告しなかったのか」
なにわ【難波・浪速・浪華】「難波津」「難波潟」「浪速っ子」「浪速踊り」
なにわぶし【▽浪▽花節】三味線つきの語り物。浪曲。
なぬし【名主】江戸時代、町や村の長。
なのはな【菜の花】アブラナの花。「―畑」
なのる【名乗る・名▽告る】「受付で―」「山本と―男」
なびく【▼靡く】「旗が風に―」「主流派に―」
なふだ【名札】名前を記した札。
なぶる【▼嬲る】「猫がねずみを―」
なべ【鍋】なべ ―「鍋底・鍋奉行・鍋蓋・鍋物・鍋料理」
なべ【鍋】「みんなで―をつつく(囲む)」
なべぞこ【鍋底】長い悪い状態。「―景気」
なべて【▽並べて】「―世はこともなし」
なへん【那辺・奈辺】どのへん。どこいら。「真意が―にあるか不明だ」
なま【生】「―の魚」「―放送」
なまあくび【生〈欠伸〉・生▽欠】「―をかみ殺す」

なまいき【生意気】「―盛り」「子供のくせに―だ」「―な口をきく」
なまえ【名前】人や事物の呼び方。な。「―を呼ぶ」
なまえんそう【生演奏】「ピアノの―」
なまかじり【生▼齧り】「―の知識をひけらかす」
なまきず【生傷・生▼疵】「わんぱくで―が絶えない」
なまぐさい【生臭い・▼腥い】「―臭気が漂う」「―話(うわさ)」
なまくび【生首】「―を晒〈さら〉す」「人員余剰だとはいえ―を切るわけにはいかない」
なまくら【▽鈍ら】「―な職員」
なまけもの【怠け者・▼懶け者】怠けてばかりいる人。
なまけもの【〈樹懶〉】中南米にすむサルに似た動物。(普通「ナマケモノ」と片仮名で書く)
なまける【怠ける・▼懶ける】「仕事(勉強)を―」
なまこ【〈海鼠〉】海底にすむ棘皮動物。
なまごろし【生殺し】「蛇の―」「―も同然の仕打ち」
なまじ【《▼憖》】「―知っている間柄なので頼みづらい」
なます【▼膾】「羹〈あつもの〉に懲りて―を吹く(=度の過ぎた用心)」

なまず【▼癜】白や褐色のまだらができる皮膚病。
なまず【▼鯰】ナマズ目の淡水魚。
なまずひげ【▼鯰▼髭】細長い口ひげ。
なまつば【生唾】「―を呑み込む」
なまづめ【生爪】「―を剝〈は〉がす」
なまなか【《生半》】「―の努力では無理だ」「―慰留などしてもらいたくない」
なまなましい【生生しい】「傷跡が―」
なまにえ【生煮え】「―な態度をとる」
なまぬるい【生▽温い】「これほどの罪で罰金一万円とは―」
なまはんか【生半可】「―な知識」「―な努力では達成できない」
なまびょうほう【生兵法】生半可な武術の心得。「―は大怪我の基」
なまへんじ【生返事】「うわのそらで―をする」
なまみ【生身】「教師だって―の人間だ」
なまめかしい【▽艶かしい】「―目つき」
なまもの【生《物》】「―ですので早めにお召し上がり下さい」
なまやさしい【生易しい】「合格は―ことではない」
なまり【▼訛り】「故郷の―」「―がある」
なまり【鉛】金属元素の一。有毒。
なまり【生り】蒸したカツオを生干しした食品。
なまる【▼訛る】「ヒをシと―」
なまる【▽鈍る】「包丁が―」「どうにも腕(体)が―ってしょうがない」
なみ【並(み)】「世間―」「人―」
なみ【波・▽浪】「―が荒れる」「景気の―」「感情に―がある」
なみいる【並(み)居る】「議場に―議員たち」
なみうちぎわ【波打(ち)際】「―を歩く」
なみかぜ【波風】「二人の関係に―が立つ」
なみき【並木】「ポプラ―」「―道」
なみする【▽蔑する】ないがしろにする。あなどる。「信仰を―愚かな民」
なみだ【涙・▼泪】「―を流す」「聞くも―語るも―の物語」「血も―もない非情な仕打ち」「雀の―」
なみたいてい【並大抵】「―のことでは驚かない」
なみだきん【涙金】「ほんの―で立ち退かされた」
なみだぐましい【涙ぐましい】「―ほどの努力」
なみだもろい【涙▼脆い】「年を取るとかく―くなる」
なみなみ【並並】「―ならぬ努力」
なみのはな【波の花・波の華】食塩。白く泡立つ波しぶき。
なみのり【波乗り】サーフィン。
なみはずれる【並外れる】「―れた腕力(体格)」
なみまくら【波枕】船旅。波音を聞きながらの旅寝。
なむさん【南無三】失敗した時の語。しまった。「―。逃がしてしまった」
なめくじ【〈蛞蝓〉】「―に塩をかける」
なめこ【《滑子》】きのこの一種。
なめし【菜飯】刻んだ青菜をまぜた飯。
なめしがわ【▼鞣革】なめしてやわらかくした革。
なめす【▼鞣す】「シカの皮を―」
なめらか【滑らか】「―な肌」「―な口調で話す」
なめる【▼嘗める・▼舐める】「飴を―」「世の辛酸を―」「相手を―めてかかる」
なや【納屋】物置小屋。
なやましい【悩ましい】「―姿」
なやみ【悩み】「―の種」
なやむ【悩む】「将来について―」「持病に―」
なよたけ【▽弱竹】細くしなやかな竹。めだけ。
なら【▼楢・▼柞・▼枹】ブナ科の落葉高木。
ならい【習い】「有為転変は世の―だ」
ならう【倣う・▼傚う】手本としてまねる。「前例に―」「右へ―え」「顰〈ひそ〉みに―」
ならう【習う】人から教わる。「ピアノを―」「―より慣れろ」
ならく【奈落】「―の底に落ちる」

ならす【▽均す・▽平す】「土地を—」『—と一科目八〇点になる』

ならす【慣らす】慣れるようにする。「暗闇に目を—」「英会話を聞いて耳を—」

ならす【▼馴らす】動物をしつける。「犬を飼い—」

ならす【鳴らす】「発車のベルを—」『強打で—した選手』「舌を—」

ならずもの【〈破落戸〉】悪事をする者。ごろつき。

ならづけ【奈良漬(け)】「瓜の—」

ならぶ【並ぶ・▽双ぶ】「一列に—」『他に—者がない』

ならべる【並べる・▽双べる】「会場に椅子を—」「肩を—べて歩く」『不平を—』

ならわし【習わし・▽慣わし】しきたり。風習。「世の—」

なり【《▽形》・《▽態》】「—は一人前だが中身はまだ子供だ」『派手な—をして出かける』

なり【《▽形》】「道—に行く」『人の言う—になる』『彼には彼—のやり方がある』

なり【▼也】「金伍萬圓—」

なり【鳴り】「—を静める」

なりあがる【成り上(が)る】「一従業員から社長に—」

なりかわる【成り代(わ)る】「本人に—・りまして一言御礼申し上げます」

なりきぜめ【成(り)木責め】小正月の予祝行事。

なりきん【成(り)金】「石油—」『—趣味』

なりすます【成(り)済ます】「警官に—」

なりたち【成(り)立ち】「我が社の—」

なりて【《▽為》り手】「船乗りの—がいない」

なりどし【▽生り年】果実がたくさんなる年。

なりふり【《▽形》振り】「—構わずに働く」

なりもの【▽生り物】実のなる木。「庭木に—を植える」

なりもの【鳴(り)物】楽器。「歌と踊りに—が加わる」

なりものいり【鳴(り)物入り】派手な宣伝。「—で新製品を売り出す」

なりゆき【成(り)行き】「今後の—に注目したい」『—に任せて行動する』

なりわい【▽生▽業】「代々医業を—としている」

なる【成る】できあがる。構成される。「体育館の新装—」『全勝優勝—・らず』『為せば—』

なる【《▽為》る】別のものに変わる。別の状態に達する。「春に—」『早く大人に—・りたい』

なる【▽生る】実ができる。「梅の実が—」

なる【鳴る】「鐘が—」『厳格をもって—教授』

なるかみ【鳴神】かみなり。

なるこ【鳴子】竹と板の鳴る音で鳥をおどす具。

なるたけ【《成》る《丈》】「—行きます」

なると【鳴▽門】「—の渦潮」『—巻き(＝かまぼこ)』

なるべく【《成》る《▽可》く】「—出席して下さい」

なるほど【《成》る《程》】「—君の意見ももっともだ」

なれ【慣れ・▼馴れ】「車の運転は—だ」

なれあい【▼馴れ合い】「—の仕事」

なれずし【▽熟れ▼鮨】「鮒〈ふな〉の—」

なれそめ【▼馴れ初め】「二人の—を語る」

なれなれしい【▼狎れ▼狎れしい・▼馴れ▼馴れしい】「変に—男」

なれのはて【成れの果て】「裏切り者の—」

なれる【慣れる】何とも思わなくなる。習熟する。「ようやく会社勤めにも—・れてきた」『習うより—・れろ』

なれる【▼馴れる】動物がなつく。「よく—・れている猫」

なれる【▼狎れる】親しみすぎて礼を欠く。「寵愛に—」

なれる【▽熟れる】熟成して味がよくなる。「味噌が—・れてくる」

なわ【縄】「—を綯〈な〉う」『お—になる』

なわしろ【苗代】「—を打つ」

なわつき【縄付き】罪人としてとらえられること(人)。

なわて【▼畷】あぜ道。たんぼ道。

なわとび【縄跳び】回した縄を跳ぶ遊戯。

なわのれん【縄▽暖▼簾】縄を下げたのれん。居酒屋。

なわばり【縄張(り)】「暴力団の—争い」

なわめ【縄目】縄の結び目。「—の恥を受ける(＝罪人としてお縄になる恥)」

なん【男】⇩だん(男)。「一男・善男善女・嫡男・長男・美男」

なん【南】ナン・(ナ) みなみ「南緯・南下・南画・南極・南国・南進・南端・南北・以南・指南・西南・東南」

なん【納】⇩のう(納)。「納戸」

なん【軟】ナン やわ-らか・やわ-らかい「軟化・軟球・軟禁・軟骨・軟式・軟弱・軟水・軟派・硬軟・柔軟」

なん【難(難)】ナン かた-い・むずか-しい「難解・難関・難局・難航・難民・難問・救難・苦難・困難・災難・至難・受難・遭難・盗難・万難・非難」〔「むずかしい」は、「むつかしい」とも〕

なん【何】「—十」「—のまねだ」

なん【難】「生活(就職)—」「水火の—」「なんとか—を逃れる」「—を言えば」

なんいど【難易度】「志望校の—を調べる」

なんか【南下】⇕北上。「ロシアの—政策」

なんか【軟化】やわらかくなる。⇕硬化。「態度が—する」
なんか【難化】「ここ数年—した大学」
なんが【南画】「与謝蕪村の—」
なんかい【難解】「—な哲学書」
なんかん【難関】「—にさしかかる」「—を突破する」
なんぎ【難儀】「借金の返済に追われて—する」「雪道に—する」
なんきつ【難詰】欠点をあげてなじる。「事故の責任者を—する」
なんきゅう【軟球】テニスや野球用の柔らかいボール。⇕硬球。
なんぎょうくぎょう【難行苦行】「—の末、やっとたどり着く」
なんきょく【南極】地軸が南方で地表と交わる点。⇕北極。「—大陸」
なんきょく【難局】むずかしい局面。「—に直面する」「—を乗り切る」
なんきん【軟禁】「自宅に—する」
なんくせ【難癖】「—をつける」
なんご【▼喃語】乳児のまだ言葉とは言えない声。
なんご【難語】「—の意味を調べる」
なんこう【軟▼膏】「化膿止めの—を塗る」
なんこう【難航】「交渉が—する」

なんこうふらく【難攻不落】「—の城(要塞)」
なんこつ【軟骨】「鶏—の唐揚げ」
なんざん【難産】容易でないお産。⇕安産。「長女のときは—だった」「—の末、ようやく法案が可決した」
なんじ【難治】「—性の皮膚病」
なんじ【難事】「一致団結して—に立ち向かう」
なんじ【▼汝・▼爾】「—自身を知れ(＝ソクラテスの言葉)」
なんしき【軟式】軟球を用いる球技。「—テニス(野球)」
なんじゃく【軟弱】「—な地盤」「—な気質」
なんじゅう【難渋】「撤去作業が—する」
なんしょ【難所】「—にさしかかる」
なんしょく【難色】「受け入れに—を示す」
なんじる【難じる】「失策を—」〔サ変「難ずる」も同じ〕
なんすい【軟水】⇕硬水。
なんせん【難船】船が破損する。「暴風雨に遭って—する」
なんせんほくば【南船北馬】絶えず旅している。「東奔西走—」
なんだい【難題】「無理—を吹っかける」
なんたいどうぶつ【軟体動物】イカ・タコの類。
なんちゅう【南中】天体が子午線を通過する。「—時間」

なんちょう【軟調】 相場が下がり気味である。⇕堅調。

なんちょう【難聴】「—でよく聞こえない」

なんてき【難敵】「—にぶつかる」

なんてん【南天】 南の空。また、メギ科の常緑低木。「—の赤い実」

なんてん【難点】「値段が高いのが—だ」

なんと【南都】 奈良。「—仏教」「—北嶺」

なんど【納戸】「—に冬物を仕舞う」

なんど【難度】「この技の—はかなり高い」

なんとう【軟投】「—派の投手」

なんどく【難読】「—漢字にルビを振る」

なんなく【難無く】「—パスする」

なんなん【▼喃▼喃】 ぺちゃくちゃ言うさま。「喋々—」

なんなんとする【▽垂んとする】 正になろうとする。「五万人に—大観衆」

なんにょ【男女】「老若〈ろうにゃく〉—」

なんにん【何人】「—もの人」

なんねん【何年】「—生まれか」

なんぱ【軟派】「—学生」「かわいい子を—する」

なんぱ【難破】「船が—する」

なんばん【南蛮】 昔、東南アジアの称。「鴨—」「—漬け」「—鴃舌〈げきぜつ〉(=やかましいだけで意味の通じない言葉)」

なんぴと【何人】「—も成し得なかった大事業」「—たりともここを通さない」

なんびょう【難病】「—に苦しむ(罹る)」

なんぴょうよう【南氷洋】 南極海。

なんぷう【軟風】 そよ風。微風。「—が吹く」

なんぶつ【難物】 扱い方に困るもの(人)。

なんべい【南米】「—の国々」

なんべん【何遍】「—も失敗する」

なんべん【軟便】 下痢ではないやわらかい大便。

なんみん【難民】「—救済」「就職—」

なんめん【南面】「—の位(=帝位)」

なんもん【難問】「—を見事に解く」

なんやく【難役】「—も上手にこなす」

なんよう【南洋】「—群島」

なんら【何▽等】「—心配はない」「—恥じることではない」

なんろ【難路】「—に差し掛かる」

に

に【二】 ニ ふた・ふた-つ 「二院・二階・二重・二乗・二世・二分」

に【尼】 ニ あま 「尼僧・禅尼・比丘尼〈びくに〉・老尼」

に【弐(貳)】 ニ 「弐万円」(金額などを書く時「二」の代わりに用いることがある)

に【児(兒)】 ⇩じ(児)。「小児」

に【荷】 荷物。負担。「肩の—が下りた」

にあい【似合い】「—の夫婦」

にあう【似合う】「帽子がよく—」

にあげ【荷揚げ】「貨物を—する」

にいさん【《兄さん》】 ⇕姉さん。

にいづま【新妻】 新婚の妻。

にいなめさい【新▼嘗祭】 新穀を神に供える宮中行事。

にいぼん【新盆】 その人の死後初めて迎えるお盆。

にいまくら【新枕】「—を交わす」

にうけ【荷受(け)】「—人」

にうごき【荷動き】荷物の動き。「—のいい商品」
にえ【▽沸・▼錵】日本刀の地肌と刃の境目の模様。
にえ【▼贄・▽牲】神へ捧げる供物。いけにえ。
にえきらない【煮え切らない】はっきりしない。「—態度」
にえくりかえる【煮え繰り返る】「腹わたが—」
にえたぎる【煮え▽滾る】「—った湯」
にえゆ【煮え湯】「—を飲まされる(=裏切られる)」
にえる【煮える】「芋が—」
にお【▽堆】刈り稲を円錐形に積みあげたもの。にご。
にお【▼鳰】カイツブリの古名。
におい【匂い】よい香り。「いい—」「—袋」
におい【臭い】くさい臭気。「いやな—」「犯罪の—」
におう【匂】にお-う|—「咲き—」「匂い紙・匂い袋」
におう【仁王】「—門」「—立ち」
におう【匂う】よい香りがする。「梅の香が—」
におう【臭う】くさく感じる。「靴下が—」
におわす【匂わす】ほのめかす。「引退を—発言」
にがい【苦い】「—経験」「良薬は口に—し」
にがおえ【似顔絵】「—を画いてもらう」
にがす【逃がす】「鳥を—」「好機を—」
にがて【苦手】「—な科目」
にがにがしい【苦苦しい】「—思い」

にがみ【苦《味》】「薬の—」
にがむし【苦虫】「—をかみつぶしたような顔」
にかよう【似通う】「両者には—った点がある」
にがり【苦▽汁】「—を入れて豆腐を固める」
にかわ【▼膠】「—で付ける」
にがわらい【苦笑い】苦笑。「生徒に間違いを指摘されて—する」
にぎにぎしい【▼賑▼賑しい】「—くご来場いただき…」
にきび【〈面皰〉】「顔に—が出来る」
にきみたま【▽和▽御▽魂】平和や静穏をもたらす霊魂。
にぎやか【▼賑やか】「—な街」「—な話し声」
にぎり【握り】「バットの—」「お—」
にぎりこぶし【握り拳】「—を振り上げる」
にぎる【握る】「弱みを—られている」「手に汗を—熱戦」
にぎわう【▼賑わう】「—町」
にく【肉】ニク|—「肉眼・肉親・肉薄・果肉・筋肉・苦肉・骨肉」
にく【肉】「腹に—が付く」「血湧き—踊る」
にくい【憎い・▽悪い】許せない相手と思う。心憎い。「裏切った相手が—」「私の心を奪った—人」
にくい【《▽難》い】することが難しい。「歩き—道」「わかり—説明」

にくがん【肉眼】「遠くの島が—で確認できる」
にくかんてき【肉感的】「—な描写」
にくげ【憎《気》】「—のない男」
にくしみ【憎しみ】「—が増す」
にくじゅう【肉汁】「—の旨味を閉じこめた餃子」
にくしょく【肉食】⇔草食。「—動物」
にくしん【肉親】「—の情」
にくずく【肉豆▼蔲】種子はナツメグ。香味料。
にくずれ【荷崩れ】「—しないようにロープでしばる」
にくせい【肉声】「—に耳を傾ける」
にくたい【肉体】「—労働」「—関係をもつ」
にくだん【肉弾】「—攻撃」
にくだんご【肉団子】ミートボール。
にくち【肉池】朱肉を入れる器。肉入れ。
にくづけ【肉付け】「構想に—して仕上げる」
にくにくしい【憎憎しい】「—やつ」
にくはく【肉薄】「首位に—する勢い」
にくばなれ【肉離れ】「—を起こす」
にくひつ【肉筆】「著名な作家の—原稿」
にくぶと【肉太】「—な文字」
にくぼそ【肉細】「—に書く」
にくまれぐち【憎まれ口】「—をたたく」

にくむ【憎む・▽悪む】「悪を―」「罪を―・んで人を―・まず」
にくよく【肉欲】性欲。色欲。
にくらしい【憎らしい】「―男」
にぐるま【荷車】「―を引く」
にげかくれ【逃げ隠れ】「もう―しない」
にげこうじょう【逃(げ)口上】「巧みな―で詰問をかわす」
にげごし【逃げ腰】「いざとなると―になる」
にげだす【逃(げ)出す】「会場から―」
にげのびる【逃(げ)延びる】「国外に―・びた」
にげみず【逃(げ)水】近づくと遠ざかる蜃気楼の水。
にげみち【逃(げ)道】「―を探す」
にげる【逃げる】「―・げた魚は大きい」「―が勝ち」
にこげ【▽和毛】やわらかな毛。うぶ毛。
にこごり【煮▽凝り】魚の煮汁の固まったもの。
にごしらえ【荷▼拵え】「厳重に―する」
にごす【濁す】「口(言葉)を―」「お茶を―」「立つ鳥跡を―・さず」
にこみ【煮込み】「もつ―」「―うどん」
にごりざけ【濁り酒】どぶろく。
にごる【濁る】⇔澄む。「川の水が―」「―・っただみ声」
にころがし【煮転がし】にっころがし。「芋の―」
にざかな【煮魚】「カレイを―にする」

にし【西】⇔東。「―向く侍」「越してきたばかりで―も東もわからない」
にじ【虹《にじ》】「虹色・朝虹・二重虹・夕虹」
にじ【虹】「雨上がりの空に―がかかる」
にしき【錦】「紅葉の―」「故郷に―を飾る」
にしきえ【錦絵】多色刷りの浮世絵版画。
にしきぎ【錦木】ニシキギ科の落葉低木。
にしきのみはた【錦の▽御旗】大義名分。「行政刷新を―に掲げる」
にじげん【二次元】「―空間」
にしじんおり【西陣織】「―の帯」
にしび【西日】「―が入る部屋」
にじます【虹▼鱒】サケ科の淡水魚。
にじむ【▼滲む】「インクが―」「血の―ような努力」「解散の可能性を―・ませた発言」
にしめ【煮▽染め】「惣菜屋で―を買う」
にしゃたくいつ【二者択一】「―を迫られる」
にじりぐち【▼躙り口】茶室の小さな出入り口。
にじりよる【《▼躙》り寄る】「壁際へ―」
にじる【煮汁】「魚の―」
にじる【《▼躙》る】「人の好意を踏み―」「敵にじわじわと―・り寄る」
にしん【▼鰊・▼鯡】北の海にすむ魚。春告魚。

にしん【二心・弐心】「―を抱く」
にしん【二伸】追伸。
にせ【▼贋・偽】「―の宝石」
にせ【二世】現世と来世。「―を契る(=夫婦の契りを結ぶ)」
にせい【二世】「日系―」「エリザベス―」「―が誕生した」
にせさつ【▼贋札】偽造された紙幣。
にせもの【▼贋物・偽物】「―を掴ませられる」
にせる【似せる】「彼の字に―」
にそう【尼僧】女の僧。あま。
にそくさんもん【二束三文】「蔵書を―で手放す」
にそくのわらじ【二足の〈草鞋〉】二種を兼ねる。「―を履く」
にだ【荷駄】「馬に―を載せる」
にだい【荷台】「トラックの―に荷物を積む」
にたき【煮炊き】「―する夕餉の風景」
にたりよったり【似たり寄ったり】大同小異。「―の成績」
にち【日《ニチ・ジツ　ひ・か》】「日月・日常・日没・日夜・日用・日光・日参・縁日・今日・初日・知日・命日」
にちげん【日限】「後二日と―を切る」

に

にちじ【日時】「開催の―」
にちじょう【日常】「―の生活」
にちじょうさはんじ【日常茶飯事】ありふれたこと。「この程度の失敗は―だ」
にちぼつ【日没】日の入り。いりあい。
にちや【日夜】「―研究に励む」
にちよう【日用】「―品」「―雑貨」
にちようがっこう【日曜学校】「―に出かけて聖書を読む」
にちようだいく【日曜大工】休日の大工仕事。
にちりん【日輪】太陽。日。「―を拝む」
にっか【日課】「―表」「毎朝の散歩を―とする」
にっかん【日刊】「―新聞」
にっき【日記】「―帳」「―をつける」
にっきゅう【日給】一日を単位に決めた給料。
にっきん【日勤】昼間の勤め。⇔夜勤。
にづくり【荷造り】「引っ越しの―をする」
につけ【煮付け】「魚を―にする」
にっけい【日系】「―アメリカ人」
にっけい【肉▼桂】クスノキ科の高木。「―の香り」
にっこうよく【日光浴】「海辺で―をする」
にっさん【日参】「許可が下りるまで役所に―する」
にっし【日誌】毎日の出来事の記録。「航海―」
にっしゃびょう【日射病】「―で倒れる」

にっしょう【日照】「―権」「―時間」
にっしょうき【日章旗】日の丸の旗。
にっしょく【日食・日▼蝕】「皆既―」
にっしんげっぽ【日進月歩】絶えず進歩する。「医療は―だ」
にっちもさっちも【≪二▽進≫も≪▽三▽進≫も】「―行かない」
にっちょく【日直】その日の当直。
にってい【日程】「―表」「―を変更(調整)する」
にっとう【日当】「―を支払う」
にっぽう【日報】毎日の報告。「セールス―」
にっぽん【日本】「頑張れ、―」「―一」
につまる【煮詰(まる)】「みそ汁が―」「議論が進み結論が―ってきた」
にてひなる【似▼而非なる】「おせっかいと親切は―ものだ」
にと【二▼兎】「―を追う者は一兎をも得ず」
にとうりゅう【二刀流】「甘い物も酒もいける―だ」
にな【▼蜷・〈蝸螺〉】淡水産の巻貝。カワニナ。
になう【担う】「天秤棒で荷物を―」「次代を―青年」
ににんさんきゃく【二人三脚】「夫婦―で難局を乗り切る」
にぬし【荷主】「―のわからない荷物」

にぬり【▽丹塗(り)】「―の鳥居」
にねんそう【二年草】冬を越し翌年枯れる草。
にのあし【二の足】しりごみ。「―を踏む」
にのうで【二の腕】肩から肘までの部位。
にのく【二の句】次に言い出す言葉。「あきれて―が継げない」
にのつぎ【二の次】あとまわし。「勉強は―にして遊び回っている」
にのまい【二の舞】他人と同じ失敗を繰り返す。「―を演じる」
にはいず【二杯酢】同量の醤油と合わせた酢。
にばんせんじ【二番煎じ】「―の出し物で新味がない」
にびいろ【▽鈍色】濃いねずみ色。「―の喪服」
にびたし【煮浸し】「鮎の―」
にぶい【鈍い】「反応が―」「切れ味が―」「―音がする」
にふだ【荷札】「―を付ける」
にぶる【鈍る】「勘(腕)が―」「決心が―」
にべ【▼鮸】ニベ科の中形の海魚。
にべ【〈鮸膠〉・〈鰾膠〉】ニベを使ったにかわ。
にべもない【〈鮸膠〉も無い】素っ気ない。「―く断られる」「―返事をする」
にぼし【煮干(し)】「―で出しを取る」
にほん【日本】「―史」「―三景」「―文化」「―の伝統芸

能」

にほんがみ【日本髪】日本の伝統的な髪形。「―に結う」

にほんざし【二本差し】武士。

にほんしゅ【日本酒】「―のうまい店」

にほんのうえん【日本脳炎】流行性脳炎。「―の予防接種」

にほんばれ【日本晴れ】雲ひとつない晴れ。にっぽんばれ。「―の元日」

にまいごし【二枚腰】ねばり強い腰。勝負強さ。「土俵で―を見せつける」

にまいじた【二枚舌】「―を使う」

にまいめ【二枚目】「―俳優」「なかなかの―」

にもうさく【二毛作】「米と麦の―」

にもつ【荷物】「―を運ぶ」「他人のお―になる」

にもの【煮物】「―料理」

にゃく【若】⇩じゃく(若)。「老若〈ろうにゃく〉(〈ろうじゃく〉)」

にやく【荷役】船荷の上げ下ろし。

にやす【煮やす】「業〈ごう〉を―」

にゅう【入】ニュウ　い-る・い-れる・はい-る「入院・入会・入学・入居・入手・入念・入門・加入・記入・購入・参入・収入・侵入・導入・納入・輸入」

にゅう【乳】ニュウ　ちち・ち「乳牛・乳児・乳房・牛乳・授乳・豆乳」

にゅう【柔】⇩じゅう(柔)。「柔弱・柔和」

にゅういん【入院】治療のため病院に入る。⇔退院。「―費用」「手術のために―する」

にゅうえき【乳液】「―で肌を整える」

にゅうか【入荷】「商品は明日―の予定」

にゅうか【乳化】溶けあわない液体を乳濁液にする。「―剤」

にゅうかい【入会】⇔退会。「―金」「俳句の会に―する」

にゅうかく【入閣】「文部科学大臣として―を果たす」

にゅうがく【入学】「―式」「大学に―する」

にゅうがん【乳▼癌】「―の検査」

にゅうぎゅう【乳牛】「―を飼育する」

にゅうきょ【入居】「マンションの―者を募集する」

にゅうぎょ【入漁】「―権」「―料」

にゅうぎょう【乳業】牛乳や乳製品を製造する事業。

にゅうきん【入金】金銭が入る。金銭を払い込む。⇔出金。「得意先から―があった」「月末に―する」

にゅうこ【入庫】⇔出庫。「新製品が―する」

にゅうこう【入港】船が港に入る。⇔出港。「貨物船が―する」

にゅうこう【入構】「列車が駅のホームに―する」

にゅうこく【入国】他の国に入る。⇔出国。「空港で―手続きをする」

にゅうごく【入獄】監獄に入れられる。⇔出獄。「窃盗罪で―する」

にゅうこん【入魂】「一球―」「―の逸品(傑作)」

にゅうさつ【入札】「―価格」「公共工事の―」

にゅうさん【乳酸】「―飲料」「―菌」

にゅうし【入試】入学試験。「大学―」「推薦―」

にゅうし【乳歯】「子供の―が抜ける」

にゅうじ【乳児】「―期」「―保育」

にゅうしゃ【入社】「―式」「―試験」

にゅうじゃく【入寂】僧が死ぬこと。「高僧が―する」

にゅうじゃく【柔弱】「―な精神を鍛え直す」

にゅうしゅ【入手】「新たな情報を―する」

にゅうじゅう【乳汁】乳〈ちち〉。「―を搾る」

にゅうしょう【入賞】「書道展で―する」

にゅうじょう【入定】高僧が亡くなる。「弘法大師御―」

にゅうじょう【入城】「友軍が―する」

にゅうじょう【入場】「選手―」「―券」「―行進」

にゅうしょく【入植】「未開の地に集団で―する」

にゅうしん【入信】「キリスト教に―する」
にゅうしん【入神】「―の技〈ぎ〉に瞠目する」
にゅうせき【入籍】「―手続き」「結婚して―する」
にゅうせん【入線】「発車二十分前に―する列車」
にゅうせん【入選】⇔落選。「展覧会で―する」
にゅうせん【乳腺】「―炎」
にゅうたい【入隊】「自衛隊に―する」
にゅうだん【入団】⇔退団。「少年野球チームに―する」
にゅうちょう【入超】輸入超過。⇔出超。「ここ数年貿易の―が続く」
にゅうてい【入廷】⇔退廷。「裁判長が―する」
にゅうでん【入電】電信・電報などが来ること。「ロンドンからの―」
にゅうとう【入湯】「―税」
にゅうとう【乳頭】ちくび。
にゅうどう【入道】仏門に入る。坊主頭の人。「滝口―」「大―」「蛸〈たこ〉―」
にゅうどうぐも【入道雲】積乱雲の俗称。
にゅうねん【入念】「―に調べる」「―に準備する」
にゅうばい【入梅】梅雨の季節に入る。「―の候」
にゅうばち【乳鉢】「薬品を―に入れてすりつぶす」
にゅうひ【入費】費用。「―がかさむ」
にゅうまく【入幕】十両力士が昇進して幕内に入る。

に

にゅうめつ【入滅】釈迦・高僧などが死ぬ。
にゅうもん【入門】「―書」「学徳を慕って―する」
にゅうよう【入用】「旅行に―な品を揃える」
にゅうようじ【乳幼児】「―は運賃無料です」
ニューヨーク【紐育】アメリカ最大の都市。
にゅうよく【入浴】「―時間」「―を済ませる」
にゅうらい【入来】「ようこその御―」
にゅうらく【入▼洛】京都に入る。じゅらく。
にゅうらく【乳酪】「栄養豊かな―」
にゅうりょく【入力】「―作業」「パソコンにデータを―する」
にゅうわ【柔和】「仏様のような―な顔」
にょ【女】⇩じょ(女)。
「女人・善女・天女」
にょ【如】⇩じょ(如)。
「如意・如実・如来・真如・不如意」
にょい【如意】思いのままになる。僧の持つ仏具。「手元不―」「―棒(輪)」
にょう【尿】ニョウ ―
「尿意・尿酸・尿道・血尿・検尿・残尿」
にょう【尿】「―検査」
にょうい【尿意】「―を催す」
にょうご【女御】「中宮、―、更衣」
にょうさん【尿酸】「―値が高い」

にょうそ【尿素】窒素化合物。
にょうぼう【女房】「―役の捕手」「うちの―」
にょかん【女官】「宮中の―」
にょじつ【如実】「戦争の現実を―に描いている」
にょにん【女人】「―禁制の山」「―高野」
にょぼん【女▽犯】「―肉食」
にょらい【如来】「釈迦(薬師、大日)―」
により【似寄(り)】「―の品」
にら【▼韮】「レバ―炒め」
にらむ【▼睨む】「鋭い目つきで―」「あの人に―・まれたらおしまいだ」「選挙戦を―・んだ発言」
にりつはいはん【二律背反】アンチノミー。「―の命題」
にりゅう【二流】「―の演奏家」
にる【似る】「マグロに―・た魚」「これに―・た話」
にる【煮る】「―・ても焼いても食えない」
にれ【▼楡】街路樹にする落葉高木。エルム。
にろくじちゅう【二六時中】一日中。しろくじちゅう。「―神経をとがらす」
にわ【庭】「―いじり」「―仕事」「学びの―」
にわか【《▼俄》か】「一天―にかき曇る」「―には返答しかねる」
にわかあめ【《▼俄》か雨】「―が降り出す」
にわし【庭師】「―に剪定してもらう」

にわたずみ【▼潦】地上にたまって流れる雨水。
にわとこ【庭常・〈接骨木〉】スイカズラ科の落葉低木。
にわとり【鶏】「―の卵」「―を割くにいずくんぞ牛刀を用いん／論語」
にん【人】⇩じん（人）。「人気・人魚・人形・人間・人情・人相・三人・住人・証人・善人」
にん【任】ニン　まか-せる・まか-す　「任意・任期・任務・任命・一任・委任・解任・後任・辞任・責任・担任」
にん【妊】ニン　「妊娠・妊婦・懐妊・避妊・不妊」
にん【忍】ニン　しの-ぶ・しの-ばせる　「忍苦・忍従・忍術・忍耐・忍法・隠忍・堪忍・残忍」
にん【認】ニン　みと-める　「認可・認識・認証・認知・認定・確認・公認・誤認・承認・否認・黙認・容認」
にん【任】「―を全うする」「彼はその―ではない」
にん【忍】がまん。辛抱。「―の一字」
にんい【任意】「参加不参加は各人の―です」「―同行を求める」
にんか【認可】「当局の―を受ける」
にんかん【任官】「少尉に―する」
にんき【人気】「―がある（出る、高い）」
にんき【任期】「―満了」「―が切れる」
にんぎょ【人魚】「―姫」「―伝説」
にんきょう【任▼俠・▽仁▼俠】おとこぎ。おとこだて。
にんぎょう【人形】「雛〈ひな〉―」「蠟〈ろう〉―」「操り―」「―劇」
にんく【忍苦】「―の毎日」「―を強いられる」
にんげん【人間】「仕事―」「―味」「―関係」「―ができている」
にんさんぷ【妊産婦】妊婦と産婦。
にんしき【認識】本質を理解し正しく判断する。「―不足」「―を新たにする」「―が甘かった」
にんじゃ【忍者】「―屋敷」「伊賀（甲賀）の―」
にんじゅう【忍従】「召し使い同然の扱いに―する」
にんじゅつ【忍術】「―使い」
にんしょう【認証】「―式」「国務大臣の―」
にんじょう【人情】「義理と―」「―の機微を細やかに描いた小説」「―味あふれる人」
にんじょう【▽刃傷】「―沙汰」
にんじる【任じる】「事務局長に―」「会長の責めに―」「指導者をもって自ら―」〔サ変「任ずる」も同じ〕
にんしん【妊娠】「―六か月」「―中絶」
にんじん【人▽参】「高麗―」「―をぶら下げる」
にんずう【人数】「―が足りない」「―を繰り出す」「―制限を行う」
にんそう【人相】「―の悪い男」
にんそく【人足】「―を雇う」
にんたい【忍耐】「―力」「寛容と―」「―の限度を超える」
にんち【任地】「―に赴く」「―を離れる」
にんち【認知】「―心理学」「―症」
にんてい【人体】人柄の印象。「―のよくない人」
にんてい【認定】「業務上の過失と―する」
にんどう【忍冬】スイカズラ。「―唐草文」
にんにく【忍▽辱】仏教で、恥辱や苦悩を耐え忍ぶ。
にんにく【〈大蒜〉・▼葫】ユリ科の作物。香辛料。
にんぴ【認否】「罪状―」
にんぴにん【人非人】ひとでなし。
にんぷ【人夫】「日雇いの―」
にんぷ【妊婦】「妊娠六か月の―」
にんむ【任務】「―を帯びる」「―を全うする」
にんめい【任命】「大臣に―する」「―式」「―権者」
にんめん【任免】「―権」「公務員の―に関する規定」
にんよう【任用】「非常勤職員を―する」

ぬ

ぬいぐるみ【《縫》い《▽包》み】「熊の—」

ぬいばり【縫(い)針】「—に糸を通す」

ぬいもの【縫(い)物】「—をする」

ぬう【縫う】「ほころびを—」「人波を—ようにして進む」「仕事の合間を—って旅行に出かける」

ぬえ【▼鵺・▼鵼】トラツグミ。得体の知れない怪物。「—的（=正体不明）な人物」

ぬか【▼糠】「大根を—に漬ける」「—に釘」

ぬかご【〈零余子〉】むかご。

ぬかす【抜かす】「先行車を二台—」「腰を—」

ぬかす【《▽吐》かす】言いやがる。「何を—」

ぬかずく【▽額ずく】「神前に—」（現代仮名遣いでは「ぬかづく」とも書く）

ぬかづけ【▼糠漬け】「大根の—」

ぬかみそ【▼糠味▼噌】「—漬け」「ひどい歌で—が腐る」

ぬかよろこび【《▼糠》喜び】当て外れのはかない喜び。「—に終わる」「誤報に—させられる」

ぬかり【抜かり】「用意に—がない」

ぬかる【抜かる】失敗する。「—なよ」

ぬかる【〈泥濘〉る】「道が—って歩きづらい」

ぬかるみ【〈泥濘〉】「靴が—にはまる」

ぬき【▽緯】織物のよこ糸。

ぬきあし【抜(き)足】「—差し足忍び足」

ぬきうち【抜(き)打ち】「—検査（試験）」

ぬきえもん【抜き▽衣紋】襟足を広く現す着方。

ぬきがき【抜(き)書き】「要点を—する」

ぬきさし【抜(き)差し】「—ならない羽目におちいる」

ぬきて【抜(き)手】「—を切って泳ぐ」

ぬきとる【抜(き)取る】「とげを—」

ぬきみ【抜(き)身】さやからぬいた刀。「—の刀」

ぬきんでる【抜きん出る・▽抽んでる・▼擢んでる】「他に—高峰」「—・でた才能の持ち主」

ぬく【抜く】取り除く。追い越す。「とげを—」「栓を—」「肩の力を—」「群を—・いている」

ぬく【▽貫く】貫き通す。「ハート型に—」「三遊間を—当たり」

ぬぐ【脱ぐ】「上着（靴、帽子）を—」「一肌—」

ぬくい【▽温い】「—日差し」

ぬぐう【拭う】「汗を—」「不信感を—・いきれない」

ぬくぬく【▽温▽温】「—と育てられる」

ぬくめる【▽温める】温〈あたた〉める。

ぬくもり【▽温もり】「肌の—」「人の心の—」

ぬけがけ【抜け駆け】「—の功名」

ぬけがら【抜け殻・▽脱け殻】「蝉の—」

ぬけげ【抜け毛・▽脱け毛】「近頃—が気になる」

ぬけみち【抜け道】「—を通って先回りする」

ぬけめ【抜け目】「万事—がない男」

ぬける【抜ける】「気が—」「腰が—」

ぬげる【脱げる】「靴が—」

ぬさ【▽幣】神に供え、祓いに使うもの。幣帛。

ぬし【主】「声の—」「沼の—の大なまず」

ぬし【▽塗師】漆を塗る人。漆器を作る人。

ぬすっと【盗▽人】「—根性」「—猛々〈たけだけ〉しい」

ぬすみ【盗み】「—を働く」「—足」

ぬすむ【盗む・▼偸む】「現金を—」「師の技を—」

ぬた【▼饅】「—和え」

ぬなわ【▽沼縄・▼蓴】ジュンサイの別名。

ぬの【布】「—を織る」「—切れ」

ぬのこ【布子】木綿の綿入れ。

ぬひ【▽奴▼婢】召し使いの下男・下女。

ぬま【沼】「底無し—」「泥—」

ぬめ【▼絖】地が薄く滑らかで、つやがある絹布。

ぬめり【▽滑り】「魚（里芋）の—をとる」

ぬらす【▼濡らす】「涙がほおを—」

ぬりえ【塗(り)絵】「—をして遊ぶ」

ぬりもの【塗(り)物】漆器〈しっき〉。「—師」

ぬる【塗る】「壁にペンキを—」「顔に泥を—」

ぬるい【▽温い】「風呂が—」

ぬるい【▽緩い】厳しさが足りない。手ぬるい。「そんな—やり方ではだめだ」

ぬるで【〈白膠木〉】ウルシ科の落葉小高木。

ぬるまゆ【〈微温〉湯】「—に浸かる」「職場の—体質」

ぬれえん【▼濡れ縁】雨戸の外側にある縁。

ぬれぎぬ【▼濡れ▽衣】「—を着せられる」

ぬれごと【▼濡れ事】歌舞伎で、情事の演技。色事。

ぬれて【▼濡れ手】「—で粟《あわ》」(＝苦労せずに利益をあげること)(「—で泡」と書くのは誤り)

ぬれねずみ【▼濡れ▼鼠】全身びしょ濡れの状態。「にわか雨に打たれて—になる」

ぬれば【▼濡れ場】演劇で、恋愛や情事の場面。

ぬればいろ【▼濡れ羽色】しっとりとした黒色。「髪は烏の—」

ぬれる【▼濡れる】「雨に降られて—」

ね

ね【▽子】十二支の第一番。ねずみ。「—の生まれ」

ね【音】「虫の—」「鐘(琴)の—」「—を上げる」

ね【値】「—が上がる(張る)」「—をつける」

ね【根】「—を張る(下ろす)」「—は悪くない人だ」「—に持つ」「—も葉も無い」

ね【▼嶺・▽峰】山の頂。みね。「富士の—」

ねあがり【値上(が)り】「物価の—」

ねあげ【値上げ】⇔値下げ。「運賃を—する」

ねあせ【寝汗】睡眠中にかく汗。「—をかく」

ねい【寧】ネイ　—「寧日・安寧・丁寧」

ねいき【寝息】「—を立てる」

ねいじつ【寧日】心やすらかで平穏な日。「仕事に追われ—が無い」

ねいしん【▼佞臣】よこしまな心の臣下。

ねいじん【▼佞人】うわべは柔順でよこしまな心の人。

ねいす【寝椅子】長椅子。カウチ。

ねいりばな【寝入り▽端】「—を叩き起こされる」

ねいろ【音色】「美しいフルートの—」

ねうち【値打ち】「やる—のある仕事」「お—の価格」

ねえさん【《姉さん》】⇔兄さん。

ねおき【寝起き】「—が悪い」「—を共にする」

ねおし【寝押し】衣類を蒲団の下に敷いて寝る。

ねがい【願(い)】「一生に一度の—」

ねがう【願う】「家内安全を—」「お出ましを—」「—・ったり叶ったり」「—・っても無い」

ねがえり【寝返り】「—を打つ」

ねがえる【寝返る】「敵側に—」

ねがお【寝顔】「子供の—」

ねがさ【値▼嵩】「—株」

ねかす【寝かす】「赤ん坊を—」「資金を—」

ねかぶ【根株】木の切り株。

ねがわしい【願わしい】「—・くない現象」

ねかん【寝棺】死者を寝かせた状態で入れる棺。

ねぎ【▼葱】「鴨が—をしょってくる」

ねぎ【▼禰宜】神職の総称。宮司の下の職階。

ねぎぼうず【▼葱坊主】ネギの、球状の花房。

ねぎま【▼葱▼鮪】ネギとマグロの鍋料理。

ねぎらう【▽労う・▼犒う】「長年の労を—」

ねぎる【値切る】「家電を—・って買う」

ねくずれ【値崩れ】「出荷調整をして—を防ぐ」

ねぐせ【寝癖】「髪に—がつく」

ねくび【寝首】「—を掻く」(＝卑劣な手段で人を陥れるたとえ)

ねぐら【▼塒】鳥の寝る所。自分の家。「—に帰る」

ねこ【猫】「—の額ほどの土地」「—の目のように変わる」「—に小判」「—の手も借りたい忙しさ」「—を被って本性を現さない」

ねこあし【猫足】下部が内側に巻く形の机・膳の脚。

ねこいらず【猫いらず】殺鼠《さっそ》剤。

ねこかぶり【猫▽被り】人前ではおとなしそうにす

る。
ねこかわいがり【猫可▽愛がり】「孫を―して甘やかす」
ねこぐるま【猫車】一輪の手押し車。
ねごこち【寝《心地》】「―が良い(悪い)ベッド」
ねござ【寝▼茣▼蓙】夏に敷いて寝るござ。「―に横になる」
ねこじた【猫舌】「―で熱いスープが飲めない」
ねこぜ【猫背】背中が丸く曲がっている体つき。
ねこそぎ【根▼刮ぎ】「害虫を―駆除する」
ねごと【寝言】「たわけた―を言うな」
ねこなでごえ【猫▼撫で声】「男に―で話しかける」
ねこばば【猫▼糞】「財布を―する」
ねこまたぎ【猫▼跨ぎ】猫でさえ食べないまずい魚。
ねこみ【寝込み】「―を襲われる」
ねこむ【寝込む】「ショックで数日間―」
ねこやなぎ【猫柳】ヤナギ科の落葉低木。川柳。
ねごろ【値頃】品とつりあう値段。「―感のある品物」
ねころぶ【寝転ぶ】「―・んで本を読む」
ねさがり【値下(が)り】「肉が―する」
ねさげ【値下げ】⇔値上げ。「量産して大幅に―する」
ねざけ【寝酒】「―を飲んで床に就く」
ねざす【根《差》す】「地域に―・した活動」

ね

ねざめ【寝覚め】「―が良い(悪い)」
ねざや【値▼鞘】二つの相場・値段の差。「―かせぎ」
ねじ【〈螺子〉・〈捻子〉・〈捩子〉】「―がゆるむ」「―を巻く」
ねじける【▼拗ける】「心が―・けた人」
ねじこむ【《▼捩》じ込む・《▽捻》じ込む】「ポケットにお金を―」「新聞社に―」
ねじばな【▼捩花】ラン科の多年草。モジズリ。
ねじまわし【《〈螺子〉》回し】ドライバー。
ねじめ【根締め】移植した木の根を固める。「植樹の―」「生け花の―」
ねしゃか【寝▽釈▼迦】入滅のときの釈迦の像。
ねしょうがつ【寝正月】家で寝て過ごす正月。「―を決め込む」
ねじりはちまき【▼捩じり鉢巻(き)】「―してみこしを担ぐ」
ねじる【▼捩る・▽捻る・▼拗る】「腕を―」
ねじろ【根城】活動の拠点。「このビルを―に商売をする」
ねず【〈杜松〉】ヒノキ科の常緑小高木。
ねずみ【▼鼠】「―色」「―に引かれそう(=一人暮らしの寂しさ)」
ねずみざん【▼鼠算】急激に数が増えるたとえ。「―式に増えてゆく」
ねずみとり【▼鼠捕り・▼鼠取り】「―を仕掛ける」
ねぞう【寝相】「―が悪い」
ねだ【根太】床板を支える横木。「―がゆるむ」
ねたきり【寝た切り】「―老人」「そのまま―になる」
ねたむ【妬む・▽嫉む】「他人の幸福を―」
ねだやし【根絶やし】「雑草を―する」「敵を―する」
ねだる【〈強請〉る】「小遣いを―」
ねだん【値段】「法外な―」「―が高い」
ねちがえる【寝違える】寝て首や肩の筋を痛める。
ねつ【熱】ネツ あつ-い 「熱愛・熱意・熱演・熱気・熱狂・熱血・熱情・熱心・熱病・熱望・熱烈・炎熱・過熱・高熱・焦熱・情熱・地熱・白熱・発熱」
ねつ【熱】「―が出る」「―を上げる(冷ます)」
ねつあい【熱愛】「芸能人の―報道」
ねつい【熱意】「―が伝わる」「―に欠ける」
ねつえん【熱演】「大―」「大役を―する」
ねつがん【熱願】「成功を―する」
ねっき【熱気】「コンサート会場が―に包まれる」
ねつき【寝《付》き】「―が悪い」
ねっきょう【熱狂】「―的ファン」「―の渦と化した」
ねつく【寝《付》く】「ようやく赤ん坊が―・いた」
ねづく【根付く】「苗木が―」「新制度が―にはまだ時

間がかかる」
ねつけ【根付】袋物の紐の端に付ける細工物。「巾着の—」
ねっけつ【熱血】「—漢」「—教師」
ねつげん【熱源】「電気を—とする」
ねっこ【根っ子】根。切り株。「—を引き抜く」「欧米思想の—にあるもの」
ねっさ【熱砂】「—の大陸」
ねつさまし【熱冷まし】解熱剤。「—の薬」
ねっしゃびょう【熱射病】「—で倒れる」
ねっしょう【熱唱】「演歌を—する」
ねつじょう【熱情】「—あふれる演説」
ねっしん【熱心】「—に耳を傾ける」
ねっする【熱する】「金属を—」「—し易く冷め易い」
ねっせん【熱戦】「—の火蓋を切る」
ねっせん【熱線】赤外線の異称。「—反射ガラス」
ねつぞう【▼捏造】「—記事」「研究データを—する」「でつぞう(捏造)」の慣用読み。
ねったい【熱帯】「亜—」「—雨林」「—低気圧」
ねったいぎょ【熱帯魚】熱帯地方原産の観賞魚。
ねったいや【熱帯夜】最低気温が二五度以上の夜。
ねっちゅう【熱中】「クラブ活動に—する」
ねっとう【熱湯】「—消毒」
ねっとう【熱闘】「—を繰り広げる」

ねっぱ【熱波】「—が襲う」
ねつびょう【熱病】「—にかかる」
ねっぷう【熱風】「—が吹きつける」
ねつべん【熱弁】「—を振るう」
ねつぼう【熱望】「計画の実現を—する」
ねづよい【根強い】「—人気」「—反対がある」
ねつりょう【熱量】熱として移動するエネルギーの量。
ねつれつ【熱烈】「—な恋愛」「—歓迎」
ねどこ【寝床】「鰻の—(=細長い窮屈な場所)」
ねなしぐさ【根無し草】「—の生活」
ねばっこい【粘っこい】「—・く彼女を口説く」
ねはば【値幅】高値と安値との差。「—が大きい」
ねばりづよい【粘り強い】「—・く戦う」
ねばる【粘る】「最後まで—・って勝つ」「コーヒー一杯で閉店まで—」
ねはん【▼涅▼槃】「—の境地」「—に入る」
ねはんえ【▼涅▼槃会】釈迦の忌日に行う法会。
ねびえ【寝冷え】寝ていて冷え、体調を崩す。
ねびき【値引き】「在庫品を—して売る」
ねぶか【根深】ネギの異名。「—汁」
ねぶかい【根深い】「人種差別は—問題だ」
ねぶくろ【寝袋】「テントで—に入って寝る」
ねぶそく【寝不足】「残業続きで—だ」

ねふだ【値札】「—が付いている」
ねぶと【根太】尻や太ももにできるはれもの。「—は敵〈かたき〉に押させよ」
ねぶみ【値踏み】「ざっと—して値段の交渉に入る」
ねぶる【▼舐る】なめる。しゃぶる。「あめ玉を—」
ねぼう【寝坊】「朝—」「—して学校に遅刻する」
ねぼける【寝▼惚ける】「—・けた顔」「何を—・けたことを言っているのだ」
ねぼとけ【寝仏】涅槃〈ねはん〉像。
ねほりはほり【根掘り葉掘り】「—尋ねる」
ねまき【寝巻・寝間着・寝▽衣】「—に着替えて床に就く」
ねまわし【根回し】「交渉に先立って関係方面に—する」
ねみみ【寝耳】「—に水」
ねむい【眠い】「時差ぼけで—」
ねむけ【眠気】「—を催す」「—覚まし」
ねむたい【眠たい】「—目をこする」
ねむのき【〈合歓〉木】マメ科の落葉高木。ネム。
ねむりぐさ【眠り草・〈含羞〉草】オジギソウの異名。
ねむる【眠る・▽睡る】「ぐっすり—」「父母の—墓」「海底に—資源」「草木も—丑三つ時」
ねめつける【▼睨め付ける】「憎らしそうに—」

ねめる【▼睨める】にらむ。
ねもと【根元・根本】「木が━から折れる」
ねものがたり【寝物語】(男女が)寝ながらする話。
ねや【▼閨】夫婦の寝室。「━の睦言〈むつごと〉」
ねゆき【根雪】積もったまま春までとけない雪。
ねらう【狙う】「優勝を━」「入学シーズンを━って売り出す」「受けを━った発言」
ねりあるく【練(り)歩く】巡り歩く。「街を━」
ねりいと【練糸】生糸を精練したしなやかな糸。
ねりえ【練(り)餌・▼煉り餌】「━を撒く」
ねりぎぬ【練絹】精練した柔らかい絹布。
ねりせいひん【練(り)製品】魚肉を練り固めた食品。
ねりもの【練(り)物】練り製品。また、祭礼の山車や行列。
ねる【練る・▽錬る・▼煉る】「餡を━(煉)って丸める」「よく━られた文章」「構想(対策)を━」「精神を━(錬)って鍛える」
ねる【寝る】「━ても覚めても」「━子は育つ」「━た子を起こす」
ねわけ【根分け】「ダリアの━」
ねわざ【寝技・寝業】柔道で寝た姿勢で行うわざ。また、裏工作。「━に持ち込む」「━に巧みな政治家」
ねん【年】ネン とし「年額・年鑑・年金・年号・年始・年収・年数・年代・年報・年末・年輪・永年・越年・往年・学年・近年・生年・青年・平年・豊年」
ねん【念】ネン ━「念願・念頭・念力・怨念・記念・信念・断念・無念」
ねん【捻】ネン ━「捻挫・捻出・捻転」
ねん【粘】ネン ねば-る「粘液・粘性・粘体・粘着・粘土・粘膜」
ねん【然】⇨ぜん(然)。「自然薯・天然」
ねん【燃】ネン も-える・も-やす・も-す「燃焼・燃費・燃油・燃料・可燃・再燃・内燃・難燃・不燃」
ねん【念】「憎悪の━」「━のため」「━を入れる」「━を押す」
ねんいり【念入り】「━に点検する」
ねんえき【粘液】「━を分泌する」
ねんが【年賀】「━状」
ねんかん【年間】「元禄━」「━スケジュール」
ねんかん【年鑑】「統計━」
ねんがん【念願】「━成就」「ついに━が叶う」
ねんき【年忌】「━法要」
ねんき【年季・年期】奉公人などを使う年限。「━奉公」「━が明ける」
ねんき【年紀・年記】年号。年数。「碑文に記された━」
ねんきゅう【年休】「━をとる」
ねんきん【年金】「厚生━」「━生活」
ねんぐ【年貢】「━の納め時(＝最後の見切りをつけるとき)」
ねんげつ【年月】「━を経る」
ねんげみしょう【▼拈華▽微笑】以心伝心によって伝わる。
ねんげん【年限】「修業━」「約束の━が切れる」
ねんこう【年功】長年の功績や熟練。「━に報いる」
ねんごう【年号】「━早見表」
ねんこうじょれつ【年功序列】勤続年数や年齢によって、地位や賃金が決まる制度。「━社会の崩壊」
ねんごろ【懇ろ】「━にもてなす」「死者を━に弔う」「━な間柄(仲)」
ねんざ【捻挫】「足首を━する」
ねんし【年始】「年末━」「お━の挨拶回り」
ねんし【年歯】年齢。「━七十に余る」
ねんじ【年次】「卒業━」「━計画」「━予算」
ねんしき【年式】自動車などの、製造年の型。
ねんしゅ【年酒】新年を祝う酒。
ねんしゅう【年収】一年間の収入。
ねんじゅう【年中】「━無休」

ねんしゅつ【捻出・▼拈出】ひねり出すこと。工面。「妙案を―する」「費用を―する」

ねんしょ【年初】年頭。⇔年末。

ねんしょ【念書】「―を取り交わす」

ねんしょう【年少】⇔年長。「幼稚園の―組」

ねんしょう【年商】「―五十億の会社」

ねんしょう【燃焼】「不完全―」「生命を―し尽くす」

ねんじる【念じる】「勝利を―」（サ変「念ずる」も同じ）

ねんすう【年数】「勤続―」「―を経る」

ねんだい【年代】「化石で地層の―が分かる」「戦争を経験した―」

ねんだいもの【年代物】「この刀はなかなかの―だ」

ねんちゃく【粘着】「―力」「―テープ」「―気質」

ねんちゅう【年中】「―行事」「三年保育の―組」

ねんちゅう【粘▼稠・▼黏▼稠】「―な液体」

ねんちょう【年長】年齢が上である。⇔年少。「―者の言うことを聞く」「幼稚園の―組」

ねんど【年度】「卒業―」「会計―」「―末」

ねんど【粘土】「―細工」「―をこねる」

ねんとう【年頭】「―所感」「―の挨拶」

ねんとう【念頭】「他人のことなど―にない」

ねんない【年内】「―に仕上げる」

ねんねん【年年】「予算が―削減される」

ねんねんさいさい【年年歳歳】「―花相似〈あいにたり〉（＝人の世が変わっても自然は変わらないたとえ）」

ねんぱい【年輩・年配】「同―」「―の人」

ねんぴ【燃費】「―の良い車」

ねんぴょう【年表】「歴史―」

ねんぷ【年賦】「―金」「十年―で返済する」

ねんぷ【年譜】「夏目漱石の―」

ねんぶつ【念仏】「―を唱える」

ねんぽう【年俸】「―制」「プロ野球選手の―」

ねんぽう【年報】「人口推計―」

ねんまく【粘膜】「胃の―」

ねんまつ【年末】⇔年初。「―年始」「―調整」

ねんよ【年余】一年余り。「―にわたる交渉」

ねんらい【年来】「―の望み」

ねんり【年利】一年間を単位として定めた利率。

ねんりき【念力】「―岩をも通す」

ねんりつ【年率】「―三パーセントの経済成長率」

ねんりょう【燃料】「バイオ―」「―切れ」

ねんりん【年輪】「―を重ねた芸」

ねんれい【年齢】「精神―」「―不問」「―が若い」

の

の【野】「―に咲く花」「―を越え山を越え」「あとは―となれ山となれ」

の【▽幅・▽布】布の幅を数える単位。

のあそび【野遊び】春の一日を野外で遊ぶ。

のいちご【野▼苺】「―を摘む」

のう【悩（惱）】ノウ　なや-む・なや-ます　―「悩殺・苦悩・煩悩」

のう【納】ノウ・（ナッ）・（ナ）・（ナン）・（トウ）　おさ-める・おさ-まる　―「納豆〈なっとう〉・納得〈なっとく〉・納会・納棺・納期・納骨・納税・納入・納品・納付・納涼・格納・献納・収納・上納・滞納・奉納」

のう【能】ノウ　―「能動・能弁・能率・能力・可能・官能・機能・技能・効能・才能・性能・知能・有能」

のう【脳（腦）】ノウ　―「脳炎・脳死・脳髄・脳波・脳裏・左脳・首脳・頭脳・洗脳・電脳・大脳」

のう【農】ノウ　―「農園・農家・農業・農具・農芸・農耕・農作・農場・農村・

の

農民・豪農・酪農・離農」
のう【濃】ノウ こ-い 「濃艶・濃厚・濃紺・濃淡・濃度・濃密・濃霧」
のう【能】「―ある鷹は爪を隠す」
のう【脳】頭蓋骨中の神経中枢部。「―を使う」
のういっけつ【脳▾溢血】「―で病院に運ばれた」
のうえん【脳炎】「日本―」
のうえん【農園】「―で野菜を作る」
のうえん【濃艶】あでやかで美しい。「―な魅力」
のうか【農家】「専業(兼業)―」
のうかい【納会】年の最後に行う会合。
のうがき【能書き】「―をたれる(並べる)」
のうがく【能楽】「―堂」
のうがく【農学】「―博士」
のうかん【納棺】遺体を棺に入れる。
のうかんき【農閑期】⇔農繁期。
のうき【納期】金銭・注文品などを納める期日。「―を守る」「―に遅れる」
のうきょう【農協】「農業協同組合」の略。
のうきょう【納経】「平家―」
のうぎょう【農業】「―用水」「―を営む」
のうぐ【農具】「―を手入れする」
のうげい【農芸】「―化学」
のうけっせん【脳血栓】脳の血管が詰まる病気。

のうこう【農耕】「―民族」
のうこう【濃厚】⇔淡泊。「―な牛乳」「容疑が―になる」
のうこうそく【脳梗塞】「―の後遺症」
のうこつ【納骨】「―堂」
のうこん【濃紺】「―のスーツ」
のうさい【納采】皇族が結納をとりかわす。「―の儀」
のうさぎょう【農作業】「―に従事する」
のうさくぶつ【農作物】「―が被害に遭う」
のうさつ【悩殺】「男を―する魅力」
のうさんぶつ【農産物】「この地方で穫れる―」
のうし〈直衣〉昔の貴族のふだん着。
のうし【脳死】「―の判定」
のうじ【能事】なすべきこと。「―終われり」
のうじ【農事】「―暦」「―に勤しむ」
のうじゅう【▾膿汁】うみ。うみしる。「―を絞り出す」
のうしゅく【濃縮】「―ウラン」
のうしゅっけつ【脳出血】「―で倒れる」
のうしょ【能書】文字を上手に書く。「―家」
のうしょう【脳▾漿】「―を絞る(＝知恵を出し尽くす)」
のうじょう【農場】「―経営」
のうしんとう【脳震▾盪】「軽い―を起こす」

のうずい【脳髄】脳。「―の損傷」
のうせい【農政】「―に精通した代議士」
のうぜい【納税】「―者」「―の義務」
のうぜんかずら〈凌霄花〉つる性落葉木本。
のうそくせん【脳塞栓】脳血管に血栓などが詰まる。
のうそっちゅう【脳卒中】「―で突然倒れる」
のうそん【農村】「―地帯」「明るい―」
のうたん【濃淡】「―をつける」
のうち【農地】「―改革」
のうちゅうのきり【▾嚢中の▾錐】才能は自然に現れる。
のうてん【脳天】「―に一撃を見舞う」「―から声を出す(＝かん高い声を出すさま)」
のうてんき【脳天気・能天気・能転気】のんきで軽薄なこと(人)。「君は―でいいなあ」
のうど【農奴】ヨーロッパ封建社会における農民。
のうど【濃度】「モル―」「食塩水の―」
のうどう【農道】「広域―」
のうどう【能動】他へ働きかける。⇔受動。「―態」「―的に行動を起こす」
のうなし【能無し】何の能力もなく役に立たない。
のうなんかしょう【脳軟化症】脳梗塞。
のうにゅう【納入】「会費を―する」

のうは【脳波】「—計」「—を測定する」
のうはんき【農繁期】農作業の忙しい時期。⇔農閑期。
のうひつ【能筆】能書。「—で鳴る」
のうひん【納品】「期日までに—する」
のうひんけつ【脳貧血】「—を起こしてふらつく」
のうふ【納付】「税金を—する」
のうふ【農夫】農業に従事する男性。
のうべん【能弁】弁舌のたくみなこと。⇔訥弁〈とつべん〉。「—家」「—な男」
のうほう【農法】「アメリカ式—」「自然—」
のうみそ【脳味▼噌】脳の俗称。「—が足りない」
のうみつ【濃密】「—な色彩(味)」「—な関係」
のうみん【農民】「—運動」「—文学」
のうむ【濃霧】「—注意報」
のうめん【能面】「—のような(=無表情な)顔」
のうやく【農薬】「—を撒布する」
のうり【能吏】有能な官吏。
のうり【脳裏・脳▼裡】「あの人との思い出が—に浮かぶ」「今回の事件が—に焼き付く」
のうりつ【能率】「仕事の—を上げる」「—よく片付ける」「非—的なやり方」
のうりょう【納涼】「—花火大会」
のうりょく【能力】「—給」「—主義」「計算の—に優れる」「—の限界を超える」
のうりん【農林】「—水産省」
のがす【逃す】「機会を—」「見—」
のがれる【逃れる・▼遁れる】「追っ手から—」「責任を—」
のき【軒・▼簷・▼檐・▽宇】「—を並べる」「—を貸して母屋を取られる」
のぎ【▼芒】稲・麦などの実の外側にある堅い毛。
のぎく【野菊】「—の墓(=伊藤左千夫の小説名)」
のきさき【軒先】「—にツバメが巣を作る」
のきしのぶ【軒忍・軒▼荵】ウラボシ科の常緑シダ植物。
のきなみ【軒並(み)】「古い—の続く通り」「—に国旗を掲げる」「バスも電車も—値上がりした」
のく【▽退く】「わきへ—」「銭湯が—・いたあとにコンビニができた」「雀の子そこ—・けそこ—・けお馬が通る／一茶」
のけぞる【▽仰け反る】「デッドボールぎみの球を—・ってよける」「きつい冗談に思わず—」
のけもの【▽除け者】「自分だけ—にされる」
のける【▽退ける】「押し—」
のける【▽除ける】「邪魔な石を—」「虫の食った豆は—・けておく」
のこぎり【▼鋸】「—を引く」
のこす【残す・▽遺す】「財産を—」
のこらず【残らず】「—平らげる」
のこりが【残り香】「かすかな—」
のこる【残る】存在し続ける。あまる。とどまる。「頂上付近にはまだ雪が—・っている」「御飯が—」「会社に—・って仕事を片付ける」
のこる【▽遺る】後世に伝わる。「後世に—傑作」「名が—仕事をしたい」
のざらし【野▼晒し・野▼曝し】風雨にさらされる。されこうべ。「自転車が—になっている」「—紀行(=松尾芭蕉の俳諧紀行の名)」
のし【▽伸し】「—烏賊〈いか〉」
のし【〈熨斗〉・▼熨】進物に付ける、細長い六角形の色紙。「—を付けて返上する」
のしあわび【〈熨斗〉▼鮑】アワビを伸ばして干した物。
のしがみ【〈熨斗〉紙】熨斗や水引を印刷した紙。「お礼の品を—で包む」
のじこ【野▼鵐・野路子】ホオジロ科の小鳥。
のしぶくろ【〈熨斗〉袋】「結婚祝いを—に入れて渡す」
のしもち【▽伸し餅】薄く長方形にのばした餅。
のじゅく【野宿】「道に迷い一晩—する」
のす【▽伸す】発展する。のばし広げる。「業界のトップ

の

クラスまで—・してくる」「重役に—・し上がる」「ぶん殴って—・してしまえ」

のす【▼熨す】 のばして平らにする。「餅を—」「アイロンで服のしわを—」

のずえ【野末】 野のはて。野原の端。「—の菊（＝嵯峨の屋御室の小説名）」

のせる【乗せる】 乗るようにさせる。あざむく。「乗客を—・せた船」「口車に—・せられる」

のせる【載せる】 上に置く。積む。紙面に出す。「人形を棚に—」「荷物をトラックに—」「雑誌に広告を—」「俎上〈そじょう〉に—」

のぞく【除く】「雑草を—」「患者の不安を—」「九州を—各地で雪が降った」

のぞく【▼覗く・▼覘く・▽臨く】「鍵穴から—」「本屋を二、三軒—」「双眼鏡を—」「笑うと白い歯が—」

のそだち【野育ち】「—の娘」

のぞましい【望ましい】「—生き方」

のぞみ【望み】「—が叶う」「—を託す」

のぞむ【望む】 遠くを眺める。希望する。慕う。「正面に富士山を—」「世界平和を—」

のぞむ【臨む】 面する。出席する。直面する。「伊勢湾に—漁村」「会見に—」「試験に—」

のだて【野▽点】 野外でたてる茶の湯。

のたまう【▽宣う】「言う」の尊敬語。皮肉を込める。「これは異なことを—ものだ」

のたれじに【野垂れ死に】 行き倒れ。「たとえ—しようとも前に進むのみだ」

のち【後】 ⇔先・前。「討論の—採決を行う」「曇り—晴れ」

のちざん【後産】 あとざん。

のちぞい【後添い】 二度目の妻。後妻。「—を迎える」

のちのち【後後】「今解決しておかないと—面倒なことになる」

のちほど【後程】「この件は—説明致します」

のっこみ【乗っ込み】 魚が産卵期に浅場に集まる。

ノット【▽節】「巡航速度一五—」

のっとる【乗っ取る】「旅客機が—・られた」「会社を—」

のっとる【▽則る・▽法る】「法律に—」「古式（先例）に—」

のっぴきならない【▽退っ引きならない】「—事情がある」

のづみ【野積み】 荷物を野外に積んでおく。

のづら【野面】「—を吹く風」

のてん【野天】「—風呂」

のと【能登】 旧国名。石川県能登半島。能州。

のど【喉・▽咽】「冷たいビールで—を潤す」「美しい—を聞かせる」「—から手が出るほど欲しい」

のどか【〈長閑〉】「—な田園風景が広がる」

のどくび【喉▼頸】 のどのあたり。急所。「敵の—を押さえる」

のどじまん【喉自慢】 しろうとの歌のコンクール。

のどひこ【喉▼彦】 のどちんこ。口蓋垂。

のどぶえ【喉笛】「—にかみつく」

のどぼとけ【喉仏】 のどに突き出した甲状軟骨。

のどもと【喉元】「—過ぎれば熱さを忘れる」

のどわ【喉輪】 相撲で相手の喉に手を当てる技。

のなか【野中】「—の一軒家」

ののしる【罵る】「人前かまわず—」

のばす【伸ばす】「針金を—」「丈を—」

のばす【延ばす】「出発を—」「予定を—」

のばなし【野放し】「犯罪者を—にする」

のはら【野原】「焼け—」「—で遊ぶ」

のばら【野〈薔薇〉】「歌曲—」

のび【野火】 春先に野山の枯れ草を焼く火。

のびのび【伸び伸び】 おおらかで自由なさま。「子供を—と育てたい」

のびのび【延び延び】 何度も延期される。「開催が—になる」

のびる【野▼蒜】 ユリ科の多年草。鱗茎は食用。

のびる【伸びる】 長くなる。まっすぐになる。「背が—」「売り上げ（成績）が—」「過労で—」

のびる【延びる】時間が長くなる。日時が先になる。「会議が一時間―・びた」「寿命が―」「雨が降って運動会が翌日に―・びた」

のぶし【野武士】「―のような風貌」

のぶとい【▼篦太い・野太い】「―声」

のぶれば【▽陳▽者】候文の文頭の語。申し上げますが。さて。

のべ【延べ】「―五千人の来館者」「―坪」

のべ【野辺】「―の草花」

のべいた【延べ板】「金の―」

のべおくり【野辺送り】遺骸を墓地まで見送る。

のべばらい【延べ払い】代金をある期日後に払う。「―輸出」

のべぼう【延べ棒】「金の―」

のべる【述べる・▽陳べる・▽宣べる】「意見を―」「著書の中で以下のように―・べている」

のべる【伸べる】「救いの手を―」

のべる【延べる】「支払いを―」

のほうず【野放図・野放▽途】「―な暴れ者」「雑草が―に広がる」

のぼせる【上せる】とりあげる。記載する。「環境問題を話題に―」「記録に―」

のぼせる【〈逆上〉せる・〈上気〉せる】上気する。思い上がる。「長湯をして―」「ロック歌手に―」「ちょっと成績が上がったからと言って―な」

のほとけ【野仏】野の道に立つ仏像。

のぼり【登り】「山―」「木―」

のぼり【▼幟】「鯉―」「―を立てる」

のぼりあゆ【上り▼鮎】春、川をさかのぼる若鮎。

のぼりがま【登り窯】傾斜面に設けた陶器を焼く窯。

のぼりざか【登り坂・上り坂】「ここから急な―になる」「今―にある歌手」

のぼりやな【上り▼簗】上り鮎を捕らえる簗。

のぼる【上る】上方へ行く。上京する。⇔おりる・くだる。「川を―」「都に―」「話題に―」「数百億に―損害」

のぼる【登る】高い所へ移動する。⇔くだる。「山(木)に―」「壇上に―」「石段を―」

のぼる【昇る】太陽・位などが高く上がる。⇔おちる。「日が―」「煙が煙突から―」「高位に―」「天にも―心地」

のみ【▼蚤】「―に刺される」

のみ【▼鑿】「―と言えば槌〈つち〉」

のみかけ【飲み《掛》け】「―の酒」

のみくい【飲み食い】飲食。

のみこうい【▼呑み行為】市場外で売買する行為。

のみこみ【飲(み)込み・▼呑み込み】「―が早い(悪い)」

のみしろ【飲(み)代・▼呑み代】「―はこっち持ちだ」

のみすけ【飲(み)助・▼呑助】酒好きで、よく飲む人。

のみで【飲み《出》】「―がある」

のみとりまなこ【▼蚤取り眼】注意して見回す目つき。「―で捜し回る」

のみのいち【▼蚤の市】古物市。

のみもの【飲(み)物】「―を出す」「お―は何がよろしいでしょうか」

のみや【飲(み)屋】居酒屋。

のむ【飲む】「水を―」「酒を―」「固唾を―・んで見守る」「雰囲気に―・まれる」「相手を―」

のむ【▽喫む】タバコを吸う。「一日五本くらい―」

のむ【▼呑む】「条件(要求)を―」

のやき【野焼き】春、野の枯れ草を焼く。

のやま【野山】「故郷の―が目に浮かぶ」

のら【《野良》】「―仕事に精を出す」

のらいぬ【《野良》犬】「―を捕まえる」

のり【▽法・▽則・▼矩】「―に従う」「七十にして矩を踰〈こ〉えず/論語」

のり【《乗》り】「化粧の―が悪い」「悪―が過ぎる」

のり【〈海苔〉】「焼き―」「おにぎりに―を巻く」

のり【▼糊】「―と鋏〈はさみ〉」「―で貼る」

のりあい【乗(り)合い】「―バス(船)」

のりかえ【乗(り)換え・乗換】「新宿方面は―」

のりかかる【乗り《掛》かる】「上から―」「―・かっ

た船」

のりき【乗(り)気】「先方も—のようだ」

のりきる【乗(り)切る】「家族一丸となって難局を—」

のりくみいん【乗組員】「漁船の—」

のりこえる【乗(り)越える】「塀を—」「悲しみ(危機)を—」

のりごこち【乗(り)《心地》】「—がいい車」

のりこす【乗(り)越す】「居眠りをして駅を—」

のりしろ【▼糊代】「—の幅は五ミリ程度」

のりつける【乗り《付》ける】「車で—」

のりと【《祝詞》】「神主が—を上げる」

のりまき【〈海苔〉巻(き)】海苔で巻いたすし。

のりもの【乗り物】「—の便が悪い」「—に酔う」

のる【乗る】「電車に—」「計略に—」「うっかり口車に—」「相談(興)に—」「調子に—ってはしゃぐ」


のる【載る】「コップが—ったテーブル」「地図にも—っていない道」「投書が新聞に—」

ノルウェー【諾威】北ヨーロッパの一国。

のるかそるか【▽伸るか反るか】いちかばちか。「—の大勝負」

のれん【▽暖▼簾】「—分け」「—を守り抜く」「—を誇る老舗」

のろ【▼麞・▼麕・▼獐】シカ科の動物。

のろい【▽鈍い】「足が—」「仕事が—」

のろう【呪う・▼詛う】「人を—」「我が身の不運を—」

のろける【▼惚気る】「人前で—」

のろし【〈狼煙〉・〈狼烟〉・〈烽火〉】「反対の—を上げる」

のろま【▽鈍間・野呂▽松・野呂間】「—な男」「歩くのが—だ」

のわき【野分き】台風。のわけ。「—の風」

のんき【▼暢気・▼呑気・▽暖気】「—に構えている場合ではない」「今は隠居して—な身分だ」〔「のん」は「暖」の唐音。「暢気」「呑気」は当て字〕

のんべえ【飲ん▽兵▽衛・▼呑ん▽兵▽衛】大酒飲み。のみすけ。

は

は【把】ハ 「把握・把持・把捉・一把・十把・銃把」〔「把(ハ)」は、前に来る音によって「ワ」、「バ」、「パ」になる〕
は【波】ハ なみ 「波及・波長・波動・波紋・波浪・周波・電波・脳波・風波」
は【派】ハ — 「派遣・派出・派生・派閥・派兵・一派・右派・学派・左派・宗派・戦中派・党派・特派・流派」
は【破】ハ やぶ-る・やぶ-れる 「破壊・破格・破棄・破局・破産・破線・破談・破片・撃破・走破・大破・踏破・連破」
は【覇(霸)】ハ — 「覇王・覇気・覇業・覇権・覇者・覇道・制覇・争覇・連覇」
は【刃】「鋭い—」「—を研ぐ」
は【葉】「—が茂る」「根も—も無い噂」
は【歯】「—を食いしばって堪え忍ぶ」「—が立たない」「—に衣(きぬ)着せない物言い」「下駄の—」
は【派】「改革—」「新しい—を立てる」
は【覇】「—を唱える」「—を競う」
ば【馬】バ うま・(ま) 「馬脚・馬車・馬術・馬場・馬力・愛馬・騎馬・競馬・乗馬・跳馬・名馬・落馬」
ば【婆】バ — 「産婆・娑婆〈しゃば〉・塔婆・老婆」
ば【罵】バ ののし-る 「罵声・罵倒・罵詈雑言・悪罵・嘲罵・痛罵・面罵」
ば【場】「話し合いの—」「その—を外す」「—が白ける」「その—で答える」
ばあい【場合】「時と—による」「緊急の—」
はあく【把握】「情勢を—する」
ばあたり【場当(た)り】「—的な犯行」

はあり【羽▼蟻】繁殖期に羽の生えたアリ。

はい【拝(拜)】ハイ おが-む 「拝謁・拝観・拝顔・拝金・拝啓・拝見・拝察・拝借・拝受・拝聴・拝殿・拝読・拝復・拝命・拝領・参拝・崇拝」

はい【杯】ハイ さかずき 「杯洗・杯盤・一杯・乾杯・玉杯・金杯・献杯・賜杯・祝杯・賞杯・返杯・満杯」

はい【背】ハイ せ・せい・そむ-く・そむ-ける 「背筋・背景・背後・背信・背走・背徳・背任・背反・背面・違背・腹背」

はい【肺】ハイ ― 「肺炎・肺肝・肺患・肺臓・肺病・心肺」

はい【俳】ハイ ― 「俳画・俳句・俳号・俳人・俳壇・俳風・俳優」

はい【配】ハイ くば-る 「配下・配管・配給・配偶・配合・配信・配水・配線・配膳・配送・配属・配達・配分・配役・交配・支配・心配・遅配・年配」

はい【排】ハイ ― 「排気・排撃・排出・排除・排水・排斥・排他」

はい【敗】ハイ やぶ-れる 「敗因・敗軍・敗者・敗戦・敗訴・敗走・敗退・敗北・失敗・勝敗・大敗・腐敗・無敗」

はい【廃(廢)】ハイ すた-れる・すた-る 「廃案・廃屋・廃刊・廃棄・廃業・廃校・廃材・廃止・廃車・廃絶・廃品・改廃・荒廃・老廃」

はい【輩】ハイ ― 「輩出・軽輩・後輩・若輩・先輩・同輩・末輩」

はい【灰】「―にする(なる)」

はい【杯・▼盃】さかずき。「―を重ねる」

はい【▼胚】「クローン―」「―移植」

はい【肺】「―を患う」

ばい【売(賣)】バイ う-る・う-れる 「売価・売却・売店・売買・売名・商売・即売・転売・発売・販売・密売・乱売」

ばい【倍】バイ ― 「倍加・倍額・倍旧・倍数・倍増・倍速・倍率」

ばい【梅(梅)】バイ うめ 「梅雨・梅園・梅林・寒梅・紅梅・老梅」

ばい【培】バイ つちか-う 「培地・培養・啓培・栽培・肥培」

ばい【陪】バイ ― 「陪観・陪従・陪臣・陪審・陪席・陪聴・陪賓」

ばい【媒】バイ ― 「媒介・媒材・媒酌・媒体・触媒・溶媒・霊媒」

は

ばい【買】バイ か-う 「買価・買収・購買・故買・売買・不買」

ばい【賠】バイ ― 「賠償」

ばい【▽貝・▼蛽・〈海蠃〉】海産の巻貝。食用。

ばい【倍】「お礼を―にして返す」

ばい【▼霾】黄砂〈こうさ〉。

はいあん【廃案】「検討中の法案が―となる」

はいい【廃位】「皇帝を―しようと企む」

はいいろ【灰色】「―の空」「―の人生」「汚職疑惑のある―高官」

はいいん【敗因】⇔勝因。「―は貧弱な投手力だ」

ばいう【梅雨】盛夏の前の長雨。つゆ。「―前線」

はいえい【背泳】「―競技」

はいえき【廃液】「工場からの―」

はいえつ【拝謁】貴人にお目にかかる。「陛下に―する」

はいえん【肺炎】「風邪をこじらせて―になる」

ばいえん【梅園】「熱海の―」

ばいえん【▼煤煙】「煙突から吐き出される―」

はいおく【廃屋】住む人のいない、荒れはてた家。

はいか【配下】「―の者」「―に従える」

はいが【▼胚芽】「―米」

はいが【俳画】「与謝蕪村の―」

はいが【拝賀】目上の人にお祝いを述べる。「—式」「—の辞」「—が叶う」
ばいか【売価】「原価と—」
ばいか【倍加】「会員が—する」
はいかい【俳諧・▼誹諧】俳句・連句などの総称。「—師」「蕉風—」
はいかい【▼徘▼徊】あてもなく歩きまわる。「夜の巷〈ちまた〉を—する」
はいがい【拝外】外国の文物や思想を崇拝する。「—思想」
はいがい【排外】外国の人や思想を排斥する。「—主義」
ばいかい【媒介】「—者」「ダニが病原体を—する」
はいかぐら【灰《神楽》】水を零した火鉢から立つ灰。「—が立つ」
はいかつりょう【肺活量】「—を測定する」
はいがまい【▼胚芽米】胚芽を残して精白した米。
パイカル【白乾児】〈中国語〉高梁が原料の蒸留酒。
はいかん【拝観】「—料」「京都の名刹を—する」
はいかん【肺肝】肺臓と肝臓。心の奥底。「—を摧〈くだ〉く(=非常に苦心する)」
はいかん【配管】「ガス(水道)の—工事」
はいかん【廃刊】「三十年続いた月刊誌が—になる」
はいがん【拝顔】「—の栄に浴する」
はいがん【肺▼癌】「—に冒される」
はいき【排気】「エンジンの—量」「—ガス」
はいき【拝▼跪】「神前に—する」「女性—の小説」
はいき【廃棄】「—物」「—処分」「書類を—する」
ばいきゃく【売却】「家財を—する」
はいきゅう【配球】「投手の—を読む」
はいきゅう【配給】「食料を—する」「映画—会社」
はいきゅう【排球】バレーボール。「—部」
ばいきゅう【倍旧】「—のご愛顧をお願いいたします」
はいきょ【廃▼墟】「—と化した街」
はいぎょ【肺魚】浮袋が発達し空気呼吸する淡水魚。
はいぎょう【廃業】「力士を—する」
はいきん【拝金】「—主義(思想)」
はいきん【背筋】「—力をつける運動」
ばいきん【▼黴菌】有害な細菌の通称。
はいく【俳句】「—を読む」
はいぐ【拝具】手紙の末尾に書く語。敬具。
はいぐうしゃ【配偶者】夫婦の一方から見た相手。「—控除」
はいぐん【敗軍】「—の将は兵を語らず/史記」
はいけい【拝啓】手紙の冒頭に書く語。謹啓。
はいけい【背景】「—を青く塗る」「事件の—」「強大な経済力を—とした圧力」
はいげき【排撃】「異端者を—する」
はいけっかく【肺結核】「—に罹る」
はいけつしょう【敗血症】化膿菌が血管に入る病気。
はいけん【拝見】「お手並み—」
はいご【背後】「—から何者かに襲われた」「—関係を調べる」「事件の—に蠢く巨悪」
はいご【廃語】現在では使われない言葉。死語。
はいこう【廃坑】鉱山や炭坑を廃棄する。
はいこう【廃校】「離島の小学校が—となる」
はいごう【俳号】「松尾芭蕉の最初の—は桃青」
はいごう【配合】「—飼料」「色の—」
はいごう【廃合】廃止することと合併すること。「下部組織を—する」
ばいこく【売国】私利のため自国に不利なことをする。「—奴〈ど〉」「—行為」
はいざい【配剤】「人知を越えた天の—」
はいざい【廃材】「—を利用して家具を作る」
はいさつ【拝察】「御心労のほど—致します」
はいざら【灰皿】「陶器の—」
はいざん【敗残】「—兵」
はいし【廃止】「虚礼—」「赤字路線を—する」
はいし【▼稗史】小説風に書いた民間の歴史書。
はいじ【拝辞】辞退や、いとまごいの謙譲語。「君命を

「―する」「恩師のもとを―する」

はいしつ【肺疾】「―を病む」

ばいしつ【媒質】力や波動を伝える媒介となる物質。

はいしゃ【歯医者】「虫歯で―に通う」

はいしゃ【配車】「―係」「タクシーの―をする」

はいしゃ【敗者】⇕勝者。「―復活戦」

はいしゃ【廃車】自動車の登録を抹消する。「―手続き」

はいしゃく【拝借】「貴重本を―する」

ばいしゃく【媒酌・媒▼妁】「―人」「―の労をとる」

はいしゅ【▼胚珠】種子植物の種子になる部分。

はいじゅ【拝受】「お手紙―致しました」

ばいしゅう【買収】「用地を―する」「有権者を―する」

はいしゅつ【排出】「体内の毒素を―する」「温室効果ガスの―量」

はいしゅつ【輩出】「門下から優秀な人材が―する」

ばいしゅん【売春】「―防止法」

ばいしゅん【買春】男が金を払って女と性交する。かいしゅん。

はいしょ【配所】罪をおかして流された土地。

はいじょ【排除】「抵抗する者を―する」

はいしょう【敗将】戦いに敗れた大将。

ばいしょう【賠償】「―金」「―責任」「損害を―する」

ばいじょう【陪乗】「会長の車に―する」

はいしょく【配色】「服の―がよい」

はいしょく【敗色】「―が濃い」

ばいしょく【陪食】「東宮殿下と―する」

はいしん【背信】裏切り。「―行為」

はいじん【俳人】俳句を作る人。

はいじん【廃人】「麻薬で―同然となる」

ばいしん【陪臣】家来の家来。諸大名の家臣。

ばいしん【陪審】「―員」「―制」

ばいじん【▼煤▼塵】「―で汚れたトンネル」

はいすい【配水】水を配給する。「―管」

はいすい【排水】不用な水を外へ出す。「―口」

はいすい【廃水】使用済みの汚れた水。「工場―」

はいすいのじん【背水の陣】決死の覚悟で戦う。「―を敷く」「―で事に臨む」

はいすいりょう【排水量】船が押しのける水の量。

はいすう【拝▼趨】出向くことの謙譲語。「すぐにも―すべきところ」

ばいすう【倍数】「二つの数の最小公―」

はいする【拝する】「御本尊を―」「勅命を―」「尊顔を―」

はいする【配する】「要所要所に警備員を―」「庭に石を―」

はいする【排する】「万難を―」「五十音順に―」

はいする【廃する】「虚礼を―」「君主を―」

ばいする【倍する】「旧に―御愛顧を」

はいせい【俳聖】「―、松尾芭蕉」

はいせい【敗勢】負けそうな形勢。「―が濃くなってきた」

はいせき【排斥】「仲間から―する」

ばいせき【陪席】「―の栄に浴する」

はいせつ【排▼泄】「―物」「老廃物を尿として―する」

はいぜつ【廃絶】「核―を訴える」

はいせん【杯洗・▼盃洗】酒席で杯をすすぐ容器。

はいせん【配線】「―図」「―工事」「テレビの―」

はいせん【敗戦】「―国」「―投手」

はいぜん【配膳】「―係」「団体客に―する」

はいぜん【▼沛然】雨が激しく降るさま。「―と降り続ける雨」

ばいせん【媒染】薬剤で染料が繊維に染まりやすくする。「―剤」「―染料」

ばいせん【▼焙煎】「自家―」「コーヒー豆を―する」

はいそ【敗訴】⇕勝訴。「一審で―した」

はいそう【配送】「―係」「―サービス」「お中元は無料で―します」

はいそう【敗走】「―する敵を追う」「―に次ぐ―」

はいぞう【肺臓】肺。「―ジストマ」

ばいぞう【倍増】「所得―」「受験生が―する」

は

はいぞく【配属】「―先」「総務部に―する」

ばいた【売▽女】不貞な女をののしる語。

はいたい【▼胚胎】「日本近代の―する問題」

はいたい【敗退】「初戦で―した」

はいたい【廃退・廃▼頽】「道徳の―」「―的な世界を描く小説」

ばいたい【媒体】媒介するもの。メディア。「記憶―」「電子―」

はいたか【▼鷂】タカ科の鳥。

はいたつ【配達】「―証明」「郵便を―する」

はいたてき【排他的】「―経済水域」「―な言動」「―な集団」

はいだん【俳壇】俳人たちの社会。

はいち【背▼馳】くいちがうこと。反対になること。「人倫に―する」「基本方針に―する」

はいち【配置】「人員―」「―転換」「―に就く」

ばいち【培地】細菌を培養するための物質。

はいちゃく【廃嫡】旧民法で嫡子の地位を失わせる。

はいちょう【▼蠅帳】蠅を防ぐ小さな戸棚。はえちょう。

はいちょう【拝聴】「御意見を―致したく」

はいつくばる【▼這い▼蹲る】「床に―って許しを乞う」

はいてい【拝呈】「―新緑の候」

はいてん【配転】「配置転換」の略。「―命令」

はいてん【配点】「設問の―」

はいでん【拝殿】「―の前で一礼する」

はいでん【配電】「―工事」

ばいてん【売店】「駅構内の―」

はいとう【▼佩刀】刀を腰につけること。帯刀。「―禁止令」

はいとう【配当】配分する。株主に分配する利益金。「―金」「学年別漢字―表」

はいとく【背徳・▼悖徳】「―行為」

はいどく【拝読】「御著書を―致しました」

ばいどく【梅毒・▼黴毒】感染性の性病。瘡毒。

パイナップル【〈鳳梨〉】果肉は黄色く甘い。アナナス。

はいにち【排日】「―運動」

はいにゅう【▼胚乳】種子の中にある発芽のための養分。「裸子植物の―」

はいにょう【排尿】「―困難」

はいにん【背任】「―罪」「―の疑いで逮捕する」

ばいにん【売人】密売品などの売り手。「ヤク(=麻薬)の―」

はいねつ【廃熱・排熱】「―を利用した温水プール」

はいのう【背▼嚢】兵隊などが背に負う四角いかばん。「―を背負う」

はいのう【▼胚▼嚢】種子植物の胚珠にある雌性配偶体。

ばいばい【売買】「―契約」「品物を―する」

はいはん【背反・▼悖反】「二律―」

はいばん【廃盤】製造を中止したレコード。

はいはんちけん【廃藩置県】「維新政府による―」

はいばんろうぜき【杯盤▼狼▼藉】乱雑な酒宴のあと。

はいび【拝眉】相手に会うことの謙譲語。拝顔。「―が叶う」

はいび【配備】「ミサイルの―」

はいびょう【肺病】肺の病気。特に、肺結核。「―を長く患う」

はいひん【廃品】「―回収」

ばいひん【売品】売りもの。

はいふ【肺▼腑】肺。心の奥底。「―を抉〈えぐ〉るような痛切な叫び」

はいふ【配付】関係者のめいめいに配りわたす。「会議の資料を―する」

はいふ【配布】多くの人に広く配る。「ビラを―する」

はいふ【配賦】個々に割り当てる。配分。「―率」

はいふく【拝復】返信の書き出しに書く語。「―、お手紙拝見致しました」
はいぶつ【廃物】「―利用」
はいぶん【俳文】俳諧的な味わいの文章。
はいぶん【配分】「利益―」「予算を各省庁に―する」
ばいぶん【売文】「―業」「所詮しがない―の徒」
はいべん【排便】「―回数」「―を促す」
ばいべん【買弁・買▼辧】「―資本」「―的な行為」
はいほう【肺胞】気管支の末端にある半球状の袋。
はいぼう【敗亡】「戦争で国が―する」
はいぼく【敗北】⇔勝利。「善戦空しく―する」
はいほん【配本】「第一回―」
はいまつ【▼這松】「―の盆栽」
はいみ【俳味】「―のある日本画」
はいめい【拝命】「警視庁巡査を―する」
ばいめい【売名】「―行為」
はいめつ【敗滅】「戦争で国が―する」
はいめん【背面】「―跳び」「―から襲われる」
はいやく【配役】「―が決まる」
ばいやく【売約】「―済み」
ばいやく【売薬】「富山の―」
はいゆ【廃油】「―石鹸」
はいゆう【俳優】「映画(舞台)―」「―を目指す」
はいよう【肺葉】肺を区分するときの各部分の称。
はいよう【▼佩用】身につけて用いる。「勲章を―する」
ばいよう【培養】「―液」
はいらん【排卵】「―日」「―誘発」
はいり【背理・▼悖理】道理・原理にそむく。
はいり【背離】「人心が―する」
はいりつ【廃立】君主を廃して別の君主を立てる。「新たな皇帝を―する」
ばいりつ【倍率】「顕微鏡の―」「入学試験の―」
はいりょ【配慮】「相手の立場を―する」「―が足りない」
はいりょう【拝領】「殿様から―した刀」
ばいりん【梅林】「月ヶ瀬の―」
はいる【配流】流刑にする。島流し。「―の身となる」
はいる【入る・▼這入る】「この春から学校に―」
はいれい【拝礼】「仏像に―して入堂する」
はいれつ【配列・排列】「単語を五十音順に―する」
はう【▼這う・▽延う】「地面を―って進む」「壁に蔦が―」
はうた【端唄】三味線を伴奏にする短い俗謡。「江戸の―」(上方のはやり歌の意では「端歌」と書く)
はうちわ【羽〈団扇〉】「天狗の―」
はえ【〈南風〉】(主に西日本で)みなみかぜ。「白(黒)―」
はえ【栄え・映え】「―ある栄冠を勝ち取る」
はえ【▼蠅】「猩々〈しょうじょう〉―」「―叩き」
はえぎわ【生え際】「髪の―に白いものが混じる」
はえなわ【▽延縄】一本の縄に多数の釣糸をつけた漁具。
はえぬき【生え抜き】初めから勤務している。「―の社員」
はえる【生える】「雑草が―」「黴が―」「髭が―」
はえる【映える】照らされて輝く。一段と引き立つ。「朝日に―富士山」「紺碧の海に白い船体が―」
はえる【栄える】立派に見える。見栄えがする。「優勝に―選手団」
はおう【覇王】武力で統御し天下を治める人。
はおうじゅ【覇王樹】サボテンの異名。
はおと【羽音】鳥や虫のはばたく音。
はおり【羽織】長着の上に着る丈の短い衣服。「―袴」
はおる【羽織る】「カーディガンを―」
はか【墓】「立派な―を建てる」
はか【破▼瓜】「―期」
ばか【馬鹿・▼莫▼迦】「親―」「―騒ぎ」「―正直」「―と鋏は使いよう」「―の一つ覚え」
はかい【破戒】⇔持戒。「―僧」「―無慚(＝破戒しながら恥じない)」
はかい【破壊】「環境―」「家屋を―する」

は

はがいじめ【羽交(い)締め・羽交(い)絞め】「相手をーにする」
ばかがい【馬鹿貝・馬▼珂貝】「ーの剝き身はアオヤギと呼ばれる」
はがき【《葉書》】「絵ー」「返信用ー」
はかく【破格】「ーの昇進」「ーの安値」
はがす【剝がす】「ポスターをー」「生爪をー」
ばかす【化かす】「狸にー・される」「人をー」
ばかず【場数】多くの経験。「ーを踏む」
はかせ【《博士》】「医学ー」「ー号」「ー論文」
はがた【歯形】「かまれたところにーが付く」(歯の並び方をうつしとったものは「歯型」と書く)
はかどる【▽捗る】「仕事がー」
はかない【▼儚い・▽果無い・▽果▽敢無い】「ー恋」「ー希望を抱く」
はがね【鋼・刃金】炭素を含む強靱性のある鉄。鋼鉄。「ーのような肉体に鍛え上げる」
はかば【墓場】「ゆりかごからーまで」
はかばかしい【▽捗▽捗しい】「工事の進み方がー・くない」「ー返事が聞けない」
ばかばやし【馬鹿▼囃子】祭礼の祭り囃子。
はかま【▼袴】「卒業式のー姿」
はかまいり【墓参り】「先祖のー」
はかまのう【▼袴能】面や装束をつけず袴姿で行う能。

はがみ【歯▼噛み】「ーして悔しがる」
はがゆい【歯▼痒い】「思い通りにゆかずー」
はからう【計らう】「便宜をー」「早く着工できるようにー・ってもらう」「友人とー・って金額を決める」「よきにー・え」
はからずも【《図》らずも】「ー受賞の栄に浴し」
はかり【▼秤】「ーに掛ける」
ばかり【《▽許》り】「五つー」「それー」
はかりごと【▽謀・▼籌】「ーを巡らす」「ーは密なるを良しとす」
はかる【図る】計画する。計画を実現しようとする。「紛争解決をー」「仕事の合理化をー」「便宜をー・ってもらう」
はかる【計る】時間や程度を調べる。だます。「タイムをー」「損失はー・り知れない」「まんまとー・られた」
はかる【測る】長さ・深さなどを調べる。推測する。「寸法をー」「面積をー」「子供の能力をー」
はかる【量る】重さや容積を調べる。「目方をー」「真意をー・りかねる」
はかる【謀る】計略をめぐらす。「しまった、ー・られたか」
はかる【諮る】他人の意見を問う。「役員会にー」「友人とー・って会社を設立する」

はがんいっしょう【破顔一笑】「吉報にーする」
はき【破棄・破毀】「書類をーする」「契約をーする」
はき【覇気】「若者らしいーに欠ける」
はぎ【▼脛】膝からくるぶしの間の部分。すね。「ふくらー」
はぎ【▼萩】マメ科の小低木。秋の七草の一。
はきけ【吐(き)気】「ーを催す」「卑劣なやり方にーがする」
はぎしり【歯▼軋り】「睡眠中のー」「ーして悔しがる」
はきだめ【掃き▼溜め】ごみすて場。「ーに鶴」
はきちがえる【履(き)違える・▼穿き違える】「父の靴とー」「自由の意味をー・えている」
はぎとる【剝(ぎ)取る】「衣服をー」
はきもの【履物】「脱いだーを揃える」
ばきゃく【馬脚】「ーを露わす(＝化けの皮がはがれる)」
はきゅう【波及】「ー効果」「原油高の影響が家計にまでーする」
はきょう【破鏡】「ーの嘆(＝夫婦が離婚しなければならない悲しみ)」「ー再び照らさず」
はぎょう【覇業】武力で征服して支配権を握ること。「ーを成し遂げる」
はきょく【破局】「ーを迎える」「結婚生活のー」

はぎれ【歯切れ】言い方の調子や発音。「―のいい論旨」「―の悪い返事」

はぎれ【端切れ】はんぱな布地。「―でコースターを作る」

はく【白】ハク・ビャク しろ・(しら)・しろ-い 「白紙・白日・白書・白状・白線・白昼・白熱・白髪・空白・潔白・告白・自白・純白・独白・明白・余白」

はく【伯】ハク ― 「伯爵・伯仲・伯父・伯母・伯楽・画伯・詩伯」

はく【拍】ハク・(ヒョウ) ― 「拍車・拍手・拍子〈ひょうし〉・一拍・脈拍」

はく【泊】ハク と-まる・と-める 「泊地・仮泊・外泊・宿泊・淡泊・停泊・漂泊・夜泊・旅泊」

はく【迫】ハク せま-る 「迫害・迫撃・迫真・迫力・圧迫・急迫・窮迫・脅迫・強迫・緊迫・切迫」

はく【剝】ハク は-がす・は-ぐ・は-がれる・は-げる 「剝製・剝脱・剝奪・剝片・剝落・剝離・落剝」

はく【舶】ハク ― 「舶載・舶来・船舶」

はく【博】ハク・(バク) ― 「博愛・博学・博士・博識・博覧・該博」

はく【薄】ハク うす-い・うす-める・うす-まる・うす-らぐ・うす-れる 「薄志・薄謝・薄情・薄氷・薄暮・薄命・薄利・薄給・希薄・軽薄・酷薄・肉薄・浮薄」

はく【拍】「一小節の―を数える」

はく【▼箔】「金―〈きんぱく〉を押す」「―が付く(=値打ちが上がる)」

はく【吐く】「悪酔いして―」「煙を―桜島」「弱音を―」「正論を―」

はく【▼穿く】下半身や足に衣類を身につける。「ズボン(スカート)を―」

はく【履く】履物を足につける。「靴(スリッパ)を―」「二足の草鞋〈わらじ〉を―」

はく【▼佩く】(刀剣などを)腰につける。帯びる。「太刀を―」

はく【掃く】「ほうきで玄関を―」「希望者は―いて捨てるほどいる」

はく【▽刷く】さっとなでて色をつける。「紅を―」

はぐ【▼矧ぐ】竹に羽を付けて矢をつくる。「矢を―」

はぐ【剝ぐ】「仮面を―」「布団を―」「身ぐるみ―」「官位を―」

はぐ【▽接ぐ】「スカートの裾に別布を―」

ばく【麦(麥)】バク むぎ 「麦芽・麦秋・麦飯・玄麦・精麦」

ばく【博】⇩はく(博)。「博才・博打・博徒・博労・賭博」

ばく【幕】⇩まく(幕)。「幕営・幕舎・幕府・幕末・幕僚・倒幕」

ばく【漠】バク ― 「漠然・空漠・広漠・荒漠・砂漠」

ばく【縛】バク しば-る 「緊縛・就縛・呪縛・束縛・捕縛」

ばく【爆】バク ― 「爆音・爆撃・爆死・爆笑・爆竹・爆破・爆発・爆風・爆薬・起爆・空爆・原爆・自爆」

ばく【縛】なわ。縛ること。「―に就く」

ばく【▼貘・▼獏】サイに似た獣。想像上の動物の名。「夢を食べる―」

ばく【漠】「―とした不安」

ばぐ【馬具】馬につける用具。

はくあ【白亜・白▼堊】石灰岩。白壁。「―の殿堂」

はくあい【博愛】「―主義」

はくい【白衣】「―の天使」

はくいんぼうしょう【博引▼旁証】多くの資料を引いたり、証拠を示したりして説明する。「この論文は―の労作だ」

は

はくう【白雨】夕立。にわか雨。

ばくえき【博▾奕】ばくち。「—の輩」

はくおし【▾箔押し】蒔絵で、金銀の箔をはる。

ばくおん【爆音】「飛行機の—」

はくが【博雅】博識でおこないが正しいこと(人)。「—の士」

ばくが【麦芽】「—飲料」

はくがい【迫害】「異教徒を—する」

はくがく【博学】「—多識」「—多才」「—の士」「彼はなかなか—だ」

ばくがとう【麦芽糖】澱粉を麦芽で分解した糖。

はくがん【白眼】⇔青眼。「周囲から—視される」

はぐき【歯茎】「—からの出血」

ばくぎゃく【▾莫逆】きわめて親しい間柄。「—の友」「—の交わり」〈本来は「ばくげき」が正しい〉

はくぎょくろう【白玉楼】文人が死後に行くという楼。「—中の人となる(=文人が死ぬ)」

はくぎん【白銀】「一面—の世界」

はくぐう【薄遇】冷遇。「—に耐える」

はぐくむ【育む】「愛を—」「両親に—・まれる」「豊かな大地に—・まれる」

ばくげき【爆撃】「—機」

はくげきほう【迫撃砲】接近戦に用いる軽量の火砲。


はくさい【白菜】アブラナ科の野菜。「—の漬物」

はくさい【舶載】「古代中国の—鏡」

はくし【白紙】「—撤回」「—委任状」「—の答案」「—に戻す」

はくし【博士】「理学—」「—号」「—課程」

はくし【薄志】わずかな謝礼。

はくじ【白磁・白▾瓷】純白の磁器。

ばくし【爆死】「地雷で—する」

はくしき【博識】「—な人」「—をもって知られる評論家」

はくしじゃっこう【薄志弱行】意志が弱く、行動力が乏しい。「—の性格を改めようとする」

はくじつ【白日】くもりのない太陽。白昼。「青天—」「すべてを暴露し—の下に晒〈さら〉す」

はくじつむ【白日夢】白昼夢。

はくしゃ【拍車】乗馬靴のかかとに取り付ける金具。「経済成長に—を掛ける」

はくしゃ【薄謝】謝礼の謙称。

はくしゃく【伯爵】もと五等爵の第三位。「—家」

はくじゃく【薄弱】「意志—」「根拠が—で説得力に欠ける」

はくしゃせいしょう【白砂青松】「—の美しい海岸」

はくしゅ【拍手】「—喝采〈かっさい〉」「すばらしい演奏に—を送る」「選手入場を—で迎える」


はくじゅ【白寿】九九歳。また、その祝い。〈「百」の字から「一」をとると「白」となるので〉

ばくしゅう【麦秋】麦の熟す初夏の頃。むぎあき。「—の候」

はくしょ【白書】政府が発表する報告書。「防衛—」

はくしょ【薄暑】初夏、五月ごろの暑さ。「—の候」

ばくしょ【▾曝書】書物を虫干しする。「—作業」

はくじょう【白状】「罪を—する」

はくじょう【薄情】「—者」「—な人」

ばくしょう【爆笑】「満場—の渦となる」

はくしん【迫真】「—の演技」

はくじん【白刃】抜き身の刀。「—を振りかざす」

ばくしん【幕臣】将軍直属の臣下。旗本・御家人など。

ばくしん【爆心】「原爆投下の—地」

ばくしん【▾驀進】まっしぐらに進むこと。「ゴール目指して—する」

はくする【博する】「喝采(好評)を—」

はくせい【剝製】「鹿の—」

はくせき【白▾皙】肌の色の白いこと。「—の美青年」

はくせん【白▾癬】しらくも・水虫などの皮膚病。

はくぜん【白▾髯】白いほおひげ。

ばくぜん【漠然】「—と考える」「—とした話」

はくそ【歯▾屎】歯垢〈しこう〉。

はくだい【博大】「―な知識」
ばくだい【▼莫大】「―なゴミの量」「―な金が動く」
はくだく【白濁】「―した温泉」
はくだつ【剝奪】「地位（タイトル）を―する」
ばくだん【爆弾】「時限―」「―を落とす」
はくち【白痴】最も重度な精神遅滞を言った語。
ばくち【博▽打・〈博奕〉】「―を打つ」「―に出る」
ばくちく【爆竹】「―を鳴らす」
はくちず【白地図】「―に県庁所在地を書き込む」
はくちゅう【白昼】「―堂々と犯行に及ぶ」
はくちゅう【伯仲】互角。「両チームの力は―している」
はくちゅうむ【白昼夢】非現実的な空想。白日夢。
はくちょう【白鳥】「―の湖」
はくてい【白帝】五行説で、西方・秋を支配する神。
ばくてんせきち【幕天席地】気宇壮大である。
ばくと【博徒】ばくちうち。
はくとう【白桃】水蜜桃の一品種。果肉が白い。
はくどう【白銅】銅とニッケルの合金。「―貨」
はくどう【拍動・▼搏動】「心臓の―」
はくとうゆ【白灯油】家庭燃料用に精製した灯油。
はくないしょう【白内障】目の水晶体が濁る病気。
はくねつ【白熱】「―灯（電球）」「議論が―する」「―した試合」

はくば【白馬】「―の王子」
ばくは【爆破】「―作業」「岩石を―する」
はくばい【白梅】「―を観賞する」
ばくばく【漠漠】「―とした印象しか残っていない」
はくはつ【白髪】「―の翁」
ばくはつ【爆発】「火薬が―する」「怒りが―する」
はくび【白眉】同類の中で最も優れたもの。「歴史小説の―」
はくびしん【白鼻心】哺乳類。白線が鼻筋を描く。
はくひょう【白票】①何も書かない白紙の投票。②賛成の意を表示するのに用いる白色の票。⇔青票。
はくひょう【薄氷】「―を履む思い」
はくびょう【白描】東洋画で墨一色で描く。「―画」
ばくふ【幕府】「室町（江戸）―」「鎌倉―の執権」
ばくふ【▼瀑布】（大きな）滝。「―線」
ばくふう【爆風】「―で家屋まで吹き飛ばされる」
はくぶつかん【博物館】「国立―」「―の常設展」
はくぶん【白文】「―に訓点を付けて読み下す」
はくぶんきょうき【博聞強記】「―の人」
はくへいせん【白兵戦】刀剣で戦うような接近戦。
はくへん【剝片】原石から剝がされた小片。「―石器」
はくぼ【薄暮】夕暮れ。「―ゲーム」
はくぼく【白墨】チョーク。「黒板に―で書く」
はくまい【白米】「玄米を精米して―にする」

ばくまつ【幕末】「―の志士たち」

はくめい【薄命】不幸な運命。短命。「美人（佳人）―」

はくめい【薄明】「―の空」

はくめん【白面】「―の貴公子」

はくや【白夜】極地で夏、夜でも薄明るい現象。びゃくや。

ばくやく【爆薬】「―を仕掛ける」

はくらい【舶来】「―品」

ばくらい【爆雷】潜水艦攻撃用の水中爆発兵器。

はくらく【伯楽】人の能力をよく見抜き指導する者。「―の一顧（いっこ）を得る（＝優れた人物の知遇を得て出世の機会を得る）」

はくらく【剝落】「壁面の塗料が―している」

はくらん【博覧】「世人の―に供する」

はくらんかい【博覧会】「万国―」

はくらんきょうき【博覧強記】知識が豊かなこと。「―で鳴る人物」

はくり【剝離】「網膜―」

はくり【薄利】わずかな利益。「―多売」

ばくり【幕吏】幕府の役人。

はくりきこ【薄力粉】粘り気の弱い小麦粉。「―を使ってケーキを焼く」

ばくりゅうしゅ【麦粒腫】ものもらい。

ばくりょう【幕僚】司令部に直属する参謀将校。

ばくりょう【▼曝涼】 書物や衣類を日にさらして風を通す。「正倉院の—」
はくりょく【迫力】 「—満点」「—のある祭り」「—に欠ける演奏」
はぐるま【歯車】 「—が噛み合わない」「—が狂う」
ばくれつ【爆裂】 「パワー—」「—弾」
はぐれる【▽逸れる】 「仲間に—・れてさまよう」「昼飯を食い—・れた」
はくろ【白露】 二十四節気の一。九月七日頃。
ばくろ【暴露・▼曝露】 「秘密を—する」
ばくろう【博労・馬▼喰・▽伯▽楽】 牛馬の売買や周旋をする人。
ばくろん【▼駁論】 「語気を強めて—する」
はくわ【白話】 中国語の話し言葉。「—小説」
はけ【〈刷毛〉】 「—でペンキを塗る」
はげ【▼禿】 「頭に大きな—がある」
はげいとう【葉鶏頭】 ヒユ科の草。雁来紅。
はけぐち【（▼捌）け口】 発散の対象。「不満の—」
はげしい【激しい・▽烈しい・▽劇しい】 「風雨が—」「—口調」「—変化」
はげたか【▼禿▼鷹】 ハゲワシの別名。
バケツ【馬穴】 「馬穴」は当て字。「—で水をくむ」
ばけのかわ【化けの皮】 本性を包み隠している外見。「—が剥がれる」「—を現す」

はげます【励ます】 「選手を—」
はげみ【励み】 「—になる」
はげむ【励む】 「日夜練習に—」
ばけもの【化け物】 「—屋敷」「—が出る場所」
はげやま【▼禿げ山】 草木の生えていない山。
はける【▼捌ける】 とどこおらず流れる。売れる。「水が—・けない」「商品が全部—・けた」
はげる【剝げる】 取れて落ちる。色があせる。「ペンキが—」「化粧が—」
はげる【▼禿げる】 髪の毛が抜け落ちてなくなる。「頭が—」
ばける【化ける】 「狐が美女に—」「バイト代が飲み代に—」
はげわし【▼禿▼鷲】 頸部が裸出している大形の猛禽。
はけん【派遣】 「人材—」「—会社(社員)」「特使を—する」
はけん【覇権】 「—を握る」「リーグ戦の—をかけたゲーム」
ばけん【馬券】 競馬の勝ち馬投票券。
ばげん【罵言】 「—を浴びせる」
はこ【箱】 はこ ｜ —「箱庭・箱物・木箱・骨箱・私書箱・重箱・針箱」
はこ【箱・▼函・▼筥・▼匣・▼筐】 「—に入れて保管する」「どの—(=列車の車両)も満員だ」

はごいた【羽子板】 羽根をつくのに使う板。
はこいりむすめ【箱入り娘】 大切に育てた娘。
はこう【▼跛行】 片足を引いて歩く。釣り合いがとれない。「—状態」「—景気」
はごく【破獄】 脱獄。「囚人が—する」
はこせこ【▼筥▽迫・▼函▽迫】 和服の礼装の際の、箱形の紙入れ。「懐に挟んだ—」
はごたえ【歯応え】 「こりこりとした—」「—のある相手」
はこにわ【箱庭】 「—療法」「—のような景色」
はこぶ【運ぶ】 「荷物を—」「役所に足を—」「計画通りにことを—」「思い通りに筆を—」
はこぶね【箱船・箱舟・▽方舟】 「ノアの—」
はこべ【〈繁縷〉・〈蘩蔞〉】 春の七草の一。はこべら。
はこぼれ【刃▽毀れ】 「—した包丁」
はこまくら【箱枕】 箱形の台にのせた枕。
はごろも【羽衣】 「—の松」「天人の—」
はさ【〈稲架〉】 いねかけ。はざ。
はさい【破砕・破▼摧】 「結石を—する」
はざかいき【端境期】 古米と新米が入れかわる頃。
はさき【刃先】 「包丁の—で切れ目を入れる」
はざくら【葉桜】 花が散り若葉になった頃の桜。
ばさし【馬刺(し)】 ウマの肉の刺し身。

はざま【▽狭間・▽迫間・▽間】狭い間。谷間。「雲の—」「生と死の—」〔谷間の意味では「硲」とも書く〕

はさまる【挟まる】「間に—」

はさみ【▼鋏・〈剪刀〉】二枚の刃で物をはさんで切る道具。「—で紙を切る」「—を入れる」

はさみ【▼螯】カニなどの大きな前足。

はさみうち【挟み撃ち】「敵を—にする」

はさむ【挟む・▽挿む】両側から押さえてもつ。間に入れる。「本を小脇に—」「パンにソーセージを—」「十分間の休憩を—」「疑いを—余地がない」「ちょっと小耳に—」

はさむ【▼鋏む・▼剪む】はさみで切る。「伸びた枝を—」

はざわり【歯触り】「レタスのシャキシャキした—」

はさん【破産】「—管財人」「—宣告」

はし【箸】はし　「箸箱・菜箸・火箸」

はし【端】「道の—」「ノートの—」「橋の両—」「言葉の—」

はし【▼嘴・▼觜】くちばし。「いすかの—」

はし【箸】「—が転んでもおかしい年頃」「—にも棒にもかからない」「—の上げ下ろしにも文句をいう」

はし【橋】「—を渡す」

はじ【恥・▽辱】「—の上塗り」「—も外聞も無い」「—をかく」「—を忍んでお尋ねします」

はじ【▽土師】古代、埴輪の製作などに従事した者。

はじ【把持】「信念を—し続ける」

はしい【端居】縁先などに座る。「—して涼む」

はしか【〈麻疹〉】「—に罹る」

はしがき【端書き】書物の序文。「自著の—」

はじかみ【▼薑】ショウガの別名。

はじく【▽弾く】「ギターの弦を指で—」「水を—」「そろばんを—」

はしくれ【端くれ】「これでもプロの—です」

はしけ【▼艀】本船と陸の間を貨客を運ぶ小舟。

はしげた【橋桁】「頑丈な—」

はしご【▼梯子・▼梯】「屋根に—をかけて上る」「—を外される」

はしこい【〈敏捷〉い】「—子供」

はしござけ【▼梯子酒】次々店を変えて酒を飲む。

はじさらし【恥《▼曝》し】「我が家の—」「—なことをする」

はじしらず【恥知らず】「—なことを平気でする」

はしたがね【端た金】「そんな—で釣ろうたってだめだ」

はしたない【端た無い】「—ことを言う」

はしため【端た女・▼婢女】下働きの女。下女。

ばじとうふう【馬耳東風】全く意に介さない。

はしなくも【《端無》くも】「—受賞の栄に浴し」

はしばし【端端】「言葉の—に気品がうかがえる」

はしばみ【▼榛】カバノキ科の落葉低木。

はじまり【始まり・初まり】「事の—」

はじまる【始まる】「工事が—」

はじめ【始め】はじめること。起源。起こり。「—と終わり」「会長を—として」

はじめ【初め】順序が最初。し始めた時点。「年の—」「調査の—の年度」

はじめて【初めて】「生まれて—経験した」

はじめる【始める】「仕事を—」「健康のために水泳を—」「隗〈かい〉より—・めよ」

はしゃ【覇者】「全国大会の—」

はじゃ【破邪】邪悪を打ち破る。「—の剣」

ばしゃ【馬車】「—馬のように働かされる」

はしゃぐ【▽燥ぐ】「子供のように—」

はじゃく【羽尺】羽織として仕立てるための反物。

はじゃけんしょう【破邪顕正】邪道・不正を打ち破って、正義をあきらかにする。

はしやすめ【箸休め】「—の漬物」

はしゅ【把手】取っ手。

はしゅ【▼播種】種子をまくこと。「—期」

ばしゅ【馬首】「—をめぐらす」

ばじゅつ【馬術】「—部」

はしゅつじょ【派出所】「―のお巡りさん」
ばしょ【場所】「―を確保する」『―を塞ぐ』『時と―を考えてもらいたい」
はじょう【波状】「―雲」『―攻撃」
ばしょう【▼芭▼蕉】バショウ科の大形多年草。「―布」
はしょうふう【破傷風】「―菌」『―の予防接種」
ばしょがら【場所柄】「―をわきまえないで大声を上げる」
はしょく【波食・波▼蝕】「―棚」『―台地」
ばしょく【馬謖】中国三国時代の武将の名。「泣いて―を斬る／三国志」
はしょる【端▽折る】「裾を―・って駆け出す」『話を―」
はしら【柱】「テントの―」『文化祭の―となる企画」
はしらどけい【柱《時計》】「アンティックな―」
はしり【《走》り】「あゆの―」『梅雨の―」
はしりがき【走り書き】「伝言を―して渡す」
はしりたかとび【走り高跳(び)】陸上競技の一。
はしりはばとび【走り幅跳(び)】陸上競技の一。
はしる【走る】「はだしで―」『感情に―」
はじる【恥じる】「良心に―」『おのれの不明を―」『横綱の名に―・じぬよう」
はしわたし【橋渡し】「基礎科学と実用の―をする研究」
はす【▽斜】ななめ。はすかい。「―に線を入れる」『―向かいの家」『―に構える」
はす【▼蓮】スイレン科の水草。「―の実」
はず【▼筈・▼弭】「―に押す」『修理が済んだので動くはずだ」『五時に仕事が終わるはずだ」
はすい【破水】分娩時、羊水が出る。
はすう【端数】「―は切り捨てる」
ばすえ【場末】街の中心から離れた地域。「―の酒場」
はすかい【▽斜交い】「―に交わる道路」
はずかしい【恥ずかしい】「社会人として―行為」「どこへ出しても―・くない人柄」
はずかしめる【辱める】「人前で―」『女性を―卑劣な行為」
はずす【外す】「雨戸を―」『ちょっと席を―」
はすっぱ【▼蓮っ葉】「―な言い方」
はずみ【弾み・▽勢み】「話に―がつく」『ものの―」
はずむ【弾む】「よく―ボール」『心(胸)が―」『話が―」「チップ(祝儀)を―」
はすむかい【▽斜向かい】斜め前。はすむこう。「―の家から出火した」
はずれ【外れ】「町の―」『期待―」
はずれ【葉擦れ】「―の音」
はずれる【外れる】「戸が―」『予想が―」
はぜ【▼鯊・〈沙魚〉・〈蝦虎魚〉】「―の佃煮」
はせい【派生】「―語」『―的用法」『新しい問題が―する」
ばせい【罵声】「―を浴びせかける」
はぜのき【▼櫨の木・〈黄櫨〉】ウルシ科の落葉高木。
パセリ【〈早芹菜〉】香味野菜。江戸時代に渡来。
はせる【▼馳せる】「遠くの故郷に思いを―」『全国にその名を―」
はぜる【▽爆ぜる・▼罅ぜる】「栗が―」
はせん【破船】難破船。
はそく【把捉】「真意を―する」
ばぞく【馬賊】馬に乗った集団的な盗賊。
はそん【破損】「―箇所」『家屋が―する」
はた【畑】はた・はたけ ―「畑作・畑地・畑仕事・花畑〈はなばたけ〉・田畑」
はた【▽傍・▽側】わき。かたわら。「―の見る目」『―がうるさい」
はた【端】物のへり。はし。「池の―で遊んだら危ない」
はた【旗・▼幡・▼旌】「―を揚げる」『―を振る」
はた【機】「―を織る」
はた【▽将】それとも。あるいは。「真か―また偽か」
はだ【肌】はだ ―「肌着・肌身・岩肌・地肌・鳥肌・一肌・両肌」

は

はだ【肌・▽膚】「―が荒れる」「―のぬくもり」「―が合う」「―で感じる」
はだあい【肌合(い)】「磁器のような―」「兄弟の中では一人だけ―が違う」
はたあげ【旗揚げ】「新党を―する」
はだあれ【肌荒れ・▽膚荒れ】「―にクリームを塗る」
ばだい【場代】場所の使用料。席料。「―を払う」
はたいろ【旗色】「―が悪い」
はたうち【畑打ち】畑を耕す。
はだえ【▽肌・▽膚】「雪の―」
はたおり【機織り】「―職人」
はだか【裸】「―の王様」「―一貫から始める」
はたがしら【旗頭】「チームの―となる」
はたき【▼叩き】室内のほこりを払う道具。
はだぎ【肌着】「―は毎日取り換える」
はたく【▼叩く】「塵を―」「有り金を―」
はたぐも【旗雲】旗のようにたなびく雲。
はたけ【畑・▼畠】「―を耕す」「―が違う」
はたけ【▼疥】顔や首に白い斑紋ができる皮膚病。
はたけちがい【畑違い】「―の職に就く」
はだける【▽開ける】「着物の前を―」
はたご【〈旅籠〉】宿屋。「―屋」
はたさく【畑作】「―農業」

はたさしもの【旗指物】昔、鎧の背中にさした旗印。
はださむい【肌寒い・▽膚寒い】「朝夕―く感じる今日この頃」
はだざわり【肌触り】「―のよいタオル」
はだし【〈裸足〉・▼跣】「―で浜辺を駆ける」「玄人―(＝プロ顔負け)」
はたしあい【果(たし合)い】決闘。「剣豪同士の―」
はたして【果(たし)て】「―昼過ぎから雨になった」「―結末はいかに」
はたじるし【旗印・旗▽標】目印として旗につけた紋所。標語。「反戦の―の下に結集する」
はたす【果(たす)】「念願(目的)を―」「約束(使命)を―」「本棚が仕切りの役も―」
はたち【《二十》・《二十歳》】「―の誕生日」
はたと【▼礑と】「―ひざを打つ」「―気づく」
はだぬぎ【肌脱ぎ】脱いで上半身の肌を現す。「両〈もろ〉―で竹刀を構える」
はたはた【〈蜈蚣〉】バッタの異名。
はたはた【▼鰰・▼鱩】小形の海魚。食用。
はたび【旗日】国旗をあげて祝う祝日。
はたまた【▽将又】「鳥か飛行機か―宇宙人の円盤か」
はだみ【肌身】「―離さず持つ」
はため【《▽傍》目】他人が見た感じ。「―にも気の毒なほど落ち込んでいる」

はためいわく【《▽傍》迷惑】「まったく―な話だ」
はたもと【旗本】直参のうち、御目見〈おめみえ〉以上の者。「―奴〈やっこ〉」
はたらき【働き】「―に出る」「―が認められる」「胃の―が鈍る」
はたらきて【働き手】一家の生計を担う人。「―を失う」
はたらきばち【働き蜂】「―のようによく働く」
はたらく【働く】「頭が―かない」「勘がよく―」「制御装置が―」「盗みを―」
はだれゆき【▽斑雪】うっすらとまだらに積もった雪。
はたん【破綻】「会社経営(生活)が―する」
はだん【破談】「婚約が―になる」
はたんきょう【▼巴旦▼杏】スモモの一品種。
はち【八】ハチ・や・や-つ・やっ-つ・(よう)「八面・八卦・八景・八頭身・八丁・八方・四苦八苦・十中八九」
はち【鉢】ハチ・(ハツ)「金魚鉢・銅鉢・乳鉢・火鉢」
はち【蜂】「泣きっ面に―」
はち【鉢】「頭の―の開いた人」
ばち【罰】「―があたる」
ばち【▼撥】三味線などの弦をはじく道具。

ばち【▼枹・▼桴】太鼓などを打ち鳴らす棒。

ばちあたり【罰当(たり)】「―な行い」「この―め」

はちあわせ【鉢合(わせ)】「仲の悪い二人が―した」

はちうえ【鉢植え】「―のバラ」

ばちがい【場違い】「―な服装」「―な言動」

はちく【▽淡竹】大形のタケ。くれたけ。「―草履」

はちくのいきおい【破竹の勢い】勢いの盛んなさま。「―で勝ち進む」

はちじゅうはちや【八十八夜】立春から八八日目。「夏も近付く―」

はちす【▼蓮】ハスの別名。「泥中の―」

はちぶんめ【八分目】「何事も腹―」

はちまき【鉢巻(き)】「手ぬぐいでねじり―する」

はちまん【八▼幡】八幡宮の祭神。源氏の氏神。「南無―大菩薩」

はちみつ【蜂蜜】「パンに―を塗る」

はちめんれいろう【八面▼玲▼瓏】どの面も美しく澄んでいる。心にわだかまりがない。「―と輝く」

はちめんろっぴ【八面六▼臂】多方面で活躍する。「歌手、俳優そして映画監督と、―の大活躍」

はちもの【鉢物】「棚に―を並べる」

はちゅうるい【▼爬虫類】ワニ・ヘビなどの動物。

はちょう【波長】「彼とは何となく―が合う」

はちょう【破調】「―の句」


はつ【発(發)】ハツ・ホツ ―「発案・発育・発音・発火・発芽・発汗・発見・発言・発生・発送・発熱・発明・開発・活発・告発・蒸発・爆発・利発」

はつ【鉢】⇩はち(鉢)。「衣鉢・托鉢〈たくはつ〉」

はつ【髪(髮)】ハツ かみ「遺髪・金髪・整髪・頭髪・白髪・毛髪」

はつ【初】「―の月面着陸」「―春」

ばつ【末】⇩まつ(末)。「末子〈ばっし〉〈まっし〉・末席〈ばっせき〉〈まっせき〉・末孫〈ばっそん〉〈まっそん〉・末弟〈ばってい〉〈まってい〉」

ばつ【伐】バツ ―「伐採・伐木・間伐・殺伐・征伐・討伐・濫伐」

ばつ【抜(拔)】バツ ぬ-く・ぬ-ける・ぬ-かす・ぬ-かる「抜群・抜糸・抜粋・抜擢〈ばってき〉・海抜・奇抜・選抜・卓抜」

ばつ【罰】バツ・バチ ―「罰金・罰則・罰点・刑罰・厳罰・賞罰・処罰・体罰・懲罰・天罰」

ばつ【閥】バツ ―「閥族・学閥・閨閥・財閥・派閥・門閥」

ばつ【▼跋】書物のあとがき。「自著に―を記す」

ばつ【罰】「罪と―」「さぼった―だ」
ばつ【閥】「―を作る」
はつあかり【初明(かり)】元日の明け方の光。
はつあらし【初嵐】立秋後初めて吹く強い風。
はつあん【発案】考え出す。議案を出す。「父の―で旅行に出かける」
はつい【発意】「新たな企画を―する」
はついく【発育】「―不全」「順調に―する」
はつうま【初▽午】二月最初の午の日。「―詣で」
はつえんとう【発煙筒】信号用の煙を出す筒。
はつおん【発音】「―記号」「英語の―」「―の練習」
はつおん【▼撥音】「ん・ン」で表記される音。
はっか【発火】「自然―」
はっか【《薄荷》】シソ科の多年草。ペパーミント。
はつか【《二十日》】「先月の―」「―間」
はつが【発芽】「種が―する」
はっかい【発会】「―式」「後援会が―する」
はっかく【発覚】「不正融資が―する」
はつがつお【初▼鰹】「目に青葉山ほととぎす―／素堂」
はつかねずみ【《二十日》▼鼠】「―を使った実験」
はつがま【初釜】新年初の茶会。
はつかり【初▼雁】秋に最初に渡って来る雁。

はっかん【発刊】「遺稿集を―する」
はっかん【発汗】「―作用」「―を促す」
はつがん【発▼癌】「―物質」「―性が高い」
はっき【発揮】「十分に力を―する」
はつぎ【発議】ほつぎ。「修正案を―する」
はづき【葉月・▽八月】陰暦八月の異名。
ばっき【▼曝気】廃水中に空気を送り浄化する。「―槽」
はっきゅう【白球】野球・ゴルフのボール。
はっきゅう【発給】「ビザを―する」
はっきゅう【薄給】安月給。「―に甘んずる」
はっきょう【発狂】「あまりのショックで―しそうだ」
はっきん【白金】金属元素の一。プラチナ。
はっきん【発禁】「―処分になった本」
ばっきん【罰金】「駐車違反で―を支払う」
はっくつ【発掘】「遺跡を―する」「優秀な人材を―する」
ばっくよらく【抜苦与楽】仏・菩薩や善行の力により苦が除かれ楽を与えられる。
はづくろい【羽繕い】「インコが―をする」
ばつぐん【抜群】「―の成績」
はっけ【八▼卦】易の卦を示す八種の形。占い。「―見」「当たるも―、当たらぬも―」

はっけっきゅう【白血球】「血液中の―」
はっけつびょう【白血病】白血球が異常にふえる病気。
はっけん【白鍵】「―だけで弾ける曲」
はっけん【発見】「新種の昆虫を―する」
はつげん【発言】「自由に―する」
はつげん【発現】「遺伝子―」
ばっこ【▼跋▼扈】「悪徳業者が―する」
はつこい【初恋】「―の人」
はっこう【発光】「―塗料」「―ダイオード」「ストロボが―する」
はっこう【発行】「―者」「雑誌を―する」
はっこう【発効】⇔失効。「条約が―する」
はっこう【発酵・▼醱酵】「乳酸―」「―食品」
はっこう【薄幸・薄▼倖】ふしあわせ。「―な運命」
はっこういちう【八▼紘一宇】世界を一つの家のようにする。
はつごおり【初氷】その冬に初めて張った氷。
はっこつ【白骨】「山中で―死体が見つかる」
ばっさい【伐採】「樹木を―する」
はっさく【八▼朔】陰暦八月朔日の称。また、ミカンの一品種。
はっさん【発散】「ストレスを―する」
ばつざんがいせい【抜山蓋世】壮大で意気盛ん。「―の豪傑」

ばっし【末子】末っ子。まっし。
ばっし【抜糸】「手術の十日後に―する」
ばっし【抜歯】「親知らずの―」
はつしお【初潮・初▼汐】陰暦八月一五日の大潮。葉月潮。
はつしも【初霜】「―が降りる」
はっしゃ【発車】「バスが―する」
はっしゃ【発射】「ミサイルを―する」
はっしょう【発症】「潜伏期間の後―する」
はっしょう【発祥】「古代文明―の地」
はつじょう【発条】ばね。ぜんまい。
はつじょう【発情】「鹿の―期」
ばっしょう【▼跋渉】「山野を―する」
はっしょく【発色】「―剤」「写真の―が良い」
はっしん【発信】郵便・電信を出す。⇔受信。「情報を―する」
はっしん【発▼疹】「突発性―」「―が出る」
はっしん【発進】「緊急―」「基地から一斉に―する」
はっすい【▼撥水】「―加工の傘」
ばっすい【抜粋・抜▼萃】「好きな言葉を―する」
はっする【発する】「悪臭を―」「警告を―」「怒り心頭に―」(「怒り心頭に達する」は誤り)
ばっする【罰する】「法律によって―・せられる」

は

はっせい【発生】「事件が―する」「赤潮が―する」
はっせい【発声】「―練習」「会長の―で乾杯をする」
はっせき【発赤】「咽頭が―する」
はっそう【発走】「競馬の―時間が迫る」
はっそう【発送】「―作業」「荷物を―する」
はっそう【発想】「子供らしい―」「―の似た小説」
はっそく【発足】ほっそく。「会が―する」
ばっそく【罰則】「―を設ける」
ばった【〈飛蝗〉・〈蝗虫〉】「―の異常発生」
はったい【▼糗・▼麨】麦の新穀をいってひいた粉。「―粉」
はったつ【八達】「四通―する鉄道網」
はったつ【発達】「心身の―」「―した低気圧」
はっちゃく【発着】「列車の―時刻」
はっちゅう【発注】⇔受注。「大量―」「商品を―する」
ばってき【抜▼擢】「新人をチーフに―する」
はってん【発展】「―途上国」「―する企業」
はつでん【発電】「原子力―」「―所」
ばってん【《罰点》】「間違った回答に―を付ける」
はっと【法度】「武家諸―」「飲酒はしばらく御―だ」
はつどう【発動】「―機(＝エンジン)」「国権の―」
はっとうしん【八頭身・八等身】「―の美女」
ばつなぎ【場▼繋ぎ】その場をつくろう。「主賓が到着するまでの―に映像を見せる」
はつなり【初▽生り】「いちごの―」
はつに【初荷】正月の初商いの日に送り出す荷。
はつね【初音】「うぐいすの―に耳を傾ける」
はつねつ【発熱】「風邪で―する」「―を抑える薬」
はっぱ【発破】火薬で岩石を爆破する。「―を掛ける(＝気合いをかける)」
はつばい【発売】「―禁止」「新刊書が―される」
ばっぱい【罰杯】「遅参した者に―を飲ませる」
はつばしょ【初場所】大相撲の一月場所。
はつはる【初春】「謹んで―のお慶びを申し上げます」
はつひ【初日】「―を拝む」
はっぴ【法被・▽半被】「―姿の男衆」
はつひので【初日の出】「―を拝む」
はつびょう【発病】「感染して数日後に―する」
はっぴょう【発表】「研究―」「ピアノの―会」
ばつびょう【抜▼錨】錨をあげて出帆すること。⇔投錨。「神戸港を―する」
はっぷ【発布】「憲法を―する」
はっぷ【髪膚】「身体―」
はつぶたい【初舞台】「―を踏む」「日本代表としての―」
はっぷん【発憤・発奮】「―して勉学に勤しむ」
ばつぶん【▼跋文】書物のあとがき。⇔序文。
はつほ【初穂】その年初めて実った稲穂。「―を収穫する」「―料(＝神仏に奉納する金銭)」
はっぽう【八方】「四方―」
はっぽう【発泡】「―スチロール」「―酒」
はっぽう【発砲】「拳銃を―する」
はっぽうさい【八宝菜】中国料理の野菜炒め。
はっぽうびじん【八方美人】だれにも悪く思われないよう要領よくふるまう人。「あの人は―な所がある」
はっぽうふさがり【八方塞がり】「―でお手上げだ」
はっぽうやぶれ【八方破れ】すきだらけ。「―でどうにもならない」
ばっぽんそくげん【抜本塞源】根本的に物事を処理する。
ばっぽんてき【抜本的】「―な対策を講じる」
はつみみ【初耳】「その話は―だ」
はつめい【発明】新しく考案する。また、かしこい。「アイデア商品を―する」「―な子ども」
はつも【発喪】人の死を公表し、喪に服する。
はつもうで【初詣(で)】新年初めて社寺に詣でる。「―の人出」
はつもの【初物】その季節に初めてとれた作物。「―

表記欄の≪ ≫は常用漢字表付表の語、〈 〉は表外熟字訓、《 》は仮名書きが多い

食い」

はつもん【発問】 質問をする。「—に答える」

はつゆき【初雪】「—が降る」

はつゆめ【初夢】「富士山の—を見る」

はつよう【発揚】「国威を—する」

はつらつ【▼潑▼剌・▼潑▼溂】「元気—」「—とした新成人」

はつらんはんせい【▼撥乱反正】 世の乱れを治め、もとの正しい平和な状態にもどす。

はつる【▽削る・▼斫る】 表面を薄く削りとる。「木を—」

はつれい【発令】「津波警報を—する」

はつろ【発露】 思いが表にあらわれる。「良心の—」

はつわ【発話】「—行為」「—を録音する」

はて【果て】「宇宙(世界)の—」「—のない探求」

はで【《派手》】 ⇔地味。「—な服装」「—に遊ぶ」

ばてい【馬丁】 馬の世話をする人。「車夫と—」

ばてい【馬▼蹄】 馬のひづめ。「—形の磁石」

はてる【果てる】「志半ばにして—」「いつ—ともなく続く会議」

バテレン【▽伴▽天連】 室町時代、来日した宣教師。

はてんこう【破天荒】「—の大事業」「—な試み」

はと【▼鳩・▼鴿】「—が豆鉄砲を食ったよう(=驚いてあっけにとられるさま)」

はとう【波頭】 なみがしら。

はとう【波▼濤】 大波。「—を越えて」

はどう【波動】 運動が周期的・連続的に伝わる現象。「光の—説」

はどう【覇道】 武力で国を治める。⇔王道。「—政治」

ばとう【罵倒】「相手を—する」「—を浴びせる」

はとこ【〈再従兄弟〉・〈再従姉妹〉】 またいとこ。

はとは【▼鳩派】 穏健派。⇔鷹派。「—の議員」(多く「ハト派」と書く)

はとば【《波止場》】 埠頭〈ふとう〉。また、港のこと。

はとぶえ【▼鳩笛】 素焼きの鳩の形のおもちゃの笛。

はとむぎ【▼鳩麦】「—茶」

はとむね【▼鳩胸】 鳩の胸のように前に張り出した胸。

はとめ【▼鳩目】 靴などのひもを通す小穴。

はどめ【歯止め】「物価上昇に—をかける」「感染者拡大に—が利かない」

はな【花・華】「—が咲く」「—と散る」「—も恥じらう十八歳」「—より団子」「昔話に—を咲かせる」「若い者に—を持たせる」

はな【〈纏頭〉・花】 祝儀。揚げ代。花代。

はな【鼻】「—が利く」「—が高い」「—であしらう」「—につく」「高慢の—を折る」

はな【▼洟】 鼻水。「—をかむ」「—を垂らす」「—も引っ掛けない(=相手にしない)」

はな【▽端】 最初。物の先端。「—からわかっている」「—から信じない」

はなあかり【花明かり】 桜が満開でほのかに明るい。

はなあらし【花嵐】 桜の花びらが盛んに散る。

はないき【鼻息】「—が荒い男だ」

はないけ【花生け・花▽活け】 花を生ける器。花器。

はなうた【鼻歌】「—交じりで出かけた」

はなお【鼻緒】「—が切れる」「—をすげる」

はなかがり【花▼篝】「—に照らされた桜花」

はなかご【花籠】「—に摘んだ花を入れる」

はながさ【花▼笠】「山形の—音頭」

はなかぜ【鼻《風邪》】 鼻水が出る程度の軽いかぜ。

はながた【花形】「—選手(俳優)」「一座の—」「現代の—産業」

はながみ【鼻紙・花紙】 はなをかむときに使う紙。

はなくず【花▼屑】 散り落ちた桜の花びら。

はなぐすり【鼻薬】 少額の賄賂。「—をきかす」

はなくそ【鼻▼糞・鼻▼屎】「—丸めて万金丹」

はなぐもり【花曇り】「—の候」

はなごえ【鼻声】「—で物をねだる」

はなござ【花▼茣▼蓙】「—を敷く」

はなことば【花言葉】「百合の—」

はなざかり【花盛り】「桜の―」「娘も二十歳の―」「今海外旅行は―」
はなさき【鼻先】「―であしらう」「―に人参をぶら下げる」
はなし【話】「―がわかる」「―が違う」「―が弾む」「―に尾鰭が付く」「―の腰を折る」
はなし【▼咄・▼噺】落語。「人情―」
はなしあい【話(し)合い】「―をして案をまとめる」
はなしか【▼咄家・▼噺家】落語家。
はなしがい【放し飼い】「大型犬を―にする」
はなしかた【話し方】「―のコツを習得する」
はなしはんぶん【話半分】「―に聞いておく」
はなしょうぶ【花▼菖▼蒲】アヤメ科の多年草。
はなじる【鼻汁】「―をかむ」
はなじろむ【鼻白む】「発言を無視されて―」
はなす【放す】つかむのをやめる。自由にする。「ハンドルから手を―」「犬を―」
はなす【離す】別々にする。間隔を作る。「仲の悪い二人の席を―」「肌身―・さず持っている」
はなす【話す・▼咄す】「英語を―」「―・せばわかる」
はなすじ【鼻筋】「―が通った二枚目」
はなずもう【花《相撲》】臨時に行われる興行相撲。
はなせる【話せる】「ああ見えても叔父は―人だ」
はなぞの【花園】「―のような庭」

はなだい【花代】芸者・娼妓などに払う料金。
はなだいろ【▼縹色】薄い藍色。
はなたかだか【鼻高高】「満点をとって―に自慢する」
はなたけ【鼻▼茸】鼻の穴に生じたはれもの。
はなたば【花束】「恋人に―を差し出す」
はなだより【花便り】「―が届く」
はなたれ【▼洟垂れ】「―小僧」
はなぢ【鼻血】「―が出る」「逆さに振っても―も出ない(＝一文無し)」
はなつ【放つ】「鳥を籠から―」「刺客を―」「城に火を―」
はなづつ【花筒】花を生ける筒。
はなづな【花▼綵】花や葉を綱状に編んだ飾り。かさい。
はなっぱしら【鼻っ柱】「―が強い」「―を折られる」
はなつまみ【鼻▽摘まみ】「あいつは町中の―だ」
はなづら【鼻面】「馬の―にニンジンをぶら下げる」
はなはずかしい【花恥ずかしい】若く美しい。「―乙女」
はなはだ【甚だ】「―けしからん話だ」「―以〈もっ〉て遺憾である」
はなばたけ【花畑】草花が多く咲いている所(畑)。

はなはだしい【甚だしい】「―・く適切さを欠く発言」
はなばなしい【華華しい】「―活躍」
はなび【花火】「線香―」「―大会」「―を上げる」
はなびえ【花冷え】「―の肌寒い夜」
はなびら【花▽弁】「桜の―が散る」
はなぶさ【花房・▽英】房状に咲いている花。「藤の―」
はなふだ【花札】遊びに用いる花ガルタ。
はなふぶき【花《吹雪》】「―が舞う」
はなまがり【鼻曲(が)り】生殖期の雄の鮭。
はなまち【花街】花柳街。「京の―」
はなまつり【花祭り】四月八日の灌仏会〈かんぶつえ〉。
はなみ【花見】「―客」「―酒」「お―に出かける」
はなみ【花実】花と実。「死んで―が咲くものか」
はなみ【歯並み】「―が悪い」
はなみずき【花水木】ミズキ科の落葉高木。
はなみち【花道】「引退の―を飾る」
はなむけ【▼餞・▼贐】「卒業生に―の言葉を贈る」
はなむこ【花婿・花▼聟】新郎。⇔花嫁。
はなめ【花芽】花になる芽。かが。
はなめがね【鼻《眼鏡》】「老眼鏡を―でかける」
はなもち【鼻持(ち)】「―ならない男」

はなやか【華やか・花やか】「映画界―なりし頃」
はなやぐ【華やぐ】「気持ちが―」
はなやさい【花▼椰菜・花野菜】カリフラワーの別名。
はなよめ【花嫁】新婦。⇔花婿。「―御寮」
はならび【歯並び】「―がきれいだ」
はなれ【離れ】「―に客を通す」
ばなれ【場慣れ・場▼馴れ】「―した話し方」
はなればなれ【離れ離れ】「親と―になってしまう」「―に暮らす」
はなれる【離れる】「市街地から―れた静かな所」「気持ちが―」「つかず―れず」
はなれる【放れる】「矢が弦を―」
はなれわざ【離れ業・離れ技】人々をあっと言わせる大胆なわざ。「見事な―」
はなわ【花輪・花▽環】「弔いの―」
はなわ【鼻輪】牛の鼻に通す輪。
はにかむ【〈含羞〉む】「少女が―」
はにゅう【▼埴▽生】粗末な小屋。「―の宿」
はにわ【▼埴輪】古墳に埋めた素焼きの土器。
はぬけどり【羽抜け鳥】羽が抜けた鳥。
はね【羽】羽毛。鳥や飛行機の翼。「―を広げる」「飛行機の―」「―が生えたよう」「―を伸ばす」
はね【▼翅】昆虫類が飛ぶ時に広げる部分。「バッタの―」
はね【羽根】矢羽根。羽子板でつく物。「―をつく」
ばね【〈発条〉・〈弾機〉】「足の―が強い」
はねかえり【跳ね返り】「物価への―が大きい」「―娘」
はねつき【羽根突き・羽▽子突き】「正月に―をして遊ぶ」
はねつける【▼撥ね付ける】拒絶する。「要求を―」
はねつるべ【▼撥ね釣▽瓶】てこを応用した釣瓶。
はねのける【▼撥ね▽除ける】どける。除外する。「ふとんを―けて飛び起きる」「不良品を―」
はねる【跳ねる】跳躍する。飛び散る。興行が終わる。「池の鯉が―」「油が―」「服に泥が―」「芝居が―」
はねる【▼撥ねる】はじきとばす。除外する。「車に―ねられる」「面接で―ねられる」「日当の上前を―」
はねる【▼刎ねる】「敵将の首を―」
はは【母】⇔父。「二児の―」「必要は発明の―」
はば【幅・▽巾】「道路の―」「計画に―を持たせる」
ばば【〈祖母〉】両親の母親。そぼ。
ばば【▼婆】老婆。⇔爺(じじ)。「トランプで―を引く(片仮名で書くことが多い)」
ばば【馬場】乗馬の練習を行う場所。
ははかた【母方】母親の方の血筋。⇔父方。
はばかり【▼憚り】「何の―もなく出入りする」「表沙汰にするには―がある」「ちょっと―(=便所)へ」
はばかる【▼憚る】「人目を―」「外聞を―」「憎まれっ子世に―」
はばき【〈脛巾〉・〈行纏〉】歩行時すねに巻きつけた布。
ははきぎ【▼帚木】ホウキグサの別名。
ははこぐさ【母子草】キク科の草。ゴギョウ。
ははそ【▼柞】ブナ科コナラの仲間の植物。「―の森」
はばたく【羽▼搏く・羽▽撃く】「大空に―」「力強く未来へ―」
はばつ【派閥】「政界の―争い」
はばとび【幅跳び】「走り(立ち)―」
はばむ【阻む・▼沮む】「行く手を―」「悪天候に―まれる」
はびこる【〈蔓延〉る】「雑草が―」「悪が―」
はふ【破風・▼搏風】屋根の切妻にある合掌形の装飾板。「切妻(反り)―」
はぶ【波布・〈飯匙倩〉】猛毒をもつヘビ。
はぶく【省く】「手間を―」「説明を―」
はぶたえ【羽二重】柔らかく光沢のある絹織物。
はふり【▽祝】神職の総称。
はぶり【羽振り】「―がよい」「―を利かせる」
ばふん【馬▼糞】「―を踏んづける」
はへい【派兵】「海外―」

はべる【▽侍る】そばにつかえる。「宴席に―芸者」

はへん【破片】「ガラスの―でけがをする」

はぼたん【葉▼牡丹】観賞用のキャベツ。「赤紫の―」

はほん【端本】ある巻の欠けている書物。零本。

はま【浜】「―に生きる」「―っ子」

はまおぎ【浜▼荻】浜辺に生えるアシ。「難波の蘆〈あし〉は伊勢の―」

はまおもと【浜〈万年青〉】ハマユウの別名。

はまき【葉巻】「―をくわえる」

はまぐり【▼蛤・〈文蛤〉・▼蚌】「その手は桑名の焼き―」「―能く気を吐いて楼台をなす（＝蜃気楼が現れる）／史記」

はまち【▼魬】ブリの成長過程での呼称。

はまちどり【浜千鳥】浜辺にいる千鳥。

はまなす【〈玫瑰〉・浜▼茄子・浜▽梨】バラ科の落葉低木。

はまべ【浜辺】「―で甲羅干しをする」

はまや【破魔矢】正月に飾る魔よけの矢。

はまゆう【浜〈木綿〉】「浜辺に咲く―の白い花」

はまゆみ【破魔弓】正月に飾る魔よけの弓。

はまる【《▽嵌》まる・《▽塡》まる】「網戸が―・った窓」「罠（思うつぼ）に―」「今ネットに―・っている」

はみ【〈馬銜〉】馬にくわえさせるくつわの部分。

はみがき【歯磨き】「―粉」「寝る前に―をする」


はみだす【《▽食》み出す】「定員から五名ほど―」

はむ【▽食む】「牛が草を―」「禄を―」

はむかう【歯向かう・刃向かう】「上司に―」

はめ【羽目・破目】「―を外す」「世話役を引き受ける―になった」

はめいた【羽目板】壁面に平らに張った板。

はめこむ【《▼嵌》め込む・《▽塡》め込む】「型に―」

はめころし【《▼嵌》め殺し】開閉できない窓や障子。

はめつ【破滅】「身の―」

はめる【▼嵌める・▽塡める】「指輪を―」

ばめん【場面】「映画の名―」

はも【▼鱧】ウナギに似た海魚。

はもの【刃物】「―を振り回す」

はもの【端物】「―だから安い」

はもん【波紋】「―が広がる」「―を呼ぶ」

はもん【破門】「師から―される」

はや【▼鮠】ウグイなど、細長い川魚の別名。

はやい【早い】⇔遅い。「予定より―・く帰国する」「朝は―・く起きる」「あきらめるのはまだ―」

はやい【速い】⇔遅い。「川の流れが―」「頭の回転が―」

はやうま【早馬】急使を乗せた馬。「―を仕立てる」

はやうまれ【早生まれ】元日から四月一日の生まれ。「同学年だが―なので干支は違う」
はやおき【早起き】「早寝―」「―は三文の得」
はやがてん【早合点】「もう用事は済んだと―して先に帰ってしまった」
はやがね【早鐘】激しく打ち鳴らす大事を知らせる鐘。「胸が―を撞くように高鳴る」
はやく【端役】「今度の役は―で出番が少ない」
はやく【破約】「大口契約を―にする」
はやくち【早口】「―でまくし立てる」
はやし【林】「白樺の―」
はやし【▼囃子・▼囃】能・歌舞伎などの伴奏音楽。「―方」「―詞〈ことば〉」
はやじまい【早《仕舞》い】「台風で店は―だ」
はやす【生やす】「髭を―」
はやす【▼囃す】「笛や太鼓で―」「マスコミが―・し立てる」
はやせ【早瀬】川の、流れのはやい所。「注意して―を渡る」
はやだち【早立ち】「宿を―する」
はやて【〈疾風〉・早手】急激に吹き起こる風。しっぷう。
はやで【早出】通常より早く出勤する。
はやてまわし【早手回し・早手▼廻し】「―に

宿を予約する」
はやと【▼隼▽人】鹿児島県の男子。「薩摩—」
はやばまい【早場米】収穫の早い地方でできる米。
はやばや【早早】「—と名乗りをあげる」
はやばん【早番】「今日は—勤務だ」
はやびけ【早引け・早▽退け】早退〈そうたい〉。「風邪で—する」
はやぶさ【▼隼】中形の猛禽。
はやまる【早まる】時期が早くなる。焦って失敗する。「開始時刻が—」「—ってはいけない」
はやまる【速まる】速度がはやくなる。「以前に比べて新幹線の速度が—った」
はやみち【早道】「ゴルフ上達への—」
はやみみ【早耳】「彼は業界きっての—だ」
はやめ【早《目》】「—に寝る」
はやり【〈流行〉り】「今—の色」「—廃り」
はやる【〈流行〉る】「今年は薄い色の服が—」「風邪が—」「いつも—っている店」
はやる【▽逸る・早る】心が勇み立つ。あせる。「—気持ちを抑える」「血気に—」
はやわざ【早業・早技】「目にもとまらぬ—」「電光石火の—」
はら【原】はらっぱ。
はら【腹・▼肚】「—が減る」「—が据わる」「—が黒い」

「どうにも—が収まらない」「—を抱えて笑いころげる」

ばら【〈荊棘〉】とげのある低木の総称。いばら。

ばら【〈薔薇〉】バラ科の落葉低木。そうび。「真っ赤な—」「美しい—には棘がある」

はらいこみ【払(い)込み】「—の額」

はらいさげ【払(い)下げ】「官庁の—品」

はらいせ【腹▽癒せ】「—に石ころをけとばす」

はらいのける【払い▽除ける】「雪を—」「腕を—」

はらいもどし【払(い)戻し】「窓口で切符の—をしてもらう」

ばらいろ【〈薔薇〉色】薄紅。明るい将来を表す色。「頬を—に染めて恥じらう」「—の人生」

はらう【払う】取り除く。支払う。気持ちを向ける。「ほこりを—」「代金を—」「犠牲を—」「敬意を—」

はらう【▼祓う】神に祈って罪やけがれを除く。「悪霊を—」「けがれを—」

ばらうり【▽散売り】「お菓子の—」

はらおび【腹帯】腹巻き。岩田帯。

はらから【〈同胞〉】兄弟姉妹。同じ国の国民。

はらくだし【腹下し】「—の薬」

はらぐろい【腹黒い】陰険だ。意地が悪い。「—男」

はらげい【腹芸】「外国人には—が通じない」

はらこ【腹子】魚類のたまご。また、その塩漬け。

はらごしらえ【腹▼拵え】「まず—してから出かける」

はらす【晴らす・▼霽らす】「恨み(疑い)を—」
はらす【腫らす】「足を—」「泣き—」
はらだたしい【腹立たしい】「—思い」
はらだち【腹立ち】「お—はごもっともですが」
はらちがい【腹違い】「私には—の兄がいる」
はらつづみ【腹鼓】満腹で満ち足りた様子。「—を打つ」〔「はらづつみ」とも〕
はらづもり【腹積(も)り】「明日から始める—だった」
はらどけい【腹《時計》】腹のすき具合で察する時刻。
ばらにく【▼肋肉】牛・豚の肋骨の部分の肉。三枚肉。
はらばう【腹▼這う】「—って読書する」
はらはちぶ【腹八分】「—に医者いらず」
はらまき【腹巻(き)】「毛糸の—」
ばらまく【▽散▼蒔く】「ビラを—」「金を—」
はらむ【▼孕む】「子を—」「帆が風を—」「危険を—」
はらもち【腹持ち】「—がよい食べ物」
バラモン【婆羅門】インドの最高階層の司祭。「—教」
はららご【▼鮞】腹子〈はらこ〉。「鮭の—」
はらわた【▽腸】「—が煮えくり返る」「—がちぎれる思い(=悲しさやつらさ)」

は

はらん【葉▼蘭】ユリ科の観葉植物。
はらん【波▼瀾・波乱】「―を呼ぶ」「―万丈の生涯」「―を巻き起こす」「―に富んだ人生」
はり【針】「ミシンの―」「―のむしろ」「時計の―が正午をさす」

はり【▼鉤】釣り針。「―に餌をつける」

はり【▼鍼】患部に刺して用いる医療具。「―師」

はり【張り】「―のある声」「生きる―を失う」

はり【▼梁】「屋根の―」

はり【▼玻璃・▼頗▽梨・▼玻▼瓈】水晶。ガラス。

ばり【張り】「団十郎―の演技」

ばり【罵▼詈】ののしりの言葉。「―を浴びせる」

パリ【巴里】フランスの首都。「芸術の都―」

はりあい【張(り)合い】「意地の―」「―のある仕事」「教える―がある」

はりえんじゅ【針▼槐】マメ科の高木。ニセアカシア。

はりかえ【張(り)替え・張替】「障子の―」

はりがね【針金】「―を巻き付ける」

はりがみ【張(り)紙・貼(り)紙】「ドアに入室禁止の―がある」

ばりき【馬力】「―がある」「―を掛ける」

はりきる【張(り)切る】「選手一同―っている」

はりくよう【針供養】折れた縫い針の供養。

はりこ【針子】雇われて裁縫をする娘。「お―」

はりこ【張(り)子】「―の虎」

はりさける【張(り)裂ける】「胸が―ような思いだった」

ばりざんぼう【罵▼詈▼讒▼謗】ひどく悪口を言う。「口をきわめて―する」

はりしごと【針仕事】縫い物。裁縫。「母の―」

はりす【▼鉤素】釣り針に直接結ぶ糸。

ばりぞうごん【罵▼詈雑言】「―を浴びせる」

はりつけ【▼磔】「―の刑」

はりねずみ【針▼鼠】針状の毛をもつ小獣。

はりばこ【針箱】裁縫道具を入れる箱。

はりやま【針山】針を刺しておくための道具。針刺し。

はりょく【波力】「―発電」

はる【春】「―の目覚め」「我が世の―」


はる【張る】広がる。引きしまる。平手でたたく。「池に氷が―」「テントを―」「意地を―」「欲の皮が―」〔平手で打つ意には「撲る」とも書く〕

はる【貼る】糊などでつける。「封筒に切手を―」「壁にポスターを―」

はるいちばん【春一番】その春最初の強い南風。

はるか【▼遥か】「―昔」「―かなた」「―にそびえる国境の山々」「予算を―に上回る」

はるかぜ【春風】「快い―」

はるさき【春先】「―になると花粉症に悩まされる」

はるさく【春作】「―の野菜」

はるさめ【春雨】春に降る小雨。透明な糸状の食品。

はるつげどり【春告鳥】ウグイスの別名。

はるどなり【春隣】春間近。「―の候」

はるばる【▼遥▼遥】「―と故郷から訪ねてくる」

はるまき【春巻(き)】小麦粉の皮で具を包み揚げた料理。

はれ【晴(れ)】⇔け(褻)。「―後曇り」「―の席に臨む」「―の身となる」

ばれい【馬齢】自分の年齢の謙称。「いたずらに―を重ねる」

ばれいしょ【馬鈴▼薯】ジャガイモの別名。

はれぎ【晴(れ)着】「正月の―の娘さんたち」

はれすがた【晴(れ)姿】「表彰式の―」

はれつ【破裂】「風船が―する」

はれま【晴(れ)間】「梅雨の―」

はれもの【腫れ物】「―ができる」「―に触るように扱う」

はれる【晴れる・▼霽れる】「明日は―でしょう」「気分が―・れない」「疑いが―・れた」

はれる【腫れる・▼脹れる】「歯痛で顔が―」「惚れた―・れた」

ばれん【馬▼楝・馬連】版木にのせた紙をこする用具。

はれんち【破廉恥】「—なふるまい」

はろう【波浪】「—注意報」

ハワイ【布哇】アメリカ合衆国の州。

はわたり【刃渡り】「—十センチのナイフ」

はん【凡】⇩ぼん(凡)。「凡例」

はん【反】ハン・(ホン)・(タン) そ-る・そ-らす 「反感・反逆・反撃・反抗・反骨・反射・反省・反対・反転・反動・違反・背反・謀反〈むほん〉」(「叛」の書き換え字としても用いられる)

はん【半】ハン なか-ば 「半額・半径・半減・半周・半焼・半身・半生・半分・半面・後半・大半・夜半」

はん【氾】ハン — 「氾濫」

はん【犯】ハン おか-す 「犯意・犯行・犯罪・犯人・共犯・再犯・初犯・侵犯・戦犯・知能犯・防犯・累犯」

はん【帆】ハン ほ 「帆船・帆走・帆布・帰帆・出帆・順風満帆」

はん【汎】ハン — 「汎愛・汎称・汎用・汎論・広汎」

はん【伴】ハン・バン とも-なう 「伴侶・随伴・同伴」

はん【判】ハン・バン 「判型・判決・判事・判然・判断・判定・判読・判別・判明・判例・公判・裁判・審判・談判・批判・評判」

はん【坂】ハン さか 「急坂・登坂」

はん【阪】ハン — 「阪神・京阪・大阪〈おおさか〉府」

はん【板】ハン・バン いた 「板木・乾板・合板・鉄板」

はん【版】ハン — 「版画・版権・活版・出版・図版・製版・絶版」

はん【班】ハン — 「班長・班別・一班・首班」

はん【畔】ハン — 「河畔・橋畔・湖畔・池畔」

はん【般】ハン — 「一般・今般・諸般・先般・全般・万般・百般」

はん【販】ハン — 「販価・販売・販路・市販・直販・通販・量販」

はん【斑】ハン — 「斑点・斑白・斑紋・一斑・死斑・紫斑」

はん【飯】ハン めし 「飯台・飯場・残飯・炊飯・赤飯・噴飯・米飯」

はん【搬】ハン — 「搬出・搬送・搬入・運搬」

はん【煩】ハン・(ボン) わずら-う・わずら-わす 「煩雑・煩多・煩忙・煩務・煩累・煩労」

はん【頒】ハン — 「頒価・頒布」

はん【範】ハン — 「範囲・範例・規範・師範・垂範・模範」

はん【繁(繁)】ハン — 「繁栄・繁雑・繁盛・繁殖・繁忙・繁茂」

はん【藩】ハン — 「藩士・藩主・藩邸・藩閥・脱藩・廃藩」

はん【判】「書類に—をつく」

はん【版】「—を彫る」「—を重ねる」

はん【班】「三つの—に分ける」

はん【範】手本。模範。「—を垂れる」

はん【藩】江戸時代、大名の支配した領地。

ばん【万(萬)】⇩まん(万)。「万感・万国・万策・万事・万全・万端・万難・万人・万能・万物・万民」

ばん【伴】⇩はん(伴)。「伴食・伴走・伴奏・相伴」

は

ばん【判】⇩はん(判)。「大判・菊判・小判」

ばん【板】⇩はん(板)。「板金・板面・画板・看板・黒板・登板」

ばん【晩(晩)】バン ―「晩婚・晩酌・晩秋・晩熟・晩成・晩霜・晩年・今晩・早晩」

ばん【番】バン ―「番外・番犬・番号・番地・番頭・番人・欠番・順番・定番・当番・非番・門番」

ばん【蛮(蠻)】バン ―「蛮行・蛮人・蛮声・蛮族・蛮勇・野蛮」

ばん【盤】バン ―「盤面・円盤・岩盤・基盤・吸盤・銀盤・碁盤・終盤・序盤・廃盤」

ばん【晩】「朝から―まで」

ばん【番】「今度は君の―だ」「宿直の―に当たる」「店の―をする」

ばん【盤】「将棋の―」「海賊―」

ばん【▼鷭】クイナ科の水鳥。全身黒色。

ばん【万】どうしても。万が一にも。「―やむを得ない場合」「―遺漏なきを期す」

パン【〈麺麭〉】「ジャム―」

はんい【犯意】「裁判は―の有無が焦点になる」

はんい【▼叛意】謀反をおこそうとする気持ち。

はんい【範囲】「出題の―」「勢力―」

はんえい【反映】「木々の緑が湖面に―する」「世相を―した事件」

はんえい【繁栄】「御―をお祈り申し上げます」

はんえり【半襟】襦袢の襟の上に重ねてかける襟。

はんおん【半音】全音の半分の音程。「―下がる」

はんか【頒価】頒布する際の価格。

はんが【版画】「年賀状を―で作る」

ばんか【▼挽歌・▼輓歌】人の死を悼む詩歌。

ばんか【晩夏】夏の終わり。陰暦六月の異名。

はんかい【半壊】「地震で家屋が―する」

ばんかい【▼挽回】「名誉―」「頽勢を―する」

ばんがい【番外】「―に余興が飛び出す」

はんがえし【半返し】「香典の―」

はんかがい【繁華街】「市の―」

はんかく【反核】核軍備に反対する。「―運動」

ばんがく【晩学】「―の学者」

ばんがさ【番傘】油紙を貼った、日常用の丈夫な和傘。

ばんがた【晩方】日の暮れるころ。「―に帰宅する」

はんかつう【半可通】知ったふりをすること(人)。「―を振り回す」

ハンガリー【洪牙利】ヨーロッパ中部の国。

はんかん【反感】「―を買う」

はんかん【繁閑】忙しいことと暇なこと。「―の差」

はんかん【繁簡】繁雑と簡略。「―よろしきを得ず」

はんがん【半眼】「目を―に開く」

はんがん【判官】ほうがん。「―贔屓〈びいき〉」

ばんかん【万感】「―胸に迫る」

はんかんくにく【反間苦肉】敵をだまし仲間割れさせるために、自らの身を苦しめること。「―の計」

はんかんはんみん【半官半民】「―で経営されている会社」

はんき【▼叛旗・反旗】「―を翻〈ひるがえ〉す」

はんき【半旗】少し下げて掲げた弔意を表す旗。「―を掲げる」

はんぎ【版木・板木】「大般若経の―」

ばんき【万機】政治上の多くの大事な事柄。「―を総攬する」「―公論に決すべし／五箇条の誓文」

ばんき【晩期】「縄文―」

はんぎゃく【反逆・▼叛逆】「―者」「―を企てる」

はんきゅう【半休】「午前で仕事を切り上げて―する」

はんきゅう【半球】「北(南)―」

ばんきょ【盤▼踞・▼蟠▼踞】根を張り動かない。一帯に勢力を張る。「老松が―する」「辺境に―する」

はんきょう【反共】共産主義に反対する。「―同盟」

はんきょう【反響】「音が壁面に―する」「各方面か

らー」があった」「一の大きさに驚く」
はんきょうらん【半狂乱】「ーになって叫ぶ」
はんぎょく【半玉】見習い芸者。「一を呼ぶ」
ばんきん【万▾鈞】「この一言はーの重みを持つ」
ばんきん【板金・▾鈑金】「自動車のー塗装」
ばんきん【▾輓近】近ごろ。近年。
ばんぐせつ【万愚節】エープリルフール。
ばんぐみ【番組】「娯楽ー」「ー編成」
ばんくるわせ【番狂わせ】「大ー」
はんぐん【反軍】軍国主義や戦争に反対する。
はんけい【半径】「行動ー」
はんけい【判型】「本のー」
はんげき【反撃】「ーに転じる」「ーに出る」
はんげき【繁劇】繁忙。「ーの任に当たる」
はんげしょう【半夏生】夏至から一一日目。また、ドクダミ科の多年草。
はんけつ【判決】「ー文」「ーを下す」
はんげつ【半月】半円形の月。弦月。
はんげつばん【半月板】膝関節中央にある軟骨組織。
はんけん【半券】入場券や預かり証などの半片。
はんけん【版権】出版権。
はんげん【半減】「興味がーする」「収益がーした」
ばんけん【番犬】「ーが吠える」

はんげんじょうりく【半舷上陸】艦船の乗組員の半分が当直し、半分が上陸休養する方式。

はんこ【判子】「ーをつく(押す)」

はんご【反語】「漢文のー表現」

はんこう【反抗】さからう。「ー期」「ー的な態度」

はんこう【反攻】守りから転じて逆に相手を攻める。「ーに転じる」

はんこう【犯行】「ー現場」「ーに及ぶ」

はんごう【飯▾盒】携帯用の炊飯具。「ー炊爨〈すいさん〉」

ばんこう【蛮行】「モラルなきー」「軍のー」

ばんごう【番号】「郵便ー」「ー順」

ばんこく【万国】「ー博覧会」「親が子を思う気持ちはー共通だ」

ばんこく【万▾斛】非常に多い分量。「ーの涙」

はんこつ【反骨・▾叛骨】「ー精神」「ーの士」

ばんこつ【万骨】多くの死。「一将功成りてー枯る」

ばんこふえき【万古不易】永遠に変わらない。「ーの真理」

はんごろし【半殺し】「ーの目にあわせる」

はんこん【▾瘢痕】外傷や潰瘍の治ったあとの傷あと。

ばんこん【晩婚】⇔早婚。

はんごんこう【反魂香】たくと死者の姿が現れる香。

ばんこんさくせつ【盤根錯節】処理の困難な事柄。
はんさ【煩▾瑣】「ーな手続き」「ーを嫌って説明を簡単に済ませる」
はんざい【犯罪】「完全ー」「ー者」
ばんざい【万歳】「ーを三唱する」「この案が通ればーだ」「もうーするしかない」
はんざき【半裂】オオサンショウウオの別名。
ばんさく【万策】「ー尽きる」
はんざつ【煩雑】こみいっていてわずらわしい。「ーな手続き」
はんざつ【繁雑】ものが多くまとまりがない。「ーな業務」
はんさよう【反作用】「作用ーの法則」
ばんさん【晩▾餐】あらたまった夕食。「ー会」「ーに招かれる」
はんし【半紙】「習字に使うー」
はんし【藩士】「長州ー」
はんじ【判事】「最高裁ー」「ー補」
ばんし【万死】九死。何度も死ぬこと。「罪、ーに値する」「ー一生を顧みず」「ーに一生を得る」
ばんじ【万事】「ー休す」「一事がー」
はんした【版下】「ーを印刷に回す」
はんしはんしょう【半死半生】「ーの目に遭う」

は

はんじもの【判じ物】隠した意味を当てさせるなぞ。
はんしゃ【反射】「光の―」「―的に身をかわした」
ばんしゃく【晩酌】「家で―を楽しむ」
ばんじゃく【▼磐石・盤石】大きな岩。非常に堅固なこと。「―の構え」
はんしゅ【藩主】藩の領主。大名。
はんじゅ【半寿】八十一歳。また、その祝い。
ばんしゅう【晩秋】秋の末頃。陰暦九月の異名。「―の候」
はんじゅく【半熟】「―の卵」
ばんじゅく【晩熟】おくて。⇔早熟。
はんしゅつ【搬出】⇔搬入。「展覧会場から作品を―する」
ばんしゅん【晩春】春の末頃。陰暦三月の異名。「―の候」
ばんしょ【板書】黒板に字を書く。「要点を―する」
はんしょう【反証】証拠をあげて否定する。
はんしょう【反照】「残雪が日光に―して輝く」
はんしょう【半焼】「火災で家屋が―する」
はんしょう【半鐘】小形の釣り鐘。「―を叩いて火災を知らせる」
はんじょう【繁盛・繁▼昌】「商売―」
ばんしょう【万象】あらゆる事物や現象。「森羅―」
ばんしょう【万障】「―御繰り合わせの上御出席下さい」
ばんしょう【晩鐘】夕方につく鐘の音。入相の鐘。
ばんじょう【万丈】「―の山千仞の谷」「―の気を吐く」
ばんじょう【万乗】天子の位。「一天―の天子」
はんしょく【繁殖・▼蕃殖】「―期」「鼠が―する」
ばんしょく【伴食】相伴。実力・実権の伴わないこと。「―を仰せつかる」「―大臣」
はんしん【半身】「上(下)―」「―不随」
はんしん【阪神】「―工業地帯」「―淡路大震災」
ばんじん【万人】「―に効く薬はない」
はんしんはんぎ【半信半疑】「まだ―だ」
はんしんふずい【半身不随】右(左)半身が麻痺。
はんしんろん【汎神論】万物に神が宿るという説。
はんすい【半睡】「―状態」
はんすう【反▼芻】「牛の―胃」「師の教えを―する」
はんする【反する】「大方の予想に―」「利害が相―」「協定に―行為」
はんする【▼叛する】謀反をおこす。そむく。
はんせい【反省】「自己を―する」「―の色が見えない」「―を促す」
はんせい【半生】「教育に―を捧げる」
ばんせい【万世】「―不朽」「―に伝える」
ばんせい【晩生】農作物が遅く成熟すること。おくて。「―種」
ばんせい【晩成】遅くできあがる。遅く成功する。「大器―」「―型の人」
ばんせい【蛮声】「酔っぱらって―を上げる」
はんせいはんすい【半醒半睡】夢うつつの状態。
はんせき【版籍】領土と戸籍。「―奉還」
はんせつ【半切・半▼截】半分に切ること。「―にした紙」
ばんせつ【晩節】晩年の節操。「―を全うする」「―を汚す」
はんせん【反戦】「―運動」
はんせん【帆船】「三本マストの―」
はんぜん【判然】「意図が―としない」
ばんぜん【万全】「―の策を講ずる」「準備に―を期す」「体調を―に整える」
はんせんぎ【半仙戯】ぶらんこ。
はんそ【反訴】民事訴訟で被告が原告を訴える。
はんそう【帆走】「外洋を―するヨット」
はんそう【搬送】「荷物の―先」「コンテナを―する」
ばんそう【伴走】ランナーに付いて一緒に走る。「―車」
ばんそう【伴奏】「ピアノで―する」
ばんそう【晩霜】晩春におりる霜。おそじも。「―の被害」

ばんそうこう【▼絆創▼膏】「傷口に―を貼る」
はんそく【反則】「―技」「―をおかす」
はんそく【反側】「輾転〈てんてん〉―」
はんぞく【反俗】「―精神」
はんそで【半袖】「―のワイシャツ」
はんた【煩多】物事が多くてわずらわしいさま。「―な手続きを片付ける」
はんた【繁多】用事が多くて忙しいさま。「―な業務に追われる」「業務―」
はんだ【《半田》・《▽盤▼陀》】「―鏝〈ごて〉」「―付け」
ばんだ【万▼朶】花のついた多くの枝。「―の桜」
はんたい【反対】⇔賛成。「―概念」「―意見」「上下が―になる」「提案に―する」
ばんだい【万代】「平和が―まで続くようにと願う」
ばんだい【番台】「銭湯の―」
はんたいご【反対語】対義語。
はんたいせい【反体制】時の政治体制に反対する。
ばんだいふえき【万代不易】永遠に変わらない。
はんだくおん【半濁音】パ行の音。パピプペポの称。
はんだん【判断】「―を下す」「―がつかない」「―符」
ばんたん【万端】「諸事―の世話をする」「用意―怠りない」

ばんち【番地】「―を頼りに尋ねる」
はんちはんかい【半知半解】知識や理解が中途はんぱだ。
ばんちゃ【番茶】「―も出花」
はんちゅう【範▼疇】「美的―」「同一の―に属する」
ばんちょう【番長】非行少年少女のリーダー。
ばんづけ【番付】「相撲の―」「長者―」
ばんて【番手】糸の太さを表す単位。
はんてい【判定】「―勝ち」「―が下る」「成績を―する」
はんてん【反転】「―現像」「マットの上で―する」
はんてん【半天】空の中ほど。なかぞら。「―に浮かぶ月影」
はんてん【半▼纏・▼袢▼纏】羽織に似た胸紐のない上着。「祭りで―を着る」
はんてん【斑点】「首に赤い―ができる」
はんてん【飯店】中国料理店。中国ではホテルの意。
はんと【半途】「学業―にして挫折する」
はんと【版図】（戸籍と地図の意）一国の領土。「西域を―に治める」
はんと【▼叛徒】「家臣が―となって国を脅かす」
はんとう【反騰】下がった相場が急に上がる。⇔反落。
はんとう【半島】「紀伊―」
はんどう【反動】「急発進の―でよろめく」「抑圧への―」「―的な思想」

ばんとう【晩冬】冬の末頃。陰暦一二月の異名。「―の候」
ばんとう【晩稲】遅くみのる稲。おくて。
ばんとう【番頭】商店で、使用人の頭〈かしら〉。
ばんどう【坂東】関東地方。東国。「―武者」
はんどうたい【半導体】「電気の―」
はんとき【半時】一時〈いっとき〉の半分。現在の約一時間。「―ほど休憩する」
はんどく【判読】「汚れて文字が―できない」
はんどく【▼繙読】書物をひもとくこと。「哲学書を―する」
ばんなん【万難】「―を排する」
はんにち【反日】⇔親日。「―感情」
はんにゃ【般▽若】鬼女の能面。「―の面」
はんにゃとう【般▽若湯】僧侶の隠語で、酒。
はんにゅう【搬入】⇔搬出。「荷物の―先」
はんにん【犯人】「―が自首する」「―を逮捕する」
ばんにん【万人】「―受けするドラマ」「―の―に対する戦い」
ばんにん【番人】「法の―」
はんにんまえ【半人前】「仕事はまだ―だ」
ばんねん【晩年】「―の作品」
はんのう【反応】「化学―」「相手の―をみる」「―がない」

いのはさびしい」

ばんのう【万能】「—薬」「—細胞」「スポーツ—の青年」「科学—の時代」

はんのうはんぎょ【半農半漁】「—の村」

はんのき【▼榛の木】カバノキ科の落葉高木。

はんば【飯場】工事現場などに設けた宿泊所。

はんぱ【半端】「中途—」「—な布」「—が出る」「—な気持ちでつきあってはいけない」

ばんば【▼輓馬】車や橇〈そり〉を引かせる馬。「—競技」

はんばい【販売】「自動—機」「—網」「新製品を店頭で—する」

はんばく【反▼駁】「—を加える」「非難に—する」

はんぱく【半白・斑白・頒白】白髪まじりの髪。

はんばつ【藩閥】「薩長二藩による—政府」

はんぱつ【反発・反▼撥】「猛—」「低—マットレス」「相場が—する」「両親に—する」

はんはん【半半】「—に分ける」

ばんばん【万万】「—承知のうえだ」「—失敗はあるまい」

ばんぱん【万般】「経済に関する—の問題」「—の準備」

はんぴれい【反比例】⇔比例。「少子化に—して増えるペット」

はんぷ【頒布】広く分け配る。「冊子を—する」

ばんぷう【蛮風】「男子寮に伝わる—」

はんぷく【反復・反覆】「—横跳び」「計算の—練習」

ばんぶつ【万物】「—は流転する」

はんぶんじょくれい【繁文▼縟礼】規則や礼儀などが、わずらわしくめんどうである。繁縟。

ばんぺい【番兵】番をする兵士。

はんべつ【判別】「雛の雌雄を—する」「文字コードを—する」「二次方程式の—式」

はんぺん【半▽平】「おでんの種の—」

はんぼう【繁忙】「—を極める」「—期」

ばんぽう【万邦】あらゆる国。万国。「—無比」

はんぽん【版本・板本】版木で印刷した本。「江戸時代の—」

はんまい【飯米】食用にする米。「—農家」

はんみ【半身】体を斜めに向けた姿勢。「—に構える」「鰹の—」

はんみょう【斑▽猫・斑▼蝥】ハンミョウ科の昆虫。道教え。

ばんみん【万民】「天下—」「—の幸福を願う」

はんめい【判明】「投票結果が—する」

はんめん【反面】「陽気な—寂しがり屋でもある」

はんめん【半面】顔の半分。物事の一方の面。「—の真実でしかない」「隠された—」

ばんめん【盤面】「将棋(囲碁)の—」

はんめんきょうし【反面教師】悪い面の手本。「金遣いの荒い親を—とする」

はんも【繁茂】「夏草の—する野原」

はんもく【反目】「遺産をめぐり兄弟が—する」

はんもと【版元】出版元。出版社。「在庫状況を—に問い合わせる」

はんもん【反問】相手に問い返す。「鋭く—する」

はんもん【斑紋・斑文】「テントウムシの—」

はんもん【煩▼悶】もだえ悩むこと。「ひとり—する」

はんやく【反訳】「速記原稿を—する」

ばんゆう【万有】宇宙に存在するすべてのもの。「天地—」「—引力の法則」

ばんゆう【蛮勇】向こう見ずの勇気。「—を振るう」

はんよう【汎用】「この道具は—性に富む」

はんよう【繁用】「諸事御—のことと拝察申し上げます」

はんら【半裸】「—姿」

ばんらい【万来】「千客—」

ばんらい【万雷】「—の拍手が鳴り響く」

はんらく【反落】上がった相場が急に下がる。⇔反騰。

はんらん【反乱・▼叛乱】「—軍」

はんらん【氾濫】「河川が—する」「偽りの情報が—する」

ばんり【万里】「―の長城」
はんりょ【伴侶】「長年連れ添った―」
ばんりょ【万慮】「―の一失」
ばんりょう【晩涼】「―を求めて縁側に腰掛ける」
ばんりょく【万緑】「―の中や吾子〈あこ〉の歯生え初むる／中村草田男」
はんれい【凡例】本の初めに使い方などを記したもの。「―を参照する」
はんれい【判例】判決の実例。「―に照らす」
はんれい【範例】模範となる例。「手紙文の―」
はんろ【販路】「―を開拓する」
はんろん【反論】「政策批判に―する」
はんろん【汎論】「西洋医学について―した書物」

ひ

ひ【比】《ヒ》《くら-べる》「比較・比肩・比重・比熱・比翼・比率・比類・比例・対比・等比・無比」
ひ【皮】《ヒ》《かわ》「皮革・皮相・皮肉・皮膚・外皮・樹皮・上皮・表皮」
ひ【妃】《ヒ》―「妃殿下・王妃・公妃・皇妃」
ひ【否】《ヒ》《いな》「否決・否定・否認・安否・可否・拒否・合否・採否・成否・諾否・適否・当否・良否」
ひ【批】《ヒ》―「批准・批判・批評」
ひ【彼】《ヒ》《かれ・(かの)》「彼我・彼岸」
ひ【披】《ヒ》―「披見・披講・披針形・披瀝・披露・直披」
ひ【泌】⇩ひつ（泌）。「泌尿器・分泌〈ぶんぴ〉（〈ぶんぴつ〉）」
ひ【肥】《ヒ》《こ-える・こえ・こ-やす・こ-やし》「肥育・肥厚・肥大・肥満・肥沃・肥料・金肥・施肥・堆肥・追肥」
ひ【非】《ヒ》―「非運・非行・非才・非常・非情・非道・非難・非理・非礼・是非・前非・理非」
ひ【卑（卑）】《ヒ》《いや-しい・いや-しむ・いや-しめる》「卑怯・卑近・卑屈・卑下・卑賤・卑劣・卑猥・野卑」
ひ【飛】《ヒ》《と-ぶ・と-ばす》「飛行・飛散・飛翔・飛躍・飛来・雄飛」
ひ【疲】《ヒ》《つか-れる》「疲弊・疲労」
ひ【秘（祕）】《ヒ》《ひ-める》「秘策・秘術・秘書・秘蔵・秘伝・秘宝・秘密・秘話・極秘・守秘・神秘・黙秘」
ひ【被】《ヒ》《こうむ-る》「被害・被疑者・被告・被災・被写体・被弾・被曝・被爆・被布・被服・被覆・被膜・法被」
ひ【悲】《ヒ》《かな-しい・かな-しむ》「悲哀・悲運・悲観・悲願・悲劇・悲惨・悲壮・悲嘆・悲痛・悲報・悲恋・慈悲」
ひ【扉】《ヒ》《とびら》「開扉・鉄扉・門扉」
ひ【費】《ヒ》《つい-やす・つい-える》「費目・費用・学費・経費・光熱費・公費・食費・消費・浪費」
ひ【碑（碑）】《ヒ》―「碑文・碑銘・碑面・歌碑・石碑・墓碑」
ひ【罷】《ヒ》―「罷業・罷免」
ひ【避】《ヒ》《さ-ける》「避暑・避難・避妊・回避・忌避・逃避」
ひ【日】「―が昇る（落ちる）」「―に焼ける」「―を改めて参ります」「―を追うごとに」
ひ【火】「―が付く」「―に油を注ぐ」「―を見るより明らか」「―の無い所に煙は立たない」

ひ【灯】「街の―」『―をともす』

ひ【▼杼・▼梭】織機で、横糸を通す舟形の物。

ひ【▼樋】水を送る長い管。とい。

ひ【比】「彼の力量は私の―ではない」

ひ【非】道理に合わない。⇔是。

ひ【妃】きさき。「皇太子―」

ひ【碑】石碑。「慰霊（記念）―」『公園に記念の―を立てる』

び【尾】ビ お「尾行・尾骨・尾翼・語尾・首尾・追尾・徹頭徹尾・末尾」

び【眉】ビ・(ミ) まゆ「眉宇・眉目・眉間〈みけん〉・愁眉・焦眉・白眉」

び【美】ビ うつく-しい「美学・美観・美形・美酒・美術・美称・美徳・美味・美容・華美・賛美・優美」

び【備】ビ そな-える・そな-わる「備考・備蓄・備品・完備・警備・準備・常備・整備・設備・配備・不備・予備」

び【微】ビ ―「微温・微細・微罪・微弱・微笑・微動・微熱・微妙・微量・微力・隠微・機微・軽微・衰微」

び【鼻】ビ はな「鼻炎・鼻音・鼻孔・鼻骨・鼻梁・酸鼻」

び【美】「―を追求する」『自然の―』


ひあい【悲哀】「人生の―を綴る」

ひあがる【干上(が)る・▽乾上(が)る】乾き切る。生計が立たない。「日照り続きで田が―」『あごが―』

ひあし【日脚・日足】昼間の長さ。「―が伸びる（早い）」

ひあし【火脚・火足】火の燃え広がる速さ。「強風にあおられ―が速い」

ひあそび【火遊び】火をもて遊ぶ。行きずりの情事。「子供の―」『妻の―』

ひあたり【日当(た)り・▽陽当(た)り】「―の良い部屋を借りる」

ひあぶり【火▼炙り・火▼焙り】「―の刑」

ひい【非違】法にそむく。「―を正す」

びい【微意】「感謝の―を表す」

ひいき【▼贔▼屓・▼贔▽負】「依怙〈えこ〉―」『―すじ』『―目』『―にしている芸人』『―の引き倒し』

ひいく【肥育】「牛の運動を制限し―する」

びいしき【美意識】「日本人の―」

ひいては【▽延いては】「他人に尽くすことが―自分のためにもなる」

ひいでる【秀でる】「語学に―」『衆に―』

ひいらぎ【▼柊】モクセイ科の常緑小高木。

ビール【〈麦酒〉】「生〈なま〉―」『―瓶』

ひいろ【▼緋色】深紅色。「―のネッカチーフ」

びう【眉宇】まゆのあたり。「才気が―に溢れる」
びう【微雨】「―に煙る」
ひうお【氷魚】鮎の稚魚。「―の佃煮」
ひうち【火打ち・▼燧】「―石」
ひうん【非運・否運】運の悪いこと。不運。
ひうん【飛雲】風に飛ぶ雲。「―模様」
ひうん【悲運】悲しい運命。不幸せな運命。
ひえ【▼稗・▼穇】イネ科の一年草。食用・飼料用。
ひえき【▼裨益】役立つこと。利益となること。「教育に―する」『社会を―する』
ひえしょう【冷え性】「―の女性」
ひえつ【披閲】「信書を―する」
ひえる【冷える】「足下が―」『二人の関係が―』
びえん【鼻炎】鼻の粘膜の炎症。
ひお【氷▽魚】ひうお。
ひおう【秘奥】「武道の―を究める」
ひおうぎ【▼檜扇】「衣冠に―を持つ」
ひおおい【日覆い】「―を掛ける」
ひおけ【火▼桶】木製の丸火鉢。
ひおどし【▼緋▼縅】「―の鎧」
びおん【鼻音】鼻にかかる音。
びおんてき【微温的】てぬるいさま。「―な処置」
ひか【皮下】「―脂肪」『―注射』
ひか【悲歌】悲しい歌。エレジー。

ひが【彼我】相手と自分。「―の力量の差」
びか【美化】「町内の―に努める」「初恋の思い出を―して考える」
ひがい【被害】「―者」「―にあう」
ぴかいち【▽光一】「若手社員の中では―だ」
ひかえ【控え・▼扣え】「―室」「―の書類」「―の投手」
ひかえめ【控え目】「―な態度」「食事を―に摂る」
ひがえり【日帰り】「―出張(旅行)」
ひかえる【控える・▼扣える】「楽屋に―・えて出番を待つ」「大事な試合が明日に―」「公表をしばらく―」「電話番号を手帳に―」
ひかがみ【▼膕・引▽屈】膝の後ろのくぼみ。
ひがき【▼檜垣・▼菱垣】ヒノキの薄板を編んだ垣。「―造り」
ひかく【比較】「十年前とは―にならないほど研究が進んでいる」
ひかく【皮革】生皮となめし革。「―製品」
びがく【美学】「ドイツ―」「彼一流の―」
ひかげ【日陰・日▼蔭】⇔ひなた。「―でも育つ植物」「布団の―干し」
ひかげ【日影】日光。日ざし。「―が伸びる」「―規制」
ひがけ【日掛け】「―貯金」
ひかげもの【日陰者】「―として裏社会で生きる」
ひがごと【▼僻事】事実や道理に合わないこと。

ひがさ【日傘】日よけ用の傘。パラソル。

ひがし【東】⇔西。「太陽が―から昇る」「―向きの部屋」

ひかす【引かす・〈落籍〉す】身請けする。「芸者を―」

ひかず【日数】「いたずらに―を重ねる」

ひがた【干潟】「水鳥の棲息する―」

びかちょう【鼻下長】色好みで女性に甘い。「―の男」

ひがみなり【日雷】晴天に鳴る雷。

ひがむ【▼僻む】「のけ者にされたと思って―」

ひがめ【▼僻目】「信頼できる人だと思ったのは私の―か」「親の欲目と他人の―」

ひがら【日柄・日▽次】「本日はお―も良く」

ひがら【日▼雀】シジュウカラ科の小鳥。

ひからくよう【飛花落葉】はかない世の譬え。

ひからびる【干▼涸びる・▽乾▼涸びる】「猛暑で―・びた野菜」「―・びた頭」

ひかり【光】「強い―を放つ」「前途に―を見出す」「親の七―」

ひかりごけ【光▼蘚】洞穴などに生える緑色に光るコケ。

ひかりつうしん【光通信】光を搬送波に利用する通信。

ひかる【光る】「夜空に星が―」「彼の作品が断然―・っている」「親の目が―・っている」

ひかれもの【引かれ者】獄や刑場へ引かれて行く者。「―の小唄」

ひがわり【日替(わ)り】「―定食」

ひかん【悲観】⇔楽観。「人生を―する」「―的」

ひかん【避寒】「―地」

ひがん【彼岸】春分・秋分の日の前後七日間。「―参り」「暑さ寒さも―まで」

ひがん【悲願】「―達成」「―の金メダル」

びかん【美観】「―地区」「―を損なう」

ひがんばな【彼岸花】「畦に咲く真っ赤な―」

ひき【引き】「社長の―で昇進する」

ひき【悲喜】「―こもごも」

びぎ【美技】見事な技。ファインプレー。

ひきあい【引(き)合い】「前例を―に出す」「新製品に―が来る」

ひきあげ【引(き)上げ】「運賃―」

ひきあげ【引(き)揚げ】「故国への―」

ひきあて【引(き)当て・引当】「―金」

ひきいる【率いる】「チームを―・いて遠征に行く」

ひきうけ【引(き)受け・引受】「―人」「―時刻」

ひきうける【引(き)受ける】「自治会の役員を―」「身元を―」

ひきうす【▼碾き臼・▼挽き臼】「―をひく」

ひ

ひきうつし【引(き)写し】「他人の説の単なる―だ」

ひきかえ【引(き)換え・引換・引(き)替え・引替】「預かり証と―に渡す」

ひきがえる【▼蟇・〈蟾蜍〉】背に疣〈いぼ〉がある。

ひきがし【引(き)菓子】「結婚式の―」

ひきがたり【弾(き)語り】「ギターの―」

ひきがね【引(き)金】「銃の―を引く」「ささいなことが―となって大乱闘となる」

ひきぎわ【引(き)際・▽退(き)際】「人間は―が肝心だ」

ひきげき【悲喜劇】悲劇と喜劇の性格を持つ劇。「人生の―」

ひきこもり【引(き)籠もり】「―状態」

ひきしお【引(き)潮・引(き)▼汐】⇔満ち潮。「今が―時で退却するべきだ」

ひきしまる【引(き)締(ま)る】「身の―思いが致します」

ひぎしゃ【被疑者】容疑者。「―を取り調べる」

ひきずる【引(き)▼摺る】「重い荷物を―って運ぶ」「審議を―」「他人の意見に―られる」

ひきだし【引(き)出し・▽抽き出し・▽抽▽斗】「箪笥の―」「カードでの―」

ひきたつ【引(き)立つ】「額縁を変えたら絵が一段と―った」「舞台が―」


ひきちゃ【▼挽き茶・▼碾き茶】抹茶〈まっちゃ〉。

ひきつぎ【引(き)継ぎ】「―事項」「事務の―がうまくいかない」

ひきつづき【引(き)続き】「部会の後―全体会議を行う」

ひきつけ【引(き)付け】「赤ちゃんが―を起こす」

ひきつる【引き▼攣る】「緊張で顔が―」

ひきでもの【引(き)出物】「披露宴の―」

ひきど【引(き)戸】左右に引き開ける戸。

ひきどき【引(き)時】身を引くべき時。「今が―かもしれない」

ひきにく【▼挽き肉】「―でハンバーグを作る」

ひきにげ【▼轢き逃げ】「―事件」

ひきぬき【引(き)抜き】「優秀な人材の―」

ひきのばし【引(き)伸ばし】「写真の―を依頼する」

ひきのばし【引(き)延ばし】「議事の―をはかる」

ひきはらう【引(き)払う】「借家を―」「陣を―」

ひきまく【引(き)幕】横に開閉する幕。「歌舞伎の―」

ひきめかぎばな【引目▼鉤鼻】大和絵の技法。

ひきゃく【飛脚】江戸時代、手紙などを遠方に運んだ人。「―を立てる」

ひきゅう【飛球】フライ。「―を打ち上げる」

びきょ【美挙】立派なおこない。

ひきょう【比況】比べたとえる。「―の助動詞」


ひきょう【卑▼怯】「―者」「―なまねはよせ」

ひきょう【秘境】「前人未踏の―」

ひきょう【悲況】悲観的な状況。

ひきょう【悲境】「幼少時代の―を言葉少なに語る」

ひぎょう【罷業】ストライキ。「―権」

ひきわけ【引(き)分け】「勝負は―に終わる」

ひきわり【▼碾き割り】「―麦」「―納豆」

ひきん【卑近】手近なさま。「―な例」

ひきんぞく【卑金属】さびやすい金属。

ひく【引く】引っ張る。抜いて取る。へらす。「押しても―いてもびくともしない」「サイドブレーキを―」「幕を―」「風邪を―」「詩の一節を―」「くじを―」「辞書を―」〔網や綱の場合は「曳く」とも書く。貨車の場合は「牽く」とも書く〕

ひく【▽退く・引く】しりぞく。退却する。「一歩―いて考える」「思わず―雰囲気だった」「兵を―」「先生はこの三月でお―きになる」

ひく【▼挽く・引く】「鋸〈のこぎり〉で丸太を―」「コーヒー豆を―」

ひく【▼碾く・引く】ひき臼で穀物などを細かくする。「蕎麦〈そば〉の実を石臼で―」

ひく【弾く】「ピアノ〈ギター〉を―」

ひく【▼惹く・引く】相手の関心をひきつける。「人目を―」「同情を―」「人柄に―かれる」

ひ

ひく【▼轢く】人や物を車輪で踏みつけて通過する。「車が歩行者を—のを目撃した」

びく【〈魚籠〉・〈魚籃〉】釣った魚を入れるかご。

びく【▽比▽丘】出家して僧となった男子。

ひくい【低い】⇕高い。「—山」「—地位」「気温が—」「志が—」「腰が—」

びくしょう【微苦笑】微笑と苦笑の混じった笑い。「なんとも言えない—を浮かべる」〔久米正雄の造語〕

ひくつ【卑屈】「—な態度」「勝負に負けたからといって—になることはない」

ひくて【引く手】誘いかける人。「—あまた」

びくに【比丘尼】尼僧。尼。

ひぐま【▼羆】大形のクマ。北海道にすむ。

ひぐらし【▼蜩・〈茅蜩〉・〈晩蟬〉】カナカナゼミ。

ひぐれ【日暮れ】夕暮れ。夕方。「—方」

びくん【微▼醺】ほろ酔い。微酔。「—を帯びる」

ひけ【引け】退出すること。劣ること。「—どき」「—を感じる(取る)」

ひげ【▼髭・▼鬚・▼髯】「—をはやす(蓄える)」〔「髭」はくちひげ、「鬚」はあごひげ、「髯」はほおひげの意で書き分ける〕

ひげ【卑下】「必要以上に自分を—する」「—も自慢のうち」

ひけい【秘計】「—をめぐらす」

びけい【美形】美しい顔だち(の人)。

ひげき【悲劇】「—のヒロイン」

ひけぎわ【引け際・▽退け際】一日の仕事が終わる間際。

ひけし【火消し】「—役を任される」

ひけつ【否決】「投票の結果—された」

ひけつ【秘▼訣】「料理の—をこっそり教える」

ひげづら【▼髭面】「—の男」

ひけどき【引け時・▽退け時】「学校の—」

ひけめ【引け目】肩身の狭い思い。欠点。「—を感じる」

ひける【引ける】「気が—」「腰が—」

ひけん【比肩】匹敵する。「—するものがいない」

ひけん【披見】文書を開いて見る。「—を許す」

ひけん【卑見・▼鄙見】自分の意見の謙譲語。「あえて—を述べれば」

ひけんしゃ【被験者】「心理テストの—」〔検査を受ける人は「被検者」とも書く〕

ひご【▼籤】「竹—で提灯を作る」

ひご【庇護】「親の—の下に育つ」

ひご【卑語・▼鄙語】下品な言葉。スラング。

ひご【飛語・▼蜚語】根拠のないうわさ。「流言—」

ひご【肥後】旧国名。熊本県。

ひごい【▼緋▼鯉】コイの変種で、体が赤黄色のもの。

ひこう【披講】詩歌を読みあげること。また、その役目の人。「歌会の—」

ひこう【肥厚】はれて厚くなる。「—性鼻炎」

ひこう【非行】「—少年」「—に走る」

ひこう【飛行】「—時間」「低空を—する」

ひごう【非業】前世の因縁によらない。「—の死を遂げる」

びこう【尾行】「ひそかに—する」「—をまく」

びこう【備考】「—欄」

びこう【備荒】凶作などに対する準備。「—作物」

びこう【微光】「事件解決の—すら見えない」

びこう【微香】「—性の整髪剤」

びこう【鼻孔】鼻の穴。

びこう【鼻▼腔】鼻の内腔。〔医学では「びくう」と慣用的に読む〕

ひこうかい【非公開】⇕公開。「—の映像」

ひこうき【飛行機】「—雲」「—に搭乗する」

ひこうしき【非公式】「—な見解」「—に会談する」

ひごうほう【非合法】「—な活動」

ひごうり【非合理】「—的な判断」

ひこく【被告】⇕原告。「—人」「—に実刑判決が下りた」

ひごと【日▽毎】「—に春めいてまいりました」

ひごのかみ【肥後の守】折り畳み式の小刀。

ひこばえ【▼蘖】切り株や根元から出た若芽。

ひこぼし【▼彦星】牽牛〈けんぎゅう〉星。

ひこまご【▽曽孫】孫の子。ひまご。

ひごろ【日⦅頃⦆】「—から点検を怠らない」

ひざ【膝】《ひざ》—「膝頭・膝小僧・膝詰め・膝枕・膝元」

ひざ【膝】「子供を—の上にのせる」

ひさい【非才・▼菲才】自分の才能の謙称。「浅学—の身」

ひさい【被災】「—者の苦しみ」「—地への支援」

びさい【微細】「説明は—な点にまでわたる」

びざい【微罪】ごく軽い罪。「—処分」

ひざおくり【膝送り】膝をずらして順に席を詰める。「お—をお願いします」

ひさかき【▼柃】ツバキ科の常緑低木。

ひざがしら【膝頭】「—を机にぶつける」

ひさかたぶり【久方⦅振⦆り】「—で故郷に帰る」

ひざかり【日盛り】「—は外出を控える」

ひさく【秘策】「対戦前に—を練る」

ひさぐ【▼鬻ぐ・▽販ぐ】売る。商う。「春を—(=売春する)」

ひざくりげ【膝▼栗毛】徒歩で旅行する。「東海道中—(=十返舎一九作の滑稽本の名)」

ひさげ【〈提子〉・▽提】「—の酒を注ぐ」

ひさご【▼瓠・▼瓢】「—形」
ひさし【▼庇・▼廂】軒に差し出た小屋根。「—の間」「—を貸して母屋を取られる」
ひざし【日差し】「—が強い」
ひさしい【久しい】「彼とは—く会っていない」
ひさしぶり【久し⦅振⦆り】「—に帰省する」「やあ、お—です」
ひざづめ【膝詰め】膝と膝を寄せ合う。「—談判」
ひさびさ【久久】「—の外出」「—に登場する」
ひざまくら【膝枕】「妻の—で耳掃除をしてもらう」
ひざまずく【▼跪く】「—いて祈る」〔現代仮名遣いでは「ひざまづく」とも書く〕
ひさめ【氷雨】(秋の)冷たい雨。
ひざもと【膝元・膝下】「徳川将軍のお—」
ひさん【飛散】「粉塵が—する」
ひさん【悲惨・悲酸】「—な光景」
ひし【▼菱】ヒシ科の一年生水草。「—の実」
ひし【皮脂】「顔の—の手入れする」
ひし【秘史】「王朝—」
ひじ【肘】《ひじ》—「肘掛け・肘鉄・肘枕・肩肘」
ひじ【肘・▼肱・▼臂】「—をつく」
ひじ【秘事】「—は睫〈まつげ〉(=秘め事は案外手近にあるものだというたとえ)」

びし【微志】自分の志の謙譲語。寸志。

びじ【美辞】「—麗句」

ひしお【▼醢】肉類の塩づけ。しおから。

ひしお【▼醤】なめ味噌の一。「瓜の—漬」

ひじかけ【肘掛(け)】肘をよりかからせる所。「—椅子」

ひしがた【▼菱形】菱の実の形。四辺が等しい四辺形。「—の面積」

ひじき【〈鹿尾菜〉・〈羊栖菜〉】「乾燥—を水で戻す」

ひしぐ【▽拉ぐ】押しつぶす。くじく。「高慢の鼻を—」「鬼をも—勢い」

ひしこいわし【▼鯷・▼鰯】カタクチイワシ。

ひじちょうもく【飛耳長目】観察が鋭いこと。また、知識を広げる書物のこと。

ひしつ【皮質】「大脳—ホルモン」

びしつ【美質】「—を備えた女性」

びしてき【微視的】「問題を—にとらえる」

ひじてつ【肘鉄】「—を食わせる」

ひしと【▼犇と・▽緊と】「我が子を—抱きしめる」

ひしひし【▼犇▼犇】「寂しさが—と胸に迫る」

ひじまくら【肘枕】肘を曲げて枕代わりにする。

ひしめく【▼犇めく】「初詣の参拝客で—境内」

ひしもち【▼菱餅】「ひな祭りの—」

ひしゃ【飛車】「―角落ち（＝主戦力を欠いて勝負に臨む）」
ひしゃく【▽柄▼杓・▼杓】「―で水をくむ」
びじゃく【微弱】「―な電波」「―陣痛」
ひしゃげる【▽拉げる】「満員電車でかばんが―」
ひしゃたい【被写体】写真にとられる人や物。
びしゃもんてん【毘沙門天】仏法を守る神。
ひしゅ【▼匕首】あいくち。懐剣の類。
びしゅ【美酒】「―嘉肴〈かこう〉」「勝利の―に酔いしれる」
ひしゅう【悲愁】「―に沈む」
ひじゅう【比重】「教育費の―が年々増大する」
びしゅう【美醜】「容姿の―にこだわらない」
ひじゅつ【秘術】「―を尽くして戦う」
びじゅつ【美術】「西洋―」「―館」「―品」
ひじゅん【批准】条約を国家として承認する。「講和条約を―する」
ひしょ【秘書】「社長―」「―官」
ひしょ【避暑】「―地」「軽井沢へ―に出かける」
びじょ【美女】「眠れる森の―」
ひしょう【卑小】「―な自分」
ひしょう【飛▼翔】「大空を―する鷲」
ひしょう【悲傷】「―すべき突然の事故」
ひしょう【費消】使いはたすこと。「予算―率」「―した額を計算する」
ひじょう【非常】「―事態」「―の際の心得を説く」「―な驚き」「―に喜ばしい」
ひじょう【非情】「冷酷で―な仕打ち」
びしょう【美称】ほめていう呼び方。「玉や豊の字を冠する―」
びしょう【微小】非常に小さい。「―な生物」
びしょう【微少】非常に少ない。「―な金額」
びしょう【微笑】ほほえみ。「―を浮かべる」
びじょう【尾錠】ベルトを締める金具。バックル。
ひじょうきん【非常勤】⇔常勤。「―講師（嘱託）」
ひじょうぐち【非常口】「緊急時用の―」
ひじょうしき【非常識】「―もはなはだしい」
びしょく【美食】⇔粗食。「―家」
ひじり【▽聖】高僧。遍歴する僧。「高野―」
びじれいく【美辞麗句】「―を連ねた文章」
びしん【微震】ごく弱いゆれの地震。
びじん【美人】美女。
ひず【氷頭】鮭の頭部の軟骨。「―なます」
ひすい【▼翡▼翠】青緑色の宝玉。また、カワセミ。
びすい【微酔】ほろ酔い。「―を帯びる」
ひずむ【▼歪む】「ボリュームを上げると高音が―」「日に当たって板が―」
ひする【比する】「前年に―して二割の増加となる」
ひする【秘する】「わけあって名を―」
ひせい【批正】「御―を乞う」
ひせい【▼秕政・▼粃政】失政。悪政。
びせい【美声】「―に魅了される」
びせいのしん【尾生の信】融通のきかないこと。
びせいぶつ【微生物】「土中の―」
ひせき【秘跡・秘▼蹟】キリスト教の重要な儀式。「―を授ける」
ひせつ【飛雪】「―の中をさまよう」
ひぜに【日銭】「―が入る」
ひぜめ【火攻め】「敵陣を―にする」
ひせん【卑▼賤・▼鄙▼賤】「―の身」
ひぜん【皮▼癬】疥癬〈かいせん〉。
ひぜん【肥前】旧国名。佐賀県と長崎県の一部。
びぜん【美▼髯】美しいほおひげ。「―を蓄える」
びぜん【備前】旧国名。岡山県南東部。
ひせんきょけん【被選挙権】立候補できる資格。
ひそ【▼砒素】元素名。「―による中毒」（自然科学では「ヒ素」と書く）
びそ【鼻祖】始祖。元祖。「近代文学の―」
ひそう【皮相】うわべ。うわべだけで判断する。「―の見〈けん〉」
ひそう【悲壮】悲しくも勇ましい。「―な覚悟」「―の最期を遂げる」

ひ

━ひそう【悲▼愴】悲しく痛ましい。「―な顔つき」「―感が漂う」

ひぞう【秘蔵】「―の品」「―の弟子」

ひぞう【▼脾臓】内臓の一。リンパ球を作る。

びぞう【微増】「前年に比して―した」

ひそうせんぱく【皮相浅薄】知識や思慮が浅い。

ひぞうぶつ【被造物】「人間も神が作りたもうた―だ」

ひそか【▽密か・▽私か・▽窃か】「―な楽しみ」「―に進む計画」「―に応援する」

ひぞく【卑俗・▼鄙俗】「―な話」「―な記事」

ひぞく【卑属】子と同列以下の親族。

ひぞく【▼匪賊】集団で盗みを働く盗賊。

びぞく【美俗】よい風俗。「醇風―の土地柄」

ひぞっこ【秘▽蔵っ子】非常に大切な子や弟子。「大物歌手の―」

ひそみ【▼顰み・▼嚬み】眉をひそめる。「先輩の―に倣〈なら〉う（＝同じようにすることを謙遜していう）」

ひそむ【潜む】「このあたりに犯人が―・んでいる」「文中に―真意を汲み取る」

ひそめる【▼顰める・▼嚬める】「心ない言葉に眉を―」「世人の眉を―・めさせる事件」

ひそやか【▽密やか】「―な夜の通り」「―な思いを抱く」「―に暮らす」


ひぞる【干反る・▽乾反る】「しめった板が―」

ひだ【▼襞】「スカートの―」「心の―に触れる」

ひだ【飛驒】旧国名。岐阜県北部。飛州。「―の匠」

ひたい【額】「猫の―ほどの水田」

ひだい【肥大】「ますます―する情報産業」「―化する組織」

びたい【▼媚態】こびる態度。なまめかしい態度。「―を示す」

びたいちもん【⦅▼鐚⦆一文】「―出すつもりはない」

ひたおし【⦅▽直⦆押し】「―に押す」

ひたかくし【⦅▽直⦆隠し】「―に隠す」

ひたき【▼鶲・火▽焼】ヒタキ科の小鳥の総称。

びだくおん【鼻濁音】鼻音化したガ行音。

ひたす【浸す】「小川に足を―」「アルコールを―・した脱脂綿」

ひたすら【《〈只管〉》・《〈一向〉》】「―謝る」「―隠し通す」「―無事を祈る」

ひたたれ【▽直垂】中世は武士の平服、近世は礼服。

ひたち【常陸】旧国名。茨城県北東部。常州。

ひだち【肥立ち】「産後の―が悪い」

ひだね【火種】「紛争の―」

ひたぶる【▽頓・〈一向〉】「―に追い求める」「―に悲しい」


ひだまり【日▼溜まり・▽陽▼溜まり】「穏やかな―」

ひたむき【▽直向き】「―な態度」「―に練習する」

ひだら【干▼鱈】鱈の干物。

ひだり【左】⇕右。「―を向く」「右も―も分からない」

ひだりうちわ【左〈団扇〉】「―で暮らす」

ひだりきき【左利き】左手の方がよく使える。酒好き。

ひだりづま【左▼褄】「―を取る（＝芸者になる）」

ひだりまえ【左前】死に装束の着方。また、経営が苦しくなる。「事業が―になる」

ひたる【浸る】「水が―ように鍋に具を入れる」「しばし王侯貴族の気分に―」「過去の思い出に―」

ひだるい【▼饑い】ひもじい。「―時にまずい物なし」

ひだるま【火▽達磨】「全身―になる」

ひたん【悲嘆・悲▼歎】「―にくれる毎日」

ひだん【被弾】弾丸に当たる。

びだん【美談】「涙を誘う―」

びだんし【美男子】容姿の美しい男。びなんし。

びちく【備蓄】「―米」「石油を―する」

びちゅう【微衷】自分の気持ちの意の謙譲語。

ひちょう【飛鳥】「―のごとき早技」

ひちりき【▼篳▼篥】雅楽で用いる縦笛。

ひぢりめん【▼緋▽縮▼緬】緋色の縮緬。「―の腰巻」

ひつ【匹】ヒツ ひき 「匹敵・匹夫・匹婦」
ひつ【必】ヒツ かなら-ず 「必携・必見・必殺・必死・必至・必修・必勝・必然・必着・必読・必用・必要」
ひつ【泌】ヒツ・ヒ 「分泌〈ぶんぴつ〉〈ぶんぴ〉」
ひつ【筆】ヒツ ふで 「筆圧・筆記・筆者・筆順・筆談・筆致・筆力・加筆・健筆・随筆・代筆・毛筆・乱筆」
ひつ【▼櫃】蓋のある大形の箱。飯を入れておく器。「お―」「長(唐)―」
ひつあつ【筆圧】「―が強い」
ひつう【悲痛】「―な思いを語る」
ひっか【筆禍】「―事件」「―を被る」「―を招く」
ひっかける【引っ《掛》ける】「水を―」
ひっき【筆記】「―試験」「講義内容を―する」
ひつぎ【▽棺・▼柩】「―を出す」「遺愛品を―に納める」
ひっきょう【▼畢▼竟】つまり。しょせん。結局。「これは―天の配剤ともいうべきものだ」
ひっきりなし【《引》っ《切》り《無》し】「電話が―に来る」
びっくり【〈吃驚〉・〈喫驚〉】「―仰天」
ひっくりかえす【引っ繰り返す】「箱を―」「決定を―」
ひっくるめる【引っ▽括める】「全部―めて五万円」
ひつけ【火付け】「彼が論争の―役だ」
ひづけ【日付・日▽附】「―変更線」「今日の―にして書類を作成する」
ひっけい【必携】必ず持たなければならないもの。「源氏物語―」「受験票は―のこと」
ひっけん【必見】「―の書」「―の展覧会」
ひっけん【筆▼硯】「―の業」「―に親しむ」
ひっこう【筆耕】書写や清書の仕事。「―料」「―硯田(=文筆業で生計を立ててゆくこと)」
ひっこし【引っ越し】「―先」「―蕎麦」
ひっこみじあん【引っ込み思案】「―の男の子」
ひっさつ【必殺】「―技」「―の剣」
ひっさん【筆算】紙に書いて計算する。
ひっし【必死】死ぬ覚悟でおこなう。全力を尽くす。「―になって勉強する」「―で逃げる」「―の形相」
ひっし【必至】必ずそうなる。「内閣総辞職は―の情勢だ」
ひっし【筆紙】「―に尽くしがたい」
ひつじ【▽未】十二支の第八番目。「―の生まれ」
ひつじ【羊】「―の歩み(=死が近付くことのたとえ)」
ひつじ【▼穭】「―田」「―生え」
ひつじぐさ【▽未草】スイレンの別名。
ひつじぐも【羊雲】羊の群れのように見える高積雲。
ひつじさる【▽未▽申・▼坤】未と申の間の方角。南西。
ひっしゃ【筆写】書き写す。「古文書を―する」
ひっしゃ【筆者】文章や書画の作者。
ひっしゅう【必修】「―の科目」
ひつじゅひん【必需品】「生活―」
ひつじゅん【筆順】「正しい―で書く」
ひっしょう【必勝】「先手―」「―の信念」
ひつじょう【必定】「勝利は―だ」
ひっしょく【筆触】「繊細な―の日本画」
ひっす【必須】「―アミノ酸」「―の条件」
ひっせい【▼畢生】一生涯。終世。「―の事業」
ひっせい【筆勢】「大胆な―」
ひっせき【筆跡・筆▼蹟】「―鑑定」「彼の―には特徴がある」
ひつぜつ【筆舌】「―に尽くしがたい名演技」
ひっせん【筆洗】筆の穂先を洗う器。
ひつぜん【必然】「―性」「現在の司法制度では冤罪は―的に起きる」
ひっそく【▼逼塞】落ちぶれて身を隠して暮らす。「片田舎に―する」
ひつだん【筆談】「声を出さずに隣の人と―する」

ひっち【筆致】「繊細な―」
ひっちゃく【必着】「月末までに―のこと」
ひっちゅう【必中】必ず命中すること。「一発―」
ひっちゅう【筆▼誅】罪悪や過失を書き立てて責める。「―を加える」
びっちゅう【備中】旧国名。岡山県西部。
ひってき【匹敵】「プロに―する腕前」
ひっとう【筆頭】「前頭―」「―株主」「新作を―に魅力ある商品が勢揃い」
ひつどく【必読】「―の書」
ひっぱく【▼逼迫】「生活が―する」「事態が―する」
ひつばつ【必罰】「信賞―」
ひっぱりだこ【引っ張り▼凧・引っ張り▼蛸】「各球団から―の選手」
ひっぷ【匹夫】身分の低い男。「―も志を奪うべからず／論語」
ひっぽう【筆法】筆の運び方。「顔真卿の―」
ひっぽう【筆▼鋒】筆の穂先。字や文章の勢い。「鋭い―」「―鋭く反論する」
ひつぼく【筆墨】「―に親しむ」
ひづめ【▼蹄】「馬の―」
ひつめい【筆名】ペンネーム。
ひつよう【必用】必ず用いなければならない。「日常―の品」
ひつよう【必要】なくてはならない。「―経費」「登山に―な道具」「家族に知らせる―がある」
ひつようあく【必要悪】時には必要とされる悪い事。
ひつりょく【筆力】「―鼎〈かなえ〉を扛〈あ〉ぐ（＝力強い文章のたとえ）／韓愈」
ひつろく【筆録】「古老の言い伝えを―する」
ひてい【比定】「今回発見された古墳は○○天皇陵に―された」
ひてい【否定】そうでないと打ち消す。⇔肯定。「―文」「うわさを―する」
びていこつ【尾▼骶骨】「転んで―を強く打つ」
びてき【美的】「―印象」「―なセンス」
ひでり【日照り・▼旱】「―続き」
ひでん【秘伝】「―の妙薬」「―の技」
びてん【美点】「彼の―は秘密を守ることだ」
びでん【美田】地味の肥えた田地。良田。「児孫のために―を買わず／西郷隆盛」
ひと【人】「愛する―」「―が悪い」「―おじする」
ひとあじ【一味】「―違う作品」
ひとあたり【人当（た）り】「―がよい」
ひとあわ【一泡】「―吹かせる」
ひとあんしん【一安心】「手術が成功して―する」
ひどい【▽酷い・非▽道い】「あまりにも―仕打ちだ」「―目に遭う」
ひといき【一息】「―つく」「―入れよう」
ひといきれ【人▽熱れ】人の熱気。「会場内は―でむんむんしていた」
ひどう【非道】「―な振る舞い」「極悪―の限りを尽くす」
びとう【尾灯】テールランプ。「自動車の―」
びどう【微動】「直立不動で―だにしない」
ひとうけ【人受け】他人が持つ印象・感じ。「―のいい人」「―する歌」
ひとえ【一重】重なっていないこと。「壁―を隔てるのみだ」
ひとえ【▽単】裏をつけない和服。⇔袷〈あわせ〉。「―襲〈かさね〉」「―衣」
ひとえに【▽偏に】「この度の当選は―皆様の御支援のお蔭でございます」
ひとおじ【人▽怖じ】「―しない子供」
ひとおもいに【一思いに】「いっそ―死んでしまおう」
ひとがき【人垣】「見物人で―ができる」
ひとかげ【人影】人の姿。「―が絶える」「―もまばら」
ひとかげ【人陰・人▼蔭】人の陰。「―に隠れて見えない」
ひとかたならず【《一方》ならず】「―お世話にな

る」

ひとかど【一▽廉・一角】すぐれていること。「―の人物」「―の働きをする」

ひとがら【人柄】「―がいい」「―を見る」

ひとからげ【一▽絡げ】「十把―に論じる」

ひとぎき【人聞き】「―の悪いことを言うな」

ひとぎらい【人嫌い】「―な性格」

ひときわ【《一際》】「―美しい」「―目立つ」

ひとく【秘匿】こっそり隠すこと。隠匿。「―物資」「―すべき情報」

びとく【美徳】「謙譲の―」

ひとくさり【一▼齣・一▼闋】話・謡い物などの一区切り。「―謡って聞かせる」「―話をする」

ひとくせ【一癖】「―ありそうな人」「―も二癖もある」

ひとけ【人《気》】「―のない公園」

ひとこいしい【人恋しい】「―・くなって繁華街へ出る」

ひとごこち【人《心地》】生き返ったような気持ち。「ようやく―がついた」

ひとごと【〈他人〉《事》・人《事》】「―とは思えない」「まるで―のような顔をしている」

ひとごみ【人込み・人混み】「―にまぎれる」

ひところ【一頃】「―の元気はない」「―たいへん流行した言葉」

ひとごろし【人殺し】人を殺すこと。また、殺した者。

ひとさし【一差(し)・一指(し)】将棋や舞などの一回。「舞を―舞う」「―お手合わせ願います」

ひとさしゆび【人差(し)指】「包丁で―を切る」

ひとざと【人里】「―離れた場所」

ひとさま【人様】「―の物に手をつける」

ひとさらい【人▼攫い】子供をだまして連れ去る者。

ひとさわがせ【人騒がせ】「―な事件」「―にもほどがある」

ひとしい【等しい・▽均しい・▽斉しい】「辺の長さが―」「詐欺に―行為」

ひとしお【一▽入】「感慨も―である」

ひとしきり【一▽頻り】「―騒いで帰って行った」

ひとじち【人質】「子供を―に取られる」

ひとしなみ【等し並み】「女性も男性も―に扱う」

ひとしれず【人知れず】「―涙を流す」「―心を痛める」

ひとずき【人好き】「―のする顔」

ひとすじ【一筋・一▽条】「仕事―」「―の光明」

ひとすじなわ【一筋縄】「―では行かない頑固者」

ひとずれ【人擦れ】「―していない純朴な若者」

ひとだかり【人▽集り】「事故現場に―ができる」

ひとだすけ【人助け】「―だと思って協力する」

ひとだのみ【人頼み】人をあてにする。「大事な内容なので―にはできない」

ひとたび【《一度》】「―雨が降れば池のように水が溜まる」

ひとだま【人▽魂】「空に青白い―が飛ぶ」

ひとたまり【一▼溜まり】「地震が来たらこんな家は―もないだろう」

ひとつ【一つ】「―、二つと数える」「―稽古をつけてやろう」「お―いかがですか」

ひとづかい【人使い】「―が荒い店」

ひとづきあい【人《付》き《合》い】「―のいい人」

ひとつづき【一続き】「―の文」

ひとづて【人▽伝】「―に聞いた話だが」

ひとつぶだね【一粒種】「年を取ってから出来た―で目の中に入れても痛くない」

ひとづま【人妻】結婚した女。また、他人の妻。

ひとつまみ【一▽撮み】「あんな相手は―だ」

ひとで【人手】「―が足りない」

ひとで【人出】「連休は大変な―だった」

ひとで【〈海星〉・人手】「星の形をした―」

ひとでなし【人で《無》し】「この―め」

ひととおり【一通り】「―説明しておく」「―の教育は受けさせたつもりだ」

ひとどおり【人通り】「―もまばらだ」
ひととき【《一時》】「楽しい―を過ごす」
ひととせ【一▽年】いちねん。以前のある年。「―大地震のあった時」
ひととなり【人となり・〈為人〉】「温和な―」
ひとなつこい【人懐こい】「―子供」
ひとなみ【人並(み)】「何とか―に育つ」
ひとなみ【人波】「―にもまれる」「―をかき分けてゆく」
ひとばしら【人柱】あることの犠牲となった人。
ひとはだ【一肌】「君のために―脱ごう」
ひとはだ【人肌】「―恋しい」「燗〈かん〉は―」
ひとばらい【人払い】「お―を願います」
ひとひら【一《▽片》】「―の雪」
ひとべらし【人減らし】「―策」
ひとまえ【人前】「―であがる」「―をつくろう」
ひとまかせ【人任せ】「何でも―にしてはいけない」
ひとまく【一幕】「大立ち回りの―」「にらみ合いの緊迫した―があった」
ひとまず【《一▽先》ず】「これで―安心だ」
ひとまね【人真▽似】「―ばかりする」
ひとまわり【一回り・一▼廻り】「池を―する」「―小さい服」
ひとみ【瞳・▼眸】「つぶらな―」「―を輝かせる」
ひとみごくう【人身御▽供】犠牲となる人。
ひとみしり【人見知り】「―しない子」
ひとむかし【一昔】「十年―と申します」
ひとめ【一目】「―会いたい」「―で見渡せる」
ひとめ【人目】「―に付く」「―を忍ぶ」「―を憚る」「―を引く」
ひとめぐり【一巡り】「東北を―する」
ひともじ【人文字】「―の航空写真」
ひともしごろ【火▽点し頃】夕方。
ひとや【▽獄・人屋・〈囚獄〉】牢屋。牢獄。
ひとり【《一人》】一個の人。「―旅」「―っ子」「―芝居」
ひとり【独り】自分だけ。独身。ただ単に。「―涙に暮れる」「まだ―だ」「―日本国内の問題にとどまらない」
ひどり【日取り】「結納の―を決める」
ひとりあるき【独り歩き・《一人》歩き】「構想だけが―している」
ひとりがてん【独り合点】「よく確かめもせず―する」
ひとりごと【独り言・《一人》言】「彼はよく―を言う」
ひとりしずか【《一人》静】センリョウ科の多年草。
ひとりじめ【独り占め】「利益を―する」
ひとりずもう【独り《相撲》】ひとりで勢い込む。「だれも相手にしておらず―を取っている」
ひとりだち【独り立ち】「社会に―する」
ひとりでに【独りでに】「―扉が開く」
ひとりぶたい【独り舞台】「その分野は彼の―だ」
ひとりもの【独り者】結婚していない者。独身者。
ひとりよがり【独り善がり】「―な態度」「他人の意見に耳を貸さず―に陥る」
ひとわたり【《一▼亘》り】「―読む」
ひな【▼鄙】いなか。「―にはまれな美人」
ひな【▼雛】「―菊」「鶏の―」
ひなあられ【▼雛▼霰】雛祭りに供えるあられ。
ひなか【日中】「昼―から酒を飲んでいる」
ひなが【日永・日長】「春の―」
ひながた【▼雛形・▼雛型】様式。見本。「書式の―」
ひなぎく【▼雛菊】キク科の多年草。デージー。
ひなげし【▼雛〈罌粟〉】ケシ科の草。ポピー。虞美人草。
ひなた【日▽向】日の当たっている所。⇔日陰。「―ぼっこ」「―に植木鉢を並べる」
ひなだん【▼雛壇】「―に人形を飾る」「国会本会議場の―」
ひなどり【▼雛鳥】鳥のひな。ニワトリのひな。
ひなにんぎょう【▼雛人形】雛祭りに飾る人形。
ひなびる【▼鄙びる】「―びた温泉」

ひ

ひなまつり【▼雛祭り】三月三日の女児の節句。

ひなわ【火縄】「—銃」

ひなん【非難・批難】「—を浴びる」

ひなん【避難】「—訓練」「安全な場所に—する」

びなん【美男】「—美女」

びなんかずら【美男▽葛】サネカズラの別名。

ひにく【皮肉】「—を言う」「—にも中止と決定してから雨が上がった」

ひにくのたん【▼髀肉の嘆】能力を発揮する機会がないまま時を過ごす嘆き。

ひにち【日日】「—がたつ」「締め切りの—を決める」

ひにょうき【泌尿器】尿を生成・排出する器官。

ひにん【否認】「容疑を—する」

ひにん【避妊・避▼姙】「—法」「—具」「—薬」

ひにんじょう【非人情】「—な男」「—なやり方」

ひねくる【▽捻くる】「手で—」

ひねしょうが【▽陳生▼姜】種として植えた生姜の根茎。「薬味の—」

ひねつ【比熱】物質の単位質量に対する熱容量。

びねつ【微熱】「—があって体がだるい」

ひねもす【〈終日〉】朝から晩まで。一日中。「春の海—のたりのたりかな/蕪村」

ひねる【▽捻る・▼拈る・▼撚る】「蛇口を—」「足首を—」「赤子の手を—よう」「一句—」

ひねる【▽陳ねる】「—・ねた子供」

ひのいり【日の入り】「秋になって—が早まる」

ひのえ【▽丙】十干の第三。

ひのえうま【▽丙▽午】干支の第四三番目。

ひのき【▼檜・▼檜木】ヒノキ科の常緑針葉樹。

ひのきぶたい【▼檜舞台】腕前を示す晴れの場所。「—に立つ」「—を踏む」

ひのくるま【火の車】「台所は—だ」

ひのけ【火の気】「—のない所から出火した」

ひのこ【火の粉】「身に降りかかる—を振り払う」

ひのしたかいさん【日の下開山】天下無双の者。「—、天下の横綱」

ひのて【火の手】「建物から—が上がる」

ひので【日の出】「—を拝む」「—の勢い」

ひのと【▽丁】十干の第四。

ひのべ【日延べ】「運動会は雨で—になった」「会期を五日間—する」

ひのまる【日の丸】「—の旗」

ひのみやぐら【火の見▼櫓】火事を見張る高い櫓。

ひのめ【日の目】「ようやく—を見た俳優」

ひのもと【日の本】日本の異名。

ひのもと【火の元】「—に気をつける」

ひば【▼檜葉】アスナロの別名。園芸でヒノキ類の総称。

ひばいひん【非売品】一般の人には売らない品。

ひばく【飛▼瀑】高い所から落ちる滝。「ナイヤガラの—」

ひばく【被▼曝】放射能にさらされる。「レントゲン検査の放射線—」

ひばく【被爆】(原水爆の)爆撃をうける。「—者」

ひばし【火箸】「—で炭を突っつく」

ひばしら【火柱】「爆発音と同時に—が立った」

ひばち【火鉢】「—に手をかざして暖を取る」

ひばな【火花】「戦いに—を散らす」

ひばら【▼脾腹】横腹。わきばら。

ひばり【〈雲雀〉・〈告天子〉】ヒバリ科の小鳥。

ひはん【批判】「—を仰ぐ」「政府の景気対策を—する」

ひばん【非番】「今日は—で家ですごす」

ひひ【▼狒▼狒】大形のサル。アフリカに分布。「マント—」

ひひ【▼霏▼霏】雪や細雨が降りしきるさま。「細雨が—として降る」

ひび【▼皹・▼皸・▼胼】皮膚にできる細いさけ目。「指に—が出来てしみる」

ひび【▼罅】陶器・壁などの表面にできる割れ目。「茶碗の—」「人間関係に—が入る」

ひび【▼篊】ノリなどの養殖で海に立てる竹など。

びび【微微】「—たる金額」「損害は—たるものだ」

ひびく【響く】「世界にその名が—」「徹夜をすると明

日の仕事に―」「心に―言葉」「打てば―」
びびしい【美美しい】華やかで美しい。「―装い」
ひひょう【批評】「文芸―」「作品(演奏)を―する」
びひん【備品】「―台帳」「会社の―」
ひふ【皮膚】「―呼吸」「―を清潔に保つ」
ひふ【被風・被布・披風】羽織に似た衽の深い丸襟の外衣。「七五三の―」
ひぶ【日歩】元金一〇〇円に対する一日の利息。
びふう【美風】「節倹の―」
ひふく【被服】衣服。着物。「―費」
ひふく【被覆】「銅線をビニールで―する」
ひぶくれ【火▽脹れ】「やけどで手に―ができる」
ひぶた【火蓋】「熱戦の―が切られた」
ひぶつ【秘仏】「本尊の―を開帳する」
ひぶん【碑文】「石に―が刻んである」
びぶん【美文】「―調の文章」
びぶん【微分】「―積分」「―係数」「―方程式」
ひふんこうがい【悲憤▽慷慨】「不遇を―する」
ひへい【疲弊】「国力が―する」
ひほう【秘宝】大切にしまってある宝物。
ひほう【秘法】「真言密教の―」
ひほう【悲報】「突然の―に接して茫然とする」
ひぼう【▽誹▽謗】悪口を言う。「―中傷する」「人を―してばかりいる」

びほう【▽弥縫】一時的にとり繕う。「単なる―策でしかない」

びぼう【美貌】「―の女王」

びぼう【備忘】「―のためメモをとる」

ひぼし【日干し】日光に当てて乾かす。食物がなくて飢える。「魚を―にする」「―になりそうだ」(飢える意では「日乾し」とも書く)

ひぼん【非凡】「―な才能を発揮する」

ひま【暇・▽閑】「―をもてあます」「―を見つける」「―を出す」「―をつぶす」「本を読む―もない」

ひまく【皮膜】皮膚と粘膜。皮のような膜。「虚実―」

ひまく【被膜】おおい包んでいる膜。「ワックスの―を剝がす」

ひまご【▽曽孫】孫の子。ひこまご。

ひましに【日増しに】「―暖かくなる」

ひましゆ【▽蓖麻子油】トウゴマの種の油。「便秘で―の下剤を服する」

ひまじん【暇人・▽閑人】ひまのある人。

ひまつ【飛▽沫】「インフルエンザの―感染」

ひまつぶし【暇潰し】「―に雑誌をめくる」

ひまわり【〈向日葵〉】キク科の大形一年草。「―の大輪」「ゴッホの―の絵」

ひまん【肥満】「―児」「―体質」

びまん【▽弥漫・▽瀰漫】はびこる。蔓延。「退廃の気が―する」


びみ【美味】「―嘉肴〈かこう〉」

ひみつ【秘密】「企業―」「―がもれる」

びみょう【美妙】言うに言われないほど美しい。「―な音色」

びみょう【微妙】細かく複雑で、言い表せない。「―な色調」「―な関係」「―な意味合い」

ひむろ【氷室】天然の氷を貯蔵する小屋や穴。「―開き」「丹波の―」

ひめ【姫】ひめ　―「姫垣・姫君・一姫二太郎・歌姫・舞姫」

ひめ【姫・▽媛】「お―様」

ひめい【非命】災難・事故による死。「―の最期」

ひめい【悲鳴】「苦情の殺到に―を上げる」「新製品が飛ぶように売れてうれしい―を上げる」

ひめい【碑銘】石碑に刻んだ文章。

びめい【美名】よい評判。体裁のいい口実。「国中に―が知れ渡る」「―に隠れて悪事を働く」

ひめかわ【姫皮】タケノコの先端の薄く柔らかい皮。

ひめくり【日▽捲り】「朝―をめくる」

ひめごと【秘め事】「二人だけの―」

ひめこまつ【姫小松】ゴヨウマツ。小さい松。

ひめじょおん【姫女▽菀】キク科の越年草。

ひめます【姫▽鱒】湖水で育ったベニザケ。

ひめゆり【姫〈百合〉】ユリ科の多年草。「―の塔」

ひめる【秘める】「闘志を内に―」「可能性を―」

ひめん【罷免】公務員をその意に反してやめさせる。「―権」「大臣を―する」

ひも【▼紐】「靴の―を結ぶ」「財布の―をゆるめる」「女にたかる―」

ひもかわうどん【▼紐革▼饂▼飩】きしめん。

ひもく【費目】「―ごとに伝票を整理する」

びもくしゅうれい【眉目秀麗】「―な美男子」

ひもち【日持ち・日▽保ち】「―のする果物」

ひもち【火持ち・火▽保ち】「―のよい炭」

ひもつき【▼紐付き】「―の融資」

ひもと【火元】「火災現場で―の特定を急ぐ」「うわさの―」

ひもとく【▼繙く・▼紐解く】「古典文学を―」

ひもの【干物・▽乾物】「鰺の―」

ひもろぎ【〈神籬〉】神事の際の依り代とする榊〈さかき〉。〔神にそなえる供物の意では「胙」「膰」と書く〕

ひや【冷や】冷たい水。また、燗〈かん〉をしていない酒。「お―を下さい」「酒を―で飲む」

ひや【火矢・火▼箭】「館に―を放つ」

ひやあせ【冷や汗】「見つからないかと―をかく」

ひやかす【冷やかす・〈素見〉す】「新婚夫婦を―」「縁日の夜店を―」


ひゃく【百】ヒャク ｜「百害・百獣・百出・百聞・百薬・百花・百科・百計・百景・百般・凡百」

ひやく【飛躍】「―を遂げる」「話が―する」「技術が―的に進歩する」

ひやく【秘薬】「不老不死の―」

ひやく【秘▼鑰】秘密を解明するかぎ。「生命誕生の―」「恋愛は人生の―なり／北村透谷」

びゃく【白】⇩はく(白)。｜「白夜・白檀・黒白」

びやく【▼媚薬】性欲を起こさせる薬。惚〈ほ〉れ薬。

びゃくえ【白▽衣】はくい。「―観音」

ひゃくがい【百害】「たばこは―あって一利なし」

びゃくごう【白▼毫】仏の眉間にある光明を放つ白い毛。「眉間―相」

ひゃくじつこう【百日紅】サルスベリの漢名。

ひゃくしゃくかんとう【百尺▼竿頭】到達すべき最高点。「―に一歩を進む(＝頂点に達してもさらに一歩すすめる意)」

ひゃくじゅう【百獣】「―の王ライオン」

ひゃくしゅつ【百出】「議論―して決定に至らない」

ひゃくしょう【百姓】農業に従事する人。農民。「―一揆」

ひゃくせんれんま【百戦錬磨・百戦練磨】「―の勇士」


ひゃくたい【百態】「猫の―」

びゃくだん【白▼檀】インド産の香木。「―香〈こう〉」

ひゃくにちぜき【百日▼咳】急性感染症の一。

ひゃくにちそう【百日草】キク科の一年草。

ひゃくにんりき【百人力】「君が助けてくれれば―だ」

ひゃくはちじゅうど【百八十度】「―の方向転換」「―発想を変える」

ひゃくはちぼんのう【百八煩悩】数多い悩み・迷い。

ひゃくぶん【百聞】「―は一見に如〈し〉かず」

ひゃくぶんりつ【百分率】「割合を―で表す」

ひゃくまんげん【百万言】「―を費やしても足りない」

ひゃくまんべん【百万遍】念仏を百万回唱える仏事。

ひゃくめんそう【百面相】「―で観客を笑わせる」

びゃくや【白夜】⇩はくや(白夜)。「北欧の―」

ひゃくやくのちょう【百薬の長】酒をほめていう。

ひゃくようばこ【百葉箱】「―で正確な気温を計測する」

びゃくれん【白▼蓮】白いハスの花。

ひ

ひやけ【日焼け】「テニスに熱中して―する」

ひやざけ【冷や酒】⇔燗酒。「―を呷る」

ヒヤシンス【〈風信子〉】ユリ科の多年草。「―の水耕栽培」

ひやす【冷(や)す】「冷蔵庫でビールを―」「少し頭を―・したらどうだ」

ひゃっか【百科】「―事典」「―万般にわたる知識」

ひゃっかせいほう【百花斉放】多様な芸術の開花。

ひゃっかそうめい【百家争鳴】それぞれの立場から学者が自由に意見を発表し、論争する。

ひゃっかてん【百貨店】デパート。「―の催し」

ひゃっかりょうらん【百花▾繚乱】「有名女優の勢揃いで、まさに―だ」

ひゃっきやぎょう【百鬼夜行】妖怪・悪人の横行。「―が都市を徘徊する」

ひゃっけい【百計】「―をめぐらす」

びゃっこ【白虎】四神の一。虎で表され、西に配する。「会津藩の―隊」

ひゃっぱつひゃくちゅう【百発百中】「―の腕前」

ひゃっぱん【百般】「武芸―に通じる」

ひゃっぽう【百方】「―手を尽くす」

ひやとい【日雇(い)・日▾傭い】「―労働者」

ひやみず【冷や水】「年寄りの―」
ひやむぎ【冷や麦】「―のつゆ」
ひやめし【冷や飯】冷たくなった飯。「―を食わされる(=冷遇される意)」
ひややっこ【冷や▿奴】「―で酒を飲む」
ひゆ【▾莧】ヒユ科の一年草。
ひゆ【比喩・▾譬喩】「―法」「あくまで―的な話だ」
ひゅうが【日向】旧国名。ほぼ宮崎県。日州。向州。
びゅうけん【▾謬見】「―を正す」
びゅうろん【▾謬論】「―にとらわれる」
ひょう【氷】ヒョウ こおり・ひ 「氷菓・氷河・氷解・氷結・氷山・氷雪・樹氷・製氷・薄氷・霧氷・流氷」
ひょう【兵】⇩へい(兵)。「兵糧・小兵・雑兵」
ひょう【表】ヒョウ おもて・あらわ-す・あらわ-れる 「表記・表敬・表決・表現・表紙・表情・表明・表面・表裏・意表・公表・辞表・図表・代表・発表」
ひょう【俵】ヒョウ たわら 「一俵・土俵」
ひょう【票】ヒョウ ― 「票決・票数・票田・開票・集票・証票・青票・伝票・投票・得票・白票」

ひょう【評】ヒョウ ― 「評価・評判・評論・講評・酷評・書評・世評・総評・定評・批評・不評・論評」
ひょう【漂】ヒョウ ただよ-う 「漂着・漂白・漂泊・漂流・浮標」
ひょう【標】ヒョウ ― 「標語・標高・標識・標準・標題・標本・座標・指標・商標・墓標・目標・門標」
ひょう【表】「―を作成する」「―にして示す」
ひょう【▾豹】ネコ科の猛獣。「黒―」「―柄」
ひょう【票】「―が開〈あ〉く」「―を投ずる」
ひょう【評】「人物―」「作品の―」
ひょう【▾雹】夏、雷などに伴って降る氷塊。
ひよう【費用】「―は自己負担」「―がかさむ」
びょう【平】⇩へい(平)。「平等」
びょう【苗】ビョウ なえ・(なわ) 「育苗・種苗・痘苗」
びょう【秒】ビョウ ― 「秒針・秒速・寸秒」
びょう【病】ビョウ・(ヘイ) や-む・やまい 「病院・病害・病気・病欠・病弱・病床・病状・病名・臆病・看病・急病・持病・重病・大病・闘病・熱病・発病」

びょう【描】《ビョウ えが‐く・か‐く》「描画・描写・線描・素描・点描」
びょう【猫】《ビョウ ねこ》「猫額・愛猫・怪猫・成猫」
びょう【秒】「百メートルを何―で走れるか」
びょう【▼廟】祖先の霊をまつる所。「孔子―」
びょう【▼鋲】「―でポスターの端をとめる」
びよう【美容】「―院」「―外科」
びよう【微▼恙】少しからだがすぐれない。「―を得て少しの間横になる」
ひょうい【▼憑依】「―霊」
ひょういつ【▼飄逸】のんきなさま。「―な生き方」
ひょういもじ【表意文字】「漢字などの―」
びょういん【病因】「ストレスが―の一つだ」
びょういん【病院】「―の医師」「―で診察を受ける」
ひょうおんもじ【表音文字】「アルファベットなどの―」
ひょうか【氷菓】氷菓子。
ひょうか【評価】「人物―」「―額」「成績を―する」「―できる内容」
ひょうが【氷河】「―期」「アルプスの―」
びょうが【病▼臥】「風邪をこじらせ―する」
びょうが【描画】「図形―」
ひょうかい【氷海】「―に棲息するシロクマ」
ひょうかい【氷塊】氷のかたまり。
ひょうかい【氷解】「長年の疑問が―する」
びょうがい【病害】農作物の病気による被害。
ひょうかん【▼剽▼悍・▼慓▼悍】「―な若武者」
ひょうき【表記】おもて書き。文字で書き表す。「―の住所あてお送り下さい」「現代仮名遣いで―する」
ひょうき【標記】標題として書くこと。その標題。「―の件につき」
ひょうぎ【評議】「―員」「方針を―する」
びょうき【病気】「―になる」「例の―がまた出た」
ひょうきん【▼剽▽軽】「―な男」「「きん」は「軽」の唐音」
びょうきん【病菌】病原菌。
ひょうぐ【表具】表装。「―店」「―師」
びょうく【病苦】「―に打ち克つ」
びょうく【病▼軀】「―をおして出席する」
ひょうけい【表敬】「―訪問」
ひょうけつ【氷結】「港が―する」
ひょうけつ【表決】議案に対して可否の意思を表す。「―権」「挙手によって―する」
ひょうけつ【票決】投票で決定する。「―に付す」
ひょうけつ【評決】評議して決める。議決。「裁判員が有罪―を下す」
びょうけつ【病欠】「風邪で―する」
ひょうげる【▼剽げる】おどける。ふざける。「―げた男」
ひょうげん【氷原】「コロンビア大―」「極寒の―」
ひょうげん【表現】「自己―」「―力」「―の自由」
ひょうげん【評言】「専門家の―」
びょうげん【病原・病源】「―体」「―を絶つ」
びょうげんきん【病原菌】「ネズミが持つ―」
ひょうご【評語】「応募作品についての―」
ひょうご【標語】「人権―」「交通―」「環境―」
びょうご【病後】病気のあと。やみあがり。
ひょうこう【標高】「―二千メートルの山」
びょうこん【病根】「社会の―を除く」
ひょうさつ【表札】「門に―を掲げる」
ひょうざん【氷山】「南極海の―」「摘発された汚職は―の一角にすぎない」
ひょうし【拍子】「―を取る」「―を合わせる」「転んだ―に靴が脱げる」
ひょうし【表紙】「本の―」
ひょうじ【表示】はっきりと示す。表の形で示す。「意思―」「今月の成績を―する」
ひょうじ【標示】目じるしとして示すこと。「―板」「町名を―する」
びょうし【病死】「外地で―した」
ひょうしき【標識】「道路―」

びょうしき【病識】 病気であると自覚する。「—の欠如」
ひょうしぬけ【拍子抜け】「—してやる気が失せた」
ひょうしゃ【評者】 批評をする人。
ひようしゃ【被用者・被▼傭者】「—保険」
びょうしゃ【描写】「自然(人物)—」
ひょうしゃく【評釈】「源氏物語—」
びょうじゃく【病弱】「幼少の頃から—な子」
ひょうしゅつ【表出】「感情の—」
びょうしゅつ【描出】「現代社会の現実を—する」
ひょうじゅん【標準】「国際—」「—規格」「—偏差」「—に合わない」「—化を図る」
ひょうじゅんご【標準語】「—を話す」
ひょうしょう【氷晶】 大気中でできる微小な氷の結晶。「—雲」
ひょうしょう【表象】「記憶—」「心的—」
ひょうしょう【表彰】「—式」「—状」
ひょうしょう【標章】「政党の—」「自動車に保管場所—を貼る」
ひょうじょう【氷上】「—競技」
ひょうじょう【表情】「—豊かな人」「悩みがすぐに—に出る」「明るい—」
ひょうじょう【評定】「小田原—(＝いつまでも結論の出ない会議の意)」
びょうしょう【病床・病▼牀】「—日記」「—に就く」
びょうしょう【病症】 病気の性質。
びょうじょう【病状】「—が悪化する」「—にあった治療法を採る」
びょうじょく【病▼褥】 病床。「—に伏す」
びょうしん【秒針】「時計の—」
びょうしん【病身】 病気がちなからだ。「—をおして働く」
ひょうする【表する】「遺憾の意を—」
ひょうする【評する】 批評する。「人物を—」
びょうせい【病勢】 病気の進行。「—が改まる(＝悪化する)」
ひょうせつ【氷雪】「—が舞う銀世界」
ひょうせつ【▼剽窃】「他人の文章を—する」
ひょうぜん【▼飄然】「—として来たり、—として去る」「—として俗事にこだわらない」
ひょうそ【▼瘭▼疽】 手足の指先に起こる化膿性炎症。ひょうそう。
ひょうそう【表装】「書画の—」
ひょうそう【表層】「—雪崩」
びょうそう【病巣・病▼竈】「—を取り除く」
ひょうそく【▽平▼仄】「漢詩の—」「話の—が合わない(＝つじつまが合わない)」
ひょうだい【表題・標題】「小説(曲)の—」
ひょうたん【氷炭】 氷と炭。相反するもの。「—相容れず」
ひょうたん【▼瓢▼箪】「—から駒(＝冗談が思いがけず現実になる)」
ひょうたんなまず【▼瓢▼箪▼鯰】 とらえどころのないさま。「—のような人」
ひょうちゃく【漂着】「ゴミが海岸に—する」
ひょうちゅう【氷柱】 夏、室内に置く角柱形の氷。また、つらら。
ひょうちゅう【標柱】「目印に—を立てる」
びょうちゅうがい【病虫害】「野菜の—」
ひょうちょう【表徴・標徴】 象徴。「人間愛の—」
ひょうちょう【漂鳥】 季節ごとに国内を移動する鳥類。
ひょうてい【評定】「勤務—」「地価を—する」
ひょうてき【標的】「敵の攻撃の格好の—となる」
びょうてき【病的】「あの潔癖さはいささか—だ」
ひょうてん【氷点】「—下(か)」
ひょうてん【評点】「—を公表する」
ひょうでん【票田】 選挙で、票の多くとれる地盤。「都市部の大—」
ひょうでん【評伝】「人物—」

ひょうど【表土】耕作に適した土壌の最上層の部分。「—層」「—の保全に努める」
びょうとう【病棟】「救命—」「一般—」
びょうどう【平等】「—主義」「自由、—、博愛」「—に扱う」
びょうどう【▼廟堂】「大谷—(=親鸞の墓所)」
びょうどく【病毒】「—の伝播」
びょうにん【病人】「—扱い」
ひょうのう【氷▼嚢】氷袋。「—で頭を冷やす」
びょうは【描破】十分に描くこと。「見事に—する」
ひょうはく【表白】「真情を—する」
ひょうはく【漂白】「—剤」「ふきんを—する」
ひょうはく【漂泊】「—の旅」「—の詩人」
ひょうばん【評判】「—がいい」「—が立つ」「—を気にする」「—になる」
ひょうひ【表皮】動植物体の表面をおおう細胞層。「—細胞」
ひょうひょう【▼飄▼飄】世間離れしていて、とらえ所がない。「世俗に関心が無く—としている」
ひょうびょう【▼縹▼渺・▼縹▼緲・▼縹▼眇】かすかではっきりしないさま。「神韻—」「—たる原野」
びょうびょう【▼眇▼眇】小さいさま。「—たる孤島」
びょうびょう【▼渺▼渺】広々として果てしないさま。「—とした大草原」

びょうぶ【▼屏風】「金—」「—絵」
びょうへい【病弊】「消費社会の—」
ひょうへき【氷壁】「—を登攀する」
びょうへき【病癖】「虚言の—」
ひょうへん【▼豹変】「態度が—する」
びょうへん【病変】「—を見逃さないようにする」
ひょうぼう【標▼榜】「民主主義を—する」
びょうぼう【▼渺▼茫】「—とした大洋」
びょうぼつ【病没・病▼歿】病死。「父は二年前に—した」
ひょうほん【標本】「—調査」「昆虫の—」「けちの—のような人」
びょうま【病魔】「—に冒される」
ひょうめい【表明】「反対の態度を—する」
ひょうめん【表面】「水の—」「—だけとりつくろう」「—的には平静を装っていた」
びょうよ【病余】病気が治ったすぐあと。「—の身」
ひょうよみ【票読み】「混戦状態で—が難しい」
びょうよみ【秒読み】「ロケット発射の—が始まる」「完成は—の段階に入った」
ひょうり【表裏】「権利と義務とは—を成す」
びょうり【病理】病気の原理。「—学」「—的な要因」
ひょうりいったい【表裏一体】「—の関係」
ひょうりゅう【漂流】「—物(瓶)」「嵐の海を—する」

ひょうりょう【▼秤量】はかりで重さをはかる。「銀を—する」「一〇キロの秤」
びょうれき【病歴】「患者の—を調べる」
ひょうろう【兵糧・兵▼粮】「—米」「—攻め」
ひょうろくだま【表六玉】間の抜けた人。軽薄な人。
ひょうろん【評論】「—家」「映画を—する」
ひよく【肥沃】「—な土地」
びよく【尾翼】「飛行機の垂直(水平)—」
びよく【鼻翼】「—を膨らませて文句を言う」
ひよくづか【比翼塚】相愛の男女を葬った墓。
ひよくれんり【比翼連理】仲むつまじい夫婦。「—の契り」
ひよけ【日《▽除》け・日《▽避》け】「—帽子」「—のガーデンパラソル」
ひよけ【火▽除け】「—のお守り」
ひよこ【▼雛】「医師としてまだほんの—だ」
ひよどり【▼鵯】ヒヨドリ科の鳥。盛んに鳴く。
ひよめき【〈顋門〉・〈顖門〉】乳児の頭頂部の脈と共に動く部分。
ひより【《日和》】「よい—」「秋(小春)—」「絶好の行楽—」
ひよりみ【《日和》見】形勢を見て有利な方につく。「—主義」

ひ

ひら【平】「―屋根」「―の社員」
ひらあやまり【平謝り】ひたすら謝る。「―に謝る」
ひらい【飛来】「白鳥の―を確認する」「敵機が―する」
ひらいしん【避雷針】落雷を地中へ逃がす金属棒。
ひらおよぎ【平泳ぎ】泳ぎ方の一。ブレスト。
ひらおり【平織り】縦・横糸を交差させる織り方。
ひらがな【平《仮名》】「漢字のルビを―で記す」
ひらきど【開き戸】前後に開閉する戸。
ひらきなおる【開き直る】「非難されて―」
ひらく【▽拓く】開拓する。「原野を―」「医学発展の道を―」
ひらく【開く】あく。花が咲く。差が広がる。催す。「戸が―」「他人に心を―」「桜の花が―」「力の差が―」「銀行に口座を―」「個展を―」
ひらく【▽啓く】物事を明らかにする。「悟りを―」「蒙を―」
ひらじろ【平城】平地に築かれた城。
ひらたい【平たい】「―土地」「―言葉で説明する」
ひらて【平手】「―打ち」
ひらに【《平》に】「―お許しのほどを」
ひらまく【平幕】相撲で、役力士でない幕内力士。
ひらまさ【平▽政】ブリによく似たアジ科の海魚。
ひらめ【平目・鮃・比▽目▽魚】海底にすむ平たい魚。
ひらめく【▼閃く】「稲妻が―」「旗が―」「妙案が―」
ひらや【平屋・平家】「―建て(造り)」
びらん【▼糜▼爛】ただれる。「水ぶくれの後が―する」
ひりき【非力】「おのれの―を恥じる」
ひりつ【比率】「交換―」「―を計算する」
びりゅうし【微粒子】非常に小さい粒。微粒。
ひりょう【肥料】「有機―」「化学―」「農作物に―を与える」
びりょう【微量】「―の毒素が検出された」
びりょう【鼻▼梁】「すっと―の通った顔立ち」
ひりょうず【飛▽竜頭】がんもどき。「―の含め煮」
びりょく【微力】わずかの力。自分の力量の謙称。「―ながら貢献できればと思っております」
ひる【昼】「―までに帰る」「―は簡単に済ませる」「―を欺く月明かり」
ひる【▼蛭】「―に血を吸われる」
ひる【▼蒜・▼葫】ノビル・ニンニクなどの古名。
ひる【▽放る】「屁〈へ〉を―」
ひる【干る・▽乾る】「潮が―」
ひるあんどん【昼行▽灯】ぼんやりしている人。
ひるい【比類】「―なき傑作」
ひるがえす【翻す】「反旗を―」「前言を―」
ひるがえる【翻る】「旗が―」
ひるがお【昼顔】ヒルガオ科の多年草。
ひるげ【昼▼餉・昼▽食】ひるめし。昼食。「―の弁当」
ひるさがり【昼下(がり)】正午をやや過ぎた頃。
びるしゃなぶつ【▼毘▼盧遮那仏】華厳宗で中心となる仏。「東大寺の―」
ひるね【昼寝】「小一時間―する」
ひるま【昼間】「―は働いている」
ビルマ【緬甸】アジアの国ミャンマーの旧称。
ひるむ【▼怯む】「相手が―んだすきに逃げる」
ひるやすみ【昼休み】昼食後の休憩時間。
ひれ【〈領巾〉・〈肩巾〉】昔、貴婦人が肩にかけた薄い布。「天女の―」
ひれ【▼鰭】「背(尾)―」「足―」
ひれい【比例】⇔反比例。「―式」「―配分」「―代表制」「語学力は学習時間と―する」
ひれい【非礼】「―を詫びる」
びれい【美麗】「―な建築」「―な容姿」
ひれき【披▼瀝】「本心を包み隠さず―する」
ひれざけ【▼鰭酒】「フグの―」
ひれつ【卑劣】「―な手段」「―な輩」
ひれふす【《▽平》伏す】「神前に―」
ひれん【悲恋】「―の物語」
ひろ【▽尋】両手を左右にのばした長さ。
ひろい【広い】「―運動場」「視界が―」「交際範囲が―」「心が―」

ひろう【披露】「結婚—」「—宴」「練習の成果を皆に—する」
ひろう【疲労】「眼精—」「—がたまる」
ひろう【拾う】「ボールを—」「タクシーを—」
びろう【▼檳▼榔・〈蒲葵〉】シュロに似るヤシ科の木。
びろう【尾籠】「—な話で恐縮ですが」
ひろうこんぱい【疲労困▼憊】「—して立ち上がれない」
ビロード【〈天鵞絨〉】毛ばだてた滑らかな織物。ベルベット。「—のマント」
ひろがる【広がる】「行動範囲が—」「被害はもっと—模様だ」「眼下に平野が—」
ひろく【秘録】秘密の記録。
びろく【美▼禄】よい給与。また、酒のこと。「—を食〈は〉む」
びろく【微▼禄】「小身—の身」「—に甘んじる」
ひろげる【広げる】「店舗を—」「大風呂敷を—」
ひろそで【広袖】「—の丹前」
ひろば【広場】「市民の—」
ひろびろ【広広】「—とした庭園」
ひろま【広間】「式場用の大—」
ひろまる【広まる】「うわさが—」
ひわ【▼鶸】アトリ科の数種の鳥の総称。「—色(=黄緑色)」
ひわ【秘話】人々に知られていない話。
ひわ【悲話】「戦争—」
びわ【▼枇▼杷】「—の実」
びわ【▼琵▼琶】「—法師」「—をかき鳴らす」
ひわい【卑▼猥・▼鄙▼猥】下品でみだらなこと。「—な行為」「—な話」
ひわだ【▼檜▽皮】「—葺きの屋根」
ひわり【日割り】「—計算」
ひわれ【干割れ】「田の—」「—した木」

ひん【品】ヒン しな 「品位・品格・品行・品質・品種・品性・品評・品目・遺品・気品・景品・作品・賞品・上品・食品・製品・納品・備品・部品」
ひん【浜(濱)】ヒン はま 「海浜・京浜・水浜」
ひん【貧】ヒン・ビン まずしい 「貧窮・貧苦・貧血・貧困・貧弱・貧相・貧農・貧富・貧民・極貧・清貧・赤貧」
ひん【賓(賓)】ヒン — 「賓客・貴賓・迎賓・国賓・主賓・来賓」
ひん【頻(頻)】ヒン — 「頻出・頻度・頻発・頻繁・頻頻」
ひん【品】「—のよい婦人」

びん【便】⇩べん(便)。「便乗・便船・便箋・便覧・穏便・欠便・増便・別便・郵便」
びん【敏(敏)】ビン — 「敏活・敏感・敏捷・敏速・敏腕・鋭敏・過敏・機敏・俊敏・明敏」
びん【瓶(瓶)】ビン — 「角瓶・花瓶・茶瓶・鉄瓶・土瓶」
びん【貧】⇩ひん(貧)。「貧乏」
びん【便】「大阪行きの—が欠航になる」
びん【瓶・▼壜】「ガラス—」「—ビール」
びん【▼鬢】側面の髪。「—に白いものが混じる」
ひんい【品位】人にそなわる気品。鉱石の金属の割合。「—に欠ける言動」「—の高い鉱石」
ひんかく【品格】「—が問われる」「—を保つ」
びんがた【▽紅型】沖縄で発達した型染め。
びんかつ【敏活】「—な動き」
ひんかん【貧寒】「—とした山村」
びんかん【敏感】「—な肌」「—に反応する」
ひんきゃく【賓客】「—を丁重にもてなす」
ひんきゅう【貧窮】「—のどん底からはい上がる」「—にあえぐ」「—問答歌(=万葉集・山上憶良作の歌)」
ひんく【貧苦】「—にめげず勉学に励む」

ひ

ひんけつ【貧血】「―症」「―で倒れる」
びんご【備後】旧国名。広島県東部。
ひんこう【品行】「―が良い（悪い）」
ひんこうほうせい【品行方正】「―な青年」
ひんこん【貧困】「―社会」「子供を―から救う」「発想が―だ」
びんさつ【▼憫察】他人が自分を察することの尊敬語。「御―を乞う」
ひんし【品詞】「―分類」「単語の―を答える」
ひんし【▼瀕死】「―の重傷を負う」
ひんしつ【品質】「―管理」「一定の―を保証する」
ひんじゃ【貧者】「長者の万灯より―の一灯」
ひんじゃく【貧弱】「―な体格」「―な知識」「―な福祉政策」
ひんしゅ【品種】「―改良」「新しい―の米」
ひんしゅく【▼顰▼蹙】顔をしかめて不快の念を表す。「―を買う」
ひんしゅつ【頻出】「入試に―する問題」
びんしょう【敏▼捷】「―な動作」「―に乗り移る」
びんしょう【▼憫笑・▼愍笑】あわれんで笑う。「―を買う」
びんじょう【便乗】「トラックに―する」「世間の風潮に―する」「―値上げ」
びんずい【便追・〈木鷚〉】セキレイ科の小鳥。

ひんする【貧する】「―・れば鈍する（＝貧乏になると才知や品性が下落する意）」
ひんする【▼瀕する】「絶滅の危機に―」
びんずる【賓頭盧】十六羅漢の一。なでぼとけ。「お―様」
ひんせい【品性】「―のかけらもない男」
ひんせい【▼稟性】生まれつきの性質。
ひんせき【▼擯斥】排斥。「―処分」
ひんせん【貧▼賤】「―の身をかこつ」
びんせん【便船】「―を得る」
びんせん【便箋】「―に想いをしたためる」
ひんそう【貧相】⇔福相。「―な身なり」
びんそく【敏速】「―果敢」「―に行動する」
びんづめ【瓶詰め・▼壜詰め】「―にしたジャム」
ひんど【頻度】「地震の起きる―」
ひんにょう【頻尿】「―に悩む老人」
ひんば【▼牝馬】めすの馬。⇔牡馬〈ぼば〉。
ひんぱつ【頻発】「事故が―する」
ひんぱん【頻繁】「―に船が出入りする港」
ひんぴょう【品評】「―会」「作品の出来を―する」
ひんぴん【頻頻】「―と繰り返される事故」
ひんぷ【貧富】「―の差」
ひんぷん【▼繽紛】花などが乱れ散るさま。「落英〈落花〉―」

びんぼう【貧乏】「―所帯」「―な暮らし」

びんぼうがみ【貧乏神】貧乏をもたらす神。「―に取り憑〈つ〉かれる」

びんぼうくじ【貧乏▼籤】損な役まわり。「―を引く」

ひんみん【貧民】「―窟（＝スラム街）」

ひんもく【品目】「輸出―」

びんらん【便覧】「国語―」

びんらん【▼紊乱】「風俗―」「社会の秩序を―する」〔「ぶんらん（紊乱）」の慣用読み〕

びんろうじゅ【▼檳▼榔樹】ヤシ科の熱帯産常緑高木。

びんわん【敏腕】すばやく的確に処理する腕前。「―弁護士」「―を振るう」

ふ

ふ【不】フ・ブ ― 「不安・不意・不運・不可・不快・不覚・不義・不朽・不況・不屈・不潔・不幸・不在・不純・不足・不測・不通・不当・不評・不満・不利・不良」
ふ【夫】フ・（フウ） おっと ― 「夫君・夫妻・夫人・水夫・農夫・亡夫・老夫」

ふ【父】フ ちち 「父君・父兄・父母・岳父・実父・神父・祖父・養父」

ふ【付】フ つ-ける・つ-く 「付加・付記・付近・付設・付則・付属・付着・付表・付与・寄付・給付・交付・送付・納付」

ふ【布】フ ぬの 「布教・布巾・布告・布陣・布石・画布・公布・財布・分布・毛布・流布」

ふ【扶】フ ― 「扶育・扶助・扶持・扶養・扶翼・家扶」

ふ【府】フ ― 「府下・府議・府県・府民・首府・政府・幕府・冥府」

ふ【怖】フ こわ-い 「畏怖・恐怖」

ふ【阜】(フ) ― 「丘阜・岐阜県」

ふ【附】フ ― 「附会・附記・附則・附属・附帯・附置・寄附」(「付」とも書く。法律や官庁などの表記では「附則」「附属」などには「附」を用いる)

ふ【訃】フ ― 「訃報」

ふ【負】フ ま-ける・ま-かす・お-う 「負荷・負号・負債・負傷・負数・負託・負担・自負・勝負・正負・抱負」

ふ【赴】フ おもむ-く 「赴任」

ふ【風】⇩ふう(風)。

ふ【浮】フ う-く・う-かれる・う-かぶ・う-かべる 「浮上・浮説・浮沈・浮動・浮薄・浮氷・浮遊・浮揚・浮力・浮浪」

ふ【婦】フ ― 「婦女・婦人・産婦・主婦・新婦・妊婦・夫婦・裸婦」

ふ【符】フ ― 「符号・符合・符節・符丁・音符・切符・護符・終止符・呪符・免罪符」

ふ【富】フ・(フウ) と-む・とみ 「富貴〈ふうき〉〈ふっき〉・富裕・国富・貧富・豊富・富山〈とやま〉県」

ふ【普】フ ― 「普及・普請・普通・普遍」

ふ【腐】フ くさ-る・くさ-れる・くさ-らす 「腐朽・腐臭・腐食・腐心・腐肉・腐敗・腐乱・陳腐・豆腐・防腐」

ふ【敷】フ し-く 「敷設」

ふ【膚】フ ― 「完膚・身体髪膚・皮膚」

ふ【賦】フ ― 「賦役・賦課・賦活・賦与・割賦・月賦・天賦・年賦」

ふ【譜】フ ― 「譜面・暗譜・楽譜・画譜・棋譜・系譜・採譜・新譜・年譜」

ふ【▽斑】まだら。斑点。「―入りの葉」

ふ【府】「―の方針」「学問の―」

ふ【歩】将棋の駒の一。歩兵〈ふひょう〉。

ふ【負】マイナス。⇕正。「―の要因」

ふ【▼腑】はらわた。内臓。「胃の―」「―抜け」「―に落ちない」

ふ【賦】「早春の―」

ふ【▼麩】「生(焼き)―」

ふ【譜】楽譜。棋譜〈きふ〉。系譜。

ぶ【不】⇩ふ(不)。「不気味・不器用・不器量・不細工・不祝儀・不精・不調法・不用心」

ぶ【分】⇩ぶん(分)。「分限者・一分・九分九厘・五分・七分・大分」

ぶ【侮(侮)】ブ あなど-る 「侮辱・侮蔑・外侮・軽侮」

ぶ【奉】⇩ほう(奉)。「奉行」

ぶ【武】ブ・ム ― 「武運・武器・武勲・武家・武芸・武士・武術・武将・武装・

ふ

武道・武力・文武・勇武」

ぶ【歩（步）】⇩ほ（歩）。「歩合・減歩・反歩・町歩・日歩」

ぶ【部】ブ ー 「部位・部員・部下・部局・部材・部数・部族・部隊・部品・部分・部門・部類・暗部・患部・幹部・休部・局部・細部・全部・腹部・本部」

ぶ【無】⇩む（無）。「無骨・無沙汰・無事・無精・無難・無礼」

ぶ【舞】ブ まう・まい 「舞楽・舞曲・舞台・舞踏・舞踊・円舞・演舞・群舞・鼓舞・乱舞」

ぶ【分】単位の名。また、度合。「力は五ー五ーだ」「ーがある」「ーが悪い」

ぶ【歩】単位の名。また、歩合。「ーのいい貯金」

ぶ【部】「午前のー」「ーの懇親会」

ぶあい【歩合】「公定ー」「ー制（給）」

ぶあいそう【無愛想】「ーな店員」

ぶあつい【分厚い・部厚い】「ー本」

ふあん【不安】「ー感」「ーがつのる」「ーな一夜を過ごす」

ふあんない【不案内】「土地ーで道に迷う」「事情にーな人」「音楽にはまるでーでして」

ふい【不意】「ーの来訪」「ーに襲われる」

ぶい【部位】「身体の各ーの名称」「食肉ー」

フィート【▼呎】ヤードポンド法の長さの単位。

ふいうち【不意打ち】「ーを食らう」

ふいく【扶育】育てる。「幼児をーする」

ふいく【▼傅育】かしずいて育てる。「老臣が若君のーに当たる」

ぶいく【▼撫育】愛育。

ふいご【▼鞴・▽吹子】「ーで火を熾す」

ふいちょう【▽吹聴】「自分の手柄をーする」

ふいつ【不一・不▽乙】手紙の末尾に用いる語。

ふいり【▽斑入り】「ーの葉」

フィリピン【比律賓】東南アジアの国。

ふいん【訃音】訃報。「ーに接する」

ぶいん【無音】無沙汰。「久しく御ーに打ち過ぎ」

フィンランド【芬蘭】北ヨーロッパの国。

ふう【夫】⇩ふ（夫）。「夫子・夫婦・工夫」

ふう【封】フウ・ホウ ー 「封印・封鎖・封殺・封書・封筒・封入・帯封・開封・完封・同封・密封」

ふう【風】フウ・（フ） かぜ・（かざ） 「風雨・風雲・風格・風景・風習・風説・風俗・風評・風味・風流・悪風・威風・家風・気風・逆風・強風・古風・作風・美風」〔「諷」の書き換え字として用いられることがある〕

ふう【封】「手紙のーを切る」

ふう【《風》】「知らないーをする」「こういうーにしよう」

ふうあい【風合い】「シルクのーを持った布」

ふうい【風位】かざむき。「ーを確かめる」

ふういん【封印】封じ目に印を押して開封を禁じる。「遺言状にーする」「醜聞をーする」

ふういん【風韻】風趣。「四季折々のーを感じる」

ふうう【風雨】「ーにさらされる」

ふううん【風雲】「ー急を告げる」

ふううんじ【風雲児】「幕末のー」「業界のー」

ふうえい【▼諷詠】詩歌を作る。「花鳥ー」

ふうか【風化】「岩石がーする」「戦争体験がーする」

ふうが【風雅】「ーを解する人」「ーな味わい」

ふうがい【風害】大風による被害。

ふうかく【風格】「ーがにじみ出る」

ふうがわり【風変わり】「ーな建物」

ふうかん【封▼緘】封をする。封。「ーして投函する」

ふうき【風紀】「ー委員」「ーが乱れる」

ふうき【富貴】「ーな家に生まれる」

ふうきょう【風狂】「一休のー精神」

ふうきり【封切り】「新作映画が明日からーになる」

ふうきん【風琴】オルガン。
ふうけい【風景】「田園―」「練習―」「心象―」「―画」「窓からの―が美しい」
ふうげつ【風月】「花鳥―」
ふうこう【風向】「―計」
ふうこうめいび【風光明▼媚】「―な土地」
ふうさ【封鎖】「経済―」「道路を―する」
ふうさい【風采】「―の上がらない男」
ふうさつ【封殺】「言論―」
ふうさんろしゅく【風▼餐露宿】野宿する。
ふうし【夫子】先生や賢者などの敬称。「村―」
ふうし【風刺・▼諷刺】「世相を―した漫画」
ふうし【風姿】「気品が感じられる―」
ふうじて【封じ手】「将棋(囲碁)の―」
ふうしゃ【風車】「―小屋」
ふうしゅ【風趣】「―に富む庭園」
ふうしゅう【風習】「珍しい―のある村落」
ふうじゅのたん【風樹の嘆】孝養を尽くそうと思っても既に親はなく、孝行が果たせない嘆き。
ふうしょ【封書】「差出人不明の―」
ふうしょく【風食・風▼蝕】風による浸食作用。
ふうじる【封じる】「退路を―」「批判の声を―」〔サ変「封ずる」も同じ〕
ふうしん【風▼疹】急性感染症。三日ばしか。
ふうじん【風▼塵】風に舞い上がる塵。世の雑事。
ふうしんし【風信子】ヒヤシンスの異名。
ふうすいがい【風水害】「台風による―が心配される」
ふうせいかくれい【風声▽鶴▼唳】わずかなことにも恐れおののくたとえ。
ふうせつ【風雪】「―注意報」「人生の―に耐える」
ふうせつ【風説】「―に惑わされる」
ふうせん【風船】「ゴム―」「―ガム」
ふうぜんのともしび【風前の▽灯】「彼の築き上げた地位ももはや―だ」
ふうそう【風葬】遺体を風雨にさらす葬法。
ふうそう【風霜】風と霜。世間のきびしさ。
ふうそく【風速】「―二〇メートルの暴風雨」
ふうぞく【風俗】「大正時代の―」「下町の―」
ふうたい【風袋】容器や包み紙。みかけ。「―抜きの重さ」
ふうち【風致】景観の美しさ。風趣。「―地区」
ふうちょう【風潮】「社会の―を反映する」
ふうてい【風体】「怪しい―の男」
ふうてん【▼瘋▼癲】精神が正常でない。また、定職もなく定住しない人。「―の人生」〔定職もなく定住しない人の意では片仮名で「フーテン」とも書く〕
ふうど【風土】「日本の―になじむ」
ふうとう【封筒】「―に折った便箋を入れる」
ふうどう【風洞】風を発生させる研究実験用の装置。
ふうにゅう【封入】「封筒に写真を―する」「電球にアルゴンガスを―する」
ふうは【風波】「家庭に―が絶えない」
ふうばいか【風媒花】風が受粉の仲立ちをする花。
ふうばぎゅう【風馬牛】自分とは無関係なこと。「君が誰と交際しようと―だ」
ふうび【風▼靡】「一世を―した超人気歌手」
ふうひょう【風評】「―被害」「とかくの―がある」
ふうふ【夫婦】「―気取り」「―別姓」「―喧嘩は犬も食わない」
ふうぶつ【風物】「―詩」「四季折々の―」
ふうぶん【風聞】「よからぬ―を耳にする」
ふうぼう【風防】かざよけ。「―ガラス」
ふうぼう【風貌・風▼丰】「欧米人のような―」
ふうみ【風味】「―豊かなキノコ」
ふうもん【風紋】風が吹いて砂の上にできる模様。
ふうゆ【▼諷諭・風諭】遠回しにさとす。
ふうらいぼう【風来坊】きまぐれに現れ去る人。
ふうりゅう【風流】「―人」「―を解する」「―の道」
ふうりゅういんじ【風流韻事】風雅な遊び。
ふうりょく【風力】「―発電」
ふうりん【風鈴】「―の音に涼を感じる」

ふうろう【風浪】「気象庁の―階級表」
ふうん【不運】「―な試合が続く」
ぶうん【武運】「―つたなく敗れる」
ふえ【笛】「―吹けども踊らず／マタイ福音書」
ふえき【不易】「―流行」「万古―の真理」
ふえつ【▼斧▼鉞・▼鈇▼鉞】おのとまさかり。「―を加える（＝文章に手を入れる）」
ふえて【不得手】⇔得手。「人には得手―がある」「―な相手」「人前で話すのはどうも―だ」
ふえる【増える】数量が多くなる。「従業員が―」「川の水量が―」
ふえる【殖える】財産が多くなる。繁殖する。「貯金が―」「ニワトリが―」
ふえん【不縁】離縁。縁組がまとまらない。「釣り合わぬは―のもと」「―に終わる」
ふえん【敷▼衍・布▼衍・敷延】言葉をつけ加えて詳しく説明する。「新説を―して説明する」
ぶおとこ【▽醜男】顔かたちのみにくい男。
ふおん【不穏】⇔平穏。「―分子」「―な空気が漂う」
ぶおんな【▽醜女】顔かたちのみにくい女。
ふか【▼鱶】大形のサメ類の俗称。
ふか【不可】「出来栄えは可もなく―もなくといったところだ」「試験の成績が―だった」
ふか【付加・附加】「―情報」「―疑問文」「新たに条項を―する」
ふか【負荷】「サーバーに高い―がかかる」「体に―をかけて鍛える」
ふか【▼孵化】「人工―」「卵が―する」
ふか【賦課】「―金」「租税を―する」
ぶか【部下】「―の不始末」
ふかい【不快】「―感」
ふかい【付会・附会】こじつける。「牽強―」
ぶかい【部会】「専門―」
ふがいない【▼腑▽甲▼斐無い・不▽甲▼斐無い】だらしがない。「あんな弱小チームに負けるとは―」
ふかいり【深入り】「この問題には―しない方がよい」
ふかおい【深追い】「敵を―する」
ふかかい【不可解】「―な行動」
ふかかち【付加価値】生産で生じる価値。「―税」
ふかぎゃく【不可逆】「―反応」「―変化」
ふかく【不覚】「前後―」「―にも気づかなかった」「―を取る」
ふかく【▼俯角】水平面と下を見る視線がなす角。
ふがく【富岳】富士山。「―三十六景」
ぶがく【舞楽】舞を伴う雅楽。「―面」
ふかけつ【不可欠】「―アミノ酸」「―な条件」
ふかこうりょく【不可抗力】人力で防げない力。「―による損害」
ふかざけ【深酒】「昨晩はつい―をしてしまった」
ふかし【不可視】「―光線」
ふかしぎ【不可思議】「―な事件」
ふかしん【不可侵】「―条約」
ふかす【吹かす】「煙草を―」「エンジンを―」
ふかす【更かす・深す】「夜を―」
ふかす【▽蒸かす】「芋を―」
ふかづめ【深爪】「―をする」
ふかで【深手・深▽傷】⇔浅手。「―を負う」
ふかなさけ【深情け】異性への度を越した情愛。「悪女の―」「―は禁物だ」
ふかのう【不可能】「実現は―だ」「―な計画」
ふかひ【不可避】「衝突は―だ」
ふかぶん【不可分】「密接―」「心と体は―だ」
ふかま【深間】深い所。ふかみ。「―に入り込む」
ふかまる【深まる】「愛情が―」
ふかみ【深み】「―にはまる」「文章に―がない」
ふかみどり【深緑】濃い緑色。
ふかん【▼俯▼瞰】「―撮影」「―図」「高台から町を―する」
ぶかん【武官】軍事に携わる官吏。⇔文官。
ふかんしょう【不感症】「騒音に対して―になる」

ふき【▼蕗・▼苳・〈款冬〉・〈菜蕗〉】キク科の多年草。「―味噌」
ふき【不帰】「―の客となる（＝死ぬ）」
ふき【不▼羈】「奔放―」「―の才が光る」
ふき【付記・附記】「謝辞を―に記す」
ふぎ【不義】「―密通」「―を重ねる」
ふぎ【付議・附議】会議にかける。「提案を委員会に―する」
ぶき【武器】「―を取る」
ふきかえ【《▼葺》き替え】「屋根の―作業」
ふきげん【不機嫌】⇔上機嫌。「―な顔つき」
ふきさらし【吹き▼曝し】「―の駐車場」
ふきすさぶ【吹き▽荒ぶ】「―嵐の中を進む」
ふきそく【不規則】「―な生活」
ふきつ【不吉】「―な予感がする」
ふきでもの【吹(き)出物】「―の薬」
ふきながし【吹(き)流し】「鯉のぼりの―」
ふきのとう【▼蕗の▼薹】蕗の若い花茎。
ふきまわし【吹(き)回し】「どういう風の―か」
ぶきみ【不気味・無気味】「―な笑い」「―に静まりかえる」
ふきや【吹(き)矢】矢を筒に入れ吹いて飛ばすもの。
ふきゅう【不休】「不眠―の重労働」
ふきゅう【不朽】「―の名作」

ふきゅう【不急】「―の物資」「不要―」
ふきゅう【普及】「携帯電話が―する」
ふきゅう【腐朽】「家屋が―する」
ふきょう【不況】⇔好況。「―の波をかぶる」
ふきょう【不興】機嫌をそこなう。「社長の―をかう」
ふきょう【布教】「―活動」
ふぎょう【▼俯仰】うつむくこととあおむくこと。「―天地に愧じず」
ぶきよう【不器用・無器用】「手先が―だ」「世渡りが―な人」
ぶぎょう【奉行】「町（寺社、勘定）―」「―所」
ふぎょうせき【不行跡】品行や身持ちが悪い。
ふきょうわおん【不協和音】「両者の間に―を生じる」
ぶきょく【部局】「所属―の長」
ぶきょく【舞曲】「ハンガリー―」
ふぎり【不義理】「―を重ねる」
ぶきりょう【不器量・無器量】容貌がよくない。
ふきん【付近・附近】「駅の―に車を止める」
ふきん【布巾】「―で食器を拭く」
ふきんしん【不謹慎】「―な発言をとがめる」

ふく【伏】フク　ふ-せる・ふ-す　「伏在・伏線・伏兵・伏角・起伏・降伏・雌伏・潜伏・平伏」
ふく【服】フク　―　「服役・服地・服従・服飾・服装・服務・服用・衣服・感服・敬服・征服・着服・礼服」
ふく【副】フク　―　「副因・副業・副賞・副食・副審・副題・正副」
ふく【幅】フク　はば　「幅員・拡幅・画幅・紙幅・振幅・全幅・増幅」
ふく【復】フク　―　「復縁・復業・復元・復習・復活・復帰・復旧・復権・往復・修復・報復」
ふく【福（福）】フク　―　「福祉・福相・幸福・至福・祝福」
ふく【腹】フク　はら　「腹案・腹心・腹痛・腹筋・異腹・私腹・空腹・中腹」
ふく【複】フク　―　「複合・複雑・複写・複数・複製・複線・重複」
ふく【覆】フク　おお-う・くつがえ-す・くつがえ-る　「覆水・覆面・転覆」
ふく【服】「―を着る（脱ぐ）」
ふく【副】「正―各一通ずつの書類」
ふく【福】「―を招く」「笑う門〈かど〉には―来たる」
ふく【吹く】風が起こる。息を強く出す。「風が―」「ろうそくの火を―いて消す」「トランペットを―」「自分の手柄を―いてまわる」

ふく【噴く】内部から外へ勢いよく出す。「額から汗が—き出る」「クジラが潮を—」「エンジンが過熱して火を—」

ふく【拭く】「布巾でテーブルを—」

ふく【▼葺く】「瓦で屋根を—」

ふぐ【〈河豚〉・▼鰒】フグ科の海魚の総称。「—の毒に当たる」

ふぐ【不具】体の一部に障害がある。

ぶぐ【武具】戦いに使う道具。

ふくあん【腹案】心の中に持っている考え。「それについては—がある」「—を練る」

ふくいく【▼馥▼郁】よいにおい。「—とした香り」

ふくいん【幅員】道のはば。「—減少」「歩道の—」

ふくいん【復員】「—兵」「大陸から—する」

ふくいん【福音】喜ばしい知らせ。イエスによる救い。

ふぐう【不遇】「—の身をかこつ」

ふくえき【服役】「—中の受刑者」

ふくえん【復縁】「別れた夫が—を迫る」

ふくが【伏▼臥】うつぶせに寝る。

ふくがく【復学】「病気が治って—する」

ふくかん【副官】司令官や隊長に直属している士官。

ふくがん【複眼】「トンボの—」「—的な思考」

ふくぎょう【副業】⇕本業。「ネット関連の—で稼ぐ」

ふくげん【復元・復原】「遺跡の住居を—する」「船の—力」

ふくこう【腹▼腔】ふっこう。

ふくごう【複合】「—競技」「—動詞」

ふくごうご【複合語】二つ以上の語が結合した語。

ふくさ【副査】⇕主査。「論文の—に当たる」

ふくさ【▼袱▼紗・▼帛▼紗・服▼紗】絹の小さな方形の布。「茶の湯の—」

ふくさい【副菜】「—の酢の物」

ふくざい【伏在】「—する問題」

ふくざつ【複雑】関係がこみ入っている。⇕単純。「—怪奇」「—骨折」「—な表情」

ふくさよう【副作用】「薬の—が強い」

ふくさんぶつ【副産物】「予期せぬ—をもたらした」

ふくし【副詞】「情態(程度、陳述)—」

ふくし【福祉】「社会—」「—事業」

ふくじ【服地】洋服にする布地。「紳士—」

ふくしき【複式】「—火山」「—学級」「—簿記」

ふくしきこきゅう【腹式呼吸】「声楽は—を使って歌う」

ふくじてき【副次的】二次的。「—問題」

ふくしゃ【複写】「控え用に書類を—する」

ふくしゃ【▼輻射】放射。「—熱」「—線」

ふくしゅう【復習】習ったことを勉強する。⇕予習。「今日教わったところを—する」

ふくしゅう【復▼讐】「かたきに—する」

ふくじゅう【服従】「絶対—」「主君に—する」

ふくじゅそう【福寿草】キンポウゲ科の多年草。

ふくしょう【副賞】「賞状の他に—として十万円が贈られる」

ふくしょう【復唱】「注文を—する」

ふくしょく【服飾】「—品」「—業界」

ふくしょく【副食】おかず。「—費」

ふくしょく【復職】「退院して—する」

ふくしん【副審】主審を助ける審判員。

ふくしん【腹心】「—の部下」

ふくじん【副腎】「—皮質ホルモン」

ふくじんづけ【福神漬(け)】「カレーライスに—を添える」

ふくすい【腹水】腹腔内に液体がたまる症状。

ふくすう【複数】⇕単数。「名詞の—形」「—の候補」

ふくすけ【福助】頭の大きい縁起物の人形。

ふくする【服する】「命令に—」

ふくする【復する】「旧に—」

ふくせい【復姓】「離婚して—する」

ふくせい【複製・覆製】「—本」「原寸大に—する」

ふくせき【復籍】「離婚して—する」

ふくせん【伏線】「あらかじめ―を張る」「―を敷く」
ふくせん【複線】「―の鉄道」
ふくそう【服装】「派手な―」
ふくそう【副葬】遺骸に添えて埋葬すること。「古墳の―品」「遺品を―する」
ふくそう【福相】福々しい人相。⇔貧相。「色つやのよい―」
ふくそう【▼輻▼湊・▼輻▼輳】物事が一か所に集まる。「事務が―する」
ふくぞう【腹蔵・覆蔵】心中に秘める。「―なく言う」
ふくぞく【服属】「大国に―する小国」
ふぐたいてん【不▼倶戴天】「―の敵」
ふくちゃ【福茶】黒豆・昆布などを入れた茶。
ふくちょう【復調】「完全に―するまで試合を休む」
ふくつ【不屈】「不撓〈ふとう〉―」「―の意志」
ふくつう【腹痛】「―を訴える」
ふくてつ【覆▼轍】失敗の前例。「―を踏む」
ふくとく【福徳】「―円満を願う」
ふくどく【服毒】「―自殺」
ふくどくほん【副読本】「英語の―」
ふくとしん【副都心】「新宿―の高層ビル」
ふくのかみ【福の神】福をもたらす神。
ふくはい【復配】「業績が好転し―する」
ふくはい【腹背】腹と背。前後。「―の敵」
ふくびき【福引き】「―で景品が当たる」
ふくぶ【腹部】「―に痛みがある」
ふくぶくしい【福福しい】顔がふっくらと丸い。「―笑顔」
ふくふくせん【複複線】複線を二組敷いた線路。「―化の工事」
ふくぶくろ【福袋】「正月に―を買い求める」
ふくべ【▼瓠・▼瓢】ひょうたん。
ふくへい【伏兵】「思わぬ―に足もとをすくわれる」
ふくぼく【副木】「骨折部に―をあてがう」
ふくほん【副本】「正本―の二通作成する」
ふくまく【腹膜】「―炎」
ふくまでん【伏魔殿】陰謀や悪事を企む所。「政界の―」
ふくまめ【福豆】節分にまく豆。
ふくみ【含み】「―を持たす」「―声」
ふくみみ【福耳】耳たぶの大きい耳。福相とされる。
ふくみわらい【含み笑い】「意味ありげな―」
ふくむ【服務】「―規律」「終日―する」
ふくむ【含む】「サービス料を―・んだ料金」「とげを―・んだ言葉」「―ところがある」
ふくめい【復命】命令を果たした旨を報告する。「社に戻り―書を提出する」
ふくめる【含める】「かんで―」
ふくめん【覆面】「―パトカー」「―レスラー」
ふくも【服喪】喪に服する。「―の期間」
ふくよう【服用】「毎食後に薬を―する」
ふくよう【服▼膺】心にとどめて忘れない。銘記。「拳々〈けんけん〉―」
ふくよう【複葉】「掌状（羽状）―」「―機（＝飛行機の主翼が二重になっているもの）」
ふくよか【膨よか・▼脹よか】「年とともに―になってきた」「―な新茶の香り」
ふくらはぎ【▼脹ら▼脛】すねの後方のふくらんだ部分。
ふくらむ【膨らむ・▼脹らむ】「風船が―」「つぼみが―」
ふくり【福利】「―厚生」
ふくり【複利】利子を元金に加える利息計算法。
ふくりゅう【伏流】「―水」
ふくれる【膨れる・▼脹れる】「腹が―」
ふくろ【袋・▼嚢】「胃―」「堪忍―」
ふくろ【復路】かえりのみち。⇔往路。「―は特急で帰る」
ふくろう【▼梟】フクロウ科の鳥。夜活動する。
ふくろくじゅ【福禄寿】七福神の一。長い頭を持つ。
ふくろこうじ【袋▽小路】行きどまりの小路。「―に迷い込む」「捜査が―に入り込む」
ふくろだたき【袋▼叩き】「マスコミの―に遭う」
ふくろとじ【袋▼綴じ】書物の綴じ方の一。
ふくわじゅつ【腹話術】唇を動かさずに話す術。
ふくわらい【福笑い】「正月に―をして遊ぶ」
ふくん【夫君】相手の夫を敬っていう語。
ふくん【父君】相手の父親を敬っていう語。
ぶくん【武勲】「―を立てる」
ふけ【〈雲脂〉・〈頭垢〉】「―が肩にかかる」
ぶけ【武家】「―諸法度」「―の出」
ふけい【不敬】「―罪」「―事件」
ふけい【父兄】「―懇談会」
ふけい【父系】父方から伝わる系統。⇔母系。「―制」
ふけい【婦警】婦人警察官の略称。
ぶげい【武芸】「―百般」「―を磨く」
ふけいき【不景気】⇔好景気。「―な世の中」「何とも―な顔」
ふけいざい【不経済】「―な方法」「時間の使い方が―だ」
ふけつ【不潔】⇔清潔。「―な手で触ってはいけない」「―な考え」
ふける【▼耽る】「思索に―」「酒色に―」
ふける【老ける・▽化ける】「年の割に―・けて見える」
ふける【更ける・▽深ける】「夜が―」
ふける【▽蒸ける】「芋が―・けた」
ふげん【不言】「―実行」
ふげん【付言・附言】「―すれば」「―を要しない」
ふげん【▼誣言】故意に事実をいつわって言う。「―を鵜呑みにする」
ぶげん【分限】ぶんげん。「―者」
ふけんしき【不見識】「―な言動」
ふけんぜん【不健全】「―な読み物」「―な場所」「財政が―な状況にある」
ふご【▼畚】もっこ。「―を担ぐ」
ふこう【不孝】⇔孝行。「親―者」「先立つ―をお許し下さい」
ふこう【不幸】⇔幸福。「―なめぐり合わせ」「身内に―があって帰省した」
ふごう【符号】「マイナスの―」
ふごう【符合】互いによく合致すること。「両者の言うことが―する」
ふごう【富豪】大金持ち。「大―」
ふこうへい【不公平】「―な処置」「―感が否めない」
ふこく【布告】「宣戦―」
ぶこく【▼誣告】故意に事実を偽って告げる。「―罪」
ふこころえ【不心得】「―者」「―な言動」
ぶこつ【無骨・武骨】「―な男」
ふさ【房】花や実が群がり垂れているもの。「ブドウの―」
ふさ【▽総】糸などを束ね、先端を散らしたもの。「紐の―」「カーテンの―」
ふざ【▼趺▼坐】「結跏〈けっか〉―」
ふさい【夫妻】「大統領―」〔「夫婦」より改まった言い方〕
ふさい【付載・附載】「本文に―されている表」
ふさい【負債】債務。借金。「多額の―を負う」
ふざい【不在】「―者投票」「今日はあいにく―だ」「国民―の政治」
ぶさいく【不細工】「―な顔をした犬」
ふさく【不作】「今年は冷夏で―だ」
ふさぐ【塞ぐ】「すきまを―」「耳を―」「トラックが道を―」「責めを―」
ふさぐ【▽鬱ぐ】気分が晴れない。めいる。「気が―」「―・いだ顔になる」
ふざける【⦅〈巫山戯〉⦆る】戯れる。「―・けてはいけません」
ぶさた【無沙汰】「御―しております」「―を詫びる」
ぶさほう【無作法・不作法】「―な振る舞い」「―を働くにもほどがある」
ぶざま【⦅無様⦆・⦅不様⦆】「―な負け方」

ふさわしい【〈相応〉しい】「その場に—服装（言動）」
ふし【節】「—の多い木」「—をつけて歌う」
ふし【父子】「—相伝の技」
ふし【〈五倍子〉・付子】ヌルデにできる虫こぶ。
ふじ【藤】「—の花」
ふじ【不▽二】二つとないこと。手紙の結語の一。
ふじ【不時】思いがけない時。「—の来客」
ぶし【武士】さむらい。「—に二言は無い」「—は食わねど高楊枝」
ぶじ【無事】「家族の—を祈る」「荷物が—に着く」
ふしあな【節穴】「お前の目は—か」
ふしぎ【不思議】「—な現象」「—に思う」「生命の—」「—の国のアリス」
ふしくれだつ【節▼榑立つ】「漁師の—った手」
ふしぜん【不自然】「—な姿勢」「—に感じる」
ふじちゃく【不時着】「飛行機が—する」
ふしちょう【不死鳥】「—の如くよみがえる」
ふしつ【不▼悉】手紙の末尾に記す語。
ふじつ【不日】近日中に。ほどなく。「—参上致します」
ふじつ【不実】「—な男」
ぶしつけ【不▼躾・無▼躾】「—なお願いで恐縮です」
ふしど【▼臥し▽所】寝床。寝所。「—に体を横たえる」

ふじばかま【藤▼袴】キク科の多年草。秋の七草の一。
ふじびたい【富士額】「—の女優」
ふしぶし【節節】あちこちの関節。「体の—が痛む」
ふしまつ【不始末】「火の—から火事になる」「—をしでかす」
ふじみ【不死身】「—のレスラー」
ふしめ【伏し目】「—がちになる」
ふしめ【節目】「人生の—」
ふしゃくしんみょう【不▽惜身命】命を惜しまず仏道に励む。
ふしゅ【浮腫】むくみ。
ぶしゅ【部首】「—索引」「漢字の—を調べる」
ふしゅう【▼俘囚】とりこ。捕虜。
ふしゅう【腐臭】「—が漂う」
ふじゆう【不自由】「金に—する」「何—なく育つ」
ぶしゅうぎ【不祝儀】めでたくないこと。葬式。「—袋（＝香典袋）」「—が続く」
ふじゅうぶん【不十分・不充分】「—な調査」「まだ—だ」
ぶしゅかん【▽仏手▼柑】ミカン科の常緑低木。
ぶじゅつ【武術】「—の心得がある」
ふしゅび【不首尾】⇔上首尾。「会談は—に終わった」
ふじゅん【不純】「—な動機」「—な交遊」「—物」

ふじゅん【不順】「天候—」
ふじょ【扶助】「—を受ける」「困窮者を—する」
ふじょ【婦女】「—暴行の容疑で逮捕される」
ぶしょ【部署】「配属—」「—に就く」
ふしょう【不肖】親や師匠に似ず愚かなこと。自分の謙称。「—の子（弟子）」「—未熟ながら精一杯やる覚悟です」
ふしょう【不詳】「年齢—」
ふしょう【負傷】「—者」
ふじょう【不定】「生死〈しょうじ〉—」「老少—」
ふじょう【不浄】「御—（＝便所）」「—な金」
ふじょう【浮上】「潜水艦が—する」「上位に—する」「別の名前が—した」
ぶしょう【無精・不精】「筆—」「—髭」「元来が—な性格で」「—を決め込む」
ぶしょう【武将】「戦国の—」
ふしょうじ【不祥事】「大学創設以来の—だ」
ふしょうぶしょう【不承不承・不▽請不▽請】「—引き受ける」「—の態」
ふしょうふずい【夫唱婦随】夫が言い出し妻が従う。
ふじょうり【不条理】「—な判定」「—な事件」
ふしょく【扶植】「勢力を—する」
ふしょく【腐食・腐▼蝕】物が腐って形がくずれる。

ふ

「鉄が—する」
ふしょく【腐植】土中の有機物の分解でできた物質。「—土」
ぶじょく【侮辱】「他人を—する」「—を受ける」
ふじょし【婦女子】女性や子供。婦人。「—のたしなみ」
ふしん【不信】「—の目で見る」「—感を抱く」
ふしん【不振】「食欲—」「成績が—だ」
ふしん【不審】「—火」「挙動—」「判定結果を—に思う」
ふしん【普請】「安〈やす〉—」「—場」「母屋を—する」〔「しん」は「請」の唐音〕
ふしん【腐心】「会社の再建に日夜—する」
ふじん【不尽】手紙の末尾に添える語。不一。
ふじん【夫人】他人の妻の敬称。「公爵—」「—同伴」
ふじん【婦人】成人した女性。女性。「—服」「産—科」「—の地位を高める」
ふじん【布陣】「川を背にして—する」「最強の—を整える」
ふしんにん【不信任】「内閣—案を可決する」
ふしんばん【不寝番】「朝まで—に立つ」
ふす【付す・附す】「条件を—」「一笑に—」「荼毘〈だび〉に—」「等閑に—」
ふす【伏す】腹ばいになる。ひそむ。「地に—」「岩陰に—」「—してお願い申し上げます」
ふす【▼臥す】病気などで寝る。「床に—」「病に—」
ふず【付図・附図】「—を参照のこと」
ぶす【▽付子・▽附子】トリカブトの根から採る猛毒。ぶし。
ふずい【不随】「半身—になる」
ふずい【付随・附随】「肩こりに—して頭痛が起こる」
ぶすい【無粋・不粋】人情や風流を解さないこと。「—な男」「—な質問」
ふすう【負数】ゼロより小さい数。⇕正数。
ぶすう【部数】出版物の発行数。「発行—」
ふすべる【▼燻べる】いぶす。いぶして黒くする。「松葉を—」「革を—」
ふすま【▼麬・▼麩】小麦を粉にひいた後の皮くず。
ふすま【▼衾・▽被】昔のかけぶとん。
ふすま【▼襖】「—絵」「—障子」
ぶする【▼撫する】「髭を—」「背中を—」
ふせ【布施】僧にほどこす金や物。「お—を包む」
ふせい【不正】「—行為」「—を働く」「—を見逃さない」
ふせい【父性】⇕母性。「—愛」
ふせい【▼斧正】添削してもらう。「—を乞う」
ふぜい【風情】「—ある町並み」「夏の—」
ぶぜい【無勢】「多勢に—」
ふせいしゅつ【不世出】「—の英雄」
ふせいみゃく【不整脈】脈拍が規則的でない状態。
ふせき【布石】序盤の碁石の配置。将来に備えた準備。「—の段階を終わる」「将来への—とする」
ふせぐ【防ぐ】「外敵の侵入を—」「事故を未然に—」
ふせじ【伏せ字】「さし障りのある箇所を—にする」
ふせつ【浮説】根拠のないうわさ。「—紛紛」
ふせつ【符節】割り符。「—を合わせたよう」
ふせつ【付設・附設】付属させて設ける。「理学部に地震研究所を—する」
ふせつ【敷設・布設】設備を設置する。「鉄道を—する」
ふせっせい【不摂生】「日頃の—がたたる」
ふせる【伏せる】「本を—」「名を—」〔下一段活用〕
ふせる【伏せる・▼臥せる】「風邪で—っている」〔五段活用〕
ふせん【不戦】「—勝」「—条約」
ふせん【付箋・附箋】「必要箇所に—を貼る」
ふぜん【不全】「心—」「発育—」
ふぜん【不善】「小人閑居して—をなす」
ぶぜん【豊前】旧国名。福岡県東部と大分県北部。
ぶぜん【▼憮然】失望や不満のため言葉もないさま。「—たる面持ち」〔腹を立てる意で用いるのは誤り〕
ふそ【父祖】先祖。「—の地に帰る」
ふそう【扶桑】日本の異名。扶桑国。

ぶそう【武装】「核—」「理論—」「—解除」
ふそうおう【不相応】「分—な処遇」
ふそく【不足】「水—」「相手にとって—はない」
ふそく【不測】予測できないこと。「—の事態」
ふそく【付則・附則】「法令の—」
ふぞく【付属・附属】「—品」「教育大学の—小学校」
ぶぞく【部族】共通の言語や文化をもつ地域集団。「少数—」
ふそくふり【不即不離】つかずはなれず。「—の関係を保つ」
ふそん【不遜】思いあがっているさま。「—な態度」
ふた【蓋】「—を開ける」
ふだ【札】「値段を書いた—」
ぶた【豚・▼豕】「—に真珠」「—もおだてりゃ木に登る」
ふたあけ【蓋明け・蓋開け】開始。「リーグ戦の—」
ふたい【付帯】付随。「—決議」「—事項」
ふだい【譜代・譜第】代々、同じ主家に仕えてきたこと。「—相伝」「—大名」
ぶたい【部隊】「落下傘—」
ぶたい【舞台】「表—」「—裏」「政治の—に立つ」「清水の—から飛び降りる」
ふたいてん【不退転】「—の決意で改革を実行する」

ふたえ【二重】「—瞼」
ふたおや【二親】父親と母親。両親。
ふたく【付託・附託】他に頼み、任せる。「委員会に議案を—する」
ふたく【負託】責任をもたせ、任せる。「国民の—に応える」
ぶたくさ【豚草】キク科の一年草。
ふたご【双子・二子】「一卵性の—」「—の姉妹」
ふたごころ【二心】裏切りの心。「主君に—を抱く」
ふだしょ【札所】参拝者が札を受ける霊場。
ぶたじる【豚汁】豚肉入りの味噌汁。とんじる。
ふたたび【再び】「二度と—こんな過ちは犯さない」
ふだつき【札付き】「—の悪〈わる〉」
ふたつへんじ【二つ返事】「—で引き受ける」
ふたて【二手】「—に分かれる」
ふだどめ【札止め】「満員—の盛況ぶり」
ふたなのか【二七日】人の死後一四日目。
ふたば【二葉・双葉・▼嫩】「栴檀〈せんだん〉は—より芳〈かんば〉し」
ぶたばこ【豚箱】留置場。「—に入れられた」
ふたまた【二股・二▼叉】「道が—に分かれる」「—を掛ける」
ふため【二目】「—と見られない」
ふため【不▽為】ためにならないこと。「身の—」

ふだらく【補陀落・普陀落】観音が住むという山。「—渡海」
ふたり【《二人》】「—の幸せ」「—連れ」
ふたりしずか【《二人》静】センリョウ科の多年草。
ふたん【負担】「—金」「授業料は親が—してくれる」「仕事が相当な—となる」
ふだん【不断】決断力がない。絶えず続ける。「優柔—」「—の努力」
ふだん【《普段》】いつも。日ごろ。「—着」「—心掛けている健康法」（本来は「不断」と書いた）
ぶだん【武断】⇔文治。「—政治」
ふち【▼淵・▼潭】「絶望の—に沈む」
ふち【縁】「茶碗の—」
ふち【不治】「—の病」
ふち【付置・附置】「研究所に資料館を—する」
ふち【布置】配置。「庭石の—を考える」
ふち【扶▽持】武士の給与。食糧。「—米」「食い—が減る」
ぶち【▽斑・▼駮】「黒い—のある白猫」
ふちどり【縁取り】「黒い—」
ふちゃく【付着・附着】「—物」「貝殻が船底に—する」
ふちゃりょうり【普茶料理】中国風の精進料理。
ふちゅう【不忠】「—の臣」

ふちゅうい【不注意】「―による事故」

ふちょう【不調】⇔好調。「肩の―を訴える」「交渉は―に終わった」

ふちょう【符丁・符帳・符▼牒】仲間だけに通じる言葉や印。

ぶちょうほう【不調法・無調法】「口は―だが腕は確かだ」「この度は―を致しまして」「―で飲むとすぐに赤くなってしまいます」

ふちん【浮沈】「国家の―にかかわる一大事」

ふつ【払（拂）】フツ はらう 「払暁・払拭・払底」

ふつ【沸】フツ わく・わかす 「沸点・沸騰・沸沸・煮沸」

ぶつ【仏（佛）】ブツ ほとけ 「仏縁・仏閣・仏教・仏事・仏像・仏壇・仏門・成仏・神仏・大仏・念仏」

ぶつ【物】ブツ・モツ もの 「物価・物件・物資・物質・物品・物理・好物・実物・俗物・動物・風物・名物」

ぶつ【▽打つ】「頭を―たれる」「一席―」

ふつう【不通】「音信―」「台風で鉄道が―になる」

ふつう【普通】⇔特殊。「―自動車」「ごく―の家庭に育つ」「―科の高校」

ぶつえん【仏縁】仏の導き。「―によって結ばれる」

ふつか【《二日》】「二月―」「―間」
ぶっか【物価】「―指数」「―高」
ぶつが【仏画】仏教に関する絵画。
ぶっかく【仏閣】「神社―」
ふっかつ【復活】「―祭」「―折衝」「日本経済を―させる」「アナログレコードが―する」
ふつかよい【《二日》酔い】「―で頭が痛い」
ふっかん【復刊】「雑誌が―される」
ふっき【復帰】「職場に―する」「現役に―する」
ふづき【▽文月】陰暦七月の異名。ふみづき。
ぶつぎ【物議】「首相の失言が―を醸〈かも〉す」
ふっきゅう【復▼仇】かたき討ち。「―を遂げる」
ふっきゅう【復旧】「―工事が難航する」
ふつぎょう【払暁】夜明け方。明け方。
ぶっきょう【仏教】「―建築」「―東漸」
ふっきん【腹筋】「―を鍛える」
ぶつぐ【仏具】仏事に使う器具。「―屋」
ふづくえ【▽文机】「―で本を読む」
ふっけん【復権】「政治的―を果たす」
ぶっけん【物件】「証拠―」「不動産の―」
ぶっけん【物権】物を直接支配する権利。「―行為」「―証券」
ふっこ【復古】「王政―」「―思想」
ぶっこ【物故】人が死ぬこと。「―者」

ふっこう【復興】「文芸―」「震災から都市が―する」
ふっこう【腹▼腔】内臓を含む腹部の空所。「―鏡」〔医学では「ふくくう」〕
ふつごう【不都合】⇔好都合。「―な場合は連絡下さい」「―な事実」
ふっこく【復刻・覆刻】「―本」「稀覯本〈きこうぼん〉を―する」
ぶつざ【仏座】「―に本尊を据える」
ぶっさん【物産】その土地の産物。「―展」
ぶっし【仏師】仏像を造る職人。
ぶっし【物資】「必要―」「被災地に―を送る」
ぶつじ【仏寺】仏教の寺院。「―を巡る」
ぶつじ【仏事】仏教の儀式。法事。法会。「―を行う」
ぶっしき【仏式】「―の葬儀」
ぶっしつ【物質】「抗生―」「放射性―」「―文明」
ぶっしゃり【仏舎利】釈迦の遺骨。舎利。「―塔」
ぶっしょう【物証】「立件するには―が乏しい」
ぶっしょうえ【仏生会】灌仏会。「四月八日の―」
ぶつじょう【物情】「―騒然たる世相」
ふっしょく【払拭】「不信感を―しきれない」
ぶっしょく【物色】「空き巣が店内を―する」
ぶっしん【仏心】仏の慈悲深い心。「多情―（＝里見弴作の小説名）」
ぶっしん【物心】「―両面の支え」

ぶっせい【物性】物質固有の性質。「―物理学」「空気の―」
ふつぜん【▼怫然・▼艴然】むっとするさま。怒るさま。「侮辱され―として席を立つ」
ぶつぜん【仏前】「―に花を供える」
ふっそ【▼弗素】元素の一。「―樹脂」「―化合物」〔自然科学では「フッ素」と書く〕
ぶっそう【物騒】「―な世の中になったものだ」「―な男」〔「ものさわがし」の漢字表記「物騒」を音読みした語といわれる〕
ぶつぞう【仏像】「―を安置する」
ぶっそくせき【仏足石】「薬師寺の―」「―歌」
ぶっだ【仏陀】釈迦の尊称。ほとけ。「―の教え」
ぶったい【物体】「―の落下速度」
ぶつだん【仏壇】「―の前で手を合わせる」
ぶっちょうづら【仏頂面】不機嫌な顔つき。「―をする」
ふつつか【不▽束】「―者ですが」「―ながら精一杯努めます」
ふってい【払底】すっかりなくなる。「物資が―する」
ぶってき【物的】「―な証拠」
ふってん【沸点】沸騰点。「水の―」
ぶってん【仏典】「―を読む」
ぶつでん【仏殿】「―に仏像を安置する」

ふっとう【沸騰】「湯が―する」「話題が―する」
ぶつどう【仏道】「―修行」「―に励む」
ぶつのう【物納】⇔金納。「相続税を―する」
ぶつばつ【仏罰】「―をも恐れぬ鬼畜の所業」
ぶっぴん【物品】「―請求」「―税」
ぶつぶつこうかん【物物交換】「―で必要な物を手に入れる」
ぶっぽう【仏法】「―を説く」
ぶっぽうそう【仏法僧】コノハズクの異名。
ぶつま【仏間】「線香の香りが―に漂う」
ぶつめつ【仏滅】六曜の一。全てに凶であるとする日。
ぶつもん【仏門】「―に入る」
ぶつよく【物欲】「―にとらわれる」「―が強い」
ぶつりがく【物理学】自然科学の一分野。
ぶつりゅう【物流】「―システム」
ぶつりょう【物量】「―作戦」「―に物を言わせる」
ふで【筆】「これは著名な書家の―になる」「―が立つ」「―が滑る」「―を擱〈お〉く」
ふてい【不定】「住所―無職の男」
ふてい【不貞】貞節を守らない。「―を働く」
ふてい【不▼逞】無法な振る舞いをする。「―の輩」
ふていしゅうそ【不定愁訴】漠とした体の不調。「何となく―の毎日が続く」
ふでいれ【筆入れ】筆記用具を入れる箱や筒。

ふてき【不適】不適当。「君にその仕事は―だ」「適―を判断する」
ふてき【不敵】「大胆―」「―な面構え」
ふでき【不出来】「稲の出来―」「―な子ですがよろしくお願いします」
ふてきせつ【不適切】「―な対応」「―な表現があった」
ふてきとう【不適当】「―な人選」
ふてぎわ【不手際】「―がある」「―をお詫び致します」
ふてくされる【《不▽貞》腐れる】「注意されるとすぐに―」
ふでづかい【筆遣い】「見事な―」
ふてね【《不▽貞》寝】ふてくされて寝る。「昼まで―した」
ふでばこ【筆箱】筆記用具を入れる容器。筆入れ。
ふでぶしょう【筆無精・筆不精】⇔筆まめ。「根っからの―でいつも返事が遅い」
ふてぶてしい【《▽太▽太》しい】「―男」
ふでまめ【筆〈忠実〉】⇔筆無精。
ふと【《不図》】「―思い出す」「―振り返ると彼がいた」「―気がつくと夜になっていた」
ふとい【太い】直径や幅が大きい。動じない。⇔細い。「―管」「―眉」「―声」「肝が―」「―・く短く生きる」

ふとい【太▼藺・▼莞】カヤツリグサ科の多年草。
ふとう【不当】⇔正当。「—な差別」「—な利益」
ふとう【▼埠頭】波止場。「—を渡る風」
ふどう【不同】「順—で御紹介します」
ふどう【不動】「—の地位を築く」「—の姿勢を保つ」
ふどう【浮動】「—票」
ぶとう【舞踏】「—会」
ぶどう【武道】「—の心得がある」
ぶどう【▼葡▼萄】「—酒」「—棚」「—糖」
ふとうおう【不倒翁】おきあがりこぼし。
ふとうこう【不凍港】一年中海面が凍らない港。
ふとうこう【不登校】「—の児童」
ふどうさん【不動産】「—鑑定士」「—登記」
ぶどうしゅ【▼葡▼萄酒】葡萄の果汁を発酵させた酒。
ふどうたい【不導体】熱や電気を伝えにくい物体。
ぶどうとう【▼葡▼萄糖】「—負荷試験」〔自然科学では「ブドウ糖」と書く〕
ふとうふくつ【不▼撓不屈】「—の精神」
ふどうみょうおう【不動明王】五大明王の主尊。「—の像」
ふとうめい【不透明】「この事件は—な部分が多い」「先行き—」
ふどき【風土記】「播磨国—」「政界(人物)—」

ふとく【不徳】「—の致すところ」

ふとくてい【不特定】「—多数の読者」

ふとくようりょう【不得要領】要領を得ない。「—な説明」

ふところ【懐】「山の—」「—がさびしい」「—に深く入る」

ふところがたな【懐刀】懐に入れる守り刀。腹心の部下。「—をしのばせる」「社長の—」

ふところかんじょう【懐勘定】心の中で見積もる。「相手の—をする」

ふところぐあい【懐具合】所持金の程度。「—がさびしい」

ふところで【懐手】両手を懐に入れていること。人任せ。「—して高みの見物を決め込む」「—で大儲けする」

ふとっぱら【太っ腹】「—の男」「—なところを見せる」

ふとどき【不届き】「—な奴」「—千万〈せんばん〉」

ふとばし【太箸】雑煮を食べる太い祝い箸。

ぶどまり【歩留(ま)り】原料に対する製造品の出来高の割合。「—率」「—が良い」

ふともも【太▽股】「—の付け根が腫れる」

ふとりじし【太り▽肉】太って肉づきがよい。「—の婦人」

ふとる【太る・▽肥る】「赤ん坊がまるまると—」「財産が—」

ふとん【布団・▼蒲団】「—を敷く」〔「蒲団」の唐音。「布」は当て字〕
ふな【▼鮒・▼鯽】コイ科の淡水魚。
ぶな【▼橅・〈山毛欅〉】ブナ科の落葉高木。
ふなあし【船足・船脚】「—が速い(重い)」
ふなうた【舟歌】「ベニスの—」
ふなか【不仲】「長年の友と—になる」
ふなじ【船路】「上海までの—」
ふなだいく【船大工】和船を造る大工。
ふなたび【船旅】「のんびりとした—を満喫する」
ふなだま【船玉・船霊・船▽魂】船の守護神。「—を祭る」
ふなで【船出】「人生の—」
ふなに【船荷】「—を積む」
ふなぬし【船主】船の所有者。せんしゅ。
ふなのり【船乗り】船の乗組員。船員。
ふなばた【船端・▽舷】船べり。「—をたたく波」
ふなびん【船便】「—で荷物を送る」
ふなむし【船虫】「磯辺に群れる—」
ふなよい【船酔い】「時化〈しけ〉で—が治まらない」
ふなれ【不慣れ・不▼馴れ】「—な仕事を任される」
ぶなん【無難】「—な選択」「—な演技」
ふにあい【不似合い】「—な服装」

ふにょい【不如意】「手元―で生活が苦しい」「身辺―で動きが取れない」

ふにん【不妊】「―症」「―治療」

ふにん【赴任】「単身―」「新しく―してきた先生」

ぶにん【無人】「―で猫の手も借りたいくらいだ」「―の家」

ふぬけ【▼腑抜け】意気地なし。腰抜け。「―のようになる」

ふね【船・舟】水上を行き来する乗り物。〔多く小型のものを「舟」、より大型のものを「船」と書く〕

ふね【▽槽】水を入れる箱形の容器。「湯―につかる」

ふねん【不燃】「―ごみ」「―物」

ふのう【不能】「理解―」「再起―の重傷」

ふのり【布〈海苔〉・〈海蘿〉・〈鹿角菜〉】紅藻類の海藻。糊にする。

ふはい【不敗】「―を誇るチーム」

ふはい【腐敗】「死骸が―して悪臭を放つ」「政治の―を嘆く」

ふばい【不買】「―運動」

ふはく【布・帛】木綿の布と絹の布。織物。

ふはく【浮薄】「軽佻〈けいちょう〉―」

ふばこ【▽文箱】「私信を―にしまう」

ふはつ【不発】「―弾」「企画が―に終わる」

ふばつ【不抜】意志が固くて揺るがない。「堅忍―」「―の精神を貫く」

ぶばる【武張る】勇ましそうに振る舞う。「―って見せる」

ふび【不備】「運営上の―」「書類に―が見つかる」

ぶび【武備】「―を整える」

ぶびき【分引(き)・歩引(き)】割引。「仕入〈売上〉―」

ふひょう【不評】「―を買う」

ふひょう【付表】「―を参照する」

ふひょう【浮標】海面に浮かべる標識。ブイ。

ふびょうどう【不平等】「―条約」「―な取り扱い」

ふびん【不▼憫・不▼愍・不便】かわいそうなこと。「―に思う」〔元来「不便」で、「不憫」「不愍」は当て字〕

ぶひん【部品】「自動車の―」「―を組み立てる」

ふぶき【《吹雪》】「花〈桜〉―」「―が舞う」

ふふく【不服】「―を唱える」「―そうな顔」「裁判の―申し立て」

ぶぶん【部分】全体を分けたものの一部。⇔全体。「―集合」「―否定」

ぶぶんきょくひつ【舞文曲筆】文辞をもてあそび、事実を曲げて書く。「―を弄する」

ふぶんりつ【不文律】暗黙の約束。不文法。「家庭のことに触れないのが―であった」

ふへい【不平】「―不満」「―を鳴らす」「―を並べる」

ぶべつ【侮蔑】「―した態度」「―的な言辞」

ふへん【不変】⇔可変。「永劫―」「―の法則」

ふへん【普遍】「―概念」「―的な真理」

ふべん【不便】「交通の―な地」「御―をおかけします」

ふへんふとう【不偏不党】「―の立場を保つ」

ふぼ【父母】「―会」「―の愛情」

ふほう【不法】「―占拠」「―投棄」「―な行為」

ふほう【訃報】死亡の知らせ。悲報。「―に接する」

ふぼん【不▽犯】異性と交わらないという戒律を守る。「―の僧」「一生―を保つ」

ふほんい【不本意】「―ながら同意する」「―な結果に終わる」

ふまえる【踏まえる】「前例を―」

ふまじめ【不《真面目》】「―な態度を叱る」

ふまん【不満】「欲求―」「―が爆発する」「―を漏らす」

ふみ【文】手紙。「―が届く」「―はやりたし書く手は持たず」

ふみ【▽書】書物。「―に親しむ」

ふみいし【踏(み)石】履物を脱ぐ所に置く石。飛び石。

ふみえ【踏(み)絵】「法案の賛否を―にする」

ふみきり【踏(み)切り・踏切】「幅跳びの―」「―を渡る」

ふみだい【踏(み)台】「―昇降」「人を―にしてのしあがろうとする」

ふみづき【文月】陰暦七月の異名。ふづき。

ふみつける【踏み⸨付⸩ける】「足を—」
ふみにじる【踏み⸨▼躙⸩る】「人の好意を—」
ふみん【不眠】「—症」「—不休」
ふむ【踏む】足で押さえる。推測する。「足を—まれる」「ステップを—」「故国の土を—」「前車の轍を—」
ふむ【▽履む】ある過程を経る。経験する。「場数を—」「きちんと手続きを—」「薄氷を—思い」
ふむき【不向き】「—な仕事」「人には向き—がある」
ふめい【不明】「行方—」「原因—の病気」「—な点がいくつかある」「自らの—を恥じる」
ぶめい【武名】「—を上げる」
ふめいよ【不名誉】「—な事件」
ふめつ【不滅】「—の名声」
ふめん【譜面】「—台」「—を読む」
ふめんぼく【不面目】「—なことをしでかす」
ふもう【不毛】作物が育たない。意味がない。「—の地」「—な議論」
ふもと【麓】「—から山頂まで約三時間かかる」
ふもん【不問】「—に付す」
ぶもん【武門】武士の家筋。「—の出」
ぶもん【部門】「絵画—」「—別に審査する」
ふやける【⸨▽潤⸩ける】「足が—」
ふやじょう【不夜城】「—の歓楽街」
ふやす【増やす】「社員を—」「活躍の機会を—」
ふやす【殖やす】「財産を—」「家畜を—」
ふゆ【冬】「—の朝」「—休みの宿題」
ぶゆ【▼蚋・〈蟆子〉】ブユ科の吸血小昆虫。ブヨ。
ふゆう【浮遊】「—植物」「水中に—する」
ふゆう【富裕】「—な商人」「—者層」
ぶゆう【武勇】「—に秀でた男」「—伝」
ふゆかい【不愉快】「—なうわさ」「—な思いをする」
ふゆがまえ【冬構え】「—を始める」
ふゆがれ【冬枯れ】「—の景色」「—で客が少ない」
ふゆきとどき【不行き届き】「監督—」
ふゆごもり【冬籠もり】「動物も—に入る」
ふゆざれ【冬ざれ】草木が枯れて寂しい冬の景色。
ふゆしょうぐん【冬将軍】「—の訪れ」
ふゆどなり【冬隣】冬の近い晩秋のたたずまい。
ふゆび【冬日】冬の日光。最低気温が零度未満の日。
ふゆやすみ【冬休み】「—の宿題」
ふゆやま【冬山】「—登山」
ふよ【付与・附与】権利などを授ける。「権限を—する」
ふよ【賦与】うまれつき与えられている。「—の天才」
ぶよ【▼蚋・〈蟆子〉】ブユ。「—に刺される」
ふよう【不用】使わない。「—の施設」「—の用」
ふよう【不要】必要がない。「生活に—な品」
ふよう【扶養】「—家族」「—義務」「—控除」「幼い妹を—する」
ふよう【▼芙▼蓉】アオイ科の低木。「—峰（＝富士山）」
ふよう【浮揚】「景気を—させる」
ぶよう【舞踊】「日本—」「民族—」
ふようい【不用意】「—な発言」
ふようじょう【不養生】「医者の—」
ぶようじん【不用心・無用心】「鍵も掛けずに—な家だ」
ふようど【腐葉土】落ち葉が腐ってできた土。
ぶらい【無頼】定職につかず無法な行いをする人。「—漢」「—派」「—の徒」
ぶらく【部落】「山間の—」
ブラシ【〈刷子〉】「歯—」「—を掛ける」
ブラジル【伯剌西爾】南アメリカの国。「日系—人」
ふらち【不▼埒】「—千万」「—な悪行三昧」
ふらん【▼孵卵】「—器で温めて卵をかえす」
ふらん【腐乱・腐▼爛】「—した死体」
ぶらんこ【⸨鞦韆⸩】「—をこぐ」
フランス【仏蘭西】ヨーロッパ西部の国。
ふり【⸨振⸩り・⸨▽風⸩】「バットの—が鈍い」「知らない—をする」「—の客（＝紹介・予約の無いこと）」「人の—見てわが—直せ」
ふり【不利】⇔有利。「—な条件」「—な立場」
ぶり【⸨振⸩り】「枝—」「五年—」

ぶり【▼鰤】スズキ目の海魚。「―の照焼」
ふりかえ【振(り)替え・振替】「郵便―」「―口座」「―休日」
ふりかかる【降り掛(か)る・降り懸(か)る】「火の粉が―」「身に―危険を感じる」
ふりかざす【振り▼翳す】「刀を―」「権力を―」
ふりがな【振(り)《仮名》】「氏名に―を施す」
ブリキ【▼錻力】「―の缶」
ふりこ【振(り)子】「―時計」
ふりこう【不履行】「契約―」
ふりこむ【振(り)込む】「代金を銀行口座に―」
ふりしきる【降り▽頻る】「雨が―」
ふりそで【振袖】「成人式の―姿」
ふりだし【振(り)出し・振出】「交渉が―に戻る」「新聞配達を―に転々と職を変えた」「―人」
ふりつけ【振(り)付け・振付】「―師」「バレエの―をする」
ふりまく【振り▼撒く】「笑いを―」
ぶりゃく【武略】戦術。戦略。「―を巡らす」
ふりゅうもんじ【不立文字】悟りは言葉で表せるものではない。「禅は―」
ふりょ【不慮】「―の事故」「―の災難に遭う」
ふりょ【▼俘虜】捕虜。「―収容所」
ふりょう【不良】「栄養―」「成績―」「素行―」「―少年」
ふりょう【不猟】「鳥一羽落とせない―」
ふりょう【不漁】「時化〈しけ〉で―続きだ」
ぶりょう【無▼聊】退屈。「―を託〈かこ〉つ」
ふりょく【浮力】「―を付ける」
ぶりょく【武力】「―行使」「―衝突」「―に訴える」
ふりん【不倫】道徳に反する男女関係。「人気俳優に―疑惑」「―の関係」
ふる【振る】「旗を―」「首を横に―」「さいころを―」「好きな人に―・られる」「いきなり私に―・られても困る」「采配を―」「脇目も―・らず」
ふる【降る】「雨(雪)が―」「幸運が―・ってきた」「―・って湧いたような話」
ぶる【《振》る】「いい子―」「学者―」
ふるい【▼篩】「―に掛けて選別する」
ふるい【古い・▽旧い】「―寺」「頭が―」
ぶるい【部類】「彼はまだましな―だ」
ふるいたつ【奮い立つ】「敵来襲の報に―」
ふるう【振るう】「木刀を―」「大鉈〈おおなた〉を―」「台風が猛威を―」「暴力を―」「成績が―・わない」
ふるう【▽揮う】能力を発揮する。「健筆を―」「熱弁を―」「料理の腕を―」
ふるう【奮う】「勇気を―・って立ち向かう」「―・って御参加下さい」
ふるう【震う】ふるえる。「体が―」「―・い付きたくなるほどいい女だ」
ふるう【▼篩う】ふるいにかけてより分ける。「小麦粉を―」「応募者を試験で―」
ふるえる【震える】「寒さで体が―」
ふるがお【古顔・▽故顔】「―の社員」
ふるかぶ【古株】「―の店員」
ブルガリア【勃牙利】ヨーロッパ南東部の国。
ふるぎ【古着】「―屋」「―を処分する」
ふるきず【古傷・古▼疵】「戦争の―」「昔の―に触れる」
ふるぎつね【古▼狐】「あそこの社長は―だ」
ふるくさい【古《臭》い】「―考え」
ふるごよみ【古暦】年末の残り少なくなった暦。
ふるさと【《▽故▽郷》・《古里》・《▽故里》】「―の山川」「―は遠きにありて思うもの／室生犀星」
ふるす【古巣】「―に戻る」
ふるだぬき【古▼狸】老獪でずるがしこい人。
ふるって【奮って】「―御応募下さい」
ふるつわもの【古▽兵】経験豊富な武人。
ふるて【古手】古着。長年その仕事をしている人。「―屋」「―の図書館職員」
ふるなじみ【古▼馴染み】「―で気心が知れている」
ふるびる【古びる】「―・びた民家」

ふるほん【古本】「―屋」「―を探す」
ふるまい【振(る)舞い】動作。もてなし。「勝手な―は許さない」「―酒」
ふるめかしい【古めかしい】「―寺院」
ふれ【触れ・布▽令】「お―を出す」
ふれあう【触(れ)合う】「心が―」
ふれい【不例】貴人のご病気。不予。「御―の由」
ぶれい【無礼】「―者」「―を働く」
ぶれいこう【無礼講】「堅苦しい挨拶は抜きにして今夜は―だ」
ふれる【▽狂れる】「気が―」
ふれる【振れる】「地震計の針が―」「航路から東に二度―れている」
ふれる【触れる】「西欧の文物にじかに―」「耳目に―」「法に―」「折に―れ」「逆鱗〈げきりん〉に―」
ふろ【風呂】「―をわかす」「―に入る」
ふろ【風炉】茶の湯で、湯を沸かす炉。
ふろう【不老】「―長寿」「―不死」
ふろう【不労】「―所得」
ふろうしゃ【浮浪者】定まった職や家がない者。
ふろく【付録・附録】「別冊―」
ふろしき【風呂敷】「―包み」「大―を広げる(＝大言壮語する)」
ふろふき【風呂吹き】「―大根」

ふ

ふわ【不和】「父親と―になる」
ふわく【不惑】四〇歳の異名。
ふわけ【▼腑分け】解剖。
ふわたり【不渡り】「―手形」「―を出す」
ふわらいどう【付和雷同・附和雷同】すぐ他人の意見に同調する。「周りに―する」
ふん【分】⇩ぶん(分)。「分針・分速・分銅・分秒・分別・毎分」
ふん【粉】フン こ・こな 「粉砕・粉飾・粉乳・粉末・花粉・脂粉・製粉」
ふん【紛】フン まぎ-れる・まぎ-らす・まぎ-らわす・まぎ-らわしい 「紛糾・紛失・紛争・紛紛・紛乱・内紛」
ふん【雰】フン ― 「雰囲気」
ふん【噴】フン ふ-く 「噴煙・噴火・噴射・噴出・噴水・噴飯・噴霧」
ふん【墳】フン ― 「墳墓・古墳」
ふん【憤】フン いきどお-る 「憤慨・憤死・憤怒・義憤・悲憤」
ふん【奮】フン ふる-う 「奮起・奮迅・奮戦・奮闘・奮発・興奮・発奮」
ふん【分】「―刻みのスケジュール」

ふん【▼糞】「犬の―の始末」
ぶん【分】ブン・フン・ブ わ-ける・わ-かれる・わ-かる・わ-かつ 「分解・分割・分業・分子・分身・分析・分担・分布・分離・気分・区分・自分・処分・水分・成分・多分・等分・配分・部分・大分〈おおいた〉県」
ぶん【文】ブン・モン ふみ 「文化・文学・文具・文芸・文庫・文豪・文章・文民・文明・作文・条文・論文」
ぶん【聞】ブン・モン き-く・き-こえる 「見聞・醜聞・新聞・風聞」
ぶん【分】「―に応じた役割」「学生の―を尽くす」
ぶん【文】「次の―を英語に訳しなさい」「―は人なり」
ぶんあん【文案】「―を練る」
ぶんい【文意】「―を汲む」
ふんいき【雰囲気】「なごやかな―に包まれる」「独特の―がある人」
ぶんうん【文運】学問・芸術の盛んな状態。「―隆盛」
ふんえん【噴煙】「活発に―を上げる火山」
ぶんえん【分煙】「―対策」「―化を推進する」
ふんか【噴火】「火山の―」
ぶんか【分化】「学問がますます―する」
ぶんか【分科】「―会」
ぶんか【文化】「―遺産」「―功労者」「―祭」「―人」「―

の日」
ぶんか【文科】「―系」
ぶんが【文雅】詩や歌に関する風流の道。
ふんがい【憤慨】「―に堪えない」
ぶんかい【分解】「因数―」「飛行機が空中―する」
ぶんがく【文学】「古典―」「―作品」「―史」「―的表現」「―を愛する」
ぶんかつ【分割】いくつかに分ける。「―払い」「領土を―する」
ぶんかつ【分轄】分けて管轄する。「所領を―する」
ぶんかん【文官】軍事以外の事務を取り扱う官吏。⇔武官。
ふんき【噴気】「―孔」「火口からの―」
ふんき【奮起】「―一番」「―を促す」
ふんぎ【紛議】議論がもつれること。「―の調停」
ぶんき【分岐】「支線を―させる」「人生の―点」
ふんきゅう【紛糾】「―した事態を解決する」
ぶんきょう【文教】「―施設」「―地区」「―予算」
ぶんぎょう【分業】「役割―」「医薬―」
ふんぎり【踏ん切り】「なかなか―がつかない」
ぶんぐ【文具】「―店」「―入れ」
ぶんけ【分家】⇔本家。
ふんけい【▼刎▼頸】首を斬ること。「―の交わり(=かたい友情)／史記」

ぶんけい【文系】⇔理系。「―の学部」
ぶんげい【文芸】「―批評」「―欄」
ぶんげいふっこう【文芸復興】ルネサンス。
ふんげき【憤激】「不正に対して―する」
ぶんけん【分遣】「―隊」
ぶんけん【分権】⇔集権。「地方―」
ぶんけん【文献】「参考―」「―検索」
ぶんげん【分限】身の程。金持ち。ぶげん。「己の―をわきまえる」「―者」
ぶんげん【文言】「古典の―から引用する」
ぶんこ【文庫】「学級―」「―本」
ぶんご【文語】⇔口語。「―体」「―文法」
ぶんご【豊後】旧国名。大分県の中部・南部。
ふんごう【▼吻合】ぴったり一致する。「事実と―する」
ぶんこう【分光】「―器」「プリズムによる―」
ぶんこう【分校】「島の―」
ぶんごう【文豪】「明治の―、夏目漱石」
ぶんこつ【分骨】「郷里の墓に―する」
ふんこつさいしん【粉骨砕身】「親の介護に―する」
ふんさい【粉砕】「敵軍を―する」
ぶんさい【文才】「―がある」「―に恵まれる」
ぶんざい【分際】「学生の―で生意気なことを言う」

ふ

ぶんさつ【分冊】「大部の本を―にして出版する」
ぶんさん【分散】「―投資」「勢力が―する」
ふんし【憤死】「姦臣〈かんしん〉の讒〈ざん〉にあって―する」「本塁で―する」
ぶんし【分子】「不平―」「―式」
ぶんし【文士】「三文―(=評価の低い作家)」
ふんしつ【紛失】「―届」「パスポートを―する」
ぶんしつ【分室】「外務省の大阪―」
ふんしゃ【噴射】「逆―」「ロケットを―する」
ぶんじゃく【文弱】「―に流れる」
ぶんしゅう【文集】「卒業―」「―を編む」
ぶんしゅく【分宿】「三軒の旅館に―する」
ふんしゅつ【噴出】「溶岩が―する」「対応の遅れに批判が―する」
ふんしょ【▼焚書】「―坑儒」
ぶんしょ【文書】「公(私)―」「―で報告する」「―偽造の罪」
ふんじょう【紛▼擾】もめごと。「国際的な―に発展する」
ぶんしょう【分掌】「業務―規定」「政務を―する」
ぶんしょう【文章】「―作法」
ぶんじょう【分乗】「三台のバスに―する」
ぶんじょう【分譲】「―住宅」「―地」
ふんしょく【粉飾・▼扮飾】「―決算」「―して報告

する」
ふんしん【分針】「―を合わせる」
ふんじん【粉▼塵】石炭や金属が砕けたごく細かなちり。
ふんじん【奮迅】ふるい立つ。「獅子―」
ぶんしん【分身】「この小説の主人公は作者の―だ」
ぶんじん【文人】「―画」「―の愛した庭園」
ふんすい【噴水】「公園の―」
ぶんすい【分水】「―路」
ぶんすいれい【分水▼嶺】雨水を異なる水系に分かつ峰。
ぶんすう【分数】「―式」「―の計算」
ふんする【▼扮する】「探偵役に―俳優」
ぶんせき【分析】細かな要素に分けて解明する。⇕総合。「実験データを―する」
ぶんせき【文責】「―編集部」
ぶんせつ【分節】全体をいくつかの部分に分ける。「―化」
ぶんせつ【文節】文を区切ったときの最小の単位。
ふんせん【奮戦】「強敵を相手に―する」
ふんぜん【憤然・▼忿然】ひどく怒るさま。「―として席を立つ」
ふんぜん【奮然】ふるい立つさま。「―として敵に立ち向かう」

ふんそう【▼扮装】「老人に―して逃亡する」
ふんそう【紛争】「国際―」「―を解決する」
ぶんそう【文藻】「―豊かな小説家」
ぶんそうおう【分相応】「―に暮らす」
ふんたい【粉▼黛】白粉とまゆずみ。化粧。
ぶんたい【文体】「和漢混淆―」「太宰治の―」
ぶんたん【分担】「役割―」「―金」「作業を―する」
ぶんたん【文旦】ザボンの別名。「―の砂糖漬け」
ぶんだん【分団】「消防団の―」
ぶんだん【分断】「東西に―された国家」
ぶんだん【文壇】文学者たちの社会。「―での評価」
ぶんち【文治】武力ではなく、教化によって世を治める。⇕武断。「―政治」
ぶんちょう【文鳥】スズメ大の飼い鳥。「手乗り―」
ぶんちん【文鎮】「半紙を―で固定する」
ぶんつう【文通】「―相手」
ぶんてん【文典】文法書。
ふんど【憤怒・▼忿怒】「卑劣な行為に対して―する」
ふんとう【奮闘】「孤軍―」「―努力」
ふんどう【分銅】はかりで測るとき基準とする重り。
ぶんどき【分度器】「―で角度を測る」
ふんどし【▼褌・〈犢鼻褌〉】「―担ぎ(＝下っぱの者)」「―を締めてかかる(＝気を引き締めて事に当たる)」

ぶんどる【《分》捕る】「相手から慰謝料を―」
ふんにゅう【粉乳】粉ミルク。
ふんにょう【▼糞尿】「―処理」
ふんぬ【憤▽怒・▼忿▽怒】ふんど。「―の形相」
ぶんのう【分納】「税金を―する」
ぶんぱ【分派】「―活動」「主流から―する」
ぶんばい【分売】「全集を―する」「―不可」
ぶんぱい【分配】「―金」「―法則」「儲けを―する」
ふんぱつ【奮発】「給料が出たので今夜は―するよ」
ふんばる【踏ん張る】「土俵際で―」
ふんぱんもの【噴飯物】失笑を買うような事柄。「そいつは―だ」
ぶんぴつ【分泌】「―腺」「―物」
ぶんぴつ【分筆】一区画の土地を分割する。⇕合筆。
ぶんぴつ【文筆】「―業」「―の才」
ぶんぶ【文武】「―両道」
ぶんぷ【分布】「人口の―」「南部に―する植物」
ぶんぶつ【文物】「古代中国の―」
ふんぷん【▼芬▼芬】「―たる香気を放つ」
ふんぷん【紛紛】「諸説―として一定しない」
ふんべつ【分別】「思慮―」「事態を―する」
ぶんべつ【分別】「ゴミを不燃物かどうかで―する」
ふんべん【▼糞便】大便。くそ。

ぶんべん【分▼娩】「自然―」「無痛―」「―室」
ふんぼ【墳墓】墓所。はか。「―の地」
ぶんぼ【分母】「―をそろえて通分する」
ぶんぽう【文法】「英―」「文語―」
ぶんぼうぐ【文房具】「―店」
ふんまつ【粉末】「昆布を―にする」
ふんまん【憤▼懣・▼忿▼懣】「―やる方(が)ない」
ぶんみゃく【文脈】「前後の―から意味を判断する」「―を辿〈たど〉る」
ぶんみん【文民】「―統制」
ふんむ【噴霧】「園芸用の―器」
ぶんめい【分明】「結論を―にする」
ぶんめい【文名】文筆家としての名声。「―が高い」
ぶんめい【文明】「―開化」「オリエントの―」「―の利器」
ぶんめん【文面】「手紙の―」「誠意の読み取れる―」
ぶんや【分野】「専門―」「得意―」「勢力―」
ぶんゆう【分有】「土地を―する」
ぶんよ【分与】「財産―」
ぶんらく【文楽】義太夫に合わせて行う人形浄瑠璃。
ぶんらん【▼紊乱】乱れること。びんらん。「風紀―」〔「びんらん」は慣用読み〕
ぶんり【分離】「政教―」
ぶんりつ【分立】「三権―」
ぶんりゅう【分流】本流から分かれた流れ。分派。
ぶんりょう【分量】「水の―が多い」「相当の―の仕事がまだ手つかずだ」
ぶんるい【分類】「図書を―する」
ふんれい【奮励】気力をふるいおこして、はげむこと。「一同の―を望む」「―努力する」
ぶんれい【文例】「模範―集」
ぶんれつ【分裂】「細胞―」「党が二つに―する」

へ

へ【▼屁】「―とも思わない」「―の突っ張りにもならない」
へい【丙】ヘイ ―「丙種・甲乙丙」
へい【平】ヘイ・ビョウ たい-ら・ひら ―「平穏・平均・平常・平静・平然・平坦・平凡・平和・公平・水平・不平」
へい【兵】ヘイ・ヒョウ ―「兵役・兵器・兵隊・兵力・挙兵・出兵・精兵・撤兵・派兵・番兵・伏兵」
へい【併(倂)】ヘイ あわ-せる「併記・併合・併用・合併」
へい【並(竝)】ヘイ なみ・なら-べる・なら-ぶ・なら-びに「並行・並称・並走・並置・並立・並列」
へい【柄】ヘイ がら・え「横柄・花柄・権柄・葉柄・話柄」
へい【陛】ヘイ ―「陛下」
へい【閉】ヘイ と-じる・と-ざす・し-める・し-まる「閉会・閉口・閉鎖・閉店・閉幕・開閉・密閉・幽閉」
へい【病】⇩びょう(病)。
へい【塀(塀)】ヘイ ―「板塀・土塀」
へい【幣】ヘイ ―「幣制・幣帛・貨幣・紙幣・造幣」
へい【弊】ヘイ ―「弊害・弊習・悪弊・旧弊・語弊・宿弊・疲弊」
へい【蔽】ヘイ ―「隠蔽・建蔽率・遮蔽」
へい【餅[餅](餠)】ヘイ もち「画餅・月餅・煎餅」
へい【丙】十干の第三。ひのえ。「甲乙―丁」
へい【兵】「日本―」「―を挙げる」

へ

へい【塀・▼屏】「―を乗り越える」
へい【弊】悪い習慣。悪いこと。「飲酒の―」「積年の―」「―に陥る」
べい【米】ベイ・マイ　こめ　「米価・米菓・米穀・米作・米食・渡米」
へいあん【平安】「―京」「―時代」「―の日々」「旅の―を祈る」
へいい【平易】「―な言葉で説明する」
へいいはぼう【弊衣破帽】ぼろ服と破れ帽子。蛮カラ。
へいえい【兵営】兵隊が居住する施設・建物。
へいえき【兵役】「―の義務」
べいえん【米塩】米と塩。「―の資(=生計費)」「―にも事欠く」
へいおん【平穏】⇔不穏。「―無事の日々」
へいか【平価】通貨の対外価値を示す基準値。「―切り上げ(切り下げ)」
へいか【兵▼戈】武器。戦争。いくさ。「―を交える」
へいか【兵火】戦火。戦争。「―に遭う」
へいか【兵家】「―思想」
へいか【陛下】「天皇―」
べいか【米価】「生産者―」
へいかい【閉会】⇔開会。「本会議を―する」
へいがい【弊害】「―が生じる」「―を除く」

へいかつ【平滑】「―筋」「―な断面」
へいがん【併願】⇔専願。「滑り止めに別の学校を―する」
へいき【平気】「このくらいの荷物は―だ」「―を装う」「―の平左」
へいき【兵器】「核―」「―庫」
へいき【併記】「社長と会長の名を―する」
へいきん【平均】「―気温」「―点」「―的な水準」
へいきんだい【平均台】「―の演技」
へいけい【閉経】女性の更年期での月経停止。「―期」
へいげい【▼睥▼睨】にらみつけて相手を威圧する。「あたりを―する」
へいけがに【平家▼蟹】カニの一。瀬戸内海に多い。
へいげん【平原】「シベリアの大―」
べいご【米語】「―と英語は微妙に異なる」
へいこう【平行】二直線が無限に交わらない。「―四辺形」「―線」「―する二つの直線」
へいこう【並行・併行】並んで行く。同時に行う。「鉄道に―して道路が走る」「二つの作業を―して行う」
へいこう【平衡】釣り合いがとれ、安定していること。「―を保つ」「―感覚」
へいこう【閉口】「彼の長談義には―する」
へいごう【併合】「関連会社を―する」
へいこうぼう【平行棒】男子体操競技の一つ。

べいこく【米穀】「―商」
べいこく【米国】アメリカ合衆国の略称。
べいごま【▽貝〈独楽〉】「―を回して遊ぶ」
へいさ【閉鎖】「工場を―する」
へいさい【併載】「新製品の宣伝記事に開発者のコメントを―する」
べいさく【米作】「―が盛んな地域」
へいさつ【併殺】野球のダブルプレー。「―打」
へいし【兵士】「出征―」「古参の―」
へいし【閉止】「月経―」
へいし【▼斃死】行き倒れて死ぬ。
へいじ【平時】ふだん。平常。また、平和な時。⇔戦時。「―は五時下校」
へいじ【▽瓶子】酒を入れて注ぐのに用いる器。
へいじつ【平日】「―ダイヤ」
へいしゃ【兵舎】兵隊の起居する建物。
へいしゃ【弊社】自分の会社の謙称。「―製品をご愛用いただき」
べいじゅ【米寿】八十八歳。また、その祝い。「―の賀」
へいしゅう【弊習】悪い慣習。
へいじゅん【平準】「課税の―化を図る」
へいじょ【平叙】事実をありのままに述べる。「―文」
へいしょう【並称・併称】「李白は杜甫と―される唐代の詩人である」

へいじょう【平常】「―の状態に復する」「―どおり営業を行う」
へいじょう【閉場】⇔開場。「午後九時には―する」
へいじょうしん【平常心】「―を保つ」
べいしょく【米食】主食として米を食う。
へいしん【平信】無事のたより。手紙の脇付の一。
へいしんていとう【平身低頭】ひたすら謝る。
へいせい【平静】「―を失う」「―を装う」
へいぜい【平生】「―の心がけが大切だ」
へいせつ【併設】「医学部に生命科学研究所を―する」
へいぜん【平然】「―と嘘をつく」
へいそ【平素】「―の行い」「―より懇意にして頂いている」
へいそく【閉塞】「腸―」「―感がある」
へいぞく【平俗】「―に流れる」「―な文章」
へいそつ【兵卒】「一―〈いっぺいそつ〉として仕える」
へいそん【併存】「新旧の考え方が―する」
へいたい【兵隊】「―に取られる」
へいたいかんじょう【兵隊勘定】割り勘。
へいたん【平▼坦】「―な土地」「優勝までの道のりは必ずしも―ではなかった」
へいたん【平淡】「―な趣の風景画」
へいたん【兵▼站】戦場後方で物資の補給にあたる機関。
へいたん【兵端】「―を開く」
へいだんぞくご【平談俗語】日常使う普通の語。
へいち【平地】「―に波瀾を起こす」
へいち【併置】「四年制大学に短期大学を―する」
へいちょう【兵長】旧陸軍の階級の一。上等兵の上。
へいてい【平定】「天下を―する」
へいてい【閉廷】⇔開廷。
へいてん【閉店】「午後七時に―する」「―セール」
へいどく【併読】「日刊紙二種を―する」
へいどん【併▼呑】「隣国を―する」
へいにん【併任】「二部局の長を―する」
へいねつ【平熱】健康なときの体温。
へいねん【平年】「―をはるかに上回る収穫高」「―並みの暖かさ」
へいば【兵馬】「―の権」
へいはく【幣▼帛】神前に供える物。ぬさ。「―を奉る」
べいばく【米麦】米と麦。また主食となる穀物。「―が乏しくなる」
へいはつ【併発】「風邪をひいて肺炎を―する」
へいはん【平版】版面が平らな印刷版の総称。
へいばん【平板】「―な描写」「演技が―に見える」
べいはん【米飯】「―給食」
へいふう【弊風】よくない風習。悪習。
へいふく【平伏】「家臣が―して主君を出迎える」
へいふく【平服】普段着。⇔礼服。「―でお越しください」
へいべい【平米】平方メートル。
へいへいぼんぼん【平平凡凡】「―と暮らす」
へいほう【平方】二乗。「―根」
へいほう【兵法】「―を学ぶ」
へいぼん【平凡】「―な人生」
へいまく【閉幕】「難事件もようやく―となった」
へいみん【平民】「―宰相(=原敬首相のこと)」
へいめい【平明】「―な文章」
へいめん【平面】「―図形」「―的な顔」
へいもん【閉門】⇔開門。「午後八時に―する」
へいや【平野】「濃尾―」「眼下に―が広がる」
へいゆ【平癒】「胃潰瘍が―する」
へいよう【併用】「算盤と電卓を―する」
へいらん【兵乱】「―がようやく治まった」
へいり【弊履・▼敝履】破れたぞうり。「―の如く捨てる」
へいりつ【並立】「―助詞」「―の関係」
へいりゃく【兵略】「―をめぐらす」
へいりょく【兵力】「―を増強する」
へいれつ【並列】⇔直列。「電池の―つなぎ」
へいわ【平和】「―な国」「―を守る」

ページ【▼頁】「―をめくる」
べからず【(▽可)からず】「見る―」
へき【壁】ヘキ かべ 「壁画・壁面・外壁・岸壁・障壁・城壁・絶壁・防壁」
へき【璧】ヘキ ― 「完璧・双璧・白璧」
へき【癖】ヘキ くせ 「悪癖・奇癖・潔癖・習癖・酒癖・性癖・盗癖」
べき【▼冪・▽巾】累乗。「乗―」「―根」「―級数」
へぎいた【▽折ぎ板】杉や檜の材を薄くはいだ板。
へきえき【▼辟易】「毎度同じ自慢話で―する」
へきえん【▼僻遠】「―の地で情報が不足する」
へきが【壁画】「―古墳」
へきがん【▼碧眼】「金髪―」
へきぎょく【▼碧玉】「―のネックレス」
へきくう【▼碧空】青空。「―を仰ぐ」
へきけん【▼僻見】「―かもしれないが」
へきすい【▼碧水】青く澄んだ水。「湖の―」
へきすう【▼僻・▼陬】へんぴな土地。片田舎。「―の地」
へきせつ【▼僻説】「―を正す」
へきそん【▼僻村】片田舎の村。
へきち【▼僻地】「山間―」
へきとう【▼劈頭】物事の初め。最初。「開会―」「会議の―から大混乱となる」

へきめん【壁面】「―に絵をかざる」
へきれき【▼霹▼靂】急に激しく鳴る雷。「青天の―」
へきろん【▼僻論】かたよった考え。曲論。「―に陥る」
へぐ【▽剝ぐ・▽折ぐ】「木の皮を―」
へくそかずら【▼屁▼糞▽葛・▼屁▼屎▽葛】アカネ科のつる性植物。
へこおび【▽兵▽児帯】子供や男性のしごき帯。
へこむ【▽凹む】「指で押すと―」「失敗して―」
へさき【▼舳先】船の先端。⇔艫〈とも〉。
べし【(▽可)し】「注意す―」
へしおる【▽圧し折る】「高慢の鼻を―」
へす【▽減す】へらす。
へずる【▽剝る】「端を―」
へそ【▼臍】「―で茶を沸かす(＝滑稽きわまる)」「―を曲げる(＝機嫌を損ねる)」
へそくり【(▼臍繰)り】「―を簞笥に隠す」
へそのお【▼臍の緒】「―を切ってから初めての事」
へそまがり【▼臍曲がり】「ちょっと―のところがある」
へた【《下手》】⇔上手。「―な鉄砲も数打てば当たる」「―の横好き」「―をすると」
へた【▼蔕】「茄子の―」
へた【▼厴】巻き貝の殻の口にあるふた。
へだて【隔て】「―の障子」「―のない間柄」

へだてる【隔てる】「大通りを―てた向こう側」「二人の仲を―」
へちま【〈糸瓜〉・〈天糸瓜〉】「―水」
べつ【別】ベツ わか-れる 「別冊・別便・別離・区別・告別・差別・識別・選別・送別・特別・判別」
べつ【蔑】ベツ さげす-む 「蔑視・蔑称・軽蔑・侮蔑」
べつ【別】「男女の―を問わない」「それはまた―の話だ」
べつあつらえ【別▼誂え】「―の品」
べついん【別院】寺の支院。
べっかく【別格】「―の扱い」「あの人は―だ」
べっき【別記】「細則は―する」
べつぎ【別儀】ほかのこと。特別の理由・事情。「君を呼び出したのは―ではない」
べっきょ【別居】「仕事の都合で家族とは―している」
べつくち【別口】「―に声をかける」「―の取引」
べっけい【別掲】「―の図を参照されたい」
べっけん【別件】「―逮捕」
べっけん【▼瞥見】ざっと見る。一瞥。「話しぶりから彼の人柄が―できる」「―をくれる」
べつげん【別言】「―すれば」

べっこ【別個・別▽箇】「親と子とは―の人格だ」
べっこう【別項】「―に掲げる」
べっこう【▼鼈甲】タイマイの甲羅を加工した装飾品。「―飴」「―色（＝透明な黄褐色）」「―細工」
べっこん【別懇】特に親しいさま。「―の間柄」
べっさつ【別冊】「―付録」「―特集号」
べっし【別紙】「―記載のとおり」
べっし【蔑視】「女性―」
べつじ【別事】「―なく暮らす」
べつじ【別辞】別れのあいさつ。「―を述べる」
べっしつ【別室】「―で会談する」
べっして【別して】「今日は―暑い」
べっしょ【別▼墅】別荘。別宅。
べっしょう【別称】別名。
べっしょう【蔑称】人や物を軽蔑した呼び名。
べつじょう【別条】普通とは違う事柄。「―なく暮らす」
べつじょう【別状】普通ではない状態。「命に―はない」
べつじん【別人】「車のハンドルを握るとまるで―のようだ」
べっせかい【別世界】「都会の喧騒とは―の静けさだ」
べっせき【別席】「―に通す」

べっそう【別荘】「軽井沢の―」
べったく【別宅】「―を書斎代りにする」
べつだて【別建て】「鉄道とバスの運賃は―だ」
べつだん【別段】「―困っていない」
べっちん【別珍】綿のビロード。「―の足袋」
へっつい【▼竈】かまど。
べってい【別邸】別宅。「―がいくつもある富豪」
べってんち【別天地】世俗とかけはなれた理想境。
べっと【別途】「交通費は―支給する」「詳細は―連絡する」
べつどうたい【別働隊・別動隊】「―による工作」
べつに【別に】「―用はありません」「―変わった様子もない」
べつのう【別納】「料金―郵便」
べっぱい【別杯・別▼盃】別れに酌み交わす杯。
べっぴょう【別表】「―を付す」
へっぴりごし【《▽屁》っ《▽放》り腰】および腰。「―で球を受ける」
べつびん【別便】「品物は送り状とは―で送る」
べっぴん【別▼嬪】美しい女性。「なかなかの―さん」
べっぷう【別封】「―の特別賞与」
べつべつ【別別】「―の勘定」「―に行動する」
べつま【別間】「来客を―に通す」

べつむね【別棟】「親とは―に住む」
べつめい【別名】本名以外の名。異名。
べつめい【別命】「―あるまで待機せよ」
べつもの【別物】「彼は―として処遇する」
べつよう【別様】「―の見方をする」
へつらう【▼諂う】「上役に―」
べつり【別離】「―の悲しみ」
べつわく【別枠】「―の予算」
へど【▽反吐・▼嘔吐】「―が出る」
ベトナム【越南】東南アジアの国。
へなちょこ【《▼埴▼猪▽口》】「―な奴」
べに【紅】「―を差す（引く）」
べにざけ【紅▼鮭】「―のムニエル」
べにばな【紅花】キク科の越年草。「―油」
へのかっぱ【▼屁の〈河童〉】「この程度の怪我は―だ」
へび【蛇】「―に見込まれた蛙のよう」「―の生殺し」
へびいちご【蛇▼苺】バラ科の多年草。
へめぐる【経▽回る】「諸国を―」
へや【《部屋》】「子供―」「―割」
へら【▼箆】「靴―」
へらす【減らす】「予算を―」
へらずぐち【減らず口】「―を叩く（きく）」
へらぶな【▼箆▼鮒】フナの一種。ゲンゴロウブナ。

べらぼう【▼篦棒】「—め」「—に高い」
へり【▽縁】「本の—が傷む」「畳の—を踏まないようにする」
へりくだる【▽遜る・▽謙る】謙遜する。「—った態度」
へりくつ【▼屁理屈】「—をこねる」
へる【減る】「人口が—」「腹が—」「口の—らないやつだ」
へる【経る】「十五年の歳月を—」
ペルー【秘露】南アメリカの国。
ベルギー【白耳義】ヨーロッパ西部の国。
ペルシャ【波斯】イランの旧称。「—猫」「—湾」
ベルリン【伯林】ドイツの首都。
へん【片】ヘン かた 「片雲・片言・片鱗・細片・紙片・断片・破片」
へん【辺（邊）】ヘン あた-り・べ 「辺境・辺際・辺地・一辺・近辺・周辺・身辺・底辺・両辺」
へん【返】ヘン かえ-す・かえ-る 「返還・返金・返却・返事・返上・返信・返送・返答・返納・返品・返礼・代返」
へん【変（變）】ヘン か-わる・か-える 「変化・変革・変換・変心・変身・変人・変動・変貌・変容・異変・改変・急変・激変・政変・大変・不変」

へん【偏】ヘン かたよ-る 「偏愛・偏狭・偏屈・偏見・偏光・偏向・偏在・偏差値・偏食・偏重・不偏」
へん【遍】ヘン — 「遍在・遍照・遍歴・遍路・一遍・普遍」
へん【編】ヘン あ-む 「編曲・編集・編成・編隊・編入・改編・巨編・長編」（「篇」の書き換え字としても用いられる）
へん【辺】「—の長さ」「どの—に座ろうか」「この—の事情」
へん【変】「桜田門外の—」「—ホ長調」「—に威張っている人」
へん【偏】⇔旁〈つくり〉。
へん【編】「三—に分かれた小説」「その道の大家の—に成る」
べん【弁（辨）（瓣）（辯）】ベン — 「弁解・弁護・弁済・弁償・弁舌・弁当・弁務・弁明・弁理・弁論・駅弁・花弁・勘弁・強弁・思弁・代弁・多弁・雄弁」
べん【便】ベン・ビン たよ-り 「便益・便器・便宜・便所・便利・簡便・軽便・検便・至便・不便・方便・利便」

べん【勉（勉）】ベン — 「勉学・勉強・勉励・勤勉」
べん【弁・▼辨・▼瓣・▼辯】「五—のツバキ」「消火栓の—」「東北—」「—が立つ」
べん【便】「交通の—が良い」
へんあい【偏愛】「長男を—する」
へんあつ【変圧】「—器」
へんい【変異】異変。同種生物の形質の相違。「突然—」
へんい【変移】移り変わる。「状態の—」
へんい【偏▼倚】一方にかたよる。
べんい【便意】「—を催す」
へんうん【片雲】ちぎれ雲。
へんえい【片影】「父の—を伺わせる」
べんえき【便益】「—施設」「—を図る」
へんか【返歌】人から贈られた歌に答える歌。
へんか【変化】「気温が—する」「表情の—を読み取る」
べんかい【弁解】「いまさら—してもはじまらない」「—の余地はない」「—のない生活」
へんかく【変革】「社会—」「時代の—期」
へんがく【▼扁額】室内などに掛ける横に長い額。
べんがく【勉学】「—に勤しむ」
ベンガラ【弁柄・▽紅殻】赤色顔料の一。べにがら。「—縞」「—塗り」

へんかん【返還】「優勝旗を—する」「奨学金を—する」
へんかん【変換】「ローマ字を仮名に—する」
べんき【便器】「和式(洋式)の—」
べんぎ【便宜】「—を図る」「これは—的な処置だ」
へんきゃく【返却】「図書を期日までに—する」
へんきょう【辺境】「—の地からのレポート」
へんきょう【偏狭・▼褊狭】「—な性格」「—な見方」
べんきょう【勉強】「受験—」「毎晩遅くまで—している」「人生何事も—だ」「—しますのでお買い求め下さい」
へんきょく【編曲】「交響曲をピアノ曲に—する」
へんきん【返金】「—の催促をする」
へんくつ【偏屈】「—な考え方」「—な年寄り」
へんげ【変化】「妖怪—」
へんけい【変形】「押されて容器が—する」
べんけい【弁慶】「武蔵坊—」「内—」「—の立ち往生」「—の泣き所(=むこうずね)」
へんけん【偏見】「—を抱く」「独断と—」
へんげんじざい【変幻自在】「—の動き」
へんげんせきご【片言隻語】ちょっとした一言。「先生の講義の—も漏らさずにノートをとる」
べんご【弁護】「—士」「無実を信じて—する」
へんこう【変更】「予定を—する」
へんこう【偏光】「—顕微鏡」「—プリズム」
へんこう【偏向】「思想の—」「—した考え方」
へんさ【偏差】標準からのずれ。「標準—」
べんざ【便座】「—に腰掛ける」
へんさい【返済】「借金を—する」
へんざい【偏在】一部分にかたよって存在する。「富が一部の人に—している」

へんざい【遍在】広く行き渡って存在する。「神の—」
べんさい【弁才】「—に恵まれた政治家」
べんさい【弁済】「—能力」「債務を—する」
べんざいてん【弁才天・弁財天】七福神の一人。弁天。
へんさち【偏差値】「英語の—が高い」
へんさん【編▼纂】集めた材料を取捨選択し書物にする。「史料を—する」
へんし【変死】「林の中から—体が見つかる」
へんじ【返事・返辞】「手紙の—を書く」「呼ばれたら—をして下さい」「良い—を期待している」
へんじ【変事】「最近このあたりで—が続く」
べんし【弁士】「選挙運動の応援—」
へんしつ【変質】「油が—する」「—者が捕まる」
へんしゅ【変種】「地中海文明の一—」「バラの—」
へんしゅう【偏執】偏屈で他の意見を入れない。「—狂」
へんしゅう【編修】資料をもとに書物をまとめあげる。「大日本史の—事業を推進する」

へんしゅう【編集・編▼輯】新聞や書物をまとめ上げる。「—者」「—部」「雑誌を—する」
へんしょ【返書】返信。「折り返し—を送る」
べんじょ【便所】「—に入ったら手を洗う」
へんしょう【返照】夕日の照り返し。「—が目にまぶしい」
へんじょう【返上】「汚名—」「休暇を—する」
べんしょう【弁証】「—法」
べんしょう【弁償】「割ったガラスを—する」
へんしょく【変色】「セピア色に—した写真」
へんしょく【偏食】「—の子供」
へんしん【返信】⇔往信。「—用の葉書」
へんしん【変心】「—して敵に内通する」
へんしん【変身】「美女が—して夜叉になる」「華麗に—する」
へんじん【変人・偏人】「奇人—」「—扱いされる」
へんすう【辺▼陬】「人里離れた—の地」
へんずつう【偏頭痛】頭の片側に起こる頭痛。
へんする【偏する】かたよる。「食事が—」
へんせい【編成】集めて統一あるものにする。「八両—の電車」「来年度の予算を—する」

へんせい【編制】軍隊・団体などを組織する。「戦時

―」「部隊を―する」
へんせいき【変声期】「男子の―」
へんせいふう【偏西風】「―に乗って黄砂が運ばれる」
へんせつ【変節】 従来の主義・主張などを変えること。「彼は―漢で信用ならない」
べんぜつ【弁舌】「―さわやか」
へんせん【変遷】「風俗は時代とともに―する」
へんそう【返送】「葉書を―する」
へんそう【変装】「女性に―する」
へんぞう【変造】「―紙幣」「旅券を―する」
へんそうきょく【変奏曲】「ピアノ―」
へんそく【変則】「―の構え方」「―的な方法」
へんそく【変速】「―ギアの付いた自転車」
へんたい【変態】「―性欲」「さなぎが成虫に―する」
へんたい【編隊】「―飛行」「―を組む」
べんたつ【▼鞭▼撻】「御指導御―のほど願い上げます」
へんち【辺地】「―に赴任する」
へんちつ【▼篇▼帙】 書物を保護するための覆い。書物。「―に収まる和綴じの本」「―を繙く」
へんちょ【編著】「複製には―者の許諾が必要だ」
へんちょう【変調】「体の―を訴える」「エンジンに―を来す」

へんちょう【偏重】「学歴―の社会」
べんつう【便通】「昨日まで―がなかった」
へんてこ【変《▼梃》】 奇妙。「―な話」
へんてつ【変哲】「何の―もない紙切れ」
へんてん【変転】「―きわまりない一生を送る」「政情がめまぐるしく―する」
べんてん【弁天】 弁才天。美人。「―娘」
へんでんしょ【変電所】 電圧調整を行う施設。
へんとう【返答】「―に窮する」「―次第ではこちらにも覚悟がある」
へんどう【変動】「物価の―が激しい」
べんとう【弁当】「―代」「―箱」
へんとうせん【▼扁桃腺】「―が腫れて熱が出る」
へんにゅう【編入】「三年次―試験」「市に―する」
へんのう【返納】「―金」「辞退者に入学金を―する」
へんぱ【偏▼頗】「―な考え」
へんぱい【返杯・返▼盃】「一気に飲んで―する」
べんばく【弁▼駁】「反対派の説を―する」
へんぴ【辺▼鄙】「―な田舎」
べんぴ【便秘】 大便が出ないこと。「―に悩む」
へんぴん【返品】「―の山」「不良品を―する」
へんぷく【辺幅】 外見。うわべ。みなり。「―を飾らない」
へんぶつ【変物・偏物】「村の―として知られた人」

へんぺい【▼扁平】 平べったいさま。「―な顔」
へんぺいそく【▼扁平足】 土踏まずが浅い足。
べんべつ【弁別】「色の違いを―する」
へんぺん【片片】「―たる事実」「雲が―と流れ行く」
べんべん【便便】 無為に過ごすさま。腹が出ているさま。「―だらりと日を過ごす」「―とした太鼓腹」
へんぼう【変貌】「―を遂げる」「村がここ数年で著しく―した」
へんぽう【返報】 仕返し。返事。「―にびくびくする」「―を待つ」
べんぽう【便法】「さしあたりの―を講ずる」
へんぽん【▼翩翻】「旗が―とひるがえる」
べんまく【弁膜】「心臓―症」
べんむかん【弁務官】「高等―」
へんめい【変名】「―を使う」
べんめい【弁明】「自分の行動について―する」
べんもう【▼鞭毛】「ミドリムシの―運動」
へんよう【変容】「社会がめまぐるしく―する」
べんらん【便覧】 びんらん。「国語―」
べんり【便利】「―な道具」「通勤に―な土地」
べんりし【弁理士】 特許などの手続きの代理者。
へんりん【片▼鱗】「大器の―をうかがわせる」
へんれい【返礼】「新築祝いの―に菓子を贈る」

へんれい【返戻】「―金」「書類一式を―する」

べんれい【勉励】「刻苦―する」

べんれいたい【▼駢▼儷体】対句による美文体。「四六―」

へんれき【遍歴】「人生―」「諸国を―する」

へんろ【遍路】「―宿」「お―さん」

べんろん【弁論】「―大会」

ほ

ほ【歩(步)】ホ・ブ・(フ) ある-く・あゆ-む 「歩行・歩調・歩道・散歩・譲歩・初歩・進歩・地歩・徒歩」

ほ【保】ホ たも-つ 「保安・保育・保温・保護・保守・保証・保身・保存・保有・保養・保留・確保・担保・留保」

ほ【哺】ホ ― 「哺育・哺乳類・反哺」

ほ【捕】ホ と-らえる・と-らわれる・と-る・つか-まえる・つか-まる 「捕獲・捕球・捕殺・捕食・捕捉・捕縛・捕虜・逮捕」

ほ【補】ホ おぎな-う 「補給・補強・補欠・補習・補充・補助・補償・補正・補説・補足・補導・候補・増補」〔「輔」の書き換え字としても用いられる〕

ほ【舗】ホ ― 「舗装・舗道・店舗・本舗・老舗」

ほ【帆】「―を張る」「―を上げる」

ほ【穂】「麦の―」「筆の―」「―に―が咲く(=稲がよく実る)」

ぼ【母】ボ はは 「母校・母性・母体・異母・賢母・酵母・聖母・父母」

ぼ【募】ボ つの-る 「募金・募債・募集・応募・急募・公募・徴募」

ぼ【墓】ボ はか 「墓穴・墓参・墓所・墓前・墓地・墓碑・墓標・墳墓」

ぼ【慕】ボ した-う 「慕情・愛慕・欽慕・敬慕・思慕・追慕・恋慕」

ぼ【暮】ボ く-れる・く-らす 「暮春・暮色・歳暮・薄暮」

ぼ【模】⇩も(模)。「規模」

ぼ【簿】ボ ― 「簿記・原簿・帳簿・通信簿・登記簿・名簿」

ぼあい【暮▼靄】夕もや。「あたりが―に包まれる」

ほあん【保安】「―官」「―設備」

ほい【補遺】「本編に付せられた―」

ほいく【保育】乳幼児を保護し育てる。「三年―」「―園」「―士」

ほいく【哺育】動物の親が子供を育てる。

ほいつ【捕逸】野球の、パスボール。

ぼいん【母音】「―調和」

ぼいん【▼拇印】指先に朱肉や墨をつけて押す代用印。

ほう【方】ホウ かた 「方位・方角・方形・方言・方向・方策・方式・方針・方便・方法・方面・遠方・快方・後方・四方・処方・先方・地方・途方・平方」

ほう【包】ホウ つつ-む 「包囲・包括・包装・包帯・包容・空包・内包」

ほう【芳】ホウ かんば-しい 「芳恩・芳紀・芳香・芳醇・芳名・遺芳」

ほう【邦】ホウ ― 「邦貨・邦画・邦楽・邦人・邦訳・本邦・連邦」

ほう【奉】ホウ・(ブ) たてまつ-る 「奉賀・奉還・奉公・奉仕・奉祝・奉職・奉勅・奉納・遵奉・信奉」

ほう【宝(寶)】ホウ たから 「宝冠・宝玉・宝庫・宝飾・宝石・宝物・家宝・国宝・財宝・至宝・秘宝」

ほう【抱】ホウ いだ-く・かか-える・だ-く 「抱懐・抱合・抱負・抱腹・抱擁・

ほ

抱卵・介抱・辛抱」

ほう【放】ホウ はな-す・はな-つ・はな-れる・ほう-る 「放火・放棄・放言・放出・放心・放水・放送・放置・放電・放任・放念・放牧・放免・放流・放浪・開放・解放・釈放・追放」

ほう【法】ホウ・(ハッ)・(ホッ) ― 「法度〈はっと〉・法被〈はっぴ〉・法案・法王・法規・法主〈ほうしゅ〉〈ほっしゅ〉・〈ほっす〉・法則・法廷・法典・法律・法華〈ほっけ〉・違法・工法・技法・作法・秘法・不法・文法・方法・用法・立法・論法」

ほう【泡】ホウ あわ 「泡沫・気泡・水泡・発泡」

ほう【封】⇩ふう（封）。 「封建・封土・移封・素封家」

ほう【胞】ホウ ― 「胞子・細胞・同胞・肺胞」

ほう【俸】ホウ ― 「俸給・俸禄・加俸・月俸・減俸・増俸・年俸」

ほう【倣】ホウ なら-う 「模倣」

ほう【峰】ホウ みね 「鋭峰・高峰・孤峰・秀峰・主峰・霊峰・連峰」

ほう【砲】ホウ ― 「砲火・砲丸・砲撃・砲口・砲手・砲弾・空砲・銃砲・祝砲・大砲・鉄砲・発砲・礼砲」

ほう【崩】ホウ くず-れる・くず-す 「崩壊・崩御・崩落」

ほう【訪】ホウ おとず-れる・たず-ねる 「訪欧・訪客・訪日・訪問・再訪・採訪・探訪・来訪・歴訪」

ほう【報】ホウ むく-いる 「報恩・報告・報酬・報償・報復・会報・警報・広報・時報・情報・通報・悲報」

ほう【蜂】ホウ はち 「蜂起・養蜂」

ほう【豊（豐）】ホウ ゆた-か 「豊凶・豊胸・豊作・豊潤・豊年・豊富・豊満・豊漁・豊麗」

ほう【飽】ホウ あ-きる・あ-かす 「飽食・飽満・飽和」

ほう【褒（襃）】ホウ ほ-める 「褒章・褒賞・褒状・褒美・過褒」

ほう【縫】ホウ ぬ-う 「縫合・縫製・裁縫・天衣無縫」

ほう〔方〕「こちらの―で処理します」「出かけるのは早い―がよい」

ほう〔法〕「―に照らす」「―の下〈もと〉の平等」

ほう〔報〕「合格の―を受ける」

ぼう【亡】ボウ・(モウ) な-い 「亡国・亡父・亡命・亡霊・亡者〈もうじゃ〉・興亡・死亡・衰亡・存亡・逃亡・滅亡」「「ない」は、多く文語の「亡き」で使う」

ぼう【乏】ボウ とぼ-しい 「窮乏・欠乏・耐乏・貧乏」

ぼう【妄】⇩もう（妄）。「妄言〈ぼうげん〉〈もうげん〉」

ぼう【忙】ボウ いそが-しい 「忙殺・忙事・忙中・多忙・繁忙」

ぼう【坊】ボウ・(ボッ) ― 「坊間・坊主・宿坊・僧坊・風来坊」

ぼう【妨】ボウ さまた-げる 「妨害」

ぼう【忘】ボウ わす-れる 「忘恩・忘我・忘却・忘失・忘年・備忘」

ぼう【防】ボウ ふせ-ぐ 「防衛・防音・防火・防寒・防具・防災・防止・防戦・防犯・防壁・消防・堤防・予防」

ぼう【房】ボウ ふさ 「房事・工房・山房・書房・暖房・厨房・同房・独房・女房・冷房」

ぼう【肪】ボウ ―「脂肪」

ぼう【某】ボウ ―「某君・某国・某氏・某日・某所・某某」

ぼう【冒】ボウ おか-す「冒険・冒頭・感冒」

ぼう【剖】ボウ ―「剖検・解剖」

ぼう【紡】ボウ つむ-ぐ「紡織・紡錘・紡績・紡毛・混紡・綿紡」

ぼう【望】ボウ・モウ のぞ-む「望外・望郷・一望・渇望・願望・希望・失望・人望・絶望・大望〈たいぼう〉〈たいもう〉・待望・眺望・熱望・野望」

ぼう【傍】ボウ かたわ-ら「傍観・傍系・傍受・傍証・傍人・傍線・傍注・傍聴・傍点・傍流・近傍・路傍」

ぼう【帽】ボウ ―「帽子・帽章・角帽・学帽・制帽・脱帽・無帽」

ぼう【棒】ボウ ―「棒術・棒状・棒線・警棒・指揮棒・心棒・痛棒・鉄棒・綿棒・麺棒」

ぼう【貿】ボウ ―「貿易」

ぼう【貌】ボウ ―「顔貌・全貌・相貌・美貌・風貌・変貌・容貌」

ぼう【暴】ボウ・(バク) あば-く・あば-れる「暴露〈ばくろ〉・暴飲・暴挙・暴言・暴行・暴走・暴徒・暴動・暴発・暴風・暴落・暴利・横暴・凶暴・粗暴・乱暴」

ぼう【膨】ボウ ふく-らむ・ふく-れる「膨大・膨張・膨脹・膨満」

ぼう【謀】ボウ・(ム) はか-る「謀議・謀殺・謀略・陰謀・共謀・参謀・無謀」

ぼう【坊】「お―さん」「武蔵―弁慶」「―に住する」

ぼう【某】「―政治家」「―年―月」

ぼう【棒】「一生を―に振る」

ぼうあく【暴悪】「―な君主」

ぼうあつ【暴圧】「民衆のデモを軍が―する」

ほうあん【法案】「国会に―を提出する」

ほうい【方位】「―磁石」

ほうい【包囲】「―網」「敵を―する」

ぼうい【暴威】「台風が―を振るう」

ほういつ【放逸】勝手気ままで節度がないこと。「―な生活」「ややもすれば―に流れる」

ほういん【法印】僧の最高位。「―大和尚位」

ぼういん【暴飲】「―暴食を控える」

ほうえ【法会】「亡父の一周忌の―を営む」

ほうえい【放映】「試合をテレビで―する」

ぼうえい【防衛】「正当―」「自国を―する」

ぼうえき【防疫】「インフルエンザの―対策」

ぼうえき【貿易】「自由―」「―赤字」「―摩擦」

ほうえつ【法悦】仏法を聞いて心に起こる喜び。

ほうえん【砲煙】「―弾雨の中」

ほうえん【豊艶】「―な女性」

ぼうえんきょう【望遠鏡】「天体―」

ほうおう【法王】教皇〈きょうこう〉。「ローマ―」

ほうおう【法皇】出家した上皇。「後白河―」

ほうおう【訪欧】ヨーロッパを訪問する。

ほうおう【▼鳳▼凰】「宇治平等院の―堂」

ぼうおく【▼茅屋】かやぶきの家。自宅を謙遜して言う語。「―ですがお立ち寄り下さい」

ほうおん【芳恩】「―を忝〈かたじけな〉くする」

ほうおん【報恩】恩に報いる。⇔忘恩。「―の念を抱く」

ぼうおん【忘恩】恩知らず。⇔報恩。「―の徒」

ぼうおん【防音】「―壁」「―装置」

ほうか【邦貨】自国の貨幣。

ほうか【放火】「―魔」

ほうか【放歌】「寮祭で―高吟する学生」

ほうか【法科】「―大学院」

ほうか【砲火】「集中―」「―を浴びる」「―を交える」

ほうか【▼烽火】のろし。「―を上げる」
ほうが【邦画】日本の絵画。日本の映画。⇔洋画。
ほうが【奉加】寄進。「―帳を回す（＝寄付を集めて回る）」
ほうが【奉賀】「―新年」
ほうが【▼萌芽】「文明の―」「若手の―的研究を支援する」
ぼうか【防火】「―訓練」「―シャッター」「―壁」
ぼうが【忘我】我を忘れて夢中になる。「―の境」
ほうかい【抱懐】「青雲の志を―する」
ほうかい【崩壊・崩潰】「堤防が―する」
ほうがい【法外】「―な値段」「―な要求」
ぼうがい【妨害・妨▼碍・妨▼礙】「交通―」「活動を―する」
ぼうがい【望外】「―の喜び」「―な成果を得る」
ほうかいりんき【法界▼悋気】他人をねたむ。
ほうがく【方角】「南の―」「―が良い（悪い）」
ほうがく【邦楽】日本の伝統音楽。特に近世のもの。
ほうがく【法学】「―部」
ほうかご【放課後】「―にクラブ活動をする」
ほうがちょう【奉加帳】「―を回す」
ほうかつ【包括】「全体を―的に述べる」
ほうかん【芳▼翰】相手からの手紙を敬っていう。
ほうかん【奉還】「大政―」

ほうかん【▼幇間】太鼓持ち。男芸者。
ほうがん【包含】「二つの集合は―関係にある」
ほうがん【▽判官】「源九郎―義経」
ほうがん【芳顔】美しい顔。尊顔。「―を拝する」
ほうがん【砲丸】大砲のたま。砲弾。砲丸投げの球。
ぼうかん【防寒】寒さを防ぐこと。⇔防暑。「―具（服）」
ぼうかん【傍観】関わりを持たず、そばで見ている。「―者」
ぼうかん【暴漢】「―に突然襲われる」
ほうがんし【方眼紙】縦横の直交線を引いた紙。
ほうがんびいき【▽判官▼贔▼屓】弱い者への同情。
ほうき【▼箒・▼帚】「―で庭を掃く」
ほうき【芳紀】年頃の女性の年齢。「―まさに十八歳」
ほうき【放棄・▼抛棄】「職務を―する」「権利を―する」
ほうき【法規】「交通―」「関連―」
ほうき【蜂起】「反乱軍が各地で―する」
ほうき【伯耆】旧国名。鳥取県西部。伯州。「―富士（＝大山〈だいせん〉の美称）」
ぼうぎ【謀議】「共同―をめぐらす」
ほうきぐさ【▼箒草】アカザ科の一年草。箒にする。
ほうきぼし【▼箒星】彗星〈すいせい〉。

ぼうきゃく【忘却】「―の彼方〈かなた〉」「事件の前後を―する」
ぼうぎゃく【暴虐】「―の限りを尽くす」
ほうきゅう【俸給】給料。サラリー。「―生活者」「毎月二十日に―が振り込まれる」
ほうぎょ【崩御】天皇や皇后などの死去を敬っていう。
ぼうきょ【暴挙】「―を戒める」「デモ隊の一部が―に出る」
ぼうぎょ【防御・防▼禦】「陣地を―する」「周囲の―を固める」
ほうきょう【豊凶】豊作と凶作。「来年の稲作の―を占う」
ほうきょう【豊胸】女性のふくよかな胸。「―術」
ほうきょう【豊▽頰】ふっくらとした頰〈ほお〉。「―の美人」
ぼうきょう【防共】共産主義勢力の侵略を防ぐ。「日独伊―協定」
ぼうきょう【望郷】「―の念に駆られる」
ほうぎょく【宝玉】「―をちりばめた王冠」
ほうきん【砲金】スズ青銅の一種。機械部品用。
ほうぎん【放吟】「宴会で高歌―する」
ぼうぐ【防具】「剣道の―を身に着ける」
ぼうくうごう【防空▼壕】空襲から身を守るための

穴。
ぼうくん【傍訓】振り仮名。
ぼうくん【暴君】「―ネロ」「―の圧政に苦しむ」
ほうけい【方形】「―の土地」
ほうけい【包茎】「―手術」
ほうげい【奉迎】貴人をお迎えする。「―パレード」
ぼうけい【傍系】⇔直系。「―会社」
ぼうけい【謀計】「―をめぐらす」
ほうげき【砲撃】「敵陣を―する」
ほうける【《▼惚》ける・《▼耄》ける】「毎日遊び―・けてばかりいる」
ほうけん【奉献】「御神灯を―する」
ほうけん【宝剣】「王の象徴たる―」
ほうけん【封建】「―制」「―的な考えが根強い」
ほうげん【方言】「九州―」「土地の―」
ほうげん【放言】「場をわきまえずに―する」「―を戒める」
ほうげん【法眼】法印の次の僧位。「―和尚位」
ぼうけん【冒険】「―旅行」「事業拡大は―すぎる」
ぼうけん【剖検】解剖による検査。「―により死因を特定する」
ぼうけん【望見】「大河の対岸を―する」
ぼうげん【暴言】「―を吐く」
ほうこ【宝庫】「深海は未知の生物の―だ」

ほうご【法語】「親鸞聖人の―」
ぼうご【防護】「城壁を築いて敵の攻撃を―する」
ほうこう【方向】「―音痴」「西の―に曲がる」「新たな―性を見出す」
ほうこう【▼彷▼徨】さまよい歩く。「森の中を―する」
ほうこう【芳香】「―剤」「あたりに木犀の―が漂う」
ほうこう【▼咆▼哮】ほえる。「オオカミの―が響く」
ほうこう【奉公】「丁稚〈でっち〉―〈ほうこう〉」「滅私―」
ほうこう【放校】「―処分」
ほうごう【法号】僧に師が与える称号。法名。戒名。
ほうごう【縫合】「手術後に―不全がおきる」
ぼうこう【▼膀▼胱】「―炎」「―に尿がたまる」
ぼうこう【暴行】「婦女―」「―を加える」
ほうこく【報告】「―書」「現状を―する」「全員無事との―を受ける」
ほうこく【報国】「尽忠―」「一死―」
ぼうこく【亡国】「―の道を辿る」
ぼうこひょうが【暴虎▼馮河】向こう見ずな行い。
ほうこん【方今】ちょうど今。現在。「禁煙が社会風潮になっている―」
ぼうさい【防災】「―対策」「―訓練」
ほうさく【方策】「然るべき―をとる」

ほうさく【豊作】農作物の収穫が多い。⇔凶作。「―を祈願する祭り」「―貧乏」
ぼうさつ【忙殺】「仕事に―される」
ぼうさつ【謀殺】「罠にはめて―する」
ほうさん【奉賛・奉▼讃】「―会」
ほうさん【放散】「熱を―する」
ほうさん【▼硼酸】洗眼液などに用いる硼素化合物。「―水」(自然科学では「ホウ酸」と書く)
ぼうさん【坊さん】「―の読経」「お―」
ほうし【芳志】相手の心遣いに対する尊敬語。「御―に感謝申し上げます」
ほうし【奉仕】「社会―」「―活動」
ほうし【奉▼祀】謹んでまつる。「先祖を―する」
ほうし【放恣・放▼肆】気ままでだらしない。「―な暮らしぶり」
ほうし【法師】「兼好―」「西行―」
ほうし【胞子】「シダの―」
ほうじ【法事】法要。「追善供養の―を営む」
ほうじ【褒辞】ほめことば。賛辞。
ぼうし【防止】「事故―」「犯罪を―する」
ぼうし【▼眸子】ひとみ。瞳孔。
ぼうし【帽子】「外出時に―をかぶる」
ぼうじ【房事】「―過多」「―にいそしむ」
ほうしき【方式】「新―を導入する」

ほ

ほうしき【法式】決まった作法。「―に則り葬儀を執り行う」
ほうじちゃ【▼焙じ茶】下級煎茶を焙じた茶。
ぼうしつ【忘失】「記憶を―する」「会議のあることをすっかり―していた」
ぼうしつ【防湿】「―剤」
ほうしゃ【放射】「―線」
ほうしゃ【報謝】恩に報いる。僧や巡礼に金品を施す。「巡礼に御―」
ぼうしゃ【▼茅舎】かやぶきの家。自分の家を謙遜して言う語。拙宅。
ぼうじゃくぶじん【傍若無人】「―な振る舞い(態度)」
ほうしゃのう【放射能】「―汚染」
ほうしゅ【法主】一宗派の長。ほっす。
ほうじゅ【宝珠】上がとがり炎の形をした玉。「欄干の―」
ぼうしゅ【▼芒種】二十四節気の一。六月五日ごろ。
ぼうじゅ【傍受】通信内容を第三者が受信する。「無線を―する」
ほうしゅう【報酬】「―を受け取る」
ほうじゅう【放縦】気ままでだらしないさま。ほうしょう。「―な性格」
ぼうしゅう【防臭】「冷蔵庫に―剤を入れる」

ほうしゅく【奉祝】「―天皇誕生日」
ほうじゅく【豊熟】「稲が―する」
ぼうしゅく【防縮】「―加工を施した布」
ほうしゅつ【放出】「エネルギーを―する」「選手を他球団に―する」
ほうじゅつ【方術】仙人の術。神仙術。
ほうじゅん【芳▼醇】香りが高く味がよい。「―な香りのブランデー」
ほうじゅん【豊潤】豊かでみずみずしい。「―なリンゴ」
ほうしょ【芳書】手紙の尊敬語。芳翰。貴翰。「御―拝受致しました」
ほうしょ【奉書】コウゾの繊維で作った上等な和紙。
ほうじょ【▼幇助】「犯人の逃亡を―した疑い」
ぼうしょ【防暑】⇔防寒。
ぼうしょ【某所・某処】ある所。「都内―」
ほうしょう【報奨】勤労や努力に報い奨励する。「―金」
ほうしょう【報賞】功績に対し賞品・賞金を与える。「―制度」
ほうしょう【報償】損害をつぐなう。「遺族に―金を払う」
ほうしょう【褒章】「紫綬―」
ほうしょう【褒賞】ほめて金品を与える。「―金」

ほうじょう【方丈】一丈四方。寺の住職の居室。「―の庵を結ぶ」
ほうじょう【芳情】相手の心づかいを敬っていう語。「御―に深く感謝致します」
ほうじょう【法▼帖】古人の筆跡を石ずりにした折り本。
ほうじょう【豊▼穣】作物が豊かにみのる。豊作。「―の秋」「五穀―」
ほうじょう【豊▼饒】地味が肥え作物がよくみのる。「―な土地」
ぼうしょう【傍証】「―を積み重ねて証明する」
ほうじょうえ【放生会】生き物を放す儀式。
ほうしょく【奉職】「この四月から本校に―することになりました」
ほうしょく【宝飾】「―店」
ほうしょく【飽食】「―してもう入らない」
ぼうしょく【防食・防▼蝕】「―加工」
ぼうしょく【紡織】紡績と機織り。「―機」
ぼうしょく【望▼蜀】ある望みを遂げ次の物を望む。「―の嘆」
ぼうしょく【暴食】「暴飲―」
ほうじる【奉じる】「命を―」(サ変「奉ずる」も同じ)
ほうじる【報じる】「ラジオが五時を―」(サ変「報ずる」も同じ)

ほ

ほうじる【封じる】領地を与えて領主にする。「武勲著しい者を―じて大名にする」〔サ変「封ずる」も同じ〕

ほうじる【▼焙じる】「―じた茶を啜る」〔サ変「焙ずる」も同じ〕

ほうしん【方針】今後進むべき方向。「―を立てる」「―を固める」

ほうしん【芳信】手紙の尊敬語。貴翰。「―拝受致しました」

ほうしん【放心】「―状態」「―したようにぽかんと口をあけている」

ほうしん【▼疱▼疹】「帯状―」「―ができる」

ほうじん【邦人】日本人。「―男性」

ほうじん【法人】「財団―」「独立行政―」

ぼうじん【防▼塵】「―マスク」

ほうしんのう【法親王】出家後、親王となった皇子。

ぼうず【坊主】「寺の―」「野球部に入り―頭にする」「―憎けりゃ袈裟まで憎い」

ほうすい【放水】水を勢いよく出す。「ダム(ホース)から―する」

ぼうすい【防水】「―加工を施した腕時計」

ぼうすい【紡▼錘】糸を紡ぐ道具。つむ。

ぼうすいけい【紡▼錘形】両端が細く中央が太い形。「―をしたアザラシ」

ほうずる【崩ずる】「天皇が―」


ほうすん【方寸】ごく狭い範囲。心の中。「―の地」「―におさめる」

ほうせい【方正】「品行―な人」

ほうせい【法制】法律の制度。「―史」

ほうせい【▼鳳声】相手の伝言・書信を敬っていう語。「奥様によろしく御―下さいませ」

ほうせい【縫製・縫成】「―工場」

ぼうせい【暴政】暴虐な政治。

ほうせき【宝石】「―をちりばめた王冠」

ぼうせき【紡績】「―絹糸」「―工場」

ほうせつ【包摂】ある概念を大きな概念が包みこむ。「『哺乳類』は『脊椎動物』という概念に―される」

ぼうせん【防戦】「―すること三日、遂に落城した」

ぼうせん【傍線】「重要な単語に―を引く」

ぼうぜん【▼呆然・▼茫然】「突然の解雇通告に―とする」「―として立ち尽くす」

ほうせんか【▼鳳仙花】ツリフネソウ科の草。

ぼうぜんじしつ【▼茫然自失】「―の体」「突然の大事件に―する」

ほうそ【▼硼素】元素の一。〔自然科学では「ホウ素」と書く〕

ほうそう【包装】「―紙」「商品を―する」

ほうそう【放送】「テレビ(ラジオ)―」「―局」「番組を―する」

ほうそう【法曹】法律事務に従事する人。「―界の大物」
ほうそう【▼疱▼瘡】天然痘の別名。
ほうぞう【包蔵】「彼の思想に―されている問題点」
ほうぞう【宝蔵】「古刹の―」
ぼうそう【暴走】「―族」「独りでに自動車が―する」
ほうそく【法則】「万有引力の―」
ぼうだ【▼滂▼沱】涙がとめどなく流れるさま。「君を想っては涙―として流れる」
ほうたい【包帯・▼繃帯】「―を巻く」
ほうたい【奉戴】「勅旨を―する」
ほうだい【砲台】「古戦場の―跡」
ほうだい【放題】「食べ―の店」「したい―させておく」
ぼうだい【膨大・▼厖大】「―な資料」
ぼうだち【棒立ち】「突然のことに驚いて―になる」
ぼうだら【棒▼鱈】「―を戻して煮込む」
ほうたん【放胆】「―な振る舞い」
ほうだん【放談】「時事―」
ほうだん【法談】「和尚の―に耳を傾ける」
ほうだん【砲弾】「大砲の―が命中する」
ほうち【放置】「―自転車」「危険な状態を―してはいけない」
ほうち【法治】「―国家」

ほうち【報知】「火災―器」
ほうちく【放逐】「罪人を国外へ―する」
ほうちゃく【▼逢着】「難関に―する」
ぼうちゅう【▼庖▼厨】台所。
ぼうちゅう【忙中】「―閑あり」
ぼうちゅう【房中】閨房の中。「―での情事」
ぼうちゅう【傍注・▼旁▼註】「難解な語句には―を施す」
ほうちょう【包丁・▼庖丁】「出刃―」「―を握る」
ぼうちょう【防▼諜】スパイの侵入・活動を防ぐ。「―は万全だ」
ぼうちょう【傍聴】「―席」「公判を―する」
ぼうちょう【膨張・膨▼脹】ふくれて大きくなる。⇔収縮。「風船が―して割れる」「歳出が年々―する」
ほうちょく【奉勅】「―命令」
ほうてい【奉呈】「信任状―式」
ほうてい【法廷】「示談が成立せず―で争う構えだ」
ほうてい【法定】「―金利」「―速度を守って運転する」
ほうてい【▼捧呈】「天皇に国書を―する」
ほうてい【▼鵬程】遠い道程。「―万里」
ほうていしき【方程式】「―を解く」
ほうてき【放▼擲・▼抛▼擲】「地位も名誉も―して隠棲する」
ほうてき【法的】「―手段に訴える」
ほうてん【奉▼奠】神前に謹んで供える。「玉串を―する」
ほうてん【宝典】大切な書物。便利な書物。
ほうてん【法典】「ハンムラビ―」
ほうでん【放電】「落雷による―」
ぼうてん【傍点】「注意喚起のため―を付す」
ほうと【方途】「救済する―を考える」
ほうど【邦土】「―を守る」
ほうど【封土】大名の領地。「―を賜る」
ぼうと【暴徒】「デモに参加していた市民の一部が―と化す」
ほうとう【宝刀】「伝家の―」
ほうとう【宝塔】宝で飾った塔。寺の塔。多宝塔。
ほうとう【放▼蕩】「―息子」「―生活」
ほうとう【法灯】闇を照らす仏の教え。「―に導かれる」
ほうとう【法統】「弘法大師空海の―を継ぐ」
ほうどう【報道】「新聞―」「―機関」「事件を現場から―する」
ぼうとう【冒頭】「―陳述」「会の―で挨拶する」「文章の―で要点を述べる」
ぼうとう【暴投】「投手が―して先制点をとられる」
ぼうとう【暴騰】物価・株価などが急激に上がる。⇔暴落。「株価の―」
ぼうどう【暴動】「―が起こる」「―を鎮圧する」
ほうとうこうめん【▼蓬頭▼垢面】身だしなみに無頓着である。
ほうとうぶらい【放▼蕩無頼】「―の徒」
ほうとく【報徳】報恩。「―の念を忘れない」
ぼうとく【冒▼瀆】「神に対する―」
ほうなん【法難】仏教を広めるために受ける迫害。
ほうにち【訪日】「大統領が―する」
ほうにょう【放尿】小便をする。
ほうにん【放任】「―主義」「親が子供を―する」
ほうねつ【放熱】熱を放散する。
ほうねん【放念】「お返事などどうぞ御―下さい」
ほうねん【豊年】「―満作」「―を祈る」
ぼうねんかい【忘年会】「年の瀬を迎え―のシーズンだ」
ほうのう【奉納】「供物を―する」「薪能を―する」
ほうはい【▼澎▼湃・▼彭▼湃】水が逆巻くさま。勢いが盛んなさま。「―たる怒濤」「新風が―として起こる」
ほうばい【▼朋輩・▽傍輩】同僚。「―付き合い」「職場の―」〔「朋輩」は当て字〕
ぼうはく【傍白】演劇で相手役には聞こえないせりふ。
ぼうばく【▼茫漠】「―としてつかみどころがない」

ぼうはつ【暴発】「拳銃が—する」
ほうはてい【防波堤】「—を築く」
ぼうはん【防犯】「犯人の姿を—カメラがとらえる」
ほうひ【放▼屁】屁〈へ〉をひること。
ほうび【褒美】「御—をあげる」
ぼうび【防備】「—を固める」
ぼうびき【棒引き】棒線を引く。借金などの帳消し。「借金を—(に)する」
ほうふ【抱負】「監督就任に当たっての—を語る」
ほうふ【豊富】「資源が—な国」「—な知識」
ぼうふう【防風】「—林」
ぼうふう【暴風】「—圏」
ぼうふうう【暴風雨】「—の被害」
ほうふく【法服】裁判官が法廷で着る制服。
ほうふく【報復】「—措置を講ずる」
ほうふくぜっとう【抱腹絶倒】大笑いする。「人気の漫才を観て—する」
ぼうふざい【防腐剤】物が腐るのを防ぐ薬剤。
ほうふつ【▼髣▼髴・▼彷▼彿】「昔の思い出が—としてよみがえる」「亡き祖父を—(と)させる」
ほうぶつせん【放物線】「球が—を描いて落下する」
ぼうふら【▼孑▼孒】「どぶに—が湧く」
ほうぶん【邦文】和文。
ほうぶん【法文】「—学部」
ほうへい【奉幣】神前に幣帛を奉る。「—使」
ほうへい【砲兵】大砲を使用する陸軍の兵。
ぼうへき【防壁】「—を築く」
ほうへん【褒▼貶】「毀誉〈きよ〉—」
ほうべん【方便】「うそも—」
ほうほう【《▼這》う《▼這》う】「—の体〈てい〉で逃げ出す」
ほうほう【方法】「—論」「何か—があるはずだ」「—的にあやまりがある」
ほうぼう【《方方》】あちこち。「—探しまわってようやく見つけた」
ほうぼう【▼鋒▼鋩】刃物のきっさき。鋭く激しい気性。「—を収める」
ほうぼう【▼魴▼鮄・〈竹麦魚〉】海底にすむ魚。「—の刺身」
ぼうぼう【▽茫▽茫】「—たる大洋(大平原)」
ほうぼく【放牧】「羊を—する」
ほうまつ【泡沫】あわ。はかないもの。「—候補」「—会社」「—夢幻」
ほうまん【放漫】「—経営」「—な生活」
ほうまん【豊満】「—な胸」
ぼうまん【暴慢】「—な政治」
ぼうまん【膨満】「腹部に—感がある」
ほうみょう【法名】戒名。⇔俗名。「墓石に—を刻む」
ぼうみん【暴民】「—を鎮圧する」
ほうむる【葬る】「なきがらを墓に—」「闇に—」「忌まわしい過去を—」
ほうめい【芳名】「—簿」「御—を記入下さい」
ぼうめい【亡命】思想的政治的理由から外国に逃れる。「アメリカへ—する」
ほうめん【方面】「下り横浜—は渋滞している」「物理学—に詳しい人」
ほうめん【放免】「無罪—になる」
ほうもう【法網】「—を巧みにくぐり抜ける」
ほうもつ【宝物】「—殿」「寺社の—」
ほうもん【砲門】大砲の発射口。
ほうもん【訪問】「家庭—」「—販売」
ほうやく【邦訳】外国語を日本語に訳す。和訳。
ほうゆう【▼朋友】「—と語らう」
ほうよう【包容】広く人を受け入れる。「—力のある教師」
ほうよう【抱擁】抱きしめる。「映画の—シーン」
ほうよう【法要】「十三回忌の—を営む」
ぼうよう【亡羊】「多岐—」「—の嘆(=思い迷って途方に暮れる)」
ぼうよう【望洋】「—とした荒野」
ぼうよう【▽茫洋】「—たる大洋」

ほうよく【豊沃】「—な土地」
ぼうよみ【棒読み】「台本を—する」
ほうらい【▼蓬▼莱】中国で伝説の仙境。不老不死の地。「—山」
ほうらく【法楽】「寺での御—」
ほうらく【崩落】「岩盤が—する」「相場が—する」
ぼうらく【暴落】⇕暴騰。「株価が—する」
ほうらつ【放▼埒】勝手気まま。放蕩。「—三昧」「—に振る舞う」
ぼうり【暴利】「—を貪る」
ほうりき【法力】仏法の威力。
ほうりつ【法律】「—で定められている」「—を破る」
ほうりゃく【方略】「—をめぐらす」
ぼうりゃく【謀略】「まんまと敵の—にはまる」
ほうりゅう【放流】「ダムの水を—する」「鮎の稚魚を—する」
ほうりょう【豊漁】「今年はサンマが—で安い」
ぼうりょく【暴力】「校内(家庭内)—」「—を振るう」
ほうりん【法輪】仏の教え。仏教。
ほうる【放る・▼抛る】「川面に石を—」「ゴミを道に—」
ほうるい【▼堡塁】敵の攻撃・侵入を防ぐとりで。
ほうれい【法令】法律と命令。
ほうれい【法例】法律の適用に関する規定。

ぼうれい【亡霊】「—にうなされる」
ぼうれい【暴戻】非道。「—な振る舞い」
ほうれつ【放列】大砲を横に並べた布陣。
ほうれん【▼鳳▼輦】天皇の乗り物の総称。
ほうれんそう【▼菠▼薐草】アカザ科の野菜。
ほうろう【放浪】「—癖」「—の旅に出る」
ほうろう【▼琺▼瑯】「—の食器」
ぼうろう【望楼】遠くを見るためのやぐら。物見台。
ほうろく【俸▼禄】俸と禄。扶持。「—を賜る」
ほうろく【▼焙▼烙】素焼きの浅い土鍋。ほうらく。
ほうろん【法論】仏法上の議論。宗論。
ぼうろん【暴論】「—を吐く」
ほうわ【法話】「住職のありがたい—」
ほうわ【飽和】「—状態」「—脂肪酸」
ほえづら【▼吠え面】「—をかく」
ほえる【▼吠える】「犬が—」
ぼえん【墓園】霊園。墓地。
ほお【頬】—「頬杖・頬張る・頬髭・頬紅」(ほおは、「ほほ」とも」
ほお【▽朴】「—の木」「—歯のげた」
ほお【頬】「涙が—を伝う」「—を打つ」
ほおかぶり【頬▽被り・頬▽冠り】「—して顔を見せない」
ほおける【▼蓬ける】けば立つ。ほつれる。「セーターが—」

ほおじろ【頬白】「—の鳴き声」
ほおずき【〈酸漿〉・〈鬼灯〉】「—市」(現代仮名遣いでは「ほおづき」とも書く)
ほおずり【頬▼摺り・頬擦り】「孫に—してかわいがる」
ほおづえ【頬▼杖】「—を突く」
ほおのき【▽朴の木】モクレン科の落葉高木。
ほおば【▽朴歯】ホオノキで作った、下駄の歯。
ほおばる【頬張る】「おむすびを—」
ほおべに【頬紅】頬に付ける紅。
ほおぼね【頬骨】「—の張った顔」
ポーランド【波蘭】ヨーロッパ東部の国。
ほおん【保温】「—装置」「炊いた米を—する」
ほか【⦅外⦆】「—でもない」「思いの—」
ほか【他】「—の人」「—の考え」
ぼか【簿価】帳簿上の価額。
ほかく【捕獲】「逃げた動物を—する」
ほかげ【火影】「—が揺れる」
ほかげ【帆影】「青い海に白い—が見える」
ほかけぶね【帆掛(け)船】帆を張って走る船。
ほかす【▽放下す・▽放す】「ゴミを—」
ぼかす【▼暈す】「細部を—」「明言を避け—・した言い回しに終始する」

ほがらか【朗らか】「―な性格」
ほかん【保管】「預かった金品を金庫に―する」「書類を―する」
ほかん【補完】「―的機能」「欠点を―する」
ぼかん【母艦】「航空―」
ぼき【簿記】「商業―」「―検定」
ほきゅう【捕球】「―に失敗して出塁を許す」
ほきゅう【補給】「栄養を―する」
ほきょう【補強】「―工事」「壊れそうな部分を―する」「説を―する資料」
ぼきん【募金】寄付金などをつのること。「―活動」「赤い羽根の―」
ほきんしゃ【保菌者】「健康―」
ほく【北】ホク　きた　「北緯・北欧・北進・北端・北部・北面・北洋・北方・以北・極北・城北・南北・敗北」
ぼく【木】ボク・モク　き・(こ)　「木石・木刀・木剣・巨木・大木・土木」
ぼく【朴】ボク　「朴直・質朴・純朴・素朴」
ぼく【牧】ボク　まき　「牧場・牧草・牧畜・牧童・牧歌・放牧・遊牧」
ぼく【睦】ボク　「親睦・和睦」

ぼく【僕】ボク　「家僕・下僕・公僕・従僕・忠僕・老僕」
ぼく【墨（墨）】ボク　すみ　「墨汁・墨書・遺墨・水墨・白墨・筆墨」
ぼく【撲】ボク　「撲殺・撲滅・打撲」
ぼく【僕】「―に任せてくれ」
ほくおう【北欧】ヨーロッパ北部。
ぼくぎゅう【牧牛】放し飼いにした牛。
ほくげん【北限】「自生椿の―」
ぼくさつ【撲殺】なぐり殺す。「何者かに―される」
ぼくし【牧師】プロテスタント教会の教職。「―が聖書の一節を読み説く」
ぼくじつ【▼樸実・朴実】飾りけがなく実直である。「―な人柄で信頼が厚い」
ぼくしゃ【▼卜者】占いをする人。易者。
ぼくしゃ【牧舎】「―で乳を搾る」
ぼくしゅ【墨守】「旧習(伝統)を―する」
ぼくじゅう【墨汁】「書道用の―」
ぼくしょ【墨書】「―土器」
ほくじょう【北上】北に向かって進む。⇔南下。「台風が―する」
ぼくじょう【牧場】「―で牛を育てる」
ほくしん【北▼辰】北極星。

ぼくしん【牧神】森や牧畜を司る半獣半人の神。「ギリシャ神話の―」
ぼくじん【牧人】「―が羊を見守る」
ほぐす【▽解す】「鶏の肉を―」「肩のこりを―」
ぼくする【▼卜する】「吉凶を―」「前途を―」
ぼくぜい【▼卜▼筮】占い。「古代中国の―」
ぼくせき【木石】木と石。人情の機微の分からない者。「―漢」
ぼくせき【墨跡・墨▼蹟】「―を鑑賞する」
ぼくせん【▼卜占】「―に凝る」
ぼくそう【牧草】「―を刈る」
ほくそえむ【〈北▼叟〉笑む】「ひとりひそかに―」
ぼくたく【木▼鐸】人々を啓発し教え導く者。「世(社会)の―」
ほくち【火口】燧〈ひうち〉の火を移し取るもの。「―金〈がね〉」(＝火打ち石)
ぼくちく【牧畜】「―業」
ほくてき【北▼狄】古代中国で、北方の異民族の蔑称。
ぼくとう【木刀】木製の刀。きだち。「南蛮―」
ぼくどう【牧童】「牛の世話をする―」
ほくとしちせい【北斗七星】大熊座の七個の星。「ひしゃくの形をした―」
ぼくとつ【朴▼訥・木▼訥】「剛毅―」「―な人柄」「―

ほ

とした話しぶり」

ぼくねんじん【朴念仁】 無口で無愛想な人。「彼は全く愛想のない―だ」

ほくべい【北米】「―大陸」「―に旅行する」

ぼくめつ【撲滅】「飲酒運転―のキャンペーン」「害虫を―する」

ほくめん【北面】「―の武士(＝院に近侍した武者)」

ぼくや【牧野】「―に羊を放つ」

ほくよう【北洋】「―漁業」

ぼくよう【牧羊】「―犬」

ほくりく【北陸】「―地方」

ほくろ〈黒子〉「首筋に小さな―がある」

ぼけ【▽木▼瓜】 バラ科の落葉低木。「―の花」

ぼけ【▼惚け・呆け】「時差―」「―とつっこみ」

ほげい【捕鯨】「―船」

ぼけい【母系】 ⇔父系。「―社会」

ぼけい【母型】 活字の字面の鋳型。

ほげた【帆桁】 帆を張るための、帆柱の横木。

ほけつ【補欠】「野球部の―」

ぼけつ【墓穴】「自ら―を掘る」

ぼけなす【▼惚け〈茄子〉】 ぼんやりした人。

ぼける【▼惚ける】 鈍る。もうろくする。「年をとって―」「頭が―」

ぼける【▼暈ける】 色や形がぼやける。「ピントが―」

ほけん【保健】「―室」「―薬」「―体育」

ほけん【保険】「生命(損害)―」「―金」

ほこ【矛・▼鉾・▼戈・▼鋒・▼戟】「―を収める」「―を交える」

ほご【▽反▽故・▽反▽古】 使っていらなくなった紙。「習字用の半紙を何枚も―にする」「約束を―にする」

ほご【保護】「―者」「―観察」「青少年の―」「絶滅の危機に瀕する動物を―する」

ほご【補語】「―と目的語の語順」

ぼご【母語】「英語を―とする人」

ほこう【歩行】「―器」「―者天国」「道路の右側を―する」

ほこう【補講】 正規のほかに補充して行う講義。

ぼこう【母校】「―の応援」「―で教育実習を受ける」

ぼこう【母港】「半年の航海を終え―に戻る」

ぼこく【母国】「―語」

ほこさき【矛先】「―を転ずる」「怒りの―を政府に向ける」「批判の―をかわす」

ほこら【▼祠・▼叢▼祠】 神をまつる小さいやしろ。

ほこり【▼埃】「―が立つ」「叩けば―が出る体」

ほこり【誇り】「―を持つ」

ほこる【誇る】「権勢を―」「世界に―技術」

ほころびる【綻びる】「袖付けが―」「口元が―」「梅が―」

ほさ【補佐・▼輔佐】「課長―」「―役」「首相を―する」

ほさき【穂先・▼鋒先】「稲の穂先」「筆(刀、槍)の穂先(鋒先)」

ほさつ【捕殺】 つかまえて殺す。「害虫を―する」

ほさつ【補殺】 野球で、野手が送球などをしてアウト成立を補助する。

ぼさつ【▼菩▼薩】 仏に次ぐ位。発心し修行に励む人。「観音(地蔵)―」

ぼさん【墓参】 はかまいり。「帰省して―する」

ほし【星】「夜空に―がまたたく」「―の数ほどある」「幸運の―の下に生まれる」

ほじ【保持】「記録―者」「政権を―する」

ぼし【母子】「―家庭」「―手帳」「―ともに健康だ」

ぼし【▼拇指・母指】 おやゆび。「外反―」

ぼし【墓誌】「―銘」

ほしあかり【星明かり】「―に照らされて夜道を歩く」

ほしい【欲しい】「金が―」「新しい洋服が―」「はっきり言ってほしい」

ほしいまま【▼縦・▽恣・▼擅・▼肆】「―の悪行」「権力を―にする」

ほしうらない【星占い】 星の運行や位置で占うこと。占星術。

ほ

ほしがき【干(し)柿】「軒下に―を吊す」
ほしかげ【星影】星の光。「―を仰ぐ」
ほしくさ【干(し)草・▽乾し草】「飼料用の―」
ほしくず【星▼屑】無数の小さな星。
ほじくる【▼穿る】「鳥が種を―」「重箱の隅を―」「過去の事を―」
ほしぞら【星空】「―を仰ぎ見る」
ほしづきよ【星月夜】星が明るい夜。
ほしまつり【星祭(り)】七夕。
ほしまわり【星回り】「今年は―が良い(悪い)」
ほしもの【干(し)物・▽乾し物】洗濯物。「―を取り込む」
ほしゃく【保釈】「―金」「被告が―される」
ほしゅ【保守】旧来の伝統・制度を重んじ、保存しようとする立場。⇕革新。「―派」「―的な考え」
ほしゅ【捕手】野球のキャッチャー。
ほしゅう【補修】「堤防の―工事」「古美術品を―する」
ほしゅう【補習】「放課後に―授業がある」
ほじゅう【補充】「―選挙」「人員を―する」
ぼしゅう【募集】「―定員」「アルバイトを―する」
ぼしゅう【暮秋】秋の終わり頃。
ぼしゅん【暮春】春の終わり頃。
ほじょ【補助・▼輔助】「―金」「学資を―する」
ぼしょ【墓所】はかば。墓地。
ほしょう【歩▼哨】見張りにつく兵士。哨兵。
ほしょう【保証】責任をもってうけあう。「―書」「利益を―する」「―の限りではない」
ほしょう【保障】安全や権利が侵されないように守る。「社会―」「安全―条約」「航路の安全を―する」
ほしょう【補償】損害を補い償う。「―金」「損害を―する」「―を要求する」
ほじょう【捕縄】「犯人逮捕の―術」
ぼしょう【暮鐘】「山寺の―が響き渡る」
ぼじょう【慕情】「恋人に対する―が抑えがたい」
ほしょく【捕食】「―連鎖」「昆虫などを―する動物」
ぼしょく【暮色】「―蒼然たる秋の夕べ」「あたりは―に包まれる」
ほじる【▼穿る】「耳(鼻)を―」
ほしん【保身】「自己―」「―の術に長〈た〉けている」
ほす【干す・▽乾す】「洗濯物を―」「杯を飲み―」「汚職で政界から―される」
ほする【補する】「営業部長に―」
ほせい【補正】「誤差を―する」
ぼせい【母性】女性の母親としての本能や性質。⇕父性。「―愛」「―本能」「―に目覚める」
ほせつ【補説】「少し―する必要がある」
ほせん【保線】「―区」
ほぜん【保全】「環境―」「原生林の―に努める」
ぼせん【母川】海へ下る魚が生まれ育った河川。「サケの―回帰」
ほぞ【▼枘】つぎあわせる木材の一方にある突起。「蟻〈あり〉―」
ほぞ【▼蔕】果実のへた。「―をナイフで取る」
ほぞ【▼臍】へそ。「―を固める(＝覚悟を決める)」「―を噬〈か〉む(＝後悔する)」
ほそい【細い】⇕太い。「線が―」「―・く長く生きる」「蚊の鳴くような―声」
ほそう【舗装・▼鋪装】「道を―する」
ほそうで【細腕】「女の―一本で子供を立派に育てる」
ほそおもて【細面】「―の女性」
ほそく【歩測】「おおよその道幅を―する」
ほそく【捕捉】とらえる。「敵を―する」
ほそく【補足】「説明を―する」
ほそく【補則】「法令の―」
ほそびき【細引き】細めの麻縄。
ほそぼそ【細細】「老夫婦二人で―と暮らす」
ほそみ【細身】「―の体に似合わず力持ちだ」
ほそる【細る】「身も―思い」
ほぞん【保存】「―食」「史蹟を―する」「データを―する」

ほた【▼榾】まきに使う木の切れ端。ほだ。「―を拾い集める」

ぼたい【母体】「産後の―の体調を気遣う」「推薦―」〔母の胎内の意味では「母胎」とも書く〕

ぼだい【▼菩▽提】悟りの境地。死後の冥福。「―心」「亡き人の―を弔う」

ぼだいじゅ【▼菩▽提樹】シナノキ科の落葉高木。

ほだされる【▼絆される】「情に―」「熱意に―れて一肌脱ごうと決める」

ほたてがい【帆立貝・〈海扇〉】海産の二枚貝。

ぼたもち【《▼牡▽丹》餅】「棚から―」

ほたる【蛍】「―狩り」「―の光」

ほたるいか【蛍〈烏賊〉】光を発するイカ。「富山湾の―」

ぼたん【▼牡丹】キンポウゲ科の落葉小低木。

ボタン【▼釦・▼鈕】「―の掛け違え」

ぼたんなべ【▼牡丹鍋】イノシシの肉の鍋料理。

ぼたんゆき【▼牡丹雪】大きな塊で降る雪。

ぼち【墓地】はかば。「共同―」

ほちゅう【補注・補▼註】「翻訳書の―」

ほちゅうあみ【捕虫網】「―で蝶を捕まえる」

ほちょう【歩調】「―を合わせて行進する」「―が乱れる」「党内の―が揃わない」

ほちょうき【補聴器】難聴の人の聴力を補う器具。

ほつ【発（發）】⇩はつ（発）。「発起・発句・発作・発心・発足・発端」
ぼつ【没】ボツ ―「没却・没収・没頭・没入・没年・没落・陥没・死没・出没・戦没・沈没・病没・埋没」〔「歿」の書き換え字としても用いられる〕
ぼつ【勃】ボツ ―「勃起・勃興・勃然・勃発・鬱勃」
ぼつ【没・▼歿】「二月五日歿、享年〇〇歳」「原稿を没にする」
ぼっか【牧歌】「―的な田園風景」
ぼつが【没我】熱中して我を忘れる境地。「―の境に入る」
ほっかいどう【北海道】「―庁」「―大学」
ぼっかく【墨客】「文人―」
ほつがん【発願】「回向―心」「―して出家する」
ほっき【発起・発企】「一念―」「―人」
ほつぎ【発議】「条約改正を―する」
ぼっき【勃起】「―障害」「陰茎が―する」
ぼっきゃく【没却】「自我を―する」
ほっきょく【北極】⇕南極。「―海」「―熊」
ほっきょくせい【北極星】小熊座のアルファ星。
ほっく【発句】「芭蕉―」

ぽっくり【▽木履】底をくり抜いた少女用の塗り下駄。
ほっけ【▼𩸽】アイナメ科の魚。
ほっけ【法華】「―の太鼓」「―宗」
ぼっけん【木剣】木刀。「―を振る」
ぼつご【没後・▼歿後】「―に見つかった作品」「文豪―百年を記念する」
ぼっこう【勃興】「新しい国家が―する」
ぼっこうしょう【没交渉】「彼とはこの数年間―だ」
ほっこく【北国】「―廻船」「―街道」
ぼっこん【墨痕】「―鮮やかに書をしたためる」「―淋漓〈りんり〉とした書きぶり」
ほっさ【発作】「喘息の―が起こる」「―的な犯行」
ぼっしゅう【没収】「財産を―する」「学校にゲームを持ってきて―された」
ぼっしょ【没書】不採用の投稿原稿。没。
ほっしん【発心】「―して仕事に精進する」
ほっしん【発▼疹】はっしん。「―が出てかゆい」
ほっす【▽払子】僧が塵払いなどに用いる法具。
ほっする【欲する】「地位や名誉を―」
ぼっする【没する】「船は水中に―した」「日はすでに西に―した」「野口英世が―してから八十年ほどが経つ」〔人が死ぬ意では「歿する」とも書く〕
ぼつぜん【没前・▼歿前】死ぬ前。「―の活躍」

ぼつぜん【勃然】急に起こるさま。むっと怒るさま。「怒りが—として起こる」
ほっそく【発足】「はっそく」とも。「協議会が来年度から—する」
ほったい【法体】僧の姿。「—装束」
ほったてごや【掘っ建て小屋】「山の—で風雨をしのぐ」
ほったん【発端】「事件の—」
ぼっちゃん【坊ちゃん】「かわいい—」
ぼっとう【没頭】「研究に—する」
ぼつにゅう【没入】没頭。
ぼつねん【没年・▼歿年】「生—」「坂本龍馬の—」
ぼっぱつ【勃発】「クーデターが—する」
ぼつぼつ【勃勃】「—たる闘志」「雄心—」
ぼつらく【没落】「貴族階級が—する」「栄光と—」
ほつれる【▽解れる】「髪の毛が—」「袖口が—」
ほてい【補訂】「—版」「原稿に—を加える」
ほてい【補▼綴】「ほてつ」とも。「文章を—する」「歯の—治療」
ほてい【▽布▽袋】七福神の一人。袋を背負っている。「—腹(=肥満した大きな腹)」
ほてる【火照る・▽熱る】「顔が—」
ほてん【補塡】「赤字を—する」
ほど【《程》】「身の—を弁える」「人をこけにするにも—がある」「真偽の—を確かめる」「—なく会がはじまる」
ほど【歩度】「—を緩める」
ほどあい【程合(い)】「—を見て先に帰る」「—の熱さだ」
ほどう【歩道】「横断—」「—橋」
ほどう【補導・▼輔導】「非行少年を—する」
ほどう【舗道・▼鋪道】舗装した道路。
ぼどう【母堂】「御—様の御逝去を悼み、謹んでお悔やみ申し上げます」
ほどく【▽解く】「縄を—」「靴ひもを—」
ほとけ【仏】「み—の教え」「—作って魂入れず」「—の顔も三度」「知らぬが—」
ほとけごころ【仏心】「—を起こして助けてやる」
ほとけのざ【仏の座】①タビラコの別名。春の七草の一。②シソ科の越年草。
ほどこす【施す】「恩恵を—」「人に情けを—」「手の—しようがない」「面目を—」
ほどとおい【程遠い】「今の学力では合格には—」
ほととぎす【〈杜鵑〉・〈時鳥〉・〈子規〉・〈不如帰〉・〈杜宇〉・〈蜀魂〉・〈田鵑〉】「鳴かぬなら鳴くまで待とう—」
ほとばしる【▼迸る】「—鮮血」「汗が—」
ほとびる【▽潤びる】「麩が—」
ほとぼり【▽熱り】「感激の—が未ださめやらぬ」「—がさめるまで姿を隠す」
ほどよい【程▽好い・程良い】「—湯加減」
ほとり【▽辺・▽畔】「湖の—」
ほとんど【《▼殆》ど】「—出来上がっている」
ほなみ【穂波】「秋の田の—」
ほにゅう【哺乳】「—類」「—瓶」
ぼにゅう【母乳】「—で育てる」
ほね【骨】「—のある男」「—が折れる仕事」「—の髄までリベラリストだ」「—を埋める覚悟」
ほねおしみ【骨惜しみ】「—せずに働く」
ほねおり【骨折り】「お—頂き、厚く御礼申し上げます」「—損のくたびれもうけ」
ほねぐみ【骨組(み)】「建造物の—」「計画の—がしっかりしている」
ほねつぎ【骨接ぎ・骨継ぎ】骨折・脱臼の治療。
ほねっぷし【骨っ節】「—の強い男」
ほねぬき【骨抜き】「法案は—にされた」
ほねぶと【骨太】「—な考え方」
ほねみ【骨身】「寒さが—にこたえる」「父の言葉が—にしみる」「—を削って仕事をする」
ほねやすめ【骨休め】「—に温泉に行く」
ほのお【炎・▼焰】「ろうそくの—」「恋の—に身を焦がす」
ほのか【《▼仄》か】「—に赤みがさす」「—に覚えてい

ほ

る」
ほのぐらい【《▼仄》暗い】「—部屋」
ほのぼの【《▼仄▼仄》】「—と夜が明ける」「—としたドラマ」
ほのめかす【▼仄めかす】「引退を—」
ぼば【▼牡馬】おすの馬。⇕牝馬〈ひんば〉。
ほばく【捕縛】「犯人を—する」
ほばしら【帆柱・▼檣】マスト。
ほはば【歩幅】「—が大きい(小さい)」
ぼはん【母斑】あざ・ほくろなど皮膚組織の異常。
ぼひ【墓碑】「—銘」
ほひつ【補筆】「再版に際して—する」
ほひつ【▼輔▼弼・補▼弼】「天皇を—する大臣」
ぼひょう【墓標・墓表】墓の印に建てる石や木の柱。
ほぶ【歩武】あしどり。あゆみ。「—堂々」
ほふく【▼匍▼匐】腹ばい。「—前進」
ほふる【▼屠る】殺す。相手を破る。「牛を—」「優勝候補を—」
ほへい【歩兵】徒歩で戦闘を行う兵隊。
ぼへい【募兵】兵士を募り集める。
ほほ【頰】ほお。
ほぼ【保母・保▼姆】女性保育士の旧称。
ほぼ【《▽略》・《▽粗》】「—同じ」「事件は—解決した」
ほほえむ【▽微笑む・頰笑む】「かすかに—」

ほまれ【誉れ】「郷土の—」「名馬の—が高い」
ほむら【▼焰・▽炎】ほのお。「嫉妬の—」
ほめる【褒める・▽誉める】「足が速いと—められる」
ほや【〈海鞘〉・〈老海鼠〉】海産の原索動物。食用。
ほや【火屋・火▽舎】「ランプ(香炉)の—」
ぼや【〈小火〉】「—のうちに食い止める」「—で済んで良かった」
ぼや【暮夜】夜。夜分。
ほゆう【保有】「核—国」「株を—する」
ほよう【保養】「健康—所」「良い景色を見て目の—になる」
ほら【▽法▼螺】「—貝」「—を吹く」
ぼら【▼鯔・▼鰡】ボラ科の魚。出世魚。卵巣の塩漬けをカラスミと称する。
ほらあな【洞穴】「—を探険する」
ほらがとうげ【洞ヶ峠】日和見。「—を決めこむ」
ほらふき【▽法▼螺吹き】「彼はとんだ—でだまされた」
ほり【堀】ほり —堀「堀江・堀端・内堀・外堀・釣堀」
ほり【堀・▼濠・▼壕】「釣り—」「皇居のお—」「城の周囲に—を巡らす」
ほり【彫り】凹凸。「—の深い顔」

ほりさげる【掘(り)下げる】「もっと—げて考える必要がある」
ほりもの【彫(り)物】「背中に—がある男」
ほりゅう【保留】「態度を—する」
ほりゅう【▼蒲柳】ひよわな体質。「—の質」
ほりょ【捕虜】「—収容所」
ほりわり【掘割】地面を掘って造った水路。
ほる【彫る】「版画を—」「仏像を—」
ほる【掘る】「井戸を—」「芋を—」「墓穴を—」
ポルトガル【葡萄牙】ヨーロッパ南西端の国。
ほれぼれ【▼惚れ▼惚れ】「—するような美声」
ほれる【▼惚れる・▼恍れる・▼耄れる】「彼女に—」「君の才能に—」「—れた腫れた」
ほろ【▼幌】「—馬車」「トラックの荷台に—を掛ける」
ぼろ【《〈襤褸〉》】「—靴」「—をまとう」「口が滑って—が出る」
ほろう【歩廊】「宮殿の—」
ぼろくそ【〈襤褸〉▼糞】「—にののしる」
ほろびる【滅びる・▽亡びる】「国が—」
ほろぶ【滅ぶ・▽亡ぶ】「国が—」
ほろぼす【滅ぼす・▽亡ぼす】「国を—」
ほん【本】ホン もと —「本位・本意・本気・本拠・本業・本式・本質・本社・本性・本心・本尊・本体・本能・本部・本命・本来・基

本・根本・資本・台本」

ほん【奔】ホン ｜「奔走・奔騰・奔馬・奔放・奔流・狂奔・出奔」

ほん【翻（飜）】ホン ひるがえ-る・ひるがえ-す ｜「翻案・翻意・翻刻・翻身・翻然・翻訳・翻弄」

ほん【本】「漫画の—」「—を読む」「映画は—のよしあしで決まる」

ぼん【凡】ボン・（ハン） ｜「凡才・凡作・凡人・凡百・非凡・平凡」

ぼん【盆】ボン ｜「盆栽・盆石・盆地・角盆・旧盆・茶盆」

ぼん【煩】⇩はん（煩）。｜「煩悩」

ぼん【盆】「—休み」「—と暮れに帰省する」「—に載せて運ぶ」

ほんあん【翻案】「—小説」「ハムレットを江戸時代の話に—する」

ほんい【本位】「金—制」「実用—の自動車」「興味—に書き立てた記事」「自分—にものを考える」

ほんい【本意】「発言が—とは異なって誤解される」「—を遂げる」

ほんい【翻意】気持ちを変えること。「やっとのことで—させた」「—をうながす」

ほんいんぼう【本因坊】囲碁のタイトルの名。

ほんえい【本営】司令官のいる軍営。本陣。

ぼんおどり【盆踊り】「村の納涼—大会」

ほんかい【本懐】「—を遂げる」「男子の—これに過ぐるものはない」

ほんかく【本格】「—派」

ほんがん【本願】「東(西)—寺」「—往生」

ポンかん【▼椪▼柑・▽凸▼柑】ミカン科の小高木。

ほんき【本気】「—で勝負に挑む」「やっと—を出す」「冗談を—にする」

ほんぎ【本紀】紀伝体の歴史書で、帝王の記録。「史記の項羽—」

ほんぎ【本義】「国体の—」

ほんぎまり【本決まり・本▽極まり】「社長の決裁が下りて—になる」

ほんきゅう【本給】手当などを加えない基本となる給与。

ほんきょ【本拠】「—地」「東京に—を置いて活動する」

ほんぎょう【本業】本職。⇕副業。「人気作家の—は医師だった」

ぼんぐ【凡愚】「われわれ—の及ぶところではない」

ほんぐう【本宮】「熊野—」

ぼんくら【《盆暗》】ぼんやりしている人。

ぼんくれ【盆暮れ】「—の挨拶を欠かさない」

ほんけ【本家】⇕分家。「—本元」「一族が—に集う」「茶道の—」

ぼんけい【盆景】盆や盆栽に自然の風景を表したもの。

ほんけがえり【本▼卦▽還り・本▼卦帰り】干支が一巡する。還暦。

ほんげん【本源】「宗教の—」

ぼんご【▼梵語】古代インドの文章語。

ほんこく【翻刻】原本通り新たに刊行する。

ほんごく【本国】「—政府」「密航者を—に送還する」

ほんごし【本腰】「—でかかる」「—を入れる」

ぼんこつ【凡骨】「—なりの意地を見せる」

ホンコン【香港】中国の特別行政区。

ほんさい【本妻】⇕内妻。「—の長子を嫡子とする」

ぼんさい【凡才】「—の身」

ぼんさい【盆栽】「老後は—をいじって暮らす」

ぼんさい【▼梵妻】僧の妻。大黒。

ぼんさく【凡作】平凡でつまらない作品。

ほんざん【本山】「総—」

ほんし【本旨】「会の—に背く」

ほんじ【本地】「—垂迹」

ほんじ【本字】略字に対し、正体の漢字。

ほんじ【翻字】「ローマ字文を漢字仮名交じり文に—

する」
ぼんじ【▼梵字】「卒塔婆に—が書かれている」
ほんしき【本式】正式。「—の作法」「日本料理を—に学ぶ」
ほんしつ【本質】「問題の—を見誤る」「彼は—的に善良な人だ」
ほんじつ【本日】「—定休日」「—は晴天なり」
ぼんしつ【凡失】野球などで、つまらない失策。「—で勝利を逃す」
ほんしゃ【本社】「—勤務を命ぜられる」
ほんしゅう【本州】「—最北端の地」
ほんしゅつ【奔出】「地中から温水が—する」「情熱の—に身をまかせる」
ほんしょう【本性】「—を暴露する」「—を現す」
ぼんしょう【▼梵鐘】「寺院の—」
ほんしん【本心】「—を打ち明ける」「—からそう思う」
ほんじん【本陣】本営。また、江戸時代、大名が泊まる旅館。
ぼんじん【凡人】「われわれ—にはなかなか思いつかない」
ほんすじ【本筋】「話が—から逸れる」
ほんせい【本姓】もとの姓。本当の姓。ほんみょう。
ほんせき【本籍】その人の戸籍のある場所。
ぼんせき【盆石】盆の上に石を配し自然を模したもの。
ほんせん【本線】鉄道の幹線。「東海道—」
ほんぜん【本然】「—の姿に立ち返る」
ほんぜん【本膳】「二汁五菜の—料理」
ほんぜん【翻然】「—とはためく国旗」「死に直面して—と悟る」
ほんそ【本訴】一連の民事訴訟での、最初の訴訟。
ほんそう【本葬】「密葬の後に—を行う」
ほんそう【奔走】「資金繰りで—する」「知人が—してくれたおかげで就職できた」
ほんぞう【本草】漢方で、薬用植物。「—学」
ほんそく【本則】「送り仮名の付け方の—」
ぼんぞく【凡俗】「—の迷い」「—の風習に染まる」
ほんぞん【本尊】「寺の—」「御—はそっちのけで、周りが大騒ぎしている」
ぼんだ【凡打】野球で、ヒットにならない打撃。「—に打ち取る」
ほんたい【本体】「機械の—に付属品を据え付ける」
ぼんたい【凡退】「三者—」
ほんたく【本宅】「荷物は—に届けてもらう」
ほんたて【本立て】「新しい教科書を—に並べる」
ほんだな【本棚】「—から読みたい本を取り出す」
ぼんたん【▽文旦・▽文▼橙】ザボン。ぶんたん。
ぼんち【盆地】「甲府—」
ほんちょう【本朝】わが国の朝廷。日本。「—二十不孝(=井原西鶴作の浮世草子)」
ほんちょうし【本調子】「後半戦でやっと—が出る」
ほんてん【本店】営業の本拠となる店。⇔支店。
ほんでん【本殿】「出雲大社の—」
ぼんてん【▼梵天】仏法を護持する神。「—王」
ほんど【本土】「—空襲」「沖縄県が—復帰する」
ポンド【▼磅・▽封度】「三—の重さ」
ほんとう【《本当》】「その話は—だ」「—の友達」「—に悪かったと思う」
ほんとう【本島】中心になる島。「沖縄—」
ほんとう【奔騰】「相場が—する」
ほんどう【本堂】「寺院の中心たる—」
ほんどう【本道】「憲法の—にもとる」「—を踏み外す行い」
ほんにん【本人】「—の印が必要です」「運転免許証等で—確認を行う」
ほんね【本音】「—と建前」「辛くてつい—を漏らす」
ほんねん【本年】「—もよろしくお願い申し上げます」
ほんの【《本》の】「—おしるしです」「—少し醤油をたらす」

ほんのう【本能】「帰巣―」「母性―」「―的に防御の姿勢をとる」
ぼんのう【煩悩】「念仏を唱えて―を絶つ」「―のとりこになる」
ぼんのくぼ【盆の▼窪】うなじの中央のくぼんだ所。
ほんば【本場】「牡蠣〈かき〉は広島が―だ」「ファッションの―で修業する」「―仕込みの芸」
ほんば【奔馬】「―の勢い」
ほんばしょ【本場所】正式の大相撲の興行。
ほんばん【本番】「ぶっつけ―」「春―」「―に強い」
ぼんぴゃく【凡百】「―の論議より実践が大切だ」「―の料理人をしのぐ腕前」
ほんぶ【本部】「営業―」「捜査―」「―からの指示を待つ」
ぼんぷ【凡夫】「煩悩に苦しむ―」
ほんぷく【本復】全快。「長患いが―する」
ほんぶし【本節】「土佐の―」「―を使用しただし汁」
ほんぶり【本降り】「夜になって雨が―になる」
ほんぶん【本分】「学生の―」
ほんぶん【本文】「手紙〈メール〉の―」
ほんぽ【本舗】総本店。「漬物の―」
ほんぽう【本邦】「―初公開」「―初演のバレエ」
ほんぽう【本俸】諸手当を除いた本給。
ほんぽう【奔放】「自由―な生き方」

ぼんぼり【〈雪洞〉】小さい行灯〈あんどん〉。「明かりを点〈つ〉けましょ、―に」
ほんまつてんとう【本末転倒】「―も甚だしい」
ほんまる【本丸】「城の―」「保守勢力の―」
ほんみょう【本名】「―を名乗る」
ほんむ【本務】主として従う任務。「―に勤しむ」
ほんめい【本命】「ダービーの―馬」「次期社長の―と目される人物」
ほんめい【奔命】いそがしく活動すること。「―に疲れる」
ほんもう【本望】「―を遂げる」「さぞ―だろう」
ほんもと【本元】「本家―」
ほんもの【本物】「―の味」「あの人の曲は―だ」
ほんもん【本文】書物で、主となる部分。
ほんや【本屋】「―で雑誌を買う」
ほんやく【翻訳】「―家」「ヘッセの小説を―する」
ぼんよう【凡庸】「―な作品」
ほんよみ【本読み】「子供に―を奨める」「演技の前に―をする」
ほんらい【本来】「素材―の良さ」「―なら失格だが大目に見てやる」「―、こちらからお伺いすべきところ」
ほんりゅう【本流】川の根幹となる流れ。主流。「保守―」
ほんりゅう【奔流】激しい勢いの流れ。「―となって流れる」

ぼんりょ【凡慮】「所詮―の及ぶところではない」
ほんりょう【本領】「この作家の―は詩情豊かな描写にある」「―を発揮する」
ほんるい【本塁】「―打が出て勝利する」
ほんろう【翻弄】「船が風波に―される」「敵を―する」
ほんろん【本論】「論文の―」「―に入る」
ほんわり【本割】大相撲で、正規の取組。「―で横綱を下す」

ま

ま【麻】マ　あさ　「麻酔・麻薬・亜麻・胡麻・大麻・鈍麻・乱麻」
ま【摩】マ　―　「摩擦・摩天楼・護摩」
ま【磨】マ　みが-く　「磨製・研磨・減磨・切磋琢磨・錬磨」
ま【魔】マ　―　「魔球・魔術・魔性・魔法・魔力・悪魔・邪魔・睡魔・病魔」
ま【真】「冗談を―に受ける」
ま【間】「少し―を開けてすわる」「知らぬ―に盗まれて

いた」「―が持たない」「―の抜けた応答」
ま【魔】「通り―」「―の踏切」「ちょっと―が差した」
まあい【間合(い)】「適当な―を見計らって失礼する」
マージャン【麻雀】〔中国語〕「―の牌〈ぱい〉」
まい【毎(每)】マイ ―「毎回・毎週・毎食・毎度・毎年」
まい【米】⇩べい(米)。
まい【妹】マイ いもうと 「玄米・古米・上米・新米・精米・白米」
まい【枚】マイ ―「義妹・愚妹・実妹・姉妹・弟妹・令妹」
まい【昧】マイ ―「枚挙・枚数・大枚」
まい【埋】マイ う-まる・う-もれる う-める・ ―「曖昧・愚昧・三昧・蒙昧」「埋骨・埋設・埋葬・埋蔵・埋没」
まい【舞・▼儛】「―を舞う」
まいあがる【舞(い)上がる】「火の粉が―」「ほめられてすっかり―」「人前に出て―ってしまう」
まいおうぎ【舞扇】「―を広げる」
まいかい【▼玫▼瑰】ハマナスの変種。また、中国に産する美石。
まいきょ【枚挙】「―に遑〈いとま〉がない」
まいこ【舞子・舞▼妓】「祇園の―」
まいご【《迷子》】「遊園地で―になる」
まいこつ【埋骨】「墓に―する」
まいこむ【舞(い)込む】「落ち葉が窓から―」「奇妙な手紙が突然―んできた」「幸運が―」
まいしん【▼邁進】「勇往―」「業務に―する」
まいす【▽売▽僧】堕落した僧。「―坊主」〔「まい」「す」は字の唐音〕
まいせつ【埋設】「水道管を―する工事」
まいそう【埋葬】「遺骨を―する」
まいぞう【埋蔵】「―金」
まいたけ【舞▼茸】「―の天ぷら」
まいちもんじ【真一文字】「―に口を結ぶ」「目的に向かって―に突き進む」
まいど【毎度】「―有り難うございます」「彼の遅刻は―のことだ」
まいない【▽賂】賄賂〈わいろ〉。
まいひめ【舞姫】バレー・舞を舞う女。
まいぼつ【埋没】「火山が噴火して―した都市」「世間に―した偉才」「日々の生活に―している」
まいまいつぶり【舞舞▼螺】カタツムリの異称。
まいもどる【舞(い)戻る】「故郷へと―」「前にいた職場に―」
まいる【参る】「明日そちらに―・ります」「おみごと、―・りました」「彼のせっかちには―よ」〔補助動詞としては仮名書きが普通。「早速持ってまいります」〕
マイル【▼哩】ヤードポンド法の長さの単位。
まう【▼眩う】「ジェットコースターに乗って目が―」
まう【舞う】「舞を―」「雪が―」
まえ【前】⇧後ろ・のち(後)。「―を向く」「―がはだける」
まえいわい【前祝(い)】「合格の―」
まえうり【前売り】「―券」「―が本日発売される」
まえおき【前置き】「彼の話は―が長い」「―はそのくらいにして」
まえかがみ【前▽屈み】「―になって歩く」
まえがき【前書き】「著書の―」
まえかけ【前掛(け)】「酒屋の―」「―をして厨房に入る」
まえがしら【前頭】力士の位の一。小結の下。「―筆頭」
まえがみ【前髪】「―をかきあげる」
まえがり【前借り】「給料を―する」
まえきん【前金】「注文の際には―をもらう」
まえげいき【前景気】「―は上々」「―をあおる」
まえこうじょう【前口上】「芝居の―」「―が長すぎる」
まえだおし【前倒し】「―発注」「―で計画を実施する」

まえば【前歯】口の前面に生えている歯。
まえばらい【前払い】「代金は―する」
まえひょうばん【前評判】「―は上々だ」「期待していたが―ほどではなかった」
まえぶれ【前触れ】「何の―もなく訪ねて来た」「不吉なことの起こる―」
まえみつ【前▼褌】力士のまわしの体の前に当たる部分。
まえむき【前向き】「―に座る」「―に検討する」
まえもって【前▽以て】「欠席する時は―連絡のこと」
まえやく【前厄】厄年の前の年。⇔後厄。
まえわたし【前渡し】「報酬を―する」
まおう【魔王】悪魔の王。
まおとこ【間男・▽密男】「―をする」
まかい【魔界】「―に棲む異形〈いぎょう〉」
まがいぶつ【磨崖仏・摩崖仏】「大分県臼杵〈うすき〉の―」
まがいもの【▽紛い物】「市場で―をつかまされる」
まがう【▽紛う】「雪と―ばかりの花吹雪」「―方なき金の茶釜」〔「まごう」と発音することが多い〕
まがお【真顔】「―で相手を問いただす」
まがき【▼籬】「―を巡らした家」
まかす【任す・▽委す】「人に―」「身を―」
まかす【負かす】「横綱を―」「打ち―」
まかせる【任せる・▽委せる】「店を息子に―」「想像に―」「成り行きに―」
まがたま【▽勾玉・曲玉】瑪瑙〈めのう〉・水晶などを用いた古代の装身具。
まかない【賄い】「―付きの学生寮」
まかなう【賄う】「昼食を―」「この会費ではとても―・いきれない」
まかふしぎ【摩▼訶不思議】「―な出来事」
まがまがしい【▽禍▽禍しい・曲が曲がしい】「―言い伝えのある祠」
まがも【真▼鴨】大形のカモ。「池に群れる―」
まがり【間借り】「親戚のところに―する」
まがりかど【曲(が)り角】「垣根の―」「人生の―」
まかりとおる【▽罷り通る】「不正が世の中に―」
まかりならぬ【▽罷り成らぬ】「口答えすることは―」
まがりなり【曲(が)り《▽形》】「―にも文筆で身を立てられるようになった」
まかりまちがう【▽罷り間違う】「―・えば命にかかわる」「―・っても借金だけはするな」
まがる【曲(が)る】「腰が―」「次の交差点を右に―」「根性が―・っている」
まき【巻】「虎の―」
まき【▽薪】たきぎ。「―割り」「かまどに―をくべる」
まき【真木・▼槙・▼柀】イヌマキ。また、スギやヒノキの総称。
まきあげる【巻(き)上げる】「突風が木の葉を―」「だましてまんまと金を―」
まきあみ【巻(き)網・▽旋網】「―漁業」
まきえ【▼撒き餌・▼播き餌】「釣り人が―をする」
まきえ【▼蒔絵】「―を施した文箱〈ふばこ〉」
まきかえし【巻(き)返し】「後半戦で一気に―を図る」
まきざっぽう【▽薪雑▽把】薪にする木切れ。薪。
まきじた【巻(き)舌】「―でまくし立てる」
まきじゃく【巻(き)尺】「―で胸囲と丈を測る」
まきぞえ【巻(き)添え】「事故の―を食う」「子供を―にする」
まきちらす【▼撒き散らす】「水を―」「悪影響を―」
まきば【牧場】「―の乳牛」
まきもの【巻(き)物】「秘伝の―」
まぎらわしい【紛らわしい】「―名称」
まぎれこむ【紛れ込む】「書類がどこかへ―」「人込みに―」
まぎれる【紛れる】「闇に―・れて逃げる」「忙しさに―・れて約束を忘れる」「美しい景色を眺めて気分が―」
まぎわ【間際・真際】「出発―」「―になって中止す

ま

る」
まきわり【▽薪割(り)】「—の労働」
まく【幕】— マク・バク 「暗幕・開幕・銀幕・字幕・終幕・除幕・天幕」
まく【膜】— マク 「膜質・角膜・鼓膜・粘膜・皮膜・被膜・腹膜」
まく【幕】「—が上がる(下りる)」「私の出る—ではない」「そろそろ—にしよう」「—を切って落とす」
まく【膜】「表面に—が張る」「目に—がかかる」
まく【巻く・▼捲く】「腕に包帯を—」「時計のねじを—」「管〈くだ〉を—」「煙〈けむ〉に—」「舌を—」「尻尾〈しっぽ〉を—」
まく【▼蒔く・▼播く】種を土に散らし植える。「苗代に籾を—」「自分で—いた種」
まく【▼撒く】一面に散らす。はぐらかす。「庭に水を—」「ビラを—」「節分に豆を—」
まくあい【幕▽間】「芝居の—に弁当を食べる」
まくあけ【幕開け】「新しい時代の—」
まくうち【幕内】相撲で前頭以上の力士。
まくぎれ【幕切れ】「あっけない—」
まぐさ【▼秣・馬草】「—桶」「—を刈る」
まくした【幕下】相撲で、十両のすぐ下の力士。
まぐち【間口】「—三間の小店」「事業の—を広げすぎる」

まくつ【魔窟】悪魔が住む所。私娼窟。「—に潜入する」
まくら【枕】— まくら 「枕詞・枕元・枕許・歌枕・腕枕・高枕・手枕・夢枕」
まくら【枕】「膝—」「—を高くして寝る」「—を並べて討ち死にする」
まくらえ【枕絵】春画。
まくらがみ【枕上】「幽霊が—に立つ」
まくらぎ【枕木】鉄道のレールの下に敷く角材。
まくらことば【枕▽詞】「『たらちねの』は『母』にかかる—だ」「話の—が長い」
まくらもと【枕元・枕▽許】「—で絵本の読み聞かせをする」
まくる【▼捲る】「ズボンの裾を—って水遊びをする」「腕を—って荷を運ぶ」
まぐれ【《▽紛》れ】「—当たり」「—で合格する」
まぐろ【▼鮪】サバ科の大形の回遊魚。「—の握り」
まぐわ【馬▼鍬】「—を引かせて耕す」
まくわうり【真桑▼瓜】つる性一年草。実は甘い。
まけ【負け】「—を認める」「勝ち—」
まげ【▼髷】「—を結う」
まけいぬ【負け犬】「—根性」「—は吠える」
まけおしみ【負け惜しみ】「—が強い人」「—を言う」
まけじだましい【負けじ魂】「—で頑張る」

まけずぎらい【負けず嫌い】「—の性格」

まげて【曲げて・▼枉げて】是が非でも。しいて。「この件、—ご了承下さい」

まげもの【曲げ物】桶や櫃など、薄い板を曲げて作る容器。

まげもの【▼髷物】「テレビは—をよく見る」

まける【負ける】「暗算では誰にも—けない」「誘惑に—」「君の強引さには—けたよ」「—が勝ち」

まげる【曲げる・▼枉げる】「膝を—」「法を—ことはできない」「主張を—」「臍を—」

まけんき【負けん気】「—が強い」

まご【孫】「目の中に入れても痛くない—」

まご【馬子】馬で荷を運ぶことを業とする人。

まごうけ【孫請(け)】「自動車部品の—会社」

まごこ【孫子】「—の代まで技を伝える」

まごころ【真心】「—込めた贈り物」

まごでし【孫弟子】弟子の弟子。

まこと【▽真・実・誠】「—の英雄」「嘘か—か」

まごのて【孫の手】背中などを掻くための棒。

まごびき【孫引き】「資料の—」

まこも【真▼菰】イネ科の多年草。葉はむしろ用。

まさかり【▼鉞】大形の斧〈おの〉。「—担いだ金太郎」

まさき【▼柾・正木】ニシキギ科の常緑低木。「—の生け垣」

まさぐる【▽弄る】「ポケットを―って小銭を出す」

まさご【真▽砂】砂や小さい石。

まさしく【《正》しく】「―そのとおりだ」

まさつ【摩擦】「貿易―」「体を―する」「―抵抗」

まさに【正に・▽方に】確かに。間違いなく。「金壱万円也―受領致しました」「―にそれは名案だ」

まさに【▽当に・▽方に】当然であるさま。「男は―かくあるべし」「彼こそが―罪を受けるべき人物だ」

まさに【▽将に・▽方に】ちょうどその時。今しも。「―沈もうとする夕日」「彼は今―運命の分かれ目にさしかかっている」「―に出発するところだった」

まさめ【▼柾目・正目】板の木目が平行なもの。⇕板目〈いため〉。「―板」「―を用いた高級家具」

まさゆめ【正夢】⇕逆夢〈さかゆめ〉。

まさる【勝る・▽優る】「この車は燃費の点で他社製に―っている」「聞きしに―美しさ」「―とも劣らない」

まざる【混ざる・交ざる・▽雑ざる】「酒に水が―」「麦の―った御飯」

まじえる【交える】「ひざを―えて相談する」「私情を―」

まじきり【間仕切り】「襖で―がしてある」

まして【《▽況》して】「熟練の職人でも難しいのだから、―初心者に出来るわけがない」

まじない【▽呪い】神仏などの力が得られるように祈る。

まします【▽在す】いらっしゃる。「天に―神」

まじめ【《真面目》】「―な人」「―に働く（勉強する）」

ましゃく【間尺】「―に合わない（＝割に合わない）」

ましゅ【魔手】「誘惑の―が伸びる」

まじゅつ【魔術】「―師」

まじょ【魔女】「現代の―狩だ」

ましょう【魔性】「―の女」

ましら【▽猿】サル。「―のごとくすばしっこい」

まじる【混じる・交じる・▽雑じる】「水に不純物が―」「雑念が―」「髪に白いものが―」

まじろぎ【▽瞬ぎ】まばたき。「―もせずに話に聞き入る」

まじわり【交わり】「人との―を絶つ」「男女の―」

まじわる【交わる】「二辺が―」「朱に―れば赤くなる」

ましん【麻▼疹】はしか。

まじん【魔神】わざわいをもたらす神。

ます【▼枡・升・▼桝・▽斗】「一合―で米を量る」「―で量るほどある（＝量の多いたとえ）」

ます【▼鱒】「姫―」

ます【増す・▽益す】「川の水かさが―」「痛みが―」「スピードが―」「信用が―」

まず【▽先ず】「家に帰ったら―うがいをする」「―これで問題はないだろう」「この報道は―間違いがないだろう」

ますい【麻酔・▼痲酔】「局所（全身）―」「―医」

まずい【〈不味〉い】味が悪い。「料理が―」

まずい【▽拙い】下手だ。「字が―」「話し方が―」

まずしい【貧しい】「―暮らし」「―想像力」

ますせき【▼枡席】芝居や相撲で、四角に区切った客席。

ますます【▽益▽益・▽益】「―御清栄のこととお慶び申し上げます」

まずまず【▽先ず▽先ず】「今日のテストの出来は―だ」

ますめ【▼枡目・升目】「―が足りない」「原稿用紙の―」

ますらお【▽益▽荒▽男・〈丈夫〉】強く雄々しい男。⇕手弱女。

まする【摩する】接する。近づく。「天を―」

ませる【《老成》る】「―せた子供」

まぜる【混ぜる・交ぜる・▽雑ぜる】「酢と醤油を―」

まそん【磨損・摩損】「車のタイヤが―する」

また【又】―また「山―山」「又貸し・又聞き」

ま

また【股・▼胯・▼叉】 両足のつけ根の部分。「世界を―に掛けて活躍する演奏家」

また【又・▽復・▼亦】「―のおいでをお待ち致しております」『―と無い機会だ』〔再びの意では「復」、同様にの意では「亦」と書くことがある〕

まだ【《▽未》だ】「―だれも訪れたことのない秘境」「こっちの方が―ましだ」

まだい【真▼鯛】 スズキ目の海魚。食用、祝儀用。

まだい【間代】 部屋代。「今月の―」

またがし【又貸し】「図書館の本を―してはいけない」

またがる【▼跨がる】「馬に―」『一都三県に―事業』

まだき【▽未き】 早い時期。「朝―」

またぎき【又聞き】「―した話」『―の情報』

またぐ【▼跨ぐ】「溝を―」『海峡を―橋』

またぐら【股▽座・▼胯▽座】 両股の間。また。「―膏薬」

まだした【股下】「ズボンの―を測る」

またずれ【股擦れ】 太股の内側がすれあう。「―を起こす」

またぞろ【又▽候】 またしても。またもや。「―お説教が始まった」

またたく【瞬く】「星が―」『―間に炎が広がる』

またたび【〈木天蓼〉】 つる性低木。「猫の好きな―」

またたび【股旅】 博徒などが諸国を渡り歩く。

まだら【▽斑】「―牛」『―模様』

まだるっこい【間▽怠っこい】「そんな―やり方ではだめだ」

まち【町・街】「町役場」『いくつかの町が合併して市になる』『町(街)に働きに出る』『街へ買い物に行く』

まち【▼襠】 衣服や袋物に幅・厚みを加える布。「―を入れる」

まちあいしつ【待合室】「病院の―」

まちいしゃ【町医者】 個人の開業医。

まぢか【間近】「企画発表会が―に迫る」

まちがい【間違い】「―を犯す」『何かの―だ』

まちがう【間違う】「―った考え」

まちがえる【間違える】「計算を―」

まちかど【街角】「―の話題」

まちかねる【待ち《兼》ねる】「―ねて先に出発する」

まちこうば【町工場】「小さな―の従業員」

まちどおしい【待(ち)遠しい】「入学式が―」

まちなか【町中】「―で珍しい野鳥を見かける」

まちなみ【町並(み)】「昔の―が残る」

まちばり【待(ち)針】 布をとめたりするのに使う針。

まちびと【待(ち)人】「―来たらず」

まちぶせ【待(ち)伏せ】「塀に隠れて敵を―する」

まちぼうけ【待ち▼惚け】「―を食う」

まちまち【▽区▽区】「意見は人によって―だ」

まちや【町家】 町なかにある家。

まちわびる【待ち▼侘びる】「孫が来るのを―」

まつ【末】 マツ・バツ すえ 「末期・末子〈まっし〉〈ばっし〉・末席〈まっせき〉〈ばっせき〉・末代・末端・末弟〈まってい〉〈ばってい〉・巻末・期末・月末・歳末・始末・終末・粉末・本末」

まつ【抹】 マツ 「抹香・抹殺・抹消・抹茶・一抹・塗抹」

まつ【松】「―の内」『―が取れる』

まつ【末】「年度―」

まつ【待つ・▼俟つ】「バスを待つ」『待てど暮らせど』「言を俟たない」『今後の研究に俟つ』

まつえい【末▼裔】 子孫。「源氏の―」

まっか【《真っ赤》】「顔を―にして怒る」『―な嘘』

まつかさ【松▼笠・松▼毬】 まつぼっくり。「―人形」

まつかざり【松飾り】 門松。「正月の―」

まっき【末期】「鎌倉時代―」『―医療』『―的症状』

まっくら【真っ暗】「―な夜」『お先―だ』

まっくろ【真っ黒】「―に日焼けする」

まつげ【▼睫・▼睫毛】「―の長い少女」

まつご【末期】 臨終。「―の水」『―の眼』

まっこう【真っ向】 真正面。まとも。「—から攻め立てる」
まっこうくさい【抹香臭い】 仏教的な感じがする。「—お説教」
まっこうくじら【抹香鯨】 暖海にすむクジラの一種。
まつざ【末座】「—に控える」
まっさお《真っ青》「—な空」「パスポートを忘れて—になる」
まっさかさま【真っ逆《様》】「—に落ちる」
まっさかり【真っ盛り】「夏の—」
まっさき【真っ先】「危篤の知らせに—に駆けつける」
まっさつ【抹殺】「反対意見を—する」「社会的に—される」
まっし【末子】 ⇔長子。「—相続」
まっしぐら〈驀地〉「迷わず—に突き進む」
まっしょう【抹消】「名簿から名前を—する」
まっしょう【末▼梢】「—神経系」「—的な問題」
まっしろ【真っ白】「雪で一面—になる」「頭の中が—になる」
まっすぐ【真っ▽直ぐ】「—な道」「—な性格」
まっせ【末世】 仏法のすたれた世の中。乱れた世。「—を憂える」「—を生き抜く」
まっせき【末席】「披露宴の—を汚す」
まっせつ【末節】「あまり—にこだわらなくてもよい」「枝葉—」
まったい【全い】「—姿」「—き自由」
まつだい【末代】「—まで恥をさらす」
まったく【全く】「—酒を飲まない」「—の素人」
まつたけ【松▼茸】「—狩り」「—の香り」
まったん【末端】「—価格」「—まで指令が行き届く」
マッチ〈燐寸〉「—を擦る」
まっちゃ【抹茶】「—を点〈た〉てる」
まっとう【《真》っ《当》】「—な人間のすることではない」「言うことだけは—だ」〔「真っ当」は当て字〕
まっとうする【全うする】「任務を—」「天寿を—」
まつのうち【松の内】 正月の松飾りのある間。
まつばがに【松葉▼蟹】 山陰地方で、ズワイガニの別名。
まっぱだか【真っ裸】「—の子供」
まつばづえ【松葉▼杖】「足を骨折して—を突いて歩く」
まつばら【松原】「三保の—」
まつび【末尾】「手紙の—」
まっぴつ【末筆】「—ながら皆様の御健康をお祈り申し上げます」
まっぴら【《真》っ《平》】「—御免」「もうけんかは—だ」
まつぶん【末文】「手紙の—」
まっぽう【末法】「—思想」
まつぼっくり【松〈陰嚢〉】 松かさ。
まつむし【松虫】「すだく—の声」
まつやに【松▽脂】 松などから分泌される樹脂。
まつよう【末葉】「江戸時代—」
まつり【祭り】「夏—」「お—の御輿」
まつりあげる【祭り上げる】「会長に—」
まつりか【▼茉▼莉花】 ジャスミンの一種。
まつりごと【政】「国の—を行う」
まつりゅう【末流】「徳川家の—」
まつる【祭る・▼祀る】「神を—」「戦没者の霊を—った神社」
まつろ【末路】「栄華を極めた王朝の—」「悲惨な—を辿る」
まつわる【▼纏る】「海藻が足に—」「この沼に—恐ろしい伝説」
まで【《▼迄》】「ちょっとそこ—」「一から十—」
までがい【〈馬蛤〉貝・〈馬刀〉貝・▼蟶貝】 細長い円筒状の二枚貝。
まてんろう【摩天楼】「ニューヨークの—」
まと【的】「あこがれの—」「見事—に命中する」「—を射る」「—外れの批評」

ま

まど【窓・▼窗・▼牕・▼牖】「—を開けて換気する」
まどい【▽円居・▽団居】 団らん。「ストーブを囲んでの—を楽しむ」
まとう【▼纏う】「晴れ着を身に—」「一糸—・わぬ姿」
まどう【惑う】「四十にして—・わず」
まどお【間遠】「知人とのつきあいが—になる」
まどか【▽円か】「—な月」
まどぎわ【窓際】「—族」「—から外を見遣る」
まどぐち【窓口】「銀行の—」「—を一本化する」「交渉の—を決める」
まとはずれ【的外れ】「—な質問(批判)」
まとまる【▼纏まる】「クラスが一つに—」「交渉が—」
まとめる【▼纏める】「荷物を—」「—・った金が要る」
まとも【〈真面〉】「—に顔が見られない」「逆風を—に受ける」「挨拶すら—にできないようでは困る」
まどり【間取り】「部屋の—」
まどろむ【〈微睡〉む】「昼食後に木陰で—」
まどわす【惑わす】「人心を—デマ」
まないた【▼俎板・▼俎・真▽魚板】「—の鯉」「予算案を—に載せる(=俎上に載せる)」
まなかい【▽目交い・▽眼▽間】 目の前。「亡き母の面影が—に浮かぶ」
まながつお【真▽魚▼鰹・▼鯧】 スズキ目の海魚。

まなこ【眼】「—を見開いてよく確かめる」
まなざし【▽目差し・▽眼差し】「鋭い—を向ける」「優しい—を注ぐ」
まなじり【▼眦・▼眥】 目じり。「—を決して立ち向かう」
まなつ【真夏】「—日〈び〉」「—の太陽」
まなづる【▽真鶴・真名鶴】 ツルの一種。
まなでし【▽愛弟子】「—が師匠の跡を継ぐ」
まなびや【学び▽舎】「—に別れを告げる」
まなぶ【学ぶ】「大学で経済学を—」「人生の何たるかを—」「よく遊びよく—・べ」「—・びて思わざれば則ち罔〈くら〉し／論語」
まなむすめ【▽愛娘】「—がとうとう結婚する」
まにあう【間に合う】「電車に—」「文房具はだいたいこの店で—」「お味噌は今—・っているわ」
まにあわせ【間に合(わ)せ】「—の処置」
まにうける【真に受ける】「冗談を—」
まにまに【▽随に】「波の—漂う」
まにんげん【真人間】「—に立ち返る」
まぬかれる【免れる】「死を—」「人のそしりを—・れない」
まぬけ【間抜け】「—面〈づら〉」「—な奴」
まね【真▽似】「人の—をする」「馬鹿な—はよせ」
まねきねこ【招き猫】「金運を招くとされる—」

まねく【招く】「新居に友人を—」「顧問に—」「破綻を—」「—・かれざる客」
まねごと【真▽似事】「祝賀会の—だけでもしよう」
まねる【真▽似る】「先生の話し方を—」
まのあたり【目の当(た)り・▽眼の当(たり)】「惨状を—にする」
まのび【間延び】「台詞が—する」「—した顔」
まばたき【▽瞬き】「—一つせずに見つめる」
まばゆい【▼眩い】「—夏の太陽」「—ばかりの美人」
まばら【▽疎ら】「会場には人が少なく拍手も—だ」「人通りの—な道」
まひ【麻▼痺・▼痲▼痹】「心臓—」「手足が—する」「交通が—状態になる」「良心が—してしまう」
まびく【間引く】「白菜の新芽を—」「バスを—・いて運転する」
まびさし【目▼庇・▽眉▼庇】「兜の—」
まぶか【目深】「帽子を—にかぶる」
まぶしい【▼眩しい】「—日差し」「—ほどの美しさ」
まぶす【▽塗す】「豚肉にパン粉を—」
まぶた【▼瞼・目蓋】「—の母」
まふゆ【真冬】「ここは—でも雪が降らない」
まほ【真帆】 追い風を受けて十分に張った帆。
まほう【魔法】「—使い」「—をかける」「—瓶」
まぼろし【幻】「夢か現〈うつつ〉か—か」

まま【《▼儘》】「我が―」「このあたりは昔の―だ」「受け取った―見ていない」「足の向く―気の向く―」「―ならぬ世の中」
まま【間間】「―忘れることがある」
ままこ【▽継子】「―いじめ」
ままごと【《▽飯事》】「―遊び」
ままちち【▽継父】血縁関係のない父。けいふ。
ままはは【▽継母】血縁関係のない母。けいぼ。
まみえる【▽見える】「閣下に―」「敵と相―」「貞女は二夫に―えず」
まみず【真水】「海水を―に変える技術」
まみれる【▽塗れる】「汗に―れて懸命に働く」
まむかい【真向(かい)】「―の家」
まむし【▼蝮】「―酒」「草むらで―に嚙まれる」
まめ【豆・荳・▼菽】「―撒き」「―電球」
まめ【《肉刺》】「鉄棒をして手に―ができた」
まめ【《忠実》】「筆―」「―な人」「―に暮らす」「―によく電話をかけてくる」
まめかす【豆▼粕】「―を肥料にする」
まめたん【豆炭】「―でバーベキューをする」
まめつ【摩滅・磨滅】「タイヤが―して溝がなくなる」
まめでっぽう【豆鉄砲】「―をくった鳩のよう」
まめまき【豆▼蒔き・豆▼撒き】節分の夜、豆をまく行事。
まめめいげつ【豆名月】陰暦九月一三夜の月。
まもう【摩耗・磨耗】「機械の軸受けが―した」
まもなく【《間》も《無》く】「―開演だ」
まもの【魔物】「金は―だ」
まもり【守り】「―を固める」「―袋」
まもりがみ【守り神】「沖縄の―シーサー」
まもる【守る・▽護る】⇔攻める。「敵から身を―」「王座を―」「留守を―」「約束を―」
まやく【麻薬・▼痲薬】麻酔作用をもつ薬物。
まゆ【眉】「―に唾をつける」「―一つ動かさない」「―を顰〈ひそ〉める」
まゆ【繭】「蚕の―」
まゆげ【眉毛】眉。眉に生えている毛。
まゆずみ【眉墨・▼黛】「―を引く」
まゆつばもの【眉唾物】「彼の話は―だ」
まゆね【眉根】「―を寄せる」
まゆみ【▼檀・真弓】ニシキギ科の落葉小高木。
まよう【迷う・▼紕う】「道に―」「判断に―」「色香に―」「路頭に―」
まよけ【魔▽除け】「―のお札」
まよなか【真夜中】「―に電話で起こされる」
まら【魔羅・摩羅】仏道修行をさまたげるもの。また、陰茎。
まり【▼鞠・▼毬】「―をついて遊ぶ」
まりも【▼毬藻】「阿寒湖の―」
まりょく【魔力】「恋の―」「巧みな話術の―に引き寄せられる」
まる【丸・円】「テストで―をもらう」
まるあらい【丸洗い】「―できる布団」
まるい【丸い・円い】「―テーブル」「目を―くする」「その場を―くおさめる」「若い頃に比べてずいぶんと―くなった」
まるうつし【丸写し】人の文章をそのまま写す。「他人の論文を―して提出する」
まるがかえ【丸《抱》え】「会社の―で慰安旅行に行く」
まるかじり【丸《▼齧》り】「リンゴを―する」
まるきぶね【丸木舟】一本の木をくりぬいた舟。
まるきり【《丸切》り】まるで。まるっきり。「―だめだ」
まるくび【丸首】「―のセーター」
まるごし【丸腰】武器を帯びていない。
まるた【丸太】「―小屋」「―ん棒」
まるつぶれ【丸《潰》れ】「面目―だ」
まるで【《丸》で】「―夢のような話」
まるはだか【丸裸】「火事で―になる」
まるひ【丸秘】「―扱い」「―書類」

まるぼうず【丸坊主】「頭を―に刈る」「濫伐で山が―になった」
まるぼし【丸干(し)】「鰯〈いわし〉の―」
まるまげ【丸▾髷】楕円形の髷を結う髪型。「―に結う」
まるまる【《丸丸》】よく太っているさま。全体。「―(と)太った赤ちゃん」「―一週間の休み」「―損をする」
まるみえ【丸見え】「家の中が外から―だ」
まるめる【丸める】「紙くずを―めて捨てる」「頭を―めて出家する」
まるもうけ【丸《▾儲》け】「坊主―」「元手がかからず売れれば―だ」
まるやき【丸焼(き)】そのままの姿で焼くこと。「豚の―」
まるやけ【丸焼け】火事で全焼すること。「家が―になる」
まれ【▾稀・▿希】「たぐい―な才能」「ごく―に後遺症が残る」
まろ【麻呂・▾麿】昔、公家などが自分をさした語。
まろやか【▿円やか】「クリームの―な味」
まわし【回し・▾廻し】「―を締める」
まわしもの【回し者】「さては敵の―だな」
まわす【回す・▾廻す】「扇風機を―」「伝票を―」
まわた【真綿】「―で首を絞める」

まわり【回り・▾廻り】回転すること。「前―」「火の―が速い」「小―がきく」

まわり【周り】周囲。近辺。「池の―」「―の人の意見に耳を傾ける」

まわりあわせ【回り合(わ)せ】めぐりあわせ。「これも何かの―だろう」

まわりくどい【回り▾諄い】「―説明でいらつく」

まわりどうろう【回り灯籠】走馬灯。

まわりみち【回り道】「―して帰る」

まわりもち【回り持ち】「当番は―になっている」

まわる【回る・▾廻る】「車輪が―」

まん【万(萬)】マン・バン　―「万一・万華鏡・万作・万年・万病・億万・巨万・百万」

まん【満(滿)】マン　み-ちる・み-たす　―「満員・満開・満期・満載・満場・満身・満席・満足・満潮・満点・満杯・満帆・満腹・満面・満了・円満・充満・肥満・不満・豊満・未満」

まん【慢】マン　―「慢心・慢性・我慢・緩慢・高慢・自慢・怠慢」

まん【漫】マン　―「漫画・漫才・漫然・漫歩・漫遊・散漫・放漫」

まん【満】「年齢を―で数える」「―を持して立候補する」

まんいち【万一】「―の場合に備える」「―失敗したらとりかえしがつかないことになる」
まんいん【満員】「―御礼」「―電車」
まんえつ【満悦】「至極御―の体〈てい〉」
まんえん【▾蔓延】「インフルエンザが―する」
まんが【漫画】「四コマ―」「―家」「―喫茶」
まんかい【満開】「桜の花が―になる」
まんがく【満額】「保険金が―おりる」
まんかん【満干】「潮の―」「―の差」
まんがん【万巻】「―の書」
まんがん【満願】願かけの日数が満ちる。
まんかんしょく【満艦飾】派手に飾り立てる。「万国旗で―の運動会」「―の干し物」
まんき【満期】「定期預金が―になる」「兵役が―になる」
まんきつ【満喫】「京都の秋を―する」
まんきん【万金】多額の金銭。「―を積む」「―に値する」
まんきん【万▾鈞】「―の重み」
まんげきょう【万華鏡】三角柱の鏡のおもちゃ。
まんげつ【満月】まん丸に輝く月。十五夜の月。
まんげん【漫言】思いつきで言う言葉。「―放語」「―を吐く」

まんこう【満▼腔】 体じゅう。体全体。「―の謝意を表す」

マンゴー【〈檬果〉】 卵形で果肉は黄色で美味。

まんざ【満座】「―の中で恥をかく」

まんさい【満載】「救援物資を―した船」「楽しさ―の旅行」「新情報を―した雑誌」

まんざい【万歳】 ばんざい。また、新年の門付芸能。「三河―」

まんざい【漫才】「―師」「関西の―」

まんさく【満作】 穀物がよくみのること。また、マンサク科の落葉小高木。金縷梅。「豊年―」

まんざら【《満更》】「―でもなさそうだ」

まんざん【満山】「―のつつじ」

まんじ【▼卍・▼卍字】 仏教で、仏に表れるめでたい相。

まんじともえ【▼卍▼巴】 入り乱れるさま。「―になって戦う」

まんじゅう【▼饅▽頭】「旅先で土産に―を買う」〔「じゅう」は字の唐音〕

まんじゅしゃげ【▼曼珠▽沙華】 ヒガンバナ。

まんじょう【満場】「―一致で可決」

まんしん【満身】「―の力をふりしぼる」

まんしん【慢心】 おごり高ぶること。「褒められて―する」

まんしんそうい【満身創▼痍】 全身傷だらけ。「―で闘う」

まんすい【満水】「ダムが―になる」

まんせい【慢性】 なかなか治らない。⇔急性。「―の胃腸炎」

まんせき【満席】「指定席はすべて―」

まんぜん【漫然】「―と話を聞く」

まんぞく【満足】「自己―」「―感」「―に口もきけない」

まんだら【▼曼▼荼羅・▼曼▼陀羅】 仏の悟りや教えを示した絵。「金剛界―」

まんだん【漫談】 軽妙な話を聞かせる演芸。

まんちゃく【▼瞞着】 だますこと。「世間を―する」

まんちょう【満潮】 満ち潮。⇔干潮。「―の時刻」

まんてん【満天】「―の星」

まんてん【満点】「サービス―」「試験で―をとる」

まんてんか【満天下】 国中。世界中。「―を沸かせる大事件」

まんどう【万灯】「―会〈え〉」「長者の―より貧者の一灯」

まんなか【真ん中】「都会の―」

まんねん【万年】「―青年」「―補欠」「鶴は千年、亀は―」

まんねんたけ【万年▼茸】 霊芝〈れいし〉。

まんねんどこ【万年床】「四畳半下宿の―」

まんねんひつ【万年筆】「―でサインする」

まんねんゆき【万年雪】 一年中消えない雪。「ヒマラヤの―」

まんねんれい【満年齢】 誕生日で一歳増える年齢。「―で還暦の祝いをする」

まんぱい【満杯・満▼盃】「タンクに水が―になる」

まんびき【万引き】 店の商品をこっそり盗む。

まんぴつ【漫筆】 気の向くままに書いた文章。

まんびょう【万病】「風邪は―のもと」

まんぴょう【満票】「―を獲得して当選」

まんぷく【満幅】「―の信頼をおく」

まんぷく【満腹】「―感」

まんべんなく【満遍無く】「―魚の表面を焼く」

まんぽ【漫歩】「銀座を―する」

まんぼう【〈翻車魚〉】 フグ目の海魚。

まんまく【▼幔幕】 式場などに使う幕。「紅白の―を張り巡らす」

まんまる【真ん丸】「―なお月様」

まんまん【満満】「自信―」「―と水をたたえた湖」

まんめん【満面】「得意―」「―に笑みを浮かべる」「―朱を注ぐ（＝怒りや恥ずかしさで赤面する）」

まんもくしょうじょう【満目▼蕭条】「―とした平原」

まんゆう【漫遊】「諸国を―する」

ま

まんりき【万力】物を挟んで締めつけ固定する工具。バイス。
まんりょう【万両】ヤブコウジ科の小低木。
まんりょう【満了】「任期が―する」
まんるい【満塁】「二死―」

み

み【未】ミ ― 「未開・未完・未決・未婚・未済・未熟・未詳・未遂・未然・未知・未定・未納・未明・未来・未練」
み【味】ミ あじ・あじわう 「味覚・味読・意味・甘味・興味・吟味・趣味・賞味・美味・風味・妙味」
み【魅】ミ ― 「魅了・魅力・魅惑」
み【▽巳】十二支の第六。「―の年生まれ」
み【身】「福祉事業にこの―をささげる」「危険が―に迫る」「―が引き締まる思い」「―の置き所がない」
み【実・▽子】「枝もたわわに―がなる」「―のある話」「これまでの努力が―を結ぶ」
み【▽箕】「―を篩〈ふる〉って籾殻を除く」
みあい【見合い】「―結婚」「お―の相手」

みあう【見合う】「収支が―」
みあやまる【見誤る】「事の本質を―」
みあわせる【見合(わ)せる】「思わず顔を―」「事故で列車の運転を―」
みいだす【見《▽出》だす】「法則を―」「解決策を―」
ミイラ【〈木乃伊〉】「―取りが―になる」「木乃伊はオランダ語 mummie の漢訳語」
みいり【実入り】穀物の実が熟すこと。収入。「―の少ない仕事」
みいる【見入る】じっと見る。注視する。「人々は号外に―っていた」
みいる【魅入る】「悪魔に―られた男」
みうける【見受ける】「剣術の心得があると―」「この辺では―けない顔だ」
みうごき【身動き】「借金で―ができない」
みうしなう【見失う】「人込みで子供を―」「目標を―」
みうち【身内】「―に不幸があった」「―だけで祝う」
みうり【身売り】「経営難で会社を―する」
みえ【見▽栄・見え】実際よりよく見せようとする。「―も外聞もない」「―を張る」
みえ【見得】歌舞伎で、見せ場でポーズをとる。「―を切る」
みえる【見える】「山が―」「先生が―」

みおくる【見送る】「駅で友人を―」「新規の採用を一年間―」
みおさめ【見納め】「この世の―」
みおつくし【▼澪▽標】船の航路を示すために立てた杭。
みおとり【見劣り】「前作がよかっただけに今回は―(が)する」
みおぼえ【見覚え】「この顔に―はありませんか」
みおも【身重】「今―でつわりがひどい」
みかい【未開】「―の地に足を踏み入れる」
みかえし【見返し】「―に蔵書印が捺されている」
みかえす【見返す】「答案を―」「いつか―してやる」
みかえり【見返り】「便宜を図った―に商品券をもらう」
みがき【磨き・▽研き】「技に―をかける」「歯―粉」
みがきにしん【身欠き▼鰊】「―の甘露煮」
みかぎる【見限る】「将来性がない会社を―」
みかく【味覚】「秋の―」「―が発達している」
みがく【磨く・▽研く】「靴を―」「技を―」
みかくにん【未確認】「―情報」「―飛行物体」
みかけ【見掛け】「―は悪いが味は保証する」「―ばかりを気にする人」
みかげいし【▽御影石】石材としての花崗岩。

みかけだおし【見掛け倒し】「—で実力が伴っていない」
みかける【見掛ける】「よく—顔」
みかた【見方】「—を変えれば認識も変わる」「事故原因は信号無視という—が強い」
みかた【味方・▽御方・身方】「—につける」
みかづき【三日月】陰暦三日の細い月。
みがって【身勝手】「あまりに—な言い分だ」「—な行動」
みかど【▽御門・▽帝】「—の玉座」
みかねる【見《兼》ねる】「見るに—・ねて助けてやる」
みがまえる【身構える】「敵の攻撃に備えて—」
みがら【身柄】「—の送検」「—を拘束する」
みがる【身軽】「—に動きまわる」「—な服装で出かける」
みかわ【三河】旧国名。愛知県中部・東部。三州。
みがわり【身代(わ)り・身替(わ)り】「子供の—となる」
みかん【未刊】⇔既刊。「—の書」
みかん【未完】「—の大器」「—の大作」
みかん【▽蜜・▼柑】ミカン科の柑橘類。
みかんせい【未完成】「作品が—のうちに亡くなった」

みき【幹】「—から枝が伸びる」
みき【〈神酒〉・▽御▽酒】「お—をいただく」
みぎ【右】⇔左。「—の通り相違ありません」「彼の—に出る者はいない」「—へ倣〈なら〉え」
みきき【見聞き】「—したことを記しておく」
みぎきき【右利き】「—の投手」
みきり【見切(り)】「—をつける」「—品の特売」
みぎり【▼砌】「幼少の—」「猛暑の—いかがお過ごしですか」
みきる【見切る】見込みがないと見きわめる。
みぎれい【身▼綺麗】「いつも—にしている」
みぎわ【▽水際・▼汀・▼渚】「—に寄せる白い波」
みきわめる【見極める】「事の本質を—」「真偽を—」
みくだす【見下す】「人を—・した態度をとる」
みくだりはん【三▽行半・三下り半】夫から妻に対する離縁状。「—を叩きつける」
みくびる【見▼縊る】「新人だと言って—・ってはいけない」
みぐるしい【見苦しい】「—まねはよせ」
みぐるみ【身▽包み】「強盗に—剝がれてしまう」
みけ【三毛】「—猫」
みけつ【未決】⇔既決。「—の案件」
みけん【未見】「—の資料」

みけん【眉間】「—に皺を寄せる」
みこ【〈巫女〉・〈神子〉】「神社の—」
みこ【▽御子・〈皇子〉・〈皇女〉・〈親王〉】「神の御子」「救いの御子」「有間〈ありま〉(の)皇子」
みごうしゃ【見巧者】芝居などの見方の上手な人。
みこし【見越し】物越しに見える。「船板塀に—の松」
みこし【▽神▼輿・▽御▼輿】「祭りで—を担ぐ」
みごしらえ【身▼拵え】「出陣の—をする」
みこす【見越す】「先を—」「値上げを—・して買いだめする」
みごたえ【見応え】「—のある試合」
みこと【▽尊・▽命】「素戔嗚〈すさのお〉の—」
みごと【《見事》・《▽美事》】「—な出来ばえ」「ものの—にやってのける」
みことのり【詔・▽勅】「天皇陛下の—」
みこみ【見込み】「—違い」「法案は通過する—だ」「収益の—が立たない」
みこむ【見込む】「売れ行きを—」
みこもる【身籠もる・▽妊る・▼孕む】「初めての子を—」
みごろ【見《頃》】「桜も—になる」
みごろ【身頃・▼裑】衣服の、胴を包む部分。「前—」
みごろし【見殺し】「苦境の友を—にはできない」
みこん【未婚】⇔既婚。「—の男性」

み

ミサ【▽弥▽撒】カトリック教の聖餐式。「―曲」
みさい【未済】⇔既済。「―書類」「―の借金」
みさお【操】「固く―を守る」「―を立てる」「―を破る」
みさかい【見境】「―(も)なく手を出す」「善悪(前後)の―が付かない」
みさき【岬】みさき
「北の―」「―巡りの旅」
みさき【岬・▽崎】「―の灯台」
みさげる【見下げる】「相手を―げた目つき」
みさご【▼鶚・〈雎鳩〉】タカの一。
みささぎ【陵】天皇や皇后の墓所。
みさだめる【見定める】「しっかりと目標を―」
みじかい【短い】⇔長い。「―文章」「気が―」
みじかよ【短夜】「夏の―」
みじたく【身支度】「旅の―をする」
みじまい【身仕舞(い)】「挨拶に出かける―をする」
みじめ【惨め】「―な姿をさらけ出す」「子供には―な思いをさせたくない」
みじゅく【未熟】「―児」「―な腕前」「何分―者ですのでよろしく御指導下さい」
みしょう【実生】種子から発芽した植物。「―の椿」
みしょう【未詳】「生没年―」
みしらぬ【見知らぬ】「―男」「―土地を旅する」
みじろぎ【身じろぎ】「―もせずに成り行きを見守る」

みじん【▽微▼塵】「木っ端―」「タマネギを―に切る」「だますなどという気持ちは―もなかった」
みじんこ【▽微▼塵子・〈水蚤〉】微小節足動物。
みじんこ【▽微▼塵粉】蒸して干したもち米の粉。
みす【▽御▼簾】「―を揚げる(降ろす)」
みず【水】「この土地はどうも―が合わない」「―と油」「今までのことは―に流そう」「―も滴るいい男」「―を打ったようにしんとなる」「―を得た魚〈うお〉のよう」「話に―をさす」「それとなく―を向ける」
みずあか【水▼垢】「風呂釜に―がたまる」
みずあげ【水揚げ】「―が少ない」「サンマの―全国一」「花屋で買った切り花を―してやる」
みずあたり【水▽中り】「生水で―を起こす」
みずあび【水浴び】「川で―をする」
みずあめ【水▼飴】「―を舐める」
みすい【未遂】⇔既遂。「自殺―」「犯行は―に終わった」
みずいらず【水入らず】「親子(夫婦)―」
みすえる【見据える】「相手の顔をじっと―」「現実を―」
みずおち【〈鳩尾〉】みぞおち。
みずがい【水貝】アワビの刺し身。
みずかき【水《▼搔》き・▼蹼】「鴨(蛙)の―」

みずかけろん【水掛(け)論】「言った、言わないの―に終始する」
みずかさ【水▼嵩】「大雨で河川の―が増す」
みずがし【水菓子】果物のこと。「食後の―」
みすかす【見透かす】「腹の中(魂胆)を―」「手の内を―・される」
みずがめ【水▽瓶・水▼甕】飲用水をためる器。
みずから【《自》ら】「―を省みる」「社長―指揮をとる」「―墓穴を掘る」「―を持する」
みすぎ【身過ぎ】生計。くらし。「―世過ぎ」
みずき【水木】ミズキ科の落葉高木。
みずぎ【水着】水泳用の衣服。
みずぎわ【水際】「インフルエンザ対策のため空港で―作戦をとる」
みずぎわだつ【水際立つ】鮮やかで人目を引く。「―った美しさ(手腕)」
みずくき【水茎】筆。筆跡。「―の跡」
みずくさ【水草】水中に生える草。
みずくさい【水《臭》い】「独りで悩むとは―」
みずけ【水気】「野菜の―を切る」
みずけむり【水煙】「車が―をあげて走る」
みずこ【水子】流産または堕胎した胎児。「―供養」
みずごけ【水▼蘚・水▼苔】「―で根を包む」
みすごす【見過(ご)す】「黙って―わけにはいかない」

みずこぼし【水▽翻】建水〈けんすい〉。
みずごり【水▼垢離】「—を取って堂に参籠する」
みずさいばい【水栽培】水耕〈すいこう〉。「メロンの—」
みずさかずき【水杯・水▼盃】「別れの—を交わす」
みずさきあんない【水先案内】「—人」「航路の—」
みずさし【水差(し)】「演台に—を用意する」
みずしごと【水仕事】「家庭の—」
みずしぶき【水〈飛沫〉】「—をあげる」「—が立つ」
みずしょうばい【水商売】「夜の—」
みずしらず【見ず知らず】「—の人に親切にしてもらう」
みずすまし【水澄】水面を泳ぐ小形の昆虫。
みずぜめ【水攻め】「城を—にする」
みずた【水田】すいでん。「—が青々と広がる」
みずたき【水炊き】「鶏の—」
みずたま【水玉】「—模様」
みずたまり【水▼溜まり】「雨が降ってあちこちに—ができる」
みずっぱな【水っ▼洟】「風邪を引いて—が止まらない」
みずでっぽう【水鉄砲】「—で遊ぶ子供たち」

みすてる【見捨てる・見▽棄てる】「親に—・てられる」
みずてん【▽不▽見転】金次第で身を任す芸者。「—芸者」
みずとり【水鳥】「—の棲む池」
みずな【水菜】アブラナ科の野菜。京菜。
みずのあわ【水の泡】「せっかくの苦労が—だ」
みずのえ【▼壬】十干の第九。
みずのと【▼癸】十干の第一〇。
みずのみびゃくしょう【水▼呑み百姓】貧しい農民。「江戸時代の—」
みずはけ【水▼捌け】「—の良い(悪い)土地」
みずばしょう【水▼芭▼蕉】「尾瀬沼の—」
みずばら【水腹】「食べ物が無く—で我慢する」
みずひき【水引】「慶事の—を掛ける」
みずびたし【水浸し】「水道管が破裂して—になる」
みずぶくれ【水▼脹れ】「やけどの跡が—になる」
みずべ【水辺】「—に集まる鳥」
みずほ【▼瑞穂】みずみずしい稲の穂。「—の国(=日本の美称)」
みずぼうそう【水▼疱▼瘡】「子供の頃に—に罹った」
みすぼらしい【見▼窄らしい】「—身なり」
みずまくら【水枕】「高熱が出て—をする」

みずまし【水増し】「経費を—して請求する」
みすみす【《見》す《見》す】「—チャンスを逃す」
みずみずしい【▼瑞▼瑞しい・水水しい】「—若葉」「—感覚に満ちた詩」
みずむし【水虫】「—で足が痒い」
みずもの【水物】飲み物や果物。予測のつけ難いもの。「食後に—をいただく」「人事は—だ」
みずや【水屋】食器類を入れる棚。
みずら【〈角髪〉・〈角子〉・▼鬟・▼髻】「聖徳太子の—姿」「髪を—に結う」
みする【魅する】「美声に—・せられる」
みずわり【水割り】「ウイスキーの—」
みせ【店・見世】「—を構える」「父の代で—を畳んだ」
みせいねん【未成年】二〇歳未満の若者。
みせかけ【見せ《掛》け】「—の優しさ」
みせがね【見せ金】「—を用意する」
みせがまえ【店構え】「立派な—」
みせさき【店先】「—に目玉商品を並べる」
みせじまい【店仕舞(い)】「—のセール」「今日はもう—しよう」
みせしめ【見せしめ】「—のために叱る」
みせつける【見せ《付》ける】「仲のいいところを—」
みぜに【身銭】「—を切る」

みせば【見せ場】「―を作る」
みせばん【店番】「少しの間―を頼む」
みせびらかす【見せびらかす】「賞状を人に―」
みせびらき【店開き】「衣料品店が―する」
みせもの【見世物】「―小屋」「他人の―になる」
みせる【見せる】「本を人に―」
みぜん【未然】「犯罪を―に防ぐ」
みそ【味▼噌】「―も糞も一緒」「そこが―だ」「―をつけてしまった」
みぞ【溝】「―を掘る」「両国間の―が深まる」
みぞう【未曽有】「古今―の大事故」
みぞおち【〈鳩尾〉】「―にパンチが入る」
みそか【▼晦日・三▽十日】「大〈おお〉―」
みそか【▽密】「―ごと」
みそぎ【▼禊】「―祓〈はらえ〉」「海に入って―をする」
みぞごい【溝五位】コウノトリ目の鳥。
みそこなう【見損なう】「ピカソ展を―・ってしまった」「信じていたのに―・った」
みそさざい【〈鷦鷯〉】スズメ目の小鳥。
みそじ【三▽十路・三▽十】三〇歳。「―を越える」
みそしる【味▼噌汁】「しじみの―」
みそすり【味▼噌▼擂り】へつらうこと(人)。
みぞそば【溝〈蕎麦〉】タデ科の一年草。
みそっかす【味▼噌っ▼滓】「泣いてばかりいた―の妹」
みそっぱ【味▼噌っ歯】黒っぽく欠けた歯。
みそはぎ【▼禊▼萩】ミソハギ科の多年草。溝萩〈みぞはぎ〉。
みそひともじ【三▽十一文字】短歌。和歌。
みそめる【見初める】「スキー場で―」
みそら【身空】身の上。境遇。「若い―で解雇されるとは気の毒だ」
みぞれ【▼霙】「―混じりの雪」
みたけ【身丈】「―六尺の大男」「―に合った服」
みだし【見出し】「新聞の―」
みだしなみ【身▼嗜み】「紳士としての―」「―を整える」
みたす【満たす・▽充たす】「ごちそうで腹を―」「杯に酒を―」「要求〈条件〉を―」
みだす【乱す】「列を―」「風紀を―」「心を―・される」
みたて【見立て】「洋服の―をしてもらう」「あの医師の―は確かだ」
みたま【▽御霊・▽御▽魂】「先祖の―を祀る」
みたまや【▽御霊屋】おたまや。
みだら【淫ら・▼猥ら】「―な行為」「―な関係」
みたらし【▽御手▽洗】神社の手を洗い清める所。「―団子」「―の水で手を洗い清める」
みだりに【▽妄りに・乱りに・▽濫りに・▼猥りに】「―立ち入ることを禁ずる」「―に口出しをするな」
みだれる【乱れる・▼紊れる】「髪が―」「風紀が―」「花が咲き―」「両チーム入り―・れての混戦」
みち【道・▽路・▽途・▽径】「学校へ行く―」「人の―」「―無き―を行く」「解決への―が開けてきた」「後進に―を譲る」
みち【未知】知られていない。⇔既知。「―の生物」「―の世界」
みちあんない【道案内】「入口に―がある」
みぢか【身近】「―な話題」「―に感じる」
みちがえる【見違える】「社会人になって―ようにしっかりしてきた」
みちかけ【満ち欠け・▼盈ち▼虧け】「月の―」
みちくさ【道草】「途中で―を食う」
みちしお【満ち潮】潮が満ちてくる。上げ潮。まんちょう。⇔引き潮。
みちしるべ【道▽標・道▽導】「会社経営の―」
みちすう【未知数】「実力のほどは―だ」
みちすじ【道筋】「郵便局は駅へ行く―にある」「議論の―が立たない」
みちづれ【道連れ】「子供を―にした一家心中」「旅は―、世は情け」
みちならぬ【道ならぬ】「―恋」
みちなり【道《▽形》】「しばらく―に行く」

みちのく【陸奥】磐城・岩代・陸前・陸中・陸奥〈むつ〉五か国の古称。
みちのべ【道の辺】みちばた。路傍。
みちのり【道▽程】「一時間ほどの―」「ここまでたどり着くのは長い―だった」
みちばた【道端】「―で腰を下ろす」
みちひ【満ち干】「潮の―が激しい」
みちびく【導く】「子弟を―」「勝利へと―」
みちみち【道道】「―話をする」
みちゃく【未着】「―の郵便」
みちゆき【道行き】旅の途中の光景を描く文。
みちる【満ちる・▽充ちる】「潮が―」「自信に―」
みつ【▼褌】相撲で、まわし。「前―」
みつ【密】ミツ「密会・密告・密室・密集・密書・密葬・密造・密談・密着・密通・密度・密閉・密約・隠密・過密・機密・厳密・細密・親密・秘密」
みつ【蜜】ミツ「蜜月・蜜語・蜜腺・花蜜・糖蜜」
みつ【密】「連絡を―にする」
みつ【蜜】「花の―を吸う」
みつが【密画】細密画。
みっかい【密会】「二人が―するのを目撃した」
みっかてんか【三日天下】「新政権は―のうちに終わった」
みっかぼうず【三日坊主】「―でどれも長続きがしない」
みつかる【見付かる】「就職先が―」
みつぎ【密議】「―をこらす」
みつぎもの【貢ぎ物】「―を献上する」
みっきょう【密教】大日如来に帰依する教法。「真言―」
みつぐ【貢ぐ】「村の実力者に金品を―」
みづくろい【身繕い】「きちんと―をして出かける」
みつくろう【見繕う】「適当に―ってくれ」
みつけ【見付・見▽附】「赤坂―」
みつげつ【蜜月】ハネムーン。「労使の―時代」
みつける【見付ける】「なくした財布を―」
みつご【三つ子】「―の魂百まで」
みっこう【密行】ひそかに行く。微行。「単身―して目的地に潜入する」
みっこう【密航】規則を破って国外へ渡航する。「貨物船で―する」
みっこく【密告】「―者」「警察に―する」
みつじ【密事】秘密の事柄。
みっしつ【密室】「―殺人」
みっしゅう【密集】「住宅が―する」
みっしょ【密書】「―を携える」
みっせい【密生】「剛毛が―している」「クマザサの―地」
みっせつ【密接】「両者は―な関係がある」「―に結びつく」
みっそう【密葬】「親族だけで―に付す」
みつぞう【密造】「―酒」「爆弾を―する」
みつだん【密談】「ひそひそと―する」
みっちゃく【密着】「―取材」
みっつう【密通】他人の妻または夫とのひそかな情交。
みってい【密偵】スパイ。「―を放つ」
みつど【密度】「人口―」「―の濃い仕事」
みつどもえ【三つ▼巴】「―の乱戦となる」
みつば【三つ葉】セリ科の野菜。
みつばい【密売】「麻薬の―を取り締まる」
みつばち【蜜蜂】「―の巣」
みっぷう【密封】「封書を―する」「―包装」
みっぺい【密閉】「―容器」「部屋を―する」
みつまた【三つ▼叉・三つ股】「―ソケット」
みつまた【三▼椏】「―の繊維で漉いた和紙」
みつまめ【蜜豆】「―の缶詰」
みつもり【見積(も)り・見積】「―額」「工事の―を出す」
みつやく【密約】「二国間で―が交わされる」

み

みつゆ【密輸】「—組織」「覚醒剤を—する」
みつゆび【三つ指】「—ついて挨拶する」
みつりょう【密猟】「野生のサイが—される」
みつりょう【密漁】「アワビの—を防ぐ」
みつりん【密林】「人跡未踏の—地帯」
みつろう【蜜▼蠟】「—ろうそく（ワックス）」
みてい【未定】まだ決まっていない。⇔既定。「卒業後の進路は—だ」「予定は—だ」
みてぐら【▽幣】神に奉るもの。ぬさ。
みてくれ【見て▽呉れ】「—は悪いが味はいい」「—ばかりを気にする人」
みとう【未到】「前人—の大事業」
みとう【未踏】「人跡—の秘境」
みとう【味到】十分に味わうこと。「名曲を—する」
みどう【▽御堂】「寺院の—」
みとおし【見通し】「—がつく」「先までお—だ」
みとがめる【見▼咎める】「だれにも—・められずに侵入する」
みとく【味得】十分味わい理解する。「秋の夜長に名作を—する」
みどく【味読】じっくり味わいながら読む。「古典を—する」
みどころ【見《所》】「—満載の旅行誌」「—のある青年」

みとどける【見届ける】「親友の最期を—」「我が子の行く末を—」
みとめいん【認め印】「書留の受け取りに—を押す」
みとめる【認める】「胃部に潰瘍が—・められる」「負け（非）を—」「世に—・められる」
みどり【緑・▼翠】「木々の—」「—の季節」
みどりご【〈嬰児〉・緑▽児】「生まれたばかりの—」
みとりず【見取り図】「部屋の—を確かめる」
みとる【見取る】見て内容を理解する。「師の芸風を—」
みとる【▽看取る】臨終を見守る。「最期を—」
みとれる【見《▼蕩》れる】「あまりの美しさに—」
みな【皆】「—まで言うな」「—が賛成する」「—で出かける」
みなおす【見直す】「制度（答案）を再度—」「意外に思いやりのある上司を—」
みなかみ【▽水上】「—から何か流れてくる」
みなぎる【▼漲る】「闘志が—」
みなげ【身投げ】「崖から—して亡くなる」
みなしご【▽孤▽児】両親のいない子。「両親に死別して—となる」
みなす【見《▼做》す・▽看▼做す】「返事がない場合には欠席と—」「言うことを聞かなかったら敵と—」

みなそこ【▽水底】「—に沈む」

みなづき【▽水無月・▽六月】陰暦六月の異名。「—祓（ばらえ）」

みなと【港・▼湊】「—町」「船が—に入る」

みなぬか【三七日】人の死後二一日目。

みなみ【南】⇔北。「—と北」「—向き」

みなみはんきゅう【南半球】⇔北半球。

みなも【▽水▽面】「池の—に浮かぶ睡蓮」

みなもと【源】「槍ヶ岳に—を発する川」

みならい【見習（い）】「行儀—」「—工」「美容師を目指して—から始める」

みなり【身《▽形》】「出かける前に—を整える」「—にかまわない人」

みにくい【見▽難い】よく見えない。見づらい。「この位置からは演技が—」「画像が—」

みにくい【醜い】顔かたちが悪い。精神がいやしい。「—アヒルの子」「—骨肉の争い」

みぬく【見抜く】「鋭く本質を—」「うそを—」

みね【峰・▼嶺】山の頂上。刀剣・刃物の背。

みねうち【峰打ち・〈刀背〉打ち】「—だ、切ってはいない」

みの【▼蓑・▼簑】「隠れ—」「—笠も付けずに雨の中を飛び出す」

みの【美濃】旧国名。岐阜県の中部・南部。濃州。

み

みのう【未納】まだ納めていない。「授業料―」
みのうえ【身の上】「―話」「―を語る」
みのがす【見逃す】「誤りを―」「うっかりテレビドラマを―」
みのがみ【▽美▽濃紙】楮〈こうぞ〉ですいた丈夫な和紙。
みのがめ【▼蓑亀】甲羅に蓑状に藻がついた亀。
みのけ【身の毛】「―がよだつ恐ろしい出来事」
みのしろきん【身の代金】「―を用意する」
みのたけ【身の丈】「―六尺の大男」
みのほど【身の程】「―知らず」「―を弁えない」
みのまわり【身の回り】「―の世話をする」
みのむし【▼蓑虫】「枝に―の巣がぶら下がる」
みのり【実り】「―の秋」「―が多い」
みのる【実る】「枝もたわわに―」「これまでの努力が―」「―ほど頭の下がる稲穂かな」
みば【見場】「―は悪いが味はいいリンゴ」「―をよくする」
みばえ【見栄え・見映え】「―のしない服装」
みはからう【見計らう】「頃合いを―って帰る」
みはなす【見放す・見離す】「医者から―される」「運命の女神に―される」
みはらい【未払い】「保険料の―」
みはらし【見晴(らし)】「―の良い丘」「―がきく展望台」
みはり【見張(り)】「―に立つ」
みはる【▼瞠る】目を開いてみる。「目を―ばかりの上達ぶり」
みはる【見張る】あたりを注意して番をする。「門を―」「侵入者を―」
みはるかす【見晴るかす・見▼霽かす】「―武蔵野の原」
みびいき【身《▼贔▼屓》】「―な評」「同窓生を―する」
みひつのこい【未必の故意】「―による犯罪」
みひらき【見開き】「―に図表を入れる」
みぶり【身《振》り】「―手振りよろしく話す」
みぶるい【身《震》い】「話に聞いただけで―がする」
みぶん【身分】「―制度」「―を証明する物」「遊んで暮らせるなんて、いい御―だね」
みぼうじん【未亡人】夫に死別した女性。
みほれる【見▼惚れる】「―ような包丁さばき」
みほん【見本】「―市」「―を取り寄せる」
みまい【見舞(い)】「―客」「火事―」
みまう【見舞う】「友人を病院に―」「大地震に―われる」
みまがう【見▽紛う】「雪と―花吹雪」
みまかる【身▽罷る】「死去する」の意の丁寧語。「若くして―」
みまさか【美作】旧国名。岡山県北東部。作州。
みまもる【見守る】「子供の成長を―」「成り行きを―」
みまわす【見回す】「部屋の中を―」
みまわる【見回る】「異状がないか町内を―」
みまん【未満】「十八歳―はお断り」「十円―は切り捨て」
みみ【耳】「その批判は―が痛い」「―が遠くなった」「もうご存じとはお―が早い」「お―に入れておきたい」「変なうわさを―にする」「我が―を疑う」
みみあたらしい【耳新しい】「―言い回し」
みみうち【耳打ち】「そっと―する」
みみがくもん【耳学問】「―の不確かな知識」
みみかざり【耳飾り】イヤリングの類。「―を付ける」
みみざとい【耳▼聡い】「―く聞きつける」
みみざわり【耳障り】「―な騒音」「―なうわさ話」
みみず【〈蚯蚓〉】「―ののたくったような下手な字」
みみずく【〈木菟〉・〈鴟鵂〉・〈角鴟〉】フクロウ科の鳥。〔現代仮名遣いでは「みみづく」とも書く〕
みみたぶ【耳▼朶】耳の下部の肉の柔らかい部分。
みみだれ【耳垂れ】耳の穴からうみが出る病気。耳漏。

みみなり【耳鳴り】「―がして夜眠れない」
みみもと【耳元】「―でささやく」
みみより【耳寄り】「―な話」
みめ【見目】「―うるわしい女性」
みめい【未明】「明日―に出発する」
みめかたち【見目形】「―の整った人」
みもだえ【身▼悶え】「―して苦しむ」
みもち【身持ち】品行。「―が悪い」
みもと【身元・身▽許】「―を引き受ける」
みもの【見物】「あのときの彼のあわてようは―だった」
みや【宮】「お―参り」「鎮守の―」
みゃく【脈】ミャク ―「脈動・脈脈・脈絡・気脈・血脈・鉱脈・山脈・人脈・動脈・命脈・乱脈」
みゃく【脈】「不整―」「―を取る」「あの返事なら、まだ―がある」
みゃくうつ【脈打つ・脈▼搏つ】「時代の精神が―っている」
みゃくどう【脈動】「若い血潮が―する」
みゃくはく【脈拍・脈▼搏】「―を測る」
みゃくみゃく【脈脈】「伝統が―と息づいている」
みゃくらく【脈絡】「前後の―がない話」
みやげ【《土産》】「手―」「―話」

みやこ【都】「奈良(京)の―」
みやこおち【都落ち】都を去って地方へ行く。
みやこわすれ【都忘れ】ミヤマヨメナの栽培品種。
みやづかえ【宮仕え】「―の身」
みやび【▽雅び】「王朝の―」「―な服装」「―に振る舞う」
みやびやか【▽雅びやか】「―な立ち居振る舞い」
みやぶる【見破る】「嘘(トリック)を―」
みやま【▽深山】奥山。「春の―に分け入る」
みやまいり【宮参り】「子どもの誕生を祝いお―をする」
みやる【見▽遣る】「声のする方を―」
みゆき【▽深雪】雪の美称。深く積もった雪。
みゆき【〈行幸〉・御▽幸】天皇の外出。
みよ【御代】「明治天皇の―」
みょう【名】⇩めい(名)。「名字・名代・戒名・功名・大名・本名」
みょう【妙】ミョウ ―「妙案・妙技・妙手・妙薬・妙齢・奇妙・軽妙・巧妙・神妙・絶妙・即妙・微妙」
みょう【命】⇩めい(命)。「寿命・定命・常命・宣命・不惜身命」
みょう【明】⇩めい(明)。「明星・明朝・明年・光明・声明・灯明」

み

みょう【冥】⇩めい(冥)。「冥応・冥加・冥護・冥利」
みょう【妙】「人工の―を尽くす」「言い得て―だ」「―な話」
みよう【見様】「―見まね」「―によっては貴重な資料だ」
みょうあん【妙案】「―が浮かぶ」「難局を打開する―」
みょうが【▼茗荷】食用とするショウガ科の多年草。
みょうが【冥加】気づかずに受けている神仏の加護。「―に尽きる」「命―な男だ」
みょうぎ【妙技】「―を競う」
みょうけい【妙計】「―が浮かぶ」
みょうごう【名号】阿弥陀仏の名。南無阿弥陀仏の六字。「―を唱える」
みょうごにち【明後日】明日の次の日。あさって。
みょうじ【名字・▽苗字】「―は山本です」
みょうしゅ【妙手】「起死回生の―」
みょうしゅ【妙趣】「―のある庭園」
みょうじょう【明星】金星。「明けの―」
みょうじん【明神】神の尊称。「大―」「―祭」
みょうせき【名跡】「―を継ぐ」
みょうだい【名代】代理。「社長の―として出席する」

表記欄の《》は常用漢字表付表の語、〈〉は表外熟字訓、（）は仮名書きが多い

みょうてい【妙諦】すぐれた真理。みょうたい。
みょうと【〈夫婦〉】夫婦〈ふうふ〉。めおと。
みょうばん【明▼礬】硫酸アルミニウムの化合物。〔自然科学ではミョウバンと書く〕
みょうみ【妙味】「―に富んだ山水」
みょうやく【妙薬】「若返りの―」
みょうり【名利】名誉と利益。めいり。
みょうり【冥利】知らずに受けている神仏の恩恵。「男―に尽きる」
みょうれい【妙齢】「―の女性」
みよし【▼舳・▽水▽押】船首。へさき。⇔艫〈とも〉。
みより【身寄り】「―のないお年寄り」
みらい【未来】「―図」「日本の―を担う青年」
みらいえいごう【未来永▼劫】「―に変わらぬ愛」
ミリグラム【▼瓱】一グラムの一〇〇〇分の一。
ミリメートル【▼粍】一メートルの一〇〇〇分の一。
みりょう【未了】「審議―」
みりょう【魅了】「聴衆を―する演奏」
みりょく【魅力】「バロック音楽の―」「―的な人」
みりん【味▼醂】「―漬け」「―干し」
みる【〈海松〉・〈水松〉】濃緑色の海藻。食用。
みる【見る・▽観る・診る・▽看る】「窓の外を見る」「不正を見て見ぬふりをする」「テレビを見る（観る）」「患者を見る（診る）」「入院中の親の面倒を見る（看る）」〔補助動詞として用いる場合は仮名書きが普通。「問題を解いてみる」「言われてみればその通りだ」〕
みるがい【〈海松〉貝・〈水松〉貝】海産の二枚貝。
みれん【未練】「この事業には―がある」「―がましいことは言うな」
みろく【▽弥▼勒】「―菩薩像」
みわく【魅惑】「人を―する美しさ」「―的な女性」
みわける【見分ける】「不良品を―」
みわすれる【見忘れる】「ドラマを―・れてしまった」
みわたす【見渡す】「―かぎりの大草原」「仕事全体を―」
みん【民】ミン たみ「民意・民間・民衆・民族・民力・移民・国民・市民・住民・庶民・人民・農民・遊民」
みん【眠】ミン ねむ-る・ねむ-い「安眠・永眠・睡眠・不眠」
みんい【民意】国民の意思・意向。「今度の選挙で―を問う」
みんえい【民営】「郵政―化」
みんか【民家】「―二棟が全焼」
みんかん【民間】「―委託」「―会社」「―事業」「―人」「―信仰」
みんぎょう【民業】⇔官業。「―圧迫」
みんげい【民芸】「地元の―品」
みんけん【民権】「自由―運動」
みんじ【民事】民法や商法などの対象となる事柄。「―再生法」「―裁判」「―訴訟法」
みんしゅ【民主】「―化」「―主義」「―的に運営する」
みんじゅ【民需】民間の需要。⇔官需・軍需。
みんしゅう【民衆】「―の支持を得る」
みんしゅく【民宿】「海辺で―を営む」
みんじょう【民情】「―を視察する」
みんしん【民心】「―を問う」
みんせい【民生】「―委員」「―を安定させる」
みんせい【民政】文官による政治。⇔軍政。「―移管」
みんぞく【民俗】民間の風習・風俗。「―学」「―芸能」
みんぞく【民族】言語・文化・歴史を共有する集団。「土地の歴史と―を調べる」「―音楽」「―解放運動」「―的な誇り」
みんど【民度】一国の経済力や文化の程度。
みんな【▽皆】「みな」の強調形。「―賛成だ」「彼の作品は―読んだ」
みんぺい【民兵】民間人で編制する軍隊。
みんぽう【民法】私的な権利・義務を規定した法律。
みんゆう【民有】⇔国有。「―財産」「―地」
みんよう【民謡】「東北地方に伝わる―」

みんりょく【民力】 国民の経済的な力。「―調査」
みんわ【民話】 民間に生まれ伝承されてきた説話。「日本各地の―を集める」

む

む【矛】 ム ほこ 「矛盾」
む【武】 ⇩ぶ(武)。「武者人形・若武者」
む【務】 ム つと-める・つと-まる 「義務・急務・業務・勤務・事務・執務・実務・職務・庶務・任務」
む【無】 ム・ブ な-い 「無為・無援・無我・無害・無冠・無休・無限・無効・無言・無視・無償・無職・無断・無念・無名・無理・有無・皆無・虚無・絶無」
む【夢】 ム ゆめ 「夢幻・夢想・夢中・悪夢・白昼夢・霊夢」
む【謀】 ⇩ぼう(謀)。「謀反・謀叛」
む【霧】 ム きり 「霧笛・霧氷・煙霧・五里霧中・濃霧・噴霧」

む【無・▼无】 ⇕有。「これまでの努力が―になる」「人の好意を―にする」「心を―にして精進する」
むい【無為】 「毎日を―に過ごす」
むいしき【無意識】 「―状態」「―のうちに手が出る」
むいちもつ【無一物】 「破産して―になる」
むいちもん【無一文】 「財産をすべて失い―になる」
むいとしょく【無為徒食】 「―の輩」
むいみ【無意味】 「これ以上議論しても―だ」
むいむさく【無為無策】 「この難局に―で過ごす」
むえき【無益】 「―な争いを止めさせる」「―な殺生をしてはいけない」
むえん【無援】 「孤立―で戦う」
むえん【無縁】 「庶民には―の贅沢三昧」
むが【無我】 「―の境地」
むかい【向(か)い・▽対い】 「―に座る」「―の家」
むがい【無害】 ⇕有害。「人畜―」「人体に―な成分」
むかいかぜ【向(か)い風】 逆風。⇕追い風。「―が吹く」
むかう【向(か)う・▽対う】 「―って右」「目標に―って進む」「病気が快方に―」「―所敵なし」
むかえ【迎え】 「―に行く」「出―」
むかえざけ【迎え酒】 「朝から―を飲む」
むかえび【迎え火】 「盂蘭盆〈うらぼん〉の入りに―を焚く」
むかえる【迎える・▼邀える】 「笑顔で―」「夏を―」「友人を駅に―」「人気タレントをゲストに―」「顧問に―」
むがく【無学】 「我が身の―を嘆く」
むかご【〈零余子〉】 ヤマノイモなどの珠芽。食用。
むかし【昔】 「―の思い出」「―取った杵柄〈きねづか〉」「―は―今は今」
むかしかたぎ【昔〈気質〉】 「―の職人」
むかしなじみ【昔▼馴染み】 「―にばったり出会う」
むかしばなし【昔話】 「子供に―を聞かせる」「―に花が咲く」
むかっぱら【向かっ腹】 「―を立てる」
むかで【〈百足〉・〈蜈蚣〉】 多数の脚をもつ細長い節足動物。
むがむちゅう【無我夢中】 「―で研究に没頭する」
むかん【無官】 官職についていない。「無位―」
むかん【無冠】 立派な肩書きや位階がない。
むかん【無感】 「―地震」
むかんけい【無関係】 「テーマに―な発言」
むかんしん【無関心】 「政治に―な若者」
むき【向き】 「―を変える」「御希望の―は承りました」
むき【無期】 ⇕有期。「―懲役」

むぎ【麦】大麦・小麦などの総称。
むきあう【向き合う】「現実と―」
むぎこがし【麦焦がし】大麦を炒った粉。
むきず【無傷】「―の五連勝」
むきだし【▽剝き出し】「コンクリートの壁が―になっている」「感情を―にする」
むぎちゃ【麦茶】「―を冷蔵庫で冷やす」
むきてき【無機的】「―なデザイン」
むきどう【無軌道】「―な若者」
むぎふみ【麦踏み】「春先に―をする」
むきみ【▽剝き身】「あさりの―」
むきめい【無記名】「アンケートに―で回答する」
むぎめし【麦飯】米に大麦を混ぜて炊いた飯。「―の弁当」
むきゅう【無休】「年中―」
むきゅう【無給】⇔有給。「―で働く」
むきゅう【無窮】永遠。無限。「―の真理」
むきりょく【無気力】「最近の―な若者」
むぎわら【麦▼藁】「―帽子」
むきん【無菌】「―室」「―状態」
むく【無▼垢】「純真―」「―な娘」
むく【向く】「前を―」「右―・け右」「足の―まま気の―まま」「運が―・いてきた」
むく【▽剝く】「リンゴの皮を―」「目を―・いて怒る」

むくい【報い・▽酬い】「悪行の―を受ける」
むくいぬ【▼尨犬】むく毛の犬。
むくいる【報いる・▽酬いる】「恩に―」「―・いられることの少ない仕事」
むくげ【〈木槿〉・▼槿】アオイ科の落葉低木。
むくげ【▼尨毛】ふさふさと長く垂れた毛。「―の犬」
むくち【無口】「―な男」「急に―になる」
むくどり【▼椋鳥】中形の野鳥。やかましく鳴く。
むくのき【▼椋の木・▼樸の▽樹】ニレ科の落葉高木。ムク。
むくみ【〈浮腫〉】「足に―がくる」
むくむ【〈浮腫〉む】「手足が―」
むぐら【▼葎】ヤエムグラなどの雑草の総称。
むくろ【▽骸・▼軀・▽身】「冷たい―となって横たわる」
むくろじ【無▽患子】ムクロジ科の落葉高木。
むけ【向け】「輸出―」「子供―の本」
むげ【無▼碍・無▼礙】障害がない。「融通―」
むけい【無形】⇔有形。「―文化財」「有形―の恩恵を受ける」
むげい【無芸】「多芸は―」
むげいたいしょく【無芸大食】食うことだけ一人前。「―の大男」
むけつ【無欠】「完全―」

むけつ【無血】「―革命」
むげに【無下に】一概に。すげなく。「上司からの誘いを―断るわけにもいかない」
むげん【無限】限りがないこと。⇔有限。「―の宇宙」「夢は―に広がる」
むげん【夢幻】「―能」「―の境をさまよう」
むげんほうよう【夢幻泡▽影】「―のはかない人生」
むこ【婿・▼聟】結婚する相手の男。⇔嫁。「花―」「―入り」「―を取る」
むこ【無▼辜】罪のないこと。「―の民〈たみ〉」
むごい【▽惨い・▽酷い】「―仕打ちを受ける」
むこう【向こう】「―の家」「―にも言い分がある」
むこう【無効】⇔有効。「―投票」「契約が―になる」
むこうきず【向こう傷・向こう▼疵】眉間や額に受けた傷。
むこうみず【向こう見ず】無鉄砲。「―な人」
むごたらしい【▽惨たらしい】「―現場」
むこようし【婿養子】「分家に―として入る」
むこん【無根】「事実―」
むごん【無言】「終始―を貫く」
むざい【無罪】「―放免」「一審で―の判決が下る」
むさく【無策】「無為―」
むさくい【無作為】「―抽出」「―に選ぶ」

むさくるしい【むさ苦しい】「男所帯の―家ですが」

むささび【〈鼯鼠〉・〈鼺鼠〉】 リス科の小獣。滑空する。

むさし【武蔵】 旧国名。ほぼ東京都と埼玉県。武州。

むさつ【無札】「―乗車」

むさべつ【無差別】「―級」『―爆撃」

むさぼる【貪る】「暴利を―」『安逸を―」

むさん【無産】 ⇕有産。「―階級」

むさん【霧散】「疑惑がすっかり―する」

むざん【無残・無惨・無▼慚】「夢は―にも潰えた」

むし【虫】「秋の―」『―がわく」『―が知らせる」『―が好かない」『―の居所が悪い」『悪い―がつく」『泣き―」『点取り―」

むし【無私】「公平―」『―の精神」

むし【無視】「信号―」『反対意見を―する」

むじ【無地】「―の着物」

むしあつい【蒸(し)暑い】「―くて寝られない」

むしかえす【蒸(し)返す】「一度決まったことを―」

むじかく【無自覚】「―な言動」『自分の立場に―だ」

むしかご【虫籠】「―の中で鳴く鈴虫」

むしくい【虫食い・虫▼喰い】「―の本」『―の栗」

むしくだし【虫下し】 体内の寄生虫の駆虫薬。「―を飲む」

むしけら【虫▼螻】「―のような奴〈やつ〉」

むしず【虫酸】「声を聞くだけで―が走る」

むじつ【無実】「有名―」『―を主張する」

むじな【▼狢・▼貉】 アナグマ・タヌキの異名。

むしのいき【虫の息】「―で今にも死にそうだ」

むしば【虫歯】「―を治療する」

むしばむ【▼蝕む・虫▼喰む】「青少年の心を―悪書」

むじひ【無慈悲】「―な仕打ち」

むしふうじ【虫封じ】 疳の虫をしずめるまじない。

むしぶろ【蒸(し)風呂】「―に入って汗を流す」『―のような車内」

むしぼし【虫干し】「冬物を―して片付ける」

むしめがね【虫《眼鏡》】「細かい字を―で見る」

むしゃ【武者】「落ち―」『―修行に出る」

むじゃき【無邪気】「子供の―な笑顔」

むしゃぶりつく【《武者振》り《付》く】「サルがえさに―」

むしゃぶるい【武者震い】「―して勇み立つ」

むしゅう【無臭】「―ニンニク」

むじゅう【無住】「―の寺」

むしゅく【無宿】「―者」

むしゅぶつ【無主物】「―の先占〈せんせん〉」

むしゅみ【無趣味】「―で老後やることがない」

むじゅん【矛盾】「説明が―している」

むじゅんどうちゃく【矛盾▼撞着】 矛盾を強めた語。「―に陥る」

むしょう【無償】 ⇕有償。「―で貸与する」

むしょう【霧消】「雲散―」『不安がすっかり―する」

むじょう【無上】「―の喜び」

むじょう【無常】「諸行―」『仏教の―観」

むじょう【無情】「―な仕打ち」

むじょうけん【無条件】「―降伏」『―に許可する」

むじょうじんそく【無常迅速】「生死事大、―という禅の教え」

むしょうに【《無性》に】「―眠い」『―しゃくにさわる」

むしょく【無色】「―透明の液体」

むしょく【無職】 決まった職業をもたない。

むしよけ【虫▽除け】「―スプレー」

むしょぞく【無所属】 党派や政党に属していない。

むしる【▼毟る】「毛(草)を―」

むしろ【▼筵・▼蓆・▼莚】「―を敷いて座る」

むしろ【▽寧ろ】「約束を守れないなら―しない方がいい」

むしん【無心】「試合に―で臨む」『金を―する」

むじん【無人】「―駅」『―島」

むじん【無尽】「縦横―」「―講」「―会社」
むしんけい【無神経】「―な発言」
むじんぞう【無尽蔵】「―の資源」「アイデアが―に浮かぶ」
むしんろん【無神論】「―者」
むす【▽産す・▽生す】生える。「苔―」
むす【蒸す】ふかす。蒸し暑く感じる。「トウモロコシを―」「今夜はひどく―しますね」
むすう【無数】「―の星」
むずかしい【難しい】「―問題」「優勝は―」「―顔をする」
むずかる【《▽憤》る】「子供が―」
むすこ【《息子》】⇔娘。「一人―」「親孝行な―」
むすびつく【結び《付》く】「話が―」「盗塁が勝利に―」
むすぶ【結ぶ】つなぐ。関係をつける。「ロープを―」「同盟を―」「手を―」「努力が実を―」
むすぶ【▼掬ぶ】水を両手ですくう。「水を―」〈文語的な表現で使う〉
むすめ【娘】― むすめ　「娘心・娘婿・小娘・一人娘・孫娘」
むすめ【娘】⇔息子。「年頃の―」「―三人持てば身代潰す」
むすめごころ【娘心】「感じやすい―」
むすめざかり【娘盛り】「十八の―」
むせい【無声】「―映画」
むせい【無性】「―生殖」
むせい【夢精】睡眠中に射精する現象。
むぜい【無税】「収入が乏しく所得税が―になる」
むせいげん【無制限】「時間―」
むせいぶつ【無生物】「―主語」
むせきにん【無責任】「―な発言」「―に引き受ける」
むせっそう【無節操】「何にでも手を出す―な人」
むせぶ【▼噎ぶ・▽咽ぶ】「―び泣く」「悲しみの涙に―」
むせる【▼噎せる・▽咽せる】「たばこの煙に―」「きつい酒をあおって―」
むせん【無銭】「―飲食」「―旅行」
むせん【無線】⇔有線。「―機」「―で連絡を取る」
むそう【無双】「天下―の男」「古今―の名人」
むそう【夢想】「このような結果になるとは―だにしなかった」
むぞうさ【無造作】「面倒な仕事を―にやってのける」「―に束ねた髪」
むそじ【六▽十路・六▽十】「―を迎える」
むだ【無駄・▽徒】「―を省いて効率化を図る」「余暇を―に過ごす」「すべての努力が―になる」〈「無駄」は本来当て字〉
むだあし【無駄足】行ったかいがない。「―を踏む」
むたい【無体・無代・無台】「無理―」「そんなご―な」
むだい【無題】「―の詩」
むだがね【無駄金・▽徒金】「事が成就せず―を使った」
むだぐち【無駄口・▽徒口】「―を叩いていないでさっさと仕事をしなさい」
むだづかい【無駄遣い・▽徒遣い】「資源の―」
むだばなし【無駄話・▽徒話】「友達との―に花が咲く」
むだぼね【無駄骨・▽徒骨】「調停工作は―に終わった」「―を折る」
むだめし【無駄飯・▽徒飯】「―を食わせるほど暮らしは楽じゃない」
むだん【無断】「―欠勤」「―外泊」「―で使用することを禁ずる」
むち【▼鞭・▼笞・▽策】「馬に―を入れる」「愛の―」「飴と―」
むち【無知】「法律に―な人間」「己の―をさらけ出す」
むち【無恥】「厚顔―」「―な言動」
むちうつ【▼鞭打つ】「老骨に―」
むちつじょ【無秩序】「―に並べる」「―な社会」

むちもうまい【無知▼蒙昧】 無知で道理に暗い。「—の徒」
むちゃ【《無茶》】 「—なことをする」
むちゃくちゃ【《無茶苦茶》】 「—な考え」
むちゅう【夢中】 「無我—」「ゲームに—になる」
むちん【無賃】 「—乗車」
むつ【▼鯥】 スズキ目の海魚。
むつ【陸奥】 旧国名。
むつかしい【難しい】 むずかしい。
むつき【〈襁褓〉】 おむつ。おしめ。
むつき【▽睦月】 陰暦一月の異名。
むつごと【▽睦言】 「床の中で—を交わす」
むつごろう【▼鯥五郎】 ハゼの一種。「有明海の—」
むつまじい【▽睦まじい】 「仲—新婚の夫婦」
むていけん【無定見】 「—な施策を批判する」
むていこう【無抵抗】 「—の者には攻撃しない」
むてかつりゅう【無手勝流】 戦わずに勝つ。
むてき【無敵】 「—艦隊」「天下—」「—の王者」
むてき【霧笛】 「—を鳴らして航行する」
むてっぽう【無鉄砲】 「—な行動をいさめる」〔「無鉄砲」は本来当て字〕
むでん【無電】 電波によって遠隔地と行う通信。
むどう【無道】 「悪逆—」「—な振る舞い」
むとうか【無灯火】 「—の自転車」

むどく【無毒】 ⇔有毒。「無味—」
むとどけ【無届け】 「—で欠勤する」
むとんちゃく【無頓着】 「服装に—な人」
むないた【胸板】 「—が厚い」
むながい【▼鞅・胸▼繫】 馬の胸から鞍にかける紐。
むなぎ【棟木】 屋根組みの最頂部に用いる部材。
むなくそ【胸《▼糞》】 「話を聞くだけでも—が悪くなる」
むなぐら【胸《倉》・胸《▽座》】 「相手の—をつかむ」
むなぐるしい【胸苦しい】 「—くて眠れない」
むなさき【胸先】 「—三寸」
むなさわぎ【胸騒ぎ】 「何となく—を覚える」
むなざんよう【胸算用】 心の中で計算すること。「利益は大きいと—している」「—を立てる」
むなしい【▽空しい・▽虚しい】 「時間が—く過ぎる」「—人生を送る」「己を—くする」
むなつきはっちょう【胸突き八丁】 一番困難な所。「交渉は—にさしかかった」
むなづもり【胸積(もり)】 胸算用。
むなもと【胸元・胸▽許】 「拳銃を—に突きつける」
むに【無二】 「—の親友」
むにむさん【無二無三】 ひたすらなこと。「—に突進する」

むね【旨・▽宗】 「質実剛健を—とする校風」「この—お伝えいたします」
むね【胸】 「—が熱くなる」「—が潰れる」「—に迫る」「—を撫で下ろす」「—を張って堂々と生きる」「希望に—をふくらませる」
むね【棟】 「隣の—から出火した」「二—が全焼した」
むねあげ【棟上げ】 「—式」
むねさんずん【胸三寸】 胸の中。「—におさめる」
むねやけ【胸焼け】 「—が治まらず薬を飲む」
むねん【無念】 「残念—」「—至極」「—の涙」「—を晴らす」
むねんむそう【無念無想】 仏教で、無我。「—の境地」
むのう【無能】 ⇔有能。「無芸—」「—な社員」
むはい【無配】 「—の株」
むひ【無比】 「強烈—」「正確—の時計」「痛快—の時代劇」
むび【夢▼寐】 眠っている間。「—にも忘れない」
むひつ【無筆】 読み書きができない。無学。
むびゅう【無▼謬】 「—性」
むひょう【霧氷】 「雪山の—」
むひょうじょう【無表情】 「—な顔」
むびょうそくさい【無病息災】 「—が何よりです」

むふう【無風】「―状態」「この選挙区は―地区だ」
むふんべつ【無分別】「何にでも―に手を出す」「―な行動」
むべ【〈郁子〉・〈野木瓜〉】 アケビ科のつる性低木。
むべなるかな【▽宜なる▼哉】 いかにももっともである。
むへん【無辺】「広大―」「無量―の仏の慈悲」「―の宇宙空間」
むほう【無法】「―地帯」「―者」
むぼう【無謀】「―運転」「―な登山計画」
むぼうび【無防備】「地震に―な都市」「―な国境地帯」
むほん【謀反・謀▼叛】「―を起こす」
むま【夢魔】「―にうなされる」
むみ【無味】「―無臭の薬品」
むみかんそう【無味乾燥】「―な文章」
むみょう【無明】 煩悩にとらわれて真理が見えない。「―の闇」
むめい【無名】 ⇔有名。「―戦士」「―の作家」
むめい【無銘】「―の刀」
むやみ【無闇】「―に探しても見つからない」「―なことを言ってはならない」
むやみやたら【無闇矢▼鱈】「―と褒めあげる」

むゆうびょう【夢遊病】 睡眠中に行動してしまう病。
むよう【無用】 ⇔有用。「問答―」「心配―」「天地―」「―の長物」
むよく【無欲】「金に―な人」
むよくてんたん【無欲▼恬淡】 無欲で執着しない。
むら【村】「―の掟」「―の鎮守様」
むら【▽斑】「―な染め上がり」「仕事に―がある」「―のある気質」
むらがる【群がる】「売り場に―人々」
むらき【▽斑気】「―を直す」「―のある人」
むらくも【群雲・▼叢雲】 ひとかたまりの雲。「月に―がかかる」
むらさき【紫】 赤と青の中間の色。
むらさきしきぶ【紫式部】 クマツヅラ科の低木。
むらざと【村里】「山間の―」
むらさめ【村雨・▼叢雨・群雨】 にわか雨。驟雨〈しゅうう〉。
むらす【蒸らす】「ごはんを―」
むらはちぶ【村八分】「―にされた家」
むり【無理】「―を通す」「怒るのも―はない」「―からぬこと」「―がきかない」「―が通れば道理引っ込む」
むりかい【無理解】「周囲の―に悩む」
むりさんだん【無理算段】「―して金を作る」

むりじい【無理強い】「酒を―してはいけない」
むりなんだい【無理難題】「―をふっかける」
むりむたい【無理無体】「―な要求」「いやがることを―にさせる」
むりやり【無理《矢理》】「―(に)押し付ける」
むりょ【無慮】 およそ。おおかた。「―数千」
むりょう【無料】 ⇔有料。「入場―」「―サービス」
むりょう【無量】「感―」
むりょく【無力】「自然の力に対して―な人間」「己の―を悟る」
むるい【無類】「―の子供好き」「豪胆―の男」
むれ【群れ】「―を成して鳥が飛ぶ」
むれる【群れる】「水鳥が浜辺に―」
むれる【蒸れる】「御飯が―」「靴を履いたままで足が―れた」
むろ【室】「―に入れて保存する」
むろあじ【室▼鯵・▼鰘】「―の干物」
むろざき【室咲き】 温室で咲かせた花。
むろん【無論】「―賛成だ」

め

め【目・▽眼】「賽子の―」「網の―」「―が利く」「―が眩

め

む』『—が高い』『—が点になる』『—から鱗が落ちる』『—から鼻へ抜ける』『—は口ほどに物を言う』

め【芽】「—が出る』『—を摘む』『—を吹く』『企業発展の—がある」

め【雌・▼牝】「—牛』『—しべ」

めあかし【目明かし】岡っ引き。

めあたらしい【目新しい】「—趣向』『—物に飛びつく」

めあて【目当て】「駅を—に行く』『お—の品」

めい【名】メイ・ミョウ な 「名案・名医・名画・名産・名称・名勝・名門・名誉・汚名・家名・記名・偽名・高名・氏名・指名・姓名・題名・有名・連名」

めい【命】メイ・ミョウ いのち 「命運・命中・命日・命名・命令・一命・運命・革命・懸命・厳命・使命・人命・生命・天命・任命・亡命・本命・余命」

めい【明】メイ・ミョウ あ-かり・あか-るい・あか-るむ・あか-らむ・あき-らか・あ-ける・あ-く・あ-くる・あ-かす 「明暗・明快・明確・明言・明細・明示・明白・明滅・解明・究明・証明・説明・鮮明・透明・発明・判明・表明・不明」

めい【迷】メイ まよ-う 「迷宮・迷信・迷走・迷惑・混迷・低迷」

めい【冥】メイ・ミョウ — 「冥界・冥想・冥土・冥途・冥福」

めい【盟】メイ — 「盟主・盟約・盟友・加盟・結盟・同盟・連盟」

めい【銘】メイ — 「銘菓・銘記・感銘・記銘・刻銘・碑銘・無銘」

めい【鳴】メイ な-く・な-る・な-らす 「鳴動・共鳴・悲鳴・雷鳴」

めい【▼姪】兄弟姉妹のむすめ。⇕甥〈おい〉。

めい【命】「—、旦夕に迫る(=死が迫る意)』『—に背く」

めい【明】「—と暗』『先見の—」

めい【銘】「座右の—』『器に—が刻んである」

めいあん【名案】「—が浮かぶ」

めいあん【明暗】「投手交代が試合の—を分けた」

めいい【名医】「心臓病の—」

めいうつ【銘打つ】「追善興行と—」

めいうん【命運】「—が尽きる」

めいおうせい【冥王星】従来は太陽系の第九惑星とされてきた星。二〇〇六年に準惑星と改められた。

めいか【名家】「土地の—の出だ」

めいか【銘菓】「総理大臣賞受賞の—」

めいが【名画】すぐれた絵画。すぐれた映画。

めいかい【明快】筋道が通っていて、わかりやすい。「単純—』『—な答え」

めいかい【明解】はっきりした、よくわかる解釈。「語義解説が—な辞書」

めいかい【冥界】死後の世界。「—を彷徨〈さまよ〉う」

めいかく【明確】「問題点を—にする』『—を期する」

めいがら【銘柄】「特定—』『—米」

めいかん【名鑑】「選手—」

めいき【名器】「—ストラディバリウス」

めいき【明記】はっきりと書きしるす。「欠席の理由を—する」

めいき【銘記】深く心にきざみこんで忘れない。「心に—すべき言葉」

めいぎ【名▼妓】「京で—として名高い」

めいぎ【名義】「—貸し』『—人』『母—の財産」

めいきゅう【迷宮】「事件は—入りになった」

めいきょうしすい【明鏡止水】澄みきった心境。

めいきょく【名曲】「ショパンの—」

めいきん【鳴▼禽】美しい声で鳴く鳥。「—類」

めいぎん【名吟】「島崎藤村の—」

めいく【名句】「松尾芭蕉の—」

めいくん【名君】すぐれた君主。「—の誉れ高き皇帝」

めいくん【明君】賢明な君主。「—を戴いた治世」

めいげつ【名月】陰暦八月一五夜、九月一三夜の月。「中秋の—』『—をとってくれろと泣く子かな／小林一茶」

めいげつ【明月】美しく輝く丸い月。「清風―」

めいげん【名言】本質をうまく表現した短い言葉。「―を吐く」「少年よ大志を抱け、とはクラーク博士の―だ」

めいげん【明言】「今年中にやると―した」

めいこう【名工】「現代の―」

めいさい【明細】「―書」「給与―」

めいさい【迷彩】「自衛隊の―服」「―を施す」

めいさく【名作】「ゴッホの―」

めいさつ【名刹】有名な寺。由緒ある寺。

めいさつ【明察】優れた推察。相手の推察の尊敬語。「御―、恐れ入ります」

めいさん【名産】「土地の―品を送る」

めいざん【名山】「日本百―」

めいし【名士】「土地の―」

めいし【名刺】「―入れ」「―を交換する」

めいし【名詞】「形式―」「―句」

めいじ【名辞】哲学で、概念を言語で表示したもの。

めいじ【明示】「理由を―する」

めいじつ【名実】「―ともに日本を代表する作家」

めいしゅ【名手】「ピアノの―」「弓の―」

めいしゅ【盟主】「―と仰ぐ国」

めいしゅ【銘酒】名のある上等な酒。

めいしょ【名所】「―旧跡」「桜の―」

めいしょう【名匠】「彫刻の―」「―の技」

めいしょう【名将】「戦国時代の―」

めいしょう【名称】「正式―」「新駅の―が決める」

めいしょう【名勝】「―庭園」「天下の―」

めいじょう【名状】「何とも―しがたい気分」

めいしょく【明色】⇔暗色。「―で統一された部屋」

めいじる【命じる】「軍の撤退を―」「損害賠償を―判決」(サ変「命ずる」も同じ)

めいしん【迷信】「―家」「根拠のない―を信じる」

めいじん【名人】「―芸」「蕎麦打ちの―」

めいすう【名数】数のついた言葉。「三筆、四天王、七福神などの―」

めいすう【命数】寿命。「―が尽きる」

めいする【▼瞑する】安らかに死ぬ。「もって―・すべし」

めいせい【名声】「富と―を手に入れる」

めいせき【明▼晰・明▼晳】「頭脳―」

めいせん【銘仙】丈夫な平織りの絹織物。

めいそう【名僧】「―の導き」

めいそう【迷走】「―する台風」「議論が―する」

めいそう【▼瞑想・冥想】「―にふける」

めいそうじょうき【明窓浄机】明るく清潔な書斎。

めいだい【命題】「―の真偽」

め

めいだん【明断】「曖昧にしていた問題に―を下す」

めいちゃ【銘茶】「宇治の―」

めいちゅう【命中】「見事に的に―する」

めいちょ【名著】「不朽の―」

めいちょう【明澄】「―な知性が光る」

めいちょう【迷鳥】迷い込んだ渡り鳥。

めいっぱい【目一杯】「車の速度を―上げる」「―めかし込んで出かける」

めいてい【▼酩▼酊】「すっかり―して足がふらつく」

めいてつ【明哲】「―保身(＝賢明な人は上手に身を守ることができる意)」

めいど【明度】「色の―」

めいど【冥土・冥途】「―の旅」「―の土産にする」

めいとう【名刀】すぐれた刀。名高い刀。

めいとう【銘刀】特別の名のある刀。

めいとう【名湯】「―として知られる温泉」

めいとう【名答】「御―」

めいとう【明答】「実施時期について―を避ける」

めいどう【鳴動】「大山―して鼠一匹」

めいにち【命日】「亡き祖父の―」

めいば【名馬】「千里を走る―」

めいはく【明白】「―な事実」「彼の責任は―だ」

めいび【明▼媚】「風光―な土地を訪れる」

めいひつ【名筆】「弘法大師の―」

めいひん【名品】「バッハの珠玉の―」
めいびん【明敏】「―な頭脳をもつ人物」
めいふ【冥府】死後の世界。冥土。
めいふく【冥福】「御―を祈る」
めいぶつ【名物】「土地の―を買って帰る」「御当地の―男」
めいぶん【名分】身分に応じて守るべききまり。「大義―」「それでは―が立たない」
めいぶん【名文】「―として知られた文章」
めいぶん【銘文】「梵鐘に刻まれた―」
めいぶん【名聞】世間の評判。世間体。「―を憚る」
めいぶん【明文】「了解事項を―化する」
めいぼ【名簿】「乗船―」「会員―」
めいほう【名宝】「王室の―」
めいぼう【名望】「―を一身に集める」
めいぼうこうし【明▼眸▼皓歯】美人の形容。
めいぼく【名木】由緒がある名高い木。「桜の―」
めいぼく【銘木】床柱などに用いる良質の木材。
めいみゃく【命脈】「選挙で惨敗し政権の―が断たれた」
めいむ【迷夢】夢のような心の迷い。
めいめい【命名】「―式」「生まれた子に―する」
めいめい【《銘銘》】各自。「食事代は―で支払う」
めいめいはくはく【明明白白】「―な事実」

めいめつ【明滅】「繁華街のネオンが―する」
めいもう【迷妄】「―を打破する」
めいもく【名目】「―だけの役職」
めいもく【▼瞑目】目を閉じる。安らかに死ぬ。「―して思いを凝らす」「家族に見守られながら―した」
めいもん【名門】「―の女子大学」
めいやく【名訳】「シェークスピアの―」
めいゆう【名優】「―の演技」
めいゆう【盟友】かたい約束を交わした友。
めいよ【名誉】「―毀損」「―教授」「―市民」「―挽回」「受賞を―なことと思う」「―を傷つける」
めいり【名利】「―ばかりを追い求める俗物」
めいりゅう【名流】「各界の―」
めいりょう【明瞭・明了】「簡単―」「意識は―だ」
めいる【▽滅入る】「負けが続いて気が―」
めいれい【命令】「業務―」「動詞の―形」
めいろ【迷路】「―に入り込む」「―を抜け出す」
めいろう【明朗】「―快活な性格」「―な会計」
めいろん【名論】「―卓説」
めいわく【迷惑】「―千万」「―をかける」「―な話」
めうえ【目上】「―の人には敬語で話す」
めうち【目打ち】「伝票に―を入れる」
めうつり【目移り】「どの機種がいいか―して決めかねる」

メートル【▽米】「―法」
めおと【〈夫婦〉・女▽夫・▽妻▽夫】「―になる」
めがお【目顔】目つき。「―で知らせる」
めかくし【目隠し】「―してスイカ割りをする」「―に木を植える」
めかけ【▼妾・目掛け】「―を囲う」
めがける【目（掛）ける】「的を―けて射る」
めがしら【目頭】「―が熱くなる」「―を押さえる」
めかた【目方】「果物の―を量る」
めかど【目角】目じり。「―を立てる」
めがね【《眼鏡》】「―をかける」「―にかなう」
めがみ【女神】「勝利の―」「自由の―」
めきき【目利き】「書画の―をする」「とんだ―違いをした」
メキシコ【墨西哥】北アメリカ南部の国。
めくされがね【目腐れ金】はしたがね。「そんな―では済まされない」
めくじら【目くじら】「ささいなことで―を立てる」
めぐすり【目薬・▽眼薬】「―をさす」
めくそ【目▼糞・目▼屎】めやに。「―鼻糞を笑う」
めくばせ【目配せ】「―して知らせる」
めくばり【目配り】「裏方の人にまで―する」「―がきく人」
めぐみ【恵み】「神の―」「―の雨」

めぐむ【芽ぐむ・▼萌む】「柳が―」
めぐむ【恵む・▼恤む】「少しの金を―・んでやる」
めくる【▼捲る】「暦を―」「本のページを―」
めぐる【巡る・▼回る・▼廻る】「季節が―」「秘湯を―旅」「―・り―・って私のところにきた」
めくるめく【目▼眩く】「―光」「―快楽の日々」
めこぼし【目《▼溢》し】「どうかお―を願います」
めさき【目先】「子供の顔が―にちらつく」「―の利益を追う」
めざし【目刺(し)】イワシなどを連ねた干物。
めざす【目指す・目差す】「優勝を―・して練習に励む」
めざとい【目《▽敏》い】「お目当ての品を―・く見つける」
めざまし【目覚(ま)し】「―時計」
めざましい【目覚(ま)しい】「―発展を遂げる」「―活躍を見せる新人選手」
めざめる【目覚める】「物音に―」「性に―」
めざわり【目障り】「―な存在」
めし【飯】「文筆で―を食う」「―の種を失う」「三度の―よりサッカーが好きだ」
めじ【目地】「タイルの―」
めしあがる【召(し)上がる】飲む・食うの敬語。「どうぞ―・れ」
めしあげる【召(し)上げる】没収する。「土地を―」
めしうど【召▽人】歌会始めの選者。
めした【目下】「―の者にまで気をつかう」
めしつかい【召(し)使い】雇われて雑用をする者。
めじな【▽眼▽仁奈】スズキ目の海魚。
めしびつ【飯▼櫃】「―から御飯をよそう」
めしべ【雌▼蕊】⇔雄蕊。「花の―」
めじり【目尻・▼眥】「にやけて―が下がる」
めじるし【目印】「看板を―に歩く」
めじろ【目白】スズメ目の小鳥。目の縁が白い。
めじろおし【目白押し】「豪華景品が―に並ぶ」
めす【雌・▼牝】⇔雄・牡。「―の馬」
めす【召す】「天に―・される」「お年を―・した方」「お気に―・しましたでしょうか」
めず【▽馬頭】頭は馬、体は人の形をした地獄の鬼。「牛頭〈ごず〉―」
めずらしい【珍しい】「―動物」「今日は―・く帰りが早い」「―ものを見せて頂きました」
めせん【目線】「消費者の―に立って見直す」「上から―で話しかけられる」
めだか【《目高》】「―の学校」「―も魚の内」
めだけ【女竹・雌竹】タケの一種。筆・笛などに用いる。
めたて【目立て】「鋸の―をする」
めだま【目玉】「―商品」「―焼き」「―が飛び出るほどびっくりする」「お―を頂戴する」
めちゃくちゃ【《目茶苦茶》・《▽滅茶苦茶》】「―な話」「―に安い」
めつ【滅】メツ ほろ-びる・ほろ-ぼす 「滅却・滅菌・滅亡・死滅・消滅・絶滅・全滅・点滅・撲滅」
めっき【〈鍍金〉・滅▽金】「金(銀)―」「―が剝げる」
めつき【目《付》き】「―の悪い男」
めっきゃく【滅却】「心頭―すれば火もまた涼し」
めっきり【《滅切》り】「―寒くなる」
めっきん【滅菌】「―消毒」
めつけ【目付】「娘のお―役」
めっけもの【目っけ物】「骨董市でこんな掘り出し物に出会うとは―だ」
めっしつ【滅失】「―届」
めっしほうこう【滅私奉公】「会社のために長年―でやってきた」
めっする【滅する】「私心を―」
めっそう【《滅相》】「だますだなんて―もない」
めった【《滅多》】「―打ち(刺し)」「―に見られない名画」「―なことを言うものじゃない」
めったやたら【《滅多矢▼鱈》】「今日は―と暑いね」

め

めつぶし【目潰し】「―をくらわす」
めつぼう【滅亡】「地球―の危機」
めっぽう【《滅法》】「将棋が―強い」
めて【▽馬手・▽右手】馬の手綱を取る手。右手。⇔弓手〈ゆんで〉。「―の袖」
めでたい【《目出▽度》い・《芽出▽度》い】「―日」「お―人」
めでる【▽愛でる・▽賞でる】「花を―心」「忠勤に―でて褒状を与える」
めど【《目▽処》】目あて。見当。「復旧の―が付く」「仕事の―が立つ」
めど【〈針孔〉】針のあな。「―に糸を通す」
めどおり【目通り】「お―を願う」
めどぎ【▽筮】占いに使う道具。筮竹〈ぜいちく〉。
めどはぎ【▽蓍▽萩】マメ科。茎を筮〈めどぎ〉とした。
めとる【▽娶る】「妻を―」
めなもみ【〈豨薟〉】キク科の一年草。原野に生える。
めぬき【目抜き】特に目立つ所。「人通りの多い―通り」
めぬけ【目抜】赤色のカサゴの総称。
めのう【▽瑪▽瑙】「―の細工」
めのかたき【目の敵】「何かにつけて―にする」
めのこ【目の子】目でみて大まかに計算すること。「―勘定」「―で数える」

めばえ【芽生え】「アサガオの―」「恋の―」
めはし【目端】状況に応じた機転。「―が利く」
めはちぶん【目八分】「―に見る(=高慢な態度をとる)」
めはな【目鼻】「―の整った人」「次年度の計画について―を付けておく」
めばな【雌花】雌しべだけの花。⇔雄花〈おばな〉。「ヘチマの―」
めはなだち【目鼻立ち】「―のいい女性」
めばり【目張り・目貼り】「燻蒸するのに窓を―する」
めばる【▽眼張】カサゴ目の海魚。目が大きい。
めぶく【芽吹く】「柳の―季節」
めぶんりょう【目分量】「塩を―で鍋に入れる」
めべり【目減り】「インフレで預金が―する」
めぼし【目星】「捜す場所の―をつける」
めまい【目▽眩い・〈眩暈〉】「急に立ち上がったら―がした」「現実のひどさに―がしそうだ」
めまぐるしい【目《▽紛》るしい】「日々の―変化についていけない」
めまつ【雌松・女松】アカマツの別名。
めめしい【女女しい】⇔雄雄しい。「いつまでもくよくよして―奴だ」
めもと【目元】「涼しい―」

めもり【目盛(り)】「体重計の―を読む」
めやす【目安】「―箱」「入札価格の―となる金額」
めやに【目▽脂】「顔を洗って―を流す」
めりこむ【《▽減》り込む】「砂地に―」
めりはり【《▽減》り《▽張》り・《▽乙張》り】「―のきいた歌い方」「話に―がある」「生活に―をつける」
メリヤス【〈莫大小〉】「―のシャツ」
めん【免(免)】メン まぬか-れる 「免疫・免許・免除・免職・免責・任免・放免」「「まぬかれる」は「まぬがれる」とも」
めん【面】メン おも・おもて・つら 「面会・面識・面積・面接・面談・面目〈めんぼく〉〈めんもく〉・臆面・海面・額面・顔面・局面・地面・体面・対面・断面・方面」
めん【綿】メン わた 「綿花・綿糸・綿布・綿密・純綿・連綿」
めん【麺(麪)】メン ― 「麺粉・麺棒・麺類・乾麺・製麺」
めん【面】「財政の―で援助する」「―と向かって非難する」「―が割れる(=顔が知られている)」
めん【綿】木綿〈もめん〉。「―の上着」
めん【麺・▽麪】「太(細)―」「―のゆで加減」
めんえき【免疫】「インフルエンザに罹り―が出来

め

る」「女性とつきあったことがなく、―がない」

めんか【綿花・▼棉花】「―の生産量」

めんかい【面会】「―謝絶」「社長に―を求める」

めんかん【免官】「不祥事を起こし―される」

めんきつ【面詰】「厳しく―する」

めんきょ【免許】「運転―証」「―を取得する」

めんきょかいでん【免許皆伝】「―の腕前」

めんくい【面食い・面▼喰い】顔だちのよい人を好む。

めんくらう【面食らう・面▼喰らう】「突然質問されて―」

めんこ【面子】「―遊び」

めんざい【免罪】「―符」

めんし【綿糸】もめん糸。

めんしき【面識】「―がある（無い）」

めんじつゆ【綿実油】ワタの種子をしぼった油。

めんじゅうふくはい【面従腹背】うわべは従順そうだが、内心では反抗している。

めんじょ【免除】「授業料を―する」

めんじょう【免状】「卒業のお―」

めんしょく【免職】「懲戒―処分」

めんじる【免じる】「職を―」「ここは私に―・じて許してやって欲しい」〔サ変「免ずる」も同じ〕

めんする【面する】「東京湾に―・しているホテル」

めんぜい【免税】「空港の―店」

めんせき【免責】「―条項」「―特権」

めんせき【面積】「三角形の―」

めんせつ【面接】「―試験」

めんぜん【面前】「公衆の―で恥をかかされる」

めんそう【面相】「百―」「二目と見られぬ御―」

メンタイこ【明太子】〔メンタイはスケトウダラをいう朝鮮語の転〕「辛子―」

めんだん【面談】「委細―」「三者―」

めんちょう【面▼疔】顔にできる悪性のはれもの。

メンツ【面子】〔中国語〕「相手の―を立てる」「―が潰れる」「麻雀の―が揃う」

めんてい【面体】「怪しい―の男」

めんてい【免停】免許停止。「速度違反で―になる」

めんどう【面倒】「―な仕事」「子どもの―を見る」「御―をおかけして申し訳ありません」

めんとおし【面通し】「目撃者に―をしてもらう」

めんどり【▽雌鳥】⇔雄鳥〈おんどり〉。「―が卵を産む」

めんば【面罵】「人前で激しく―される」

めんぴ【面皮】「鉄―」「―をはぐ」

めんぷ【綿布】綿織物。

めんぺきくねん【面壁九年】粘り強く取り組む。「―、ようやく完成に漕ぎ着けた」

も

めんぼう【面貌】顔つき。面相。

めんぼう【綿棒】「―で耳掃除をする」

めんぼう【麺棒】「―でうどんの生地を伸ばす」

めんぼく【面目】めんもく。

めんみつ【綿密】「―に計画を立てる」「―に調べる」

めんめん【面面】「出席の―と挨拶する」

めんめん【綿綿】「恋情を―と綴る」

めんもく【面目】「―を保つ」「―を一新する」

めんもくやくじょ【面目躍如】「チャンピオンの―たる勝ちっぷり」

めんよう【面妖】不思議。奇妙。「はて、これはまた―なことよ」

めんよう【綿羊・▼緬羊】「―の毛を刈る」

めんるい【麺類】「昼食はたいてい―だ」

も

も【茂】モ　しげ-る　「繁茂」

も【模】モ・ボ　―　「模擬・模型・模試・模造・模範・模倣・模様」〔「摸」の書き換え字としても用いられる〕

も【▽面】「池の―」

も【喪】「―に服する」「―が明ける」
も【藻】「魚が―に産卵する」
もう【毛】モウ け ―「毛髪・毛布・純毛・体毛・脱毛・不毛・羊毛」
もう【妄】モウ・ボウ ―「妄言〈もうげん〉〈ぼうげん〉・妄信・妄想・軽挙妄動・迷妄」
もう【盲】モウ ―「盲愛・盲従・盲信・盲進・盲目・群盲・色盲」
もう【耗】モウ・(コウ) ―「減耗・消耗・損耗・磨耗・摩耗」(「モウ」は、慣用音)
もう【望】⇩ぼう(望)。「懇望・所望・大望〈たいもう〉〈たいぼう〉・本望」
もう【猛】モウ ―「猛威・猛火・猛禽・猛攻・猛獣・猛暑・猛将・猛進・猛省・猛然・猛毒・猛烈・勇猛」
もう【網】モウ あみ ―「網膜・網羅・一網打尽・交通網・天網」
もう【毛】「打率二割六分九厘二―」
もう【▼蒙】「―を啓く」
もうあい【盲愛】溺愛。「一人息子を―する」
もうい【猛威】「大型台風が―をふるう」
もうか【▼孟夏】夏の初め。陰暦四月。「―の候」
もうか【猛火】「―に包まれる」
もうかる【▼儲かる】「相場で一山あてて、大分―・った」「相手のエラーで一点―・った」
もうかん【毛管】「―現象」
もうき【▼濛気・▼朦気】「一帯に―が立ちこめる」
もうきん【猛▼禽】「タカやワシなどの―類」
もうけもの【▼儲け物】「思わぬ―をする」
もうける【設ける】「祝いの会を一席―」「口実を―」「基準を―」「委員会を―」
もうける【▼儲ける】「株で―」「三人の娘を―」
もうけん【猛犬】「―に注意」
もうげん【妄言】「―多謝」「―を吐く」
もうご【妄語】「―戒」
もうこう【猛攻】「敵の―に苦戦する」
もうさいけっかん【毛細血管】「―が浮き出る」
もうしあげる【申(し)上げる】「お話を―」「御案内―」
もうしいれ【申(し)入れ・申入】「―を行う」「―事項」
もうしおくる【申(し)送る】「手紙で―」「後任者に―」
もうしかねる【申し《兼》ねる】「理由は―」
もうしご【申(し)子】「ネットは国際化時代の―だ」
もうしこみ【申(し)込み・申込】「結婚の―をする」
もうしこむ【申(し)込む】「参加を―」
もうしたてる【申(し)立てる】「異議を―」
もうしでる【申(し)出る】「辞任を―」
もうしひらき【申(し)開き】「先方に―ができない」
もうしぶん【申し分】「―の無い出来栄えだ」
もうじゃ【亡者】「―の成仏を祈る」「金の―」
もうしゅう【妄執】「―にとらわれる」
もうしゅう【▼孟秋】秋の初め。陰暦七月。「―の候」
もうしゅう【猛襲】「敵の―に苦戦を強いられる」
もうじゅう【盲従】「師の説に―する」
もうじゅう【猛獣】「―使い」「―に襲われる」
もうしゅん【▼孟春】春の初め。陰暦一月。「―の候」
もうしょ【猛暑】「―の砌〈みぎり〉」
もうしょう【猛将】「―として恐れられている武者」
もうしわけ【申し訳】「―が立たない」「―もございません」
もうしん【妄信】「うわさを―する」
もうしん【盲進】「何の見通しもなく―する」
もうしん【猛進】「猪突―」「ここは―するのみ」
もうじん【盲人】目の見えない人。
もうす【申す】「私は木村と―・します」「昔から『石の上にも三年』などと―・しますが」
もうせい【猛省】「―を促す」

もうせつ【妄説】「—が通行する」
もうせん【毛▼氈】フェルト状の敷物。「—を敷く」
もうぜん【猛然】「相手ゴールめがけて—と突っ込む」「—と抗議する」
もうそう【妄想】「被害（誇大）—」「—癖〈へき〉」「—にふける」
もうそうちく【▼孟宗竹】中国原産のタケ。筍は食用。
もうちょう【盲腸】「—の手術をする」
もうつい【猛追】「首位球団を—する」「—を振り切って優勝する」
もうでる【詣でる】「伊勢神宮に—」
もうてん【盲点】「議論の—を突く」
もうとう【▼孟冬】冬の初め。陰暦一〇月。「—の候」
もうとう【毛頭】「立候補する気は—無い」
もうどう【妄動】「軽挙—する」
もうどうけん【盲導犬】「—の訓練をする」
もうどく【猛毒】「—を持った蛇」
もうねん【妄念】「—にとらわれる」
もうはつ【毛髪】かみの毛。頭髪。
もうひつ【毛筆】「年賀状を—で書く」
もうひょう【妄評】「—多謝（＝自分の批評を謙遜して言う）」
もうふ【毛布】「—を被って寝る」

もうぼさんせん【▼孟母三遷】子供の教育には、ふさわしい環境が必要であるということ。「—の教え」
もうまい【▼蒙昧】「無知—の輩」
もうまく【網膜】眼球の内壁をおおう膜。「—剥離」
もうもう【▼濛▼濛】「—と砂塵が舞い上がる」
もうもく【盲目】「—の琵琶法師」
もうら【網羅】「必要なデータを—する」
もうりょう【▼魍▼魎】山川木石の精。「魑魅〈ちみ〉—」
もうれつ【猛烈】「—な勢いで突っ込む」「—に抗議する」
もうろう【▼朦▼朧】「意識が—とする」
もうろく【▼耄▼碌】「おやじもだいぶ—してきた」
もえぎ【▼萌▼葱・▼萌黄】黄色みを帯びた緑色。
もえさかる【燃え盛る】「—炎の中に飛び込む」「—情熱」
もえさし【燃え《▽止》し】「—のマッチ」
もえたぎる【燃え▼滾る】「—熱情」
もえる【▼萌える】芽が出る。きざす。「草が—」「柳の芽が—え出す」
もえる【燃える】火がついて炎が上がる。「—えて灰になる」「希望に—」
もがく【▼踠く】「水に溺れて—」
もがりぶえ【〈虎落〉笛】冬の強い北風が出す音。

も

もぎ【模擬・▼摸擬】「—店」「—試験」
もぎどう【▽没義道】人の道にはずれる。「—な仕打ち」
もぎとる【《▼捥》ぎ取る】「ミカンを—」「決勝点を—」
もく【木】⇩ぼく（木）。「木材・木星・木造・木管・樹木・草木」
もく【目】モク・（ボク）　め・（ま）　「目撃・目次・目前・目的・一目・眼目・曲目・耳目・注目・反目・面目〈めんもく〉〈めんぼく〉」
もく【黙（默）】モク　だまる　「黙殺・黙視・黙想・黙読・黙認・黙秘・黙約・黙契・黙考・暗黙・沈黙」
もぐ【▼捥ぐ】「リンゴを—」「人形の手足が—がれる」
もくぎょ【木魚】「—を叩いて読経する」
もくげき【目撃】「事故を—する」「—者の情報」
もくげき【黙劇】パントマイム。無言劇。
もくげんじ【木▼槵子】ムクロジ科の小高木。種子は数珠玉にする。
もぐさ【▼艾】灸に用いる干したヨモギの葉。
もくざい【木材】「建築用—」
もくさく【木酢・木▼醋】木材を乾留した液体。
もくさつ【黙殺】「反対意見を—する」
もくさん【目算】「費用を—する」「—が外れる」

もくし【黙止】黙って捨てておく。「二人の言い争いをしばらく―しておく」
もくし【黙示】「―録」「―の契約」
もくし【黙視】「―するに忍びない」
もくじ【目次】「本の―を見る」
もくしつ【木質】「―繊維」「固い―」
もくじゅう【黙従】「ワンマン社長に―するばかりだ」
もくしょう【目▾睫】目とまつげ。「―の間〈かん〉に迫る」
もくず【藻▾屑】「船は沈没して海の―となった」
もくする【目する】「次期会長と―される人物」
もくする【黙する】「―・して語らず」
もくせい【木星】太陽系の第五惑星。
もくせい【木▾犀】「金―の甘い香り」
もくせい【木精】木霊〈こだま〉。メチルアルコール。
もくせい【木製】「―の書棚」
もくぜん【目前】「大会が―に迫っている」
もくぜん【黙然】「―として答えない」
もくそう【目送】「目迎―」
もくそう【黙想】「―にふける」
もくぞう【木造】「―建築」「―校舎」
もくぞう【木像】「―の仏様」
もくそく【目測】「―を誤って渡り損ねる」

もくだく【黙諾】「―を得る」
もくたん【木炭】「―画」「―自動車」
もくちょう【木彫】「―の観音像」
もくてき【目的】「―語」「―地」「―意識」「―を果たす」「犯行の―が分からない」
もくと【目途】「来年度開通を―として工事を急ぐ」
もくとう【黙▾禱】「一分間―する」「―を捧げる」
もくどく【黙読】⇔音読。「教科書の文章を―する」
もくにん【黙認】「違反を―する」「―の形となる」
もくねじ【木〈螺子〉】螺旋の切ってある釘。
もくねん【黙然】もくぜん。
もくば【木馬】「回転―」
もくはん【木版】「―の古経典」
もくひ【黙秘】「完全―」「―権」「取調べでは終始―する」「〔黙否〕と書くのは誤り」
もくひょう【目標】「志望校合格を―に勉強する」「―を掲げる」
もくほん【木本】⇔草本。
もくめ【木目】「―の粗い木」
もくもく【黙黙】「―と(して)働く」
もくやく【黙約】「双方の間ですでに―が交わされていた」
もくよく【▾沐浴】「斎戒―」
もぐら【〈土竜〉・〈鼴鼠〉】「―叩き」

も

もぐる【潜る】「海に―って魚を取る」「床下に―」「地下に―って反政府運動を続ける」
もくれい【目礼】「軽く―を交わす」
もくれい【黙礼】「―だけで済ます」
もくれん【木▾蓮・木▾蘭】モクレン科の落葉低木。
もくろう【木▾蠟】ハゼノキの果皮からとる脂肪。
もくろく【目録】「全集の―」「新刊書―」「財産―」
もくろみ【目▿論見】「何か―があるのか」「―が外れる」
もくろむ【目▿論む】「倒閣を―」
もけい【模型】「―飛行機」
もげる【▾捥げる】「人形の腕が―」
もこ【模▾糊・▾模▾糊】「曖昧―」
もこし【▾裳▿層・▾裳▿階】仏堂や塔などの軒下にある庇状の物。
もさ【《猛者》】「柔道部の―」
もさく【模作】「―した作品」
もさく【模索・▾摸索】「暗中―」「最善の道を―する」
もし【《▿若》し】「―雨が降ってもゲームは続行する」
もじ【文字】「―遣い」「癖のある―で書かれている」
もしおぐさ【藻塩草】塩をとるために焼いた海藻。
もしきず【模式図】「人体の―」
もしくは【《▿若》しくは】「本人―その代理の者」

〔法令用語では、「または」に対してより小さい段階の接続に使う〕

もじどおり【文字《通》り】「―無職だ」

もしも【《▽若》しも】「―の時」

もしゃ【模写・▼摸写】「声帯―」『名画を―する』

もしゅ【喪主】「故人の長男が―を務める」

もしょう【喪章】「―を付けて葬儀に出る」

もじる【▼捩る】「『古今和歌集』を―・って『故混〈ここん〉馬鹿集』という」

もす【燃す】「古い手紙を―・してしまう」

もず【〈百舌〉・〈百舌鳥〉・▼鵙】「―の速贄〈はやにえ〉」

もずく【〈海雲〉・〈水雲〉・〈水蘊〉】「―を三杯酢で食す」

モスクワ【莫斯科】ロシア連邦の首都。

もすそ【▼裳裾】〔女性の〕衣服のすそ。「―を引く」

モスリン【▽毛▼斯▼綸】薄く柔らかい毛織物。

もする【模する・▼摸する・▼摹する】「唐の都長安に―・して作られた平城京」『弘法大師の書を―』

もぞう【模造・▼摸造】「―紙〈し〉」『―品』

もだえる【悶える】「激痛に―・え苦しむ」「恋に―・えて夜も眠れない」

もたげる【▼擡げる】「蛇が鎌首を―」『疑念がまた頭を―』

もたらす【▼齎す】「幸福を―兆し」『新知識を―』
もたれる【▼凭れる・▼靠れる】「壁に―」『食べ過ぎで胃が―』
もち【餅】蒸したもち米を臼でついた食品。「―を搗〈つ〉く」『―は餅屋』
もち【▼糯】粘り気があり餅に適する米。⇔粳〈うるち〉。
もち【▼黐】とりもち。モチノキの別名。
もちあじ【持(ち)味】「素材の―を生かした家具」
もちあわせ【持ち合(わ)せ】「あいにく―がない」『―の金』
もちいる【用いる】「運搬に車を―」『才能を買って重く―』
もちかける【持ち《掛》ける】「話を―」『相談を―』
もちかぶ【持(ち)株】「―制限」『―を整理する』
もちきり【持(ち)切り】「どこへ行ってもその話題で―だ」
もちぐさ【餅草】ヨモギの別名。
もちぐされ【持(ち)腐れ】「宝の―」
もちくずす【持(ち)崩す】品行を悪くする。「身を―」
もちこし【持(ち)越し】「―の仕事」『来月に―だ』
もちこす【持(ち)越す】「結論を次回に―」
もちこたえる【持ち《▽堪》える】「最後まで―」
もちごま【持(ち)駒】「豊富な―を駆使する」
もちこみ【持(ち)込み】「―禁止」

も

もちごめ【▼糯米】「―でおはぎを作る」

もちつき【餅▼搗き】「年末に―をする」

もちづき【▽望月】陰暦一五日の月。満月。

もちなおす【持(ち)直す】「病状が―」

もちにげ【持(ち)逃げ】「集めた金を―する」

もちぬし【持(ち)主】「―の判らない荷物」

もちのき【▼黐の木】モチノキ科の常緑高木。

もちば【持(ち)場】「―につく」『―を守る』

もちはだ【餅肌・餅▽膚】「―の女性」

もちばな【餅花】木の枝に餅を多数付けた飾り物。

もちぶん【持(ち)分】「マンションの土地の―」

もちまえ【持(ち)前】「―のサービス精神を発揮する」

もちまわり【持(ち)回り】「―で全役員の賛同を得た」『町内会の組長は―とする』

もちもの【持(ち)物】「―検査」

もちゅう【喪中】「―につき年賀を欠礼いたします」

もちろん【▼勿論】「―私も参加します」『英語は―フランス語もできる』

もつ【物】⇨ぶつ〔物〕。「一物・貨物・禁物・供物・作物・食物・書物・進物・荷物・宝物」

もつ【持つ】「所帯を―」『話し合いの機会を―』『責任は私が―』『彼の肩を―』

もっか【目下】「―のところ不明」『―検討中』

もっか【黙過】「不正は断じて―しがたい」
もっかん【木簡】古代、文字を記した細長い木の札。
もっきょ【黙許】「―し得ない不正取引」
もっきん【木琴】「―を叩く人形」
もっけ【▼勿▽怪・物▽怪】意外。「―の幸い」
もっけい【黙契】「―が成り立つ」
もっこ【▼畚】「―を担ぐ」
もっこう【木工】「―機械」「―所」
もっこう【▼沐▼猴】猿。「―にして冠す（＝服装や地位は立派でも心は野卑な意）／史記」
もっこう【黙考】「沈思―」「しばし―する」
もっこく【木▼斛】ツバキ科の常緑高木。
もったい【▼勿体】「―ぶる」「えらく―を付ける」
もったいない【▼勿体無い】「まだ使えるのに捨ててしまうとは―」「お心遣い―く存じます」
もって【《▽以》て】「採否は書面を―通知する」「欠席するなど―の外だ」「最新の技術を―しても難しい」「―瞑〈めい〉すべし（＝宿願を果たし安らかに死ぬことができる意）」
もってこい【《持》って《来》い】「商売するのに―の場所」
もっとも【▼尤も】納得できるさま。ただし。「―な意見」「御無理御―で聞き入れる」「君の悪事をばらす。―僕の言うことを聞けば別だ」

もっとも【最も】この上なく。最高に。「世界で―高い山」

もっともらしい【▼尤もらしい】「―うそをつく」「―く話す」

もっぱら【専ら】「最近は―禁煙している」「―の噂だ」

もつれる【▼縺れる】「釣り糸が―」「足が―れてこけた」「話が―れて険悪になる」

もてあそぶ【弄ぶ・▽玩ぶ・▼翫ぶ】「髪の毛を―」「他人の運命を―」

もてあます【持て余す】「暇（時間）を―」

もてなす【《持》て《成》す】「客を手料理で―」「丁重に―」

もてはやす【持て▼囃す・持て▽栄す】「マスコミに―される」

もてる【《持》てる】「女性に―ための工夫」

もと【下・▽許】物のした。物の周辺。影響の及ぶ所。「自由の旗の―に集まる」「白日の―にさらす」「親の―を離れる」「一刀の―に切り倒す」

もと【元】起源。原因。元金。「火の―」「―へ遡って考え直す」「―がかかる」「―はと言えば」「―も子もない」

もと【本】根本〈ねもと〉。⇔末。「―が枯れる」「資料を―にして議論する」「失敗は成功の―」「間違いの―」「―を正す」

もと【基】基礎。土台。「建物の―」


もと【▽素】原料。「豆腐は大豆を―にして作る」「―を仕込む」

もとい【基】「国の―を築く」

もとうけ【元請（け）】直接仕事を引き受ける業者。

もとうり【元売り】「石油の―価格」

もどき【▽擬き・〈抵牾〉・〈牴牾〉】「梅―」「がんも―」

もときん【元金】資本金。あずけいれた最初の金。

もとごえ【本肥・基肥】種まきや移植前に施す肥料。⇔追い肥。

もとじめ【元締（め）】「香具師〈やし〉の―」

もどす【戻す】「本を棚に―」「話を本題に―・そう」「計画を白紙に―」

もとちょう【元帳】会計の勘定科目ごとに分けた帳簿。

もとづく【基づく】「史実に―・いた小説」

もとで【元手】「事業には―がかかる」

もとどおり【元《通》り】「読み散らかした本を―に片付ける」

もとどり【▼髻】「―を切って出家する」

もとなり【本▽生り・本成り】幹やつるのもとに実がなる。

もとね【元値】「―が切れる」

もとのもくあみ【元の木▼阿▽弥】「結局は―だ」

も

もとめる【求める】「平和を―」「適任者を―」
もともと【《元元》】「―根はやさしい子なのに」
もとゆい【元結】「―を切る」
もとより【▽固より・元より・▽素より】「失敗は―覚悟の上だ」「あの歌手は歌は―演技も抜群だ」
もとる【▼悖る】「人の道に―行為」
もどる【戻る】「行きつ―・りつする」「村に平和が―・った」「意識が―」
もなか【▽最中】「―の月（＝満月）」
もぬけ【▼蛻・藻抜け】「隠れ家はすでに―の殻だった」
もの【者】「資格を持つ―」「悪―」
もの【物】「便利な―」「―申す」「廊下に―を置くな」「世の中はそういうものだ」「何をするかわかったものではない」
ものいい【物言い】「気に障る―をする」「結びの一番に―がつく」
ものいみ【物忌み】一定期間慎み不浄をさけること。「肉食を断って―する」
ものいり【物入り】「大学入学時には何かと―だ」
ものうい【物憂い】「何となく―気分になる」
ものおき【物置】「古道具を―にしまう」
ものおじ【物▽怖じ】「―しない態度」
ものおしみ【物惜しみ】「―せずに金を使う」

ものおと【物音】「隣の部屋で―がした」
ものおぼえ【物覚え】「最近すっかり―が悪くなった」
ものおもい【物思い】「―に沈む」
ものかき【物書き】「駆け出しの―」
ものかげ【物陰】「―に隠れて見張る」
ものがたい【物堅い】「―人で信用できる」
ものがたり【物語】「源氏―」「世にも奇妙な―」「―を読む」
ものがなしい【物悲しい】「―秋の夕暮れ」
ものぐさ【《物臭》・▼懶】「―な男」
ものごい【物乞い】「―して歩き回る」
ものごころ【物心】「まだ―がつかないうちに両親を失った」
ものごし【物腰】「―が柔らかな人」
ものごと【物事】「―には順序（限度）がある」「―をてきぱきと運ぶ」
ものさし【物差(し)・物指(し)】「―を当てる」「審査員の―は一様ではない」
ものさびしい【物寂しい】「―山道」「ひとり―・く暮らす」
ものしずか【物静か】「―な人」
ものしり【物知り・物▽識り】「クラス一の―」
ものずき【物好き・物数奇】「―にも雨の中を出かける」「あいつもよほどの―だ」

ものすごい【物▽凄い】「―形相」「―人気」
ものだね【物種】「命あっての―」
ものたりない【物足りない】「品数が少なく―」「これだけの説明では―」
ものとり【物取り】「―による犯行」
もののあわれ【物の哀れ】「―を知る」
もののけ【物の▽怪・物の気】「―に取り憑かれる」
もののふ【〈武士〉】「―の家に生まれる」
ものび【物日】祝い事や祭りなどのある、特別の日。
ものほし【物干し】「―竿」「―に洗濯物を干す」
ものまね【物真▽似】「彼は―が上手い」
ものみ【物見】「―櫓〈やぐら〉」「―遊山」
ものみだかい【物見高い】「―群衆が押しかけた」
ものもち【物持(ち)】「村で一番の―」「―がよい人」
ものものしい【物物しい】「―警戒態勢」
ものもらい【物▼貰い】「瞼に―が出来た」
ものやわらか【物柔らか】「―な話しぶり」
ものわかり【物分かり】「―の良い人」
ものわかれ【物別れ】「交渉は―に終わった」
ものわすれ【物忘れ】「最近―がひどくなった」
ものわらい【物笑い】「世の―になる」
もはや【▽最早】「―手遅れだ」「―これまで」

もはん【模範】「―演技」「―解答」「下級生の―となる」
もふく【喪服】「黒い―に身を包む」
もほう【模倣・▼摸倣】「西欧芸術の―」
もほん【模本】「絵巻物の―」
もみ【▼籾】脱穀していない米。もみがら。
もみ【▽紅・〈紅絹〉】紅色の薄い絹布。裏地用。
もみ【▼樅】マツ科の常緑針葉高木。
もみがら【▼籾殻】「―を除いて精米する」
もみくちゃ【▼揉みくちゃ】「報道陣に―にされる」
もみけす【▼揉み消す】「収賄事件を―」
もみじ【《紅葉》・〈黄葉〉】「幼児の―のような手」
もみじがり【《紅葉》狩(り)】紅葉を見て歩く。「―に出かける」
もみで【▼揉み手】「―をして頼む」
もむ【▼揉む】「肩を―」「満員電車に―まれて通う」
もめごと【▼揉め事】「兄弟で―が絶えない」
もめる【▼揉める】「遺産相続で―」「会場で―」
もめん【《木綿》】「―豆腐」「―針」
もも【▼腿・▽股】「しっかり―を上げて走る」
もも【桃】「―の実」「―の節句」「―栗三年柿八年」
ももいろ【桃色】「―遊戯」「酒を飲んで頬が―に染まる」
ももだち【▽股立】袴の左右のあきを縫い止めた所。「―を取る」

ももとせ【▽百▽歳・▽百▽年】一〇〇年。長い年月。
ももひき【▽股引】「―をはく」
ももわれ【桃割れ】若い娘の日本髪の髪形。「―に結う」
ももんが【〈鼯鼠〉・〈野衾〉】リス科の獣。飛膜をもち滑空する。
もや【▼靄】「湖面に―が立ち込める」
もやいぶね【▼舫い船】つなぎとめた船。
もやう【▼舫う】「舟を川岸に―」
もやし【〈▼萌〉・▼蘖】「―っ子」「―炒め」
もやす【燃やす】「紙を―」「対戦相手に闘志を―」
もやる【▼靄る】「少し―ってきた」
もよう【模様】「雨(空)―」「水玉―」「人間―」「―替え」「当時の―を語る」「この分では試合は中止になる―だ」
もよおし【催し】「敬老の日にちなんだ―」
もよおす【催す】「会を―」「眠気を―」
もより【《最寄り》】「―の駅」
もらいなき【▼貰い泣き】「つい―をしてしまう」
もらいび【▼貰い火】類焼。
もらいもの【▼貰い物】「―ですがお一つどうぞ」
もらう【▼貰う】「贈り物を―」「嫁に―」
もらす【漏らす・▼洩らす】「水も―・さぬ警戒網」「機密を―」「辞意(不満)を―」「驚きの声を―」「細大―・さず報告する」

もり【守(り)】「子供のお―をする」

もり【盛り】「―がいい」「―そば」

もり【森】「木を見て―を見ず」「鎮守の―」〔「鎮守の森」の場合は「杜」とも書く〕

もり【▼銛】「―で魚を突いて捕る」

もりあがる【盛り上(が)る】「筋肉が―」「機運(雰囲気)が―」

もりあわせ【盛り合(わ)せ】「刺身の―」

もりかえす【盛(り)返す】「勢力を―」「人気を―」

もりだくさん【盛り《沢山》】「―な記事(行事)」

もりたてる【守(り)立てる】「若い社長をみなで―」「会社をもう一度―」

もりばな【盛(り)花】「籠の―」

もる【盛る】「御飯を―」「毒を―」「独立宣言に―・られた精神」

もれなく【漏れ無く】「景品が―当たる」

もれる【漏れる・▼洩れる】「タンクから燃料が―」「秘密が―」「ため息が―」「選に―」

もろい【▼脆い】「―建物」「情に―人」

もろこ【▽諸子】コイ科の小形の淡水魚。

もろこし【〈唐土〉・▽唐】中国の古称。唐〈から〉。

もろざし【▽双差(し)・▽両差(し)】相撲で、両手を相手の脇に差し込むこと。

もろて【▽諸手・▽双手】「―を挙げて賛成する」

もろとも【▽諸共】「人馬―谷に墜落した」「死なば―」

もろに【▽諸に】「北風を―に受ける」

もろは【▽諸刃】「―の剣〈つるぎ〉」

もろはだ【▽諸肌・▽諸▽膚】上半身の肌。「―を脱ぐ(＝全力を尽くす意)」

もろびと【▽諸人】「―こぞりて迎えまつれ」

もろみ【▼醪・▽諸味】まだ漉していない酒・醤油。「―醤油」

もろもろ【▽諸▽諸・▽諸】「その他―」「―の問題がある」

もん【文】⇩ぶん(文)。「文句・文字〈もんじ〉(〈もじ〉)・文様・三文判・呪文・証文・天文」

もん【門】モン かど「門限・門戸・門人・門柱・門閥・家門・関門・軍門・専門・同門・入門・破門・部門」

もん【紋】モン ―「紋章・紋服・家紋・指紋・声紋・波紋・風紋」

もん【問】モン と-う・と-い・(とん)「問診・問題・問答・慰問・学問・詰問・疑問・検問・顧問・質問・訪問」(「問屋〈とんや〉」は、「といや」とも)

もん【聞】⇩ぶん(聞)。「声聞・前代未聞・聴聞」

もん【文】「三束三―」

もん【門】「―を閉める」「入試の狭き―を突破する」「弟子入りを望んで―を叩く」

もん【紋】「美しい―のある蝶」「菊水の―」

もんえい【門衛】「―に断って入る」

もんおり【紋織(り)】模様を浮かして織った織物。

もんか【門下】「―生」「―には優れた歌人が多い」

もんがいかん【門外漢】「法律に関しては―だ」

もんがいふしゅつ【門外不出】「―の名画」

もんがまえ【門構え】「立派な―のお屋敷」

もんきりがた【紋切り型】きまりきった様式。「―の挨拶」

もんく【文句】「歌の―」「―があるならはっきり言いなさい」「―無しの名演奏」

もんげん【門限】「―は午後九時」「―に遅れる」

もんこ【門戸】「一般の市民に―を開く」

もんごん【文言】「法律の―」

もんさつ【門札】門に掲げる表札。門標。

もんし【門歯】前歯〈まえば〉。

もんし【▼悶死】「苦悩を抱えて―した」

もんしゅ【門主】「本願寺の―」

もんじゅ【文殊】「三人寄れば―の知恵」

もんじょ【文書】「東寺―」

もんしょう【紋章】「菊の御―」「王家の―」

もんしん【問診】「診察前に―票を記入する」

もんじん【門人】「松尾芭蕉の―」

もんせき【問責】「―決議」

もんぜき【門跡】「三千院―」「―寺院」

もんぜつ【▼悶絶】「激痛に―する」

もんぜん【門前】「―の小僧習わぬ経を読む」

もんぜんじゃくら【門前▼雀羅】閑散として寂しい。「―を張る」

もんぜんばらい【門前払い】「―を食わせる」

もんだい【問題】「―点」「―意識」「数学の―」「―が山積している」「―にならない」

もんち【門地】家柄。家格。「―門閥」

もんちゃく【▼悶着】もめごと。いさかい。「―を起こす」「―のたね」「一―あった」

もんちゅう【門柱】門に立てる柱。「家の―」

もんつき【紋付】「―の羽織」

もんてい【門弟】「吉田松陰の―」

もんと【門徒】「真宗の―」

もんとう【門灯】「―を点ける」

もんどう【問答】「押し―」「―無用」「―を交わす」「君と―している暇はない」

もんどころ【紋所】「―を染め抜く」「この―が目に入らぬか」

もんどり【〈翻筋斗〉】「―を打つ」

も

もんなし【文無し】所持金がまったくないこと。「事業に失敗して―になる」

もんばつ【門閥】家柄。門地。「―の出」

もんばん【門番】門の番人。門衛。「―を置く」

もんぴ【門扉】門のとびら。「―を閉ざす」

もんぴょう【門標・門表】門札。表札。

もんぷく【紋服】家紋をつけた衣服。紋付。

もんめ【▽匁】尺貫法の重さの単位。一匁は三・七五グラム。「一貫三百―」

もんもう【文盲】文字の読み書きができない。「無学―」

もんもん【▼悶▼悶】「恋に悩み日々―とする」

もんよう【文様・紋様】「桜の花の―」

や

や【冶】ヤ ― 「冶金・艶冶・陶冶」

や【夜】ヤ よ・よる 「夜間・夜勤・夜食・暗夜・一夜・除夜・昼夜」

や【野】ヤ の 「野外・野球・野菜・野獣・野心・野生・野党・野望・原野・荒野・山野・視野・粗野・分野・平野」

や【弥（彌）】ヤ ― 「弥次馬・弥次喜多」

や【矢・▼箭】「光陰―の如し」「―の催促で息つく暇もない」「―も盾もたまらず逃げ出した」「非難の―を向ける」

や【野】「未開の―」「―に下る」

ヤード【▼碼】ヤードポンド法の長さの単位。

やいと【▼灸】「―をすえる」

やいば【▽刃】「氷の―」「敵の―に掛かる」

やいん【夜陰】「―に乗ずる」

やえ【八重】「―霞」「―垣」「―の桜」

やえい【夜営】夜、野外に陣営を設ける。

やえい【野営】野外に陣営を設ける。野外に宿泊する。キャンプ。

やえば【八重歯】「―を矯正する」

やえむぐら【八重▼葎】アカネ科の一、二年草。

やえん【野猿】「―の声」

やおちょう【《八百長》】「―試合にファンが憤る」

やおもて【矢面】「批判の―に立たされる」

やおや【《八百屋》】野菜・果物を売る店。青果商。「―で野菜を買う」

やおよろず【八▽百▽万】「―の神々」

やおら【▽徐ら】ゆっくりと。「―立ち上がる」「―身を起こす」▽「急に」「突然」の意で用いるのは誤り」

やかい【夜会】「―服に身を包む貴婦人」

やがい【野外】「―訓練」「―音楽堂」

やがく【夜学】「昼間は働いて―に通う」

やがすり【矢▼絣・矢〈飛白〉】矢羽根の柄を織り出した絣。

やかた【屋形・館】「―町」「お―さま」

やかたぶね【屋形船】川遊びなどに使う和船。

やがて【《▼軈》て】「―風雨も強まるでしょう」「日々の努力が―実を結ぶ」

やかましい【▼喧しい】「授業中のおしゃべりが―」「公害問題が―く論じられる昨今」

やから【▽輩】「不逞〈ふてい〉の―」

やかん【夜間】⇔昼間。「都市の―人口」

やかん【▽薬缶・▽薬▼鑵】「―で湯を沸かす」

やき【夜気】「―が迫る」

やぎ【〈山羊〉・〈野羊〉】ウシ科の中形の家畜。

やきいも【焼(き)芋】「落ち葉で―を焼く」

やきいれ【焼(き)入れ】鉄鋼の硬度を高める熱処理。

やきいん【焼(き)印】「―を押す」

やきうち【焼(き)討ち】「敵の城を―する」

やきそば【焼き〈蕎麦〉】「ソース―」

やきつけ【焼(き)付け】「フィルムの―」

やきとり【焼(き)鳥】「―屋で酒を飲む」

やきなおし【焼(き)直し】既成の作品をなぞった物。

やきにく【焼(き)肉】「―定食」
やきば【焼(き)場】火葬場。
やきはた【焼(き)畑】「―農業」
やきぶた【焼(き)豚】チャーシュー。
やきまし【焼(き)増し】「記念写真を―する」
やきめし【焼(き)飯】チャーハン。
やきもち【焼(き)餅】嫉妬。「―を焼く」
やきもの【焼(き)物】「陶器や磁器などの―」「煮物の次は―をお出しします」
やきゅう【野球】「草―」「―場」「―の試合」
やぎゅう【野牛】バイソン。
やぎょう【夜業】「眠らず―して朝までに仕上げる」
やきん【冶金】鉱石から金属を分離・精製する技術。
やきん【夜勤】⇔日勤。「―の多い看護師」
やきん【野▼禽】野鳥。「―類」
やく【厄】ヤク ― 「厄難・厄年・厄介・災厄・大厄」
やく【役】ヤク・エキ ― 「役員・役者・役所・役人・役場・役目・悪役・重役・主役・代役・配役」
やく【疫】⇩えき(疫)。「疫病神」
やく【約】ヤク ― 「約数・約束・解約・確約・規約・契約・婚約・条約・節約・特約・密約・要約・予約」
やく【益】⇩えき(益)。「益体・御利益・無益」
やく【訳(譯)】ヤク わけ ― 「訳語・訳詞・訳者・訳文・直訳・通訳・翻訳・名訳・和訳」
やく【薬(藥)】ヤク くすり ― 「薬剤・薬草・薬品・火薬・劇薬・試薬・弾薬・毒薬・爆薬・服薬」
やく【躍】ヤク おどる ― 「躍進・躍動・躍起・暗躍・一躍・活躍・跳躍・飛躍」
やく【厄】「―を払う」「来年が―だ」
やく【役】「見張りの―」「損な―を引き受ける」「―に立つ道具」
やく【約】「目的地まで―三時間かかる」
やく【訳】「英文の―を施す」
やく【▼葯】雄しべの先にある花粉を作る器官。
やく【薬】麻薬の隠語。「―が切れる」
やく【焼く】「魚を―」「パンを―」「窯で茶碗を―」「世話を―」「いたずらっ子に手を―」
やく【▽妬く】嫉妬する。「仲の良い二人を―」
やぐ【夜具】「―を畳む」
やくいん【役員】「会社―」「―報酬」
やくおとし【厄落(と)し】「神社に参詣して―をする」
やくがい【薬害】「―事件」「―に苦しむ」
やくがく【薬学】「―部」「―を専攻する」
やくがら【役柄】「―になりきる」
やくぎ【役儀】役目。つとめ。「―柄」
やくげん【約言】「―すればこういう趣旨になる」
やくご【訳語】「英単語の―」
やくざい【薬剤】「―師」
やくさつ【▼扼殺】手で絞め殺す。
やくさつ【薬殺】毒薬を用いて殺す。
やくし【訳詞】「洋楽を―で歌う」
やくし【訳詩】「上田敏の―」
やくし【薬師】病気や災難を除く仏。「―如来」
やくじ【薬事】「―監視員」「―法」
やくじ【薬餌】「―療法」「―に親しむ(=病気がちの意)」
やくしゃ【役者】「彼はなかなかの―だ」「―が一枚上だ」「―が揃う」
やくしゃ【訳者】翻訳者。
やくしゅ【薬種】漢方薬の原料や材料。
やくしゅ【薬酒】「冷え性で―を飲む」
やくしゅつ【訳出】「『ファウスト』を―する」
やくしょ【役所】「市(区)―」「お―仕事」
やくしょ【訳書】「この小説は―が出版されている」

や

やくじょ【躍如】「面目ーたるものがある」
やくじょう【約定】「ーをとりかわす」
やくしょく【役職】「ー手当」「重いーに就く」
やくしん【薬▼疹】「薬の副作用でーが出来る」
やくしん【躍進】「目覚ましいーを遂げる」
やくす【約す】「他日をー・して別れる」
やくす【訳す】「英文を日本語にー」
やくす【▼扼す】「咽喉〈いんこう〉をー」「海峡をー要衝」
やくすう【約数】「最大公ー」
やくせき【薬石】病気の治療法。「ー効なく帰らぬ人となった」
やくせつ【約説】「全体の趣旨をーする」
やくそう【薬草】「ー園」「ーを煎じて飲む」
やくそく【約束】「ー手形」「ーを守る(破る)」「おーの台詞」
やくたい【益体】「ーもない話」
やくだい【薬代】「長患いでーがかさむ」
やくだく【約諾】「融資をーする」
やくだつ【役立つ】「会社にー人材」
やくちゅう【訳注】「万葉集にーを施す」
やくづき【役付き】「優秀な人物をーで採用する」
やくて【約手】「約束手形」の略。
やくとう【薬湯】「ーの効能」

やくどう【躍動】「ー感あふれる写真」
やくとく【役得】「ーの多い職」
やくどく【訳読】「モリエールの戯曲をーする」
やくどく【薬毒】薬に含まれている有害成分。
やくどころ【役《所》】「ーを心得た人」
やくどし【厄年】「今年はーだ」「女(男)のー」
やくなん【厄難】「とんだーに遭う」
やくにん【役人】「ー根性」「ー風を吹かす」
やくば【役場】「町村のー」
やくはらい【厄払い】「神社に詣でてーしてもらう」
やくび【厄日】「明日はーに当たる」
やくびょう【疫病】伝染性の熱病。えきびょう。「ー神」「ー除け」
やくひん【薬品】「医ー」「化学ー」
やくぶそく【役不足】「ーで物足りない」
やくぶつ【薬物】くすり。薬品。「ーを乱用する」「ーに依存する」
やくぶん【約分】「分数をーする」
やくぶん【訳文】翻訳した文章。
やくほ【薬舗・薬▼鋪】くすりや。
やくほん【訳本】「英語のテキストのーが出ている」
やくまわり【役回り】「損なー」
やくみ【薬味】「ー皿」「ねぎやわさびなどのー」
やくむき【役向き】役柄。役目の性質。「ーのことで会合がある」

やくめ【役目】「長老としてのーを果たす」「おー御苦労様です」
やくよう【薬用】「ーアルコール」「ー石鹸」
やくよけ【厄▽除け】「ーのお守り」
やぐら【▼櫓・矢倉】「火の見ー」「ー炬燵〈ごたつ〉」「ーを組む」「ーを上げる」
やぐらだいこ【▼櫓太鼓】「開場を知らせるー」
やぐるま【矢車】「鯉のぼりのー」
やぐるまぎく【矢車菊】キク科の一年草。
やくろう【薬籠】薬箱。「自家ー中の物」
やくわり【役割】「指導的ー」「ーを担う」「ーを果たす」
やくわん【▼扼腕】腕をにぎりしめる。「切歯ーする(=ひどく残念がる)」
やけ【〈自棄〉・焼け】「ーを起こす(になる)」「ーのやんぱち」〔「ヤケ」と片仮名書きにすることも多い〕
やけあと【焼け跡】「ーから住人が遺体で見つかる」
やけい【夜景】「百万ドルのー」
やけい【夜警】「ビルのー」
やけいし【焼け石】「ーに水」
やけくそ【〈自棄〉▼糞】「ーになって暴れまくる」
やけざけ【〈自棄〉酒・焼け酒】「失恋してーを呷る」

や

やけど【〈火傷〉】「熱湯で—をする」
やけぼっくい【焼け▽棒▼杭】「—に火が付く(=男女のよりがもどる意)」
やける【焼ける】「家が—」「日に—」
やける【▽妬ける】ねたましい。「二人の仲のよさに—」
やけん【野犬】「—を捕獲する」
やげん【▽薬研】薬種を粉末にする舟形の器具。
やご【〈水蠆〉】トンボの幼虫。
やこう【夜光】「—虫」「—塗料」
やこう【夜行】「—列車」「—性の動物」
やごう【屋号】「店の—」
やごう【野合】「政党間の—」
やこぜん【野▼狐禅】悟り切ったつもりの人。「—の生半可な知識」
やさい【野菜】「—畑」「—サラダ」
やさおとこ【優男】「なかなかの—」
やさがし【家捜し・家探し】「留守中に何者かが—したらしい」
やさがた【優形】「—のいい男」
やさき【矢先】ちょうどその時。「外出しようとした—に来客があった」
やさしい【易しい】容易だ。わかりやすい。「—問題から解く」
やさしい【優しい】思いやりがある。優美だ。「気だての—女の子」「—心遣い」
やさつ【野冊】「採集した草花を—に挟み込む」
やし【〈香具師〉・野師・弥四】縁日などに露店を出す人。
やし【野史】「正史と—」
やし【▼椰子】「—の実」
やじ【《野次》・《弥次》】「下品な—」「—を飛ばす」
やじうま【野次馬・弥次馬】「—根性」「事故現場に—が集まる」
やしき【屋敷】「武家—」「立派な—」
やじきた【弥次喜多】おどけ者の二人組。「男二人の気楽な—道中を楽しむ」
やしなう【養う】「妻子を—」「英気を—」
やしゃ【夜▼叉】悪鬼。毘沙門天の従者。
やしゃご【〈玄孫〉】孫の孫。ひまごの子。
やしゅ【野手】野球で、内野手と外野手の総称。
やしゅ【野趣】「—あふれる料理」
やしゅう【夜襲】「油断を見すまして—する」
やじゅう【野獣】「—の群れ」「美女と—」
やしょく【夜色】「都市が—に包まれる」
やしょく【夜食】「—をとって受験勉強に励む」
やじり【▼鏃・矢尻】矢の先の物に突き刺さる部分。
やじるし【矢印】「—の方向に進んで下さい」

や

やしろ【社】「—に詣でる」
やしん【野心】「—家」「—作」「—を抱く」
やじん【野人】「田夫—」「—暦日なし」
やす【▼簎・▼矠】「—で魚を突き刺す」
やすあがり【安上がり】「—な方法」
やすい【安い】安価だ。⇔高い。「市価より—」「—かろう悪かろう」「—く見られる」
やすい【▽易い】容易だ。やさしい。「言うは—く行うはかたし」「案ずるより産むが—し」「お—御用だ」
やすうけあい【安請(け)合い】「—して後で困る」
やすうり【安売り】「—店」「親切の—」
やすけ【弥助】握りずし。
やすで【〈馬陸〉】ムカデに似た虫。
やすで【安手】「—の品」「いかにも—の普請」
やすね【安値】「—で取引する」
やすぶしん【安普請】「—の家」
やすみ【休み】「学校の—」「昼—」
やすむ【休む】「夜も—・まず働く」「病気で学校を—」「毎晩九時には—」
やすめる【休める】「体を—」「手を—」
やすもの【安物】「—買いの銭失い」
やすやす【《▽易▽易》】「障害物を—(と)越える」
やすやど【安宿】「—を探して泊まる」
やすらか【安らか】「心—に眠る」「—な顔」

やすり【▼鑢】「—をかけて光沢を出す」
やせい【野生】動植物が山野に自然に生育する。「—動物」「—の根菜類」
やせい【野性】本能のままの粗野な性質。「—的な男性」「—味豊かな人」
やせうで【痩せ腕】「女の—一つで何とか生活する」
やせがまん【痩せ我慢】平気をよそおう。「無理に—して見せる」
やせち【▼瘠せ地】「—で作物が育たない」
やせる【痩せる】「—・せた人」「土地が—・せている」
やせん【夜戦】夜間の戦闘。
やせん【野戦】山野での戦闘。
やぜん【夜前】昨晩。ゆうべ。「—の雨」
やそ【耶蘇】キリスト。キリスト教。「—会」
やそう【野草】「—を摘む」
やそうきょく【夜想曲】「ショパンの—」
やそじ【八▽十路・八▽十】「祖父が—の坂を越える」
やたい【屋台・屋体】移動できる店。祭礼の山車。「駅前の—で一杯飲む」
やたいぼね【屋台骨】「一家の—」
やたて【矢立て】「—の硯(筆)」
やたのかがみ【八▼咫の鏡】三種の神器の一。
やだま【矢玉・矢弾】「—の中を進む」
やたら【《矢▼鱈》】「—(と)弁解を繰り返す」「同じ品ばかりを—買い込む」
やちぐさ【八千草】多くの草。
やちまた【八▼衢】道が多くの方向に分かれる所。
やちょ【野▼猪】いのしし。「—にして介するもの(=向こう見ずな人)」
やちよ【八千代】「君が代は千代に—に」
やちょう【野鳥】「—を保護する活動」
やちょく【夜直】「今夜は—に当たっている」
やちん【家賃】「今月の—を払う」
やつ【▽奴】「—の仕業に違いない」
やつあたり【八つ当(た)り】「弟に—する」
やっか【薬価】「—基準」
やっか【薬禍】薬の副作用による災難。
やっかい【厄介】「—払い」「—者」「—な仕事を引き受ける」「一晩—になります」
やつがしら【八つ頭】サトイモの栽培品種。
やつがれ【▽僕】自分の謙譲語。
やっかん【約款】条約・契約の条項。「保険(運送)—」
やっき【躍起】「—になって弁明する」
やつぎばや【矢継(ぎ)早】「—に質問を浴びせる」
やっきょう【薬▼莢】「発砲後に—を回収する」
やっきょく【薬局】「—で風邪薬を買う」
やっこ【▽奴】「冷や—」「—凧」「—さん、とうとう正体を現したな」
やっこう【薬効】「—が現れる」
やつざき【八つ裂き】「—にしてもあきたりない」
やつす【▼窶す・▼俏す】「お遍路さんに身を—」「恋に身を—」
やつで【八手】ウコギ科の常緑低木。
やっとこ【▼鋏】「板金を—で挟んで持つ」
やっぱり【《矢》っ《張》り】やはり。「—君か」
やつめうなぎ【八目▼鰻】ウナギに似た魚。
やつれる【▼窶れる】「長の患いで—」
やど【宿】「今度の出張の—をとる」
やとう【野党】⇔与党。
やとう【野盗】山賊。追いはぎ。「—に襲われる」
やとう【雇う・▼傭う】「新たに人を—」
やどがえ【宿替え】住む家をかえる。転居。
やどかり【宿借り・〈寄居虫〉】ヤドカリ科の甲殻類。
やどす【宿す】「子供を—」「昔の面影を—・している」
やどちょう【宿帳】宿屋の宿泊者名簿。
やどちん【宿賃】宿屋の宿泊料。
やどなし【宿無し】「—の身となる」
やどや【宿屋】「—を営む」
やどりぎ【宿木・〈寄生〉木】他の木に寄生する常緑低木。

やどる【宿る】「新たな生命が—」

やどろく【宿六】「うちの飲んだくれの—」

やどわり【宿割(り)】団体客などの宿を割り振る。

やな【▼梁・▼簗】簀〈す〉を張って川魚をとる仕掛け。

やながわ【▽柳川】ドジョウを卵でとじた料理。「—鍋」

やなぎ【柳・〈楊柳〉】「—に風」「—の下にいつも泥鰌は居ない」

やなぎごうり【柳行▼李】柳の枝で編んだ行李。

やなぎごし【柳腰】「—の美女」

やなぎだる【柳▼樽】柄樽〈えだる〉。「祝儀に—を贈る」

やなぎば【柳刃】「—を用いて刺身を作る」

やなぎはえ【柳▼鮠】ハヤ・モロコなど。

やなみ【屋並(み)・家並(み)】「—のきれいな町」

やに【▽脂・▼膠】「松の—」「タバコの—」

やにさがる【▽脂下がる】得意げに、にやにやする。「若い女性に囲まれて—っている」

やにょうしょう【夜尿症】おねしょ。

やにわに【《矢庭》に・《矢▽場》に】「—飛び付く」

やぬし【家主】貸し家の持ち主。おおや。

やね【屋根】「—の瓦を葺き替える」

やねうら【屋根裏】「—部屋」

やはず【矢▼筈】「—を弓にかける」

やはり【《矢張》り】「—そうだった」〔「矢張り」は当て字〕

やはん【夜半】夜中。よわ。「—の雨」

やばん【野蛮】「—な風習」「—な人」

やひ【野卑・野▼鄙】「—な言葉遣い」

やぶ【▼藪】「—から棒に何をやり出すんだ」「—をつついて蛇を出す」「真相は—の中だ」

やぶいしゃ【▼藪医者】下手な医者。やぶ。

やぶいり【▼藪入り】正月と盆の奉公人の帰郷。

やぶか【▼藪蚊】蚊の一種。

やぶかんぞう【▼藪▼萱草】ユリ科の多年草。

やぶく【破く】「手紙を—いて捨てる」

やぶこうじ【▼藪▼柑子】ヤブコウジ科の小低木。

やぶさか【《▼吝》か】「協力するのに—ではない」

やぶさめ【▼藪雨】ウグイス科の小鳥。

やぶさめ【〈流鏑馬〉】馬上から的を射る行事。

やぶつばき【▼藪▼椿】山地や海岸に自生するツバキ。

やぶにらみ【▼藪▼睨み】「—の情勢判断と言わざるを得ない」

やぶへび【▼藪蛇】よけいなことをして災いを受ける。「発言が—になる」

やぶる【破る】「紙を—」「約束を—」

やぶる【敗る】敗れる。「大会屈指の強豪—」

やぶれる【破れる】裂ける。こわれる。だめになる。「シャツが—」「軍事力の均衡が—」「恋に—」

やぶれる【敗れる】勝負に負ける。「決勝戦で惜しくも優勝候補に—」

やぶん【夜分】「—に失礼致します」

やぼ【《野暮》】「—なことを言うものではない」「それは聞くだけ—だ」「—な身なり」

やぼう【野望】「—を抱く」「悪の—を挫く」

やぼよう【《野暮》用】実務上の、つまらない用事。「—で今日は会えない」〔男性が外出先を曖昧に答える際にも用いる〕

やま【山】「書類の—」「病人は今夜が—だ」「—をなす大波」「—を張ったが外れた」

やまあい【山▽間】「—の村」

やまあらし【山荒・〈豪猪〉】硬い長毛をもつ中形の獣。

やまい【病】「—に倒れる」「—を得る」「—膏肓〈こうこう〉に入〈い〉る」「—は気から」

やまいも【山芋】「—を擂りおろす」

やまうば【山▼姥】深山に住むという女の怪物。やまんば。「夜中に—が鉈を研ぐ」

やまおく【山奥】「—に棲む動物」

やまおとこ【山男】山で働く男。登山好きな男。

やまおろし【山▼颪】「冬の—が身に沁みる」

やまが【山家】「—住まい」「—育ち」
やまかい【山▽峡】「—の川」
やまかがし【〈赤棟蛇〉・〈山棟蛇〉】ヘビの一種。有毒。
やまかけ【山掛(け)】とろろをかけた料理。
やまがさ【山▼笠】「博多—」
やまがつ【山▼賤】猟師やきこり。
やまがら【山▼雀】シジュウカラ科の小鳥。
やまがり【山狩り】「逃亡犯を—して捜す」
やまかん【山勘】「—が当たった」
やまくじら【山鯨】イノシシの肉。
やまくずれ【山崩れ】「大雨による—の恐れがある」
やまぐに【山国】「—で育つ」
やまけ【山気】投機を好む気持ち。「—を出す」
やまごもり【山籠もり】「—して精進する」
やまごや【山小屋】登山者のために建てた小屋。
やまざと【山里】「—の春は遅い」
やまざる【山猿】田舎者。
やまし【山師】「—に引っ掛かる」
やまじ【山路】「—を辿る」
やましい【▼疚しい・▽疾しい】「何か—ところがある」
やましろ【山城】旧国名。京都府の南東部。城州。
やますそ【山裾】「なだらかな—」

やまつなみ【山津波】「—が民家を襲う」
やまづみ【山積み】「机の上に本が—になっている」「—の懸案を片付ける」
やまでら【山寺】「—の和尚さん」
やまと【大和・倭】旧国名。奈良県全域。日本国の別名。「—魂」「—朝廷」「—言葉」「—撫子〈なでしこ〉」「—は国のまほろば」
やまどり【山鳥】キジ科の鳥。雄は尾が長い。
やまなみ【山並み】「青々とした—」
やまなり【山▽形】「—のスローボール」
やまなり【山鳴り】「—が聞こえる」
やまねこ【山猫】「野生の—」「対馬〈つしま〉—」「—スト」
やまのいも【山の芋】「—を擂ってとろろにする」
やまのかみ【山の神】口うるさい妻。「飲んで帰ると—の機嫌が悪い」
やまのさち【山の幸】「豊かな—に舌鼓を打つ」
やまのて【山の手】高台の町。⇔下町。「—言葉」「—線」
やまのは【山の端】山の稜線。
やまば【山場】「交渉が—を迎える」「—にさしかかる〈近づく〉」
やまはだ【山肌・山▽膚】「土砂崩れで—がむき出しになっている」

やまびこ【山▼彦】こだま。「—が返ってくる」
やまひだ【山▼襞】谷と尾根が入り組んで作るひだ。
やまびらき【山開き】「富士の—」
やまぶき【山吹】バラ科の落葉低木。
やまぶし【山伏・山▼臥】修験道の行者。
やまふところ【山懐】「—に位置する温泉旅館」
やまぼこ【山▼鉾】「祇園祭の—巡行」
やまほど【山《程》】「言いたいことは—ある」「注文が—来る」
やまめ【山女・〈山女魚〉】「渓流で—を釣る」
やまもり【山盛り】「御飯を—によそう」
やまやき【山焼き】「早春に—をする」
やまやま【山山】「秩父の—」「見たいのはやまやまだが」
やまわけ【山分け】「もうけを—する」
やみ【闇】やみ —闇市・闇屋・闇夜・暗闇・無闇・夕闇・宵闇
やみ【闇】「—に紛れて姿を消す」「真相を—から—に葬る」「一寸先は—だ」
やみあがり【病み上(が)り】「—の体で無理に働く」
やみいち【闇市】「—で手に入れた品」
やみうち【闇討ち】「—に遭う」
やみくも【闇雲】「—に突き進む」「—に正義感を振りかざしても意味がない」

やみじ【闇路】「恋の—に迷い込む」
やみつき【病み《付》き】「一度食べたら—になる」
やみとりひき【闇取引】「—が行われる」
やみや【闇屋】「—を取り締まる」
やみよ【闇夜】「—に目あり」「—の灯火」「—の礫〈つぶて〉」
やむ【▽止む・▼已む・▽罷む】「雨が—」「ピアノの音が—」「—に—・まれず引き受けた」「—に—・まれぬ事情がある」「—無く相手の要求をのむ」
やむ【病む】「肺を—」「気に—」
やむをえず【《▼已》むを得ず・《▽止》むを得ず】「—欠席する」
やめる【▽止める・▼已める・▽廃める】終わりにする。中止する。「もう争いは—・めよう」「タバコを—」
やめる【辞める・▽罷める】辞職・辞任する。「会社〈学校〉を—」
やもうしょう【夜盲症】鳥目。
やもめ【▽寡・〈寡婦〉】夫を失った女。未亡人。
やもめ【▼鰥・〈鰥夫〉】妻を失った男。男やもめ。
やもり【〈守宮〉・家守】「窓に—が張り付いている」
やや【▽稍・▽漸】いくらか。少し。しばらく。「—右より」「—大きめ」「—あって」
ややもすれば【▽動もすれば】ともすれば。「—怠惰な生活に流れがちだ」
やゆ【▼揶・▼揄】からかう。「政治家を—した戯評」
やよい【《弥生》】陰暦三月の異名。
やらい【矢来】「—で囲む」
やらい【夜来】「—の雨」
やらせ【《▽遣》らせ】「テレビ局の—」
やり【▼槍・▼鑓・▼鎗】「—を構える」「雨が降っても—が降っても必ず行く」
やりあう【《▽遣》り合う】「激しく—」
やりいか【▼槍〈烏賊〉】イカの一種。「—の刺身」
やりかた【《▽遣》り方】「古い—」
やりきれない【《▽遣》り切れない】「こう忙しくては—」「—思い」
やりくち【《▽遣》り口】「卑怯な—」
やりくり【《▽遣》り繰り】「—算段」「家計の—に追われる」「—して帳尻を合わせる」
やりだま【▼槍玉】「責任者が—に挙げられる」
やりっぱなし【《▽遣》りっ放し】「最後まで片付けずに—ではいけない」
やりて【《▽遣》り手】「—の無い仕事」「彼はなかなかの—だ」
やりど【《▽遣》り戸】引き戸。
やりとり【《▽遣》り取り】「手紙を—する仲」「二人の—をわきで聞く」
やりなげ【▼槍投げ】「—の競技」
やりば【《▽遣》り場】「目の—に困る」
やりぶすま【▼槍・▼衾】「—を作る〈構える〉」
やりみず【《▽遣》り水】「庭木に—をする」
やりょう【夜涼】夏の夜の涼気。
やる【《▽遣》る】「使いに子供を—」「息子を大学に—」「額に手を—」「庭木に水を—」「小鳥に餌を—」
やるかた【《▽遣》る方】「憤懣〈ふんまん〉—ない」
やるき【《▽遣》る気】「—満々」「—が出る」「—をそがれる」
やるせ【《▽遣》る瀬】「—ない思いに暮れる」
やろう【野郎】「この—」「—ばかりの宴会」
やろうじだい【夜郎自大】「—の態度」
やわ【夜話】「音楽—」
やわ【柔】「素材が—で困る」「—な神経では務まらない」「そこら辺の—な学者より余程勉強している」
やわはだ【柔肌】「日傘で—を守る」
やわら【柔ら】「—の道」
やわらか【柔らか・軟らか】「—なパン」「—な日ざし」「—な身のこなし」
やわらかい【柔らかい・軟らかい】「—布団」「物腰が—」「頭が—」
やわらぐ【和らぐ】「寒さが—」「表情が—」
やんごとない【《▽止》ん《事無》い】「—身分の」

や

お方」

やんぬるかな【《已》んぬる《哉》】「―もうおしまいだ」

やんま【〈蜻蜓〉】「鬼―」

ゆ

ゆ【由】 ユ・ユウ・(ユイ)　よし　「由緒〈ゆいしょ〉・由縁・由来・経由」

ゆ【油】 ユ　あぶら　「油脂・油断・油田・肝油・給油・石油・注油」

ゆ【喩】 ユ　―　「暗喩・隠喩・直喩・比喩」

ゆ【愉】 ユ　―　「愉悦・愉快・愉楽」

ゆ【遊】 ⇩ゆう(遊)。「遊行・遊山」

ゆ【諭】 ユ　さと-す　「諭告・諭旨・教諭・告諭・説諭」

ゆ【輸】 ユ　―　「輸液・輸血・輸出・輸送・輸入・運輸・禁輸・空輸・密輸」

ゆ【癒】 ユ　い-える・い-やす　「癒合・癒着・快癒・治癒」

ゆ【湯】 水を煮えたたせて熱くしたもの。また、風呂や温泉のこと。「―を沸かす」「―につかる」「箱根の―」

ゆあか【湯▼垢】「洗剤で―を落とす」

ゆあがり【湯上(がり)】「―に牛乳を飲む」

ゆあたり【湯▽中り】「長風呂で―する」

ゆあみ【湯浴み】「―する女性を描いた絵画」

ゆい【唯】 ユイ・(イ)　―　「唯一・唯我独尊・唯識・唯心・唯物」

ゆい【遺】 ⇩い(遺)。「遺言〈ゆいごん〉〈いごん〉」

ゆいいつ【唯一】「―無二」「―の楽しみ」

ゆいがどくそん【唯我独尊】「天上天下―」

ゆいごん【遺言】「―状」「父の―」〔法律上では「いごん」という〕

ゆいしょ【由緒】「―正しい」「―ある家柄」

ゆいしん【唯心】「―論」「―的な考え」

ゆいのう【結納】「―金」「―の日取りを決める」「―を交わす」

ゆいぶつ【唯物】「―論」「―史観」

ゆう【友】 ユウ　とも　「友愛・友軍・友好・友情・友人・悪友・学友・旧友・級友・交友・親友・戦友・朋友」

ゆう【右】 ⇩う(右)。「右筆・左右・座右」

ゆう【由】 ⇩ゆ(由)。「自由・事由・理由」

ゆう【有】 ユウ・ウ　あ-る　「有益・有害・有給・有限・有効・有志・有終・有数・有能・有望・有名・有利・有料・有力・私有・所有・特有・保有・領有」

ゆう【勇】 ユウ　いさ-む　「勇敢・勇気・勇者・勇名・勇猛・武勇」

ゆう【幽】 ユウ　―　「幽雅・幽界・幽鬼・幽境・幽玄・幽谷・幽愁・幽閉・幽明・幽霊」

ゆう【悠】 ユウ　―　「悠遠・悠久・悠然・悠長・悠悠自適・悠揚」

ゆう【郵】 ユウ　―　「郵券・郵政・郵送・郵袋・郵便」

ゆう【湧】 ユウ　わ-く　「湧出・湧水・湧泉」

ゆう【猶】 ユウ　―　「猶予」

ゆう【裕】 ユウ　―　「裕福・富裕・余裕」

ゆう【遊】 ユウ・(ユ)　あそ-ぶ　「遊泳・遊戯・遊説・遊牧・遊覧・遊離・回遊・外遊・交遊・豪遊・周遊・浮遊」

ゆう【雄】ユウ お・おす 「雄大・雄弁・英雄・群雄・雌雄・両雄」
ゆう【誘】ユウ さそ-う 「誘拐・誘致・誘導・誘発・誘惑・勧誘」
ゆう【憂】ユウ うれ-える・うれ-い・う-い 「憂鬱・憂国・憂愁・憂色・憂慮・一喜一憂・杞憂・内憂外患」〔「憂〈う〉き」は、文語の連体形〕
ゆう【融】ユウ 「融解・融合・融資・融通・融点・融和・金融」
ゆう【優】ユウ やさ-しい・すぐ-れる 「優位・優越・優雅・優遇・優秀・優勝・優勢・優先・優待・優等・優美・優良・優劣・女優・声優・俳優・老優」
ゆう【夕】「朝にーに」
ゆう【有】⇔無。「ー資格者」「無からーを生じる」「わがーに帰する」
ゆう【勇】「匹夫のー」「ーを鼓す」
ゆう【雄】「財界のーと目される」
ゆう【結う】「髪をー」
ゆうあい【友愛】「ーの精神」
ゆうい【有為】「前途ー」「ーの青年」
ゆうい【有意】「ー差」
ゆうい【優位】⇔劣位。「ーに立つ」「ーを占める」
ゆういぎ【有意義】「ーな仕事」「夏休みをーに過ごす」
ゆういん【誘引】「不当な方法で購買者をーする」
ゆういん【誘因】「事件のーとなった出来事」
ゆううつ【憂鬱・幽鬱】「試験があるのでーだ」「雨の降り出しそうなーな天気」「ーそうな顔をする」
ゆうえい【遊泳】「ー禁止」
ゆうえき【有益】「ーな情報」
ゆうえつ【優越】「輸出量では日本がーしている」「ー感に浸る」
ゆうえん【幽艶】奥ゆかしくて美しい。「琴のーな響き」
ゆうえん【幽遠】物事の神髄が奥深くて知りつくせない。「ーな真理」
ゆうえん【優艶・優▼婉】上品で美しい。「ーな淑女」
ゆうえんち【遊園地】遊ぶ施設を整えた公園。
ゆうおうまいしん【勇往▼邁進】「目的に向かってーする」
ゆうが【優雅】「ーな身のこなし」
ゆうかい【幽界】「死んでーに赴く」
ゆうかい【誘拐】「身の代金目当てにーする」
ゆうかい【融解】とける。⇔凝固。「ー熱」
ゆうがい【有害】害がある。⇔無害。「人体にーな薬物」
ゆうがお【夕顔】つる性一年草。
ゆうかく【遊郭・遊▼廓】遊女屋が集まっていた地域。
ゆうがく【遊学】他の土地に行って勉強する。
ゆうがた【夕方】「ーの散歩」
ゆうがとう【誘▼蛾灯】「ーの青い光」
ゆうかん【夕刊】⇔朝刊。
ゆうかん【有閑】「ーマダム(夫人)」
ゆうかん【勇敢・勇▼悍】「ーな青年」
ゆうかん【憂患】「世の識者をーさせる事件」
ゆうかんち【遊閑地】「ーを活用する」
ゆうき【有期】⇔無期。「ー刑」
ゆうき【有機】「ー化合物」「ー農業」「ー肥料」
ゆうき【勇気】「ーを奮い起こす」「ーが出る」
ゆうき【幽鬼】亡霊。幽霊。
ゆうぎ【友▼誼】「ー団体」「ーに厚い」「ーを深める」
ゆうぎ【遊技】娯楽。「ー場」
ゆうぎ【遊戯】遊びたわむれる。「園児のおー」
ゆうきてき【有機的】「ーに関係する」
ゆうきゅう【有給】給料が支払われている。⇔無給。「ー休暇」
ゆうきゅう【悠久】「ーの大義」「ーの歴史の流れ」
ゆうきゅう【遊休】「ー地を活用する」

ゆうきょう【遊▼侠・游▼侠】侠客。「―の徒」
ゆうきょう【遊興】「―費」「連夜―にふける」
ゆうぎょう【有業】「―人口」
ゆうぐう【優遇】「―措置」「経験者を―する」
ゆうぐれ【夕暮れ】「―どき」
ゆうぐん【友軍】味方の軍隊。「―部隊」
ゆうぐん【遊軍・游軍】「―記者」
ゆうげ【夕▼餉】夕飯。「―の煙」
ゆうけい【有形】形のあるもの。⇔無形。「―文化財」「―無形の援助があった」
ゆうけい【雄▼勁】「―な筆致」
ゆうげい【遊芸】「―をたしなむ」
ゆうげき【遊撃】臨機に敵を攻撃する。「―手」
ゆうけん【勇健】「―な兵士」
ゆうげん【有限】⇔無限。「―会社」「―の資源を大切に」
ゆうげん【幽玄】「琵琶の―な調べ」
ゆうけんしゃ【有権者】「―に訴える」
ゆうこう【友好】「―関係」「―国」「―を結ぶ」
ゆうこう【有効】効きめがある。⇔無効。「―期限」「―投票数」「時間を―に使う」
ゆうごう【融合】「核―」
ゆうこく【夕刻】夕方。「―に帰宅する」
ゆうこく【幽谷】山奥の谷。「深山―」

ゆうこく【憂国】「―の情に駆られる」
ゆうこん【雄▼渾】「―な文章」
ゆうざい【有罪】「―判決が下る」
ゆうさん【有産】財産をたくさん持っている。⇔無産。「―階級」
ゆうし【有史】「―以来の出来事」
ゆうし【有志】「―一同」「―を募る」
ゆうし【勇士】「歴戦の―」
ゆうし【勇姿】「颯爽たる―」
ゆうし【雄姿】「富士山の―を描く」
ゆうし【遊子】旅人。「小諸なる古城のほとり、雲白く―悲しむ／島崎藤村〈落梅集〉」
ゆうし【遊糸】陽炎〈かげろう〉。糸遊〈いとゆう〉。
ゆうし【融資】「銀行から―を受ける」
ゆうじ【有事】「―立法」「一朝―の際」
ゆうしきしゃ【有識者】「―の意見を聴く」
ゆうしてっせん【有刺鉄線】「―に引っ掛かる」
ゆうしゃ【勇者】「―をたたえる碑」
ゆうしゅう【有終】「―の美を飾る」
ゆうしゅう【幽囚】「―の身となる」
ゆうしゅう【憂愁】「―の色が濃い」「深い―に閉ざされる」
ゆうしゅう【優秀】「―な生徒」「―な成績を修める」
ゆうじゅう【優柔】「―な態度でいらつかせる」

ゆうじゅうふだん【優柔不断】決断力に乏しい。「―な性格」
ゆうしゅつ【湧出】「温泉（石油）が―する」
ゆうしゅん【優▼駿】優れた競走馬。「数々のレースを勝ち抜いた―」
ゆうじょ【▼宥▼恕】「御―の程願い上げます」
ゆうじょ【遊女】「―屋」「―狂い」
ゆうしょう【有償】⇔無償。「―で払い下げる」
ゆうしょう【勇将】「―の下に弱卒無し」
ゆうしょう【優勝】「―旗（杯）」「見事―を果たす」
ゆうじょう【友情】「堅い―で結ばれる」
ゆうしょうれっぱい【優勝劣敗】「―はこの世の常」
ゆうしょく【憂色】「―が濃くなる」
ゆうじん【友人】「―代表でスピーチする」
ゆうじん【有人】「―飛行」「―の改札口」
ゆうすい【幽▼邃】「村落から遠い―の地」
ゆうすい【湧水】「山の冷たい―」
ゆうずい【雄▼蕊】おしべ。
ゆうすう【有数】「県内―の観光地」
ゆうずう【融通】「金を―してもらう」「―のきかない人」〔現代仮名遣いでは「ゆうづう」とも書く〕
ゆうずうむげ【融通無▼礙】「柔軟でかつ―な態度」

ゆ

ゆうすずみ【夕涼み】「縁側で―する」
ゆうずつ【〈長庚〉・夕▽星】宵の明星。
ゆうする【有する】「資格（能力）を―者」
ゆうせい【遊星】惑星。「―の観測」
ゆうせい【優生】優良な遺伝子を子孫に伝える。「―手術」「―保護法」
ゆうせい【優性】両親の遺伝形質のうち子に現れる方。⇔劣性。「―遺伝」「―の法則」
ゆうせい【優勢】⇔劣勢。「試合を―に進める」「―勝ち」
ゆうぜい【遊説】「全国を―して回る」
ゆうせつ【融雪】「―期」「―設備」
ゆうせん【有線】⇔無線。「―放送」
ゆうせん【勇戦】「―力闘する」
ゆうせん【遊船】「隅田川の―」
ゆうせん【優先】「被災者を―的に入居させる」
ゆうぜん【友禅】「―染め」
ゆうぜん【悠然】「―と構える」「―たる面持ち」
ゆうそう【勇壮】「―活発」「―な行進曲」
ゆうそう【郵送】「―料」「書類を―する」
ゆうそく【有▽職・有▽識】「儀式を―故実に則って執り行う」
ゆうだ【遊惰】「―な生活に浸る」
ゆうたい【勇退】「後進に道を譲って―する」

ゆうたい【郵袋】「―を列車に積み込む」
ゆうたい【優待】「―券」「―割引」
ゆうだい【雄大】「―な眺め」「―な構想」
ゆうだち【夕立】「―に降られる」
ゆうだん【勇断】「知事の―を待つ」
ゆうだんしゃ【有段者】「柔道の―」
ゆうち【誘致】「工業団地を―する」
ゆうちょう【悠長】「―に構える」「そんな―なことは言っていられない」
ゆうづきよ【夕月夜】月がでている夕暮れ。
ゆうてん【融点】「氷が水になる―」
ゆうと【雄図】雄大な計画。「―むなしく挫折する」
ゆうと【雄途】勇ましい出発。「―につく」
ゆうとう【遊▼蕩】「―にふける毎日」
ゆうとう【優等】⇔劣等。「―生」「―な成績で卒業する」
ゆうどう【誘導】「―尋問」「安全な場所に―する」
ゆうとく【有徳】「―の僧」
ゆうどく【有毒】毒性がある。⇔無毒。「―ガス」「―な成分」
ゆうなぎ【夕▼凪】⇔朝凪。「―で風が止み蒸し暑さが増す」
ゆうに【優に】「―五百人を超える」
ゆうのう【有能】才能がある。⇔無能。「―な人材」

ゆうばえ【夕映え】「―の美しい秋の空」
ゆうはつ【誘発】「排卵―剤」「事故を―する」
ゆうひ【夕日・夕▽陽】⇔朝日。「―が沈む」
ゆうひ【雄飛】⇔雌伏〈しふく〉。「海外に―する」
ゆうび【優美】「―な装い」「繊細で―な筆致」
ゆうびん【郵便】「―局」「―番号」「申込書を―で送る」
ゆうふく【裕福】「―な家庭」「―に暮らす」
ゆうぶつ【▼尤物】美人。「彼女はなかなかの―だ」
ゆうべ【夕べ】夕方。催し物が行われる夜。⇔朝〈あした〉。「秋の―」「クラシック音楽の―」
ゆうべ【〈昨夜〉】昨日の夜。「―はよく眠れなかった」
ゆうへい【幽閉】「地下室に―する」
ゆうべん【雄弁】「―家」「―をふるう」「事実が―に物語っている」
ゆうほう【友邦】「長年の―」
ゆうほう【雄峰】「―富士」
ゆうぼう【有望】「前途―」「将来―な新人」
ゆうぼく【遊牧】「―民」「羊を―する」
ゆうほどう【遊歩道】車が通らない散歩道。
ゆうまぐれ【夕間暮れ】夕方のうす暗い頃。
ゆうみん【遊民】「高等―」
ゆうめい【有名】⇔無名。「―な作家」

ゆうめい【勇名】勇気があるという評判。「―を馳せた武将」
ゆうめい【幽明】あの世とこの世。「―界〈さかい〉を異〈こと〉にする（＝死別する）」
ゆうめい【幽冥】冥土。あの世。「―にさまよう」
ゆうめいむじつ【有名無実】「―な法律」
ゆうもう【勇猛】「―果敢」「―な武者」
ゆうもや【夕▼靄】「あたりに―が立ち込める」
ゆうもん【憂▼悶】「国の将来を―する」
ゆうやく【勇躍】「命を受けるや―して立つ」
ゆうやく【▼釉薬】うわぐすり。
ゆうやけ【夕焼け】「―空」
ゆうやみ【夕闇】「―が迫る」「―が濃くなる」
ゆうやろう【遊冶郎】放蕩者。道楽者。
ゆうゆう【悠悠】「―と歩く」「十時には―間に合う」
ゆうゆうかんかん【悠悠閑閑・悠悠緩緩】「―と生きる」
ゆうゆうじてき【悠悠自適】「―の暮らし」
ゆうよ【有余】「三年―の年月」
ゆうよ【猶予】「執行―」「支払いを―してもらう」「一刻の―もない」
ゆうよう【有用】役に立つ。⇕無用。「社会に―な人材」
ゆうよう【悠揚】「―として迫らぬ態度」

ゆうよく【遊▼弋】「敵の艦隊が―する」
ゆうらん【遊覧】「―船」「都内をバスで―する」
ゆうり【有利】うまい見込みがあるさま。⇕不利。「―な投資」「―な位置を占める」
ゆうり【遊里】遊郭。花柳街。「―に通う」
ゆうり【遊離】「現実から―した議論」
ゆうりょ【憂慮】「―すべき事態」
ゆうりょう【有料】料金がいる。⇕無料。「―道路」
ゆうりょう【優良】「―株」「健康―児」「―な品質」
ゆうりょく【有力】「―な後援者がつく」「次期社長の―候補」「成功するとの見方が―となる」
ゆうれい【幽霊】「墓場に―が出る」
ゆうれつ【優劣】「―を競う」「―を付けがたい」
ゆうわ【▼宥和】「―政策」「両国の―を目指す」
ゆうわ【融和】「党内―を図る」
ゆうわく【誘惑】「甘い―」「―に打ち勝つ（負ける）」「青少年を―する悪書」
ゆえ【《故》】「―あって放浪の旅をしている」「いかにも―ありげなさま」「貧しさ―に犯した罪」
ゆえつ【愉悦】「勝利の―にしばし浸る」
ゆえん【〈所以〉】わけ。理由。「人の人たる―」「真作と断ずる―はこの点にある」
ゆえん【由縁】事の由来。ゆかり。「寺院建立の―」「何の―もない人」

ゆえん【油煙】「―で黒ずんだ壁面」
ゆか【床】「―を磨く」
ゆかい【愉快】「―な人間」「―に一日を過ごす」
ゆかいはん【愉快犯】人が騒ぐのを楽しむ犯罪。
ゆがく【湯▼掻く】「ほうれん草を―」
ゆがけ【▽弓懸】弓を射る時にはめる革の手袋。
ゆかしい【《床》しい】「―人柄」「古式―・く儀式を執り行う」
ゆかた【《浴衣》】夏に着る木綿のひとえ。
ゆがむ【▼歪む】「ネクタイが―」
ゆかり【▽縁・〈所縁〉】「高知は坂本龍馬―の地」「縁〈えん〉もゆかりもない人」
ゆかん【湯▼灌】死者を湯でふき清める。「納棺の前に―をする」
ゆき【行き】「―は飛行機で、帰りは新幹線にした」
ゆき【雪】「―を欺く白さ」「頭〈かしら〉に―を頂く」
ゆき【▼裄】背縫いから袖口までの長さ。「着物の―が短い」
ゆきあかり【雪明かり】「―に照らされて夜道を歩く」
ゆきおこし【雪起(こ)し】雪が降る前の雷。「―が鳴る」
ゆきおれ【雪折れ】「柳に―なし」
ゆきおろし【雪下ろし】「屋根に上って―をする」

ゆ

ゆきおんな【雪女】「―のような白い肌」

ゆきかう【行(き)交う・▽往き交う】「車が激しく―道路」

ゆきがかり【行き《掛》かり】「―上、私が委員長になった」

ゆきかき【雪▼掻き】雪をかいて除く。

ゆきがけ【行き《掛》け】「―の駄賃(=ついでに他事を済ませる意)」

ゆきがた【行き方】「―知れずになる」

ゆきがっせん【雪合戦】雪をぶつけ合う遊び。

ゆきき【行(き)来・▽往き来】「人の―が途絶える」

ゆきぐに【雪国】「―に生まれる」「彼の家とは昔から―している」

ゆきげ【雪▽消・雪▽解】ゆきどけ。

ゆきげしき【雪《景色》】「朝窓を開けたら一面―だった」

ゆきげしょう【雪化粧】「うっすら―した山々」

ゆきけむり【雪煙】「―を上げながらスキーで滑り降りる」

ゆきさき【行(き)先】「―も告げずに家を飛び出す」

ゆきしまき【雪▽風巻】ふぶき。

ゆきしろ【雪代】雪どけの水。

ゆきずり【行きずり】「―の人に声を掛けられる」

ゆきぞら【雪空】「空が曇って―になる」

ゆきだおれ【行(き)倒れ】「旅の途中で―になる」

ゆきだるま【雪▽達磨】「―式に負債が増える」

ゆきちがい【行(き)違い】「迎えの人と―になる」「返事の手紙と―にまた催促の手紙が届いた」

ゆきづまる【行(き)詰まる】「経営が―」

ゆきつもどりつ【行きつ戻りつ】「―して思案する」

ゆきどけ【雪解け・雪▽融け】「春になって―の水が流れ出す」

ゆきとどく【行(き)届く】「―いた指導」「―・かない所が多々あろうかと存じますが」

ゆきなやむ【行(き)悩む】「難路に―」「仕事の上で―んでいた」

ゆきのした【雪の下】ユキノシタ科の常緑多年草。

ゆきひら【行平・雪平】陶器製の平たいなべ。

ゆきみ【雪見】「―酒」

ゆきもよう【雪模様】「―の空」

ゆきやけ【雪焼け】「―した顔」

ゆきやま【雪山】「―登山」

ゆぎょう【遊行】「―の聖」
■ゆく【行く・▽往く】他の場所に移動する。いく。「この道をまっすぐ―」「役所から通知が―はずだ」「思い通りに―」「満足の―回答」「心―まで楽しむ」〔同義の語に「いく(行・往)」があり、併用される〕
■ゆく【逝く】死ぬ。「あの世へ―」
ゆくえ【《行方》】「―不明になる」「―をくらます」
ゆくさき【行く先】「―短い人生」
ゆくすえ【行く末】「子供の―が心配だ」
ゆくて【行く手】「―に立ちはだかる険しい山々」「大きな岩が―を遮る」
ゆくとし【行く年】「―来る年」
ゆくはる【行く春】「―を惜しむ」
ゆくゆく【《行》く《行》く】「今の部長が―は社長になるだろう」
ゆげ【湯気】「頭から―を立てて怒る」
ゆけつ【輸血】「―用の血液」
ゆけむり【湯煙】「―が立ち上る」
ゆこぼし【湯▽零し】「―にお茶を捨てる」
ゆさぶる【揺さぶる】ゆすぶる。「気持ちが―・られる」
ゆざまし【湯冷まし】「―で薬を飲む」
ゆざめ【湯冷め】「―して風邪を引く」
ゆさん【遊山】「物見―」
ゆし【油脂】「動物―」「―工業」
ゆし【諭旨】「―免職」
ゆしゅつ【輸出】⇔輸入。「―高」「自動車を―する」
ゆしゅつにゅう【輸出入】「―の不正を取り締まる」

ゆず【▼柚・▼柚子】ミカン科の常緑小高木。「—胡椒」「—の実」
ゆすぐ【▽濯ぐ】「洗濯物をしっかり—」
ゆずゆ【▼柚湯】「冬至には—に入る」
ゆすらうめ【〈山桜桃〉】バラ科の落葉低木。
ゆすり【〈強請〉】「—たかり」
ゆずりは【譲葉・▼楪】「新年の飾り用の—」
ゆする【揺する】「木を—って栗を落とす」「大きな体を—って笑う」
ゆする【〈強請る〉】「金を—」
ゆずる【譲る】「後進に道を—」「もう一歩も—れない」
ゆせい【油井】「—の櫓」
ゆせい【油性】「—ペン」
ゆせん【湯煎】容器ごと湯に入れて加熱する。
ゆそう【輸送】「海上—」「物資を—する」
ゆたか【豊か】「—な心」「—な資源」「—に実る稲穂」
ゆだねる【委ねる】「全権を—」
ゆだる【▼茹る】「卵が—った」
ゆだん【油断】「—大敵」「—すると勝てないぞ」「—のならない相手」
ゆたんぽ【湯▽湯▽婆】「布団に—を入れる」
ゆちゃく【癒着】「胸膜—」「政財界の—」
ゆづけ【湯漬(け)】「冷や飯を—にする」

ゆてき【油滴】油のしずく。
ゆでたまご【▼茹で卵】「半熟の—」〔「ゆで玉子」とも書く〕
ゆでる【▼茹でる】「トウモロコシを—」
ゆでん【油田】「海底—」「—開発」
ゆとう【湯▼桶】「—からそば湯を注ぐ」
ゆどうふ【湯豆腐】豆腐のなべ料理。
ゆとうよみ【湯▼桶読み】上が訓で下が音の読み。
ゆどおし【湯通し】「油揚げを—する」
ゆどの【湯殿】風呂場。浴室。
ゆとり【《〈余裕〉》】「全く—がない」
ゆな【湯▽女】近世、湯屋にいた遊女。
ゆにゅう【輸入】⇔輸出。「—超過」
ゆのはな【湯の花】温泉に沈殿する鉱物質。温泉華。
ゆのみ【湯▽呑み・湯飲み】「—茶碗」
ゆば【湯葉・湯波】「生—」「—の吸い物」
ゆび【指】「—一本も差させない」「—をくわえて見ているだけ」
ゆびおり【指折り】「—数えてその日を心待ちにする」「—の観光地」
ゆびき【湯引き】「鯛〈たい〉の—」
ゆびきり【指切り】「—げんまん」
ゆびずもう【指《相撲》】「—をして遊ぶ」
ゆびにんぎょう【指人形】「—で劇を演じる」

ゆびぬき【指▽貫】「針仕事に—をはめる」
ゆびわ【指輪】「婚約—」「—をはめる」
ゆぶね【湯船・湯▽槽】「ゆっくり—に浸かる」
ゆみ【弓】「—折れ矢尽きる」
ゆみず【湯水】「金を—のように使う」
ゆみなり【弓▽形】「体を—にそらす」
ゆみはりづき【弓張り月】弓形の月。弦月。
ゆみや【弓矢】「—取る身」
ゆめ【夢】「—を見る」「—から覚める」「—を追いかける」「—か現〈うつつ〉か」「—のまた—」
ゆめ【《▽努》】「—疑うな」
ゆめうつつ【夢▽現】「意識が朦朧として—のうちに聞く」
ゆめごこち【夢《心地》】「—で恋人の顔を見る」
ゆめじ【夢路】「—を辿る」
ゆめにも【《夢》にも】少しも。「—知らなかった」
ゆめまくら【夢枕】「死んだ祖父が—に立つ」
ゆめまぼろし【夢幻】「—と消える」
ゆめみ【夢見】「—が悪い」
ゆめみごこち【夢見《心地》】「—でうっとりとする」
ゆめみる【夢見る】「—年ごろ」
ゆめものがたり【夢物語】「火星移住計画とはいかにも—だ」

ゆめゆめ【《▽努▽努》】 決して。「—怠ってはならない」

ゆもじ【湯文字】 婦人の腰巻。湯巻。

ゆもと【湯元・湯本】 温泉のわき出るもと。

ゆや【湯屋】 風呂屋。銭湯。「—の番台」

ゆゆしい【《由由》しい】「子供の教育上それは—問題だ」「ゆゆしき事態で放置できない」

ゆらい【由来】「—書き」「家宝の—」

ゆらく【愉楽】「—に浸る」

ゆらぐ【揺らぐ】「木の葉が風に—」「決意が—」「トップの地位が—」

ゆらす【揺らす】「左右に—」

ゆり【〈百合〉】「白—」「歩く姿は—の花」

ゆりかえし【揺り返し】「地震は—が恐い」

ゆりかご【揺り籠】「—から墓場までの福祉政策」

ゆりかもめ【〈百合〉▼鷗】 カモメの一種。

ゆるい【緩い】「ベルトが—」「取り締まりが—」「—テンポの曲」

ゆるがす【揺るがす】「大地を—火山の噴火」「世間を—大事件」

ゆるがせ【▼忽せ】「何事も—にしない几帳面さ」

ゆるぎない【揺るぎ無い】「政界に—地盤を築く」

ゆるぐ【揺るぐ】「気持ちが—」

ゆるす【許す・▽赦す】「今度だけは—・してやる」「一時帰宅を—」「気を—・してはならない」

ゆるむ【緩む・▼弛む】「ロープが—」「気が—」「寒さが—」「箍〈たが〉が—」

ゆるめる【緩める・▼弛める】「気を—」

ゆるりと【《緩》りと】「どうぞご—と」

ゆれる【揺れる】「ぶらんこが—」「判断の基準が—」

ゆわえる【結わえる】「小包をひもで—」

ゆわかし【湯沸かし】「瞬間—器」

ゆんで【▽弓手】 弓を持つ方の手。左手。⇕馬手〈めて〉。「馬手に血刀、—に手綱」

よ

よ【与（與）】 ヨ あた-える 「与奪・与党・関与・給与・寄与・供与・授与・賞与・贈与・貸与・付与」

よ【予（豫）】 ヨ 「予感・予言・予後・予告・予算・予習・予審・予選・予想・予測・予断・予知・予定・予備・予報・予防・予約・猶予」

よ【余（餘）】 ヨ あま-る・あま-す 「余暇・余技・余興・余計・余罪・余剰・余震・余生・余勢・余談・余地・余念・余病・余分・余力・残余・有余」

よ【誉（譽）】 ヨ ほま-れ 「栄誉・声誉・名誉」

よ【預】 ヨ あず-ける・あず-かる 「預金・預託」

よ【世】 世間。時世。「—の荒波にもまれる」「—をはかなむ」「—を渡る」「—に入れられる」「—に出る」

よ【代】 時代。「我が—の春」「昭和の—」

よ【夜】「—が明ける（ふける）」

よ【予・余】「—は満足じゃ」

よあかし【夜明かし】「—して報告書を纏める」

よあけ【夜明け】「—前」「新しい日本の—」

よあそび【夜遊び】「—が過ぎる」

よい【宵】「春の—」

よい【良い・善い】「景色が良い」「頭が良い」「善い悪いの区別」「善いおこない」

よいごし【宵越し】「—の金は持たない」

よいざめ【酔い覚め・酔い▽醒め】「—の水」

よいっぱり【宵っ《張》り】「—の朝寝坊」

よいのくち【宵の口】「まだ—だ、もう一軒行こう」

よいまちぐさ【宵待ち草】 マツヨイグサの異名。

よいまつり【宵祭り】 宵宮。

よいみや【宵宮】 本祭りの前夜に行う祭り。宵祭り。夜宮〈よみや〉。

よいやみ【宵闇】「—が迫る」
よいん【余韻】あとに残る風情。また、言外に感じさせる趣。「しばし—に浸る」「—をもたせた表現」
よいんじょうじょう【余韻▾嫋▾嫋】「琵琶の音が—と鳴る」
よう【幼】ヨウ おさな-い 「幼児・幼少・幼稚・幼虫・幼年・長幼」
よう【用】ヨウ もち-いる 「用意・用具・用件・用紙・用途・用例・愛用・悪用・採用・使用・信用・必用」
よう【羊】ヨウ ひつじ 「羊水・羊肉・羊毛・群羊・牧羊・綿羊」
よう【妖】ヨウ あや-しい 「妖艶・妖怪・妖気・妖術・妖婦」
よう【洋】ヨウ — 「洋画・洋裁・洋酒・洋風・洋服・海洋・西洋」
よう【要】ヨウ かなめ・い-る 「要因・要害・要求・要件・要旨・要所・要職・要人・要請・要素・要点・要望・要約・概要・強要・綱要・重要・主要・必要・不要」
よう【容】ヨウ — 「容易・容器・容認・許容・形容・収容・内容」
よう【庸】ヨウ — 「中庸・登庸・凡庸」

よう【揚】ヨウ あ-げる・あ-がる 「揚力・意気揚揚・掲揚・高揚・称揚・発揚・浮揚・抑揚」
よう【揺（搖）】ヨウ ゆ-れる・ゆ-る・ゆ-らぐ・ゆ-るぐ・ゆ-する・ゆ-さぶる・ゆ-すぶる 「揺曳・動揺」
よう【葉】ヨウ は 「葉柄・葉脈・葉緑素・一葉・紅葉・複葉・落葉」
よう【陽】ヨウ — 「陽気・陽極・陽光・陽性・斜陽・太陽・重陽」
よう【溶】ヨウ と-ける・と-かす・と-く 「溶液・溶解・溶剤・可溶・水溶」〔「熔」「鎔」の書き換え字としても用いられる〕
よう【腰】ヨウ こし 「腰間・腰椎・腰痛・腰部・細腰・柳腰」
よう【様（樣）】ヨウ さま 「様式・様子・様相・様態・異様・仕様・模様」
よう【瘍】ヨウ — 「潰瘍・腫瘍」
よう【踊】ヨウ おど-る・おど-り 「舞踊」
よう【窯】ヨウ かま 「窯業」

よう【養】ヨウ やしな-う 「養育・養鶏・養子・養成・養分・栄養・休養・教養・修養・培養・保養」
よう【擁】ヨウ — 「擁護・擁立・抱擁」
よう【謡（謠）】ヨウ うたい・うた-う 「謡曲・歌謡・童謡」
よう【曜】ヨウ — 「曜日・火曜・金曜・九曜・七曜・土曜・日曜」
よう【用】「—が済む」「—を言いつける」「これで—が足りる」
よう【▾俑】古代中国の、副葬品の人形。
よう【洋】「和漢—」「—の東西を問わず」
よう【要】「—注意」「再考の—がある」「—を得た発言」
よう【陽】表から見える部分。⇔陰。「陰に—に世話をする」
よう【様】「悲しみ—は尋常ではなかった」「寒天—の物体」「物は言い—」「雪のような白さ」「どのようにしましょうか」
よう【▾癰】悪性のできもの。
よう【酔う】「酒に—」「乗り物に—」「名演奏に—」
ようい【用意】「—周到」「食事の—をする」
ようい【容易】「—に運転できる」「交渉は—ではない」
よういく【養育】「—費」

よういん【要因】「事故の—を探る」

よういん【要員】「警備—を確保する」

ようえい【揺▼曳】ゆれてなびく。「煙突の煙が—する」

ようえき【葉▼腋】「—から新芽が出る」

ようえき【溶液】「アルコール—」

ようえん【妖艶】「女性の—な姿態」

ようおん【▼拗音】「ちゃ、ちゅ、ちょなどの—」

ようか【養家】「—から学校に通う」

ようが【洋画】⇔邦画。「—家」

ようが【陽画】ポジ。

ようかい【妖怪】化け物。「—変化〈へんげ〉」

ようかい【容▼喙】横からさし出口をする。「—するのははばかられるが」

ようかい【溶解】物質が液体にとける。「—度曲線」「—熱」

ようかい【▼熔解・▼鎔解】金属が熱で溶けて液状になる。「—炉」

ようがい【要害】「—の地」「天然の—」

ようがく【洋学】蘭学・英学など、西洋の学問。

ようがく【洋楽】西洋の音楽。

ようがし【洋菓子】⇔和菓子。

ようかん【羊▼羹】「練り—」

ようかん【洋館】「明治時代に建てられた—」

ようがん【溶岩・▼熔岩】「噴火口から—が流れ出す」

ようき【妖気】「—が漂う」

ようき【容器】「豆腐を—に入れる」

ようき【陽気】⇔陰気。「よい—になる」「—の加減で体がだるい」「—な性格」

ようぎ【容疑】「—者」「—を認める(否認する)」

ようぎ【容儀】「—を正す」

ようきゅう【洋弓】アーチェリー。

ようきゅう【要求】「—書」「賃上げを—する」

ようぎょ【幼魚】「—から成魚になるまで」

ようぎょ【養魚】「—場(池)」

ようぎょう【窯業】「瀬戸では—が盛んだ」

ようきょく【陽極】プラスの電極。⇔陰極。

ようきょく【謡曲】能の詞章。うたい。「—を嗜む」

ようぐ【用具】「筆記—」

ようくん【幼君】「—を天皇に擁す」

ようけい【養鶏】「—場」

ようげき【▼邀撃】「敵の来襲を—する」「「邀」は「迎える」意」

ようけつ【要▼訣】「真言密教の—」

ようけつ【溶血】「—性貧血」

ようけん【用件】用事の内容。「—を済ます」

ようけん【要件】必要な条件。「採用の—」

ようげん【用言】自立語で活用のあるもの。動詞など。

ようげん【揚言】「執行部批判を—して憚らない」

ようご【用語】「専門—」

ようご【養護】「—施設」「—教諭」

ようご【擁護】「人権—」「憲法を—する」

ようこう【妖光】「—を放つ」

ようこう【洋行】「—帰り」

ようこう【要港】「東西貿易の—」

ようこう【要項】必要な事項。「入学者の募集—」

ようこう【要綱】根本的な事柄。「法学—」「政策の—」

ようこう【陽光】「真夏の—に照らされる」

ようこうろ【溶鉱炉・▼鎔鉱炉】「製鉄用の—」

ようさい【洋菜】セロリなど西洋種の野菜。

ようさい【洋裁】⇔和裁。「—を習う」

ようさい【要塞】「—地帯」「自然の—」

ようざい【用材】「建築—」

ようざい【溶剤】「アルコール—に溶かす」

ようさん【養蚕】「—業の盛んな地域」

ようし【用紙】「答案—」

ようし【洋紙】⇔和紙。

ようし【要旨】「発言の—」

ようし【容姿】「—端麗」

ようし【養子】⇔実子。「—縁組」「—になる」

ようじ【幼児】学齢に達していない子供。

よ

ようじ【幼時】「―の思い出」
ようじ【用字】使用する文字。文字の使い方。「―用語辞典」
ようじ【用事】「―を済ませる」
ようじ【▼楊枝・▼楊子】「爪―」「―を使う」
ようしき【洋式】⇔和式。「―トイレ」
ようしき【様式】「生活―」「建築―」「―美」
ようしつ【洋室】洋間。⇔和室。
ようしつ【溶質】溶媒に溶けている物質。⇔溶媒。
ようしゃ【容赦・用捨】「ひらにご―ください」「―無く攻撃する」
ようじゃく【幼弱】「―な者たちを守る」
ようしゅ【洋酒】ウイスキーなどの西洋の酒。「―党」
ようしゅ【洋種】「―の辛子」
ようじゅ【▼榕樹】クワ科の高木。ガジュマル。
ようじゅつ【妖術】「―使い」
ようしゅん【陽春】「―の候」
ようしょ【洋書】「―を扱う書店」
ようしょ【要所】「交通の―」
ようじょ【幼女】「―ばかりを狙う誘拐犯」
ようじょ【養女】「―を迎える」
ようしょう【幼少】「―の砌〈みぎり〉」
ようしょう【要衝】「軍事上の―を占める」
ようじょう【洋上】「―訓練」「―で会談する」

ようじょう【養生】「薬より―」
ようしょく【洋食】⇔和食。「―屋」
ようしょく【要職】「―に就く」
ようしょく【容色】「―が衰える」
ようしょく【養殖】「―真珠」「ハマチの―」
ようしん【養親】「―に育てられる」
ようじん【用心】「―棒」「火の―」「―のため鍵を掛ける」
ようじん【要人】「政府の―」
ようす【様子・容子】「部屋の―」「―がおかしい」「―を窺う」
ようすい【用水】「農業―」「―池〈いけ〉」「―路」
ようすい【羊水】「胎内の―」
ようすい【揚水】「―機」
ようする【要する】「時間を―」
ようする【擁する】「社員一万人を―大会社」「大軍を―・して攻める」
ようせい【▼夭逝】若死に。「将来を期待されながらも―した」
ようせい【幼生】形が成体と異なる動物の子。
ようせい【妖精】「森の―」
ようせい【要請】「援助を―する」
ようせい【陽性】「―反応」
ようせい【養成】「教員―課程」「後継者を―する」

ようせき【容積】容器に入る液体の量。
ようせつ【▼夭折】「―した詩人」
ようせつ【要説】「法学―」
ようせつ【溶接・▼熔接】「電気―」「―工」
ようせん【▼傭船・用船】「―料を払う」
ようせん【用箋】「事務―」
ようそ【▽沃素】ハロゲン元素の一。ヨード。「―澱粉反応」〔自然科学では「ヨウ素」と書く〕
ようそ【要素】「不安な―を取り除く」
ようそう【洋装】「―本」
ようそう【様相】「複雑な―を呈する」
ようだ【《様》だ】「まるで花の―」
ようたい【要▽諦】ようてい。
ようたい【様態】物事のありよう。様相。
ようだい【容体・容態】「患者の―が急変した」
ようたし【用足し】「得意先に―に行く」
ようたし【用▽達】役所などに品物を納める。
ようだてる【用立てる】「少々の金なら―・てましょう」
ようだん【用談】「―を済ませる」
ようだん【要談】「各国首脳が―を交わす」
ようち【夜討ち】「―朝駆け」「―をかける」
ようち【幼稚】「―な考え」
ようち【用地】「道路―」「―を買収する」

よ

ようち【要地】「戦略上の―」
ようちえん【幼稚園】「子供を―に送り迎えする」
ようちゅう【幼虫】「―からさなぎになる」
ようちょう【羊腸】つづらおりの山道。「―の小径」
ようちょう【▼膺懲】懲らしめ。
ようちょう【▼窈▼窕】美しくしとやか。「―たる美人」
ようつい【腰椎】「―麻酔」「―を損傷する」
ようつう【腰痛】「―の持病がある」
ようてい【要諦】「改革案の―を捉える」
ようてん【要点】「論文の―をまとめる」
ようてん【陽転】「ツベルクリン反応が―する」
ようと【用途】「この道具の―は広い」
ようど【用土】「―を敷いて種をまく」
ようど【用度】「会社の―係」
ようとうくにく【羊頭▼狗肉】看板に偽りあり。「見かけ倒しで―の感が否めない」
ようとして【▼杳として】「―消息が不明のままだ」
ようとん【養豚】「―場」「―業」
ようにん【容認】「今回の提案は―しがたい」
ようねん【幼年】「―時代」「―期を過ごした場所」
ようは【要は】要するに。「―本人の努力次第だ」
ようはい【▼遥拝】遠くからおがむ。「―所」
ようばい【溶媒】⇔溶質。

ようび【曜日】「―によって出勤時間が異なる」
ようひし【羊皮紙】羊の皮で作った紙。
ようひん【洋品】「―店」
ようふ【妖婦】「―に惑わされる」
ようふ【養父】養子に行った先の父親。⇔実父。
ようぶ【洋舞】西洋舞踊。ダンス・バレエなど。
ようふう【洋風】⇔和風。「―建築」
ようふく【洋服】⇔和服。「―箪笥〈だんす〉」
ようぶん【養分】「根から―を吸収する」
ようへい【用兵】「―術」「―の妙」
ようへい【▼傭兵】「外国から―を募る」
ようべん【用便】「授業の前に―を済ませる」
ようぼ【養母】養子に行った先の母親。⇔実母。
ようほう【用法】「言葉の―」
ようほう【陽報】「陰徳あれば―あり」
ようほう【養蜂】「―業を営む」
ようぼう【要望】「―書」「道路の整備を―する」「―に応える」
ようぼう【容貌】「見覚えのある―」「美しい―」
ようぼうかいい【容貌▼魁偉】「―の将軍」
ようま【洋間】西洋風の造りの部屋。
ようむ【用務】なすべき仕事。つとめ。「―員」「―先」「―を済ませて報告する」
ようむ【要務】重要な職務・任務。「―を帯びて出発する」

ようむき【用向き】「―を尋ねる」
ようめい【用命】「御―は確かに承りました」「何なりと御―に応じます」
ようもう【羊毛】羊の毛。「―の生産高」
ようもく【要目】「―を網羅する」
ようやく【要約】「文章の趣旨を―する」
ようやく【▽漸く】「寒さも―ゆるんできた」「―試験が終わった」
ようゆう【溶融・▼熔融】「―炉」「銅が―する」
ようよう【要用】「取り急ぎ―のみにて失礼致します」
ようよう【▽漸う】ようやく。「―たどり着いた」
ようよう【洋洋】「前途―」「―たる大海原」
ようよう【揚揚】「意気―」
ようらく【▼瓔▼珞】「―を身に纏った仏像」
ようらん【洋▼蘭】「―を温室で育てる」
ようらん【要覧】「業務―を参照する」
ようらん【揺▼籃】ゆりかご。「―期」
ようりく【揚陸】「貨物を―する」
ようりつ【擁立】「次期社長に常務を―する」
ようりゃく【要略】「講演の―を配布する」
ようりょう【用量】「薬の―を正しく守る」
ようりょう【容量】「―の大きい冷蔵庫を買う」「パ

ソコンの記憶―」
ようりょう【要領】「―がいい（悪い）」「―よく作業をする」「―を得ない話だ」
ようりょく【揚力】「翼に―が働く」
ようりょくそ【葉緑素】植物の細胞中の緑色の色素。
ようれい【用例】「―を挙げて説明する」
ようれき【陽暦】太陰暦。「―八月」
ようろ【要路】「交通の―を抑える」「政府―の人」
ようろう【養老】「―院」「―年金」
ようん【余▼蘊】余分の貯え。残る所。「―なく説明する」
ヨード【▽沃度】「―ホルム」「―チンキ」
ヨーロッパ【欧羅巴】「―旅行」
よか【予価】「新刊本の―」
よか【予科】本科に進む予備の課程。
よか【余花】初夏、咲き残っている桜。
よか【余暇】「―を有意義に過ごす」
よかれあしかれ【善かれ▽悪しかれ】「―結果がすべてだ」
よかん【予感】あることが起こりそうな気が何となくする。「悪い（不吉な）―がする」
よかん【余寒】「立春を過ぎたとはいえなお―厳しい折から」

よき【予期】「―したとおりの結果」「―に反した答えが返ってきた」
よぎ【夜着】「―にくるまる」
よぎ【余技】「―でピアノを弾く」
よぎしゃ【夜汽車】夜間走る汽車。夜行列車。
よぎない【余儀（無）い】「内閣は総辞職を―くされた」
よきょう【余興】「―にひとさし舞う」
よぎり【夜霧】「あたりは―に包まれる」
よぎる【▽過る】「心に不安が―」
よきん【預金】「―通帳」「銀行に―する」
よく【抑】ヨク おさ-える 「抑圧・抑鬱・抑止・抑制・抑揚・抑留」
よく【沃】ヨク ― 「沃地・沃土・沃野・肥沃・豊沃」
よく【浴】ヨク あ-びる・あ-びせる 「浴室・浴場・浴槽・浴用・浴客・森林浴・日光浴・入浴」
よく【欲】ヨク ほっ-する・ほ-しい 「欲情・欲得・欲望・欲求・愛欲・意欲・禁欲・食欲・物欲・無欲」〔「慾」の書き換え字としても用いられる〕
よく【翌】ヨク ― 「翌月・翌日・翌週・翌春・翌朝・翌年・翌夜」

よく【翼】ヨク つばさ 「翼賛・翼下・一翼・右翼・左翼・主翼・尾翼」
よく【欲・▼慾】「名誉（金銭）―」「―が深い」「―が出る」
よく【（良）く・（▽能）く】「―似ている」「―あること」「凡人の―するところではない」
よくあつ【抑圧】「政治活動を―する」「―された心」
よくうつしょう【抑鬱症】鬱病。
よくけ【欲気】「―が出る」
よくさん【翼賛】「大政―」
よくし【抑止】「―力が働く」
よくしつ【浴室】風呂場。湯殿。
よくじつ【翌日】その日の次の日。
よくじょう【浴場】「大―」「天然の―」
よくじょう【欲情】「抑えがたい―」「―をそそる」
よくしん【欲心】「―を起こす」
よくする【浴する】「恩恵に―」
よくする【▽能くする】「絵を―」
よくせい【抑制】「感情を―する」
よくそう【浴槽】「―にゆっくりつかる」
よくち【沃地】「地味豊かな―」
よくとく【欲得】「―抜きで面倒を見る」「―ずくではできない仕事」
よくばる【欲張る】「―って結局損をした」
よくふか【欲深】「―な男」

よ

よくぼう【欲望】「—を抱く」「—を満たす」
よくめ【欲目】「親の—」「惚〈ほ〉れた—」
よくや【沃野】「地味豊かな—」
よくよう【抑揚】「声に—をつけて朗読する」
よくよう【浴用】「—石鹸」
よくよく【《▽能》く《▽能》く】「—考える」
よくよく【翼翼】「小心—とした人」
よくりゅう【抑留】「外地に—される」
よけい【余計】「—な心配をかける」「—な物は捨てる」「—なお世話」「—に始末が悪い」
よけい【余慶】「祖父の—を蒙る」
よける【▽避ける】さける。「自動車を—」
よける【▽除ける】害から防ぐ。のぞく。「霜を—」「厄を—」「不良品を—」
よけん【与件】「推理のための—」
よけん【予見】「地震の発生を—する」
よげん【予言】未来のことを推測して言うこと。「—が当たる」「未来を—する」
よげん【預言】神の言葉を人々に伝える。「神の—」「—者ヨハネ」
よこ【横】水平の方向。⇕縦。「少し—になる」「—の物を縦にもしない」「—を向く」
よご【予後】病気の経過についての見通し。
よこあい【横合(い)】「—から口を出す」

よこあな【横穴】「—式石室」
よこう【予行】「—演習」
よこう【余光】「親の—が子に及ぶ」
よこう【余香】「部屋のほのかな—」
よこがお【横顔】「新総理の—」
よこがみやぶり【横紙破り】無理を通そうとする。
よこぎる【横切る】「道路を—」「本州を—って日本海へ抜けた台風」
よこく【与国】同盟国。
よこく【予告】「—編」「公開の期日を—する」
よこぐるま【横車】「—を押す」
よこざま【横様】「—に倒れる」
よこしま【▽邪】「—な心がよぎる」
よこす【寄越す・▽遣す】「近頃手紙を—・さない」「親元から知らせて—・した」
よごす【汚す】「手を—」「服を—」
よこずき【横好き】「下手の—」
よこすべり【横滑り・横▼辷り】「営業部長から—して総務部長になる」
よこずわり【横座り・横▼坐り】「畳に—して座る」
よこだおし【横倒し】「自転車が—になる」
よこたわる【横たわる】「ベッドに—」「多くの問題が—・っている」

よこちょう【横町・横丁】「—の御隠居」
よこづけ【横付け】「車を玄関に—する」
よこづな【横綱】「—を張る」
よことび【横跳び・横飛び】「—に駆け出す」
よこどり【横取り】「財産を—する」
よこながし【横流し】「配給品を—する」
よこなぐり【横殴り】「—の強い雨」
よこばい【横▼這い】「蟹の—」「株価は—の状態だ」
よこばら【横腹】「車の—を電柱でこする」
よこみち【横道】「話が—にそれる」
よこめ【横目】「—に見る」「けんかを—に通り過ぎる」
よこもじ【横文字】「—のわかる人」
よこやり【横▼槍】「—を入れて邪魔をする」
よごれる【汚れる】「紙が—」「足が—」
よこれんぼ【横恋慕】「友人の恋人に—する」
よざい【余罪】「—を追及する」
よざくら【夜桜】「—見物」
よさむ【夜寒】晩秋の夜の寒さ。「—の候」
よさん【予算】「—案」「—折衝」
よし【由】「お元気の—何よりです」「知る—もない」
よし【▼葦・▼蘆・▼葭】植物のアシ。「—の髄から天井を覗〈のぞ〉く」
よし【▽縦】たとえ。よしんば。「—それが事実だとしても」

よじ【余事】「―に心を奪われる」
よしあし【善し▽悪し】「ものの―の区別もつかない」「直ちに実行するのも―だ」
よしきり【▼葦切・〈葦雀〉】葦原にすむ小鳥。行々子〈ぎょうぎょうし〉。
よじげん【四次元】「―空間」
よしごい【▼葦五位】サギの一種。葦原にすむ。
よしず【▼葦▼簀・▼葭▼簀】「―囲い」「―張り」
よじつ【余日】「―いくばくもない」「―出直します」
よしない【由無い】「―・く退却する」
よじのぼる【▼攀じ上る・▼攀じ登る】「木に―」「崖を―」
よしみ【▼誼み・▽好み】「同郷の―」「―を通ずる」
よしゅう【予習】前もって学習しておく。⇕復習。「英語の―をする」
よじょう【余剰】「―人員」
よじょう【余情】「体言止めによる―」
よじょうはん【四畳半】「―の下宿暮らし」
よじる【▼捩る】「こよりを―」「腹の皮を―・って笑う」
よじる【▼攀じる】「木の根をつかみながら岩場を―」
よじれる【▼捩れる】「帯が―」
よしん【予診】診察の前に病歴や症状を聞く。
よしん【余震】「しばらく―が続く」
よじん【余人】「―を以ては代えがたい」「―を交えず懇談する」
よじん【余▼燼】燃え残っている火。
よしんば【▽縦んば】たとえ。かりに。「―来たとしても私は会わない」
よす【▽止す】「冗談は―・してくれ」
よすが【▽縁・▽因・▽便】「故人をしのぶ―」
よすぎ【世過ぎ】「身過ぎ―」
よせ【《寄席》】「―を観る」
よせい【余生】「ひっそりと―を送る」
よせい【余勢】「―を駆って一気に勝ち進む」
よせうえ【寄せ植え】「パンジーを―する」
よせがき【寄せ書き】「色紙に―する」
よせかける【寄せ（掛）ける】「背を―」
よせつける【寄せ（付）ける】「人を―・けない」
よせなべ【寄せ鍋】「みんなで―をつつく」
よせる【寄せる】「家具を隅に―」「同情を―」「全国から―・せられた義援金」「親戚の家に身を―」
よせん【予選】「―を通過する」
よぜん【余▼喘】今にも絶えそうな息。「―を保つ」
よせんかい【予▼餞会】「―の実行委員長」
よそ【（余▽所）・（▽他▽所）】「―では買えない品」「どこか―の国の話だと思った」「仕事を―に雑談ばかりしている」
よそう【予想】「―が的中する」「―外の展開」
よそう【▽装う】「御飯をもう一杯―」
よそおう【装う・▽粧う】「絹のドレスに身を―」「犯人は客を―・って店に入った」「平静を―」
よそく【予測】「―が外れる」「―できない事態」
よそごと【（余▽所）事】「―とは思えない」
よそじ【四▽十路・四▽十】「―を過ぎて子供を授かる」
よそみ【（余▽所）見】「授業中に―するな」「―に悪い」
よそめ【（余▽所）目】「―を気にする」「―には仲の良い夫婦だが」
よそもの【（余▽所）者】「―扱い」
よそゆき【（余▽所）行き】「―を着て出掛ける」「―の態度」
よた【（与太）】「―者」「―を飛ばす」
よたく【余沢】「祖先の―に浴する」
よたく【預託】「―料」「株券の―」「国庫に―する」
よだつ【与奪】「生殺―の権」
よだつ【（▽弥立）つ】「恐ろしさに身の毛が―」
よたばなし【与太話】「―は止してくれ」
よだれ【▼涎】「―掛け」「―を流す」
よたろう【与太郎】「近所の―(＝あほう)」
よだん【予断】「―を許さない情勢」
よだん【余談】「ちょっと―になりますが」

よち【予知】「—能力」「地震の発生を—する」
よち【余地】「立錐〈りっすい〉の—もない」「弁解の—がない」「疑問をさしはさむ—がない」
よちょう【予兆】「大地震の—がある」
よっか【翼下】「部内の人間をみな—に収める」
よつかど【四つ角】「次の—を右折する」
よつぎ【世継(ぎ)・世▽嗣ぎ】家督を相続する人。
よっきゅう【欲求】「—不満」「—を満たす」
よったり【四▽人】よにん。
よつつじ【四つ▼辻】四つ角。
よって【因って・▽依って・▼仍って】「起立多数、—本案は可決されました」
よっぱらい【酔っ払い】「—運転」「—に絡まれる」
よっぽど【《余》っ《程》】「家にいた方が—ましだ」
よつゆ【夜露】「草葉が—に濡れる」
よつんばい【四つん▼這い】「—になって落としたコンタクトレンズを探す」
よてい【予定】「講演を—する」「—を立てる」
よてき【余滴】「研究—」
よど【▼淀・▼澱】「川の—」
よとう【与党】政権を担当している政党。⇔野党。「政府—」「連立—」
よとうむし【夜盗虫】ヨトウガの幼虫。根切り虫。
よどおし【夜通し】「—看病する」

よとぎ【夜▼伽】「朝まで寝ずに病人の—をする」
よとく【余得】余分の利益。「思わぬ—にあずかる」
よとく【余徳】死後になお残る恩恵。「亡き祖父の—」
よどむ【▼淀む・▼澱む】「川の流れが—」「言葉が—」「社内の—んだ空気を一掃する」
よなおし【世直し】「—一揆」
よなか【夜中】「—の三時頃」「—に起きる」
よなが【夜長】「秋の—」
よなき【夜泣き】「赤ん坊の—が治まらない」
よなべ【夜なべ】「—で針仕事をする」
よなよな【夜な夜な】「—幽霊が現れる」
よにげ【夜逃げ】「破産して—した」
よね【▽米】「—の祝い(=八十八歳の長寿の祝い)」
よねつ【予熱】あらかじめ加熱する。「—器」
よねつ【余熱】さめきらないで残っている熱。「—を利用する」
よねん【余念】「研究に—が無い」
よのなか【世の中】「物騒な—」「—は広いようで狭い」
よは【余波】「台風の—で波がまだ高い」「戦争の—で物価が騰貴する」
よばい【夜▼這い・▽婚】「—の風習」「—をかける」
よはく【余白】「本の—に書き込みをする」
よばわり【呼ばわり】「馬鹿—されて怒る」

よばん【夜番】「町内を—に回る」
よび【予備】「—費」「—知識」
よびかける【呼び《掛》ける】「国民に—」「協力を—」
よびこ【呼(び)子】「—を鳴らす」
よびこう【予備校】「大学受験に失敗し—に通う」
よびごえ【呼(び)声】「次期総裁の—が高い」
よびすて【呼(び)捨て】「人を—にする」
よびだし【呼(び)出し】「学校から—が来る」
よびな【呼(び)名】「仲間同士での—がある」
よびみず【呼(び)水】「過酷な弾圧が市民の反乱の—となった」
よびもの【呼(び)物】「本日の—」
よびょう【余病】「—を併発する」
よひら【四▼葩】アジサイの異名。
よびりん【呼(び)鈴】「—を鳴らして中の人を呼び出す」
よぶ【呼ぶ】「客を—」「幸運を—」「類は友を—」
よふかし【夜更かし】「—は体に障る」
よふけ【夜更け】「—まで酒を飲む」
よぶん【余分】「—な金は持ち歩かない」
よぶん【余聞】「球界—」
よへい【余弊】「封建制の—」
よほう【予報】「天気—」

よぼう【予防】「―接種」「火災を―する」
よぼう【▼輿望】「―を一身に担って立候補する」
よほど【《余程》】「―自信があるのだろう」「―捨てようかと思ったがやめた」
よまいごと【世▽迷言】「―を並べる」
よまわり【夜回り】「―をして火の用心を促す」
よみ【〈黄泉〉】「―路〈じ〉」「―の国からお迎えが来る」
よみがえる【▼蘇る・▼甦る】「死者を―・らせる秘法」「昔の記憶が―」「雨に―・ったような草木」
よみかき【読み書き】「―そろばん」
よみかけ【読み《掛》け】「―の本」
よみかた【読(み)方】「―の難しい漢字」「この小説は別の―ができる」
よみきり【読(み)切り】「―の短編小説」
よみする【▼嘉する・▽好する】「長年の勤労を―・して表彰する」
よみせ【夜店】「縁日で―が出る」
よみち【夜道】「―の一人歩きは危険だ」「―に日は暮れない」
よみふける【読み《▼耽》る】「推理小説を―」
よみもの【読(み)物】「子供向きの―」
よみや【夜宮・▽宵宮】「祭りの―」
■よむ【読む】文字の音を唱える。意味を理解する。「本を―」「手の内を―・まれる」「票を―」〈漢字を訓読みするときには「訓む」とも書く〉
■よむ【詠む】和歌や俳句を作る。「和歌を一首―」「男女の別れを―・んだ歌」
よめ【嫁・▼娵】⇔婿。「―をもらう」「―に行く」「秋茄子〈あきなす〉は―に食わすな」
よめ【夜目】「―にもそれとわかる」「―遠目笠の内」
よめい【余命】「―いくばくもない」
よめいり【嫁入り】「―道具」「―前の娘」
よめがきみ【嫁が君】ネズミ。
よめな【嫁菜】キク科の多年草。
よもぎ【▼蓬・▼艾】「―餅」
よもすがら【《終夜》】夜どおし。「―親友と語り合う」
よもやま【四▽方山】「―話に花が咲く」
よやく【予約】「―金」「旅館に―をとる」
よゆう【余裕】「―ある態度」「時間に―がある」
よゆうしゃくしゃく【余裕▼綽▼綽】「―とした態度」
よよ【代代・世世】「伝統の味を―に伝える」
より【寄り】「右―」「海―の道」
より【▽縒り・▼撚り】「―を戻す」
よりあい【寄(り)合い・寄合】「―所帯」「町内の―」
よりかかる【寄り《掛》かる】「壁に―」
よりき【与力】「―、同心」
よりごのみ【《▽選》り好み】「おかずを―する」
よりしろ【▽依り代・▽憑代】神霊が宿るところ。
よりそう【寄り添う】「―二人」
よりどころ【▽拠り所】「心の―」「―となる資料」
よりどり【《▽選》り取り】「どれでも―見取りだ」
よりぬき【《▽選》り抜き】「―の選手を揃えたチーム」
よりまし【▼憑▼坐・▽尸▽童】神霊が乗り移る人や人形。
よりみち【寄り道】「学校帰りに―する」
よりょく【余力】「まだ―がある」
よる【夜】「―遅く帰る」「―夜中〈よなか〉」
■よる【因る・▽由る】原因がある。それに頼る。「不注意に―ミス」「金属疲労に―破損」
■よる【▽拠る・▽依る】根拠とする。「法律の定めるところに―」「所に依り雨」「時と場合に依る」
よる【寄る】「近くに―」「三人―・れば文殊の知恵」「―・らば大樹の陰」
よる【▽選る・▽択る】「傷のないりんごを―」
よる【▼縒る・▼撚る】「こよりを―」
よるがお【夜顔】ヒルガオ科の一年草。
よるひる【夜昼】「―休まず働く」
よるべ【寄る辺・寄る▽方】「―ない身」

よ

よれい【予鈴】「試験の始まりは—で知らせる」
よろい【▼鎧・▽甲】「—兜に身を固める」
よろく【余▼禄】予定外の収入。「—に与〈あずか〉り懐が温まった」
よろく【余録】「新聞の—」
よろける【〈蹌踉〉ける・〈蹣跚〉ける】「躓いて—」
よろこばしい【喜ばしい】「—事態」
よろこび【喜び・▽慶び】「勝利の—」「賀状では「新年のお慶びを申し上げます」と書く」
よろこぶ【喜ぶ・▽慶ぶ・▽悦ぶ】「お目にかかれてとても—んでいました」「無事の生還を—」「—んで伺います」
よろしい【▽宜しい】「今の答えはなかなか—」「緩急(繁簡)—きを得ず」
よろしく【▽宜《敷》く】「どうか—」
よろず【▽万】「—御相談承ります」
よろめく【〈蹌踉〉く・〈蹣跚〉く】「急にライトを浴びて—」
よろん【世論・▼輿論】「—調査」「—に訴える」「—を喚起する」(「世論」と書くときは「せろん」とも読む)
よわ【夜▽半】「—の雨」
よわ【余話】こぼれ話。余聞。「財界—」
よわい【▽齢・▽歯】「—一八の春」「—を重ねる」
よわい【弱い】「力が—」「—者いじめ」「誘惑に—」
よわき【弱気】「—な発言」「—になる」
よわごし【弱腰】「—の外交姿勢」「そんな—でどうする」
よわたり【世渡り】「—が上手い(下手だ)」
よわね【弱音】「—を吐く」
よわみ【弱み】「—を握る」「人の—に付け込む」
よわむし【弱虫】「子供のころはすぐに泣く—だった」
よわりめ【弱り目】「—に祟〈たた〉り目」
よわる【弱る】「脚力が—」「—った事になる」
よんどころない【《▽拠》ん《所無》い】「—事情があって欠席した」

ら

ら【拉】ラ 「拉致」
ら【裸】ラ はだか 「裸眼・裸形・裸像・裸体・裸婦・赤裸裸・全裸」
ら【羅】ラ 「羅針盤・羅列・綺羅・甲羅・沙羅・修羅・網羅」
ら【羅】薄い絹織物。「—を纏った婦人」
ラーメン【拉麺・老麺】(中国語)中華そば。
らい【礼(禮)】⇩れい(礼)。「礼賛・礼讃・礼紙・礼拝〈らいはい〉〈れいはい〉」
らい【来(來)】ライ く-る・きた-る・きた-す 「来意・来観・来客・来光・来場・来年・来歴・以来・遠来・往来・外来・元来・将来・本来・未来」
らい【雷】ライ かみなり 「雷雨・雷雲・雷管・雷撃・雷神・雷名・雷鳴・遠雷・魚雷・地雷・避雷・落雷」
らい【頼(賴)】ライ たの-む・たの-もしい・たよ-る 「依頼・信頼・無頼」
らいい【来意】「受付で—を告げる」
らいう【雷雨】「夕方から—になる」
らいうん【雷雲】「—が立ち込める」
らいえん【来園】「御—の方々に御案内致します」
らいえん【来演】「オーケストラが—する」
らいが【来▼駕】来訪の尊敬語。「御—を心よりお待ち申し上げます」
らいかい【来会】「—者」
らいかん【来館】「博物館に—した人数」
らいき【来期】次の期間。「—の予算を立てる」

らいき【来季】次の季節。次のシーズン。「—の優勝チームを予想する」
らいきゃく【来客】「—中で電話に出られない」
らいぎょ【雷魚】「—が湖沼で繁殖する」
らいげき【雷撃】魚雷で攻撃する。
らいげつ【来月】「—の売上げ目標」
らいこう【来航】「ペリーの—」
らいこう【来▼寇】「元〈げん〉の—」
らいごう【来▽迎】「—図」「—の三尊」
らいさん【礼賛・礼▼讃】「先人の遺徳を—する」
らいしゃ【来社】「ご—の際は受付にお寄り下さい」
らいしゅう【来週】「—の金曜日」「ではまた—」
らいしゅう【来襲】「敵機の—」
らいしゅん【来春】「—から高校に進学する」
らいじょう【来場】「御—の皆様」
らいしん【来信】「故郷の父からの—」
らいじん【雷神】雷を起こすといわれる神。
らいしんし【頼信紙】「電報の—」
らいせ【来世】「—を願う」
らいたく【来宅】「御—頂くまでもございません」
らいだん【来談】「—者」「明日—される予定」
らいちょう【来朝】「ペリー—」
らいちょう【来聴】「御—を歓迎いたします」
らいちょう【雷鳥】キジ目の鳥。
らいてん【来店】「御—のお客様」
らいでん【来電】「—によると」
らいでん【雷電】かみなりといなずま。
らいどう【雷同】「付和—」
らいにち【来日】「外国の名演奏家が—する」
らいねん【来年】「—の予定」
らいはい【礼拝】「仏像を—する」
らいひん【来賓】「—席」「御—より祝辞を賜ります」
らいほう【来訪】⇔往訪。「—者」「知人が—する」
らいほう【来報】「—を受ける」
らいめい【雷名】世間にとどろきわたる名声。「—を天下にとどろかす」
らいめい【雷鳴】「—とともに大雨が降る」
らいらく【▼磊落】「豪放—な人物」
らいりん【来臨】「わざわざ御—賜り恐縮に存じます」
らいれき【来歴】「故事—」
ラオ【羅▽宇】キセルの竹の管。ラウ。「—のすげ替え」
ラオチュー【老酒】(中国語)中国醸造酒の総称。
らかん【羅漢】「五百—」
らがん【裸眼】「—の視力」
らく【絡】ラク から-む・から-まる・から-める 「経絡・短絡・脈絡・連絡」
らく【落】ラク お-ちる・お-とす 「落差・落札・落選・落第・落葉・落涙・陥落・集落・脱落・墜落・転落・暴落」
らく【楽(樂)】⇩がく(楽)。「楽園・楽勝・楽観・安楽・快楽・歓楽・行楽・極楽・娯楽・道楽」
らく【酪】ラク —「酪農・乾酪・牛酪・乳酪」
らく【楽】「気が—になる」「—あれば苦あり」
らくいん【烙印】「裏切り者の—を押される」
らくいん【落▼胤】「将軍の御—」
らくいんきょ【楽隠居】「—の身になる」
らくえん【楽園】「地上の—」
らくがい【洛外】⇔洛中。
らくがき【落書(き)・楽書(き)】「—帳」「壁に—する」
らくがん【落▼雁】干菓子の一。
らくご【落▼伍】「—者」「練習がきつくて大勢—する」
らくご【落語】「—家」
らくさ【落差】「好不調の—が大きい」
らくさつ【落札】「名画を—する」
らくじつ【落日】「孤城—」「真っ赤な—」
らくしゅ【落手】手紙などを受け取る。「御芳書—いたしました」
らくしゅ【落首】「政道批判の—」

らくしょ【落書】「門に貼られた―」
らくしょう【落掌】落手。「御芳書―いたしました」
らくしょう【楽勝】⇔辛勝。「今度の試合は―だ」
らくじょう【落城】「小田原城が―する」
らくしょく【落飾】貴人が剃髪して仏門に入る。
らくせい【落成】「新校舎の―式」
らくせき【落石】「―注意」
らくせん【落選】⇔当選・入選。「選挙に―する」
らくだ【▼駱▼駝】「―瘤」「―のシャツ」
らくだい【落第】⇔及第。「―生」「―点」「遅刻をするようでは社会人として―だ」
らくたん【落胆】「選に漏れて―する」
らくちゃく【落着】「これにて一件―」「事件が―した」
らくちゅう【▼洛中】京都の市中。⇔洛外。「―洛外図」
らくちょう【落丁】「―本」
らくてんてき【楽天的】「―な性格」
らくど【楽土】楽園。「王道―」
らくのう【酪農】「―家」「―の盛んな地域」
らくば【落馬】「―して怪我をする」
らくはく【落▼魄】「―の身」
らくばく【落▼莫】「―とした裏通り」
らくばん【落盤・落▼磐】「―事故」

らくび【楽日】千秋楽の日。「公演の―」
らくめい【落命】「海難事故で―する」
らくやき【楽焼き】「―の絵皿」
らくよう【落葉】「―樹」「―を掃除する」
らくよう【落陽】「―に紅葉が映える」
らくようしょう【落葉松】カラマツ。
らくらい【落雷】「―の恐れがある」
らくらく【楽楽】「一時間もあれば―行ける」
らくるい【落涙】「はらはらと―する」
ラシャ【羅▼紗】「―の陣羽織」
らしゅつ【裸出】「山肌が―している」
らしん【裸身】「人前に―をさらす」
らしんばん【羅針盤】「―で方位を知る」
らせつ【羅刹】「悪鬼―」
らせん【▼螺旋】「―階段」「―状に巻く」
らたい【裸体】「―画」
らち【▼埒】「電話で話したぐらいでは―が明かない」
らち【拉致】「見知らぬ男に―される」
らちがい【▼埒外】「興味の―にある」
らちない【▼埒内】「法律の―の問題に属する」
らつ【辣】ラツ ― 「辣腕・悪辣・辛辣」
らっか【落下】「物体が―する速度」
らっか【落花】「―に過ぎゆく春を惜しむ」

らっか【落果】「リンゴが―する」
らっかさん【落下傘】パラシュート。「―部隊」
らっかせい【落花生】マメ科の作物。南京豆。
らっかりゅうすい【落花流水】男女の思い合う心。
らっかろうぜき【落花▼狼▼藉】物が入り乱れて散らかっている。「―に及ぶ」
らっかん【落款】「色紙に―を押す」
らっかん【楽観】⇔悲観。「事態を―する」「―的な予測」
らっきゅう【落球】「―して出塁をゆるす」
らっきょう【辣▼韮・▼薤・辣▼韭】ユリ科の多年草。鱗茎は漬物用。
らっけい【落慶】社寺の建物の落成した喜びの祝い。「―法要」
ラッコ【▽猟虎・〈海獺〉】〈アイヌ語〉「―の毛皮」
らっぱ【〈▼喇▼叭〉】「進軍―」「―ズボン」
らっぱのみ【〈▼喇▼叭〉飲み】「酒を―する」
らつわん【辣腕】「―を振るう」
らでん【▼螺▼鈿】「―細工」
らば【▼騾馬】雌ウマと雄ロバとの雑種。
らふ【裸婦】「―画」「―像」
られつ【羅列】「美辞麗句を―する」「単なる文字の―に過ぎない」

らん【乱（亂）】ラン みだ-れる・みだ-す「乱雑・乱視・乱射・乱心・乱世・乱造・乱闘・乱舞・狂乱・混乱・散乱・騒乱・動乱・内乱・波乱」
らん【卵】ラン たまご「卵黄・卵子・卵白・鶏卵・産卵・排卵」
らん【覧（覽）】ラン「一覧・閲覧・観覧・展覧・博覧・便覧・遊覧」
らん【濫】ラン「濫獲・濫造・濫読・濫発・濫用・濫立・氾濫」
らん【藍】ラン あい「藍青色・出藍」
らん【欄（欄）】ラン「欄外・欄干・空欄・読者欄」
らん【乱】「応仁の―」「治にいて―を忘れず」
らん【▼蘭】「―の花」
らん【欄】「解答―」「所定の―に記入する」
らんうん【乱雲】「にわかに―立ち込めて暗くなる」
らんおう【卵黄】卵の黄身。
らんがい【欄外】「―に注を施す」
らんかく【濫獲・乱獲】「鯨の―」
らんがく【▼蘭学】「―事始」「―者」
らんかん【欄干】「橋の―」「―に凭れる」
らんぎょう【乱行】「酒を飲んで―に及ぶ」
らんぎり【乱切り】「野菜を―にして炒める」
らんきりゅう【乱気流】「旅客機が―に巻き込まれる」
らんぐい【乱▼杭・乱▼杙】「乱杙歯（＝不揃いの歯）」
らんくつ【乱掘】「金脈の―」
らんこうげ【乱高下】「相場の―」
らんさく【濫作・乱作】「低質の映画を―する」
らんざつ【乱雑】「―に散らかった部屋」「―な書き方」
らんし【乱視】「弱い―」
らんし【卵子】⇔精子。
らんしゃ【乱射】「銃を―する」
らんじゅく【▼爛熟】「―した柿の実」「―期を迎えた王朝文化」
らんしょう【濫▼觴】起源。「―をなす」「文字の―」
らんしん【乱心】「殿が御―遊ばされた」
らんしん【乱臣】「謀反を企てる―賊子」
らんせい【乱世】「―の英雄」「―を正す」
らんせい【卵生】⇔胎生。「―動物」
らんせん【乱戦】「試合は―模様だ」
らんそう【卵巣】⇔精巣。「―ホルモン」
らんぞう【濫造・乱造】「粗製―」「低質の酒を―する」
らんそううん【乱層雲】「―が雨を降らしそうだ」
らんだ【乱打】「半鐘を―する」「野球の―戦」
らんだ【▼懶惰・▼嬾堕】「―な生活を続ける」
らんたいせい【卵胎生】母体内で孵化して生まれる。
らんちき【《乱痴気》】「―騒ぎに巻き込まれる」
らんちょう【乱丁】「―本は取り替えます」
らんちょう【乱調】「八回裏で投手が―に陥る」
らんとう【乱闘】「場外で―する」
らんどく【濫読・乱読】「推理小説を―する」
らんどり【乱取り】「柔道の―」
らんにゅう【乱入】「邸内に暴徒が―する」
らんばい【乱売】「―競争」
らんぱく【卵白】「―でメレンゲを作る」
らんばつ【濫伐・乱伐】「森林を―する」
らんぱつ【濫発】「手形を―する」
らんぴ【濫費・乱費】「税金を―する」
らんぴつ【乱筆】「―乱文お許し下さい」
らんぶ【乱舞】「狂喜―する」
ランプ【〈洋灯〉】「―を灯す」「アラジンと魔法の―」
らんぶん【乱文】「乱筆―」
らんぼう【乱暴】「―な言葉遣い」「―を働く」「子供に―する」「商品を―に扱う」

らんま【乱麻】「快刀―を断つ」
らんま【欄間】「透かし彫りの―」
らんまん【▼爛漫・▼爛▼熳】「春―」「天真―」
らんみゃく【乱脈】「―な経理」「―を極める」
らんよう【濫用・乱用】「職権―」「痛み止めを―する」
らんらん【▼爛▼爛】「目が―と光る」
らんりつ【濫立・乱立】「ビルが―する繁華街」「候補者が―する」
らんる【▼襤▼褸】ぼろ。「―を纏う」

り

り【吏】リ　―「吏員・汚吏・官吏・公吏・獄吏・税吏・俗吏・能吏・捕吏」
り【利】リ　き-く　―「利益・利害・利子・利用・鋭利・金利・権利・勝利・水利・不利・便利・暴利・有利」
り【里】リ　さと　―「里数・里程・海里・郷里・千里眼・万里・遊里」
り【理】リ　―「理解・理事・理想・理知・理念・理由・理論・管理・義理・修理・処理・心理・地理・道理・料理」

り【痢】リ　―「痢病・疫痢・下痢・赤痢・白痢」
り【裏】リ　うら　―「裏面・胸裏・禁裏・心裏・表裏」
り【履】リ　は-く　―「履行・履修・履歴・弊履」
り【璃】リ　―「浄瑠璃・玻璃・瑠璃」
り【離】リ　はな-れる・はな-す　―「離縁・離郷・離婚・離散・離脱・離乳・離陸・隔離・距離・分離・別離・遊離」
り【利】「―にさとい」「地の―を生かす」「我に―あらず」「漁夫の―」
り【理】「自然の―」「―に適う」「―の当然」「―を分けて説得する」
り【裏・▼裡】「暗暗―」「秘密―に処理する」「成功―に終わる」
りえき【利益】⇔損失。「―を上げる」
りえん【▽梨園】演劇界。特に、歌舞伎の社会。
りえん【離縁】「―状」
りか【理科】「―が得意だ」「―系に進む」
りかい【理会】道理を悟る。「善なる思想を―する」
りかい【理解】意味を知る。気持ちを察する。「―力」「内容を正しく―する」「―ある態度」

りがい【利害】「―関係」「―得失」「―が一致（相反）する」
りがく【理学】「―部」「―博士」「―療法」
りかのかんむり【▼李下の冠】人の疑いを招きやすい行為は避ける方がよいというたとえ。李下に冠を正さず。
りかん【▼罹患】「インフルエンザに―する」
りかん【離間】「―策」「両国を―すべく暗躍する」
りき【力】⇩りょく（力）。―「力泳・力学・力作・力士・力説・力量・怪力・眼力・自力・念力・馬力」
りき【力】「十人―」「―がある」
りき【利器】「文明の―」
りきえい【力泳】「競技会で―する」
りきがく【力学】「ニュートンの―」「政治―」
りきかん【力感】「―あふれる演技」
りきさく【力作】「今度の作品はなかなかの―だ」
りきし【力士】相撲取り。「幕内―」
りきせつ【力説】「福祉制度の充実を―する」
りきせんふんとう【力戦奮闘】「―して敵に立ち向かう」
りきそう【力走】「ランナーが最後まで―する」
りきてん【力点】「てこの―と作用点」「庶民の生活に―を置いて歴史を描く」

りきとう【力投】「―空しく初戦で敗退する」
りきとう【力闘】「選手権で―を誓う」
りきむ【力む】「重い石を動かそうと―」「むやみに―・んだ口調で話す」
りきゅう【離宮】「修学院―」「桂―」
りきゅう【利休】千利休。茶人。「―色(＝暗い灰緑色)」「―鼠」「―箸」
りきょう【離京】「月末に―して青森支社に転勤する予定だ」
りきょう【離郷】「―して仕事を探す」
りきりょう【力量】「首相の―が問われる」
りく【陸】リク 「陸上・陸地・陸路・陸橋・上陸・大陸・着陸・離陸」
りく【陸】「―に上がる」
りくあげ【陸揚げ・陸上げ】「積荷を―する」
りぐい【利食い】「―売り」
りくうん【陸運】貨物・旅客の陸上の運送。
りくぐん【陸軍】「―将校」
りくしょ【▽六書】漢字の成り立ちによる六種の別。象形・指事・会意・形声・転注・仮借〈かしゃ〉。
りくじょう【陸上】「―競技」「―自衛隊」
りくせい【陸生・陸▼棲】⇔水生。「―動物」
りくぜん【陸前】旧国名。ほぼ宮城県と岩手県の一部。
りくぞく【陸続】「同志が―と集まる」
りくち【陸地】「船から―が見える」
りくちゅう【陸中】旧国名。ほぼ岩手県と秋田県の一部。
りくつ【理屈・理窟】「こむずかしい―をこねる」「―っぽい人」「―と膏薬はどこへでも付く」
りくとう【陸稲】おかぼ。⇔水稲。
りくふう【陸封】「―型の魚」
りくやね【陸屋根】「勾配のゆるい―の家」
りくり【陸離】「光彩―」「宝石が―と輝く」
りくりょく【▼戮力】「―一心して事に臨む」
りくろ【陸路】「―をとって目的地を目指す」
りけい【理系】⇔文系。「―志望」
りけん【利剣】鋭利な剣。「降魔〈ごうま〉の―(＝煩悩に打ち勝つ仏の智慧)」
りけん【利権】「―を巡って争う」
りげん【▼俚言】俗語。方言。
りげん【▼俚▼諺】俗間のことわざ。
りこ【利己】⇔利他。「―主義」「―的な考え」
りこう【利口】「―な子供」「―なやり方で能率を高める」「部内で―に立ち回る」
りこう【履行】「約束を―する」「公約の―を迫る」
りごう【離合】「―集散」「派閥が―して新会派ができる」
りこん【離婚】「協議―」「―届」
りさい【▼罹災】「―地」「―した人々に救援物資を送る」
りざい【理財】「―の道に長けている」
りざや【利▼鞘】「―を稼ぐ」
りさん【離散】「一家が―する」
りし【利子】「―をつけて返す」
りじ【理事】「―長」「学校法人の―」
りしゅう【履修】「―登録」「所定の科目を―する」
りじゅん【利潤】「莫大な―をあげる」「―を追求する」
りしょう【離床】「快癒して―する」
りしょく【利殖】「―の道に詳しい」
りしょく【離職】「会社が倒産して―する」
りす【〈栗鼠〉】「―のようにすばしっこい」
りすい【利水】「―ダム」
りすう【理数】「―系が得意だ」
りする【利する】「敵を―行為」「長身を―・してボールを奪う」
りせい【理性】「―を働かせる」「―的に行動する」
りそう【理想】「―が高い」「―を追求する」「―的な夫婦」
りそうきょう【理想郷】理想的な世界。ユートピア。
りそく【利息】利子。「預金して―が付く」
りそん【離村】「―して都会に出る」

りた【利他】⇔利己。
りたつ【利達】立身出世。栄達。「己の―を望む」
りだつ【離脱】「戦線から―する」
りち【理知・理▼智】「―的な顔立ち」
りちぎ【律義・律儀】「―な性格(人)」
りつ【立】リツ・(リュウ) た-つ・た-てる 「立案・立脚・立証・立体・立冬・立腹・立法・確立・起立・国立・孤立・樹立・自立・設立・対立・独立・両立」
りつ【律】リツ・(リチ) ― 「律儀〈りちぎ〉・律詩・律動・一律・韻律・規律・自律・旋律・調律・不文律・法律」
りつ【率】⇩そつ(率)。「確率・高率・打率・能率・比率・利率」
りつ【慄】リツ ― 「慄然・戦慄」
りつ【率】「百分―」「―のいい仕事」
りつあん【立案】「計画を―する」「―を依頼する」
りっか【立花・立華】「池坊〈いけのぼう〉の―」
りっか【立夏】二十四節気の一。五月六日頃。
りつがん【立願】「神仏に―する」
りっきゃく【立脚】「平和主義に―した外交政策」
りっきょう【陸橋】「列車が―を渡る」
りっけん【立件】「詐欺罪で―する」
りっけん【立憲】「―君主制」「―政治」
りつげん【立言】「経営について―する」
りっこう【力行】「苦学―する」
りっこうほ【立候補】「学級委員に―する」
りっこく【立国】「工業―を目指す」
りっし【律師】徳の高い僧。
りっし【律詩】「五言(七言)―」
りっしでん【立志伝】「―中の人」
りっしゅう【立秋】二十四節気の一。八月七日頃。
りっしゅん【立春】二十四節気の一。二月四日頃。
りっしょう【立証】「身の潔白を―する」「因果関係を―する」
りっしょく【立食】「―パーティ」
りっしんしゅっせ【立身出世】「―を夢見て都会に出る」
りっすい【立▼錐】「―の余地もない」
りっする【律する】「自分自身を厳しく―」
りつぜん【慄然】「事の重大さに―とする」
りつぞう【立像】「観音菩薩―」
りったい【立体】「―映像」「―交差」「―駐車場」「農業経済を―的に考察する」
りったいし【立太子】「―の儀」
りっち【立地】「―条件」「―に恵まれる」
りっとう【立冬】二十四節気の一。十一月八日頃。
りつどう【律動】「―感」「―的な運動」
リットル【▽立】「―ますで量る」
りっぱ【《立派》】「―な業績」「―な態度」
りっぷく【立腹】「無礼な言動に―する」「ご―はごもっともです」
りっぽう【立方】「―体」「二メートル―の水槽」
りっぽう【立法】国会が法律を制定する。⇔司法・行政。「―議会」「―権」
りづめ【理詰め】「―で責め立てる」
りつりょう【律▽令】「奈良時代の―制」
りつろん【立論】「―の根拠を示す」
りてい【里程】道のり。「―標」
りてき【利敵】「―行為」
りてん【利点】「都会生活の―と欠点」
りとう【離党】「主義を異にして―する」
りとう【離島】「―振興」「本土から船で―に渡る」
りとく【利得・利徳】「不当―」「―を求める」
りにち【離日】「米国使節は明日―する」
りにゅう【離乳】「―食を与える」
りにん【離任】⇔着任。「―式で挨拶をする」
りねん【理念】「根本―」「教育の―」「―的にはそうだが現実はそう簡単ではない」
りのう【離農】「若者の―者が増える」
りはつ【利発】「―な子供」

り

りはつ【理髪】「―店で髪を切ってもらう」
りはば【利幅】「―が大きい(小さい)商品」
りばらい【利払い】「―能力」「債務者の―遅滞」
りはん【離反・離▼叛】「人心が―する」
りひ【理非】「―を明らかにする」
りひきょくちょく【理非曲直】「―もわきまえない人」
りびょう【▼罹病】病気にかかる。
りふじん【理不尽】「―な要求をつきつけられる」「―な仕打ちに耐えられない」
りべつ【離別】「夫とは昨年―した」
りべん【利便】「―をはかる」「―性が高い」
りほう【理法】「自然の―」
りまわり【利回り】「―が良い株」
りめん【裏面】「内々に―工作をする」
りゃく【略】リャク ―「略儀・略語・略式・略称・略歴・概略・簡略・計略・攻略・策略・省略・前略・要略」〔「掠」の書き換え字としても用いられる〕
りゃく【略】「以下―」「―年譜」
りやく【利益】「観音様の御―」
りゃくが【略画】「彩色もしていない―」
りゃくぎ【略儀】「―ながら御礼まで」
りゃくげん【略言】「―すると以下のようになる」

りゃくご【略語】「アルファベット―」
りゃくごう【略号】「―で表記する」
りゃくじ【略字】漢字の一部を省いた簡略な字体。
りゃくしき【略式】⇔正式。「―の礼装で済ませる」
りゃくじゅつ【略述】「経過を―する」
りゃくしょう【略称】「地上デジタル放送を地デジと―する」
りゃくす【略す】「一切を―さず記録する」
りゃくず【略図】「建物の―を示す」
りゃくせつ【略説】「文学史を―する」
りゃくそう【略装】⇔正装。「―でお越し下さい」
りゃくだつ【略奪・▼掠奪】「財宝を―する」
りゃくれき【略歴】「著者の―」
りゃっき【略記】「経歴を―する」
りゅう【立】⇩りつ(立)。「立米・開立・建立」
りゅう【柳】リュウ やなぎ「柳枝・柳眉・柳腰・花柳界・川柳・蒲柳〈ほりゅう〉」
りゅう【流】リュウ・(ル) なが-れる・なが-す「流域・流感・流行・流出・流星・流通・流動・流派・流用・一流・急流・主流・潮流・電流・漂流・風流」
りゅう【留】リュウ・(ル) と-める・と-まる「留意・留学・留任・留保・慰留・残留・滞留・駐留・保留」

りゅう【竜(龍)】リュウ たつ「竜王・竜宮・竜虎・竜神・竜頭・恐竜・昇竜・登竜門」
りゅう【粒】リュウ つぶ「粒子・粒状・粒食・顆粒・細粒・粟粒〈ぞくりゅう〉」
りゅう【隆(隆)】リュウ ―「隆起・隆盛・隆隆・興隆」
りゅう【硫】リュウ ―「硫化・硫酸・脱硫」
りゅう【流】「観世―」「自己―」
りゅう【竜】「―の雲を得るが如し」
りゆう【理由】「反対する―」「―を付けて休む」
りゅうあんかめい【柳暗花明】美しい春の景色。
りゅうい【留意】「―事項」「健康には―する」
りゅういき【流域】「利根川の―」
りゅういん【▼溜飲】「―が下がる思い」
りゅううん【隆運】「―に向かう」
りゅうえい【柳営】「―に入る」
りゅうおう【竜王】「将棋の―」
りゅうかい【流会】「定足数に満たず―になる」
りゅうがく【留学】「海外―」「―生」
りゅうかん【流感】「―がはやる」
りゅうがん【竜眼】ムクロジ科の果樹。

りゅうがん【竜顔】天子の顔。「—を拝する」
りゅうき【隆起】⇔沈降。「—海岸」「地殻が—する」
りゅうぎ【流儀】「彼独特の—」「君の—にはついていけない」
りゅうきゅう【琉球】沖縄。「—紬〈つむぎ〉」
りゅうきん【▼琉金】金魚の品種の一。尾びれが発達。
りゅうぐう【竜宮】「—城」「—の乙姫」
りゅうけつ【流血】「—淋漓」「—の惨事」
りゅうげん【流言】「—に惑わされる」
りゅうげんひご【流言▼蜚語・流言飛語】「—が広がる」
りゅうこ【竜虎】「—の激突」
りゅうこう【流行】「—歌」「—作家」「—の最先端を行く」「—を追う」
りゅうこうかがい【柳▼巷花街】遊里・色町のこと。「—に遊ぶ」
りゅうさん【硫酸】「—塩〈えん〉」「—でやけどをする」
りゅうざん【流産】「妊娠三か月で—した」「改革案が—する」
りゅうざん【流▼竄】島流し。流刑。「—の身」
りゅうし【粒子】「素—」「砂の—」「画面の—が荒れている」
りゅうしつ【流失】「津波で家屋が—した」
りゅうしゅつ【流出】流れ出る。⇔流入。「頭脳—」「情報が—する」
りゅうじょ【柳▼絮】「—の才(=非凡な才女)」
りゅうしょう【隆▼昌】「国家—の気運」
りゅうじん【竜神】「—が雨を降らせる」
りゅうず【竜頭】つまみ。「腕時計の—」
りゅうすい【流水】「やけどを負ったら—で冷やすとよい」
りゅうせい【流星】「しし座—群」
りゅうせい【隆盛】「国運が—に向かう」
りゅうせつ【流説】「—に迷わされる」
りゅうぜつらん【竜舌▼蘭】大形の多年草。メキシコ原産。
りゅうせんけい【流線型】「—をした新幹線の車体」
りゅうたい【流体】「—力学」
りゅうだん【流弾】ながれだま。
りゅうち【留置】「—場」「容疑者を—する」
りゅうちょう【流▼暢】「英語を—に話す」
りゅうちょう【留鳥】一年中、同じ地域で生活する鳥。
りゅうつう【流通】「—機構」「現在—している貨幣」
りゅうとう【流灯】灯籠流し。
りゅうどう【流動】「審議はなお—的だ」
りゅうどうしょく【流動食】「消化のよい—」
りゅうとうだび【竜頭蛇尾】「大構想も—に終わった」
りゅうにゅう【流入】⇔流出。「人口の—」「外資が—する」
りゅうにん【留任】「評議員の半数は—する」
りゅうねん【留年】「三年次に上がれずに—する」
りゅうのう【竜脳】「樟脳に似た香りの—」
りゅうは【流派】「二つの—に分かれる」
りゅうび【柳眉】「—を逆立てる(=美女が怒る)」
りゅうひょう【流氷】「オホーツク海の—」
りゅうほ【留保】「返答をいったん—する」
りゅうぼく【流木】「浜に流れ着いた—」
りゅうみん【流民】「故郷を捨てて—となる」
りゅうよう【流用】「情報の不正—」「予備費を—する」
りゅうり【流離】「貴種—譚」
りゅうりゅう【流流】「細工は—」
りゅうりゅう【隆隆】「筋骨—たる肉体美」「社運の—たるを見届ける」
りゅうりゅうしんく【粒粒辛苦】「—して築いた富」
りゅうりょう【流量】「電気(水)の—」
りゅうりょう【▼嚠▼喨・▼瀏▼亮】「—と響くらっ

り

ぱの音」

りゅうれい【流麗】「―な文章〈曲〉」

りゅうれんこうぼう【流連荒亡】遊楽にふける。「―に堕す」

りゅうろ【流露】「愛情の―している手紙」

りょ【侶】リョ ― 「僧侶・伴侶」

りょ【旅】リョ たび 「旅客・旅券・旅行・旅愁・旅情・旅装・旅費」

りょ【虜（虜）】リョ ― 「虜囚・捕虜」

りょ【慮】リョ ― 「慮外・遠慮・考慮・思慮・熟慮・配慮・不慮・憂慮」

りょう【了】リョウ ― 「了解・了承・完了・修了・終了・魅了」〔「諒」の書き換え字としても用いられる〕

りょう【両（兩）】リョウ ― 「両者・両親・両刀・両頭・両得・両人・両方・両面・両雄・両翼・両立・両輪・車両・千両」〔「輛」の書き換え字としても用いられる〕

りょう【良】リョウ よ-い 「良縁・良好・良妻・良識・良質・良心・良品・改良・最良・善良・不良・優良・奈良〈なら〉県」

りょう【料】リョウ ― 「料金・料簡・料亭・料理・衣料・給料・原料・香料・材料・資料・送料・有料」

りょう【涼】リョウ すず-しい・すず-む 「涼雨・涼感・涼気・涼風・涼夜・荒涼・清涼・納涼・冷涼」

りょう【猟（獵）】リョウ ― 「猟奇・猟期・猟犬・猟師・猟銃・禁猟・狩猟・渉猟・不猟・密猟」

りょう【陵】リョウ みささぎ 「陵辱・陵墓・丘陵・山陵」

りょう【量】リョウ はか-る 「量感・量産・雨量・狭量・器量・技量・計量・裁量・測量・分量・力量」

りょう【僚】リョウ ― 「僚機・僚船・僚友・閣僚・官僚・同僚」

りょう【漁】⇩ぎょ〈漁〉。「漁期・漁師・禁漁・大漁・豊漁・密漁」

りょう【領】リョウ ― 「領域・領空・領収・領土・領有・横領・綱領・首領・受領・拝領・本領・要領」

りょう【寮】リョウ ― 「寮歌・寮舎・寮生・寮長・寮費・寮母・学寮・茶寮・退寮・入寮」

りょう【霊（靈）】⇩れい〈霊〉。「悪霊・怨霊・精霊・死霊」

りょう【療】リョウ ― 「療法・療養・医療・加療・診療・治療」

りょう【瞭】リョウ ― 「瞭然・明瞭」

りょう【糧】リョウ・〈ロウ〉 かて 「糧食・糧道・糧米・衣糧・食糧・資糧・兵糧〈ひょうろう〉」

りょう【両】「―の腕」

りょう【良】「成績は―ばかりだ」

りょう【涼】「木陰で―をとる」「窓を開けて―を入れる」

りょう【猟】「―に出て鳥を撃つ」

りょう【漁】「船で―に出る」

りょう【陵】「天皇の御―」

りょう【量】「塩の―を減らす」「酒の―を過ごす」「―より質」「仕事の―をこなす」

りょう【▼稜】「立方体の―」

りょう【寮】「学生―」「―に入る」

りょう【利用】「廃物―」「―価値」「出張に新幹線を―する」「地位を―する」

りょう【里謡・▼俚謡】「イギリスの―に着想を得た

曲」
りょう【理容】「―業」「―師」「―店」
りょうあん【良案】「私に―がある」
りょうあん【▼諒▽闇・▼諒▽陰・▼亮▽闇】天皇がその父母の喪に服する期間。
りょういき【領域】「研究―」「他人の―を侵す」
りょういん【両院】「―制」「衆参の―」
りょうえん【良縁】「―に恵まれる」
りょうえん【▼遼遠】「完成までは前途―だ」
りょうか【良貨】⇔悪貨。
りょうか【寮歌】「旧制高校の―」
りょうが【▼凌▼駕・陵▼駕】「総合力で他のチームを―する」
りょうかい【了解・▼諒解】「事情を―する」「ただちに行動を開始せよ」「―」」
りょうかい【領海】⇔公海。「―侵犯」
りょうがえ【両替】「一万円札を細かく―する」「円をドルに―する」
りょうかん【涼感】「風鈴の音が―を誘う」
りょうかん【猟官】「ポストをめぐっての―運動」
りょうかん【量感】「―に富む影像」
りょうき【涼気】「朝の―」
りょうき【猟奇】「―趣味」「―的な事件」
▌りょうき【猟期】「―以外の狩猟は禁止」
▌りょうき【漁期】「鰯の―」
りょうきょくたん【両極端】「言うことが―だ」
りょうきん【料金】「特急―」「―後納郵便」
りょうぐ【猟具】「―を手入れする」
りょうくう【領空】国家の主権の及ぶ空域。
りょうけ【良家】「―の子女」
りょうけい【量刑】「厳しい―が科される」
りょうけん【料▽簡・了見・了▽簡】「―違い」「けちな―」「―が狭い」
りょうけん【猟犬】「―を放つ」
りょうげん【▼燎原】「―の火の如く反乱が広がる」
りょうこ【両虎】「―相闘えば勢い倶に生きず／史記」
りょうこう【良工】「―は材料を選ばず」
りょうこう【良好】「感度―」「術後の経過は―だ」
りょうさい【良妻】⇔悪妻。「―で自分にはもったいない」「―賢母」
りょうさく【良策】「必ずしも―とは言えない」
りょうさつ【了察・▼諒察】「何とぞ御―下さい」
りょうさん【両三】二つ三つ。「過ちは―度に及ぶ」
りょうさん【量産】「―して価格を下げる」
りょうざんぱく【梁山泊】「―に集まる豪傑達」
りょうし【料紙】用紙。「―箱」
▌りょうし【猟師】「―が鉄砲を持って山に入る」
▌りょうし【漁師】「小さな―町」
りょうし【量子】「―物理学」
りょうじ【両次】「―の世界大戦」
りょうじ【▼聊▼爾】ぶしつけなこと。失礼。「―ながら一筆啓上致します」
りょうじ【領事】「―館」
りょうじ【療治】「ちょいと荒―が必要だ」
りょうしき【良識】「―ある社会人」「相手の―に俟〈ま〉つ」
りょうしつ【良質】⇔悪質。「―の素材を生かした家具」
りょうしゅ【領主】「封建―」「一国の―」
りょうしゅう【涼秋】陰暦九月の異名。「―の候」
りょうしゅう【領収】「―書」
りょうしゅう【領袖】「派閥の―」
りょうじゅう【猟銃】狩猟に使う銃。
りょうしょ【良書】「―を選んで子供に与える」
りょうじょ【▼諒▼恕】「何とぞ御―下さい」
りょうしょう【了承・▼諒承】「相手の―を得る」「よろしく御―下さい」
りょうしょう【料▼峭】春風が肌に寒く感じられるさま。「―たる春風」
りょうしょく【糧食】「―も底が尽きた」
りょうじょく【陵辱・▼凌辱】「―の限りを尽く

す』「―を受ける」

りょうしん【両親】「故郷の―は共に健在です」

りょうしん【良心】「―の呵責を覚える」「―的な値段」

りょうじん【良人】妻から夫をさして言う称。夫。

りょうする【領する】「膨大な山林を―地主」

りょうせい【両性】「―具有」「―生殖」

りょうせい【良性】⇔悪性。「―の腫瘍」

りょうせい【寮生】「―の守るべき決まり」

りょうせいばい【両成敗】「けんか―」

りょうせいるい【両生類】「カエルやイモリなどの―」

りょうせん【▼稜線】「山の―がくっきり見える」

りょうせん【僚船】「転覆したが―に助けられる」

りょうぜん【瞭然】「一目―」

りょうぞく【良俗】「公序―に反する」

りょうたん【両端】「紐の―」「―を持す」

りょうだん【両断】「一刀の下に―する」

りょうち【了知】「未だ―し得ない」

りょうち【料地】「皇室の御―」

りょうち【領地】「広大な―を所有する」

りょうてい【料亭】「高級―」「―の女将〈おかみ〉」

りょうてき【量的】⇔質的。「―には十分だが質に不安がある」

りょうてんびん【両天▼秤】「甲と乙を―に掛ける」

りょうど【領土】「北方―問題」「我が国の―」

りょうとう【両刀】「演出家と俳優の―遣い」「―遣いで酒も甘い物もいける」

りょうとう【両頭】「―政治」

りょうどう【糧道】「敵の―を断つ」

りょうどうたい【良導体】「熱をよく伝える―」

りょうとく【両得】「一挙―」

りょうとする【了とする・▼諒とする】「釈明を―」「―・してほしい」

りょうどなり【両隣】「向こう三軒―」

りょうば【両刃】「―の剣」

りょうば【猟場】「獲物が多い恰好の―」

りょうはん【量販】「―店」

りょうひ【良否】「製品の―」「事の―をわきまえない」

りょうびらき【両開き】「―の扉」

りょうふう【良風】「―美俗」

りょうふう【涼風】「さっと―が吹き抜ける」

りょうぶん【領分】「他人の―を侵す」「文学の―」

りょうぼ【陵墓】「皇室の―」

りょうぼ【寮母】「―の世話になる」

りょうほう【両方】「―を同時にはできない」

りょうほう【療法】「食餌―」

りょうまい【糧米】「―を貯える」

りょうまつ【糧▼秣】軍隊で、兵隊と馬の食糧。

りょうみ【涼味】「―満点」「―をそそる渓流」

りょうみん【良民】「無辜〈むこ〉の―」

りょうめ【量目】「―が不足だ」

りょうや【良夜】月の美しい夜。

りょうやく【良薬】「―は口に苦し」

りょうゆう【両雄】「―並び立たず」

りょうゆう【良友】⇔悪友。「欠点を忠告してくれる―」

りょうゆう【僚友】同僚。

りょうゆう【領有】「植民地を―する」

りょうよう【両用】「水陸―」

りょうよう【両様】「―の意味をもつ言葉」「―の考え方が可能である」

りょうよう【療養】「転地(温泉)―」「しばらく休暇をとって―する」

りょうらきんしゅう【▼綾羅錦▼繡】美しい衣服。

りょうらん【▼繚乱・▼撩乱】「百花―として、春まさにたけなわ」

りょうり【料理】「―を作る」「得意な―」

りょうりつ【両立】「スポーツと学業を―する」

りょうりょう【両両】「―相俟〈ま〉って」

りょうりょう【▼喨▼喨】「―とらっぱの音が響き渡

り

る」
りょうりょう【▼稜▼稜】「―たる気骨」
りょうりょう【▽寥▼寥】「参加者は―たるものだった」
りょうりん【両輪】「車の―」「内閣を支える―」
りょがい【慮外】「―者〈もの〉」「―な出来事」
りょかく【旅客】「―機」「―船」
りょかん【旅館】「温泉―」「―に泊まる」
りょく【力】リョク・リキ　ちから　「圧力・威力・引力・学力・活力・協力・強力・気力・権力・財力・精力・全力・努力・能力・暴力・魅力・労力」
りょく【緑(綠)】リョク・(ロク)　みどり　「緑陰・緑樹・緑地・緑茶・緑青〈ろくしょう〉・常緑・深緑・新緑」
りよく【利欲・利▼慾】「―に目がくらむ」
りょくいん【緑陰・緑▼蔭】「―に憩う」
りょくう【緑雨】「―の候」
りょくじゅ【緑樹】「青々と茂った―を眺める」
りょくち【緑地】「―公園」
りょくちゃ【緑茶】「―を味わう」
りょくとう【緑豆】「はるさめの原料になる―」
りょくないしょう【緑内障】「―に罹る」
りょくひ【緑肥】「ゲンゲを植えて―にする」

りょくふう【緑風】「―爽やかな今日この頃」
りょくべん【緑便】「乳児の―」
りょけん【旅券】「海外渡航には―が要る」
りょこう【旅行】「修学―」「新婚―」
りょしゅう【旅愁】「―をなぐさめる」
りょしゅう【虜囚】「―として辱めを受ける」
りょしゅく【旅宿】「海浜の―」
りょじょう【旅情】「―に浸る」
りょそう【旅装】「―を解く」
りょだん【旅団】「―を編成する」
りょっか【緑化】「―運動」「国土を―する」
りょてい【旅亭】やどや。はたごや。
りょてい【旅程】「―表を作成する」
りょひ【旅費】「出張―を申請する」
りょりょく【▼膂力】「強靭な―の男」「―を鍛える」
りりく【離陸】⇔着陸。「飛行機が空港を―する」
りりしい【▼凜▼凜しい】「―出で立ち」「―少年兵」
りりつ【利率】「―の良い定期預金」
りれき【履歴】「―書」「―を記す」
りろせいぜん【理路整然】「―と話す」
りろん【理論】「批評―」「―倒れ」「―的には起こりえない」
りん【林】リン　はやし　「林業・林道・林立・樹林・森林・密林」

りん【厘】リン　―　「厘毛・九分九厘・七厘」
りん【倫】リン　―　「倫理・人倫・絶倫・不倫・乱倫」
りん【鈴】⇩れい(鈴)。「風鈴」
りん【輪】リン　わ　「輪郭・輪作・輪唱・輪番・車輪・日輪・年輪」
りん【隣】リン　となる・となり　「隣家・隣国・隣室・隣人・隣席・隣接・隣邦・近隣・四隣・善隣」
りん【臨】リン　のぞむ　「臨海・臨界・臨機応変・臨月・臨時・臨終・臨床・臨場・君臨・光臨・降臨・再臨」
りん【厘】「一銭三―」「打率二割七分三―」
りん【▼燐】元素の一。〔自然科学では「リン」と書く〕
りんう【▼霖雨】「うっとうしい―の候」
りんか【輪禍】電車・自動車などによる災難。
りんか【▼燐火】「墓地で―を見た」
りんか【隣家】「―から柿をもらう」
りんかい【臨海】「―学校」「―工業地帯」
りんかい【臨界】「―に達する」「―事故」
りんかく【輪郭・輪▼廓】「なだらかな山の―」「企画の―を示す」

り

りんがく【林学】「農学部の―科」
りんかん【林間】「―学校」
りんかん【輪▼姦】「―事件」
りんき【▼悋気】「―の炎」「他の女性と談笑する彼氏に―する」
りんぎ【▼稟議】「―書を回して承認を求める」
りんきおうへん【臨機応変】「―に対処する」
りんぎょう【林業】「―技師」
りんけい【▼鱗茎】ユリ・タマネギなどの地下茎。
りんげつ【臨月】「妊婦が―を迎える」
りんけん【臨検】「船舶を―する」
りんげん【▼綸言】「―汗の如し」
りんこ【▼凜▼乎】「―たる態度」「―とした少年剣士」
りんご【林▼檎】「―を齧る」
りんこう【輪講】数人が分担して順に講義する。
りんこう【▼燐光】「―体」「―を放つ」
りんこう【臨幸】「帝の―」
りんごく【隣国】「―との友好関係」
りんさく【輪作】「―して地力を保つ」
りんさん【林産】「薪炭やきのこなどの―物」
りんさん【▼燐酸】「―肥料」〔自然科学では「リン酸」と書く〕
りんじ【臨時】「―休業」「―国会」「―所得」「―列車」「―のニュース」

りんじ【▼綸旨】「天子の―を承る」
りんしゃ【臨写】「手本(原本)どおりに―する」
りんじゅう【臨終】「―を迎える」「御―です」
りんしょ【臨書】「手本を見て―する」
りんしょう【輪唱】「三部に分かれて―する」
りんしょう【臨床】「―医」「―検査」「―心理学」
りんじょうかん【臨場感】「―あふれる中継放送」
りんしょく【▼吝▼嗇】「―家」「彼は―でともかく出費を嫌がる」
りんじん【隣人】「―愛の教え」「―のよしみ」
りんず【▼綸子・▼綾子】「つやのある―の帯」
りんせき【隣席】「列車で―の客と談笑する」
りんせき【臨席】「式典に知事が―する」
りんせつ【隣接】「―科学」「―している国」
りんせん【林泉】「広い―を構える邸宅」
りんせん【臨戦】「―態勢をとる」
りんぜん【▼凜然】「―として寒さが身にしみる」「―と出征した」
りんてんき【輪転機】「―で印刷する」
りんどう【林道】林業のための森や林の中の道。
りんどう【▽竜▽胆】リンドウ科の多年草。
りんどく【輪読】「源氏物語の―会」
りんね【輪▼廻】「―転生〈てんしょう〉」
リンパ【▼淋▼巴】「―管」「―腺」

りんばん【輪番】「地区委員は―制にする」
りんびょう【▼淋病・▼痳病】淋菌による性病。
りんぶ【輪舞】「―曲」「広場で若者達が―する」
りんぷん【▼鱗粉】「蝶(蛾)の―」
りんぽん【臨本】「習字の―」
りんも【臨模・臨▼摹】「定家の自筆本を―する」
りんもう【▼厘毛】「―の利を争う」
りんや【林野】森林と原野。「―庁」
りんらく【▼淪落】「―の身」「失職して―する」
りんり【倫理】「企業―」「―的責任」「―に悖〈もと〉る行為」
りんり【▼淋▼漓】「墨痕―」
りんりつ【林立】「高層ビルが―する」
りんりん【▼凜▼凜】「―たる寒風」「勇気―」
りんれつ【▼凜▼冽・▼凜烈】「―とした寒気」

る

る【流】⇩りゅう(流)。「流罪・流説・流転・流布・流民・流浪・配流」
る【留】⇩りゅう(留)。「留守」

る【瑠】ル ―「浄瑠璃」

るい【涙（淚）】ルイ なみだ「涙腺・感涙・血涙・催涙・落涙」

るい【累】ルイ ―「累計・累乗・累進・累積・累増・累犯・係累」

るい【塁（壘）】ルイ ―「塁審・堅塁・孤塁・残塁・出塁・盗塁・本塁」

るい【類（類）】ルイ たぐい「類型・類推・類別・類例・種類・書類・親類・人類・同類・比類・部類・分類」

るい【累】「家族にまで―が及ぶ」

るい【塁】「―を築いて敵の侵入を防ぐ」「ヒットを打って―に出る」

るい【類】「―は友を呼ぶ」

るいえん【類縁】「―関係」「同じ―に属する」

るいか【累加】「借入金が―する」

るいか【類火】「―を免れる」

るいぎご【類義語】意味の似た語。類語。

るいく【類句】「芭蕉に―がある」

るいけい【累計】「得票数を―する」

るいけい【類型】「いくつかの―に分類する」

るいげん【累減】「売上高が―する」

るいご【類語】類義語。「―の使い分け」

るいさん【類▼纂】「法規―」

るいし【▼誄詞】故人の生前の功業をたたえる言葉。

るいじ【累次】「―の戦争」

るいじ【類字】形の似かよった文字。

るいじ【類似】「―商品」「―点がある」

るいじつ【累日】「―に及ぶ長雨」

るいじゃく【▼羸弱】虚弱。「―の身」

るいじゅ【類▼聚】「説話を―して集を編む」

るいじゅう【類従】「群書―」

るいしょ【類書】「―に無い長所」

るいしょう【類焼】「―をまぬかれる」

るいじょう【累乗】同じ数を次々に掛け合わせる。

るいしん【累進】「―課税」

るいしん【塁審】「―がアウトと判定する」

るいじんえん【類人猿】「ヒトに最も近い―」

るいすい【類推】「過去の事例から―する」

るいする【類する】「これに―出来事は前にもあった」

るいせき【累積】「―する赤字」

るいせん【涙腺】「―が刺激されて涙が出る」

るいぞう【累増】「交通事故がここ数年―している」

るいだい【累代】「―の重宝」

るいだい【類題】似た種類の問題。「―を解いて試験に備える」

るいねん【累年】「―の努力が実を結ぶ」

るいはん【累犯】「―の刑を加重する」

るいひ【類比】比較。類推。「日米の国民性を―する」

るいべつ【類別】「採集した昆虫を―する」

るいらん【累卵】「現状は―の危うきにある」

るいるい【累累】「死屍〈しし〉―」「―と積み上げられた岩石」

るいれい【類例】「他に―を見ない」

ルーブル【▽留】ロシアの通貨単位。

ルーマニア【羅馬尼亜】ヨーロッパの一国。

るけい【流刑】「隠岐島への―に処される」

るげん【▼縷言】「―を要しない」

るこうそう【▼縷紅草・留紅草】ヒルガオ科の一年草。

るこく【▼鏤刻】「指輪に名前を―する」「文章を―して整える」

るこつ【▼鏤骨】骨身をけずるほどの苦心。「彫心―の大作」

るざい【流罪】「―人」「―に処する」

るじ【▼屢次】しばしば。「―の災難に見舞われる」

るじゅつ【▼縷述】詳細に述べる。縷説。「前に―したとおり」

るす【留守】「家を―にする」「―を預かる」

る

るすばん【留守番】「—電話」「—を頼まれる」
るせつ【流説】「—に惑わされる」
るせつ【▼縷説】こまごまと説明する。「—を要しない」
るたく【流▼謫】「—の身」
ルソン【呂宋】フィリピン最大の島。
るつぼ〈坩堝〉「合衆国は人種の—と言われる」「場内は興奮の—と化した」
るてん【流転】「万物は—する」
るにん【流人】「遠島の—」
るふ【流布】「—本」「ばかげた迷信が—している」
るり【瑠璃】「—色」「—鳥〈ちょう〉」「—の光も磨きから」「—も玻璃〈はり〉も照らせば光る」
るる【▼縷▼縷】「—事情を説明する」
るるめんめん【▼縷▼縷綿綿】「—と釈明する」
るろう【流浪】「—の難民」

れ

れい【令】レイ — 「令状・令嬢・令名・禁令・指令・辞令・命令」
れい【礼（禮）】レイ・ライ — 「礼儀・礼金・礼式・礼状・礼節・礼拝〈れいはい〉〈らいはい〉・礼服・一礼・儀礼・敬礼・婚礼・祭礼・失礼・謝礼・巡礼・朝礼・無礼」
れい【冷】レイ つめ-たい・ひ-える・ひ-や・ひ-やす・ひ-やかす・さ-める・さ-ます 「冷害・冷気・冷却・冷遇・冷血・冷酷・冷笑・冷水・冷静・冷淡・冷徹・冷凍・冷房・寒冷」
れい【励（勵）】レイ はげ-む・はげ-ます 「励行・激励・奨励・精励・督励・奮励・勉励」
れい【戻（戾）】レイ もど-す・もど-る 「戻入・違戻・返戻・暴戻」
れい【例】レイ たと-える 「例会・例解・例外・例示・例証・例題・例年・例文・慣例・吉例・月例・好例・恒例・実例・条例・事例・定例・特例・用例」
れい【鈴】レイ・リン すず 「金鈴・銀鈴・振鈴・電鈴・土鈴・予鈴」
れい【零】レイ — 「零下・零細・零時・零点・零度・零敗・零落」
れい【霊（靈）】レイ・リョウ たま 「霊園・霊気・霊験・霊魂・慰霊・英霊・心霊・全霊・亡霊・幽霊」
れい【隷】レイ — 「隷下・隷従・隷書・隷属・奴隷」
れい【齢（齡）】レイ — 「学齢・月齢・高齢・樹齢・年齢・妙齢」
れい【麗】レイ うるわ-しい 「麗人・華麗・秀麗・綺麗・端麗・流麗」
れい【令】「戒厳—」「—を発する」
れい【礼】「—を重んじる」「—を失する」「—を弁える」「お—をする」
れい【例】「—を挙げて説明する」「—に引いて論証する」「—によってまた小言が始まった」
れい【霊】「老大樹に—が宿る」「先祖の—を祀る」
れい【零】「—度」「一対—の僅差で勝つ」
れいあんしつ【霊安室】「病院の—で一夜を過ごす」
れいあんしょ【冷暗所】「この食品は—で保存のこと」
れいい【霊位】「—を安置する」
れいいき【霊域】「高野山の—」「—を汚してはならない」
れいう【冷雨】「晩秋の—」
れいえん【霊園】共同墓地。「丘陵地の—」
れいか【冷夏】「例年にない—で不作だった」
れいか【冷菓】「水ようかんやゼリーなどの—」

れいか【零下】「―二十度の極寒の地」
れいかい【例会】「毎月第二土曜日に―がある」
れいかい【例解】「難しい語句の使い方を―する」
れいかい【霊界】「―と肉界」「―にさまよう魂」
れいがい【冷害】「―による農作物への被害」
れいがい【例外】「欠席を―として認める」「―なく当てはまる法則」「―的な措置をとる」
れいかん【冷汗】ひやあせ。「―三斗」
れいかん【冷寒】「―の候」
れいかん【霊感】「―商法」
れいかんしょう【冷感症】不感症。
れいき【冷気】「外から―が流れ込んで寒い」
れいき【霊気】「深山の―を感ずる」
れいぎ【礼儀】「―作法」「―知らず」「―正しい人」「―を重んずる校風」
れいきゃく【冷却】「―装置」「―水」「少し―期間をおく」
れいきゅうしゃ【霊▼柩車】柩〈ひつぎ〉を運ぶ車。
れいぎょ【▼囹▼圄・▼囹▼圉】獄中。れいご。
れいきん【礼金】「敷金―無しの賃貸物件」
れいく【麗句】「美辞―を連ねる」
れいぐう【礼遇】「前官―」「国賓として―する」
れいぐう【冷遇】⇔厚遇。「―に甘んじる」「会社から―される」

れいけい【令兄】他人の兄の敬称。
れいけい【令▼閨】他人の妻の敬称。令夫人。
れいけつ【冷血】「―漢」
れいげつ【例月】「―の行事」
れいげん【例言】「本の扉に記された―を読む」
れいげん【霊験】「―あらたかな観音様」
れいげん【冷厳】「―な態度」「死という―な事実」
れいこう【励行・▼厲行】「手洗いを―する」
れいこく【冷酷】「―無残」「―な仕打ち」
れいこん【霊魂】「死者の―を慰める」
れいさい【冷菜】「コース料理の―」
れいさい【例祭】「神社の―の日が近づく」
れいさい【零細】「―企業」
れいざん【霊山】「―信仰」「―で修行する」
れいし【令姉】他人の姉の敬称。
れいし【令嗣】他人の家の跡取りの敬称。
れいし【▼茘枝】ムクロジ科の果樹。ライチ。
れいし【霊▽芝】「―の床飾り」
れいし【麗姿】「女形の―に魅了される」
れいじ【例示】「解答を―する」
れいじ【零時】「午前(午後)―」
れいしき【礼式】「―に則る」
れいしつ【令室】他人の妻の敬称。令夫人。令閨。「御―同伴でお越し下さいませ」

れいしつ【麗質】「天性の―」
れいじゃ【礼者】年賀に回る人。
れいしゅ【冷酒】「―はつい過ごしがちだ」
れいじゅう【隷従】「ワンマン社長に文句も言わずに―してきた」
れいしょ【令書】「徴税―」
れいしょ【隷書】「漢字を―で書く」
れいしょう【冷床】熱を加えることをしない苗床。⇔温床。
れいしょう【冷笑】「自分を裏切った相手を―する」
れいしょう【例証】「対策の必要性を―する」
れいじょう【令状】「召集―」「捜査―」
れいじょう【令嬢】⇔令息・子息。「深窓の―」
れいじょう【礼状】「お世話になった方々に―を出す」
れいじょう【霊場】「四国の―を巡るお遍路さん」
れいしょく【令色】「巧言―」
れいしょく【冷色】⇔温色。
れいじん【▼伶人】雅楽を奏する人。楽人。
れいじん【麗人】「男装の―」
れいすい【冷水】「湯通ししたらさっと―にくぐらせる」「毎朝―摩擦をする」
れいすい【霊水】「不老不死の―と名高い水」
れいせい【冷製】「―スープ」

れいせい【冷静】「—沈着」「—な態度で応ずる」「状況を—に判断する」
れいせつ【礼節】「—を重んずる」「衣食足りて—を知る」
れいせん【冷泉】「—が湧き出る」
れいせん【冷戦】「—状態が続く」
れいせん【霊泉】「不治の病が治るとされる—」
れいぜん【霊前】「御—」「—に花を供える」
れいぜん【冷然】「道で倒れている人を見ても—と通り過ぎる」
れいそう【礼装】「—して式典に臨む」
れいぞうこ【冷蔵庫】「電気—」
れいそく【令息】⇔令嬢。「伯爵家の—」
れいぞく【隷属】「大国に—する」
れいそん【令孫】他人の孫の敬称。
れいだい【例題】「まず—を解いてから演習問題に進む」
れいたつ【令達】命令を伝える。
れいたん【冷淡】「—な態度（応対）」
れいだんぼう【冷暖房】「—完備」
れいち【霊地】霊場。「—を訪ねる」
れいちょう【霊長】「人間は万物の—である」
れいちょうるい【霊長類】「ヒトとサルは—に属する」

れいてい【令弟】他人の弟の敬称。
れいてき【霊的】「—な世界」「—な美しさ」
れいてつ【冷徹】「—な目」「—に事の推移を見通す」
れいてん【零点】「試験で—を取る」
れいでん【霊殿】霊廟〈れいびょう〉。
れいど【零度】「摂氏—で氷になる」
れいとう【冷凍】「—食品」
れいねん【例年】「—になく猛暑だ」
れいはい【礼拝】「—堂」「神を—する」
れいはい【零敗】「得点できずに—を喫する」
れいばい【霊媒】「—術」
れいひつ【麗筆】「色紙に—を振るう」
れいひょう【冷評】「審査員が新人の作品を—する」
れいびょう【霊▼廟】先祖や貴人の霊をまつった建物。「—に詣でる」「家康公の—」
れいふう【冷風】「温風・—切り替え自在」
れいふく【礼服】⇔平服。「—を着用して式典に臨む」
れいふじん【令夫人】貴人の妻や他人の妻の敬称。「社長—」「—同伴でいらして下さい」
れいぶん【例文】「—を参照して手紙を書く」
れいほう【礼法】「—要項」「—に則る」
れいほう【礼砲】「—で迎える」
れいほう【霊峰】「—富士」
れいぼう【冷房】⇔暖房。「全館—」「部屋の—がよく効いている」

れいぼく【零墨】「断簡—」
れいぼく【霊木】「—を祀る」
れいほん【零本】一部分のみ伝わる書物。端本〈はほん〉。
れいまい【令妹】他人の妹の敬称。
れいみょう【霊妙】「—不可思議」「—とも言える才能」
れいみん【▼黎民】人民。庶民。
れいめい【令名】「—が高い」「—を馳せる」
れいめい【▼黎明】「近代日本の—を告げる」
れいもつ【礼物】「お世話になった方々に—を贈る」
れいやく【霊薬】「不老長寿の—」
れいよう【麗容】「富士が—を現す」
れいらく【零落】「かつての富豪も—して今は見る影もない」
れいり【▼怜▼悧・▼伶▼俐】「—な頭脳で的確に分析する」
れいりょう【冷涼】「高原に—な風が吹き渡る」
れいりょく【霊力】「—が宿る大樹」
れいれいしい【麗麗しい】「—く看板を出す」
れいろう【▼玲▼瓏】美しい音で鳴るさま。また、美しく輝くさま。「—と鈴の音が鳴り響く」
れいわ【例話】「説教に用いる—」

れ

れき【暦(曆)】レキ こよみ 「暦年・陰暦・還暦・旧暦・西暦」
れき【歴(歷)】レキ ― 「歴史・歴戦・歴然・歴代・歴任・歴訪・経歴・遍歴・来歴・略歴・履歴」
れきさつ【▼轢殺】「―死体」「トラックに―される」
れきし【歴史】「―に残る大事件」「―を塗り替える」「―上の人物」「―的瞬間」
れきし【▼轢死】「―体」
れきじつ【暦日】「山中―なし」
れきせい【暦世】「―の王」
れきせいたん【▼瀝青炭】最も一般的な石炭。黒炭。
れきせん【歴戦】「―の勇士」
れきぜん【歴然】「両者の実力の違いは―としている」「―たる証拠がある」
れきだい【歴代】「―の天皇」
れきだん【▼轢断】「無惨にも列車に―された死体」
れきちょう【歴朝】「―の治績」
れきど【▼礫土】「水はけの良い―」
れきにん【歴任】「要職を―する」
れきねん【暦年】暦の上での一年。「―による統計」
れきねん【歴年】長い年月。「―の研究が実を結ぶ」
れきほう【歴訪】「中東諸国を―する」
れきゆう【歴遊】「世界各地を―する」
れきれき【歴歴】「お―が顔を揃える」
レダマ【▽連玉】マメ科の低木。暖地で庭木とする。
れつ【列】レツ ― 「列強・列車・列席・列伝・行列・参列・配列」
れつ【劣】レツ おと-る 「劣悪・劣化・劣等・愚劣・卑劣・優劣」
れつ【烈】レツ ― 「烈火・烈日・烈風・強烈・鮮烈・痛烈・熱烈・猛烈」
れつ【裂】レツ さ-く・さ-ける 「裂傷・亀裂・決裂・破裂・分裂」
れつ【列】「―を乱す」「閣僚の―に加わる」
れつあく【劣悪】「―な商品」「―な環境」
れつい【劣位】⇔優位。「―に甘んずる」
れつか【劣化】「ゴムが―する」
れっか【烈火】「―の如く怒る」
れっき【列記】「注意事項を―する」
れっきとした【《▽歴》とした】「―証拠がある」「―家柄の人物」
れっきょ【列挙】「問題点を―する」
れっきょう【列強】「ヨーロッパの―諸国」
れっこく【列国】「―の首脳が一堂に会する」
れつざ【列座】「―の人々から祝福を受ける」
れっし【烈士】「信念揺るがぬ―」
れつじつ【烈日】「秋霜―」
れっしゃ【列車】「急行―」「夜行―」
れつじょ【烈女・列女】「―の鑑〈かがみ〉」
れっしょう【裂傷】「頭部に―を負う」
れつじょう【劣情】「―をもよおす」
れっしん【烈震】従来、震度六に当たるとされた地震。
れっする【列する】「世界の五大国に―」「会議の席に―」
れっせい【列世】「―将軍伝」
れっせい【劣性】⇔優性。「―遺伝」
れっせい【劣勢】⇔優勢。「―に立たされる」
れっせき【列席】「祝賀会に―する」
れつでん【列伝】紀伝体の歴史書で、人臣の伝記を並べた記録。「刺客―」「―体」
れっとう【列島】「日本―」
れっとう【劣等】⇔優等。「―感」「―生」
れっぱい【劣敗】「優勝―」
れっぱく【裂帛】「―の気合い」「助けを求める―の声」
れっぷう【烈風】吹きすさぶはげしい風。
れつれつ【烈烈】「―たる闘志」
レモン【▼檸▼檬】「―水」「―スカッシュ」
れん【恋(戀)】レン こ-う・こい・こい-しい 「恋愛・恋歌・恋情・恋慕・失恋・悲恋」

れ

れん【連】レン　つら-なる・つら-ねる・つ-れる　「連結・連行・連合・連続・連帯・連発・連名・一連・関連・常連」〔「聯」の書き換え字としても用いられる〕
れん【廉】レン　「廉価・廉潔・廉直・廉売・清廉・低廉・破廉恥」
れん【練（練）】レン　ね-る　「練習・練達・訓練・修練・熟練・試練・洗練・鍛練・未練・老練」
れん【錬（鍊）】レン　「錬金術・錬成・錬鉄・精錬・製錬・鍛錬」
れんあい【恋愛】「—結婚」「—小説」
れんか【廉価】⇔高価。「—販売」「—品を探す」
れんが【連歌】「—師、宗祇」
れんが【▾煉瓦】「—造りの建物」
れんかん【連関・▾聯関】「互いに—した問題」
れんき【連記】⇔単記。「—制」「二名—で投票する」
れんぎ【連木】すりこぎ。「—で腹を切る」
れんきゅう【連休】「三—」「飛び石—」「—明けに作業を再開する」
れんぎょう【連▾翹】モクセイ科の落葉低木。
れんきんじゅつ【錬金術】「—師」
れんく【連句・▾聯句】俳諧体の連歌、すなわち俳諧のこと。
れんげ【▾蓮華・▾蓮▿花】ハスの花。陶製の匙〈さじ〉。蓮華草。「池に咲く—」「ワンタンを—で掬って食べる」「たんぼ一面に—の花が咲く」
れんけい【連係・連▾繫】互いにつながりをもつ。「緊密な—を取る」「—を保つ」
れんけい【連携】互いに協力し合う。「—プレー」「親と教師の—を密にする」
れんげそう【▾蓮華草】ゲンゲ。「田ぼの—を摘んで遊ぶ」
れんけつ【連結】「—器」「車両を—する」
れんけつ【廉潔】「—の士」
れんこ【連呼】「候補者の名前を—する」「『ちぢむ』『つづく』といった同音の—」
れんご【連語】二つ以上の単語が連結し、一つの単語と似たような働きをするもの。
れんこう【連行】「容疑者を—する」
れんこう【連衡】「合従〈がっしょう〉—」
れんごう【連合・▾聯合】「国際—」「—政権」
れんごく【▾煉獄】「—の苦しみ」
れんこん【▾蓮根】「辛子—」「—のはさみ揚げ」
れんさ【連鎖】「食物—」「—反応」「—球菌」
れんざ【連座・連▾坐】「—制」「疑獄に—する」
れんさい【連載】「—小説」「新聞に—が決まる」
れんさく【連作】「ナスは—を嫌う」「短歌の—」
れんざん【連山】「箱根の—」
れんし【連枝】貴人の兄弟姉妹。「将軍様の御—」
れんじ【連子・▾櫺子】「—窓」
れんじゃく【連▾雀】レンジャク科の鳥の総称。
れんしゅ【連取】「五点を—する」
れんしゅう【練習】「—問題」「—不足」
れんじゅく【練熟】「—しているパイロット」
れんしょ【連署】「保証人の—」
れんしょう【連勝】⇔連敗。「連戦—」「—複式」
れんじょう【恋情】「—が募る」「—を詩にする」
れんせい【錬成・練成】「—道場」「心身を—する」
れんせつ【連接】「—棒」「文の—」
れんせん【連戦】「—連勝」「各地に—する」
れんそう【連想・▾聯想】「ベートーベンというと運命を—する」
れんぞく【連続】「三年—して大会に出場する」
れんだ【連打】「相手の—を浴びる」
れんたい【連体】「—形」「—詞」「—修飾語」
れんたい【連帯】「—感」「—責任」「—保証人」「—して債務を負う」
れんたい【連隊・▾聯隊】「—旗」
れんだい【▾蓮台】「—の上の観音菩薩像」
れんだい【▾輦台・▾蓮台】「大井川の—渡し」

れ

れんたつ【練達】「—の士」「水泳に—している」
れんたん【練炭・▼煉炭】「—火鉢で暖を取る」
れんだん【連弾】「ピアノの—曲」「妹と—する」
れんち【廉恥】「破—」「—心」
れんちゅう【連中】「あの—とはしばらく会っていない」〔「れんじゅう」とも〕
れんちょく【廉直】「—な人」「—の士」
れんどう【連動】「物価に—する年金額」
れんにゅう【練乳・▼煉乳】「苺に—を掛ける」
れんぱ【連破】続けざまに相手を破ること。「ライバルを—する」
れんぱ【連覇】続けて優勝すること。「全国大会で三—する」
れんばい【廉売】「夏物処分のため—する」
れんぱい【連敗】⇔連勝。「三—」「何とか—を食い止めた」
れんぱつ【連発】「五—」「不祥事が—する」
れんぱん【連判】「—状に名を連ねる」
れんびん【▼憐▼憫・▼憐▼愍】「—の情を催す」
れんぶ【練武】「—場」
れんべい【連▼袂】「関与した者がみな—辞職する」
れんぺい【練兵】「代々木の—場」
れんぼ【恋慕】「横—」「密かに—の情を寄せる」
れんぽう【連邦・▼聯邦】「アラブ首長国—」「—国家」
れんぽう【連峰】「穂高—」
れんま【錬磨・練磨】「精神を—する」「百戦—の強者」
れんめい【連名】「—で嘆願書を出す」
れんめい【連盟・▼聯盟】「国際—」「野球—に伺いを立てる」
れんめん【連綿】「—と続く血統」「仮名の—体」
れんよう【連用】「—形」「—修飾語」「睡眠薬を—する」
れんらく【連絡・▼聯絡】「—船」「—網」「—を取る」「—が途絶える」
れんり【連理】夫婦・男女の仲がむつまじいこと。「比翼—」「—の枝」「—の契り」
れんりつ【連立・▼聯立】「—政権」「—方程式」
れんれん【恋恋】「今の地位に—としてすがりつく」

ろ

ろ【呂】ロ —「風呂」
ろ【炉(爐)】ロ —「炉心・炉辺・懐炉・火炉・香炉・高炉・暖炉」
ろ【賂】ロ —「賄賂」
ろ【路】ロ じ「路上・路線・活路・岐路・血路・航路・順路・道路」
ろ【露】ロ・(ロウ) つゆ「露悪・露営・露顕・露光・露骨・露地・露出・露呈・雨露・結露・吐露・暴露・発露」
ろ【炉】「原子—」「—を切る」
ろ【▼絽】「—を涼しげに羽織る」
ろ【▼櫓・▼艪】「—を漕ぐ」
ろあく【露悪】「—趣味」
ろう【老】ロウ お-いる・ふ-ける「老翁・老朽・老境・老骨・老人・老衰・老成・敬老・長老・不老」
ろう【労(勞)】ロウ —「労作・労働・労務・労力・慰労・過労・勤労・苦労・就労・心労・徒労・疲労」
ろう【弄】ロウ もてあそ-ぶ「玩弄・愚弄・翻弄」
ろう【郎(郞)】ロウ —「郎党・悪太郎・新郎・野郎」
ろう【朗(朗)】ロウ ほが-らか「朗詠・朗吟・朗読・朗報・晴朗・明朗」

【浪】ロウ ―「浪士・浪人・浪費・波浪・浮浪・放浪・流浪」
ろう【廊(廊)】ロウ ―「廊下・回廊・画廊・柱廊・歩廊」
ろう【楼(樓)】ロウ ―「楼閣・高楼・鐘楼・望楼・摩天楼」
ろう【漏】ロウ も-る・も-れる・も-らす ―「漏出・漏水・漏電・漏斗・遺漏・歯槽膿漏・耳漏・疎漏・脱漏」
ろう【露】⇩ろ(露)。―「披露」
ろう【籠】ロウ かご・こ-もる ―「籠居・籠城・籠絡・印籠・灯籠・薬籠」
ろう【労】「長年の―をねぎらう」「―を厭わず列挙する」「媒酌の―を執〈と〉る」
ろう【▼牢】「―に閉じ込める」
ろう【楼】「水月―」「―に登る」
ろう【▼蠟】「―が燃える」
ろうあ【▼聾▼唖】「―教育」
ろうえい【朗詠】「漢詩を―する」
ろうえい【漏▼洩・漏▼泄】「機密が―する」〔「ろうせつ」の慣用読み〕
ろうえき【労役】「―に服する」「―を課す」
ろうおう【老翁】「―の面」
ろうおう【老▼鶯】「夏に―の声を聞く」
ろうおく【▼陋屋】「―ですがお立ち寄り下さい」
ろうか【老化】「―現象」
ろうか【廊下】「渡り―」「―伝い」「―を雑巾がけする」
ろうかい【老▼獪】「―な手口」「―な政治家」「―ぶりを発揮する」
ろうがい【老害】「―で上層部の若返りが阻まれ会社が疲弊する」
ろうがい【労▼咳】「漢方で、結核を―と言う」
ろうかく【楼閣】「砂上の―」
ろうかん【▼琅▼玕】「―の珠」「珠玉の言葉を連ねた―(=美文)」
ろうがん【老眼】「―鏡」「―で新聞の字が読みづらい」
ろうき【▼牢記】「心に―して忘れない」
ろうきゅう【老朽】「建物の―化が進む」
ろうきゅう【籠球】バスケットボール。「―部」
ろうきょ【籠居】「外出を厭い―する」
ろうきょう【老境】「―に入る」
ろうきょく【浪曲】「―を唸る」
ろうぎん【朗吟】「高らかに李白の詩を―する」
ろうく【老▼軀】「―をひっさげて選挙に出馬する」
ろうく【労苦】「長年の―に報いる」
ろうけい【老兄】年老いた兄。年上の友人をいう敬語。
ろうげつ【▼臘月】陰暦一二月の異名。「―の候」「―はいかがお過ごしですか」
ろうけつぞめ【▼臈▼纈染(め)】「―の柄」
ろうけん【▼陋見】「―に拠れば」
ろうこ【▼牢▼乎】しっかりして動かない。「彼の信念は―としてゆるがない」

ろうこ【▼牢固】しっかりして丈夫である。「―たる城」
ろうご【老後】「―の保障」「―の楽しみ」
ろうこう【老公】「水戸の御―」
ろうこう【老巧】「―な手さばき」
ろうこう【▼陋▼巷】「落ちぶれて―に流れ着く」
ろうこく【漏刻・漏▼剋】水時計。
ろうごく【▼牢獄】「―に繋がれる」
ろうこつ【老骨】「―にむち打つ」
ろうさい【老妻】「―の介護をする」
ろうさい【労災】「―事故」「―保険」「―と認定される」
ろうさく【労作】「長年月をかけて完成した―」
ろうざん【老残】「―の身をさらす」
ろうし【労使】労働者と使用者。「―双方の主張には相当の隔たりがある」「―協議会」〔「労資」に代わって用いられるようになった語〕

ろうし【労資】労働者と資本家。「―協調」

ろうし【▼牢死】「無実を叫びながら―する」
ろうし【浪士】「赤穂―」
ろうじゃく【老弱】「―な身で起居もままならない」
ろうじゅ【老樹】古木。老木。
ろうしゅう【老醜】「―をさらす」
ろうしゅう【▼陋習】「―を打ち破る」
ろうじゅう【老中】「江戸幕府の―」
ろうじゅく【老熟】「―の技」「料理人として―の域に達する」
ろうしゅつ【漏出】「放射能の―事故」
ろうじょ【老女】「一人暮らしの―」
ろうしょう【朗唱・朗▼誦】「校歌を―する」「李白の詩を―する」
ろうじょう【楼上】「―から街を見下ろす」
ろうじょう【籠城】「―して援軍を待つ」「アトリエに―して制作に励む」
ろうしょうふじょう【老少不定】「―の世」
ろうじん【老人】「―医療」「―ホーム」
ろうすい【老衰】「―で亡くなる」
ろうすい【漏水】「水道管から―する」
ろうする【労する】「―・せずして大金を得る」「心身を―仕事」「―・して功なし」
ろうする【弄する】「策を―」「詭弁〈きべん〉を―」
ろうする【▼聾する】「耳を―爆音」

ろうせい【老生】老いた男性が自分をいう謙称。
ろうせい【老成】「年の割に―している」「―した筆さばき」
ろうせき【▼蝋石】「―で字を書く」
ろうぜき【▼狼▼藉】「乱暴―」「―者」「―を働く」
ろうせつ【漏▼洩・漏▼泄】ろうえい。
ろうそ【労組】「労働組合」の略。
ろうそく【▼蝋▼燭】「百目―」「―立て」「―の炎」「―を灯す」
ろうぞめ【▼蝋染め】「―の技法」
ろうたい【老体】「御―を煩わす」
ろうだい【老台】年長の男性に対する敬称。「―には御加減いかがにございますか」
ろうだい【楼台】「―に登る」
ろうたいか【老大家】経験を積んだその道の長老。
ろうたける【▼臈▽長ける】「―・けた貴婦人」
ろうだん【▼壟断】「利益を分配せずに―する」
ろうちん【労賃】「―を支払う」
ろうでん【漏電】「―に因る火災」
ろうと【漏斗】じょうご。「―状の花」
ろうとう【郎党・郎等】「一族―」
ろうどう【労働】「肉体―」「―基準法」「―組合」「一日に八時間―する」
ろうどく【朗読】「詩を―する」

ろうにゃくなんにょ【老若男女】「―を問わず」
ろうにん【浪人】「主家がお取り潰しに遭い―になる」「一年―して志望校に合格した」
ろうにんぎょう【▼蝋人形】「等身大の―」
ろうねん【老年】「―期に入る」
ろうば【老婆】「一人暮らしの―」
ろうはい【老廃・老▼癈】「―した物品を処分する」「―物〈ぶつ〉を体外に出す」
ろうはい【老輩】「―の身ではございますが」
ろうばい【▼狼▼狽】「周章―」「―気味」「不意の質問に―する」
ろうばい【▼臘梅・▼蝋梅】「―の黄色い花」
ろうばしん【老婆心】「―ながら申し上げます」
ろうひ【浪費】⇔節約。「―家」「―癖」「時間の―」
ろうふ【老父】「介護の必要な―がいる」
ろうへい【老兵】「―は死なず、ただ消え去るのみ」
ろうほ【老舗・老▼鋪】「江戸時代からの―」
ろうぼ【老母】「故郷の―」
ろうほう【朗報】「―を手にする」「―に接する」「―に胸が躍る」
ろうぼく【老木】「―を祀る」
ろうぼく【老僕】「忠実な―」
ろうまん【浪漫・浪▼曼】「―主義の作家」
ろうむ【労務】「―管理」「―者」

…【老▼耄】「すっかり―の身となる」
ろうもん【楼門】「大寺院の―」
ろうや【▼牢屋】「―に入れる」
ろうや【老▼爺】「―が語る言い伝え」
ろうやぶり【▼牢破り】「―を捕らえる」
ろうよう【老幼】「―を問わず」
ろうらい【老来】「―根気が無くなった」
ろうらく【籠絡】「甘い言葉に―される」
ろうりょく【労力】「―を費やす」「―を掛ける」「―を惜しまない」
ろうれい【老齢】「―年金」「―に達する」
ろうれつ【▼陋劣】「―な手段で奪い取る」
ろうれん【老練】「―な職人」「―な弁護士」
ろうろう【浪浪】「―の旅に出る」
ろうろう【朗朗】「音吐―と弁舌を振るう」「―と詩を吟ずる」
ろうろう【▼朧▼朧】「―とした月」「夜の雨に街が―とかすむ」
ろえい【露営】「―地」「テントを張って山中で―する」
ロートル【老頭児】〔中国語〕年寄り。
ローマ【羅馬】「―字」「―帝国」「―法王」
ろか【▼濾過】「雨水を―して飲料水にする」
ろかく【▼鹵獲】敵の軍用品などを奪い取る。「―品」
ろかた【路肩】「―に車を寄せる」
ろがん【露岩】「点々と―が見える」
ろぎん【路銀】「旅の―が心細い」
ろく【六】ロク つ・むっ-つ・(むい) む・む- 「六根・六法・五計・四六時中・第六感」臓六腑・三十六
ろく【録(錄)】ロク ―「録音・録画・記録・収録・詳録・登録・付録・目録」語録・採録・実録・
ろく【麓】ロク ふもと ―「岳麓・山麓・東麓・北麓」
ろく【▼禄】「―を食〈は〉む」
ろく【▼碌・▽陸】「―な人間でない」「子供に―なこともしてやれない」「口も―にきけない」
ろくおん【録音】「講演を―する」
ろくが【録画】「孫の運動会を―する」
ろくじゅうよしゅう【六十余州】「日本―を股に掛け」
ろくしょう【緑青】「銅がさびて―が吹く」
ろくだか【▼禄高】俸禄の額。「武士の―」
ろくでなし【▼碌でなし】「この―め」
ろくぼく【▼肋木】「校庭の―に登る」
ろくまく【▼肋膜】「―炎を起こす」
ろくめいかん【▽鹿鳴館】「―時代」
ろくろ【▼轆▼轤】「―を回す」
ろくろく【▼碌▼碌】「―勉強もせずに試験を受ける」
ろくろくび【▼轆▼轤首】「―のお化け」
ろけん【露見・露顕】「陰謀が―する」
ろこう【露光】「―計」
ろこつ【露骨】「―な表現」「―にいやな顔をする」
ろざ【露座】「―の大仏」
ロサンゼルス【羅府】アメリカ、カリフォルニア州にある港湾都市。
ろし【▼濾紙】「―で油をこす」
ろじ【路地】家と家との間の狭い通路。「―裏」「横丁の―を抜ける」
ろじ【露地】おおいのない地面。「―で苺を栽培する」
ロシア【露西亜】「―革命」「―語」
ろしゅつ【露出】「―計」「―度が高い」「鉱脈が―している」「肌を―する」
ろしょう【路床】「―を固めて舗装する」
ろじょう【路上】「―駐車」
ろせん【路線】「平和―」「―バス」「―を変更する」
ろだい【露台】屋根のない台。バルコニー。「―に立つ」
ろっかん【六感】第六感。「―が働く」
ろっかん【▼肋間】「―神経痛」
ろっこつ【▼肋骨】「―を折る」
ろっこんしょうじょう【六根清浄】「―お山は晴天」

ろっぷ【六▼腑】「五臓―」
ろっぽう【六法】「―全書」
ろてい【路程】「一日の―」
ろてい【露呈】「弱点を―する」「不祥事が―する」
ろてき【▼蘆▼荻】「池沼の辺に群生する―」
ろてん【露天】「―商」「―風呂」「―で働く」
ろてん【露店】「夏祭りで境内に―が並ぶ」
ろてん【露点】「温度が―に達して水滴ができる」
ろとう【路頭】「幼い子を抱えて―に迷う」
ろどん【▼魯鈍】「―の性」
ろば【▼驢馬】「―に石臼を挽かせる」「王様の耳は―の耳」
ろばた【炉端・炉▽辺】「―焼き」「家族が―で談笑する」
ろばん【路盤】路床。「雨で―が緩む」
ろびらき【炉開き】「陰暦十月初亥の―」
ろふさぎ【炉塞ぎ】「―して風炉を使い始める」
ろぶつ【露仏】「道端の―」
ろへん【炉辺】「―談話」
ろぼ【▼鹵簿】行幸・行啓の行列。
ろぼう【路傍】「―の人」「―の石(＝山本有三の小説名)」
ろめい【露命】「―を繋ぐ(保つ)」
ろめん【路面】「―電車」

ろれつ【呂▽律】「泥酔して―が回らない」「―が怪しくなる」
ろん【論】ロン ―「論外・論拠・論旨・論争・論評・論文・論理・言論・口論・推論・総論・討論・評論・理論」
ろん【論】「一般―」「芸術―」「―が成り立つ」「―が分かれる」「―より証拠」「―を俟《ま》たない」
ろんがい【論外】「この案は現実離れしていて―だ」「―な要求を突きつけられる」
ろんぎ【論議】「運賃の値上げが―の的になる」「教育のあり方について―する」「大いに―を戦わせる」
ろんきゃく【論客】「―で知られる」
ろんきゅう【論及】その事柄にまで議論が及ぶこと。「私的な面には―しない」
ろんきゅう【論究】深く考えきわめて、論じること。「邪馬台国の所在について―する」
ろんきょ【論拠】「―薄弱」「臆測で物を言わずにきちんと―を上げてもらいたい」
ろんご【論語】孔子とその弟子たちの言行録。「―読みの論語知らず」
ろんこう【論考・論▼攷】「近代文学―」
ろんこうこうしょう【論功行賞】「―による人事」
ろんこく【論告】「検察官が被告の罪状を―する」

ろんさん【論▼纂】「日本仏教史―」
ろんし【論旨】「―不明確」「―をまとめる」
ろんしゃ【論者】「反対―」(「ろんじゃ」ともいう)
ろんしゅう【論集】「日本文学―」
ろんじゅつ【論述】「―式の試験」
ろんしょう【論証】「―が不足する」「仮説の成り立つことを―する」「―過程を検証する」
ろんじる【論じる】「日本の農業政策について―」「―に足りない」(サ変「論ずる」も同じ)
ろんじん【論陣】「―を張る」
ろんせつ【論説】「―文」「―委員」「新聞の―記事」
ろんせん【論戦】「両派で―を展開する」
ろんそう【論争】「税制について―する」
ろんだん【論断】「一方的に―する」「原因について調べ―する」
ろんだん【論壇】「華麗なる―デビュー」
ろんちょ【論著】「研究成果を―にまとめる」
ろんちょう【論調】「新聞の―」「海外の―は冷静だ」
ろんてき【論敵】「―と激しくやり合う」
ろんてん【論点】「―を明確にする」「―がぼやける(ずれる)」
ロンドン【倫敦】「―塔」
ろんなん【論難】「―を加える」「相手の立論の矛盾を鋭く―する」

ろんぱ【論破】「反対意見を片っ端から―する」
ろんばく【論▼駁】「―の余地もない」「―を加える」
ろんぴょう【論評】「新人の作品を―する」「あえて―を避ける」
ろんぶん【論文】「卒業―」「博士―」
ろんぽう【論法】「三段―」「彼らしい―で押してきた」
ろんり【論理】「君の―には飛躍がある」「数の―」「―的に考える」

わ

わ【和】ワ・(オ) やわらぐ・やわらげる・なごむ・なごやか 「和尚〈おしょう〉・和解・和議・和合・和服・和洋・温和・緩和・講和・唱和・調和・柔和・不和・平和」
わ【話】ワ はなす・はなし 「話術・話題・話法・哀話・会話・神話・説話・対話・談話・通話・秘話」
わ【輪】「土星の―」「―になって踊る」「父親に―を掛けたお人好し」
わ【和】「―を保つ」「―を結んで同盟国となる」「二辺の長さの―」

わ【倭】日本。「魏志―人伝」
わ【羽】「鶏五―」
わ【把】「ねぎ一―」「まき五―」
わい【賄】ワイ まかなう 「賄賂・収賄・贈賄」
わいきょく【▼歪曲】「事実を―して報道する」
わいざつ【▼猥雑】「―な通りにたむろする若者」「―な話で聞くに堪えない」
わいしょう【▼矮小】「―な肉体」「問題を―化する」
わいせつ【猥▼褻】「―な行為に及ぶ」
わいだん【▼猥談】みだらな話。
わいろ【賄賂】「業者から―を受け取る」
わおん【和音】「ドミソの―」
わか【和歌】「―を詠む」
わが【我が・▼吾が】「―日本では」「―意を得たり」
わかあゆ【若▼鮎】「―のような生徒たち」
わかい【和解】「仲違いをやめて―する」「民事で―に応じる」
わかい【若い】「―人」「実際の年齢よりも―く見える」「番号の―順に並べる」「―時の苦労は買うてもせよ」
わがい【我が意】「―を得たり」
わかいしゅ【若い衆】「力仕事は―に任せよう」
わかいつばめ【若い▼燕】女性がもつ年下の愛人。
わかいんきょ【若隠居】「さっさと経営を人に任せて―の身となる」

わかぎみ【若君】年の若い主君。主君の息子。

わかくさ【若草】「―色のカーペット」

わかげ【若気】「―の至り(過ち)で上司に嚙みついた」

わかさ【若狭】旧国名。福井県西部。若州。「―湾」

わかさぎ【〈公魚〉・▼鰙】「湖の氷に穴をあけ―釣りをする」

わかさま【若様】高貴な人の子弟の敬称。

わがし【和菓子】日本風の菓子。⇔洋菓子。「―の老舗」

わかしゅ【若衆】「―歌舞伎」

わかす【沸かす】「湯を―」「観客を―」

わかぞう【若造・若蔵・若僧】「―のくせに生意気な口を叩きおって」「あんな―に負けてたまるか」

わかたけ【若竹】「―のようにすくすくと育つ」

わかだんな【若旦那】「料亭の―」

わかちがき【分(か)ち書き】「ローマ字文の―」

わかつ【分かつ】分けて離す。見分ける。「上下二巻に―」「明暗を―」「是非を―」「昼夜を―・たず働き続ける」「袂〈たもと〉を―」

わかつ【▽頒つ】分けて配る。「会員に限って実費で―」「勝利の喜びを―・ち合う」

わかづくり【若作り】「―の服装」

わかて【若手】「―の議員」「―を起用する」「今期は―」

の活躍が目立つ」

わかどしより【若年寄】 江戸幕府で老中に次ぐ要職。

わかな【若菜】「野に出て―を摘む」

わがねる【▼綰ねる】「竹を―・ねて桶を作る」

わかば【若葉】「―風」「―マーク」「―の頃」

わがはい【我が輩・▼吾が輩】「―の考えるところ」「吾輩は猫である(=夏目漱石の小説名)」

わかまつ【若松】「正月に飾る―」

わがまま【《我》が《▼儘》】「―を言う」「―な性格」

わがみ【我が身】「―につまされる思い」「明日は―」

わかみず【若水】 元日の早朝に汲む水。「―を汲んで福茶を点てる」

わかみどり【若緑】「松の―」

わかむき【若向き】「―のネクタイ」

わかむしゃ【若武者】「血気盛んな―」

わかむらさき【若紫】 薄い紫色。

わかめ【若▽布・〈和布〉】「子持ち―」

わかめ【若芽】「―を摘む」

わかもの【若者】「―のファッション」

わがものがお【我が物顔】「―に振る舞う」「雑草が―にはびこる」

わかやぐ【若やぐ】「―・いだ声」

わがよのはる【我が世の春】 絶頂期。「―を謳歌〈おうか〉する」

わからずや【分からず屋・〈没分暁漢〉】「あんな―は放っておけ」

わかる【分かる・▽解る・▽判る】「意味が―」「音楽が―」「真犯人が―」「答えが―」「話が―・った人」

わかれ【別れ】「永の―」「―の挨拶」

わかれじも【別れ霜】「八十八夜の―」

わかれみち【別れ道・分(か)れ道】「―に差しかかる」「運命の―」

わかれる【分かれる】 幾つかになる。違いが生じる。「タクシー三台に―・れて乗る」「ここで道が―」「この作品は評価が―」

わかれる【別れる】 一緒にいた人と離れる。「駅で友達と―」「夫婦が―」

わかれわかれ【別れ別れ】「一家が―になる」

わかわかしい【若若しい】「―身のこなし」

わかん【和▼姦】 合意の上での姦通。

わかん【和漢】「―混淆文」「―朗詠集(=藤原公任撰の歌謡集名)」

わき【脇】 わき ―「脇腹・脇道・脇目・脇役・両脇」

わき【脇・▼腋】「―に体温計をはさむ」「話を―にそらす」「―が甘い」

わぎ【和議】「―が成立する」

わきあいあい【和気▼藹▼藹・和気▼靄▼靄】「―とした雰囲気」

わきあがる【沸き上(が)る・湧き上(が)る・▼涌き上(が)る】「雲が―」「スターの登場に歓声が―」

わきが【▼腋▽臭・〈狐臭〉・〈胡臭〉】「―のにおいを止める薬」

わきかえる【沸き返る】「湯が―」「大接戦に―観衆」

わきざし【脇差】「―を抜く」

わきづくえ【脇机】 横におく補助机。

わきづけ【脇付】「宛名に―を書き添える」

わきでる【湧き出る】「温泉が―」「―泉」

わきのした【脇の下・▼腋の下】「―をくすぐる」

わきばら【脇腹】「―が傷む」「―を突かれる」

わきまえる【▽弁える】 善悪の区別をする。物の道理を承知している。「ことの善悪を―」「礼儀を―」「場所柄を―」「身の程を―」

わきみ【脇見】「―運転」

わきみち【脇道】「話が―にそれる」

わきめ【脇目】「―も振らず研究に没頭する」

わきやく【脇役】 ⇔主役。「―に徹して表に出ない」

わぎゅう【和牛】「―のみを使用したハンバーグ」

わぎり【輪切り】「レモンを―にする」

わきん【和金】 最も一般的な金魚。

わく【惑】ワク まど-う ―「惑星・疑惑・困惑・魅惑・迷惑・誘惑」

わく【枠】わく ―「枠外・枠内・大枠・黒枠・増枠・別枠・窓枠」

わく【枠】「窓の―」「予算の―」「―にコンクリートを流す」「―をはめる」

わく【沸く】水が湯になる。興奮する。「湯が―」「会場が―」

わく【湧く・▼涌く】地中から噴き出す。生じる。「温泉が―」「興味が―仕事」「降って―いたような話」

わくぐみ【枠組(み)】「計画(予算)の―」

わくせい【惑星】「太陽の周囲を公転している―」「政界の―」

わくでき【惑溺】「酒色に―して堕落する」

わくらば【▽病葉】「―を摘んで取り除く」

わくらん【惑乱】「世人を―させる噂」

わくん【和訓】漢字の訓読み。

わけ【訳】「―を話してほしい」「十年前とは―が違う」「引き受ける―にはいかない」

わけあり【訳有り】「突然の辞任はどうも―だ」「あの二人は―だ」「―商品」

わけい【和敬】「―清寂を重んずる茶の湯」

わげい【話芸】「巧みな―で楽しませる落語家」

わけぎ【分▼葱】「―を刻んで薬味にする」

わけしり【訳知り】「―顔で話す」

わけても【《▽別》けても】とりわけ。特に。「彼は理数科目が得意だが、―物理は格別だ」

わけない【訳無い】「駐車場が―く見つかる」

わけへだて【分け隔て・▽別け隔て】「兄弟を―なく可愛がる」

わけまえ【分け前】「―に与〈あずか〉る」

わけめ【分け目】「髪の―」「天下―の戦い」

わげもの【▼綰物・▽曲物】「竹製の―」

わける【分ける・▽別ける】「髪を七三に―」「三回に―けて支払う」「儲けを三人で―」

わご【和語】日本固有の言葉。やまとことば。

わこう【▼倭▼寇】室町期の日本の海賊。

わごう【和合】「夫婦―」

わこうど【《若人》】「―の明るい歌声」

わこうどうじん【和光同▼塵】才能を隠して、俗世間に交わる。

わこく【倭国・和国】日本国。「―の大乱」

わごと【和事】歌舞伎で、恋愛の場面。⇔荒事。

わごん【和▽琴】「―の響き」

わこんかんさい【和魂漢才】「―の学者」

わこんようさい【和魂洋才】「明治の―の姿勢」

わざ【技】技術。対戦相手にかける攻撃動作。「―有り」「―を磨く」「柔道の投げ―」

わざ【業】行為。仕事。「神―」「至難の―」「妄想のなせる―」「凡人のなしうる―ではない」

わさい【和裁】⇔洋裁。「―を習う」

わざし【業師】「政界の―」

わざと【《▽態》と】「―とぼける」「―負ける」

わさび【〈山葵〉】「―下ろし」「―醤油」

わざもの【業物】「名工の鍛えた―」

わざわい【災い・▽禍】「口は―の元」「―転じて福となす」

わざわざ【《▽態▽態》】「―会いに行く」

わさん【和算】「関流の―家」

わさん【和▼讃】「―を唱える」

わさんぼん【和三盆】上等の白砂糖。「―の干菓子」

わし【▼鷲】タカ科の大形の猛禽。

わし【▼儂・▽私】「―ももう年だ」

わし【和紙】日本の伝統的な製法による紙。⇔洋紙。

わしき【和式】⇔洋式。「―トイレ」

わしつ【和室】日本間。⇔洋室。

わしづかみ【▼鷲▼摑み】「札束を―にする」

わしばな【▼鷲鼻】「―の男」

わしゃ【話者】「―の立場」

わじゅつ【話術】「巧みな―で人を魅了する」

わしょ【和書】「―を扱う古書店」

わじょう【和尚・和上】高徳の僧。「真言宗の―」

わしょく【和食】日本風の食事。⇔洋食。
わしん【和親】「日米—条約」
わじん【▼倭人】「魏志—伝」
わずか【僅か・▼纔か】「—の費用で済む」「ほんの—な差が縮まらない」
わずらう【患う】病気になる。「胸を—・い入院する」
わずらう【煩う】悩む。心配する。「いろいろ思い—」
わずらわしい【煩わしい】「—人間関係」「—手続きを簡素化する」
わする【和する】「夫婦あい—」「隣邦と—」「会長の音頭に—・して万歳三唱する」
わすれがたみ【忘れ形見】「—の時計」
わすれなぐさ【▼勿▽忘草】ムラサキ科の多年草。
わすれもの【忘れ物】「—が多い生徒」
わすれる【忘れる】「名前を—」「宿題を—」「我を—・れて練習する」「寝食を—・れて研究に勤しむ」
わせ【〈早生〉】⇔晩生〈おくて〉。「—苺」
わせ【〈早稲〉】⇔晩稲〈おくて〉。「—を刈り入れる」
わせい【和声】「—法」「—的短音階」
わせい【和製】「—英語」「—ポップス」
わせだ【〈早稲〉田】わせの稲の田。わさだ。
わせん【和船】日本固有の木造船。
わせん【和戦】「—両様の構えで臨む」
わそう【和装】「—本」「—の婦人」

わた【▽腸】「魚の—を抜いて調理する」
わた【綿・棉】アオイ科の一年草。白い繊維をとる。「—飴〈あめ〉」「全身—のように疲れる」
わだい【話題】「—が豊富な人」「—にのぼる」
わたいれ【綿入れ】「冬は—を着る」
わたがし【綿菓子】「夜店で—を買う」
わだかまり【▼蟠り】「心に—が残る」「誤解だと分かり—が解ける」
わたくし【私】「公と—の区別」「—のない誠実な人」「—もお供致します」
わたくしごと【私事】「—で恐縮ですが」
わたくしする【私する】「公金を—」
わたぐも【綿雲】「空に—が浮かぶ」
わたげ【綿毛】「タンポポの—」
わたこ【綿子】「防寒用の—を着る」
わたし【渡し】「—で舟を待つ」
わたし【私】「わたくし」のややくだけた言い方。「—の家族」「—の読んだ本」
わたしぶね【渡し舟】「—で川を渡る」
わたす【渡す】「好きな人に手紙を—」「リレーのバトンを—」「橋を—」「引導を—」
わたすげ【綿▼菅】カヤツリグサ科の多年草。
わだち【▼轍】「ぬかるみに—が残る」
わたつみ【〈海神〉・綿津見】海の神。海原。

わたぼうし【綿帽子】「—をかぶった山々」
わたゆき【綿雪】「しんしんと—が降る」
わたり【渡り】「—に船」「—をつける」
わたりあう【渡り合う】「チャンピオンと互角に—」「政策をめぐって与野党が—」
わたりどり【渡り鳥】「—が帰ってゆく」
わたる【渡る・▼亘る・▼亙る・▽渉る】「橋（踏切・横断歩道）を—」「水は全員分に—だけ確保してある」「再三に亘って警告した」「話が私事に亘って恐縮ですが」「舟で向こう岸へ渉る」
わとう【話頭】「—にのぼる」「—を転じる」
わとじ【和▼綴じ】「—の芳名帳」
わな【▼罠・▼羂】「まんまと—に掛かる」
わなげ【輪投げ】「—をして遊ぶ」
わななく【〈戦慄〉く】「恐怖に—」
わに【▼鰐】「—皮のハンドバッグ」
わにぐち【▼鰐口】神社仏閣で軒につるして鳴らす平たい鈴。
わび【▼侘び】「静かな—住まい」「—の精神」
わび【▼詫び】「—状」
わびしい【▼侘しい】「—一人暮らし」「冬の—景色」
わびすけ【▼侘助】ツバキの一種。花は小振り。
わびずまい【〈▼侘〉び住まい】「六畳一間の—」
わびちゃ【▼侘び茶】「—を極める」

わびる【▿侘びる】 あぐねる。「待ち―・びて先に行く」

わびる【▿詫びる】「無沙汰(不在)を―」

わふう【和風】 ⇕洋風。「―建築」

わふく【和服】 ⇕洋服。「―の似合う女性」

わぶん【和文】「―英訳」「―に翻訳する」

わへい【和平】「―交渉」「―を申し入れる」

わへい【話柄】「―にのぼる」「―を転じる」

わほう【話法】「直接(間接)―」「すぐれた―」

わぼく【和睦】「隣国と―する」

わめい【和名】 動植物の日本での名称。普通、片仮名で表記。⇕漢名。

わめく【▿喚く】「―・き散らす」「泣いても―・いてももう遅い」

わやく【和訳】「英文を―する」

わよう【和様】「―建築」

わようせっちゅう【和洋折衷】「―の建物」

わら【▿藁】「溺れる者は―をもつかむ」

わらいぐさ【笑い▿種】「世間のいい―になる」

わらいじょうご【笑い上戸】「―の娘」

わらいばなし【笑い話】「―を聞いて腹がよじれる」「一座の―で済ませる」

わらいもの【笑い物】「世間の―になる」

わらう【笑う】 うれしさなどで顔を柔らげ声を出す。「にっこりと―」「―門〈かど〉には福来たる」

わらう【▿嗤う・笑う】 あざける。嘲笑する。「人の失敗を陰で―」「鼻先で―」

わらぐつ【▿藁▿沓】「―を履いて雪道を進む」

わらさ【〈稚鰤〉】 ブリの未成魚。「―の刺身」

わらじ【〈草鞋〉】「―を編む」「―を履く(脱ぐ)」「二足の―を履く」

わらしべ【▿藁▿稭】「―長者」

わらづと【▿藁▿苞】「―の納豆」

わらばんし【▿藁半紙】「―に印刷したプリント」

わらび【▿蕨】「山野に入って―を採る」

わらぶき【▿藁葺き】「―の屋根」

わらべ【童】「里の―」

わらべうた【童歌】「昔なつかしい―」

わらわ【▿童】「―髪」「―姿」

わらわ【▿妾】 昔、武家の女性の自称。「殿がそうなさるのであれば―にも覚悟がございます」

わり【割】「二日に三冊の―で本を読む」「細い―によく食べる」「―が(に)合わない仕事」「正直者が―を食う世の中」

わりあい【割合】「交際費の占める―」「この作品はわりあいによく出来ている」

わりあて【割(り)当て】「寄付の―」「仕事の―を決める」

わりいん【割(り)印】「正副二通の契約書に―を押す」

わりかん【割(り)勘】「宴会の費用は―にする」

わりきる【割(り)切る】「仕事と―・って考える」

わりご【▿破り子・▿破り▿籠】「―蕎麦〈そば〉」「―の弁当」

わりこむ【割(り)込む】「―・まず順序よく御乗車下さい」「人の話に―」

わりざん【割(り)算】 ある数を他の数で割る計算。

わりした【割(り)下】「すき焼きの―」

わりだか【割高】 ⇕割安。「この品物は―だ」「―になる」

わりだす【割(り)出す】「生産コストから単価を―」「遺留品から犯人を―」

わりちゅう【割(り)注・割り▿註】「本文に―を付す」

わりつけ【割(り)付け】「原稿に―をして印刷所に回す」

わりない【▿理無い】 理屈では説明できない。「二人は―仲になる」

わりに【割に】「今日は―早く仕事が終わった」

わりばし【割(り)箸】「―を割る」

わりはん【割(り)判】 割り印。

わりびき【割引】「往復―」「―販売」

わりふ【割符】「―が合う」

わりふる【割(り)振る】「仕事を―」「座席を―」

わりまえ【割(り)前】「―を出す」

わりまし【割(り)増し】「深夜は―料金を取られる」

わりもどし【割(り)戻し】「掛け金の一部が―になる」

わりやす【割安】⇔割高。「三個以上買うと―になる」

わる【悪】「相当の―だ」

わる【割る】「ガラスを―」「六を二で―」「定員を―学部」「二人のけんかに―って入る」

わるあがき【悪▽足▼掻き】「今頃―しても無駄だ」

わるい【悪い】「天気が―」「声が―」「性格が―」「気分が―」「娘に―虫がつく」「決して―ようにはしない」

わるがしこい【悪賢い】「狐のように―男」

わるぎ【悪気】「―はまったくない」

わるくち【悪口】「陰で友人の―を言う」

わるずれ【悪擦れ】「―していない純朴な青年」

わるだくみ【悪巧み】「―がばれる」「―に引っ掛かる」

わるぢえ【悪知恵】「―が働く」「―を付ける」

わるのり【悪乗り】「―して非難を浴びる」

わるびれる【悪びれる】「いっこうに―・れた様子もない」

わるふざけ【悪《〈巫山戯〉》】「ちょっと―が過ぎたようだ」

わるもの【悪者】「―を懲らしめる」

わるよい【悪酔い】「無理に飲まされて―する」

われ【我】「ふと―に返る」「―を忘れてさまよう」「―こそはと思う者は応募されたい」「―にもなく取り乱してしまった」「―関せず焉〈えん〉」

われがちに【我《勝》ちに】「―逃げ出す」「―席を取る」

われがね【▽破れ鐘・割れ鐘】「―のような声で怒鳴る」

われさきに【我先に】「―走り出す」

われながら【我▼乍ら】「―よくやり遂げたものだ」「―いやになる」

われなべ【▽破れ鍋・割れ鍋】「―に綴じ蓋」

われめ【割れ目】「氷の―」「岩の―」

われもこう【▼吾▼亦紅・▼吾▽木香】バラ科の多年草。「―の赤い花穂」

われもの【割れ物・▽破れ物】「―注意」

われら【我▽等】「―の母校」

われる【割れる・▽破れる】「ガラスが―」「票が―」「―ような拍手」「底が―」

われわれ【我我】「―は最善を尽くした」

わん【湾（灣）】ワン ―「湾外・湾岸・湾曲・湾口・湾頭・湾内・湾入・湾流・港湾・内湾」〔「彎」の書き換え字としても用いられる〕

わん【腕】ワン うで「腕章・腕力・剛腕・左腕・手腕・鉄腕・敏腕」

わん【▼椀・▼碗・▼盌】「吸い物の―」

わん【湾】「東京―」「―の奥にある漁港」

わんがん【湾岸】「―道路」

わんきょく【湾曲・▼彎曲】「―している海岸線」

わんしょう【腕章】「会場整理係の―を巻く」

わんだね【▼椀種】「―のあさり」

ワンタン【雲呑・餛飩】〔中国語〕「―麺」

わんない【湾内】「―は波が静かだ」

わんにゅう【湾入・▼彎入】「海が―する」

わんぱく【《腕白》】「―坊主」「―な子供」「―盛りの年頃」〔「腕白」は当て字〕

わんりょく【腕力】「―を振るう」「―に訴える」「―沙汰〈ざた〉に及ぶ」

付録目次

常用漢字音訓一覧・「常用漢字表」付表…〔2〕
新「常用漢字」一覧…〔19〕
新「常用漢字表」の変更点…〔26〕
手書きの字体について…〔27〕
人名用漢字別表…〔30〕
現代仮名遣い…〔34〕
送り仮名の付け方…〔43〕
ローマ字のつづり方…〔51〕
外来語の表記…〔63〕

付録

常用漢字音訓一覧

● 平成二二年一一月三〇日内閣告示「常用漢字表」から、漢字欄と音訓欄を一覧として掲げた。また、「常用漢字表」の「付表」も掲げた。

● 新しい常用漢字は一九六字が追加され、五字が削除された結果、二一三六字となっている。

● 一覧の中で、新しく採用された新「常用漢字」一九六字は、右肩に「●」を付けて示した。

● 各漢字の音は片仮名で、訓は平仮名で示されている。字下げの音訓は使い方が限られている読み方である。（三省堂編修所注）

あ

亜　ア
哀　アイ　あわれ　あわれむ
挨●　アイ
愛　アイ
曖●　アイ
悪　アク　オ　わるい
握　アク　にぎる
圧　アツ
扱　あつかう
宛●　あてる
嵐●　あらし
安　アン　やすい
案　アン
暗　アン　くらい

い

以　イ
衣　イ　ころも
位　イ　くらい
囲　イ　かこむ　かこう
医　イ
依　イ　エ
委　イ　ゆだねる
威　イ
為　イ
畏●　イ　おそれる
胃　イ
尉　イ
異　イ　こと
移　イ　うつる　うつす
萎●　イ　なえる
偉　イ　えらい
椅●　イ
彙●　イ
意　イ
違　イ　ちがう　ちがえる
維　イ
慰　イ　なぐさめる　なぐさむ
遺　イ　ユイ
緯　イ
域　イキ
育　イク　そだつ　そだてる　はぐくむ
一　イチ　イツ　ひと　ひとつ
壱　イチ
逸　イツ
茨●　いばら
芋　いも
引　イン　ひく　ひける
印　イン　しるし
因　イン　よる
咽●　イン
姻　イン
員　イン
院　イン
淫●　イン　みだら
陰　イン　かげ　かげる
飲　イン　のむ
隠　イン　かくす　かくれる
韻　イン

う

右　ウ　ユウ　みぎ
宇　ウ
羽　ウ　は　はね
雨　ウ　あめ　あま
唄●　うた
鬱●　ウツ
畝　うね
浦　うら
運　ウン　はこぶ
雲　ウン　くも

え

永　エイ　ながい
泳　エイ　およぐ
英　エイ
映　エイ　うつる　うつす　はえる
栄　エイ　さかえる　はえ　はえる
営　エイ　いとなむ
詠　エイ　よむ
影　エイ　かげ
鋭　エイ　するどい
衛　エイ
易　エキ　イ　やさしい
疫　エキ　ヤク
益　エキ　ヤク
液　エキ
駅　エキ
悦　エツ
越　エツ　こす　こえる
謁　エツ
閲　エツ
円　エン　まるい
延　エン　のびる　のべる　のばす
沿　エン　そう
炎　エン　ほのお
怨●　エン　オン
宴　エン
媛●　エン
援　エン
園　エン　その
煙　エン　けむる　けむり　けむい
猿　エン　さる
遠　エン　オン　とおい
鉛　エン　なまり
塩　エン　しお
演　エン
縁　エン　ふち
艶●　エン　つや

お

汚　オ　けがす　けがれる　けがらわしい　よごす　よごれる　きたない
王　オウ
凹　オウ
央　オウ

応 オウ こたえる
往 オウ
押 オウ おす おさえる
旺 オウ
欧 オウ
殴 オウ なぐる
桜 オウ さくら
翁 オウ
奥 オウ おく
横 オウ よこ
岡 おか
屋 オク や
億 オク
憶 オク
臆 オク
虞 おそれ
乙 オツ
俺 おれ
卸 おろす おろし
音 オン イン おと ね
恩 オン
温 オン あたたか あたたかい あたたまる あたためる
穏 オン おだやか

か

下 カ ゲ した しも もと さげる さがる くだる くだす くださる おろす おりる
化 カ ケ ばける ばかす
火 カ ひ ほ
加 カ くわえる くわわる
可 カ
仮 カ ケ かり
何 カ なに なん
花 カ はな
佳 カ
価 カ あたい
果 カ はたす はてる はて
河 カ かわ
苛 カ
科 カ
架 カ かける かかる
夏 カ ゲ なつ
家 カ ケ いえ や
荷 カ に
華 カ ケ はな
菓 カ
貨 カ
渦 カ うず
過 カ すぎる すごす あやまつ あやまち
嫁 カ よめ とつぐ
暇 カ ひま
禍 カ
靴 カ くつ
寡 カ
歌 カ うた うたう
箇 カ
稼 カ かせぐ
課 カ
蚊 か
牙 ガ ゲ きば
瓦 ガ かわら
我 ガ われ わ
画 ガ カク
芽 ガ め
賀 ガ
雅 ガ
餓 ガ
介 カイ
回 カイ エ まわる まわす
灰 カイ はい
会 カイ エ あう
快 カイ こころよい
戒 カイ いましめる
改 カイ あらためる あらたまる
怪 カイ あやしい あやしむ
拐 カイ
悔 カイ くいる くやむ くやしい
海 カイ うみ
界 カイ
皆 カイ みな
械 カイ
絵 カイ エ
開 カイ ひらく ひらける あく あける
階 カイ
塊 カイ かたまり
楷 カイ
解 カイ ゲ とく とかす とける
潰 カイ つぶす つぶれる
壊 カイ こわす こわれる
懐 カイ ふところ なつかしい なつかしむ なつく なつける
諧 カイ
貝 かい
外 ガイ ゲ そと ほか はずす はずれる
劾 ガイ
害 ガイ
崖 ガイ がけ
涯 ガイ
街 ガイ カイ まち
慨 ガイ
蓋 ガイ ふた
該 ガイ
概 ガイ
骸 ガイ
垣 かき
柿 かき
各 カク おのおの
角 カク かど つの
拡 カク
革 カク かわ
格 カク コウ
核 カク
殻 カク から
郭 カク
覚 カク おぼえる さます さめる
較 カク
隔 カク へだてる へだたる
閣 カク
確 カク たしか たしかめる
獲 カク える
嚇 カク
穫 カク
学 ガク まなぶ
岳 ガク たけ
楽 ガク ラク たのしい たのしむ
額 ガク ひたい
顎 ガク あご
掛 かける かかる かかり
潟 かた
括 カツ
活 カツ
喝 カツ
渇 カツ かわく
割 カツ わる わり われる さく
葛 カツ くず
滑 カツ コツ すべる なめらか
褐 カツ

轄 カツ
且 かつ
株 かぶ
釜 かま
鎌 かま
刈 かる
干 カン ほす ひる
刊 カン
甘 カン あまい あまえる あまやかす
汗 カン あせ
缶 カン
完 カン
肝 カン きも
官 カン
冠 カン かんむり
巻 カン まく まき
看 カン
陥 カン おちいる おとしいれる

乾 カン かわく かわかす
勘 カン
患 カン わずらう
貫 カン つらぬく
寒 カン さむい
喚 カン
堪 カン たえる
換 カン かえる かわる
敢 カン
棺 カン
款 カン
間 カン ケン あいだ ま
閑 カン
勧 カン すすめる
寛 カン
幹 カン みき
感 カン

漢 カン
慣 カン なれる ならす
管 カン くだ
関 カン せき かかわる
歓 カン
監 カン
緩 カン ゆるい ゆるやか ゆるむ ゆるめる
憾 カン
還 カン
館 カン やかた
環 カン
簡 カン
観 カン
韓 カン
艦 カン
鑑 カン かんがみる
丸 ガン まる まるい まるめる

含 ガン ふくむ ふくめる
岸 ガン きし
岩 ガン いわ
玩 ガン
眼 ガン ゲン まなこ
頑 ガン
顔 ガン かお
願 ガン ねがう

き

企 キ くわだてる
伎 キ
危 キ あぶない あやうい あやぶむ
机 キ つくえ
気 キ ケ
岐 キ
希 キ
忌 キ いむ いまわしい

汽 キ
奇 キ
祈 キ いのる
季 キ
紀 キ
軌 キ
既 キ すでに
記 キ しるす
起 キ おきる おこる おこす
飢 キ うえる
鬼 キ おに
帰 キ かえる かえす
基 キ もと もとい
寄 キ よる よせる
規 キ

亀 キ かめ
喜 キ よろこぶ
幾 キ いく
揮 キ
期 キ ゴ
棋 キ
貴 キ たっとい とうとい たっとぶ とうとぶ
棄 キ
毀 キ
旗 キ はた
器 キ うつわ
畿 キ
輝 キ かがやく
機 キ はた
騎 キ
技 ギ わざ
宜 ギ

偽 ギ いつわる にせ
欺 ギ あざむく
義 ギ
疑 ギ うたがう
儀 ギ
戯 ギ たわむれる
擬 ギ
犠 ギ
議 ギ
菊 キク
吉 キチ キツ
喫 キツ
詰 キツ つめる つまる つむ
却 キャク
客 キャク カク
脚 キャク キャ あし
逆 ギャク さか さからう

虐 ギャク しいたげる
九 キュウ ク ここの ここのつ
久 キュウ ク ひさしい
及 キュウ およぶ および およぼす
弓 キュウ ゆみ
丘 キュウ おか
旧 キュウ
休 キュウ やすむ やすまる やすめる
吸 キュウ すう
朽 キュウ くちる
臼 キュウ うす
求 キュウ もとめる
究 キュウ きわめる

泣 キュウ なく
急 キュウ いそぐ
級 キュウ
糾 キュウ
宮 キュウ グウ ク みや
救 キュウ すくう
球 キュウ たま
給 キュウ
嗅 キュウ かぐ
窮 キュウ きわめる きわまる
牛 ギュウ うし
去 キョ コ さる
巨 キョ
居 キョ いる
拒 キョ こばむ
拠 キョ コ

挙 キョ あげる あがる
虚 キョ コ
許 キョ ゆるす
距 キョ
魚 ギョ うお さかな
御 ギョ ゴ おん
漁 ギョ リョウ
凶 キョウ
共 キョウ とも
叫 キョウ さけぶ
狂 キョウ くるう くるおしい
京 キョウ ケイ
享 キョウ
供 キョウ ク そなえる とも
協 キョウ

況 キョウ
峡 キョウ
挟 キョウ はさむ はさまる
狭 キョウ せまい せばめる せばまる
恐 キョウ おそれる おそろしい
恭 キョウ うやうやしい
胸 キョウ むね むな
脅 キョウ おびやかす おどす おどかす
強 キョウ ゴウ つよい つよまる つよめる しいる
教 キョウ おしえる おそわる
郷 キョウ ゴウ
境 キョウ ケイ さかい

橋 キョウ はし
矯 キョウ ためる
鏡 キョウ かがみ
競 キョウ ケイ きそう せる
響 キョウ ひびく
驚 キョウ おどろく おどろかす
仰 ギョウ コウ あおぐ おおせ
暁 ギョウ あかつき
業 ギョウ ゴウ わざ
凝 ギョウ こる こらす
曲 キョク まがる まげる
局 キョク
極 キョク ゴク きわめる きわまる きわみ

玉 ギョク たま
巾 キン
斤 キン
均 キン
近 キン ちかい
金 キン コン かね かな
菌 キン
勤 キン ゴン つとめる つとまる
琴 キン こと
筋 キン すじ
僅 キン わずか
禁 キン
緊 キン
錦 キン にしき
謹 キン つつしむ

襟 キン えり
吟 ギン
銀 ギン

く

区 ク
句 ク
苦 ク くるしい くるしむ くるしめる にがい にがる
駆 ク かける かる
具 グ
惧 グ
愚 グ おろか
空 クウ そら あく あける から
偶 グウ
遇 グウ
隅 グウ すみ
串 くし
屈 クツ

掘 クツ ほる
窟 クツ
熊 くま
繰 くる
君 クン きみ
訓 クン
勲 クン
薫 クン かおる
軍 グン
郡 グン
群 グン むれる むれ むら

け

兄 ケイ キョウ あに
刑 ケイ
形 ケイ ギョウ かた かたち
系 ケイ
径 ケイ
茎 ケイ くき

係 ケイ かかる かかり
型 ケイ かた
契 ケイ ちぎる
計 ケイ はかる はからう
恵 ケイ エ めぐむ
啓 ケイ
掲 ケイ かかげる
渓 ケイ
経 ケイ キョウ へる
蛍 ケイ ほたる
敬 ケイ うやまう
景 ケイ
軽 ケイ かるい かろやか
傾 ケイ かたむく かたむける

携 ケイ たずさえる たずさわる
継 ケイ つぐ
詣 ケイ もうでる
慶 ケイ
憬 ケイ
稽 ケイ
憩 ケイ いこい いこう
警 ケイ
鶏 ケイ にわとり
芸 ゲイ
迎 ゲイ むかえる
鯨 ゲイ くじら
隙 ゲキ すき
劇 ゲキ
撃 ゲキ うつ
激 ゲキ はげしい
桁 けた
欠 ケツ かける かく

穴 ケツ あな
血 ケツ ち
決 ケツ きめる きまる
結 ケツ むすぶ ゆう ゆわえる
傑 ケツ
潔 ケツ いさぎよい
月 ゲツ ガツ つき
犬 ケン いぬ
件 ケン
見 ケン みる みえる みせる
券 ケン
肩 ケン かた
建 ケン コン たてる たつ
研 ケン とぐ

県 ケン
倹 ケン
兼 ケン かねる
剣 ケン つるぎ
拳 ケン こぶし
軒 ケン のき
健 ケン すこやか
険 ケン けわしい
圏 ケン
堅 ケン かたい
検 ケン
嫌 ケン ゲン きらう いや
献 ケン コン
絹 ケン きぬ
遣 ケン つかう つかわす
権 ケン ゴン

憲 ケン
賢 ケン かしこい
謙 ケン
鍵 ケン かぎ
繭 ケン まゆ
顕 ケン
験 ケン ゲン
懸 ケン ケ かける かかる
元 ゲン ガン もと
幻 ゲン まぼろし
玄 ゲン
言 ゲン ゴン いう こと
弦 ゲン つる
限 ゲン かぎる
原 ゲン はら

現 ゲン あらわれる あらわす
舷 ゲン
減 ゲン へる へらす
源 ゲン みなもと
厳 ゲン ゴン おごそか きびしい

こ

己 コ キ おのれ
戸 コ と
古 コ ふるい ふるす
呼 コ よぶ
固 コ かためる かたまる かたい
股 コ また
虎 コ とら

孤 コ
弧 コ
故 コ ゆえ
枯 コ かれる からす
個 コ
庫 コ ク
湖 コ みずうみ
雇 コ やとう
誇 コ ほこる
鼓 コ つづみ
錮 コ
顧 コ かえりみる
五 ゴ いつ いつつ
互 ゴ たがい
午 ゴ
呉 ゴ
後 ゴ コウ のち うしろ あと おくれる

娯 ゴ
悟 ゴ さとる
碁 ゴ
語 ゴ かたる かたらう
誤 ゴ あやまる
護 ゴ
口 コウ ク くち
工 コウ ク
公 コウ おおやけ
勾 コウ
孔 コウ
功 コウ ク
巧 コウ たくみ
広 コウ ひろい ひろまる ひろめる ひろがる ひろげる

甲 コウ カン
交 コウ まじわる まじえる まじる まざる まぜる かう かわす
光 コウ ひかる ひかり
向 コウ むく むける むかう むこう
后 コウ
好 コウ このむ すく
江 コウ え
考 コウ かんがえる
行 コウ ギョウ アン いく ゆく おこなう
坑 コウ
孝 コウ

抗 コウ
攻 コウ せめる
更 コウ さら ふける ふかす
効 コウ きく
幸 コウ さいわい さち しあわせ
拘 コウ
肯 コウ
侯 コウ
厚 コウ あつい
恒 コウ
洪 コウ
皇 コウ オウ
紅 コウ ク べに くれない
荒 コウ あらい あれる あらす
郊 コウ

香 コウ キョウ か かおり かおる
候 コウ そうろう
校 コウ
耕 コウ たがやす
航 コウ
貢 コウ ク みつぐ
降 コウ おりる おろす ふる
高 コウ たかい たか たかまる たかめる
康 コウ
控 コウ ひかえる
梗 コウ
黄 コウ オウ き こ
喉 コウ のど

慌 コウ あわてる あわただしい
港 コウ みなと
硬 コウ かたい
絞 コウ しぼる しめる しまる
項 コウ
溝 コウ みぞ
鉱 コウ
構 コウ かまえる かまう
綱 コウ つな
酵 コウ
稿 コウ
興 コウ キョウ おこる おこす
衡 コウ
鋼 コウ はがね
講 コウ
購 コウ

乞　こう
号　ゴウ
合　ゴウ　ガッ　カッ　あう　あわす　あわせる
拷　ゴウ
剛　ゴウ
傲　ゴウ
豪　ゴウ
克　コク
告　コク　つげる
谷　コク　たに
刻　コク　きざむ
国　コク　くに
黒　コク　くろ　くろい
穀　コク
酷　コク
獄　ゴク
骨　コツ　ほね
駒　こま

込　こむ　こめる
頃　ころ
今　コン　キン　いま
困　コン　こまる
昆　コン
恨　コン　うらむ　うらめしい
根　コン　ね
婚　コン
混　コン　まじる　まざる　まぜる　こむ
痕　コン　あと
紺　コン
魂　コン　たましい
墾　コン
懇　コン　ねんごろ

さ

左　サ　ひだり

佐　サ
沙　サ
査　サ
砂　サ　シャ　すな
唆　サ　そそのかす
差　サ　さす
詐　サ
鎖　サ　くさり
座　ザ　すわる
挫　ザ
才　サイ
再　サイ　サ　ふたたび
災　サイ　わざわい
妻　サイ　つま
采　サイ
砕　サイ　くだく　くだける
宰　サイ
栽　サイ

彩　サイ　いろどる
採　サイ　とる
済　サイ　すむ　すます
祭　サイ　まつる　まつり
斎　サイ
細　サイ　ほそい　ほそる　こまか　こまかい
菜　サイ　な
最　サイ　もっとも
裁　サイ　たつ　さばく
債　サイ
催　サイ　もよおす
塞　サイ　ソク　ふさぐ　ふさがる
歳　サイ　セイ
載　サイ　のせる　のる

際　サイ　きわ
埼　さい
在　ザイ　ある
材　ザイ
剤　ザイ
財　ザイ　サイ
罪　ザイ　つみ
崎　さき
作　サク　サ　つくる
削　サク　けずる
昨　サク
柵　サク
索　サク
策　サク
酢　サク　す
搾　サク　しぼる
錯　サク
咲　さく
冊　サツ　サク

札　サツ　ふだ
刷　サツ　する
刹　サツ　セツ
拶　サツ
殺　サツ　サイ　セツ　ころす
察　サツ
撮　サツ　とる
擦　サツ　する　すれる
雑　ザツ　ゾウ
皿　さら
三　サン　み　みつ　みっつ
山　サン　やま
参　サン　まいる
桟　サン
蚕　サン　かいこ

惨　サン　ザン　みじめ
産　サン　うむ　うまれる　うぶ
傘　サン　かさ
散　サン　ちる　ちらす　ちらかす　ちらかる
算　サン
酸　サン　すい
賛　サン
残　ザン　のこる　のこす
斬　ザン　きる
暫　ザン

し

士　シ
子　シ　ス　こ
支　シ　ささえる
止　シ　とまる　とめる

氏　シ　うじ
仕　シ　ジ　つかえる
史　シ
司　シ
四　シ　よ　よつ　よっつ　よん
市　シ　いち
矢　シ　や
旨　シ　むね
死　シ　しぬ
糸　シ　いと
至　シ　いたる
伺　シ　うかがう
志　シ　こころざす　こころざし
私　シ　わたくし　わたし

使　シ　つかう
刺　シ　さす　ささる
始　シ　はじめる　はじまる
姉　シ　あね
枝　シ　えだ
祉　シ
肢　シ
姿　シ　すがた
思　シ　おもう
指　シ　ゆび　さす
施　シ　セ　ほどこす
師　シ
恣　シ
紙　シ　かみ
脂　シ　あぶら
視　シ
紫　シ　むらさき

詞	シ
歯	シ　は
嗣	シ
試	シ　こころみる　ためす
詩	シ
資	シ
飼	シ　かう
誌	シ
雌	シ　め　めす
摯	シ
賜	シ　たまわる
諮	シ　はかる
示	ジ　シ　しめす
字	ジ　あざ
寺	ジ　てら
次	ジ　シ　つぐ　つぎ
耳	ジ　みみ
自	ジ　シ　みずから
似	ジ　にる
児	ジ　ニ
事	ジ　ズ　こと
侍	ジ　さむらい
治	ジ　チ　おさめる　おさまる　なおる　なおす
持	ジ　もつ
時	ジ　とき
滋	ジ
慈	ジ　いつくしむ
辞	ジ　やめる
磁	ジ
餌	ジ　えさ　え
璽	ジ
鹿	しか　か
式	シキ
識	シキ
軸	ジク
七	シチ　なな　ななつ　なの
叱	シツ　しかる
失	シツ　うしなう
室	シツ　むろ
疾	シツ
執	シツ　シュウ　とる
湿	シツ　しめる　しめす
嫉	シツ
漆	シツ　うるし
質	シツ　シチ　チ
実	ジツ　み　みのる
芝	しば
写	シャ　うつす　うつる
社	シャ　やしろ
車	シャ　くるま
舎	シャ
者	シャ　もの
射	シャ　いる
捨	シャ　すてる
赦	シャ
斜	シャ　ななめ
煮	シャ　にる　にえる　にやす
遮	シャ　さえぎる
謝	シャ　あやまる
邪	ジャ
蛇	ジャ　ダ　へび
尺	シャク
借	シャク　かりる
酌	シャク　くむ
釈	シャク
爵	シャク
若	ジャク　ニャク　わかい　もしくは
弱	ジャク　よわい　よわる　よわまる　よわめる
寂	ジャク　セキ　さび　さびしい　さびれる
手	シュ　て　た
主	シュ　ス　ぬし　おも
守	シュ　ス　まもる　もり
朱	シュ
取	シュ　とる
狩	シュ　かる　かり
首	シュ　くび
殊	シュ　こと
珠	シュ
酒	シュ　さけ　さか
腫	シュ　はれる　はらす
種	シュ　たね
趣	シュ　おもむき
寿	ジュ　ことぶき
受	ジュ　うける　うかる
呪	ジュ　のろう
授	ジュ　さずける　さずかる
需	ジュ
儒	ジュ
樹	ジュ
収	シュウ　おさめる　おさまる
囚	シュウ
州	シュウ　す
舟	シュウ　ふね　ふな
秀	シュウ　ひいでる
周	シュウ　まわり
宗	シュウ　ソウ
拾	シュウ　ジュウ　ひろう
秋	シュウ　あき
臭	シュウ　くさい　におう
修	シュウ　シュ　おさめる　おさまる
袖	シュウ　そで
終	シュウ　おわる　おえる
羞	シュウ
習	シュウ　ならう
週	シュウ
就	シュウ　ジュ　つく　つける
衆	シュウ　シュ
集	シュウ　あつまる　あつめる　つどう
愁	シュウ　うれえる　うれい
酬	シュウ
醜	シュウ　みにくい
蹴	シュウ　ける
襲	シュウ　おそう
十	ジュウ　ジッ　とお　と
汁	ジュウ　しる
充	ジュウ　あてる
住	ジュウ　すむ　すまう
柔	ジュウ　ニュウ　やわらか　やわらかい
重	ジュウ　チョウ　え　おもい　かさねる　かさなる
従	ジュウ　ショウ　ジュ　したがう　したがえる
渋	ジュウ　しぶ　しぶい　しぶる
銃	ジュウ
獣	ジュウ　けもの
縦	ジュウ　たて
叔	シュク
祝	シュク　シュウ　いわう
宿	シュク　やど　やどる　やどす
淑	シュク
粛	シュク
縮	シュク　ちぢむ　ちぢまる　ちぢめる

ちぢれる ちぢらす
塾 ジュク
熟 ジュク うれる
出 シュツ スイ でる だす
述 ジュツ のべる
術 ジュツ
俊 シュン
春 シュン はる
瞬 シュン またたく
旬 ジュン シュン
巡 ジュン めぐる
盾 ジュン たて
准 ジュン
殉 ジュン
純 ジュン
循 ジュン
順 ジュン
準 ジュン

潤 ジュン うるおう うるおす うるむ
遵 ジュン
処 ショ
初 ショ はじめ はじめて はつ うい そめる
所 ショ ところ
書 ショ かく
庶 ショ
暑 ショ あつい
署 ショ
緒 ショ チョ お
諸 ショ
女 ジョ ニョ ニョウ おんな め
如 ジョ ニョ
助 ジョ たすける たすかる

すけ
序 ジョ
叙 ジョ
徐 ジョ
除 ジョ ジ のぞく
小 ショウ ちいさい こ お
升 ショウ ます
少 ショウ すくない すこし
召 ショウ めす
匠 ショウ
床 ショウ とこ ゆか
抄 ショウ
肖 ショウ
尚 ショウ
招 ショウ まねく
承 ショウ うけたまわる
昇 ショウ のぼる

松 ショウ まつ
沼 ショウ ぬま
昭 ショウ
宵 ショウ よい
将 ショウ
消 ショウ きえる けす
症 ショウ
祥 ショウ
称 ショウ
笑 ショウ わらう えむ
唱 ショウ となえる
商 ショウ あきなう
渉 ショウ
章 ショウ
紹 ショウ
訟 ショウ
勝 ショウ かつ まさる
掌 ショウ

晶 ショウ
焼 ショウ やく やける
焦 ショウ こげる こがす こがれる あせる
硝 ショウ
粧 ショウ
詔 ショウ みことのり
証 ショウ
象 ショウ ゾウ
傷 ショウ きず いたむ いためる
奨 ショウ
照 ショウ てる てらす てれる
詳 ショウ くわしい
彰 ショウ
障 ショウ さわる
憧 ショウ あこがれる

衝 ショウ
賞 ショウ
償 ショウ つぐなう
礁 ショウ
鐘 ショウ かね
上 ジョウ ショウ うえ うわ かみ あげる あがる のぼる のぼせる のぼす
丈 ジョウ たけ
冗 ジョウ
条 ジョウ
状 ジョウ
乗 ジョウ のる のせる
城 ジョウ しろ
浄 ジョウ
剰 ジョウ
常 ジョウ つね とこ

情 ジョウ セイ なさけ
場 ジョウ ば
畳 ジョウ たたむ たたみ
蒸 ジョウ むす むれる むらす
縄 ジョウ なわ
壌 ジョウ
嬢 ジョウ
錠 ジョウ
譲 ジョウ ゆずる
醸 ジョウ かもす
色 ショク シキ いろ
拭 ショク ふく ぬぐう
食 ショク ジキ くう くらう たべる
植 ショク

うえる うわる
殖 ショク ふえる ふやす
飾 ショク かざる
触 ショク ふれる さわる
嘱 ショク
織 ショク シキ おる
職 ショク
辱 ジョク はずかしめる
尻 しり
心 シン こころ
申 シン もうす
伸 シン のびる のばす のべる
臣 シン ジン
芯 シン
身 シン み
辛 シン

からい
侵 シン おかす
信 シン
津 シン つ
神 シン ジン かみ かん こう
唇 シン くちびる
娠 シン
振 シン ふる ふるう ふれる
浸 シン ひたす ひたる
真 シン ま
針 シン はり
深 シン ふかい ふかまる ふかめる
紳 シン
進 シン すすむ すすめる

森 シン もり
診 シン みる
寝 シン ねる ねかす
慎 シン つつしむ
新 シン あたらしい あらた にい
審 シン
震 シン ふるう ふるえる
薪 シン たきぎ
親 シン おや したしい したしむ
人 ジン ニン ひと
刃 ジン は
仁 ジン ニ
尽 ジン つくす つきる つかす
迅 ジン
甚 ジン はなはだ はなはだしい
陣 ジン
尋 ジン たずねる
腎 ジン

す

須 ス
図 ズ ト はかる
水 スイ みず
吹 スイ ふく
垂 スイ たれる たらす
炊 スイ たく
帥 スイ
粋 スイ いき
衰 スイ おとろえる
推 スイ おす
酔 スイ よう
遂 スイ とげる
睡 スイ
穂 スイ ほ
随 ズイ
髄 ズイ
枢 スウ
崇 スウ
数 スウ ス かず かぞえる
据 すえる すわる
杉 すぎ
裾 すそ
寸 スン

せ

瀬 せ
是 ゼ
井 セイ ショウ い
世 セイ セ よ
正 セイ ショウ ただしい ただす まさ
生 セイ ショウ いきる いかす いける うまれる うむ おう はえる はやす き なま
成 セイ ジョウ なる なす
西 セイ サイ にし
声 セイ ショウ こえ こわ
制 セイ
姓 セイ ショウ
征 セイ
性 セイ ショウ
青 セイ ショウ あお あおい
斉 セイ
政 セイ ショウ まつりごと
星 セイ ショウ ほし
牲 セイ
省 セイ ショウ かえりみる はぶく
凄 セイ
逝 セイ ゆく いく
清 セイ ショウ きよい きよまる きよめる
盛 セイ ジョウ もる さかる さかん
婿 セイ むこ
晴 セイ はれる はらす
勢 セイ いきおい
聖 セイ
誠 セイ まこと
精 セイ ショウ
製 セイ
誓 セイ ちかう
静 セイ ジョウ しず しずか しずまる しずめる
請 セイ シン こう うける
整 セイ ととのえる ととのう
醒 セイ
税 ゼイ
夕 セキ ゆう
斥 セキ
石 セキ シャク コク いし
赤 セキ シャク あか あかい あからむ あからめる
昔 セキ シャク むかし
析 セキ
席 セキ
脊 セキ
隻 セキ
惜 セキ おしい おしむ
戚 セキ
責 セキ せめる
跡 セキ あと
積 セキ つむ つもる
績 セキ
籍 セキ
切 セツ サイ きる きれる
折 セツ おる おり おれる
拙 セツ つたない
窃 セツ
接 セツ つぐ
設 セツ もうける
雪 セツ ゆき
摂 セツ
節 セツ セチ ふし
説 セツ ゼイ とく
舌 ゼツ した
絶 ゼツ たえる たやす たつ
千 セン ち
川 セン かわ
仙 セン
占 セン しめる うらなう
先 セン さき
宣 セン
専 セン もっぱら
泉 セン いずみ
浅 セン あさい
洗 セン あらう
染 セン そめる そまる しみる しみ
扇 セン おうぎ
栓 セン
旋 セン
船 セン ふね ふな
戦 セン いくさ たたかう
煎 セン いる
羨 セン うらやむ うらやましい
腺 セン
詮 セン

践 セン
箋 セン
銭 セン ぜに
潜 セン ひそむ もぐる
線 セン
遷 セン
選 セン えらぶ
薦 セン すすめる
繊 セン
鮮 セン あざやか
全 ゼン まったく すべて
前 ゼン まえ
善 ゼン よい
然 ゼン ネン
禅 ゼン
漸 ゼン
膳 ゼン
繕 ゼン つくろう

そ

狙 ソ ねらう
阻 ソ はばむ
祖 ソ
租 ソ
素 ソ ス
措 ソ
粗 ソ あらい
組 ソ くむ くみ
疎 ソ うとい うとむ
訴 ソ うったえる
塑 ソ
遡 ソ さかのぼる
礎 ソ いしずえ
双 ソウ ふた
壮 ソウ
早 ソウ サッ

はやい はやまる はやめる
争 ソウ あらそう
走 ソウ はしる
奏 ソウ かなでる
相 ソウ ショウ あい
荘 ソウ
草 ソウ くさ
送 ソウ おくる
倉 ソウ くら
捜 ソウ さがす
挿 ソウ さす
桑 ソウ くわ
巣 ソウ す
掃 ソウ はく
曹 ソウ
曽 ソウ ゾ

爽 ソウ さわやか
窓 ソウ まど
創 ソウ つくる
喪 ソウ も
痩 ソウ やせる
葬 ソウ ほうむる
装 ソウ ショウ よそおう
僧 ソウ
想 ソウ ソ
層 ソウ
総 ソウ
遭 ソウ あう
槽 ソウ
踪 ソウ
操 ソウ みさお あやつる
燥 ソウ
霜 ソウ しも

騒 ソウ さわぐ
藻 ソウ も
造 ゾウ つくる
像 ゾウ
増 ゾウ ます ふえる ふやす
憎 ゾウ にくむ にくい にくらしい にくしみ
蔵 ゾウ くら
贈 ゾウ ソウ おくる
臓 ゾウ
即 ソク
束 ソク たば
足 ソク あし たりる たる たす
促 ソク うながす

則 ソク
息 ソク いき
捉 ソク とらえる
速 ソク はやい はやめる はやまる すみやか
側 ソク がわ
測 ソク はかる
俗 ゾク
族 ゾク
属 ゾク
賊 ゾク
続 ゾク つづく つづける
卒 ソツ
率 ソツ リツ ひきいる
存 ソン ゾン
村 ソン むら
孫 ソン まご
尊 ソン

たっとい とうとい たっとぶ とうとぶ
損 ソン そこなう そこねる
遜 ソン

た

他 タ ほか
多 タ おおい
汰 タ
打 ダ うつ
妥 ダ
唾 ダ つば
堕 ダ
惰 ダ
駄 ダ
太 タイ タ ふとい ふとる
対 タイ ツイ
体 タイ テイ からだ

耐 タイ たえる
待 タイ まつ
怠 タイ おこたる なまける
胎 タイ
退 タイ しりぞく しりぞける
帯 タイ おびる おび
泰 タイ
堆 タイ
袋 タイ ふくろ
逮 タイ
替 タイ かえる かわる
貸 タイ かす
隊 タイ
滞 タイ とどこおる
態 タイ
戴 タイ
大 ダイ タイ おお

おおきい おおいに
代 ダイ タイ かわる かえる よ しろ
台 ダイ タイ
第 ダイ
題 ダイ
滝 たき
宅 タク
択 タク
沢 タク さわ
卓 タク
拓 タク
託 タク
濯 タク
諾 ダク
濁 ダク にごる にごす
但 ただし
達 タツ
脱 ダツ ぬぐ ぬげる

奪 ダツ うばう
棚 たな
誰 だれ
丹 タン
旦 タン ダン
担 タン かつぐ になう
単 タン
炭 タン すみ
胆 タン
探 タン さぐる さがす
淡 タン あわい
短 タン みじかい
嘆 タン なげく なげかわしい
端 タン はし は はた
綻 タン ほころびる
誕 タン

鍛 タン きたえる
団 ダン トン
男 ダン ナン おとこ
段 ダン
断 ダン たつ ことわる
弾 ダン ひく はずむ たま
暖 ダン あたたか あたたかい あたたまる あたためる
談 ダン
壇 ダン タン

ち

地 チ ジ
池 チ いけ
知 チ しる
値 チ ね あたい

恥 チ はじる はじ はじらう はずかしい
致 チ いたす
遅 チ おくれる おくらす おそい
痴 チ
稚 チ
置 チ おく
緻 チ
竹 チク たけ
畜 チク
逐 チク
蓄 チク たくわえる
築 チク きずく
秩 チツ
窒 チツ
茶 チャ サ
着 チャク ジャク きる きせる つく つける
嫡 チャク
中 チュウ ジュウ なか
仲 チュウ なか
虫 チュウ むし
沖 チュウ おき
宙 チュウ
忠 チュウ
抽 チュウ
注 チュウ そそぐ
昼 チュウ ひる
柱 チュウ はしら
衷 チュウ
酎 チュウ
鋳 チュウ いる
駐 チュウ
著 チョ あらわす いちじるしい

貯 チョ
丁 チョウ テイ
弔 チョウ とむらう
庁 チョウ
兆 チョウ きざす きざし
町 チョウ まち
長 チョウ ながい
挑 チョウ いどむ
帳 チョウ
張 チョウ はる
彫 チョウ ほる
眺 チョウ ながめる
釣 チョウ つる
頂 チョウ いただく いただき
鳥 チョウ とり
朝 チョウ あさ

貼 チョウ はる
超 チョウ こえる こす
腸 チョウ
跳 チョウ はねる とぶ
徴 チョウ
嘲 チョウ あざける
潮 チョウ しお
澄 チョウ すむ すます
調 チョウ しらべる ととのう ととのえる
聴 チョウ きく
懲 チョウ こりる こらす こらしめる
直 チョク ジキ ただちに なおす なおる
勅 チョク

捗 チョク
沈 チン しずむ しずめる
珍 チン めずらしい
朕 チン
陳 チン
賃 チン
鎮 チン しずめる しずまる

つ

追 ツイ おう
椎 ツイ
墜 ツイ
通 ツウ ツ とおる とおす かよう
痛 ツウ いたい いたむ いためる
塚 つか
漬 つける つかる
坪 つぼ

爪 つめ つま
鶴 つる

て

低 テイ ひくい ひくめる ひくまる
呈 テイ
廷 テイ
弟 テイ ダイ デ おとうと
定 テイ ジョウ さだめる さだまる さだか
底 テイ そこ
抵 テイ
邸 テイ
亭 テイ
貞 テイ
帝 テイ
訂 テイ
庭 テイ にわ
逓 テイ

停 テイ
偵 テイ
堤 テイ つつみ
提 テイ さげる
程 テイ ほど
艇 テイ
締 テイ しまる しめる
諦 テイ あきらめる
泥 デイ どろ
的 テキ まと
笛 テキ ふえ
摘 テキ つむ
滴 テキ しずく したたる
適 テキ
敵 テキ かたき
溺 デキ おぼれる

迭 テツ
哲 テツ
鉄 テツ
徹 テツ
撤 テツ
天 テン あめ あま
典 テン
店 テン みせ
点 テン
展 テン
添 テン そえる そう
転 テン ころがる ころげる ころがす ころぶ
塡 テン
田 デン た
伝 デン つたわる つたえる つたう
殿 デン テン との どの
電 デン

と

斗 ト
吐 ト はく
妬 ト ねたむ
徒 ト
途 ト
都 ト ツ みやこ
渡 ト わたる わたす
塗 ト ぬる
賭 ト かける
土 ド ト つち
奴 ド
努 ド つとめる
度 ド ト タク たび
怒 ド いかる おこる
刀 トウ かたな
冬 トウ ふゆ
灯 トウ ひ
当 トウ あたる あてる
投 トウ なげる
豆 トウ ズ まめ
東 トウ ひがし
到 トウ
逃 トウ にげる にがす のがす のがれる
倒 トウ たおれる たおす
凍 トウ こおる こごえる
唐 トウ から
島 トウ しま
桃 トウ もも
討 トウ うつ
透 トウ すく すかす すける
党 トウ
悼 トウ いたむ
盗 トウ ぬすむ
陶 トウ
塔 トウ
搭 トウ
棟 トウ むね むな
湯 トウ ゆ
痘 トウ
登 トウ ト のぼる
答 トウ こたえる こたえ
等 トウ ひとしい
筒 トウ つつ
統 トウ すべる
稲 トウ いね いな
踏 トウ ふむ ふまえる
糖 トウ
頭 トウ ズ ト あたま かしら
謄 トウ
藤 トウ ふじ
闘 トウ たたかう
騰 トウ
同 ドウ おなじ
洞 ドウ ほら
胴 ドウ
動 ドウ うごく うごかす
堂 ドウ
童 ドウ わらべ
道 ドウ トウ みち
働 ドウ はたらく
銅 ドウ
導 ドウ みちびく
瞳 ドウ ひとみ
峠 とうげ
匿 トク
特 トク
得 トク える うる
督 トク
徳 トク
篤 トク
毒 ドク
独 ドク ひとり
読 ドク トク トウ よむ
栃 とち
凸 トツ
突 トツ つく
届 とどける とどく
屯 トン
豚 トン ぶた
頓 トン
貪 ドン むさぼる
鈍 ドン にぶい にぶる
曇 ドン くもる
丼 どんぶり どん

な

那 ナ
奈 ナ
内 ナイ ダイ うち
梨 なし
謎 なぞ
鍋 なべ
南 ナン ナ みなみ
軟 ナン やわらか やわらかい
難 ナン かたい むずかしい

に

二 ニ ふた ふたつ
尼 ニ あま
弐 ニ
匂 におう
肉 ニク
虹 にじ
日 ニチ ジツ ひ か
入 ニュウ いる いれる はいる
乳 ニュウ ちち ち
尿 ニョウ
任 ニン まかせる まかす
妊 ニン
忍 ニン しのぶ しのばせる
認 ニン みとめる

ね

寧 ネイ
熱 ネツ あつい
年 ネン とし
念 ネン
捻 ネン
粘 ネン ねばる
燃 ネン もえる もやす もす

の

悩 ノウ なやむ なやます
納 ノウ ナッ ナ ナン トウ おさめる おさまる
能 ノウ
脳 ノウ
農 ノウ
濃 ノウ こい

は

把 ハ
波 ハ なみ
派 ハ
破 ハ やぶる やぶれる
覇 ハ
馬 バ うま ま
婆 バ
罵 バ ののしる
拝 ハイ おがむ
杯 ハイ さかずき
背 ハイ せ せい そむく そむける
肺 ハイ
俳 ハイ
配 ハイ くばる
排 ハイ
敗 ハイ やぶれる

廃 ハイ すたれる すたる
輩 ハイ
売 バイ うる うれる
倍 バイ
梅 バイ うめ
培 バイ つちかう
陪 バイ
媒 バイ
買 バイ かう
賠 バイ
白 ハク ビャク しろ しら しろい
伯 ハク
拍 ハク ヒョウ
泊 ハク とまる とめる
迫 ハク せまる
剝 ハク はがす
はぐ はがれる はげる

舶 ハク
博 ハク バク
薄 ハク うすい うすめる うすまる うすらぐ うすれる
麦 バク むぎ
漠 バク
縛 バク しばる
爆 バク
箱 はこ
箸 はし
畑 はた はたけ
肌 はだ
八 ハチ や やつ やっつ よう
鉢 ハチ ハツ
発 ハツ ホツ

髪 ハツ かみ
伐 バツ
抜 バツ ぬく ぬける ぬかす ぬかる
罰 バツ バチ
閥 バツ
反 ハン ホン タン そる そらす
半 ハン なかば
氾 ハン
犯 ハン おかす
帆 ハン ほ
汎 ハン
伴 ハン バン ともなう
判 ハン バン
坂 ハン さか
阪 ハン

板 ハン バン いた
版 ハン
班 ハン
畔 ハン
般 ハン
販 ハン
斑 ハン
飯 ハン めし
搬 ハン
煩 ハン ボン わずらう わずらわす
頒 ハン
範 ハン
繁 ハン
藩 ハン
晩 バン
番 バン
蛮 バン
盤 バン

ひ

比 ヒ くらべる
皮 ヒ
かわ

妃 ヒ
否 ヒ いな
批 ヒ
彼 ヒ かれ かの
披 ヒ
肥 ヒ こえる こえ こやす こやし
非 ヒ
卑 ヒ いやしい いやしむ いやしめる
飛 ヒ とぶ とばす
疲 ヒ つかれる
秘 ヒ ひめる
被 ヒ こうむる
悲 ヒ かなしい かなしむ
扉 ヒ とびら

費 ヒ ついやす ついえる
碑 ヒ
罷 ヒ
避 ヒ さける
尾 ビ お
眉 ビ ミ まゆ
美 ビ うつくしい
備 ビ そなえる そなわる
微 ビ
鼻 ビ はな
膝 ひざ
肘 ひじ
匹 ヒツ ひき
必 ヒツ かならず
泌 ヒツ ヒ
筆 ヒツ ふで
姫 ひめ

百 ヒャク
氷 ヒョウ こおり ひ
表 ヒョウ おもて あらわす あらわれる
俵 ヒョウ たわら
票 ヒョウ
評 ヒョウ
漂 ヒョウ ただよう
標 ヒョウ
苗 ビョウ なえ なわ
秒 ビョウ
病 ビョウ ヘイ やむ やまい
描 ビョウ えがく かく
猫 ビョウ ねこ
品 ヒン しな
浜 ヒン はま

貧 ヒン ビン まずしい
賓 ヒン
頻 ヒン
敏 ビン
瓶 ビン

ふ

不 フ ブ
夫 フ フウ おっと
父 フ ちち
付 フ つける つく
布 フ ぬの
扶 フ
府 フ
怖 フ こわい
阜 フ
附 フ
訃 フ
負 フ まける まかす おう

赴　フ　おもむく
浮　フ　うく　うかれる　うかぶ　うかべる
婦　フ
符　フ
富　フ　フウ　とむ　とみ
普　フ
腐　フ　くさる　くされる　くさらす
敷　フ　しく
膚　フ
賦　フ
譜　フ
侮　ブ　あなどる
武　ブ　ム
部　ブ
舞　ブ　まう　まい

封　フウ　ホウ
風　フウ　フ　かぜ　かざ
伏　フク　ふせる　ふす
服　フク
副　フク
幅　フク　はば
復　フク
福　フク
腹　フク　はら
複　フク
覆　フク　おおう　くつがえす　くつがえる
払　フツ　はらう
沸　フツ　わく　わかす
仏　ブツ　ほとけ
物　ブツ　モツ　もの

粉　フン　こ　こな
紛　フン　まぎれる　まぎらす　まぎらわす　まぎらわしい
雰　フン
噴　フン　ふく
墳　フン
憤　フン　いきどおる
奮　フン　ふるう
分　ブン　フン　ブ　わける　わかれる　わかる　わかつ
文　ブン　モン　ふみ
聞　ブン　モン　きく　きこえる

へ

丙　ヘイ
平　ヘイ　ビョウ　たいら　ひら
兵　ヘイ　ヒョウ
併　ヘイ　あわせる
並　ヘイ　なみ　ならべる　ならぶ　ならびに
柄　ヘイ　がら　え
陛　ヘイ
閉　ヘイ　とじる　とざす　しめる　しまる
塀　ヘイ
幣　ヘイ
弊　ヘイ
蔽　ヘイ
餅　ヘイ　もち
米　ベイ　マイ　こめ
壁　ヘキ　かべ
璧　ヘキ

癖　ヘキ　くせ
別　ベツ　わかれる
蔑　ベツ　さげすむ
片　ヘン　かた
辺　ヘン　あたり　べ
返　ヘン　かえす　かえる
変　ヘン　かわる　かえる
偏　ヘン　かたよる
遍　ヘン
編　ヘン　あむ
弁　ベン
便　ベン　ビン　たより
勉　ベン

ほ

歩　ホ　ブ　フ　あるく　あゆむ
保　ホ　たもつ
哺　ホ
捕　ホ　とらえる　とらわれる　とる　つかまえる　つかまる
補　ホ　おぎなう
舗　ホ
母　ボ　はは
募　ボ　つのる
墓　ボ　はか
慕　ボ　したう
暮　ボ　くれる　くらす
簿　ボ
方　ホウ　かた
包　ホウ　つつむ
芳　ホウ　かんばしい
邦　ホウ

奉　ホウ　ブ　たてまつる
宝　ホウ　たから
抱　ホウ　だく　いだく　かかえる
放　ホウ　はなす　はなつ　はなれる　ほうる
法　ホウ　ハッ　ホッ
泡　ホウ　あわ
胞　ホウ
俸　ホウ
倣　ホウ　ならう
峰　ホウ　みね
砲　ホウ
崩　ホウ　くずれる　くずす
訪　ホウ　おとずれる　たずねる

報　ホウ　むくいる
蜂　ホウ　はち
豊　ホウ　ゆたか
飽　ホウ　あきる　あかす
褒　ホウ　ほめる
縫　ホウ　ぬう
亡　ボウ　モウ　ない
乏　ボウ　とぼしい
忙　ボウ　いそがしい
坊　ボウ　ボッ
妨　ボウ　さまたげる
忘　ボウ　わすれる
防　ボウ　ふせぐ
房　ボウ　ふさ
肪　ボウ

某　ボウ
冒　ボウ　おかす
剖　ボウ
紡　ボウ　つむぐ
望　ボウ　モウ　のぞむ
傍　ボウ　かたわら
帽　ボウ
棒　ボウ
貿　ボウ
貌　ボウ
暴　ボウ　バク　あばく　あばれる
膨　ボウ　ふくらむ　ふくれる
謀　ボウ　ム　はかる
頰　ほお
北　ホク　きた
木　ボク　モク　き　こ

朴 ボク
牧 ボク まき
睦 ボク
僕 ボク
墨 ボク すみ
撲 ボク
没 ボツ
勃 ボツ
堀 ほり
本 ホン もと
奔 ホン
翻 ホン ひるがえる ひるがえす
凡 ボン ハン
盆 ボン

ま

麻 マ あさ
摩 マ
磨 マ みがく
魔 マ
毎 マイ
妹 マイ いもうと
枚 マイ
昧 マイ
埋 マイ うめる うまる うもれる
幕 マク バク
膜 マク
枕 まくら
又 また
末 マツ バツ すえ
抹 マツ
万 マン バン
満 マン みちる みたす
慢 マン
漫 マン

み

未 ミ
味 ミ あじ あじわう
魅 ミ
岬 みさき
密 ミツ
蜜 ミツ
脈 ミャク
妙 ミョウ
民 ミン たみ
眠 ミン ねむる ねむい

む

矛 ム ほこ
務 ム つとめる つとまる
無 ム ブ ない
夢 ム ゆめ
霧 ム きり
娘 むすめ

め

名 メイ ミョウ な
命 メイ ミョウ いのち
明 メイ ミョウ あかり あかるい あかるむ あからむ あきらか あける あく あくる あかす
迷 メイ まよう
冥 メイ ミョウ
盟 メイ
銘 メイ
鳴 メイ なく なる ならす
滅 メツ ほろびる ほろぼす
免 メン まぬかれる
面 メン おも おもて つら
綿 メン わた
麺 メン

も

茂 モ しげる
模 モ ボ
毛 モウ け
妄 モウ ボウ
盲 モウ
耗 モウ コウ
猛 モウ
網 モウ あみ
目 モク ボク め ま
黙 モク だまる
門 モン かど
紋 モン
問 モン とう とい とん

や

冶 ヤ
夜 ヤ よ よる
野 ヤ の
弥 や
厄 ヤク
役 ヤク エキ
約 ヤク
訳 ヤク わけ
薬 ヤク くすり
躍 ヤク おどる
闇 やみ

ゆ

由 ユ ユウ ユイ よし
油 ユ あぶら
喩 ユ
愉 ユ
諭 ユ さとす
輸 ユ
癒 ユ いえる いやす
唯 ユイ イ
友 ユウ とも
有 ユウ ウ ある
勇 ユウ いさむ
幽 ユウ
悠 ユウ
郵 ユウ
湧 ユウ わく
猶 ユウ
裕 ユウ
遊 ユウ ユ あそぶ
雄 ユウ お おす
誘 ユウ さそう
憂 ユウ うれえる うれい うい
融 ユウ
優 ユウ やさしい すぐれる

よ

与 ヨ あたえる
予 ヨ
余 ヨ あまる あます
誉 ヨ ほまれ
預 ヨ あずける あずかる
幼 ヨウ おさない
用 ヨウ もちいる
羊 ヨウ ひつじ
妖 ヨウ あやしい
洋 ヨウ
要 ヨウ かなめ いる
容 ヨウ
庸 ヨウ
揚 ヨウ あげる あがる
揺 ヨウ ゆれる ゆる ゆらぐ ゆるぐ ゆする ゆさぶる ゆすぶる
葉 ヨウ は
陽 ヨウ
溶 ヨウ とける とかす とく
腰 ヨウ こし
様 ヨウ さま
瘍 ヨウ
踊 ヨウ おどる おどり
窯 ヨウ かま
養 ヨウ やしなう
擁 ヨウ
謡 ヨウ うたい うたう
曜 ヨウ

抑 ヨク おさえる
沃 ヨク
浴 ヨク あびる あびせる
欲 ヨク ほっする ほしい
翌 ヨク
翼 ヨク つばさ

ら

拉 ラ
裸 ラ はだか
羅 ラ
来 ライ くる きたる きたす
雷 ライ かみなり
頼 ライ たのむ たのもしい たよる
絡 ラク からむ からまる からめる
落 ラク おちる おとす
酪 ラク
辣 ラツ
乱 ラン みだれる みだす
卵 ラン たまご
覧 ラン
濫 ラン
藍 ラン あい
欄 ラン

り

吏 リ
利 リ きく
里 リ さと
理 リ
痢 リ
裏 リ うら
履 リ はく
璃 リ
離 リ はなれる はなす
陸 リク
立 リツ リュウ たつ たてる
律 リツ リチ
慄 リツ
略 リャク
柳 リュウ やなぎ
流 リュウ ル ながれる ながす
留 リュウ ル とめる とまる
竜 リュウ たつ
粒 リュウ つぶ
隆 リュウ
硫 リュウ
侶 リョ
旅 リョ たび
虜 リョ
慮 リョ
了 リョウ
両 リョウ
良 リョウ よい
料 リョウ
涼 リョウ すずしい すずむ
猟 リョウ
陵 リョウ みささぎ
量 リョウ はかる
僚 リョウ
領 リョウ
寮 リョウ
療 リョウ
瞭 リョウ
糧 リョウ ロウ かて
力 リョク リキ ちから
緑 リョク ロク みどり
林 リン はやし
厘 リン
倫 リン
輪 リン わ
隣 リン となる となり
臨 リン のぞむ

る

瑠 ル
涙 ルイ なみだ
累 ルイ
塁 ルイ
類 ルイ たぐい

れ

令 レイ
礼 レイ ライ
冷 レイ つめたい ひえる ひや ひやす ひやかす さめる さます
励 レイ はげむ はげます
戻 レイ もどす もどる
例 レイ たとえる
鈴 レイ リン すず
零 レイ
霊 レイ リョウ たま
隷 レイ
齢 レイ
麗 レイ うるわしい
暦 レキ こよみ
歴 レキ
列 レツ
劣 レツ おとる
烈 レツ
裂 レツ さく さける
恋 レン こう こい こいしい
連 レン つらなる つらねる つれる
廉 レン
練 レン ねる
錬 レン

ろ

呂 ロ
炉 ロ
賂 ロ
路 ロ じ
露 ロ ロウ つゆ
老 ロウ おいる ふける
労 ロウ
弄 ロウ もてあそぶ
郎 ロウ
朗 ロウ ほがらか
浪 ロウ
廊 ロウ
楼 ロウ
漏 ロウ もる もれる もらす
籠 ロウ かご こもる
六 ロク む むっつ むつ むい
録 ロク
麓 ロク ふもと
論 ロン

わ

和 ワ オ やわらぐ やわらげる なごむ なごやか
話 ワ はなす はなし
賄 ワイ まかなう
脇 わき
惑 ワク まどう
枠 わく
湾 ワン
腕 ワン うで

「常用漢字表」付表

※以下に挙げられている語を構成要素の一部とする熟語に用いてもかまわない。
例　「河岸(かし)」→「魚河岸(うおがし)」、「居士(こじ)」→「一言居士(いちげんこじ)」
●追加・変更された語には、右肩に「●」を付けた。　(三省堂編修所注)

あす	明日
あずき	小豆
あま	海女、●海士
いおう	硫黄
いくじ	意気地
いなか	田舎
いぶき	息吹
うなばら	海原
うば	乳母
うわき	浮気
うわつく	浮つく
えがお	笑顔
おじ	叔父、伯父
おとな	大人
おとめ	乙女
おば	叔母、伯母
おまわりさん	お巡りさん
おみき	お神酒
おもや	母屋、母家
かあさん	●母さん
かぐら	神楽
かし	河岸
かじ	●鍛冶
かぜ	風邪
かたず	●固唾
かな	仮名
かや	蚊帳
かわせ	為替
かわら	河原、川原
きのう	昨日
きょう	今日
くだもの	果物
くろうと	玄人
けさ	今朝
けしき	景色
ここち	心地
こじ	●居士
ことし	今年
さおとめ	早乙女
ざこ	雑魚
さじき	桟敷
さしつかえる	差し支える
さつき	●五月
さなえ	早苗
さみだれ	五月雨
しぐれ	時雨
しっぽ	●尻尾
しない	竹刀
しにせ	●老舗
しばふ	芝生
しみず	清水
しゃみせん	三味線
じゃり	砂利
じゅず	数珠
じょうず	上手
しらが	白髪
しろうと	素人
しわす(「しはす」とも言う。)	師走
すきや	数寄屋、数奇屋
すもう	相撲
ぞうり	草履
だし	山車
たち	太刀
たちのく	立ち退く
たなばた	七夕
たび	足袋
ちご	稚児
ついたち	一日
つきやま	築山
つゆ	梅雨
でこぼこ	凸凹
てつだう	手伝う
てんません	伝馬船
とあみ	投網
とうさん	●父さん
とえはたえ	十重二十重
どきょう	読経
とけい	時計
ともだち	友達
なこうど	仲人
なごり	名残
なだれ	雪崩
にいさん	兄さん
ねえさん	姉さん
のら	野良
のりと	祝詞
はかせ	博士
はたち	二十、二十歳
はつか	二十日
はとば	波止場
ひとり	一人
ひより	日和
ふたり	二人
ふつか	二日
ふぶき	吹雪
へた	下手
へや	部屋
まいご	迷子
まじめ	●真面目
まっか	真っ赤
まっさお	真っ青
みやげ	土産
むすこ	息子
めがね	眼鏡
もさ	猛者
もみじ	紅葉
もめん	木綿
もより	最寄り
やおちょう	八百長
やおや	八百屋
やまと	大和
やよい	●弥生
ゆかた	浴衣
ゆくえ	行方
よせ	寄席
わこうど	若人

付録

新「常用漢字」一覧

● 平成二二年一一月三〇日内閣告示「常用漢字表」では、新たに一九六字が追加され、五字が削除された（[26]ページ参照）。ここでは、追加された一九六字の新「常用漢字」とその音訓・語例・備考を抜粋して掲げた。

● （ ）は「常用漢字表」に添えられた康熙《こうき》字典体、［ ］は許容字体を示す。

● 備考欄の＊印は手書きの字体についての注。本付録[27]～[29]ページ参照。⇕印は異字同訓を表す。（三省堂編修所注）

漢字	音訓	例	備考
挨	アイ	挨拶	
曖	アイ	曖昧	
宛	あてる	宛てる　宛先	⇕当てる、充てる
嵐	あらし	嵐　砂嵐	
畏	イ	畏敬　畏怖	
	おそれる	畏れる　畏れ	⇕恐れる
萎	イ	萎縮	
	なえる	萎える	
椅	イ	椅子	
彙	イ	語彙	＊［(付)第2の3【剝】参照］
茨	いばら		茨城県
咽	イン	咽喉	
淫	イン	淫行　淫乱	＊［(付)第2の3参照］
	みだら	淫らだ	
唄	うた	小唄　長唄	⇕歌
鬱	ウツ	憂鬱	
怨	エン	怨恨	
	オン	怨念	
媛	エン	才媛	愛媛（えひめ）県
艶（艷）	エン	妖艶	
	つや	艶　色艶	
旺	オウ	旺盛	
岡	おか		岡山県、静岡県、福岡県
臆	オク	臆説　臆測　臆病	「臆説」「臆測」は、「憶説」「憶測」とも書く。
俺	おれ	俺	
苛	カ	苛酷　苛烈	
牙	ガ	牙城　歯牙	
	ゲ	象牙	
	きば	牙	
瓦	ガ	瓦解	

	かわら	瓦　瓦屋根	
楷	カイ	楷書	
潰	カイ	潰瘍	
	つぶす	潰す	
	つぶれる	潰れる	
諧	カイ	俳諧	
崖	ガイ	断崖	
	がけ	崖下	
蓋	ガイ	頭蓋骨	
	ふた	蓋　火蓋	
骸	ガイ	形骸化　死骸	
柿	かき	柿	
顎	ガク	顎関節	
	あご	顎	
葛	カツ	葛藤	*〔(付)第2の3参照〕
	くず	葛　葛湯	
釜	かま	釜	
鎌	かま	鎌　鎌倉時代	
韓	カン	韓国	
玩	ガン	玩具　愛玩	
伎	キ	歌舞伎	

亀(龜)	キ	亀裂	
	かめ	亀	
毀	キ	毀損　毀誉	
畿	キ	畿内　近畿	
臼	キュウ	臼歯　脱臼	
	うす	石臼	
嗅	キュウ	嗅覚	*〔(付)第2の3参照〕
	かぐ	嗅ぐ	
巾	キン	頭巾　雑巾	
僅	キン	僅差	*〔(付)第2の3参照〕
	わずか	僅かだ	
錦	キン	錦秋	
	にしき	錦絵	
惧	グ	危惧	*〔(付)第2の3参照〕
串	くし	串刺し　串焼き	
窟	クツ	巣窟　洞窟	
熊	くま	熊	
詣	ケイ	参詣	
	もうでる	詣でる　初詣	
憬	ケイ	憧憬	
稽	ケイ	稽古　滑稽	*〔(付)第2の3参照〕

漢字	音訓	例	備考
隙	ゲキ	間隙	
	すき	隙間	「隙間」は、「透き間」とも書く。
桁	けた	桁違い　橋桁	
拳	ケン	拳銃　拳法	
	こぶし	握り拳	
鍵	ケン	鍵盤	
	かぎ	鍵　鍵穴	
舷	ゲン	舷側　右舷	
股	コ	股間　股関節	
	また	内股　大股	
虎	コ	虎穴　猛虎	
	とら	虎	
錮	コ	禁錮	
勾	コウ	勾配　勾留	
梗	コウ	心筋梗塞　脳梗塞	
喉	コウ	喉頭　咽喉	
	のど	喉　喉元	
乞	こう	乞う　命乞い	⇔請う
傲	ゴウ	傲然　傲慢	
駒	こま	持ち駒	
頃	ころ	頃　日頃	

漢字	音訓	例	備考
痕	コン	痕跡　血痕	
	あと	痕　傷痕	⇔跡、後
沙	サ	沙汰	
挫	ザ	挫折　頓挫	
采	サイ	采配　喝采	
塞	サイ	要塞	
	ソク	脳梗塞　閉塞	
	ふさぐ	塞ぐ	
	ふさがる	塞がる	
埼	さい		埼玉県
柵	サク	鉄柵	
刹	サツ	古刹　名刹	
	セツ	刹那	
拶	サツ	挨拶	
斬	ザン	斬殺　斬新	
	きる	斬る	⇔切る
恣	シ	恣意的	*［(付)第2の3参照］
摯	シ	真摯	
餌［餌］	ジ	好餌　食餌	［餌］＝許容字体
	えさ	餌	*［(付)第2の3参照］
	え	餌食	

鹿	しか か	鹿 鹿の子	
叱	シツ しかる	叱責 叱る	
嫉	シツ	嫉妬	
腫	シュ はれる はらす	腫瘍 腫れる 腫れ 腫らす	
呪	ジュ のろう	呪縛 呪文 呪う	
袖	シュウ そで	領袖 袖 半袖	
羞	シュウ	羞恥心	
蹴	シュウ ける	一蹴 蹴る 蹴散らす	
憧	ショウ あこがれる	憧憬 憧れる 憧れ	「憧憬」は、「ドウケイ」とも。
拭	ショク ふく ぬぐう	払拭 拭く 拭う	
尻	しり	尻 尻込み 目尻	尻尾（しっぽ）
芯	シン	芯	
腎	ジン	腎臓 肝腎	「肝腎」は、「肝心」とも書く。
須	ス	必須	
裾	すそ	裾 裾野	
凄	セイ	凄惨 凄絶	
醒	セイ	覚醒	
脊	セキ	脊髄 脊柱	
戚	セキ	親戚	
煎	セン いる	煎茶 煎る 煎り豆	＊［（付）第2の3参照］
羨	セン うらやむ うらやましい	羨望 羨む 羨ましい	
腺	セン	前立腺 涙腺	
詮	セン	詮索 所詮	＊［（付）第2の3参照］
箋	セン	処方箋 便箋	＊［（付）第2の3参照］
膳	ゼン	膳 配膳	
狙	ソ ねらう	狙撃 狙う 狙い	
遡［遡］	ソ さかのぼる	遡及 遡上 遡る	［遡］＝許容字体 ＊［（付）第2の1参照］

曽(曾)	ソウ	曽祖父　曽孫	
	ゾ	未曽有	
爽	ソウ	爽快	
	さわやか	爽やかだ	
痩(瘦)	ソウ	痩身	
	やせる	痩せる	
踪	ソウ	失踪	
捉	ソク	捕捉	
	とらえる	捉える	⇔捕らえる
遜[遜]	ソン	謙遜　不遜	[遜]＝許容字体 *[(付)第2の1参照]
汰	タ	沙汰	
唾	ダ	唾液　唾棄	固唾(かたず)
	つば	唾　眉唾	「唾」は、「つばき」とも。
堆	タイ	堆積	
戴	タイ	戴冠　頂戴	
誰	だれ	誰	
旦	タン	一旦　元旦	
	ダン	旦那	
綻	タン	破綻	
	ほころびる	綻びる	
緻	チ	緻密　精緻	
酎	チュウ	焼酎	
貼	チョウ	貼付	「貼付」は、「テンプ」とも。
	はる	貼る	⇔張る
嘲	チョウ	嘲笑　自嘲	*[(付)第2の3参照]
	あざける	嘲る	
捗	チョク	進捗	*[(付)第2の3参照]
椎	ツイ	椎間板　脊椎	
爪	つめ	爪　生爪	
	つま	爪先　爪弾く	
鶴	つる	鶴　千羽鶴	
諦	テイ	諦観　諦念	
	あきらめる	諦める	
溺	デキ	溺愛　溺死	*[(付)第2の3参照]
	おぼれる	溺れる	
塡	テン	装塡　補塡	*[(付)第2の3参照]
妬	ト	嫉妬	
	ねたむ	妬む	
賭	ト	賭場　賭博	*[(付)第2の3参照]
	かける	賭ける　賭け	⇔掛ける、懸ける、架ける
藤	トウ	葛藤	
	ふじ	藤　藤色	

瞳	ドウ	瞳孔	
	ひとみ	瞳	
栃	とち		栃木県
頓	トン	頓着　整頓	
貪	ドン	貪欲	
	むさぼる	貪る	
丼	どんぶり	丼　丼飯	
	どん	牛丼　天丼	
那	ナ	刹那　旦那	
奈	ナ	奈落	
梨	なし	梨	
謎［謎］	なぞ	謎	［謎］＝許容字体 *［(付)第2の1参照］
鍋	なべ	鍋　鍋料理	
匂	におう	匂う　匂い	⇔臭う
虹	にじ	虹	
捻	ネン	捻挫　捻出	
罵	バ	罵声　罵倒	
	ののしる	罵る	
剝	ハク	剝製　剝奪	*［(付)第2の3参照］
	はがす	剝がす	
	はぐ	剝ぐ	
	はがれる	剝がれる	
	はげる	剝げる	
箸	はし	箸	*［(付)第2の3【賭】参照］
氾	ハン	氾濫	
汎	ハン	汎用	
阪	ハン	阪神　京阪	大阪(おおさか)府
斑	ハン	斑点	
眉	ビ	眉目　焦眉	
	ミ	眉間	
	まゆ	眉毛	
膝	ひざ	膝　膝頭	
肘	ひじ	肘　肘掛け	
阜	フ		岐阜県
訃	フ	訃報	
蔽	ヘイ	隠蔽	*［(付)第2の3参照］
餅［餅］(餅)	ヘイ	煎餅	［餅］＝許容字体 *［(付)第2の3【餌】参照］
	もち	餅　餅屋　尻餅	
璧	ヘキ	完璧　双璧	
蔑	ベツ	蔑視　軽蔑	
	さげすむ	蔑む	
哺	ホ	哺乳類	

蜂	ホウ	蜂起	
	はち	蜜蜂	
貌	ボウ	変貌　美貌	
頰	ほお	頰　頰張る	*［（付）第2の3参照］「頰」は、「ほほ」とも。
睦	ボク	親睦　和睦	
勃	ボツ	勃興　勃発	
昧	マイ	曖昧　三昧	
枕	まくら	枕　枕元	
蜜	ミツ	蜜　蜜月	
冥	メイ	冥福	
	ミョウ	冥加　冥利	
麺（麵）	メン	麺類	
冶	ヤ	冶金　陶冶	鍛冶（かじ）
弥（彌）	や		弥生（やよい）
闇	やみ	闇夜　暗闇	
喩	ユ	比喩	*［（付）第2の3参照］
湧	ユウ	湧水　湧出	
	わく	湧く	⇔沸く
妖	ヨウ	妖怪　妖艶	
	あやしい	妖しい	⇔怪しい
瘍	ヨウ	潰瘍　腫瘍	

沃	ヨク	肥沃	
拉	ラ	拉致	
辣	ラツ	辣腕　辛辣	
藍	ラン	出藍	
	あい	藍色　藍染め	
璃	リ	浄瑠璃	
慄	リツ	慄然　戦慄	
侶	リョ	僧侶　伴侶	
瞭	リョウ	明瞭	
瑠	ル	浄瑠璃	
呂	ロ	風呂	
賂	ロ	賄賂	
弄	ロウ	愚弄　翻弄	
	もてあそぶ	弄ぶ	
籠	ロウ	籠城	
	かご	籠	
	こもる	籠もる	
麓	ロク	山麓	
	ふもと	麓	
脇	わき	脇腹　両脇	

新「常用漢字表」の変更点

●平成二二年一一月三〇日内閣告示「常用漢字表」では、新たに一九六字が追加されたこととともに、五字が削除された。また、個々の字の音訓も増減され、「付表」の語でも変更があった。ここでは、それらの変更点についてまとめた。（三省堂編修所注）

1　減った字

勺　錘　銑　脹　匁

（これらは人名用漢字別表に追加された）

2　増えた音訓

委　ゆだねる
育　はぐくむ
応　こたえる
滑　コツ
関　かかわる
館　やかた
鑑　かんがみる
混　こむ
私　わたし
臭　におう
旬　シュン
伸　のべる
振　ふれる
粋　いき
逝　いく
拙　つたない
全　すべて
創　つくる
速　はやまる
他　ほか
中　ジュウ
描　かく
放　ほうる
務　つとまる
癒　いえる・いやす
要　かなめ
絡　からめる
類　たぐい

（ほかに、「十（ジッ）」は「ジュッ」とも読めることとなった）

3　減った音訓

畝　せ
疲　つからす
浦　ホ

4　変更された音訓

側　かわ↓がわ

（ただし、これまでどおり「かわ」とも読める）

5　追加・変更された「付表」の語

追加
海士　あま
鍛冶　かじ
固唾　かたず
尻尾　しっぽ
老舗　しにせ
真面目　まじめ
弥生　やよい

変更
一言居士　↓　居士
五月晴れ　↓　五月
お母さん　↓　母さん
お父さん　↓　父さん

手書きの字体について

● 常用漢字表では、「表の見方及び使い方」に「(付)字体についての解説」が付され、

①明朝体の字形には細かなデザイン差によってさまざまな種類があること

②明朝体と筆写の楷書(手書きの字の形)との間にはいろいろな点で違いがあること

の2点が、具体例を挙げて説明されている。とくに②には、漢字を手で書く上で重要なことが示されているので、以下に引用する。

なお、引用文中の「1(5)」のしんにょうと「3」の例は、新「常用漢字」一覧に掲載した漢字表の「備考」欄に*印が示されている26字の漢字と、対応関係にある。

● 原文は横書き。　(三省堂編修所注)

第2　明朝体と筆写の楷書との関係について

常用漢字表では、個々の漢字の字体(文字の骨組み)を、明朝体のうちの一種を例に用いて示した。このことは、これによって筆写の楷書における書き方の習慣を改めようとするものではない。字体としては同じであっても、1、2に示すように明朝体の字形と筆写の楷書の字形との間には、いろいろな点で違いがある。それらは、印刷文字と手書き文字におけるそれぞれの習慣の相違に基づく表現の差と見るべきものである。

さらに、印刷文字と手書き文字におけるそれぞれの習慣の相違に基づく表現の差は、3に示すように、字体(文字の骨組み)の違いに及ぶ場合もある。

以下に、分類して、それぞれの例を示す。いずれも「明朝体—手書き(筆写の楷書)」という形で、上(原文は左側)に明朝体、下(原文は右側)にそれを手書きした例を示す。

1　明朝体に特徴的な表現の仕方があるもの

(1) 折り方に関する例

衣—衣　去—去　玄—玄

(2) 点画の組合せ方に関する例

人—人　家—家　北—北

(3) 「筆押さえ」等に関する例

芝—芝　史—史　入—入　八—八

(4) 曲直に関する例

子－子　手－手　了－了

(5) その他

辶・辶－辶　𥫗－𥫗　心－心

2 筆写の楷書では、いろいろな書き方があるもの

(1) 長短に関する例

雨－雨雨　戸－戸戸戸

無－無無

(2) 方向に関する例

風－風風　比－比比

仰－仰仰

糸－糸糸　ネ－ネネ　ネ－ネネ

主－主主　言－言言言

年－年年年

(3) つけるか、はなすかに関する例

又－又又　文－文文

月－月月

条－条条　保－保保

(4) はらうか、とめるかに関する例

奥－奥奥　公－公公

角－角角　骨－骨骨

(5) はねるか、とめるかに関する例

切－切切切　改－改改改

酒－酒酒　陸－陸陸陸

穴－穴穴穴

木－木木　来－来来

糸－糸糸　牛－牛牛

環－環環

⑹ その他

令－令令　外－外外外

女－女女　叱－叱叱叱

3 筆写の楷書字形と印刷文字字形の違いが、字体の違いに及ぶもの

以下に示す例で、括弧内は印刷文字である明朝体の字形に倣って書いたものであるが、筆写の楷書ではどちらの字形で書いても差し支えない。なお、括弧内の字形の方が、筆写字形としても一般的な場合がある。

⑴ 方向に関する例

淫－淫（淫）　恣－恣（恣）

煎－煎（煎）　嘲－嘲（嘲）

溺－溺（溺）　蔽－蔽（蔽）

⑵ 点画の簡略化に関する例

葛－葛（葛）　嗅－嗅（嗅）

僅－僅（僅）　餌－餌（餌）

箋－箋（箋）　塡－塡（塡）

賭－賭（賭）　頰－頰（頰）

⑶ その他

惧－惧（惧）　稽－稽（稽）

詮－詮（詮）　捗－捗（捗）

剝－剝（剝）　喩－喩（喩）

付録

人名用漢字別表

- 子供の名前に用いることのできる文字は、戸籍法と戸籍法施行規則によって定められている。このうち、漢字は、常用漢字と人名用漢字別表（「別表第二」）の漢字に制限されている。
- 人名用漢字別表の漢字は、常用漢字表の改定（平成二二年一一月三〇日内閣告示）に伴い、常用漢字表に追加された一二九字を削除、常用漢字表から削除された五字を加え、八六一字となった。常用漢字二一三六字と合わせて、合計二九九七字の漢字を子供の名前に用いることができる。

（三省堂編修所注）

戸籍法　第五十条

①子の名には、常用平易な文字を用いなければならない。
②常用平易な文字の範囲は、法務省令でこれを定める。

戸籍法施行規則　第六十条

戸籍法第五十条第二項の常用平易な文字は、次に掲げるものとする。

一　常用漢字表（平成二十二年内閣告示第二号）に掲げる漢字（括弧書きが添えられているものについては、括弧の外のものに限る。）
二　別表第二に掲げる漢字
三　片仮名又は平仮名（変体仮名を除く。）

別表第二　漢字の表（第六十条関係）

一
丑丞乃之乎也云亘-亙些亦亥亨
亮仔伊伍伽佃佑伶侃侑俄俠俣
俐倭俱倦倖偲傭儲允兎兜其冴
凌凜-凛凧凪凰凱函劉劫勁勺勿
匁匡廿卜卯卿厨厩叉叡叢叶只
吾呑吻哉哨啄哩喬喧喰喋嘩嘉
嘗噌噂圃圭坐尭-堯坦埴堰堺堵
塙壕壬夷奄奎套娃姪姥娩嬉孟
宏宋宕宥寅寓寵尖尤屑峨峻崚

付録

嵯嵩嶺巌-巖已巳巴巷巽帖幌幡
庄庇庚庵廟廻弘弛彗彦彪彬徠
忽怜恢恰恕悌惟惚悉惇惹惺惣
慧憐戊或戟托按挺挽掬捲捷捺
捧掠揃摑摺撒撰撞播撫擢孜敦
斐斡斧斯於旭昂昊昏昌昴晏晃-
晄晒晋晟晦晨智暉暢曙曝曳朋
朔杏杖杜李杭杵杷枇柑柴柘柊
柏柾柚桧-檜栞桔桂栖桐栗梧梓
梢梛梯桶梶椛梁棲椋椀楯楚楕
椿楠楓椰楢楊榎樺榊榛槙-槇槍
槌樫槻樟樋橘樽橙檎檀櫂櫛櫓
欣欽歎此殆毅毘毬汀汝汐汲沌
沓沫洸洲洵洛浩浬淵淳渚-渚淀
淋渥湘湊湛溢滉溜漱漕漣澪濡
瀕灘灸灼烏焰焚煌煤煉熙燕燎

燦燭燿
玖珂珈珊
琳瑚瑞瑶
皐皓眸瞥矩
磐磯祇祢-禰祐-
禽禾秦秤稀稔稟
窪窺竣竪竺竿笈笹-
箔篇篠簞簾籾粥粟
紬絆絢綺綜綴緋綾綸
纂纏羚翔翠耀而耶耽聡
胤胡脩腔脹膏臥舜舵芥芹
芦苑茄苔苺茅茉茸茜莞荻莫
菅菫菖萄菩萌-萠萊菱葦葵萱葺
萩董葡蓑蒔蒐蒼蒲蒙蓉蓮蔭蔣
蔦蓬蔓蕎蕨蕉蕃蕪薙蕾蕗藁薩
蘇蘭蝦蝶螺蟬蟹蠟衿袈袴裡裟

裳襖訊訣註詢詑誼諏諄諒謂諺
讃豹貰賑赳跨蹄蹟輔輯輿轟辰
辻迂迄辿迪迦這逞逗逢遥-遙遁
遼邑祁郁鄭酉醇醐醍醬釉釘釧
銑鋒鋸錘錐錆錫鍬鎧閃閏閤阿
陀隈隼雀雁雛雫霞靖鞄鞍鞘鞠
鞭頁頌頗顛颯饗馨馴馳駕駿驍
魁魯鮎鯉鯛鰯鱒鱗鳩鳶鳳鴨鴻
鵜鵬鷗鷲鷺鷹麒麟麿黎黛鼎

注 「-」は、相互の漢字が同一の字種であることを示したものである。

二

亞(亜) 惡(悪) 爲(為) 逸(逸) 榮(栄) 衞(衛)
謁(謁) 圓(円) 緣(縁) 薗(園) 應(応) 櫻(桜)
奧(奥) 橫(横) 溫(温) 價(価) 禍(禍) 悔(悔)
海(海) 壞(壊) 懷(懐) 樂(楽) 渴(渇) 卷(巻)
陷(陥) 寬(寛) 漢(漢) 氣(気) 祈(祈) 器(器)
僞(偽) 戲(戯) 虛(虚) 峽(峡) 狹(狭) 響(響)
曉(暁) 勤(勤) 謹(謹) 駈(駆) 勳(勲) 薰(薫)
惠(恵) 揭(掲) 鷄(鶏) 藝(芸) 擊(撃) 縣
儉(倹) 劍(剣) 險(険) 圈(圏) 檢(検)
驗(験) 嚴(厳) 廣(広) 恆(恒) 黃
黑(黒) 穀(穀) 碎(砕) 雜(雑) 獸(獣)
兒(児) 濕(湿) 實(実) 社 緖(緒) 諸(諸)
壽(寿) 收(収) 臭(臭) 燒(焼) 奬(奨)
縱(縦) 祝(祝) 暑 涉(渉) 剩(剰)
敍(叙) 將(将) 淨(浄) 疊(畳)
條(条) 狀 乘(乗)

孃(嬢) 讓(譲) 釀(醸) 神(神) 眞(真) 寢(寝)
愼(慎) 盡(尽) 粹(粋) 醉(酔) 穗(穂) 瀨(瀬)
齊(斉) 靜(静) 攝(摂) 節(節) 專(専) 戰(戦)
纖(繊) 禪(禅) 祖(祖) 壯(壮) 爭(争) 莊(荘)
搜(捜) 巢(巣) 曾(曽) 裝(装) 僧(僧) 層(層)
瘦(痩) 騷(騒) 增(増) 憎(憎) 藏(蔵) 贈(贈)
臟(臓) 卽(即) 帶(帯) 滯(滞) 瀧(滝) 單(単)
嘆(嘆) 團(団) 彈(弾) 晝(昼) 鑄(鋳) 著(著)
廳(庁) 徵(徴) 聽(聴) 懲(懲) 鎭(鎮) 轉(転)
傳(伝) 都(都) 嶋(島) 燈(灯) 盜(盗) 稻(稲)
德(徳) 突(突) 難(難) 拜(拝) 盃(杯) 賣(売)
梅(梅) 髮(髪) 拔(抜) 繁(繁) 晚(晩) 卑(卑)
祕(秘) 碑(碑) 賓(賓) 敏(敏) 冨(富) 侮(侮)
福(福) 拂(払) 佛(仏) 勉(勉) 步(歩) 峯(峰)
墨(墨) 飜(翻) 每(毎) 萬(万) 默(黙) 埜(野)
彌(弥) 藥(薬) 與(与) 搖(揺) 樣(様) 謠(謡)

來(来) 賴(頼) 覽(覧) 欄(欄) 龍(竜) 虜(虜)
凉(涼) 綠(緑) 淚(涙) 壘(塁) 類(類) 禮(礼)
曆(暦) 歷(歴) 練(練) 鍊(錬) 郞(郎) 朗(朗)
廊(廊) 錄(録)

注　括弧内の漢字は、戸籍法施行規則第六十条第一号に規定する漢字であり、当該括弧外の漢字とのつながりを示すため、参考までに掲げたものである。

現代仮名遣い

●昭和六一年七月一日内閣告示第一号。この告示により内閣告示「現代かなづかい」(昭和二一年一一月一六日付)は廃止された。

●旧「現代かなづかい」は「大体、現代語音にもとづいて、現代語をかなで書き表す場合の準則を示したもの」であるが、新「現代仮名遣い」の性格は「前書き1・2」以下のとおりである。ただし、両者の内容はほとんど変わらない。

●旧「現代かなづかい」のきまりは、仮名の表四表・細則三三項目・備考一〇項目などで示されている。新「現代仮名遣い」は、原則五項目(第1)・特例六項目(第2)・付記一項目などで示されている。

●平成二二年一一月三〇日内閣告示第二号の「常用漢字表」改定に伴い、同日、内閣告示第四号によって一部改正された。

●原文は横書き。

(三省堂編修所注)

前書き

1　この仮名遣いは、語を現代語の音韻に従って書き表すことを原則とし、一方、表記の慣習を尊重して一定の特例を設けるものである。

2　この仮名遣いは、法令、公用文書、新聞、雑誌、放送など、一般の社会生活において、現代の国語を書き表すための仮名遣いのよりどころを示すものである。

3　この仮名遣いは、科学、技術、芸術その他の各種専門分野や個々人の表記にまで及ぼそうとするものではない。

4　この仮名遣いは、主として現代文のうち口語体のものに適用する。原文の仮名遣いによる必要のあるもの、固有名詞などでこれによりがたいものは除く。

5　この仮名遣いは、擬声・擬態的描写や嘆声、特殊な方言音、外来語・外来音などの書き表し方を対象とするものではない。

6　この仮名遣いは、「ホオ・ホホ(頰)」「テキカク・テッカク(的確)」のような発音にゆれのある語について、その発音をどちらかに決めようとするものではない。

7　この仮名遣いは、点字、ローマ字などを用いて国語を書き表す場合のきまりとは必ずしも対応するものではない。

8　歴史的仮名遣いは、明治以降、「現代かなづかい」(昭和二一年内閣告示第三三号)の行われる以前には、社会一般の基準として行われていたものであり、今日においても、歴史的仮名遣いで書かれた文献などを読む機会は多い。歴史的仮名遣いが、我が国の歴史や文化に深いかかわりをもつものとして、尊重されるべきことは言うまでもない。また、この仮名遣いにも歴史的仮名遣いを受け継いでいるところがあり、この仮名遣いの理解を深める上で、歴史的仮名遣いを知ることは有用である。付表において、この仮名遣いと歴史的仮名遣いとの対照を示すのはそのためである。

本文

凡例

1 原則に基づくきまりを第1に示し、表記の慣習による特例を第2に示した。

2 例は、おおむね平仮名書きとし、適宜、括弧内に漢字を示した。常用漢字表に掲げられていない漢字及び音訓には、それぞれ＊印及び△印をつけた。

第1 語を書き表すのに、現代語の音韻に従って、次の仮名を用いる。

ただし、傍線(原文は下線)を施した仮名は、第2に示す場合にだけ用いるものである。

1 直音

あ い う え お

か き く け こ　が ぎ ぐ げ ご

さ し す せ そ　ざ じ ず ぜ ぞ

た ち つ て と　だ ぢ づ で ど

な に ぬ ね の

は ひ ふ へ ほ　ば び ぶ べ ぼ

　　　　　　　ぱ ぴ ぷ ぺ ぽ

ま み む め も

や ゆ よ

ら り る れ ろ

わ を

例 あさひ(朝日)　きく(菊)　さくら(桜)　ついやす(費)　にわ(庭)　ふで(筆)　もみじ(紅葉)　ゆずる(譲)　れきし(歴史)　わかば(若葉)　えきか(液化)　せいがくか(声楽家)　さんぽ(散歩)

2 拗《よう》音

きゃ きゅ きょ　ぎゃ ぎゅ ぎょ

しゃ しゅ しょ　じゃ じゅ じょ

ちゃ ちゅ ちょ　ぢゃ ぢゅ ぢょ

にゃ にゅ にょ

ひゃ ひゅ ひょ　びゃ びゅ びょ

　　　　　　　ぴゃ ぴゅ ぴょ

みゃ みゅ みょ

りゃ りゅ りょ

例　しゃかい(社会)　しゅくじ(祝辞)　かいじょ(解除)
りゃくが(略画)

〔注意〕拗音に用いる「や、ゆ、よ」は、なるべく小書きにする。

3　撥《はつ》音　ん

例　まなんで(学)　みなさん　しんねん(新年)　しゅんぶん(春分)

4　促音　っ

例　はしって(走)　かっき(活気)　がっこう(学校)　せっけん(石*鹸)

〔注意〕促音に用いる「つ」は、なるべく小書きにする。

5　長音

(1)　ア列の長音
ア列の仮名に「あ」を添える。
例　おかあさん　おばあさん

(2)　イ列の長音
イ列の仮名に「い」を添える。
例　にいさん　おじいさん

(3)　ウ列の長音
ウ列の仮名に「う」を添える。
例　おさむうございます(寒)　くうき(空気)　ふうふ(夫婦)　うれしゅう存じます　きゅうり　ぼくじゅう(墨汁)　ちゅうもん(注文)

(4)　エ列の長音
エ列の仮名に「え」を添える。
例　ねえさん　ええ(応答の語)

(5)　オ列の長音
オ列の仮名に「う」を添える。
例　おとうさん　とうだい(灯台)
わこうど(若人)　おうむ
かおう(買)　あそぼう(遊)　おはよう(早)
おうぎ(扇)　ほうる(放)　とう(塔)
よいでしょう　はっぴょう(発表)
きょう(今日)　ちょうちょう(*蝶々)

第2　特定の語については、表記の慣習を尊重して、次のように書く。

1　助詞の「を」は、「を」と書く。
例　本を読む　岩をも通す　失礼をばいたしました
やむをえない　いわんや…をや　よせばよいものを
てにをは

2　助詞の「は」は、「は」と書く。
例　今日は日曜です　山では雪が降りました
あるいは　または　もしくは

いずれは　さては　ついては　ではさようなら　とはいえ
惜しむらくは　恐らくは　願わくは
これはこれは　こんにちは　こんばんは
悪天候もものかは

〔注意〕次のようなものは、この例にあたらないものとする。
いまわの際　すわ一大事
雨も降るわ風も吹くわ　来るわ来るわ　きれいだわ

3　助詞の「へ」は、「へ」と書く。
例　故郷へ帰る　…さんへ　母への便り　駅へは数分

4　動詞の「いう(言)」は、「いう」と書く。
例　ものをいう(言)　いうまでもない　昔々あったという
どういうふうに　人というもの　こういうわけ

5　次のような語は、「ぢ」「づ」を用いて書く。

(1)　同音の連呼によって生じた「ぢ」「づ」
例　ちぢみ(縮)　ちぢむ　ちぢれる　ちぢこまる
つづみ(鼓)　つづら　つづく(続)　つづめる(△約)
つづる(*綴)

〔注意〕「いちじく」「いちじるしい」は、この例にあたらない。

(2)　二語の連合によって生じた「ぢ」「づ」
例　はなぢ(鼻血)　そえぢ(添乳)　もらいぢち　そこぢから(底力)　ひぢりめん
いれぢえ(入知恵)　ちゃのみぢゃわん
まぢか(間近)　こぢんまり
ちかぢか(近々)　ちりぢり
みかづき(三日月)　たけづつ(竹筒)　たづな(手綱)　ともづな　にいづま(新妻)　けづめ　ひづめ　ひげづら
おこづかい(小遣)　あいそづかし　わしづかみ　こころづくし(心尽)　てづくり(手作)　こづつみ(小包)　ことづて　はこづめ(箱詰)　はたらきづめ　みちづれ(道連)
かたづく　こづく(小突)　どくづく　もとづく　うらづける　ゆきづまる　ねばりづよい
つねづね(常々)　つくづく　つれづれ

なお、次のような語については、現代語の意識では一般に二語に分解しにくいもの等として、それぞれ「じ」「ず」を用いて書くことを本則とし、「せかいぢゅう」「いなづま」のように「ぢ」「づ」を用いて書くこともできるものとする。
例　せかいじゅう(世界中)
いなずま(稲妻)　かたず(固唾)　きずな(*絆)　さかずき(杯)　ときわず　ほおずき　みみずく
うなずく　おとずれる(訪)　かしずく　つまずく　ぬ

かずく　ひざまずく
あせみずく　くんずほぐれつ　さしずめ　でずっぱり
なかんずく
うでずく　くろずくめ　ひとりずつ
ゆうずう(融通)

〔注意〕次のような語の中の「じ」「ず」は、漢字の音読みでもともと濁っているものであって、上記(1)、(2)のいずれにもあたらず、「じ」「ず」を用いて書く。

例　じめん(地面)　ぬのじ(布地)
ずが(図画)　りゃくず(略図)

6　次のような語は、オ列の仮名に「お」を添えて書く。

例　おおかみ　おおせ(仰)　おおやけ(公)　こおり(氷・△郡)　こおろぎ　ほお(頬・△朴)　ほおずき　ほのお(炎)　とお(十)
いきどおる(憤)　おおう(覆)　こおる(凍)　しおおせる　とおる(通)　とどこおる(滞)　もよおす(催)
いとおしい　おおい(多)　おおきい(大)　とおい(遠)
おおむね　おおよそ

これらは、歴史的仮名遣いでオ列の仮名に「ほ」又は「を」が続くものであって、オ列の長音として発音されるか、オ・オ、コ・オのように発音されるかにかかわらず、オ列の仮名に「お」を添えて書くものである。

付記

次のような語は、エ列の長音として発音されるか、エイ、ケイなどのように発音されるかにかかわらず、エ列の仮名に「い」を添えて書く。

例　かれい　せい(背)
かせいで(稼)　まねいて(招)　春めいて
へい(塀)　めい(銘)　れい(例)
えいが(映画)　とけい(時計)　ていねい(丁寧)

付表

凡例

1　現代語の音韻を目印として、この仮名遣いと歴史的仮名遣いとの主要な仮名の使い方を対照させ、例を示した。
2　音韻を表すのには、片仮名及び長音符号「ー」を用いた。
3　例は、おおむね漢字書きとし、仮名の部分は歴史的仮名遣いによった。常用漢字表に掲げられていない漢字及び音訓には、それぞれ＊印及び△印をつけ、括弧内に仮名を示した。
4　ジの音韻の項には、便宜、拗音の例を併せ挙げた。

現代語の音韻	この仮名遣いで用いる仮名	歴史的仮名遣いで用いる仮名	例
イ	い	い	石 報いる 赤い 意図 愛
		ゐ	井戸 居る 参る 胃 権威
		ひ	貝 合図 費やす 思ひ出 恋しさ
ウ	う	う	歌 馬 浮かぶ 雷雨 機運
		ふ	買ふ 吸ふ 争ふ 危ふい
エ	え	え	柄 枝 心得 見える 栄誉
		ゑ	声 植ゑる 絵 円 知恵
		へ	家 前 考へる 帰る 救へ
	へ	へ	西へ進む
オ	お	お	奥 大人 起きる お話 雑音
		を	男 十日 踊る 青い 悪寒
		ほ	顔 氷 滞る 直す 大きい
		ふ	仰ぐ 倒れる
	を	を	花を見る
カ	か	か	蚊 紙 静か 家庭 休暇
		くわ	火事 歓迎 結果 生活 愉快
ガ	が	が	石垣 学問 岩石 生涯 発芽
		ぐわ	画家 外国 丸薬 正月 念願
ジ	じ	じ	初め こじあける 字 自慢 術語
		ぢ	味 恥ぢる 地面 女性 正直
	ぢ	ぢ	縮む 鼻血 底力 近々 入れ知恵
ズ	ず	ず	鈴 物好き 知らずに 人数 洪水
		づ	水 珍しい 一つづつ 図画 大豆
	づ	づ	鼓 続く 三日月 塩漬け 常々
ワ	わ	わ	輪 泡 声色 弱い 和紙
		は	川 回る 思はず 柔らか *琵*琶(びは)
	は	は	我は海の子 又は
ユー	ゆう	ゆう	勇気 英雄 金融
		ゆふ	夕方
		いう	遊戯 郵便 勧誘 所有
		いふ	都*邑(といふ)
	いう	いふ	言ふ
オー	おう	おう	負うて 応答 欧米
		あう	桜花 奥義 中央
		あふ	扇 押収 凹凸
		わう	弱う 王子 往来 卵黄
		はう	買はう 舞はう 怖うございます

コー	こう	こう	功績 拘束 公平 気候 振興
		こふ	*劫(こふ)
		かう	咲かう 赤う かうして 講義 健康
		かふ	甲乙 太*閤(たいかふ)
		くわう	光線 広大 恐慌 破天荒
ゴー	ごう	ごう	皇后
		ごふ	業 永*劫(えいごふ)
		がう	急がう 長う 強引 豪傑 番号
		がふ	合同
		ぐわう	*轟音(ぐわうおん)
ソー	そう	そう	僧 総員 競走 吹奏 放送
		さう	話さう 浅う さうして 草案 体操
		さふ	挿話
ゾー	ぞう	ぞう	増加 憎悪 贈与
		ざう	象 蔵書 製造 内臓 仏像
		ざふ	雑煮
トー	とう	とう	弟 統一 冬至 暴投 北東
		たう	峠 勝たう 痛う 刀剣 砂糖
		たふ	塔 答弁 出納
ドー	どう	どう	どうして 銅 童話 運動 空洞

		だう	堂 道路 *葡*萄(ぶだう)
		だふ	問答
ノー	のう	のう	能 農家 濃紺
		のふ	昨日
		なう	死なう 危なうございます 脳 苦悩
		なふ	納入
ホー	ほう	ほう	奉祝 俸給 豊年 霊峰
		ほふ	法会
		はう	葬る 包囲 芳香 解放
		はふ	はふり投げる はふはふの体 法律
ボー	ぼう	ぼう	某 貿易 解剖 無謀
		ぼふ	正法
		ばう	遊ばう 飛ばう 紡績 希望 堤防
		ばふ	貧乏
ポー	ぽう	ぽう	本俸 連峰
		ぽふ	説法
		ぱう	鉄砲 奔放 立方
		ぱふ	立法
モー	もう	もう	もう一つ 啓*蒙(けいもう)
		まう	申す 休まう 甘う 猛獣 本望

ヨー	よう	よう	見よう　ようございます　用　容易　中庸
		やう	八日　早う　様子　洋々　太陽
		えう	幼年　要領　童謡　日曜
		えふ	紅葉
ロー	ろう	ろう	楼　漏電　披露
		ろふ	かげろふ　ふくろふ
		らう	祈らう　暗う　廊下　労働　明朗
		らふ	候文　*蠟*燭(らふそく)
キュー	きゅう	きゅう	弓術　宮殿　貧窮
		きう	休養　丘陵　永久　要求
		きふ	及第　急務　給与　階級
ギュー	ぎゅう	ぎう	牛乳
シュー	しゅう	しゅう	宗教　衆知　終了
		しう	よろしう　周囲　収入　晩秋
		しふ	執着　習得　襲名　全集
ジュー	じゅう	じゅう	充実　従順　臨終　猟銃
		じう	柔軟　野獣
		じふ	十月　渋滞　墨汁
		ぢゅう	住居　重役　世界中
チュー	ちゅう	ちゅう	中学　衷心　注文　昆虫
		ちう	抽出　鋳造　宇宙　白昼
ニュー	にゅう	にゅう	乳酸
		にう	柔和
		にふ	*埴△生(はにふ)　入学
ヒュー	ひゅう	ひう	△日△向(ひうが)
ビュー	びゅう	びう	誤*謬(ごびう)
リュー	りゅう	りゅう	竜　隆盛
		りう	留意　流行　川柳
		りふ	粒子　建立
キョー	きょう	きょう	共通　恐怖　興味　吉凶
		きやう	兄弟　鏡台　経文　故郷　熱狂
		けう	教育　矯正　絶叫　鉄橋
		けふ	今日　脅威　協会　海峡
ギョー	ぎょう	ぎょう	凝集
		ぎやう	仰天　修行　人形
		げう	今暁
		げふ	業務
ショー	しょう	しょう	昇格　承諾　勝利　自称　訴訟
		しやう	詳細　正直　商売　負傷　文章
		せう	見せう　小説　消息　少年　微笑

		せふ	交渉
ジョー	じょう	じよう	冗談　乗馬　過剰
		じやう	成就　上手　状態　感情　古城
		ぜう	*饒舌(ぜうぜつ)
		ぢやう	定石　丈夫　市場　令嬢
		でう	箇条
		でふ	一*帖(いちでふ)　六畳
	ぢょう	ぢやう	盆△提△灯(ぼんぢやうちん)
		でう	一本調子
チョー	ちょう	ちよう	徴収　清澄　尊重
		ちやう	腸　町会　聴取　長短　手帳
		てう	調子　朝食　弔電　前兆　野鳥
		てふ	*蝶(てふ)
ニョー	にょう	によう	女房
		ねう	尿
ヒョー	ひょう	ひよう	氷山
		ひやう	拍子　評判　兵糧
		へう	表裏　土俵　投票
ビョー	びょう	びやう	病気　平等
		べう	秒読み　描写

ピョー	ぴょう	ぴよう	結氷　信*憑性(しんぴょうせい)
		ぴやう	論評
		ぺう	一票　本表
ミョー	みょう	みやう	名代　明日　寿命
		めう	妙技
リョー	りょう	りよう	丘陵
		りやう	領土　両方　善良　納涼　分量
		れう	寮　料理　官僚　終了
		れふ	漁　猟

送り仮名の付け方

● 昭和四八年六月一八日内閣告示第二号「送り仮名の付け方」は、平成二二年一一月三〇日内閣告示第二号の「常用漢字表」改定に伴い、同日、内閣告示第三号によって一部改正された。ここには、改正された部分を含めた全文を示した。

● 原文は「本文」のみが横書き。　（三省堂編修所注）

前書き

一　この「送り仮名の付け方」は、法令・公用文書・新聞・雑誌・放送など、一般の社会生活において、「常用漢字表」の音訓によって現代の国語を書き表す場合の送り仮名の付け方のよりどころを示すものである。

二　この「送り仮名の付け方」は、科学・技術・芸術その他の各種専門分野や個々人の表記にまで及ぼそうとするものではない。

三　この「送り仮名の付け方」は、漢字を記号的に用いたり、表に記入したりする場合や、固有名詞を書き表す場合を対象としていない。

「本文」の見方及び使い方

一　この「送り仮名の付け方」の本文の構成は、次のとおりである。

単独の語

1　活用のある語

通則1（活用語尾を送る語に関するもの）

通則2（派生・対応の関係を考慮して、活用語尾の前の部分から送る語に関するもの）

2　活用のない語

通則3（名詞であって、送り仮名を付けない語に関するもの）

通則4（活用のある語から転じた名詞であって、もとの語の送り仮名の付け方によって送る語に関するもの）

通則5（副詞・連体詞・接続詞に関するもの）

複合の語

通則6（単独の語の送り仮名の付け方による語に関するもの）

通則7（慣用に従って送り仮名を付けない語に関するもの）

付表の語

1（送り仮名を付ける語に関するもの）

2（送り仮名を付けない語に関するもの）

二　通則とは、単独の語及び複合の語の別、活用のある語及び活用のない語の別等に応じて考えた送り仮名の付け方に関する基本的な法則をいい、必要に応じ、例外的な事項又は許容的な事項を加えてある。

したがって、各通則には、本則のほか、必要に応じて例外及び許容を設けた。ただし、通則7は、通則6の例外に当たるものであるが、該当する語が多数に上るので、別の通則として立てたものである。

三　この「送り仮名の付け方」で用いた用語の意義は、次のとおりである。

単独の語……漢字の音又は訓を単独に用いて、漢字一字で書き表す語をいう。

複合の語……漢字の訓と訓、音と訓などを複合させ、漢字二字以上を用いて書き表す語をいう。

付表の語……「常用漢字表」の付表に掲げてある語のうち、送り仮名の付け方が問題となる語をいう。

活用のある語……動詞・形容詞・形容動詞をいう。

活用のない語……名詞・副詞・連体詞・接続詞をいう。

本　則……送り仮名の付け方の基本的な法則と考えられるものをいう。

例　外……本則には合わないが、慣用として行われていると認められるものであって、本則によらず、これによるものをいう。

許　容……本則による形とともに、慣用として行われていると認められるものであって、本則以外に、これによってよいものをいう。

四　単独の語及び複合の語を通じて、字音を含む語は、その字音の部分には送り仮名を要しないのであるから、必要のない限り触れていない。

五　各通則において、送り仮名の付け方が許容によることのできる語については、本則又は許容のいずれに従ってもよいが、個々の語に適用するに当たって、許容に従ってよいかどうか判断し難い場合には、本則によるものとする。

本文

単独の語

1　活用のある語

通則1

本則　活用のある語（通則2を適用する語を除く。）は、活用語尾を送る。

〔例〕　憤る　承る　書く　実る　催す
生きる　陥れる　考える　助ける

荒い　潔い　賢い　濃い
主だ

例外　(1) 語幹が「し」で終わる形容詞は、「し」から送る。
〔例〕 著しい　惜しい　悔しい　恋しい　珍しい

(2) 活用語尾の前に「か」、「やか」、「らか」を含む形容動詞は、その音節から送る。
〔例〕 暖かだ　細かだ　静かだ
穏やかだ　健やかだ　和やかだ
明らかだ　平らかだ　滑らかだ　柔らかだ

(3) 次の語は、次に示すように送る。
明らむ　味わう　哀れむ　慈しむ　教わる　脅かす（おどかす）　脅かす（おびやかす）　関わる　食らう　異なる　逆らう　捕まる　群がる　和らぐ　揺する
明るい　危ない　危うい　大きい　少ない　小さい　冷たい　平たい
新ただ　同じだ　盛んだ　平らだ　懇ろだ　惨めだ
哀れだ　幸いだ　幸せだ　巧みだ

許容　次の語は、（　）の中に示すように、活用語尾の前の音節から送ることができる。
表す（表わす）　著す（著わす）　現れる（現われる）　行う（行なう）　断る（断わる）　賜る（賜わる）

（注意） 語幹と活用語尾との区別がつかない動詞は、例えば、「着る」、「寝る」、「来る」などのように送る。

通則2

本則　活用語尾以外の部分に他の語を含む語は、含まれている語の送り仮名の付け方によって送る。（含まれている語を〔　〕の中に示す。）

〔例〕 (1) 動詞の活用形又はそれに準ずるものを含むもの。
動かす〔動く〕　照らす〔照る〕
語らう〔語る〕　計らう〔計る〕　向かう〔向く〕
浮かぶ〔浮く〕
生まれる〔生む〕　押さえる〔押す〕　捕らえる〔捕る〕
勇ましい〔勇む〕　輝かしい〔輝く〕　喜ばしい〔喜ぶ〕
晴れやかだ〔晴れる〕
及ぼす〔及ぶ〕　積もる〔積む〕　聞こえる〔聞く〕
頼もしい〔頼む〕
起こる〔起きる〕　落とす〔落ちる〕
暮らす〔暮れる〕　冷やす〔冷える〕
当たる〔当てる〕　終わる〔終える〕　変わる〔変える〕
集まる〔集める〕　定まる〔定める〕　連なる〔連ねる〕
交わる〔交える〕

混ざる・混じる〔混ぜる〕
恐ろしい〔恐れる〕

(2) 形容詞・形容動詞の語幹を含むもの。

重んずる〔重い〕　若やぐ〔若い〕
怪しむ〔怪しい〕　悲しむ〔悲しい〕　苦しがる〔苦しい〕
確かめる〔確かだ〕
重たい〔重い〕　憎らしい〔憎い〕　古めかしい〔古い〕
細かい〔細かだ〕　柔らかい〔柔らかだ〕
清らかだ〔清い〕　高らかだ〔高い〕　寂しげだ〔寂しい〕

(3) 名詞を含むもの。

汗ばむ〔汗〕　先んずる〔先〕　春めく〔春〕
男らしい〔男〕　後ろめたい〔後ろ〕

許容　読み間違えるおそれのない場合は、活用語尾以外の部分について、次の（　）の中に示すように、送り仮名を省くことができる。

〔例〕浮かぶ〔浮ぶ〕　生まれる〔生れる〕　押さえる〔押える〕　捕らえる〔捕える〕
晴れやかだ〔晴やかだ〕
積もる〔積る〕　聞こえる〔聞える〕
起こる〔起る〕　落とす〔落す〕　暮らす〔暮す〕　当たる〔当る〕　終わる〔終る〕　変わる〔変る〕

（注意）次の語は、それぞれ〔　〕の中に示す語を含むものとは考えず、通則1によるものとする。

明るい〔明ける〕　荒い〔荒れる〕　悔しい〔悔いる〕　恋しい〔恋う〕

2　活用のない語

通則3

本則　名詞（通則4を適用する語を除く。）は、送り仮名を付けない。

〔例〕月　鳥　花　山
男　女
彼　何

例外 (1) 次の語は、最後の音節を送る。

辺り　哀れ　勢い　幾ら　後ろ　傍ら　幸い
幸せ　全て　互い　便り　半ば　情け　斜め　独り
誉れ　自ら　災い

(2) 数をかぞえる「つ」を含む名詞は、その「つ」を送る。

〔例〕一つ　二つ　三つ　幾つ

通則4

本則　活用のある語から転じた名詞及び活用のある語に「さ」、「み」、「げ」などの接尾語が付いて名詞になったもの

付録

は、もとの語の送り仮名の付け方によって送る。

〔例〕 (1) 活用のある語から転じたもの。

動き　仰せ　恐れ　薫り　曇り　調べ　届け　願い　晴れ
当たり　代わり　向かい
狩り　答え　問い　祭り　群れ
憩い　愁い　憂い　香り　極み　初め
近く　遠く

(2) 「さ」、「み」、「げ」などの接尾語が付いたもの。

暑さ　大きさ　正しさ　確かさ
明るみ　重み　憎しみ
惜しげ

例外 次の語は、送り仮名を付けない。

謡　虞　趣　氷　印　頂　帯　畳
卸　煙　恋　志　次　隣　富　恥　話　光　舞
折　係　掛(かかり)　組　肥　並(なみ)　巻　割

(注意) ここに掲げた「組」は、「花の組」、「赤の組」などのように使った場合の「くみ」であり、例えば、「活字の組みがゆるむ。」などとして使う場合の「くみ」を意味するものではない。「光」、「折」、「係」なども、同様に動詞の意識が残っているような使い方の場合は、この例外に該当しない。したがって、本則を適用して送り仮名を付ける。

許容 読み間違えるおそれのない場合は、次の（　）の中に示すように、送り仮名を省くことができる。

〔例〕 曇り(曇)　届け(届)　願い(願)　晴れ(晴)
当たり(当り)　代わり(代り)　向かい(向い)
狩り(狩)　答え(答)　問い(問)　祭り(祭)　群れ(群)
憩い(憩)

通則5

本則 副詞・連体詞・接続詞は、最後の音節を送る。

〔例〕 必ず　更に　少し　既に　再び　全く　最も
来る　去る
及び　且つ　但し

例外 (1) 次の語は、次に示すように送る。

明くる　大いに　直ちに　並びに　若しくは

(2) 次の語は、送り仮名を付けない。

又

(3) 次のように、他の語を含む語は、含まれている語の送り仮名の付け方によって送る。(含まれている語を〔　〕の中に示す。)

〔例〕 併せて〔併せる〕　至って〔至る〕　恐らく〔恐

れる〕 従って〔従う〕 絶えず〔絶える〕 例えば〔例える〕 努めて〔努める〕
辛うじて〔辛い〕 少なくとも〔少ない〕
互いに〔互い〕
必ずしも〔必ず〕

複合の語

通則6

本則 複合の語（通則7を適用する語を除く。）の送り仮名は、その複合の語を書き表す漢字の、それぞれの音訓を用いた単独の語の送り仮名の付け方による。

〔例〕 (1) 活用のある語

書き抜く 流れ込む 申し込む 打ち合わせる 向かい合わせる 長引く 若返る 裏切る 旅立つ

聞き苦しい 薄暗い 草深い 心細い 待ち遠しい 軽々しい 若々しい 女々しい

気軽だ 望み薄だ

(2) 活用のない語

石橋 竹馬 山津波 後ろ姿 斜め左 花便り 独り言 卸商 水煙 目印

田植え 封切り 物知り 落書き 雨上がり 墓参り 日当たり 夜明かし 先駆け 巣立ち 手渡し 入り江 飛び火 教え子 合わせ鏡 生き物 落ち葉 預かり金

寒空 深情け

愚か者

行き帰り 伸び縮み 乗り降り 抜け駆け 作り笑い 暮らし向き 売り上げ 取り扱い 乗り換え 引き換え 歩み寄り 申し込み 移り変わり

長生き 早起き 苦し紛れ 大写し

粘り強さ 有り難み 待ち遠しさ

乳飲み子 無理強い 立ち居振る舞い 呼び出し電話

次々 常々

近々 深々

休み休み 行く行く

許容 読み間違えるおそれのない場合は、次の（ ）の中に示すように、送り仮名を省くことができる。

〔例〕 書き抜く（書抜く） 申し込む（申込む） 打ち合わせる（打ち合せる・打合せる） 向かい合わせる（向い合せる） 聞き苦しい（聞苦しい） 待ち遠しい（待遠しい）

田植え(田植)　封切り(封切)　落書き(落書)　雨上がり(雨上り)　日当たり(日当り)　夜明かし(夜明し)
入り江(入江)　飛び火(飛火)　合わせ鏡(合せ鏡)　預かり金(預り金)
抜け駆け(抜駆け)　暮らし向き(暮し向き)　売り上げ(売上げ・売上)　取り扱い(取扱い・取扱)　乗り換え(乗換え・乗換)　引き換え(引換え・引換)　申し込み(申込み・申込)　移り変わり(移り変り)
有り難み(有難み)　待ち遠しさ(待遠しさ)
立ち居振る舞い(立ち居振舞い・立ち居振舞・立居振舞)　呼び出し電話(呼出し電話・呼出電話)

(注意)「こけら落とし(こけら落し)」、「さび止め」、「洗いざらし」、「打ちひも」のように、前又は後ろの部分を仮名で書く場合は、他の部分については、単独の語の送り仮名の付け方による。

通則7

複合の語のうち、次のような名詞は、慣用に従って、送り仮名を付けない。

〔例〕(1) 特定の領域の語で、慣用が固定していると認められるもの。

ア　地位・身分・役職等の名。
関取　頭取　取締役　事務取扱

イ　工芸品の名に用いられた「織」、「染」、「塗」等。
《博多》織　《型絵》染　《春慶》塗　《鎌倉》彫　《備前》焼

ウ　その他。
書留　気付　切手　消印　小包　振替　切符　踏切　請負　売値　買値　仲買　歩合　両替　割引　組合　手当
倉敷料　作付面積
売上《高》　貸付《金》　借入《金》　繰越《金》　小売《商》　積立《金》　取扱《所》　取扱《注意》　取次《店》　取引《所》　乗換《駅》　乗組《員》　引受《人》　引受《時刻》　引換《券》　《代金》引換　振出《人》　待合《室》　見積《書》　申込《書》

(2) 一般に、慣用が固定していると認められるもの。
奥書　木立　子守　献立　座敷　試合　字引　場合　羽織　葉巻　番組　番付　日付　水引　物置　物語　役割　屋敷　夕立　割合
合図　合間　植木　置物　織物　貸家　敷石　敷地　敷物　立場　建物　並木　巻紙

受付　受取
浮世絵　絵巻物　仕立屋

（注意）(1)　「《博多》織」、「売上《高》」などのようにして掲げたものは、（　）の中を他の漢字で置き換えた場合にも、この通則を適用する。

(2)　通則7を適用する語は、例として挙げたものだけで尽くしてはいない。したがって、慣用が固定していると認められる限り、類推して同類の語にも及ぼすものである。通則7を適用してよいかどうか判断し難い場合には、通則6を適用する。

付表の語

「常用漢字表」の「付表」に掲げてある語のうち、送り仮名の付け方が問題となる次の語は、次のようにする。

1　次の語は、次に示すように送る。

浮つく　お巡りさん　差し支える　立ち退く　手伝う　最寄り

なお、次の語は、（　）の中に示すように、送り仮名を省くことができる。

差し支える（差支える）　立ち退く（立退く）

2　次の語は、送り仮名を付けない。

息吹　桟敷　時雨　築山　名残　雪崩　吹雪　迷子　行方

付録

ローマ字のつづり方

• 昭和 29 年 12 月 9 日内閣告示第 1 号による。
• そえがきの〔補注〕は三省堂編修所でつけた。　（三省堂編修所注）

まえがき

1　一般に国語を書き表わす場合は, 第 1 表に掲げたつづり方によるものとする。
2　国際的関係その他従来の慣例をにわかに改めがたい事情にある場合に限り, 第 2 表に掲げたつづり方によってもさしつかえない。
3　前二項のいずれの場合においても, おおむねそえがきを適用する。

第 1 表〔(　) は重出を示す。〕

a	i	u	e	o			
ka	ki	ku	ke	ko	kya	kyu	kyo
sa	si	su	se	so	sya	syu	syo
ta	ti	tu	te	to	tya	tyu	tyo
na	ni	nu	ne	no	nya	nyu	nyo
ha	hi	hu	he	ho	hya	hyu	hyo
ma	mi	mu	me	mo	mya	myu	myo
ya	(i)	yu	(e)	yo			
ra	ri	ru	re	ro	rya	ryu	ryo
wa	(i)	(u)	(e)	(o)			
ga	gi	gu	ge	go	gya	gyu	gyo
za	zi	zu	ze	zo	zya	zyu	zyo
da	(zi)	(zu)	de	do	(zya)	(zyu)	(zyo)
ba	bi	bu	be	bo	bya	byu	byo
pa	pi	pu	pe	po	pya	pyu	pyo

第 2 表

sha	shi	shu	sho	
		tsu		
cha	chi	chu	cho	
		fu		
ja	ji	ju	jo	
di	du	dya	dyu	dyo
kwa				
gwa				
			wo	

そえがき

前表に定めたもののほか, おおむね次の各項による。
1　はねる音「ン」はすべて n と書く。
〔補注〕tenki　sannin　sinbun　sanmyaku　denpô
2　はねる音を表わす n と次にくる母音字または y とを切り離す必要がある場合には, n の次に ’ を入れる。
〔補注〕tan’i　gen’in　kin’yôbi　sin’ei
3　つまる音は, 最初の子音字を重ねて表わす。
〔補注〕gakkô　kitte　zassi　syuppatu
4　長音は母音字の上に ^ をつけて表わす。なお, 大文字の場合は, 母音字を並べてもよい。
〔補注〕obâsan　kûki　ôkii　Oosaka
5　特殊音の書き表わし方は自由とする。
〔補注〕firumu　huirumu　otottsan　otottwan
6　文の書きはじめ, および固有名詞は語頭を大文字で書く。なお, 固有名詞以外の名詞の語頭を大文字で書いてもよい。
〔補注〕Kyô wa kayôbi desu.　Huzisan　Itô-Zirô　Nippon Ginkô
Suzusii Kaze ga huku.

マフラー
マラソン
マンション
マンスフィールド(人)
マンチェスター(地)
マンモス

【ミ】

ミイラ
ミキサー
ミケランジェロ(人)
ミシシッピ(地)
ミシン
ミッドウェー(地)
ミネアポリス(地)
ミュンヘン(地)
ミルウォーキー(地)
ミルクセーキ

【メ】

メーカー
メーキャップ
メーデー
メガホン
メッセージ
メロディー
メロン
メンデル(人)
メンデルスゾーン(人)
メンバー

【モ】

モーター
モーツァルト(人)
モスクワ(地)
モデル
モリエール(人)
モルヒネ
モンテーニュ(人)
モントリオール(地)

【ヤ】

ヤスパース(人)

【ユ】

ユーラシア(地)
ユニホーム
ユングフラウ(地)

【ヨ】

ヨーロッパ(地)
ヨット

【ラ】

ライバル
ライプチヒ(地)
ラジウム
ラジオ
ラファエロ(人)
ランニング
ランプ

【リ】

リオデジャネイロ(地)
リズム
リノリウム
リボン
リュックサック
リレー
リンカーン(人)

【ル】

ルーベンス(人)
ルーマニア(地)
ルクス　lux
ルソー(人)

【レ】

レイアウト
レール
レギュラー
レコード
レスリング
レニングラード(地)
レビュー／レヴュー
レフェリー
レベル
レモンスカッシュ
レンズ
レンブラント(人)

【ロ】

ローマ(地)
ロケット
ロシア(地)
ロダン(人)
ロッテルダム(地)
ロマンス
ロマンチック
ロンドン(地)

【ワ】

ワイマール(地)
ワイヤ
ワシントン(地)
ワックス
ワット(人)

付　前書きの4で過去に行われた表記のことについて述べたが，例えば，明治以来の文芸作品等においては，下記のような仮名表記も行われている。

ヰ：スヰフトの「ガリヷー旅行記」　ヱ：ヱルテル　ヲ：ヲルポール
ヷ：ヷイオリン　ヸ：ヸオロン　ヹ：ヹルレエヌ　ヺ：ヺルガ
ヂ：ケンブリッヂ　ヅ：ワーヅワース

付録

バス
パスカル(人)
バター
ハチャトリヤン／ハチャトゥリヤン(人)
バッハ(人)
バッファロー(地)
バドミントン
バトン
バニラ
ハノイ(地)
パラグアイ／パラグァイ(地)
パラフィン
パリ(地)
バルブ
バレエ〔舞踊〕
バレーボール
ハンドル

【ヒ】

ピアノ
ビーナス／ヴィーナス
ビール
ビクトリア／ヴィクトリア(地)
ビスケット
ビスマルク(人)
ビゼー(人)
ビタミン
ビニール
ビバルディ／ヴィヴァルディ(人)
ビュイヤール／ヴュイヤール(人)
ヒューズ
ビルディング
ヒンズー教／ヒンドゥー教
ピンセット

【フ】

ファーブル(人)
ファイル
ファッション
ファラデー(人)
ファン
フィート
フィクション
フィラデルフィア(地)
フィリピン(地)
フィルム
フィレンツェ(地)
フィンランド(地)
プール
フェアバンクス(地)
フェアプレー
ブエノスアイレス(地)
フェルト
フェンシング
フォーク
フォークダンス
フォード(人)
フォーム
フォスター(人)
プディング
フュージョン
フュン島(地)
ブラームス(人)
ブラシ
プラスチック
プラットホーム
プラネタリウム
ブラマンク／ヴラマンク(人)
フランクリン(人)
ブレーキ
フロイト(人)
プログラム
プロデューサー

【ヘ】

ヘアピン
ペイント
ベーカリー
ヘーゲル(人)
ベーコン
ページ
ベール／ヴェール
ベストセラー
ペダル
ベニヤ〔～板〕
ベランダ
ペリー(人)
ヘリウム
ヘリコプター
ベルサイユ／ヴェルサイユ(地)
ペルシャ／ペルシア(地)
ヘルシンキ(地)
ヘルメット
ベルリン(地)
ペンギン
ヘンデル(人)

【ホ】

ホイットマン(人)
ボウリング〔球技〕
ホース
ボートレース
ポーランド(地)
ボーリング　boring
ボクシング
ポケット
ポスター
ボストン(地)
ボタン
ボディー
ホテル
ホノルル(地)
ボランティア
ボルガ／ヴォルガ(地)
ボルテール／ヴォルテール(人)
ポルトガル(地)
ホルマリン

【マ】

マージャン
マイクロホン
マカオ(地)
マッターホーン(地)
マドリード(地)
マニラ(地)

ストーブ
ストックホルム(地)
ストップウオッチ／ストップウォッチ
スプーン
スペイン(地)
スペース
スポーツ
ズボン
スリッパ

【セ】

セーター
セーラー〔～服〕
セメント
ゼラチン
ゼリー
セルバンテス(人)
セロハン
センター
セントローレンス(地)

【ソ】

ソウル(地)
ソーセージ
ソファー
ソルジェニーツィン(人)

【タ】

ダーウィン(人)
ターナー(人)
ダイジェスト
タイヤ
ダイヤモンド
ダイヤル
タオル
タキシード
タクシー
タヒチ(地)
ダンス

【チ】

チーズ
チーム
チェーホフ(人)
チェーン
チェス
チェック
チケット
チップ
チフス
チャイコフスキー(人)
チューバ／テューバ
チューブ
チューリップ
チュニジア／テュニジア(地)
チョコレート
チロル(地)

【ツ】

ツアー tour
ツーピース
ツールーズ／トゥールーズ(地)
ツェッペリン(人)
ツンドラ

【テ】

ティー
ディーゼルエンジン
ディズニー(人)
ティチアーノ／ティツィアーノ(人)
ディドロ(人)
テープ
テーブル
デカルト(人)
テキサス(地)
テキスト
デザイン
テスト
テニス
テネシー(地)
デパート
デューイ(人)
デューラー(人)
デュエット
デュッセルドルフ(地)
テレビジョン
テント
テンポ

【ト】

ドア
ドーナツ
ドストエフスキー(人)
ドニゼッティ(人)
ドビュッシー(人)
トマト
ドライブ
ドライヤー
トラック
ドラマ
トランク
トルストイ(人)
ドレス
ドレフュス(人)
トロフィー
トンネル

【ナ】

ナイアガラ(地)
ナイフ
ナイル(地)
ナトリウム
ナポリ(地)

【ニ】

ニーチェ(人)
ニュース
ニュートン(人)
ニューヨーク(地)

【ネ】

ネーブル
ネオンサイン
ネクタイ

【ノ】

ノーベル(人)
ノルウェー(地)
ノルマンディー(地)

【ハ】

パーティー
バイオリン／ヴァイオリン
ハイキング
ハイドン(人)
ハイヤー
バケツ

付録

ガス
ガソリン
カタログ
カット
カップ
カバー
カムチャツカ(地)
カメラ
ガラス
カリフォルニア(地)
カルシウム
カルテット
カレンダー
カロリー
ガンジー(人)
カンツォーネ

【キ】

ギター
キムチ
キャベツ
キャンデー
キャンプ
キュリー(人)
ギリシャ／ギリシア(地)
キリマンジャロ(地)
キルティング

【ク】

グアテマラ／グァテマラ(地)
クイーン
クイズ
クインテット
クーデター
クーポン
クエスチョンマーク
クオータリー／クォータリー
グラビア
クラブ
グランドキャニオン(地)
クリスマスツリー
グリニッジ(地)
グループ
グレゴリウス(人)
クレジット
クレヨン

【ケ】

ケインズ(人)
ゲーテ(人)
ケープタウン(地)
ケーブルカー
ゲーム
ケンタッキー(地)
ケンブリッジ(地)

【コ】

コーヒー
コールタール
コスチューム
コップ
コピー
コペルニクス(人)
コミュニケーション
コロンブス(人)
コンクール
コンクリート
コンツェルン
コンピューター／コンピュータ
コンマ

【サ】

サーカス
サービス
サナトリウム
サハラ(地)
サファイア
サマータイム
サラダボウル
サラブレッド
サンドイッチ
サンパウロ(地)

【シ】

シーボルト(人)
シェーカー
シェークスピア(人)
シェード
ジェットエンジン
シェフィールド(地)
ジェンナー(人)
シドニー(地)
ジブラルタル(地)
ジャカルタ(地)
シャツ
シャッター
シャベル
シャンソン
シャンツェ
シュークリーム
ジュース　juice, deuce
シューベルト(人)
ジュラルミン
ショー
ショパン(人)
シラー(人)
シンフォニー
シンポジウム

【ス】

スイートピー
スイッチ
スイング
スウェーデン(地)
スーツケース
スープ
スカート
スキー
スケート
スケール
スコール
スコップ
スター
スタジアム
スタジオ
スタンダール(人)
スチーム
スチュワーデス
ステージ
ステッキ
ステレオ
ステンドグラス
ステンレス

付　録

用例集

凡　例　1　ここには，日常よく用いられる外来語を主に，本文の留意事項その2(細則的な事項)の各項に例示した語や，その他の地名・人名の例などを五十音順に掲げた。地名・人名には，それぞれ(地)，(人)の文字を添えた。

2　外来語や外国の地名・人名は，語形やその書き表し方の慣用が一つに定まらず，ゆれのあるものが多い。この用例集においても，ここに示した語形やその書き表し方は，一例であって，これ以外の書き方を否定するものではない。なお，本文の留意事項その2に両様の書き方が例示してある語のうち主なものについては，バイオリン／ヴァイオリンのような形で併せ掲げた。

【ア】

アーケード
アイスクリーム
アイロン
アインシュタイン(人)
アカデミー
アクセサリー
アジア(地)
アスファルト
アトランティックシティー(地)
アナウンサー
アパート
アフリカ(地)
アメリカ(地)
アラビア(地)
アルジェリア(地)
アルバム
アルファベット
アルミニウム
アンケート

【イ】

イエーツ／イェーツ(人)
イェスペルセン(人)
イエナ(地)
イエローストン(地)
イギリス(地)
イコール
イスタンブール(地)
イタリア(地)
イニング
インタビュー／インタヴュー
インド(地)
インドネシア(地)
インフレーション

【ウ】

ウイークデー
ウィーン(地)
ウイスキー／ウィスキー
ウイット
ウィルソン(人)
ウェールズ(地)
ウエスト　waist
ウエディングケーキ／ウェディングケーキ
ウエハース
ウェブスター(人)
ウォルポール(人)
ウラニウム

【エ】

エイト
エキス
エキストラ
エジソン(人)
エジプト(地)
エチケット
エッフェル(人)
エネルギー
エプロン
エルサレム／イェルサレム(地)
エレベーター／エレベータ

【オ】

オーエン(人)
オーストラリア(地)
オートバイ
オーバーコート
オックスフォード(地)
オフィス
オホーツク(地)
オリンピック
オルガン
オレンジ

【カ】

ガーゼ
カーテン
カード
カーブ
カクテル

〔例〕 グラビア　ピアノ　フェアプレー
アジア(地)　イタリア(地)　ミネアポリス(地)

注1 「ヤ」と書く慣用のある場合は，それによる。
〔例〕 タイヤ　ダイヤモンド　ダイヤル　ベニヤ板

注2 「ギリシャ」「ペルシャ」について「ギリシア」「ペルシア」と書く慣用もある。

5 語末(特に元素名等)の -(i)um に当たるものは，原則として「-(イ)ウム」と書く。

〔例〕 アルミニウム　カルシウム　ナトリウム　ラジウム
サナトリウム　シンポジウム　プラネタリウム

注 「アルミニウム」を「アルミニューム」と書くような慣用もある。

6 英語のつづりの x に当たるものを「クサ」「クシ」「クス」「クソ」と書くか，「キサ」「キシ」「キス」「キソ」と書くかは，慣用に従う。

〔例〕 タクシー　ボクシング　ワックス　オックスフォード(地)
エキストラ　タキシード　ミキサー　テキサス(地)

7 拗《よう》音に用いる「ャ」「ュ」「ョ」は小書きにする。また，「ヴァ」「ヴィ」「ヴェ」「ヴォ」や「トゥ」のように組み合せて用いる場合の「ァ」「ィ」「ゥ」「ェ」「ォ」も，小書きにする。

8 複合した語であることを示すための，つなぎの符号の用い方については，それぞれの分野の慣用に従うものとし，ここでは取決めを行わない。

〔例〕 ケース　バイ　ケース　　ケース・バイ・ケース
ケース-バイ-ケース
マルコ・ポーロ　　マルコ＝ポーロ

〔例〕 ヒューズ

10 「ヴュ」は，外来音ヴュに対応する仮名である。

〔例〕 インタヴュー　レヴュー　ヴュイヤール(人・画家)

注　一般的には，「ビュ」と書くことができる。

〔例〕 インタビュー　レビュー　ビュイヤール(人)

Ⅲ　撥《はつ》音，促音，長音その他に関するもの

1　撥音は，「ン」を用いて書く。

〔例〕 コンマ　シャンソン　トランク　メンバー
ランニング　ランプ
ロンドン(地)　レンブラント(人)

注1　撥音を入れない慣用のある場合は，それによる。

〔例〕 イニング(←インニング)　サマータイム(←サンマータイム)

注2　「シンポジウム」を「シムポジウム」と書くような慣用もある。

2　促音は，小書きの「ッ」を用いて書く。

〔例〕 カップ　シャッター　リュックサック
ロッテルダム(地)　バッハ(人)

注　促音を入れない慣用のある場合は，それによる。

〔例〕 アクセサリー(←アクセッサリー)
フィリピン(地)(←フィリッピン)

3　長音は，原則として長音符号「ー」を用いて書く。

〔例〕 エネルギー　オーバーコート　グループ　ゲーム
ショー　テーブル　パーティー
ウェールズ(地)　ポーランド(地)　ローマ(地)
ゲーテ(人)　ニュートン(人)

注1　長音符号の代わりに母音字を添えて書く慣用もある。

〔例〕 バレエ(舞踊)　ミイラ

注2　「エー」「オー」と書かず，「エイ」「オウ」と書くような慣用のある場合は，それによる。

〔例〕 エイト　ペイント　レイアウト　スペイン(地)
ケインズ(人)
サラダボウル　ボウリング(球技)

注3　英語の語末の -er，-or，-ar などに当たるものは，原則としてア列の長音とし長音符号「ー」を用いて書き表す。ただし，慣用に応じて「ー」を省くことができる。

〔例〕 エレベーター　ギター　コンピューター　マフラー
エレベータ　コンピュータ　スリッパ

4　イ列・エ列の音の次のアの音に当たるものは，原則として「ア」と書く。

クェスチョンマーク　クォータリー

注1　一般的には,「クア」「クイ」「クエ」「クオ」又は「カ」「キ」「ケ」「コ」と書くことができる。

〔例〕 クアルテット　クインテット
クエスチョンマーク　クオータリー
カルテット　レモンスカッシュ　キルティング
イコール

注2 「クァ」は,「クヮ」と書く慣用もある。

4 「グァ」は, 外来音グァに対応する仮名である。

〔例〕 グァテマラ(地)　パラグァイ(地)

注1　一般的には,「グア」又は「ガ」と書くことができる。

〔例〕 グアテマラ(地)　パラグアイ(地)
ガテマラ(地)

注2 「グァ」は,「グヮ」と書く慣用もある。

5 「ツィ」は, 外来音ツィに対応する仮名である。

〔例〕 ソルジェニーツィン(人)　ティツィアーノ(人)

注　一般的には,「チ」と書くことができる。

〔例〕 ライプチヒ(地)　ティチアーノ(人)

6 「トゥ」「ドゥ」は, 外来音トゥ, ドゥに対応する仮名である。

〔例〕 トゥールーズ(地)　ハチャトゥリヤン(人)　ヒンドゥー教

注　一般的には,「ツ」「ズ」又は「ト」「ド」と書くことができる。

〔例〕 ツアー(tour)　ツーピース
ツールーズ(地)　ヒンズー教
ハチャトリヤン(人)　ドビュッシー(人)

7 「ヴァ」「ヴィ」「ヴ」「ヴェ」「ヴォ」は, 外来音ヴァ, ヴィ, ヴ, ヴェ, ヴォに対応する仮名である。

〔例〕 ヴァイオリン　ヴィーナス　ヴェール
ヴィクトリア(地)　ヴェルサイユ(地)　ヴォルガ(地)
ヴィヴァルディ(人)　ヴラマンク(人)　ヴォルテール(人)

注　一般的には,「バ」「ビ」「ブ」「ベ」「ボ」と書くことができる。

〔例〕 バイオリン　ビーナス　ベール
ビクトリア(地)　ベルサイユ(地)　ボルガ(地)
ビバルディ(人)　ブラマンク(人)　ボルテール(人)

8 「テュ」は, 外来音テュに対応する仮名である。

〔例〕 テューバ(楽器)　テュニジア(地)

注　一般的には,「チュ」と書くことができる。

〔例〕 コスチューム　スチュワーデス
チューバ　チューブ　チュニジア(地)

9 「フュ」は, 外来音フュに対応する仮名である。

〔例〕 フュージョン　フュン島(地・デンマーク)　ドレフュス(人)

注　一般的には,「ヒュ」と書くことができる。

対応する仮名である。

〔例〕 ファイル　フィート　フェンシング　フォークダンス
バッファロー(地)　フィリピン(地)　フェアバンクス(地)
カリフォルニア(地)
ファーブル(人)　マンスフィールド(人)　エッフェル(人)
フォスター(人)

注1　「ハ」「ヒ」「ヘ」「ホ」と書く慣用のある場合は，それによる。
〔例〕 セロハン　モルヒネ　プラットホーム　ホルマリン
メガホン

注2　「ファン」「フィルム」「フェルト」等は，「フアン」「フイルム」「フエルト」と書く慣用もある。

6　「デュ」は，外来音デュに対応する仮名である。

〔例〕 デュエット　プロデューサー
デュッセルドルフ(地)　デューイ(人)

注　「ジュ」と書く慣用のある場合は，それによる。
〔例〕 ジュース(deuce)　ジュラルミン

II　第2表に示す仮名に関するもの

第2表に示す仮名は，原音や原つづりになるべく近く書き表そうとする場合に用いる仮名で，これらの仮名を用いる必要がない場合は，一般的に，第1表に示す仮名の範囲で書き表すことができる。

1　「イェ」は，外来音イェに対応する仮名である。

〔例〕 イェルサレム(地)　イェーツ(人)

注　一般的には，「イエ」又は「エ」と書くことができる。
〔例〕 エルサレム(地)　イエーツ(人)

2　「ウィ」「ウェ」「ウォ」は，外来音ウィ，ウェ，ウォに対応する仮名である。

〔例〕 ウィスキー　ウェディングケーキ　ストップウォッチ
ウィーン(地)　スウェーデン(地)　ミルウォーキー(地)
ウィルソン(人)　ウェブスター(人)　ウォルポール(人)

注1　一般的には，「ウイ」「ウエ」「ウオ」と書くことができる。
〔例〕 ウイスキー　ウイット
ウエディングケーキ　ウエハース
ストップウオッチ

注2　「ウ」を省いて書く慣用のある場合は，それによる。
〔例〕 サンドイッチ　スイッチ　スイートピー

注3　地名・人名の場合は，「ウィ」「ウェ」「ウォ」と書く慣用が強い。

3　「クァ」「クィ」「クェ」「クォ」は，外来音クァ，クィ，クェ，クォに対応する仮名である。

〔例〕 クァルテット　クィンテット

は，第２表に示す仮名を用いて書き表すことができる。

5　第２表に示す仮名を用いる必要がない場合は，第１表に示す仮名の範囲で書き表すことができる。

例　イェ→イエ　ウォ→ウオ　トゥ→ツ，ト　ヴァ→バ

6　特別な音の書き表し方については，取決めを行わず，自由とすることとしたが，その中には，例えば，「スィ」「ズィ」「グィ」「グェ」「グォ」「キェ」「ニェ」「ヒェ」「フョ」「ヴョ」等の仮名が含まれる。

留意事項その２（細則的な事項）

以下の各項に示す語例は，それぞれの仮名の用法の一例として示すものであって，その語をいつもそう書かなければならないことを意味するものではない。語例のうち，地名・人名には，それぞれ（地），（人）の文字を添えた。

Ⅰ　第１表に示す「シェ」以下の仮名に関するもの

1　「シェ」「ジェ」は，外来音シェ，ジェに対応する仮名である。

〔例〕　シェーカー　シェード　ジェットエンジン　ダイジェスト
シェフィールド（地）　アルジェリア（地）
シェークスピア（人）　ミケランジェロ（人）

注　「セ」「ゼ」と書く慣用のある場合は，それによる。
〔例〕　ミルクセーキ　ゼラチン

2　「チェ」は，外来音チェに対応する仮名である。

〔例〕　チェーン　チェス　チェック
マンチェスター（地）　チェーホフ（人）

3　「ツァ」「ツェ」「ツォ」は，外来音ツァ，ツェ，ツォに対応する仮名である。

〔例〕　コンツェルン　シャンツェ　カンツォーネ
フィレンツェ（地）　モーツァルト（人）　ツェッペリン（人）

4　「ティ」「ディ」は，外来音ティ，ディに対応する仮名である。

〔例〕　ティーパーティー　ボランティア
ディーゼルエンジン　ビルディング
アトランティックシティー（地）　ノルマンディー（地）
ドニゼッティ（人）　ディズニー（人）

注１　「チ」「ジ」と書く慣用のある場合は，それによる。
〔例〕　エチケット　スチーム　プラスチック
スタジアム　スタジオ
ラジオ　チロル（地）　エジソン（人）

注２　「テ」「デ」と書く慣用のある場合は，それによる。
〔例〕　ステッキ　キャンデー　デザイン

5　「ファ」「フィ」「フェ」「フォ」は，外来音ファ，フィ，フェ，フォに

第1表

ア	イ	ウ	エ	オ
カ	キ	ク	ケ	コ
サ	シ	ス	セ	ソ
タ	チ	ツ	テ	ト
ナ	ニ	ヌ	ネ	ノ
ハ	ヒ	フ	ヘ	ホ
マ	ミ	ム	メ	モ
ヤ		ユ		ヨ
ラ	リ	ル	レ	ロ
ワ				
ガ	ギ	グ	ゲ	ゴ
ザ	ジ	ズ	ゼ	ゾ
ダ			デ	ド
バ	ビ	ブ	ベ	ボ
パ	ピ	プ	ペ	ポ
キャ		キュ		キョ
シャ		シュ		ショ
チャ		チュ		チョ
ニャ		ニュ		ニョ
ヒャ		ヒュ		ヒョ
ミャ		ミュ		ミョ
リャ		リュ		リョ
ギャ		ギュ		ギョ
ジャ		ジュ		ジョ
ビャ		ビュ		ビョ
ピャ		ピュ		ピョ
ン(撥《はつ》音)				
ッ(促音)				
ー(長音符号)				

			シェ	
			チェ	
ツァ			ツェ	ツォ
	ティ			
ファ	フィ		フェ	フォ
			ジェ	
	ディ			
		デュ		

第2表

			イェ	
	ウィ		ウェ	ウォ
クァ	クィ		クェ	クォ
	ツィ			
		トゥ		
グァ				
		ドゥ		
ヴァ	ヴィ	ヴ	ヴェ	ヴォ
		テュ		
		フュ		
		ヴュ		

留意事項その1(原則的な事項)

1　この『外来語の表記』では，外来語や外国の地名・人名を片仮名で書き表す場合のことを扱う。

2　「ハンカチ」と「ハンケチ」,「グローブ」と「グラブ」のように，語形にゆれのあるものについて，その語形をどちらかに決めようとはしていない。

3　語形やその書き表し方については，慣用が定まっているものはそれによる。分野によって異なる慣用が定まっている場合には，それぞれの慣用によって差し支えない。

4　国語化の程度の高い語は，おおむね第1表に示す仮名で書き表すことができる。一方，国語化の程度がそれほど高くない語，ある程度外国語に近く書き表す必要のある語——特に地名・人名の場合——